Die Bonus-Seite

Ihr Vorteil als Käufer dieses Buches

Auf der Bonus-Webseite zu diesem Buch finden Sie zusätzliche Informationen und Services. Dazu gehört auch ein kostenloser **Testzugang** zur Online-Fassung Ihres Buches. Und der besondere Vorteil: Wenn Sie Ihr **Online-Buch** auch weiterhin nutzen wollen, erhalten Sie den vollen Zugang zum **Vorzugspreis**.

So nutzen Sie Ihren Vorteil

Halten Sie den unten abgedruckten Zugangscode bereit und gehen Sie auf **www.galileocomputing.de**. Dort finden Sie den Kasten **Die Bonus-Seite für Buchkäufer**. Klicken Sie auf **Zur Bonus-Seite / Buch registrieren**, und geben Sie Ihren **Zugangscode** ein. Schon stehen Ihnen die Bonus-Angebote zur Verfügung.

Ihr persönlicher **Zugangscode**

wtup-7xhn-9bim-4s8z

Nicole Enders

SharePoint für Anwender

Galileo Press

Liebe Leserin, lieber Leser,

SharePoint setzt seinen Siegeszug in Unternehmen ungebrochen fort. Das verwundert nicht angesichts der vielen Features, die die Zusammenarbeit in Unternehmen vereinfacht. Die Menge der Features hat aber eine Kehrseite, die Sie vermutlich schon kennengelernt haben: SharePoint ist äußerst komplex und nicht immer intuitiv bedienbar. Doch gerade als Anwender sind Sie darauf angewiesen, dass Software Sie bei Ihren täglichen Aufgaben unterstützt – ohne Hürden bei der Bedienung!

Diese Hürden mit Ihnen gemeinsam zu nehmen und SharePoint schnell zu einem effizienten Hilfsmittel für Ihren Arbeitsalltag zu machen – diese Ziele hat sich Nicole Enders mit ihrem Buch gesetzt. Und sie hat dabei an alles gedacht: Nach nur zwei Kapitel kennen Sie alle relevanten Features, haben ihre Einsatzgebiete verstanden und in der Praxis angewandt. Danach bietet Ihnen das Buch genau das, was Sie täglich benötigen: Geprüfte und sofort einsetzbare Lösungen. Schritt für Schritt führt Sie Frau Enders von der Planung bis hin zur fertigen Umsetzung. Und weil Zeit im Berufsalltag knapp ist, werden Sie die Angaben zur Dauer der Übungen, die allen Praxiskapiteln vorangestellt sind, schon bald nicht mehr missen wollen.

Neben den Inhalten sind es genau diese Hilfestellungen, an denen sich die langjährige SharePoint-Praxis und Schulungserfahrung zeigt, über die Nicole Enders verfügt. Ich bin deshalb sicher, dass Ihnen dieses Buch wertvolle Dienste im Arbeitsalltag erweist und dass Sie das präzise und zugleich sympathisch und motivierend geschriebene Werk immer wieder gern zur Hand nehmen, um SharePoint effizient für die Aufgaben zu nutzen, für die es sich so hervorragend eignet: Zur Vereinfachung der Zusammenarbeit – im eigenen und mit anderen Unternehmen.

Dieses Buch wurde mit großer Sorgfalt geschrieben, geprüft und produziert. Sollte dennoch einmal etwas nicht so funktionieren, wie Sie es erwarten, freue ich mich, wenn Sie sich mit mir in Verbindung setzen. Ihre Kritik und konstruktiven Anregungen sind uns jederzeit herzlich willkommen!

Viel Freude und Erfolg bei der Umsetzung Ihrer SharePoint-Lösungen wünscht Ihnen

Ihr Sebastian Kestel
Lektorat Galileo Computing

sebastian.kestel@galileo-press.de
www.galileocomputing.de
Galileo Press · Rheinwerkallee 4 · 53227 Bonn

Auf einen Blick

Der Name Galileo Press geht auf den italienischen Mathematiker und Philosophen Galileo Galilei (1564 – 1642) zurück. Er gilt als Gründungsfigur der neuzeitlichen Wissenschaft und wurde berühmt als Verfechter des modernen, heliozentrischen Weltbilds. Legendär ist sein Ausspruch *Eppur si muove* (Und sie bewegt sich doch). Das Emblem von Galileo Press ist der Jupiter, umkreist von den vier Galileischen Monden. Galilei entdeckte die nach ihm benannten Monde 1610.

Lektorat Sebastian Kestel
Fachgutachten Klaus Bierschenk; Lars Heiermann
Korrektorat Friederike Daenecke, Zülpich
Einbandgestaltung Barbara Thoben, Köln
Coverfotos Fotolia: 42236891©frogger, 23863376©Michael Kiy, 44374075©ag visuell; Getty Images: 157472972©Slawomir Fajer
Typografie und Layout Vera Brauner
Herstellung Norbert Englert
Satz Typographie & Computer, Krefeld
Druck und Bindung Wilco, Amersfoort

Gerne stehen wir Ihnen mit Rat und Tat zur Seite

sebastian.kestel@galileo-press.de
bei Fragen und Anmerkungen zum Inhalt des Buches

service@galileo-press.de
für versandkostenfreie Bestellungen und Reklamationen

britta.behrens@galileo-press.de
für Rezensions- und Schulungsexemplare

Dieses Buch wurde gesetzt aus der TheAntiquaB (9,35/13,7 pt) in FrameMaker.

Bibliografische Information der Deutschen Nationalbibliothek
Die Deutsche Nationalbibliothek verzeichnet diese Publikation in der Deutschen Nationalbibliografie; detaillierte bibliografische Daten sind im Internet über http://dnb.d-nb.de abrufbar.

ISBN 978-3-8362-2276-1

1. Auflage 2013

Inhalt

TEIL III Weiterführende Informationen

Geleitwort

Microsoft hat mit der neuen Version von SharePoint Server 2013 einen Großteil der Neuerungen dem Bereich sozialer Funktionen gewidmet. So ist es nun beispielsweise möglich, Elementen (wie Websites und Dokumenten) zu folgen oder über das neue Feature *Mikroblogging* Unterhaltungen zu starten. Frei nach Twitter öffnen Erwähnungen mittels @ den Zugang zu Personen und bringen die Mitarbeiter in ihrer täglichen Routine mit den SharePoint-Inhalten einander näher.

Die Liste der neuen Funktionen ist lang. Diese liegen natürlich auch im Bereich der Infrastruktur. Aber wie die Erweiterungen bei den sozialen Funktionen zeigen, ist ein großer Teil dem Anwender und dem Umgang mit den Inhalten gewidmet.

Genau hier knüpft dieses Buch an. Frau Enders hat es sich zur Aufgabe gemacht, Anfänger, Fortgeschrittene und Entwickler gleichermaßen abzuholen. Ihr Ziel ist es, anhand verschieden ausgeprägter praktischer Übungen und mit lebendigem Schreibstil das Wichtigste und Neueste Schritt für Schritt zu vermitteln – eine Aufgabe, die nicht leicht erscheint, gemessen an der Fülle an Features, die SharePoint mittlerweile bietet. Die Erfahrung von Frau Enders spiegelt sich in der Ausgestaltung der Übungen wider. Deren Spektrum ist so konzipiert, dass sie sich alle weiterverwenden lassen und obendrein Ideen für Ihren SharePoint-Alltag bieten.

Das Buch eignet sich gleichermaßen zum Durchlesen und als Nachschlagewerk. Für Letzteres stehen Tabellen und Verzeichnisse mit den Aufgaben und den verwendeten Funktionen bereit.

Eine Herausforderung ist es, die verschiedenen Editionen *Foundation*, *Standard* und *Enterprise* bei den Übungen zu berücksichtigen, denn schließlich bietet nicht jedes SharePoint den gleichen Umfang. Wann immer es möglich ist, hat Frau Enders in Beispielen, die z. B. auf Funktionen der Enterprise-Edition basieren, einen »Workaround« aufgezeigt, wie die Aufgabe auch mit Foundation zu lösen ist. So findet sich jeder Leser wieder, egal mit welcher Edition er arbeitet.

Mir hat die Mitarbeit an dem Fachlektorat sehr viel Freude bereitet. Ich wünsche Ihnen die gleiche Freude und viel Erfolg bei Ihrer weiteren Arbeit mit SharePoint 2013.

Klaus Bierschenk
Technologie Consultant
T-Systems International

Vorwort

Liebe Leserinnen und Leser,

im Rahmen meiner Tätigkeit als Beraterin und Entwicklerin im Bereich SharePoint wurde ich in den vergangenen Jahren immer wieder mit Fragestellungen hinsichtlich der Möglichkeiten und Standardfunktionen von SharePoint konfrontiert. Gerade für Anwender ist der Einstieg in das Thema recht schwer, weil Sie kein Buch finden, in dem genau für diese Zielgruppe die passenden Informationen zur Verfügung gestellt werden. Das bedeutet, dass Sie in der Regel mehrere Bücher kaufen und aus jedem jeweils nur bestimmte Teile gebrauchen können. Im Grunde genommen fehlt Ihnen also ein einzelnes Nachschlagewerk, das Ihnen die wichtigsten Informationen vermittelt, wobei meiner Erfahrung nach konkrete Beispiele für die Nutzung der einzelnen Funktionen leichter zu verstehen sind als eine abstrakte Funktionsbeschreibung.

Ich möchte Sie mit diesem Buch dazu motivieren, die in Ihrem Unternehmen eingeführte oder geplante SharePoint-Plattform selbstständig zu erkunden. Sie können viele der Übungen ohne technisches Hintergrundwissen durchführen, wobei es natürlich nicht schadet, wenn Sie bereits ein wenig über SharePoint wissen oder über rudimentäre HTML-Kenntnisse verfügen. Sehen Sie dieses Buch als Ihr Nachschlagewerk und Ihre erste Anlaufstelle bei Fragen in der praktischen Nutzung von SharePoint an, und erstellen Sie anhand der verschiedenen Übungen direkt einsatzbereite Lösungen für Ihr Unternehmen oder verwenden Sie diese als Basis bzw. Anregung für Ihre eigenen Ideen.

Ich habe die fachlichen Begriffe so beschrieben, dass Sie die jeweiligen Kapitel sicher ohne große Schwierigkeiten verstehen werden und Ihre persönlichen Lösungen realisieren können. Ich möchte Sie auch einladen, meine Website zu besuchen und dort die weiterführenden Fragen zu stellen, die in diesem Buch vielleicht nicht zu Ihrer Zufriedenheit beantwortet werden: *http://msdemopoint.conet.de/blog/nicole-enders*

Ich freue mich natürlich auch über Ihre E-Mails an:

sharepoint2013@conet.de

Ich wünsche Ihnen viel Erfolg und vor allem viel Spaß beim Lesen dieses Buches und hoffe, dass es Ihnen in Ihrem Arbeitsalltag weiterhilft.

Nicole Enders
im Mai 2013

Für wen ist dieses Buch gedacht und welche Vorkenntnisse benötigen Sie?

Dieses Buch richtet sich an alle Anwender, die in ihrem Arbeitsalltag mit SharePoint arbeiten und lernen möchten, wie man es richtig bedient, oder die einmal ausprobieren möchten, was sie alles mit SharePoint tun können. Haben Sie keine Angst, wenn Sie über kein technisches Hintergrundwissen verfügen. Sie werden in diesem Buch Schritt für Schritt das Handwerkszeug kennenlernen, das SharePoint Ihnen zur Verfügung stellt. Sie werden nach Abschluss der Übungen selbst überrascht sein, wie viel Sie über SharePoint gelernt haben und wie sicher Sie mittlerweile in der Bedienung der grundlegenden Funktionen geworden sind.

Wenn Sie sich bereits mit SharePoint beschäftigt haben und ein Entwickler oder Administrator sind, sollten Sie sich auch von der Anwenderseite mit SharePoint befasst haben. Ansonsten werden Sie nicht das gesamte Potenzial der Plattform nutzen können. Für Sie biete ich aufgrund Ihres technischen Vorwissens im Rahmen der jeweiligen Übung weitere nützliche Tipps und Tricks an, die auf den reinen Anwenderinformationen aufbauen. Nur wenn Sie als Anwender mit SharePoint umgehen können, haben Sie die Möglichkeit, die passende Konfiguration für die Anwender vorzunehmen bzw. SharePoint-Erweiterungen zu entwickeln, die einen Mehrwert für die Anwender schaffen.

Welche technischen Voraussetzungen sollten vorhanden sein?

Im Optimalfall ist SharePoint 2013 bereits bei Ihnen installiert, sodass Sie nur die folgenden Tools auf Ihrem PC installieren müssen, die in Abschnitt 1.6, »Tools für die Erstellung von SharePoint-Lösungen« im Detail vorgestellt werden:

- **Microsoft Office 2013:** Wenn Sie Microsoft Office Professional 2013 verwenden, können Sie alle Übungen durchführen. Wenn Sie eine andere Edition nutzen, steht Ihnen ggf. der InfoPath Designer oder Access nicht zur Verfügung, wodurch Sie einzelne Übungen lediglich lesen, aber leider nicht ausprobieren können. Sie können auch Microsoft Office 2010 verwenden, sollten allerdings darauf gefasst sein, dass es teilweise zu Abweichungen in der Interaktion mit SharePoint kommen kann. Sie benötigen in diesem Buch die Microsoft Office-Anwendungen Outlook, Word, Excel, PowerPoint, InfoPath Designer, Access und Visio.
- **SharePoint Designer 2010 und 2013:** Sie werden viele Möglichkeiten des SharePoint Designers kennenlernen. In dem meisten Fällen wird dabei der SharePoint Designer in der Version 2013 verwendet. Für einzelne Ausnahmen werden Sie jedoch die Vorgängerversion benötigen.

- **Visual Studio 2012:** Wenn Sie die Erweiterungen für SharePoint und Office entwickeln möchten, benötigen Sie das Tool Visual Studio in der Version 2012. Für die SharePoint-Erweiterungen muss das Tool auf einem Server installiert sein, auf dem auch SharePoint installiert ist. Für die Office-Erweiterungen sollten Sie außerdem Microsoft Office 2013 auf demselben System installiert haben. Genauere Informationen hierzu finden Sie auf der Webseite *http://msdn.microsoft.com/de-de/library/fp161347.aspx*.

Um alle Übungen durchführen zu können, wird ein SharePoint Server 2013 in der Enterprise-Edition benötigt. Alternativ können Sie auch mit einer anderen Edition (Foundation bzw. Standard Server) auskommen, müssen allerdings dann teilweise entsprechend der tabellarischen Darstellung in Abschnitt 11.1, »Empfohlene Plattform für die Durchführung der Übungen« von der in den Übungen angegebenen Vorgehensweise abweichen, um die jeweilige Lösung zu erstellen. In Abschnitt 1.5.4 finden Sie deshalb eine Anleitung, wie Sie für Testzwecke selbst eine SharePoint-Plattform installieren können. Alternativ können Sie sich auch an mich wenden, damit Sie für einen begrenzten Zeitraum einen Bereich auf einer SharePoint-Plattform zur Verfügung gestellt bekommen. Bitte nehmen Sie dafür unter *http://msdemopoint.conet.de/blog/nicole-enders/sharepoint-203-fuer-anwender* Kontakt mit mir auf.

Aufbau des Buches – ein kurzer Überblick

Ein Inhaltsverzeichnis ist ja gut und schön, aber was erwartet Sie nun wirklich in diesem Buch? Hier finden Sie eine kurze Beschreibung zu den einzelnen Kapiteln, damit Sie sich besser zurechtfinden und ein Gefühl für den Inhalt des Buches bekommen, wenn Sie noch unentschlossen sind, ob dieses Buch das richtige für Sie ist.

Kapitel 1: Einleitung

Dieses Kapitel vermittelt Ihnen alle grundlegenden Informationen zum Thema SharePoint, ohne explizit auf den Funktionsumfang einzugehen. Es geht mir hierbei darum, Ihnen die Einsatzmöglichkeiten, die wichtigsten Tools und typische Herausforderungen bei der Einführung einer SharePoint-Plattform bzw. -Lösung vorzustellen. Zusätzlich erhalten Sie auch einen Überblick über die verschiedenen Versionen, Editionen und Hosting-Varianten und lernen sogar, wie Sie SharePoint installieren können. Auf Basis dieser Informationen sollten Sie sich dann leichter entscheiden können, was für Sie oder Ihr Unternehmen am besten geeignet ist.

Kapitel 2: Mit diesen SharePoint-Funktionen legen Sie einfach los

Dieses Kapitel dient der Einarbeitung in SharePoint und stellt Ihnen die wesentlichen Funktionen des Produktes vor. Anhand von einfachen Übungen lernen Sie Schritt für

Schritt das Produkt SharePoint kennen und können anschließend bereits mit den Kernfunktionen sehr gut umgehen. Verstehen Sie dieses Kapitel als eine Art Grundlagenschulung, die Ihnen die passenden Werkzeuge erklärt, mit denen Sie in den folgenden Kapiteln Lösungen für die verschiedenen Abteilungen eines Unternehmens erstellen können.

Kapitel 3: IT-Support und Empfang

Wenn Sie einen Empfang oder eine Abteilung für den IT-Support besitzen, so bieten die dort arbeitenden Mitarbeiter zentrale Leistungen für alle Mitarbeiter im Unternehmen an. So können Sie sich darauf verlassen, dass die Mitarbeiter und Mitarbeiterinnen des Empfangs die Besprechungsräume vorbereiten, Besucher begrüßen und bei Ihnen ankündigen und Ihnen bei entgangenen Anrufen eine Telefonnotiz zukommen lassen, die Ihnen die wesentlichen Informationen zu dem Anruf mitteilt. Die Abteilung des IT-Supports hingegen überwacht die internen Systeme, nimmt Anfragen von Ihrer Seite auf und hilft Ihnen bei technischen Problemen weiter. Sie werden mithilfe der Standardfunktionen und dem SharePoint Designer Lösungen erstellen, die genau diese Anwendungsfälle unterstützen.

Kapitel 4: Recruiting und Personalentwicklung

Die Personalabteilung Ihres Unternehmens beschäftigt sich in ihrer Kernfunktion mit der Rekrutierung neuer Mitarbeiter und der Förderung und Weiterbildung des beschäftigten Personals. Am Beispiel dieser Abteilung werden Sie einfache Lösungen mithilfe von Standardfunktionalitäten umsetzen. In der ersten Übung werden Sie mit einer Erweiterungslösung konfrontiert, die Sie auf Ihrem SharePoint-System installieren und zur Umsetzung eines Bewerberportals verwenden werden. Danach lernen Sie die in SharePoint 2013 neue Variante von Erweiterungen kennen, indem Sie den SharePoint Store besuchen und von dort eine App installieren. Des Weiteren wird auch der SharePoint Designer verwendet, um Workflows zur Automatisierung von Prozessen zu erstellen. Sie werden außerdem Ihr erstes elektronisches Formular mit InfoPath erstellen, um Feedback zu Seminaren einzufordern.

Kapitel 5: Marketing und Vertrieb

Die Mitarbeiter im Marketing und Vertrieb Ihres Unternehmens beschäftigen sich in ihrer Kernfunktion mit der Kundenbetreuung und der Beschaffung neuer Aufträge. Am Beispiel dieser Abteilung werden Sie Lösungen mithilfe von Standardfunktionalitäten erschaffen. So werden Sie zum Beispiel eine Plattform bereitstellen, die die Mitarbeiter bei der Kundenbetreuung unterstützt und ein effizientes Kontaktmanagement ermöglicht. Zusätzlich werden Sie eine Anwendung erstellen, um Veranstaltungen zu planen und in einem Veranstaltungskalender veröffentlichen zu können. Ein für Sie als Anwender wichtiger Bereich wird am Beispiel eines unternehmensweiten Vorlagenmanagements vorgestellt, da Sie dabei die wesentlichen Funktionen des Dokumentenmanagements kennenlernen. Zum Abschluss können Sie sich noch anschauen, wie schnell Sie eine Erweiterung entwickeln können, die Word und SharePoint noch enger miteinander verknüpft.

Kapitel 6: Einkauf

Die Mitarbeiter im Einkauf Ihres Unternehmens beschäftigen sich in ihrer Kernfunktion mit der Beschaffung aller benötigten Materialien und Dienstleistungen, die im Rahmen des Produktionsprozesses benötigt werden. Darüber hinaus kann sich ihr Aufgabengebiet gerade bei großen Unternehmen auch auf die Vermittlung zwischen verschiedenen Abteilungen oder Unternehmensbereichen erstrecken, wenn diese sich ihre jeweils produzierten Güter bzw. ihre Dienstleistungen untereinander »verkaufen« und somit eine unternehmensinterne Verrechnung nötig wird. Sie werden zum Beispiel eine Plattform bereitstellen, die zur Verwaltung von häufig bestellten Produkten verwendet werden kann. Zusätzlich werden Sie eine davon zunächst losgelöste Lösung zur Bestellung von benötigten Materialien und Dienstleistungen erstellen, um diese in einer weiteren Übung mit dem anfangs erstellten Produktkatalog zu verbinden.

Kapitel 7: Fachabteilungen

Die Mitarbeiter in den Fachabteilungen Ihres Unternehmens beschäftigen sich in ihrer Kernfunktion mit der Erstellung von Produkten oder der Unterstützung der Kunden in Form von Dienstleistungen. Das Wissen, das die Mitarbeiter für diese Tätigkeiten benötigen bzw. im Rahmen dieser Tätigkeiten aufbauen und weiterentwickeln, beeinflusst in erheblichem Maß den Unternehmenserfolg. Deshalb ist es notwendig, dass auch diese Abteilungen mittels IT-Lösungen in ihren Arbeitsprozessen optimal unterstützt werden.

Am Beispiel einer Fachabteilung werden Sie Lösungen mithilfe von Standardfunktionalitäten erschaffen. So werden Sie zum Beispiel eine Plattform bereitstellen, die zum Wissensaustausch zwischen den verschiedenen Mitarbeitern gedacht ist. Sie lernen dabei die Unterschiede zwischen den von SharePoint angebotenen Komponenten zur Unterstützung des Wissensmanagements kennen. Außerdem werden Sie eine erste Version einer Ressourcenplanung realisieren. Da viele Tätigkeiten in Unternehmen in Form von Projekten abgewickelt werden, werden Sie abschließend eine mögliche Lösung zur Unterstützung des Projektmanagements und zum Austausch zwischen den Teammitgliedern im Projekt bereitstellen.

Kapitel 8: Management und Controlling

Die Mitarbeiter, die Aufgaben im Management oder Controlling des Unternehmens wahrnehmen, sind unter anderem für die Planung der unternehmerischen Tätigkeiten und Geschäftsziele verantwortlich. Eine weitere Aufgabe stellen die Führung der Mitarbeiter und die Steuerung sowie die Erfolgskontrolle dar, um die geplanten Geschäftsziele zu erreichen. Als ebenso wichtiger Bestandteil des Unternehmens wie zum Beispiel die Fachabteilungen, Einkauf und Marketing oder auch die Personalabteilung sollten diese Mitarbeiter die Möglichkeit haben, sich sowohl untereinander auszutauschen als auch aktiv die Kommunikation mit der Belegschaft zu suchen. Außerdem wäre ein Management Cockpit wünschenswert, das eine Auswertung und verschiedene Übersichten über die im Unternehmen gesammelten Daten ermöglicht. Am Beispiel dieser Personengruppe werden Sie eine Plattform bereitstellen, die zur Veröffentlichung von organisatorischen Regelungen, geplanten Geschäftsergebnissen sowie von speziellen Angeboten für die Belegschaft verwendet werden kann. Außerdem werden Sie eine Lösung zur Erfassung der Arbeitszeiten durch die Mitarbeiter mithilfe der Access Services erstellen und eine erste Version eines Management Cockpits umsetzen, das zur Prozessüberwachung und -optimierung genutzt werden kann.

Kapitel 9: Wir sind ein Unternehmen!

In diesem Abschnitt beziehen wir uns nicht mehr auf die Bedürfnisse einzelner Abteilungen, sondern blicken gemeinsam über den Tellerrand hinaus und entwickeln Ideen, wie Ihr Unternehmensportal aussehen kann. Wir haben bereits einige vorbereitende Maßnahmen in den jeweiligen Übungen getroffen, um mit ein paar Schritten eine erste Version Ihres Unternehmensportals zu erstellen. Wir werden dabei unternehmensweite Themen behandeln. Dazu gehören u. a. die Umsetzung Ihres Corporate Designs, die Möglichkeiten im Bereich der Mehrsprachigkeit und die Unterstützung mobiler Endgeräte.

Kapitel 10: Hilfestellungen zur Umsetzung eigener Ideen

Anhand der vorangegangenen Übungen haben Sie ein beispielhaftes Unternehmensportal aufgebaut. Vielleicht denken Sie sich, dass viele der erstellten Lösungen auch bei Ihnen sinnvoll eingesetzt werden können. Vielleicht setzen Sie aber auch andere Systeme ein, die Sie nun in SharePoint integrieren möchten, oder Sie planen nun die Einführung von SharePoint und die Umsetzung Ihrer eigenen Ideen und Lösungen.

Kapitel 11: Schnellzugriff auf die für mich relevanten Inhalte

Um Sie bei der gezielten Suche nach Informationen und Hilfestellungen optimal zu unterstützen, erhalten Sie zusätzlich zu dem typischen Index dieses Buches einen auf die Rollen »Anwender«, »Administrator« und »Entwickler« zugeschnittenen Schnellzugriff, den Sie um die Seitenverweise erweitern können, die für Sie persönlich wichtig sind.

Wohin geht meine Reise?

Zu jedem Buch gehört eine Einleitung, aber auch ein Schlusswort. Hier können Sie ein Resümee ziehen, wie dieses Buch Ihnen weitergeholfen hat und wofür es aus meiner Sicht gedacht ist. Außerdem finden Sie dort noch einmal meine Kontaktdaten. Ich freue mich darauf, von Ihnen zu hören. Als Autorin lebe ich von Ihrem Feedback, damit ich in Zukunft noch besser auf Ihre konkreten Herausforderungen im Arbeitsalltag eingehen kann.

Danksagung

Ich möchte mich bei meiner ehemaligen Kollegin Almut bedanken, die mich im Sommer letzten Jahres darauf angesprochen hat, ob ich nicht einmal ein Buch schreiben möchte. Ich hatte zwar schon öfter mal gedacht, dass ich das Anwenderwissen für SharePoint einmal zusammentragen könnte und das sicher auch eine gute Idee für ein Buch wäre; ich wäre aber von allein niemals zu der Entscheidung gekommen, diesen Traum zu verwirklichen. Danke für Dein Vertrauen, das mein Leben verändert hat!

Ich bedanke mich auch bei meinen Kollegen bei CONET, die mir mit Rat und Tat zur Seite standen und vor allem in den letzten Wochen den Fortschritt des Buches mit Interesse verfolgt haben. Mein besonderer Dank gilt dabei meinem Vorgesetzten und guten Freund Lars, der mich in den vergangenen Monaten als Testperson für die Übungen dieses Buchs unterstützt hat. Du hast von Anfang an hinter mir gestanden und mir auf der Arbeit den Rücken freigehalten. Dein stetiger Zuspruch und Dein Vertrauen in mich haben mir in den letzten Wochen und Monaten sehr geholfen. Danke für Deinen unermüdlichen Einsatz und Deine vielen Ideen und Anregungen, die dazu beigetragen haben, meine Vision von einem Buch mit dem Fokus auf die Anwender im SharePoint-Umfeld Wirklichkeit werden zu lassen.

Ein besonderer Dank geht auch an meine Eltern, die wie gewohnt immer für mich da waren. Sie haben tapfer und verständnisvoll meine Launen ertragen und mich unterstützt, wo sie nur konnten. Zum Schluss danke ich noch allen meinen Freunden, die mich moralisch unterstützt haben und Verständnis dafür hatten, dass ich in den letzten Monaten nicht mehr so viel Zeit für sie hatte, wie sie es bisher gewohnt waren.

Bei meinem Lektor, Sebastian Kestel von Galileo Computing, möchte ich mich besonders bedanken, weil Sie von meiner Idee überzeugt waren und sich für dieses Buch eingesetzt haben. Danke für die sehr gute Zusammenarbeit und die Unterstützung in den vergangenen Monaten.

TEIL I

Grundlagen verstehen und anwenden

Kapitel 1
Einleitung

»Eine Reise von tausend Meilen beginnt mit einem einzigen Schritt.«
Lao-tse (6. Jahrhundert v. Chr.)
Kommen Sie mit mir auf eine Entdeckungsreise durch die große Welt von SharePoint, und lernen Sie Schritt für Schritt, wie Sie Ihren persönlichen Arbeitsplatz zukünftig besser gestalten können.

In diesem Kapitel erhalten Sie alle grundlegenden Informationen zum Einsatz von SharePoint. Unser Ziel ist es, gemeinsam zunächst ein paar Einsatzmöglichkeiten, die wichtigsten Tools und Werkzeuge sowie typische Herausforderungen bei der Einführung und Nutzung von SharePoint kennenzulernen. Zusätzlich werden Sie in Abschnitt 1.5 auf wichtige Unterschiede im Umgang mit den verschiedenen Versionen, Editionen und Hosting-Varianten aufmerksam gemacht. Diese Unterschiede werden auch in den Übungen kenntlich gemacht, die Sie im späteren Verlauf dieses Buches finden, um Ihnen zu zeigen, wie Sie aus jedem SharePoint Ihre persönliche Unternehmenslösung schaffen können.

1.1 Ziel dieses Buches

In der letzten Zeit findet das Produkt *SharePoint* von Microsoft eine immer größere Verbreitung bei Unternehmen. SharePoint ist dabei als zentrale Plattform für die Verteilung von Informationen und die Zusammenarbeit im Unternehmen mit einer Microsoft-Systemlandschaft zu verstehen. Diese Plattform ermöglicht es Ihnen ähnlich wie ein »Werkzeugkasten«, Ihre individuellen Lösungen mit dem großen Funktionsumfang umzusetzen, der Ihnen bereits direkt nach der Installation des Produktes zur Verfügung steht.

Ich begleite seit vielen Jahren zusammen mit meinen Kollegen von der CONET Solutions GmbH zahlreiche Unternehmen bei der Einführung und Nutzung ihrer SharePoint-Plattform. Dabei sehe ich immer wieder, dass es nicht damit getan ist, das Produkt im Unternehmen zu installieren und zur Verfügung zu stellen. So wird zum Beispiel die Ablage von Dateien auf einem gemeinsamen Laufwerk durch SharePoint ersetzt, ohne dabei die neuen Möglichkeiten zu berücksichtigen und diese transparent allen beteiligten Anwendergruppen zu vermitteln. Wenn die betroffenen

Anwender die neuen Prozesse und Vorgehensweisen für die tägliche Arbeit mit SharePoint aber nicht kennen, so ist es nicht verwunderlich, wenn die Benutzerakzeptanz der SharePoint-Produkte sehr gering ausfällt.

Gerade in diesem Bereich fehlt bisher die passende Literatur, die Ihnen als Anwender die Informationen vermittelt, welche Mehrwerte Sie mit SharePoint haben und wie Sie mit der Auswahl der richtigen Werkzeuge aus dem »Werkzeugkasten« SharePoint Ihren persönlichen Arbeitsplatz so gestalten können, dass er Sie bei der Bewältigung Ihrer alltäglichen Aufgaben optimal unterstützt.

Ich möchte Sie mit diesem Buch dabei unterstützen, indem ich Ihnen zunächst in Kapitel 1, »Einleitung«, und Kapitel 2, »Mit diesen SharePoint-Funktionen legen Sie einfach los«, die grundlegenden Konzepte von SharePoint vermittle und eine Einführung in die Bedienung der Basisfunktionalitäten gebe. Darauf aufbauend möchte ich Ihnen anhand von einigen Beispielen für exemplarisch ausgewählte Abteilungen eines typischen Unternehmens Impulse für eigene Lösungen geben. Sie werden ein Gefühl dafür bekommen, was Sie mithilfe von SharePoint machen können. Außerdem erhalten Sie für spezielle Anforderungen und Erweiterungslösungen die passenden Stichworte, um sich mit Entwicklern und Administratoren gezielt austauschen zu können.

Ich wünsche mir von Ihnen, dass Sie Ihrer Fantasie keine Grenzen setzen und mithilfe der Tipps und Tricks in diesem Buch Ihre persönliche Unternehmenslösung schaffen. Für die Beispiele in diesem Buch sollten Sie eine Übungswebsitesammlung bei Ihrem SharePoint-Administrator beantragen. Sollte dies bei Ihnen nicht möglich sein, so stelle ich Ihnen diese gerne für einen begrenzten Zeitraum zur Verfügung. Bitte nehmen Sie dafür unter *http://msdemopoint.conet.de/blog/nicole-enders/sharepoint-2013-fuer-anwender* Kontakt mit mir auf.

1.2 Was ist SharePoint überhaupt?

Die Popularität von SharePoint ist in den letzten Jahren schnell gestiegen, und es gibt immer mehr Menschen, die sich plötzlich mit dem bisher für sie vollkommen unbekannten Produkt auseinandersetzen müssen. Vielleicht geht es Ihnen genauso und Sie stellen sich die Frage: »Was ist denn dieser SharePoint überhaupt, und was soll ich damit in meinem Arbeitsalltag anfangen?« Oder Sie sagen sich: »Bisher hat doch alles auch ohne SharePoint funktioniert! Was für Vorteile habe ich persönlich von dem Einsatz dieses Produkts?«

Genau um diese Fragestellungen geht es mir. Ich möchte Ihnen zeigen, welche Möglichkeiten Ihnen mit dem »Werkzeugkasten« SharePoint geboten werden und wie Sie aus den vielen Werkzeugen genau die für Sie passenden nutzen können. Dabei möchte ich den Funktionsumfang in die folgenden sechs Kategorien unterteilen:

1. Zusammenarbeit von Mitarbeitern
2. Communities und Wissensmanagement
3. Dokumentenmanagement
4. Web Content Management
5. Suchen und Finden
6. Business Intelligence

Aufbauend auf den Funktionalitäten, die die Zusammenarbeit von Mitarbeitern unterstützen, können Communities gegründet und kann ein zentrales Wissensmanagement im Unternehmen etabliert werden. Häufig sind es aber gerade die Möglichkeiten im Bereich des Dokumentenmanagements bzw. Web Content Managements, die zu der Entscheidung führen, SharePoint im Unternehmen einzusetzen. Haben Sie dann erst einmal Informationen bzw. Dokumente in SharePoint gespeichert, wird es für Sie auch interessant sein, wie Sie später wieder an diese gelangen können. Was bietet Ihnen die direkt verfügbare Suche an? Und an was müssen Sie noch vor dem Speichern Ihrer Informationen denken, damit Sie bessere Ergebnisse bei der Suche erhalten?

Abschließend möchte ich noch auf einen Bereich eingehen, der gerade für das Controlling und die Managementebene sehr interessant sein kann. Hier wird gezeigt, wie Sie im Bereich Business Intelligence auf einfache Art und Weise Dashboards bereitstellen können, die die wesentlichen Unternehmensdaten aufbereitet zur Verfügung stellen.

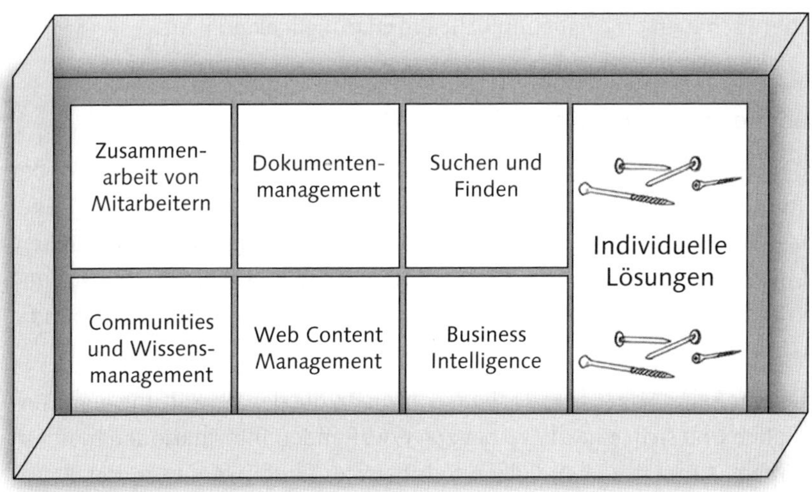

Abbildung 1.1 SharePoint als Werkzeugkasten

Abbildung 1.1 stellt SharePoint als Werkzeugkasten dar. Sie finden dort Fächer für die erwähnten sechs Kategorien, die Ihnen in Form von Standardwerkzeugen viele Möglichkeiten zur Erstellung Ihrer Lösungen anbieten. Sehen Sie ganz rechts im Werkzeugkasten das große leere Fach »Individuelle Lösungen«, in dem ein paar Schrauben zu finden sind? Das ist ein besonders wichtiges Fach für Sie, an das Sie bei der Erstellung Ihrer Lösungen denken sollten. Sie können mithilfe der Werkzeuge aus den sechs anderen Fächern bereits viele Lösungen erstellen, die Ihnen im Arbeitsalltag das Leben erleichtern. Sollten Sie allerdings einmal an den Punkt kommen, dass sich eine Anforderung nicht so umsetzen lässt, wie Sie es sich wünschen, so sollten Sie nicht verzweifeln und sich stattdessen an das siebte Fach erinnern.

In diesem Fach haben Sie Platz, um zusätzliche Werkzeuge unterzubringen, die Sie entweder selbst erstellt haben oder von internen oder externen SharePoint-Entwicklern erhalten haben. Meistens handelt es sich um kleine Erweiterungen, die Ihre Lösung auf Basis von Standardfunktionen abrunden und Sie sowie die übrigen Anwender der Lösung glücklich machen können. Die Erweiterungsmöglichkeiten stellen einen großen Vorteil im Vergleich zu anderen Standardprodukten dar. Denn sobald Sie ein neues Werkzeug in Form einer Erweiterung in Ihrem Werkzeugkasten besitzen, können Sie dieses grundsätzlich für die Erstellung jeder beliebigen Lösung verwenden. Sie profitieren somit von der Arbeit bei der Erstellung der bisherigen Lösungen.

Damit Sie ein Gefühl dafür bekommen, welche Werkzeuge Sie in den sechs Fächern nutzen können, werden diese in den folgenden Abschnitten einzeln vorgestellt. Wir beschäftigen uns an dieser Stelle noch nicht mit der Bedienung der einzelnen Funktionen, sondern schauen uns erst einmal die Einsatzmöglichkeiten an.

1.2.1 Zusammenarbeit von Mitarbeitern und Partnern

Sowohl innerhalb des Unternehmens als auch mit externen Partnern wird in der Regel ein Informationsraum benötigt, der es den Anwendern ermöglicht, Dokumente auszutauschen, Aufgaben zu verteilen und ihren Status nachzuvollziehen. SharePoint bietet mit seinen Basisfunktionalitäten genau diese *Informationsräume* in Form von Websites an, die auch in der »kleinsten« Edition, der SharePoint Foundation, bereits verfügbar sind.

Eine Website beinhaltet sogenannte *Inhaltscontainer*, die der Verwaltung der Informationen dienen und sich je nach Typ der zu verwaltenden Informationen in ihrem Funktionsumfang unterscheiden. Folgende Inhaltscontainer werden in der Praxis häufig eingesetzt:

- Dokumentbibliotheken
- Wiki-Seitenbibliotheken

- Bildbibliotheken
- Listen mit einer Integrationsmöglichkeit in Outlook
  - Aufgaben
  - Kalender
  - Kontakte
- Benutzerdefinierte Listen

Websites können auch *Unterwebsites* enthalten, die sich hierarchisch schachteln lassen. Dabei sollten Sie aber auf eine übersichtliche Struktur achten, damit alle Anwender intuitiv die für sie relevanten Informationen abrufen können. Weitere Informationen zur Strukturierung erhalten Sie in Abschnitt 1.4.3.

Die in den *Inhaltscontainern* abgelegten Informationen können auf beliebige Art und Weise über *Websiteseiten* präsentiert werden. Sie können auf diesen Seiten Sichten auf *Inhaltscontainer* platzieren. Diese Sichten werden als *Webparts* bezeichnet. Diese ermöglichen es Ihnen, Informationen in genau der Form bereitzustellen, die Sie und die anderen Anwender benötigen. Die erstellten Webseiten können Sie über Menüpunkte in der Navigation zugänglich machen.

Welchen Zusammenhang gibt es zwischen Websites und einer Websitesammlung?

Eine Website gehört zwingend zu einer *Websitesammlung*. Wenn Sie eine *Websitesammlung* erstellen, wird dabei automatisch eine Website angelegt. Eine *Websitesammlung* ist im Grunde genommen nur ein Container für Websites, wobei es in einer solchen Sammlung immer eine Website ganz oben gibt, unter der Unterwebsites angelegt werden können. Eine jede Unterwebsite kann dann über beliebig viele weitere Unterwebsites verfügen, wodurch Sie eine beliebige Hierarchie aufbauen können. Sollen mehrere Websites grundsätzlich demselben Personenkreis zur Verfügung gestellt werden, so sollten Sie diese in einer *Websitesammlung* zusammenfassen.

1.2.2 Communities und Wissensmanagement

Ergänzend zu den Basisfunktionalitäten für die Unterstützung der Zusammenarbeit bietet Ihnen SharePoint eine Vielzahl an Möglichkeiten für den Aufbau eines sozialen Netzwerks. Dazu gehören Wikis, Blogs, Diskussionsrunden, Newsfeeds, *persönliche Arbeitsbereiche* und Benutzerprofile.

Das Zentrum der sozialen Funktionen stellt der *persönliche Arbeitsbereich*, die sogenannte *Meine Website* oder auch *MySite*, dar. Dabei handelt es sich um eine *Websitesammlung*, die Ihnen als Anwender zur freien Verfügung steht. Unter *Meine Website* kann jeder Anwender persönliche Informationen ablegen, beispielsweise einen eigenen Kalender oder eine persönliche Aufgabenliste, sowie eigene Dokumente, Bilder und Medien. Auch einen persönlichen Blog oder *Unterwebsites* können Sie dort anlegen. Sie können dann für die in Ihrer Website verwalteten Informationen festlegen, ob diese nur Ihnen zur Verfügung stehen sollen oder ob Sie beispielsweise bestimmte Dokumente oder Ihren Blog Ihren Kollegen anbieten möchten.

Ihr Benutzerprofil ergänzt die von Ihnen erfassten Informationen. Daten wie Telefon, E-Mail und Abteilung werden meist aus dem eingesetzten *Verzeichnisdienst*, zum Beispiel dem *Microsoft Active Directory*, importiert.

Sie können und sollten diese Angaben um Fachkenntnisse, ein Foto und Ihre Interessen ergänzen, denn mit diesen Informationen können Sie und alle anderen Anwender ein persönliches *soziales Netzwerk* zusammenstellen. Über einen *Newsfeed* können Sie sich über Aktivitäten in diesem Netzwerk auf dem Laufenden halten, während Sie mit einer *Microblog*-Funktion die Möglichkeit haben, kurze Notizen und Fragen oder Statusmeldungen zu erfassen, auf die die anderen Anwender antworten können.

Bei den Werkzeugen im Bereich »Communities und Wissensmanagement« besteht ein großer Unterschied zwischen den verschiedenen Editionen *Foundation*, *Standard Server* und *Enterprise Server* von SharePoint, die Ihnen in Abschnitt 1.5.3 detailliert aufgezeigt werden. Neben dem *persönlichen Arbeitsbereich* gibt es in den Server-Editionen die Möglichkeit, direkt über eine Vorlage eine *Community* aufzubauen. Diese besteht im Wesentlichen aus einem Diskussionsforum, in das Fragen oder Thesen eingestellt werden können. Alle Teilnehmer der Community können sich an den Diskussionen beteiligen und sammeln dabei Punkte, wodurch sie in einem *Ranking* aufgeführt werden. Dadurch werden die Experten einer Community ermittelt, die mit einem Titel wie zum Beispiel »Experte« oder »Spezialist« ausgezeichnet werden können. So können Sie bei dem Besuch einer Community direkt die Wissensträger erkennen und diese ggf. direkt ansprechen, wenn Sie eine konkrete Fragestellung haben, die möglichst schnell beantwortet werden soll, oder wenn Sie diese Person für eine bestimmte Aufgabe benötigen.

1.2.3 Dokumentenmanagement

Die Funktionalitäten im Bereich des Dokumentenmanagements sind seit vielen Jahren ein Kernstück von SharePoint. So können in SharePoint abgelegte Dokumente versioniert und mit *Metadaten* unterschiedlicher Arten angereichert werden. Um Dokumente zur ausschließlichen Bearbeitung durch Sie zu sperren und allen anderen Anwendern lediglich einen lesenden Zugriff auf die bis zum Beginn der Bearbeitung durch Sie aktuelle Version zu erlauben, kann die Funktion des *Ein- und Auscheckens* verwendet werden.

Sie haben außerdem die Möglichkeit, für neue und geänderte Dokumente jeweils automatisch eine *Inhaltsgenehmigung* erforderlich zu machen oder *Workflows* zu nutzen, die Sie auch manuell starten können.

Um stets über Änderungen informiert zu werden, können Sie entweder sofortige, tägliche oder wöchentliche *Benachrichtigungen* in Form von E-Mails oder *RSS-Feeds* nutzen.

Wenn Sie zum Beispiel für Geschäftsbriefe Vorlagen nutzen, können Sie diese für eine Dokumentbibliothek hinterlegen und somit diese auch bei Bedarf an zentraler Stelle austauschen. Dabei können Sie die Vorteile von SharePoint im Bereich des Dokumentenmanagements nutzen. Alle Funktionen wie die *Versionierung*, das *Ein- und Auschecken* sowie die Ausführung von *Workflows* sind direkt aus den Microsoft Office-Anwendungen heraus verfügbar.

In den Server-Editionen stehen weitere Funktionen zur Verfügung, die im Hinblick auf *Compliance* ein regelkonformes Lenken von Dokumenten unterstützen. Aufbewahrungspflichtige Dokumente können als Datensatz deklariert werden. Ab diesem Moment ist sichergestellt, dass unter Berücksichtigung der *ISO 15489 »Schriftgutverwaltung«* innerhalb der gesetzlichen Frist keine Änderung oder Löschung dieser Dokumente stattfindet. Mittels *Informationsverwaltungsrichtlinien* können Aufbewahrungsfristen definiert werden und kann beispielsweise festgelegt werden, dass ein Dokument einen Monat nach Erstellung automatisch als Datensatz deklariert und zwei Jahre später automatisch gelöscht wird.

1.2.4 Web Content Management

Neben dem reinen Dokumentenmanagement ist auch der Bereich des *Web Content Managements* zu erwähnen. Durch die Verwaltung von Informationen in Form der Inhaltscontainer und durch die Präsentation mittels Webparts und Webseiten ist eine Trennung von Inhalt und *Layout* gegeben. Das *Layout* lässt sich nach Ihren Wünschen anpassen. Dies kann zum einen über Konfigurationsmöglichkeiten der verfügbaren Webparts erfolgen. Zum anderen besteht jederzeit auch die Möglichkeit, mittels *XSLT* oder *CSS* und *JavaScript* ein vollkommen individuelles Layout zu erstellen.

Ähnlich wie bei den Dokumenten kann auch für erstellte Seiten oder neue Versionen von bereits bestehenden Seiten ein Freigabeprozess definiert werden oder ein zeitgesteuertes Veröffentlichen von Informationen erfolgen.

1.2.5 Suchen und Finden

Wenn Sie Informationen in SharePoint ablegen, ist es für Sie und den Arbeitsalltag Ihrer Kollegen essenziell wichtig, dass Sie diese Informationen auch genau dann finden und weiterverwenden können, sobald Sie sie benötigen.

Es wird zwischen verschiedenen Arten der Suche unterschieden:

1. Eine Variante entspricht eher einer **Filterung** als einer klassischen Suche. Hierbei wissen Sie bereits, wo die gesuchte Information grundsätzlich abgelegt wurde, und befinden sich bereits auf der Seite, die die Inhalte der Liste oder Dokumentbibliothek mit der gesuchten Information darstellt. Mithilfe von vergebenen *Metadaten* kann dann eine *Filterung* vorgenommen werden, um die Information zu finden. Wenn Sie zum Beispiel wissen, dass Sie ein Dokument in einer bestimmten Dokumentbibliothek abgelegt und im *Metadatenfeld* »Kategorie« den Wert »Angebot« angegeben haben, ist die Suche für Sie sehr einfach. Sie navigieren zu der entsprechenden Dokumentbibliothek und filtern dann nach Ihrer Person als Ersteller und der Kategorie »Angebot«. Sie erhalten dann alle Angebote, die von Ihnen erstellt wurden, und können aus dieser Ergebnisanzeige das gewünschte Dokument auswählen.
2. Die zweite Variante entspricht der **klassischen Suche**, wie man sie im Internet mit Suchmaschinen wie zum Beispiel Google oder Bing durchführt. Sie geben einen Suchbegriff an und erhalten anschließend eine Ergebnisseite mit den zu dem Suchbegriff als passend erachteten Informationen, wobei eine Volltextsuche durchgeführt wird. Grundsätzlich steht Ihnen auf jeder SharePoint-Seite oben rechts ein Suchfeld zur Verfügung (siehe Abbildung 1.2). Sie können damit in der jeweiligen Website nach Informationen suchen.

Abbildung 1.2 In jeder Webseite von SharePoint ist oben rechts ein Suchfeld vorhanden.

Wenn Sie mehrere Websitesammlungen verwenden, werden Sie mit diesem Suchfeld genau dann an eine Grenze stoßen, wenn Sie sich aus der jeweiligen Website heraus auch Suchergebnisse aus anderen Websitesammlungen wünschen. Dafür ist das *Unternehmenssuchcenter* vorgesehen. Sie sollten im Unternehmen ein solches *Suchcenter* einrichten, das zentral von allen Mitarbeitern genutzt werden kann und in den jeweiligen Websites verlinkt ist oder durch einen *DNS-Alias* einfach erreicht werden kann. In der Praxis wird häufig ein *DNS-Alias* verwendet. Dabei handelt es sich um eine durch einen Administrator vorzunehmende Konfiguration in Ihrem Netzwerk, sodass Sie als Anwender im Browser beispielsweise nur den Text »suche« anstelle eines längeren Links eingeben müssen und damit direkt auf das Suchcenter in SharePoint weitergeleitet werden.

Grundsätzlich gilt für jede Suchvariante, dass die Anwender nur Suchergebnisse zu den Informationen erhalten, für die sie auch autorisiert wurden. Außerdem dürfen Sie nicht erwarten, dass Sie eine Information unmittelbar nach der Erfassung über die Suche finden können. Im Hintergrund erfolgt in regelmäßigen Abständen eine *Indizierung* der in SharePoint abgelegten Informationen. Wann und wie oft die Indizierung durchgeführt wird, können Sie bei Ihrem Administrator erfahren. Mit ihm gemeinsam bestimmen Sie, wie schnell Informationen in den Suchergebnissen verfügbar sein sollen.

Wenn Sie die Server-Editionen verwenden, können Sie weitere nützliche Funktionen der Suche nutzen:

- Sie können über eine Verfeinerung mittels der von Ihnen vergebenen Metadaten das Suchergebnis sukzessive einschränken.
- Jeder Anwender kann Suchen fest definieren und sich mittels E-Mail oder RSS-Feed über neue Suchergebnisse benachrichtigen lassen.
- Sie haben die Möglichkeit, die SharePoint-Suche in den Windows-Desktop zu integrieren.
- Die Darstellung und die Eingrenzung der Suchergebnisse kann mithilfe von *XSLT* angepasst werden.
- Vorausgesetzt, dass jeder Anwender sein Profil pflegt und seine Fertigkeiten bzw. Expertise hinterlegt, haben Sie die Möglichkeit, eine *Expertensuche* anhand von personenbezogenen Merkmalen durchzuführen. So finden Sie immer den richtigen Ansprechpartner im Unternehmen.

Sie sollten sich bereits im Rahmen Ihres Einführungsprojektes genau überlegen, welche Anforderungen Sie an die Suche bzw. das Finden Ihrer Informationen stellen. Gerade diese Thematik kann einen erheblichen Einfluss auf die aufzubauende *Informationsarchitektur* haben.

1.2.6 Business Intelligence

SharePoint bietet Ihnen die Möglichkeit, Daten aus den im Unternehmen zur Datenerfassung verwendeten Applikationen (wie zum Beispiel einem ERP-System) aufbereitet den jeweiligen Zielgruppen zur Verfügung zu stellen.

Falls Sie im Internet nach Informationen zu den *Business Intelligence*- Komponenten von SharePoint suchen, werden Sie mit dem von Microsoft hierfür verwendeten

Begriff *Insights* schnell fündig werden. Zu den angebotenen Komponenten gehören beispielsweise:

- Die **Excel Services** dienen zur Darstellung von Tabellen, Diagrammen oder ganzen Arbeitsblättern einer Excel-Arbeitsmappe innerhalb einer SharePoint-Seite.
- **Key Performance Indikatoren** können über eine Ampeldarstellung Kennzahlen visualisieren. Hierfür sind eine spezielle Listenvorlage und dazugehörende Webparts vorgesehen.
- Das **Diagramm-Webpart** kann Daten aus einer SharePoint-Liste in Form eines Diagramms ähnlich wie in Excel darstellen. Die Konfiguration erfolgt über einen Assistenten.
- **Externe Systeme** wie zum Beispiel eine SQL Server-Datenbank können in Form einer SharePoint-Liste integriert werden, wodurch eine Bearbeitung dieser externen Daten direkt aus SharePoint heraus ermöglicht wird.

Ein Kernbestandteil der Business Intelligence-Komponenten ist das sogenannte *Business Intelligence Center*. Es handelt sich dabei um eine spezielle Website, die es Ihnen ermöglicht, zentral alle Unternehmensberichte bereitzustellen. Sie werden dabei durch die *PerformancePoint Services* und den dazugehörenden *Dashboard Designer* unterstützt, mit dem Sie Ihre Auswertungen in Form von *Dashboards* erstellen können.

1.2.7 Individuelle Lösungen

Bei SharePoint handelt es sich um einen »Werkzeugkasten« mit sechs bereits mit Werkzeugen gefüllten Fächern und einem freien Fach, in dem Sie neue Werkzeuge unterbringen können. Sollten Sie im Rahmen Ihrer Anforderungen zu der Erkenntnis gelangen, dass die Standard-Komponenten Sie nicht ganz an Ihr Ziel führen, können Sie folgende Schritte unternehmen:

- Sie suchen nach einem Anbieter, der die Komponente bereits realisiert hat, und **kaufen die Komponente** z. B. aus der Websitesammlung heraus über den *SharePoint Store*.
- Sie nehmen die nötigen Anpassungen in Form von **Customizing** selbst mithilfe von Werkzeugen wie dem SharePoint Designer oder InfoPath vor.
- Sie lassen eine **universelle Erweiterung** für SharePoint entwickeln, zum Beispiel eine zusätzliche Funktion für alle Dokumentbibliotheken.
- Sie realisieren eine **individuelle Lösung**, wie beispielsweise die technische Unterstützung eines Prozesses (ggf. in Form einer komplexen Applikation) in Form einer individuellen SharePoint-Lösung.

Sollten Sie planen, selbst Anpassungen vorzunehmen, so stehen Ihnen grundsätzlich folgende Optionen zur Verfügung:

- Mit den **Access Services** können in Microsoft Access entwickelte Anwendungen als mehrbenutzerfähige Webanwendungen im SharePoint betrieben werden. Dabei sind allerdings Einschränkungen zu berücksichtigen, da Access bereits viele Möglichkeiten der Programmierung bietet, die nicht so ohne Weiteres auf SharePoint übertragen werden können.
- Mit dem **SharePoint Designer** lassen sich Layouts in Form von *Gestaltungsvorlagen* und *Designvorlagen* anpassen, *Workflows* definieren, und Verbindungen zu externen Datenquellen herstellen.
- Mit **InfoPath** können elektronische Formulare für Webanwendungen gestaltet und einfache Geschäftsprozesse abgebildet werden. Eingabeformulare für SharePoint-Listen können mit dem InfoPath-Designer bearbeitet und mit Regeln und Überprüfungen angereichert werden. Dies ist vor allem dann sinnvoll, wenn die Felder der Liste anders angeordnet werden sollen. Standardmäßig werden diese unmittelbar untereinander dargestellt, während man in der Praxis manche Felder lieber nebeneinander anzeigen möchte oder manche Felder auch nur unter bestimmten Bedingungen wie zum Beispiel nach Auswahl einer entsprechenden Kategorie ausfüllen möchte.

Eine Entscheidungshilfe dafür, wann Sie welchen Typ der Individualisierung wählen sollten und welche Werkzeuge dann die richtigen sind, finden Sie in Abschnitt 1.6, »Tools für die Erstellung von SharePoint-Lösungen«.

1.3 Zehn Meinungen zu den Einsatzmöglichkeiten

Zu dem Einsatz von SharePoint sind mir in der Praxis die unterschiedlichsten Meinungen begegnet. An dieser Stelle möchte ich Ihnen verschiedene Einsatzszenarien vorstellen und diese im Hinblick auf die Benutzerakzeptanz und die zugrunde liegenden Konzepte beleuchten.

1.3.1 »SharePoint ist ein Dokumentenmanagementsystem!«

In diesem Szenario wurde SharePoint gezielt für das Dokumentenmanagement im Unternehmen eingeführt, um das bisher genutzte *Dokumentenmanagementsystem* (DMS) abzulösen. Die Benutzerakzeptanz für SharePoint hätte nicht schlechter sein können. Die Anwender mussten sich zum einen auf ein neues System und eine damit verbundene für sie neue Benutzerführung einstellen, und zum anderen fehlten ihnen gewohnte und für sie nach all den Jahren auch elementare Funktionalitäten.

SharePoint bietet folgende Funktionalitäten für die Verwaltung von Dokumenten:

- die Verwaltung von *Haupt- und Nebenversionen* der Dokumente
- die Möglichkeit, Dokumente für die Bearbeitung zu sperren (Ein- und Auschecken)
- Unterstützung standardisierter Prozesse durch Workflows

Die Anbindung an externe Systeme, die das alte DMS automatisch durch Schnittstellen unterstützt hat, musste allerdings nachträglich vorgenommen werden. Auch war der individuelle Schutz der Dokumente anfangs nicht gewährleistet, und die Archivierungsfunktionalität beeindruckte die Anwender nicht wirklich.

Für einfache Anwendungsfälle, in denen lediglich eine zentrale Verwaltung von Dokumenten mit ein paar wesentlichen Funktionen des Dokumentenmanagements benötigt wird, kann SharePoint effektiv eingesetzt werden. Benötigen Sie allerdings ein DMS mit allen dazu gehörenden Funktionalitäten, so sollten Sie entweder auf Erweiterungslösungen von anderen Anbietern zurückgreifen oder tatsächlich ein DMS einsetzen und eine Integration in SharePoint vornehmen. Viele DMS bieten bereits Erweiterungslösungen an, sodass der Anwender über die Benutzeroberfläche in SharePoint arbeitet, während alle Dokumente im Hintergrund im DMS zu finden sind.

1.3.2 »SharePoint ist eine Suchmaschine für meine Unternehmensdaten!«

In diesem Szenario wurde SharePoint nur aus einem einzigen Grund eingeführt: Man beabsichtigte eine Suchlösung im Unternehmen zu etablieren, die eine Suche über alle im Unternehmen vorhandenen Daten ermöglichen sollte. Dazu zählten zum einen Dateien, die auf den verschiedenen Laufwerken abgelegt waren. Zum anderen ging es aber auch um Informationen, die nur über bestimmte eingesetzte Applikationen erreichbar waren oder sich in den Postfächern der Mitarbeiter befanden.

SharePoint verfügt bereits mit der kleinsten Edition über eine Suchfunktion. Dabei geht es aber zunächst erst einmal um die in SharePoint abgelegten Informationen, wie Dokumente, Wiki-Artikel, Ankündigungen usw. Es besteht die Möglichkeit, auch weitere Quellen anzugeben, die bei der Indizierung der Suche berücksichtigt werden sollen.

Aber gerade bei Applikationen, die in ihrem Kontext Informationen liefern, stellt sich die Frage, wie man aus SharePoint heraus an diese gelangen soll. Hier müssen Schnittstellen geschaffen werden, damit die gewünschten Informationen überhaupt zur Verfügung stehen. Weiterhin muss man sich Gedanken über die bei Suchergebnissen zu erwartende Menge an Treffern machen, da auch hierbei Grenzen erreicht werden können, die dazu führen, den Einsatz von SharePoint für die Suche nicht zu empfehlen oder auf bestimmte Bereiche einzugrenzen.

1.3.3 »Mit SharePoint löse ich meinen Fileserver und meine Outlook-Aufgaben ab!«

Die Anwender haben sehr viele Jahre lang ihre Informationen in Form von E-Mails ausgetauscht und Aufgaben über die Standardfunktionalitäten in Outlook bearbeitet. Dokumente haben sie entweder lokal für sich persönlich gespeichert oder auf einem gemeinsamen Laufwerk, dem sogenannten *Fileshare*, miteinander geteilt. Dabei ist es häufig vorgekommen, dass Dokumente als Anhang einer E-Mail versendet und Aufgaben erstellt wurden, um damit bestimmte Abschnitte des Dokuments zu bearbeiten. Typische Fragestellungen bei der Arbeit waren: »Ist das auch die richtige Version?«, »Wer arbeitet denn noch an dem Dokument mit?« und »Was genau soll ich jetzt mit dem Dokument tun?«.

Um diese Probleme in der täglichen Arbeit zu lösen, wurde SharePoint als neue Plattform für die Zusammenarbeit der Mitarbeiter eingeführt. Dokumente werden nun immer dort abgelegt. Durch die automatische *Versionierung* kann man jederzeit nachvollziehen, wer an dem Dokument gearbeitet hat und was jeweils geändert wurde. Es besteht sogar die Möglichkeit, zur selben Zeit mit mehreren Personen an einem Dokument zu arbeiten, wodurch die Erstellung der Dokumente deutlich beschleunigt wurde.

Die bisher in Outlook verwalteten Aufgaben wurden erfolgreich durch eine Aufgabenliste in SharePoint ersetzt, die wiederum in das Outlook der einzelnen Mitarbeiter integriert werden kann, um die gewohnte Arbeitsweise weiterhin zu unterstützen. Der Vorteil der zentralen Aufgabenliste in SharePoint besteht darin, dass man nun einen Überblick über die anstehenden Tätigkeiten des gesamten Teams erhalten und Aufgaben einfacher verteilen kann.

1.3.4 »Mit SharePoint habe ich meine Projektmanagementlösung gefunden!«

Um die im Rahmen eines Projektes anfallenden Aufgaben und erstellten Dokumente zu verwalten, wurde nach einer gemeinsamen Plattform gesucht. Diese sollte die Projektmitarbeiter in ihrer täglichen Arbeit unterstützen und die zentrale Anlaufstelle für alle projektrelevanten Informationen sein.

Mit den Funktionalitäten der Aufgaben- und Dokumentenverwaltung wurde SharePoint als mögliche Lösung identifiziert und eingesetzt. Es wurde neben den Dokumenten auch die gesamte, weiterhin über Outlook stattfindende Kommunikation mit dem Kunden aus Outlook heraus an eine Dokumentbibliothek weitergeleitet, damit jedes Teammitglied direkt auf dem neuesten Stand ist.

Der Aspekt der Ressourcenplanung ließ sich mit SharePoint allein allerdings nicht so einfach umsetzen. Gerade bei mehreren parallel zueinander verlaufenden Projekten gab es keinen Überblick über die Verfügbarkeit der gemeinsam als Ressourcen benötigten Mitarbeiter. Aus diesem Grund wurde zusätzlich nach der Einführung von SharePoint auch der *Project Server* im Unternehmen etabliert, der auf SharePoint aufbaut und so neben der Ressourcenplanung auch Zugriff auf die bereits vorhandenen *Projektarbeitsräume* ermöglicht.

Eine Alternative zu diesem weiteren Produkt wäre eine SharePoint-Erweiterung gewesen. Denn grundsätzlich können Sie die Ressourcen über SharePoint-Listen verwalten. Sie benötigen als Erweiterung lediglich eine Überprüfung bei der Buchung von Ressourcen, damit die Projektmitarbeiter nicht für mehrere Aufgaben zur selben Zeit verplant werden.

1.3.5 »SharePoint ist perfekt für die Zusammenarbeit mit externen Partnern!«

Wenn eine Plattform die Zusammenarbeit der Mitarbeiter innerhalb des Unternehmens fördert, ist sie bestimmt auch für den Informationsaustausch mit Kunden und externen Partnern geeignet, oder? Diese Frage stellt man sich in der Praxis häufig. Sie zieht dann Fragen nach den damit verbundenen Kosten nach sich. In der Regel reichen allerdings die Basisfunktionalitäten von SharePoint (wie z. B. das Aufgabenmanagement, die Dokumentenverwaltung inklusive *Versionierung* und Informationsablagen wie Wiki, Blog und Diskussionsforen) aus. Dadurch kann die SharePoint *Foundation* eingesetzt werden, die bereits über das Windows Server-Betriebssystem lizenziert ist und somit keine zusätzlichen Kosten verursacht.

Dann sollten Sie lediglich darüber nachdenken, wie die Verwaltung der Anmeldedaten der Kunden bzw. Partner erfolgen soll und welche Personen für die Bereitstellung der Informationsplattform verantwortlich sind. Anschließend steht einer erfolgreichen Zusammenarbeit und dem kontinuierlichen Informationsaustausch aller Parteien nichts mehr im Wege.

1.3.6 »Unser neues Intranet ist mit SharePoint so einfach zu bedienen und sieht sehr gut aus!«

Ein klassisches Intranet stellt in der Regel statische Informationen bereit. So erfahren Sie dort in der Regel etwas über den Aufgabenbereich einer jeden Abteilung im Unternehmen, oder Sie können sich über allgemeine Unternehmensinformationen und -vorgaben informieren. Normalerweise gibt es hierfür auch ausgewählte Redakteure, die für die Veröffentlichung neuer Informationen zuständig sind. Je nach ausgewählter Technologie und den Prozessen, die für die Bereitstellung neuer Informationen zu berücksichtigen sind, kann es eine längere Zeit in Anspruch nehmen, z. B. Neuigkeiten aus den Abteilungen zu publizieren.

Auch SharePoint bietet Ihnen die Möglichkeit, ein Intranet zu realisieren; Sie werden das in Abschnitt 9.1, »Von der Insellösung zum Unternehmensportal« noch sehen. Es lassen sich einfache Wege einrichten, um Änderungen an den bereits erfassten Inhalten vorzunehmen und anschließend eine Freigabe der neuen Information durchzuführen. So können Sie beispielseise auch dafür sorgen, dass Mitarbeiter aus den einzelnen Abteilungen direkt ihre jeweilige Abteilungsseite bearbeiten können, um so die Redakteure zu entlasten. Das Intranet wird somit dynamischer und wird durch die aktuelleren Informationen auch für die Mitarbeiter attraktiver. Dadurch entsteht ein Mehrwert im Vergleich zu den bisher für ein Intranet genutzten Möglichkeiten: die Nutzung von Diskussionsrunden, Umfragen und einem Wiki durch alle Mitarbeiter, ohne dass Sie dabei über ein technisches Vorwissen verfügen müssen.

1.3.7 »SharePoint kann alles ein bisschen, aber nichts so ganz!«

Wenn man sich mit SharePoint intensiv befasst und versucht, seine speziellen Probleme zu lösen, kann man an den Punkt kommen, dass sich einzelne Anforderungen als Anwender nicht umsetzen lassen. Dadurch entsteht in der Regel der Eindruck, dass SharePoint zwar viele Module anbietet (wie z. B. das Dokumentenmanagement oder die Suche), aber diese nur auf einer allgemeinen Ebene unterstützt und nicht bis in die gewünschte Tiefe geht.

Hierbei ist es ganz wichtig, dass man SharePoint als »Werkzeugkasten« versteht. Ihnen werden viele Werkzeuge angeboten, um Ihre individuellen Lösungen zu schaffen. Allerdings gibt es in diesem »Werkzeugkasten« auch noch ein freies Fach. Das ist für Ihre eigenen Werkzeuge oder auch für die Tools anderer Anbieter gedacht, die Ihnen bei Ihrem besonderen Problem helfen können.

Wenn Sie merken, dass sich Ihre Anforderungen nicht so umsetzen lassen, wie Sie es sich vorstellen, sollten Sie einen Entwickler zurate ziehen. Dieser kann Ihnen ein Werkzeug erstellen, das für Ihre Aufgabenstellung geeignet ist. Diese Thematik wird auch in den Übungen aufgegriffen, um Ihnen einen Einblick in die Möglichkeiten der Erweiterungslösungen zu geben. SharePoint kann vielleicht nicht alles bis ins kleinste Detail, aber Sie haben stets die Möglichkeit, mit den passenden Tools Ihre Lösung zu finden.

1.3.8 »Jeder Prozess kann auf SharePoint abgebildet werden!«

Im Rahmen der Einführung von SharePoint wird häufig entschieden, diese Plattform als zentrales Unternehmensportal zu etablieren und sämtliche Prozesse sukzessiv darauf abzubilden. Der damit verbundene Aufwand wird in der Regel allerdings unterschätzt, weil in den bis dahin genutzten Applikationen zur Unterstützung der Unternehmensprozesse meist mehr Logik hinterlegt ist, als es auf den ersten Blick zu erkennen ist.

SharePoint stellt eine Vielfalt an Funktionen bereit, die die Umsetzung von verschiedensten Prozessen ermöglichen. Allerdings werden Sie bei der Realisierung Ihrer individuellen Anforderungen irgendwann immer an den Punkt kommen, an dem Sie die Entscheidung fällen müssen, ob Sie Ihren Prozess bzw. Ihre Anforderungen anpassen oder ob Sie Ihren Werkzeugkasten SharePoint um die Komponenten erweitern, die Sie für das gewünschte Szenario benötigen.

Dabei sollten Sie jedoch Faktoren wie die zur Verfügung stehende Zeit für die Migration bestehender Applikationen oder die Implementierung weiterer Lösungen, das vorgegebene Budget oder die Komplexität der Anforderungen berücksichtigen. Wenn Sie feststellen, dass Sie bei der Umsetzung Ihrer Anforderungen keine oder nur sehr wenige SharePoint-Funktionalitäten verwenden, sollten Sie genau prüfen, ob SharePoint die richtige Plattform für genau dieses Szenario ist, und gegebenenfalls eine alternative Lösung wie zum Beispiel eine Office-Erweiterung oder eine Webanwendung erwägen und diese in Ihre SharePoint-Plattform integrieren.

1.3.9 »SharePoint macht mein Unternehmen sozialer!«

Ausgehend von der Nutzung klassischer Kommunikationsmittel wie E-Mail und Telefon können mit der Einführung von SharePoint völlig neue Kommunikationswege erschlossen werden. So kann zum Beispiel in Form eines Forums der Informationsaustausch über Abteilungsgrenzen hinweg gefördert oder durch ein Wiki das im Unternehmen gewonnene und für die tägliche Arbeit erforderliche Wissen dokumentiert werden.

Unter der Voraussetzung, dass die Mitarbeiter die Möglichkeit nutzen, in ihrer Profilseite ihre Erfahrungen, Projekte und Skills zu pflegen, steht eine *Expertensuche* zur Verfügung, sodass man bei einem Problem schnell über eine einzige Suchanfrage genau die passenden Ansprechpartner im Unternehmen findet. Dadurch findet ein unkomplizierter Austausch zwischen den Mitarbeitern statt, der zu besseren Arbeitsergebnissen führen kann.

Wenn die Bedienung der Komponenten Wiki, Forum und *Expertensuche* einfach ist und dem einzelnen Mitarbeiter direkt einen Mehrwert verschafft, ist der wichtigste Schritt für die Einführung sozialer Komponenten im Unternehmen getan. Bei den weiteren Schritten werden Sie von den Anwendern selbst mit Ideen für weitere Angebote im SharePoint-Portal unterstützt.

1.3.10 »Alle unternehmensrelevanten Daten laufen in SharePoint zusammen und werden aufbereitet dargestellt!«

Nahezu jede Applikation, die im Unternehmen eingesetzt wird, dient zur Erfassung von Daten und bietet eine Berichtskomponente an, die die eingegebenen Daten in Abhängigkeit von der Rolle des jeweiligen Anwenders aufbereitet darstellt. Um einen guten Überblick über die Unternehmensdaten zu erhalten, wird meist ein *Berichtscenter* eingerichtet.

SharePoint bietet dazu das sogenannte *Business Intelligence Center* an. Dort können die Berichte und Auswertungen aller im Unternehmen gesammelten Daten in Form von Dashboards bereitgestellt werden. Allerdings ist unabhängig von der verwendeten Technologie zu beachten, dass es einer gründlichen Analyse bedarf, um die unterschiedlichen Datenquellen zu identifizieren und die gegebenenfalls existierenden fachlichen Zusammenhänge zwischen unterschiedlichen Datenquellen zu ermitteln. Auf Basis der dabei herausgefundenen Anforderungen können Sie das Projekt für die Umsetzung Ihres Berichtscenters auf Basis von SharePoint planen.

1.3.11 War das bereits alles, was SharePoint kann?

Sie haben nun zehn Einsatzszenarien aus der Praxis kennengelernt. Diese sollen Ihnen lediglich einen kurzen Einblick in häufige Fragestellungen beim Umgang mit SharePoint geben. Ihnen werden in den Übungen dieses Buchs noch viele weitere Einsatzszenarien begegnen, und auch danach sind die Möglichkeiten noch nicht ausgeschöpft. Die Einsatzmöglichkeiten werden nur durch Ihre Fantasie begrenzt. Wenn Sie also eine Idee für eine Lösung haben, so haben Sie direkt das nächste Einsatzszenario gefunden.

Wenn Sie sich nach der Einarbeitung in SharePoint und seine Möglichkeiten mit der Umsetzung Ihrer Ideen beschäftigen, werden Sie sich auch mit der Problematik auseinandersetzen, wie Sie die erstellte Lösung den Anwendern vorstellen. Auch mit dieser Herausforderung möchte ich Sie nicht allein lassen und möchte Ihnen im folgenden Abschnitt ein paar Tipps hierzu geben.

1.4 Typische Herausforderungen bei der Einführung

Bei der Einführung von SharePoint reicht es nicht aus, das System bereitzustellen und initial zu konfigurieren. Es handelt sich hierbei um eine neue und ungewohnte Arbeitsumgebung, an die die verschiedenen Nutzergruppen erst herangeführt werden müssen. In den meisten Fällen sind Schulungen sowohl für die Nutzung als auch für die Administration erforderlich. Diese und weitere Herausforderungen aus der Praxis werden vorgestellt, um Sie dafür zu sensibilisieren, was Sie bei der Umsetzung Ihrer individuellen Anforderungen beachten sollten.

1.4.1 Welches Ziel möchten Sie mit der Einführung von SharePoint erreichen?

Es sollte von Anfang an für jeden Anwender transparent vermittelt werden, aus welchen Gründen SharePoint im Unternehmen eingeführt wird, welche Änderungen im

Arbeitsalltag zu erwarten oder auch gewünscht sind und welche Mehrwerte sich für jeden Einzelnen aus der Nutzung der neuen Plattform ergeben sollen. Wenn dem einzelnen Anwender nicht klar ist, welchen Vorteil er durch die Nutzung der Plattform hat, so wird er sich nur schwer mit den damit einhergehenden Änderungen anfreunden können.

Hinter der Einführung sollte unbedingt eine Vision stecken. Sie sollten hierbei nicht nur das konkrete Szenario berücksichtigen, sondern alle weiteren Unternehmensprozesse und die verschiedenen Möglichkeiten des Informationsaustauschs zwischen den Mitarbeitern sowie eine Integration von SharePoint in die tägliche Arbeit in Ihre Planung einbeziehen, um Ihr Unternehmensportal auf Basis von SharePoint einzurichten. Ausgehend von der entwickelten Vision sollten Sie nach dem Grundsatz »Think big, start small« einen Teilbereich (wie beispielsweise Ihr konkretes Szenario) auswählen, der einen begrenzten Personenkreis betrifft. Die Mitarbeiter dieser *Pilotgruppe* sollten im Rahmen des Einführungsprojektes besondere Unterstützung erhalten. Dies kann durch einen zentralen Ansprechpartner mit entsprechender Expertise erfolgen, der bei Fragen zur Nutzung der verschiedenen Funktionalitäten weiterhilft.

Mithilfe der bei der Einführung gewonnenen Erkenntnisse und anhand der Rückmeldungen seitens der Pilotgruppe können Sie die weiteren Schritte planen. Verlieren Sie dabei bitte niemals Ihre Vision aus den Augen. Starten Sie nie direkt mit allem auf einmal, sondern teilen Sie die Vision in kleine überschaubare Bereiche auf, die im Kern wieder eine begrenzte Zahl an Anwendern betreffen. So bauen Sie nach und nach Ihr Unternehmensportal auf und können mit den Erfahrungen, die Sie aus den vorangegangenen Projekten gewonnen haben, immer besser einschätzen, welche Schritte bei der Umsetzung bestimmter Anforderungen nötig sind.

1.4.2 Vorbereitung der Einführung

Wenn Sie für die Einführung von SharePoint verantwortlich sind, müssen Sie sich zum einen mit den verschiedenen Anwendergruppen hinsichtlich ihrer elementaren Anforderungen und zum anderen mit den Administratoren bzw. Ihrem *Hosting-Anbieter* abstimmen.

Für die Administration der SharePoint-Plattform sollten folgende Punkte geklärt werden:

- Welche **Version von SharePoint** steht zur Verfügung? Wenn Sie die Auswahl zwischen SharePoint 2010 oder 2013 haben, sollten Sie zum jetzigen Zeitpunkt die neue Version, SharePoint 2013, wählen, um sich ein Migrationsprojekt von 2010 auf 2013 und die damit verbundenen Anstrengungen und Kosten zu ersparen.

- Welche **Edition** wird benötigt? Die Editionen *Foundation*, *Standard* und *Enterprise* unterscheiden sich elementar in ihrem Funktionsumfang. Für die Umsetzung Ihrer Anforderungen ist es daher besonders wichtig, die Grenzen der zur Verfügung stehenden Standard-Komponenten zu kennen.
- Welche **Werkzeuge** dürfen Sie als Anwender verwenden, um Anpassungen vorzunehmen? Einige Anpassungen lassen sich im Rahmen des *Customizing* durch Nutzung von *Poweruser-Tools* direkt an der Produktivumgebung durchführen. So können z. B. einfache Workflows mithilfe des *SharePoint Designers* realisiert werden. Die Nutzung des SharePoint Designers kann allerdings zentral durch Ihren *Hosting-Anbieter* aufgrund von Support-Anforderungen verboten sein, wodurch diese Funktionalitäten nicht genutzt werden können. Außerdem lassen sich elektronische Formulare mit dem *InfoPath Designer* erstellen und Szenarien bzgl. Bearbeitung von Daten und Visualisierung von Prozessen mit Visio, Access und Excel aus der Microsoft Office-Produktpalette realisieren.
- Sind **Drittanbieter-Lösungen** erlaubt? Sie können auf verschiedene Drittanbieter zurückgreifen, die sich auf einzelne Bereiche im SharePoint-Umfeld spezialisiert haben. Sie müssen mit dem Administrator oder Ihrem *Hosting-Anbieter* klären, ob solche Lösungen generell zugelassen werden sollen und wie der Prozess zur Einführung einer solchen Drittanbieter-Lösung aussehen kann. Dieser Fall tritt dann ein, wenn Sie SharePoint nicht in Ihrem Unternehmen betreiben, sondern eine SharePoint-Plattform bei einem anderen Anbieter mieten.
- Welche **Anpassungen und Erweiterungen** dürfen vorgenommen werden? Wenn über das Customizing hinaus Anpassungen nötig sind, um die Anforderungen umsetzen zu können, ist es für die Konzeption der Lösung elementar, ob z. B. ein *Office Add-in* auf den PCs der Anwender installiert werden darf, ob eine SharePoint-Lösung auf dem Server installiert werden kann oder ob Kapazitäten für die Bereitstellung einer separaten *Webanwendung* zur Verfügung stehen.
- Wie möchten Sie **erfasste Informationen sichern**? Sie sollten ein Verfahren für die Sicherung und Wiederherstellung von in SharePoint verwalteten Informationen definieren, damit einmal gelöschte Informationen, die aus dem *Papierkorb* der Website oder Websitesammlung entfernt wurden, wieder zur Verfügung gestellt werden können.

Für die Befragung der Anwender hinsichtlich ihrer Anforderungen an die Nutzung der SharePoint-Plattform sollten Sie mindestens folgende Aspekte berücksichtigen:

- Welche durchschnittlichen, minimalen und maximalen Vorkenntnisse haben die Anwender in der Nutzung von SharePoint?
- Können Sie eine Schulung für alle Anwender gemeinsam durchführen, oder sollten Sie die Anwender besser entsprechend ihres jeweiligen Kenntnisstandes in verschiedene Gruppen aufteilen und diese gezielt schulen?

- Was stört die Anwender in ihrer täglichen Arbeit besonders?
- Welche Wünsche haben die Anwender an eine zukünftige Arbeitsumgebung?
- Was ist für die Anwender besonders wichtig, und welche Anforderungen sind zwar wünschenswert, aber nicht elementar notwendig?

Vor der Anforderungsanalyse sollten Sie eine Art Fragebogen entwerfen, der Ihnen die Auswertung der Gespräche erleichtern wird. Ein Beispiel für einen solchen Fragebogen finden Sie in Abschnitt 10.2.2, »Anforderungsanalyse«. Auf Basis der somit erfassten Informationen können Sie genau bestimmen, welche Schritte bei der Einführung zu berücksichtigen sind und welche Anforderungen von den meisten Anwendern gemeinschaftlich gestellt werden und somit umgesetzt werden sollten.

1.4.3 Festlegen der inhaltlichen Struktur

In SharePoint existieren als inhaltliche Strukturelemente *Websites*, *Websiteseiten* und *Homepages*. Diese Begriffe sollten klar definiert sein, damit es nicht im Gedankenaustausch mit anderen Anwendern zu Missverständnissen kommt:

- Eine **Websiteseite** ist eine einzelne Seite, die man zum Beispiel ausdrucken könnte.
- Eine **Website** besteht aus beliebig vielen Websiteseiten.
- Eine **Homepage** ist eine spezielle Webseite; nämlich die Webseite, die bei Aufruf der Website geladen wird.

Jede Website befindet sich zwingend in einer *Websitesammlung*, wobei jede Websitesammlung mindestens eine Website enthält, unter der sich entsprechend der Darstellung in Abbildung 1.3 die weiteren Websites als Unterwebsites befinden.

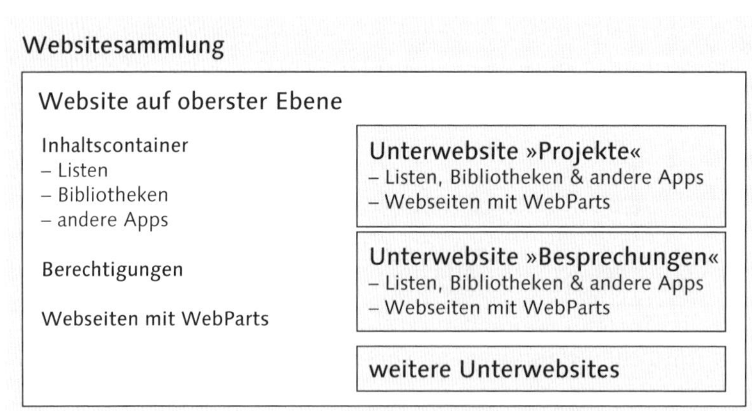

Abbildung 1.3 Struktur einer SharePoint-Websitesammlung

Die oberste Website der Websitesammlung nimmt dabei eine besondere Rolle ein:

- Ihr werden alle weiteren Websites der Websitesammlung als Unterwebsites untergeordnet.
- Die *Websitesammlungsverwaltung* lässt sich nur unter den Websiteeinstellungen dieser Website aufrufen, während in den untergeordneten Websites lediglich ein Link angeboten wird, um zu den Einstellungen der *Website der obersten Ebene* zu wechseln.

Wann benötige ich eine neue Websitesammlung und wann nur eine Unterwebsite für meine Lösung?

Bei der Planung sollten Sie prüfen, ob Sie für die Realisierung Ihrer Anforderungen eine Website oder eine Websitesammlung benötigen. Häufig kann das vorgesehene Rechtekonzept bei dieser Entscheidung eine wichtige Rolle spielen. Wenn Sie zum Beispiel eine Lösung in Form einer wiederverwendbaren Websitevorlage erstellen möchten und dabei Berechtigungsgruppen mit bestimmten Bezeichnungen vorgesehen haben, von denen nicht abgewichen werden soll, so können nicht mehrere Websites auf Basis dieser Vorlage in derselben Websitesammlung existieren. Gruppen werden nämlich in der Websitesammlung verwaltet und lediglich in der jeweiligen Website mit individuellen Berechtigungen versehen.

Eine Websitesammlung besitzt also eine oder beliebig viele Websites. Jede Website kann *Unterwebsites* besitzen, und in jeder Website können Sie Listen und Bibliotheken anlegen sowie Seiten für die Präsentation der gespeicherten Inhalte erstellen und gestalten.

Abbildung 1.3 stellt beispielhaft die Struktur für eine *Websitesammlung* dar. So gibt es in diesem Fall eine Website auf oberster Ebene, in der bestimmte Informationen in Form von Listen und Bibliotheken verwaltet werden, während für Besprechungen und Projekte eigene Informationsräume in Form von *Unterwebsites* geschaffen wurden.

1.4.4 Verantwortlichkeiten und Dokumentationsempfehlungen

Es empfiehlt sich, für alle Anwender transparent die Verantwortlichkeiten hinsichtlich der Administration und Inhaltspflege einer Websitesammlung zu definieren. Am besten nutzen Sie ein dafür vorgesehenes Webpart, das die Kontaktinformationen wie Name, Abteilung und Telefonnummer sowie das Profilbild der betreffenden Personen darstellt.

Diese Personen sollen als zentrale Ansprechpartner fungieren. Wenn ein Anwender beispielsweise nicht weiß, wo er ein Dokument ablegen soll, so ist der für die Inhaltspflege als verantwortlich benannte Mitarbeiter der richtige Ansprechpartner. Der

Administrator hingegen sollte kontaktiert werden, wenn zum Beispiel neue Unterwebsites oder besondere Berechtigungen benötigt werden.

Beide benannten Personen und auch ihre Stellvertreter sollten nach Möglichkeit sämtliche vorgenommenen Konfigurationen innerhalb einer Websitesammlung dokumentieren. Sinnvoll ist dies in Form einer Wiki-Seitenbibliothek, da somit alle Anwender auf die Informationen zugreifen können und die Dokumentation direkt in die SharePoint-Umgebung integriert ist. Folgende Aspekte empfehle ich Ihnen für die Dokumentation einer jeden Websitesammlung:

- eine ausgewählte Vorlage für die oberste Website der Websitesammlung
- Auflistung aller Unterwebsites mit dem jeweiligen Verwendungszweck und der verwendeten Vorlage
- Auflistung aller Listen und Bibliotheken in der jeweiligen Website mit folgenden Aspekten:
  - Verwendungszweck
  - Listen-/Bibliothekstyp
  - Link zur Liste/Bibliothek
  - Name
  - Spalten mit Informationen zu Datentyp, Pflichtfeld, Mehrfachauswahlmöglichkeit, Indizierung und Forderung eindeutiger Werte
  - Ansichten
- Für jede Ansicht sollte festgehalten werden, aus welchem Grund sie angelegt wurde und für welche Zielgruppe sie vorgesehen ist. Zusätzlich sollten folgende Informationen angegeben werden:
  - öffentlich oder persönlich? – Wenn es sich um eine persönliche Ansicht handelt, die demnach nur für den einzelnen Anwender, der sie angelegt hat, zur Verfügung steht, so sollte hierfür ein Grund angegeben werden. Sie müssen sich genau überlegen, ob persönliche Ansichten dokumentiert werden sollen. Sie bekommen durch das System nicht mit, wenn ein anderer Anwender eine persönliche Ansicht erstellt; d. h., er müsste sich aktiv bei Ihnen hierzu melden. Die Frage ist allerdings, ob derjenige, der eine persönliche Ansicht erstellt, einer zweiten Person mitteilen möchte oder darf, wofür er diese benötigt.
  - angezeigte Spalten inklusive Reihenfolge von links nach rechts
  - Sortierungen
  - Filter
  - Gruppierungen
  - Eintragsgrenze

- Darstellung von Verbindungen zwischen Listen und Bibliotheken – Diese sind durch die Verwendung von Spalten mit dem Informationstyp »Nachschlagen« gekennzeichnet, den Sie in Abschnitt 3.2.3 kennenlernen werden.
- aktivierte Features in der Websitesammlung und der jeweiligen Website inklusive Angabe des Grundes für die Aktivierung des Features
- eingerichtete Webseiten und deren Verwendungszweck
- benötigte Ressourcen wie zum Beispiel Bilder, JavaScript- oder Textdateien
- umgesetztes Berechtigungskonzept
  - SharePoint-Gruppen mit Name und Verwendungszweck
  - Rechte der jeweiligen SharePoint-Gruppe
  - individuelle Berechtigungsstufen
  - von der Website abweichende Berechtigungen auf Ebene einer Liste bzw. Bibliothek oder eines Ordners und der Grund für die individuelle Berechtigung
- Anpassungen an der Navigation hinsichtlich der Menüpunkte und ihrer Sichtbarkeit für die unterschiedlichen Anwendergruppen
  - häufig verwendete Hyperlinks
  - Schnellstartleiste

Wenn Sie diese Konfiguration dokumentieren, können die Anwender einfach nachvollziehen, wo sie welche Informationen ablegen können, und Aufgaben hinsichtlich der Administration der Websitesammlung lassen sich besser delegieren, da sämtliche Informationen direkt für jede beliebige Person mit Zugriffsrechten auf die Websitesammlung zur Verfügung stehen.

1.5 Versionen, Editionen und Hosting-Varianten

Das Produkt SharePoint ist Ende des Jahres 2012 in der Version 2013 erschienen. In der Praxis werden aber häufig noch die Versionen 2007 oder 2010 genutzt. Außerdem ist bei der Erstellung und Bereitstellung von Lösungen zu beachten, welche Edition verwendet wird, da sich der Funktionsumfang einer *SharePoint Foundation* von dem eines *Standard* oder *Enterprise Servers* unterscheidet. Alle in diesem Buch vorgestellten Szenarien lassen sich grundsätzlich mit jeder Version bzw. Edition umsetzen, wobei die Unterschiede an der jeweiligen Stelle erläutert werden. Abschließend wird auch darauf eingegangen, für welche *Hosting-Varianten* man sich entscheiden kann und was man z. B. bei *Inhouse-Hosting* oder bei der Nutzung von *Office 365* beachten sollte.

1.5.1 Entwicklung von SharePoint von 2001 bis heute

Wenn man sich mit der Frage »Was ist SharePoint?« beschäftigt, lohnt sich ein Blick zurück auf die Entwicklung dieses Produkts. SharePoint gibt es seit 2001, und es kann auf eine bewegte Geschichte zurückblicken. Es entstand aus der Idee, Dokumente auf einfache Art und Weise freigeben (»sharen«) und diese an einer zentralen Stelle (»point«) verwalten zu können. Aus dieser Idee heraus hat sich eine mittlerweile weit verbreitete Plattform für die Zusammenarbeit und Freigabe von Informationen entwickelt.

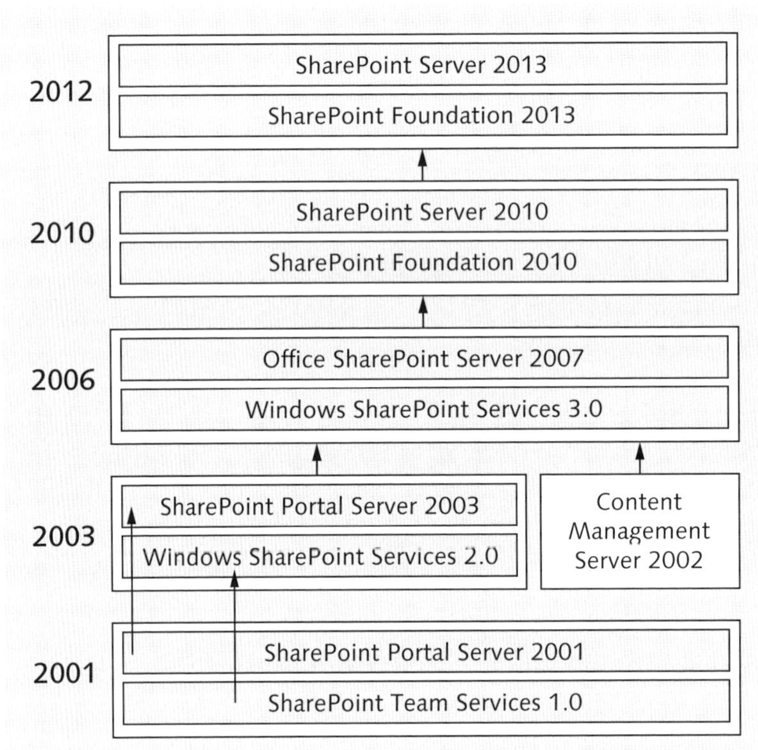

Abbildung 1.4 Entwicklung von SharePoint von 2001 bis 2013

Von Anfang an gab es eine Unterteilung in zwei verschiedene Editionen, wie Sie in Abbildung 1.4 erkennen können. Die *SharePoint Team Services* stellten dabei, ähnlich wie die SharePoint Foundation heutzutage, diejenige Edition dar, die bereits über das Windows Server-Betriebssystem lizenziert war und demnach keine weiteren Kosten verursachte. Vorgesehen waren die Team Services für Anwendergruppen zwischen 5 und 75 Personen, während Einsatzszenarien mit größeren Gruppen von den Team Services auf den *Portal Server 2001* wechseln mussten. Besondere Features, die damals im Funktionsumfang enthalten waren, stellten das Web-Forum und die Möglichkeit, Umfragen durchzuführen, dar. Und für den Fall, dass man Anpassungen vornehmen wollte, konnte *Frontpage* anstelle des heutzutage genutzten *SharePoint Designers* verwendet werden.

Die Startseite, wie sie in Abbildung 1.5 zu erkennen ist, findet man auch noch im *Office SharePoint Server 2007* wieder. Die einzelnen Seitenbereiche, wie zum Beispiel die Suche, Quick Links oder der Bereich für Ankündigungen – also wichtige Informationen, die eine begrenzte Gültigkeit haben und nach Ablauf automatisch von der Seite verschwinden sollen –, wurden auch damals schon mittels *Webparts* realisiert. Diese konnten von Personen mit administrativen Rechten anders positioniert und somit an die Bedürfnisse der Anwender angepasst werden.

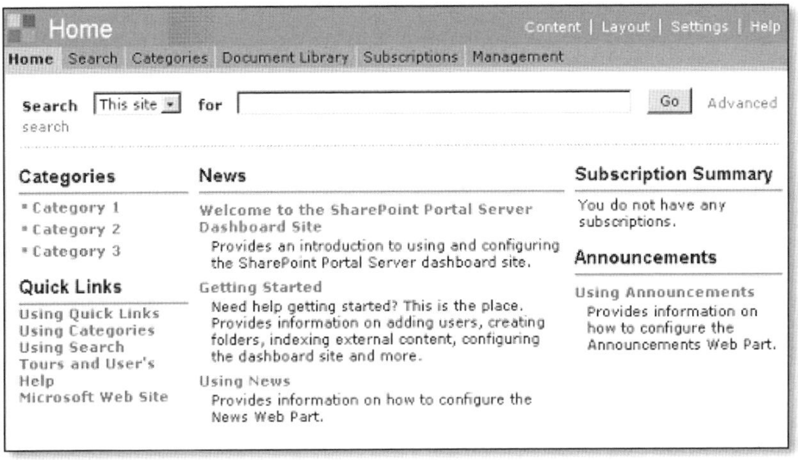

Abbildung 1.5 Homepage einer Website in »SharePoint Team Services« und »SharePoint Portal Server 2001«

Die Kernfunktion dieser Version war die zentrale Ablage von Dokumenten inklusive einer *Versionierung* der Inhalte, der Pflege von Metadaten und der Unterstützung von Freigabe- und Genehmigungsprozessen.

Abbildung 1.6 zeigt das damalige Aussehen einer Dokumentbibliothek. Ihre Grundzüge sind bis heute erhalten geblieben. Auch wenn der Funktionsumfang im Laufe der Zeit immer größer geworden ist, hatte man auch damals schon die Möglichkeit, innerhalb einer Bibliothek nach Dokumenten zu suchen oder Filterungen nach Änderungsdatum, Autor oder Titel des Dokuments vorzunehmen.

Die darauf folgende Version mit den Editionen *Windows SharePoint Services 2.0* und *SharePoint Portal Server 2003* setzte das Konzept der Dokumentenablage und -freigabe fort, erweiterte die Funktionspalette allerdings um persönliche Websites, die unter dem Namen *MySite* oder *Meine Website* auch in der aktuellen Version 2013 ein Kernbestandteil sind.

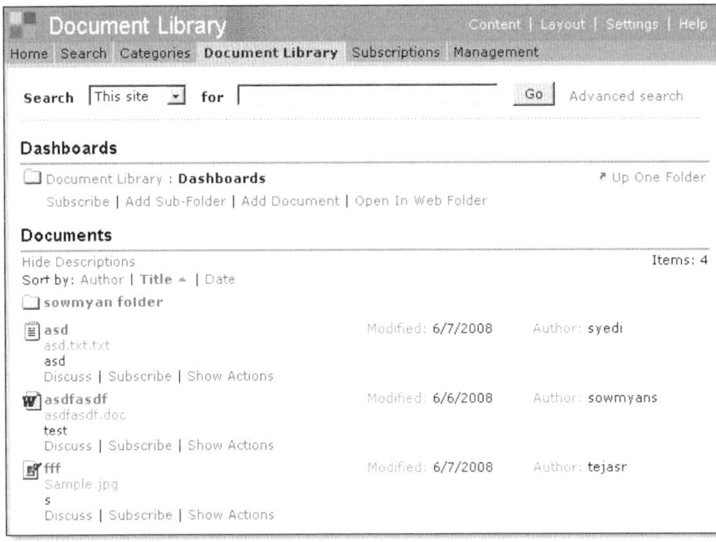

Abbildung 1.6 Dokumentenablage in »SharePoint Team Services« und »SharePoint Portal Server 2001«

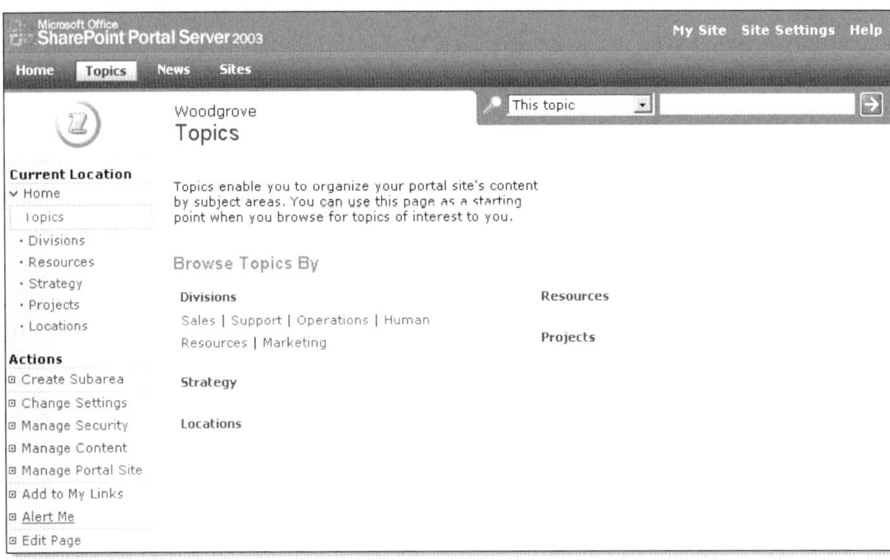

Abbildung 1.7 Teamwebsite in »Windows SharePoint Services 2.0« und »SharePoint Portal Server 2003«

Abbildung 1.7 stellt eine Teamwebsite auf Basis des *SharePoint Portal Servers 2003* dar. Die Navigation im linken Bereich finden Sie konsequent in allen späteren Versionen wieder. So gibt es auch in *SharePoint 2013* in der Navigation Überschriften wie zum Beispiel LISTEN oder BIBLIOTHEKEN oder auch UMFRAGEN. Dieses Konzept zieht sich konsequent durch die gesamte Produktgeschichte durch.

Zwischen der Version 2003 und dem Erscheinen des *Office SharePoint Servers 2007* bzw. den *Windows SharePoint Services 3.0* liegen vier statt der üblichen drei Jahre, da es sich hierbei nicht einfach um eine Weiterentwicklung des SharePoint Portal Servers 2003 handelt, sondern neben einer Weiterentwicklung von SharePoint auch eine Integration des bis dahin selbstständigen *Content Management Servers 2002* erfolgt ist.

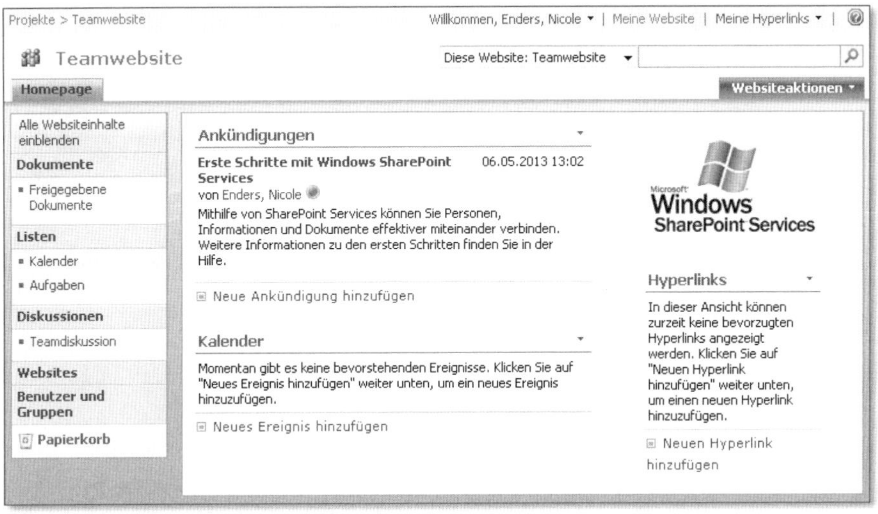

Abbildung 1.8 Teamwebsite in WSS 3.0 und MOSS 2007

Die Grundzüge einer *Teamwebsite* in der Version 2007 sind, wie Sie in Abbildung 1.8 sehen können, trotz alledem gleich geblieben, um den Anwendern den Versionswechsel zu erleichtern. Mit der 2007er-Version stiegen der Funktionsumfang und die Konfigurationsmöglichkeiten erheblich an, sodass das Produkt für Unternehmen sehr interessant wurde. Viele stiegen erst mit dieser Version ein und sammelten ihre Erfahrungen mit SharePoint.

Die in Abschnitt 1.2 vorgestellten sechs Fächer des Werkzeugkastens »SharePoint« stehen seit dieser Version im Wesentlichen zur Verfügung und wurden in den nachfolgenden Versionen lediglich erweitert bzw. entsprechend der aktuellen Entwicklungen auf dem IT-Markt angepasst.

SharePoint 2010 unterscheidet sich auf den ersten Blick von seinem Vorgänger, weil hier das *Menüband* eingeführt wurde, das man aus der Office-Produktpalette (zum Beispiel bei Word oder Excel) bereits ab der Version 2007 kannte. Aber auch der Bereich der persönlichen Websites wurde überarbeitet, sodass Sie von dieser Version an die Möglichkeit haben, sich Ihr eigenes Netzwerk aufzubauen, Ihre Fertigkeiten und Erfahrungen zu pflegen und darüber eine Expertensuche im Unternehmen durchzuführen.

Auch die Komponente der Bewertung und Verschlagwortung von Inhalten wurde in SharePoint 2010 eingeführt, um die Zusammenarbeit in Informationsräumen zu verbessern.

Abbildung 1.9 Teamwebsite in SharePoint Foundation und Server 2010

Wenn Sie die Teamwebsite einer *SharePoint 2010*-Umgebung wie zum Beispiel in Abbildung 1.9 betrachten und dann noch einmal zurück auf die Teamwebsite von 2007 blicken, können Sie leicht die Gemeinsamkeiten finden.

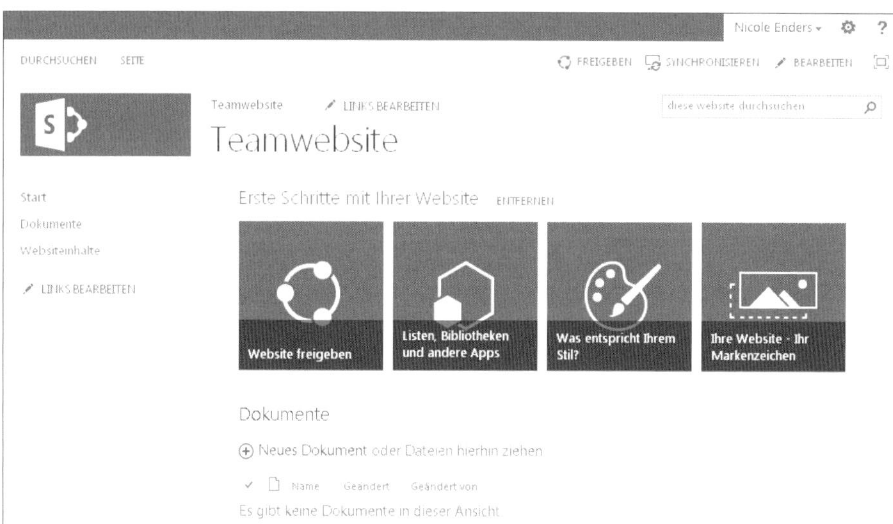

Abbildung 1.10 Teamwebsite in SharePoint Foundation und Server 2013

Bei *SharePoint 2013* hingegen ist die Optik wiederum angepasst worden, was leicht an den vier *Kacheln* auf der Startseite zu erkennen ist (siehe Abbildung 1.10). Da *Windows 8* und die neue SharePoint-Version sehr zeitnah hintereinander veröffentlicht wurden und somit ein gemeinsamer Einsatz beider Produkte denkbar und sicher gewünscht ist, hat man versucht, eine einheitliche Benutzeroberfläche zu schaffen.

Aber auch hier sollten Sie wieder einen Blick auf die Navigation werfen, und schon finden Sie erneut eine Gemeinsamkeit mit den vorangegangenen Versionen. Wenn Sie SharePoint einführen, sollte Ihnen klar sein, dass Sie sich über kurz oder lang mit der Thematik eines Versionswechsels auseinandersetzen müssen, da – wie Sie anhand dieser Übersicht sehen können – durchschnittlich alle zwei bis drei Jahre eine neue Version auf dem Markt erscheint. Das heißt nicht, dass Sie auf jeden Fall immer direkt auf die jeweils neue Version wechseln sollten. Allerdings ist vor allen Dingen bei individuellen Lösungen stets darauf zu achten, ob und wie diese migriert werden können oder ob eine Neuentwicklung bei einem Versionswechsel nötig ist. Behalten Sie dies bitte im Hinterkopf, wenn Sie Lösungen für SharePoint erstellen oder beauftragen.

1.5.2 Was für Neuigkeiten bietet SharePoint 2013?

Bei jeder neuen Produktversion stellen sich dieselben Fragen: »Was ändert sich für mich bei der neuen Version? Was wird einfacher? Lohnt sich für mich eine Migration auf die neue Version, oder nutze ich weiterhin die Vorgängerversion des Produktes?«

Vielleicht müssen Sie aber auch aufgrund Ihrer Lizenzverträge oder dem für Ihre Version auslaufenden Support durch Microsoft über einen Wechsel auf die neue Version nachdenken. SharePoint 2013 fokussiert sich mit seinen Änderungen gegenüber SharePoint 2010 auf soziale Netzwerke im Unternehmen und auf die Angleichung des *Look & Feel* an das neue Betriebssystem Windows 8. Folgende Neuerungen möchte ich Ihnen vorstellen, da sie auch im Rahmen der späteren Übungen auftauchen:

- **Features für die Zusammenarbeit und soziale Netzwerke:** In SharePoint 2010 gab es hierzu nur wenige Funktionalitäten wie *Meine Website,* persönliche Notizen oder Profilseiten für Schlagworte. In SharePoint 2013 hingegen haben Sie die Möglichkeit, Personen, Websites oder auch einzelne Dokumente oder Schlagworte zu *verfolgen*. Auf Ihrer *Meine Website* können Sie dann über einen *Aktivitäten-Stream* alle für Sie relevanten Informationen erhalten und sind jederzeit über aktuelle Entwicklungen im Unternehmen informiert.

  Außerdem wird in den Server-Editionen eine *Websitevorlage für Communities* angeboten, die Ihnen die Möglichkeit bietet, Fragen in einem Forum einzustellen und beantworten zu lassen. Nur Sie als Fragensteller und der Moderator der Community können eine der gegebenen Antworten als *Beste Antwort* markieren, wodurch Ihre Frage als gelöst markiert wird. Für Ihre Community wird zusätzlich ein Punktesystem definiert, das genau festlegt, wie viele Punkte man für das Einstellen einer Frage, einer Antwort bzw. der besten Antwort erhält. Anschließend definieren Sie noch, mit wie vielen Punkten man in den Level eins bis fünf ist und welche *Orden* Sie vergeben möchten. Beispiele hierfür könnten »Fortgeschrittener Anwender«, »Profi« oder auch »Experte« sein. Diese Orden werden durch den Moderator vergeben und sollen die Wissensträger der Community kennzeichnen. Mit dieser Websitevorlage lässt sich zu einem bestimmten Thema schnell die technische Plattform schaffen, um den Wissensaustausch der Mitarbeiter optimal zu fördern.

- Die **Suche** ist auch überarbeitet worden, sodass nun bessere Möglichkeiten für die *Anpassung der Suchergebnisse* und für die *Erstellung individueller Suchanfragen* geboten werden. Außerdem erhält man nun bei jedem Suchergebnis eine *Vorschau auf das gefundene Element*. Handelt es sich dabei um eine Website, so werden Sie innerhalb des Vorschaufensters bereits darauf aufmerksam gemacht, wenn zum Beispiel Dokumente innerhalb dieser Website auch zu den Ergebnissen Ihrer Suchanfrage gehören.
- Im Bereich des **Enterprise Content Managements** sind ebenfalls Neuerungen zu verzeichnen. So können nun Inhalte über die Grenzen von Websitesammlungen hinweg veröffentlicht werden. Dazu gehören zum Beispiel auch die *verwalteten Metadaten*. Diese waren bisher nur innerhalb einer Websitesammlung gültig. Außerdem haben Sie nun die Möglichkeit, Ihre *Navigation auf Basis von Metadaten* automatisch einrichten zu lassen; dies macht vor allem in Informationsportalen wie einem Unternehmenswiki Sinn.

Dies ist nur eine begrenzte Auswahl der Neuerungen und dient lediglich der Orientierung, dass sich auch in dieser Produktversion wieder einiges geändert hat. Wenn Sie jetzt neu in SharePoint einsteigen, wird Ihnen ein Produktvergleich schwerfallen. Sollten Sie aber bereits Erfahrungen mit SharePoint haben, empfehle ich Ihnen meinen Blog, in dem Sie weitere Informationen zu den Neuigkeiten von SharePoint 2013 erhalten.

1.5.3 Welche Edition ist die richtige für mich?

Bei der Auswahl einer SharePoint-Edition ist darauf zu achten, welcher Funktionsumfang benötigt wird. Die wesentlichen Funktionalitäten werden bereits mit der *SharePoint Foundation* zur Verfügung gestellt. Sollen allerdings Funktionalitäten wie z. B. die Metadatenverwaltung oder spezielle Erweiterungen der Such- oder Dokumentenfunktionalitäten verwendet werden, so muss die Edition *SharePoint Server Standard* eingesetzt und lizenziert werden. Während die *Standard-Edition* auf der SharePoint Foundation aufbaut und somit zusätzlich zu den in dieser Edition bereits angebotenen Funktionalitäten spezielle Erweiterungen unterstützt, erweitert die *Enterprise-Edition* die Standard-Edition um Funktionalitäten wie z. B. das *Business Intelligence Center* oder die *InfoPath Forms Services*. Weitere Details zu den Editionen finden Sie u. a. in den nachfolgenden tabellarischen Darstellungen oder in den Informationen unter der Websiteadresse *http://msdemopoint.conet.de/sharepointsolutions/Informationen/Lizensierung* von SharePoint 2013.aspx.

SharePoint Foundation

Die Version *SharePoint Foundation* bietet als Basis für die Server-Editionen folgende Funktionen an:

Funktion	Beschreibung
Berechtigungs-verwaltung	Richten Sie angepasste Berechtigungsstufen ein, oder verwenden Sie die sechs standardmäßig zur Verfügung stehenden, um Ihr Berechtigungskonzept umzusetzen.
Blogs	Verwenden Sie einen Blog, um Informationen in formatierter Form inklusive Bildern zu veröffentlichen und Kommentare hierzu durch andere Anwender zu ermöglichen. Sie können sogar über Word Blog-Artikel verfassen.
Browserbasierte Anpassungen	Passen Sie Seiten und Webparts an, um Websites zu erstellen, die Ihren individuellen Anforderungen entsprechen.
Browserübergreifender Support	Greifen Sie über Internet Explorer, Firefox, Chrome und Safari auf SharePoint zu.
Business Connectivity Services	Arbeiten Sie mit externen Online- oder Offlinedaten in SharePoint und Office-Anwendungen.
Diskussionen	Erstellen und beantworten Sie Diskussionsthemen, und schauen Sie sich dabei ganz einfach die Struktur des Diskussionsthreads an.
Eingabehilfen	Verwenden Sie die integrierte Unterstützung für die Tastaturnavigation und branchenweite Eingabehilfestandards.
Ereignisempfänger	Sie können mithilfe eines Entwicklers Aktionen wie Web- und Listenerstellungsereignissen zusätzliche Funktionen hinzufügen. Ereignisempfänger ermöglichen es Anwendungen, synchron oder asynchron auf vielfältige SharePoint-Ereignisse zu reagieren.

Tabelle 1.1 Wesentliche Funktionalitäten der Edition »SharePoint Foundation«

Funktion	Beschreibung
Externe Listen und Datenspalten	Lesen und schreiben Sie Daten aus externen Systemen auf die gleiche Weise wie Daten aus SharePoint-Listen, oder greifen Sie auf Daten aus externen Datenquellen in vorhandenen SharePoint-Listen zu.
Fotos und Anwesenheit	Helfen Sie anderen, sich mit Fotos gegenseitig zu erkennen, und verwenden Sie die Anwesenheitsfunktion, um andere Anwender mit einem Mausklick per E-Mail, Instant Messaging oder Telefon zu kontaktieren.
Kontingentvorlagen	Mit Kontingentvorlagen können Sie den bei Websitesammlungen verwendeten Speicher überwachen und einschränken.
Lösungspakete und der App Store	Stellen Sie mit dem klassischen Lösungspaket (*WSP*) Lösungen und Funktionen in einer SharePoint-Farm bereit, oder nutzen Sie den App Store für Lösungen innerhalb Ihrer Websitesammlung.
Mobile Konnektivität	Greifen Sie von mobilen Endgeräten wie Smartphones oder Tablet-PCs auf Websites zu.
SharePoint Designer	Ermöglichen Sie codefreie Anpassungen mithilfe von Tools wie Editoren für Listen und Inhaltstypen, wiederverwendbare Workflows, XSLT-Vorlagen und externe Inhaltstypen.
SharePoint-Listen	Verwalten Sie Dokumente und Daten mit SharePoint-Listen, die Inhalte in einer tabellarischen Struktur mit Zeilen und Spalten verwalten und besondere Funktionen anbieten. Bearbeiten Sie Listeneinträge mit anpassbaren Formularen, und greifen Sie mit frei definierbaren Ansichten auf Listendaten zu.
Standard-Webparts	Sie können mehr als 40 Standard-Webparts an beliebiger Stelle auf einer Websiteseite und somit die entsprechende Funktion des ausgewählten Webparts hinzufügen.
Unterstützung von Office-Clients	Die Funktion »Mit Office verbinden« teilt den Microsoft Office-Awendungen mit, welche SharePoint-Bibliotheken Sie häufig verwenden. Wenn Sie eine Bibliothek mit Office verbinden, ist diese in Office zum Öffnen und Speichern von Dateien verfügbar.

Tabelle 1.1 Wesentliche Funktionalitäten der Edition »SharePoint Foundation« (Forts.)

Funktion	Beschreibung
Verbindungen mit Lync und Exchange	Verbinden Sie SharePoint einfach mit *Lync* und *Exchange*. Synchronisieren Sie Benutzerprofilinformationen zwischen *Exchange*, *Lync*, SharePoint und *Active Directory*.
Verwendungs-berichte und Protokollierung	Nutzungsdaten können einfach protokolliert werden. Schreiben Sie eigene Berichte, oder verwenden Sie die bereitgestellten Berichte.
Webparts	Verwenden Sie Webparts, um SharePoint-Websites neue Funktionen hinzuzufügen. Wenn Sie einer Webseite ein Webpart hinzufügen, wird die neue Funktion nach dem Aufrufen der Seite angezeigt.
Wikis	Erstellen Sie Seiten, um Informationen zu veröffentlichen, und nutzen Sie Webparts für zusätzliche Funktionalitäten, wie beispielsweise die Integration eines Videos in die Seite.
Workflows	Automatisieren Sie Prozesse zur Zusammenarbeit über Aufgaben und Formulare.

Tabelle 1.1 Wesentliche Funktionalitäten der Edition »SharePoint Foundation« (Forts.)

SharePoint Server Standard

Aufbauend auf den Funktionalitäten der SharePoint Foundation bietet der SharePoint Server in der Standard-Edition folgende Erweiterungen an:

Funktion	Beschreibung
Aktuelle Aktivitäten	Mit dem Feed »Aktuelle Aktivitäten« auf Ihrer Profilseite können Sie andere darüber informieren, was Sie gerade tun.
Ask Me About	Führen Sie Ihre Fachgebiete und Expertise auf, und laden Sie Kollegen ein, Fragen im Bereich »Ask me about« Ihres Profils zu stellen.
Bewertungen	Bewerten Sie SharePoint-Websites, Listen, Bibliotheken und einzelne Dokumente anhand eines Bewertungssystems mit einer *5-Punkte-Skala*, oder sagen Sie, dass Ihnen dieser Inhalt »gefällt«.

Tabelle 1.2 Wesentliche Funktionalitäten der Edition »SharePoint Server Standard«

Funktion	Beschreibung
Dokumentenmappen	Erstellen Sie eine Dokumentenmappe, um verwandte Inhalte als eine Einheit zu verwalten. Sie können zum Beispiel eine Dokumentenmappe für Angebote erstellen, die immer ein Angebotsschreiben, eine Kalkulation und eine Angebotspräsentation enthält.
Eindeutige Dokument-IDs	Mit einer automatisch zugewiesenen eindeutigen Dokument-ID können Sie Inhalte finden, selbst wenn sie sich nicht mehr an ihrem ursprünglichen Platz befinden.
Inhaltsorganisation	Sorgen Sie für eine genauere Klassifizierung von Inhalten, indem Sie die Inhaltsorganisation verwenden, um Inhalte automatisch an entsprechende Dokumentbibliotheken weiterzuleiten.
Kategorien	Mithilfe von Kategorien können Sie große Informationsmengen in Ihrem Unternehmen klassifizieren und organisieren. Verwenden Sie standardisierte, vom Unternehmen definierte Taxonomiekategorien und informelle, thematische Kategorien, die von Mitarbeitern definiert werden.
Kollegennetzwerk	Schaffen Sie ein umfassendes Netzwerk von Kollegen im gesamten Unternehmen, und bleiben Sie stets über deren Aktivitäten informiert. Fügen Sie mithilfe der Funktion zum Hinzufügen von Kollegen einfach weitere Personen zu Ihrem sozialen Netzwerk im Unternehmen hinzu.
Kollegenvorschläge	Halten Sie Ihr Kollegennetzwerk mit einem automatisierten Dienst auf dem Laufenden, der auf der Basis Ihrer Communitymitgliedschaften, E-Mail-Verteilerlisten, Lync-Kontaktlisten oder einer Analyse der häufigsten Outlook-E-Mail-Empfänger Kollegen vorschlägt.
Metadatenbasierte Navigation	Verwenden Sie die metadatenbasierte Navigation innerhalb einer Website oder einer Liste bzw. Bibliothek, um Informationen in großen Informationsräumen einfach zu finden.
Mein Inhalt	Sie können in Ihrer persönlichen Website Dokumente, Favoriten, persönliche Blogs und Wikiseiten zentral speichern und verwalten.
Richtlinien	Verwalten Sie Versionen, wenden Sie Aufbewahrungspläne an, deklarieren Sie Datensätze, und legen Sie eine rechtliche Aufbewahrungspflicht fest.

Tabelle 1.2 Wesentliche Funktionalitäten der Edition »SharePoint Server Standard« (Forts.)

Funktion	Beschreibung
Suchbereiche	Durchsuchen Sie eine bestimmte Untermenge der potenziell verfügbaren Suchresultate anhand von Kriterien wie Metadaten oder der Website, in der gesucht werden soll.
Suche nach Personen und Fachkenntnissen	Suchen Sie Personen anhand ihres Namens oder zugehöriger Begriffe, zum Beispiel nach ihren Fertigkeiten oder durchgeführten Projekten
Unternehmenssuche	Suchen Sie über Websitesammlungsgrenzen hinweg nach Dokumenten oder sonstigen Informationen.
Unternehmenswikis	Konsolidieren Sie mit dem Unternehmenswiki unternehmensweite Informationen an einem zentralen Ort. Betten Sie dynamische Inhalte wie zum Beispiel Videos ein, und nutzen Sie den verwalteten Metadatendienst für die Kategorisierung von Seiten.

Tabelle 1.2 Wesentliche Funktionalitäten der Edition »SharePoint Server Standard« (Forts.)

SharePoint Server Enterprise

Aufbauend auf den Funktionalitäten der Edition SharePoint Server Standard bietet der SharePoint Server in der Enterprise-Edition folgende Erweiterungen an:

Funktion	Beschreibung
Access Services	Veröffentlichen Sie Access-Datenbanken als Webdatenbank in SharePoint.
Business Intelligence Center	Nutzen Sie die Beispiele und Hinweise in dieser speziellen Websitevorlage als Hilfestellung für den Einstieg in Ihre Business Intelligence-Projekte.
Dashboards	Erstellen Sie umfassende Dashboards, die bereits auf den ersten Blick die richtigen Informationen vermitteln. Dabei werden Inhalte aus mehreren Quellen zusammengeführt und in einer verständlichen und für die Zusammenarbeit geeigneten Umgebung mit einem Webbrowser angezeigt. Ein hohes Maß an Interaktivität ermöglicht die Analyse von auf die Minute aktuellen Informationen sowie das schnelle und einfache Arbeiten mit den Daten, sodass Sie wichtige Chancen und Trends erkennen können.

Tabelle 1.3 Wesentliche Funktionalitäten der Edition »SharePoint Server Enterprise«

Funktion	Beschreibung
Excel Services	Veröffentlichen Sie Excel-Arbeitsmappen als interaktive Berichte oder Dashboards. Sorgen Sie mit dem JavaScript-Objektmodell für die Geschäftsfunktionalität, und betten Sie mit der REST-API Arbeitsmappen in andere Anwendungen ein.
InfoPath Forms Services	Erstellen Sie elektronische Formulare zum schnellen Erfassen von Informationen. Verwenden Sie *Microsoft InfoPath* zum Erstellen formularbasierter SharePoint-Anwendungen und erweiterter Formulare, die mit Branchensystemen verbunden sind.
Visio Services	Veröffentlichen Sie Visio-Diagramme in SharePoint, damit Ihre Kollegen Diagramme in einem Browser anzeigen und aktualisieren können, ohne Visio zu öffnen. Integrieren Sie Diagramme in andere SharePoint-Anwendungen, und lassen Sie funktionsreiche Mashups entwickeln.
Webanalyse	Bieten Sie Ihrer Zielgruppe mehr Unterstützung, indem Sie mithilfe der Webanalyse die Trends auf Ihren Websites identifizieren. Verwenden Sie die Standardberichte, oder erstellen Sie benutzerdefinierte Ansichten.

Tabelle 1.3 Wesentliche Funktionalitäten der Edition »SharePoint Server Enterprise« (Forts.)

Sie werden bei jedem SharePoint-Projekt vor der Frage stehen, welche Edition Sie benötigen. Ich empfehle Ihnen, Ihre Anforderungen und Ihr Konzept für die Umsetzung mit den aufgeführten Funktionen abzugleichen. Fangen Sie dabei bitte mit den Funktionen der Enterprise-Edition an, und gehen Sie von dort aus rückwärts vor. Sobald Sie eine Funktion als für Ihr Szenario zwingend erforderlich identifiziert haben, haben Sie damit auch direkt die minimal benötigte Edition erkannt.

1.5.4 Installation von SharePoint

Wenn Sie Interesse daran haben, selbst einmal SharePoint zu installieren, so möchte ich Ihnen hier einen Einblick in die *Installation eines SharePoint Servers 2013* geben, dessen Installationsdateien Sie als *Testversion* im Download Center von Microsoft herunterladen können. Die Installation ist für die Editionen Standard und Enterprise exakt dieselbe; sie unterscheiden sich nur in dem Produktschlüssel, den Sie im Verlauf der Installation eingeben müssen.

Ich empfehle Ihnen für die Erstellung Ihrer Testumgebung zwei virtuelle Maschinen:

- **Datenbankserver**: einen Rechner mit *Windows Server 2008 R2 SP1* oder höher, *SQL Server 2008 R2 SP1* oder höher, mindestens 6 GB RAM und 2 CPUs

- **SharePoint Web Frontend Server**: einen Rechner mit *Windows Server 2008 R2 SP1* oder höher, mindestens 8 GB RAM und 2 CPUs

Prüfen Sie bitte unter *http://technet.microsoft.com/de-de/evalcenter/hh973397.aspx* die Softwareanforderungen, und laden Sie die Setup-Datei herunter.

Installation der Systemvoraussetzungen

Starten Sie die Setup-Datei SharePointServer_x64_de-DE.img in der virtuellen Maschine für den *Web Frontend Server*, damit sich der in Abbildung 1.11 dargestellte Dialog öffnet. In ihm wählen Sie den Menüpunkt SOFTWAREVORAUSSETZUNGEN INSTALLIEREN aus. Daraufhin wird Ihnen, wie in Abbildung 1.12 dargestellt, eine Übersicht der vorzunehmenden Konfigurationsschritte sowie der notwendigen Programme angezeigt, die in den nächsten Schritten heruntergeladen und installiert werden.

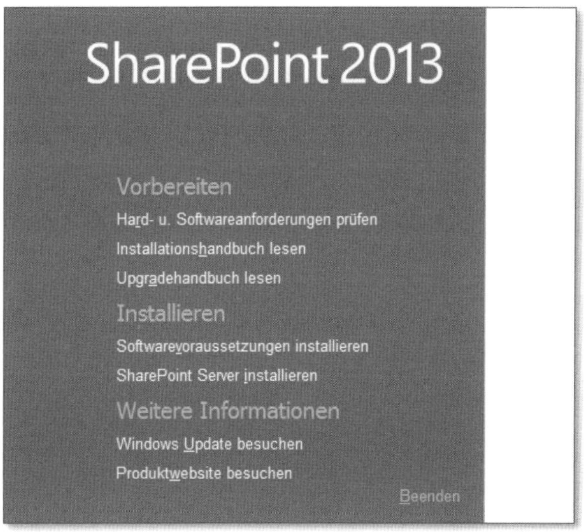

Abbildung 1.11 Installationsdialog für SharePoint 2013

Internetkonnektivität

Achten Sie bitte darauf, dass Sie eine Internetverbindung haben, da sonst die erforderlichen Programme nicht heruntergeladen werden können.

Haben Sie keine Möglichkeit die Installation auf diese Weise durchzuführen, so müssen Sie einen speziellen Offline-Modus nutzen. Weitere Informationen hierzu finden Sie beispielsweise unter der Websiteadresse *http://technet.microsoft.com/de-de/library/ff686793.aspx*.

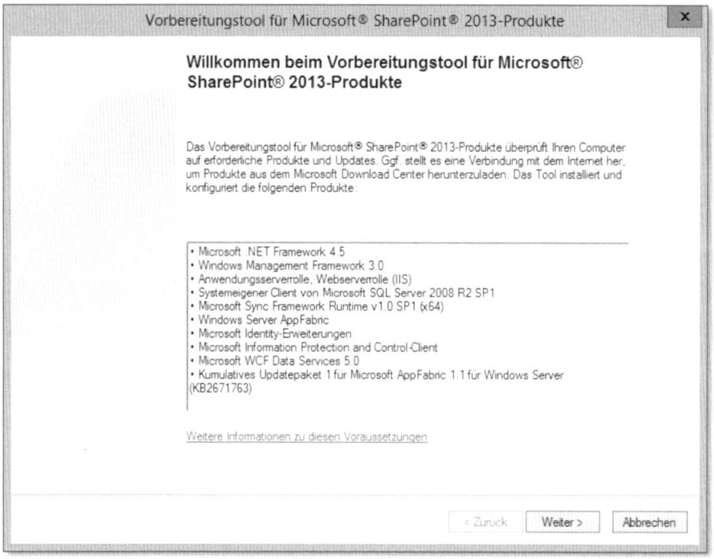

Abbildung 1.12 Übersicht über die notwendigen Programme für SharePoint 2013

Über WEITER gelangen Sie zum nächsten Schritt des Assistenten, in dem Sie die Lizenzbedingungen akzeptieren müssen. Anschließend wird die Installation der erforderlichen Programme vorgenommen. Dieser Vorgang kann eine gewisse Zeit in Anspruch nehmen und schließt mit der Aufforderung ab, den Rechner neu zu starten. Führen Sie diesen Neustart bitte unbedingt durch, indem Sie auf die Schaltfläche FERTIG STELLEN klicken.

Nach dem Neustart und den letzten Konfigurationen sind die Systemvoraussetzungen für SharePoint vollständig installiert, und das Setup kann durch ein erneutes Betätigen der Schaltfläche FERTIG STELLEN abgeschlossen werden.

Installation von SharePoint 2013

Um das Produkt SharePoint selbst zu installieren, müssen Sie im Installationsdialog den Menüpunkt SHAREPOINT SERVER INSTALLIEREN auswählen. Sollte eine Sicherheitsmeldung erscheinen, dann bestätigen Sie diese bitte mit JA. Dadurch erlauben Sie dem Setup, Änderungen am System vorzunehmen, was in diesem Fall zwingend erforderlich ist, um die Installation erfolgreich abschließen zu können.

Nun müssen Sie den Produktschlüssel für den SharePoint Server eingeben. Es erfolgt eine sofortige Validierung der Daten, nach der Sie über die Schaltfläche WEITER fortfahren können. Wie schon bei den Systemvoraussetzungen müssen Sie auch hier die Lizenzbedingungen akzeptieren und mittels WEITER mit der Installation fortfahren.

Nun folgt der in der Installation wichtigste Dialog. Sie müssen entscheiden, welche Art von Installation Sie durchführen möchten. Sie haben die Wahl zwischen **Voll-**

ständig und **Eigenständig**. Ich rate von der Option EIGENSTÄNDIG ab, weil Sie dabei keine Möglichkeit haben, von einem Testbetrieb in einen Produktivbetrieb von SharePoint zu wechseln. Außerdem können Sie gerade im Hinblick auf Erweiterungen für SharePoint hier keine repräsentativen Tests durchführen. Deshalb empfehle ich Ihnen die Installation in der Variante VOLLSTÄNDIG, die es Ihnen auch erlaubt, die Datenbanken auf der zweiten virtuellen Maschine erstellen zu lassen. Diese Möglichkeit haben Sie bei der anderen Variante nicht.

Danach folgt ein Dialog, in dem Sie den Speicherort für die zu installierenden Dateien angeben können. Übernehmen Sie die dort voreingestellten Pfade, und betätigen Sie die Schaltfläche JETZT INSTALLIEREN. Dadurch wird die Installation durchgeführt und der aktuelle Stand über einen Fortschrittsbalken visualisiert. Nach Abschluss der Installation können Sie direkt den *Konfigurations-Assistent* starten.

Konfiguration und Erstellung der Zentraladministration

Nach der Installation der benötigten Dateien müssen Sie eine initiale Konfiguration durchführen, damit Ihre SharePoint-Plattform einsatzbereit ist. Wenn Sie den Konfigurations-Assistenten aufrufen und auf WEITER klicken, erscheint der in Abbildung 1.13 dargestellte Hinweis, dass bestimmte Dienste während der Konfiguration neu gestartet werden müssen und somit für diese Zeitspanne ausfallen können. Da es sich jedoch in diesem Fall um eine Erstinstallation handelt, können Sie die Meldung ohne Bedenken mit JA bestätigen.

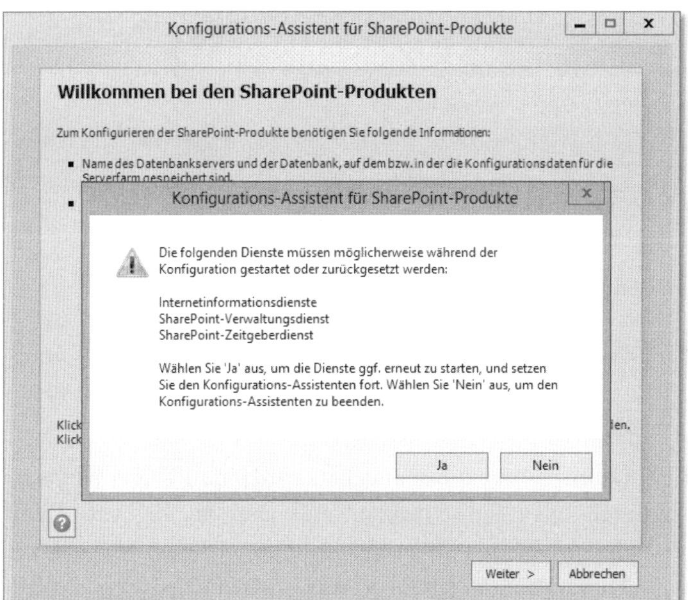

Abbildung 1.13 Aufruf des Konfigurations-Assistenten mit der Information über Dienste, die durch die Konfiguration beeinflusst werden

Auf der nächsten Seite wird Ihnen die Frage gestellt, ob Sie einen weiteren *Web Frontend Server* in eine bestehende Farm integrieren oder eine neue Serverfarm erstellen möchten. Wählen Sie bitte die Option Eine neue Serverfarm Erstellen, und fahren Sie mit Weiter fort.

Daraufhin müssen Sie entsprechend der Darstellung in Abbildung 1.14 die Verbindung zur Datenbank angeben. Zum einen ist die IP-Adresse oder der Name des SQL Servers erforderlich, und zum anderen müssen Sie einen Benutzer mit seinem aktuellen Kennwort angeben, mit dem der Zugriff auf die Datenbanken erfolgen soll. Sobald Sie die nötigen Angaben erfasst haben, können Sie über die Schaltfläche Weiter mit der Konfiguration fortfahren.

Nach der Angabe der Datenbankinformationen muss eine sogenannte *Passphrase* eingegeben werden. Diese sollten Sie sich gut merken und aufschreiben, da Sie sie später benötigen werden, zum Beispiel um weitere *Web Frontend Server* zu Ihrer Farm hinzuzufügen.

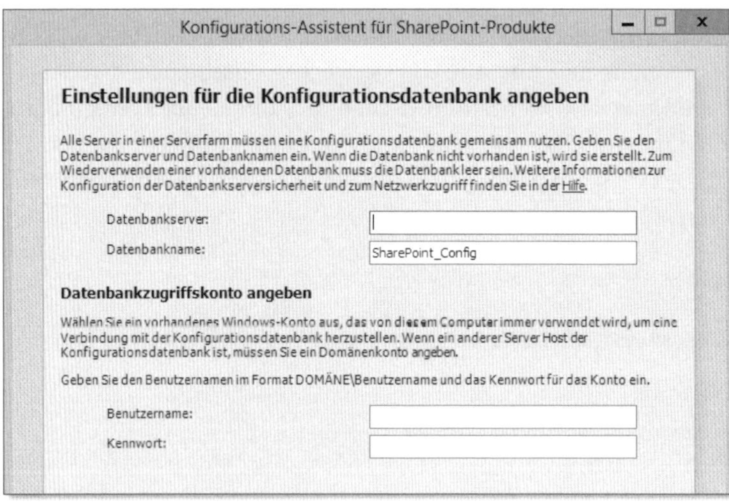

Abbildung 1.14 Informationen für den Zugriff auf die Datenbanken

Der letzte Schritt in der Konfiguration stellt entsprechend der Darstellung in Abbildung 1.14 die Angabe eines Ports für die *Zentraladministration* und die Auswahl des Authentifizierungsanbieters dar:

- **Portnummer**: Wenn Sie keinen Port explizit angeben, wird ein zufälliger Wert ausgewählt. Dies kann Ihnen oder dem Administrator aber die tägliche Arbeit erschweren, wenn es zum Beispiel um Portfreischaltungen geht, damit Sie die Zentraladministration nicht nur aufrufen können, wenn Sie sich auf dem Server selbst befinden. Setzen Sie deshalb entsprechend der Darstellung in Abbildung 1.15 den

Haken bei der Einstellung PORTNUMMER ANGEBEN, und geben Sie eine Portnummer wie beispielsweise »12345« ein.

- **Authentifizierungsanbieter**: Ein Administrator wird bei der Auswahl des Authentifizierungsanbieters genaue Vorstellungen darüber haben, ob er die Option NTLM oder AUSHANDELN (KERBEROS) auswählt. Für eine Testinstallation empfehle ich Ihnen NTLM als einfache Option ohne weiteren Administrationsbedarf.

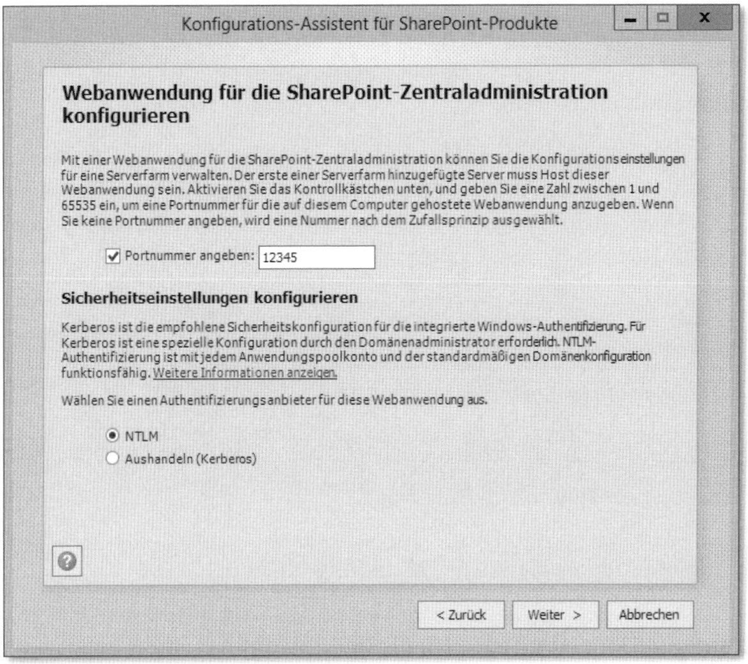

Abbildung 1.15 Der letzte Schritt in der Konfiguration von SharePoint 2013

Als Nächstes erhalten Sie eine Zusammenfassung der Konfigurationseinstellungen. Prüfen Sie noch einmal, ob Sie den richtigen Datenbankserver und den gewünschten Port für die Zentraladministration angegeben haben. Sollte irgendeine Einstellung nicht korrekt sein, können Sie über die Schaltfläche ZURÜCK bis zu dem entsprechenden Schritt zurückgehen und die erforderlichen Änderungen vornehmen. Sind alle Angaben korrekt, können Sie über die Schaltfläche WEITER die Konfiguration starten.

Sobald die Konfiguration erfolgreich abgeschlossen ist und keine Fehler aufgetreten sind, erscheint ein Dialog, der Ihnen Informationen zu der von Ihnen vorgenommenen Konfiguration liefert. Indem Sie die Schaltfläche FERTIG STELLEN betätigen, wird der Assistent beendet und die *Zentraladministration* erstmalig aufgerufen.

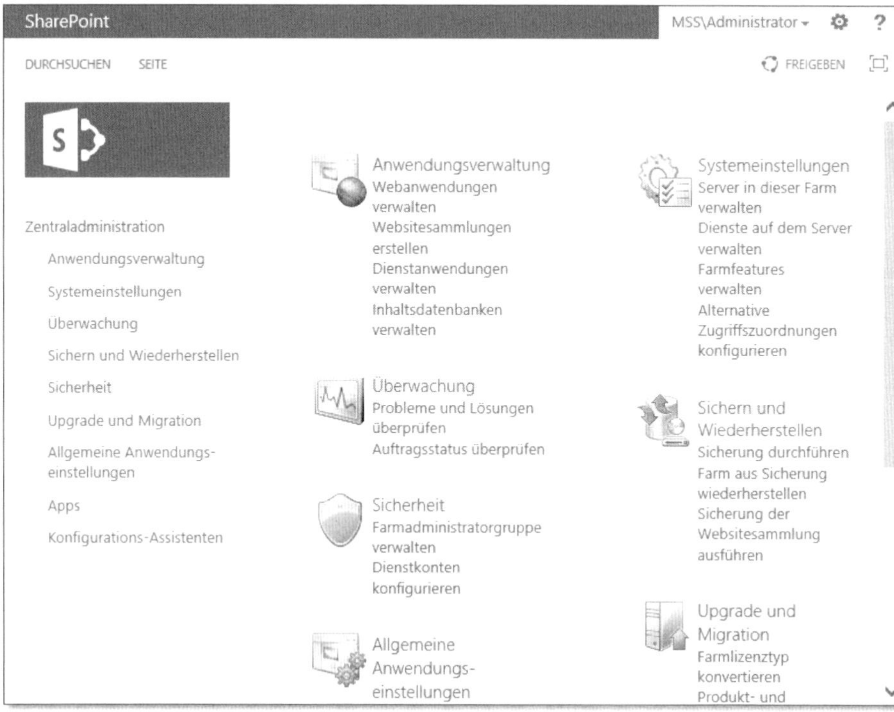

Abbildung 1.16 Homepage der Zentraladministration

Ihnen sollte sich nun ein Anblick bieten, der Abbildung 1.16 ähnelt.

Ausführen des Konfigurations-Assistenten in der Zentraladministration

Die Zentraladministration dient zur Verwaltung Ihrer SharePoint-Farm und steht nur den Administratoren zur Verfügung. Jeder Anwender muss sich an einen Administrator wenden, wenn Einstellungen verändert werden sollen, die über die Zentraladministration vorgenommen werden müssen. Folgende Punkte werden beispielsweise zentral für alle Websites Ihrer SharePoint-Farm konfiguriert:

- **Gesperrte Dateitypen**: Dateien dieser Dateitypen können nicht in SharePoint gespeichert werden. Sobald ein Anwender versucht, eine solche Datei hochzuladen, erhält er eine Fehlermeldung.
- **Ausgehende und eingehende E-Mails**: Sie können einen SMTP-E-Mail-Server und eine E-Mail-Adresse hinterlegen, mit der Warnungen, Einladungen und Benachrichtigungen von SharePoint an Anwender versendet werden. Zusätzlich können Sie Dokumentbibliotheken als Empfänger von E-Mails einrichten, wenn die zentrale Konfiguration für eingehende E-Mails vorgenommen wurde.

- **Maximale Uploadgröße**: Standardmäßig können Sie eine Datei hochladen, die bis zu 50 MB groß ist. Wird dieser Wert überschritten, so erhalten Sie eine Fehlermeldung. Sie können den Wert bis auf 2 GB erhöhen.

Wenn Sie die Zentraladministration aufgerufen haben, finden Sie links eine Navigationsleiste. Dort wählen Sie den in Abbildung 1.16 zuunterst dargestellten Menüpunkt KONFIGURATIONS-ASSISTENTEN aus und klicken in der daraufhin erscheinenden Seite auf den Menüpunkt ASSISTENTEN FÜR DIE FARMKONFIGURATION STARTEN. Sie werden nun gefragt, wie Sie die SharePoint-Farm konfigurieren möchten. Folgende Optionen stehen Ihnen zur Verfügung:

- »Ja, ich möchte schrittweise Anleitungen zur Konfiguration meiner Farm mithilfe dieses Assistenten erhalten.«
- »Nein, ich führe die Konfiguration alleine aus.«

Sie wählen die erste Option, indem Sie die Schaltfläche ASSISTENTEN STARTEN betätigen. Mithilfe des Assistenten konfigurieren Sie nun im ersten Schritt die Dienste von SharePoint.

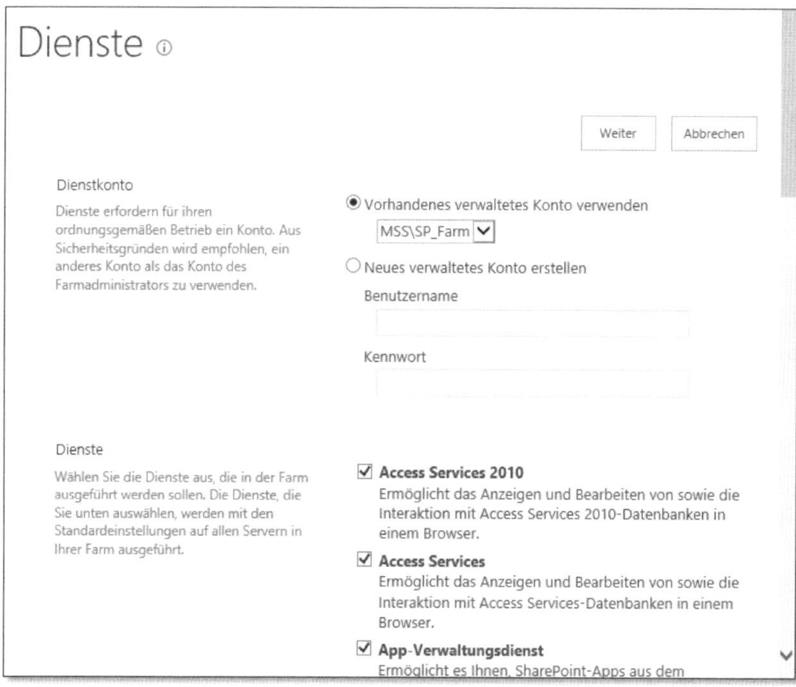

Abbildung 1.17 Konfiguration der Dienstanwendungen

Entsprechend der Darstellung in Abbildung 1.17 lassen Sie die Auswahl der zu konfigurierenden Dienste unverändert, wählen allerdings im Bereich DIENSTKONTO die obere Option VORHANDENES VERWALTETES KONTO VERWENDEN aus. Das dort zur

Auswahl stehende Konto sollte dem Konto entsprechen, mit dem Sie die Installation von SharePoint vorgenommen haben. Nach Betätigen der Schaltfläche WEITER werden die ausgewählten Dienste für Sie konfiguriert.

Im nächsten Schritt können Sie eine erste Websitesammlung erstellen. In Vorbereitung auf die späteren Übungen können Sie der Websitesammlung den TITEL »Unternehmensportal« geben und als Websiteadresse die Option »/« in der Auswahlliste selektieren. Die übrigen Einstellungen können Sie unverändert übernehmen und mit Betätigen der Schaltfläche OK die Websitesammlung erstellen.

Abbildung 1.18 Erstellen einer ersten Websitesammlung

Sollten Sie allerdings zum jetzigen Zeitpunkt keine Websitesammlung erstellen wollen, so können Sie diesen Schritt über die Schaltfläche ÜBERSPRINGEN ignorieren, wie in Abbildung 1.18 zu erkennen ist.

Nachdem Sie den Schritt WEBSITESAMMLUNG ERSTELLEN abgeschlossen haben, wird Ihnen eine Zusammenfassung der vorgenommenen Konfiguration angezeigt, die Sie über die Schaltfläche FERTIG STELLEN verlassen können.

1.5.5 SharePoint Online mit Office 365

Wenn Sie keine Möglichkeit haben, SharePoint bei sich im Haus zu installieren und zu administrieren, kann *Office 365* mit der Komponente *SharePoint Online* eine Alternative für Sie darstellen.

Bei *SharePoint Online* handelt es sich um einen *cloudbasierten* Dienst für Unternehmen beliebiger Größe, der die Erstellung von Websites zur gemeinsamen Nutzung von Dokumenten und Informationen mit Kollegen, Geschäftspartnern und Kunden erleichtert.

Anstatt SharePoint selbst bei Ihnen vor Ort zu installieren und bereitzustellen (»on Premise«), können Sie SharePoint Online abonnieren und den Anwendern somit genau wie bei einer *Inhouse-Installation* die Funktionen für die Zusammenarbeit und Informationsverwaltung zur Verfügung stellen, die mit den vertrauten Office-Anwendungen verwendet werden können.

SharePoint Online bietet Websites zu folgenden Zwecken:

1. **Meine Website:** Verwaltung und Freigabe wichtiger Dokumente
2. **Teamwebsites**: Abstimmungen zwischen Teams und Verwaltung von wichtigen Projekten
3. **Intranetwebsites**: Veröffentlichung von aktuellen Unternehmensinformationen und Neuigkeiten
4. **Extranetwebsites**: Sichere Freigabe von Dokumenten für Geschäftspartner und Kunden
5. Vermarktung Ihres Unternehmens über eine einfache **öffentliche Website**

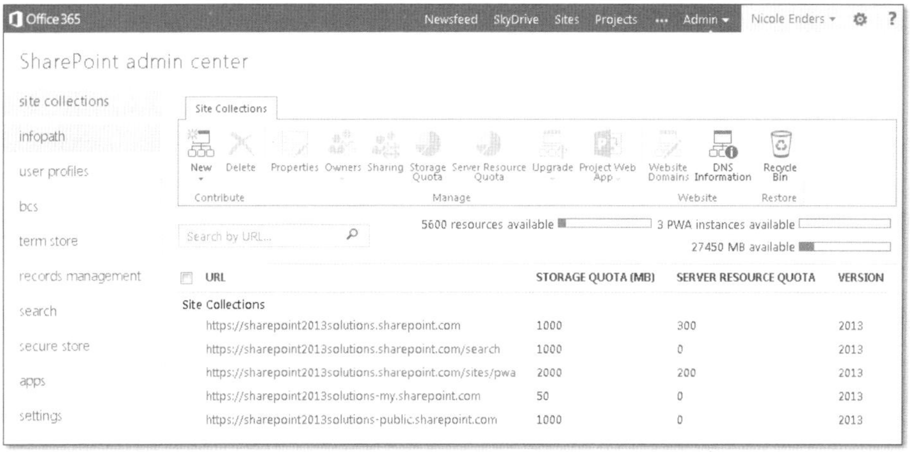

Abbildung 1.19 Das SharePoint-Administratorcenter

Sie haben bei *SharePoint Online* auch die Möglichkeit, administrative Aufgaben zu übernehmen. Bei einer *Inhouse*-Installation würden Sie dies über die Zentraladministration vornehmen, die auf dem SharePoint-Server selbst zur Verfügung steht. Bei *SharePoint Online* als Teil von *Office 365* werden diese Funktionen über das sogenannte SHAREPOINT-ADMINISTRATORCENTER angeboten, das Sie in Abbildung 1.19 sehen.

SharePoint Online kann mit den vertrauten Office-Anwendungen verwendet werden. Sie können Office-Dokumente erstellen und direkt auf *SharePoint Online* speichern oder an der Erstellung von Dokumenten mit Microsoft Office Web Apps mitwirken. Sie können auch den Offlinezugriff auf wichtige Dokumente nutzen oder über mobile Geräte darauf zugreifen. Sie müssen bei der Einführung von Office 365 nur sicherstellen, dass der Zugriff auf die SharePoint-Plattform auch aus Ihrem Firmennetz möglichst ohne eine separate Anmeldung beim Aufruf einer Website sichergestellt ist und dass diese nicht durch Ihre Firewall blockiert wird.

Allerdings entstehen durch die Nutzung dieses Dienstes monatliche Kosten pro Nutzer. Diese können vor allem dann eine ausschlaggebende Rolle bei der Entscheidung für eine Hosting-Variante spielen, wenn Sie bereits einen Lizenzvertrag besitzen und über Mitarbeiter verfügen, die im Rahmen ihrer Arbeit die Administration und den Support für eine *Inhouse*-Hosting Variante übernehmen können. Unter *http://www.microsoft.com/de-de/office365/sharepoint-online.aspx* können Sie nach dieser recht kurzen Einführung in *Office 365* weitere Informationen zu *SharePoint Online* und den damit verbundenen Kosten erhalten.

1.6 Tools für die Erstellung von SharePoint-Lösungen

Um eine SharePoint-Lösung erfolgreich zu erstellen, ist die Auswahl der richtigen Tools besonders wichtig. Dabei stellt sich anfangs die Frage, welche Tools überhaupt existieren, wie diese genutzt werden können und wo ihre Stärken und Schwächen liegen. An dieser Stelle werden Tools wie InfoPath Designer, SharePoint Designer, Visio, Excel, Access & Co. vorgestellt und entsprechend ihrer Einsatzmöglichkeiten kategorisiert. Diese Tools schaffen im Rahmen des *Customizings* durch einen Poweruser einen Mehrwert für Ihre Lösungen, der über die Standardfunktionen von SharePoint hinausreicht. Darüber hinaus gibt es noch zwei Tools, die in Abschnitt 1.6.6 vorgestellt werden. Mit ihnen können Erweiterungen entwickelt werden, die über ein *Customizing* hinausgehen. Sie setzen aber tiefergehende Kenntnisse in der SharePoint-Entwicklung voraus.

1.6.1 Microsoft Office Outlook, Excel und PowerPoint

SharePoint sieht eine sehr starke Integration in die Microsoft Office-Produktpalette vor, eben in jene Anwendungen, die Sie vermutlich tagtäglich nutzen. Durch diese Integration ergeben sich vielfältige Einsatzszenarien mit Outlook als Nachrichtenzentrale, mit Excel für Auswertungen und für die Bearbeitung von Massendaten und mit PowerPoint für die Unterstützung bei Unternehmenspräsentationen.

Microsoft Outlook als Nachrichtenzentrale

Ich weiß nicht, wie es Ihnen geht, aber die erste Anwendung, die ich morgens starte, wenn ich ins Büro komme, ist Microsoft Outlook. Ich möchte schnell einen Überblick über meine E-Mails, anstehende Termine und meine Aufgaben haben. Warum sollte ich nicht auch Informationen aus anderen Systemen wie SharePoint direkt über Outlook aufrufen können? Nichts ist einfacher als das! Nahezu jede SharePoint-Liste bietet Ihnen die Möglichkeit an, in Microsoft Outlook integriert zu werden. In Abbildung 1.20 wird das Menüband einer Dokumentbibliothek dargestellt, das Ihnen vielleicht aus Ihren Office-Anwendungen bekannt vorkommt.

Abbildung 1.20 Verbindung mit Outlook herstellen

Das Menüband steht Ihnen grundsätzlich für jede Liste oder Bibliothek bzw. für einzelne Elemente, Dokumente und Websiteseiten zur Verfügung und bietet Ihnen ein kontextabhängiges Menü an. Das dargestellte Menüband bezieht sich auf eine Dokumentbibliothek, in der diverse Dateien gespeichert wurden. Wenn Sie diese nun zukünftig aus Outlook heraus öffnen möchten, ohne die Website und darin die Bibliothek aufzurufen, können Sie den Menüpunkt VERBINDUNG MIT OUTLOOK HERSTELLEN auswählen. Bestätigen Sie noch die erscheinenden Sicherheitsabfragen, und schon können Sie mit den Dokumenten dieser Bibliothek arbeiten, ohne Outlook verlassen zu müssen. Wenn Sie diese Funktion das erste Mal nutzen, wird auf Ebene Ihres Postfaches ein neues Verzeichnis SHAREPOINT-LISTEN angelegt und die verbundene Liste als Unterordner angezeigt. Ansonsten wird lediglich der Unterordner für die neue verbundene Liste erstellt.

Listen mit besonderen Funktionen in Outlook

Es gibt auch besondere Listen, die anders in Outlook integriert werden. Es handelt sich dabei um folgende Listen und ihre jeweiligen Besonderheiten:

- **Kalender:** Der SharePoint-Kalender ist im Grunde genommen nichts anderes als eine SharePoint-Liste mit einer besonderen Ansicht in Form eines Tages-, Wochen- und Monatskalenders. Termine, die hier eingetragen werden, sind nicht in den Exchange- bzw. Outlook-Kalendern der entsprechenden Personen zu finden. Allerdings haben Sie mit diesem Kalender die Möglichkeit, Termine für Gruppen zu planen, und über die Integration in Outlook, bei der dieser Kalender wie der Kalender einer anderen Person genutzt werden kann, können Sie diesen Kalender über Ihren eigenen legen und haben somit konsolidiert sämtliche Termine auf einen Blick, die Sie betreffen.

- **Aufgaben:** Wenn Sie sämtliche Aufgabenlisten, die Sie in SharePoint betreffen, mit Ihrem Outlook verbinden, so übernimmt Outlook für Sie direkt die Integration in Ihre lokale Aufgabenliste und stellt Ihnen auf der Startseite in Outlook alle Aufgaben abhängig von ihrer Fälligkeit und Priorität zur Verfügung – unabhängig davon, wo diese Aufgaben existieren. Sie haben direkt alle wesentlichen Informationen zur Verfügung, ohne Outlook verlassen zu müssen.
- **Kontakte:** Haben Sie auch Ihre Kontakte in Outlook gepflegt? Ihre Kollegen haben dies sicher auch bisher getan. Wenn Sie bisher Kontaktinformationen zu einer Person benötigt haben, die Sie selbst als Kontakt nicht gepflegt haben, Ihr Kollege aber schon – was haben Sie dann getan? Sie haben vermutlich Ihren Kollegen gebeten, Ihnen bitte die Kontaktkarte per E-Mail zu schicken.

  Mit SharePoint und der Kontaktliste haben Sie die Möglichkeit, einfach und zentral Kontakte zu pflegen. Jeder, der Zugriff auf die Kontaktliste hat, kann somit nach Kontakten suchen und hat alle Informationen direkt zur Verfügung. Aber was tun Sie mit Ihren Kontakten aus Outlook? Diese sollten am besten übertragen werden. Haben Sie keine Angst; Sie müssen diese nicht manuell erneut erfassen. Am besten verbinden Sie die neue Kontaktliste auch mit Outlook und können dann per *Drag & Drop* Ihre Kontakte aus Outlook in die Kontaktliste auf SharePoint kopieren. Und so stehen diese Kontakte direkt Ihrem ganzen Team oder dem Unternehmen zur Verfügung – wie bei einem öffentlichen Adressbuch.

Benachrichtigungen über neue und geänderte Informationen

Neben der Integration von SharePoint-Listen kann Outlook allerdings auch für die Überwachung von Änderungen in SharePoint verwendet werden. Wenn Sie zum Beispiel einen RSS-Feed für eine Dokumentbibliothek abonnieren, können Sie neben den üblichen RSS-Feed-Empfängern (wie beispielsweise den Internet Explorer) auch Outlook als Client für diese Feeds nutzen und werden bei neuen oder geänderten Dokumenten in dieser Bibliothek direkt informiert. Solange Sie das neue oder geänderte Dokument nicht aus Outlook heraus über den RSS-Feed aufgerufen haben, wird dieses zusammen mit Ihren ungelesen E-Mails unter dem Bereich UNGELESENE NACHRICHTEN aufgeführt.

Eine Alternative zum RSS-Feed stellen die Benachrichtigungen per E-Mail dar. Diese können sofort, täglich oder wöchentlich versendet werden, um ebenfalls über neue oder geänderte Inhalte zu informieren, wobei hier auch die Löschung von Inhalten als Änderung betrachtet wird. Ähnlich wie beim RSS-Feed müssen Sie für jede einzelne SharePoint-Liste die Konfiguration vornehmen, dass Sie benachrichtigt werden möchten. Sie haben auch die Möglichkeit, sich nur über Änderungen ausgewählter Dokumente bzw. Elemente informieren zu lassen. Damit sind Sie immer bestens informiert, ohne selbst in regelmäßigen Abständen die einzelnen Listen und Bibliotheken in SharePoint aufrufen und auf Änderungen prüfen zu müssen.

Vorsicht bei der Benachrichtigungsfunktionalität

Sie sollten darauf achten, nicht bei jeder beliebigen Liste die Benachrichtigungsfunktionalität zu nutzen. Ansonsten wird Ihr Postfach mit dieser Art von E-Mails überschwemmt und Sie könnten den Überblick verlieren.

Die E-Mail, die bei einer Änderung versendet wird, enthält zum einen den Link zur SharePoint-Webseite und zum anderen eine tabellarische Auflistung der Listenspalten und deren Werte. Wurde ein Wert einer Spalte geändert, wird der alte Wert durchgestrichen dargestellt und der neue Wert steht dahinter geschrieben.

Was mache ich, wenn mir die automatisch versendeten E-Mails optisch nicht gefallen?

Sollte Ihnen das Layout der versendeten E-Mails nicht gefallen oder den Anforderungen Ihres Unternehmens nicht entsprechen, so sollten Sie einen Termin mit Ihrem Administrator und einem SharePoint-Entwickler vereinbaren. Die Vorlage für E-Mails lässt sich entsprechend Ihrer Wünsche hinsichtlich der grafischen Darstellung und der in den E-Mails enthaltenen Informationen anpassen.

Auswertungen und Massenbearbeitung mit Excel

Bei Listen mit vielen Einträgen kann die Bearbeitung von Massendaten über den Browser sehr unkomfortabel sein. Deshalb haben Sie die Möglichkeit, Ihre Daten nach Excel zu exportieren und dort weiterzubearbeiten.

Sie finden die beschriebenen Optionen im Menüband unter der Registerkarte LISTE bzw. BIBLIOTHEK und dort im Bereich VERBINDEN UND EXPORTIEREN.

Wenn Sie die Option NACH EXCEL EXPORTIEREN ausgewählt haben, werden Sie aufgefordert, die Aktion ein weiteres Mal zu bestätigen. Anschließend können Sie mit der Bearbeitung der Daten beginnen.

Auf diese Weise können Sie Daten, die ursprünglich in SharePoint erfasst wurden, exportieren und mithilfe der Excel-Funktionen entsprechend aufbereiten und weitergeben. Eine zusätzliche Option sind die Excel Services, die es Ihnen ermöglichen, Ihre Auswertung in eine SharePoint-Seite zu integrieren.

Excel-Dateien lassen sich über die *Excel Services* veröffentlichen. Sie bestimmen, welche Bereiche der Excel-Arbeitsmappe in einer SharePoint-Webseite angezeigt werden. Zudem haben Sie mit den Standard-SharePoint-Funktionen auch direkt die Berechtigungen auf das Dokument erworben und die Nachvollziehbarkeit von Änderungen (*Versionierung*) sichergestellt.

Durch die Excel Services können die Benutzer dann die Excel-Dateien im Browser ansehen und bearbeiten und haben eine zentrale Plattform, auf der die Unternehmensberichte verwaltet werden.

Über das *Excel Web Access Webpart* können Sie die gewünschten Bereiche Ihrer Excel-Arbeitsmappe für andere Anwender freigeben und in eine beliebige Webseite in SharePoint integrieren. Damit wird die Berichterstattung bzw. -bearbeitung optimiert.

Unternehmenspräsentationen mit PowerPoint und der Folienbibliothek

In einer *Folienbibliothek* können Sie Folien aus Ihrer PowerPoint-Präsentation veröffentlichen. Die Folien der Präsentation werden in dieser Bibliothek gespeichert und stehen somit auch Ihren Kollegen zur Verfügung, für die das Verwenden der bereits bestehenden Folie eine Zeitersparnis bedeuten kann.

Folien veröffentlichen

Folien einer geöffneten PowerPoint-Präsentation können Sie über die Registerkarte DATEI und den Menüpunkt SPEICHERN UND SENDEN veröffentlichen. Nachdem Sie bestätigt haben, dass Sie die Folien veröffentlichen möchten, öffnet sich das Dialogfenster FOLIEN VERÖFFENTLICHEN. In ihm können Sie die Folien auswählen, die Sie veröffentlichen wollen, und die URL der Folienbibliothek angeben.

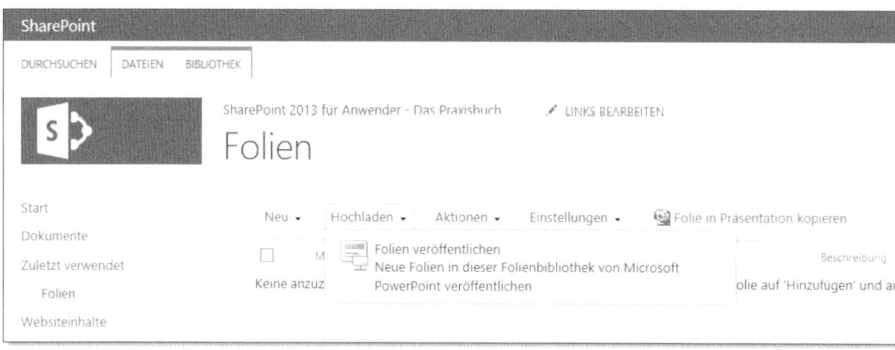

Abbildung 1.21 Die Folienbibliothek zur Verwaltung von allgemeingültigen PowerPoint-Folien

Des Weiteren gibt es auch entsprechend der Darstellung in Abbildung 1.21 die Möglichkeit, die Folien über das Aktionsmenü der Folienbibliothek in der Bibliothek zu speichern. Dazu müssen Sie die Folienbibliothek im Browser aufrufen. Über das Menü HOCHLADEN können Sie die Folien zum Veröffentlichen auswählen.

Folien aus einer Folienbibliothek auswählen

Eine Folie, die sich in der Folienbibliothek befindet, können Sie über die PowerPoint-Registerkarte START Ihrer Präsentation hinzufügen. Über die Befehlsschaltfläche NEUE FOLIE kann der Befehl FOLIEN WIEDERVERWENDEN ausgewählt werden. Dadurch wird am rechten Fensterrand der Aufgabenbereich FOLIEN WIEDERVERWENDEN geöffnet. Nachdem Sie in diesem Bereich die URL der Folienbibliothek eingegeben haben, werden Ihnen im mittleren Bereich alle Folien angezeigt, die Sie verwenden können. Durch doppeltes Klicken auf die Vorschau einer Folie wird diese der aktuellen Präsentation hinzugefügt.

Wenn Sie veröffentlichte Folien Ihrer PowerPoint-Präsentation hinzufügen, haben Sie die Möglichkeit, festzulegen, ob das ursprüngliche Design der Folien übernommen werden soll. Wählen Sie diese Option nicht, werden die Folien Ihrer PowerPoint-Präsentation hinzugefügt und Ihr gewähltes Foliendesign wird auf die neuen Folien übertragen.

Ebenso können Sie – bevor Sie eine Folie Ihrer Präsentation hinzufügen –, definieren, ob Sie über Folienänderungen informiert werden möchten. Wenn Sie die Option ÜBER FOLIENÄNDERUNGEN INFORMIEREN ausgewählt haben, werden Sie beim Öffnen einer PowerPoint-Präsentation über Folienänderungen informiert, falls diese Änderung eine Folie der aktuellen Präsentation betrifft. Sie können dann entscheiden, ob Sie diese Änderung übernehmen wollen.

1.6.2 Elektronische Formulare mit InfoPath Designer

SharePoint bietet mit der Standardfunktionalität umfangreiche Möglichkeiten für die Prozessunterstützung mittels *elektronischen Formularen* und *Workflows*. Die herausragenden Vorteile sind dabei, dass Formulare wie auch die Prozesse von technisch versierten Anwendern wie Ihnen direkt in einem grafischen Designer erstellt und angepasst werden können. Dadurch ist es möglich, sich häufig verändernde Geschäftsprozesse mittels Workflows zu unterstützen, die Nachvollziehbarkeit sicherzustellen und Medienbrüche zu vermeiden.

Zwar wird mit InfoPath 2013 ein neuer Formulardesigner bereitgestellt, aber die Funktionen unterscheiden sich nicht wesentlich von der Vorgängerversion, falls Sie diese bereits kennen. InfoPath ist weiterhin ein sehr einfach zu verwendendes Tool, um schnell und unkompliziert Formulare zu erstellen.

Die einzige nennenswerte Neuerung im Vergleich zu 2010 ist, dass für die Integration von Formularcode nun Visual Studio 2012 genutzt wird. Die bekannten Einschränkungen wie Mehrsprachigkeit, Validierungen bzw. Fehlermeldungen oder Support für anonyme Szenarien wurden aber leider nicht verbessert. So bleibt InfoPath weiterhin eine einfache Möglichkeit, um schnell Formulare bereitzustellen. Für komplexe Anforderungen, die die Gestaltung der Benutzeroberfläche oder der im Formular benötigten Funktionen betreffen, taugt es jedoch nicht unbedingt.

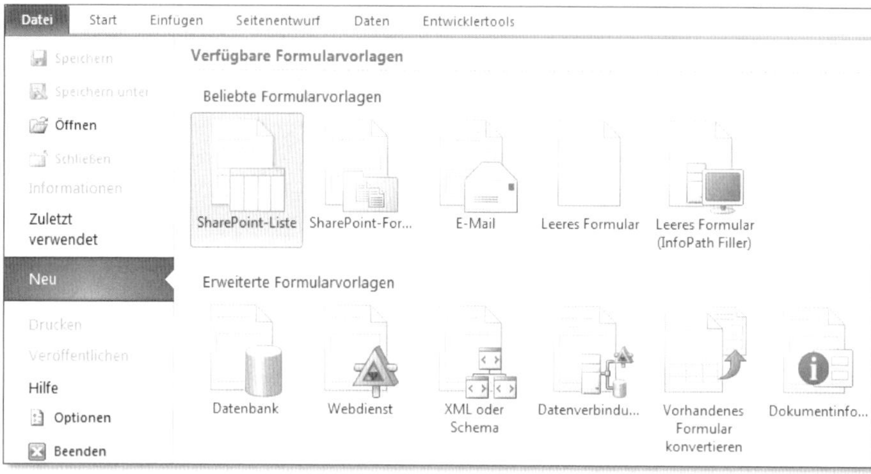

Abbildung 1.22 Startseite des InfoPath Designers 2013

Mithilfe von InfoPath können Sie u. a. (wie Sie in Abbildung 1.22 sehen) die Formulare anpassen, die für das Erstellen und Bearbeiten von Elementen in einer SharePoint-Liste verwendet werden. Beim Erstellen oder Bearbeiten von Elementen werden standardmäßig alle in der Liste enthaltenen Felder in einer einfachen tabellarischen Ansicht mit zwei Spalten dargestellt. Dies stellt zwar für manche Situationen eine gute Lösung dar, in anderen Fällen benötigen Sie jedoch mehr Kontrolle über das Layout Ihrer Eingabeformulare. Darüber möchten Sie dem Formular vielleicht auch dynamisches Verhalten hinzufügen.

Die Verwendung von InfoPath zum Anpassen von SharePoint-Listenformularen ermöglicht es Ihnen, die Anordnung der Steuerelemente zu ändern, etwa die Felder »PLZ« und »Ort« auf einem Benutzerinformationsformular auf einer Zeile nebeneinander zu platzieren. Erweiterte InfoPath-Funktionen, wie etwa die bedingte Formatierung, können verwendet werden, um Abschnitte eines Formulars dynamisch ein- oder auszublenden.

Um einen *Workflow* zu erstellen, nutzen Sie entweder *SharePoint Designer* oder *Visual Studio*. Sobald Sie in Ihrem *Workflow* eine Benutzereingabe benötigen, werden Sie hierfür ein Eingabeformular erstellen, das in der Regel über InfoPath entworfen wird. Sie haben zwar auch die Möglichkeit, auf andere Webtechnologien zur Erstellung der Workflowformulare zurückzugreifen; Sie werden wahrscheinlich aber die Variante mit InfoPath bevorzugen, weil Sie für die andere Variante definitiv einen Entwickler benötigen.

1.6.3 SharePoint Designer

Microsoft SharePoint Designer ist gemeinsam mit *Microsoft Expression Web* der Nachfolger von Microsoft Frontpage zum Bearbeiten von Webseiten. Während Microsoft Expression Web vollständig zum Erstellen beliebiger Webseiten verwendet werden kann, ist Microsoft SharePoint Designer spezifisch zum Erstellen und Bearbeiten von Webseiten entwickelt worden, die auf Microsoft SharePoint basieren, und bietet mehr Kontrolle als die eingebauten Bearbeitungsmöglichkeiten in SharePoint.

Während die erste Version (2007) noch als vollständiger und eigenständiger HTML-Editor verwendet werden konnte, ist der SharePoint Designer ab der Version 2010 ausschließlich in Kombination mit Microsoft SharePoint Server oder Microsoft SharePoint Foundation verwendbar.

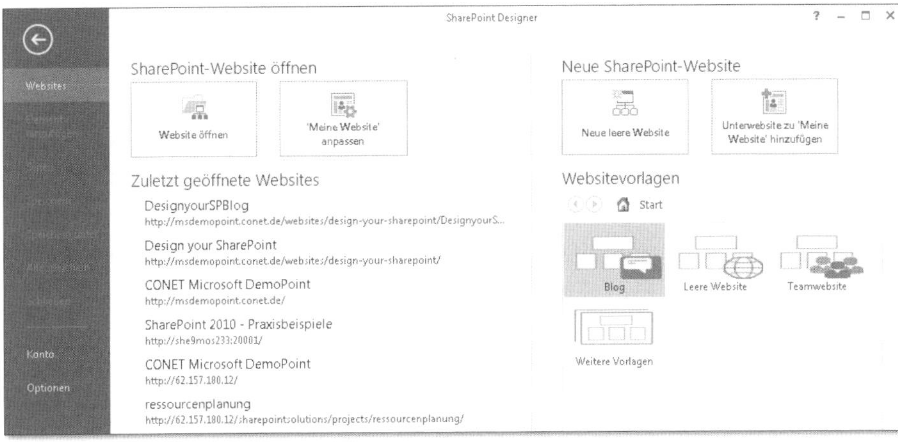

Abbildung 1.23 SharePoint Designer 2013

Sie müssen entsprechend der Darstellung in Abbildung 1.23 zu Beginn eine SharePoint-Website auswählen, in der Sie Anpassungen vornehmen möchten. Dies kann zum Beispiel die Erstellung eines *Workflows* sein, der einen bestimmten Personenkreis informiert, wenn der Bearbeiter einer Aufgabe das Fälligkeitsdatum nach hinten verschiebt. Ein anderer Anlass könnte die Erstellung einer individuellen *Gestaltungsvorlage* oder eines speziellen *Designs* sein, oder Sie möchten vielleicht Daten aus einem externen System in SharePoint integrieren.

Erstellung einfacher Workflows

Bei der Erstellung von *Workflows* im SharePoint Designer gibt es keine wesentlichen Änderungen im Vergleich zur Version 2010. Besonders zu erwähnen sind der integrierte *Workflow Designer* (der die Installation von *Visio Professional 2013* voraussetzt) und die zusätzlichen *Workflow*-Aktionen, wie beispielsweise Schleifendurchläufe, die zur Verfügung gestellt werden. Das bedeutet, dass Sie mithilfe eines

Assistenten Workflows erstellen können, in denen Ihnen folgende Möglichkeiten zur Verfügung stehen:

- **Ausführungsoptionen:** Ein Workflow kann standardmäßig manuell für die Elemente bzw. Dokumente der Liste oder Bibliothek ausgeführt werden, die Sie eingangs bei der Erstellung eines Workflows ausgewählt haben. Sie können allerdings auch einstellen, dass der Workflow automatisch gestartet wird, sobald ein neues Element bzw. Dokument erstellt oder eines geändert wird. Mit diesen Optionen, die auch beide für einen Workflow ausgewählt werden können, können automatisierte Prozesse umgesetzt werden.
- **Aktionen:** Sie können mit der Ausführung des Workflows beispielsweise auf Basis der Daten des Elements oder Dokuments eine E-Mail an eine bestimmte Person senden, Aufgaben zuweisen oder auch eine Genehmigung einfordern. Eine andere Möglichkeit wäre, dass Sie die Metadaten bzw. Feldwerte des Elements oder Dokuments dazu verwenden, weitere Felder auf Basis von festgelegten Regeln mit Werten zu belegen.
- **Bedingungen:** Sie können auf Basis der Metadaten bzw. Feldwerte Ihres Elements oder Dokuments verschiedene Aktionen ausführen lassen. So wäre es denkbar, dass Sie in einem Element einen Auftragswert angegeben haben. Wenn dieser Wert unter einer bestimmten Grenze liegt, soll der Vorgesetzte nur per E-Mail benachrichtigt werden, während in dem anderen Fall eine Genehmigung durch ihn erforderlich ist.

Eine detaillierte Darstellung der Möglichkeiten würde den Rahmen dieses Abschnitts sprengen. Sie werden im Verlauf der verschiedenen Übungen diverse Workflows erstellen und so die einzelnen Komponenten genauer kennenlernen.

Integration externer Daten mithilfe der Business Connectivity Services

Wenn ein Portal wie SharePoint im Unternehmen eingeführt wird, stellt die Integration von bereits bestehenden Systemen und den dort unterstützten Prozessen eine wesentliche Herausforderung an die neue Plattform dar: »Wie kann ich meine bisherigen Anwendungen schnell und einfach über das Portal erreichen?« und »Wie kann ich Collaboration aus SharePoint mit den bereits im Unternehmen etablierten Prozessen verknüpfen oder sogar neu gestalten?«

Mit den *Business Connectivity Services* ist es möglich, Daten aus externen Systemen in SharePoint zu integrieren. Das kann in Form von separaten Listen oder auch als Metadaten in jeder beliebigen SharePoint-Liste oder Dokumentbibliothek erfolgen. Damit wird es sogar möglich, Dokumente mit Metadaten aus externen Systemen zu verwalten.

In einfachen Szenarien kann die Integration von externen Daten über den SharePoint Designer erfolgen. Dabei können direkt Datenbanken oder Web Services angesprochen werden. Bei komplexeren Szenarien, die auch einen gesamten Prozess in SharePoint abbilden sollen, empfiehlt sich die Implementierung eines eigenen Modells. Dies ist dann Aufgabe eines SharePoint-Entwicklers.

Kann ich jeden Prozess mit SharePoint abbilden?

Sie sollten sich genau überlegen, welche Prozesse Sie über die Benutzeroberfläche von SharePoint unterstützen möchten. Dabei sollten Sie Ihre Systemlandschaft analysieren, um einen Überblick über die im Unternehmen eingesetzten Applikationen und die damit unterstützten Prozesse zu erhalten. Anhand dieses Überblicks können Sie die Entscheidung fällen, welcher Prozess auf Basis von SharePoint realisiert werden kann und welche Applikationen in Ihr SharePoint-Portal integriert werden sollen.

Sie werden wahrscheinlich feststellen, dass auch hinter der einfach aussehenden Anwendung, die Sie vielleicht schon viele Jahre lang benutzen, ein gar nicht so einfacher Prozess steht. Wenn Sie über eine Neuentwicklung dieser Anwendung auf Basis von SharePoint nachdenken, sollten Sie sich bewusst von der alten Anwendung lösen und Ihren Prozess eingehend analysieren. Mit den in SharePoint zur Verfügung stehenden Möglichkeiten werden Sie viele Prozesse unterstützen können. Aber gerade dann, wenn Ihr Budget eher klein ist, müssen Sie entscheiden, ob Sie Abstriche bei den Anforderungen machen oder vielleicht eine andere Lösungsvariante wählen. Sie sehen: Eine pauschale Antwort auf diese Frage gibt es leider nicht. Es gibt zu viele Unsicherheiten, die im Rahmen einer eingehenden Anforderungs- und Prozessanalyse beseitigt werden müssen. Erst danach steht fest, ob der Prozess mit SharePoint abgebildet werden kann und wie hoch der Aufwand hierfür ist.

1.6.4 Business Intelligence Tools

Im Bereich der Business Intelligence-Funktionalitäten von SharePoint haben Sie die Möglichkeit, den über das SharePoint *Business Intelligence Center* angebotenen *Dashboard Designer* zu verwenden. Mit diesem Tool können Sie *Dashboards* ganz nach Ihren individuellen Bedürfnissen erstellen und zentral in SharePoint den anderen Anwendern zur Verfügung stellen. Ein Dashboard kann dabei beispielsweise *Key Performance Indikatoren*, *Scorecards* und Berichte auf Basis der *SQL Server Reporting Services* enthalten.

Key Performance Indikatoren

Als eine zentrale Funktionalität des Business Intelligence-Bereichs von SharePoint sind die sogenannten Key Performance Indikatoren (KPIs) zu nennen, die mit der Integration der PerformancePoint Services im Bereich der Dashboards auch als *Scorecards* bezeichnet werden. Mit KPIs lassen sich u. a. Daten (wie zum Beispiel die Anzahl an überfälligen Aufgaben in einem Projekt) in SharePoint überwachen.

Als Erstes müssen Sie eine *Statusliste* erstellen. Das können Sie als Administrator einer SharePoint-Website über das Menü WEBSITEAKTIONEN durchführen. Als Listentyp sollten Sie STATUSLISTE auswählen und einen Namen für Ihre Liste der *Statusindikatoren* angeben.

Ihnen werden nun in der gerade erstellten Statusliste folgende Optionen als Basis für Statusindikatoren angeboten:

- SHAREPOINT-LISTEN
- EXCEL
- SQL SERVER ANALYSIS SERVICES
- FESTER WERT

Bei der Arbeit mit SharePoint wird die erste Option mit aller Wahrscheinlichkeit nach am häufigsten Verwendung finden. Aus diesem Grund werden die anderen Optionen an dieser Stelle nicht erläutert.

Sie können einen neuen Statusindikator auf Basis einer SharePoint-Liste bzw. Bibliothek erstellen, indem Sie neben dem Namen Ihres Indikators Informationen zur ausgewählten Quellliste, zur dort als Basis zu verwendenden Ansicht und zur Art der auszuwertenden Informationen angeben.

Des Weiteren müssen Sie die Intervalle angeben, die als positiv, alarmierend oder katastrophal angezeigt werden sollen. Die Darstellung Ihrer Indikatoren erfolgt direkt in Ihrer Statusliste in Form einer Ampeldarstellung.

Sie können die Informationen aus Ihrer Statusliste auch auf anderen SharePoint-Webseiten positionieren. Dafür wird Ihnen vom System ein spezielles Webpart zur Verfügung gestellt, das Sie unter der Rubrik GESCHÄFTSDATEN finden. Über diese Möglichkeit lassen sich beliebige Auswertungsfunktionalitäten schnell und einfach in Ihre SharePoint-Umgebung integrieren.

Was habe ich falsch gemacht, wenn ich in der Konfiguration meines Indikators bestimmte Felder nicht als Filter auswählen kann?

Sie sollten beachten, dass Sie die Felder, die Sie für Ihre Auswertung in einem Indikator benötigen, auch in der als Basis verwendeten Ansicht anzeigen lassen. Das kann vor allem ein Problem bei Listen darstellen, die mithilfe von Ordnern strukturiert werden. Dort ist standardmäßig keine Spalte mehr aufgeführt, weil diese Metadaten bei Ordnern nicht relevant sind. Sollten Sie allerdings beim Erstellen eines Indikators Probleme haben und Ihre Liste verwaltet Informationen mithilfe von Ordnern, so ist die Anpassung der Listenansicht um die zusätzlich benötigten Spalten ein erster und wichtiger Schritt zu Ihrem neuen Indikator.

PerformancePoint Services

Die *PerformancePoint Services* können Sie zum Überwachen und Analysieren Ihrer Geschäfte verwenden. Mithilfe der in PerformancePoint Services bereitgestellten flexiblen, benutzerfreundlichen Tools zum Erstellen von Dashboards, Scorecards und KPIs (Key Performance Indikatoren) können Personen in der gesamten Organisation fundierte Geschäftsentscheidungen treffen, die im Einklang mit unternehmensweiten Zielen und Strategien stehen.

Mithilfe integrierter Analysen können Mitarbeiter schnell vom Überwachen von Informationen zur Analyse übergehen und die Informationen ggf. für die gesamte Organisation freigeben. Folgende Funktionen können Sie von den PerformancePoint Services erwarten:

- Erstellen Sie interaktive und kontextorientierte **Dashboards** mit Scorecards, Analyseberichten und Filtern. Die Berichte können in *SQL Server Reporting Services* und *Excel Services* integriert werden.
  - Erstellen Sie **Scorecards**, die Daten aus mehreren Datenquellen (einschließlich Analysis Services, SQL Server, SharePoint-Listen und Excel Services) vereinen, um Schlüsseltreiber des Geschäfts nachzuverfolgen und zu überwachen.
  - Verwenden Sie interaktive **Analyseberichte**, um treibende Kräfte und Ursachen zu identifizieren, und wenden Sie Filter an, um die Berichte zu personalisieren.
  - Dashboards und Dashboardelemente werden in SharePoint Server-Listen und -Bibliotheken gespeichert und geschützt, sodass Sie ein einziges Sicherheits- und Repository-Framework erhalten.
- Bei der Visualisierung **Analysebaum** handelt es sich um einen Berichtstyp, mit dessen Hilfe Sie Datenwerte einer höheren Ebene aus einem mehrdimensionalen Dataset schnell und visuell analysieren können, um die treibenden Kräfte hinter diesen Werten zu verstehen.

  Der Analysebaum ist in Scorecards und Analyseberichten verfügbar, die in den Dashboards gerendert werden.
- Der **KPI-Detailbericht** ist ein Berichtstyp, in dem kontextrelevante Informationen zu KPIs, Metriken, Zeilen, Spalten und Zellen in einer Scorecard angezeigt werden. Der KPI-Detailbericht wird als Webpart verwendet, das mit einer Scorecard oder einem einzelnen KPI verknüpft ist und Dashboards oder beliebigen SharePoint-Seiten hinzugefügt werden kann.

Dashboard-Elemente können mit dem Dashboard-Designer erstellt und veröffentlicht werden.

1.6.5 Spezielle Lösungen mit Visio und Access Services

Bei Listen mit vielen Spalten bzw. einer hohen Anzahl an zu bearbeitenden Einträgen kann die Arbeit über den Browser sehr unkomfortabel sein. Deshalb haben Sie die Möglichkeit, die Liste mit Access zu öffnen und über dieses Tool die Bearbeitung Ihrer Daten vorzunehmen.

Sie finden die beschriebenen Optionen in der Menüleiste unter der Registerkarte LISTE bzw. BIBLIOTHEK und dort im Bereich VERBINDEN UND EXPORTIEREN.

Wenn Sie die Option MIT ACCESS ÖFFNEN ausgewählt haben, werden Sie aufgefordert, einen Speicherort für Ihre Access-Datenbank anzugeben, die die Bearbeitung der ausgewählten Liste zulässt.

Anschließend können Sie mit der Bearbeitung der Daten so wie in Access üblich beginnen, wobei Ihre Änderungen direkt in der SharePoint-Liste gespeichert werden und somit allen berechtigten Anwendern sofort zur Verfügung stehen.

Access Services

Bei einem Projekt ergeben sich mit den *Access Services* in SharePoint für den Architekten und Entwickler mehr Möglichkeiten, die Entwicklungszeit zu reduzieren und den Fokus auf die Arbeit mit der Fachabteilung zu lenken. Es ist tatsächlich der Fall, dass so manche Lösung im SharePoint-Umfeld beinahe ohne Code auskommt und nur noch konfiguriert wird.

Parameter wie Skalierbarkeit, einfache Wartung, hohe Transparenz und nahtlose Integration in die Umgebung stehen im Vordergrund. Natürlich kann man nahezu jeden Aspekt in SharePoint anfassen, erweitern und umbauen. Dem steht meist die Tatsache im Weg, dass die Zeit, in der Lösungen umgesetzt werden sollen, Ihnen Grenzen setzt.

Die meisten Kunden haben die wesentliche Anforderung, Daten über ein paar Dialoge einzutragen, um diese weiterzuverarbeiten. Oftmals fließt während des Erstellungsprozesses der Formulare und Steuerelemente bereits mehr Zeit und Geld in das Projekt, als die Planung vorsieht, weil im Projektverlauf diverse Änderungswünsche auftauchen. Mit Access sind Formulare, Tabellen und Reports schnell erstellt. Ebenso ist die Business-Logik auch auf der Tabellenebene integrierbar.

Eine Access-Lösung kann über die *Access App* in SharePoint erstellt und veröffentlicht werden. Tabellen werden Listen; Formulare bleiben Formulare, und Makros werden Workflows. Es entfällt das Verteilen der Access-Anwendung, und jeder kann diese Lösung mit dem Browser aufrufen. Alles lebt nun im Kontext der SharePoint-Website und der dort festgelegten Berechtigungen.

Visio Services

Mit Visio können Sie Visio-Diagramme eins zu eins auf den SharePoint-Teamwebsites publizieren, damit diese eben im SharePoint entsprechend gerendert werden können. Eine entsprechende Interaktion ist dann ebenfalls möglich. So können Visio-Diagramme auf einem Portal für viele Benutzer zugänglich gemacht werden, ohne dass Visio auf dem Client installiert sein muss.

Die Visio-Datei liegt dabei an einem zentralen Speicherort in SharePoint und kann immer über einen Browser abgerufen werden. Das ist ein erheblicher Vorteil gegenüber früher.

Sie können nicht nur Visio-Diagramme einfach und perfekt integriert anzeigen, sondern diese werden anhand der verbundenen Datenquellen mit den benötigten aktuellen Daten versorgt und entsprechend der definierten Regeln grafisch aufbereitet. Ändert sich zum Beispiel der Status eines Servers aus so einer Datenquelle, ändert sich nach einem Aktualisieren der Seite oder einem expliziten Aktualisieren im Webpart auch das Visio-Diagramm dazu, indem ein ausgefallener Server zum Beispiel rot markiert wird.

Überlegen Sie sich einmal, welche komplexen Szenarien sich hier auf eine einfache Art und Weise nun realisieren lassen. Statusanzeigen, Netzwerkdiagramme, Raumbuchungen und vieles mehr sind damit möglich.

1.6.6 Wenn alle Stricke reißen ...

Wenn Sie mit den bisher vorgestellten Tools nicht auskommen, können Sie immer noch auf einen SharePoint-Entwickler zurückgreifen, der Ihnen entweder eine SharePoint-App oder -Lösung baut und damit Ihren Werkzeugkasten SharePoint erweitert. Der Entwickler hat dabei die Wahl, entweder das gewohnte Visual Studio oder die neue Entwicklungsumgebung *NAPA* zu nutzen.

NAPA ist eine von Microsoft kostenlos angebotene SharePoint-App, die (wie in Abbildung 1.24 dargestellt) zur Erstellung von Apps sowohl für SharePoint 2013 als auch für Office 2013 verwendet werden kann. Da *NAPA* vollständig webbasiert ist, muss keine lokale Software installiert werden. Zudem kann die Entwicklung ortsunabhängig stattfinden, wenn Sie eine Developer-Website von Microsoft nutzen, die über das Internet verfügbar ist.

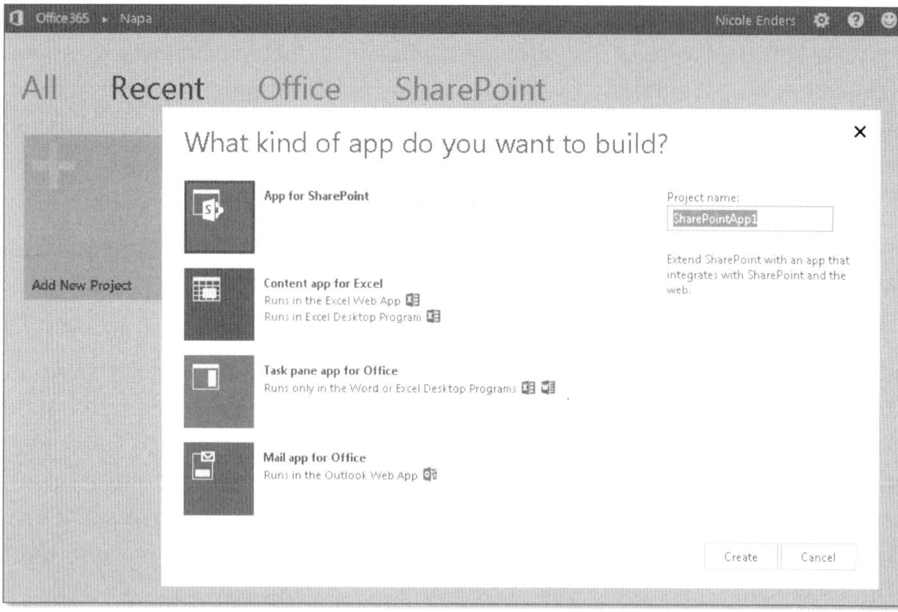

Abbildung 1.24 Entwicklung einer App mithilfe von NAPA

Abbildung 1.25 Entwicklung von SharePoint-Apps und -Lösungen mit Visual Studio 2012

Ihnen sollte bewusst sein, dass die Möglichkeiten von *NAPA* allerdings eingeschränkt sind. Das bedeutet, dass Sie keine hochkomplexen Szenarien damit umsetzen können. Sollten Sie über den Funktionsumfang von *NAPA* hinaus weitere Funktionen benötigen, kann der Entwickler mit einem in *NAPA* begonnenen Projekt auf *Visual Studio 2012* ausweichen und die Entwicklung der Anwendung dort fortsetzen. Abbildung 1.25 stellt eine mit *NAPA* begonnene App nach dem Export in Visual Studio dar.

Visual Studio bietet Ihnen allerdings noch viele weitere Möglichkeiten an. Mit Visual Studio können Sie komplexe Lösungen inklusive automatisierter Workflows, Berechtigungen und spezieller Benutzeroberflächen entwickeln. Diese Lösungen werden nicht wie die Apps über einen Store veröffentlicht, sondern durch einen Administrator auf dem Server installiert und den Anwendern zur Verfügung gestellt.

Sie sollten gemeinsam mit dem SharePoint-Entwickler und Ihrem Administrator besprechen, welche Art der Erweiterung sinnvoll ist. Sie haben mit SharePoint-Lösungen, die mittels Visual Studio entwickelt werden, definitiv die größte Freiheit im Hinblick auf die Umsetzung Ihrer Anforderungen. Allerdings müssen in manchen Unternehmen auch sehr langwierige Test- und Evaluierungsphasen für neue Lösungen berücksichtigt werden, sodass eine SharePoint-App Sie schneller ans Ziel führen könnte. Ihr Administrator sollte über diese Prozesse Bescheid wissen und Ihnen weiterhelfen können, damit Sie möglichst einfach eine neue Erweiterung in Ihrer SharePoint-Plattform zur Verfügung stellen können.

1.6.7 Welches Tool ist nun das richtige für mich?

Nachdem Sie nun einen Überblick über die Möglichkeiten haben, die die verschiedenen Tools bieten, fragen Sie sich sicher, wei Sie das passende Tool finden. Diese Frage lässt sich nicht pauschal beantworten, weil die Antwort immer von Ihren genauen Anforderungen abhängt. Ein kleines Detail kann schon ein Ausschlusskriterium für ein Tool sein und somit die Tür für ein anderes Tool öffnen.

Ich möchte Ihnen aber auch in dieser Hinsicht helfen und habe eine Art allgemeine Entscheidungsmatrix entwickelt, die Ihnen zumindest eine Empfehlung gibt, wann ein Tool infrage kommt und wann es nicht zur Umsetzung Ihrer Anforderungen geeignet ist.

Die Zahlen 1 bis 9 stehen für die neun vorgestellten Tools, die Ihnen bei der Realisierung Ihrer SharePoint-Unternehmenslösung helfen können:

1. Outlook/Word
2. Excel
3. PowerPoint
4. InfoPath
5. SharePoint Designer
6. Business Intelligence Tools
7. Access (Services)
8. Visio (Services)
9. Visual Studio und NAPA

Anforderung bzw. Ziel	1	2	3	4	5	6	7	8	9
SharePoint-Inhalte sollen in das **E-Mail-Programm** integriert und offline genutzt werden können, um Medienbrüche zu vermeiden.	☑								☑
Vorlagen für Office-Dokumente sollen zentral in SharePoint verwaltet und für die Erstellung neuer Dokumente verwendet werden.	☑	☑	☑						
Folien sollen zentral zur Verfügung gestellt werden und bei Verwendung in einer **Präsentation** über einen Update-Mechanismus verfügen, der die Möglichkeit bietet, die relevanten Folien zu aktualisieren oder die ursprüngliche Version zu nutzen.			☑						
Eingesetzte **Access-Datenbanken** sollen in SharePoint veröffentlicht und zentral über eine Weboberfläche genutzt werden.							☑		
Ein bisher in Papierform genutztes **Formular** (zum Beispiel für einen Urlaubsantrag) soll ab sofort in elektronischer Form bereitgestellt werden.				☑	☑				☑
Layout									
Das **Eingabeformular einer Liste** oder Bibliothek soll angepasst und um Überprüfungen oder besondere Funktionen erweitert werden.				☑	☑				
Das Layout einer **Website** soll angepasst werden. Dabei kann es sich sowohl um die individuelle Positionierung von Websiteelementen als auch um die farbliche Gestaltung oder Sonderfunktionen handeln.					☑				☑
Zusätzlich zu den über die Weboberfläche anzulegenden **Webseiten** sollen Seiten mit besonderen Funktionen oder einem abweichenden Layout erstellt werden.					☑				☑

Tabelle 1.4 Entscheidungsmatrix für das richtige Tool

Anforderung bzw. Ziel	1	2	3	4	5	6	7	8	9
Workflows									
Es werden einfache Automatismen benötigt, wie beispielsweise das Erstellen bzw. die Aktualisierung eines Listenelements, oder Genehmigungsprozesse.					☑				☑
Es sollen komplexe Prozesse mit individueller Logik abgebildet werden, die ggf. in jeder beliebigen Websitesammlung genutzt werden können.									☑
Prozesse sollen gemeinsam mit der Fachabteilung modelliert und auf Basis des Modells technisch umgesetzt werden.					☑			☑	☑
Berechtigungen									
Auf Basis bestimmter Regeln sollen automatisch Berechtigungen für ein Dokument oder Element vergeben werden.									☑
Bestimmte Felder eines Listenelements oder bestimmte Metadaten eines Dokuments sollen nur durch bestimmte Personengruppen angezeigt bzw. bearbeitet werden können.			☑						☑
In Abhängigkeit von definierten Regeln sollen Felder schreibgeschützt oder ausgeblendet sein.			☑						☑
Auswertungen und Controlling									
Die im Arbeitsalltag bewährten und gewohnten Anwendungen (z. B. Excel) sollen weiterhin genutzt werden können.		☑				☑	☑		
Prozesse sollen visualisiert werden und auf Basis von definierten Kennzahlen Engpässe oder Probleme innerhalb der Prozesskette aufzeigen.						☑		☑	

Tabelle 1.4 Entscheidungsmatrix für das richtige Tool (Forts.)

Anforderung bzw. Ziel	1	2	3	4	5	6	7	8	9
Externe Daten									
Daten aus externen Systemen sollen in SharePoint aufgerufen und bearbeitet werden können.				☑	☑		☑		☑
Für die Integration des externen Systems wird eine Geschäftslogik benötigt.							☑		☑
Das Eingabeformular zur Bearbeitung der externen Daten soll zum Beispiel für Auswahllisten auf weitere Datenquellen (wie beispielsweise SharePoint-Listen) zugreifen.							☑		☑
Dokumente in SharePoint sollen mit Daten aus einem externen System verknüpft werden können.		☑	☑	☑	☑				
Die Daten aus externen Systemen sollen miteinander bzw. mit in SharePoint erfassten Informationen verknüpft und für Auswertungen aufbereitet werden.		☑			☑	☑	☑		☑
Exportieren von Daten									
In SharePoint erfasste Daten sollen exportiert werden.		☑					☑		☑
Listenelemente sollen als Word- oder PDF-Datei exportiert werden.									☑
Anwendungen									
Es soll eine Anwendung bereitgestellt werden, die über einen Assistenten installiert werden kann.									☑
Es soll die Möglichkeit bestehen, neue Versionen bzw. Updates für die Anwendung bereitzustellen und damit die aktuelle Anwendung zu aktualisieren.									☑

Tabelle 1.4 Entscheidungsmatrix für das richtige Tool (Forts.)

Wie finde ich die richtige Lösung?

Nehmen Sie diesen groben Wegweiser als Grundlage, um im Gespräch mit anderen Anwendern, Entwicklern, Administratoren oder auch mit einem externen Dienstleister die für Sie individuelle Antwort zu finden.

Manchmal werden Sie sehr einfach die Lösung zu einem Problem finden, indem Sie Standardfunktionalitäten miteinander kombinieren. Ein anderes Mal setzen Sie ein Tool ein, mit dem Sie bereits gute Erfahrungen gemacht haben, um ans Ziel zu gelangen, und stellen vielleicht später fest, dass Sie mit einem anderen Tool noch bessere Ergebnisse erzielen können.

Nur durch den Einsatz der verschiedenen Tools können Sie wichtige Erfahrungswerte sammeln, die Ihnen bei zukünftigen Anforderungen helfen, die richtige Entscheidung zu treffen oder gemeinsam mit Ihrem internen oder externen Dienstleister die möglichen Lösungswege zu besprechen und den richtigen Weg einzuschlagen. Ich wünsche Ihnen hierbei viel Erfolg!

Kapitel 2

Mit diesen SharePoint-Funktionen legen Sie einfach los

2

Ich weiß, aller Anfang ist schwer! Damit es Ihnen möglichst leichtfällt, sich in der SharePoint-Welt zurechtzufinden, habe ich eine Einstiegsübung vorbereitet, die Sie Schritt für Schritt mit der Nutzung der grundlegenden Funktionen von SharePoint vertraut macht.

Nach einem Überblick über die Konzepte, die SharePoint verfolgt, lernen Sie nun am »lebenden Objekt« die wesentlichen SharePoint-Funktionen kennen, die zum größten Teil bereits in der kleinsten Edition, der SharePoint Foundation, zur Verfügung stehen und somit die Basis von SharePoint ausmachen. Zuerst erstellen Sie Ihre erste SharePoint-Website und werden dort Ihre ersten Erfahrungen in der Nutzung von Listen und Dokumentbibliotheken sammeln. Wir werden auch auf Funktionen der sozialen Zusammenarbeit eingehen und zum Beispiel ein Wiki nutzen, Bewertungen durchführen und Inhalte kategorisieren.

Weiter geht es bei unserer Entdeckungstour mit Workflows, die Prozesse automatisieren bzw. unterstützen können, bevor wir uns mit den Möglichkeiten der Navigation beschäftigen und dort Anpassungen vornehmen. Die Gestaltung der Navigation ist allerdings nur eine Aufgabe von vielen, die der Websitesammlungsadministrator zu erfüllen hat. Unter den Websiteeinstellungen werden Sie eine Reihe weiterer Möglichkeiten zur Gestaltung Ihres individuellen Unternehmensportals kennenlernen und den Unterschied zwischen Websiteaktionen und Websiteeinstellungen erfahren.

Da bei SharePoint die einzelnen Anwender mit ihrer individuellen Persönlichkeit im Mittelpunkt stehen, werden Sie aufbauend auf den Basisfunktionen einen Überblick über die in SharePoint genutzten Benutzerinformationen erhalten. Außerdem erfahren Sie, was Sie tun können, damit jeder Anwender einen persönlichen Arbeitsbereich in SharePoint erhält.

Um die bekannten Herausforderungen eines jeden Unternehmens meistern zu können, bietet SharePoint Vorlagen, Features und Webparts an. Was das genau ist, wie sich die drei Begriffe voneinander abgrenzen und wie sie Ihnen in der Praxis helfen, wird Ihnen im weiteren Verlauf dieses Kapitels detailliert erläutert.

Den Abschluss bildet eine Übung zum Thema Berechtigungen in Ihrem SharePoint-Portal, in der Sie lernen, wie Sie Berechtigungen vergeben bzw. einschränken können und welche Möglichkeiten Sie haben, von den angebotenen Standards abzuweichen.

2.1 Meine erste SharePoint-Website

In dieser ersten Übung erstellen wir gemeinsam Ihre erste SharePoint-Website, und Sie lernen anhand eines einfachen Szenarios, wie Sie die wesentlichen Funktionen von Listen und Bibliotheken nutzen können. An dieser Stelle werde ich auch auf die Funktionsunterschiede der Editionen eingehen, um Ihnen die Entscheidung zu erleichtern, welche Edition für Sie am besten geeignet ist.

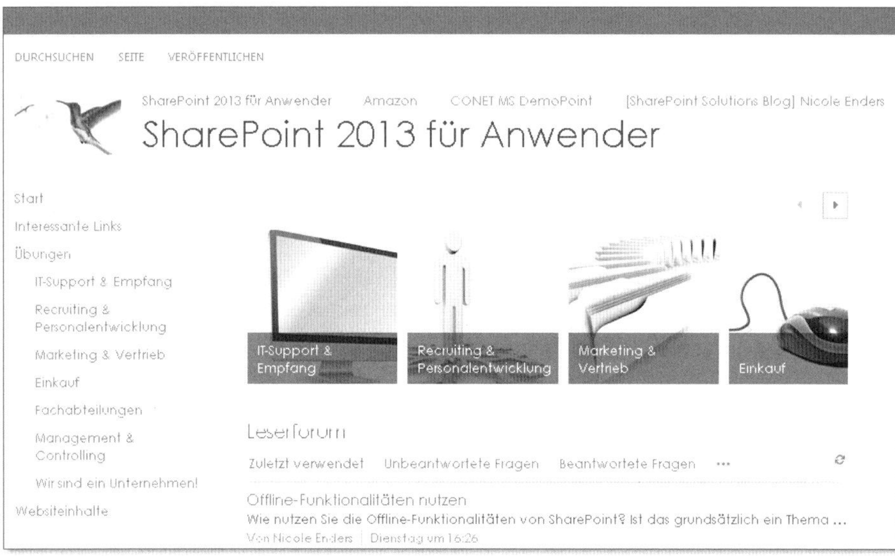

Abbildung 2.1 Ressourcen der Übungen sind online verfügbar.

Sie können die Ressourcen zu sämtlichen Übungen unter *http://msdemopoint.conet.de/blog/nicole-enders/sharepoint-2013-fuer-anwender* herunterladen. Wenn Sie bei einer Übung nicht weiterkommen, haben Sie die Möglichkeit, in meinem Leserforum Fragen zu stellen und mir Feedback zu geben. Ich werde Ihnen so schnell wie möglich weiterhelfen.

2.1.1 Erstellen einer Websitesammlung

Mein Ziel ist es, dass Sie nach erfolgreichem Abschluss aller Übungen zum einen ein grundlegendes Wissen über die möglichen Einsatzgebiete von SharePoint in Ihrem Unternehmen haben und zum anderen eine aussagekräftige Demo-Umgebung besitzen, mit deren Hilfe Sie den Entscheidern (sofern es sich dabei nicht um Sie selbst handelt) zielgerichtet die Möglichkeiten dieser Plattform vorstellen können.

Als Erstes benötigen Sie eine *Websitesammlung*, in der Sie die Übungen durchführen können, sofern Sie diese nicht bereits im Rahmen der Installation in Abschnitt 1.5.4 über den *Konfigurations-Assistenten* erstellt haben. In dem Fall können Sie diesen Schritt überspringen.

Wenn Sie SharePoint nicht selbst installiert haben, sondern lediglich Anwender sind und demnach nicht die administrativen Berechtigungen besitzen, um eine *Websitesammlung* zu erstellen, sollten Sie sich an Ihren Administrator wenden und ihn darum bitten, eine Websitesammlung auf Basis der Vorlage »Teamwebsite« zu erstellen und Ihnen die Rechte des Websitesammlungsadministrators zu verleihen.

Haben Sie allerdings administrative Rechte und noch keine Websitesammlung für die Übungen, weil Sie den Konfigurations-Assistenten nicht genutzt haben oder Ihnen jemand die Rechte eines *Farmadministrators* gegeben hat, so können Sie selbst die *Zentraladministration* aufrufen.

Abbildung 2.2 Startseite der Zentraladministration

Die *Zentraladministration* ist über den Server zu erreichen, auf dem Sie SharePoint installiert haben. Unter PROGRAMME • SHAREPOINT 2013 PRODUCTS • SHAREPOINT 2013-ZENTRALADMINISTRATION lässt sie sich aufrufen. Abbildung 2.2 stellt die Startseite der *Zentraladministration* dar, auf der sich auch direkt der Menüpunkt WEBSITESAMMLUNGEN ERSTELLEN in der Rubrik ANWENDUNGSVERWALTUNG befindet; falls Sie unter dem Menüpunkt WEBANWENDUNGEN VERWALTEN nur eine Webanwendung mit dem Port Ihrer *Zentraladministration* finden, sollten Sie zuerst noch eine neue Webanwendung unter dem Port 80 erstellen, da diese von der *Websitesammlung* benötigt wird.

Wenn Sie diesen Menüpunkt auswählen, werden Sie auf der in Abbildung 2.3 dargestellten Seite mit dem Titel WEBSITESAMMLUNG ERSTELLEN aufgefordert, die nötigen Informationen zur Erstellung Ihrer *Websitesammlung* anzugeben:

1. Wählen Sie einen **Titel** für Ihre Websitesammlung aus, zum Beispiel den Namen Ihres Unternehmens und das Suffix »Portal«.
2. Geben Sie eine **URL** an, unter der Ihre Lösungen erreichbar sein sollen.

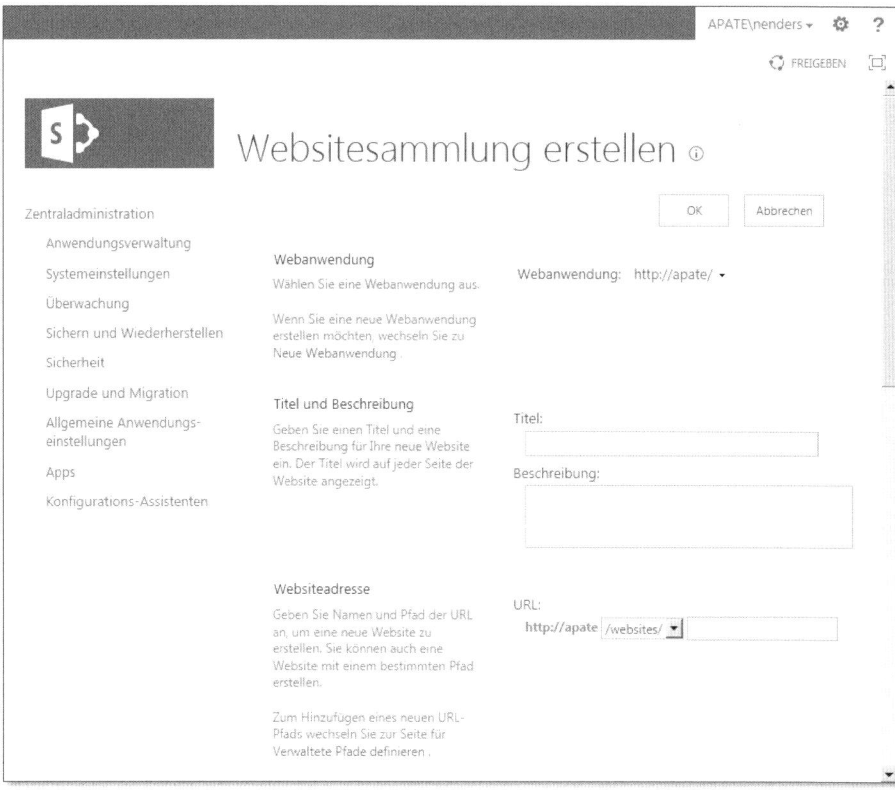

Abbildung 2.3 Erstellen einer Websitesammlung

3. Wählen Sie als **Vorlage** die Option TEAMWEBSITE aus, und lassen Sie die Auswahl der Benutzeroberflächenversion unverändert.
4. Geben Sie sich selbst als primären **Websitesammlungsadministrator** an.

Was bedeutet die Benutzeroberflächenversion, die ich in Abbildung 2.4 in Form einer Auswahlliste sehen kann?

Sie könnten auch eine Websitesammlung mit der Benutzeroberfläche von SharePoint 2010 erstellen. Diese Option ist für Migrationsszenarien von SharePoint 2010 auf 2013 vorgesehen. Damit soll es ermöglicht werden, auch Lösungen mit SharePoint 2010-spezifischen Designanpassungen auf SharePoint 2013 zu migrieren, ohne allzu große Anpassungen vornehmen zu müssen.

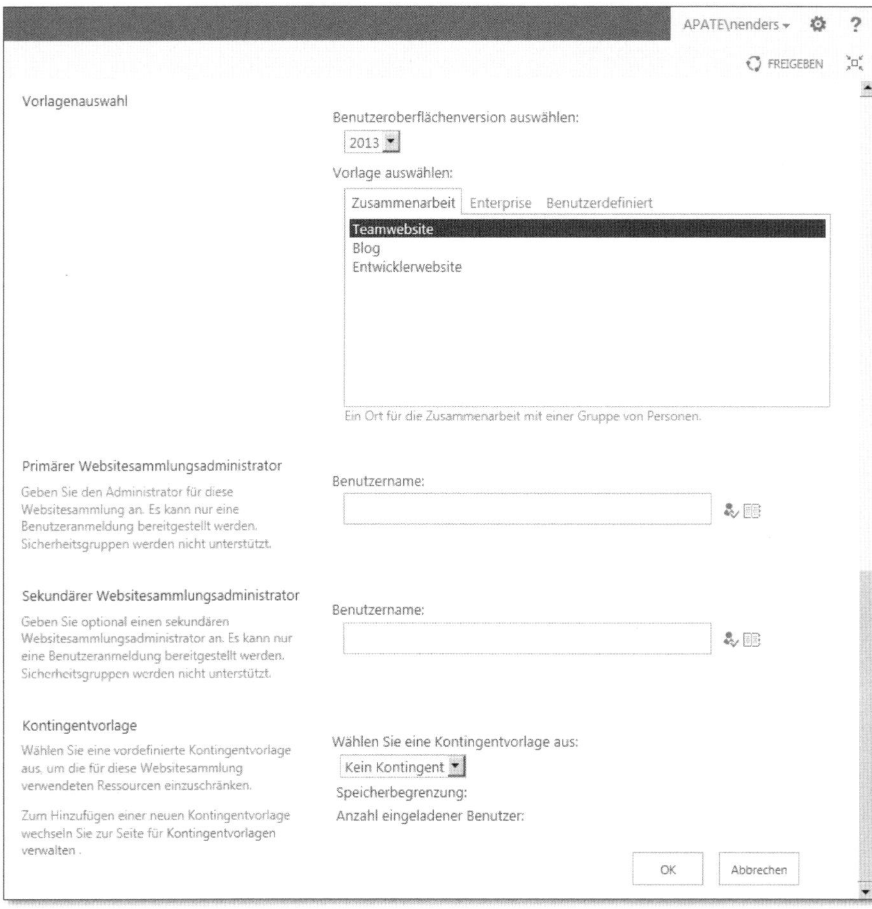

Abbildung 2.4 Auswahl einer Vorlage und Angabe der Administratoren der Websitesammlung

Abbildung 2.3 und Abbildung 2.4 stellen die Seite für die Erstellung Ihrer Websitesammlung dar. Wenn Sie alle Angaben gemacht haben, könnten Sie mit der Schaltfläche OK diese bestätigen, und die Websitesammlung wird für Sie erstellt. Sobald der

Vorgang abgeschlossen ist, erhalten Sie eine Bestätigungsmeldung und können nun mit den Übungen beginnen.

Was mache ich, wenn ich keine Websitesammlung erstellen kann und keine anderen Möglichkeiten habe?

Sollte es bei Ihnen nicht möglich sein, eine Websitesammlung zu erstellen, so stelle ich Ihnen diese gerne für einen begrenzten Zeitraum bereit. Bitte nehmen Sie dafür unter *http://msdemopoint.conet.de/blog/nicole-enders* Kontakt mit mir auf.

2.1.2 Erstellen einer Website

In unserer *Websitesammlung* erstellen wir nun unsere erste Website. Rufen Sie die *Websitesammlung* für Ihre Übungen auf, und Sie befinden sich bereits innerhalb einer Website, weil eine *Websitesammlung* immer bei der Erstellung auch eine *Website auf oberster Ebene* mit sich bringt. Eine *Websitesammlung* ohne mindestens eine Website gibt es nicht.

Inhalt der Website der obersten Ebene

Sie erstellen nun eine Unterwebsite, indem Sie in der *Website auf oberster Ebene* den Menüpunkt WEBSITEINHALTE in der linken Navigationsleiste aufrufen.

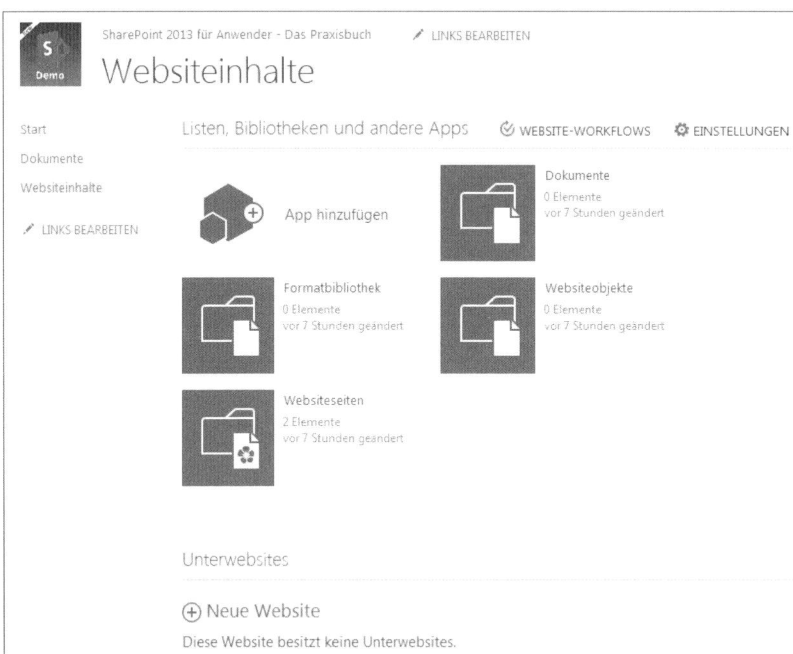

Abbildung 2.5 Websiteinhalte der Website auf oberster Ebene

Sie erhalten nun (wie in Abbildung 2.5 ersichtlich) einen Überblick über den Inhalt der *Website auf oberster Ebene*, der vier Bibliotheken umfasst:

- **Dokumente:** Verwenden Sie eine Dokumentbibliothek, um Dokumente zu speichern, zu verwalten, zu synchronisieren und mit anderen Personen gemeinsam zu nutzen. Für eine Zusammenarbeit an Dokumenten können Sie die gemeinsame Dokumenterstellung, Versionsverwaltung und das Auschecken verwenden. Wenn sich Ihre Dokumente an einem Ort befinden, kann jeder immer die neuesten Versionen abrufen, wenn sie benötigt werden. Außerdem können Sie Ihre Dokumente für Ihren lokalen Computer für den Offlinezugriff synchronisieren.
- **Formatbibliothek:** Verwenden Sie die Formatbibliothek, um Stylesheets (wie z. B. CSS- oder XSL-Dateien) zu speichern. Die Stylesheets in diesem Katalog sind für diese Website und alle zugehörigen Unterwebsites verfügbar.
- **Websiteobjekte:** Verwenden Sie diese Bibliothek, um Dateien zu speichern, die auf Seiten in dieser Website enthalten sind, z. B. Bilder auf Wiki-Seiten.
- **Websiteseiten:** Verwenden Sie diese *Wiki-Seitenbibliothek*, um verschiedene Webseiten innerhalb Ihrer Websitesammlung zu erstellen und somit die Inhalte Ihres Portals strukturiert darzustellen. Bei einer Wiki-Seitenbibliothek handelt es sich um eine untereinander verbundene Sammlung von Webseiten, die einfach zu bearbeiten ist. Die Seiten können Text, Bilder und Webparts enthalten.

Listen, Bibliotheken und andere Apps

Wenn Sie frühere Versionen von SharePoint kennen, sind Ihnen die Begriffe *Listen* und *Bibliotheken* bekannt. Im Grunde genommen ist alles in SharePoint, was Informationen speichern kann, eine Liste. Listen sind mit Tabellen zu vergleichen, bei denen Sie als Anwender frei die Spalten und deren Datentypen definieren können, ähnlich wie das bei Excel auch möglich ist.

Bibliotheken sind spezielle Listen, weil sie Dateien speichern können. In einer Bibliothek wird für jede hochgeladene bzw. dort gespeicherte Datei ein Datensatz, ein sogenanntes Element, angelegt, das die Metadaten speichert und als Anhang die Datei beinhaltet. Neben der Dokumentbibliothek, die zur Speicherung aller Dateien gedacht ist, gibt es weitere Bibliotheken; zum Beispiel für Bilder, PowerPoint-Folien, InfoPath-Formulare oder Wiki-Seiten.

Was ist dann aber eine App? Der Begriff ist neu in SharePoint 2013 – genau wie der SharePoint Store, in dem Sie Apps kaufen bzw. in Ihrer Websitesammlung installieren können. Alles in SharePoint ist nun eine App. Listen sind Apps; Bibliotheken damit auch. Webparts und Features können auch Apps sein. Websitevorlagen oder spezielle Lösungen sind Apps. Auch ein Workflow kann eine App sein. »App« ist im Grunde ein anderes Wort für die vorher verwendeten Begriffe *Liste*, *Bibliothek*, *Webpart* & Co – und somit nur ein Sammelbegriff.

Jetzt erstellen Sie eine neue Unterwebsite

Unter den Websiteinhalten werden auch die *Unterwebsites* der jeweiligen Website aufgelistet. Wählen Sie den Menüpunkt NEUE WEBSITE aus, um eine neue Unterwebsite zu erstellen.

Die daraufhin erscheinende Seite dient zum Erstellen Ihrer ersten Website. Geben Sie bitte entsprechend der Abbildung 2.6 folgende Informationen an:

- **Titel und Beschreibung:** Da es Ihre erste Website ist, kann der Titel »Meine erste Website« nicht verkehrt sein, und als Beschreibung wäre »In dieser Website lerne ich die Basisfunktionalitäten von SharePoint kennen.« sinnvoll.
- **Websiteadresse:** Der URL-Name ist bis zu der Website, in der Sie die Unterwebsite erstellen, vorgegeben. Danach können Sie zum Beispiel »mysite« angeben. Darunter ist Ihre Website zukünftig erreichbar.

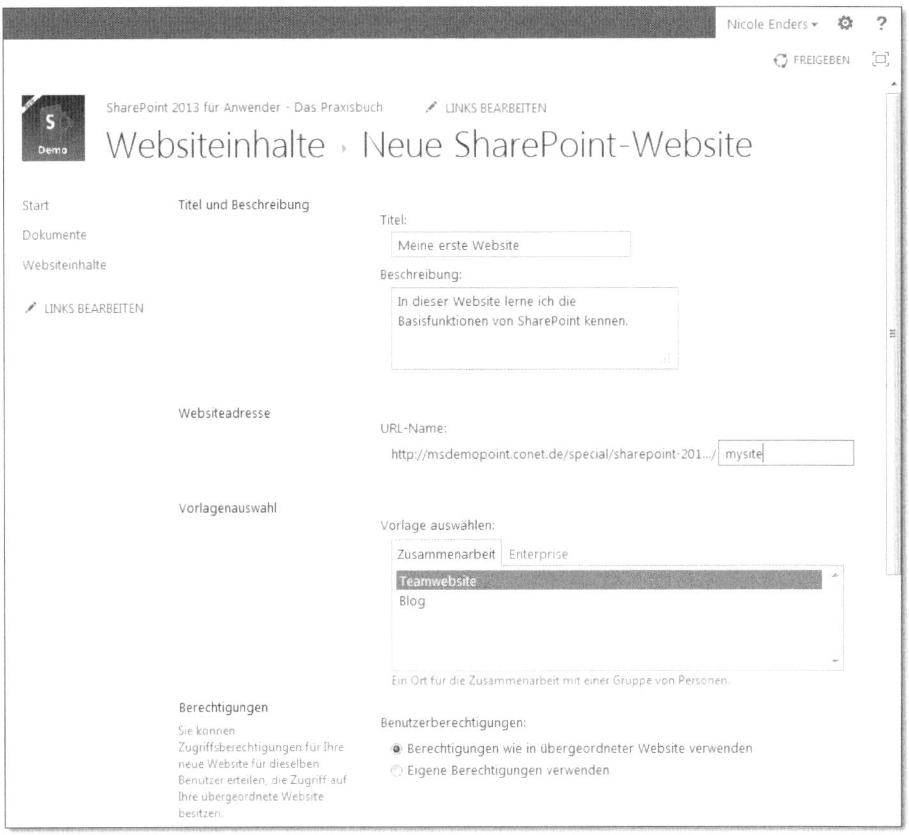

Abbildung 2.6 Erstellen einer neuen Website

- **Vorlagenauswahl:** Als Vorlage wählen Sie bitte TEAMWEBSITE aus. Wundern Sie sich bitte nicht, falls Sie mehr Vorlagen zur Auswahl haben, als in der Abbildung dargestellt sind. Das kann daran liegen, dass Sie eine höhere Edition oder SharePoint Online nutzen.
- **Berechtigungen:** Standardmäßig ist bei der Erstellung einer Unterwebsite die Option BERECHTIGUNGEN WIE IN ÜBERGEORDNETER WEBSITE VERWENDEN ausgewählt. Diese Variante ist in der Regel zu empfehlen, wenn Sie die Informationen mit einem möglichst großen Personenkreis teilen möchten. Wenn Sie von vornherein wissen, dass nur ausgewählte Personen Zugriff auf die Website bekommen sollen und daher ein anderes Berechtigungskonzept als in der übergeordneten Website gelten soll, ist die zweite Option, EIGENE BERECHTIGUNGEN VERWENDEN, vielleicht die bessere. In Abschnitt 2.6, »Berechtigungen für Benutzer und Gruppen«, wird im Detail darauf eingegangen.
- **Navigation und Navigationsvererbung:** Unter den Einstellungen für die Navigation der neuen Unterwebsite lassen Sie die Standardwerte wie in Abbildung 2.7 unberührt. Was diese im Detail bedeuten und was Sie beachten sollten, wird in Abschnitt 2.2, »Navigationsmöglichkeiten und -einstellungen«, näher erläutert.

Sie starten den Vorgang zur Erstellung Ihrer Website, indem Sie die Schaltfläche ERSTELLEN betätigen.

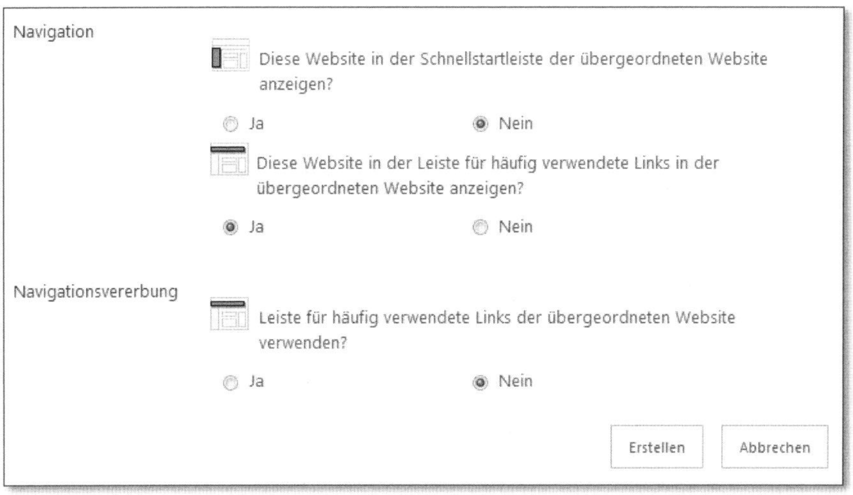

Abbildung 2.7 Erstellen einer neuen Website, Teil 2

Herzlichen Glückwunsch! Sie haben soeben Ihre erste *Unterwebsite* innerhalb einer Websitesammlung erstellt. Sie ist die Grundlage für die folgenden Übungen dieses Kapitels zu den Basisfunktionalitäten. Um Ihnen bei der Einrichtung Ihrer Website zu helfen, beinhaltet die Websitevorlage auch eine Liste mit wichtigen Links. Sie wurden in Form von Kacheln mit der Überschrift »Erste Schritte mit Ihrer Website« auf der Startseite mithilfe eines Webparts platziert (siehe Abbildung 2.8). Diese Kacheln können Sie im Rahmen dieser Übung getrost ignorieren, da wir Schritt für Schritt auch diese Konfigurationsmöglichkeiten kennenlernen werden. Sie sind lediglich für die Anwender gedacht, die ohne separate Hilfestellungen SharePoint kennenlernen müssen.

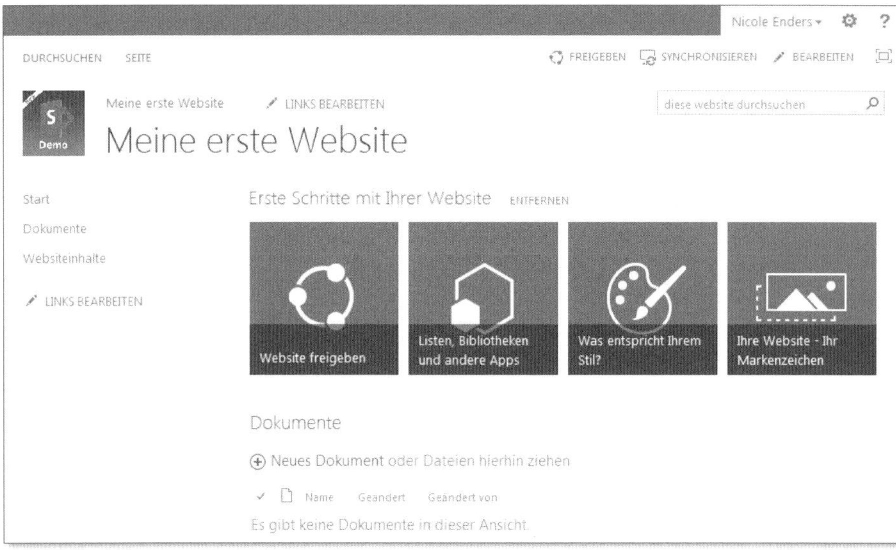

Abbildung 2.8 Ihre erste Website

Ausgehend von der in Abbildung 2.8 dargestellten Startseite können Sie auch hier einen Blick auf die WEBSITEINHALTE werfen, indem Sie den Menüpunkt in der linken Navigationsleiste aufrufen.

Wie Sie Abbildung 2.9 entnehmen können, sind drei Bibliotheken als Inhalt der Websitevorlage »Teamwebsite« definiert. Wenn Sie sich jetzt vielleicht fragen, warum zum Beispiel keine Aufgabenliste oder kein Kalender automatisch erstellt wurde, haben Sie bestimmt schon Erfahrungen mit den Vorgängerversionen von SharePoint gemacht. Microsoft hat die Websitevorlagen bei SharePoint 2013 zusammengefasst und überarbeitet. Allerdings haben Sie natürlich die Möglichkeit, die für Ihr Szenario fehlenden Listen nachträglich zu erstellen. Dies wird ein Teil der nachfolgenden Übungen sein.

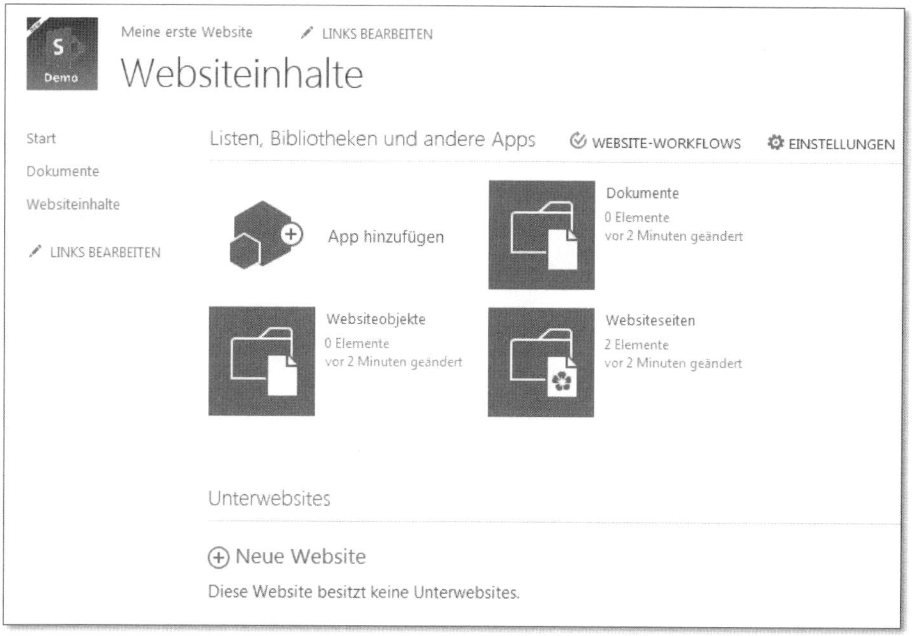

Abbildung 2.9 Websiteinhalte Ihrer ersten Website

2.1.3 Arbeiten mit Listen

Sämtliche Informationen werden in SharePoint in Form von Listen verwaltet. In unserer Website fehlt eine Liste, an der wir die Basisfunktionen erkunden können. Aber SharePoint als Werkzeugkasten gibt uns schließlich die Möglichkeit, genau die Dinge zu erstellen, die uns gerade fehlen. Deshalb erstellen wir eine neue Liste; und damit meine ich natürlich eine *App*, weil alles in SharePoint nun eine App ist. Um aber klarzumachen, wann ich von einer Liste spreche und wann vielleicht von einem Webpart, werde ich auch im weiteren Verlauf die geläufigeren Begriffe verwenden.

Abbildung 2.10 stellt den Websiteinhalt Ihrer Website dar. Um eine neue Liste zu erstellen, müssen Sie den Menüpunkt APP HINZUFÜGEN auswählen.

Welche Apps stehen mir zur Verfügung?

Das kann sehr unterschiedlich sein. Für eine Standardinstallation einer SharePoint Foundation, eines Standard oder Enterprise Servers ließe sich eine Auflistung aller verfügbaren Apps erstellen.

Wenn Sie allerdings SharePoint Online als Teil von Office 365 oder den öffentlichen SharePoint Store verwenden, haben Sie den Vorteil, dass Sie in regelmäßigen Abständen Aktualisierungen erhalten, wodurch eine Auflistung schnell veraltet sein kann und Ihnen somit keinen Mehrwert bringen wird. Rufen Sie den Store einfach einmal auf, wenn Sie gerade über die Websiteinhalte den Menüpunkt App hinzufügen ausgewählt haben, und schauen Sie sich in Ruhe dort um.

Auch wenn Sie SharePoint bei einem externen Dienstleister mieten, kann sich die Auswahl der zur Verfügung stehenden Apps von der einer Standardinstallation unterscheiden. Im günstigsten Fall haben Sie sogar eine größere Auswahl als normalerweise, weil Ihr Anbieter zusätzliche Apps bereitstellt, die er entweder von Drittanbietern erworben oder selbst entwickelt hat. Es kann Ihnen allerdings auch passieren, dass die Auswahl sehr eingeschränkt wurde und Sie Apps, die Sie vielleicht in den nachfolgenden Abbildungen finden, nicht auswählen können.

Sollte das der Fall sein, so sprechen Sie bitte mit Ihrem Anbieter darüber, dass Sie diese App benötigen, oder kontaktieren Sie mich für Rückfragen hierzu.

Abbildung 2.10 App hinzufügen

Sie erhalten nun eine ähnliche Ansicht wie in Abbildung 2.11 mit allen Apps, die Ihnen zur Verfügung stehen. Wir wählen die App »Aufgaben« aus. Dabei handelt es sich um eine Liste, die zur Verwaltung der im weiteren Verlauf anstehenden Aufgaben verwendet werden soll.

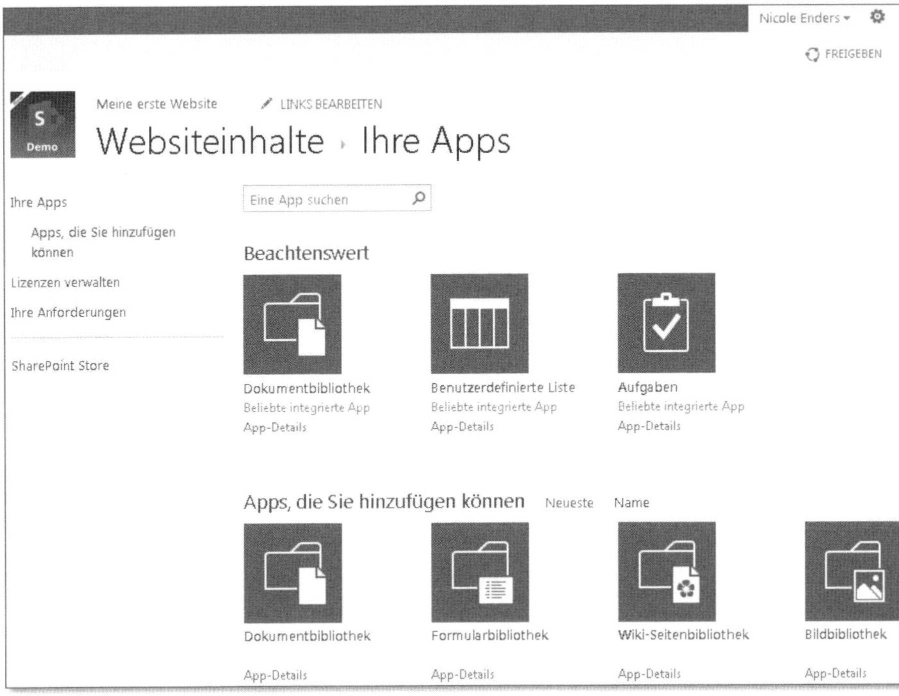

Abbildung 2.11 Auflistung der verfügbaren Apps

App-Details

Wenn Sie nicht genau wissen, was sich hinter der Bezeichnung einer App verbirgt, kann sich ein Blick auf die App-Details lohnen. Ein gutes Beispiel dafür wird Ihnen in Abschnitt 4.2.6 begegnen.

Bei der Aufgabenliste macht es dagegen nicht so viel Sinn, da die Erläuterung aus Abbildung 2.12, Ein Ort für Team- oder persönliche Aufgaben, Ihnen nicht wirklich erklärt, was Sie von der App »Aufgaben« erwarten dürfen. Achten Sie auch bei der Entwicklung von Apps darauf, dass eine aussagekräftige Beschreibung unter den App-Details zu finden ist. Das vereinfacht es Ihnen später, direkt den Verwendungszweck der App zu erkennen. Sie sollten bei der Beauftragung eines Dienstleisters diese Anforderung explizit ansprechen, damit die Umsetzung Ihren Wünschen entspricht und nicht nachträglich Änderungen erfolgen müssen.

Sie können sowohl auf den App-Details als auch aus der Auflistung der Apps den Prozess zur Integration dieser App in Ihre Website starten. Aus den App-Details heraus können Sie den Vorgang durch Betätigen der Schaltfläche Hinzufügen initiieren, während Sie bei der Auflistung der Apps auf die Kachel Aufgaben klicken müssen.

Abbildung 2.12 Erstellen einer App für die Verwaltung von Aufgaben

Daraufhin erscheint ein modaler Dialog, in dem Sie den Namen der Aufgabenliste angeben können. Sie können Ihre Aufgabenliste zum Beispiel ganz originell wie in Abbildung 2.13 »Aufgaben« nennen. Ein modaler Dialog ist übrigens ein Dialog, der sich über die aktuelle Seite legt, wodurch sich diese ausgegraut im Hintergrund befindet. Sie können so lange nicht mit der Seite arbeiten, bis Sie den Dialog wieder schließen, indem Sie beispielsweise eine der Schaltflächen betätigen. In diesem Fall betätigen Sie nach der Eingabe des Namens die Schaltfläche ERSTELLEN.

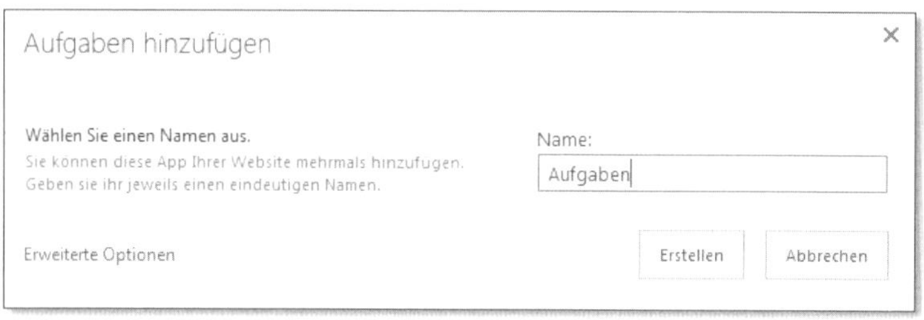

Abbildung 2.13 Name für die Aufgabenliste angeben

Sollte ich irgendetwas bei der Benennung von Listen beachten?

Im Grunde genommen können Sie die von Ihnen erstellten Listen so benennen, wie Sie es wünschen. In der Praxis hat es sich allerdings bewährt, einen sehr einfachen und möglichst kurzen Namen bei der Erstellung der Liste zu verwenden, da SharePoint bei Anlage der neuen Liste auch die URL festlegt, unter der diese zukünftig erreichbar sein soll, und dabei den Namen der Liste als festen Bestandteil verwendet.

Deshalb wird häufig ein kurzer Name gewählt, der auch bei mehrsprachigen Szenarien sinnvoll ist. Nach der Erstellung ist die URL fix und der Name der Liste kann editiert werden, sodass Sie und die anderen Anwender genau die Bezeichnung sehen, die für die Nutzung gewünscht ist.

Ist die Aufgabenliste in der Website angelegt, so wird sie wie in Abbildung 2.14 unter den Websiteinhalten aufgelistet und als neu gekennzeichnet.

Abbildung 2.14 Eine neue Aufgabenliste ist unter den Websiteinhalten verfügbar.

Indem Sie auf die Kachel der Aufgabenliste klicken, rufen Sie die neue Liste auf. Sie können allerdings auch den neuen Menüpunkt AUFGABEN unterhalb der Überschrift ZULETZT VERWENDET in der linken Navigationsleiste nutzen, um einen ersten Blick auf die Aufgabenliste zu werfen (siehe Abbildung 2.15).

Abbildung 2.15 Ein erster Blick auf die Aufgabenliste

Probieren Sie selbst einmal die Möglichkeiten der Aufgabenliste aus. Ein Tipp von meiner Seite: Wenn Sie Aufgaben anlegen, sollten Sie ein Anfangs- und Fälligkeitsdatum angeben, damit die Aufgaben in der Zeitleiste oben angezeigt werden können. Außerdem sollten Sie sich das Kontextmenü einer Aufgabe anschauen, weil Sie dort bei jeder Aufgabe festlegen können, ob diese für die Zeitleiste gedacht ist oder nicht.

Erstellen einer benutzerdefinierten Liste

Damit Sie Informationen mit anderen Anwendern exakt in der Form teilen können, die Sie sich wünschen, haben Sie immer die Möglichkeit, eine *benutzerdefinierte Liste* zu erstellen. Stellen Sie sich einfach vor, dass Sie eine Liste mit hilfreichen Ressourcen (wie Hyperlinks oder Dateipfade) in Form von Lesezeichen bzw. Favoriten in Ihrem Browser und verbundener Laufwerke oder E-Mails besitzen. Diese Liste könnte anderen Anwendern aber bei ihrer täglichen Arbeit helfen, und wenn diese Anwender ihre Ressourcen ebenfalls dort eintragen würden, hätten Sie bald ein Nachschlagewerk. Aber fangen wir erst einmal klein an, und erstellen wir die neue Liste. Das tun Sie genau auf die gleiche Art und Weise wie bei der Aufgabenliste; nur wählen Sie in diesem Fall die App »Benutzerdefinierte Liste« aus. Geben Sie der Liste den Namen »Ressourcen«, und rufen Sie anschließend die neu erstellte Liste auf. Es sollte sich Ihnen ein Anblick wie in Abbildung 2.16 bieten.

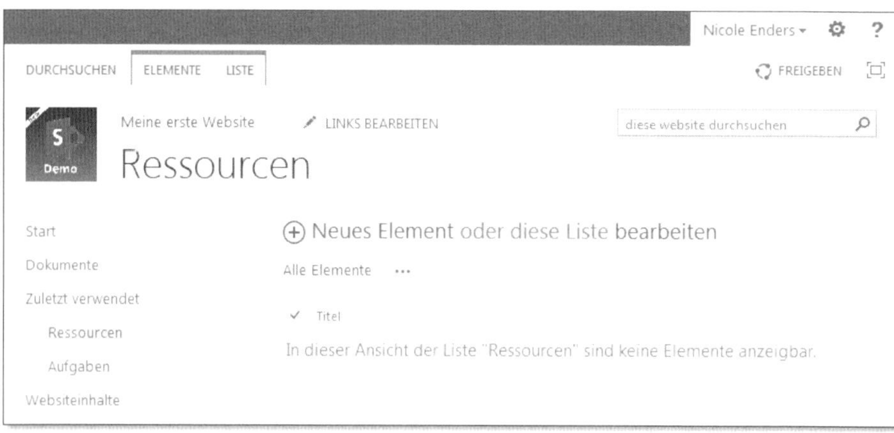

Abbildung 2.16 Neue benutzerdefinierte Liste für Ihre Ressourcen

Spalten erstellen

Eine benutzerdefinierte Liste besitzt direkt nach der Erstellung nur eine Spalte namens »Titel«. Diese Spalte ist besonders wichtig, weil über sie das Kontextmenü für das Listenelement zur Verfügung gestellt wird. Standardmäßig handelt es sich bei diesem Feld um ein Pflichtfeld, wobei Sie diese Einstellung ändern können. Sie können auch den Namen der Spalte ändern, was in den meisten Fällen auch erforderlich ist, weil diese Spalte aufgrund ihres Kontextmenüs zur eindeutigen Identifizierung eines einzelnen Elements verwendet wird. Sie haben nicht die Möglichkeit, das Kontextmenü einer anderen Spalte zuzuweisen, sondern sollten sich frühzeitig Gedanken darüber machen, woran Sie die Elemente Ihrer jeweiligen Liste eindeutig erkennen können. Sie sollten dabei noch beachten, dass der Informationstyp Ihrer Spalte »Eine Textzeile« die Eingabe von Text bis zu einer Länge von 255 Zeichen zulässt. Spezielle Validierungen (wie beispielsweise bei der Eingabe einer Zahl) sind erst einmal nicht vorgesehen und müssten von Ihnen nachträglich konfiguriert werden.

Mit einer benutzerdefinierten Liste haben Sie aber auch die Möglichkeit, genau die Spalten anzulegen, die Sie für Ihr Szenario benötigen. Bei anderen Listenvorlagen müssten Sie vielleicht erst einige Spalten löschen, weil Sie diese nicht benötigen, während Sie sich bei einer benutzerdefinierten Liste direkt auf die Erstellung der erforderlichen Spalten konzentrieren können. Rufen Sie die Liste »Ressourcen« über die Websiteinhalte oder die linke Navigationsleiste auf.

Abbildung 2.17 Menüpunkt für neue Spalten

Um eine neue Spalte anzulegen, klicken Sie oben in der Menüleiste auf LISTE. Dadurch öffnet sich die Menüleiste vollständig, sodass Sie die für diese Liste zur Verfügung stehenden Funktionalitäten wie in Abbildung 2.17 sehen können. In der Menügruppe ANSICHTEN VERWALTEN können Sie über den Menüpunkt SPALTE ERSTELLEN die fehlenden Spalten nun erzeugen und deren Daten- bzw. Informationstyp dabei auswählen.

Zur Erfassung der hilfreichen Ressourcen wie Hyperlinks oder Dateipfade benötigen wir folgende Spalten:

- **Titel:** Man sollte eine Ressource unter einem sprechenden Namen direkt erkennen können.
- **Website:** Wenn es sich um den Link auf eine Website handelt, muss der Link erfasst werden können.
- **Kategorie:** Handelt es sich um den Link auf eine Website oder um einen Dateipfad?

- **Dateipfad:** Wenn es sich um einen Dateipfad handelt, muss der Pfad erfasst werden können.
- **Beschreibung:** Zu dem Titel sollte es noch eine passende Beschreibung geben, in der Sie vielleicht angeben, wofür Sie diese Ressource nutzen und was man bei dieser Ressource vielleicht beachten muss.

Beginnen wir mit der Erstellung der Spalten. Als Erstes erstellen Sie die Spalte »Website« und wählen den Informationstyp LINK ODER BILD aus.

Sie haben in der Auswahlliste für die Eigenschaft URL FORMATIEREN ALS, wie in Abbildung 2.18 dargestellt, die Wahl zwischen den Optionen LINK und BILD. Wenn Sie in der Spalte Verweise auf Grafiken einfügen würden, könnten Sie mit der Option BILD die entsprechende Grafik direkt in der Listendarstellung anzeigen lassen. Wir möchten allerdings Hyperlinks einfügen, und da es sich bei einer Ressource mal um den Link auf eine Website und mal um einen Dateipfad handelt, wird die Option DIESE SPALTE MUSS INFORMATIONEN ENTHALTEN unverändert auf NEIN belassen. Die Spalte wird nach Betätigen der Schaltfläche OK erstellt.

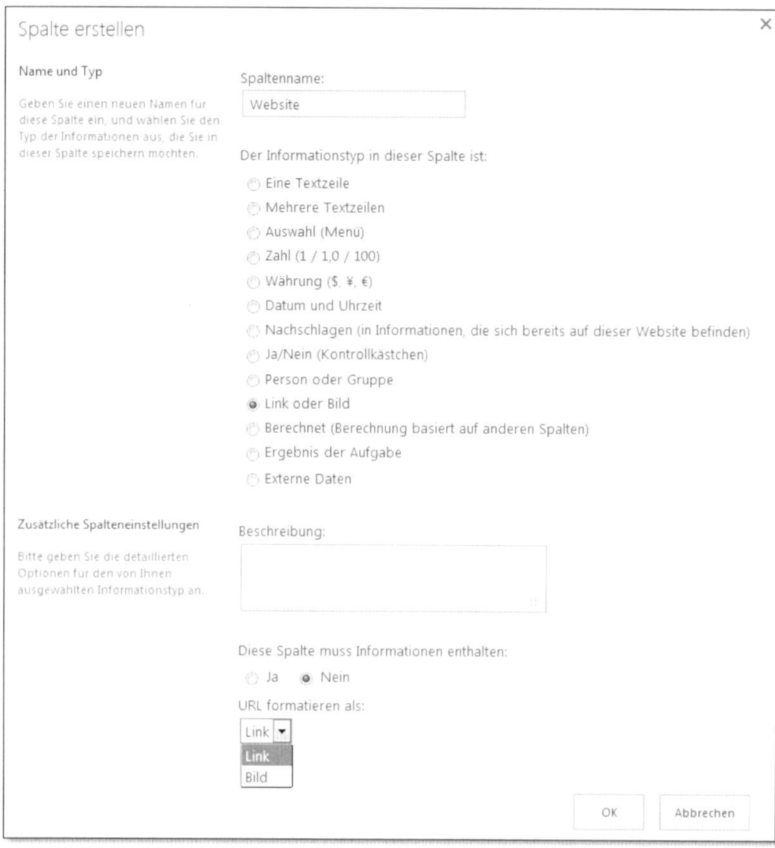

Abbildung 2.18 Hyperlink-Spalte für Verweise auf Websites erstellen

Als Nächstes erstellen wir die Spalte »Kategorie« mit dem Informationstyp AUSWAHL (MENÜ), indem Sie im Menüband erneut den Menüpunkt SPALTE ERSTELLEN auswählen. In dem Eingabefeld unter GEBEN SIE JEDE AUSWAHL IN EINER NEUEN ZEILE EIN löschen Sie den Standardinhalt und fügen zwei eigene Zeilen entsprechend der Angaben in Abbildung 2.19 ein.

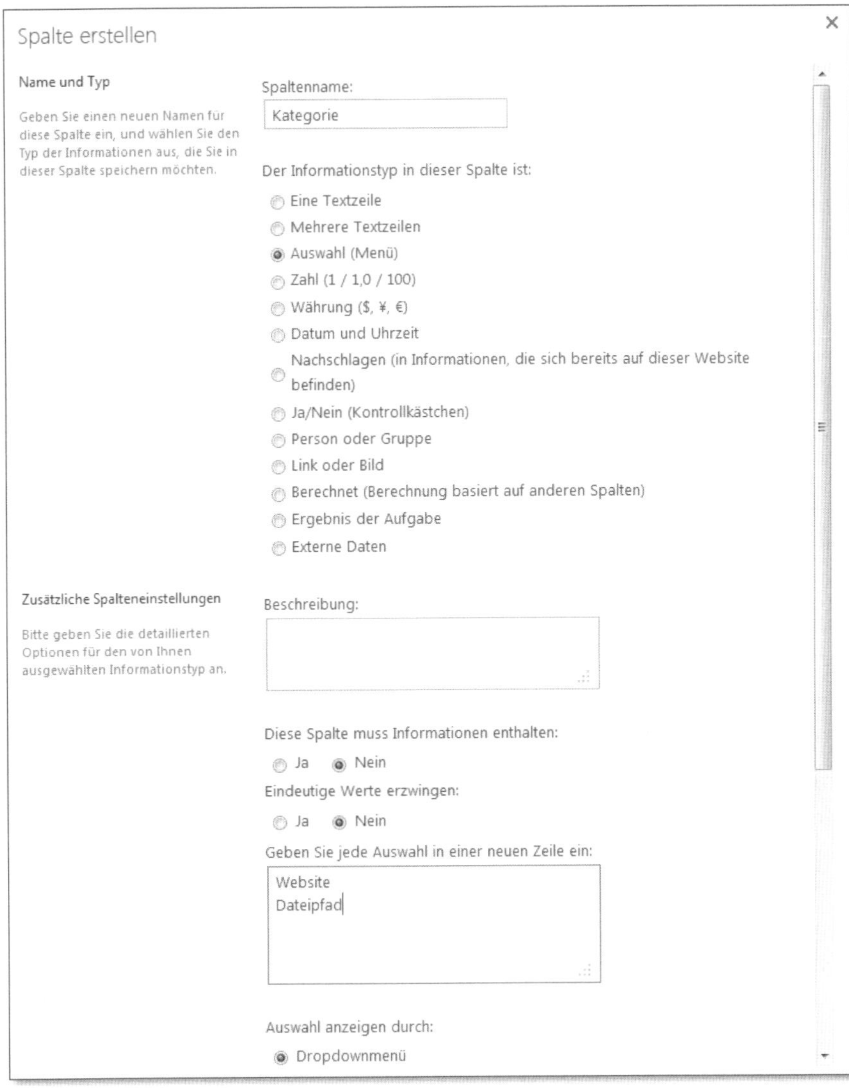

Abbildung 2.19 Die Kategorie-Spalte für den Typ der Ressource erstellen

Muss ich bei dem Informationstyp »Auswahl (Menü)« etwas beachten?

Sie geben die Auswahlwerte bei der Erstellung der Spalte an und können als Administrator der Website auch später Änderungen vornehmen und somit Auswahlelemente einfügen, bearbeiten und löschen. Wenn Sie das allerdings tun, hat dies keinen Einfluss auf die bereits erfassten Elemente der Liste. Das heißt, wenn Sie beispielsweise den Auswahlwert »Dateipfad« später in »Fileshare« umbenennen, werden die Elemente in der Liste, die bereits die Kategorie »Dateipfad« verwenden, nicht aktualisiert, sondern behalten den alten Wert. Sobald jedoch ein Anwender eines dieser Elemente zur Bearbeitung öffnet, muss er zwingend einen der zur Verfügung stehenden Auswahlwerte wählen. Ich empfehle Ihnen, Auswahlwerte nicht so ohne Weiteres zu ändern oder zu löschen, sondern erst einmal zu prüfen, ob diese verwendet werden, und dann Rücksprache mit den Personen zu nehmen, die diese Kategorien verwenden.

Wir benötigen noch die Spalte »Dateipfad«, die analog zum vorherigen Vorgehen angelegt wird. Diese Spalte ist optional auszufüllen und soll den Informationstyp »Eine Textzeile« verwenden. Jetzt fehlen noch die Spalten »Titel« und »Beschreibung«.

Für den Titel nehmen wir die bereits mit der benutzerdefinierten Liste erstellte Spalte »Titel«, die zur Identifizierung einer Ressource dienen soll. Demnach müssen Sie nur noch die Spalte »Beschreibung« erstellen. Bei dieser Spalte wählen Sie den Informationstyp MEHRERE TEXTZEILEN aus, da Sie hier auch längere Beschreibungen, Kommentare oder Hinweise zu der entsprechenden Ressource erfassen wollen. Damit helfen Sie sich selbst und den anderen Anwendern dabei, schnell eine Ressource für ihr konkretes Problem zu finden.

Abbildung 2.20 zeigt Ihnen die speziellen Optionen für eine Spalte des Informationstyps »Mehrere Textzeilen«. Sie können lediglich Text ohne irgendeine Formatierungsmöglichkeit zulassen oder RICH-TEXT MIT BILDERN, TABELLEN UND HYPERLINKS. Wählen Sie die zweite Option, um anstelle eines einfachen Eingabefeldes einen Editor nutzen zu können, mit dem Sie zum Beispiel bestimmte Wörter hervorheben können.

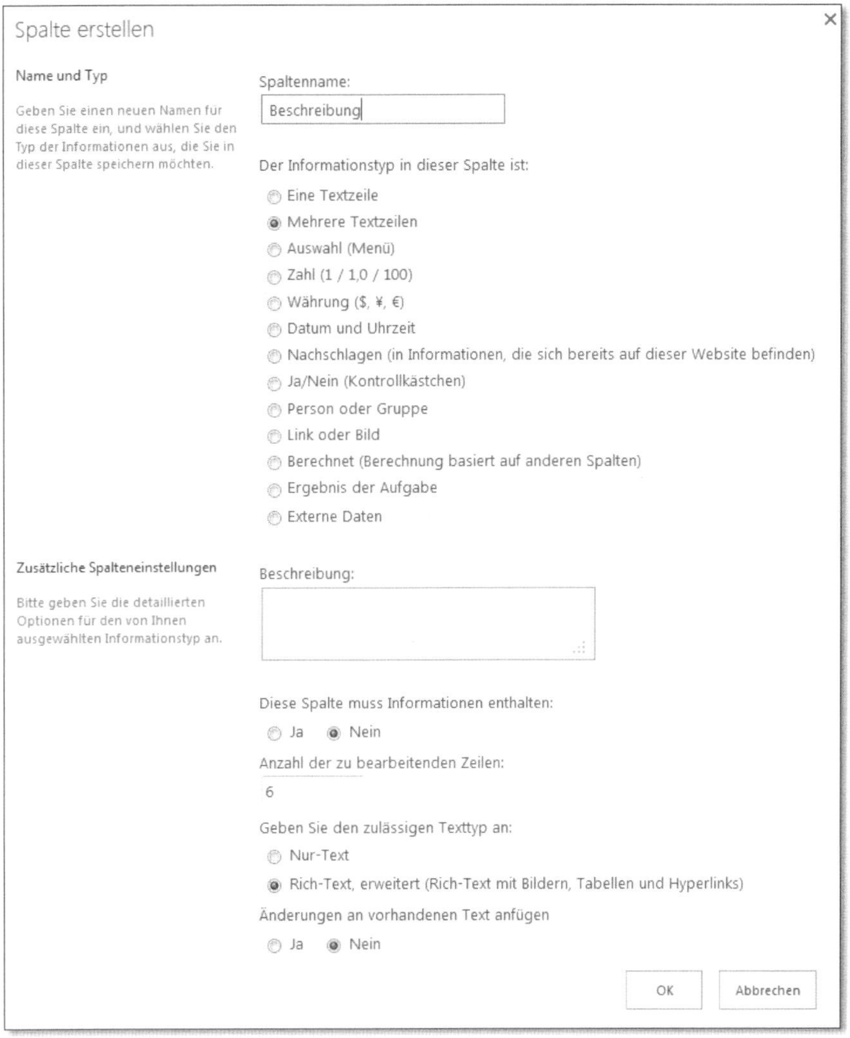

Abbildung 2.20 Spalte für die Beschreibung einer Ressource erstellen

Elemente anlegen, bearbeiten und löschen

Nachdem Sie die erforderlichen Spalten angelegt haben, können wir die Ressourcen auf zwei verschiedene Weisen erfassen.

Abbildung 2.21 stellt die erste Variante dar. Unterhalb des Listennamens RESSOURCEN wird Ihnen der Menüpunkt NEUES ELEMENT mit dem *Tooltip* EIN NEUES ELEMENT ZU DIESER LISTE ODER BIBLIOTHEK HINZUFÜGEN angeboten.

Abbildung 2.21 Der Menüpunkt »Neues Element« oberhalb der bereits erstellten Elemente

Eine zweite Möglichkeit haben Sie über die Menüleiste, indem Sie zuerst auf das Menüband ELEMENTE klicken, damit sich die Menüleiste öffnet, und dann den Menüpunkt NEUES ELEMENT auswählen.

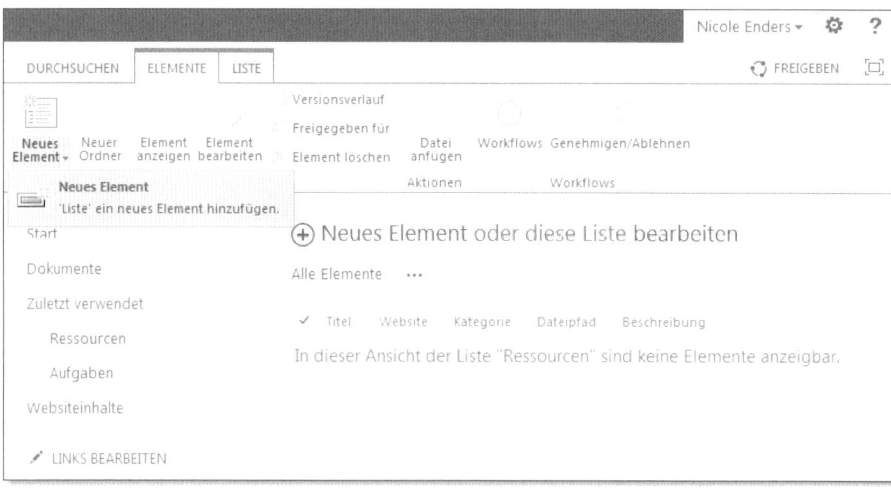

Abbildung 2.22 Der Menüpunkt »Neues Element« in der Menüleiste

Warum sehe ich in Abbildung 2.22 ein Untermenü unter »Neues Element«, das ebenfalls »Neues Element« heißt?

Warum es unter dem Menüpunkt NEUES ELEMENT einen weiteren Menüpunkt NEUES ELEMENT gibt, erfahren Sie, wenn wir uns in Abschnitt 5.4.5 mit den sogenannten Inhaltstypen beschäftigen.

Sie werden auch im weiteren Verlauf der Übungen feststellen, dass es manchmal mehrere Möglichkeiten gibt, um einen Vorgang durchzuführen. So gelangen Sie auch hier bei beiden Varianten zu der Eingabemaske aus Abbildung 2.23, um Ihre erste Ressource zu erfassen. Vielleicht haben Sie direkt ein konkretes Beispiel aus Ihrem Arbeitsalltag, ansonsten können Sie die folgenden zwei Ressourcen als Elemente in Ihrer Liste erfassen:

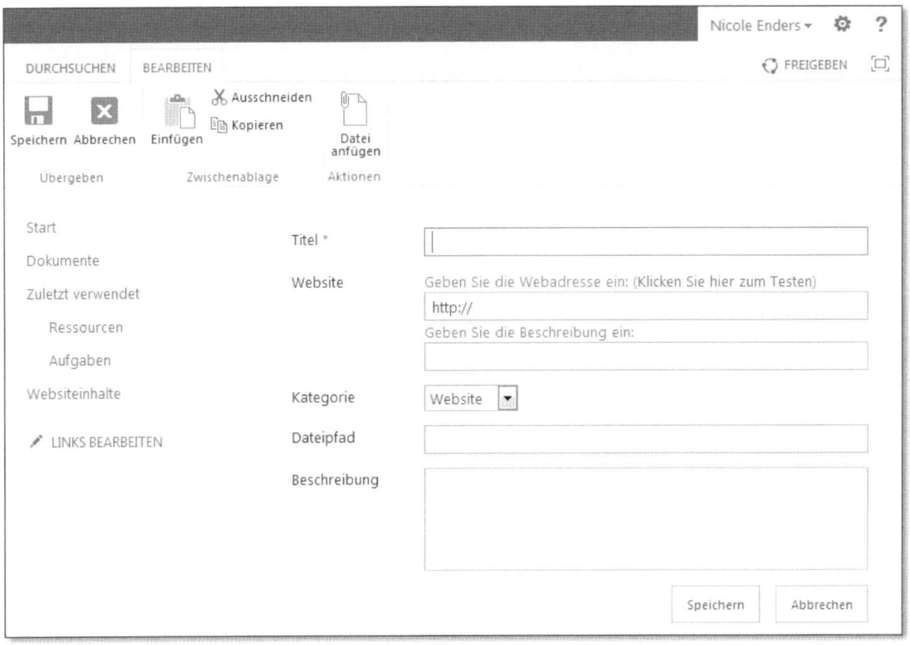

Abbildung 2.23 Informationen zu einem neuen Element erfassen

- einen Hyperlink auf die Website »Microsoft TechNet«

Spalte	Der Wert, den Sie eintragen
Titel	Microsoft TechNet
Website	*http://technet.microsoft.com/de-de*
Kategorie	Website
Dateipfad	(bleibt leer)
Beschreibung	Hier gibt es Informationen zu den Microsoft-Produkten.

Tabelle 2.1 Daten für die Erstellung eines ersten Listenelements in der Liste »Ressourcen«

- einen Dateipfad, der je nach Konfiguration Ihres PCs vielleicht nicht passt

Spalte	Der Wert, den Sie eintragen
Titel:	Öffentliche Dokumente
Website:	(bleibt leer)
Kategorie:	Website
Dateipfad:	*C:\Users\Public\Documents*
Beschreibung:	Hier habe ich alle öffentlichen Dokumente abgelegt.

Tabelle 2.2 Daten für die Erstellung eines zweiten Listenelements in der Liste »Ressourcen«

Vielleicht ist es Ihnen aufgefallen: Bei dem zweiten Eintrag ist uns ein Fehler unterlaufen. Wir haben als Kategorie den Wert »Website« anstelle von »Dateipfad« angegeben. Das können wir aber ganz schnell beheben, indem wir das Element bearbeiten.

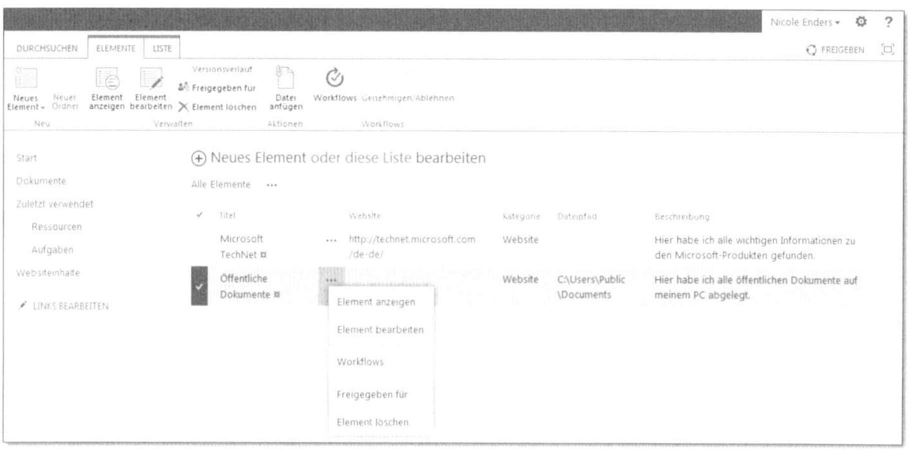

Abbildung 2.24 Menüs zur Bearbeitung eines Elements

In Abbildung 2.24 können Sie die zwei verschiedenen Varianten erkennen, wie Sie das Element wieder zur Bearbeitung öffnen.

Zum einen können Sie die obere Menüleiste nutzen und dort in der Menügruppe VERWALTEN den Menüpunkt ELEMENT BEARBEITEN auswählen. Zum anderen haben Sie die Möglichkeit, direkt an dem Element selbst ein Untermenü zu öffnen, indem Sie auf die Schaltfläche mit den drei Punkten direkt nach der Spalte »Titel« klicken.

Die in Abbildung 2.25 dargestellte Eingabemaske zur Bearbeitung des Elements, die nach Auswahl des Menüpunktes ELEMENT BEARBEITEN geöffnet wird, unterscheidet sich nur minimal von der Eingabemaske beim Anlegen eines neuen Elements. Zwei Unterschiede sind zu erkennen:

1. In der Menüleiste wird ein zusätzlicher Menüpunkt angezeigt, der entsprechend seines Namens ELEMENT LÖSCHEN verwendet werden kann, um erfasste Elemente auch wieder zu entfernen. Dabei erfolgt die Sicherheitsabfrage »Möchten Sie die Elemente wirklich in den Papierkorb der Website verschieben?«.
2. Unterhalb der Eingabefelder werden Informationen zum Erstellungszeitpunkt und zum letzten Bearbeitungszeitpunkt inklusive Autor und Editor angezeigt.

Sie können nun die Kategorie des zweiten Elements auf den Wert »Dateipfad« setzen und die Änderungen speichern.

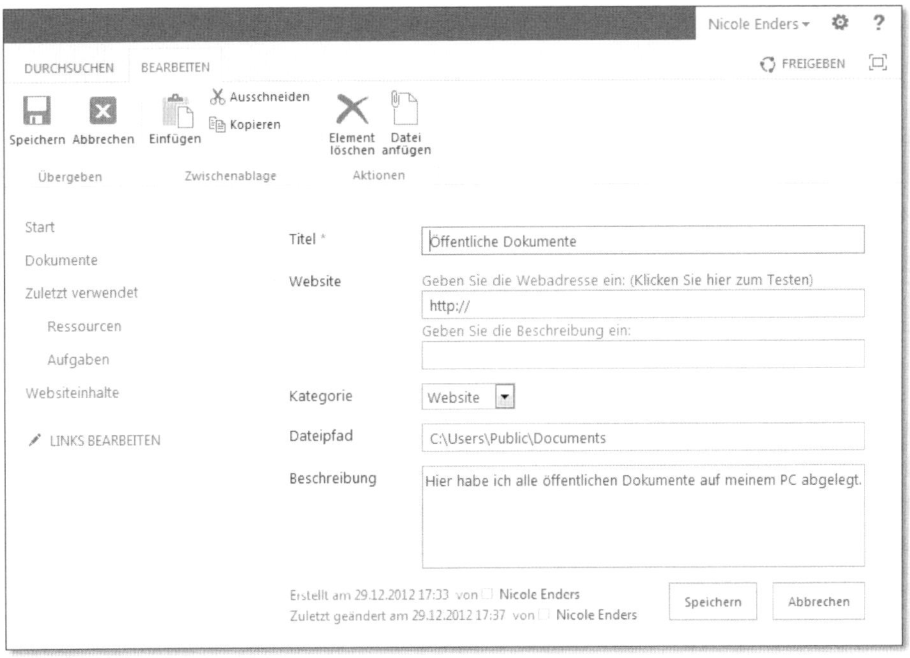

Abbildung 2.25 Eingabemaske zur Bearbeitung eines Elements

Dateianhänge hinzufügen

In Abbildung 2.25 können Sie auch den Menüpunkt DATEI ANFÜGEN ganz rechts im Menüband finden. Das bedeutet, Sie haben grundsätzlich bei jeder Liste die Möglichkeit, einem Element beliebig viele Dateien als Anhänge hinzuzufügen. Wir probieren diese Funktion jetzt einmal aus. Sie öffnen ein Element aus Ihrer Ressourcenliste in der Bearbeitungsansicht und wählen den Menüpunkt DATEI ANFÜGEN aus. Auf der folgenden Seite klicken Sie auf DURCHSUCHEN und wählen zum Beispiel ein Word-Dokument von Ihrem PC aus. Bestätigen Sie die Auswahl des Dokuments mit der Schaltfläche OK, und speichern Sie das Element.

Sie können aus der Auflistung der Elemente allerdings nicht sehen, welche Anhänge zu dem jeweiligen Element existieren. Mit den aktuellen Einstellungen haben Sie noch nicht einmal die Information, dass überhaupt ein Dateianhang für das von Ihnen ausgewählte Element existiert.

Rufen Sie das Element über die Menüpunkte ELEMENT ANZEIGEN bzw. ELEMENT BEARBEITEN in der Anzeige- oder Bearbeitungsansicht auf, so werden die Anlagen unterhalb der Eingabefelder aufgeführt und können dort aufgerufen und auch wieder entfernt werden.

Im nächsten Kapitel lernen Sie einen besseren Weg für die Zuordnung von Dokumenten zu einem Element kennen. Deshalb löschen wir den Dateianhang an dieser Stelle wieder, und zwar über die Bearbeitungsansicht des Elements. Das können Sie über den Link LÖSCHEN neben dem Dateianhang tun, wenn Sie das Element zur Bearbeitung geöffnet haben.

Benachrichtigungen

Wenn Sie nun die Ressourcen in der Liste eingetragen haben, möchten Sie sicher andere Anwender hierüber informieren. Auch hier hilft Ihnen SharePoint mit einer Funktion für jede Liste weiter. Wenn Sie die Menüleiste LISTE öffnen, finden Sie in der Menügruppe FREIGEBEN UND VERFOLGEN den Menüpunkt LINK ALS E-MAIL VERSENDEN. Direkt nach Auswahl dieses Menüpunktes öffnet sich Ihr E-Mail-Programm (wie zum Beispiel Outlook), und in einer neuen E-Mail ist bereits der Link auf die Liste enthalten. Sie müssen dann nur noch die Empfänger und einen Betreff angeben und können den Text der Nachricht editieren. Erschrecken Sie nicht, falls Sie einen Warnhinweis bekommen. Dieser kann zum Beispiel dann auftreten, Sie vielleicht statt Outlook ein anderes E-Mail-Programm verwenden.

Haben die Empfänger meiner Nachricht auch Zugriff auf die Liste?

Nein, der Zugriff auf die Liste wird über die Website bzw. die Websitesammlung gesteuert. Wie Sie die Berechtigungen am besten konfigurieren, lernen Sie zum Abschluss dieser Übung.

Möchten Sie sich über neu erfasste oder bearbeitete Einträge in Ihrer Ressourcenliste benachrichtigen lassen? Gerade wenn ein Kollege dort etwas Neues einträgt, kann das für Sie vielleicht eine hilfreiche Ressource sein, über die Sie so früh wie möglich Bescheid wissen sollten. Um stets informiert zu sein, haben Sie zwei verschiedene Möglichkeiten:

- **Benachrichtigungen:** In der Anzeigeansicht eines Elements können Sie den Menüpunkt BENACHRICHTIGEN auswählen. Daraufhin werden Sie auf die Konfigurationsseite für die neu einzurichtende Benachrichtigung weitergeleitet. Sie können zusätzlich zu Ihnen auch weitere Personen benachrichtigen lassen. Standardmäßig erfolgt dies per E-Mail. Ist Ihr SharePoint allerdings entsprechend konfiguriert, so können Sie die Benachrichtigungen auch als SMS empfangen. In Abbildung 2.26 können Sie auch die Ereignisse sehen, über die Sie informiert werden möchten. Folgende Optionen können Sie auswählen:

- Eine beliebige Änderung wird vorgenommen.
- Ein anderer Anwender ändert ein beliebiges Element.
- Ein anderer Anwender ändert ein Element, das von Ihnen erstellt wurde.
- Ein anderer Anwender ändert ein Element, das Sie zuletzt bearbeitet haben.

Sie können auch festlegen, wann Sie über Änderungen benachrichtigt werden möchten. Standardmäßig ist eine sofortige Benachrichtigung ausgewählt. Von dieser Option rate ich Ihnen in der Praxis allerdings ab, da Sie dadurch bei einer sehr intensiven Nutzung von SharePoint mit einer E-Mail-Flut zu kämpfen haben. Empfehlenswert sind die beiden anderen Option der täglichen bzw. wöchentlichen Zusammenfassung.

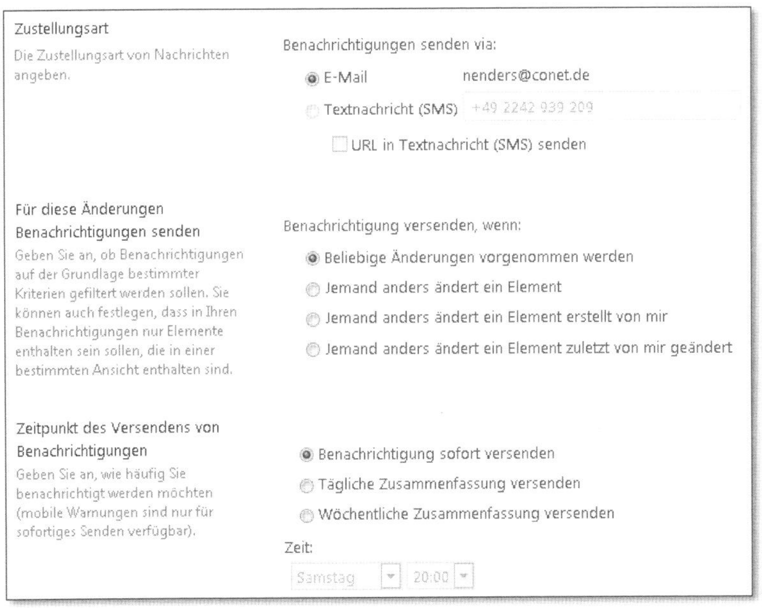

Abbildung 2.26 Eine neue Benachrichtigung konfigurieren

- **RSS-Feed:** Sie können für eine beliebige Liste oder Bibliothek oder auch für Suchanfragen einen RSS-Feed abonnieren, der in Ihrem Browser so wie in Abbildung 2.27 dargestellt wird. Sie können sich auf diese Weise über Neuerungen bzw. Änderungen informieren, wobei Sie Outlook als Empfänger des RSS-Feeds bereits in Abschnitt 1.6.1 kennengelernt haben.

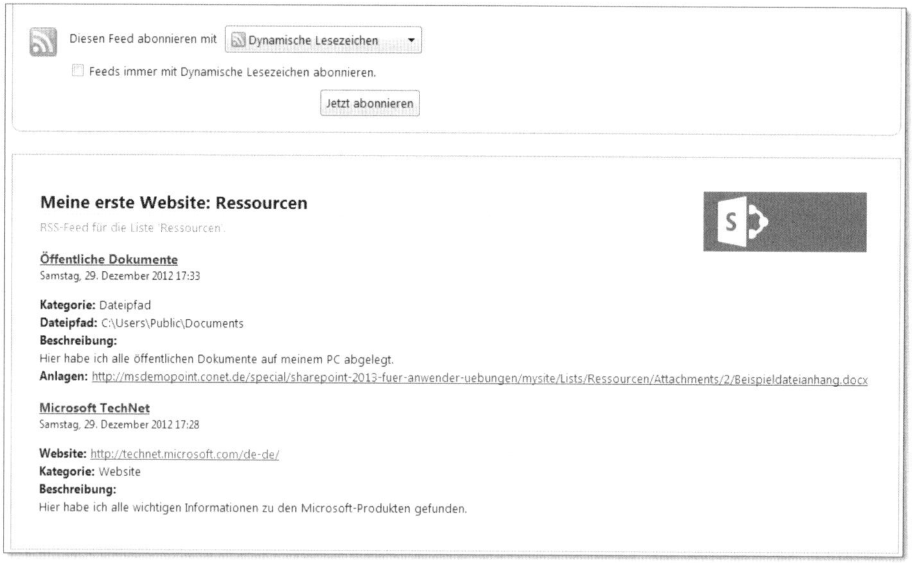

Abbildung 2.27 RSS-Feed für eine Liste abonnieren

Wie Sie sehen, gibt es verschiedene Möglichkeiten, neue Informationen zu erhalten. Jeder Anwender ist anders, und deshalb sollten Sie für sich entscheiden, welcher Informationsweg am besten zu Ihnen passt.

Ansichten

Sie können nun Listen anlegen, die genau die Informationen speichern können, die für Sie erforderlich sind, indem Sie die nötigen Spalten erstellen. Sie wissen außerdem, wie Sie Informationen in diesen Listen erfassen, bearbeiten und wieder entfernen können. Nun sollten wir uns mit der Darstellung dieser Informationen beschäftigen. Dazu gibt es die sogenannten Ansichten, von denen mindestens eine pro Liste vordefiniert ist. Diese Ansicht heißt in den meisten Fällen »Alle Elemente« und wird bei Aufruf der jeweiligen Liste automatisch angezeigt. Das liegt daran, dass es sich dabei um die sogenannte Standardansicht handelt, von der jede Liste genau eine hat. Sie können auch eine andere Ansicht zur Standardansicht erklären.

»Aber wie erstelle ich eine Ansicht?«, werden Sie sich jetzt fragen. Rufen Sie bitte die Liste »Ressourcen« auf, und folgen Sie den nächsten Anweisungen.

Erstellen einer Ansicht für alle Websites

Um eine Ansicht zu erstellen, müssen Sie nur die Menüleiste LISTE öffnen und dort in der Menügruppe ANSICHTEN VERWALTEN den Menüpunkt ANSICHT ERSTELLEN auswählen. Sie sehen ihn als dritten von links in Abbildung 2.28.

Abbildung 2.28 Den Menüpunkt »Ansicht erstellen« auswählen

Nun müssen Sie, wie in Abbildung 2.29 dargestellt ist, entweder einen **Ansichtstyp** auswählen oder mit den Einstellungen einer vorhandenen Ansicht beginnen.

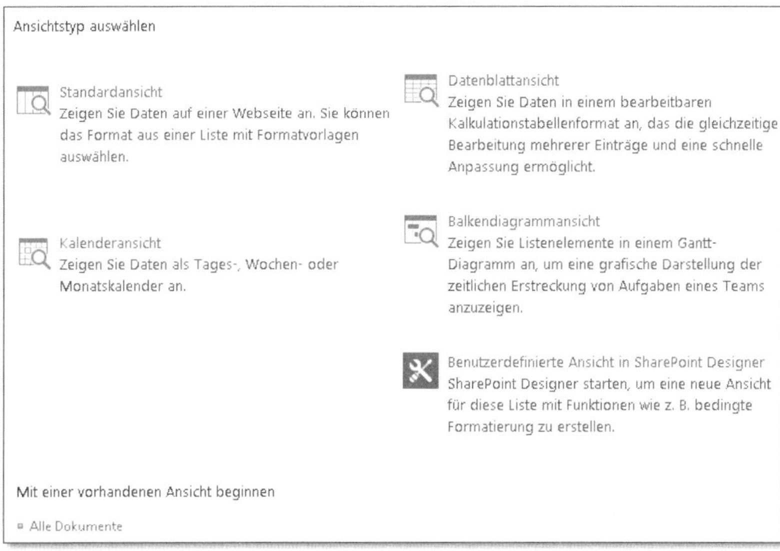

Abbildung 2.29 Ansichtstyp oder eine bestehende Ansicht als Vorlage auswählen

Wir probieren beide Varianten einmal aus und starten mit der Auswahl eines Ansichtstyps. In der Praxis werden Sie meistens den Typ »Standardansicht« verwenden. Auf die anderen Ansichtstypen werden wir in späteren Übungen zu sprechen kommen.

Wenn Sie den Ansichtstyp ausgewählt haben, befinden Sie sich entsprechend der Darstellung von Abbildung 2.30 auf der Konfigurationsseite für eine neue Ansicht. Geben Sie hier als Erstes den Namen der Ansicht an. In diesem Fall möchten wir eine Ansicht für alle Websites in unserer Ressourcenliste erstellen und nennen diese daher »Alle Websites«.

Sie sehen, dass Sie direkt unterhalb des Eingabefeldes für den Namen diese neue Ansicht direkt als Standardansicht der Liste festlegen können. Das möchten wir in diesem Fall allerdings nicht.

Nach dem Namen müssen Sie das sogenannte *Publikum* auswählen. Sie haben die Wahl zwischen einer persönlichen und einer öffentlichen Ansicht. Öffentliche

Ansichten sind für alle Anwender gleichermaßen sichtbar und können auch nicht auf einzelne Benutzergruppen beschränkt werden. Wenn Sie eine Ansicht nur für bestimmte Personen zur Verfügung stellen möchten, müssen Sie Websiteseiten verwenden, diese nur für die jeweiligen Personen freigeben und dort die Ansicht des Webparts der entsprechenden Liste konfigurieren. Wie das genau funktioniert, lernen Sie noch in den weiteren Übungen.

Eine persönliche Ansicht hingegen können nur Sie selbst nutzen und kein weiterer Anwender. Eine persönliche Ansicht macht meist nur bei speziellen Szenarien Sinn, wie zum Beispiel für die Pflege oder Überwachung von Daten durch einen einzelnen Administrator.

Abbildung 2.30 Name, Publikum und Spalten der Ansicht festlegen

Was ist das Problem, wenn ich nur persönliche Ansichten erstellen kann, weil die Option »Öffentliche Ansicht erstellen« deaktiviert ist?

Wenn die Option für Sie deaktiviert ist, haben Sie keine administrativen Berechtigungen für die Liste. Sie können dann nur für Sie persönlich sichtbare Ansichten erstellen. Das muss nicht in jedem Fall sinnvoll sein. Wenn Sie das Gefühl haben, dass Sie eine Ansicht erstellen möchten, die auch für andere Anwender interessant sein könnte, sollten Sie auf jeden Fall mit dem Administrator der Website Kontakt aufnehmen und ihn entweder um die Erstellung der fehlenden Ansicht bitten oder darum, Ihnen die entsprechenden Berechtigungen zu geben.

Im Anschluss an das PUBLIKUM legen Sie die SPALTEN fest, die in der Ansicht angezeigt werden sollen. Dabei können Sie auch die Position dieser Spalten von links nach rechts bestimmen. Für die Ansicht »Alle Websites« wählen Sie folgende Spalten in der angegebenen Reihenfolge aus:

1. Titel
2. Beschreibung
3. Website

Nach der Auswahl der anzuzeigenden Spalten wird es Zeit, sich Gedanken über eine sinnvolle **Sortierung** der Inhalte zu machen. Sie können entsprechend der Darstellung in Abbildung 2.31 bis zu zwei Spalten auswählen, nach denen eine Sortierung vorgenommen werden soll.

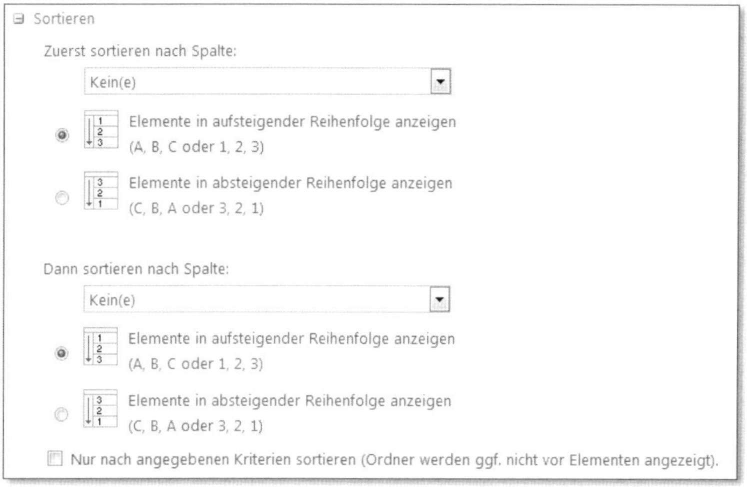

Abbildung 2.31 Sortierung bestimmen

Sie können dabei angeben, ob die Sortierung ab- oder aufsteigend erfolgen soll. Eine absteigende Sortierung macht meistens bei Datumsspalten, wie zum Beispiel dem Änderungsdatum der Elemente, der Spalte »Geändert«, Sinn, wenn immer die zuletzt editierten Elemente zuoberst in der Ansicht erscheinen sollen. In unserem Fall wählen wir eine Sortierung nach dem »Titel« aus und lassen die Elemente in aufsteigender Reihenfolge anzeigen.

Ansonsten würden die Elemente genau in der Reihenfolge erscheinen, in der sie in der Liste angelegt wurden. Das ist in der Regel eine schlechte Option für die Darstellung der Inhalte und wird von Ihnen genau wie von den übrigen Anwendern als unübersichtlich wahrgenommen.

Der wichtigste Konfigurationsschritt für uns ist nun die Definition der **Filterkriterien**, da wir nur Links auf Websites anzeigen möchten. Abbildung 2.32 zeigt uns die Möglichkeiten zur Angabe der Filterkriterien. Als Erstes wählen Sie die Option ELEMENT NUR IN FOLGENDEM FALL ANZEIGEN aus und selektieren in der ersten Auswahlliste die Spalte KATEGORIE. In dem Eingabefeld unter der zweiten Auswahlliste geben Sie nun den Wert »Website« an. Dieser entspricht einem möglichen Auswahlwert der Spalte KATEGORIE. Durch diesen Filter werden Elemente mit der Kategorie »Website« angezeigt und alle übrigen Kategorien ausgeblendet.

Abbildung 2.32 Filterkriterien angeben

Weitere Konfigurationsmöglichkeiten für Ansichten

Mit den Einstellungen für Ihre erste Ansicht sind wir an dieser Stelle fertig. Ich möchte Ihnen allerdings hier noch die übrigen häufig verwendeten Einstellungen für Ansichten zeigen. Eine davon ist die Möglichkeit, die Anzahl der anzuzeigenden Elemente auf einer Seite zu begrenzen.

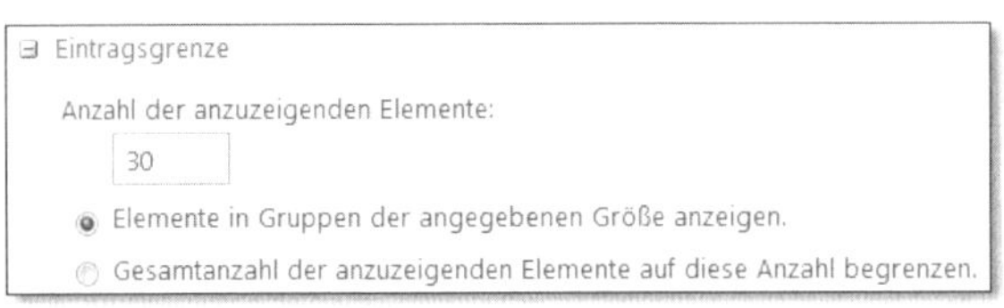

Abbildung 2.33 Anzahl der anzuzeigenden Elemente pro Seite definieren

Sie können die Anzahl vom Standardwert 30, wie er in Abbildung 2.33 dargestellt ist, auf jeden beliebigen Wert setzen, sodass jeder Anwender auf weitere Seiten blättern muss, wenn es mehr als die von Ihnen hier angegebenen Elemente in der Liste gibt. Wenn Sie aber zum Beispiel eine Ansicht »Die neuesten fünf Einträge« erstellen, können Sie mit der Option Gesamtanzahl der anzuzeigenden Elemente auf diese Anzahl begrenzen festlegen, dass nur die gewünschten fünf Elemente angezeigt werden.

Wenn es Sie außerdem interessiert, wie viele Elemente in der Ansicht insgesamt angezeigt werden, oder wenn Sie die Summe, den Durchschnittswert, den minimalen oder maximalen Wert einer Zahlen- oder Währungsspalte berechnen lassen möchten, so können Sie diese Einstellungen so wie in Abbildung 2.34 im Bereich Gesamt vornehmen. Bei den Spalten unserer Liste können Sie nur die Anzahl der Elemente anzeigen. Wir kommen in späteren Übungen allerdings auf die anderen genannten Optionen zurück.

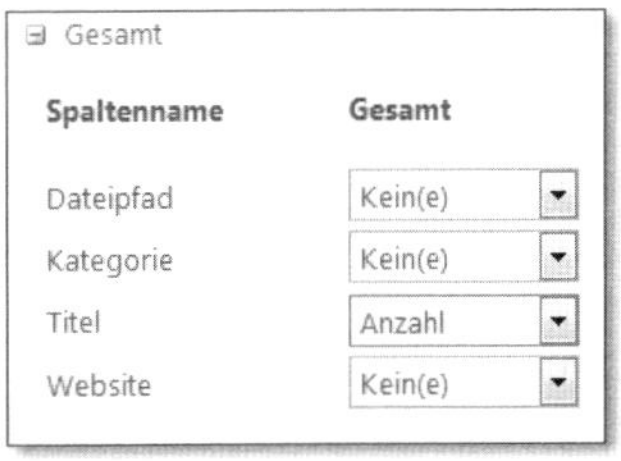

Abbildung 2.34 So lassen Sie die Anzahl der in der Ansicht angezeigten Elemente anzeigen.

Die letzte auf jeden Fall zu erwähnende Konfigurationsmöglichkeit bei Ansichten ist die Möglichkeit, nach Spalten zu gruppieren, wobei Sie aber analog zur Sortierung maximal zwei Spalten auswählen können, nach denen die **Gruppierung** erfolgen soll.

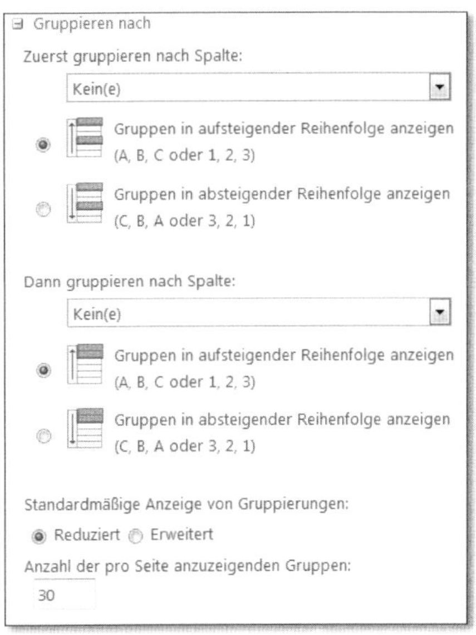

Abbildung 2.35 Bis zu zwei Gruppierungsebenen auswählen

In Abbildung 2.35 können Sie auch sehen, dass die Gruppierungen standardmäßig REDUZIERT dargestellt werden. Das bedeutet, dass der Anwender die einzelne Gruppe anklicken muss, damit er die darunter gruppierten Elemente sehen kann. Das kann gewünscht sein, allerdings kann es auch genauso der Fall sein, dass Sie zwar eine Gruppierung wünschen, aber direkt alle Elemente auf einen Schlag sehen möchten. Dann sollten Sie die Option ERWEITERT auswählen.

Mit den Ihnen nun bekannten Konfigurationsmöglichkeiten können Sie in jeder Liste Ansichten erstellen, die die darin verwalteten Informationen entsprechend aufbereitet darstellen.

Klicken Sie zum Abschluss auf die Schaltfläche OK, und schauen Sie sich die von Ihnen erstellte Ansicht einmal an. Wird nur noch ein Element aus Ihrer Ressourcenliste angezeigt? Dann können wir ja auf die gleiche Weise eine Ansicht für alle Elemente aus der Kategorie »Dateipfad« erstellen.

Erstellen einer Ansicht für alle Dateipfade

Um die Übung im Bereich der Ansichten abzuschließen, sollten Sie nun eine Ansicht für alle Dateipfade in der Ressourcenliste erstellen. Führen Sie dazu die folgenden Schritte durch:

- Wählen Sie den Menüpunkt ANSICHT ERSTELLEN im Menüband LISTE aus.
- Wählen Sie die Ansicht »Alle Websites« unter dem Bereich MIT EINER VORHANDENEN ANSICHT BEGINNEN im unteren Bereich der Seite aus.
- Vergeben Sie den Namen »Alle Dateipfade«.
- Entfernen Sie die Spalte WEBSITE aus der Auswahl, und wählen Sie die Spalte DATEIPFAD aus.
- Ändern Sie den Filterwert von »Website« auf »Dateipfad«.

Sie können nun die Ansicht erstellen lassen, indem Sie die Schaltfläche OK betätigen. Sobald die Ansicht erstellt wurde, wird diese direkt angezeigt und kann genutzt werden.

Muss ich bei der Auswahl der Spalte »Dateipfad« unbedingt angeben, dass diese auf Position 3 von links dargestellt werden soll?

Sie können die Position für die Spalte festlegen, müssen es in diesem Fall allerdings nicht. Wenn Positionen zwischen den einzelnen anzuzeigenden Spalten frei bleiben, werden diese beim Speichern der Ansicht herausgerechnet, sodass die Spalte »Dateipfad« auf Position 3 gespeichert wird, obwohl sie sich nach unserer Anzeige eigentlich auf Position 8 befindet.

Die Möglichkeit, bestehende Ansichten als Basis für neue zu verwenden, nutze ich in der Praxis sehr häufig, wenn viele verschiedene Ansichten für eine Liste benötigt werden, die sich vielleicht nur in einem Filterwert (zum Beispiel nach dem Status) unterscheiden.

Ansichten anzeigen

Durch folgende Funktionen behalten Sie den Überblick über die erstellten Ansichten einer Liste oder Bibliothek. Zum einen können Sie die Menüleiste LISTE öffnen und die Auswahlliste für die AKTUELLE ANSICHT öffnen. Dann erhalten Sie eine Liste der Ansichten, unterteilt nach Standardansicht, öffentlichen und persönlichen Ansichten, ähnlich wie es in Abbildung 2.36 dargestellt wird.

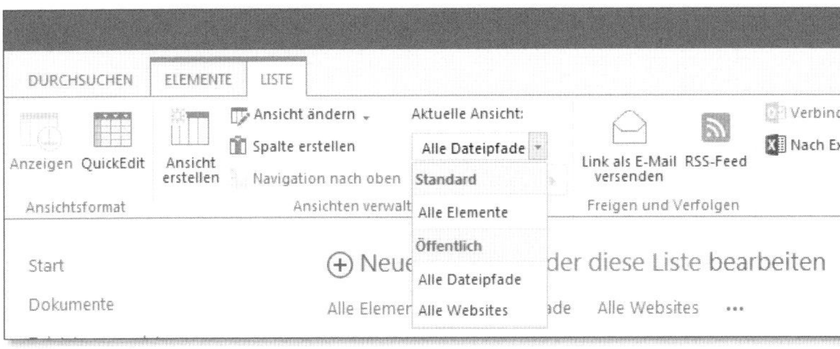

Abbildung 2.36 Auswahlliste mit den bestehenden Ansichten in der Menüleiste

Zum anderen sehen Sie aber auch die erstellten Ansichten wie in Abbildung 2.37 unmittelbar oberhalb der Spaltenüberschriften und können so einfach zwischen den Ansichten wechseln, ohne explizit die Menüleiste dafür öffnen zu müssen.

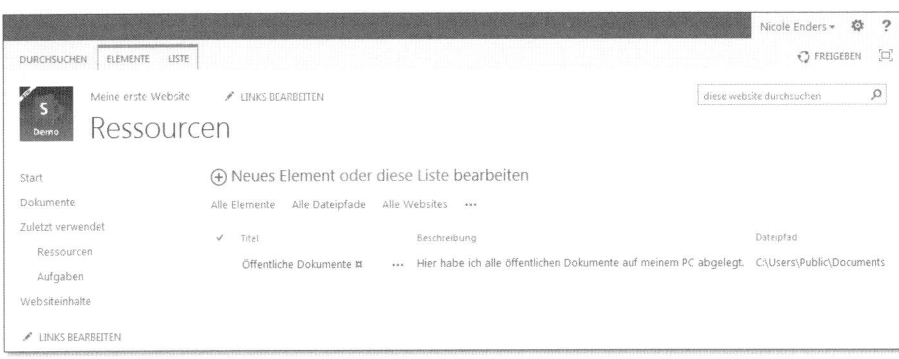

Abbildung 2.37 Ansichten der Liste direkt oberhalb der Spaltenüberschriften

QuickEdit

Bisher haben wir die Elemente der Ressourcenliste einzeln erfasst und bearbeitet. Wenn Sie oder die anderen Anwender allerdings eher die Arbeit mit Excel gewohnt sind, müssten Sie sich im Arbeitsalltag extrem umstellen und würden diese neue Art als sehr umständlich empfinden. Dafür gibt es allerdings auch eine Lösung: das Ansichtsformat »QuickEdit«. Sie stellen es ein, indem Sie bei der Liste oberhalb der Anzeige der Ansichten wie in Abbildung 2.37 auf den Link BEARBEITEN in der Zeile NEUES ELEMENT ODER DIESE LISTE BEARBEITEN klicken.

Die Ansicht, die Sie auch in Abbildung 2.38 sehen können, erinnert doch sehr an Excel und erleichtert Ihnen die Bearbeitung bzw. Erfassung von vielen Informationen auf einmal. Sie können auch per Copy & Paste Informationen aus einem Excel-Sheet übernehmen – vorausgesetzt, die Reihenfolge der Spalten und die Datentypen stimmen überein.

Abbildung 2.38 Liste im Ansichtsformat QuickEdit

Wenn Sie nicht immer explizit die Liste im Ansichtsformat »QuickEdit« öffnen möchten, nachdem Sie schon die gewünschte Ansicht ausgewählt haben, können Sie eine Ansicht erstellen, die den Ansichtstyp »Datenblattansicht« als Basis verwendet.

Sollten Sie während der Bearbeitung feststellen, dass Sie weitere Spalten zur vollständigen Erfassung Ihrer Informationen benötigen, so können Sie rechts neben der letzten Spaltenüberschrift das »+«-Zeichen nutzen, den Datentyp auswählen und anschließend in der bereits hinzugefügten Spalte den Spaltennamen festlegen.

Auch bei bestehenden Spalten können Sie über dieses Ansichtsformat die Spaltennamen editieren. So müssen Sie nicht die Eingabemaske verlassen, um Änderungen an der Struktur Ihrer Listen vorzunehmen, sondern können dies wie gewohnt direkt in einem Arbeitsgang erledigen.

Probieren Sie die *QuickEdit*-Funktion doch einfach einmal aus, und erfassen Sie so ein paar weitere Ressourcen. Dabei werden Sie sehen, wie schnell die Erfassung und Bearbeitung von Daten über dieses Ansichtsformat erfolgen kann.

Listeneinstellungen

Wenn Sie nun eine neue Spalte angelegt haben, um die Funktionen des Ansichtsformats »QuickEdit« zu testen, und diese Spalte wieder löschen möchten, weil Sie die Spalte im Grunde genommen nicht benötigen, sollten wir uns kurz noch mit den LISTENEINSTELLUNGEN beschäftigen, die Sie über das Menüband LISTE aufrufen können.

Es werden alle Spalten aufgelistet, die nach einem Klick auf den Spaltennamen bearbeitet oder gelöscht werden können. Auch die Ansichten der Liste werden dargestellt und können bearbeitet bzw. entfernt werden. Vielleicht haben Sie es schon gesehen: Hier haben wir die dritte Möglichkeit, Spalten oder Ansichten zu erstellen.

Ein interessanter Punkt ist der Menüpunkt SPALTENSORTIERUNG im Abschnitt SPALTEN. Wenn Sie diesen auswählen, können Sie die Reihenfolge beeinflussen, in der die Spalten in der Eingabemaske eines Elements von oben nach unten dargestellt werden. Standardmäßig werden die Spalten in der Reihenfolge dargestellt, in der sie erstellt wurden, was in den meisten Fällen keine optimale Eingabe der Informationen ermöglicht. In unserem Fall sollten wir die Sortierung auch anpassen, sodass die Spalten in folgender Reihenfolge erscheinen:

1. Kategorie
2. Titel
3. Beschreibung
4. Website
5. Dateipfad

Rechts neben einer jeden Spalte können Sie in einer Auswahlbox die Positionsnummer auswählen. Diese gibt genau an, wo das Feld in der Eingabe- und Bearbeitungsmaske von oben nach unten positioniert werden soll.

Dynamische Eingabemasken

Sinnvoll wäre es noch, wenn das Eingabefeld für den Hyperlink zu einer Website nur erschiene, wenn die Kategorie »Website« ausgewählt wurde, und umgekehrt das Eingabefeld für den Dateipfad nur bei der Kategorie »Dateipfad«. Auch diese Anforderung lässt sich umsetzen, indem die Eingabemaske mit dem Tool *InfoPath* bearbeitet wird. Eine solche Umsetzung sehen Sie in einer späteren Übung.

Neben den Konfigurationsmöglichkeiten im Hinblick auf die Spalten und Ansichten einer Liste unterteilen sich die Listeneinstellungen in die drei Bereiche ALLGEMEINE EINSTELLUNGEN, BERECHTIGUNGEN UND VERWALTUNG und KOMMUNIKATION, die nun näher erläutert werden.

Allgemeine Einstellungen

Folgende allgemeinen Einstellungen können Sie für jede Liste vornehmen:

- Sie können den **Namen** und die **Beschreibung** der Liste nachträglich editieren und auswählen, ob die Liste in der linken Navigationsleiste angezeigt werden soll.
- Wenn Sie nachvollziehen möchten, was mit den Elementen im Verlauf der Zeit geschieht, sollten Sie die **Versionierung** aktivieren und angeben, wie viele Versionen gespeichert werden sollen. Geben Sie keinen Wert an, so werden alle Versionen gespeichert.
- Sie können festlegen, ob für jedes neue Element bzw. jede Änderung eine **Inhaltsgenehmigung** erforderlich ist und wer Elemente im Entwurfsstatus sehen darf, wenn diese noch nicht durch den Genehmiger geprüft wurden.
- Sie können den Lese- und Erstellungs- bzw. **Bearbeitungszugriff** steuern, sodass jeder Anwender zum Beispiel nur die durch ihn selbst erstellten Elemente sehen kann.
- Sie können auswählen, ob **Dateianhänge** bei Elementen oder die Erstellung von Ordnern in der Liste erlaubt sind.
- Sie können die Inhalte der Liste explizit von der **Suche** ausschließen, wenn die darin enthaltenen Informationen nicht unter den Suchergebnissen auftauchen sollen.

Berechtigungen und Verwaltung

In diesem Bereich können Sie die Liste löschen, wenn Sie diese nicht mehr benötigen, oder sie als Vorlage speichern, falls Sie die Liste in exakt dieser Struktur an anderer Stelle erneut gebrauchen können.

Außerdem können Sie an dieser Stelle die Berechtigungen bearbeiten, die Sie in Abschnitt 2.6, »Berechtigungen für Benutzer und Gruppen«, näher kennenlernen werden, und Workflows konfigurieren, die im weiteren Verlauf dieser Übung angesprochen werden.

Kommunikation

Unter KOMMUNIKATION befinden sich bei Listen nur die Einstellungen für RSS-Feeds, um Feeds für die Liste generell zu erlauben oder zu deaktivieren, die anzuzeigenden Spalten und deren Reihenfolge auszuwählen und die maximale Anzahl der Elemente und die zu berücksichtigenden Tage zu definieren.

Bei Bibliotheken haben Sie unter KOMMUNIKATION noch die Möglichkeit, die E-Mail-Einstellungen zu bearbeiten, um der Bibliothek eine E-Mail-Adresse zuzuweisen, wodurch E-Mails direkt an diese gesendet werden können.

2.1.4 Arbeiten mit speziellen Listen

Sie haben nun bereits zwei verschiedene Listentypen, die benutzerdefinierten Listen und eine Aufgabenliste, kennengelernt und die wesentlichen Funktionalitäten ausprobiert. Vielleicht fragen Sie sich auch, wie Sie Dokumente mit anderen teilen können, oder Sie möchten Ihr Wissen in Form eines Wikis bereitstellen und sich mit Ihren Kollegen hierzu austauschen. Ich möchte Ihnen zu diesen beiden Szenarien die passenden Listen – sogenannte Bibliotheken – vorstellen und deren speziellen Funktionen näher erläutern.

Dokumentbibliotheken

Sie können eine Dokumentbibliothek nutzen, um Dateien bzw. Dokumente zentral für ausgewählte Personenkreise zur Verfügung zu stellen. Da es sich bei den Bibliotheken um spezielle Listen handelt, sind sämtliche Funktionen, die Sie bei der Arbeit mit Listen kennengelernt haben, auch bei den Bibliotheken vorhanden. Wenn wir einen ersten Blick auf die automatisch durch die Websitevorlage erstellte Dokumentbibliothek »Dokumente« werfen, die wir bereits vorher unter WEBSITEINHALTE Ihrer ersten Website gesehen haben, so sollte sich Ihnen ein Anblick wie in Abbildung 2.39 bieten.

Abbildung 2.39 Ein erster Blick auf die Dokumentbibliothek

Die Standardansicht einer Dokumentbibliothek sieht der einer benutzerdefinierten Liste recht ähnlich. Ein Unterschied sollte Ihnen allerdings direkt auffallen. Anstelle des Textes NEUES ELEMENT ODER DIESE LISTE BEARBEITEN (hinter dem sich zum einen die Funktion zu Erfassung eines neuen Elements und zum anderen die Aktivierung des Ansichtsformats QUICKEDIT befinden) wird hier der Text NEUES DOKUMENT ODER DATEIEN HIERHIN ZIEHEN angezeigt.

Abbildung 2.40 Dokumente vom PC in die Bibliothek ziehen

»Was ist mit DATEIEN HIERHIN ZIEHEN gemeint?«, könnten Sie sich jetzt fragen. Das ist ganz einfach, weil Sie wie in Ihrer bisherigen Arbeit mit dem Windows Explorer die Dateien auf Ihrem PC oder einem Laufwerk auswählen und in den Browser ziehen können. Sobald ein umrandeter Kasten mit dem Text HIER ABLEGEN wie in Abbildung 2.40 erscheint, können Sie loslassen, und die Dateien werden nach und nach hochgeladen.

Sie haben auch eine alternative Möglichkeit, um Dokumente hochzuladen. Dazu nutzen Sie den Menüpunkt NEUES DOKUMENT auf der Seite oder den Menüpunkt DOKUMENTUPLOAD in der Menüleiste DATEIEN.

Abbildung 2.41 Ein Dokument hochladen

Bei dieser Variante erscheint der in Abbildung 2.41 dargestellte Dialog, der Sie zur Auswahl der hochzuladenden Datei auffordert. Sie können an dieser Stelle auch festlegen, dass Sie mit diesem Upload automatisch eine bereits in der Bibliothek gespeicherte Datei mit demselben Dateinamen überschreiben möchten. Wenn Sie die *Versionierung* in der Bibliothek aktiviert haben, erscheint hier eine andere Option. Sie können dann auswählen, ob durch den Upload eine neue Version der Datei erstellt werden soll.

Gibt es einen Unterschied zwischen den Menüpunkten »Neues Dokument« auf der Seite der »Bibliothek« und in der Menüleiste »Dateien«?

Zwischen diesen beiden Menüpunkten gibt es einen elementaren Unterschied, obwohl sie dieselbe Bezeichnung tragen. Während der Menüpunkt auf der Seite der Bibliothek einen Dialog öffnet, um eine Datei hochzuladen, öffnet sich nach Auswahl des gleichnamigen Menüpunktes aus der Menüleiste Microsoft Word.

Das kann vor allem bei der Einführung der Funktionalitäten für Verwirrung sorgen, weil man von gleich benannten Menüpunkten automatisch auch dieselbe Funktion erwartet. In der Menüleiste wird allerdings zwischen NEUES DOKUMENT und DOKUMENTUPLOAD unterschieden, das heißt zwischen Dokumenten, die aus SharePoint heraus erstellt wurden, und hochgeladenen Dateien.

Wenn ein neues Dokument in der Dokumentbibliothek gespeichert wurde, wird es wie in Abbildung 2.42 mit den Informationen zu Änderungsdatum und Editor dargestellt. Bei neuen Dokumenten wird genau wie bei allen Elementen auch über ein grünes Symbol eine Markierung vorgenommen, die zwei Tage lang zu sehen ist.

Abbildung 2.42 Das Dokument wurde erfolgreich hochgeladen.

Fügen Sie bitte mit den drei verschiedenen Verfahren, die Sie nun kennen, Dokumente zu Ihrer Dokumentbibliothek hinzu. Wenn Sie dies getan haben, möchte ich Ihnen noch zeigen, wie Sie die Dokumente später aus SharePoint exportieren können, wenn es erforderlich sein sollte.

Abbildung 2.43 zeigt, dass es in der Menüleiste BIBLIOTHEK einen Menüpunkt MIT EXPLORER ÖFFNEN gibt. Dieser wird aufgrund seiner geringen Größe und seiner bei manchen Bildschirmauflösungen fehlenden Beschreibung leicht übersehen. Hiermit können Sie aber bequem über den geöffneten Windows Explorer Ordner und Dateien markieren und diese aus der Bibliothek kopieren, verschieben oder auch gesammelt löschen.

Abbildung 2.43 Bibliothek mit Windows Explorer öffnen

Wiki-Seitenbibliothek

Die Wiki-Seitenbibliothek ist neben der Dokumentbibliothek sicher die wichtigste spezielle Liste in SharePoint. Jede Website besitzt eine solche Wiki-Seitenbibliothek mit dem Titel »Websiteseiten«, die Sie über den Menüpunkt WEBSITEINHALTE in der linken Navigationsleiste finden können.

Abbildung 2.44 Wiki-Seitenbibliothek »Websiteseiten«

In Abbildung 2.44 sehen Sie die Wiki-Seitenbibliothek Ihrer ersten Website. Momentan umfasst die Bibliothek zwei Wiki-Seiten. Während die Seite »Verwendung dieser Bibliothek« Ihnen allgemein beschreibt, wie Sie ein SharePoint-Wiki nutzen können, stellt die Seite »Homepage« die Startseite Ihrer Website dar.

Wir erstellen nun einmal eine neue Wiki-Seite, indem Sie auf den Menüpunkt NEUE WIKI-SEITE in der Bibliothek klicken. Sie werden wie in Abbildung 2.45 aufgefordert, einen Namen für die neue Seite anzugeben. Da es bei veröffentlichten Informationen wichtig ist, entsprechende Kategorisierungen vorzunehmen und die Qualität der Inhalte über Bewertungen zu ermitteln, erstellen wir nun eine Wiki-Seite mit dem Namen »Kategorien und Bewertungen«. Achten Sie bitte darauf, wie die Adresse automatisch definiert wird und was mit Leerzeichen, Umlauten und Sonderzeichen passiert; diese werden nämlich durch »-« ersetzt.

Abbildung 2.45 Anlegen einer neuen Wiki-Seite

Wenn Sie die Schaltfläche ERSTELLEN betätigen, wird die neue Wiki-Seite generiert und automatisch zur Bearbeitung wie in Abbildung 2.46 geöffnet.

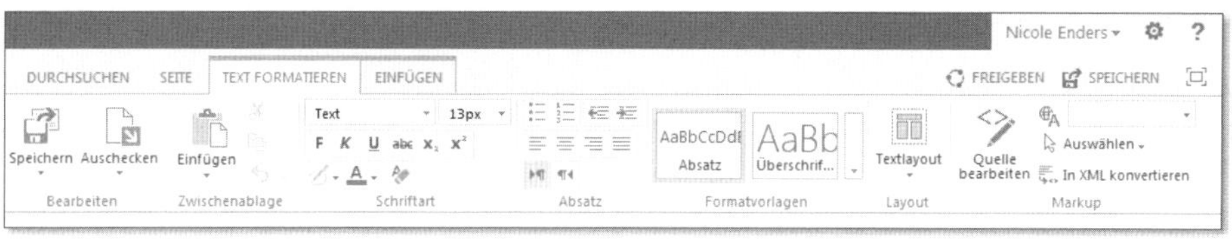

Abbildung 2.46 Formatierungsmöglichkeiten einer Wiki-Seite

Um die Informationen darzustellen, die Sie mit dieser Wiki-Seite veröffentlichen wollen, stehen Ihnen auf der Menüleiste TEXT FORMATIEREN folgende Formatierungsmöglichkeiten zur Verfügung:

- Definition des Textlayouts, um beispielsweise mehrere Spalten für unterschiedliche Informationstypen einzurichten
- Formatvorlagen für Überschriften, Absätze usw.
- Schriftart und -größe sowie Hervorhebungen wie kursive oder unterstrichene Texte

Außerdem können Sie über den Menüpunkt QUELLE BEARBEITEN die Wiki-Seite in einer HTML-Ansicht öffnen und den Quelltext editieren, wenn Sie HTML beherrschen.

Über das Menüband Einfügen lassen sich, wie in Abbildung 2.47 dargestellt wird, u. a. Tabellen, Bilder und Hyperlinks in die Wiki-Seite einfügen. Sie haben sogar die Möglichkeit, Dateien hochzuladen und direkt in die Wiki-Seite als Verknüpfung zu integrieren.

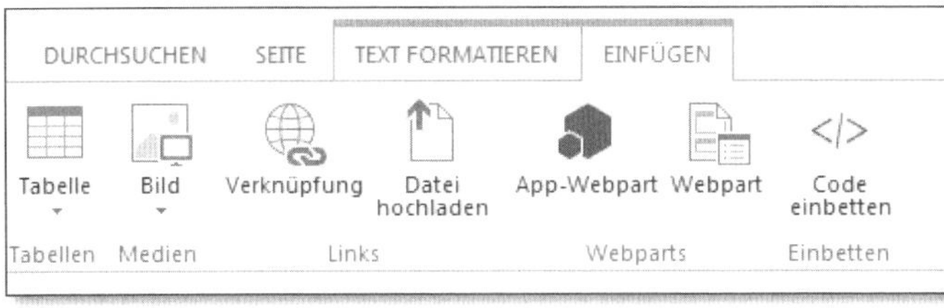

Abbildung 2.47 Einfügen von Inhalten und Funktionen innerhalb einer Wiki-Seite

Den Bereich der Webparts und des eingebetteten Codes werden wir später noch kennenlernen, sodass wir einen kurzen Blick auf die dritte Menüleiste, SEITE, werfen können, die in Abbildung 2.48 zu sehen ist.

Abbildung 2.48 Weitere Funktionen für Wiki-Seiten

Natürlich kann die Wiki-Seite gespeichert werden. Das tun Sie entweder über den Menüpunkt SPEICHERN im Menüband SEITE oder auch im Menüband TEXT FORMATIEREN. Speichern Sie nun, damit Ihre Änderungen nicht verloren gehen.

Über den Menüpunkt EIGENSCHAFTEN BEARBEITEN können Sie das Listenelement bearbeiten, das sich hinter der Wiki-Seite verbirgt und die Metadaten wie zum Beispiel Kategorien für Ihre Wiki-Seiten in Form von zusätzlich angelegten Spalten verwalten kann. Wenn Sie wirklich ein Wiki aufbauen, sollten Sie sich zu Beginn Gedanken darüber machen, welche Metadaten Sie benötigen, um übersichtliche Ansichten zu erstellen und die Inhalte entsprechend aufbereitet zu veröffentlichen.

Folgende Menüpunkte sollten Sie sich genauer anschauen:

- **Seitenverlauf:** Hierüber können Sie sich jede Version der Wiki-Seite anschauen, in der die Änderungen im Hinblick auf die vorherige Version farblich gekennzeichnet werden.

- **Zur Homepage machen**: Diese Funktion ist vor allem dann besonders sinnvoll, wenn Sie gerade an einer Wiki-Seite gearbeitet haben, die einen vollkommen anderen Einstieg in Ihre Website ermöglicht als die bisherige Homepage. Sie haben also die Wiki-Seite »Homepage« nicht angepasst, sondern eine neue Wiki-Seite erstellt, die nun zu einem bestimmten Zeitpunkt die bisherige Homepage ablösen soll. Wenn es so weit ist, wählen Sie einfach diesen Menüpunkt aus, und mit sofortiger Wirkung ist Ihre neue Wiki-Seite als Homepage der Website online.
- **Eingehende Hyperlinks**: Mit dieser Funktion erhalten Sie eine Liste aller Webseiten, die diese Wiki-Seite verlinken. Erhalten Sie eine leere Liste, so handelt es sich entweder um eine neue Wiki-Seite, die noch nicht bekannt ist und um deren Verlinkung Sie sich kümmern sollten, oder diese Wiki-Seite wird nicht mehr genutzt und kann entfernt werden.

Sie sehen, Sie haben viele Möglichkeiten, Ihre Informationen über Ansichten in den Listen oder Bibliotheken oder über Wiki-Seiten zu präsentieren. Ich kann Ihnen aber jetzt schon versprechen, dass Sie erst einen ganz kleinen Teil der SharePoint-Welt kennengelernt haben. Aber jeder fängt einmal klein an, und so werden wir uns gemeinsam Stück für Stück weiter vorarbeiten und neue Funktionen und Anwendungsgebiete erforschen. Deshalb werden Sie sich als Nächstes mit den Navigationsmöglichkeiten beschäftigen, die Sie zum Teil bereits im Rahmen der Anweisungen genutzt haben.

2.2 Navigationsmöglichkeiten und -einstellungen

Ich habe in den bisherigen Übungen bereits des Öfteren die linke Navigationsleiste angesprochen. Deshalb ist es höchste Zeit, dass wir uns mit den Möglichkeiten auseinandersetzen, um die Navigation in Ihrer Websitesammlung und Ihrer ersten Website zu gestalten.

Um erfasste Inhalte schnell im Zugriff zu haben, ist eine konsistente und intuitive Navigation innerhalb einer jeden SharePoint-Website unerlässlich. Sie können drei verschiedene Funktionen für die Navigation nutzen. Die bereits angesprochene linke Navigationsleiste wird als *Schnellstart* bezeichnet, während die oberhalb des Websitenamens dargestellten Navigationselemente als *Häufig verwendete Links* bekannt sind. Beide sind in Abbildung 2.49 zu erkennen und elementarer Bestandteil einer jeden Website. Die dritte Funktion ist die sogenannte *Strukturansicht*, deren Nutzen Sie nach Abschluss dieser Übung selbst bewerten können.

Abbildung 2.49 Häufig verwendete Hyperlinks und Schnellstart

2.2.1 Schnellstart

Beginnen wir mit der Schnellstartleiste. Diese Navigation ist für den schnellen Zugriff auf die wichtigen Inhalte der jeweiligen Website oder Unterwebsite gedacht. Bisher mussten wir immer in die Websiteeinstellungen wechseln, um diese Navigation zu bearbeiten. Mit SharePoint 2013 haben Sie aber jetzt die Möglichkeit, über den Menüpunkt LINKS BEARBEITEN in der Navigationsleiste aus jeder beliebigen Webseite der Website heraus die nötigen Anpassungen vorzunehmen.

Wie Sie in Abbildung 2.50 erkennen können, haben Sie somit die Möglichkeit, die vorhandenen Menüpunkte per Drag & Drop zu verschieben, einem anderen Menüpunkt unterzuordnen oder zu löschen. Indem Sie auf einen Menüpunkt klicken, können Sie den Namen des Menüpunkts direkt bearbeiten. Wenn Sie auch den hinter dem Menüpunkt liegenden Hyperlink bearbeiten möchten, klicken Sie auf das Hyperlinksymbol rechts neben dem Namen.

Interessant ist der Menüpunkt ZULETZT VERWENDET, dem die zwei Listen »Ressourcen« und »Aufgaben« untergeordnet wurden, die Sie im vorherigen Übungsabschnitt bei der Arbeit mit Listen erstellt haben. Sobald Sie eine neue App erstellen und erlauben, dass diese im Schnellstart erscheinen darf, wird der Link unterhalb dieses Menüpunktes aufgeführt. Je nachdem, wie Sie die Navigation Ihrer Website gestalten, kann dieser Menüpunkt als störend empfunden werden. Aber Sie können ihn entfernen, indem Sie auf LINKS BEARBEITEN und dann auf das Symbol X rechts neben dem Menüpunkt klicken. Achten Sie aber bitte darauf, dass der Menüpunkt automatisch wieder erscheint, sobald Sie eine neue App in der Website hinzufügen. Sie sollten sich dementsprechend am besten erst dann die Arbeit mit der Löschung dieses Menüpunktes machen, wenn Sie mit der Erstellung Ihrer Websitestruktur fertig sind.

Abbildung 2.50 Direkte Bearbeitung der Schnellstartleiste aus einer beliebigen Webseite heraus (neu in SharePoint 2013)

Ich sehe keinen Menüpunkt Zuletzt verwendet. Habe ich etwas falsch gemacht?

Wenn Sie diesen Menüpunkt nicht sehen, dürften Sie auch keine Möglichkeit haben, die Navigation direkt aus einer einzelnen Webseite heraus zu bearbeiten. Sie nutzen vermutlich eine ältere Version von SharePoint. Bei Ihnen sollte es Menüpunkte wie zum Beispiel BIBLIOTHEKEN, LISTEN, DISKUSSIONEN und UMFRAGEN geben, denen die einzelnen Listen in Abhängigkeit von ihrem Listentyp untergeordnet wurden.

Vor allem dann, wenn Sie eine ältere Version von SharePoint nutzen, ist eine zweite Variante für die Bearbeitung der Schnellstartleiste für Sie interessant. Rufen Sie dazu die Websiteeinstellungen auf, indem Sie im oberen rechten Bereich das Zahnradsymbol anklicken und den Menüpunkt WEBSITEEINSTELLUNGEN auswählen. Unter den Websiteeinstellungen finden Sie im Bereich AUSSEHEN UND VERHALTEN den Menüpunkt SCHNELLSTART. Wählen Sie diesen aus, um auf die Konfigurationsseite wie in Abbildung 2.51 zu gelangen.

Abbildung 2.51 Bearbeitung der Schnellstartleiste über die Websiteeinstellungen

Wie Sie erkennen können, gibt es genau zwei Ebenen in der Navigation, nämlich die Überschriften (wie zum Beispiel START oder ZULETZT VERWENDET) und die NAVIGATIONSLINKS (wie beispielsweise RESSOURCEN). Sie können jeden Menüpunkt bearbeiten, wobei in der Bearbeitungsmaske auch die Möglichkeit besteht, den Menüpunkt zu löschen. Wenn Sie an dieser Stelle eine Überschrift löschen, werden automatisch alle dieser Überschrift zugeordneten Navigationslinks auch entfernt.

Entscheiden Sie sich nun für eine der beiden Möglichkeiten, und bearbeiten Sie die Schnellstartleiste so, dass Sie folgendes Menü erhalten:

- Homepage (umbenannter Menüpunkt START)
- Informationen (neuer Menüpunkt ohne Adresse)
  - Ressourcen (verschobener Menüpunkt)
  - Dokumente (verschobener Menüpunkt)
- Aufgaben (verschobener Menüpunkt)
- Websiteinhalte

Das bedeutet, dass Sie den Menüpunkt ZULETZT VERWENDET löschen müssen. Achten Sie bitte darauf, dass bei der in SharePoint 2013 eingeführten Variante unbedingt die Schaltfläche SPEICHERN betätigt werden muss, damit Ihre Änderungen verfügbar sind.

Wenn Sie einen Menüpunkt bearbeiten, dessen Webadresse leer ist (woraufhin Sie eine Validierungsmeldung beim Speichern erhalten), können Sie als URL den Wert »/« eingeben, der als korrekte Webadresse erkannt wird und Sie auf die Homepage der Website der obersten Ebene weiterleitet.

2.2.2 Leiste für häufig verwendete Links

Während der Schnellstart für die Navigation innerhalb einer Website gedacht ist, ist die Leiste für häufig verwendete Links für die Navigation zwischen verschiedenen Websites gedacht. Genau wie die Schnellstartleiste können Sie bei SharePoint 2013 diese Navigation direkt aus einer beliebigen Webseite der Website heraus bearbeiten, indem Sie auf den Menüpunkt LINKS BEARBEITEN klicken.

Abbildung 2.52 Direkte Bearbeitung der häufig verwendeten Hyperlinks aus einer beliebigen Webseite heraus (neu in SharePoint 2013)

Wie in Abbildung 2.52 sollten Sie nun die Möglichkeit haben, per Drag & Drop Menüpunkte zu verschieben, Links zu erstellen oder zu löschen. Da es momentan nur einen Menüpunkt gibt, macht das Verschieben dieses Menüpunkts nicht wirklich Sinn. Aber Sie wissen zumindest, wie es funktioniert, und wir kommen auf jeden Fall in späteren Übungen auf diese Funktion wieder zurück. Bearbeiten Sie die Navigation bitte folgendermaßen:

- Homepage (umbenannter Menüpunkt MEINE ERSTE WEBSITE)
- Portal (neuer Menüpunkt mit einem Link auf die Website der obersten Ebene in der Websitesammlung); den Link auf die Website sollten Sie aus dem URL-Feld Ihres Browsers kopieren, nachdem Sie die Website aufgerufen haben.

Sie haben jedoch analog zur Konfiguration der Schnellstartleiste auch die Möglichkeit, die LEISTE FÜR HÄUFIG VERWENDETE LINKS über die Websiteeinstellungen zu bearbeiten.

Abbildung 2.53 Bearbeitung der Leiste für häufig verwendete Links über die Websiteeinstellungen

Abbildung 2.53 zeigt uns nun aber einen funktionalen Unterschied zwischen den beiden Möglichkeiten zur Bearbeitung dieser Navigationsleiste, denn nur hier können Sie festlegen, dass diese Navigationsleiste aus der nächsthöheren Website (in diesem Fall der Website der obersten Ebene der Websitesammlung) übernommen werden soll.

Wenn Sie diese Option wählen, werden Sie sicherheitshalber gefragt: »Wenn Sie diese Website so ändern, dass dieselbe Leiste für häufig verwendete Hyperlinks wie auf der übergeordneten Website verwendet wird, werden alle momentan in der Leiste vorhandenen Hyperlinks gelöscht. Möchten Sie den Vorgang wirklich ausführen?«

Das macht zum Beispiel in einem Unternehmensportal Sinn, wenn Sie für jede Abteilung eine Unterwebsite eingerichtet haben, aber aus jeder Website heraus den Zugriff auf zentrale Unternehmensinformationen und bestimmte Applikationen ermöglichen möchten. Auf diese Weise müssen Sie die Navigation nur in der Website der obersten Ebene der Websitesammlung pflegen.

Unter den Websiteeinstellungen gibt es keine Menüpunkte »Schnellstart« und »Leiste für häufig verwendete Links«! Wie bearbeite ich denn nun die beiden Navigationsleisten?

Wenn diese Menüpunkte unter den Websiteeinstellungen nicht erscheinen, dann nutzen Sie wahrscheinlich einen SharePoint Server und haben das Feature »SharePoint Server-Veröffentlichung« aktiviert. Dadurch werden die beiden angesprochenen Menüpunkte zu einem zusammengefasst, der logischerweise »Navigation« heißt.

Sie haben in diesem Fall auch die Möglichkeit, eine sogenannte Zielgruppe für einen Menüpunkt anzugeben. Damit können Sie Menüpunkte nur für Mitglieder ausgewählter Benutzergruppen anzeigen lassen und somit eine personalisierte Navigation erstellen. Bei der SharePoint Foundation haben Sie diese Möglichkeit nicht.

2.2.3 Strukturansicht

Sie haben nun zwei Navigationsleisten kennengelernt, die Sie individuell gestalten können. Dies erfordert aber bei jeder zu erstellenden Website Entscheidungen, welche Menüpunkte in welcher Reihenfolge dargestellt werden sollen. Sie können außerdem nicht sicherstellen, dass sämtliche Websiteinhalte über die Navigation erreichbar sind, weil Sie bei der Erstellung einer Liste, Bibliothek oder App auswählen können, ob diese in der Schnellstartleiste angezeigt werden soll oder nicht. Dementsprechend muss ein jeder Anwender die Websiteinhalte aufrufen, wenn er eine Information nicht direkt über die Navigation finden kann.

Dafür gibt es die sogenannte *Strukturansicht*, die zusätzlich oder alternativ zur Schnellstartleiste verwendet werden kann. Über die Websiteeinstellungen, die Sie über das Zahnradsymbol im oberen rechten Bereich der Seite erreichen, können Sie mit dem Menüpunkt STRUKTURANSICHT die Konfigurationsseite aufrufen, die sich sehr simpel darstellt (siehe Abbildung 2.54). Sie können auswählen, ob die SCHNELLSTARTLEISTE oder die STRUKTURANSICHT bzw. beides angezeigt werden soll.

Kann ich den Platz nutzen, wenn ich die Schnellstartleiste und die Strukturansicht deaktiviere?

Der Platz, den die Schnellstartleiste oder alternativ die Strukturansicht im linken Bereich einer jeden Webseite einnehmen, wird durch die Deaktivierung nicht freigegeben. Stattdessen taucht dort der Menüpunkt WEBSITEINHALTE auf, damit die Anwender trotzdem alle Websiteinhalte aufrufen können und so an die in der Website gespeicherten Informationen gelangen.

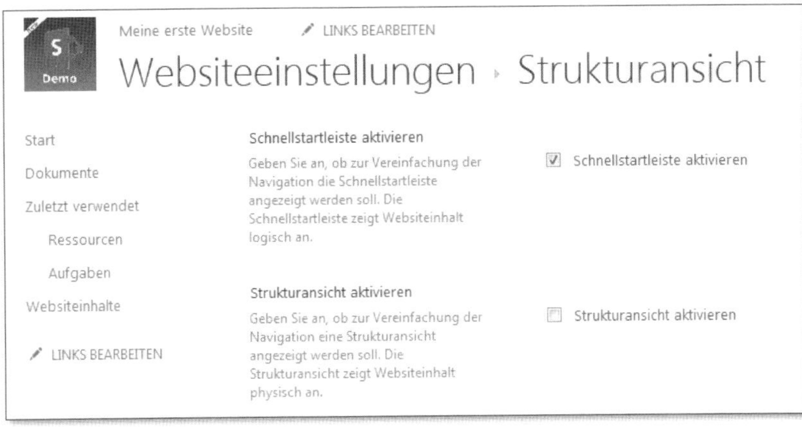

Abbildung 2.54 So aktivieren Sie die Strukturansicht und deaktivieren die Schnellstartleiste.

Wie Sie in Abbildung 2.55 sehen können, werden alle Listen und Bibliotheken aufgelistet, die Sie auch unter den Websiteinhalten Ihrer Website finden können.

Abbildung 2.55 Strukturansicht für Ihre erste Website

Sie müssen sich damit nicht mehr die Mühe machen, jede Liste in der Schnellstartleiste zur Verfügung zu stellen, sondern bekommen eine jederzeit aktuelle Übersicht über die in der Website existierenden *Inhaltscontainer*. Ein paar Einschränkungen müssen Sie hierbei allerdings beachten:

- Sie können die Sortierung in dieser Darstellung nicht editieren. Das bedeutet, Sie könnten in dem Fall, der in Abbildung 2.55 dargestellt ist, nicht festlegen, dass die Liste »Aufgaben« zuoberst erscheinen soll.
- Sie können einzelne Listen in der Anzeige nicht ausblenden. Es ist ja gerade die Funktion der Strukturansicht, sicherzustellen, dass alle Websiteinhalte hierüber aufgerufen werden können.

In der Praxis müssen Sie sich überlegen, was Ihnen einen Mehrwert bringt. Vielleicht möchten Sie eher die Kontrolle über die Navigation haben und bevorzugen die Schnellstartleiste. Es kann aber auch sein, dass Sie sich über die Funktion freuen, dass Ihnen automatisch alle Inhalte angeboten werden. Und vergessen Sie nicht, dass Sie beide Varianten in Kombination nutzen können.

2.2.4 Wo bin ich eigentlich gerade?

Diese Frage sollten sich die Anwender in Ihrem Unternehmensportal oder auch innerhalb einer jeden Website nach Möglichkeit nie stellen müssen. Folgende Informationen sollten immer sichtbar sein:

- In welcher App bzw. Liste oder Bibliothek befinde ich mich gerade?
- Zu welcher Website gehört diese?
- Was befindet sich auf der nächsthöheren Ebene?

Bei SharePoint 2010 gab es die sogenannte *Navigation nach oben*, die durch ein Symbol in Form eines Ordners mit einem grünen Pfeil nach oben dargestellt wurde. Nach einem Klick auf das Symbol wurde die gesamte Hierarchie von der Website der obersten Ebene bis hinunter zu der Liste oder Bibliothek bzw. bis in den einzelnen Unterordner hinab dargestellt.

»Wo ist diese Funktion hin?«, fragen sich bestimmt nicht wenige Anwender, die von SharePoint 2010 auf 2013 umsteigen. Diese Navigationsmöglichkeit wurde entfernt und kann wohl nur durch eine zu entwickelnde Lösung wieder hinzugefügt werden.

Eine neue Funktion hingegen ist der FOKUS AUF INHALT. Dieser Menüpunkt befindet sich im oberen rechten Bereich einer jeden Webseite unmittelbar rechts von den Menüpunkten FREIGEBEN, SYNCHRONISIEREN und BEARBEITEN. Er hat die Form eines Rechtecks.

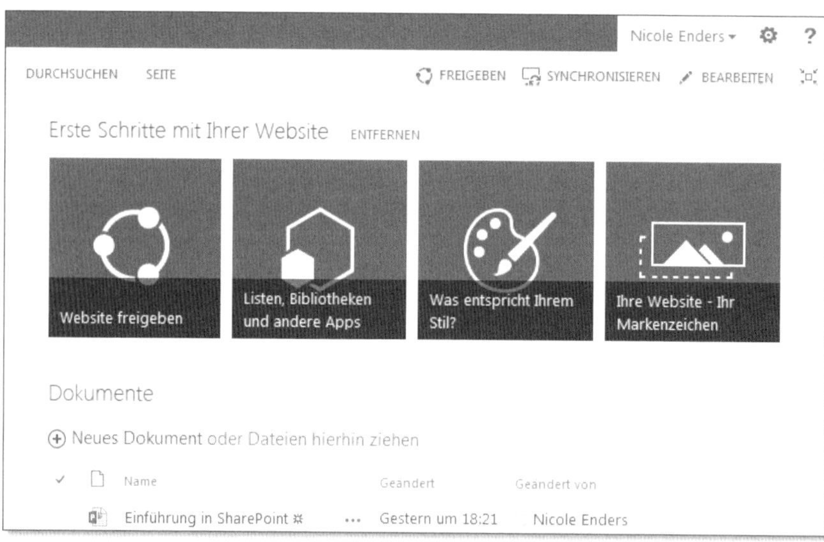

Abbildung 2.56 Fokus auf Inhalt

Wenn Sie diese Funktion ausführen, werden wie in Abbildung 2.56 sowohl die Schnellstartleiste bzw. Strukturansicht als auch die Leiste für häufig verwendete

Links, das Website-Icon, das Suchfeld und der Websitetitel ausgeblendet. Außerdem verändert sich das Symbol des Menüpunktes FOKUS AUF INHALT so wie in Abbildung 2.56 dargestellt.

Diese Funktion ist vor allem bei Bildschirmen mit einer geringen Auflösung sehr nützlich, weil ansonsten sehr viel Platz durch die Navigationsleisten verbraucht wird und der Anwender Schwierigkeiten haben könnte, den Inhalt der einzelnen Webseiten ohne aufwendiges Scrollen einzusehen.

Die Navigationsleisten werden so lange ausgeblendet, bis Sie den entsprechenden Menüpunkt erneut aufrufen.

Wo ist denn die Brotkrümelnavigation?

In SharePoint 2013 existiert auch die sogenannte Brotkrümelnavigation nicht mehr. Sie können nicht mehr erkennen, wie Sie aus der aktuellen Website heraus auf den entsprechenden Inhalt gelangt sind.

SharePoint verfolgt in dieser Version eine veränderte Strategie. Sie müssen nicht mehr wissen, über welchen Weg Sie zu einer Information gelangen oder wo diese genau liegt. Sie brauchen lediglich ein Konzept, das eine optimale Suche nach Informationen ermöglicht und Ihnen die Ergebnisse Ihrer Suche in exakt der für Sie optimalen Weise darstellt.

2.3 Websiteaktionen vs. Websiteeinstellungen

Für die Administration einer SharePoint-Website sind die Funktionen der Menüs WEBSITEAKTIONEN und WEBSITEEINSTELLUNGEN unerlässlich. Aber was findet man wo? Da wir im Rahmen der Navigationseinstellungen bereits die Websiteeinstellungen kurz angesprochen haben, ist es an der Zeit, auch die weiteren Funktionen vorzustellen, die Sie vielleicht im Rahmen der letzten Übung schon gesehen haben.

2.3.1 Wohin sind die Websiteaktionen verschwunden?

Als ich mich zum ersten Mal mit SharePoint 2013 beschäftigt habe und die Websiteeinstellungen aufrufen wollte, habe ich mich sehr schnell gefragt: »Wohin sind denn die Websiteaktionen verschwunden?«

Bei den WEBSITEAKTIONEN handelt sich um ein Menü, das vor allem für den Administrator einer Website oder Websitesammlung besonders wichtig ist und bereits beim Wechsel von der Version 2007 auf 2010 eine Veränderung erfahren hat. Damals wurde es vom oberen rechten Bereich der Menüleisten in den oberen linken Bereich verschoben. Das verlangte ein Umdenken vom Administrator und fordert diesen vor allem dann heraus, wenn er Systeme beider Versionen betreut und immer gedanklich zwischen diesen beiden Varianten umschalten muss. In der Regel schaut man zuerst auf die falsche Seite.

In SharePoint 2013 gibt es in diesem Bereich nun auch wieder eine Änderung: Nun verfügt das Menü nicht mehr über die Bezeichnung WEBSITEAKTIONEN, die immerhin beim letzten Versionswechsel übernommen wurde, sondern wird durch ein Symbol in Form eines Zahnrads ersetzt. Sie können sich leicht meinen Gesichtsausdruck vorstellen, als ich zum Ende meiner Suche nach den Websiteaktionen doch noch auf diesen Menüpunkt geklickt habe und sich ein Menü öffnete, das zumindest ansatzweise mit den liebgewonnenen Websiteaktionen zu vergleichen ist.

Was ist der Unterschied zwischen Websiteaktionen und Websiteeinstellungen?

Bei den WEBSITEAKTIONEN handelt es sich um ein Menü, das der Administrator der Website bzw. Websitesammlung aus einer beliebigen Webseite heraus aufrufen kann und das die wichtigsten Funktionen zur Administration der Website in Form von Menüpunkten anbietet.

Einer dieser Menüpunkte ist der für die Websiteeinstellungen. Das bedeutet, dass Sie über die Websiteaktionen zu den Websiteeinstellungen gelangen können. Eine andere Möglichkeit haben Sie über die WEBSITEINHALTE und deren Menüpunkt EINSTELLUNGEN, den Sie dort oberhalb der Auflistung der Listen, Bibliotheken und Apps der Website finden.

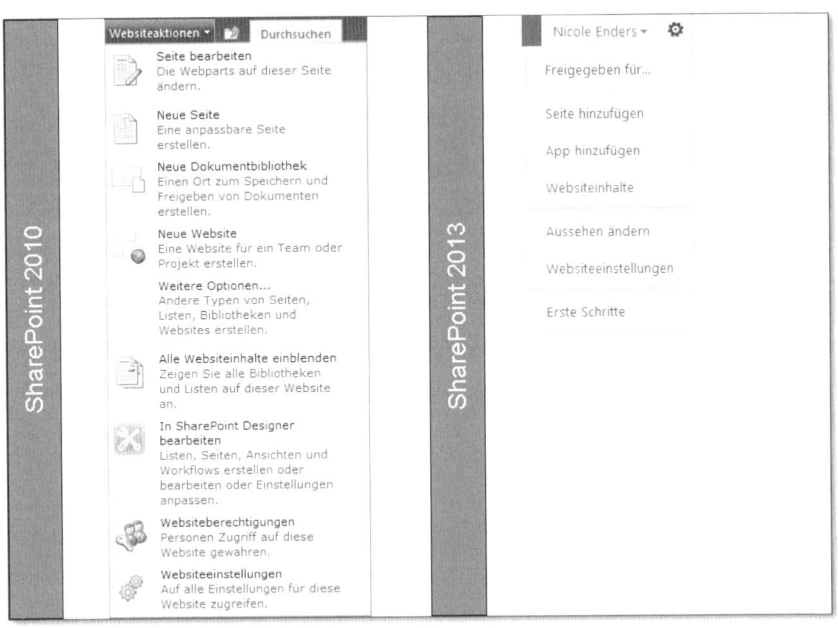

Abbildung 2.57 Die Websiteaktionen bei SharePoint 2010 und 2013 im Vergleich

In Abbildung 2.57 werden die Websiteaktionen von SharePoint 2010 und 2013 einander gegenübergestellt. Wenn Sie SharePoint 2010 nicht kennen und somit diesen Vergleich nicht benötigen, können Sie diesen Abschnitt überspringen und mit Abschnitt 2.3.2 fortfahren.

Die Menüpunkte der Websiteaktionen sind in 2013 komplett überarbeitet worden. Um Ihnen einen eventuellen Umstieg zu erleichtern, ordne ich die Menüpunkte in Tabelle 2.3 einander zu, wobei das Menü insgesamt nun über weniger Menüpunkte verfügt:

2010	2013
Seite bearbeiten	*Entfällt*
Neue Seite	Seite hinzufügen
Neue Dokumentbibliothek	*Entfällt*
Neue Website	*Entfällt*
Weitere Optionen...	App hinzufügen
Alle Websiteinhalte einblenden	Websiteinhalte
In SharePoint Designer bearbeiten	*Entfällt*
Websiteberechtigungen	Freigeben für...
Websiteeinstellungen	Websiteeinstellungen

Tabelle 2.3 Änderungen im Menü der Websiteaktionen von der Version 2010 zu 2013

2.3.2 Websiteeinstellungen

Über die WEBSITEEINSTELLUNGEN können Sie als Administrator der Website oder Websitesammlung wichtige Konfigurationen vornehmen.

Diese unterteilen sich entsprechend der Darstellung in Abbildung 2.58 in die folgenden Bereiche:

- Benutzer und Berechtigungen
- Aussehen und Verhalten
- Web-Designer-Kataloge
- Websiteaktionen
- Websiteverwaltung
- Websitesammlungsverwaltung
- Suchen

Abbildung 2.58 Websiteeinstellungen der Website

Sie werden die wichtigsten Funktionen aus jedem Bereich gleich kennenlernen und ein paar Konfigurationsänderungen an Ihrer Website und der dazu gehörenden Websitesammlung vornehmen.

Achten Sie dabei bitte genau darauf, wo Sie sich gerade aufhalten. Befinden Sie sich in einer *Unterwebsite* (wie beispielsweise Ihrer ersten Website), so ist der Bereich WEBSITESAMMLUNGSVERWALTUNG unter den Websiteeinstellungen leer, und Sie haben nur die Möglichkeit, über den Menüpunkt ZU WEBSITEEINSTELLUNGEN DER OBERSTEN EBENE WECHSELN zu den Funktionen der WEBSITESAMMLUNGSVERWALTUNG zu gelangen. Probieren Sie dies einmal aus, damit Sie ein Gefühl für das Menü bekommen.

Abbildung 2.59 Websiteeinstellungen der Websitesammlung

Zur Websitesammlungsverwaltung gehören eine große Anzahl an Funktionen, wie Sie in Abbildung 2.59 erkennen können. Der Bereich BENUTZER UND BERECHTIGUNGEN wird in Abschnitt 2.6 detailliert behandelt, da die Umsetzung eines individuellen Berechtigungskonzeptes unerlässlich für den Einsatz von SharePoint im Arbeitsalltag ist. Da dadurch aber der Fokus dieses Abschnitts automatisch auf der Vergabe von Berechtigungen liegen würde, verweise ich auf diesen Abschnitt und ignoriere den Bereich an dieser Stelle. Kehren Sie nun wieder zu Ihrer *Unterwebsite* zurück, um die nächsten Schritte durchzuführen.

Aussehen und Verhalten

Beginnen wir mit den elementaren Funktionen aus dem Bereich AUSSEHEN UND VERHALTEN. Die Funktionen dieses Bereichs werden in der Praxis bei so ziemlich jeder Website genutzt, weil hierüber die Navigation, das Design und das Websitelogo eingestellt werden können:

- **Titel, Beschreibung und Logo**: Wenn Sie eine Website erstellen, legen Sie den Titel und die Beschreibung fest, und automatisch wird ein Standardicon verwendet. In den vorherigen Abbildungen ist Ihnen vielleicht aufgefallen, dass sich das Websitelogo von dem in Ihrer Website unterscheidet. Das liegt daran, dass ich diese Einstellung bereits vorgenommen habe.

  Nehmen Sie als Beispiel Ihr Firmenlogo, und laden Sie dieses entweder über diese Konfigurationsseite hoch oder verlinken Sie es. Außerdem könnten Sie in Vorbereitung auf die Übung in Abschnitt 2.4 den Titel Ihrer Website in »Arbeitsbereich von...« mit Ihrem Namen als Suffix ändern. Gehen Sie dazu folgendermaßen vor:

  - Rufen Sie unter den Websiteeinstellungen den Menüpunkt TITEL, BESCHREIBUNG UND LOGO auf.
  - Geben Sie den Titel »Arbeitsbereich von ...« ein.
  - Betätigen Sie die Schaltfläche VOM COMPUTER, und klicken Sie in dem daraufhin erscheinenden Dialog auf die Schaltfläche DURCHSUCHEN. Wählen Sie ein Bild aus, das sich zum Beispiel auf Ihrem PC befindet, und klicken Sie auf ÖFFNEN. Bestätigen Sie die Bildauswahl im Dialog über die Schaltfläche OK.
  - Schließen Sie die Konfiguration über die Schaltfläche OK ab.

  So haben Sie schnell und einfach Titel und Logo Ihrer Website angepasst.

- **Schnellstart**, **Leiste für häufig verwendete Links** und **Strukturansicht:** Diese Menüpunkte kennen Sie bereits, da wir uns im Rahmen der Navigationseinstellungen mit ihnen beschäftigt haben.

- **Aussehen ändern**: Wenn Ihnen das in Blau und Weiß gehaltene Layout der Website nicht zusagt, so können Sie an dieser Stelle entsprechend der Darstellung in Abbildung 2.60 aus einer Auswahl weiterer Vorlagen die passende wählen.

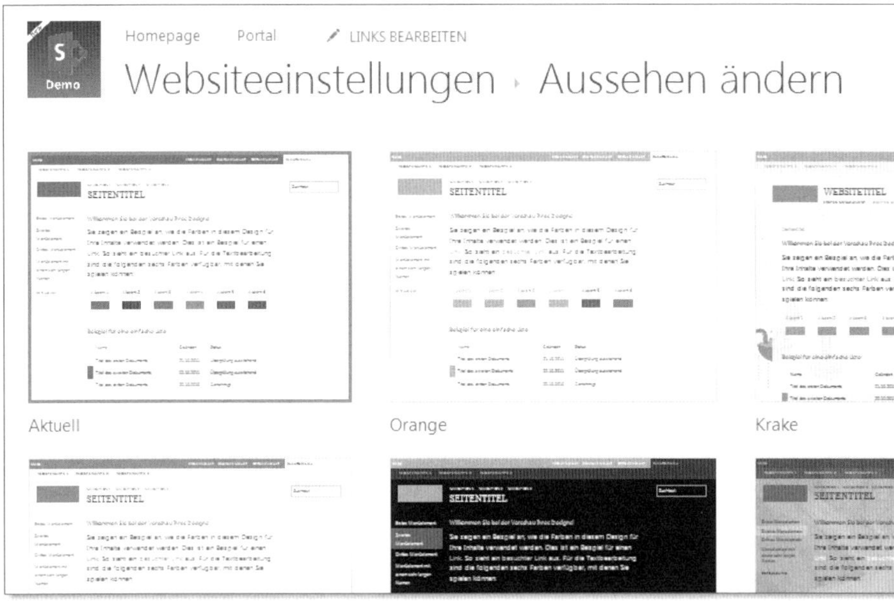

Abbildung 2.60 Das Aussehen einer Website ändern

Mir gefällt aber keine Vorlage so richtig. Kann man da nicht was machen?

Machen Sie sich keine Sorgen, wenn die Vorlagen Ihnen nicht gefallen oder nicht Ihrem Corporate Design entsprechen. SharePoint ist schließlich ein Werkzeugkasten und bringt als solcher diese Vorlagen als Basiswerkzeuge mit. Sie können Ihr eigenes Design erstellen. Wie das allerdings funktioniert und welche Grenzen Sie berücksichtigen müssen, erkläre ich Ihnen in Abschnitt 9.2, »SharePoint und Corporate Design – geht das?«, genauer.

Web-Designer-Kataloge

Den Begriff *Vorlagen* habe ich jetzt schon einige Male verwendet. Dabei handelt es sich immer um vordefinierte Bausteine, die für bestimmte Szenarien ohne Anpassungen direkt genutzt werden können. Diese Vorlagen werden in Galerien bzw. den sogenannten Web-Designer-Katalogen verwaltet. In einer Website finden Sie folgende Kataloge zur Auswahl:

- **Websitespalten:** Hier finden Sie alle Spalten wieder, die in den verschiedenen Listentypen von SharePoint verwendet werden. Nur dadurch ist es möglich, dass Sie einmal eine Spalte inklusive Informationstyp, evtl. maximaler Zeichenlänge und Gültigkeitsprüfungen definieren und anschließend bei jeder beliebigen Liste hinzufügen können, ohne diese ggf. recht aufwendige Konfiguration bei jeder Liste wiederholen zu müssen.

- **Websiteinhaltstypen:** Websiteinhaltstypen sind – einfach ausgedrückt – eine vordefinierte Kombination aus Websitespalten, bei der Sie die Reihenfolge der Spalten festlegen und ggf. eine Dokumentenvorlage hinterlegen können. Damit sind Szenarien realisierbar, in denen Sie zum Beispiel eine bestimmte Vorlage für Geschäftsbriefe hinterlegen möchten, damit diese Dokumente direkt aus SharePoint heraus mit der richtigen Dokumentvorlage erstellt werden können. Websiteinhaltstypen können entsprechend ihres übergeordneten Inhaltstyps (der als Basis stets entweder »Element« oder »Dokument« ist) einer beliebigen Liste oder Bibliothek zugeordnet werden, wodurch in der Menüleiste und dem Menüpunkt NEUES ELEMENT respektive NEUES DOKUMENT ein neuer Untermenüpunkt mit dem Namen des Websiteinhaltstyps erscheint.
- **Gestaltungsvorlagen:** Diese Vorlagen definieren, wo sich zum Beispiel die Schnellstartleiste auf der Seite befinden soll. Vielleicht fehlt Ihnen etwas, das standardmäßig auf jeder Webseite Ihrer Website dargestellt werden soll, oder Sie wünschen sich, dass das Suchfeld links direkt unter dem Websitelogo erscheint. Ihnen sind bei der Umsetzung keine Grenzen gesetzt. Wie Sie so eine Gestaltungsvorlage erstellen, erfahren Sie in den Abschnitten 9.2.3, »Gestaltungsvorlagen in SharePoint 2013 anpassen«, und 9.2.4, »Eine neue Gestaltungsvorlage erstellen«.
- **Durchkomponierte Looks:** Hinter diesem seltsam klingenden Namen verbergen sich die Vorlagen, die wir eben noch unter AUSSEHEN ÄNDERN in Abbildung 2.60 gesehen haben.

Zusätzlich zu den Vorlagen, die Sie in diesen Katalogen finden, kommen in der Websitesammlung noch weitere Kataloge hinzu:

- **Webparts:** Mit dem Themenbereich der Webparts werden wir uns in Abschnitt 2.5, »Vorlagen, Features und Webparts«, noch intensiv beschäftigen. Aber eines können Sie sich jetzt schon einmal merken: Wenn Sie neue Webparts in einer Websitesammlung hochladen sollen, ist dies die richtige Stelle dafür, denn die Webparts in diesem Katalog stehen der Website der obersten Ebene und allen Websites darunter zur Verfügung. Indem Sie auf den Titel eines Webparts klicken, bekommen Sie eine Vorschau zu sehen.
- **Listenvorlagen:** Wenn Sie eine Liste oder Bibliothek erstellt haben, bei der Sie Spalten, Inhaltstypen oder auch Ansichten konfiguriert haben, und nun feststellen, dass die Liste in der Form auch an anderen Stellen (wie zum Beispiel auf einer anderen Website oder auch in einer ganz anderen Websitesammlung) eingesetzt werden könnte, so können Sie über die Listeneinstellungen einfach eine Vorlage auf Basis der Liste erstellen. Probieren Sie dies doch einfach einmal an der Liste »Ressourcen« aus.

Warum bekomme ich eine Fehlermeldung wenn ich eine Listenvorlage erstellen möchte?

Wenn Sie bei diesem Vorgang eine Fehlermeldung erhalten, dann besitzen Sie in der Website der obersten Ebene keine administrativen Berechtigungen. Nur wenn Sie diese besitzen, dürfen Sie eine neue Vorlage in dem Katalog LISTENVORLAGEN speichern. Entweder übernimmt der Administrator die Aufgabe für Sie, oder er erteilt Ihnen die Berechtigungen, die Sie benötigen. Sprechen Sie ihn am besten einfach an!

Wenn Sie Listenvorlagen zwischen verschiedenen Websitesammlungen austauschen möchten, so können Sie die Funktionen nutzen, die Sie im Rahmen der Dokumentbibliotheken kennengelernt haben, denn die Kataloge sind nichts anderes als Bibliotheken.

Um jetzt auf Basis der Vorlage eine neue Liste zu erstellen, müssen Sie lediglich die Funktion APP HINZUFÜGEN aufrufen. In der Auflistung sollte nun auch Ihre neue Vorlage mit dem von Ihnen gewählten Namen erscheinen. Wählen Sie die Vorlage aus, und erstellen Sie die neue Liste oder Bibliothek.

- **Lösungen:** Hier finden Sie Websites, die Sie als Vorlage gespeichert haben und Erweiterungslösungen, die Sie als Administrator der Website der obersten Ebene hochladen, aktivieren und deaktivieren oder auch aktualisieren können.

Websiteaktionen

In diesem Bereich können Sie u. a. einstellen, welche Funktionen in Ihrer Website zur Verfügung stehen sollen. Dies sind die sogenannten *Websitefeatures*. Wenn Sie eine Website erstellt haben, die Sie an anderer Stelle in der Form weitere Male nutzen möchten, so können Sie die Website als Vorlage speichern. Im Detail können Sie folgende Einstellungen vornehmen:

- **Websitefeatures verwalten:** Für jede einzelne Website können Sie die zur Verfügung stehenden Funktionen auswählen, indem Sie diese aktivieren bzw. deaktivieren.
- **Website als Vorlage speichern:** Sie können Ihre Website als Vorlage speichern. Auch hier gelten dieselben Voraussetzungen hinsichtlich der erforderlichen Berechtigungen zur Erstellung einer Listenvorlage. Wenn Sie die Option INHALTE EINSCHLIESSEN auswählen, werden sämtliche Listen und Bibliotheken inklusive aller eingerichteten Ansichten, Inhaltstypen und Websitespalten und auch evtl. verwendete Workflows in die Vorlage integriert.

Ich habe eine Website auf Basis einer eigenen Vorlage erstellt, und sämtliche Berechtigungen wurden nicht übernommen. Woher kommt das?

Berechtigungen werden bei der Erstellung von Vorlagen nicht übernommen. Das bedeutet, dass Sie bei der Erstellung neuer Websites auf Basis Ihrer Vorlage jedes Mal den Aufwand für die Umsetzung Ihres Berechtigungskonzeptes einplanen müssen.

- **Auf Websitedefinition zurücksetzen:** Haben Sie zum Beispiel mit dem SharePoint Designer Anpassungen an Webseiten in Ihrer Website vorgenommen und möchten Sie diese gerne rückgängig machen, so können Sie über diese Funktion alle Webseiten auf ihre Definition zurücksetzen. Die Inhalte der Webseiten bleiben davon unberührt; dieser Vorgang betrifft nur das Layout der Webseiten.
- **Diese Website löschen:** Wenn Sie eine Website nicht mehr benötigen, sollten Sie sie über diesen Menüpunkt löschen. Löschen Sie aber bitte niemals die Website der obersten Ebene in Ihrer Websitesammlung. Während gelöschte Unterwebsites im Papierkorb der Website der obersten Ebene zu finden sind und somit auch wiederhergestellt werden können, wird beim Löschen der Website der obersten Ebene auch der Papierkorb der Websitesammlung gelöscht. Sie haben also keine Möglichkeit mehr, die Website wiederherzustellen, und müssen die Websitesammlung als dann leeren Container durch einen Administrator über die Zentraladministration löschen lassen.

Website- und Websitesammlungsverwaltung

Unter den Bereichen der Website- und Websitesammlungsverwaltung können Sie die Inhalte einer Website verwalten, und z. B. den Papierkorb aufrufen, um gelöschte Inhalte wiederherzustellen. Die wichtigsten Einstellungsmöglichkeiten dieser Bereiche sind:

- **Landes-/Regionaleinstellungen:** Sie können die Zeitzone und Kalenderinformationen (wie zum Beispiel die Tage, die zu einer Arbeitswoche gehören, und den ersten Wochentag) definieren. Damit lassen sich auch weltweit verteilte Standorte mit SharePoint unterstützen, wobei für jeden Standort die richtige Ortszeit verwendet wird.
- **Websitebibliotheken und -listen** und **Websites und Arbeitsbereiche:** Hierüber können Sie sämtliche Listen, Bibliotheken und Unterwebsites aufrufen und diese bearbeiten bzw. löschen.
- **Papierkorb:** Wenn Sie Informationen in einer Website gelöscht haben, werden diese zuerst in den Papierkorb der Website verschoben. Nach einer durch den Administrator der SharePoint-Farm definierten Zeitspanne werden diese Informationen aus diesem Papierkorb in den Papierkorb der Websitesammlung verschoben und stehen auch dort für eine gewisse Zeit zur Wiederherstellung bereit.

- **Websitesammlungsfeatures:** Neben der Aktivierung von Funktionen für die einzelne Website können Sie auch Funktionen für die gesamte Websitesammlung aktivieren bzw. deaktivieren.
- **SharePoint Designer-Einstellungen:** Sie können festlegen, ob Sie die Bearbeitung einer Websitesammlung mittels des SharePoint Designers erlauben möchten. Wenn Sie diese Funktion aktivieren, können alle Websitebesitzer das Tool für Anpassungen nutzen.

Suchen

In dem Bereich der Suche können Sie das Suchverhalten einer Website konfigurieren. So besteht zum Beispiel die Möglichkeit, ein Suchcenter anzugeben, das aufgerufen wird, wann immer ein Anwender das Suchfeld im oberen rechten Bereich der Website nutzt. Oder Sie gestalten eine individuelle Suchergebnisseite, die anstatt der Standardseite verwendet werden soll. Die in der Praxis wichtigen Funktionen der Suche werden wir später in Abschnitt 9.1.2 an dem konkreten Beispiel Ihres Unternehmensportals erforschen.

2.4 Benutzerinformationen und mein persönlicher Arbeitsbereich

Zu jedem Anwender werden in SharePoint automatisch Benutzerinformationen gespeichert. Sie können diese über den Menüpunkt MEINE EINSTELLUNGEN aufrufen, der sich hinter Ihrem Namen im oberen rechten Bereich der Website verbirgt. Sie erfahren nun, um welche Informationen es sich handelt und was Sie selbst editieren können. Außerdem erkläre ich Ihnen anhand von zwei Übungen, wie Sie einen *persönlichen Arbeitsbereich* in einer SharePoint Foundation einrichten oder die *Meine Website* des SharePoint Servers nutzen können.

2.4.1 Was weiß SharePoint mindestens über mich?

Unabhängig von der eingesetzten Edition und Version wird in jeder Websitesammlung eine versteckte Liste mit Benutzerinformationen geführt. Je nachdem, welche Einstellungen Ihr Farm-Administrator vorgenommen hat, werden Informationen wie Ihr Name, Ihre E-Mail-Adresse und Ihre Abteilung aus dem Verzeichnisdienst übernommen, der in Ihrem Unternehmen eingesetzt wird. Ein solcher Verzeichnisdienst ist zum Beispiel das Active Directory.

Haben Sie hingegen eine Testumgebung installiert, so werden Sie vermutlich mit lokalen Benutzern arbeiten. Dann werden lediglich die Informationen KONTO und NAME automatisch übernommen, wobei der Name dem Benutzerkonto entspricht. Sie können die fehlenden Informationen wie in Abbildung 2.61 ergänzen bzw. im Fall des Namens bearbeiten, indem Sie den Menüpunkt ELEMENT BEARBEITEN verwenden.

Abbildung 2.61 Benutzerinformationen in jeder Websitesammlung

Sie fragen sich, wie Sie zu der Seite mit Ihren Benutzerinformationen kommen? Zum einen können Sie immer dann, wenn Sie ein Personenfeld in einer Liste finden und Ihnen zum Beispiel eine Aufgabe zugewiesen wurde, auf die eingetragene Person klicken – und schon erscheinen die Benutzerinformationen. Wenn es sich bei der Person um Sie handelt, werden Ihnen auch die Menüpunkte zu Bearbeitung zur Verfügung gestellt. Sie können Ihre Benutzerinformationen beim Einsatz einer SharePoint Foundation allerdings auch über den Menüpunkt ÜBER MICH im Menü unterhalb Ihres Namens im oberen rechten Bereich der Seite aufrufen. Setzen Sie eine Server-Edition ein, so werden Sie über diesen Menüpunkt das in Abschnitt 2.4.4 vorgestellte Benutzerprofil aufrufen.

Was ist eine SIP-Adresse?

Die *SIP-Adresse* ist für die Integration von *Lync* in seiner Funktion als Instant Messaging Tool wichtig. Wenn diese Information, die der E-Mail-Adresse des jeweiligen Anwenders entspricht, nicht hinterlegt ist, können Sie keine Präsenzinformationen bei den Anwendern sehen und haben nicht die Möglichkeit, die Funktionen von *Lync* (wie beispielsweise die Kommunikation mittels Sofortnachrichten) zu nutzen. In Abbildung 2.61 sehen Sie ein Beispiel für Präsenzinformationen in Form eines grünen Quadrats vor dem Namen eines Anwenders, der in diesem Fall ich bin.

Achten Sie bitte darauf, dass jeder Anwender ein *Profilbild* hinterlegt. Das ist eine Konfiguration, die unabhängig von der gewählten Edition erledigt werden kann. Vielleicht kann der Administrator des bei Ihnen eingesetzten Verzeichnisdienstes diese Aufgabe übernehmen und die dort hinterlegten Profilbilder mit SharePoint synchronisieren. Ansonsten können Sie den Anwendern mitteilen, dass sie selbst für die Benutzerinformationen und insbesondere das Profilbild sorgen sollen. Das Profilbild dient dem Wiedererkennen und ist vor allem bei größeren Unternehmen sinnvoll, in denen sich die einzelnen Mitarbeiter nicht mehr alle persönlich kennen. Dabei sollten Sie Ihren Betriebsrat aktiv in den Prozess mit einbeziehen, damit dieser frühzeitig seine Anforderungen hinsichtlich der Verwendung und Auswertung von Mitarbeiterdaten stellen kann.

2.4.2 Meine Sprache und Region

Bei der Website- und Websitesammlungsverwaltung haben Sie bereits die *Landes- und Regionaleinstellungen* kennengelernt. Die dort vorgenommene Konfiguration gilt grundsätzlich für jeden Anwender.

Stellen Sie sich nun einmal folgendes Szenario vor: Sie haben eine Website für ein Projektteam eingerichtet, das zum größten Teil in Köln sitzt und die Projektwebsite zur Dokumentation und Kommunikation mit zwei Teammitgliedern im Ausland nutzt. Der eine Kollege befindet sich im Projektbüro in New York, und bei dem zweiten Kollegen handelt es sich um den Kunden, der sich vor Ort in Sydney aufhält.

Um alle Anwender optimal zu unterstützen und für jeden *personalisiert* die richtige Sprache und Zeitzone zu verwenden, können Sie die Websiteeinstellungen für die Kölner Kollegen konfigurieren, während die beiden Teammitglieder mit abweichenden Zeitzonen und Spracheinstellungen über den Menüpunkt MEINE SPRACHE UND REGION ihres Benutzerprofils die Konfiguration für sich anpassen.

Wählen Sie für die Landes- und Regionaleinstellungen einer Website oder auch Websitesammlung nach Möglichkeit immer die Konfiguration, die für die Majorität der Anwender optimal ist. Kommunizieren Sie, wie die Einstellungen angepasst werden können, damit eine von Ihnen geschaffene Lösung nicht durch diesen Aspekt an Benutzerakzeptanz verliert.

2.4.3 Meine Benachrichtigungen

Der dritte Bereich, der unabhängig von der gewählten Edition auf jeden Fall durch jeden einzelnen Anwender editiert werden kann, ist die Konfiguration der Benachrichtigungen. Sobald Sie für Elemente oder Dokumente die Benachrichtigungsfunktionalität nutzen, wird die konfigurierte Benachrichtigung unter dem Menüpunkt MEINE BENACHRICHTIGUNGEN in Ihrem Benutzerprofil aufgeführt und kann so von

Ihnen bearbeitet oder auch ggf. entfernt werden. Sie haben außerdem die Möglichkeit, hierüber neue Benachrichtigungen zu konfigurieren, wobei Sie aus allen Listen und Bibliotheken der Website bis hinab zu einzelnen Elementen oder Dokumenten wählen können.

2.4.4 Mein Profil

Bei der SharePoint Foundation stellen die Benutzerinformationen die einzige Möglichkeit für den einzelnen Anwender dar, Informationen zu seiner Person, seinen Interessen und Erfahrungen zu veröffentlichen. Bei den Editionen SharePoint Server Standard oder Enterprise bzw. bei einem SharePoint Online-Paket inklusive der *Meine Website* haben Sie zusätzlich die Möglichkeit, ein komplettes Profil zu jedem Anwender zu verwalten.

Wenn Sie die Edition *SharePoint Foundation* verwenden, können Sie die nächsten Seiten überspringen und mit Abschnitt 2.4.6 fortfahren.

Der Umfang der Informationen, die Sie mit einem Profil erfassen, ist sehr viel größer, wie Sie bei der folgenden Reise durch mein Profil gleich erkennen können. Ein Profil unterteilt sich in die folgenden Kategorien:

- Allgemeine Informationen
- Kontaktinformationen
- Details
- Newsfeedeinstellungen
- Sprache und Region

Der Bereich Sprache und Region entspricht exakt den bereits vorgestellten Möglichkeiten einer SharePoint Foundation. Dort nehmen Sie unter dem Menüpunkt Meine Sprache und Region Ihres Benutzerprofils Einstellungen zu den von Ihnen bevorzugten Anzeige- und Suchsprachen, zur Anzeige von Erstell- und Änderungsdaten, zu Ihrer Zeitzone und zu dem gewünschten Kalenderformat vor.

Wie Sie der Darstellung in Abbildung 2.62 entnehmen können, schaut ein solches Benutzerprofil auch vollkommen anders aus als die Seite mit Ihren Benutzerinformationen aus Abbildung 2.61.

Im oberen linken Bereich Ihres Profils befindet sich Ihr Profilbild mit Ihrem Namen als Beschreibung. Rechts daneben erfolgt eine Auflistung Ihrer Expertise, die Sie hinterlegt haben. Hierüber haben die anderen Anwender die Möglichkeit, Ihnen Fragen zu Ihrem Fachgebiet zu stellen. Ihre Antworten können von allen Anwendern gelesen werden.

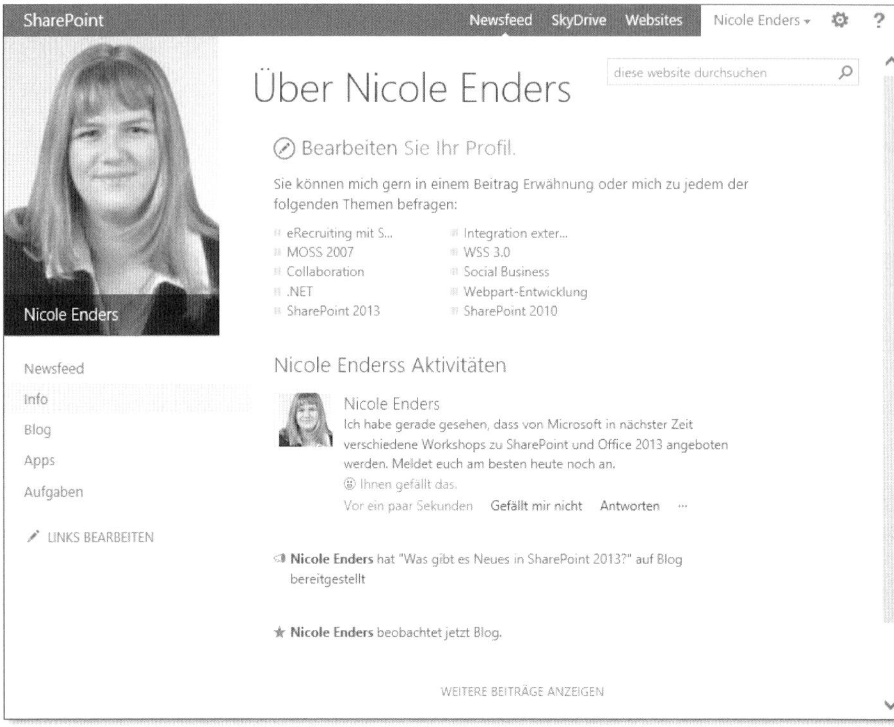

Abbildung 2.62 Aufruf meines Profils im SharePoint Server

Unterhalb Ihrer Expertise befindet sich ein Bereich, der Ihre Aktivitäten innerhalb von SharePoint darstellt. Für Sie selbst entsteht dadurch vielleicht kein direkter Mehrwert, weil Sie sich wahrscheinlich noch daran erinnern können, was Sie zuletzt in Ihren Websites getan haben. Haben Sie zum Beispiel eine neue Website erstellt oder ein Dokument mit einem Schlagwort kategorisiert oder auch einem anderen Anwender eine Frage auf seinem Profil gestellt, so werden diese Aktionen hier aufgeführt. Aber gerade diese Funktion hilft den anderen Anwendern, die Ihr Profil aufrufen. So sieht Ihr Kollege zum Beispiel, dass Sie dem Administrator eine Frage zu der Konfiguration des bei Ihnen eingesetzten SharePoint-Systems gestellt haben, und kann die Antwort direkt lesen. Vorbei sind die Zeiten, in denen solche Vorgänge per E-Mail erfolgt sind und nur Sie als Fragesteller die Antwort erhalten haben und ggf. wegen automatischer E-Mail-Löschungen oder Archivierungsfunktionalitäten irgendwann nicht mehr auf diese Information zugreifen konnten. Was in SharePoint gespeichert ist, kann auch von jedem berechtigten Anwender gefunden werden.

Allgemeine Informationen

Wenn Sie Ihr Profil pflegen, sollten Sie mit dem Bereich ALLGEMEINE INFORMATIONEN beginnen (siehe Abbildung 2.63).

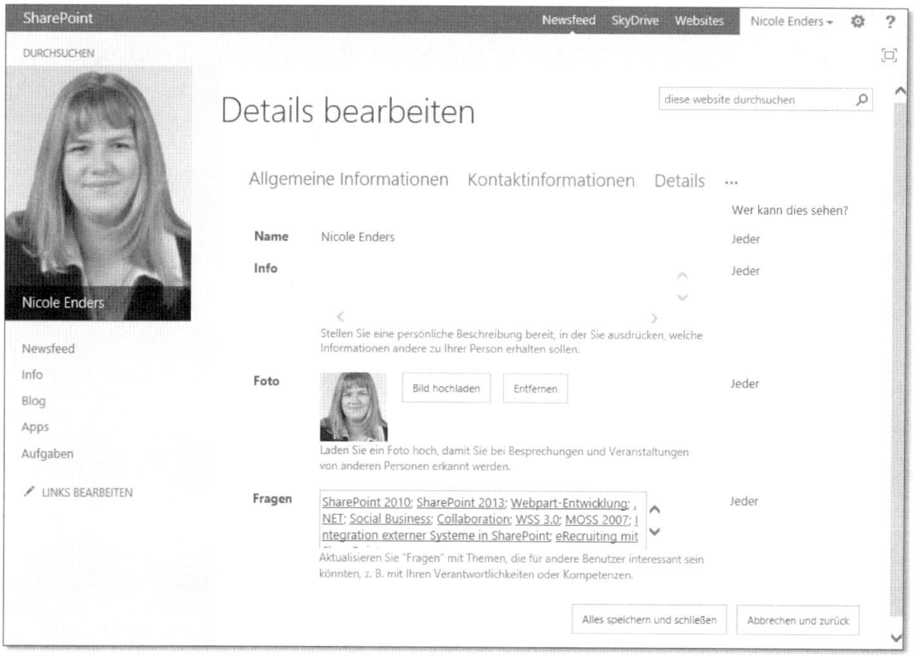

Abbildung 2.63 Allgemeine Informationen Ihres Profils

Die Informationen, die Sie hier eingeben, findet man zum Teil bei den Benutzerinformationen in den Websitesammlungen wieder, und tatsächlich werden die hier erfassten Informationen auch automatisch in die versteckten Listen der Websitesammlungen übernommen. So können Sie hier einmalig und zentral Ihr Profilbild hinterlegen, das Sie (im Gegensatz zu der Liste der Benutzerinformationen) innerhalb der einzelnen Websitesammlung von einem beliebigen Medium hochladen können, anstatt nur eine Verlinkung vorzunehmen.

Um Ihre Expertise zu erfassen, können Sie im Bereich FRAGEN die zu Ihren Kompetenzen und Verantwortlichkeiten passenden Begriffe eintragen. Sie werden dabei durch die Funktionalität der Schlüsselwörter unterstützt: Bereits bei der Eingabe eines neuen Begriffs werden Ihnen die Begriffe anderer Anwender vorgeschlagen, die zu den Zeichen passen, die Sie soeben eingegeben haben. Dadurch werden mehrere verschiedene Schreibweisen ein und derselben Fertigkeit vermieden, und die Suche nach Experten zu einem bestimmten Thema wird optimiert. Sie finden in Ihrem Unternehmen auf diese Weise recht einfach Gleichgesinnte, mit denen Sie sich zu Ihren Fachgebieten austauschen und ggf. eine Community gründen können.

Kontaktinformationen

Nach dem Bereich ALLGEMEINE INFORMATIONEN können Sie Ihre KONTAKTINFORMATIONEN erfassen, zu denen zum einen Ihre Mobilfunknummer, Ihre Faxnummer und Ihre private Telefonnummer gehören.

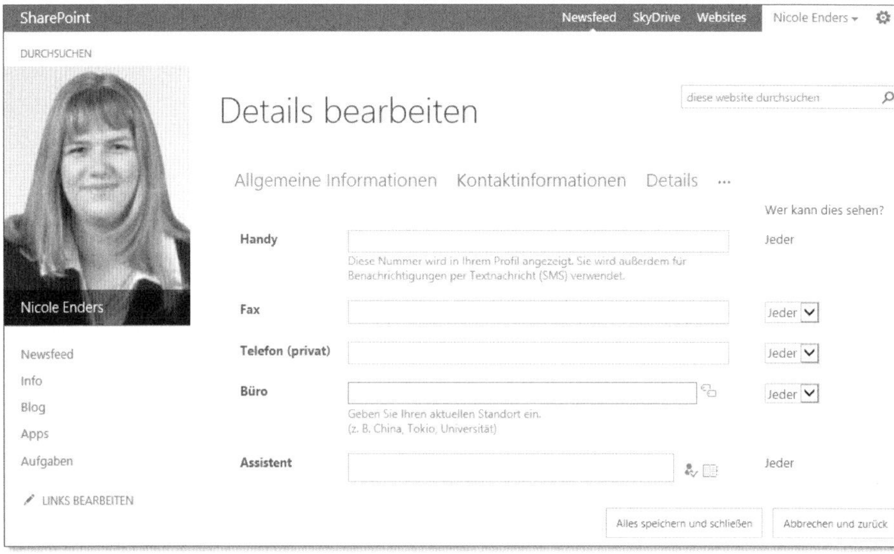

Abbildung 2.64 Die Kontaktinformationen Ihres Profils

Wie Sie Abbildung 2.64 entnehmen können, haben Sie auch die Möglichkeit, Ihr BÜRO anzugeben. Dabei werden Sie auch mit einer Liste der bereits von anderen Anwendern oder von Ihnen selbst erfassten Büros unterstützt.

Haben Sie einen Stellvertreter oder eine Assistentin bzw. einen Assistenten, so können Sie diese Person an dieser Stelle angeben. Dadurch, dass jeder Anwender Ihre Profilinformationen einsehen kann, sind somit die Kommunikationswege klar definiert, falls Sie einmal nicht erreichbar sind.

Details

Unter DETAILS können Sie weitere Informationen zu Ihrer Person hinterlegen. So können Sie hierüber eine Liste Ihrer bisherigen Projekte, die zuletzt von Ihnen besuchte Schule oder auch Ihren Geburtstag pflegen, sofern dieser nicht über den bei Ihnen eingesetzten Verzeichnisdienst automatisch synchronisiert wurde.

Sie können auch, wie in Abbildung 2.65 zu erkennen ist, Ihre FERTIGKEITEN auflisten. Jetzt fragen Sie sich sicher: »Was ist denn der Unterschied zwischen den FRAGEN unter ALLGEMEINE INFORMATIONEN und den FERTIGKEITEN hier bei den DETAILS?«

Ich empfehle Ihnen, bei der Erfassung Ihrer Profilinformationen folgende Trennung vorzunehmen:

- **Fertigkeiten:** Hierzu gehören alle Kenntnisse und all Ihr Wissen, das Sie besitzen bzw. in vergangenen Projekten oder Ihrer alltäglichen Arbeit erworben haben. Es kann sich hierbei auch um eine recht große Liste handeln. Die hier von Ihnen eingegebenen Werte werden bei der Personensuche verwendet, um Mitarbeiter im Unternehmen zu finden, die sich mit einem bestimmten Thema bereits beschäftigt haben.
- **Fragen:** Unter FRAGEN erfassen Sie nur einen Teilbereich Ihrer FERTIGKEITEN; nämlich diejenigen, bei denen Sie sich selbst als Experte bezeichnen würden. Wenn ich bei einem Anwender ein Fachgebiet unter FRAGEN sehe, gehe ich davon aus, dass er mir die meisten meiner Fragen zu diesem Thema aus dem Stegreif beantworten oder mir einen Ratschlag geben oder eine Quelle nennen kann.

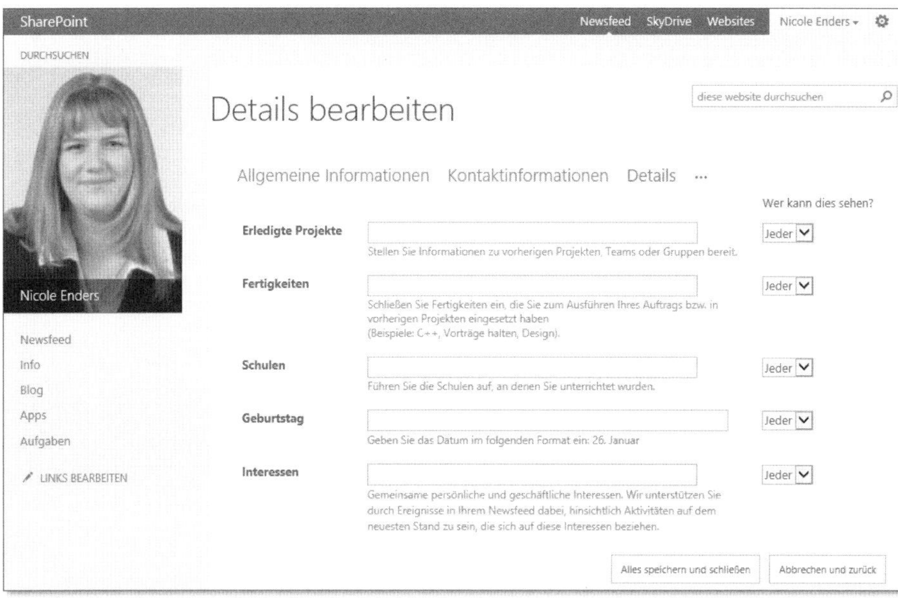

Abbildung 2.65 Detailinformationen Ihres Profils

Unterschätzen Sie die Pflege der Profilinformationen nicht. Gerade die dort erfassten Daten machen einen großen Teil der Zusammenarbeit im Unternehmen aus. Wenn Sie schnell Antworten auf Ihre Fragen finden und die Experten Ihres Unternehmens eine Möglichkeit haben, Ihr Wissen an andere weiterzugeben und die entsprechende Anerkennung für ihre Arbeit zu erhalten, bringt dies einen Mehrwert für alle und fördert die Benutzerakzeptanz der Lösung SharePoint.

Newsfeedeinstellungen

Um stets auf dem Laufenden zu bleiben, sollten Sie unbedingt Ihre NEWSFEEDEINSTELLUNGEN überprüfen. Diese unterteilen sich in die folgenden Bereiche, die Sie auch in Abbildung 2.66 sehen:

- **Verfolgte Hashtags:** »Zu welchen Schlagworten möchte ich informiert werden?« Sobald jemand zum Beispiel eine Website oder ein Dokument mit diesem Schlagwort kategorisiert, werden Sie auf Ihrer Profilseite darüber informiert.
- **E-Mail-Benachrichtigungen:** Über welche Aktionen möchten Sie per E-Mail benachrichtigt werden? Ihnen werden beispielsweise auf Basis von verwendeten Schlagworten und eingestellten Inhalten interessante Personen vorgeschlagen, mit denen Sie Kontakt aufnehmen können und denen Sie evtl. folgen könnten.
- **Personen, denen ich folge:** Legen Sie fest, ob andere Anwender sehen dürfen, welchen Personen Sie folgen, um über deren Aktivitäten informiert zu werden.

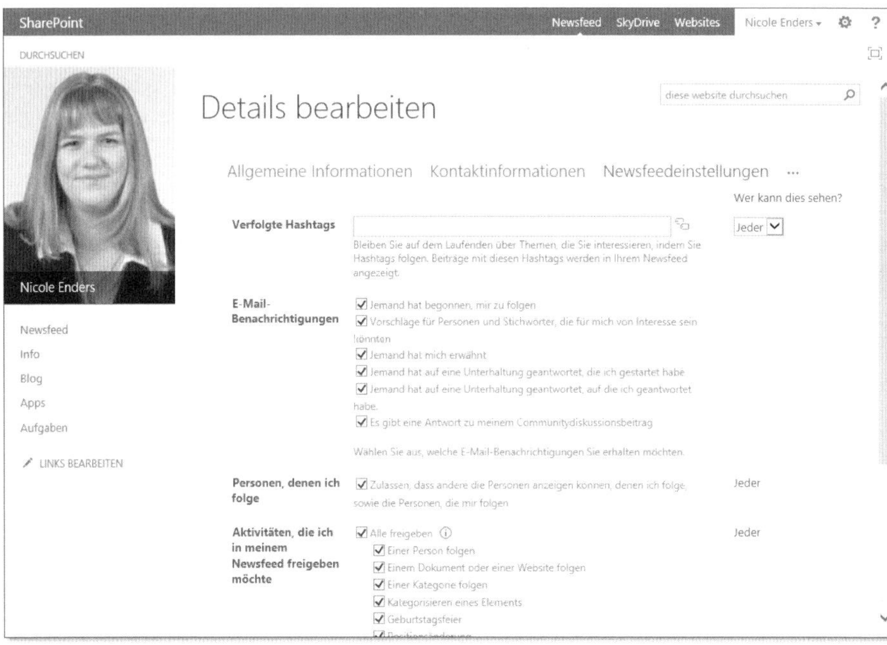

Abbildung 2.66 Ihre Newsfeedeinstellungen

- **Aktivitäten, die ich in meinem Newsfeed freigeben möchte:** Hierunter können Sie auswählen, welche Aktivitäten auf Ihrer Profilseite erscheinen sollen. Wenn Sie alle Optionen auswählen, können andere Anwender folgende Aktivitäten von Ihnen verfolgen:
  - Sie folgen einer neuen Person.
  - Sie folgen einem Dokument oder einer Website.

- Sie folgen einem Schlagwort bzw. einer Kategorie.
- Sie haben eine Kategorisierung bei einem Element vorgenommen.
- Sie haben Geburtstag.
- Sie haben Ihre Berufsbezeichnung geändert.
- Sie haben den Bereich FRAGEN aktualisiert.
- Auf Ihrer Pinnwand ist ein neuer Beitrag erfasst worden.
- Sie haben eine Bewertung in Form eines GEFÄLLT MIR oder von Punkten bzw. Sternen vorgenommen.
- Sie haben in Ihrem Blog einen neuen Beitrag veröffentlicht.
- Sie haben in einer Community-Website neue Informationen erfasst.

Um die anderen Anwender möglichst gut zu informieren, sollten Sie so viele Optionen auswählen wie nur möglich. Wenn bei Ihnen allerdings – aus welchem Grund auch immer – eine Nachvollziehbarkeit von Benutzeraktivitäten nicht erwünscht ist, so können diese Optionen selbstverständlich deaktiviert werden, ohne die anderen Funktionalitäten zu beeinträchtigen.

2.4.5 Meine Website

Das Benutzerprofil ist nur ein Teilbereich der Funktion *Meine Website* des SharePoint Servers. Die wesentlich umfangreichere Komponente stellt Ihr persönlicher Arbeitsbereich dar. Ihr Arbeitsbereich besteht aus folgenden Komponenten:

- **Newsfeed:** Diese spezielle Webseite sollten Sie als Einstieg nutzen. Sie erhalten hierüber alle Neuigkeiten zu Themen, die Sie interessieren, und zu Personen, Dokumenten bzw. Elementen und Websites, denen Sie folgen. So sind Sie direkt auf dem Laufenden und können schnell auf veröffentlichte Informationen reagieren.
- **Microblogging:** Sie können Statusmeldungen über Ihren Microblog veröffentlichen und über direkte Ansprache eines Kollegen eine Unterhaltung führen, deren Verlauf auf Ihrer Profilseite eingesehen werden kann.
- **Aufgaben:** Hierbei handelt es sich nicht um eine normale Aufgabenliste, wie wir sie bereits bei der Arbeit mit Listen kennengelernt haben. Sie können zwar selbst hier Aufgaben erstellen und somit zentral verwalten, allerdings wird diese Liste aus zwei besonderen Quellen automatisch befüllt:
  - **Projektaufgaben:** Wenn Sie die Websitevorlage *Projektwebsite* nutzen und in dieser die automatisch verfügbare Aufgabenliste zur Verwaltung der projektrelevanten Aufgaben nutzen, so werden die Ihnen dort zugewiesenen Aufgaben automatisch in Ihrer Website dargestellt und können von dort aus aufgerufen und editiert werden.

- **Exchange:** Die Aufgaben, die Sie bisher vielleicht über Outlook verwaltet haben, befinden sich physikalisch auf Ihrem Exchange Server und können mithilfe von Outlook erstellt, bearbeitet und gelöscht werden. Wenn Sie diese Arbeitsweise durch Aufgabenlisten in SharePoint ablösen möchten, wird Ihnen durch die Integration dieser Aufgaben in die Aufgabenliste Ihrer Website eine gute Übergangslösung geboten.

Achten Sie aber bitte darauf, dass die Aufgaben aus anderen Aufgabenlisten in SharePoint nicht integriert dargestellt werden. Sie haben hier also leider keinen umfassenden Überblick über sämtliche Aufgaben. Eine Lösung für dieses Problem kann eine SharePoint-Erweiterung sein.

- **Dokumente:** Falls Sie eine der Vorgängerversionen von SharePoint 2013 kennen und dort Ihren Arbeitsbereich *Meine Website* genutzt haben, wissen Sie, dass dieser auch zur Ablage von Dokumenten vorbereitet ist. Bisher wurden dafür zwei Bibliotheken bereitgestellt. Während die Bibliothek »Freigegebene Dokumente« zur Ablage von Dokumenten gedacht war, die öffentlich für andere Anwender zur Verfügung stehen, konnten Sie die Bibliothek »Persönliche Dokumente« zur Ablage der Dateien nutzen, die nur Ihnen selbst zur Verfügung stehen sollten.

Abbildung 2.67 »Eigene Dateien« in Ihrem persönlichen Arbeitsbereich Meine Website

In SharePoint 2013 wurden diese beiden Bibliotheken nun entsprechend der Darstellung in Abbildung 2.67 zu einer zusammengefasst, da Sie in der Praxis doch häufiger Dokumente veröffentlichen möchten, die zuvor erst einmal nur Ihnen zur Verfügung stehen sollten. Ihre persönlichen Dokumente können Sie direkt in der Bibliothek DOKUMENTE ablegen. Sobald Sie eines der dort gespeicherten Dokumente veröffentlichen möchten, können Sie es einfach per Drag & Drop in den speziell dafür vorgesehenen Ordner »Für jeden freigegeben« verschieben, wodurch alle Besucher Ihrer Website auf dieses Dokument zugreifen können.

Außerdem haben Sie in Ihrem Dokumentenbereich auch die Möglichkeit, wie in Abbildung 2.68 die Dokumente zu sehen, die Sie beobachten. Zusätzlich erhalten Sie allerdings auch noch Vorschläge für Dokumente, denen Sie auch folgen könnten. Diese Vorschläge werden auf Basis der Personen und Kategorien ermittelt, denen Sie bereits folgen.

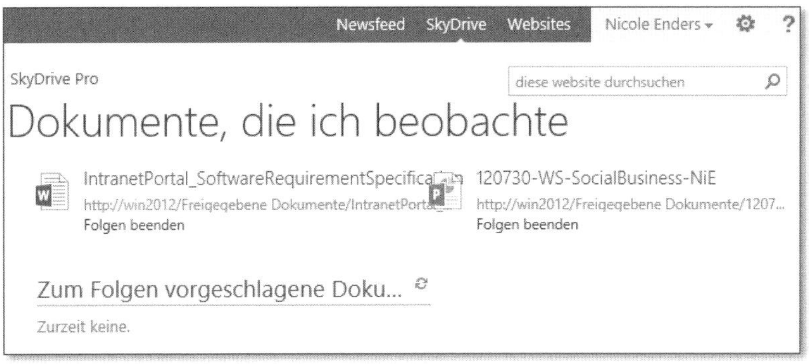

Abbildung 2.68 Dokumente, denen ich folge

- **Websitesammlung:** Jeder Anwender erhält im Rahmen seines persönlichen Arbeitsbereichs eine separate *Websitesammlung*, die er als Websitesammlungsadministrator ganz nach seinen Wünschen gestalten kann. So haben Sie hier die Möglichkeit, genau die Listen und Bibliotheken einzurichten, die Sie für die Verwaltung Ihrer persönlichen Informationen benötigen. Außerdem nutzen viele Anwender diesen Bereich, um einen persönlichen Blog einzurichten, in dem sie tagesaktuelle Informationen zu ihrer Person oder ihrem Aufgabengebiet publizieren.

  In der Praxis hat es sich bewährt, den Speicherplatz für diese Websitesammlungen zu begrenzen, damit Informationen nicht in den persönlichen Arbeitsbereichen versickern und nur dem einzelnen Anwender zur Verfügung stehen, sondern nach Möglichkeit zentral in Teamwebsites, Projekträumen oder Communities veröffentlicht werden.

2.4.6 Mein persönlicher Arbeitsbereich

Nutzen Sie die Edition SharePoint Foundation oder ein SharePoint Online-Paket ohne die Funktion *Meine Website*, möchten aber auch jedem Anwender einen *persönlichen Arbeitsbereich* zur Verfügung stellen? Dann könnten Sie folgendermaßen vorgehen:

1. Entscheiden Sie sich, ob Sie jedem Anwender eine Website oder eine Websitesammlung zur Verfügung stellen möchten.
2. Überlegen Sie sich einen Prozess, wie die Anwender entweder einen persönlichen Arbeitsbereich beantragen oder ihn selbst erstellen können.
3. Legen Sie fest, wie die URL der Websites bestimmt werden soll. Ich empfehle Ihnen, den Anmeldenamen der Anwender zu verwenden, den Sie unter den Benutzerinformationen als KONTO kennengelernt haben.
4. Erstellen Sie eine Website, die mindestens eine Dokumentbibliothek mit einem Ordner »Veröffentlicht« und eine Aufgabeliste beinhaltet. Speichern Sie diese Website als Vorlage, und verwenden Sie diese bei der Erstellung der persönlichen Arbeitsbereiche.
5. Stellen Sie den Anwendern Informationen zur Vergabe von Berechtigungen zur Verfügung, damit sie selbstständig die Berechtigungen für die Dokumentbibliothek und den Ordner »Veröffentlicht« konfigurieren können.

Haben Sie keine Angst, wenn Sie noch nicht bereit für diese Schritte sind. Kehren Sie einfach an diese Stelle zurück, nachdem Sie das Buch gelesen haben. Ich bin mir sicher, dass Sie dann alle Kenntnisse erlangt haben und Ihnen die Entscheidungen viel leichter fallen werden als zum jetzigen Zeitpunkt.

Egal ob es sich nun um die Website *Meine Website* des SharePoint Servers oder um einen manuell eingerichteten Arbeitsbereich für die Anwender handelt – Sie sollten ein Vorgehen für die Einführung der Arbeitsbereiche definieren. Dazu gehört die Vermittlung der Idee hinter diesen Websites, eine transparente Darstellung des mit der Nutzung verbundenen Mehrwerts für jeden Einzelnen und die begleitende Unterstützung bei Detailfragen im Arbeitsalltag.

2.5 Vorlagen, Features und Webparts

SharePoint besteht aus vielen verschiedenen Bausteinen, die je nach Anforderung miteinander kombiniert werden können. Diese Bausteine haben unterschiedliche Bezeichnungen, wie *Vorlagen*, *Features* oder *Webparts*. Aber wie unterscheiden sich diese drei Begriffe voneinander? Diese Frage sollten wir als Erstes klären, um danach die einzelnen Komponenten im Detail zu beleuchten.

2.5.1 Die Unterschiede

»Wie unterscheidet man diese drei Begriffe am besten?«, frage ich mich. Fangen wir mal mit den Features an. Ein Feature ist ein Funktionsbaustein, ähnlich wie ein Legostein in einem Baukasten. Aus mehreren Bausteinen können Sie ein Haus bauen. Im übertragenen Sinn bedeutet das, dass **Features** Ihnen einzelne Funktionen zur Verfügung stellen, um Ihre Lösungen zu bauen. Genau wie bei den Legosteinen, die unterschiedliche Farben, Größen und Formen haben können, kann ein Feature verschiedene Funktionsarten anbieten. Mal wird über ein Feature eine Vorlage bereitgestellt und mal ein *Webpart* oder auch ein *Workflow*.

Eine **Vorlage** ist sozusagen das Schnittmuster, nach dem eine Website bzw. eine Liste oder Bibliothek erstellt werden soll. Es wird genau festgelegt, welche Listen und Bibliotheken in einer Website automatisch erstellt werden sollen und welche Spalten und Ansichten diese benötigen.

Ein **Webpart** wiederum ist, wie der Name schon andeutet, Teil einer Webseite. Es handelt sich hierbei um eine Darstellungskomponente, die in den meisten Fällen SharePoint-Inhalte aufbereitet darstellt oder spezielle Funktionen anbietet, um auf SharePoint-Inhalte zuzugreifen bzw. diese zu bearbeiten.

Ich möchte Ihnen nun eine Übersicht über die in SharePoint zur Verfügung stehenden Vorlagen, Features und Webparts geben. Diese Übersicht können Sie als Nachschlagewerk verwenden. Sie können sich auch die Übungen aussuchen, die ein für Sie interessantes Feature, Webpart oder eine bestimmte Vorlage behandeln.

2.5.2 Vorlagen

In SharePoint werden eine Reihe von *Vorlagen* für Websites und Listen bzw. Bibliotheken angeboten. Während die meisten Listen- und Bibliotheksvorlagen bereits in der SharePoint Foundation enthalten sind, ist die Auswahl der Websitevorlagen dort auf drei Vorlagen beschränkt, wodurch sehr viel Aufwand bei der Erstellung individueller Websitevorlagen entstehen kann.

Websites

Folgende Websitevorlagen stehen in den Editionen des SharePoint Servers zur Auswahl:

- Kategorie **Zusammenarbeit**
  - **Teamwebsite:** Diese Website stellt lediglich eine Dokumentbibliothek bereit. Alle weiteren benötigten Apps müssen manuell hinzugefügt werden.
  - **Blog:** In dieser Website können Informationen veröffentlicht, kategorisiert und von den Lesern kommentiert werden. Die Darstellung der Beiträge erfolgt dabei in chronologisch absteigender Reihenfolge.
  - **Entwickler Website:** Diese Websitevorlage wird von Entwicklern verwendet, die Apps für SharePoint oder Office erstellen, testen und veröffentlichen möchten.

- **Projektwebsite:** Diese Website dient der Verwaltung und Zusammenarbeit an einem Projekt. Hier werden alle Statusinformationen, die Kommunikation und alle Artefakte, die für das Projekt relevant sind, an einem zentralen Ort verwaltet.
- **Communitywebsite:** In dieser Website können Communitymitglieder Themen von allgemeinem Interesse diskutieren. Mitglieder können zugehörige Inhalte durchsuchen und sichten, indem sie Kategorien auswerten, Diskussionen nach Popularität sortieren oder nur Beiträge anzeigen, für die es eine beste Antwort gibt. Mitglieder erlangen Zuverlässigkeitspunkte durch Teilnahme an der Community, indem sie beispielsweise Diskussionen beginnen oder Antworten auf Diskussionsbeiträge geben, mitteilen, dass ihnen Beiträge gefallen und beste Antworten bewerten.

▶ Kategorie **Enterprise**

- **Dokumentcenter:** In dieser Website verwalten Sie zentral die Dokumente Ihres Unternehmens oder Ihrer Abteilung.
- **eDiscovery Center:** Diese Website wird zum Verwalten der Speicherung, zum Suchen nach und Exportieren von Inhalt aus rechtlichen Gründen und zu Untersuchungszwecken genutzt.
- **Datenarchiv:** Mit dieser Vorlage wird eine Website für die Datensatzverwaltung erstellt. Für die Datensatzverwaltung kann eine Konfiguration vorgenommen werden, sodass eingehende Dateien an bestimmte Speicherorte weitergeleitet werden. Mit dieser Website können Sie auch festlegen, ob Datensätze gelöscht oder geändert werden können, nachdem sie dem Repository hinzugefügt wurden.
- **Business Intelligence Center:** In dieser Website können Sie an zentraler Stelle alle Unternehmensberichte verwalten und die Zugriffsrechte auf diese konfigurieren.
- **Unternehmenssuchcenter:** Hierbei handelt es sich um eine Website, die speziell für unternehmensweite Suchvorgänge optimiert ist. Sie umfasst eine Willkommensseite mit einem Suchfeld, das für Benutzer als Verbindung zu vier Seiten für Suchergebnisse fungiert: eine Seite für allgemeine Suchvorgänge, eine für Personensuchvorgänge, eine für Unterhaltungssuchvorgänge und eine für Videosuchvorgänge. Sie können neue Ergebnisseiten hinzufügen und anpassen, um sich auf weitere Typen von Suchabfragen zu konzentrieren.
- **Communityportal:** Eine Website, die zum Entdecken von Communities vorgesehen ist.

- **Basissuchcenter:** Hierbei handelt es sich um eine Website, deren Hauptzweck die Bereitstellung einer grundlegenden Suchfunktion ist. Diese enthält eine Begrüßungsseite mit einem Suchfeld, das Benutzer mit einer Seite mit Suchergebnissen verbindet, sowie eine Seite für erweiterte Suchen. Dieses Suchcenter wird nicht in der Navigation angezeigt.
- **Visio-Prozessrepository:** Diese Website wird zum Anzeigen, Freigeben und Speichern von Visio-Prozessdiagrammen verwendet. Sie enthält eine Dokumentbibliothek mit Versionsverwaltung sowie Vorlagen, zum Beispiel für Standardflussdiagramme oder Flussdiagramme.

▸ Kategorie **Veröffentlichen**

- **Veröffentlichungswebsite:** Mit dieser Vorlage erhalten Sie eine Startwebsitehierarchie für eine im Internet veröffentlichte Website oder ein großes Intranetportal. Diese Website kann problemlos mit einem unverkennbaren Branding angepasst werden. Sie umfasst eine Homepage, eine Unterwebsite mit Beispielpresseerklärungen, ein Suchcenter und eine Anmeldeseite. Normalerweise verfügt diese Website über deutlich mehr Leser als Mitwirkende, und sie wird zum Veröffentlichen von Webseiten mit Genehmigungsworkflows verwendet.
- **Unternehmenswiki:** Diese Website dient zum Veröffentlichen von Wissen, an dem Sie das gesamte Unternehmen teilhaben lassen möchten. Sie stellt eine Benutzeroberfläche zum einfachen Bearbeiten von Inhalten bereit und bietet einen zentralen Ort für die gemeinsame Dokumenterstellung, Diskussionen und Projektverwaltung.
- **Produktkatalog:** Mit dieser Website verwalten Sie Produktkatalogdaten, die über die Suche auf einer Internetwebsite veröffentlicht werden können. Der Produktkatalog kann für die Unterstützung von Produktvarianten und mehrsprachigen Produkteigenschaften konfiguriert werden. Die Website enthält Seiten für die Verwaltung der facettierten Navigation für Produkte.

Bei der Edition SharePoint Foundation haben Sie nur die Auswahl zwischen den Vorlagen »Teamwebsite«, »Blog« und »Basissuchcenter«.

Listen und Bibliotheken

Auch für die Erstellung von Listen und Bibliotheken werden Vorlagen verwendet. Dabei wird der größte Teil bereits mit der Edition SharePoint Foundation zur Verfügung gestellt:

Vorlage	Beschreibung
Ankündigungen	Eine Liste aus Newselementen, Statusangaben oder anderen Kurzinformationen, für die ein Ablaufdatum angegeben werden kann
Aufgaben	Verwaltung von Team- oder persönlichen Aufgaben im Kontext eines Projekts oder Vorhabens
Benutzerdefinierte Liste	Wenn Sie eine Liste verwenden, können Sie Informationen auf genau die von Ihnen gewünschte Weise mit Ihren Teammitgliedern gemeinsam nutzen. Erstellen Sie eine ganz neue eigene Liste, fügen Sie weitere Spalten hinzu, die Sie benötigen, und fügen Sie Elemente einzeln hinzu. Oder verwenden Sie das Ansichtsformat »QuickEdit« bei einer beliebigen Ansicht, um eine Massenbearbeitung von Daten auszuführen.
Benutzerdefinierte Liste in Datenblattansicht	Eine leere Liste, die im Ansichtsformat »QuickEdit« angezeigt wird, um eine einfache Dateneingabe zu ermöglichen. Sie können eigene Spalten und Ansichten hinzufügen. Für diesen Listentyp ist ein kompatibles ActiveX-Steuerelement für Listendatenblätter (wie z. B. das in Microsoft Office verfügbare Steuerelement) erforderlich.
Bildbibliothek	Ein Ort zum Hochladen und Freigeben von Bildern.
Diskussionsrunde	Ein Ort für Diskussionen im Stil eines Forums. Diskussionsrunden vereinfachen die Verwaltung von Diskussionsthemen und können so konfiguriert werden, dass für alle Beiträge Genehmigungen erforderlich sind.
Dokumentbibliothek	Verwenden Sie eine Dokumentbibliothek, um Dokumente zu speichern, zu verwalten, zu synchronisieren und mit anderen Personen gemeinsam zu nutzen. Für eine Zusammenarbeit an Dokumenten können Sie die gemeinsame Dokumenterstellung, die Versionsverwaltung und das Auschecken verwenden. Wenn sich Ihre Dokumente an einem Ort befinden, kann jeder immer die neuesten Versionen abrufen, wenn sie benötigt werden. Außerdem können Sie Ihre Dokumente für Ihren lokalen Computer für den Offlinezugriff synchronisieren.
Externe Liste	Daten aus externen Systemen (wie einem ERP- oder CRM-System) können in Form von Listen in SharePoint integriert werden.

Tabelle 2.4 Vorlagen für Listen und Bibliotheken in SharePoint Foundation

Vorlage	Beschreibung
Formularbibliothek	Ein Ort zum Verwalten von Geschäftsformularen (z. B. von Statusberichten oder Bestellungen). Formularbibliotheken erfordern einen kompatiblen XML-Editor, z. B. Microsoft Info-Path.
Höher gestufte Links	Verwenden Sie diese Liste, um eine Gruppe von Linkaktionen in einem kachelartigen Layout anzuzeigen.
Kalender	Ein Kalender mit bevorstehenden Besprechungen, Terminen und anderen wichtigen Ereignissen. Kalenderinformationen können mit Microsoft Outlook oder anderen kompatiblen Programmen synchronisiert werden.
Kalkulationstabelle importieren	Eine Liste erstellen, die die Spalten und Daten einer vorhandenen Kalkulationstabelle übernimmt. Das Importieren einer Kalkulationstabelle kann über Microsoft Excel erfolgen. Haben Sie beispielsweise ein Excel-Sheet, das Sie gern in Form einer SharePoint-Liste mit den dort zur Verfügung stehenden Funktionen wie *Versionierung* oder *Ein- und Auschecken* weiterbearbeiten möchten, so ist diese Vorlage optimal für Sie.
Kontakte	Eine Liste der Personen, mit denen Ihr Team zusammenarbeitet (z. B. Kunden oder Partner). Kontaktlisten können mit Microsoft Outlook oder anderen kompatiblen Programmen synchronisiert werden.
Links	Eine Liste aus Webseiten oder zu anderen Ressourcen.
Problemverfolgung	Eine Liste der Schwierigkeiten oder Probleme bei einem Projekt oder Element. Sie können Probleme zuweisen und mit einer Priorität versehen sowie den Problemstatus verfolgen.
Umfragen	Eine Liste mit Fragen, die Personen beantworten sollen. Mit Umfragen können Sie schnell Fragen erstellen und grafische Zusammenfassungen der Antworten anzeigen.
Wiki-Seiten-bibliothek	Eine untereinander verbundene Sammlung von Webseiten, die über einen integrierten Editor einfach zu bearbeiten ist. Die Seiten können Text, Bilder und Webparts enthalten.

Tabelle 2.4 Vorlagen für Listen und Bibliotheken in SharePoint Foundation (Forts.)

In den SharePoint Server-Editionen werden zusätzlich zu diesen Vorlagen noch folgende Bibliotheken angeboten:

Vorlage	Beschreibung
Access App	Integrieren Sie eine Access-Webdatenbank in Ihre Website.
Berichtsbibliothek	Ein Ablageort für Berichtsinformationen, wie sie beispielsweise im Business Intelligence Center generiert werden.
Datenverbindungs-bibliothek	Ein Ort zum einfachen Freigeben von Dateien, die Informationen zu externen Datenquellenverbindungen enthalten.
Folienbibliothek	Erstellen Sie eine Folienbibliothek, um PowerPoint-Folien freizugeben und zur Wiederverwendung zu veröffentlichen.
Objektbibliothek	Ein Ort zum Freigeben und Durchsuchen von Bild-, Audio- und Videodateien.

Tabelle 2.5 Spezielle Vorlagen für Listen und Bibliotheken in SharePoint Server

2.5.3 Features

Ein Feature kann eine zusätzliche Funktion zu SharePoint hinzufügen. Über diesen Mechanismus werden die Editionen unterschieden. Wenn Sie ein Feature aktivieren, können durch diesen Vorgang Listen und Bibliotheken erstellt, Benutzergruppen eingerichtet und Webparts, Workflows oder andere Funktionen bereitgestellt werden. Sollten Sie eigene Lösungen für SharePoint planen, so wird dies immer mithilfe eines Features erfolgen.

Features unterteilen sich in die Ebenen der Websitesammlung und der einzelnen Websites. Manche Features sind voneinander abhängig. So kann das Feature »SharePoint Server-Veröffentlichung« in einer Website nur aktiviert werden, wenn das dazu gehörende Websitesammlungsfeature bereits aktiviert ist. Features werden durch einen Websitesammlungsadministrator bzw. einen Websitebesitzer über die Menüpunkte WEBSITEFEATURES und WEBSITESAMMLUNGSFEATURES unter den Websiteeinstellungen aktiviert bzw. deaktiviert. Im Folgenden finden Sie eine Auflistung der zur Verfügung stehenden Features mit einer kurzen Beschreibung ihres Verwendungszwecks.

Websitesammlungsfeatures

In der Edition *SharePoint Foundation* werden Ihnen nur wenige Websitesammlungsfeatures zur Verfügung gestellt. Es handelt sich dabei um folgende Funktionen:

Feature	Beschreibung
Benutzerdefinierte Hilfe zu Websitesammlung	Erstellt eine Hilfebibliothek, die zum Speichern der benutzerdefinierten Hilfe für diese Websitesammlung verwendet werden kann.
Dokumente standardmäßig in Clientanwendungen öffnen	Konfiguriert Verknüpfungen mit Dokumenten so, dass diese standardmäßig in Clientanwendungen anstatt in Webanwendungen geöffnet werden.
Search Server-Webparts und -Vorlagen	Dieses Feature fügt Ihrer Website das Feature »Search Server-Webparts und -Anzeigevorlagen« hinzu. Die Suche funktioniert zwar auf den meisten Websites auch ohne, dass dieses Feature aktiviert ist, doch wenn während der Suche eine Meldung wegen fehlender Vorlagen angezeigt wird, sollten Sie dieses Feature aktivieren.
Workflow mit drei Status	Mit diesem Workflow können Sie Elemente in einer Liste verfolgen.

Tabelle 2.6 Websitesammlungsfeatures in SharePoint Foundation

Zusätzlich zu den Websitesammlungsfeatures der SharePoint Foundation werden in den *SharePoint Server*-Editionen die folgenden wichtigen Websitesammlungsfeatures zur Verfügung gestellt:

Feature	Beschreibung
Bibliotheks- und ordnerbasierte Aufbewahrung	Listenadministratoren das Außerkraftsetzen von Inhaltstyp-Aufbewahrungszeitplänen sowie das Festlegen von Zeitplänen für Bibliotheken und Ordner erlauben.
Direkte Datensatzverwaltung	Die direkte Definition und Deklaration von Datensätzen aktivieren.
Dokumentenmappen	Stellt die Inhaltstypen zur Verfügung, die für das Erstellen und Verwenden von Dokumentenmappen erforderlich sind. Erstellen Sie eine Dokumentenmappe, wenn Sie mehrere Dokumente als ein einzelnes Arbeitsprodukt verwalten möchten.
Dokument-ID-Dienst	Weist Dokumenten in der Websitesammlung IDs zu, die zum Abrufen von Elementen unabhängig von deren aktuellem Speicherort verwendet werden können.

Tabelle 2.7 Websitesammlungsfeatures in SharePoint Server

Feature	Beschreibung
Features für PerformancePoint Services-Websitesammlung	Features, die das Verwenden einer PerformancePoint Services-Website, einschließlich Inhaltstypen und Websitedefinitionen, für diese Websitesammlung ermöglichen.
Features von SharePoint Server-Standardwebsite-Sammlungen	In der SharePoint Server-Standardlizenz enthaltene Features, wie z. B. Benutzerprofile und die Suche.
Features von Websitesammlungen in SharePoint Server Enterprise	In der SharePoint Server Enterprise-Lizenz enthaltene Features, wie z. B. *InfoPath Forms Services*, *Visio Services*, *Access Services* und die Anwendung *Excel Services*.
SharePoint Server-Veröffentlichungsinfrastruktur	Stellt zentralisierte Bibliotheken, Inhaltstypen, Gestaltungsvorlagen und Seitenlayouts bereit und ermöglicht die Zeitplanung für die Seiten und andere Veröffentlichungsfunktionen für eine Websitesammlung.
Sperrmodus zur Benutzerberechtigung für beschränkten Zugriff	Wenn dieses Feature aktiviert ist, sind Berechtigungen für Benutzer mit der Berechtigungsstufe »beschränkter Zugriff« (z. B. anonyme Benutzer) eingeschränkt, wodurch der Zugriff auf Anwendungsseiten verhindert wird.
Suchmaschinen-Sitemap	Dieses Feature verbessert die Suchmaschinenoptimierung einer Website, indem regelmäßig automatisch eine Suchmaschinen-Sitemap generiert wird, die alle gültigen URLs einer SharePoint-Website enthält. Für dieses Feature muss der anonyme Zugriff aktiviert sein.
Video und Rich-Media	Umfasst Bibliotheken, Inhaltstypen und Webparts zum Speichern, Verwalten und Anzeigen von Rich-Media-Ressourcen, wie Bildern, Audioclips und Videos.
Websiterichtlinie	Ermöglicht Websitesammlungs-Administratoren Aufbewahrungszeitpläne für eine Website und ihre Inhalte zu definieren.
Workflows	Aggregierte Sammlung der von SharePoint bereitgestellten Out-of-Box-Workflowfeatures.

Tabelle 2.7 Websitesammlungsfeatures in SharePoint Server (Forts.)

Websitefeatures

Neben den Features, die für alle Websites in einer Websitesammlung nur gemeinsam aktiviert oder deaktiviert werden können, haben Sie innerhalb einer jeden Website die Möglichkeit, bestimmte Features nur für die ausgewählte Website zu aktivieren. In der Edition SharePoint Foundation stehen u. a. folgende Features zur Verfügung:

Feature	Beschreibung
Ansicht für mobile Browser	Dokumentbibliothek und andere Listen mit der mobilen Ansicht für Smartphonebrowser bereitstellen.
Externe Systemereignisse	Dieses Feature aktiviert Benachrichtigungs- und Ereignisempfänger für externe Listen- und externe Inhaltstypen.
Offlinesynchronisierung für externe Listen	Ermöglicht die Offlinesynchronisierung zwischen externen Listen und Outlook.
Teamzusammenarbeitslisten	Stellt Teamzusammenarbeitsfunktionen für eine Website zur Verfügung, indem Standardlisten verfügbar gemacht werden, z. B. Dokumentbibliotheken und Probleme.
Website-Notizbuch	Erstellt ein Microsoft OneNote-Notizbuch in der Bibliothek freigegebener Dokumente und fügt einen zugehörigen Link in die Schnellstartleiste ein. Für dieses Feature ist ein ordnungsgemäß konfigurierter *Web Application Open Platform Interface Protocol-(WOPI-)*Anwendungsserver erforderlich, um OneNote 2010-Notizbücher zu erstellen.

Tabelle 2.8 Websitefeatures in SharePoint Foundation

Zusätzlich zu den Websitefeatures der SharePoint Foundation werden in den SharePoint Server-Editionen folgende Websitefeatures zur Verfügung gestellt:

Feature	Beschreibung
Folgeinhalt	Ermöglicht es Benutzern, Dokumenten oder Websites zu folgen.
Funktion der Communitywebsite	Diese Funktion fügt Communityfunktionen (beispielsweise Diskussionskategorien), Inhalte und Benutzerzuverlässigkeit sowie die Mitgliederliste hinzu. Sie stellt außerdem die Seiten der Communitywebsite bereit, die diese Listen und Funktionen enthalten.

Tabelle 2.9 Websitefeatures in SharePoint Server

Feature	Beschreibung
Inhaltsorganisation	Auf Metadaten basierende Regeln erstellen, die an diese Website übermittelten Inhalt in die richtige Bibliothek oder den richtigen Ordner verschieben.
Inhaltstyp für Workflowaufgabe	Fügt der Website den SharePoint 2013-Workflowaufgaben-Inhaltstyp hinzu.
Kurshostinhalt von »Meine Website«	Fügt der SharePoint-Hostwebsitesammlung »Meine Website« Kurs- und Gruppeninhalte hinzu.
Kurswebtypen	Fügt dem SharePoint-Kursweb erforderliche Inhaltstypen hinzu.
Metadatennavigation und Filtern	Stellt für jede Liste auf der Website eine Einstellungsseite bereit, auf der diese Liste für die Verwendung von Ansichtshierarchien der Metadatenstruktur und für die Verwendung von Filtersteuerelementen konfiguriert werden kann, um die Navigation und das Filtern der enthaltenen Elemente zu verbessern.
Projektfunktionen	Dieses Feature fügt einer Website Projektverwaltungsfunktionen hinzu. Es umfasst Aufgaben, einen Kalender und Webparts auf der Startseite der Website.
SharePoint Server-Veröffentlichung	Erstellen Sie eine Webseitenbibliothek sowie Unterstützungsbibliotheken, um Seiten auf der Grundlage von Seitenlayouts zu erstellen und zu veröffentlichen. Voraussetzung für die Aktivierung ist die Aktivierung des Websitesammlungsfeatures »SharePoint Server-Veröffentlichungsinfrastruktur«
Temporär sperren	Dieses Feature dient der Protokollierung von externen Aktionen (wie Rechtsstreitigkeiten, Untersuchungen und Wirtschafts- bzw. Rechnungsprüfungen), die es erfordern, dass Art und Inhalt von Dokumenten vorübergehend nicht mehr geändert werden können.
Websitefeed	Ermöglicht die Verwendung von einer Art Microblogging in einer beliebigen Website.

Tabelle 2.9 Websitefeatures in SharePoint Server (Forts.)

Feature	Beschreibung
Websitepostfach	Die Websitepostfach-App unterstützt Sie dabei, E-Mail-Nachrichten und Dokumente enger zu koppeln, indem Ihre Website mit einem Exchange-Postfach verbunden wird. Sie können Ihre E-Mail dann unter SharePoint und Websitedokumente in Outlook anzeigen.
Workflows dürfen App-Berechtigungen verwenden	Workflows das Lesen aus und das Schreiben in alle Elemente auf dieser Website gestatten.

Tabelle 2.9 Websitefeatures in SharePoint Server (Forts.)

2.5.4 Webparts

Bei Webparts handelt es sich um serverseitige Steuerelemente, die im Kontext von SharePoint-Webseiten ausgeführt werden. Sie können Webparts verwenden, um die Benutzeroberfläche anzupassen und den Inhalt einer Website zu bearbeiten. SharePoint stellt Ihnen standardmäßig bereits eine große Auswahl an Webparts zur Verfügung und bietet Ihnen zusätzlich die Möglichkeit, benutzerdefinierte Webparts zu erstellen.

Webpart-Typen

Wenn Sie in der Website der obersten Ebene unter WEBSITEEINSTELLUNGEN • WEBPARTS im Bereich der WEB-DESIGNER-KATALOGE den sogenannten WEBPARTKATALOG wie in Abbildung 2.69 aufrufen, werden Sie feststellen, dass dort Dateien mit unterschiedlichen Dateiendungen zu finden sind.

Die Dateiendung *.webpart* ist recht aussagekräftig und vermittelt Ihnen direkt das Gefühl, dass es sich hierbei um die Definition eines Webparts handelt. Aber was ist eine Datei mit der Dateiendung *.dwp*, und was macht so eine Datei im Webpartkatalog?

Hierbei handelt es sich um Artefakte aus einem sehr frühen Stadium von SharePoint, denn diese Dateien sind ebenfalls Webpartdefinitionen, allerdings aus den SharePoint-Versionen 2001 und 2003. Diese Webparts sind demnach die ältesten Anzeigekomponenten, die Sie in SharePoint finden können. Mit der Version 2007 wurde die neue und verständlichere Dateiendung *.webpart* für Webparts eingeführt und wird seitdem für neue Webparts genutzt.

Abbildung 2.69 Webpartkatalog

Top 10 der Webparts

Es gibt viele Webparts in SharePoint, die bereits standardmäßig mit der jeweiligen Edition ausgeliefert werden. Hier das richtige Webpart zu finden, das die persönlichen Anforderungen genau abdeckt, kann sich als recht schwierig erweisen. Sie haben außerdem die Möglichkeit, die Auswahl über die Lösungen von Drittanbietern oder durch individuell für Sie entwickelte Lösungen zu erweitern.

Ich möchte Ihnen meine persönliche Top 10 der Webparts vorstellen. Dabei handelt es sich um Webparts, die ich in der Praxis im Vergleich zu den anderen zur Verfügung stehenden Webparts wesentlich öfter einsetze, da sie viele Szenarien unterstützen. Ich kann Ihnen jetzt schon versprechen, dass Sie diese Webparts in den noch folgenden Übungen wiederfinden, wenn wir gemeinsam Ihr zukünftiges Unternehmensportal auf Basis von SharePoint aufbauen.

Webpart	Beschreibung
SharePoint-Listenfilter *Filter*	Filtert den Inhalt anderer Webparts auf derselben Webseite mithilfe einer Werteliste, die aus einer SharePoint-Liste gefüllt wird.
InfoPath-Webpart *Formulare*	Verwenden Sie dieses Webpart zum Anzeigen eines browserfähigen InfoPath-Formulars.
Excel Web Access *Geschäftsdaten*	Verwenden Sie das Excel Web Access-Webpart für die Interaktion mit einer Excel-Arbeitsmappe als Teil einer Webseite.
Visio Web Access *Geschäftsdaten*	Ermöglicht das Anzeigen und Aktualisieren von Visio-Webzeichnungen.

Tabelle 2.10 Top 10 der SharePoint-Webparts

Webpart	Beschreibung
Statusliste *Geschäftsdaten*	Zeigt eine Liste von Statusindikatoren an. Statusindikatoren zeigen wichtige Messwerte für Ihr Unternehmen an.
Inhaltsabfrage *Inhaltsrollup*	Zeigt eine dynamische Ansicht von Inhalten Ihrer Website an.
Seiten-Viewer *Medien und Inhalt*	Zeigt eine andere Webseite innerhalb eines IFrames an.
Bildbibliothek-Bildschirmpräsentation *Medien und Inhalt*	Zeigt eine Bildschirmpräsentation von Grafiken einer ausgewählten Bildbibliothek an.
Kontaktdetails *Zusammenarbeit im sozialen Netzwerk*	Zeigt Details zu einem Kontakt für die Webseite oder Website an.
Tag Cloud *Zusammenarbeit im sozialen Netzwerk*	Zeigt die beliebtesten Themen, die in Ihrem Unternehmen als Kategorie vergeben wurden.

Tabelle 2.10 Top 10 der SharePoint-Webparts (Forts.)

Diese Liste stellt lediglich einen Ausschnitt der zur Verfügung stehenden Webparts dar. Allerdings kann die große Auswahl den unerfahrenen Anwender abschrecken und selbst erfahrene Nutzer von Zeit zu Zeit herausfordern.

2.6 Berechtigungen für Benutzer und Gruppen

Wir haben das Thema Berechtigungen im Verlauf dieses Kapitels bereits einige Male angesprochen, und in der Tat kommen Sie ohne ein schlüssiges Berechtigungskonzept, das den Anwendern transparent vermittelt werden sollte, nicht weit. In der Praxis haben Sie genaue Anforderungen im Hinblick auf die Zugriffsrechte der entsprechenden Anwendergruppen. Sie werden nun Schritt für Schritt die Konzepte und verschiedenen Möglichkeiten der Berechtigungseinstellungen kennenlernen. Danach sind Sie in der Lage, Ihre erste Website so vorzubereiten, dass Sie diese als Ihren persönlichen Arbeitsbereich nutzen können.

2.6.1 Benutzer und Gruppen

Berechtigungen werden in SharePoint über *Gruppen* zugewiesen. *Einzelpersonen* bekommen ihre Rechte im Regelfall über die *Mitgliedschaft* in einer geeigneten Gruppe. In der Grundeinstellung besitzt jede SharePoint-Website drei Gruppen:

- **Besitzer:** Besitzer einer Website haben alle administrativen Rechte an der Website. So können Sie zum Beispiel neue Listen und Bibliotheken oder auch Unterwebsites anlegen oder vorhandene Strukturen anpassen, indem Sie neue Spalten hinzufügen oder Webseiten bearbeiten.
- **Mitglieder:** Mitglieder können Inhalte erfassen und ändern. Dazu gehört allerdings auch die Möglichkeit, eingestellte Informationen zu löschen. Diese Funktion ist in der Praxis nicht immer erwünscht. Wie Sie hier Abhilfe schaffen, lernen Sie im Abschnitt »Berechtigungsstufen«, der Teil von Abschnitt 2.6.2 ist.
- **Besucher:** Besucher haben nur Lesezugriff auf die Webseiten und Inhalte der Website, können allerdings Dokumente herunterladen, wenn Sie keine andere Einstellung vorgenommen haben.

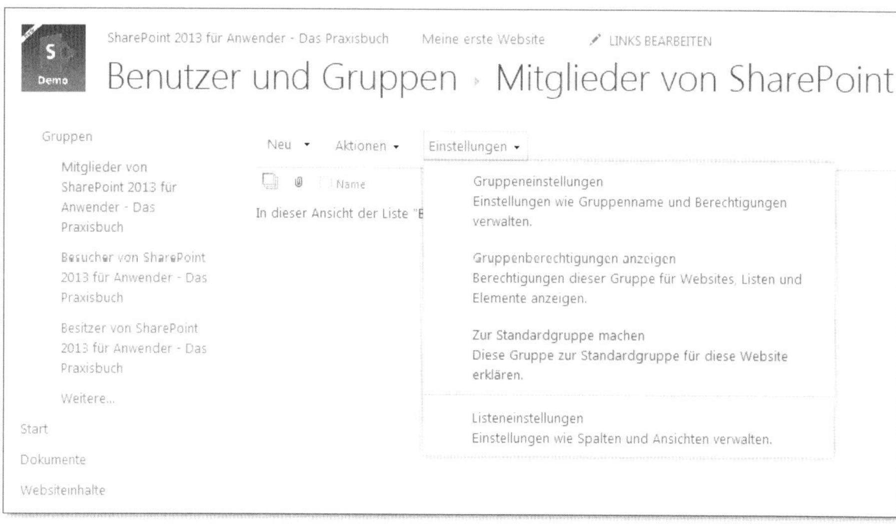

Abbildung 2.70 Benutzergruppen einer Website

Über den Menüpunkt BENUTZER UND GRUPPEN in den Websiteeinstellungen gelangen Sie (wie in Abbildung 2.70 zu sehen ist) auf die Konfigurationsseite der Benutzergruppen, die zu Ihrer Website gehören. Oberhalb der Menüpunkte der Schnellstartleiste werden die drei vorgestellten Benutzergruppen angezeigt, wobei die oberste Gruppe automatisch selektiert wurde, damit Sie direkt die Möglichkeit haben, dort Benutzer hinzuzufügen, indem Sie den Menüpunkt NEU • BENUTZER HINZUFÜGEN auswählen.

Wie pflege ich möglichst einfach die Berechtigungen?

Um diese Frage korrekt beantworten zu können, müsste ich Ihr Unternehmen kennen. Vielleicht nutzen Sie bisher einen *Fileshare* oder Applikationen, bei denen Sie die Berechtigungen mithilfe von *Domänengruppen*, beispielsweise aus dem *Active Directory*, steuern.

Ist das bei Ihnen der Fall, so sollten Sie sich die Frage stellen, ob Sie diese Art der Zugriffsverwaltung auch für SharePoint übernehmen möchten. Damit haben Sie eine zentrale Stelle, an der Mitarbeiter zu Gruppen zusammengefasst werden. Diese Gruppen besitzen nach Ihrer Erstellung erst einmal keine Berechtigungen in SharePoint. Erst in dem Moment, in dem Sie die Domänengruppe genau wie alternativ einzelne Personen in einer SharePoint-Benutzergruppe als Mitglied hinzufügen, werden allen Mitgliedern der Domänengruppe die Berechtigungen erteilt, die die SharePoint-Benutzergruppe besitzt.

Der Vorteil dieser Lösung: Wenn ein Mitarbeiter das Unternehmen verlässt, müssten Sie bei der Verwendung von Einzelpersonen eine aufwendige Auswertung durchführen und der Person nach und nach alle Berechtigungen nehmen. Bei der Verwendung von Domänengruppen hingegen können Sie ohne Auswertung einmal zentral den Benutzer entfernen und somit auch seine Mitgliedschaft in den Domänengruppen beenden. Somit haben Sie bzw. der Administrator einen viel höheren Komfort bei der Verwaltung der Berechtigungen.

Gerade dann, wenn Sie sehr viele Benutzergruppen in Ihrer Website erstellt haben, kann der Wunsch aufkommen, die Reihenfolge oder auch die Auswahl der anzuzeigenden Gruppen in dem Bereich zu bestimmen, in dem die drei Gruppen dargestellt werden, die Sie in Abbildung 2.70 oberhalb der Menüpunkte der Schnellstartleiste gesehen haben. Es handelt sich dabei um den sogenannten *Schnellstart für Gruppen*. Wenn Sie oberhalb der drei Benutzergruppen auf den Menüpunkt GRUPPEN klicken, werden Ihnen wie in Abbildung 2.71 die Gruppen der Website aufgelistet.

Unter EINSTELLUNGEN • SCHNELLSTART: BEARBEITEN VON GRUPPEN können Sie die Gruppen für den Schnellstart angeben. Die Reihenfolge, in der Sie die Gruppen hier auflisten, entspricht auch der Reihenfolge von oben nach unten der Darstellung im Schnellstart. Wenn Sie nicht genau wissen, wie die Gruppe heißt, die Sie dem Schnellstart hinzufügen möchten, können Sie auch das *Adressbuch* nutzen, das unterhalb des Eingabefeldes zur Verfügung steht. Rufen Sie dieses einmal auf, damit Sie mit seinen Funktionen vertraut werden.

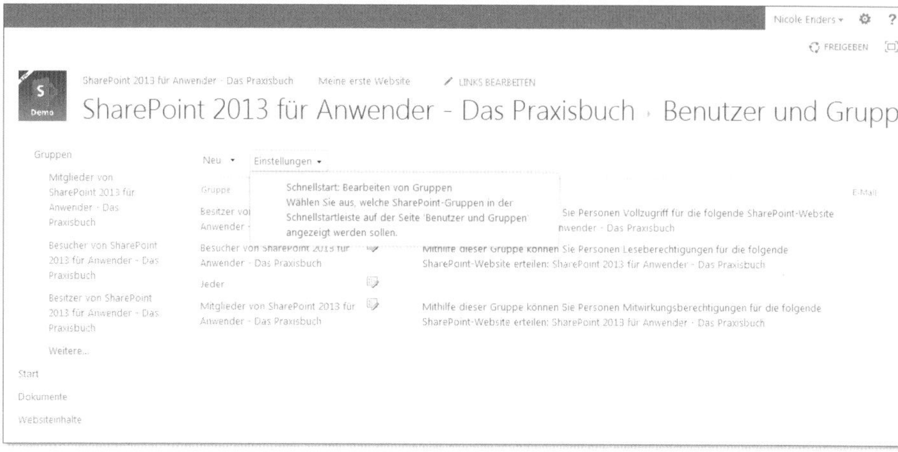

Abbildung 2.71 Schnellstart für Gruppen

2.6.2 Websiteberechtigungen

Die SharePoint-Benutzergruppen »leben« innerhalb einer Websitesammlung. Das bedeutet: Sie können keine zwei Benutzergruppen des gleichen Namens innerhalb einer Websitesammlung erstellen, auch wenn diese in zwei vollkommen unterschiedlichen Unterwebsites verwendet werden sollen. Wenn Sie innerhalb der Website der obersten Ebene der Websitesammlung den Menüpunkt BENUTZER UND GRUPPEN der WEBSITEEINSTELLUNGEN und dort den Menüpunkt GRUPPEN aufrufen, werden Ihnen alle für die Websitesammlung verfügbaren Benutzergruppen aufgelistet. Das bedeutet allerdings nicht, dass diese Gruppen überhaupt irgendein Zugriffsrecht besitzen. Benutzergruppen müssen keine Websiteberechtigungen vorweisen, sondern können auch als eine Art verwaiste Gruppe in der Websitesammlung existieren.

Rufen Sie die Seite für die Websiteberechtigungen über den Menüpunkt WEBSITEBERECHTIGUNGEN unter den Websiteeinstellungen auf.

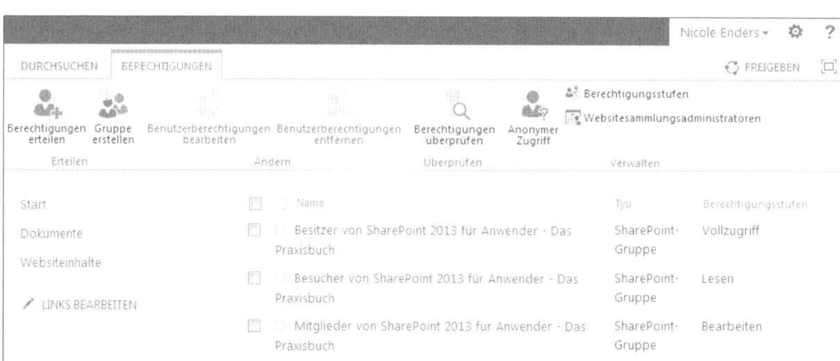

Abbildung 2.72 Websiteberechtigungen

Wann hat eine Benutzergruppe eine Websiteberechtigung?

Entweder handelt es sich um eine Standardgruppe, die mit der Websitesammlung oder bei Aktivierung eines Features (wie beispielsweise des Veröffentlichungsfeatures) erstellt und mit einer Berechtigungsstufe versehen wurde; oder Sie haben eine Unterwebsite, eine Liste oder Bibliothek mit individuellen Berechtigungen ausgestattet.

Berechtigungen werden innerhalb der Hierarchie der Inhalte vererbt. Das bedeutet, einer Unterwebsite sind in der Grundeinstellung dieselben Berechtigungsgruppen zugeordnet wie der Website der obersten Ebene einer Websitesammlung, deren Konfigurationsmöglichkeiten in Abbildung 2.72 dargestellt und im Rahmen der nächsten Übung Schritt für Schritt vorgestellt werden. Diese Berechtigung vererbt sich weiter über Bibliotheken und Listen bis zu den einzelnen Dokumenten und Elementen. Die Vererbung kann jedoch über den Menüpunkt BERECHTIGUNGSVERERBUNG BEENDEN (siehe Abbildung 2.73) unterbrochen werden, wenn zum Beispiel für eine Unterwebsite eingeschränkte oder differenziertere Berechtigungen erforderlich sind. Auch das Recht, Rechte zu verwalten, kann so von einer übergeordneten Website auf eine untergeordnete Ebene delegiert werden. Für die Sicherheit der Inhalte einer solchen dezentral administrierten Website sind die jeweiligen Websiteadministratoren verantwortlich.

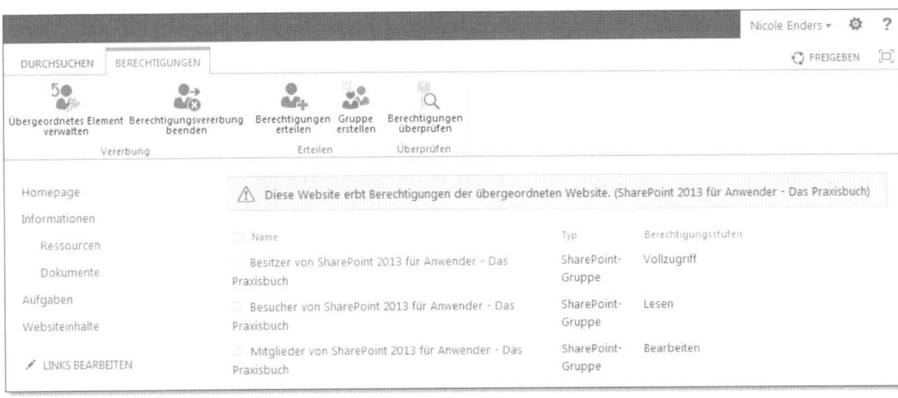

Abbildung 2.73 Vererbung von Berechtigungen in einer Unterwebsite

Dieses Prinzip der Vererbung und Delegation kann jedoch zu schwer durchschaubaren Abhängigkeiten führen. Dies wird dadurch erschwert, dass unter SharePoint weniger Instrumente zur automatischen Verwaltung von Rechten zur Verfügung stehen als beispielsweise im Windows-Dateisystem.

Keine Einzelberechtigungen für Dokumente und Elemente

Versuchen Sie, so weit es geht, keine Einzelberechtigungen für Elemente oder Dokumente zu vergeben. Der Grundgedanke von SharePoint besteht darin, Informationen (wie beispielsweise Dokumente) einem möglichst großen Personenkreis zur Verfügung zu stellen. Überlegen Sie genau, wie ein einfach zu verwaltendes Berechtigungskonzept aussehen kann, das trotzdem alle Ihre Anforderungen erfüllt.

Websitesammlungsadministratoren

Die höchste Ebene einer Website stellen die Websitebesitzer und damit die Mitglieder der Benutzergruppe *Besitzer* dar. Allerdings gibt es zwei Rollen, die im Hinblick auf die Berechtigungen über den Besitzern anzuordnen sind: die Websitesammlungsadministratoren, zu denen Sie als Anwender auch gehören können, und die Farm-Administratoren:

- **Websitesammlungsadministratoren** haben umfassende Rechte innerhalb einer Websitesammlung. Sie können dort neue Unterwebsites und Apps hinzufügen, Features aktivieren bzw. deaktivieren, und Berechtigungen delegieren.
- Diesen übergeordnet sind die **Farmadministratoren**. Diese können in der gesamten SharePoint-Farm diese Aufgaben wahrnehmen. Der Hauptteil ihrer Arbeit konzentriert sich jedoch auf die globale Konfiguration der Serverfarm, die Bereitstellung von globalen Anwendungen und Diensten und auf die Wartung der Serverfarm.

Als Websitesammlungsadministrator sind Sie der erste Ansprechpartner für Anwender, die Unterstützung bei der Veröffentlichung von Informationen benötigen. Sie sollten den Anwendern helfen, indem Sie ihnen neue Strukturen wie Listen, Bibliotheken oder Unterwebsites zur Verfügung stellen oder ihnen den passenden Ort für ihre Informationen nennen.

Ihr Farm-Administrator kann maximal zwei Personen in einer Websitesammlung als Websitesammlungsadministrator angeben. Um weiteren Personen diese Rolle zuweisen zu können, haben Sie die Möglichkeit, unter WEBSITEEINSTELLUNGEN • WEBSITEBERECHTIGUNGEN im Menüband BERECHTIGUNGEN aus der Menügruppe VERWALTEN den Menüpunkt WEBSITESAMMLUNGSADMINISTRATOREN auszuwählen.

Berechtigungsstufen

Wie Sie gelernt haben, besitzt eine Benutzergruppe so lange keine Berechtigungen, wie sie nicht im Zusammenhang mit einer Website, Liste oder Bibliothek mit einer *Berechtigungsstufe* verknüpft wurde. Eine Berechtigungsstufe ist demnach die Definition einer Kombination von Rechten zur Nutzung von einzelnen Funktionen. Folgende Berechtigungsstufen finden Sie in jeder Edition von SharePoint wieder:

- **Vollzugriff:** Der Anwender verfügt über die Berechtigung, ähnlich wie ein Administrator sämtliche Strukturen anzupassen und Informationen zu erfassen, zu bearbeiten und zu löschen. Zusätzlich hat er noch die Möglichkeit, Berechtigungen zu verwalten.
- **Entwerfen:** Der Anwender darf Inhalte einsehen, hinzufügen, aktualisieren, löschen und – falls erforderlich – im Rahmen der Inhaltsgenehmigung freigeben. Außerdem kann er die Strukturen anpassen; er darf allerdings keine Berechtigungen verwalten.
- **Bearbeiten:** Der Anwender kann Listen, Bibliotheken und deren Inhalte aufrufen, hinzufügen, bearbeiten und löschen.
- **Mitwirken:** Der Anwender kann nur die Inhalte von Listen und Bibliotheken aufrufen, hinzufügen, bearbeiten und löschen.
- **Lesen:** Der Anwender kann nur lesend auf Webseiten und Elemente bzw. Dokumente zugreifen und maximal Dokumente herunterladen.
- **Nur anzeigen:** Der Anwender kann nur lesend auf Webseiten und Elemente bzw. Dokumente zugreifen. Er darf Dokumente allerdings nicht herunterladen, sondern lediglich über den Browser anzeigen lassen.
- **Beschränkter Zugriff:** Diese Berechtigung erhält man nur, wenn man auf dieser Ebene im Grunde keine Zugriffsrechte besitzt, aber auf einer untergeordneten Ebene (wie beispielsweise einer Liste) spezielle Berechtigungen erhalten hat.

Abbildung 2.74 Berechtigungsstufen

Eine Berechtigungsstufe, die in der Praxis recht sinnvoll ist und nur das Anzeigen, Anlegen und Bearbeiten von Inhalten, aber nicht das Löschen ermöglicht, fehlt im Standard. Da Sie aber die Möglichkeit haben, individuelle Berechtigungsstufen zu erstellen, werden wir dies direkt einmal tun:

1. Rufen Sie unter den WEBSITEEINSTELLUNGEN der Website der obersten Ebene den Menüpunkt WEBSITEBERECHTIGUNGEN auf.
2. In der Menügruppe VERWALTEN befindet sich der Menüpunkt BERECHTIGUNGSSTUFEN, den Sie auswählen, um entsprechend der Darstellung von Abbildung 2.74 die zur Verfügung stehenden Berechtigungsstufen aufzurufen.
3. Sie haben nun zwei Möglichkeiten, um eine neue Berechtigungsstufe zu erstellen. Entweder nutzen Sie den Menüpunkt BERECHTIGUNGSSTUFE HINZUFÜGEN oberhalb der Liste der bereits existierenden Berechtigungsstufen oder Sie rufen eine vorhandene Stufe auf und kopieren diese. Da die Berechtigungen unserer individuellen Stufe denen von MITWIRKEN sehr ähnlich sind, werden wir diese kopieren. Klicken Sie daher auf den Link hinter dem Namen dieser Berechtigungsstufe.
4. Wenn Sie in der Bearbeitungsmaske der Berechtigungsstufe bis nach ganz unten scrollen, befindet sich dort wie in Abbildung 2.75 eine Schaltfläche BERECHTIGUNGSSTUFE KOPIEREN. Klicken Sie darauf.

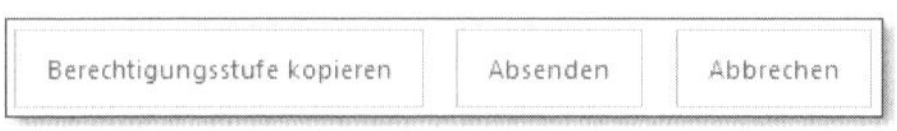

Abbildung 2.75 Berechtigungsstufe kopieren

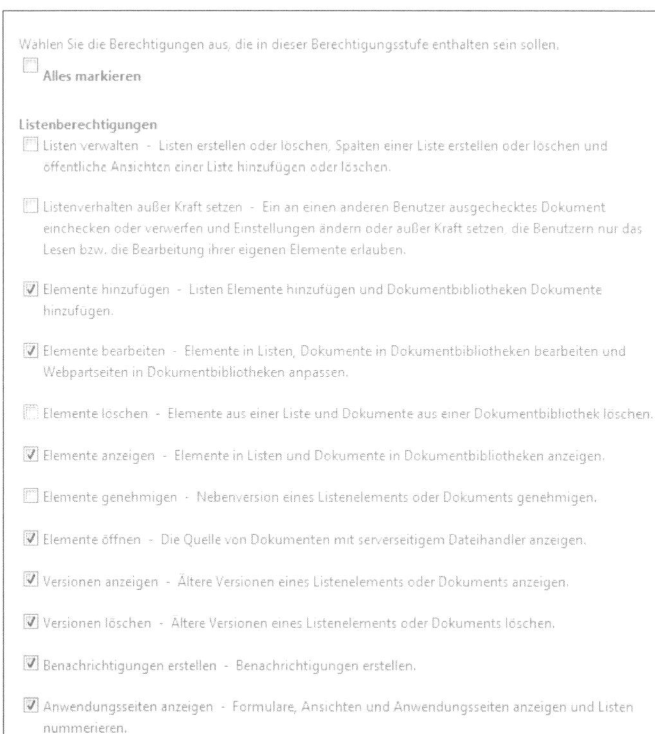

Abbildung 2.76 Die Konfiguration der Berechtigungsstufe

5. Es wurden nun alle Berechtigungen der Stufe MITWIRKEN übernommen, und wir können unserer individuellen Stufe den Namen »Erfassen« und die Beschreibung »Mitwirken ohne Löschen« geben.
6. Unter der Kategorie der Listenberechtigungen entfernen Sie den Haken bei der Option ELEMENTE LÖSCHEN, wie in Abbildung 2.76 zu sehen ist. Werfen Sie dabei auch einen Blick auf die übrigen Einstellungsmöglichkeiten; vielleicht kommen Sie dabei bereits auf neue Ideen, was zu Ihren Anforderungen am besten passt.
7. Schließen Sie die Erstellung der Berechtigungsstufe über die Schaltfläche ERSTELLEN ab. Sie finden die neue Stufe in der Liste der Berechtigungsstufen wieder.

Neue Gruppe erstellen

Bei der erstellten Berechtigungsstufe handelt es sich nur um die Definition eines möglichen Rechts. Deshalb erstellen wir nun eine neue Benutzergruppe, der wir die erstellte Berechtigungsstufe zuordnen:

1. Rufen Sie die Websiteberechtigungen über den Menüpunkt WEBSITEEINSTELLUNGEN • WEBSITEBERECHTIGUNGEN auf.
2. Wählen Sie den Menüpunkt GRUPPE ERSTELLEN in der Menügruppe ERTEILEN aus.

Abbildung 2.77 Neue Benutzergruppe erstellen

3. Geben Sie einen NAMEN und eine BESCHREIBUNG für die neue Gruppe an. Sie sind als Ersteller automatisch der Gruppenbesitzer, wie ich das beispielsweise in Abbildung 2.77 bin.

   Sie könnten zum Beispiel die neue Gruppe *Autoren* nennen und als BESCHREIBUNG »Autoren dürfen lesen, neue Informationen erfassen und Inhalte bearbeiten« angeben.

4. Unter den GRUPPENEINSTELLUNGEN können Sie definieren, ob grundsätzlich jeder die Mitglieder dieser Gruppe sehen darf und wer neue Mitglieder hinzufügen sollte. Sie können das in der Hand des Gruppenbesitzers lassen (also es selbst übernehmen) oder jedes Gruppenmitglied dazu berechtigen, neue Personen aufzunehmen oder bestehende zu entfernen.

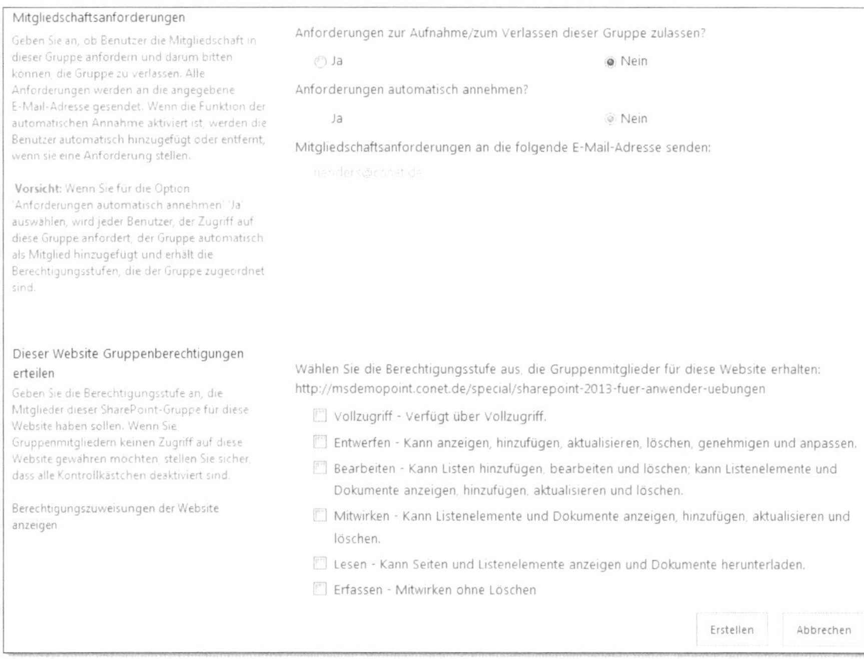

Abbildung 2.78 Mitgliedschaftsanforderungen und Berechtigungen der neuen Benutzergruppe

5. Im Bereich der MITGLIEDSCHAFTSANFORDERUNGEN können Sie wie in Abbildung 2.78 erlauben, dass Personen, die gerne Mitglied in dieser Benutzergruppe wären oder diese verlassen möchten, eine Anfrage hierzu stellen können. Diese Anfrage kann an eine bestimmte E-Mail-Adresse gesendet werden, die standardmäßig erst einmal Ihrer E-Mail-Adresse entspricht, da Sie der BESITZER der Gruppe sind.

6. Der wichtigste Punkt bei der Erstellung der Benutzergruppe kommt als letzter. Im Bereich der GRUPPENBERECHTIGUNGEN wählen Sie unsere neue Berechtigungsstufe ERFASSEN aus, die Sie zuunterst in Abbildung 2.78 erkennen können.

7. Schließen Sie den Vorgang über die Schaltfläche ERSTELLEN ab, um die Übung abzuschließen.

Berechtigungen überprüfen

Wenn Sie für die Verwaltung der Berechtigungen verantwortlich sind, werden Sie über kurz oder lang von Anwendern darauf angesprochen werden, dass diese zum Beispiel auf eine bestimmte Website nicht zugreifen können oder dass ihnen bestimmte Funktionen fehlen.

Anstelle einer langwierigen Suche nach den konkreten Einstellungen des Anwenders können Sie mit einer Standardfunktion schnell seine Berechtigungen innerhalb einer Website überprüfen.

Unter WEBSITEEINSTELLUNGEN • WEBSITEBERECHTIGUNGEN • ÜBERPRÜFEN können Sie den Menüpunkt BERECHTIGUNGEN ÜBERPRÜFEN auswählen.

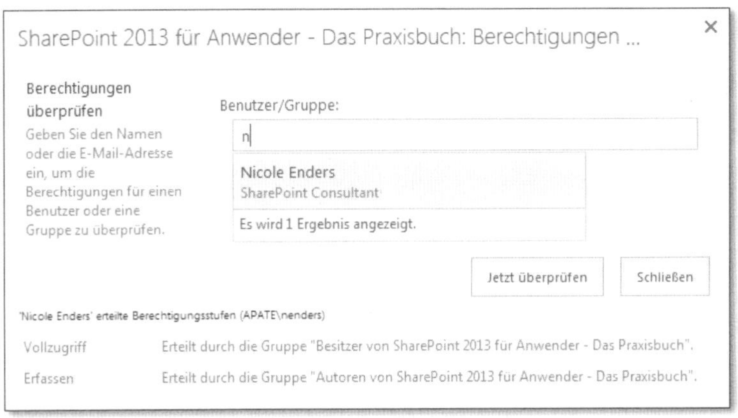

Abbildung 2.79 Berechtigungen überprüfen

Wie Sie in Abbildung 2.79 erkennen können, werden Sie bei der Eingabe der Person, deren Berechtigungen Sie überprüfen möchten, in der Form unterstützt, dass alle Personen vorgeschlagen werden, deren Namen die von Ihnen eingegebene Zeichenfolge beinhaltet. Wählen Sie die betreffende Person aus, und klicken Sie auf die Schaltfläche JETZT ÜBERPRÜFEN.

Daraufhin werden Ihnen die Mitgliedschaften in Benutzergruppen und die explizit als Einzelperson zugewiesenen Berechtigungen aufgelistet. Sollten die Listen oder Bibliotheken bzw. die darin verwalteten Elemente bzw. Dokumente besondere Berechtigungen für den ausgewählten Anwender vorsehen, so erhalten Sie hierzu eine Mitteilung. Sie können hierüber allerdings nicht ermitteln, ob der Anwender evtl. administrative Berechtigungen besitzt, weil er Websitesammlungsadministrator ist. Dazu müssen Sie die Liste der Administratoren über die WEBSITEEINSTELLUNGEN aufrufen.

Auf diese Weise können Sie dem Anwender, der bei Ihnen bzgl. seiner Berechtigungen nachgefragt hat, direkt eine Rückmeldung geben, welche Berechtigungen er aktuell besitzt und an wen er sich wenden kann, um zum Beispiel Mitglied einer bestimmten Benutzergruppe zu werden.

2.6.3 Website-App-Berechtigungen

Wenn Sie Apps in Ihrer Website oder Websitesammlung installieren, die auf Inhalte Ihrer SharePoint-Umgebung zugreifen, können Sie diese Apps unter WEBSITEEINSTELLUNGEN • WEBSITE-APP-BERECHTIGUNGEN zum Zugriff bzw. zur Verwendung von internen SharePoint-Ressourcen (wie beispielsweise Ihren Listen und Bibliotheken) ermächtigen. Eine App kann eine sogenannte *App-Berechtigungsanforderung* stellen. Dabei handelt es sich um eine geforderte Sammlung an Rechten, die die App zur Ausführung ihrer Aufgaben benötigt. In SharePoint gibt es vier verschiedene App-*Berechtigungsanforderungsstufen*:

- **Schreibgeschützt**: Entspricht der Berechtigungsstufe *Lesen*.
- **Schreiben**: Entspricht der Berechtigungsstufe *Mitwirken*.
- **Verwalten**: Entspricht der Berechtigungsstufe *Entwerfen*.
- **Vollzugriff**: Entspricht der Berechtigungsstufe *Vollzugriff*.

Über die Berechtigungsanforderungsstufen wird Ihnen als Anwender bzw. Websitesammlungsadministrator transparent dargestellt, welche grundlegenden Aktionen mit der von Ihnen installierten App ausgeführt werden.

2.7 Die nächsten Schritte

Sie haben nun die wichtigsten SharePoint-Funktionen kennengelernt und können diese für die Erstellung von Lösungen nutzen. Sie wissen, wie Sie eine Website mit einer individuellen Navigation anlegen, mit Listen und Bibliotheken arbeiten und die Berechtigungen konfigurieren können. Außerdem haben Sie einen Überblick über die Unterschiede der drei verschiedenen Editionen von SharePoint 2013 erhalten. Dieses Wissen stellt die Basis für die nachfolgenden Übungen dar. Wenn Sie bei einer Übung unsicher sind, wie Sie beispielsweise die Schnellstartleiste konfigurieren, können Sie in diesem Kapitel die entsprechenden Informationen nachschlagen.

In den weiteren Kapiteln dieses Buchs werden Sie aufbauend auf dem erlernten Basiswissen zusätzliche Funktionen kennenlernen, auf die Sie bestimmt danach nicht mehr verzichten möchten. Bei der Erstellung der einzelnen Lösungen werden Sie immer wieder die folgenden Basisfunktionen nutzen:

- Websites und Websitesammlungen erstellen
- Listen und Bibliotheken einrichten und nutzen
- Navigationsleisten konfigurieren und personalisieren
- Informationen von Benutzern verwalten und nutzen
- Berechtigungen konfigurieren und überprüfen
- Bausteine für Lösungen erstellen und nutzen

Ich wünsche Ihnen viel Spaß bei der Erstellung der verschiedensten Lösungen. Natürlich werde ich Ihnen, so weit es möglich ist, auch innerhalb der nächsten Übungen Hinweise geben, wo Sie die Schritte für die jeweilige Konfiguration nachschlagen können, um möglichst schnell ans Ziel zu gelangen. Wenn Sie so weit sind, lade ich Sie ein, mit dem nächsten Kapitel und den darin enthaltenen Übungen fortzufahren und so Ihr Wissen zu vertiefen.

TEIL II

Wichtige Aufgaben auf Abteilungs- und Unternehmensebene lösen

Kapitel 3
IT-Support und Empfang

3

Zentrale Abteilungen, wie der IT-Support und der Empfang, können nur durch die Zusammenarbeit mit allen Mitarbeitern effizient arbeiten.

Wenn Ihr Unternehmen einen Empfang oder eine Abteilung für den IT-Support besitzt, so bieten die dort arbeitenden Mitarbeiter zentrale Leistungen für alle Mitarbeiter an. So können Sie sich darauf verlassen, dass die Mitarbeiter und Mitarbeiterinnen des Empfangs die Besprechungsräume vorbereiten, Besucher begrüßen und bei Ihnen ankündigen. Außerdem werden sie Ihnen bei entgangenen Anrufen eine Telefonnotiz zukommen lassen, die Ihnen die wesentlichen Informationen zu dem Anruf mitteilt. Die Abteilung des IT-Supports hingegen betreibt und überwacht die internen Systeme, nimmt Anfragen von Ihrer Seite auf und hilft Ihnen bei technischen Problemen weiter.

Folgende Werkzeuge und Tools werden Sie bei der Bereitstellung einer hierfür geeigneten SharePoint-Plattform näher kennenlernen:

Werkzeuge und Apps	Tools und Techniken
▸ Kalender ▸ Aufgaben ▸ Kontakte ▸ Benutzerdefinierte Liste ▸ Problemverfolgung	▸ SharePoint Designer 2010 und 2013 ▸ XPath zur Filterung von Listen ▸ Business Connectivity Services zur Integration externer Daten

Tabelle 3.1 Werkzeuge, Apps und Tools für die Lösungen zur Unterstützung der Aufgaben des IT-Supports und des Empfangs

Für die Durchführung der Übungen sollten Sie genügend Zeit einplanen. Damit Sie aber wissen, was genau auf Sie zukommt und mit welchem zeitlichen Aufwand Sie rechnen können, erhalten Sie hier eine Darstellung der durchschnittlich benötigten Zeit für die einzelnen Übungen:

Übung	Veranschlagte Zeit
Website zur Anmeldung von Besuchern einrichten	30 min
Besprechungsarbeitsbereiche nutzen	20 min
Workflow für das Aufgabenmanagement erstellen	25 min
Begrüßungsseite für Besucher erstellen	45 min
Zentrale Erfassung von Telefonnotizen	25 min
Ticketsystem	30 min
Systemüberwachung	15 min
Erweiterung der Lösung zur Systemüberwachung	30 min

Tabelle 3.2 Vorgesehener Zeitrahmen für die Durchführung der Übungen

3.1 Anforderungen der Mitarbeiter

Wenn Sie die Mitarbeiter Ihres Unternehmens nach ihren Anforderungen an die Empfangs- und Support-Abteilung befragen, werden Sie wahrscheinlich viele verschiedene Antworten erhalten, die Sie im Wesentlichen auf die folgenden vier Bereiche reduzieren können:

- Anmelden und Begrüßen von Besuchern
- Entgegennehmen von Anrufen inklusive Weiterleitung an den entsprechenden Mitarbeiter oder Benachrichtigen desjenigen, falls er nicht verfügbar ist
- Melden von Fehlfunktionen intern administrierter Systeme und Anwendungen mithilfe eines Ticketsystems
- Überwachung zentraler Systeme, wie beispielsweise der einzuführenden SharePoint-Plattform

Da es sich hierbei um Anwendungsgebiete handelt, die einen sehr großen Anwenderkreis – wenn nicht sogar alle Mitarbeiter des Unternehmens – betreffen, wäre es sinnvoll, alle nachfolgend erstellten Lösungen über eine gemeinsame Einstiegsseite aufrufen zu können. Das sollte neben einer einfachen Bedienung als grundlegende Anforderung berücksichtigt werden.

Die Anforderungen der einzelnen Bereiche können Sie im Rahmen der Anforderungsanalyse in einer Form aufnehmen, die einem Anwendungsfalldiagramm aus der *UML* ähnelt. Dabei können Sie bereits die verschiedenen Anwendergruppen bzw. Rollen identifizieren.

Die für die einzelnen Anwendungsbereiche definierten Anforderungen sollen durch die Lösungen erfüllt werden, die wir im Rahmen der folgenden Übungen erstellen. Achten Sie dabei bitte genau auf die Herausforderungen, die uns bei der Realisierung bestimmter geforderter Funktionalitäten begegnen werden, und behalten Sie die bei Ihnen eingesetzte Edition im Auge, um bei unterschiedlichen Varianten je nach Edition die passenden Optionen zur Umsetzung wählen zu können. Haben Sie aber keine Angst! Ich lasse Sie nicht allein, und wir werden diesen Herausforderungen gemeinsam entgegentreten und sie Schritt für Schritt meistern.

3.2 Anmeldung und Begrüßung von Besuchern

Anhand der geforderten Funktionalitäten für die Anmeldung und Begrüßung von Besuchern werden Sie eine Lösung realisieren, die zur Anmeldung und Erfassung von anstehenden Besuchen eine Übersicht über die aktuell anwesenden Besucher und die jeweiligen Ansprechpartner im Unternehmen bietet. Zusätzlich werden Sie eine Vorlage für Besprechungsarbeitsbereiche entwickeln, die genutzt werden können, um die Ergebnisse eines Besuches zu dokumentieren.

3.2.1 Benötigte Funktionen

Bei der Anmeldung und Begrüßung von Besuchern handelt es sich um einen größtenteils unternehmensinternen Prozess. Es werden Funktionalitäten benötigt, um einen neuen Besucher anzumelden, um den Termin vor- und nachzubereiten sowie um den Besucher optimal zu begrüßen und ihn zum entsprechenden Ansprechpartner zu bringen.

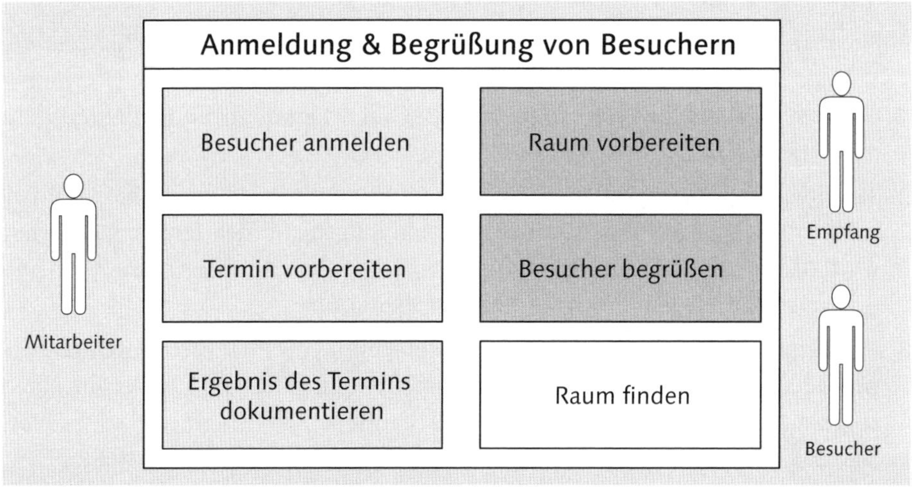

Abbildung 3.1 Anforderungen zur Anmeldung und Begrüßung von Besuchern

Wie Sie in Abbildung 3.1 erkennen können, sind drei verschiedene Anwendergruppen bei der Anmeldung und Begrüßung von Besuchern beteiligt:

- **Mitarbeiter:** Diese Anwender möchten einen neuen Termin und die dazu erscheinenden Besucher beim Empfang anmelden. Sie möchten ebenfalls eine Informationsplattform zur Ablage aller relevanten Unterlagen des Termins nutzen und dort nach Abschluss des Termins die Ergebnisdokumentation vornehmen.
- **Empfang:** Diese Anwender erhalten automatisch die erforderlichen Informationen, um den Raum für einen angemeldeten Termin vorzubereiten. Sie begrüßen außerdem die Besucher und informieren den Organisator des Termins oder einen der internen Teilnehmer.
- **Besucher:** Diese Anwender erhalten eine grafisch aufbereitete Begrüßungsseite und können darüber den Raum ihres Termins finden.

Die benötigten Funktionen lassen sich somit eindeutig mindestens einer Anwendergruppe zuordnen. Sie sollten in der Praxis auch durch Vertreter dieser Gruppen detailliert beschrieben und nach der Umsetzung getestet werden.

3.2.2 Konzeption der Lösung

Auf Basis der definierten Anforderungen müssen Sie zunächst ein Konzept für die mögliche Umsetzung erstellen. Hierbei müssen Sie Aspekte wie die eingesetzte Version und Edition von SharePoint und die zur Verfügung stehenden Tools berücksichtigen.

Für diese Übung sehen wir eine SharePoint-Website vor, die als Unterwebsite in der bereits genutzten Websitesammlung erstellt wird. In dieser Website werden sukzessive die folgenden Schritte durchgeführt:

1. Sie erstellen die benötigten Listen für die Anmeldung neuer Besucher und die Verwaltung der insgesamt erfassten Termine. Sie erstellen außerdem eine individuelle Navigation, die einen direkten Zugriff auf die jeweils benötigten Informationen ermöglicht.
2. Sie entwickeln mit dem SharePoint Designer einen *Workflow*, damit bei der Erfassung eines neuen Termins automatisch eine Aufgabe für den Empfang generiert wird. Damit sollen die Mitarbeiter darüber informiert werden, welche Vorbereitungen sie für den jeweiligen Termin zu treffen haben.
3. Um Termine (wie beispielsweise eine Besprechung) optimal vorbereiten zu können oder später die Ergebnisse zu dokumentieren, wird eine Vorlage für einen sogenannten *Besprechungsarbeitsbereich* benötigt. Sie werden eine solche Vorlage erstellen, die für die zukünftig erfassten Termine zur Verfügung steht.

4. Zur Begrüßung der Besucher werden Sie abschließend eine besondere Webseite erstellen, die vielleicht im Empfangsbereich Ihres Unternehmens auf einem Monitor angezeigt werden kann und den Besuchern die Möglichkeit bietet, Informationen zu ihrem Termin (wie u. a. den Raum oder die internen Teilnehmer) aufzurufen.

3.2.3 Neue Besucher ankündigen

Sie beginnen mit der Erstellung einer neuen Unterwebsite in der Website der obersten Ebene Ihrer Websitesammlung. Navigieren Sie dazu auf die Seite WEBSITEINHALTE, und wählen Sie den Menüpunkt NEUE WEBSITE aus.

Anlegen einer neuen Website

In der daraufhin erscheinenden Webseite geben Sie als Titel »Anmeldung und Begrüßung von Besuchern« und als Websiteadresse den Wert »besucher« an.

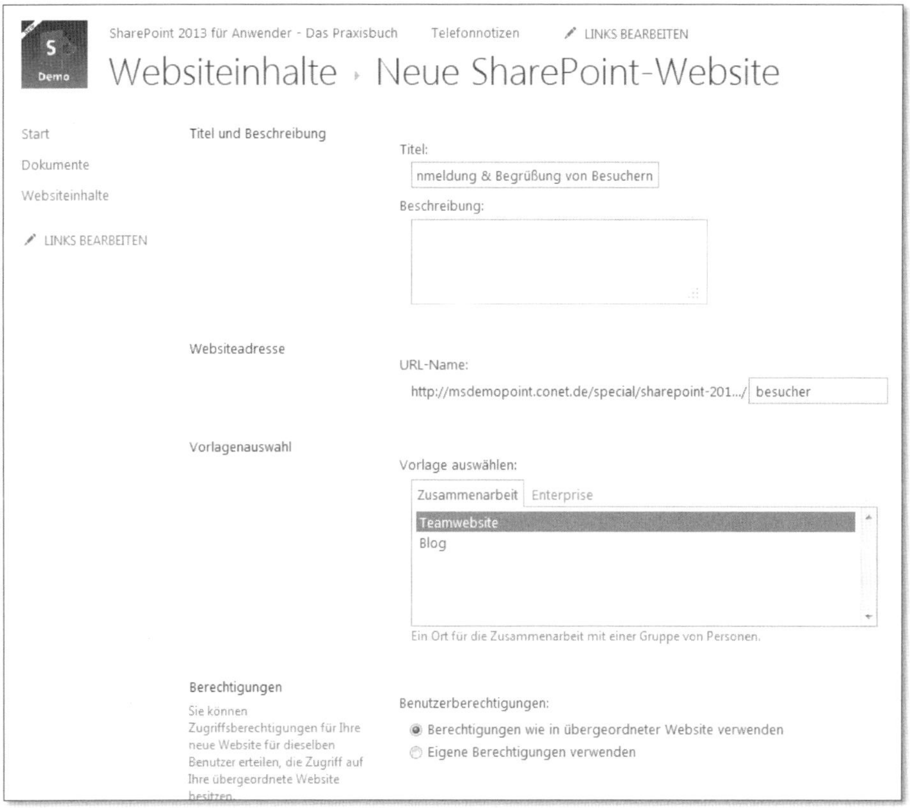

Abbildung 3.2 Erstellen einer neuen Website für die Anmeldung und Begrüßung von Besuchern

Unter der Rubrik BERECHTIGUNGEN können Sie entsprechend der Darstellung in Abbildung 3.2 die Standardeinstellungen übernehmen, während Sie unter dem Punkt NAVIGATIONSVERERBUNG die Option »Ja« wählen, um die *Leiste für häufig verwendete Links* der Websitesammlung zu übernehmen. Klicken Sie anschließend auf die Schaltfläche ERSTELLEN, um die neue Unterwebsite für die Anmeldung und Begrüßung von Besuchern zu erstellen. Danach können Sie die weiteren Schritte durchführen.

Erstellen der benötigten Listen

Wenn Sie die Websiteinhalte Ihrer neu erstellten Unterwebsite aufrufen, sollten Sie mindestens drei Bibliotheken – »Dokumente«, »Websiteobjekte« und »Websiteseiten« – finden. Die Bibliothek »Dokumente« werden Sie nicht benötigen. Aus diesem Grund werden Sie diese löschen. Dazu rufen Sie, wie in Abbildung 3.3 dargestellt, über die drei Punkte das Popup für diese App auf und wählen dort den Menüpunkt ENTFERNEN aus.

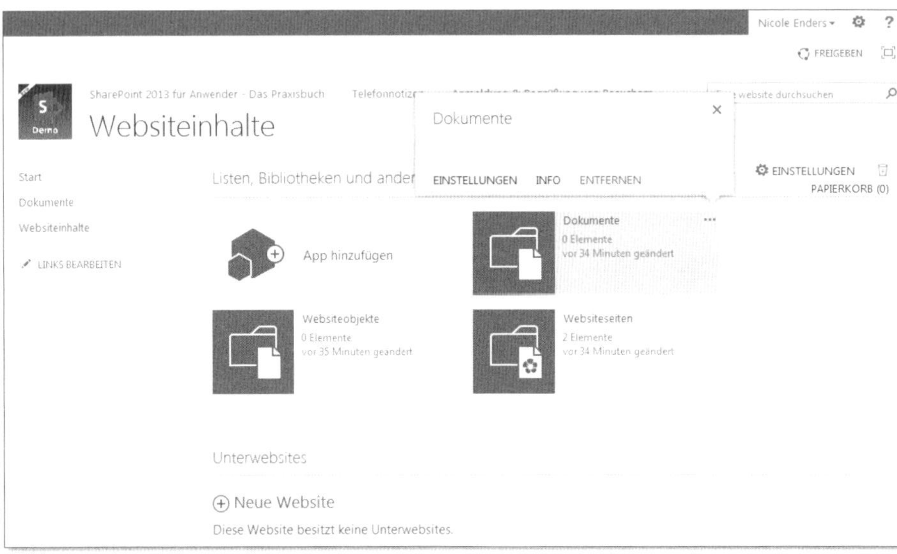

Abbildung 3.3 Entfernen der Bibliothek »Dokumente«

Bestätigen Sie die Sicherheitsabfrage, ob Sie wirklich die Bibliothek löschen möchten. Nun können wir die benötigten Listen für die Erfassung von Besuchern und Terminen erstellen. Für die Umsetzung der Anforderungen benötigen wir folgende Listen, die über den Menüpunkt APP HINZUFÜGEN erstellt werden können:

Nach Erstellung der vier Listen sollten Sie diese Listen unter den Websiteinhalten Ihrer Website finden können (siehe Abbildung 3.4).

App	Name
Kontakte	Besucher
Aufgaben	Aufgaben
Benutzerdefinierte Liste	Räume
Kalender	Termine

Tabelle 3.3 Apps (Listen), die wir für die Lösung zur Anmeldung und Begrüßung von Besuchern hinzufügen werden

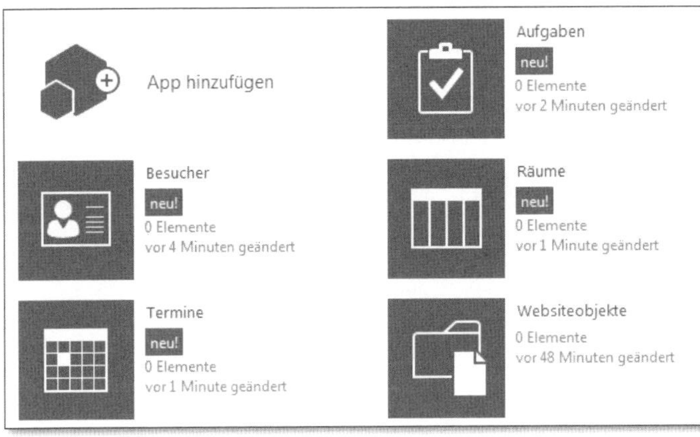

Abbildung 3.4 Neu erstellte Listen unter den Websiteinhalten

Nun können Sie die Listen verknüpfen. Einem Termin werden ein Raum und eine beliebige Anzahl an Besuchern zugeordnet. Hierfür legen Sie in der Liste »Termine« zwei neue Spalten an:

1. Rufen Sie die Liste »Termine« auf.
2. Wählen Sie im Menüband KALENDER den Menüpunkt SPALTE ERSTELLEN aus, der sich in der Menügruppe ANSICHTEN VERWALTEN befindet.
3. Geben als Spaltenname den Wert »Raum« an, und wählen Sie als Informationstyp »Nachschlagen« aus.
4. Unter dem Bereich INFORMATIONEN KOMMEN AUS wählen Sie die Liste »Räume« aus.
5. Selektieren Sie in der Liste »Räume« die Spalte »Titel«, und bestätigen Sie die Angaben über die Schaltfläche OK.
6. Wählen Sie im Menüband KALENDER erneut den Menüpunkt SPALTE ERSTELLEN aus, der sich in der Menügruppe ANSICHTEN VERWALTEN befindet.

7. Geben als Spaltenname den Wert »Besucher« an, und wählen Sie als Informationstyp »Nachschlagen« aus.
8. Unter dem Bereich INFORMATIONEN KOMMEN AUS wählen Sie die Liste »Besucher« aus.
9. Selektieren Sie in der Liste »Besucher« die Spalte »Vollständiger Name« und die Option »Mehrere Werte zulassen«, und bestätigen Sie die Angaben über die Schaltfläche OK.

Um die Ansprechpartner oder den Organisator eines Termins angeben zu können, legen Sie eine dritte zusätzliche Spalte »Ansprechpartner« an und wählen als Informationstyp die Option PERSON ODER GRUPPE aus. Legen Sie fest, dass die Spalte Informationen enthalten muss und dass eine Mehrfachauswahl möglich ist. Die übrigen Einstellungen können Sie unverändert übernehmen und den Vorgang über die Schaltfläche OK abschließen.

Damit Termine später angelegt werden können, sollten Sie Einträge in den Listen »Räume« und »Besucher« erfassen. Sie können die Listen entweder über die Websiteinhalte oder über die entsprechenden Menüpunkte in der Schnellstartleiste aufrufen. Nehmen Sie für die Räume eine Auswahl der bei Ihnen genutzten Räume für Besprechungen, oder verwenden Sie alternativ folgende Bezeichnungen:

- Schulungssaal 1
- Schulungssaal 2
- Besprechungsraum 2. OG

Bei den Besuchern können Sie ebenfalls Personen erfassen, die Sie vielleicht häufiger zu Besprechungen einladen, oder Sie geben als Beispiele folgende Kontakte an:

	1. Kontakt	**2. Kontakt**
Nachname	Müller	Mustermann
Vorname	Thorsten	Marianne
Vollständiger Name	Thorsten Müller	Marianne Mustermann
E-Mail-Adresse	*tmueller@beispiel.de*	*mmustermann@muster.de*
Firma	Beispiel GmbH	Muster AG

Tabelle 3.4 Beispiele für Kontakte als Stammdaten für die Anmeldung von Besuchern

Auf Basis der nun hinterlegten Auswahldaten und der Spalte für die internen Ansprechpartner ist eine sinnvolle Erfassung von Terminen möglich. Wir werden uns im weiteren Verlauf mit der Darstellung der Termine befassen.

Gestaltung der verschiedenen Ansichten

Die Darstellung der erfassten Informationen können Sie über Ansichten innerhalb der Listen oder durch die Erstellung individueller Webseiten realisieren. Zunächst betrachten wir die Listen, die für Auswahldaten verwendet werden.

Anpassungen an der Liste »Räume«

Die Liste »Räume« kann grundsätzlich unverändert verwendet werden, da die einzige Spalte »Titel« bereits in der Standardansicht enthalten ist. Allerdings werden die Elemente dieser Liste aufsteigend nach ihrem Erstelldatum sortiert. Das macht in diesem Fall keinen Sinn. Eine Sortierung nach dem Titel ist für eine Übersicht über die Räume sehr zu empfehlen. Aus diesem Grund öffnen Sie nach Aufruf der Liste »Räume« die Ansicht »Alle Elemente« über den Menüpunkt ANSICHT ÄNDERN im Menüband LISTE im Bearbeitungsmodus. Im Abschnitt SORTIEREN wählen Sie statt der Spalte »ID« die Spalte »Titel« aus und speichern Ihre Änderungen.

Anpassungen an der Liste »Besucher«

Die Standardansicht der Liste »Besucher« muss ebenfalls überarbeitet werden, da zum einen Spalten, die befüllt werden sollen, nicht enthalten sind und zum anderen die Spalten für die private und geschäftliche Telefonnummer nicht zwingend auszufüllen sind. Diese können demnach aus der Ansicht entfernt werden. Öffnen Sie auch hier die Ansicht »Alle Kontakte« im Bearbeitungsmodus, und legen Sie folgende Spalten für die Anzeige fest:

1. Nachname
2. Vorname
3. Vollständiger Name
4. E-Mail-Adresse
5. Firma

Die übrigen Optionen (wie beispielsweise die Sortierungen und Filterkriterien) können Sie unverändert übernehmen, da Sie somit alle Kontakte angezeigt bekommen und eine Sortierung nach Nachname und anschließend nach Vorname erfolgt. Wenn Sie sich unsicher sind, wie Sie die Ansicht bearbeiten sollen, können Sie unter dem Stichpunkt »Ansichten« in Abschnitt 2.1.3 die verschiedenen Schritte noch einmal im Detail nachlesen.

Ansichten der Liste »Termine« prüfen

Die Liste »Termine« ist für die Lösung besonders wichtig, denn wenn Sie einen Besucher ankündigen möchten, werden Sie auf jeden Fall einen Termin in dieser Kalenderliste hinzufügen. Nur wenn es sich um einen Besucher handelt, der noch nie namentlich in dieser Website erfasst wurde, müssen Sie seine Kontaktdaten angeben, bevor der Termin erstellt wird.

Für diese zentrale Liste werden verschiedene Ansichten benötigt. Zum einen soll in einer tabellarischen Darstellung eine Übersicht über alle Termine erfolgen, in der auch durch den Anwender Sortierungen und Filterungen vorgenommen werden können. Hierfür wird automatisch die Ansicht ALLE EREIGNISSE bereitgestellt. Passen Sie diese Ansicht so an, dass die folgenden Spalten in der entsprechenden Reihenfolge dargestellt werden und eine Sortierung absteigend nach Endzeit und Anfangszeit erfolgt:

1. Titel
2. Anfangszeit
3. Endzeit
4. Besucher
5. Raum
6. Ansprechpartner

Die Ansicht »Kalender« zeigt standardmäßig den aktuellen Monat an. Eine Anzeige des aktuellen Tages würde den Mitarbeitern des Empfangs allerdings mehr nützen, da sie so jederzeit einen Überblick über die noch anstehenden Termine des Tages erhalten können, ohne erst von der Monatsansicht in die Tagesansicht wechseln zu müssen. Passen Sie die Ansicht dahingehend an, dass Sie in der Rubrik STANDARDBEREICH die Option »Tag« auswählen. Überarbeiten Sie an dieser Stelle auch direkt die Rubrik KALENDERSPALTEN direkt darüber, indem Sie anstelle von »Ort« die Spalte »Besucher« auswählen. So können Sie direkt aus der Tagesansicht heraus den Titel des Termins und die Besucher erfahren, ohne den Termin öffnen zu müssen.

Ich finde, dass eine andere Spalte eher in der Kalenderansicht angezeigt werden sollte. Kann ich die Einstellung ändern?

Wenn Sie der Meinung sind, dass zum Beispiel die Ansprechpartner oder der Raum angezeigt werden sollte, so können Sie selbstverständlich eine der anderen Spalten für die Anzeige auswählen. Sie haben allerdings maximal zwei Spalten, die in der Kalenderansicht für Tag, Woche oder Monat angezeigt werden können. Sie haben aber jederzeit die Möglichkeit, Ihre Einstellungen zu ändern und so auf die Rückmeldungen der Anwender zu reagieren.

Das bedeutet: Ihnen stehen zum einen alle Termine in einer Übersichtsliste zur Verfügung, und zum anderen können Sie die Termine des aktuellen Tages in Form einer Kalenderansicht aufrufen. Für Sie kann aber auch eine auf die von Ihnen erstellten Termine gefilterte Ansicht interessant sein, wenn Sie die von Ihnen erfassten Termine überarbeiten möchten.

Um diese Ansicht zu erstellen, gehen Sie folgendermaßen vor:

1. Wählen Sie im Menüband KALENDER den Menüpunkt ANSICHT ERSTELLEN. Auf der daraufhin erscheinenden Seite wählen Sie die vorhandene und bereits von uns angepasste Ansicht »Alle Ereignisse« als Basis aus. Auf diese Weise werden die Spaltenauswahl und -reihenfolge sowie die Sortierungen übernommen und müssen nicht manuell ein zweites Mal konfiguriert werden.
2. Geben Sie den Namen »Meine Termine« an, und navigieren Sie zur Rubrik FILTER.
3. Dort wählen Sie die Option ELEMENTE NUR IN FOLGENDEM FALL ANZEIGEN aus, selektieren die Spalte »Erstellt von« und geben in dem Freitextfeld unter der zweiten Auswahlbox mit dem ausgewählten Wert »ist gleich« den Wert »[Ich]« an. (Verwenden Sie bei der Eingabe des Filterwertes keine Anführungszeichen.)
4. Schließen Sie den Vorgang danach über die Schaltfläche OK ab.

Somit haben Sie eine Übersicht über sämtliche von Ihnen erstellten Termine und müssen nicht erst in einem Wust von Terminen nach dem einen suchen, den Sie bearbeiten möchten.

Aufgabenübersicht untersuchen

Die Aufgabenliste, die Sie gemeinsam mit den drei übrigen Listen erstellt haben, wurde bisher noch nicht angesprochen. Sie ist für die Verwaltung der Aufgaben relevant. Die Mitarbeiter vom Empfang werden anhand dieser Liste ihre Planung vornehmen – zum Beispiel werden sie feststellen, welcher Raum noch vorbereitet werden muss und für welche Termine die Vorbereitungen bereits abgeschlossen sind.

Aus diesem Grund ist es wichtig, dass es eine Ansicht »Meine Aufgaben« gibt, die – auf den angemeldeten Anwender gefiltert – die diesem Anwender zugeordneten Aufgaben anzeigt. Diese Ansicht existiert bereits, sobald Sie eine Aufgabenliste erstellen, und sie kann über die Liste beispielsweise im Menüband LISTE in der Auswahlliste der verfügbaren Ansichten ausgewählt werden. Wenn Sie eine bestimmte Sortierung oder eine Filterung nach noch nicht abgeschlossenen Aufgaben wünschen, können Sie das über die Funktion ANSICHT ÄNDERN tun.

Konfiguration der Navigation

Wenn die Ansichten der verschiedenen Listen konfiguriert sind, können Sie die Navigation bearbeiten. Die *Leiste für häufig verwendete Links* wird von der *Websitesammlung* übernommen, sodass Sie lediglich die *Schnellstartleiste* bearbeiten müssen. Dazu wählen Sie unter WEBSITEEINSTELLUNGEN den Menüpunkt SCHNELLSTART aus. Passen Sie die Navigation folgendermaßen an, wie Sie es in Abschnitt 2.2.1 gelernt haben:

Überschrift	Menüpunkt	Link des Menüpunktes
Start		
Besucher		
	Heute	Ansicht »Kalender« der Liste »Termine«
	Aktuell	Websiteseiten (Seite wird noch erstellt.)
Meine Daten		
	Meine Termine	Ansicht »Meine Termine« der Liste »Termine«
	Meine Aufgaben	Ansicht »Meine Aufgaben« der Liste »Aufgaben«
Übersichten		
	Termine	Ansicht »Alle Ereignisse« der Liste »Termine«
	Aufgaben	Ansicht »Anstehend« der Liste »Aufgaben«
Stammdaten		
	Räume	Ansicht »Alle Elemente« der Liste »Räume«
	Besucher	Ansicht »Alle Kontakte« der Liste »Besucher«

Tabelle 3.5 So konfigurieren wir die Navigation der Lösung zur Anmeldung und Begrüßung von Besuchern.

Die Überschriften erhalten keinen Link. Müssen Sie jedoch trotzdem einen angeben, so können Sie einfach als Link den Wert »/« verwenden, da dieser als URL interpretiert wird. Vielleicht fragen Sie sich nun, wie Sie den Link auf eine bestimmte Seite oder auf die Ansicht einer Liste finden können. Ich persönlich gehe da folgendermaßen vor:

- In einem Browserfenster oder -Tab rufe ich die zur Bearbeitung geöffnete Navigation auf, und in einem weiteren Browserfenster oder -Tab rufe ich die Seite oder Listenansicht auf, die ich gerne verlinken möchte.
- Dann kopiere ich aus dem URL-Feld oben im Browser den Link auf die Seite und füge diesen Link anschließend in das Eingabefeld für den Menüpunkt im ersten Browserfenster oder -Tab ein.

Damit können Sie beliebige Verlinkungen vornehmen und sogar die verschiedensten Anwendungen oder Websites miteinander verknüpfen, solange Sie diese grundsätzlich über einen Link aufrufen können.

Anpassung der Homepage

Der Menüpunkt START verweist auf die Startseite der Website, die wir bisher noch nicht angepasst haben. Die Startseite soll Ihnen direkt die wesentlichen Informationen liefern, die Sie zur Anmeldung und Begrüßung von Besuchern benötigen. Dazu gehören Anworten auf die Fragen »Welche Termine stehen an?«, »Welche Besucher haben wir heute?« und »Muss ich noch etwas zur Vorbereitung beitragen?«.

Diese Antworten können Sie liefern, indem Sie auf die Startseite navigieren und dort im Menüband SEITE den Menüpunkt BEARBEITEN auswählen. Folgende Anpassungen werden Sie nun vornehmen:

1. Das Webpart »Erste Schritte mit Ihrer Website« löschen Sie über den integrierten Menüpunkt ENTFERNEN aus der Seite.
2. Über den Menüpunkt TEXTLAYOUT • ZWEI SPALTEN MIT KOPFZEILE in der Menügruppe LAYOUT passen Sie die Struktur der Seite an, damit in den dadurch verfügbaren drei Bereichen die entsprechenden Informationen zur Verfügung gestellt werden können.
3. In der rechten Spalte fügen Sie das Webpart für die Liste »Termine« über den Menüpunkt WEBPART im Menüband EINFÜGEN hinzu.
4. Die Auswahl der Ansicht »Kalender« erfolgt über die Konfigurationsleiste, die sich nach Auswahl des Menüpunktes WEBPART BEARBEITEN (nach unten gerichteter Pfeil in der oberen rechten Ecke des Webparts) bei dem gerade hinzugefügten Webpart im rechten Bereich der Seite öffnet.
5. In der rechten Konfigurationsleiste legen Sie unter der Rubrik DARSTELLUNG auch den TITEL fest, der standardmäßig dem Listennamen entspricht. Geben Sie hier den Wert »Heutige Besucher« an, und betätigen Sie die Schaltfläche ÜBERNEHMEN oder OK.
6. In der Kopfzeile fügen Sie die Terminliste ebenfalls ein und wählen hierfür die Ansicht »Meine Termine« aus. Hierüber wird die Pflege der Termine erfolgen können.
7. In der linken Spalte fügen Sie nun die Besucherliste und die Aufgabenliste hinzu. Bei der Aufgabenliste wählen Sie die Ansicht »Meine Aufgaben« aus und deaktivieren die Option ZEITACHSE ANZEIGEN, während Sie bei der Besucherliste die Ansicht »Alle Kontakte« auswählen.
8. Speichern Sie Ihre Änderungen, indem Sie im Menüband TEXT FORMATIEREN den Menüpunkt SPEICHERN auswählen.

Die Startseite Ihrer Website sollte nun so wie in Abbildung 3.5 aussehen. Ich gratuliere Ihnen zu diesem Ergebnis. Wie Sie sehen können, steht das Grundgerüst der Anwendung nun zur Verfügung.

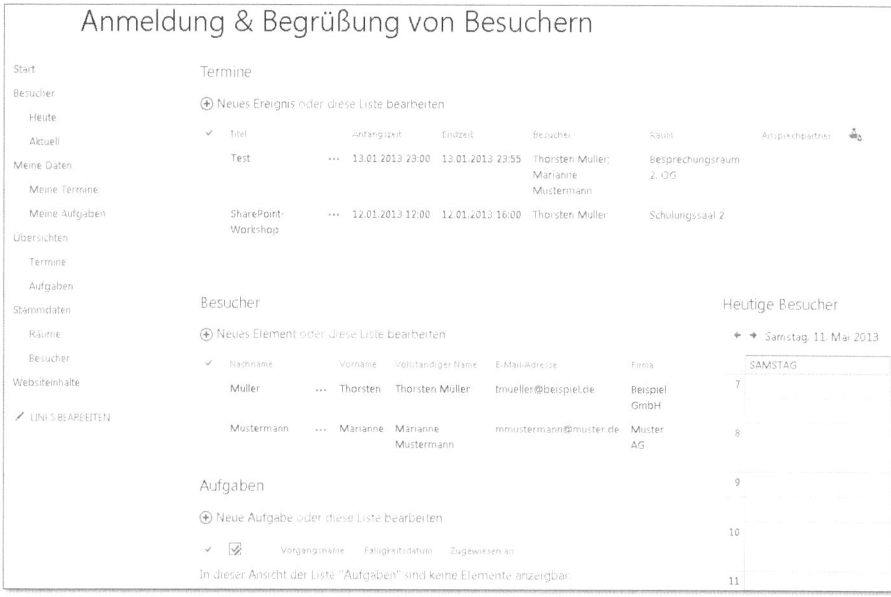

Abbildung 3.5 Startseite der bisherigen Lösung zur Anmeldung von Besuchern

Drei Komponenten sollten wir aufbauend auf dieser Lösung erstellen, um diese zu optimieren. Zum einen sollte der Empfang im Rahmen eines Aufgabenmanagements präzise Anforderungen an die Vorbereitung der Räume erhalten. Zum anderen sollen Besucher über eine noch nicht eingerichtete Seite begrüßt werden und sehen können, in welchem Raum ihr Termin stattfindet. Außerdem soll der Organisator bei Bedarf einen Besprechungsarbeitsbereich hinzufügen können, um terminrelevante Informationen zu veröffentlichen. Wie Sie diese Funktionen bereitstellen können, werden wir uns nun anschauen.

3.2.4 Workflow für das Aufgabenmanagement nutzen

Zu jedem Termin, der erstellt wird, wird automatisch eine Aufgabe für den Empfang generiert. Dadurch können die Kollegen die für den Tag anstehenden Tätigkeiten besser planen und auf die Teammitglieder verteilen. Außerdem besteht so die Möglichkeit, den aktuellen Status der Vorbereitungen zu sehen. Diese Funktion bietet SharePoint allerdings so direkt nicht an. Deshalb werden Sie nun Ihren ersten *Workflow* mithilfe des SharePoint Designers erstellen.

Wenn Sie den SharePoint Designer bisher noch nicht verwendet haben, müssen Sie diesen zunächst installieren. Sie benötigen in dieser Übung sowohl die aktuelle als auch die Vorgängerversion dieses Tools. Warum Sie die Vorgängerversion benötigen, erkläre ich Ihnen innerhalb der Übung. Laden Sie die beiden Tools unter den folgenden Websitedressen herunter, und installieren Sie sie auf Ihrem PC:

- 2013: *http://www.microsoft.com/de-de/download/details.aspx?id=35491*
- 2010: *http://www.microsoft.com/de-de/download/details.aspx?id=16573*

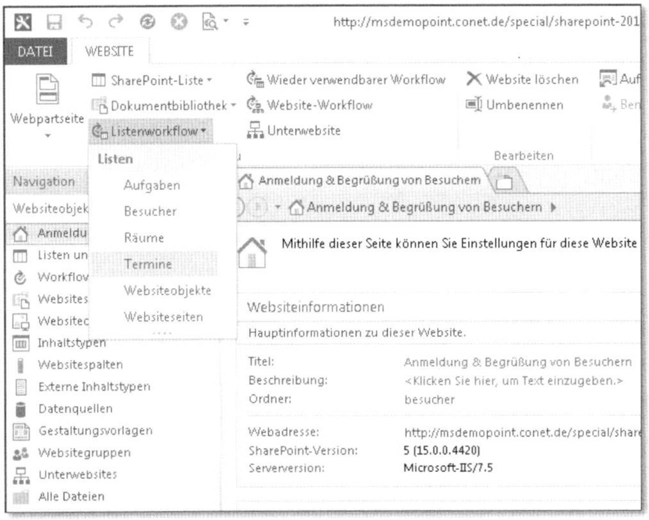

Abbildung 3.6 Einen neuen Listenworkflow für die Liste »Termine« erstellen

Sobald Sie die beiden Tools installiert haben, können Sie folgendermaßen vorgehen:

1. Öffnen Sie Ihre Website für die Anmeldung und Begrüßung von Besuchern, indem Sie den SharePoint Designer 2013 aufrufen und dort den Menüpunkt WEBSITE ÖFFNEN auswählen. In dem daraufhin erscheinenden Dialog geben Sie die Websiteadresse an.
2. Sobald Ihre Website geöffnet wurde, können Sie den Menüpunkt LISTENWORKFLOW im Menüband WEBSITE nutzen (Sie sehen ihn in Abbildung 3.6), um für die Liste »Termine« einen neuen *Workflow* zu erstellen.
3. In dem daraufhin erscheinenden Dialog LISTENWORKFLOW ERSTELLEN – TERMINE geben Sie nun den Namen »Aufgabenmanagement« und ggf. eine Beschreibung des *Workflows* an. Als PLATTFORMTYP können Sie sowohl die Version 2010 als auch 2013 auswählen.

Warum kann ich als Plattformtyp nur die Option »SharePoint 2010 Workflow« auswählen?

Falls Sie SharePoint 2013 nicht als Plattform für Ihren Workflow auswählen können, sollten Sie zur Vorbereitung auf die noch folgenden Übungen und Einsatzszenarien Ihren Administrator kontaktieren oder selbst die nötigen Anpassungen auf dem Server vornehmen. Gehen Sie dazu in die Zentraladministration, und konfigurieren Sie den Workflowdienst.

4. Nun öffnet sich die Bearbeitungsmaske, in der Sie den Workflowablauf definieren können. Für Ihren ersten *Workflow* wählen wir ein einfaches Szenario, in dem Sie immer dann, wenn ein Termin erstellt wird, eine Aufgabe in der Aufgabenliste erstellen lassen. Mit der Problematik von aktualisierten Terminen und der damit nötigen Anpassung bereits bestehender Aufgaben beschäftigen wir uns in dieser Übung bewusst nicht (was nicht heißt, dass Sie es nicht probieren dürfen, wenn Sie Lust dazu haben).

   Sie wählen in der Menügruppe EINFÜGEN im Menüband WORKFLOW den Menüpunkt AKTION aus und selektieren in der daraufhin erscheinenden Auswahl die Option LISTENELEMENT ERSTELLEN aus dem Bereich LISTENAKTIONEN.
5. In der Bearbeitungsansicht existiert nun unterhalb von SCHRITT 1 eine Aktion ELEMENT IN DIESE LISTE ERSTELLEN (AUSGABE IN VARIABLE: ERSTELLEN). Wenn Sie auf den Link hinter DIESE LISTE klicken, öffnet sich ein Dialog, in dem Sie die weitere Konfiguration vornehmen können.
6. Wählen Sie die Liste »Aufgaben« aus, und klicken Sie auf die Schaltfläche HINZUFÜGEN.
7. Als FESTZULEGENDES FELD wählen Sie das »Fälligkeitsdatum« aus und klicken dann auf das Formelsymbol, anstatt einen festen Wert zuzuweisen.
8. In dem Dialog NACHSCHLAGEN FÜR DATUM UND UHRZEIT, der sich nun öffnet, ist der Termin bereits als DATENQUELLE ausgewählt, sodass Sie nur noch als QUELLENFELD die Spalte »Anfangszeit« auswählen müssen. Durch diese Einstellung entspricht das Fälligkeitsdatum der zu generierenden Aufgabe immer der im Termin angegebenen Anfangszeit.
9. Bestätigen Sie die Eingaben mit OK, bis Sie wieder im Dialog NEUEN LISTENEINTRAG ERSTELLEN sind.
10. Für das Feld »Beschreibung« der zu generierenden Aufgabe gehen Sie auf dieselbe Weise vor wie für das Fälligkeitsdatum und wählen als QUELLENFELD die Spalte »Beschreibung« aus dem Termin.
11. Das Feld »Vorgangsname« ist bereits in der Auflistung im Dialog NEUEN LISTENEINTRAG ERSTELLEN enthalten. Um dieses Feld aber mit dem Titel des Termins zu belegen, müssen Sie statt HINZUFÜGEN die Schaltfläche ÄNDERN betätigen und dann als QUELLENFELD die Spalte »Titel« auswählen.
12. Indem Sie im Dialog die Schaltfläche OK betätigen, bestätigen Sie die Einstellungen und können nun den *Workflow* speichern. Dazu wählen Sie im Menüband den Menüpunkt SPEICHERN aus.
13. Damit auch automatisch nach Erstellung eines Termins eine Aufgabe generiert wird, müssen Sie die WORKFLOWEINSTELLUNGEN bearbeiten. Dazu klicken Sie aus der Bearbeitungsmaske heraus in der linken Navigation auf Ihren Workflow und wählen auf der in Abbildung 3.7 dargestellten Übersichtsseite unter den START-

OPTIONEN die Option WORKFLOW AUTOMATISCH STARTEN, WENN EIN ELEMENT ERSTELLT WIRD. Um diese Änderungen zu speichern, sollten Sie auch jetzt erneut den Menüpunkt SPEICHERN auswählen.

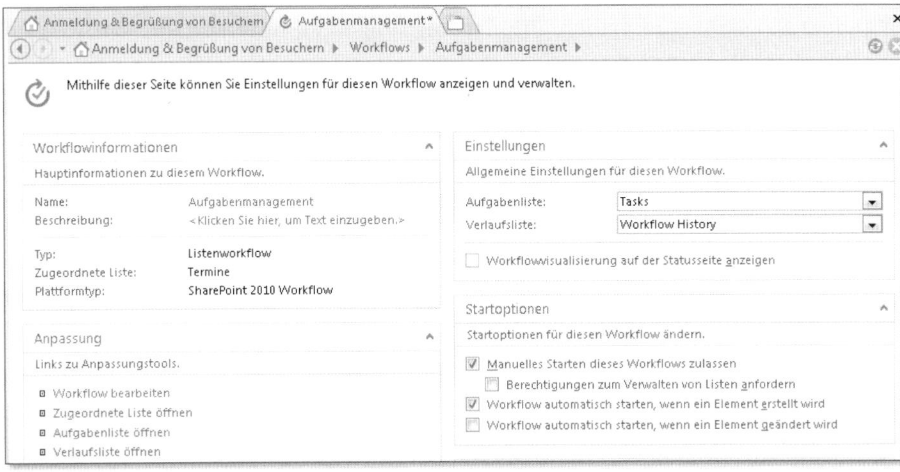

Abbildung 3.7 Workfloweinstellungen für das Aufgabenmanagement

14. Wenn Sie den Menüpunkt AUF FEHLER PRÜFEN in der Bearbeitungsmaske des Workflows verwenden, können Sie vor der Veröffentlichung des Workflows noch fehlende oder falsche Konfigurationen erkennen und überarbeiten.
15. Nun können Sie den Menüpunkt VERÖFFENTLICHEN auswählen, wodurch Ihr Workflow für die Liste »Termine« konfiguriert wird.

Nachdem Sie nun den Workflow erstellt und veröffentlicht haben, können Sie die Funktionalität überprüfen, indem Sie einen neuen Termin erstellen. Wie Sie unter dem Menüpunkt AUFGABEN in der Schnellstartleiste sehen können, ist eine zu dem Termin korrespondierende Aufgabe erstellt worden, deren Fälligkeitsdatum dem Anfangsdatum des Termins entspricht.

3.2.5 Besprechungsarbeitsbereiche zur Veröffentlichung von Informationen zu dem Termin verwenden

Wenn Sie Termine organisieren, möchten Sie sicher im Rahmen der Vor- oder Nachbereitung Informationen veröffentlichen. Dabei kann es sich zum Beispiel um die Agenda des Termins, Unterlagen zur Vorbereitung für die Teilnehmer oder auch um ein Ergebnisprotokoll handeln. Vielleicht haben Sie bisher diese Information mithilfe von E-Mails verteilt oder haben die Dokumente auf einem zentralen Laufwerk abgelegt.

SharePoint bieten Ihnen die Möglichkeit, einen Arbeitsbereich speziell für Ihre Besprechung oder auch für eine Terminserie zu nutzen. So können Sie alle Informationen dort ablegen, und die Teilnehmer können entscheiden, ob sie sich in Form eines RSS-Feeds oder per E-Mail über neue Informationen benachrichtigen lassen. Besprechungsarbeitsbereiche, wie Sie sie aus den vorangegangenen Versionen von SharePoint vielleicht kennen, werden in SharePoint 2013 nicht mehr angeboten, weil Sie andere Möglichkeiten haben, um Besprechungen zu unterstützen. Wir werden nun eine spezielle Websitevorlage für Ihre Besprechungen erstellen, auf deren Basis ein Arbeitsraum für Ihren Termin erstellt werden kann, der auf Ihre individuellen Bedürfnisse eingeht.

Gestaltung einer Websitevorlage für Besprechungsarbeitsbereiche

Um eine Websitevorlage erstellen zu können, müssen Sie zunächst eine neue Unterwebsite erstellen, in der Sie die benötigten Listen und Bibliotheken mit allen erforderlichen Spalten und Ansichten anlegen und die Navigation der Schnellstartleiste so konfigurieren, dass sie für Ihre Besprechungen geeignet ist.

Als Basis verwenden wir die Websitevorlage »Teamwebsite«, die bereits die Dokumentbibliothek »Dokumente« automatisch zur Verfügung stellt. Erstellen Sie in der Website »Anmeldung und Begrüßung von Besuchern« eine neue *Unterwebsite* mit dem Titel »Besprechung« sowie mit der Websiteadresse »besprechung«, und wählen Sie die Vorlage aus. Anschließend navigieren Sie in der neu erstellten Website auf die Websiteeinstellungen und wählen dort den Menüpunkt WEBSITEFEATURES VERWALTEN aus. Dort aktivieren Sie das Feature »Website-Notizbuch«, um Notizen während der Besprechung erfassen zu können. Wenn Sie dieses Feature nicht aktivieren können, lohnt sich ein Blick in Abschnitt 7.5.2, in dem Sie weitere Informationen hierzu erhalten.

Was genau ist das Website-Notizbuch?

Bei dem Website-Notizbuch handelt es sich um ein Feature, das in Ihrer bestehenden Dokumentbibliothek ein OneNote-Notizbuch erstellt und dieses Notizbuch über einen neuen Menüpunkt in der Schnellstartleiste der Website verlinkt.

Vielleicht haben Sie bereits Erfahrungen mit OneNote gesammelt. Ansonsten können Sie sich das so vorstellen, dass Sie eine Art elektronische Mappe haben. Notizen, die Sie bisher handschriftlich in Ihrer Mappe festgehalten haben, können Sie nun elektronisch erfassen und mit den anderen Gesprächsteilnehmern teilen. Wenn Sie ein Notebook mit Touchscreen oder einen *Surface* in Kombination mit OneNote nutzen, können Sie tatsächlich direkt Ihre handschriftlichen Notizen online in SharePoint erfassen.

Vielleicht haben Sie auch bestimmte Aufgaben, die in Vorbereitung auf einen Termin immer erledigt werden müssen. Dann könnten Sie nun eine Aufgabenliste erstellen und die Aufgaben dort direkt erfassen. Weisen Sie die Aufgaben jedoch keinen konkreten Personen hinzu, da sie sich wahrscheinlich von Termin zu Termin unterscheiden werden.

Sollte es eine Vorlage für eine Agenda geben, so könnten Sie nun auch eine benutzerdefinierte Liste namens »Agenda« anlegen und darin zusätzliche Spalten für die Reihenfolge der Punkte der Agenda und den jeweils verantwortlichen Teilnehmer erstellen. Anschließend können Sie die Einträge erfassen, die in einer Agenda aufgeführt werden sollten.

Mit diesen Listen vereinfachen Sie es den Organisatoren eines Termins enorm, die wesentlichen Informationen zu der Besprechung zu veröffentlichen, weil anhand der vorgegebenen Struktur und den ggf. bereits vorgeschlagenen Aufgaben eine Vorgehensweise für die Vor- und Nachbereitung von Terminen zu erkennen ist. So können Sie auch einen neuen Standard für die Organisation von Besprechungen und Veranstaltungen in Ihrem Unternehmen etablieren.

Abbildung 3.8 Website als Vorlage speichern

Wenn Sie die Website abschließend konfiguriert haben, können Sie diese nun als Websitevorlage speichern und so innerhalb der *Websitesammlung* als Vorlage für neue *Unterwebsites* verwenden. Um die Vorlage zu erstellen, gehen Sie folgendermaßen vor:

1. Navigieren Sie zu den WEBSITEEINSTELLUNGEN, und rufen Sie dort den Menüpunkt WEBSITE ALS VORLAGE SPEICHERN auf.
2. Dort geben Sie, wie in Abbildung 3.8 dargestellt, den Dateinamen, einen Vorlagennamen und eine Beschreibung an und aktivieren die Option INHALTE EINSCHLIESSEN. Wenn Sie diese Option nicht aktivieren, werden die in Listen und Bibliotheken erfassten Inhalte nicht mit in die Vorlage übernommen. Das bedeutet, dass Sie

keine Aufgaben in Ihrer Aufgabenliste hätten und auch ggf. erstellte Webseiten in der Bibliothek »Websiteseiten« nicht bereitgestellt würden, wenn Sie diese Vorlage zur Erstellung einer *Unterwebsite* nutzen. Klicken Sie auf die Schaltfläche OK, um die Vorlage erstellen zu lassen.

3. Nachdem Sie die Vorlage erstellt haben, wird diese unter den Websiteeinstellungen der Website der obersten Ebene der *Websitesammlung* im *Web-Designer-Katalog* »Lösungen« abgelegt. Wenn Sie diesen Katalog aufrufen, sehen Sie entsprechend der Darstellung in Abbildung 3.9 Ihre Websitevorlage, die Sie nach einem Klick auf den Link BESPRECHUNGSARBEITSBEREICH bzw. nach einem Klick auf den Namen Ihrer Websitevorlage herunterladen können.
4. Die Website selbst benötigen Sie nun nicht mehr. Sie können diese daher über die WEBSITEEINSTELLUNGEN und den Menüpunkt DIESE WEBSITE LÖSCHEN entfernen. Aber passen Sie auf, dass Sie die richtige Website löschen!

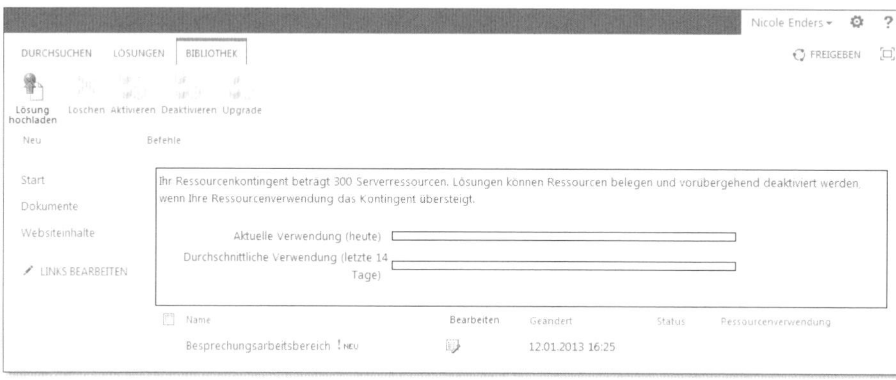

Abbildung 3.9 Der Web-Designer-Katalog »Lösungen« mit der neu erstellten Websitevorlage

Wie kann ich eine Websitevorlage in anderen Websitesammlungen wiederverwenden?

Dazu rufen Sie zuerst den *Web-Designer-Katalog* »Lösungen« der Websitesammlung auf, in der Sie die Websitevorlage erstellt haben, und laden mit einem Klick auf die Vorlage die Datei auf Ihren PC herunter.

Anschließend öffnen Sie den *Web-Designer-Katalog* der Websitesammlung, in der Sie die Vorlage auch nutzen möchten, und wählen im Menüband LÖSUNGEN den Menüpunkt LÖSUNG HOCHLADEN aus. Laden Sie die Websitevorlage nun hoch, und wählen Sie anschließend für die Lösung den Menüpunkt AKTIVIEREN aus. Sollten Sie den letzten Schritt vergessen, kann die Websitevorlage nicht bei Erstellung neuer *Unterwebsites* ausgewählt werden.

Einrichten eines Arbeitsbereichs für einen Termin

Die erstellte Websitevorlage kann nun zur Erstellung der Besprechungsarbeitsbereiche genutzt werden. Aber wie soll ein solcher Arbeitsbereich einem Termin zugeordnet werden? Hierfür benötigen wir eine zusätzliche Spalte ARBEITSBEREICH vom Typ »Link oder Bild«, die Sie nun in der Liste »Termine« anlegen, um anschließend die Ansichten »Alle Ereignisse« und »Meine Termine« sowie die Ansicht auf der Startseite um diese Spalte zu erweitern. Sollten Sie sich nicht mehr erinnern, wie das genau geht, so können Sie diese Punkte in Abschnitt 2.1.3 nachschlagen.

Wenn Sie nun einen Besprechungsarbeitsbereich für einen Termin anlegen, erstellen Sie zuerst die Unterwebsite. Danach sollten Sie Ihren Termin überarbeiten und dort den Link auf den Arbeitsbereich hinterlegen.

Wer kann einen Besprechungsarbeitsbereich anlegen?

Die Antwort lautet: all jene Anwender, denen Sie die Berechtigung dazu erteilt haben. Wenn Sie den Anwendern die Rolle »Mitglieder« zuordnen, können diese zwar Termine anlegen, müssen Sie jedoch um die Anlage eines evtl. benötigten Arbeitsbereichs bitten. Nur die »Besitzer« einer Website und die Websitesammlungsadministratoren haben standardmäßig die Berechtigung, neue Unterwebsites anzulegen.

Sie können den Anwendern über eine neue *Berechtigungsstufe* die Möglichkeit geben, auch *Unterwebsites* in diesem Bereich anzulegen. Beenden Sie dafür die *Berechtigungsvererbung* innerhalb der Website zur Anmeldung und Begrüßung von Besuchern, und kopieren Sie die Berechtigungsstufe »Mitwirken«, wobei Sie als zusätzliches Recht die Option »Unterwebsites erstellen« im Bereich WEBSITEBERECHTIGUNGEN aktivieren. Anschließend können Sie die Berechtigungsstufe den Gruppen »Mitglieder« zuordnen, und somit kann jeder Anwender, der in die Gruppe »Mitglieder« aufgenommen wurde, einen Besprechungsarbeitsbereich als *Unterwebsite* anlegen.

In Abschnitt 2.6.2, »Websiteberechtigungen«, können Sie noch einmal nachschlagen, wie Sie die Berechtigungen in einer Website Schritt für Schritt anpassen können.

Wenn Sie den Anwendern die Möglichkeit geben, selbst Besprechungsarbeitsbereiche anzulegen, können Sie ihnen nur die Empfehlung geben, die dafür vorgesehene Websitevorlage zu verwenden. Sie haben allerdings nicht die Möglichkeit, ihnen nur Rechte auf diese Vorlage zu geben. Das bedeutet, dass je nach eingesetzter Edition die Anwender auch beispielsweise Teamwebsites, Dokumentcenter oder andere interessante Vorlagen für die Erstellung von Unterwebsites nutzen oder auch Websites erstellen können, die nicht für eine Besprechung genutzt werden, sondern andere Prozesse unterstützen.

3.2.6 Wie wird der Besuch nun begrüßt?

Für die Lösung der an dieses Szenario gestellten Aufgaben fehlt uns jetzt nur noch eine grafisch aufbereitete Darstellung für die Besucher. In dieser Darstellung können die Besucher noch im Empfangsbereich Ihres Unternehmens alle relevanten Informationen des Termins einsehen (z. B. Anfangs- und Endzeit, weitere Teilnehmer und den Raum der Veranstaltung).

Dazu erstellen wir zunächst eine neue Webseite in der Wiki-Seitenbibliothek »Websiteseiten«, die Sie über die Websiteinhalte erreichen können. Wählen Sie in der Bibliothek den Menüpunkt NEUE WIKI-SEITE aus, und geben Sie den Namen »Aktuelle Besucher« an. Den Inhalt der Seite gestalten wir gleich. Zuerst sollten wir aber die Navigation der Schnellstartleiste aktualisieren, indem wir den Link hinter dem Menüpunkt AKTUELL auf den der nun neu erstellten Webseite anpassen.

Nun öffnen Sie die Website mit dem SharePoint Designer und wählen in der linken Navigationsleiste das Websiteobjekt WEBSITESEITEN aus. Dort sollten die drei Seiten »Aktuelle Besucher«, »Homepage« und »Verwendung dieser Bibliothek« aufgelistet werden. Fügen Sie über den Menüpunkt SEITE • ASPX im Menüband SEITEN eine neue Webseite hinzu. Ändern Sie den vorgeschlagenen Namen »Ohne_Titel_1.aspx« in »Datenansicht.aspx« ab. Diese Seite verwenden wir im weiteren Verlauf, um eine grafisch aufbereitete Ansicht zu den aktuellen Terminen zu erstellen.

Erstellen einer verknüpften Datenquelle

Wir bereiten nun die Daten, die in den verschiedenen Listen gespeichert sind, grafisch auf, damit die Besucher bereits in der Empfangshalle über diese Seite begrüßt werden können. Ein paar der Daten liegen in der Liste »Termine«, während die Kontaktinformationen in der Liste »Besucher« zu finden sind. Die Liste »Termine« ist bereits mit den Listen »Besucher« und »Räume« über Spalten des Informationstyps »Nachschlagen« verknüpft. Allerdings werden die Daten der anderen Listen nicht in der Liste »Termine« dargestellt, sondern müssen ausgehend von einem Termin in der jeweiligen weiteren Liste aufgerufen werden. Das ist für die Darstellung der aktuellen Besucher und deren Begrüßung nicht praktikabel, da diese Ansicht ohne Interaktion mit einem Benutzer automatisch alle benötigten Informationen aus allen drei Listen darstellen soll. Aus diesem Grund werden Sie eine verknüpfte Datenquelle erstellen, die Ihnen eine solche Möglichkeit bietet.

Denn bevor Sie eine Datenansicht erstellen können, in der Daten aus mehreren Listen angezeigt werden, müssen Sie die Datenquellen miteinander verknüpfen. Da wir neben dem Namen des Besuchers auch das Logo seiner Firma darstellen möchten, benötigen wir eine Datenquelle, die die aktuellen Termine mit dem jeweiligen Element aus der Besucherliste verknüpft.

Dazu erstellen wir nun eine verknüpfte Datenquelle, indem Sie folgende Schritte durchführen:

1. Wählen Sie links in der Navigationsleiste des SharePoint Designers das Websiteobjekt DATENQUELLEN aus.
2. Im Menüband DATENQUELLEN können Sie nun den Menüpunkt VERKNÜPFTE DATENQUELLE aus der Menügruppe NEU auswählen.
3. In dem daraufhin erscheinenden Dialog wechseln Sie zunächst auf das Register ALLGEMEIN und geben den Namen »Besucherbegrüßung« für die Datenquelle an.
4. Wechseln Sie wieder auf das Register QUELLE, und klicken Sie auf die Schaltfläche VERKNÜPFTE DATENQUELLE KONFIGURIEREN.
5. Wählen Sie im daraufhin erscheinenden Assistenten die beiden SharePoint-Listen »Termine« und »Besucher« in exakt dieser Reihenfolge aus, indem Sie diese anklicken und danach die Schaltfläche HINZUFÜGEN betätigen. Klicken Sie abschließend auf WEITER.
6. Wählen Sie unter WÄHLEN SIE DEN VERKNÜPFUNGSTYP AUS, DER DER BEZIEHUNG ZWISCHEN DEN AUSGEWÄHLTEN QUELLEN AM BESTEN ENTSPRICHT die Option »Die Inhalte der Datenquellen verknüpfen, indem die Option ›Datenquellendetails‹ dazu verwendet wird, Datenansichten und verknüpfte Unteransichten einzufügen« aus.

Warum soll ich die Option »Verknüpfen« auswählen?

Sie können zwischen »Zusammenführen« und »Verknüpfen« wählen. Daten werden zusammengeführt, wenn Sie verschiedene Datenquellen mit denselben Feldern in einer einzelnen Datenquelle zusammenführen möchten. Die Einträge werden somit untereinander aufgelistet. Wenn Daten miteinander verknüpft werden, verfügen Sie über zwei verschiedene Datenquellen, die ein gemeinsames Feld haben, durch das die beiden Quellen miteinander verknüpft werden. Das ist der Fall, wenn eine Spalte vom Typ »Nachschlagen« verwendet wird.

7. Bestätigen Sie die Angaben, indem Sie auf FERTIG STELLEN klicken.
8. Sie sehen nun die beiden Listen »Termine« und »Besucher«, die Teil dieser Datenquelle sind. Sie könnten die beiden noch im Hinblick auf die beinhalteten Felder, vordefinierte Sortierungen oder Filterungen bearbeiten. In unserem Fall können Sie allerdings direkt über OK die Datenquelle erstellen lassen.

Sie sehen nun die neue Datenquelle in der Übersicht über alle Datenquellen der Website.

Erstellen einer Datenansicht

Rufen Sie nun die zuvor erstellte Webseite »Datenansicht.aspx« auf, indem Sie in der Navigation das Websiteobjekt WEBSITESEITEN und dann die Webseite selbst auswählen. In der daraufhin erscheinenden Konfigurationsseite klicken Sie auf den Link DATEI BEARBEITEN in der Rubrik ANPASSUNG im unteren linken Bereich.

Bestätigen Sie die Meldung »Diese Seite enthält keine Bereiche, die im abgesicherten Modus bearbeitet werden können. Möchten Sie die Seite im erweiterten Modus öffnen?« mit JA, um die weitere Bearbeitung vornehmen zu können. Sie befinden sich damit in der HTML-Ansicht der Seite.

Sie werden nun die erstellte Datenquelle nutzen, um die miteinander verknüpften Daten der Listen »Termine« und »Besucher« grafisch aufbereitet anzuzeigen. Führen Sie folgende Schritte durch:

1. Wählen Sie das Menüband EINFÜGEN und dort den Menüpunkt DATENANSICHT in der Menügruppe DATENANSICHTEN UND FORMULARE aus.
2. In dem sich öffnenden Untermenü wählen Sie die erstellte Datenquelle BESUCHERBEGRÜSSUNG aus dem Bereich VERKNÜPFTE QUELLEN aus.
3. Nun wird die Datenansicht in Form eines sogenannten *DataFormWebPart* in den Code Ihrer Webseite hinzugefügt, und Ihnen werden zur Konfiguration der Datenansicht mehrere zusätzliche Menübänder zur Verfügung gestellt. Da die Webseite bis dahin leer war, macht es keinen Unterschied, wo sich Ihr Cursor innerhalb der Seite befindet, während Sie die Datenansicht hinzufügen. Sollten Sie später einmal Seiten bearbeiten, in denen bereits Inhalte beispielsweise in Form von Webparts hinzugefügt wurden, so sollten Sie den Cursor genau an die Stelle setzen, an der Sie die Datenansicht hinzufügen möchten.

Gibt es keine Entwurfsansicht im SharePoint Designer 2013?

Wenn Sie bereits Erfahrungen mit dem SharePoint Designer 2010 gesammelt haben, werden Sie höchstwahrscheinlich die drei verschiedenen Ansichten ENTWURF, TEILEN und CODE suchen, die Ihnen zum einen die Bearbeitung der Webseiten mittels HTML, JavaScript und CSS ermöglicht haben und zum anderen einfachere Bearbeitungsschritte und die Ergebnisprüfung über eine Entwurfsansicht angeboten haben.

Mit dem SharePoint Designer 2013 steht Ihnen nur noch die CODE-Ansicht zur Verfügung. Wie gut, dass Sie die Website einfach mit der älteren Version, dem SharePoint Designer 2010, zur Bearbeitung öffnen und so auch die Entwurfsansicht nutzen können!

4. Definieren Sie die Spalten, die in der Datenansicht dargestellt werden sollen, indem Sie den Menüpunkt SPALTEN HINZUFÜGEN / ENTFERNEN im Menüband OPTIONEN auswählen. Dort entfernen Sie die Spalten »Geändert« und »Geändert von« und fügen stattdessen die Spalten »Besucher« und »Raum« sowie die Spalte »Webseite« als Formelspalte hinzu. Während Sie bei den ersten beiden Spalten einfach im linken Bereich die Spalte auswählen und anschließend die Schaltfläche HINZUFÜGEN betätigen, müssen Sie bei einer Formelspalte folgendermaßen vorgehen:
   - Wählen Sie im linken Bereich des Dialogs den untersten Eintrag »Formelspalte hinzufügen«, und betätigen Sie die Schaltfläche HINZUFÜGEN.
   - In dem daraufhin erscheinenden Dialog wählen Sie das Feld DAQUERYRESPONSE • BESUCHER • ROWS • ROW • WEBSEITE mit einem Doppelklick aus und bestätigen die Angabe über die Schaltfläche OK.
5. Verschieben Sie die Formelspalte nach ganz oben. Bestätigen Sie die Änderungen mit OK.
6. Klicken Sie nun auf den Menüpunkt SORTIEREN UND GRUPPIEREN, und definieren Sie eine Sortierung nach ANFANGSZEIT, ENDZEIT und TITEL. Sollte der Menüpunkt nicht zu finden sein, müssen Sie zunächst in das *DataFormWebPart* klicken und dann das Menüband TOOLS FÜR DIE DATENANZEIGE • OPTIONEN aufrufen.
7. Wir benötigen nun noch einen Filter, sodass nur Termine angezeigt werden, deren Anfangszeit zum Beispiel vor dem aktuellen Zeitpunkt liegt und deren Enddatum noch nicht erreicht wurde. Dazu wählen Sie den Menüpunkt FILTERN aus und klicken auf die Schaltfläche ERWEITERT, weil eine solche Anforderung nicht über die Standardfilterfunktionen umgesetzt werden kann.
8. Hierfür ist die Erfassung des in Listing 3.1 dargestellten XPath-Ausdrucks erforderlich. Bei XPath handelt es sich um eine Abfragesprache für Daten in Form von XML, wie sie durch das *DataFormWebPart* geliefert werden. Weitere Informationen zu XPath und seinen Möglichkeiten finden Sie unter *http://msdn.microsoft.com/de-de/library/ms256086.aspx*.

```
[number(translate(substring-after(@EndDate,' '), ':','')) >=
number(substring(translate(substring-after(ddwrt:TodayIso()
,'T'), ':',''), 0, 5)) and number(translate(substring-after(
@EventDate,' '), ':','')) <= number(substring(translate(
substring-after(ddwrt:TodayIso(),'T'), ':',''), 0, 5))]
```

Listing 3.1 XPath-Ausdruck zur Filterung der Datenansicht nach aktuell laufenden Terminen

Mit dem XPath-Befehl wird geprüft, ob das Enddatum (`EndDate`) des Termins noch nicht überschritten und das Anfangsdatum (`EventDate`) schon erreicht wurde. Das ist gleichbedeutend mit der Aussage, dass der Termin gerade stattfindet, wodurch immer die gerade aktuellen Besucher in der Datenansicht aufgelistet werden.

Sie müssen aber jetzt nicht diesen doch recht langen XPath-Befehl eintippen, sondern können hierfür eine Textdatei unter der Websiteadresse *http://msdemopoint.conet.de/blog/nicole-enders/sharepoint-2013-fuer-anwender/uebungen/it-support-und-empfang.aspx* herunterladen. Fügen Sie den Inhalt der Textdatei ein, und bestätigen Sie die Angaben über die Schaltflächen OK.

9. Abschließend sollten Sie noch die Konfiguration der Aktualisierungsoptionen im Menüband OPTIONEN vornehmen, indem Sie die Option SCHALTFLÄCHE FÜR AKTUALISIEREN AKTIVIEREN und unter AKTUALISIERUNGSINTERVALL zum Beispiel den Wert »60 Sekunden« auswählen. So wird jede Minute die Webseite aktualisiert, und der Anwender hat zusätzlich die Möglichkeit, manuell die Anzeige zu aktualisieren.
10. Speichern Sie nun die Webseite über das Diskettensymbol oben links in der *Symbolleiste für den Schnellzugriff* oder mittels [STRG]+[S].

Für die grafische Aufbereitung empfehle ich Ihnen spätestens jetzt einen Wechsel zum SharePoint Designer 2010, da die fehlende Entwurfsansicht im SharePoint Designer 2013 nun ein enormes Vorwissen für die Bearbeitung des Webparts voraussetzen würde. Erstellen Sie vor dem Öffnen der Website mit dem SharePoint Designer 2010 einen neuen Termin in der Liste »Termine«, der den gesamten aktuellen Tag über andauert. Damit haben Sie genug Zeit, um die Anpassungen an der Ansicht vorzunehmen. Wenn Sie keinen aktuellen Termin im System erfasst haben, werden Sie aufgrund der fehlenden Daten in der Datenansicht bestimmte Menüpunkte nicht finden können. Rufen Sie danach im SharePoint Designer 2010 die Seite »Datenansicht.aspx« zur Bearbeitung auf, und führen Sie die folgenden Schritte durch:

1. Wenn Sie die Entwurfsansicht nutzen, sehen Sie, dass die Felder BESUCHER und RAUM anders formatiert werden müssen, weil die reine HTML-Darstellung optisch nicht ansprechend ist. Klicken Sie in die Felder und dann auf das daraufhin erscheinende Pfeilsymbol im oberen rechten Rand des jeweiligen Feldes. Wählen Sie unter FORMATIEREN ALS die Option »Rich-Text« aus.
2. Ändern Sie im Code den Titel der Website von »Ohne_Titel_1« in beispielsweise »Herzlich Willkommen bei uns!« ab, indem Sie über die Suchfunktion, die Sie mit [STRG]+[F] aufrufen, nach dem Text »Ohne_Titel_1« suchen und diesen durch den von Ihnen gewünschten Titel der Begrüßungsseite ersetzen.
3. An dieser Stelle sind weitere Anpassungen wie das Hinterlegen eines Stylesheets oder das Hinzufügen eines Header- und Footerbereiches denkbar. Probieren Sie die verschiedenen Funktionen doch einfach einmal aus.

Nachdem Sie alle Änderungen gespeichert haben, können Sie über den Menüpunkt BROWSERVORSCHAU im Menüband START die Seite in Ihrem Standardbrowser aufrufen. Sie sollten nun je nach den in Ihrer Website erfassten Terminen und Besuchern eine mit Abbildung 3.10 vergleichbare Darstellung erhalten. Wenn Sie keine Grafiken zu Ihren Besuchern sehen können, liegt das wahrscheinlich daran, dass Sie in der Kontaktliste für die jeweiligen Besucher im Feld »Webseite« keinen Link auf ein Bild angegeben haben. Sie können das jetzt nachholen, und schon werden Sie nach einem erneuten Aufruf der Seite auch die gewünschten Grafiken wie beispielsweise das jeweilige Firmenlogo des Besuchers sehen können.

	Titel	Anfangszeit	Endzeit	Besucher	Raum
	Hausmesse	01.10.2013 08:00	18.01.2013 16:00	Marianne Mustermann	Schulungssaal 1
	SharePoint-Workshop	01.12.2013 12:00	13.01.2013 16:00	Thorsten Müller; Marianne Mustermann	Schulungssaal 2

Abbildung 3.10 Datenansicht auf die aktuellen Termine

Die Webseite »Datenansicht.aspx« stellt die Webseite zur Bearbeitung der Ansicht »Aktuelle Besucher« dar. Kopieren Sie nun den Code dieser Webseite über den SharePoint Designer in die Wiki-Seite »Aktuelle Besucher.aspx«. Da es sich um eine Wiki-Seite handelt, müssen Sie die Seite erst im erweiterten Modus öffnen. Klicken Sie dafür in der Bearbeitungsansicht der Seite auf den Menüpunkt ERWEITERTER MODUS im Menüband START. Ignorieren Sie die Warnmeldung.

Meine erste fertige Unternehmenslösung auf Basis von SharePoint

Herzlichen Glückwunsch! Sie haben nun eine erste Unternehmenslösung auf Basis von SharePoint erstellt. Sie haben vielleicht schon Ideen, wie Sie aus den in der Übung vorgestellten Ideen eine auf Ihr Unternehmen individualisierte Lösung erstellen können. Probieren Sie es aus! Ich bin sicher, dass Sie es mit den bisher erlernten Funktionen und Tools schaffen werden.

3.2.7 Und wie nutze und präsentiere ich die Lösung jetzt richtig?

Sie haben zwar eine SharePoint-Lösung zur Anmeldung und Begrüßung erstellt, stehen jetzt aber vor der Herausforderung, dass Sie diese Lösung den Anwendern oder Ihrem Entscheider präsentieren bzw. vorführen sollen. Da stellt sich natürlich die Frage: »Wie präsentiere ich als Einzelperson am besten den Funktionsumfang dieser Anwendung?«

Pflegen Sie unbedingt vor der Präsentation Daten ein. So sollte es zum Zeitpunkt der Vorstellung am besten mindestens zwei aktuelle Besucher geben. Außerdem wäre es sinnvoll, wenn gerade ein paar Aufgaben zur Vorbereitung der Besprechungsräume anstünden und Sie unter Ihren Terminen Einträge aufrufen könnten. Folgende Schritte können Sie danach durchführen, um die Lösung vorzustellen:

1. Rufen Sie die Homepage der Anwendung auf, und erläutern Sie den Zuhörern, welche Möglichkeiten sich ihnen dort bieten:
   - Welche Termine stehen noch an, die vom aktuellen Anwender erfasst wurden?
   - Welche Aufgaben hat der Anwender heute zu bearbeiten? Dieser Bereich ist vor allem für die Mitarbeiter vom Empfang im Hinblick auf die Vorbereitung der Besprechungsräume relevant.
   - Welche Personen sind bereits als potenzielle Besucher im System registriert? Hier wäre als Erweiterung zum Beispiel eine ID für den Besucher denkbar, mit der er bereits Zugang zu einem Gäste-WLAN erhält oder direkt für die Kantine angemeldet wird, falls eine Bewirtung in der Mittagspause gewünscht ist.
   - Im rechten Bereich der Seite werden außerdem alle für den aktuellen Tag erwarteten Besucher angezeigt.
2. Erstellen Sie nun einen neuen Termin, an dem der Besucher, Thorsten Müller, teilnimmt, indem Sie in der Liste »Termine« den Menüpunkt NEUES EREIGNIS verwenden.
3. Geben Sie den Titel »Vorstellung SharePoint« und die Beschreibung »Bitte für 5 Personen eindecken und Bewirtungszettel für 12:00 Uhr vorbereiten« an, und legen Sie Anfangs- und Endzeit so fest, dass der Termin bereits begonnen hat, jedoch noch nicht beendet wurde. Wählen Sie einen beliebigen Raum aus und selektieren Sie den Besucher »Thorsten Müller«. Als Ansprechpartner können Sie entweder sich oder einen Ihrer Zuhörer bestimmen und speichern den neuen Termin.
4. Der neue Termin wird nun auf der Startseite aufgeführt. Zusätzlich wurde in der Liste Aufgaben eine neue Aufgabe erstellt, die an Informationen sowohl den Titel als auch die Beschreibung Ihres Termins übernommen hat. Damit können die Mitarbeiter vom Empfang die nötigen Vorbereitungen treffen und die Aufgabe anschließend auf den STATUS »Abgeschlossen« setzen.
5. Sie sehen genau wie der Empfang und die unternehmensinternen Anwender, dass gerade dieser Termin stattfindet, indem Sie sich den rechten Bereich der Homepage anschauen. Dort wird Ihr Termin mit Angabe des Besuchers dargestellt.
6. Nun stellen wir uns vor, dass Herr Müller zu dem erfassten Termin erscheint und einem Mitarbeiter des Empfangs mitteilt, dass er mit Ihnen verabredet ist. Vielleicht weiß er nicht mehr, in welchem Raum der Termin stattfindet oder Sie sind gerade nicht erreichbar, und die Mitarbeiter vom Empfang suchen nach einem anderen Mitarbeiter, der den Besuch begrüßen kann. Es gibt nun zwei verschie-

dene Möglichkeiten, wie der Besucher an die Information gelangen kann, in welchem Raum sein Termin stattfindet:

- Der Besucher kann die Anzeige im Besucherbereich nutzen, da dort Informationen zum Raum und den internen Ansprechpartnern zu finden sind. Soweit es den Richtlinien Ihres Unternehmens entspricht, könnte der Besucher mit diesen Informationen selbstständig zu dem entsprechenden Raum gehen.
- Ein Mitarbeiter des Empfangs kann über den Menüpunkt BESUCHER • AKTUELL die Begrüßungsseite aus der Anwendung selbst aufrufen und nachschauen, wen er alternativ über den Besuch informieren kann, damit dieser persönlich abgeholt wird.

Wenn Sie diese Schritte durchgeführt haben, konnten Sie alle Funktionen der Lösung praktisch vorstellen. Spätestens zum Abschluss der Präsentation sollten Sie die Teilnehmer fragen, wie ihnen die Lösung gefällt und ob sie sich einen praktischen Einsatz dieser Anwendung vorstellen können. Sie werden durch die Reaktionen dieser Personen schnell ein Gefühl dafür bekommen, wie eine solche Lösung für Ihr Unternehmen aussehen muss und welcher Anpassungsbedarf ggf. noch besteht.

3.3 Zentrale Erfassung von Telefonnotizen

Neben der Begrüßung von Besuchern und der Vorbereitung der Räume kann die Annahme von Telefonanrufen zu den wichtigsten Aufgaben des Empfangs zählen. Um den Empfang bei der Dokumentation der Telefongespräche zu unterstützen und die Weitergabe von Informationen aus den Telefonaten an den jeweils zuständigen Ansprechpartner zu erleichtern, werden Sie eine Erfassungskomponente mit einer automatischen Benachrichtigungsfunktion erstellen.

3.3.1 Benötigte Funktionen

Entsprechend der Darstellung in Abbildung 3.11 sind an diesem Prozess die zwei Anwendergruppen »Mitarbeiter« und »Empfang« mit folgenden Funktionen beteiligt:

- **Empfang:** Diese Anwender können nach einem Telefonat eine Telefonnotiz erfassen und einem Kollegen zuweisen. Sie haben eine Übersicht über sämtliche Telefonnotizen, können Gruppierungen, Sortierungen und Filterungen vornehmen und jede beliebige von Ihnen erfasste Telefonnotiz löschen.
- **Mitarbeiter:** Diese Anwender werden automatisch per E-Mail oder RSS-Feed darüber benachrichtigt, dass für sie eine neue Telefonnotiz erfasst wurde. Sie können die ihnen zugewiesenen Telefonnotizen lesen, bearbeiten und löschen. Auf die Telefonnotizen anderer Anwender können sie nicht zugreifen.

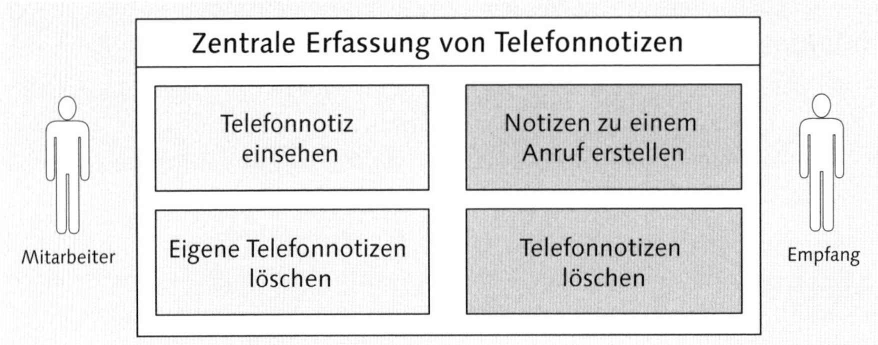

Abbildung 3.11 Anforderungen an die zentrale Erfassung von Telefonnotizen

3.3.2 Konzeption und Umsetzung der Lösung

Die Anforderungen an diese Lösung lassen sich durch eine einfache Liste umsetzen, in der die Informationen eines Anrufs erfasst werden können. Zusätzlich werden Sie noch eine Dokumentbibliothek anlegen und so konfigurieren, dass Sie ein Dokument hochladen und mit der Notiz zu einem Anruf verknüpfen können, um dem Mitarbeiter weitere Informationen zu dem verpassten Anruf mitteilen zu können. Wenn ein Mitarbeiter verpasste Anrufe auf seinem Telefon sieht, kann er die Anwendung aufrufen und erhält direkt auf der Homepage eine Auflistung der für ihn erfassten Telefonnotizen. Sie werden zwar per RSS-Feed über Neuigkeiten in der Liste informiert, haben allerdings eine gewisse Zeitverzögerung bei dieser Form der Benachrichtigung. Aus diesem Grund können Sie auch manuell die Seite mit den Telefonnotizen aufrufen. Um die Lösung zur Erfassung der Telefonnotizen zu erstellen, gehen Sie folgendermaßen vor:

1. Erstellen Sie in der Website auf oberster Ebene Ihrer *Websitesammlung* eine neue *Unterwebsite* »Telefonnotizen« auf Basis der Vorlage »Teamwebsite«. Übernehmen Sie sowohl die Berechtigungen als auch die *Leiste für häufig verwendete Links* der übergeordneten Website.
2. In der neuen Website erstellen Sie nun eine benutzerdefinierte Liste, die Sie »Anrufe« nennen und in der Sie folgende Spalten anlegen:

Spalte	Typ	Pflichtfeld
Gewünschter Gesprächsteilnehmer	Person oder Gruppe (Mehrfachauswahl zulassen)	Ja
Anrufer	Eine Textzeile	Ja

Tabelle 3.6 Spalten für die benutzerdefinierte Liste zur Verwaltung von Telefonnotizen anlegen

Spalte	Typ	Pflichtfeld
Kontaktinformationen	Mehrere Textzeilen	Nein
Nächster Schritt	Auswahl (»Bittet um Rückruf«, »Ruft erneut an«, »Siehe E-Mail«, »Ist Erledigt«)	Nein
Anmerkungen und Kommentare	Mehrere Textzeilen	Nein

Tabelle 3.6 Spalten für die benutzerdefinierte Liste zur Verwaltung von Telefonnotizen anlegen (Forts.)

Nach Erstellung der Spalten müssen Sie noch die Spalte TITEL in GRUND DES ANRUFS umbenennen, indem Sie unter den Listeneinstellungen auf die Spalte klicken.

Sie sollten nun wie in Abbildung 3.12 die angelegten Spalten sehen. Falls Sie sich mit der Reihenfolge vertan haben, in der die Spalten angelegt werden sollten, so können Sie den Menüpunkt SPALTENSORTIERUNG auswählen und so die Reihenfolge der Felder in der Eingabemaske bearbeiten.

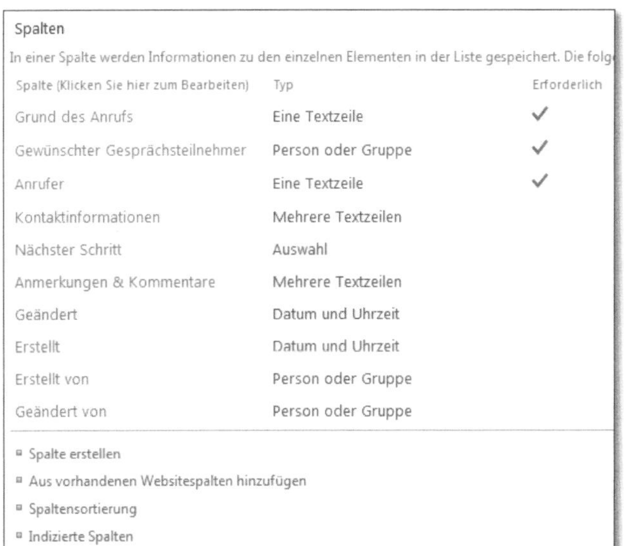

Abbildung 3.12 Einstellungen der benutzerdefinierten Liste »Anrufe«

3. Neben der reinen Erfassung von Notizen zu einem Telefonanruf kann es manchmal erforderlich sein, bereits zusammen mit der Notiz auch bestimmte Dokumente oder beispielsweise ein Fax bzw. ein eingescanntes Schriftstück an den betroffenen Mitarbeiter weiterzuleiten. Normalerweise würden Sie das per E-Mail

lösen, aber die Websitevorlage bietet uns bereits einen zentralen Ablageort für Dokumente an. Warum sollten wir diesen nicht nutzen?

Daher legen Sie in der Bibliothek »Dokumente« eine zusätzliche Spalte ANRUF vom Typ »Nachschlagen« an, die ihre Auswahlwerte aus der Liste »Anrufe« und speziell aus der Spalte »Grund des Anrufs« erhält. Unter dem Bereich SPALTE ZUM ANZEIGEN DIESER ZUSÄTZLICHEN FELDER HINZUFÜGEN wählen Sie die Spalten »Anrufer« und »Erstellt« aus, wodurch Ihnen in der Bibliothek bessere Filtermöglichkeiten zur Verfügung stehen. Wählen Sie außerdem die Option »Diese Spalte muss Informationen enthalten« aus, und bestätigen Sie die Angaben über die Schaltfläche OK. Die Sicherheitsabfrage, ob die neue Spalte indiziert werden soll, können Sie auch mit OK bestätigen.

4. Die Struktur für die Erfassung der Telefonnotizen ist konfiguriert, sodass Sie nun die Startseite bearbeiten können, damit der Anwender die für ihn relevanten Notizen inklusive dazu gehörender Dokumente einsehen kann. Dazu navigieren Sie auf die Homepage, indem Sie beispielsweise auf den Menüpunkt START in der Schnellstartleiste klicken.

   Im Menüband SEITE wählen Sie den Menüpunkt BEARBEITEN aus und navigieren zum Menüband EINFÜGEN, um anschließend den Menüpunkt WEBPART auszuwählen. Entsprechend der Darstellung in Abbildung 3.13 werden Ihnen zunächst unter der Kategorie APPS die in der Website existierenden Listen und Bibliotheken angeboten, deren Inhalt Sie über ein Webpart auf der Seite positionieren können. Fügen Sie ein Webpart für die Liste »Anrufe« hinzu, indem Sie diese auswählen und die Schaltfläche HINZUFÜGEN betätigen.

Wichtiger Hinweis bei der Konfiguration von Webparts auf einer Websiteseite

Wenn Sie ein neues Webpart auf einer Websiteseite hinzufügen, sollten Sie unbedingt die Seite über das Menüband TEXT FORMATIEREN und den dort zu findenden Menüpunkt SPEICHERN abspeichern, bevor Sie bei einem der auf der Seite platzierten Webparts den Menüpunkt WEBPART BEARBEITEN nutzen.

Wenn Sie nicht speichern und dann beispielsweise bei einem Webpart die aktuelle Ansicht bearbeiten möchten, verlassen Sie die Websiteseite, konfigurieren dann die Ansicht und gelangen danach wieder auf die Websiteseite. Ungünstigerweise hat die Seite aber nicht gespeichert, welche neuen Webparts zuvor hinzugefügt wurden. Damit beginnt für Sie die Arbeit von Neuem. Deshalb empfehle ich Ihnen, die fehlenden Webparts nacheinander auf der jeweiligen Seite hinzuzufügen und dann erst einmal die Seite zu speichern. Danach können Sie sie wieder im Bearbeitungsmodus über den Menüpunkt BEARBEITEN öffnen und die Konfiguration der einzelnen Webparts vornehmen.

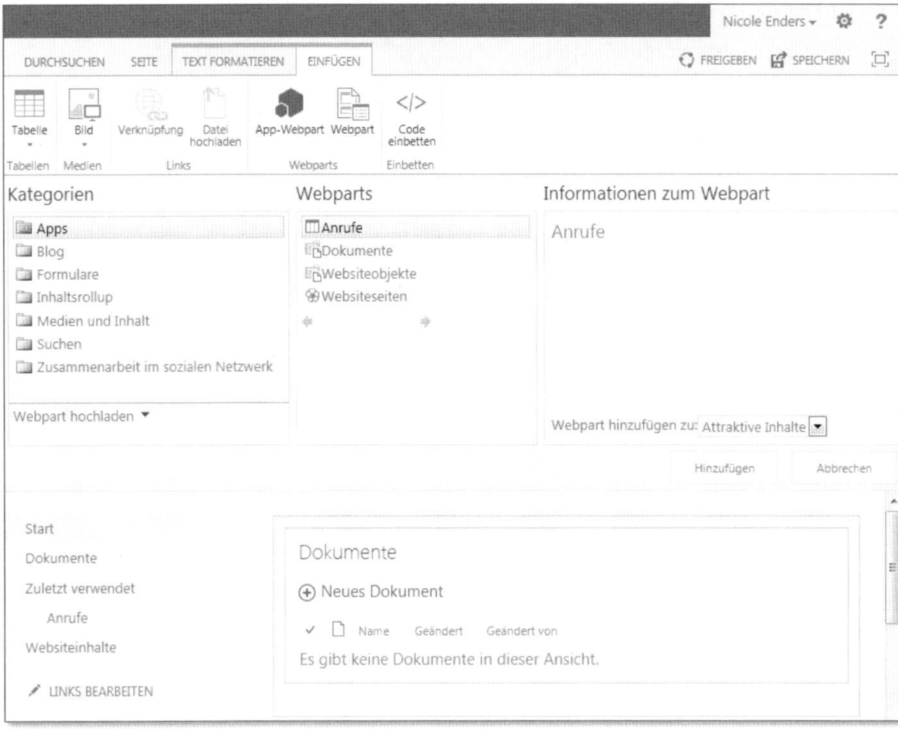

Abbildung 3.13 Webpart der App »Anrufe« hinzufügen

5. Eine wichtige Anforderung besteht darin, dass der einzelne Mitarbeiter nur die für ihn relevanten Telefonnotizen sehen kann, während die Mitarbeiter des Empfangs die Möglichkeit haben, eine Übersicht über alle von ihnen erstellten Notizen zu nutzen. Aus diesem Grund werden Sie die Ansicht des Webparts für die Liste »Anrufe« bearbeiten.

   Wenn Sie auf das Webpart klicken, erscheint ein neues Menüband WEBPART, in dem Sie den Menüpunkt WEBPARTEIGENSCHAFTEN auswählen können, damit sich im rechten Bereich der Seite das Bearbeitungsmenü für das Webpart öffnet. Alternativ können Sie auch in der rechten oberen Ecke des Webparts auf den Menüpunkt WEBPART BEARBEITEN klicken. Dieses Menü erscheint nach einem Klick auf diese Ecke und sollte in etwa so wie in Abbildung 3.14 aussehen.

   Im Bearbeitungsmenü klicken Sie auf den Link AKTUELLE ANSICHT BEARBEITEN direkt unter der ersten Auswahlliste, um in die Bearbeitungsmaske der Ansicht zu gelangen. Dort können Sie direkt zum Bereich FILTER navigieren und dort nach Auswahl der Option ELEMENTE NUR IN FOLGENDEM FALL ANZEIGEN die folgenden Filterkriterien angeben:

- GEWÜNSCHTER GESPRÄCHSTEILNEHMER ist gleich »[Ich]«
- ERSTELLT VON ist gleich »[Ich]«
- GEÄNDERT VON ist gleich »[Ich]«

Sie verknüpfen die drei Kriterien mit der Option ODER und nutzen für die Erfassung des dritten Filterkriteriums den Link WEITERE SPALTEN ANZEIGEN, wodurch die Erfassung von mehr als nur den zwei standardmäßig angebotenen Filtern möglich ist. Speichern Sie die Änderungen, und kehren Sie zur Homepage zurück.

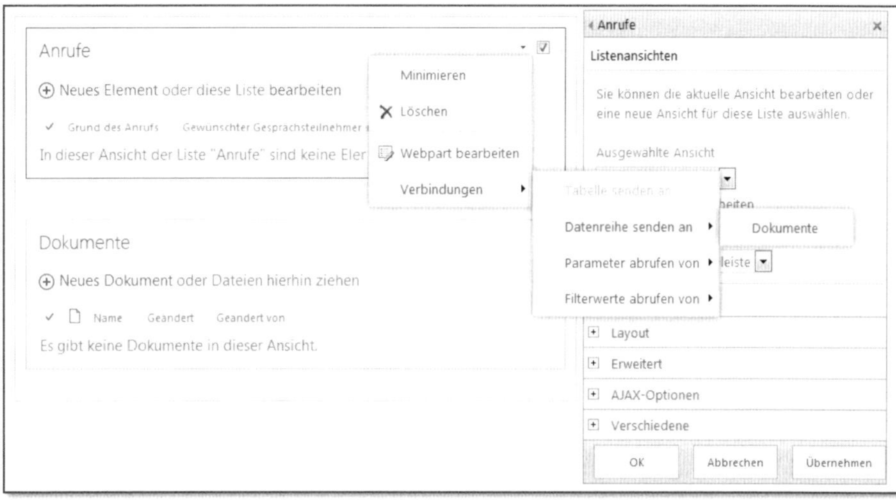

Abbildung 3.14 Webparts miteinander verknüpfen, um nur die Dokumente zu einem bestimmten Anruf zu sehen

6. Öffnen Sie die Seite erneut im Bearbeitungsmodus, und wählen Sie das Webpart ANRUFE zur Bearbeitung aus. Sobald Sie dies getan haben, erscheint in dem Menü des Webparts, das Sie in Abbildung 3.14 sehen, der Menüpunkt VERBINDUNGEN. Wählen Sie dort den Menüpunkt DATENREIHE SENDEN AN • DOKUMENTE aus.

   Nach Auswahl des Menüpunktes erscheint ein Popup zur weiteren Konfiguration. Eventuell müssen Sie vorübergehend Popups in Ihrem Browser zulassen, um die weitere Bearbeitung vornehmen zu können. Wählen Sie unter Schritt 1 VERBINDUNG AUSWÄHLEN den Verbindungstyp FILTERWERTE ABRUFEN VON aus, und klicken Sie auf KONFIGURIEREN. Als ANBIETERFELDNAME wählen Sie die Spalte »Grund des Anrufs« aus der Liste »Anrufer« aus, während die Spalte »Anruf« aus der Bibliothek »Dokumente« unter CONSUMERFELDNAME selektiert wird.

   Indem Sie die Schaltfläche FERTIG STELLEN betätigen, wird die Konfiguration der Verbindung gespeichert. Speichern Sie nun auch die Seite, indem Sie im Menüband TEXT FORMATIEREN den Menüpunkt SPEICHERN auswählen.

Wie kann ich sicherstellen, dass nur der angegebene Mitarbeiter die Notizen und vor allem die dazu gehörenden Dokumente aufrufen kann?

Es gibt grundsätzlich zwei verschiedene Möglichkeiten in SharePoint, um den Zugriff auf Informationen zu regeln:

- **Sichtbarkeit** mittels **Zielgruppen**: Als wir die Ansicht für die Liste Anrufe bearbeiteten, haben wir mit einer sogenannten Sichtbarkeit gearbeitet. Das bedeutet, dass grundsätzlich jeder Anwender die Berechtigung hat, jede Telefonnotiz und jedes Dokument aufzurufen – unabhängig davon, ob es für ihn hinterlegt wurde oder für einen anderen Mitarbeiter. Über die Homepage wird er nun aber gefiltert nur die für ihn relevanten oder von ihm erstellten bzw. editierten Telefonnotizen sehen. Die Dokumente werden wiederum durch eine vom Anwender ausgewählte Telefonnotiz gefiltert. Solange der Anwender keinen Weg kennt, um mittels einer anderen Ansicht auf die Liste bzw. Bibliothek zuzugreifen, sind die Inhalte vor unbefugtem Zugriff »sicher«.
- **Berechtigungen**: Reicht Ihnen die Regelung per Sichtbarkeit nicht, dann müssen Sie individuell Berechtigungen setzen. Das ist allerdings sehr mühsam, da es für den Erfasser einer Telefonnotiz einen zusätzlichen Arbeitsschritt bedeutet und auch eine Berechtigungsstufe erfordert, damit der Erfasser überhaupt das Recht hat, die Berechtigungen zu bearbeiten. Hinzu kommt, dass die Erteilung von individuellen Berechtigungen auf der Ebene einzelner Elemente (wie Notizen bzw. Dokumenten) zu einer unübersichtlichen Rechtestruktur führt.

Wie mit sensiblen Informationen umgegangen werden kann, können Sie im Rahmen der Mitarbeiterverwaltung in Abschnitt 4.3 erforschen.

Zum Abschluss sollten Sie noch die Navigation überarbeiten, sodass die Anwender nicht direkt auf die Bibliothek »Dokumente« oder die Liste »Anrufe« zugreifen können, sondern lediglich die Homepage nutzen. Ihre Lösung sollte nun entsprechend der Darstellung in Abbildung 3.15 aussehen.

Wie kann ich diese Lösung noch persönlicher gestalten?

Sie haben nun das Grundgerüst einer Lösung erstellt. Vielleicht haben Sie Lust, verschiedene weitere Ansichten zu erstellen, die Navigation um diese zu erweitern und die Seiten mit Grafiken oder beschreibenden Texten aufzubereiten. SharePoint bietet Ihnen die Möglichkeit, solche Lösungen schnell zu erstellen und sie sogar im laufenden Betrieb zu erweitern und zu optimieren. So können Sie beispielsweise auch eine spezielle Ansicht für den Empfang erstellen, die für die Eingabe der Telefonnotizen optimiert ist und vielleicht das Ansichtsformat »QuickEdit« hierfür nutzt, das Sie in Abschnitt 2.1.3 kennengelernt haben.

Abbildung 3.15 Homepage der Lösung für Telefonnotizen

3.4 Zentrale Systemüberwachung und Ticketbereitstellung

Bei der Nutzung der im Unternehmen bereitgestellten Anwendungen können Fehlfunktionen auftreten. Um diese zu melden, werden Sie ein Ticketsystem entwickeln, das die Erfassung, Bearbeitung und Dokumentation von Fehlermeldungen ermöglicht. Zusätzlich kann die Bereitstellung einer Systemüberwachungskomponente nützlich sein, um in Kombination mit dem Ticketsystem die Verfügbarkeit der Applikationen und Systeme zu gewährleisten.

3.4.1 Benötigte Funktionen

Bei intern administrierten Systemen und Anwendungen wird meistens ein Ticketsystem benötigt, das den IT-Support bei der Bearbeitung und Lösung gemeldeter Fehlfunktionen unterstützt.

Gemäß den in Abbildung 3.16 dargestellten Anforderungen werden auch für diese Lösung zwei Anwendergruppen identifiziert:

- **Mitarbeiter:** Diese Anwender melden Fehlfunktionen und möchten den Status ihrer offenen Tickets überprüfen können.
- **Support:** Diese Anwender nehmen die gemeldeten Fehler auf, bewerten diese und suchen nach einer Lösung für das Problem. Sobald der Fehler behoben wurde, soll das Ticket geschlossen werden können. Außerdem soll es möglich sein, Ursachen und Lösungen zu dokumentieren und somit eine Wissensdatenbank aufzubauen, die bei der Bearbeitung zukünftig gemeldeter Fehler den Support unterstützen soll.

Allerdings soll der Support nicht nur auf gemeldete Fehler im Ticketsystem reagieren, sondern aktiv die intern administrierten Systeme überwachen und dadurch bereits Probleme beheben, bevor diese von einem Anwender gemeldet werden.

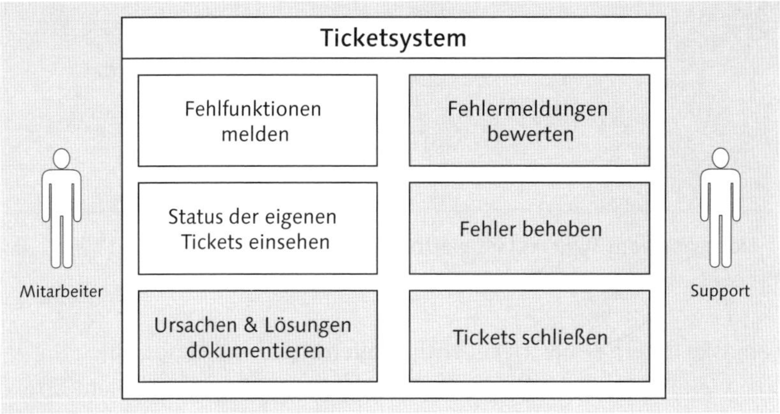

Abbildung 3.16 Anforderungen an ein Ticketsystem

3.4.2 Konzeption der Lösung

Für das Ticketsystem und die Systemüberwachung inklusive der Integration einer bereits eingesetzten Systemüberwachungssoftware wird eine gemeinsame Website erstellt. Für das Ticketsystem kann die App »Problemverfolgung« genutzt werden, die bereits die wichtigsten benötigten Felder zur Erfassung von Fehlermeldungen zur Verfügung stellt. Für die Integration der Systemüberwachung hingegen wird das *Seiten-Viewer Webpart* auf einer separaten Webseite hinzugefügt und entsprechend konfiguriert, um die Anzeige der bisher genutzten Systemüberwachungsseite aus SharePoint heraus zu ermöglichen.

3.4.3 Ticketsystem

Als Erstes erstellen wir das Ticketsystem, um Unterstützungsbedarf durch die Mitarbeiter des IT-Supports zu melden:

1. Erstellen Sie in der Website auf oberster Ebene Ihrer *Websitesammlung* eine neue *Unterwebsite* »Zentrale Systemüberwachung und Ticketsystem« auf Basis der Vorlage »Teamwebsite«, und übernehmen Sie sowohl die Berechtigungen als auch die *Leiste für häufig verwendete Links* der übergeordneten Website.
2. In der neuen Website fügen Sie nun eine neue App, die sogenannte *Problemverfolgung*, mit dem Namen »Tickets« hinzu. Diese Liste bringt automatisch verschiedene Ansichten (wie zum Beispiel »Meine Probleme«) mit, wie Sie in Abbildung 3.17 sehen können.

Abbildung 3.17 Neue App vom Typ »Problemverfolgung« für die Erfassung von Tickets einfügen

3. Die Eingabemaske für ein neues Ticket enthält allerdings für den normalen Mitarbeiter viel zu viele Felder. So soll er zum Beispiel das Ticket niemandem direkt zuweisen, den Status oder die Kategorie festlegen oder Tickets miteinander über das FELD VERWANDTE PROBLEME verknüpfen können. Um dem Anwender eine Eingabemaske zur Verfügung zu stellen, in der er nur den Titel, die Priorität und eine Beschreibung für den Unterstützungsbedarf angeben kann, öffnen Sie nun den SharePoint Designer 2013.
4. In der Navigationsleiste klicken Sie das *Websiteobjekt* LISTEN UND BIBLIOTHEKEN an. In der daraufhin erscheinenden Auflistung wählen Sie die Liste »Tickets« aus.

Abbildung 3.18 Einstellungen der Liste »Tickets«

5. Sie befinden sich nun in den Listeneinstellungen der Liste »Tickets«, wie Sie in Abbildung 3.18 erkennen können. Im Bereich FORMULARE sehen Sie die drei Seiten, die zur Erstellung, Bearbeitung und Anzeige eines Tickets verwendet werden. Wählen Sie dort den Menüpunkt NEU aus, um ein Formular zur Erfassung eines neuen Tickets zu erstellen.
6. In dem sich nun öffnenden Fenster geben Sie als Dateiname »NewTicket« an und wählen als FORMULARTYP die Option »Formular zum Anlegen neuer Einträge« aus. Bestätigen Sie die Auswahl über die Schaltfläche OK.
7. Das neue Formular sollte nun unter den drei Standardformularen erscheinen. Klicken Sie auf das neue Formular, und wählen Sie den Menüpunkt ERWEITERTER MODUS im Menüband START aus, um das neue Formular bearbeiten zu können.
8. Im Code entfernen Sie nun die Eingabefelder ZUGEWIESEN AN, PROBLEMSTATUS, KATEGORIE, FÄLLIGKEITSDATUM, VERWANDTE PROBLEME und KOMMENTARE, sodass entsprechend Listing 3.2 lediglich die Felder TITEL, PRIORITÄT und BESCHREIBUNG auf der Seite verbleiben. Speichern Sie die Änderungen ab.

```
<xsl:template name="dvt_1.rowedit">
 <xsl:param name="Pos" select="position()"/>
  <tr>
   <td>
    <table border="0" cellspacing="0" width="100%">
     <tr>
      <td width="190px" valign="top" class="ms-formlabel">
       <h3 class="ms-standardheader">
        <nobr>Titel<span class="ms-formvalidation"> *</span>
        </nobr>
       </h3>
      </td>
      <td width="400px" valign="top" class="ms-formbody">
       <SharePoint:FormField runat="server" id="ff1{$Pos}"
        ControlMode="New" FieldName="Title" __designer:bind="
        {ddwrt:DataBind('i',concat('ff1',$Pos),'Value',
        'ValueChanged','ID',ddwrt:EscapeDelims(string(@ID)),
        '@Title')}"/>
        <SharePoint:FieldDescription runat="server"
         id="ff1description{$Pos}" FieldName="Title"
         ControlMode="New"/>
       </td>
      </tr>
      <tr>
       <td width="190px" valign="top" class="ms-formlabel">
        <h3 class="ms-standardheader"><nobr>Priorität</nobr>
```

```
      </h3>
     </td>
     <td width="400px" valign="top" class="ms-formbody">
      <SharePoint:FormField runat="server" id="ff4{$Pos}"
       ControlMode="New" FieldName="Priority"
       __designer:bind="{ddwrt:DataBind('i',concat('ff4',
       $Pos),'Value','ValueChanged','ID',ddwrt:EscapeDelims
       (string(@ID)),'@Priority')}"/>
      <SharePoint:FieldDescription runat="server"
       id="ff4description{$Pos}" FieldName="Priority"
       ControlMode="New"/>
     </td>
    </tr>
    <tr>
     <td width="190px" valign="top" class="ms-formlabel">
      <h3 class="ms-standardheader">
       <nobr>Beschreibung</nobr></h3>
     </td>
     <td width="400px" valign="top" class="ms-formbody">
      <SharePoint:FormField runat="server" id="ff5{$Pos}"
       ControlMode="New" FieldName="Comment" __designer:
       bind="{ddwrt:DataBind('i',concat('ff5',$Pos),'Value',
       'ValueChanged','ID',ddwrt:EscapeDelims(string(@ID)),
       '@Comment')}"/>
      <SharePoint:FieldDescription runat="server"
       id="ff5description{$Pos}" FieldName="Comment"
       ControlMode="New"/>
     </td>
    </tr>
    <tr id="idAttachmentsRow">
```

Listing 3.2 Verbleibende Felder für die Eingabe eines neuen Tickets

9. Sobald Sie die neue Eingabemaske gespeichert und die Warnmeldung ignoriert haben, können Sie wieder auf die in Abbildung 3.18 dargestellte Einstellungsseite der Liste wechseln, das Formular »NewTicket.aspx« auswählen (nicht auf den Link klicken) und im Menüband FORMULARE die Aktion ALS STANDARD FESTLEGEN ausführen. Damit wird die bisherige Eingabemaske durch die von Ihnen modifizierte ersetzt und kann nur aufgerufen werden, wenn der Anwender den genauen Link zu dieser Seite kennt. Damit könnten Sie den Support-Mitarbeitern die Möglichkeit geben, die komplexere Eingabemaske zu nutzen, während die Mehrheit der Anwender ihre Meldungen über die komprimierte Variante erfasst.

10. Die Anwender sollen zwar ihre Tickets einsehen können, ohne dabei aber auch die internen Notizen des IT-Supports zu lesen. Aus diesem Grund sollten Sie das bestehende Ansichtsformular auch anpassen. Dazu wählen Sie das Formular »DispForm.aspx« aus und entfernen dort auch die entsprechenden Felder, wobei Sie das Feld »Problemstatus« zusätzlich zu den drei Feldern in der Eingabemaske anzeigen können, damit der Anwender die Information erhält, was mit seinem Ticket gerade passiert.
11. Nachdem die Liste zur Verwaltung der Tickets konfiguriert ist, können Sie die Homepage anpassen, indem Sie die beiden Webparts entfernen, die sich standardmäßig darauf befinden. Anschließend fügen Sie in der Bearbeitungsansicht der Seite über das Menüband EINFÜGEN und den Menüpunkt WEBPART die Liste »Tickets« hinzu. Vergessen Sie nicht, die Seite zu speichern und erneut im Bearbeitungsmodus zu öffnen, damit Ihr Webpart nach der nun folgenden Konfiguration nicht zum Schluss wieder von der Seite verschwunden ist.
12. Die angezeigten Spalten entsprechen nicht den Anforderungen des Anwenders, der ein Ticket eröffnet hat. Wählen Sie den Menüpunkt WEBPART BEARBEITEN für dieses Webpart aus, und klicken Sie im rechten Bearbeitungsmenü auf den Link AKTUELLE ANSICHT BEARBEITEN. Wählen Sie folgende Spalten für die Ansicht aus:
    - Problem-ID
    - Titel
    - Zugewiesen an
    - Problemstatus
    - Priorität
    - Erstellt
    - Geändert

    Als Sortierung können Sie das Feld »Geändert« mit der Option »Elemente in absteigender Reihenfolge anzeigen« auswählen, und als Filter legen Sie »Erstellt von ist gleich [Ich]« fest.
13. Prüfen Sie nun die Ansichten »Alle Probleme« und »Offene Probleme«, und passen Sie diese entsprechend der Einstellungen der im vorherigen Schritt konfigurierten Ansicht an. Die Filterkriterien ändern Sie nicht.
14. Eine weitere Ansicht namens »Mir zugewiesene Probleme« wird noch benötigt. Erstellen Sie diese, und wählen Sie dieselben anzuzeigenden Spalten und Sortierungen, während Sie als Filterkriterien »Zugewiesen an ist gleich [Ich]« und »Problemstatus ist gleich Aktiv« angeben.

15. Abschließend sollten Sie die Navigation der Schnellstartleiste so anpassen, dass folgende Menüpunkte zur Verfügung stehen:

    Meine Tickets

    – Von mir erfasst

    – Mir zugewiesen

    Übersicht

    – Offene Tickets

    – Alle Tickets

    Wenn Sie nicht mehr genau wissen, wie Sie die Navigation anpassen können, finden Sie in Abschnitt 2.2.1 die passenden Informationen hierzu.

3.4.4 Integration einer Systemüberwachung

Aufbauend auf dem nun zur Verfügung stehenden Ticketsystem ist die Integration einer Systemüberwachung denkbar. Vielleicht nutzen Sie in Ihrem Unternehmen bereits eine Software, die Ihnen Informationen liefert, ob bestimmte Server, Dienste oder Applikationen ausgefallen sind. Solche Anwendungen, wie beispielsweise *SCOM* von Microsoft, bieten eine Weboberfläche zur Darstellung an. Diese können Sie einfach in Ihre Website integrieren. Gehen Sie dazu folgendermaßen vor:

1. Navigieren Sie zu den Websiteinhalten, und klicken Sie auf die App »Websiteseiten«.
2. Erstellen Sie eine neue Wiki-Seite »Systemüberwachung«, indem Sie den Menüpunkt NEUE WIKI-SEITE nutzen.
3. Die neue Seite öffnet sich direkt im Bearbeitungsmodus. Daher können Sie geradewegs im Menüband EINFÜGEN den Menüpunkt WEBPART auswählen.
4. Wählen Sie aus der Kategorie MEDIEN UND INHALT das Webpart SEITEN-VIEWER aus, und fügen Sie dieses der Seite hinzu.
5. Das Webpart muss erst konfiguriert werden. Klicken Sie deshalb auf den Link ÖFFNEN SIE DEN TOOLBEREICH, und geben Sie im Bearbeitungsbereich, der nun rechts erscheint, den Link zu Ihrer bereits eingesetzten Systemüberwachungsseite ein. Zusätzlich sollten Sie noch unter dem Bereich DARSTELLUNG den Titel von »Seiten-Viewer« in »Systemüberwachung« ändern.
6. Um die Größe des darzustellenden Bereichs anzupassen, können Sie im Bearbeitungsbereich unter DARSTELLUNG die HÖHE und BREITE des Webparts festlegen. Überprüfen Sie die Einstellungen nach Angabe des Links zu Ihrer Überwachungsseite, und nehmen Sie ggf. erforderliche Änderungen vor.
7. Abschließend fügen Sie die neue Seite als untersten Link SYSTEMÜBERWACHUNG in der Navigation der Schnellstartleiste hinzu.

3.5 Erweiterung der Lösung zur Systemüberwachung

Aufbauend auf der Integration Ihrer Systemüberwachung können Sie die Lösung so erweitern, dass Sie aus Ihrer Website heraus das Logfile des SharePoint-Servers einsehen können. Sobald ein Problem bei der Ausführung von SharePoint auftritt, erhält der Anwender eine Fehlermeldung, die ihm allerdings in den meisten Fällen keine Auskunft über die Ursache des Problems gibt. Daraufhin wenden sich die Anwender an den zuständigen Websitesammlungsadministrator oder benannten Ansprechpartner einer Website, damit das Problem behoben wird.

Nun hat aber der Websitesammlungsadministrator nicht unbedingt Zugriff auf die Zentraladministration oder auf den Server, auf dem SharePoint installiert wurde, sondern nutzt genau wie die Anwender lediglich die Weboberfläche von SharePoint. Die Informationen zu aufgetretenen Problemen befinden sich allerdings auf dem Server selbst bzw. in einer speziellen Datenbank und können somit grundsätzlich nur durch einen Farmadministrator eingesehen werden.

Wir werden in der nachfolgenden Übung eine Lösung erstellen, die es dem Websitesammlungsadministrator später ermöglicht, die benötigten Informationen zu einem Fehler über eine externe SharePoint-Liste aufzurufen, die mit den Daten aus dieser speziellen Datenbank gefüllt wird. Damit wird der Farmadministrator erheblich entlastet, da somit weniger Anfragen zur Lieferung der Logdaten an ihn gestellt werden.

Welche Voraussetzungen sollten erfüllt sein, um die Übung durchführen zu können?

Sie können diese Übung nur durchführen, wenn Sie SharePoint bei sich im Unternehmen installiert haben und als Farmadministrator Zugriff auf die Datenbanken von SharePoint besitzen.

Sollte diese Voraussetzung nicht erfüllt sein, weil Sie entweder nur innerhalb einer Websitesammlung administrative Rechte haben oder im Rahmen von Office 365 *SharePoint Online* nutzen bzw. weil das Hosting der SharePoint-Plattform nicht innerhalb Ihres Unternehmens erfolgt, dann können Sie selbst die nachfolgend beschriebene Lösung nicht umsetzen. Sie können allerdings mit dem zuständigen Administrator sprechen, damit er diese Lösung für Sie realisiert. Mit der Lösung können Sie zukünftig auch als Websitesammlungsadministrator auf die Informationen des Logfiles zugreifen.

Um die Loginformationen über eine SharePoint-Liste in Ihre Website zu integrieren, können Sie folgendermaßen vorgehen:

1. Öffnen Sie Ihre Website mit dem SharePoint Designer 2013.
2. In der Navigationsleiste wählen Sie das Websiteobjekt EXTERNE INHALTSTYPEN aus, um anschließend im Menüband den Menüpunkt EXTERNER INHALTSTYP zu selektieren.
3. Sie befinden sich nun auf der in Abbildung 3.19 dargestellten Konfigurationsseite des externen Inhaltstyps, auf der Sie neben allgemeinen Informationen u. a. auch die Verbindung zu einem externen System definieren.

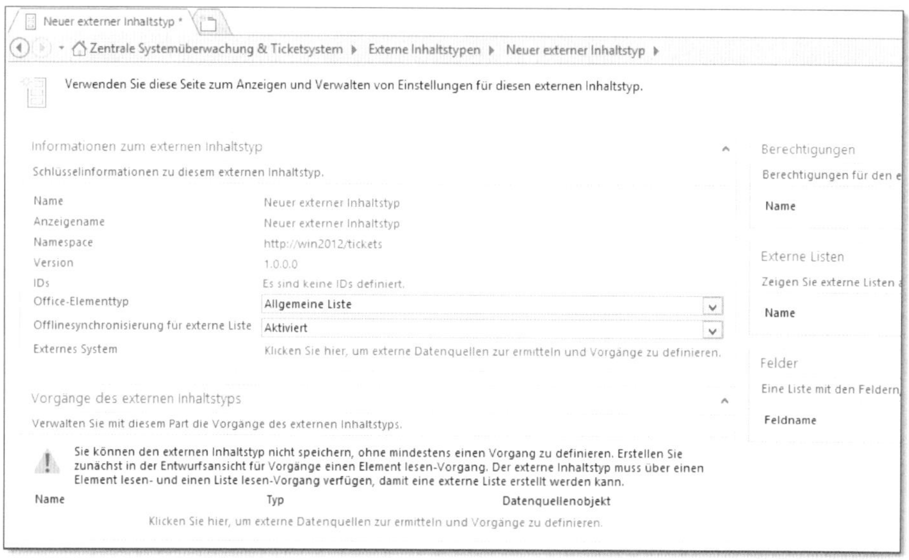

Abbildung 3.19 Erstellen eines neuen externen Inhaltstyps

Klicken Sie innerhalb des Bereichs INFORMATIONEN ZUM EXTERNEN INHALTSTYP in der Zeile NAME auf den Link NEUER EXTERNER INHALTSTYP, und geben Sie anstelle dieses Standardnamens die Bezeichnung »SharePoint Log« an.

Ich habe eine Einstellung Office-Elementtyp gesehen. Was hat es damit auf sich?

Wenn Sie Daten aus einem externen System in SharePoint integrieren, können Sie über diese Eigenschaft definieren, ob es sich hierbei vielleicht um Kontaktdaten handelt, wie man sie in Outlook bereits nutzt, oder um Termine, die in Form eines Kalenders verwaltet werden sollen.

Wenn Sie für diese Einstellung eine andere Option als ALLGEMEINE LISTE wählen, definieren Sie automatisch eine Integrationsmöglichkeit für Office, speziell für Outlook.

4. In der Zeile EXTERNES SYSTEM klicken Sie jetzt auf den Link KLICKEN SIE HIER, UM EXTERNE DATENQUELLEN ZU ERMITTELN UND VORGÄNGE ZU DEFINIEREN. Daraufhin erscheint die in Abbildung 3.20 dargestellte Konfigurationsseite zur Definition des zu integrierenden Systems.

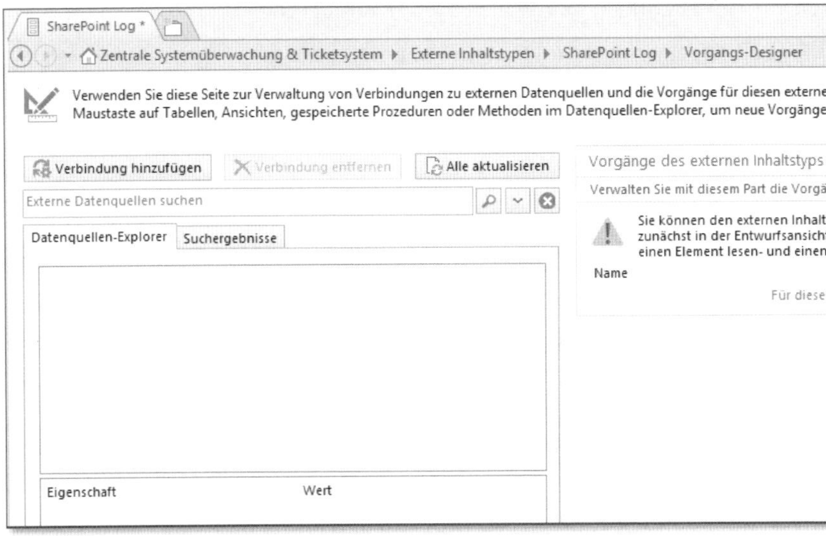

Abbildung 3.20 Datenverbindung für den externen Inhaltstyp definieren

5. Klicken Sie auf die Schaltfläche VERBINDUNG HINZUFÜGEN. Wählen Sie in dem anschließend erscheinenden Dialog als DATENQUELLENTYP die Option »SQL Server« aus, und bestätigen Sie die Auswahl über die Schaltfläche OK.

Ich habe drei verschiedene Datenquellentypen zur Auswahl. Welche Systeme kann ich damit in SharePoint integrieren?

Sie können grundsätzlich jedes externe System in SharePoint integrieren. Es ist immer eine Frage des Aufwands, um eine Lösung umzusetzen. Im SharePoint Designer haben Sie die Wahl zwischen den drei folgenden Datenquellentypen:

- **SQL Server:** Diese in der Übung gewählte Option ermöglicht es Ihnen, sich mit einer Datenbank zu verbinden, die auf einem SQL Server liegt. Sie können auf diese Weise Tabellen oder Ansichten auf Daten in Form einer SharePoint-Liste in Ihrer Website anzeigen und sogar die Daten bearbeiten lassen.
- **WCF-Dienst:** Wenn ein System einen Webdienst anbietet, der mittels WCF realisiert wurde, können Sie diesen Webdienst ansprechen und die Daten, die er liefert, in Ihre Website integrieren. Prüfen Sie, ob das System, das Sie integrieren wollen, eine solche Schnittstelle anbietet.

- **.NET-Typ:** Wenn Sie die beiden vorherigen Optionen nicht nutzen können, weil es sich nicht um eine SQL Server-Datenbank handelt und auch keine Schnittstelle in Form eines WCF-Dienstes bereitgestellt wird, können Sie immer auf diese dritte Option zurückgreifen. Hierbei wird eine Schnittstelle für das externe System entwickelt, die den Zugriff auf das externe System ermöglicht.

Sollten Sie vorhaben, ein externes System in Ihre Website zu integrieren, empfehle ich Ihnen, auf jeden Fall Rücksprache mit dem Administrator und ggf. einem Entwickler bzw. Ihrem Dienstleister zu nehmen, damit Sie die optimale Lösung für Ihr Integrationsszenario realisieren können.

6. Nun müssen Sie die Verbindung zur Datenquelle angeben. Geben Sie folgende Informationen an:
   - DATENBANKSERVER: Hier geben Sie den Namen des Servers an, den Sie bei der Installation als Datenbankserver angegeben haben bzw. auf dem sich die Datenbanken von SharePoint befinden.
   - DATENBANKNAME: »WSS_Logging«

   Lassen Sie die Einstellung »Verbindung mit der Identität des Benutzers herstellen« unverändert, und bestätigen Sie Ihre Angaben durch Betätigen der Schaltfläche OK.

Was mache ich, wenn keine Verbindung hergestellt werden kann?

Wenn Sie die Verbindung zum SQL-Server herstellen, der die Datenbanken von SharePoint verwaltet, können je nach Konfiguration verschiedene Fehlermeldungen die weitere Arbeit verhindern.

Eine mögliche Fehlermeldung kann der sogenannte **netzwerkbezogene** Fehler sein. Prüfen Sie dafür bitte, ob der Windows Server grundsätzlich **Remoteverbindungen** für Ihren Benutzer zulässt und die Windows-Firewall entweder ausgeschaltet oder mit einer Ausnahme für diesen Zugriff versehen ist. Außerdem können Sie noch prüfen, ob der SQL-Server ebenfalls Remoteverbindungen erlaubt.

Sie könnten aber auch folgende Fehlermeldung erhalten: »**Der Zugriff wurde von Business Connectivity verweigert.**« Dazu müssen Sie den Dienst konfigurieren, damit Sie die Berechtigung besitzen, einen externen Inhaltstyp zu definieren. Gehen Sie dafür folgendermaßen vor:

- Rufen Sie auf dem Server die *Zentraladministration* auf, und wählen Sie auf der Startseite den Menüpunkt DIENSTANWENDUNGEN VERWALTEN aus.
- In der Auflistung der Dienste klicken Sie auf den oberen Link BUSINESS DATA CONNECTIVITY-DIENST, um die Konfiguration vorzunehmen.

- In der Konfigurationsmaske wählen Sie den Menüpunkt BERECHTIGUNGEN FÜR DEN METADATENSPEICHER FESTLEGEN aus dem Menüband aus.
- Geben Sie in dem Personenauswahlfeld Ihren Benutzernamen ein, oder nutzen Sie das Adressbuch. Anschließend klicken Sie auf HINZUFÜGEN, um die Berechtigungen für Ihr Benutzerkonto zu definieren.
- Aktivieren Sie alle vier möglichen Berechtigungen, und wählen Sie die Option BERECHTIGUNGEN AN ALLE BDC-MODELLE [...] WEITERGEBEN aus. Bestätigen Sie Ihre Angaben über die Schaltfläche OK, und versuchen Sie erneut, über den SharePoint Designer eine Verbindung zur Datenbank herzustellen.

Wenn Sie die Konfiguration nicht selbst auf dem System vornehmen können, sollten Sie dem Administrator die zwei möglichen Optionen nennen, damit er die Änderungen für Sie vornehmen und das Problem beheben kann.

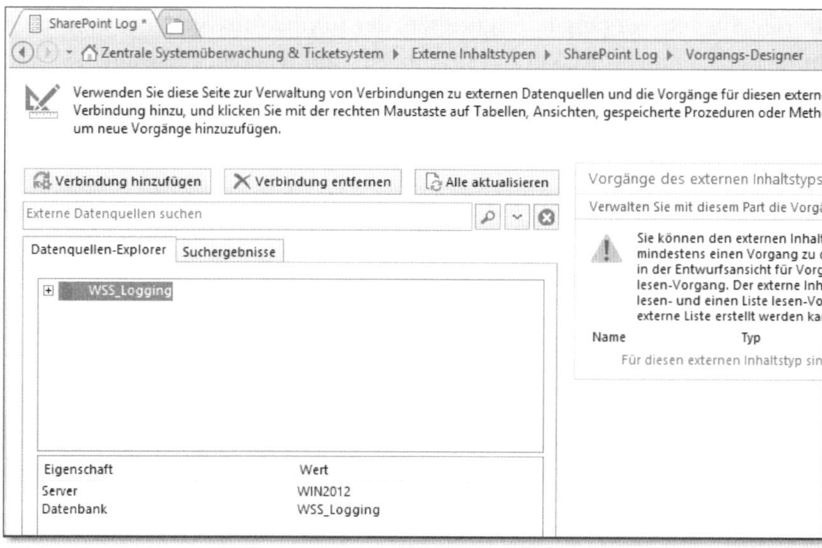

Abbildung 3.21 Die Verbindung zur »WSS_Logging«-Datenbank wurde hergestellt.

7. Wie Sie in Abbildung 3.21 sehen, erscheint die Datenbank nun im DATENQUELLEN-EXPLORER. Erweitern Sie die Ansicht, indem Sie auf das »+«-Zeichen klicken, und suchen Sie nach der Ansicht »ULSTraceLog«.

Was mache ich, wenn ich die Ansicht »ULSTraceLog« nicht finden kann?

In diesem Fall ist die Konfiguration noch nicht vorgenommen worden, die ein Speichern der Logeinträge in der Datenbank »WSS_Logging« bewirkt. Sie oder der Administrator können dies nachholen, indem Sie folgendermaßen vorgehen:

- Rufen Sie die *Zentraladministration* auf, und wählen Sie in der Schnellstartleiste den Menüpunkt ÜBERWACHUNG aus.
- Wählen Sie den Menüpunkt AUFTRAGSDEFINITIONEN ÜBERPRÜFEN und anschließend in der Auflistung den Eintrag DIAGNOSEDATENANBIETER: ABLAUFVERFOLGUNGSPROTOKOLL. Vielleicht müssen Sie von der Ansicht »Dienst« auf »Alle« wechseln, um den Link zu finden.
- Legen Sie fest, wie oft Logdaten in die Datenbank geschrieben werden sollen, und klicken Sie auf AKTIVIEREN und anschließend auf JETZT AUSFÜHREN.

Somit finden Sie gleich auch direkt Daten in Ihrer SharePoint-Liste, wenn Sie die weiteren Schritte erfolgreich abgeschlossen haben.

8. Über einen Rechtsklick auf diese Ansicht öffnet sich ein Kontextmenü, in dem Sie den Menüpunkt NEUER »ELEMENT LESEN«-VORGANG auswählen.
9. Jetzt dürfen Sie den Vorgang konfigurieren, der für die Anzeige eines einzelnen Logeintrags ausgeführt wird. Klicken Sie zunächst auf WEITER, und wählen Sie auf der nächsten Seite für die Spalten »PartitionId« und »RowId« die Option ZUZUORDNENDER BEZEICHNER aus. Bestätigen Sie die Konfiguration über die Schaltfläche WEITER.
10. Auf der Seite für die Rückgabewerte, die anschließend erscheint, müssen Sie für die beiden Spalten dieselben Anpassungen vornehmen und die Angaben über BEENDEN bestätigen.
11. Sie haben nun den Vorgang erstellt, der zur Anzeige eines ausgewählten Logeintrags benötigt wird. Allerdings fehlt Ihnen noch der Vorgang, der Ihnen die Liste der Logeinträge liefert. Ohne diesen Vorgang können Sie keinen einzelnen Logeintrag aufrufen. Im DATENQUELLEN-EXPLORER rufen Sie erneut das Kontextmenü für die Ansicht »ULSTraceLog« auf und wählen den Menüpunkt NEUER »LISTE LESEN«-VORGANG aus.
12. Klicken Sie zunächst auf WEITER, und reagieren Sie auf die nun erscheinende Warnung, indem Sie die Schaltfläche FILTERPARAMETER HINZUFÜGEN betätigen.
13. Als DATENQUELLENELEMENT wählen Sie die Spalte »PartitionId« aus. Klicken Sie dann auf den Link KLICKEN SIE HIER ZUM HINZUFÜGEN, um den Filter zu konfigurieren, der ein Limit für die Anzahl der Elemente festlegen soll, die mit diesem Vorgang geliefert werden. In dem Dialog zur Konfiguration des Filters aus Abbildung 3.22 geben Sie den Namen »PartitionId Limit« an, wählen als FILTERTYP die Option »Limit« und als FILTERFELD die Spalte »PartitionId« aus.
14. Abschließend aktivieren Sie die Option »ist Standard« und bestätigen die Angaben über die Schaltfläche OK.

15. Der Dialog schließt sich automatisch, wodurch Sie sich wieder in der Konfigurationsseite der Filterparameter des Vorgangs befinden. Geben Sie nun unter den Eigenschaften Ihres neuen Filters noch einen STANDARDWERT von »2000« an und klicken Sie auf WEITER.

16. Die nächste Seite kommt Ihnen sicher aus der Konfiguration des ersten Vorgangs bekannt vor. Nehmen Sie hier dieselben Anpassungen für die Spalten »PartitionId« und »RowId« vor, und aktivieren Sie zusätzlich bei jeder anderen Spalte die Eigenschaft SCHREIBGESCHÜTZT.

    Achtung! Wählen Sie unbedingt für die Spalte »LogTime« außerdem die Option ZEITSTEMPELFELD aus.

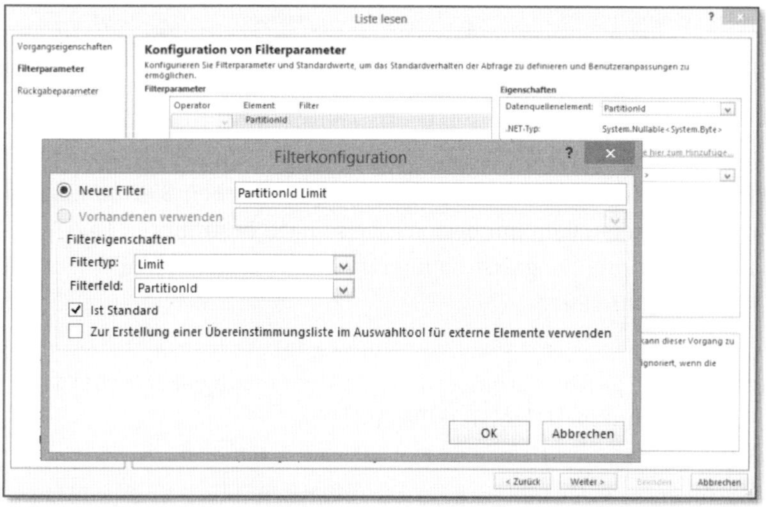

Abbildung 3.22 So erstellen Sie den Filter zur Begrenzung der anzuzeigenden Logeinträge.

17. Nun können Sie über die Schaltfläche BEENDEN die Konfiguration des Vorgangs abschließen. Speichern Sie Ihren externen Inhaltstyp mit der Tastenkombination [STRG]+[S].

18. Sie haben bisher eine Definition erstellt, welche Informationen Sie aus Ihrem externen System, der Logdatenbank, erhalten möchten. Allerdings gibt es immer noch keine Liste in Ihrer Website, über die Sie auf die gewünschten Informationen zugreifen können. Wählen Sie dazu im Menüband den Menüpunkt LISTEN UND FORMULARE ERSTELLEN aus.

19. Geben Sie als Namen der zu erstellenden Liste die Bezeichnung »SharePoint Logdaten« an, und entscheiden Sie, ob Sie eine Beschreibung angeben möchten.

Nachdem Sie die Schaltfläche OK betätigt haben, wird die Liste in Ihrer Website angelegt und kann über die Weboberfläche aufgerufen werden. Schauen Sie doch am besten direkt mal unter den Websiteinhalten nach, ob Sie eine Liste »SharePoint

Logdaten« finden können, und fügen Sie diese in der Navigation der Schnellstartleiste hinzu.

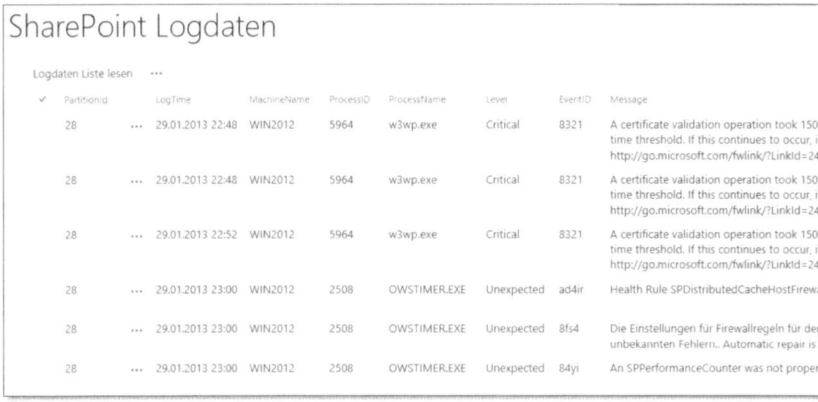

Abbildung 3.23 SharePoint-Liste mit Daten aus der Datenbank »WSS_Logging«

Die Liste sollte in etwa so wie in Abbildung 3.23 dargestellt aussehen. Sie können nun Ansichten für diese Liste erstellen, um beispielsweise nach bestimmten Logeinträgen zu filtern oder bestimmte Ereignisse zu überwachen, ohne jedes Mal erneut die Filter manuell setzen zu müssen.

Wenn ich die neue Liste aufrufe, erhalte ich die Fehlermeldung »Fehler bei der Anmeldung für den Benutzer ›NT-AUTORITÄT\IUSR‹.«

Um dieses Problem zu beheben, rufen Sie auf dem SQL-Server das *Management Studio* auf und fügen den genannten Benutzer unter den Anmeldungen hinzu. Unter der Kategorie BENUTZERZUORDNUNG wählen Sie die Datenbank »WSS_Logging« aus und selektieren zusätzlich zur Datenbankrolle »public« auch die Option »db_datareader«, damit der Benutzer, der für Sie die Daten aus der Datenbank in SharePoint zur Anzeige aufruft, Leserechte erhält.

Herzlichen Glückwunsch! Sie haben soeben zum ersten Mal ein externes System in SharePoint integriert. Sie werden feststellen, dass Sie mit dieser Möglichkeit viele Systeme aus SharePoint heraus zur Verfügung stellen können, ohne dass man als Anwender das Gefühl hat, sich in einer anderen Anwendung aufzuhalten. Das liegt daran, dass externe Listen genau wie die bisher von Ihnen genutzten Listen dargestellt werden. Je nach integriertem System können Sie so Daten lesen, erstellen, bearbeiten oder auch löschen. Allerdings steht Ihnen mit externen Listen beispielsweise keine Versionierung oder Workflow-Funktionalitäten zur Verfügung. Das sollten Sie bei der Nutzung beachten. Ansonsten haben Sie bestimmt jetzt schon ein paar Ideen, welche Systeme Sie gerne in SharePoint integrieren möchten. Probieren Sie es am besten einfach einmal aus!

Kapitel 4
Recruiting und Personalentwicklung

Jedes Unternehmen ist nur so gut wie seine Mitarbeiter. Aus diesem Grund nimmt die Abteilung zur Rekrutierung neuer Mitarbeiter und zur Förderung der individuellen Stärken der Angestellten eine entscheidende Rolle ein.

Die Personalabteilung Ihres Unternehmens beschäftigt sich in ihrer Kernfunktion u. a. mit der Rekrutierung neuer Mitarbeiter und mit der Förderung und Weiterbildung des beschäftigten Personals. Am Beispiel dieser Abteilung werden Sie Lösungen mithilfe von Standardfunktionalitäten und Erweiterungen sowohl in Form von Apps als auch in Form einer Serverlösung umsetzen.

Bereits in der ersten Übung werden Sie mit einer Erweiterungslösung konfrontiert, die Sie auf Ihrem SharePoint-System installieren und zur Umsetzung eines Bewerberportals verwenden werden. In einem solchen Portal können sich die Bewerber u. a. über den Status ihrer Bewerbung informieren und Unterlagen nachreichen. Aufbauend auf dem Bewerberportal werden Sie eine Mitarbeiterverwaltung erstellen, in die Bewerber automatisch übernommen werden, wenn sie über das mit der Erweiterungslösung verfügbare Recruiting-System eingestellt werden.

Nach dem Prozess für das Recruiting werden wir uns mit der Personalentwicklung auseinandersetzen und eine Plattform zur Steuerung der vom Arbeitgeber unterstützten Maßnahmen zur Weiterbildung und Förderung der Mitarbeiter erstellen. Dabei werden Sie auch ein Formular einrichten, um Feedback zu besuchten Seminaren zu erfassen, und einen Bereich für die Einarbeitung neuer Mitarbeiter zur Verfügung stellen.

Folgende Werkzeuge und Tools werden Sie bei der Bereitstellung einer hierfür geeigneten SharePoint-Lösung näher kennenlernen:

Werkzeuge und Apps	Tools und Techniken
▸ Benutzerdefinierte Liste ▸ Bildbibliothek ▸ Kalenderansicht ▸ Aufgaben ▸ Unternehmenswiki	▸ SharePoint Designer 2013 ▸ InfoPath Designer 2013 ▸ Installation einer Serverlösung ▸ Apps aus dem SharePoint Store ▸ Visio Services

Tabelle 4.1 Werkzeuge, Apps und Tools für die Lösungen zur Unterstützung des Recruiting und der Personalentwicklung

Für die Durchführung der Übungen sollten Sie genügend Zeit einplanen. Damit Sie wissen, was genau auf Sie zukommt und mit welchem zeitlichen Aufwand Sie rechnen können, erhalten Sie hier eine Darstellung der durchschnittlich benötigten Zeit für die einzelnen Übungen:

Übung	Veranschlagte Zeit
Unterstützung des Personalauswahlprozesses durch ein Bewerberportal	45 min
Erweiterung um die Komponente der Mitarbeiterverwaltung	30 min
Seminare planen, durchführen und Feedback einholen	45 min
Einarbeitung und Weiterbildung von Mitarbeitern	30 min
Eine runde Sache für alle	20 min

Tabelle 4.2 Vorgesehener Zeitrahmen für die Durchführung der Übungen

4.1 Anforderungen der Personalabteilung

Wenn Sie die Mitarbeiter Ihres Unternehmens nach ihren Anforderungen an die Personalabteilung befragen und im Hinblick auf die Rekrutierung neuer Mitarbeiter ein wenig recherchieren, werden Sie wahrscheinlich viele verschiedene Antworten erhalten, die Sie im Wesentlichen auf die folgenden vier Bereiche eingrenzen können:

- schnell abgewickelte Rekrutierungsprozesse mit möglichst kurzen Wartezeiten auf Rückmeldungen seitens des Unternehmens und einer transparenten Darstellung des Bewerbungsstatus
- einfache Übernahme von Kandidateninformationen aus dem Recruiting-System in eine Mitarbeiterverwaltung

- Planen, Durchführen und Nachbereiten von Seminaren inklusive eines Feedback-Prozesses mit einer anschließenden Auswertungskomponente für die Personalabteilung
- Unterstützung der Mitarbeiter bei der Einarbeitung oder Weiterbildung durch eine Plattform für das Wissensmanagement

Da es sich hierbei um Anwendungsgebiete handelt, die einen sehr großen Anwenderkreis, wenn nicht sogar alle Mitarbeiter des Unternehmens, betreffen, wäre es sinnvoll, alle nachfolgend erstellten Lösungen über eine gemeinsame Einstiegsseite aufrufen zu können. Das sollte neben einer einfachen Bedienung als grundlegende Anforderung berücksichtigt werden. Die in diesem Kapitel vorgestellten Lösungen stellen Beispiele für einen sogenannten *Employee Self Service* dar, mit dem die Mitarbeiter über eine webbasierte Benutzeroberfläche in der Lage sind, personalbezogene Daten zu verwalten oder Genehmigungsprozesse wie beispielsweise die Anmeldung zu einem Seminar zu starten.

Die Anforderungen der einzelnen Bereiche können Sie später in der Praxis im Rahmen einer Anforderungsanalyse in einer Form aufnehmen, die einem Anwendungsfalldiagramm aus der *UML* ähnelt. Dabei können Sie bereits die verschiedenen Anwendergruppen bzw. Rollen identifizieren.

Die für die einzelnen Anwendungsbereiche definierten Anforderungen sollen durch die Lösungen erfüllt werden, die wir im Rahmen der folgenden Übungen erstellen. Achten Sie dabei bitte genau auf die Herausforderungen, die uns bei der Realisierung bestimmter geforderter Funktionalitäten begegnen werden, und behalten Sie die bei Ihnen eingesetzte Edition im Auge, um bei unterschiedlichen Varianten je nach Edition die passenden Optionen zur Umsetzung wählen zu können.

4.2 Unterstützung des Personalauswahlprozesses

Ausgehend von einer bereits auf Basis von SharePoint 2013 von mir entwickelten Applikation für das Personalauswahlverfahren, lernen Sie jetzt eine Möglichkeit für eine im Internet öffentlich verfügbare SharePoint-Lösung kennen. Sie erstellen eine Website, auf der sich ein Kandidat initiativ oder auf eine ausgeschriebene Stelle bewerben kann. Außerdem kann er Bewerbungsunterlagen nachreichen und den Status seiner Bewerbung überprüfen.

4.2.1 Benötigte Funktionen

Bei der Rekrutierung neuer Mitarbeiter handelt es sich um einen Prozess zwischen dem Bewerber, der Personalabteilung und den Mitarbeitern der Fachabteilungen. Die unternehmensinternen Prozessschritte wie die Erfassung einer neuen Bewerbung oder die Bewertung eines Kandidaten werden bereits durch die SharePoint-Lösung unterstützt, die dieser Übung zugrunde liegt. Damit liegt der Fokus auf den für den Bewerber relevanten Funktionen. Es werden Funktionalitäten benötigt, um eine neue Stelle zu veröffentlichen, eine Bewerbung einzureichen, Unterlagen zu einer Bewerbung hinzuzufügen und den Status der eigenen Bewerbung zu überprüfen.

Wie Sie in Abbildung 4.1 erkennen können, sind zwei verschiedene Anwendergruppen an dem Bewerberportal beteiligt:

- **Bewerber:** Diese Anwender möchten sich initiativ oder auf eine ausgeschriebene Stelle bewerben, ggf. Unterlagen zu ihrer Bewerbung nachreichen und den Status ihrer Bewerbung überprüfen.
- **Mitarbeiter der Personalabteilung:** Diese Anwender sollen vakante Stellen im Bewerberportal veröffentlichen, über neue Bewerbungen informiert werden und Informationen wie z. B. fehlende Bewerbungsunterlagen nachfordern können. Zusätzlich benötigen sie eine Möglichkeit, um ausgewählte Informationen zum Status einer Bewerbung freizugeben.

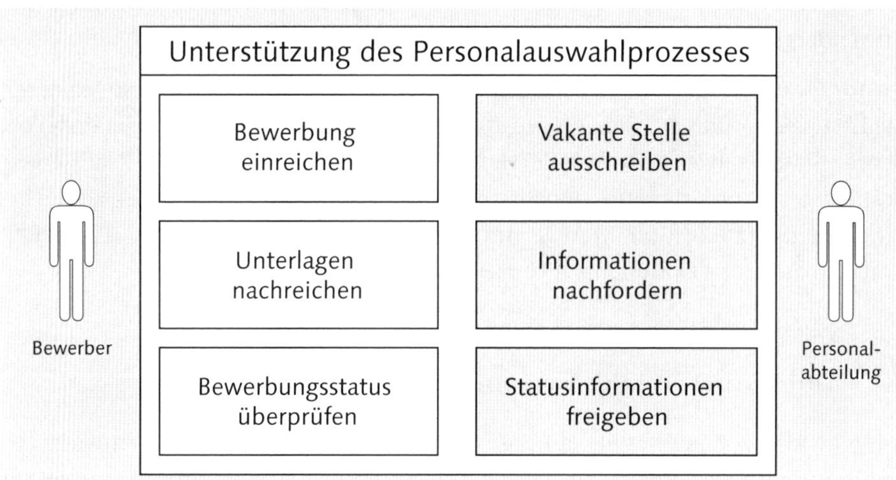

Abbildung 4.1 Anforderungen an ein Bewerberportal

Die benötigten Funktionen lassen sich somit eindeutig mindestens einer Anwendergruppe zuordnen. Sie sollten in der Praxis auch durch Vertreter dieser Gruppen detailliert beschrieben und nach der Umsetzung getestet werden. Vielleicht gibt es bei Ihnen gerade ein paar neue Mitarbeiter, die Sie als Vertreter der Anwendergruppe »Bewerber« ansprechen können, um ein besseres Bild von den Anforderungen Ihrer Bewerber zu erhalten.

4.2.2 Konzeption der Lösung

Das im Internet verfügbare Bewerberportal sollte sich in einer *demilitarisierten Zone* befinden und das verschlüsselte Netzwerkprotokoll *HTTPS* nutzen, um die sensiblen Daten der Bewerber bereits bei Nutzung des Bewerbungsformulars zu schützen.

Es wird bewusst eine Trennung zwischen dem Bewerberportal und dem innerhalb des Unternehmens genutzten Recruiting-Systems vorgenommen. Damit soll sichergestellt werden, dass die im weiteren Verlauf des Personalauswahlprozesses erfassten Informationen nicht nach außen gelangen.

Abbildung 4.2 stellt den grundsätzlichen Aufbau der nötigen Infrastruktur dar. Wenn Sie SharePoint wie in diesem Fall für grundsätzlich alle Internetnutzer zur Verfügung stellen möchten, müssen Sie sich ganz genau die verschiedenen Lizenzierungsvarianten anschauen. Der Einsatz einer Server-Edition in einem Internetszenario führt aufgrund der unbekannten Anzahl an Nutzern zu sehr hohen Kosten. Dabei reicht der Einsatz einer SharePoint Foundation in der Regel aus und verursacht keine weiteren Kosten je Nutzer. Sollten Ihnen in dieser Edition wichtige Funktionen fehlen, so können Sie über die Entwicklung dieser Komponenten nachdenken. Der damit verbundene Aufwand und die Kosten sind in der Regel geringer als die Lizenzkosten einer Server-Edition.

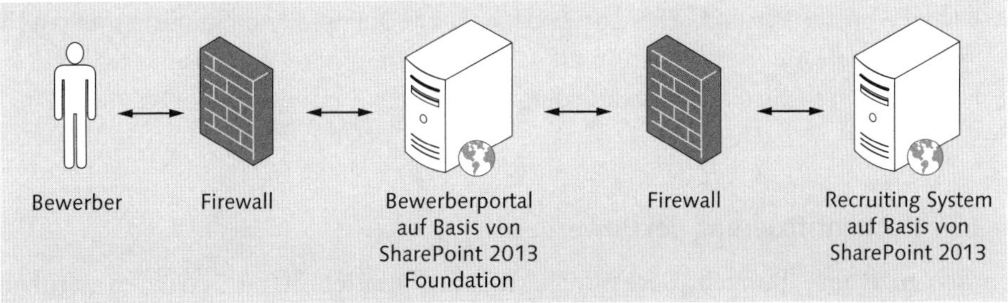

Abbildung 4.2 Aufbau der SharePoint-Infrastruktur für einen Einsatz im Internet

Ein wichtiger Aspekt stellt die Authentifizierung der Bewerber dar, wenn sie Bewerbungsunterlagen nachreichen oder den Status ihrer Bewerbung einsehen möchten. Es muss sichergestellt sein, dass nur der jeweilige Bewerber und die am Auswahlprozess beteiligten Mitarbeiter des Unternehmens auf die personenbezogenen Daten zugreifen können. Aus diesem Grund werden keine Daten der Bewerber im Bewerberportal selbst gespeichert. Das Bewerberportal stellt somit lediglich die Informationen temporär dar, nachdem diese durch einen autorisierten Bewerber angefordert wurden. Die Funktion, die ein Abrufen der relevanten Informationen ermöglicht, wird bereits als Schnittstelle der vorbereiteten SharePoint-Lösung angeboten.

Kann ich mit Office 365 bzw. SharePoint Online auch das Bewerberportal erstellen?

Sie können mit Office 365 auch eine öffentliche Website einrichten, die den Zugriff durch anonyme Internetnutzer ermöglicht. Um eine solche Website zu erstellen, gehen Sie folgendermaßen vor:

- Rufen Sie die Verwaltungskonsole von SharePoint Online auf, indem Sie zu Microsoft Office 365 • SharePoint Online • Verwalten • Verwaltungskonsole • Websitesammlungen verwalten navigieren.
- Sie sollten sich nun auf der Webseite befinden, die die bereits erstellten Websitesammlungen auflistet und der URL *https://%3cfirmenname%3e-admin.sharepoint.com/_layouts/online/SiteCollections.aspx* entspricht.
- Wählen Sie im Menüband unterhalb des Menüpunktes Neu die Option Öffentliche Website, um die ohne explizite Anmeldung verfügbare Websitesammlung zu erstellen.

Wenn Ihnen die Möglichkeit, eine öffentliche Website zu erstellen, nicht zur Verfügung steht, sollten Sie prüfen, welches Paket Sie von Office 365 gekauft haben.

Für die Übung, die eine Verbindung zwischen der bereits vorbereiteten SharePoint-Lösung für das unternehmensinterne Recruiting-System und dem öffentlichen Bewerberportal vorsieht, können Sie SharePoint Online allerdings nicht nutzen. Ihnen fehlt die Möglichkeit, direkt auf dem Server eine SharePoint-Lösung zu installieren. Beachten Sie diese Einschränkung auch bei der Konzeption Ihrer Lösungen.

4.2.3 Authentifizierung der Bewerber

In den meisten Übungen dieses Buchs müssen Sie sich keine Gedanken darüber machen, wie sich ein Anwender an der SharePoint-Website authentifiziert. Wenn Sie SharePoint innerhalb Ihres Unternehmens einsetzen, werden Sie wahrscheinlich die *integrierte Windows-Authentifizierung* verwenden. Diese ermöglicht es Ihnen, ohne Angabe Ihrer Windows-Anmeldedaten eine beliebige SharePoint-Website aufzurufen und zu nutzen, soweit Sie dort eine entsprechende Berechtigung (Autorisierung) erhalten haben. Eine solche Anmeldung, die keine Daten seitens des Anwenders erfordert, wird auch als *Single Sign-on* bezeichnet.

Wenn Sie allerdings wie in diesem Fall eine Internetlösung auf Basis von SharePoint planen, müssen Sie sich entscheiden, wie ein Anwender auf die entsprechende Website zugreifen soll. Solange es sich um einen lesenden Zugriff auf die Listen und deren Inhalte handelt, können Sie den *anonymen Zugriff* erlauben. Mit dieser Konfiguration kann ein Anwender auf die Inhalte der Website zugreifen, ohne sich anmelden zu müssen.

Wie Sie der Darstellung in Abbildung 4.3 entnehmen können, ist der anonyme Zugriff beispielsweise für den Aufruf der Stellenangebote denkbar. Hier müssen die Bewerber nur lesend auf die Informationen zugreifen und sollten diese ohne Anmeldung aufrufen dürfen.

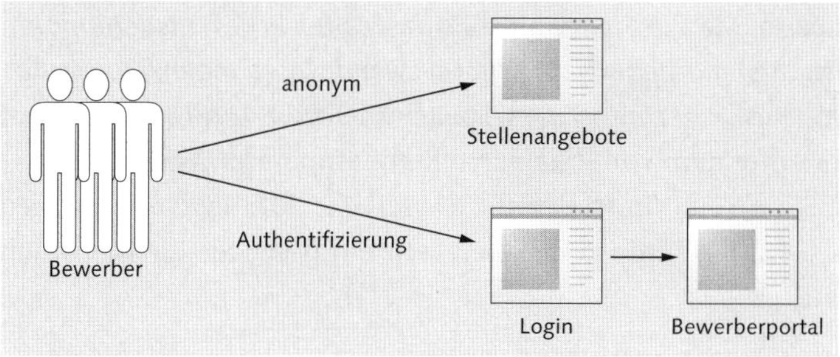

Abbildung 4.3 Authentifizierung für die Internetlösung zur Unterstützung des Personalauswahlprozesses

Sobald sich ein Anwender allerdings entscheidet, eine Bewerbung über das Portal einzureichen, sollte er sich anmelden dürfen, damit seine Daten in einem gesicherten Bereich erfasst werden, auf den kein anderer Anwender zugreifen kann. Dafür kann nun allerdings nicht die integrierte Windows-Authentifizierung verwendet werden, weil Sie sich nicht in einem firmeninternen Netzwerk befinden. Grundsätzlich soll bestimmt jeder beliebige Internetnutzer die Möglichkeit haben, sich bei Ihnen zu bewerben. Sie sollten deshalb eine andere Authentifizierung wählen.

Eine Möglichkeit stellt die *formularbasierte Authentifizierung (FBA)* dar, mit der Ihr Administrator eine individuelle Authentifizierung auf Basis eines Anmeldeformulars umsetzen kann. Je nachdem, welche speziellen Anforderungen Sie an die Berechtigungen innerhalb des Bewerberportals haben, muss ggf. eine SharePoint-Erweiterung entwickelt werden, damit der Anwender nach dem Login nicht die Meldung erhält, dass ihm im Portal noch bestimmte Berechtigungen fehlen. Wenn Sie Anforderungen im Hinblick auf die Authentifizierung haben oder generell eine Internet- oder Extranet-Lösung realisieren möchten, sollten Sie von Anfang an Ihren Administrator und einen SharePoint-Entwickler zurate ziehen und in das Projekt mit einbinden.

Weitere Informationen zur Authentifizierung

Sie sollten außerdem prüfen bzw. sich entscheiden, ob die Daten des Bewerberportals mithilfe von *Secure Sockets Layer (SSL)* verschlüsselt übertragen werden sollen, da es sich um personenbezogene Daten handelt.

Weitere Informationen zur Konfiguration der Authentifizierung in SharePoint in der Version 2013 erhalten Sie unter der Websiteadresse *http://technet.microsoft.com/de-de/library/cc262350.aspx*.

4.2.4 Vorbereitende Maßnahmen

Bevor wir uns mit dem Aufbau des Bewerberportals befassen, sollten Sie die vorbereitete SharePoint-Lösung in Ihrer SharePoint-Farm installieren bzw. den Administrator bitten, dies für Sie zu tun.

Für die Installation müssen Sie die SharePoint-Lösung unter *http://msdemopoint.conet.de/blog/nicole-enders/sharepoint-2013-fuer-anwender/uebungen/recruiting-und-personalentwicklung.aspx* herunterladen. Speichern Sie die *wsp-Datei* bitte auf dem SharePoint-Server unter dem von Ihnen erstellten temporären Verzeichnis *C:\Install* ab, und rufen Sie als Administrator die *SharePoint 2013-Verwaltungsshell* auf, die auch als *PowerShell* bekannt ist. Zur Installation müssen Sie die folgenden zwei Befehle ausführen:

```
Add-SPSolution C:\Install\conet-recruiting-demo.wsp
Install-SPSolution -Identity conet-recruiting-demo.wsp
   -WebApplication http://localhost -GACDeployment
```

Listing 4.1 Installation einer SharePoint-Lösung mit der SharePoint 2013-Verwaltungsshell

Rufen Sie nach der Installation die Website der obersten Ebene Ihrer *Websitesammlung* auf, und navigieren Sie zu den Websiteinhalten. Wählen Sie dort den Menüpunkt NEUE WEBSITE aus, und selektieren Sie die Websitevorlage »CONET Recruiting-System (30 Tage Demo)« aus der Kategorie SHAREPOINT-ANPASSUNGEN. Als Titel geben Sie die Bezeichnung »Recruiting-System« und als Websiteadresse den Wert »recruiting« an.

Erstellen Sie nun die neue *Unterwebsite* über die Schaltfläche ERSTELLEN und rufen Sie die Homepage auf. Dort wird Ihnen ein Konfigurations-Assistent zur Initialisierung der Anwendung zur Verfügung gestellt. Folgen Sie bitte den Anweisungen, damit die benötigten Datenstrukturen und die für das Bewerberportal erforderliche Schnittstelle korrekt konfiguriert werden.

Nach erfolgreichem Abschluss der Konfiguration sollte die Startseite der Darstellung in Abbildung 4.4 entsprechen. Sie kann jetzt zur Unterstützung der unternehmensinternen Aktivitäten im Rahmen des Personalauswahlprozesses genutzt werden. Diese Lösung ist allerdings nur für Testzwecke gedacht und sollte nicht für die Verwaltung produktiver Daten verwendet werden. Ich kann keine Gewährleistung übernehmen und werde bei auftretenden Fehlern keine neuen Versionen bereitstellen können. Es geht mir bei dieser Übung nur darum, dass Sie zum ersten Mal Kontakt mit einer Serverlösung haben und später beim Kauf von produktiv einzusetzenden Lösungen genau wissen, wie Sie bei der Installation vorgehen können und welche Anpassungsmöglichkeiten Sie danach haben.

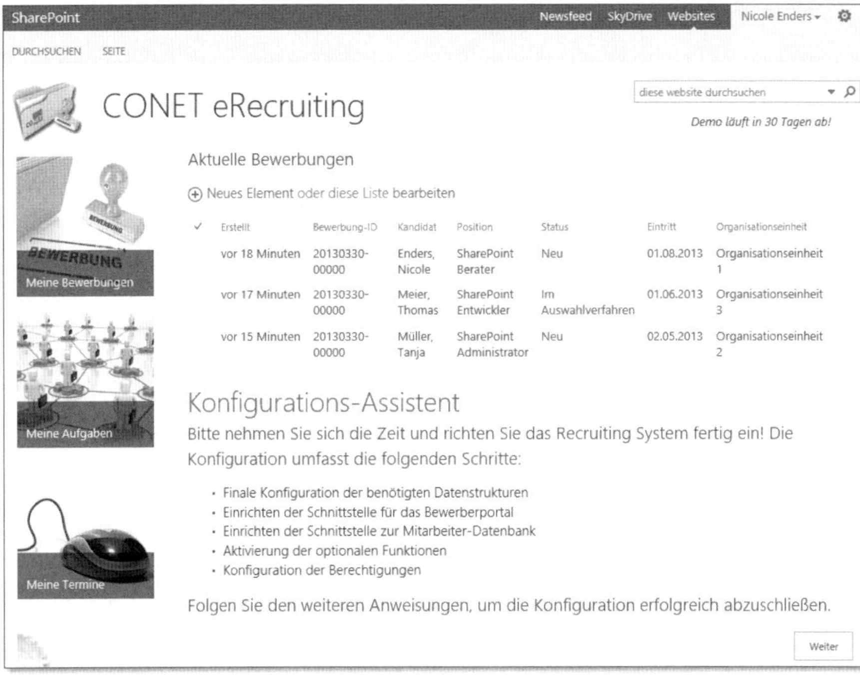

Abbildung 4.4 Startseite der SharePoint-Lösung »CONET Recruiting-System (30 Tage Demo)«

Wie Sie in Abbildung 4.4 erkennen können, kann eine SharePoint-Website auch anders aussehen, als Sie es bisher gesehen haben. So sind in diesem Fall beispielsweise der Schnellstart und die Leiste für häufig verwendete Links entfernt worden. Stattdessen wird eine Liste mit höhergestuften Links und den damit verbundenen Kacheln für die Navigation genutzt. Denken Sie daran, dass es grundsätzlich nur sehr wenige Einschränkungen hinsichtlich der optischen Gestaltung Ihrer SharePoint-Lösungen gibt. Sprechen Sie zu Projektbeginn mit einem SharePoint-Berater bzw. SharePoint-Entwickler über Ihre Anforderungen an die Benutzeroberfläche und das Bedienkonzept, damit Sie als Anwender so viel Komfort wie nur möglich erhalten.

Fragen Sie dabei auch direkt nach, ob es Einschränkungen hinsichtlich der ggf. zukünftig anstehenden Migration auf neuere Produktversionen von SharePoint gibt und wie Updates für eine Lösung bereitgestellt und installiert werden können.

Was mache ich, wenn die 30 Tage der Demoversion abgelaufen sind?

Die SharePoint-Lösung kann von Ihnen 30 Tage lang nach der Installation genutzt werden. Die verbleibende Anzahl an Tagen wird Ihnen in der Website im oberen rechten Bereich dargestellt. Nach Ablauf dieser Zeitspanne können Sie die Funktionen der Lösung nicht mehr nutzen. Falls Ihnen die Lösung gefällt und Sie diese produktiv einsetzen möchten, können Sie Kontakt zu mir aufnehmen.

4.2.5 Vakante Stellen ausschreiben

Das Bewerberportal sollte als Erstes die im Recruiting-System veröffentlichten Stellen anbieten, damit ein Bewerber diese aufrufen und sich entweder auf eine dieser Stellenangebote oder initiativ bewerben kann.

Falls Sie momentan keine Möglichkeit haben, eine SharePoint-Website im Internet zu veröffentlichen, oder im Rahmen dieser Übung prüfen möchten, ob ein solches Szenario grundsätzlich für Sie infrage kommt, können Sie die nachfolgenden Schritte selbstverständlich auch in Ihrer Websitesammlung durchführen, die Sie bereits für die vorherigen Übungen verwendet haben.

Erstellen Sie zunächst eine neue Unterwebsite in der Website der obersten Ebene Ihrer Websitesammlung, indem Sie dort zu den Websiteinhalten navigieren und den Menüpunkt NEUE WEBSITE auswählen. Als Titel geben Sie die Bezeichnung »Bewerberportal« an und als Websiteadresse den Wert »bewerberportal«. Wählen Sie nun die Websitevorlage »Teamwebsite« aus. Um die Liste für die Stellenangebote einzurichten, gehen Sie folgendermaßen vor:

1. Rufen Sie die Websiteinhalte der neuen Website auf, und wählen Sie den Menüpunkt APP HINZUFÜGEN aus.
2. Wählen Sie die App »Wiki-Seitenbibliothek« aus, geben Sie den Namen »Aktuelle Stellenangebote« an, und bestätigen Sie die Angabe über die Schaltfläche ERSTELLEN.
3. Zurück bei den Websiteinhalten, klicken Sie auf die App AKTUELLE STELLENANGEBOTE. Sie befinden sich danach auf der Homepage des Wikis.
4. Sie benötigen zur Verwaltung der Stellenangebote einige weitere Spalten. Wählen Sie daher zunächst im Menüband SEITE den Menüpunkt BIBLIOTHEKSEINSTELLUNGEN aus, und fügen Sie über den Link SPALTE ERSTELLEN im Bereich SPALTEN die folgenden Spalten mit ihrem jeweiligen Informationstyp hinzu:

Spaltenname	Informationstyp	Einstellungen
RS-ID	Eine Textzeile	
Ort	Eine Textzeile	
Eintritt	Datum und Uhrzeit	Nur Datum
Anstellungsart	Auswahl (Menü)	Festanstellung Teilzeit Ausbildung Studium Praktikum
Kategorie	Eine Textzeile	

Tabelle 4.3 Spalten für die Liste der Stellenangebote im Bewerberportal

5. Wenn Sie die Spalten angelegt haben, können Sie im oberen Bereich der Seite auf die Überschrift AKTUELLE STELLENANGEBOTE klicken, wodurch Sie die Ansicht »Alle Seiten« des Wikis aufrufen. Dort werden die neu erstellten Spalten auch direkt mit aufgeführt, weil es sich hierbei um die Standardansicht des Wikis handelt und bei der Erstellung einer neuen Spalte standardmäßig die Option ausgewählt ist, dass diese in der Standardansicht angezeigt werden soll.
6. Sie benötigen eine neue Ansicht für die Bewerber, damit die Stellenangebote ansprechend präsentiert werden:
   - Rufen Sie dazu im Menüband BIBLIOTHEK den Menüpunkt ANSICHT ERSTELLEN auf, und wählen Sie den Ansichtstyp »Standardansicht« aus.
   - Geben Sie den Namen »Stellenangebote« an, und wählen Sie die Spalten »Kategorie«, »Name (mit Dokument verknüpft)«, »Ort«, »Eintritt« und »Anstellungsart« in der angegebenen Reihenfolge für die Anzeige aus.
   - Als Sortierung können Sie die Spalten »Kategorie« und »Name« auswählen, wobei in aufsteigender Reihenfolge sortiert werden soll.
   - Die übrigen Einstellungen können Sie unverändert übernehmen. Schließen Sie nun das Erstellen der Ansicht über die Schaltfläche OK ab.
7. Wechseln Sie wieder zur Ansicht »Alle Seiten«. Löschen Sie dort die beiden Wiki-Seiten »Verwendung dieser Bibliothek« und »Homepage«, indem Sie bei der jeweiligen Seite die Schaltfläche »...« und in dem daraufhin erscheinenden Menü erneut die Schaltfläche »...« sowie anschließend den Menüpunkt LÖSCHEN anklicken.
8. Jetzt ist es an der Zeit, dass Sie noch einmal in das Recruiting-System zurückkehren und den Konfigurations-Assistenten nutzen, damit die beiden Websites miteinander verknüpft werden. Zukünftig werden alle Dokumente, die im Recruiting-System als »freigeschaltet« markiert sind, in der Bibliothek »Stellenausschreibungen« automatisch mit den erforderlichen Informationen des jeweiligen Anforderungsprofils in das Bewerberportal übertragen. Dabei wird aus dem im Recruiting-System jeweils gespeicherten Word-Dokument automatisch ein PDF-Dokument erzeugt, das als Anhang der Wiki-Seite gespeichert wird. Wenn Sie im Konfigurations-Assistenten des Recruiting-Systems die Websiteadresse des Bewerberportals angegeben haben und die Schaltfläche SYNCHRONISIERUNG AKTIVIEREN betätigen, werden die bis dahin erfassten Stellenausschreibungen in das Bewerberportal übertragen.

Damit sollte die Liste der aktuellen Stellenangebote nun so wie in Abbildung 4.5 aussehen.

Abbildung 4.5 Liste der aus dem Recruiting-System übertragenen Stellenangebote inklusive der verfügbaren Metadaten und eines PDF-Dokuments

Neben den Informationen des jeweiligen Anforderungsprofils, auf deren Basis u. a. die Felder »Ort«, »Eintritt« usw. gepflegt werden, wird das Word-Dokument der Stellenausschreibung als PDF-Dokument im Bewerberportal hinterlegt und in der Wiki-Seite selbst zum Download angeboten. Die Wiki-Seite wird entsprechend der Darstellung in Abbildung 4.6 bereits initial mit den Daten aus dem Anforderungsprofil gestaltet.

Abbildung 4.6 Detailseite eines Stellenangebots unmittelbar nach der Übertragung der Daten aus dem Recruiting-System

Vielleicht reicht Ihnen diese Präsentation der ausgeschriebenen Stelle bereits aus. Ansonsten können Sie in der Wiki-Seitenbibliothek unter den Versionsverwaltungseinstellungen die Funktion der Inhaltsgenehmigung aktivieren. Damit wäre gewährleistet, dass nur die von einem Redakteur freigegebenen Stellenangebote für die Bewerber sichtbar sind. Dabei hilft Ihnen ein (in Ihrem Unternehmen ggf. noch zu definierender) Prozess, wie die Überprüfung, Bearbeitung und Freigabe eines Stellenangebots durchgeführt werden sollen.

4.2.6 Marketingmaßnahmen für eine ausgeschriebene Stelle durchführen

Wenn Sie eine Stelle ausschreiben, die Sie möglichst zeitnah besetzen möchten, werden Sie in vielen Fällen zusätzlich zu der Veröffentlichung auf Ihrer Website bzw. dem Bewerberportal weitere Maßnahmen einleiten, um möglichst viele Personen auf dieses Stellenangebot aufmerksam zu machen. So können Sie beispielsweise einen *QR-Code* in Ihre E-Mails, Präsentationen, Videos usw. integrieren, der auf die Websiteseite des Stellenangebots verweist. Ein QR-Code (engl. für »Quick Response«) besteht aus einem Quadrat mit schwarzen und weißen Bereichen, die die kodierten Daten (wie beispielsweise eine Websiteadresse) binär darstellen.

In Abbildung 4.7 sehen Sie ein Beispiel für einen QR-Code. Vielleicht ist Ihnen so etwas bereits öfter begegnet, ohne dass Sie es bewusst wahrgenommen haben. Heutzutage können Sie mit den meisten Handys mit deren eingebauten Kamera einen solchen QR-Code scannen und interpretieren, wodurch automatisch die damit kodierte Websiteadresse aufgerufen wird. Das bedeutet, dass jede Person, der Sie den QR-Code auf das entsprechende Stellenangebot zur Verfügung stellen, ganz einfach die Seite aufrufen kann. Wenn Sie auf diese Weise eine ausgeschriebene Stelle einem größeren Personenkreis bekannt machen können, werden Sie hoffentlich mehr Bewerbungen erhalten und somit schneller einen passenden Kandidaten für die Stelle finden.

Abbildung 4.7 Beispiel für einen QR-Code

Da stellt sich natürlich die Frage, wie Sie den QR-Code für die freigeschalteten Stellenangebote erstellen können. An dieser Stelle möchte ich Ihnen den **SharePoint Store** vorstellen, in dem Sie eine große Auswahl an Erweiterungen für Ihre SharePoint-Umgebung finden.

Im Gegensatz zu den Serverlösungen (wie beispielsweise dem Recruiting-System, das Sie über einen Farmadministrator auf dem Server installieren müssen) können Sie über den SharePoint Store für eine ausgewählte Website oder Websitesammlung eine Erweiterung in Form einer App installieren. Dabei kann es sich um kostenfreie oder kostenpflichtige Apps handeln. Sie sollten vor der Installation genau prüfen, welche Vereinbarung Sie dadurch mit dem jeweiligen Anbieter treffen. Der Preis einer App wird vom Anbieter bestimmt und hängt in der Regel von der Komplexität und von der Unterstützung ab, die der Anbieter leistet, bzw. von den Ressourcen, die er zur Verfügung stellt.

In unserem Fall werden wir allerdings eine kostenfreie App nutzen. Gehen Sie nun folgendermaßen vor:

1. Rufen Sie die Websiteinhalte Ihrer Website auf, und klicken Sie auf den Menüpunkt App hinzufügen.
2. Im Bereich der Schnellstartleiste finden Sie jetzt zuunterst den Menüpunkt SharePoint Store. Wählen Sie diesen bitte aus.
3. Falls Sie nun eine Fehlermeldung erhalten, sollten Sie im oberen rechten Bereich der Seite prüfen, ob Sie eine Sprache ausgewählt haben. Wählen Sie ggf. die Sprache »Englisch (United States)« aus. Anschließend erhalten Sie eine Übersicht über die verfügbaren Apps (siehe Abbildung 4.8).

   Wenn Sie keinen SharePoint Store haben oder keine Apps finden können, sollten Sie den nächsten Hinweiskasten lesen.

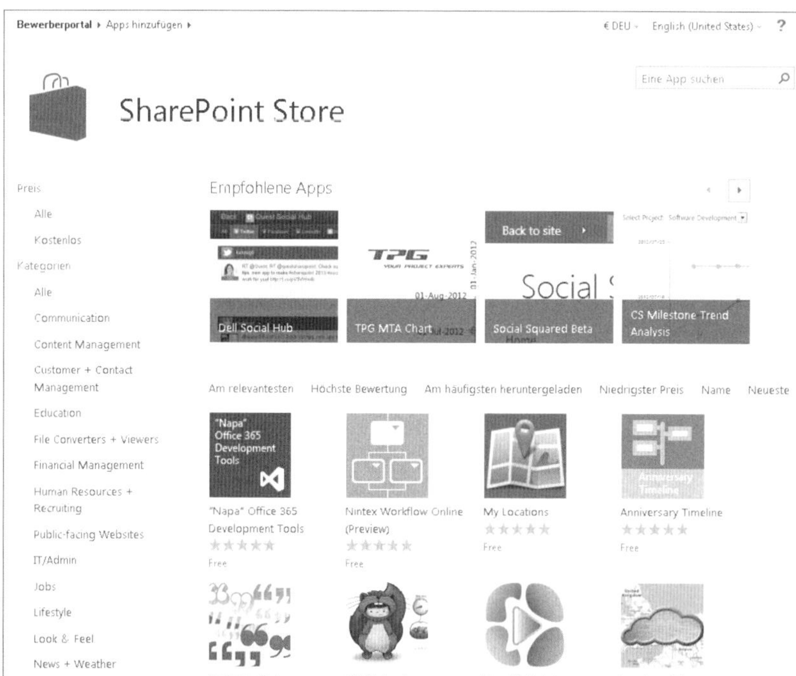

Abbildung 4.8 Übersicht über die verfügbaren Apps im SharePoint Store

4. Im Bildschirm aus Abbildung 4.8 sehen Sie im oberen rechten Bereich ein Suchfeld mit dem Hinweistext »Eine App suchen«. Geben Sie dort den Suchbegriff »qr« ein, und starten Sie die Suche über die Taste [↵].
5. Sie sollten als Suchergebnis die App »QRCode App for SharePoint« angeboten bekommen. Klicken Sie auf diese, um auf die in Abbildung 4.9 dargestellte Seite mit den Detailinformationen zu dieser App zu gelangen. Hier finden Sie außerdem auch Bewertungen und Versionsinformationen. Wenn Sie wie in unserem Fall eine App installieren möchten, klicken Sie auf die Schaltfläche HINZUFÜGEN.

   Achten Sie generell darauf, welche Apps Sie in Ihrer Website installieren. Mit der Installation erlauben Sie der App auch, bestimmte Aktionen durchzuführen. Dabei kann es (wie bei jeder Lösung) zu Fehlfunktionen oder Inkompatibilitäten mit anderen Apps oder Listen und Bibliotheken kommen, die im schlimmsten Fall zu einem Datenverlust oder zu Schäden an Ihrer Website führen. Lesen Sie daher sorgfältig die Anmerkungen der bisherigen Kunden, und installieren Sie eine App ggf. erst einmal in einer Testumgebung um die Auswirkungen dieser App auf Ihre bisherige Umgebung zu prüfen.

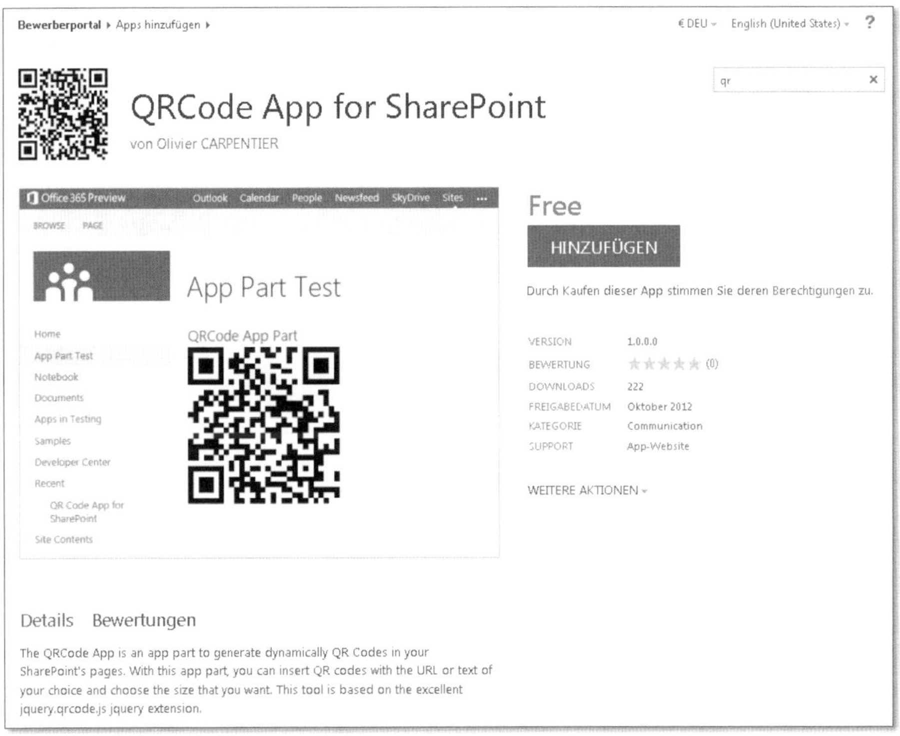

Abbildung 4.9 Detailinformationen zur App »QRCode App for SharePoint«

6. Sie müssen jetzt noch einmal bestätigen, dass Sie die App wirklich hinzufügen möchten. Falls es sich um eine kostenpflichtige App handeln würde, müsste an

dieser Stelle die Zahlung geregelt werden. Sie können hier aber einfach die Schaltfläche CONTINUE betätigen und werden nach der Bereitstellung der App auf eine Bestätigungsseite weitergeleitet.

7. Dort ist standardmäßig die Option aktiviert, dass die App auch direkt in Ihrer Website hinzugefügt werden soll und somit ab sofort genutzt werden kann. Übernehmen Sie die Einstellung unverändert, und schließen Sie den Vorgang über die Schaltfläche ZURÜCK ZUR WEBSITE ab.
8. Eine Meldung sollte noch erscheinen. In ihr müssen Sie über die Schaltfläche VERTRAUEN bestätigen, dass Sie mit den Nutzungsbedingungen, Datenschutzbestimmungen des Anbieters und den Berechtigungen einverstanden sind, die von der App vorausgesetzt bzw. benötigt werden.

Wenn Sie nun die Websiteinhalte Ihrer Website aufrufen, werden Sie dort entsprechend der Darstellung in Abbildung 4.10 die neue App finden. Sie wird genauso wie jede beliebige von Ihnen erstellte Liste oder Bibliothek dort aufgeführt.

Abbildung 4.10 Websiteinhalte einer Website mit Listen, Bibliotheken und hinzugefügten Apps

Ich kann den SharePoint Store nicht aufrufen bzw. ich finde dort nichts. Was mache ich falsch?

In diesem Fall kann es sein, dass Ihr Administrator noch nicht die erforderliche Konfiguration vorgenommen hat oder eine Installation von Apps durch die Anwender unterbindet. Am besten fragen Sie ihn nach der Konfiguration des SharePoint Stores in Ihrem Unternehmen und sprechen sich mit ihm im Hinblick auf die Installation und Nutzung von Apps ab. Da er Sie im Zweifelsfall bei Fehlfunktionen oder Problemen unterstützen soll, sollten Sie Ihren Administrator von Anfang an in den Prozess einbinden und ihn über die hinzugefügten Apps auf dem Laufenden halten.

Falls Sie und Ihr Administrator weitere Informationen hinsichtlich der Konfiguration des SharePoint Stores benötigen, sollten Sie unter der Websiteadresse *http://technet.microsoft.com/de-de/library/fp161236.aspx* fündig werden.

So wie Sie über die Websiteinhalte eine Liste aufrufen, können Sie auch eine App mit einem Klick auf die entsprechende Kachel aufrufen. Wenn Sie das für die App »QRCode App for SharePoint« machen, sollten Sie sich auf der in Abbildung 4.11 dargestellten Seite wiederfinden.

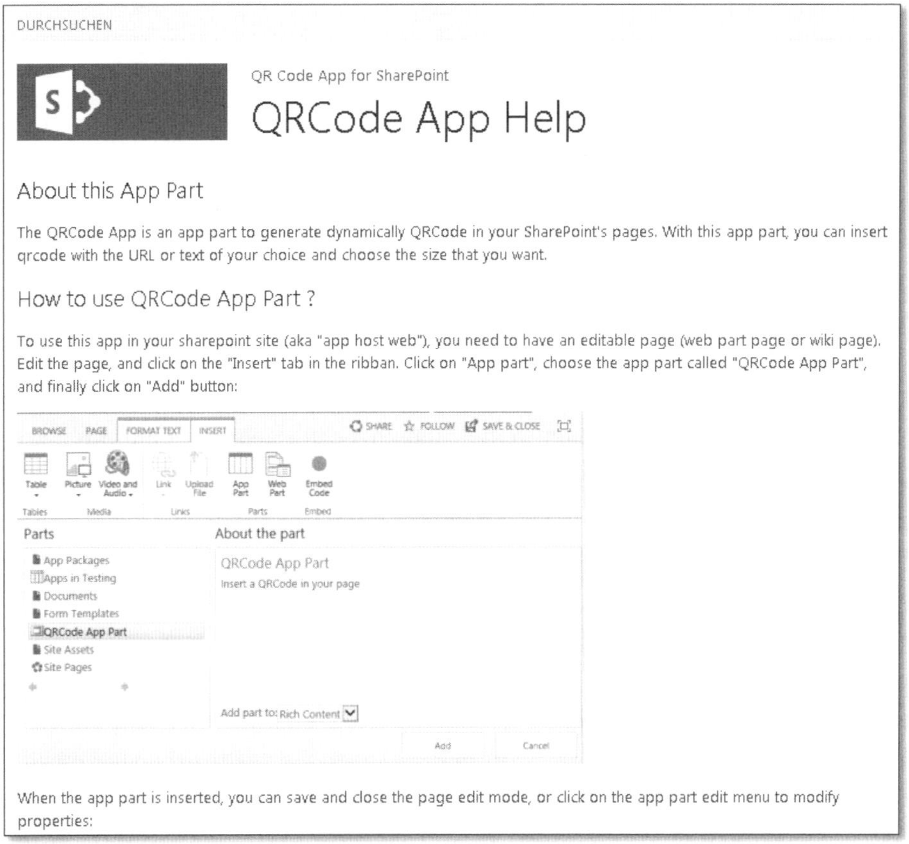

Abbildung 4.11 Ein Aufruf der App »QRCode App for SharePoint« führt lediglich zu einer Anleitung für die Nutzung des enthaltenen App Parts.

Bei den meisten Apps, die Ihnen in der Praxis begegnen werden, können Sie so die Funktion aufrufen. Es wäre zum Beispiel denkbar, dass das Recruiting-System, das Sie bereits kennengelernt haben, als App realisiert würde und Sie sich jetzt auf der Startseite aus Abbildung 4.4 befänden. Die App für den QR-Code bietet Ihnen an dieser Stelle allerdings nur eine Anleitung für die Nutzung ihres *App Parts* an.

Bei einem App Part handelt es sich um ein Webpart, das über die App bereitgestellt wird und bestimmte Funktionalitäten unterstützt. Eine App kann beliebig viele App Parts mitliefern, deren Platzierung meistens ganz in Ihrer Hand liegt.

Wenn Sie sich die Anleitung einmal anschauen und vor allem einen Blick auf die darin enthaltenen Abbildungen werfen, werden Sie die folgenden Schritte leicht durchführen können:

1. Rufen Sie das Bewerberportal wieder auf, indem Sie den Link in der oberen linken Ecke der Seite nutzen.
2. Rufen Sie die Wiki-Seitenbibliothek »Aktuelle Stellenangebote« auf, und wählen Sie dort eine beliebige Wiki-Seite aus.
3. Öffnen Sie die Seite über den Menüpunkt BEARBEITEN im Menüband SEITE im Bearbeitungsmodus.
4. Klicken Sie im Textbereich der Seite unterhalb der letzten Zeile, damit dort das App Part hinzugefügt wird, und wählen Sie nun im Menüband EINFÜGEN den Menüpunkt APP-WEBPART aus.
5. Wählen Sie das Webpart »QRCode App Part« aus, und betätigen Sie die Schaltfläche HINZUFÜGEN.
6. Das App Part wurde wie ein normales Webpart der Seite hinzugefügt und kann somit auch genauso bearbeitet werden, indem Sie in seiner oberen rechten Ecke das Menü aufrufen und den Menüpunkt WEBPART BEARBEITEN auswählen.
7. Wählen Sie in der rechten Konfigurationsleiste als Chromtyp die Option »Kein« aus, und bestätigen Sie die Konfiguration über die Schaltfläche OK.
8. Speichern Sie nun die Seite über den Menüpunkt SPEICHERN im Menüband TEXT FORMATIEREN.

Ihr Stellenangebot sollte nun so wie in Abbildung 4.12 dargestellt aussehen. Dabei haben Sie über die Formatierungsfunktionen des Wikis natürlich auch die Möglichkeit, den QR-Code beispielsweise rechts in einer separaten Spalte neben der inhaltlichen Beschreibung des Stellenangebots zu positionieren.

Wenn Sie den QR-Code nun per E-Mail oder über die Kanäle veröffentlichen, die Ihr Unternehmen für das Personalmarketing verwendet, werden Interessenten genau auf diese Seite verwiesen und können sich über die vakante Stelle informieren.

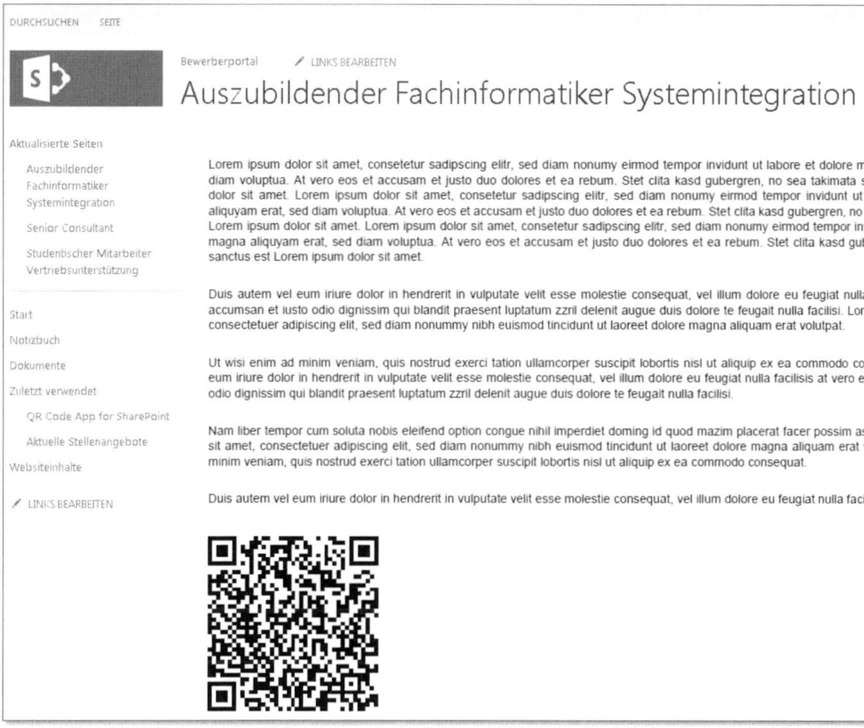

Abbildung 4.12 Eingefügtes App-Webpart für den QR-Code eines Stellenangebots

4.2.7 Bewerbung einreichen

Wenn eine Person beispielsweise über einen QR-Code ein für sie interessantes Stellenangebot gefunden hat, möchte sie sich wahrscheinlich auch bei Ihnen bewerben. Interessenten sollten daher die Möglichkeit haben, sich direkt auf ein bestimmtes Stellenangebot hin zu bewerben – oder sich initiativ für eine Position zu bewerben.

Einrichten einer Liste zur Verwaltung der Bewerbungen

Als Erstes benötigen Sie eine Liste, über die eine Bewerbung eingereicht werden kann. Gehen Sie dazu folgendermaßen vor:

1. Rufen Sie die Websiteinhalte der Website auf, und wählen Sie den Menüpunkt APP HINZUFÜGEN aus. Wählen Sie die App »Benutzerdefinierte Liste« aus, geben Sie den Namen »Bewerbungen« an, und schließen Sie den Vorgang über die Schaltfläche ERSTELLEN ab.
2. Rufen Sie die Liste »Bewerbungen« auf, und wählen Sie im Menüband LISTE den Menüpunkt LISTENEINSTELLUNGEN aus. Klicken Sie in der Auflistung der Spalten auf die Spalte »Titel«, geben Sie den neuen Namen »Position« an, und speichern Sie die Änderungen über die Schaltfläche OK.

3. Erstellen Sie in der Liste »Bewerbungen« über den Menüpunkt SPALTE ERSTELLEN im Menüband LISTE die folgenden Spalten:

Spaltenname	Informationstyp	Pflichtfeld
Anrede	Auswahl (Frau, Herr)	☑
Titel	Eine Textzeile	
Vorname	Eine Textzeile	☑
Nachname	Eine Textzeile	☑
Straße	Eine Textzeile	☑
PLZ	Eine Textzeile	☑
Wohnort	Eine Textzeile	☑
Land	Eine Textzeile	
Telefon	Eine Textzeile	
Mobiltelefon	Eine Textzeile	
E-Mail	Eine Textzeile	☑
Geburtsort	Eine Textzeile	
Geburtsdatum	Datum und Uhrzeit	
Schulabschluss	Eine Textzeile	☑
Berufsausbildung	Mehrere Textzeilen	
Studium	Mehrere Textzeilen	
Qualifikation / Skills	Mehrere Textzeilen	☑
Eintrittsdatum	Datum und Uhrzeit	☑
Gehaltsvorstellung	Eine Textzeile	
Bemerkungen	Mehrere Textzeilen	
Bewerbung-ID	Eine Textzeile	
Status	Eine Textzeile	
RS-ID	Eine Textzeile	

Tabelle 4.4 Spalten der Liste »Bewerbungen« im Bewerberportal

Müssen die Spalten wirklich so heißen, oder kann ich sie auch anders nennen?

Es ist hier wichtig, dass Sie sich exakt an die Schreibweise der Spaltennamen halten, da über sie die Kommunikation zwischen dem Recruiting-System und dem Bewerberportal erfolgt. Das trifft auch auf die Groß- und Kleinschreibung der Bezeichnungen zu. So wird der Synchronisationsprozess beispielsweise dann nicht funktionieren, wenn Sie statt »PLZ« die Bezeichnung »Plz« wählen oder statt »Mobiltelefon« die Schreibweise »Mobil-Telefon« nutzen. Achten Sie bitte darauf, wenn Sie die Spalten anlegen!

Anpassen des Bewerbungsformulars

Wenn Sie die Spalten der Bewerbungsliste genau betrachten, wird schnell klar, dass es einen großen Bereich an personenbezogenen Daten des Bewerbers und einen Datenbereich für die Position gibt, auf die sich jemand bewirbt. Außerdem gibt es noch die Felder »Bewerbung-ID« und »Status«, die nicht vom Bewerber selbst ausgefüllt werden, sondern über den Synchronisationsmechanismus des Recruiting-Systems gesetzt werden. Aus diesem Grund sollten Sie das Eingabeformular für eine neue Bewerbung anpassen. Öffnen Sie dazu die Website für das Bewerberportal im SharePoint Designer, und führen Sie folgende Schritte durch:

1. In der Navigationsleiste wählen Sie das *Websiteobjekt* LISTEN UND BIBLIOTHEKEN. In der daraufhin erscheinenden Auflistung wählen Sie die Liste »Bewerbungen« aus.
2. Sie befinden sich nun in den Listeneinstellungen der Liste »Bewerbungen«. Im Bereich FORMULARE finden Sie die drei Seiten, die zur Erstellung, Bearbeitung und Anzeige einer Bewerbung verwendet werden. Wählen Sie dort den Menüpunkt NEU aus, um ein Formular zur Erfassung einer neuen Bewerbung zu erstellen.
3. In dem sich nun öffnenden Fenster geben Sie als Dateiname »NewApplication« an und wählen als FORMULARTYP die Option »Formular zum Anlegen neuer Einträge« aus.
4. Das neue Formular sollte nun unter den drei Standardformularen erscheinen. Klicken Sie auf das neue Formular, und wählen Sie den Menüpunkt ERWEITERTER MODUS im Menüband START aus, um das neue Formular bearbeiten zu können.
5. Die Felder werden in Form einer HTML-Tabelle untereinander angeordnet. Fügen Sie oberhalb der Zeile für das Feld »Anrede« den Quellcode `<tr><td colspan="2"><h1>Personendaten</h1></td></tr>` ein. Sie finden die Zeile über die Suchfunktion mittels [STRG]+[F] und mit dem Suchbegriff »Anrede«.
6. Verschieben Sie die Zeile für das Feld »Position«, das sich momentan ganz oben in der HTML-Tabelle befindet, nach unten, sodass es sich unmittelbar oberhalb der Zeile für das Feld »Schulabschluss« befindet.

7. Verschieben Sie die Zeile für das Feld »RS-ID«, das sich momentan zuunterst in der HTML-Tabelle befindet, nach oben, sodass es sich unmittelbar unterhalb der neuen Position des Felds »Position« befindet. Das Feld »RS-ID« stellt die Verknüpfung zu einem Stellenangebot her. Ein Bewerber muss also die Zeichenfolge gut erkennen können und in das Bewerbungsformular eingeben, damit er kenntlich macht, dass er sich auf die entsprechende Position bewirbt. Gibt er keine RS-ID an, so wird die Bewerbung als Initiativbewerbung gekennzeichnet.
8. Fügen Sie oberhalb der Zeile für das Feld »Position« den Quellcode `<tr><td colspan="2"><h1>Bewerbungsdaten</h1></td></tr>` ein.
9. Entfernen Sie die Zeilen für die Felder »Bewerbung-ID« und »Status« aus der HTML-Tabelle. Die Werte, die das Recruiting-System in diesen Feldern übermittelt, sollen nicht bearbeitet werden. Sie werden lediglich über eine Ansicht auf die Bewerbungsliste zur Verfügung gestellt.
10. Speichern Sie nun das Formular über das Diskettensymbol oben links im SharePoint Designer oder über die Tastenkombination [STRG]+[S], und bestätigen Sie die Sicherheitsabfrage »Sitedefinitionsseite: Warnung« über die Schaltfläche JA.
11. Kehren Sie über das *Websiteobjekt* LISTEN UND BIBLIOTHEKEN in der Navigationsleiste auf die Listeneinstellungen der Liste »Bewerbungen« zurück, und wählen Sie das Formular »NewApplication.aspx« aus. Rufen Sie anschließend den Menüpunkt ALS STANDARD FESTLEGEN im Menüband FORMULARE auf, damit die Bewerber bei der Erstellung eines neuen Listenelements nun Ihr neues Formular nutzen anstelle des bisherigen, in dem alle Felder einfach untereinander dargestellt wurden.

Rufen Sie nun erst einmal das neue Formular auf, indem Sie in der Website die Liste »Bewerbungen« über die Schnellstartleiste aufrufen und den Menüpunkt »Neues Element« auswählen.

Wie Sie der Darstellung in Abbildung 4.13 entnehmen können, werden die Daten nun in den Gruppen »Personendaten« und »Bewerbungsdaten« dargestellt. Über die beschriebene Vorgehensweise können Sie demnach auch weitere Gruppen einführen oder diese farblich beispielsweise mit einem Rahmen kennzeichnen. Was Sie tun, hängt lediglich von Ihren Wünschen und Vorstellungen ab – das passende Werkzeug kennen Sie nun. Ich wünsche Ihnen viel Spaß beim Ausprobieren der vielen Möglichkeiten.

Sie haben durch die Verwendung des SharePoint Designers noch viele weitere Möglichkeiten, um ein optisch ansprechendes Bewerbungsformular zu erstellen. So können Sie beispielsweise Grafiken in das Formular integrieren, eine bestimmte farbliche Gestaltung vornehmen oder auch besondere Funktionen anbieten. Eine mögliche Funktion wäre die Unterstützung bei der Eingabe von Adressdaten.

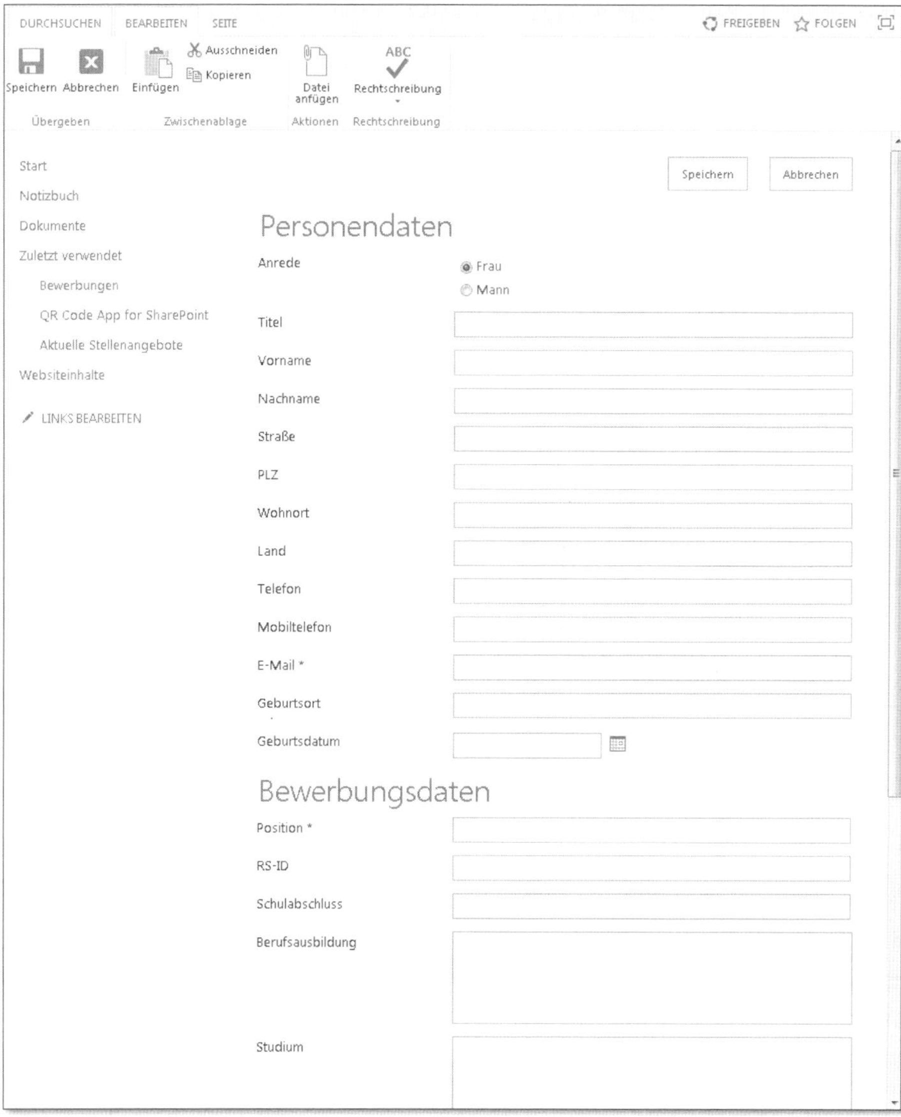

Abbildung 4.13 Angepasstes Formular zur Eingabe von Bewerbungsdaten im Bewerberportal

So könnten Sie dem Bewerber anbieten, dass er seine Postleitzahl eingibt und daraufhin automatisch das Feld »Wohnort« befüllt wird. Alternativ könnte dem Bewerber eine Liste der Postleitzahlen angeboten werden, die zu der eingegebenen Stadt passen. Vielleicht möchten Sie aber auch rechts neben den Adressinformationen eine Karte darstellen, auf der der Bewerber prüfen kann, ob er die richtige Adresse eingegeben hat. Wenn Sie Ideen zu solchen oder ähnlichen Anpassungen haben und diese nicht selbst vornehmen möchten, sollten Sie mit einem SharePoint-Entwickler darüber sprechen. Er kann Ihnen genau sagen, welche Möglichkeiten Sie noch haben und wie viel Aufwand hinter einzelnen Anpassungen steckt.

Eine Bibliothek zur Ablage der Bewerbungsunterlagen erstellen

Damit die Dokumente, die ein Bewerber zu seiner Bewerbung anhängen möchte, korrekt an das Recruiting-System übertragen werden können, sollten Sie eine Dokumentbibliothek einrichten. Führen Sie dazu folgende Schritte aus:

1. Rufen Sie die Websiteinhalte auf, und wählen Sie den Menüpunkt APP HINZUFÜGEN aus.
2. Wählen Sie die App »Dokumentbibliothek« aus, geben Sie den Namen »Bewerbungsunterlagen« an, und schließen Sie den Vorgang über die Schaltfläche ERSTELLEN ab.
3. Rufen Sie die Bibliothek anschließend auf, und legen Sie über den Menüpunkt SPALTE ERSTELLEN im Menüband BIBLIOTHEK die neue Spalte »Bewerbung« mit dem Informationstyp »Nachschlagen« an. Wählen Sie dabei als Quelle die Liste »Bewerbungen« und die Spalte »Erstellt« aus, wobei die Spalten »Position« und »Bewerbung-ID« mit angezeigt werden sollen.

Damit haben Sie eine Verknüpfung zwischen den Stammdaten einer Bewerbung und den Dokumenten hergestellt. Wenn die Konfiguration der anderen Bereiche so weit abgeschlossen ist, werden wir auf Basis dieser Verknüpfung eine Benutzeroberfläche für den Bewerber erstellen, über die er die Unterlagen zu seiner Bewerbung direkt einsehen sowie hochladen kann.

Konfiguration der Zugriffsberechtigungen

Momentan ist es so, dass jeder Bewerber nach seinem Login neben seinen Daten auch grundsätzlich die Daten jedes anderen Bewerbers einsehen könnte. Im Hinblick auf den Datenschutz ist eine solche Lösung nicht einsetzbar. Aus diesem Grund sollten Sie sowohl für die Liste »Bewerbungen« als auch für die Bibliothek »Bewerbungsunterlagen« folgende Konfiguration vornehmen:

1. Rufen Sie die Liste »Bewerbungen« auf, und wählen Sie über das Menüband LISTE den Menüpunkt LISTENEINSTELLUNGEN aus.
2. Unter dem Menüpunkt ERWEITERTE EINSTELLUNGEN finden Sie einen Bereich BERECHTIGUNGEN AUF ELEMENTEBENE. Wählen Sie dort für den **Lesezugriff** die Option »Elemente lesen, die vom Benutzer erstellt wurden« und für den **Erstellungs- und Bearbeitungszugriff** die Option »Elemente erstellen und bearbeiten, die vom Benutzer erstellt wurden« aus.
3. Speichern Sie die Änderungen über die Schaltfläche OK. Damit kann eine authentifizierte Person nur auf die Elemente der Bewerbungsliste zugreifen, die von ihr selbst erstellt wurden.

Doch wie schaut das mit den Bewerbungsunterlagen aus? Vielleicht haben Sie gerade schon einmal bei der Dokumentbibliothek nach dem Bereich BERECHTIGUNGEN AUF ELEMENTEBENE gesucht und konnten ihn nicht finden. Leider wird die für Listen grundsätzlich verfügbare Einstellung ausgerechnet für die Verwaltung von Dokumenten nicht angeboten. Deshalb müssen wir uns für unsere Aufgabenstellung etwas anderes überlegen. Folgende Alternativen stehen Ihnen zur Verfügung:

- **Anpassen der Standardansicht:** Sie können die Ansicht »Alle Dokumente« anpassen und den Filter »Erstellt von ist gleich [Ich]« einfügen, der bewirkt, dass ein Anwender nur noch die Dokumente sehen kann, die er selbst hochgeladen hat.

  Da es sich hierbei aber nur um eine Ansicht handelt und nicht um wirkliche Berechtigungen, kann ein Anwender Wege finden, trotzdem unbefugt auf Dokumente anderer Bewerber zuzugreifen. Das kann beispielsweise durch die Nutzung der Windows Explorer-Ansicht oder durch das Erstellen einer persönlichen Ansicht, wenn nicht sogar über den Abruf von Daten über die Webdienste von SharePoint erfolgen.

- **Berechtigungen:** Die sichere Alternative kann über ein einfaches Berechtigungskonzept realisiert werden. Dabei wird jedem Bewerber ein Ordner in der Bibliothek »Bewerbungsunterlagen« zur Verfügung gestellt, in dem nur er persönlich und der Dienst für die Synchronisation mit dem Recruiting-System Zugriff haben. Über diese Variante kann kein Bewerber auf die Dokumente eines anderen Bewerbers zugreifen.

  Die Funktion ist allein mit den Standardmitteln allerdings nicht umsetzbar. Sie können als Administrator natürlich Ordner anlegen und Berechtigungen hierfür festlegen. Allerdings wird ein Bewerber nach Eingabe der Bewerbungsdaten nicht warten wollen, bis Sie einen solchen Ordner für ihn anlegen. Aus diesem Grund wird hier ein Automatismus gefordert, der unmittelbar mit der Speicherung der Bewerbungsdaten diesen Ordner für den Bewerber zur Verfügung stellt. Die fehlende Funktion kann mit einer Erweiterung für SharePoint in Form eines Event Receivers bereitgestellt werden. Dabei handelt es sich um eine Serverlösung, die durch einen Farmadministrator installiert werden muss.

Wenn Sie sich für eine Variante entschieden haben und die Konfiguration der Berechtigungen abgeschlossen ist, können Sie sich mit der finalen Gestaltung der Benutzeroberfläche befassen.

Konfiguration von Navigation, Listen und Websiteseiten

Was benötigen Sie in einem Bewerberportal? Bereits auf der Homepage sollen Sie alle wesentlichen Informationen erhalten. Rufen Sie daher die Homepage auf, und öffnen Sie diese über den Menüpunkt BEARBEITEN im Menüband SEITE im Bearbeitungsmodus. Gehen Sie dann folgendermaßen vor:

1. Entfernen Sie sämtliche Webparts, die sich momentan auf der Seite befinden.
2. Wählen Sie als Textlayout die Option »Zwei Spalten mit Kopf- und Fußzeile« aus, und fügen Sie dann die folgenden Webparts ein:
   - **Kopfzeile:** Zuoberst fügen Sie das Webpart »Bewerbungen« aus der Kategorie »Apps« hinzu. Hierbei werden alle Bewerbungen angezeigt, die vom aktuell angemeldeten Anwender eingereicht wurden. Bearbeiten Sie die Ansicht des Webparts, und lassen Sie die folgenden Spalten von links nach rechts anzeigen: »Bewerbung-ID«, »Position«, »Status«, »Eintrittsdatum«, »Berufsausbildung«, »Studium«, »Qualifikation / Skills« und »Gehaltsvorstellung«. Damit hat der Bewerber direkt alle wesentlichen Informationen zu seiner Bewerbung im Blick.

     Wenn Sie nicht genau wissen, wie Sie ein Webpart so konfigurieren, können Sie die Vorgehensweise anhand eines konkreten Beispiels in Abschnitt 3.3.2 nachlesen.
   - **Linke Spalte:** Hier fügen Sie das Webpart »Bewerbungsunterlagen« aus der Kategorie »Apps« hinzu und bearbeiten die Ansicht des Webparts ebenfalls, um die anzuzeigenden Spalten auszuwählen. Vorausgesetzt, Sie haben sich bei der Konfiguration der Zugriffsberechtigungen für die zweite Option mit den Ordnern pro Bewerber entschieden, sollten Sie nun in der Ansicht im Bereich Ordner die Option »Alle Elemente ohne Ordner darstellen« auswählen. Ansonsten werden Sie keine Bewerbungsunterlagen sehen können. Öffnen Sie die Seite wieder im Bearbeitungsmodus, nachdem Sie die Änderungen an der Ansicht über die Schaltfläche OK bestätigt haben.
   - **Rechte Spalte:** Diese Spalte bleibt noch leer. Wir werden in Abschnitt 4.2.9 wieder auf sie zurückkommen.
   - **Fußzeile:** Hier werden die Stellenangebote aufgeführt. Da Sie sich als Bewerber innerhalb des Bewerberportals eher für die Einreichung einer Bewerbung oder für die Überprüfung Ihrer Daten interessieren werden, haben die aktuellen Stellenangebote eine niedrigere Priorität. Wählen Sie als anzuzeigende Ansicht die von Ihnen erstellte Ansicht »Stellenangebote« aus.
3. Wir benötigen nun noch eine Verbindung zwischen den Webparts »Bewerbungen« und »Bewerbungsunterlagen«, damit nur die Dokumente einer ausgewählten Bewerbung dargestellt werden. Wählen Sie also im Menü in der oberen rechten Ecke des Webparts »Bewerbungen« den Menüpunkt WEBPART BEARBEITEN und anschließend den daraufhin sichtbaren Menüpunkt VERBINDUNGEN • DATENREIHE SENDEN AN • BEWERBUNGSUNTERLAGEN aus.
4. Wählen Sie in dem nun erscheinenden Dialog die Option »Filterwerte abrufen von« für den Verbindungstyp aus, und betätigen Sie die Schaltfläche KONFIGURIEREN.

5. Wählen Sie als Anbieterfeldname die Spalte »Bewerbung-ID« und als Consumerfeldname die Spalte »Bewerbung:Bewerbung-ID« aus. Schließen Sie die Konfiguration über die Schaltfläche FERTIG STELLEN ab.
6. Speichern Sie die Seite über den Menüpunkt SPEICHERN im Menüband TEXT FORMATIEREN ab.

Entfernen Sie zum Abschluss noch die Menüpunkte aus der Schnellstartleiste, damit der Bewerber direkt auf den Inhalt der Homepage fokussiert ist. Ihr Bewerberportal sollte nun in etwa so wie in Abbildung 4.14 aussehen.

Abbildung 4.14 Homepage des Bewerberportals mit Zugriff auf die eingereichten Bewerbungen, Dokumente und die aktuellen Stellenangebote

4.2.8 Unterlagen zu einer Bewerbung hinzufügen und den Status überprüfen

Über den Menüpunkt NEUES ELEMENT bei den Bewerbungen können Sie die **Bewerbungsdaten** erfassen. Sind diese erst einmal im System gespeichert, so verarbeitet das Recruiting-System diese Daten und versendet eine Bestätigungsmail an die E-Mail-Adresse, die in der Bewerbung angegeben wurde. Außerdem wird direkt nach der Verarbeitung der neuen Bewerbung das Feld »Bewerbung-ID« aktualisiert.

Damit ein Interessent allerdings bei Abgabe seiner Bewerbung nicht warten muss, bis dieser Vorgang abgeschlossen ist, bevor er die **Unterlagen** (wie beispielsweise seinen Lebenslauf oder seine Zeugnisse) hinzufügen kann, erfolgt die Verknüpfung der Dokumente mit der Bewerbung über das Datum der Erfassung der Bewerbungsdaten. Wählen Sie nach der Erfassung der Daten des Bewerbers den Menüpunkt NEUES DOKUMENT aus, und laden Sie das gewünschte Dokument hoch.

Sobald sich das gewünschte Dokument in der Bibliothek befindet, werden Sie in einem Dialog dazu aufgefordert, die **Metadaten** zu pflegen, zu denen auch die Auswahl einer Bewerbung gehört. In der Regel wird sich ein Bewerber einmal bei Ihnen bewerben und somit nur ein Datum zur Auswahl erhalten. Aber auch bei Kandidaten, die sich häufiger bei Ihnen bewerben, wird die Auswahl mithilfe eines Datums recht einfach in der Bedienung sein. Wenn Sie dann die richtige Bewerbung ausgewählt haben und die Metadaten speichern, können Sie zukünftig auf der Homepage eine Bewerbung auswählen und sehen dann – gefiltert auf diese Bewerbung – die zugehörigen Bewerbungsunterlagen. So kann ein Bewerber auch beliebige Dokumente nachträglich hochladen, wenn Sie ihm beispielsweise mitgeteilt haben, dass ein bestimmtes Zeugnis fehlt.

Der **Bewerbungsstatus** ist sehr einfach zu erkennen, da er bereits in der Liste der Bewerbungen mit aufgeführt wird. Hierüber kann ein Bewerber bei Fragen zum aktuellen Stand seiner Bewerbung erst einmal das Bewerberportal aufrufen und sich dort informieren. Sobald bestimmte Aktionen im Personalauswahlverfahren erfolgt sind, wird der neue Status aus dem Recruiting-System in das Bewerberportal übertragen und so dem Bewerber zur Verfügung gestellt.

Sie haben jetzt ein Bewerberportal erstellt, das es jedem Internetnutzer ermöglicht, sich bei Ihnen initiativ oder auf eine von Ihrem Unternehmen ausgeschriebene Stelle zu bewerben. Sie haben dabei gelernt, wie Sie mit Serverlösungen oder alternativ mit Apps aus dem SharePoint Store die Standardfunktionen von SharePoint erweitern oder anpassen können. Die Lösung ist bereits einsatzbereit. Sie können sie allerdings noch um weitere Funktionen erweitern, wobei ich Ihnen nachfolgend nur ein Beispiel vorstellen möchte. Ich bin mir sicher, dass Ihnen für Ihr Unternehmen bestimmt weitere Anforderungen einfallen werden. Versuchen Sie einfach, diese im Anschluss an den nächsten Abschnitt umzusetzen.

4.2.9 Informationen zu Vorstellungsgesprächen oder Telefoninterviews abrufen

Wenn Sie den Bewerber über anstehende Termine (wie zum Beispiel für ein Vorstellungsgespräch oder Telefoninterview) nicht nur über eine E-Mail, sondern auch über das Bewerberportal informieren möchten, so können Sie dies mit einem Kalender realisieren, den Sie innerhalb des Bewerberportals bereitstellen. Gehen Sie dazu folgendermaßen vor:

1. Rufen Sie die Websiteinhalte auf, und wählen Sie den Menüpunkt APP HINZUFÜGEN aus.

2. Wählen Sie die App »Kalender« aus. Geben Sie den Namen »Termine« an, und schließen Sie den Vorgang über die Schaltfläche ERSTELLEN ab.
3. Rufen Sie den Kalender anschließend auf, und legen Sie über den Menüpunkt SPALTE ERSTELLEN im Menüband KALENDER die neue Spalte »Bewerbung« mit dem Informationstyp »Nachschlagen« an. Wählen Sie dabei als Quelle die Liste »Bewerbungen« und die Spalte »Bewerbung-ID« aus. Schließen Sie den Vorgang über die Schaltfläche OK ab.
4. Rufen Sie die Homepage des Bewerberportals im Bearbeitungsmodus auf, und fügen Sie in die rechte Spalte der Seite, die wir vorhin bewusst leer gelassen haben, das Webpart »Termine« aus der Kategorie »Apps« ein.
5. Wählen Sie als anzuzeigende Ansicht für die Termine die Ansicht »Alle Ereignisse« aus, und bestätigen Sie die Auswahl über die Schaltfläche OK. Sie sollten hier prüfen, ob Sie alle Spalten der Ansicht benötigen, und ggf. ein paar davon ausblenden.
6. Wir benötigen noch eine Verbindung zwischen den Webparts »Bewerbungen« und »Termine«, damit nur die Termine einer ausgewählten Bewerbung dargestellt werden. Wählen Sie also im Menü in der oberen rechten Ecke des Webparts »Bewerbungen« den Menüpunkt WEBPART BEARBEITEN und anschließend den daraufhin sichtbaren Menüpunkt VERBINDUNGEN • DATENREIHE SENDEN AN • TERMINE aus.
7. Wählen Sie in dem nun erscheinenden Dialog die Option »Filterwerte abrufen von« für den Verbindungstyp aus, und betätigen Sie die Schaltfläche KONFIGURIEREN.
8. Wählen Sie als Anbieterfeldname die Spalte »Bewerbung-ID« und als Consumerfeldname die Spalte »Bewerbung« aus. Schließen Sie die Konfiguration über die Schaltfläche FERTIG STELLEN ab.
9. Speichern Sie die Seite über den Menüpunkt SPEICHERN im Menüband TEXT FORMATIEREN ab.

Entfernen Sie abschließend aus der Schnellstartleiste die beiden Menüpunkte »Zuletzt verwendet« und »Termine«, damit kein direkter Zugriff auf den Kalender erfolgt. Sie können nun das Bewerberportal in der Form bereits nutzen oder es weiter an Ihre Bedürfnisse anpassen. Da es sich hierbei um eine Internetlösung handelt, ist die Gestaltung der Benutzeroberfläche ein sehr wichtiger Punkt. Welche Möglichkeiten Sie dabei noch im Rahmen der Standardfunktionen haben, lernen Sie in Abschnitt 9.2, »SharePoint und Corporate Design – geht das?«.

Sie haben nun eine Lösung erstellt, die für den Einsatz im Internet vorgesehen ist. Das heißt natürlich nicht, dass Sie diese nicht auch innerhalb Ihres Firmennetzwerks für interne Bewerbungen einsetzen können. Es ist eher so, dass Sie sich für Lösungen im Internet viel mehr Gedanken im Hinblick auf die Authentifizierung und die Verwaltung von Benutzerdaten machen müssen, als dies bei einem internen Einsatz der Fall ist.

Berechtigungen auf den Kalender beachten

Da die Termine im Kalender nicht vom Bewerber, sondern vom Recruiting-System erstellt werden, kann die Einstellung für den Lesezugriff nicht genutzt werden. Das bedeutet, dass Sie hier noch eine SharePoint-Erweiterung benötigen, damit ein Bewerber nicht auf die Termine eines anderen Bewerbers zugreifen kann. Gerade im Bereich der Berechtigungen werden Sie in der Praxis häufig mit Anforderungen konfrontiert werden, die nicht direkt mit reinen Standardfunktionen realisiert werden können.

Außerdem haben Sie jetzt einen Einblick in die Erweiterungsoptionen von SharePoint in Form von Serverlösungen und Apps erhalten und wissen grundsätzlich, wie Sie mit der jeweiligen Variante umgehen müssen. Ich weiß, dass der Weg bis hin zu der fertigen Lösung Sie in verschiedenster Weise gefordert hat. Ich möchte Ihnen in diesem Buch allerdings praxisnahes Wissen vermitteln und habe deshalb ein Szenario gewählt, in dem Sie mit den Herausforderungen konfrontiert werden, die Ihnen in der Praxis wahrscheinlich auch am ehesten begegnen werden. Erinnern Sie sich bitte an diese Übung, wenn Sie später auf ähnliche Anforderungen in Ihrem Unternehmen stoßen. Ich wünsche Ihnen, dass Sie mit der Vorbereitung durch diese Übung bestens gewappnet sind, um die dann auf Sie zukommenden Herausforderungen zu meistern.

4.3 Erweiterung um die Komponente der Mitarbeiterverwaltung

Auf Basis der bereits für das Bewerberportal verwendeten SharePoint-Lösung für das Personalauswahlverfahren möchten wir nun einen Bewerber nach der Entscheidung, dass er eingestellt werden soll, in eine Mitarbeiterdatenbank übernehmen und die Daten dort weiterverarbeiten.

Sie sollen anhand dieser Übung lernen, wie sich verschiedene Prozesse wie beispielsweise das Recruiting und die Mitarbeiterverwaltung leicht durch SharePoint miteinander verknüpfen lassen.

4.3.1 Benötigte Funktionen

Wie Sie in Abbildung 4.15 erkennen können, sind grundsätzlich zwei verschiedene Anwendergruppen an der Mitarbeiterverwaltung beteiligt:

- **Mitarbeiter der Personalabteilung:** Diese Anwender nutzen das Recruiting-System und stellen Kandidaten ein. Durch diesen Vorgang werden die relevanten Informationen in die Mitarbeiterverwaltung übertragen. Zusätzlich können die

Anwender die zu den Mitarbeitern erfassten Informationen vollständig einsehen und bearbeiten.

- **Mitarbeiter:** Diese Anwender können nur ausgewählte Informationen zu den Mitarbeitern des Unternehmens aufrufen. Wenn sie Daten zu ihrer eigenen Person ändern möchten, müssen sie sich an die Personalabteilung wenden, außer wenn es sich um ein Profilbild handelt. Dieses können sie selbstständig austauschen.

Diese Berechtigung ist nur ein Beispiel aus der Praxis. Wenn es in Ihrem Unternehmen hingegen möglich ist, dass Sie Ihre Daten selbst aktualisieren können, lässt sich diese Anforderung auch umsetzen. Sie haben in den bisherigen Übungen genug über Berechtigungen gelernt, um abweichend von der Vorgehensweise in dieser Übung ein passendes Berechtigungsmodell zu konfigurieren.

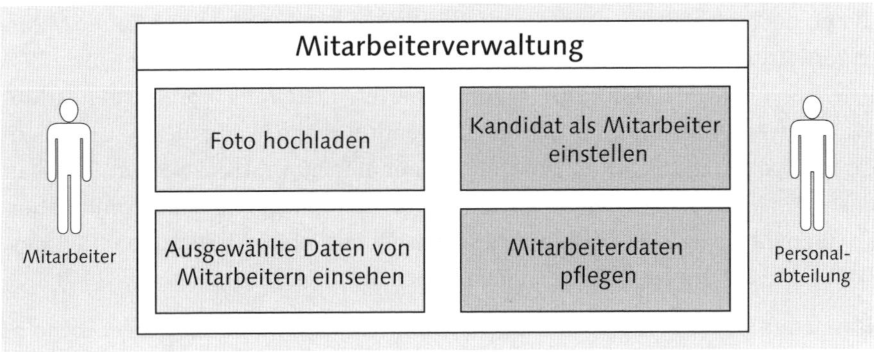

Abbildung 4.15 Anforderungen an die Mitarbeiterverwaltung

Die benötigten Funktionen lassen sich somit eindeutig mindestens einer Anwendergruppe zuordnen. Sie sollten in der Praxis auch durch Vertreter dieser Gruppen detailliert beschrieben und nach der Umsetzung getestet werden.

4.3.2 Konzeption der Lösung

Für die Umsetzung der definierten Anforderungen wird eine Website auf Basis der Websitevorlage »Teamwebsite« verwendet, die als Kernelement eine Liste »Mitarbeiter« zur Verwaltung der Mitarbeiter zur Verfügung stellt. Da die für einen Mitarbeiter zu erfassenden Informationen wahrscheinlich im Rahmen weiterer Lösungen wiederverwendet werden können, nehmen wir die Konfiguration nicht wie bisher durch Hinzufügen von Spalten zu einer bestimmten Liste vor, sondern indem wir eine Art Vorlage in Form eines sogenannten **Inhaltstyps** erstellen. Sie werden in der Übung gleich sehen, was ein Inhaltstyp genau ist und wobei er Sie bei der Erstellung Ihrer Lösungen unterstützen kann.

Unsere Lösung bietet neben verschiedenen Ansichten auf die Mitarbeiterliste eine **Steckbriefunktionalität** mit Integration Ihres Profilbildes, das Sie jederzeit über die

Komponente *Meine Website* bzw. über die Benutzerinformationslisten innerhalb einer jeden Websitesammlung austauschen können.

4.3.3 Daten von bereits angestellten Mitarbeitern erfassen

Erstellen Sie zunächst eine neue Unterwebsite in der *Website der obersten Ebene* Ihrer Websitesammlung, indem Sie dort zu den Websiteinhalten navigieren und den Menüpunkt NEUE WEBSITE auswählen. Als Titel geben Sie die Bezeichnung »Mitarbeiterverwaltung« an, und als Websiteadresse tragen Sie den Wert »mitarbeiter« ein. Wählen Sie dann die Websitevorlage »Teamwebsite« aus.

Erstellen eines Inhaltstyps

Die für einen Mitarbeiter benötigten Informationen können nicht nur für die Mitarbeiterverwaltung interessant sein, sondern auch in weiteren Szenarien (wie beispielsweise in einer Lösung zur automatisierten Erstellung von Visitenkarten) sinnvoll verwendet werden. Um für diese Anwendungsfälle nicht erneut die Konfiguration der Spalten in der jeweiligen Liste vornehmen zu müssen, werden Sie einen sogenannten *Inhaltstyp* erstellen. Mit einem **Inhaltstyp** legen Sie eine Kombination von Spalten inklusive ihrer Sortierung fest, die jeder beliebigen Liste zugeordnet werden kann. Um den Inhaltstyp zu erstellen, gehen Sie folgendermaßen vor:

1. Navigieren Sie zu den Websiteeinstellungen der *Website der obersten Ebene* in Ihrer Websitesammlung.
2. Wählen Sie den Menüpunkt WEBSITEINHALTSTYPEN aus, und klicken Sie auf den Link ERSTELLEN.
3. Als Namen geben Sie die Bezeichnung »Mitarbeiter« an. Wählen Sie als *übergeordneten Inhaltstyp* LISTENINHALTSTYPEN • ELEMENT aus.
4. Die Gruppe können Sie unverändert auf BENUTZERDEFINIERTE INHALTSTYPEN stehen lassen. Klicken Sie auf die Schaltfläche OK, um den Inhaltstyp zu erstellen. Unter dieser Gruppe finden Sie später alle im Rahmen der Übungen erstellten Inhaltstypen.
5. Wie Sie in Abbildung 4.16 erkennen können, haben Sie auch die Möglichkeit, mit diesem Inhaltstyp direkt Automatismen wie *Workflows* oder *Aufbewahrungsrichtlinien* zu verbinden.

   Sie sehen außerdem, dass bereits die Spalte »Titel« zu dem neuen Inhaltstyp zugeordnet wurde. Diese Spalte haben wir bereits bei früheren Szenarien gesehen und sie dort evtl. als störend empfunden, weil wir sie nicht direkt verwenden konnten. Sie konnte innerhalb der SharePoint-Liste allerdings nicht entfernt werden. Mit einem Inhaltstyp haben Sie nun die Möglichkeit, diese Spalte auszublenden, wenn Sie sie nicht benötigen. Klicken Sie dazu auf die Spalte »Titel«, und wählen Sie auf der nächsten Seite die Option AUSGEBLENDET (WIRD NICHT IN FORMULAREN ANGEZEIGT) aus.

6. Wenn Sie sich wieder auf der Konfigurationsseite befinden, die Sie in Abbildung 4.16 sehen, können Sie über den Menüpunkt AUS NEUER WEBSITESPALTE HINZUFÜGEN die benötigten Spalten für den Mitarbeiter anlegen. Folgende Spalten des Informationstyps »Eine Textzeile« werden benötigt und sollen der Gruppe »Mitarbeiter« zugeordnet werden:

Spaltenname	Informationstyp	Pflichtfeld
Nachname	Eine Textzeile	☑
Telefon-Nr.	Eine Textzeile	
Raum	Eine Textzeile	
Gehalt	Währung	☑
Eintrittsdatum	Datum und Uhrzeit	☑
Austrittsdatum	Datum und Uhrzeit	

Tabelle 4.5 Neue Websitespalten für den Inhaltstyp »Mitarbeiter« erstellen

Außerdem fügen Sie die neue Websitespalte »Mitarbeiterprofil« mit dem Informationstyp »Person oder Gruppe« und der Option »Nur Bild (72 × 72)« unter FELD ANZEIGEN hinzu.

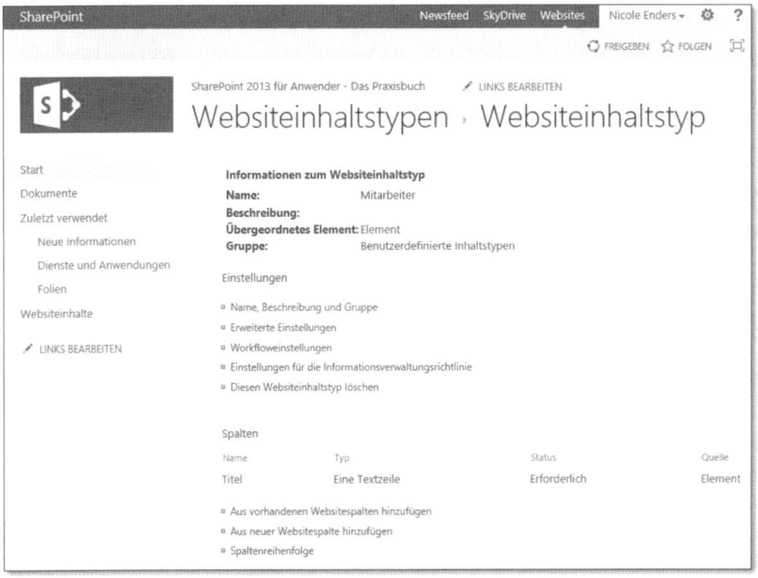

Abbildung 4.16 Neuer Inhaltstyp für die Informationen zu einem Mitarbeiter

7. Einige Spalten, die Sie benötigen, werden bereits von SharePoint standardmäßig angeboten. Aus diesem Grund fügen Sie diese Spalten zu dem Inhaltstyp hinzu, indem Sie den Menüpunkt AUS VORHANDENEN WEBSITESPALTEN HINZUFÜGEN verwenden. Um die folgenden Spalten schneller zu finden, können Sie in der Auswahlliste die Gruppe »Hauptkontakt- und Kalenderspalten« auswählen:

Spaltenname	Pflichtfeld
Abteilung	
Adresse privat: Straße	☑
Adresse privat: PLZ	☑
Adresse privat: Ort	☑
E-Mail	
Telefon (privat)	☑
Vorname	☑

Tabelle 4.6 Vorhandene Websitespalten zum Inhaltstyp »Mitarbeiter« hinzufügen

8. Die Konfiguration der Pflichtfelder können Sie auf dieselbe Weise vornehmen wie das Ausblenden der Titelspalte. Nur wählen Sie in diesem Fall die Option ERFORDERLICH (MUSS INFORMATIONEN ENTHALTEN) aus.
9. Durch die Art und Weise, wie Sie die einzelnen Spalten hinzugefügt haben, ist die Sortierung durcheinandergeraten. Wählen Sie den Menüpunkt SPALTENREIHENFOLGE aus, und geben Sie folgende Sortierung an:

   1. Vorname
   2. Adresse privat: PLZ
   3. Nachname
   4. Adresse privat: Ort
   5. Telefon-Nr.
   6. Telefon (privat)
   7. E-Mail
   8. Eintrittsdatum
   9. Raum
   10. Austrittsdatum
   11. Abteilung
   12. Gehalt
   13. Adresse privat: Straße
   14. Mitarbeiterprofil

In der Website »Mitarbeiterverwaltung« erstellen Sie nun eine *benutzerdefinierte Liste* »Mitarbeiter« und nehmen die folgende Konfiguration vor:

1. Wählen Sie nach Aufruf der Liste »Mitarbeiter« den Menüpunkt LISTENEINSTELLUNGEN aus.
2. Klicken Sie unter ALLGEMEINE EINSTELLUNGEN auf den Link ERWEITERTE EINSTELLUNGEN.
3. Wählen Sie unter INHALTSTYPEN die Option JA aus, damit Sie den neu erstellten Inhaltstyp dieser Liste zuordnen können.

Abbildung 4.17 So ordnen Sie den Inhaltstyp »Mitarbeiter« einer Liste zu.

4. Die Seite für die Listeneinstellungen wurde entsprechend der Darstellung in Abbildung 4.17 um den Bereich INHALTSTYPEN erweitert, der oberhalb des Bereichs SPALTEN zu finden ist. Klicken Sie auf den Menüpunkt AUS VORHANDENEN WEBSITEINHALTSTYPEN HINZUFÜGEN, und wählen Sie in der daraufhin erscheinenden Seite den Websiteinhaltstyp »Mitarbeiter« aus der Gruppe BENUTZERDEFINIERTE INHALTSTYPEN aus.
5. Den Inhaltstyp »Element«, der automatisch der Liste zugeordnet wurde, können Sie entfernen, indem Sie auf ihn klicken, in der folgenden Seite den Menüpunkt DIESEN INHALTSTYP LÖSCHEN auswählen und die anschließende Sicherheitsabfrage mit OK bestätigen.

Auf dieser Basis können nun Mitarbeiter erfasst werden. Allerdings fehlen sowohl die benötigten Ansichten als auch das gewünschte Berechtigungskonzept. Diese noch offenen Punkte werden Sie nun umsetzen.

Erstellen der Ansichten und Anpassen der Schnellstartleiste

Wenn Sie die Liste »Mitarbeiter« aufrufen, werden Sie sehen, dass die Standardansicht »Alle Elemente« nur das Titelfeld anzeigt, das wir bei unserem Inhaltstyp nicht nutzen und daher ausblenden. Aus diesem Grund werden Sie die Ansicht bearbeiten, indem Sie den Menüpunkt ANSICHT ÄNDERN auswählen und folgende Konfiguration vornehmen:

- Sie wählen folgende Spalten zur Anzeige aus:
  1. Mitarbeiterprofil
  2. E-Mail
  3. Nachname
  4. Raum
  5. Vorname
  6. Abteilung
  7. Telefon-Nr.
- Sortieren Sie die Ansicht nach den Spalten »Nachname« und »Vorname«, und lassen die übrigen Einstellungen unverändert.

Abbildung 4.18 Ansicht »Alle Elemente« der Mitarbeiterliste

Sobald Sie ein paar Mitarbeiter eingetragen haben, sieht diese Ansicht so wie in Abbildung 4.18 aus. Probieren Sie es einmal, indem Sie sich selbst und ein paar Ihrer Kollegen dort erfassen.

Sie erstellen auf Basis dieser Ansicht zwei weitere Ansichten »nach Raum« bzw. »nach Abteilung«, die eine Gruppierung nach der Spalte »Raum« bzw. »Abteilung« vorsehen. Sollten Sie hierbei Hilfe benötigen, blättern Sie zurück zu Abschnitt 2.1.3, in dem die Erstellung von Ansichten detailliert beschrieben wird.

Abbildung 4.19 Homepage und Schnellstartleiste der Mitarbeiterverwaltung

Sobald Sie die Ansichten erstellt haben, können Sie die Schnellstartleiste so anpassen, dass sie entsprechend der Darstellung in Abbildung 4.19 die drei Ansichten zur Auswahl zur Verfügung stellt.

Umsetzung des Berechtigungskonzepts

Bis jetzt besteht kein Unterschied zwischen den Berechtigungen von allen Mitarbeitern und den Mitarbeitern der Personalabteilung. Somit kann jeder Anwender Felder wie das Gehalt oder die privaten Kontaktinformationen einsehen. Da dies aber nicht erwünscht ist, muss eine Anpassung vorgenommen werden. Gehen Sie dazu folgendermaßen vor:

1. Wählen Sie unter den *Websiteeinstellungen* den Menüpunkt WEBSITEBERECHTIGUNGEN aus.
2. Da Sie für die Mitarbeiterverwaltung individuelle Berechtigungen benötigen, wählen Sie den Menüpunkt BERECHTIGUNGSVERERBUNG BEENDEN aus.
3. Entsprechend der Darstellung in Abbildung 4.20 wählen Sie als BESUCHER DIESER WEBSITE die Gruppe »Mitglieder von...« aus und wählen für die MITGLIEDER DIESER WEBSITE die Option NEUE GRUPPE ERSTELLEN aus. Geben Sie als Namen der neuen Gruppe die Bezeichnung »Personalabteilung« an.

   Sie werden direkt als Mitglied dieser Gruppe ausgewählt. Sie haben aber die Möglichkeit, auch weitere bzw. andere Personen direkt jetzt als Mitglieder anzugeben.

   Bestätigen Sie die Angaben über die Schaltfläche OK. Dadurch werden Sie leider wieder auf die Homepage der Mitarbeiterverwaltung weitergeleitet und müssen unter den *Websiteeinstellungen* erneut den Menüpunkt WEBSITEBERECHTIGUNGEN auswählen.

Gibt es Besonderheiten bei der Einrichtung individueller Berechtigungen in einer Website?

Den Menüpunkt BERECHTIGUNGSVERERBUNG BEENDEN gibt es nur in Unterwebsites einer Websitesammlung. Wenn Sie sich in der Website der obersten Ebene einer Websitesammlung befinden, übernehmen Sie schließlich keine Berechtigungen von einer höheren Ebene und würden vergeblich nach einem solchen Menüpunkt suchen. Berücksichtigen Sie diesen Unterschied bei der Umsetzung Ihrer eigenen Lösungen.

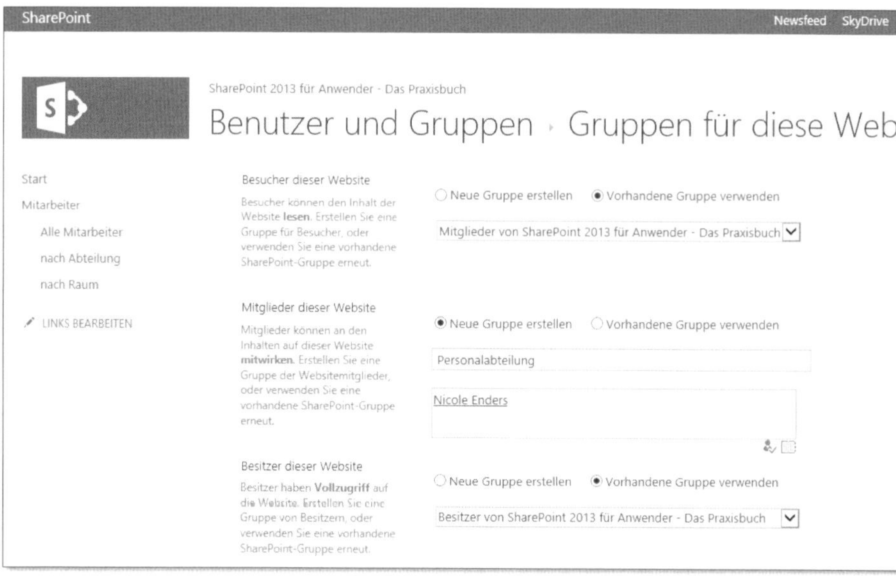

Abbildung 4.20 Berechtigungen für die Mitarbeiterverwaltung festlegen

4. Vielleicht wundern Sie sich jetzt, warum mehr als die drei eben definierten Gruppen aufgeführt werden. Das liegt daran, dass die Berechtigungen der *Website der obersten Ebene* der Websitesammlung kopiert und um die eben gemachten Angaben erweitert werden.

   Haken Sie alle Gruppen an, die Sie nicht im vorigen Schritt erstellt bzw. ausgewählt haben, und wählen Sie dann den Menüpunkt BENUTZERBERECHTIGUNGEN ENTFERNEN aus.

   Die Websiteberechtigungen sollten nun so aussehen wie in Abbildung 4.21. Allerdings besitzt die Benutzergruppe »Mitglieder von...« die folgenden zwei **Berechtigungsstufen**:

- **Bearbeiten:** Diese Berechtigungsstufe stammt aus der Websitesammlung und wurde beim Beenden der Berechtigungsvererbung kopiert. Sie ist daher in diesem Kontext falsch.
- **Lesen:** Bei dieser Berechtigungsstufe handelt es sich um die für Mitarbeiter vorgesehene Berechtigung innerhalb der Mitarbeiterverwaltung. Sie sollte demnach bestehen bleiben.

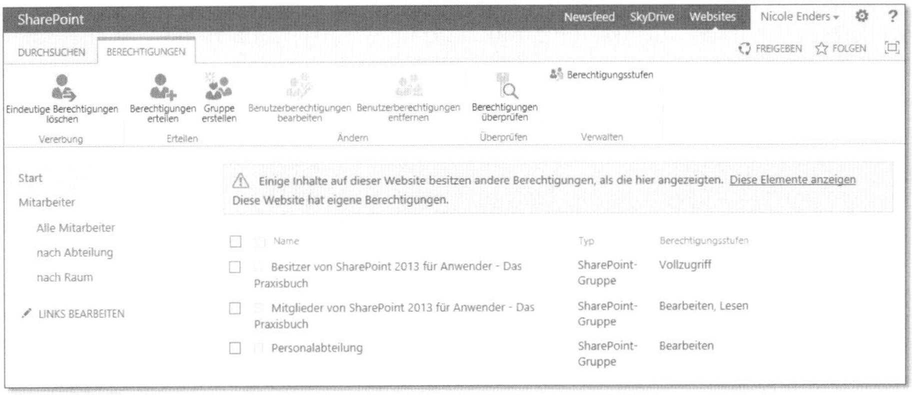

Abbildung 4.21 Überflüssige Benutzergruppen wurden aus den Websiteberechtigungen der Mitarbeiterverwaltung entfernt.

5. Sie entfernen die falsch übernommene Berechtigungsstufe, indem Sie die Benutzergruppe anhaken und den Menüpunkt BENUTZERBERECHTIGUNGEN BEARBEITEN auswählen.
6. Entfernen Sie jetzt den Haken bei der Option BEARBEITEN, und speichern Sie die Änderungen über die Schaltfläche OK.

Mit dieser Konfiguration ist sichergestellt, dass die Mitarbeiter des Unternehmens nur lesend auf die Informationen zugreifen können, während die Personalabteilung Daten erfassen, bearbeiten und löschen kann.

Daher werden Sie abschließend das Formular zur Anzeige der Mitarbeiterinformationen so anpassen, dass die geheimen Informationen nicht mehr dargestellt werden. Öffnen Sie die Website mit dem SharePoint Designer, und gehen Sie folgendermaßen vor:

1. Wählen Sie das *Websiteobjekt* LISTEN UND BIBLIOTHEKEN. In der daraufhin erscheinenden Auflistung wählen Sie die Liste »Mitarbeiter« aus.
2. Sie befinden sich in den Listeneinstellungen der Liste »Mitarbeiter« und können im Bereich FORMULARE die drei Seiten finden, die zur Erfassung, Bearbeitung und Anzeige eines Mitarbeiters verwendet werden. Betätigen Sie die Schaltfläche NEU, um ein zusätzliches Anzeigeformular zu erstellen.

3. Innerhalb des Dialogs NEUES LISTENFORMULAR ERSTELLEN legen Sie den Dateinamen auf »ViewForm.aspx« fest, wählen Sie Option FORMULAR ZUR ANSICHT BESTEHENDER EINTRÄGE und setzen ein Häkchen bei der Option ALS STANDARDFORMULAR FÜR DEN AUSGEWÄHLTEN TYP FESTLEGEN.
4. Das neue Formular »ViewForm.aspx« erscheint nun in der Auflistung der Listenformulare. Klicken Sie auf den Eintrag, wodurch Sie in die Codeansicht des Formulars gelangen.
5. Suchen Sie über die Tastenkombination [STRG]+[F] nach der Zeichenfolge »Adresse privat«, und entfernen Sie entsprechend Listing 4.2 alle Felder von »Adresse privat: Straße« bis einschließlich »Gehalt«.

```
<tr>
  <td width="190px" valign="top" class="ms-formlabel">
    <h3 class="ms-standardheader">
      <nobr>Adresse privat: Straße</nobr>
    </h3>
  </td>
  <td width="400px" valign="top" class="ms-formbody">
    <xsl:value-of select="@HomeAddressStreet"/>
  </td>
</tr>
[...]
<tr>
  <td width="190px" valign="top" class="ms-formlabel">
    <h3 class="ms-standardheader">
      <nobr>Gehalt</nobr>
    </h3>
  </td>
  <td width="400px" valign="top" class="ms-formbody">
    <xsl:value-of select="@Gehalt"/>
  </td>
</tr>
```

Listing 4.2 Diese Felder müssen Sie aus dem Anzeigeformular der Mitarbeiterverwaltung entfernen.

6. Speichern Sie die Änderungen mit [STRG]+[S] ab, und prüfen Sie über die Weboberfläche, ob das Anzeigeformular nur noch die öffentlichen Felder anzeigt.

Wenn Sie das Formular aufgerufen haben, sind Sie bestens vorbereitet, um als Nächstes die Schnittstelle zu konfigurieren, die Ihnen durch das als Serverlösung bereitgestellte Recruiting-System angeboten wird. Über diese Schnittstelle sollen die Daten eines Bewerbers in die gerade von Ihnen erstellte Mitarbeiterverwaltung übernommen werden.

4.3.4 Kandidaten als Mitarbeiter einstellen

Neue Mitarbeiter werden ausgehend vom Recruiting-System eingestellt. Damit allerdings die Informationen des Bewerbers auch in die eben angelegte Liste übertragen werden, müssen Sie folgendermaßen vorgehen:

1. Rufen Sie die Website des Recruiting-Systems aus Abschnitt 4.2.4 auf.
2. Wählen Sie in der Schnellstartleiste den Menüpunkt KONFIGURATION aus.
3. Geben Sie, wie in Abbildung 4.22 dargestellt, als URL DER MITARBEITERVERWALTUNG den Link zu der Website an, die wir in Abschnitt 4.3.3 erstellt haben.
4. Speichern Sie die Änderungen über die Schaltfläche ÜBERNEHMEN.

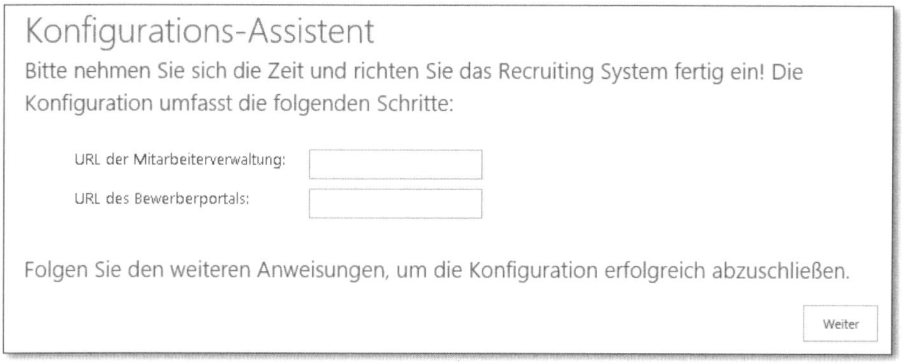

Abbildung 4.22 Konfigurations-Assistent für die Verbindung zwischen dem Recruiting-System und der Mitarbeiterverwaltung

Von nun an werden alle Kandidaten, die über das Recruiting-System als eingestellt markiert sind, automatisch in die Mitarbeiterverwaltung übernommen. Um einen Kandidaten einzustellen, gehen Sie folgendermaßen vor:

1. Rufen Sie die Website des Recruiting-Systems aus Abschnitt 4.2.3 auf.
2. Wählen Sie in der Navigation den Menüpunkt AKTUELLE BEWERBUNGEN und darunter einen beliebigen Untermenüpunkt.
3. Wählen Sie eine beliebige Bewerbung aus, und öffnen Sie das Menüband BEWERBUNG.
4. In der Menügruppe AKTIONEN wählen Sie nun den Menüpunkt STATUSÄNDERUNGEN aus und klicken in dem daraufhin erscheinenden Dialog auf EINSTELLEN.

Der Kandidat wurde nun von Ihnen eingestellt. Schauen Sie doch direkt einmal nach, ob er in der Mitarbeiterliste zu finden ist, die wir in Abschnitt 4.3.3 erstellt haben.

4.3.5 Vorbereitungen für einen neuen Mitarbeiter treffen

Wenn bei Ihnen im Unternehmen ein neuer Mitarbeiter eingestellt wird, müssen wahrscheinlich bestimmte Vorbereitungen für den Arbeitsplatz des Mitarbeiters getroffen werden. Dabei kann eine Erinnerung, dass bis zum ersten Arbeitstag bestimmte Aufgaben erledigt sein sollen, sehr sinnvoll sein.

Wenn Sie in der Website nun eine Aufgabenliste mit dem Namen »Aufgaben« erstellen, wird bei allen zukünftigen Einstellungen jeweils eine Aufgabe erstellt, deren Fälligkeitsdatum dem Eintrittsdatum des Mitarbeiters entspricht und die Informationen zum Mitarbeiter enthält. Damit sollen Sie im Rahmen der Vorbereitung auf den neuen Mitarbeiter unterstützt werden. Aber wo kommt diese neue Funktion her?

Listing 4.3 zeigt Ihnen einen Ausschnitt aus dem Funktionsumfang der vorbereiteten SharePoint-Lösung für das Recruiting-System. Hierbei wird mithilfe der *JavaScript-API* von SharePoint bei der Einstellung eines Kandidaten geprüft, ob in der Website »Mitarbeiterverwaltung« eine Liste mit dem Namen »Aufgaben« existiert, und anschließend erfolgt die Erstellung der Aufgabe.

```
/* Mit dieser Methode wird eine Aufgabe in der Liste "Aufgaben" der aktuellen
Website erstellt. */
function CreateNewEmployeeTask(employeeName, startDate){
  // Laden der aktuellen Websiteinformationen
  var clientContext = new SP.ClientContext.get_current();
  // Laden der Liste "Aufgaben"
  var oList =
    clientContext.get_web().get_lists()
    .getByTitle('Aufgaben');
  if(oList != null){
    // Erstellen eines Listenelements
    var itemCreateInfo =
      new SP.ListItemCreationInformation();
    this.oListItem = oList.addItem(itemCreateInfo);
    // Setzen der Feldwerte
    oListItem.set_item('Title', 'Neue(r) Mitarbeiter(in) '
      + employeeName);
    oListItem.set_item('Description', employeeName
      + ' wird am ' + startDate + ' zu seinem/ihrem '
      + 'ersten Arbeitstag erscheinen. Haben Sie '
      + 'bereits die nötigen Vorbereitungen '
      + 'getroffen?');
    oListItem.set_item('DueDate', startDate);
    // Speichern der Änderungen
    oListItem.update();
    clientContext.load(oListItem);
```

```
    // Ausführen der Speicherroutine
    clientContext.executeQueryAsync(
      Function.createDelegate(this,
        this.onQuerySucceeded),
      Function.createDelegate(this,
        this.onQueryFailed));
    }
  }
}

/* Diese Methode wird ausgeführt, wenn das Listenelement erfolgreich erstellt
werden konnte. */
function onQuerySucceeded () {
  alert('Die Aufgabe für die Vorbereitungen des ersten '
    + 'Arbeitstages von ' + employeeName + ' wurde erstellt.');
}

/* Diese Methode wird ausgeführt, wenn ein Fehler bei beim Speichern
aufgetreten ist. */
function onQueryFailed(sender, args) {
    alert('Es ist ein Fehler aufgetreten. ' + args.get_message()
      + '\n' + args.get_stackTrace());
}
```

Listing 4.3 Erstellen einer Aufgabe für jeden neu eingestellten Mitarbeiter in der Aufgabenliste der Mitarbeiterverwaltung

Auf diese Weise können Sie beliebige weitere automatisierte Prozesse umsetzen, zum Beispiel die Abarbeitung einer Checkliste. Hierbei kann ein SharePoint-Entwickler Sie unterstützen, der die gewünschten Erweiterungen bereitstellt.

Aktualisieren Sie abschließend die Schnellstartleiste, indem Sie den Menüpunkt AUFGABEN nach ganz oben verschieben und den Menüpunkt ZULETZT VERWENDET wieder löschen, der durch die Erstellung der Liste »Aufgaben« automatisch der Schnellstartleiste hinzugefügt wurde.

4.3.6 Neue Mitarbeiter mittels Steckbrief vorstellen

Damit alle Mitarbeiter des Unternehmens über die neuen Kollegen informiert sind, werden Sie für die Liste »Mitarbeiter« zwei Ansichten erstellen, die auf der Homepage positioniert werden, sodass diese wie in Abbildung 4.23 aussieht. Erstellen Sie die zwei folgenden Ansichten:

- **Eintritt:** Hierbei handelt es sich um eine *Kalenderansicht*, die sowohl als Anfangsdatum als auch als Enddatum die Spalte »Eintrittsdatum« verwendet, während der Titel der Ansichten mit der Spalte »Mitarbeiterprofil« und die Unterüberschrift mit der Spalte »Abteilung« belegt wird.
- **Neue Mitarbeiter:** Diese Ansicht erstellen Sie auf Basis der *Standardansicht*, wobei Sie nur die Spalten »Mitarbeiterprofil«, »Nachname«, »Vorname« und »Abteilung« anzeigen lassen und eine absteigende Sortierung nach der Spalte »Eintrittsdatum« festlegen. Als Filter geben Sie vor, dass das »Eintrittsdatum« der anzuzeigenden Mitarbeiter kleiner oder gleich dem Wert »[Heute]« sein muss. Damit werden Neueinstellungen für zukünftige Tage nicht berücksichtigt, sondern lediglich die Mitarbeiter angezeigt, die mindestens ihren ersten Arbeitstag haben.

  Im Bereich EINTRAGSGRENZE geben Sie nun den Wert »10« an. Dadurch werden maximal die letzten 10 neuen Mitarbeiter angezeigt. Die Angabe einer Eintragsgrenze sollten Sie immer abhängig von dem Platz gestalten, der auf der jeweiligen Seite verfügbar ist. In diesem Fall soll durch die Darstellung der neuen Mitarbeiter kein vertikaler Scrollbalken entstehen. Falls wegen geringer Bildschirmauflösung Ihrer Geräte nicht zehn Mitarbeiter auf dem Bildschirm untereinander dargestellt werden können, sollten Sie sogar einen niedrigeren Wert angeben.

Abbildung 4.23 Homepage der Mitarbeiterverwaltung mit Darstellung der zehn neuesten Mitarbeiter und der Eintritte im aktuellen Monat

Nach der Erstellung der beiden Ansichten öffnen Sie die Homepage der Mitarbeiterverwaltung im Bearbeitungsmodus, indem Sie im Menüband SEITE den Menüpunkt BEARBEITEN auswählen. Wählen Sie als TEXTLAYOUT die Option EINE SPALTE MIT RANDLEISTE aus, und fügen Sie links die Mitarbeiterliste mit der Ansicht »Eintritt« und rechts die Mitarbeiterliste mit der Ansicht »Neue Mitarbeiter« hinzu.

Über den integrierten *Rich-Text-Editor* können Sie die Homepage weiter anpassen und zum Beispiel eine Grafik oder beschreibende Texte hinzufügen, um die Lösung auf Ihre Bedürfnisse zuzuschneiden.

Über die Spalte »Mitarbeiterprofil« können Sie aus jeder beliebigen Ansicht heraus direkt nach einem Klick auf das Profilbild des Mitarbeiters (je nach eingesetzter Edition) auf das Profil aus *Meine Website* oder auf die in der Websitesammlung verfügbaren Benutzerinformationen zugreifen.

Abbildung 4.24 Profilseite eines Mitarbeiters beim Einsatz einer SharePoint Server-Edition

Bei neuen Mitarbeitern werden Sie entsprechend der Darstellung in Abbildung 4.24 außer dem Namen der Person noch keine weiteren Informationen erhalten. Diese müssen erst durch den jeweiligen Mitarbeiter selbst erfasst werden. Sie können aber bereits jetzt entscheiden, ob Sie über Aktivitäten dieser Person in Ihrem Newsfeed informiert werden möchten, indem Sie den Menüpunkt DIESER PERSON FOLGEN auswählen. Damit können Sie ein persönliches Netzwerk aufbauen und werden schnell über neue Informationen benachrichtigt, die von diesen Personen veröffentlicht wurden. Insgesamt wird auf diese Weise der Informationsprozess in einer personalisierten Form unterstützt.

Rufen Sie allerdings Ihre eigene Profilseite auf, so können Sie über den Menüpunkt BEARBEITEN SIE IHR PROFIL eine Art Steckbrief mit Informationen zu Ihrer Person ausfüllen.

Sie können zum Beispiel im Feld INFO allgemeine Informationen zu Ihrer Person veröffentlichen und unter FOTO ein Profilbild hochladen, um sich der Belegschaft vorzustellen. Anschließend tragen Sie Ihre Expertise und die verfügbaren Kontaktinformationen ein.

Damit sieht Ihre Profilseite so wie in Abbildung 4.25 aus. Sie können diese Informationen jederzeit über den Menüpunkt ÜBER MICH im Untermenü zu Ihrem Namen (oben rechts in einer jeden Website) aktualisieren und darüber auch je nach Bedarf neue Profilbilder hinterlegen.

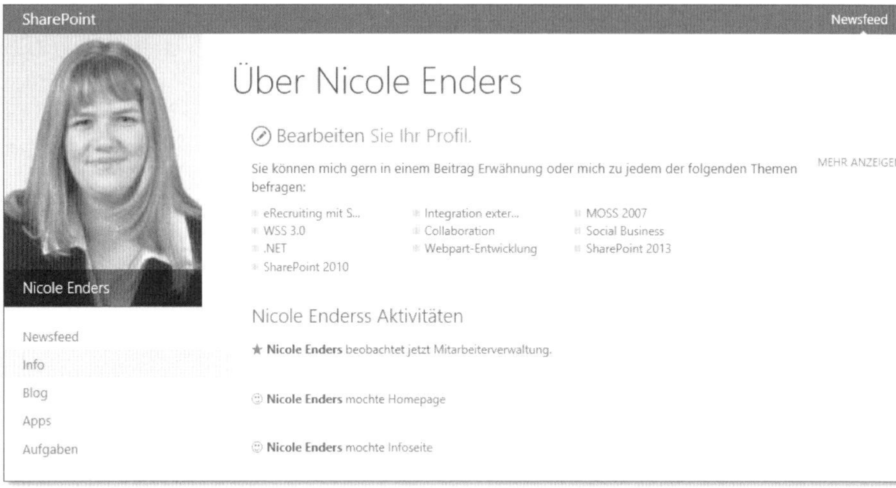

Abbildung 4.25 Profilseite des aktuellen Benutzers beim Einsatz einer SharePoint Server-Edition

Welche Einschränkungen habe ich, wenn ich SharePoint Foundation anstatt einer Server-Edition einsetze?

Statt der Komponente *Meine Website* und der Profilseite können Sie die Liste für Benutzerinformationen nutzen, die in jeder Websitesammlung zur Verfügung gestellt wird. Dort können Sie die URL zu einem Profilbild angeben. Das bedeutet, dass Sie zunächst einmal eine Bildbibliothek benötigen, in der die Profilbilder der Anwender verwaltet werden können. Anschließend merken Sie sich den Link zu Ihrem Bild und fügen diesen in Ihre Profilinformationen ein.

Besonders wichtig ist für Sie außerdem, dass Sie beim Einsatz mehrerer Websitesammlungen die Pflege der Profile auch an mehreren Stellen – nämlich in jeder einzelnen Websitesammlung – vornehmen müssen. Das kann in der Praxis als zu aufwendig empfunden werden und die Benutzerakzeptanz senken. Für solche Szenarien sollten Sie über eine Erweiterungslösung nachdenken, die eine Synchronisation zwischen den Websitesammlungen vornimmt.

4.3.7 Wie kann ich möglichst einfach zwischen dem Recruiting-System und der Mitarbeiterverwaltung wechseln?

Um einfach zwischen den beiden Anwendungen zu wechseln, können Sie die jeweils andere Website als Link in die Schnellstartleiste aufnehmen. Allerdings kann es sinnvoll sein, nicht innerhalb eines Fensters zwischen den beiden Anwendungen zu wechseln, sondern lieber nach dem Klicken auf den jeweiligen Menüpunkt ein neues, zusätzliches Fenster zu öffnen. Gehen Sie dazu folgendermaßen vor:

Warum finde ich den Menüpunkt Navigation nicht unter den Websiteeinstellungen?

Das wird daran liegen, dass Sie entweder die SharePoint Foundation verwenden oder dass das *Websitesammlungsfeature* **SharePoint Server-Veröffentlichungsinfrastruktur** nicht aktiviert ist. Wenn Sie eine Server-Edition verwenden, sollten Sie zu der Website der obersten Ebene Ihrer Websitesammlung wechseln und dieses Feature über die Websiteeinstellungen aktivieren. Anschließend werden Sie den Menüpunkt NAVIGATION sicher finden.

1. Rufen Sie unter den Websiteeinstellungen den Menüpunkt NAVIGATION auf.
2. Scrollen Sie nach unten, bis Sie zu dem Bereich STRUKTURELLE NAVIGATION: BEARBEITUNG UND SORTIERUNG gelangen.
3. Wählen Sie den gewünschten Link aus, und klicken Sie auf die Schaltfläche BEARBEITEN.
4. In dem daraufhin erscheinenden Dialog haken Sie die Option HYPERLINK IN NEUEM FENSTER ÖFFNEN an und speichern die Änderungen über die Schaltfläche OK.
5. Betätigen Sie erneut die Schaltfläche OK, nachdem der Dialog geschlossen ist. Ansonsten sind Ihre Änderungen nicht wirksam.

4.4 Seminare planen, durchführen und Feedback einholen

Für die Weiterbildung der Mitarbeiter werden in vielen Unternehmen sowohl interne als auch externe Seminare angeboten. Um diese zu planen und die entsprechenden Mitarbeiter auszuwählen und einzuladen, können Sie eine Plattform auf Basis von SharePoint bereitstellen, die zudem Communities zu den Seminaren bereitstellt und nach dem Besuch des Seminars die Möglichkeit zur Abgabe eines Feedbacks bietet. Auf Basis des Feedbacks kann die Personalabteilung anschließend die Effektivität einzelner Seminare bewerten.

4.4.1 Benötigte Funktionen

Gemäß den in Abbildung 4.26 dargestellten Anforderungen gehen wir für diese Lösung von drei Anwendergruppen aus:

- **Mitarbeiter:** Diese Anwender melden ihren Bedarf an einem Seminar, indem sie entweder eines aus dem Seminarkatalog auswählen oder ein individuelles angeben. Nach einem Seminar geben sie über ein standardisiertes Formular Feedback unter Berücksichtigung verschiedener Bewertungskriterien. Sie benötigen auch eine Möglichkeit zum Wissenstransfer und Informationsaustausch zu einem Seminar.

- **Vorgesetzter:** Diese Anwender werden bei der Bedarfsmeldung durch den Mitarbeiter als Genehmiger angegeben und erhalten eine Aufgabe zur Prüfung der Seminaranmeldung. Erst nach der Freigabe wird die Personalabteilung tätig.
- **Personalabteilung:** Diese Anwender pflegen den Seminarkatalog, der die potenziell anzubietenden Seminare beinhaltet. Zusätzlich planen sie die Seminartermine in Form eines sogenannten Seminarangebots und laden die Teilnehmer hierzu ein. Abschließend werden auf Basis der Rückmeldungen, die die Mitarbeiter geben, Auswertungen hinsichtlich des Kosten-Nutzen-Verhältnisses der Seminare erstellt.

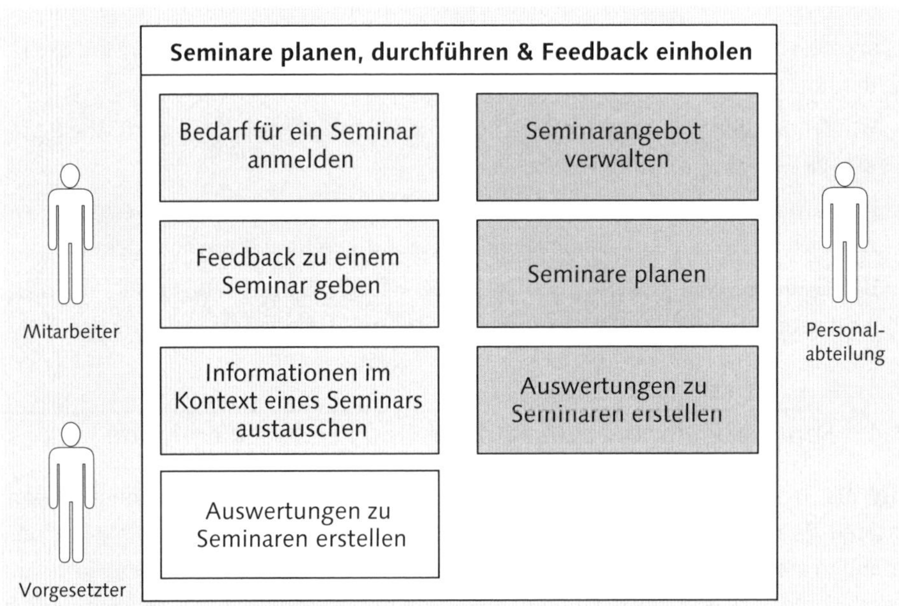

Abbildung 4.26 Anforderungen an eine Lösung zur Planung, Durchführung und Nachbereitung von Seminaren

4.4.2 Konzeption der Lösung

Zur Umsetzung der benötigten Funktionalitäten werden in einer neuen Website auf Basis der Websitevorlage »Teamwebsite« benutzerdefinierte Listen verwendet, die über Nachschlagen-Spalten miteinander verknüpft werden. So werden die Seminare, die grundsätzlich im Unternehmen angeboten werden, in einer Liste verwaltet. In einer weiteren Liste werden dann die geplanten Seminartermine erfasst, während die Seminarleiter über eine Bildbibliothek und die damit verbundene Vorschaugrafik verwaltet werden.

Für die Anfragen bzw. die Bedarfsmeldung an einem internen oder externen Seminar wird eine benutzerdefinierte Liste genutzt, die über einen Workflow verfügt, den Sie mithilfe des SharePoint Designers erstellen. Dieser Workflow sieht eine Genehmigung und eine Informationsmail für den Vorgesetzten des jeweiligen Mitarbeiters und die Personalabteilung vor.

Die Plattformen für den Wissenstransfer und den Informationsaustausch zu den Seminaren werden mit der Websitevorlage »**Communitywebsite**« des SharePoint Servers umgesetzt. Ich gebe aber auch Hinweise zu einer möglichen Umsetzung auf Basis von SharePoint Foundation.

Die Erfassung des Seminar-Feedbacks erfolgt über ein noch zu erstellendes InfoPath-Formular, das die erfassten Daten so speichert, dass über die Standardfunktionen eine Auswertung mit Excel bzw. Access möglich ist.

4.4.3 Seminarangebot verwalten

Erstellen Sie als Erstes in der *Website der obersten Ebene* Ihrer Websitesammlung eine neue Unterwebsite auf Basis der Websitevorlage »Teamwebsite«. Geben Sie den Titel »Seminare planen, durchführen & Feedback einholen« und die URL »seminare« an, und übernehmen Sie die Leiste für häufig verwendete Links von der übergeordneten Website.

Um das Seminarangebot zu verwalten, werden zwei benutzerdefinierte Listen und eine angepasste Bildbibliothek benötigt. Gehen Sie folgendermaßen vor:

1. Erstellen Sie eine benutzerdefinierte Liste »Seminare«, und fügen Sie die folgenden Spalten hinzu:

Spaltenname	Informationstyp	Sonstiges	Pflichtfeld
Seminarziel	Mehrere Textzeilen	Rich-Text, erweitert	☑
Inhalte	Mehrere Textzeilen	Rich-Text, erweitert	☑
Nutzen	Mehrere Textzeilen	Rich-Text, erweitert	☑
Zielgruppe	Auswahl ▸ Neue Mitarbeiter/innen ▸ Management ▸ Mitarbeiter/innen	Kontrollkästchen (Mehrfachauswahl zulassen)	☑

Tabelle 4.7 Konfiguration der benutzerdefinierten Liste für die Seminare

Spaltenname	Informationstyp	Sonstiges	Pflichtfeld
Methoden	Auswahl ▸ Einzelarbeit ▸ Gruppenarbeit ▸ Praktische Übungen ▸ Vortrag	Kontrollkästchen (Mehrfachauswahl zulassen)	☑
Dauer	Eine Textzeile		

Tabelle 4.7 Konfiguration der benutzerdefinierten Liste für die Seminare (Forts.)

2. Tragen Sie in der neuen Liste eine Auswahl der Seminare ein, die entweder bereits bei Ihnen im Unternehmen angeboten werden oder deren Angebot sinnvoll wäre.
3. Ein Seminar braucht einen Seminarleiter. Aus diesem Grund erstellen Sie eine Bildbibliothek »Seminarleiter« und fügen dort die Spalten »E-Mail« und »Telefon« vom Typ »Eine Textzeile« hinzu. Eine weitere Spalte »Informationen« vom Typ »Mehrere Textzeilen« mit der Option »Rich-Text, erweitert« kann zur Präsentation der Expertise des jeweiligen Seminarleiters verwendet werden. Wenn Sie die Option nicht haben, liegt das wahrscheinlich daran, dass Sie die Edition SharePoint Foundation verwenden. In diesem Fall müssen Sie lediglich den Informationstyp »Mehrere Textzeilen« auswählen.
4. Laden Sie nun die Fotos der Seminarleiter hoch, und tragen Sie deren Vor- und Nachnamen in das Feld »Titel« ein. So wird in der Vorschaugrafik bereits diese Information dargestellt.

Nun können Sie die Liste für das Seminarangebot erstellen. Unter dem Seminarangebot verstehen wir die Seminare, zu denen ein konkreter Termin mit einem ausgewählten Seminarleiter stattfindet.

1. Erstellen Sie eine benutzerdefinierte Liste »Seminarangebot«, und fügen Sie die folgenden Spalten hinzu:

Spaltenname	Informationstyp	Sonstiges	Pflichtfeld
Seminar	Nachschlagen	Spalte »Titel« aus der Liste »Seminare«	☑
Von	Datum und Uhrzeit	Datums- und Uhrzeitformat: »Datum & Uhrzeit«	☑

Tabelle 4.8 Konfiguration der benutzerdefinierten Liste für die Termine, die für die Seminare angeboten werden

Spaltenname	Informationstyp	Sonstiges	Pflichtfeld
Bis	Datum und Uhrzeit	Datums- und Uhrzeitformat: »Datum & Uhrzeit«	☑
Seminarleiter	Nachschlagen	Spalte »Titel« aus der Bildbibliothek »Seminarleiter«	☑
Ort	Auswahl	Geben Sie mögliche Orte für die Seminare an. Dies können Besprechungsräume bei Ihnen sein.	
Teilnehmer	Person oder Gruppe	Mehrfachauswahl zulassen	

Tabelle 4.8 Konfiguration der benutzerdefinierten Liste für die Termine, die für die Seminare angeboten werden (Forts.)

2. Die Spalte »Titel« benötigen Sie in dieser Liste nicht. Allerdings haben Sie keine Möglichkeit, diese Spalte hier zu entfernen. Deshalb rufen Sie die LISTENEINSTELLUNGEN über das Menüband LISTE auf und klicken innerhalb des Bereichs SPALTEN auf den Link TITEL. Benennen Sie den Spaltennamen in »Bemerkung« um, und speichern Sie Ihre Änderungen.
3. Unterhalb der Auflistung der Spalten klicken Sie nun auf den Menüpunkt SPALTENSORTIERUNG und legen die Position der Spalte »Bemerkung« auf den Wert »7« fest, damit dieses Feld zuunterst in der Erfassungsmaske dargestellt wird. Dieses Feld soll dem Anwender die Eingabe einer kurzen Bemerkung ermöglichen, wie zum Beispiel die maximal zulässige Anzahl an Teilnehmern.

Alle angebotenen Seminare werden in tabellarischer Form dargestellt. Wünschenswert wäre allerdings eine Anzeige in Form eines Kalenders, damit Sie einen schnellen Überblick über die nächsten anstehenden Seminare erhalten können. Eine Kalenderansicht können Sie in wenigen Augenblicken erstellen, da die Grundvoraussetzung von zwei Spalten für ein Anfangs- und Enddatum in der Liste erfüllt ist:

1. Wählen Sie unter den LISTENEINSTELLUNGEN oder im Menüband LISTE den Menüpunkt ANSICHT ERSTELLEN und auf der darauf folgenden Seite den Ansichtstyp KALENDERANSICHT aus.
2. Als Name geben Sie den Wert »Aktuelle Seminare« ein und wählen unter dem Bereich ZEITINTERVALL die Spalte »Von« für den ANFANG und die Spalte »Bis« für das ENDE aus.
3. Im Bereich KALENDERSPALTEN wählen Sie die Spalte »Seminar« für den jeweiligen Titel und die Spalte »Seminarleiter« für die jeweilige Unterüberschrift aus.

4. Der STANDARDBEREICH sollte der Monat sein, um einen möglichst guten Überblick über die anstehenden Seminare zu erhalten.
5. Bestätigen Sie Ihre Angaben über die Schaltfläche OK.

Nun können Sie die Navigation der Schnellstartleiste überarbeiten. Benennen Sie zum Beispiel die Überschrift »Zuletzt verwendet« in »Stammdaten« um, und verschieben Sie die Menüpunkte »Seminare« und »Seminarangebot« nach oben. Positionieren Sie beide unter den Menüpunkt »Start«, sodass sie sich auf der Ebene der Überschriften befinden und kein Untermenüpunkt mehr sind. Um dem Anwender den Unterschied zwischen den beiden Listen zu verdeutlichen, können Sie den Link »Seminare« in »Seminare zur Auswahl« und den Link »Seminarangebot« in »Termine« umbenennen.

Die Startseite passen wir erst im Rahmen der nächsten Übungen an, da die dort bereitgestellten Inhalte ebenfalls dort positioniert werden sollen.

4.4.4 Bedarf an einem Seminar melden

Damit ein Anwender den Bedarf bzw. den Wunsch zur Teilnahme an einem Seminar melden kann, erstellen Sie eine weitere benutzerdefinierte Liste mit dem Titel »Anfragen«. Fügen Sie nun folgende Spalten hinzu:

Spaltenname	Informationstyp	Weitere Einstellungen	Pflichtfeld
Seminar aus Auswahl	Nachschlagen	Spalte »Titel« aus Liste »Seminare«	
Individuelles Seminar	Mehrere Textzeilen	Beschreibung: vollständige Angabe mit Titel, Ziel, Inhalt, Nutzen und Kosten	
Mitarbeiter	Person oder Gruppe		☑
Vorgesetzter	Person oder Gruppe		☑
Status	Auswahl	▸ angefragt ▸ durch Vorgesetzten genehmigt ▸ durch Vorgesetzten abgelehnt ▸ zu Seminar eingeladen ▸ storniert	

Tabelle 4.9 Konfiguration der benutzerdefinierten Liste, mit der Mitarbeiter ein Seminar beantragen können

Die Spalte »Titel« benötigen Sie in dieser Liste nicht. Allerdings haben Sie keine Möglichkeit, diese Spalte hier zu entfernen. Deshalb rufen Sie die LISTENEINSTELLUNGEN über das Menüband LISTE auf und klicken innerhalb des Bereichs SPALTEN auf den Link TITEL. Benennen Sie den Spaltennamen in »Bemerkung« um, und speichern Sie Ihre Änderungen.

Unterhalb der Auflistung der Spalten klicken Sie nun auf den Menüpunkt SPALTENSORTIERUNG und legen die Position der Spalte »Bemerkung« auf den Wert »6« fest, damit dieses Feld zuunterst in der Erfassungsmaske dargestellt wird. Dieses Feld soll dem Anwender die Eingabe einer kurzen Bemerkung ermöglichen, zum Beispiel die maximal zulässige Anzahl an Teilnehmern.

Jeder Mitarbeiter soll nur seine Anfragen sehen können. Dazu wählen Sie in der Liste »Anfragen« die Ansicht »Alle Elemente« aus und klicken auf den Menüpunkt ANSICHT ÄNDERN. Im Bereich FILTER der Konfigurationsmaske wählen Sie die Option »Elemente nur in folgendem Fall anzeigen« und geben die beiden Filterkriterien an:

- MITARBEITER ist gleich »[Ich]« ODER
- ERSTELLT VON ist gleich »[Ich]«

Sobald Sie Ihre Änderungen gespeichert haben, können Sie die Navigation der Schnellstartleiste anpassen, indem Sie den Menüpunkt ANFRAGEN eine Ebene nach oben verschieben, sodass er als Überschrift für die weiteren Ansichten dienen kann, die im nächsten Schritt erstellt werden.

4.4.5 Anmeldungen durch die Personalabteilung und die Vorgesetzten der Mitarbeiter prüfen

Nachdem eine Anfrage durch den Mitarbeiter erfasst wurde, soll sie durch den Vorgesetzten genehmigt werden. Erst danach prüft die Personalabteilung, ob und wann das Seminar für den Mitarbeiter stattfinden kann. Um den beiden Anwendergruppen die Möglichkeit zu geben, die relevanten Anträge zu sehen, werden Sie für die Liste »Anfragen« die folgenden drei Ansichten erstellen:

- **zu genehmigen:** Diese Ansicht ist für die Vorgesetzten vorgesehen und soll alle neuen Anträge auflisten, die dem aktuellen Anwender als Vorgesetztem zugewiesen wurden.

  Als Filterkriterium geben Sie »STATUS ist gleich angefragt« UND »VORGESETZTER ist gleich [Ich]« an.
- **nach Status:** Diese Ansicht nutzen die Mitarbeiter der Personalabteilung zur Überprüfung der Anträge und zur Vorbereitung der Seminareinladungen.

  Als Spalte, nach der gruppiert werden soll, wählen Sie STATUS aus und selektieren die Option ERWEITERT für die standardmäßige Anzeige von Gruppierungen.

- **nach Mitarbeiter:** Diese Ansicht wird von der Personalabteilung verwendet, um nachzuvollziehen, welche Seminare für einen Mitarbeiter ermöglicht wurden.

  Als Spalte, nach der gruppiert werden soll, wählen Sie MITARBEITER aus und selektieren die Option ERWEITERT für die standardmäßige Anzeige von Gruppierungen.

Die Links auf diese drei Ansichten fügen Sie in der Schnellstartleiste unterhalb der Überschrift »Anfragen« hinzu. Dort erstellen Sie noch einen neuen Link »für mich«, der auf die Standardansicht verweist, die nur die Anfragen des aktuell angemeldeten Benutzers darstellt. Wenn Sie Informationen dazu benötigen, wie Sie die Einstellungen für die Schnellstartleiste vornehmen, lesen Sie bitte in Abschnitt 2.2.1 nach.

Sichtbarkeit der Menüpunkte konfigurieren

Nun sollen aber die Menüpunkte für die Ansichten, die nach den Mitarbeitern bzw. dem Status gruppieren, nur der Personalabteilung zur Verfügung stehen. Beachten Sie, dass Sie diese Einstellung nicht vornehmen können, wenn Sie SharePoint Foundation einsetzen. Wenn Sie eine Server-Edition verwenden, gehen Sie nun folgendermaßen vor:

1. Rufen Sie unter den Websiteeinstellungen den Menüpunkt NAVIGATION auf.
2. Scrollen Sie nach unten, bis Sie zu dem Bereich STRUKTURELLE NAVIGATION: BEARBEITUNG UND SORTIERUNG gelangen.
3. Wählen Sie den gewünschten Link »nach Mitarbeiter« bzw. »nach Status« aus, und klicken Sie auf die Schaltfläche BEARBEITEN.
4. In dem Dialog, der daraufhin erscheint, geben Sie als BENUTZERGRUPPE »Personalabteilung« an und speichern die Änderungen über die Schaltfläche OK. Die Gruppe »Personalabteilung« wurde im Rahmen der Mitarbeiterverwaltung in Abschnitt 4.3.3 erstellt und kann hier wiederverwendet werden.

   Sie können auch das Adressbuch nutzen und nach einer geeigneten Gruppe suchen. Dafür sollten Sie allerdings im Dialog ZIELGRUPPEN AUSWÄHLEN die Option »SharePoint-Gruppen« in der Auswahlliste selektieren.
5. Betätigen Sie erneut die Schaltfläche OK, nachdem der Dialog geschlossen ist. Ansonsten sind Ihre Änderungen nicht wirksam.

Warum finde ich den Menüpunkt Navigation nicht unter den Websiteeinstellungen?

Das wird daran liegen, dass Sie entweder die SharePoint Foundation verwenden oder dass das *Websitesammlungsfeature* **SharePoint Server-Veröffentlichungsinfrastruktur** nicht aktiviert ist. Wenn Sie eine Server-Edition verwenden, sollten Sie zu der Website der obersten Ebene Ihrer Websitesammlung wechseln und dieses Feature über die Websiteeinstellungen aktivieren. Anschließend werden Sie den Menüpunkt NAVIGATION sicher finden.

Genehmigungsworkflow erstellen

Zu jeder neuen Anfrage wird automatisch eine Aufgabe für den angegebenen Vorgesetzten generiert. Dadurch kann dieser die Anfrage prüfen und entweder genehmigen oder ablehnen. Erst wenn die Genehmigung seitens des Vorgesetzten erteilt wurde, wird die Personalabteilung tätig und plant das Seminar. Diese Funktion bietet SharePoint allerdings so direkt nicht an. Deshalb werden Sie nun einen Workflow mithilfe des SharePoint Designers erstellen. Gehen Sie dafür folgendermaßen vor:

1. Erstellen Sie in der Website eine neue Aufgabenliste mit dem Namen »Aufgaben«.
2. Öffnen Sie Ihre Website im SharePoint Designer 2013, indem Sie dort den Menüpunkt WEBSITE ÖFFNEN auswählen. In dem Dialog, der nun erscheint, geben Sie die Websiteadresse an.
3. Sobald Ihre Website geöffnet wurde, können Sie den Menüpunkt LISTENWORKFLOW im Menüband WEBSITE nutzen, um für die Liste »Anfragen« einen neuen Workflow zu erstellen.
4. In dem daraufhin erscheinenden Dialog LISTENWORKFLOW ERSTELLEN – ANFRAGEN geben Sie nun den Namen »Genehmigung« und ggf. eine Beschreibung des Workflows an. Als PLATTFORMTYP können Sie sowohl die Version 2010 als auch 2013 auswählen.

Warum kann ich als Plattformtyp nur »SharePoint 2010 Workflow« auswählen?

Falls Sie SharePoint 2013 nicht als Plattform für Ihren Workflow auswählen können, sollten Sie in Vorbereitung auf die noch folgenden Übungen und Einsatzszenarien Ihren Administrator kontaktieren oder selbst die nötigen Anpassungen auf dem Server vornehmen. Gehen Sie dazu in die Zentraladministration, und konfigurieren Sie den Workflowdienst.

5. Nun öffnet sich die Bearbeitungsmaske, in der Sie den Workflowablauf definieren können. Für Ihren ersten Workflow wählen wir ein einfaches Szenario, in dem Sie immer, wenn eine Anfrage erstellt wird, eine Aufgabe für den jeweiligen Vorgesetzten in der Aufgabenliste erstellen lassen.

   Sie wählen in der Menügruppe EINFÜGEN im Menüband WORKFLOW den Menüpunkt AKTION aus und selektieren in der daraufhin erscheinenden Auswahl die Option LISTENELEMENT ERSTELLEN aus dem Bereich LISTENAKTIONEN.
6. In der Bearbeitungsansicht existiert nun unterhalb von SCHRITT 1 eine Aktion ELEMENT IN DIESE LISTE ERSTELLEN (AUSGABE IN VARIABLE: ERSTELLEN). Wenn Sie auf den Link hinter DIESE LISTE klicken, öffnet sich ein Dialog, in dem Sie die weitere Konfiguration vornehmen können.

7. Wählen Sie die Liste »Aufgaben« aus, und klicken Sie auf die Schaltfläche HINZUFÜGEN.
8. Als FESTZULEGENDES FELD wählen Sie das »Anfangsdatum« aus und klicken dann auf das »...«-Symbol, anstatt einen festen Wert zuzuweisen.
9. In dem Dialog DATUMSANGABE, der sich nun öffnet, wählen Sie die Option »Aktuelles Datum« aus, wodurch der Vorgesetzte das Signal erhält, dass er den Antrag direkt prüfen kann.
10. Bestätigen Sie die Eingaben mit OK, bis Sie wieder im Dialog NEUEN LISTENEINTRAG ERSTELLEN sind.
11. Für das Feld »Beschreibung« der zu generierenden Aufgabe klicken Sie auf HINZUFÜGEN, wählen als festzulegendes Feld die Spalte »Beschreibung« aus und klicken auf das Formelsymbol. Im nächsten Dialog wählen Sie dann als QUELLENFELD die Spalte »Serverrelative URL« aus der Anfrage aus.
12. Für das Feld »Zugewiesen an« der zu generierenden Aufgabe klicken Sie auf HINZUFÜGEN, wählen als festzulegendes Feld die Spalte »Zugewiesen an« aus und klicken auf das Formelsymbol. Im nächsten Dialog wählen Sie dann als QUELLENFELD die Spalte »Vorgesetzter« aus der Anfrage aus.
13. Das Feld »Vorgangsname« ist bereits in der Auflistung im Dialog NEUEN LISTENEINTRAG ERSTELLEN enthalten. Um dieses Feld allerdings mit einem Wert zu belegen, müssen Sie statt HINZUFÜGEN die Schaltfläche ÄNDERN betätigen und dann als festen Wert die Bezeichnung »Genehmigung einer Anfrage« auswählen.
14. Indem Sie im Dialog die Schaltfläche OK betätigen, bestätigen Sie die Einstellungen und können nun den Workflow speichern. Dazu wählen Sie im Menüband den Menüpunkt SPEICHERN aus.

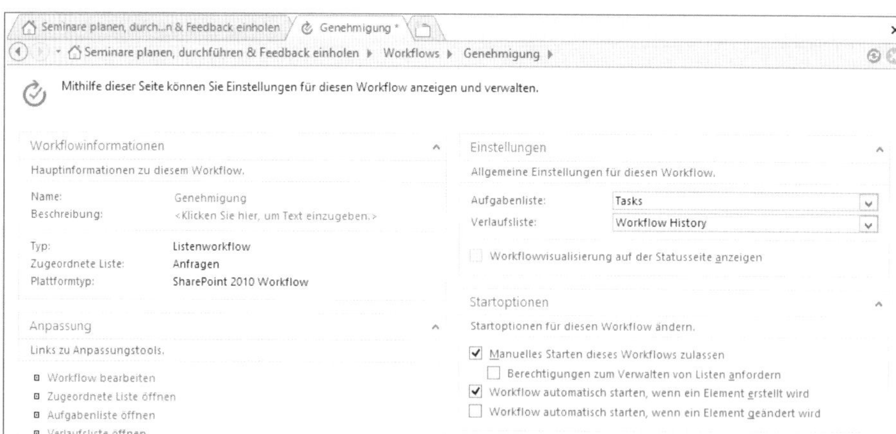

Abbildung 4.27 Konfigurationsseite für den Genehmigungsworkflow

15. Damit auch automatisch nach Erstellung eines Termins eine Aufgabe generiert wird, müssen Sie die WORKFLOWEINSTELLUNGEN bearbeiten. Dazu klicken Sie aus der Bearbeitungsmaske heraus in der linken Navigation auf Ihren Workflow und wählen auf der Übersichtsseite, die Sie in Abbildung 4.27 sehen, unter den STARTOPTIONEN die Option »Workflow automatisch starten, wenn ein Element erstellt wird«. Um diese Änderungen zu speichern, sollten Sie auch jetzt erneut den Menüpunkt SPEICHERN auswählen.
16. Indem Sie den Menüpunkt AUF FEHLER PRÜFEN in der Bearbeitungsmaske des Workflows verwenden, können Sie vor der Veröffentlichung des Workflows bereits noch fehlende oder falsche Konfigurationen erkennen und überarbeiten.
17. Nun können Sie den Menüpunkt VERÖFFENTLICHEN auswählen, wodurch Ihr Workflow für die Liste »Anfragen« konfiguriert wird.

Nachdem Sie nun den Workflow erstellt und veröffentlicht haben, können Sie die Funktionalität überprüfen, indem Sie eine neue Anfrage erstellen. Wie Sie unter dem Menüpunkt AUFGABEN in der Schnellstartleiste sehen können, ist eine zu dem Termin korrespondierende Aufgabe erstellt worden, deren Anfangsdatum dem heutigen Datum entspricht. Sie wurde dem in der Anfrage angegebenen Vorgesetzten zugewiesen.

4.4.6 Termin für ein Seminar festlegen und die Mitarbeiter einladen

Die Personalabteilung prüft regelmäßig den aktuellen Status der Anfragen, damit bei einer ausreichenden Teilnehmerzahl ein Seminartermin festgelegt werden kann. Dazu wird die bereits erstellte Ansicht »nach Status« verwendet.

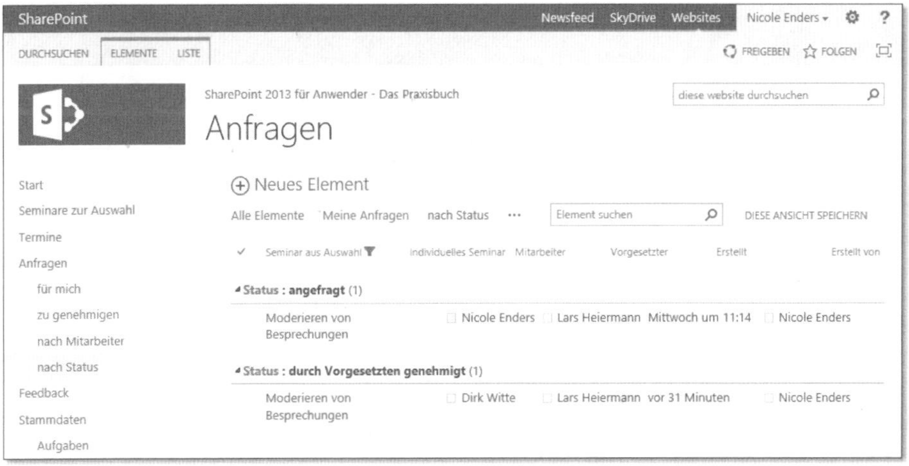

Abbildung 4.28 Übersicht über die Anfragen zu einem Seminar

Über die Filterfunktion, die für die angezeigten Spalten zur Verfügung steht, kann nach einem bestimmten Seminar gefiltert werden. So kann die Personalabteilung zum Beispiel, wie in Abbildung 4.28 dargestellt, erkennen, dass zu dem ausgewählten Seminar noch Anfragen zur Genehmigung ausstehen. Wenn Sie *Lync* als Kommunikationsmittel einsetzen, können Sie mit einem Klick auf den Namen des Vorgesetzten direkt eine Sofortnachricht an diese Person senden und sie zur Prüfung der Seminaranfrage auffordern.

Falls Sie einen ausreichend großen Teilnehmerkreis für ein bestimmtes Seminar erkennen können, kann mit der Terminplanung für das Seminar begonnen werden. Um einen für möglichst alle Teilnehmer günstigen Termin zu finden, können Sie *Outlook* verwenden und die Kalender der einzelnen Teilnehmer öffnen.

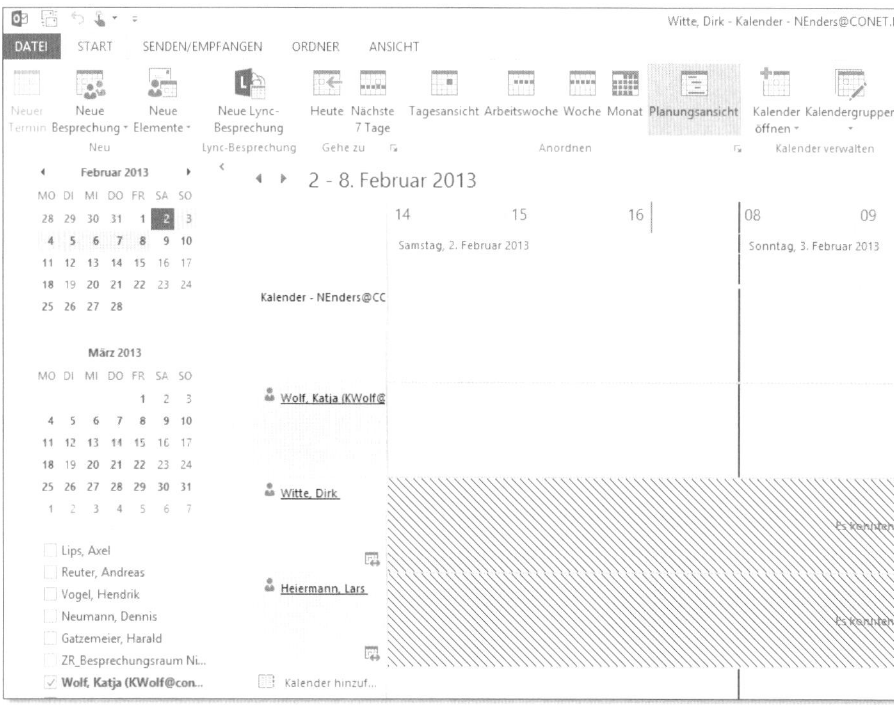

Abbildung 4.29 Die Planungsansicht in Outlook, mit der Sie die Verfügbarkeit der Teilnehmer ermitteln

Um schnell einen Überblick über freie Termine aller Teilnehmer zu erhalten, können Sie die in Abbildung 4.29 dargestellte *Planungsansicht* in Outlook nutzen, die Sie über den Menüpunkt PLANUNGSANSICHT im Menüband START aufrufen.

Wenn Sie einen geeigneten Seminartermin gefunden haben, können Sie über den Menüpunkt NEUE BESPRECHUNG die Termineinladung erstellen. Folgende Informationen sollten Teil Ihrer Termineinladung sein:

- **Teilnehmer:** Im obersten Feld, das über die Schaltfläche »An...« verfügt, geben Sie die einzelnen Teilnehmer an. Nutzen Sie bei Bedarf die Schaltfläche, um die gesuchten Personen über das Adressbuch auszuwählen.
- **Betreff:** Als Betreff sollten Sie auf jeden Fall den Namen des Seminars angeben. Vielleicht gibt es bei Ihnen auch eine Vorgabe, wie Termine bezeichnet werden sollen, die für die Weiterbildung und Förderung der Mitarbeiter gedacht sind. So wäre zum Beispiel der Betreff »[Seminar] Moderieren von Besprechungen« denkbar.
- **Ort:** Die Teilnehmer sollten auch darüber informiert werden, wo das Seminar stattfindet. Findet es außerhalb der unternehmensinternen Räumlichkeiten statt, so sollten Sie in der Beschreibung eine Anfahrtsbeschreibung sowie Informationen zu Parkmöglichkeiten aufführen.
- **Beginn und Ende:** Geben Sie die Anfangs- und Endzeit für das Seminar an, und erläutern Sie in der Beschreibung, mit welcher Anreisezeit vor Beginn des Seminars zu rechnen ist.
- **Beschreibung:** Neben den bereits genannten Informationen sollten Sie hier einen Link zu der Seminarbeschreibung aus dem Seminarkatalog einfügen und auf die Austauschplattformen zu den Seminaren verweisen, deren Aufbau in Abschnitt 4.4.7 erläutert wird.

Abbildung 4.30 Termineinladung für die Teilnehmer des Seminars erstellen

Als wir die Lösung »Anmeldung und Begrüßung von Besuchern« in Abschnitt 3.2 erstellt haben, habe ich Ihnen erklärt, dass die in den Vorgängerversionen genutzten *Besprechungsarbeitsbereiche* in SharePoint 2013 nicht mehr zur Verfügung stehen. Dafür können Sie in Abbildung 4.30 erkennen, dass es mit *Office 2013* einen neuen Menüpunkt BESPRECHUNGSNOTIZEN gibt. Hierüber können Sie persönliche und öffentliche Notizen zu einem Termin verwalten. Es handelt sich dabei um ein

OneNote-Notizbuch, das (wie früher der Besprechungsarbeitsbereich) mit dem Termin verknüpft wird.

Wenn Sie die Termineinladung versendet haben, sollten Sie den gewählten Seminartermin noch auf der Website veröffentlichen. Rufen Sie dafür über die Weboberfläche die Liste »Seminarangebot« auf, indem Sie in der Schnellstartleiste den Menüpunkt TERMINE auswählen. Klicken Sie im Menüband ELEMENTE auf den Menüpunkt NEUES ELEMENT. Entsprechend der Darstellung in Abbildung 4.31 können Sie hier das Seminar auswählen, Anfangs- und Endzeit angeben und die übrigen Informationen aus der Termineinladung erfassen.

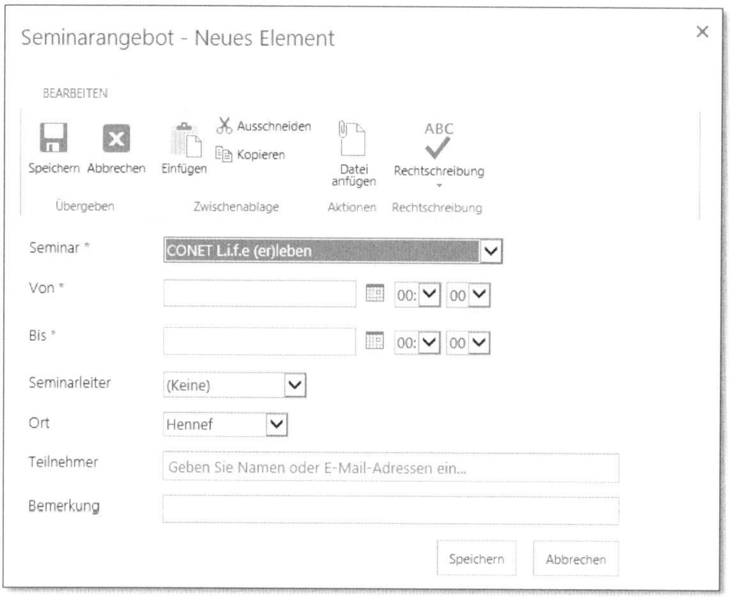

Abbildung 4.31 Seminartermin auf der Website veröffentlichen

Warum muss ich die Informationen einmal über Outlook in der Termineinladung eintragen und dann ein zweites Mal in SharePoint, um den Termin zu veröffentlichen?

Sie wundern sich zu Recht! Sie müssen ein und dieselben Informationen mehrmals erfassen und bei Terminverschiebungen auch an beiden Stellen aktualisieren. Dieser manuelle Vorgang kann in der Praxis als sehr störend empfunden werden. Sie befinden sich allerdings hier wieder einmal an der Grenze der Werkzeuge, die Ihnen standardmäßig zur Verfügung stehen.

Möchten Sie eine Automatisierung realisieren, so müssen Sie entweder in Outlook oder in SharePoint eine Erweiterung nutzen. Diese können Sie vielleicht bei einem Drittanbieter erwerben oder aber auf Sie zugeschnitten entwickeln lassen.

4.4.7 Wissenstransfer durch Austauschplattformen zu einem Seminar bzw. Thema unterstützen

Bis jetzt haben wir uns mit der Planung bzw. der Anfrage eines Seminars beschäftigt. Nun möchte ich gemeinsam mit Ihnen den Blickwinkel wechseln und einmal auf die Bedürfnisse der Seminarteilnehmer eingehen. Wenn ich zu einem Seminar eingeladen werde, möchte ich wissen, ob ich mich irgendwie vorbereiten oder etwas mitbringen muss. Außerdem möchte ich mich mit anderen Teilnehmern austauschen und auch nach Besuch des Seminars daran arbeiten, mich weiter zu verbessern und ggf. definierte Lernziele zu erreichen.

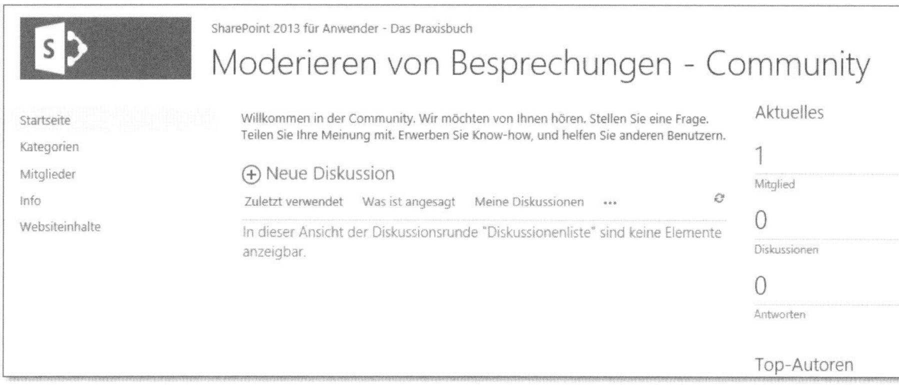

Abbildung 4.32 Neu erstellte Communitywebsite für ein Seminar

Wenn ein Seminar zum ersten Mal angeboten wird, sollte die Personalabteilung eine neue *Communitywebsite* hierfür anlegen. Sie sollten dafür folgendermaßen vorgehen:

1. Navigieren Sie zu den Websiteinhalten der Seminarwebsite, und wählen Sie den Menüpunkt NEUE WEBSITE aus.
2. Geben Sie als Titel der Website die Bezeichnung des Seminars und als Suffix die Bezeichnung » – Community« an.
3. Wählen Sie eine dem Titel entsprechende Websiteadresse. Halten Sie die URL allerdings nach Möglichkeit relativ kurz.

Als Websitevorlage wählen Sie »Communitywebsite« aus. Wählen Sie unter NAVIGATIONSVERERBUNG die Option »Ja«, damit die Leiste für häufig verwendete Links der Seminarwebsite übernommen wird. Abbildung 4.32 stellt eine neu erstellte *Communitywebsite* dar. Der Anwender, der die Website erstellt, wird automatisch als erstes Mitglied der Community registriert und verfügt über Moderationsrechte. Die Anwender werden mit dem ersten Aufruf der Website Mitglieder dieser Community.

Damit wird die Personalabteilung insofern entlastet, als dass sie nicht auch noch die Teilnehmer eines Seminars in der entsprechenden Community als Mitglieder erfassen muss.

Ich kann die Websitevorlage »Communitywebsite« nicht auswählen. Wie kann ich trotzdem eine Community einrichten?

Wenn Sie die Websitevorlage nicht auswählen können, verwenden Sie vielleicht SharePoint Foundation oder eine Vorgängerversion von SharePoint 2013. Dann können Sie einfach eine *Teamwebsite* erstellen und eine *Diskussionsrunde* nutzen. Bis zur Version 2010 ist diese bereits Inhalt einer neuen Teamwebsite. Bei SharePoint Foundation 2013 erstellen Sie die Diskussionsrunde, indem Sie diese als neue *App* den *Websiteinhalten* hinzufügen.

Ihnen stehen damit zwar nicht alle Funktionen der Communitywebsite zur Verfügung (wie beispielsweise die Darstellung der Mitglieder, Themen und Top-Autoren auf der Homepage), aber die Seminarteilnehmer haben die Möglichkeit, sich über ein Forum zu Seminarinhalten, vorbereitenden Maßnahmen oder auch nach Besuch des Seminars zu relevanten Themen auszutauschen.

Um den Anwendern einen Hinweis zu den in der Community diskutierten Inhalten zu liefern, können Sie als Moderator vorab ein paar Kategorien erstellen. Das können Sie entweder über den Link KATEGORIEN ERSTELLEN unterhalb der *Communitytools* oder über den Menüpunkt KATEGORIEN in der Schnellstartleiste tun.

Sie können zum Beispiel entsprechend der Darstellung in Abbildung 4.33 die Kategorien »Seminarleiter/in«, »Seminarort« und »Vorbereitung« erstellen. Über die dargestellten Kacheln können die in der Community ausgetauschten Informationen gefiltert werden, wodurch ein gerade eingeladener Teilnehmer schnell über die Kategorie »Vorbereitung« die Information erhält, was er im Vorfeld zu dem Seminar tun sollte.

Sie können auch für jede Kategorie eine eigene Grafik angeben, wodurch die Optik verbessert und individualisiert wird. Als Anwender sollte ich direkt anhand der für die Kategorie verwendeten Grafik erkennen können, worum es sich bei der jeweiligen Kategorie handelt. Solange Sie keine Grafiken hinterlegen, wird für jede Kategorie dieselbe Hintergrundfarbe verwendet. Eine Darstellung in unterschiedlichen Farben ist nur über einfarbige Grafiken möglich und lässt sich nicht anders konfigurieren.

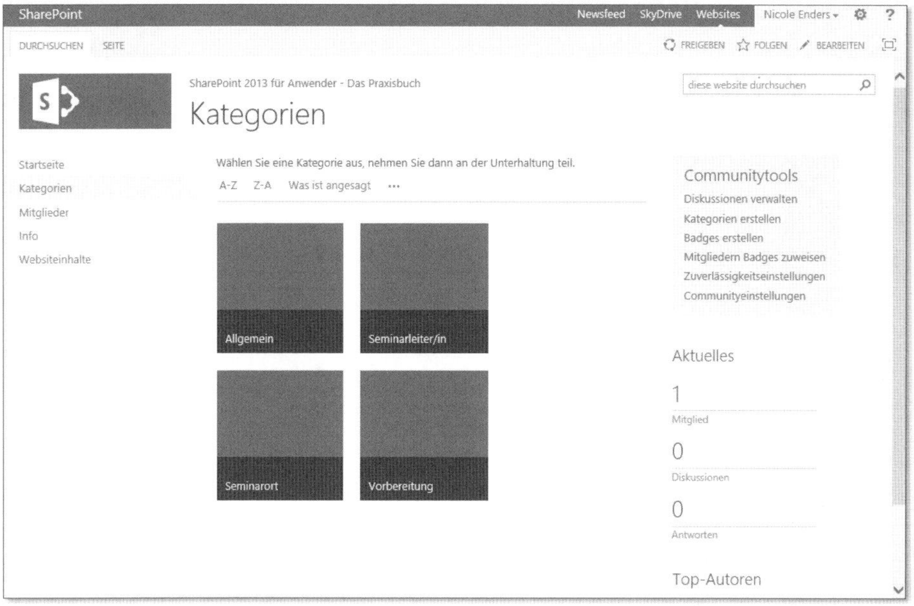

Abbildung 4.33 Kategorien der Community für ein ausgewähltes Seminar

4.4.8 Seminare im Hinblick auf festgelegte Kriterien bewerten

Nach dem Besuch eines Seminars sollte der Nutzen durch den Teilnehmer bewertet werden. Hierfür wird ein standardisiertes Bewertungsformular benötigt, da unspezifische Aussagen wie »Das Seminar war gut!« oder »Da hätte ich mir das ein oder andere noch gewünscht!« weder der Personalabteilung noch dem Seminarleiter bei der Verbesserung der Weiterbildungsmaßnahmen helfen.

Ein Bewertungsformular für Feedback erstellen

Wenn Sie die Edition SharePoint Server Enterprise oder alternativ zusätzlich zu SharePoint den *Forms Server* verwenden, können Sie ein Feedback-Formular erstellen, indem Sie die folgenden Anweisungen befolgen:

1. Starten Sie die Anwendung *InfoPath Designer 2013* aus Ihrem Microsoft Office-Paket.
2. Sobald die Anwendung gestartet wurde, wählen Sie unter den verfügbaren Formularvorlagen die Option »Leeres Formular« aus und klicken auf die Schaltfläche FORMULAR ENTWERFEN, die Sie in Abbildung 4.34 im rechten Bereich sehen können.

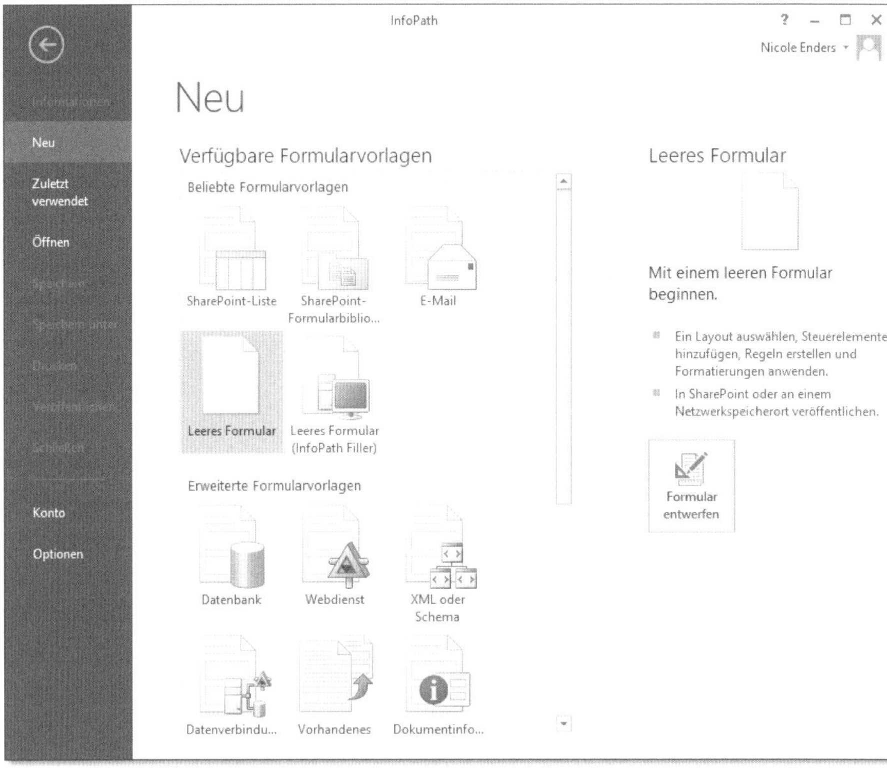

Abbildung 4.34 Ein neues elektronisches Formular mit InfoPath entwerfen

3. Das neue Formular wird Ihnen nun in der Entwurfsansicht dargestellt. Wie Sie in Abbildung 4.35 erkennen können, haben Sie neben den reinen Textformatierungsmöglichkeiten auch die Option, sogenannte Steuerelemente in Ihrem Formular zu nutzen.

   Diese benötigen Sie für die Eingabefelder, damit der Anwender überhaupt sein Feedback erfassen bzw. festgelegte Kriterien bewerten kann. Wenn Sie keine Steuerelemente nutzen, können Sie das Formular lediglich als eine Art Flyer nutzen, da somit keine Möglichkeit zur Eingabe von Informationen besteht, sondern lediglich die erfassten Texte gelesen werden könnten. Schauen Sie sich in Ruhe die verschiedenen Steuerelemente und ihre Beschreibung an. Wir werden eine Auswahl daraus gleich zur Gestaltung des Feedback-Formulars verwenden.

4. Klicken Sie im Formular auf den Text »Titel durch Klicken hinzufügen«, und tragen Sie als Titel die Bezeichnung »Seminarfeedback« ein.

5. Klicken Sie in den Bereich des Formulars mit der Beschreibung »Tabellen hinzufügen«, und wählen Sie im Menüband EINFÜGEN in der Menügruppe TABELLEN die Option »Zweispaltig 1« aus. Damit wird eine Tabelle unterhalb des Formulartitels hinzugefügt. Fügen Sie eine solche Tabelle noch drei weitere Male hinzu.

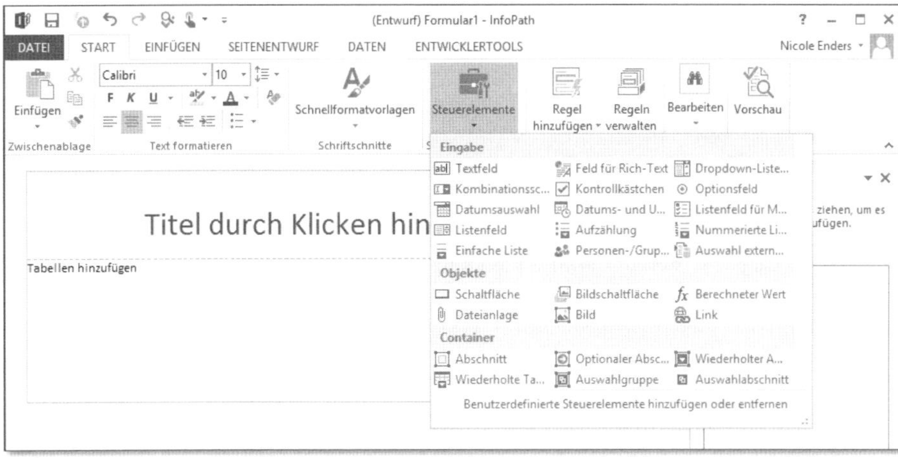

Abbildung 4.35 Gestaltungsmöglichkeiten für ein elektronisches Formular

6. In der obersten Tabelle werden die Seminarinhalte bewertet. Geben Sie deshalb als Überschrift die Bezeichnung »Seminarinhalte« ein und als Unterüberschrift eine Beschreibung der Aspekte, die in diesem Bereich bewertet werden sollen. Ich habe zum Beispiel die Beschreibung »Bewerten Sie die Seminarinhalte im Hinblick auf den Aufwand zur Vorbereitung, den Nutzen der geschulten Fähigkeiten und die Umsetzbarkeit im Arbeitsalltag!« verwendet.
7. Für die Bewertung der Seminarinhalte geben Sie folgende Kriterien an, wobei die genaue Vorgehensweise unterhalb der Tabelle Schritt für Schritt beschrieben wird:

Frage	Feldname	Optionsfelder
Wurden Ihre Erwartungen an das Seminar erfüllt?	Erwartungen	1, 2, 3, 4, 5, 6
Wie gut waren die Seminarunterlagen?	Seminarunterlagen	1, 2, 3, 4, 5, 6
Wie bewerten Sie die nötigen Vorbereitungen auf das Seminar?	Vorbereitungen	»zu viel«, »viel«, »passend«, »wenig«, »zu wenig«
Wie bewerten Sie den Inhaltsumfang?	Inhaltsumfang	»zu viel«, »viel«, »passend«, »wenig«, »zu wenig«
Wie bewerten Sie den Inhaltsanspruch?	Inhaltsanspruch	»zu viel«, »viel«, »passend«, »wenig«, »zu wenig«

Tabelle 4.10 Fragen zu Seminarinhalten im Rahmen des Seminar-Feedbacks

Frage	Feldname	Optionsfelder
Wurde Ihnen die Möglichkeit zur aktiven Teilnahme geboten?	AktiveTeilnahme	»zu viel«, »viel«, »passend«, »wenig«, »zu wenig«
Hat Ihnen das Seminar geholfen, um Ihre Arbeit effektiver zu gestalten?	ZukünftigeArbeit	»ja«, »teilweise«, »nein«

Tabelle 4.10 Fragen zu Seminarinhalten im Rahmen des Seminar-Feedbacks (Forts.)

- Tragen Sie in der linken Zelle einer jeden Zeile die angegebene Frage ein, und klicken Sie in die rechte Zelle, in der Sie die jeweiligen Optionsfelder hinzufügen möchten. Wählen Sie unter den Steuerelementen die Option OPTIONSFELD aus. Sie müssen daraufhin angeben, wie viele Optionen möglich sein sollen. Bei einer Bewertung von 1 bis 6 benötigen Sie sechs Optionen und bei den anderen Fragen die entsprechend angegebene Anzahl.
- Die Optionsfelder werden ohne Beschriftung hinzugefügt. Über einen Rechtsklick auf jedes der hinzugefügten Optionsfelder öffnet sich ein Kontextmenü, in dem Sie den Menüpunkt EIGENSCHAFTEN FÜR OPTIONSFELD... auswählen. Unter der Eigenschaft WERT FÜR AKTIVIERTEN ZUSTAND geben Sie den Wert an, der bei Auswahl dieser Option verwendet werden soll. Bei den Optionsfeldern von 1 bis 6 wären das die Werte »1«, »2« usw. bis hin zu »6«.
- Bei einer Option, die Sie für eine Frage bearbeiten, sollten Sie den Feldnamen ändern. Dieser ist standardmäßig zum Beispiel »feld1«. Das erschwert später die Suche nach einem konkreten Feld, das bearbeitet werden soll.

Vielleicht fallen Ihnen noch weitere Fragen ein, die im Kontext der bei Ihnen stattfindenden Seminare Sinn machen und die bei den später genutzten Auswertungsfunktionalitäten hilfreich sein können, um Ihre Seminare zu bewerten. Sie können auch nur ausgewählte Elemente der in Tabelle 4.10 für einen Feedback-Bogen vorgeschlagenen Fragen in das Formular integrieren. Es handelt sich lediglich um ein Beispiel, damit Sie eine Vorstellung davon bekommen, was mit einem Feedback-Bogen gemeint sein kann.

8. In der nächsten Tabelle mit der Überschrift »Seminarleiter/in« stellen Sie die folgenden Fragen zum Seminarleiter bzw. zu der Seminarleiterin und ermöglichen bei jeder Frage eine Bewertung von 1 bis 6:

Frage	Feldname
Persönliches Auftreten	PersönlichesAuftreten
Fachliche Kompetenz	Fachkompetenz

Tabelle 4.11 Fragen zur Seminarleitung im Rahmen des Seminar-Feedbacks

Frage	Feldname
Didaktische Kompetenz	Didaktik
Umgang und Motivation	Motivation
Wurde auf Fragen seitens der Teilnehmer eingegangen?	EingehenAufFragen

Tabelle 4.11 Fragen zur Seminarleitung im Rahmen des Seminar-Feedbacks (Forts.)

9. In der dritten Tabelle mit der Überschrift »Seminarort« sollen die folgenden Aspekte von 1 bis 6 bewertetet werden können, wobei es eine siebte Option »keine Bewertung« geben soll, die den Wert »-« erhält:

Frage	Feldname
Zimmer	Zimmer
Essen	Essen
Service (Begrüßung, Betreuung, Auschecken)	Service
Seminarraum	Seminarraum
Stühle	Stühle

Tabelle 4.12 Fragen zum Seminarort im Rahmen des Seminar-Feedbacks

10. In der letzten Tabelle mit der Überschrift »Abschließende Bewertung« sollen dem Seminarteilnehmer folgende Fragen gestellt werden:

Frage	Feldname	Steuerelement
Wie beurteilen Sie das Seminar insgesamt?	Bewertung	Optionsfelder 1, 2, 3, 4, 5, 6
Wie war für Sie rückblickend die Stimmung?	Stimmung	Textfeld
Werden Sie das Seminar weiterempfehlen?	Empfehlung	Optionsfelder »ja« und »nein«
Kommentare / Anregungen	Kommentare	Textfeld

Tabelle 4.13 Abschließende Fragen im Rahmen des Seminar-Feedbacks

Bei den beiden Textfeldern sollten Sie im Eigenschaftsfenster, das Sie über den Menüpunkt EIGENSCHAFTEN FÜR TEXTFELD... im Kontextmenü erreichen können, die Registerkarte ANZEIGE auswählen und dort die Option MEHRZEILIG anhaken.

Spätestens jetzt sollten Sie über die Tastenkombination [STRG]+[S] das Formular speichern. Welchen Namen Sie für es wählen und wo Sie das Formular verwalten, möchte ich Ihnen nicht vorschreiben. Wählen Sie einen Speicherort aus, auf den Sie schnell zugreifen können. Sollten Sie in der Praxis mit mehreren Personen für die Erstellung von Formularvorlagen verantwortlich sein, sollten Sie allerdings einen für alle Beteiligten erreichbaren Ort wählen und sich an ggf. bei Ihnen etablierte Namenskonventionen halten.

Bewertung einem Seminar zuordnen

Nun ist das Formular so weit vorbereitet, dass zwar grundsätzlich nach der Veröffentlichung eine Bewertung vorgenommen werden könnte. Allerdings hätte ein Bewerter keine Möglichkeit, die Bewertung einem Seminar zuzuordnen, wodurch eine solche Bewertung für spätere Auswertungen nicht verwendet werden könnte. Sinnvoll wäre es, wenn Sie aus der Liste »Seminare« ein Seminar auswählen würden und Ihnen im oberen Bereich des Bewertungsformulars die Seminarinformationen angezeigt würden.

1. Im rechten Bereich werden Ihnen die Felder Ihres Bewertungsformulars angezeigt. Klicken Sie unten in diesem Bereich auf den Link DATENVERBINDUNGEN VERWALTEN... und in dem daraufhin erscheinenden Dialog DATENVERBINDUNGEN auf die Schaltfläche HINZUFÜGEN.
2. Lassen Sie die Option DATEN EMPFANGEN im nächsten Dialog unverändert, und klicken Sie auf WEITER.
3. Wählen Sie als Datenquelle die Option SHAREPOINT-BIBLIOTHEK ODER -LISTE, und klicken Sie auf WEITER.
4. Geben Sie die URL zur Website für die Seminarverwaltung an, und klicken Sie auf WEITER.
5. Ihnen werden nun die Listen der Website angezeigt. Wählen Sie die Liste »Seminare« aus, und klicken Sie auf WEITER.
6. Wählen Sie die Spalten »Titel«, »Seminarziel« und »Dauer« aus, und entscheiden Sie sich für eine Sortierung nach der Spalte »Titel«. Klicken Sie auf WEITER.
7. Klicken Sie auf WEITER und abschließend auf FERTIG STELLEN.
8. Schließen Sie den Dialog DATENVERBINDUNGEN über die Schaltfläche SCHLIESSEN.
9. Fügen Sie nun oberhalb der ersten Tabelle eine neue benutzerdefinierte Tabelle mit zwei Zeilen und zwei Spalten hinzu.
10. In die linke Spalte schreiben Sie die Bezeichnungen »Seminar:« bzw. »Seminarziel:« und in der rechten Spalte fügen Sie für die Auswahl des Seminars ein DROP-DOWN-LISTENFELD und für die Anzeige des Seminarziels ein TEXTFELD hinzu.
11. Ändern Sie die Feldnamen in »Seminar« bzw. »Seminarziel«.

12. Öffnen Sie über das Kontextmenü die Eigenschaftenseite des Felds »Seminar« und wählen Sie im Bereich LISTENFELDAUSWAHL die Option AUSWAHL AUS EINER EXTERNEN DATENQUELLE ABRUFEN aus. Die Datenquelle »Seminare« ist direkt für Sie selektiert und korrekt konfiguriert, sodass Sie die Konfiguration über die Schaltfläche OK speichern können.
13. Öffnen Sie über das Kontextmenü die Eigenschaftenseite des Felds »Seminarziel«, und wählen Sie auf der Registerkarte ANZEIGE die Optionen SCHREIBGESCHÜTZT und MEHRZEILIG aus. Das Feld wird gleich über eine Regel automatisch mit dem erfassten Seminarziel des ausgewählten Seminars belegt.
14. Klicken Sie nun auf das Feld »Seminar«, und wählen Sie im Menüband START den Menüpunkt REGELN VERWALTEN aus. Daraufhin erscheint im rechten Bereich eine neue Konfigurationsleiste für die Regeln des Felds.
15. Klicken Sie auf die Schaltfläche NEU, und wählen Sie als Option AKTION aus. Jetzt können Sie die neue Regel konfigurieren, indem Sie auf die Schaltfläche HINZUFÜGEN unter DIESE AKTION AUSFÜHREN klicken. Wählen Sie als Option DEN WERT EINES FELDS FESTLEGEN aus.
16. Als Feld wählen Sie »Seminarziel« aus, und für den Wert klicken Sie auf das Formelsymbol »f«. Dann klicken Sie auf die Schaltfläche FELD ODER GRUPPE EINFÜGEN... und wechseln in der Auswahlliste zu der Datenquelle »Seminare (Sekundär)«.
17. Navigieren Sie zu MYFIELDS • DATAFIELDS • D:SHAREPOINTLISTITEM_RW • SEMINARZIEL, und klicken Sie auf DATEN FILTERN...
18. Klicken Sie auf HINZUFÜGEN, und wählen Sie in der ersten Auswahlliste die Spalte »Titel« aus. In der dritten Auswahlliste wählen Sie die Option »Feld oder Gruppe auswählen...« und wechseln in der Auswahlliste wieder zu der primären Datenquelle. Wählen Sie dort das Feld »Seminar« aus.
19. Bestätigen Sie alle Angaben mit OK, bis auch der letzte Dialog geschlossen ist.

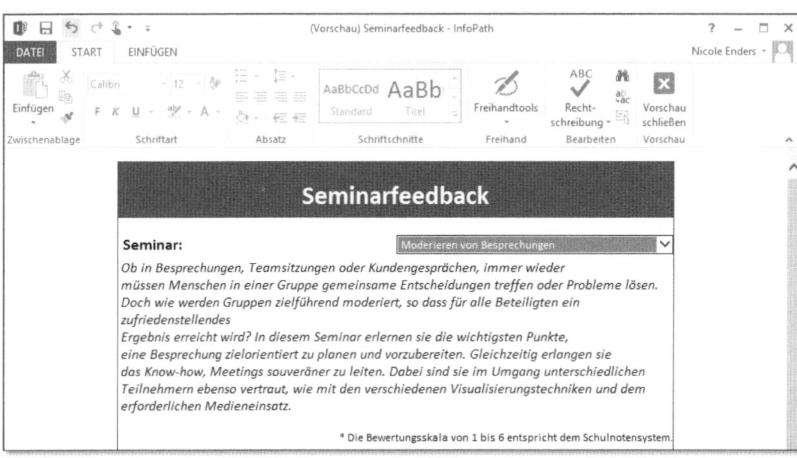

Abbildung 4.36 Vorschau des Formulars für das Seminar-Feedback

Prüfen Sie über den Menüpunkt VORSCHAU im Menüband START, ob das Feld »Seminarziel« wie in Abbildung 4.36 korrekt befüllt wird, wenn Sie ein Seminar auswählen.

Veröffentlichen des Feedback-Formulars

Das Feedback-Formular ist nun so weit fertig. Jetzt müssen Sie es nur noch veröffentlichen und definieren, wo die eingegebenen Informationen zukünftig gespeichert werden. Das ist vor allem im Hinblick auf die gewünschten Auswertungen relevant, da nur die Informationen ausgewertet werden können, die in SharePoint-Listen zu finden sind. Gehen Sie folgendermaßen vor:

1. Speichern Sie das Formular über das Diskettensymbol oder die Tastenkombination STRG+S ab.
2. Wählen Sie das Menüband DATEI aus, und klicken Sie unter INFORMATIONEN auf den Menüpunkt VERÖFFENTLICHEN und anschließend auf SHAREPOINT-SERVER.
3. Geben Sie den Link zur Seminarwebsite an, und klicken Sie auf WEITER.
4. Auf der nächsten Seite lassen Sie die Option DAS AUSFÜLLEN DIESES FORMULARS MIT EINEM BROWSER ERMÖGLICHEN aktiv und wählen die Option FORMULARBIBLIOTHEK zur Erstellung aus. Klicken Sie auf WEITER.
5. Wählen Sie die Option NEUE FORMULARBIBLIOTHEK ERSTELLEN aus, und klicken Sie auf WEITER.
6. Geben Sie als Namen »Feedback« an, und klicken Sie auf WEITER.
7. Jetzt fügen Sie alle Felder als Spalten der Formularbibliothek hinzu, indem Sie für jedes Feld des Formulars folgende Schritte durchführen:
   - Klicken Sie auf die Schaltfläche HINZUFÜGEN.
   - Wählen Sie das Feld aus, und lassen Sie die Einstellungen unter WEBSITESPALTENGRUPPE unverändert.
   - Prüfen Sie den SPALTENNAME, und passen Sie diesen an, wenn es sich um mehrere Wörter handelt; wie zum Beispiel bei dem Feld »PersönlichesAuftreten«. Fügen Sie hier zwischen den einzelnen Wörtern Leerzeichen ein.
8. Wenn Sie alle Spalten hinzugefügt haben, klicken Sie auf WEITER und anschließend auf VERÖFFENTLICHEN.

Nun steht Ihnen eine Formularbibliothek für das Seminar-Feedback zur Verfügung. Passen Sie die Schnellstartleiste so an, dass der Link »Feedback« nicht mehr unterhalb der Stammdaten aufgeführt wird, sondern sich auf derselben Ebene wie die anderen Überschriften befindet.

4.4.9 Rückmeldungen zu Seminaren auswerten

Wenn die Seminarteilnehmer ihre Bewertungen zu den besuchten Seminaren erfasst haben, kann es für die Weiterentwicklung der Seminare bzw. die Gestaltung des gesamten Seminarkatalogs interessant sein, die entstandenen Kosten dem Nutzen gegenüberzustellen. Über den Feedback-Bogen stehen standardisierte Bewertungen zur Verfügung, die über die Schnittstelle *Excel* ausgewertet werden können.

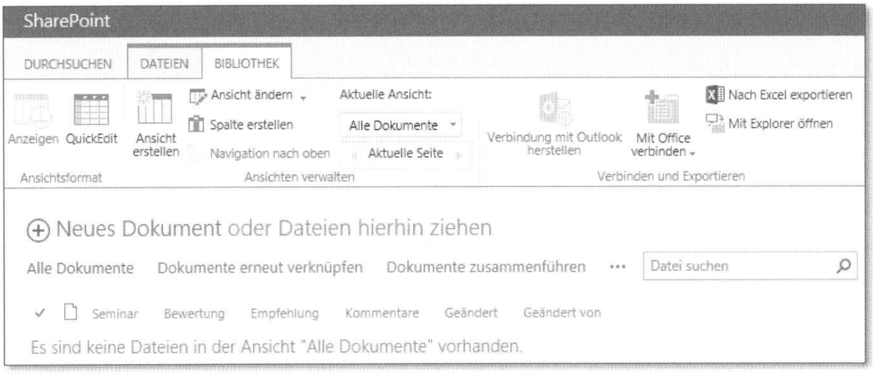

Abbildung 4.37 Exportmöglichkeit von SharePoint-Daten nach Excel

Wenn Sie den in Abbildung 4.37 dargestellten Menüpunkt NACH EXCEL EXPORTIEREN auswählen, werden nach einer Sicherheitsabfrage die Daten der ausgefüllten Feedback-Bogen nach Excel exportiert. Die Konfiguration der Standardansicht spielt eine elementare Rolle, da nur die darin ausgewählten Spalten in den Export inkludiert werden. Daher sollte die Standardansicht nach Möglichkeit alle für die Auswertung relevanten Spalten umfassen. Ansonsten stehen Ihnen ggf. wichtige Informationen wie beispielsweise die Bewertung des Seminarraums nicht zur Auswertung zur Verfügung. In dem Fall müssten Sie den Export verwerfen, die Ansicht ändern und erneut einen Export ausführen.

Sobald Sie den Export nach Excel vorgenommen haben, werden die Daten nicht mehr aktualisiert. Das bedeutet, dass Sie in der Excel-Arbeitsmappe das Datum mit Uhrzeit vermerken sollten, damit Sie genau wissen, welchem Stand die Auswertung entspricht. Sie können die Auswertungen auch in einer Dokumentbibliothek innerhalb der bereits genutzten Website speichern und somit zentral zur Verfügung stellen. Wenn Sie nicht möchten, dass die Auswertungen von jedem Mitarbeiter aufgerufen werden können, sollten Sie entsprechende Berechtigungen für die Ablage konfigurieren.

Ansonsten stehen Ihnen für die exportierten Daten die in Excel gewohnten Auswertungsfunktionalitäten zur Verfügung, und Sie können u. a. Pivot-Tabellen und Diagramme zur Aufbereitung der erfassten Informationen nutzen. Probieren Sie den Prozess einmal aus. Sie werden feststellen, welche individuellen Anpassungen noch wünschenswert sind. Ich wünsche Ihnen viel Spaß bei der Umsetzung und bin zuversichtlich, dass Sie aus dieser allgemeinen Lösung Ihre ganz individuelle Plattform für Seminare gestalten werden.

4.5 Einarbeitung und Weiterbildung von Mitarbeitern

Mit Seminaren werden bereits Weiterbildungsmaßnahmen im Unternehmen unterstützt. Allerdings sollte der Aspekt des Wissensmanagements nicht unterschätzt werden. Unglaublich viele Informationen sind in den Köpfen der Mitarbeiter zu finden. Da fällt es schwer, einen Überblick über die gesamte Expertise im Unternehmen zu erhalten. In vielen Fällen wird dies sogar unmöglich sein. Jeder Mitarbeiter stellt mit seinem Wissen und seiner Erfahrung für sich schon eine sehr wertvolle Arbeitskraft dar. Wenn Sie es aber schaffen würden, dass die richtigen Personen sich zu Themen austauschen, könnten Synergieeffekte genutzt werden, da aus der Kombination der verschiedenen Fachkenntnisse neues Wissen generiert werden kann. Dadurch könnten sich für Ihr Unternehmen ganz neue Geschäftschancen ergeben.

4.5.1 Benötigte Funktionen und Konzeption der Lösung

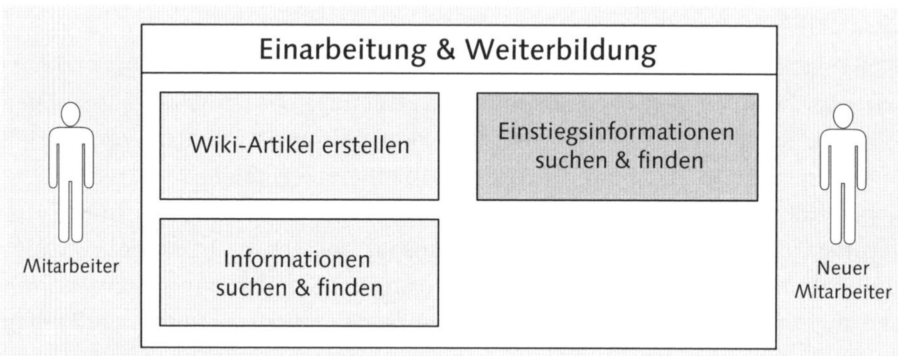

Abbildung 4.38 Anforderungen an eine Plattform zur Einarbeitung und Weiterbildung von Mitarbeitern

Gemäß den in Abbildung 4.38 dargestellten Anforderungen gehen wir für diese Lösung von zwei Anwendergruppen aus:

- **Mitarbeiter:** Diese Anwender möchten ihr Wissen dokumentieren und hierzu Wiki-Artikel erstellen. Diese Artikel sollen verschiedenen Kategorien und einem Schwierigkeitsgrad zugeordnet werden können, um sie über Filterfunktionalitäten besser finden zu können. Außerdem sollen die Anwender die Möglichkeit haben, einen Wiki-Artikel als Einstiegsinformation zu kennzeichnen.
- **Neue Mitarbeiter:** Diese Anwender werden Einstiegsinformationen zu bestimmten Themengebieten suchen, um sich in die Materie einzuarbeiten. Sie wünschen sich eine einfache Suchfunktion, die ihnen die gewünschten Informationen liefert.

Um die benötigten Funktionalitäten einzurichten, können Sie beim Einsatz einer SharePoint Server-Edition die Websitevorlage »Unternehmenswiki« nutzen. Eine solche Website beinhaltet eine Wiki-Seitenbibliothek, die standardmäßig bereits eine Bewertung von Wiki-Artikeln und eine Kategorisierung über eine Spalte mit dem Informationstyp »Verwaltete Metadaten« ermöglicht. Wenn Sie SharePoint Foundation nutzen, können Sie eine Teamwebsite erstellen und die Wiki-Seitenbibliothek sowie die fehlenden Spalten manuell erstellen.

4.5.2 Das Wissen der Mitarbeiter in einem Unternehmenswiki zentral zur Verfügung stellen und nutzen

Erstellen Sie als Erstes in der *Website der obersten Ebene* Ihrer Websitesammlung eine neue Unterwebsite auf Basis der Websitevorlage »Unternehmenswiki«. Geben Sie ihr den Titel »Einarbeitung und Weiterbildung von Mitarbeitern« und die URL »knowhow«, und übernehmen Sie die Leiste für häufig verwendete Links von der übergeordneten Website.

Gibt es hier Unterschiede zwischen den SharePoint-Editionen?

Der elementare Unterschied zwischen SharePoint Foundation und den Server-Editionen besteht darin, dass es die Websitevorlage »Unternehmenswiki« in der Foundation nicht gibt und daher die damit verbunden Funktionalitäten (wie die Websitekategorien und die Möglichkeit, Video- und Audiodateien in Wiki-Artikel zu integrieren) nicht zur Verfügung stehen. Wenn Sie SharePoint Foundation nutzen, müssen Sie die Einschränkungen akzeptieren bzw. zusätzliche Konfigurationen durchführen, um ein annähernd gleiches Ergebnis zu erzielen, wie es die standardmäßig bereitgestellten Vorlagen der Server-Editionen bieten.

Wie Sie in Abbildung 4.39 erkennen können, wird Ihnen in einer Website auf Basis dieser Vorlage nicht der Titel angezeigt, den Sie beim Erstellen der Website angegeben haben. An der Stelle, an der Sie den Titel erwarten, werden Sie stets den Namen der angezeigten Wiki-Seite finden.

Die Bearbeitung und Erstellung von Wiki-Artikeln ist recht einfach. Sie befinden sich momentan auf der Homepage, der Wiki-Seite »home«. Bei jeder Wiki-Seite wird Ihnen unterhalb des Namens angezeigt, wann die Seite zuletzt bearbeitet wurde und wer die letzte Änderung vorgenommen hat. Rechts daneben können Sie auf den Link DIESE SEITE BEARBEITEN klicken, um die Wiki-Seite im Bearbeitungsmodus zu öffnen. Während der Bearbeitung der Seite stehen Ihnen dieselben Funktionalitäten zur Verfügung, die Sie bereits durch die Bearbeitung der Homepage einer Website kennen. So können Sie beispielsweise einen *Rich-Text-Editor* nutzen und haben die Möglichkeit, Webparts und Bilder auf der Seite zu platzieren.

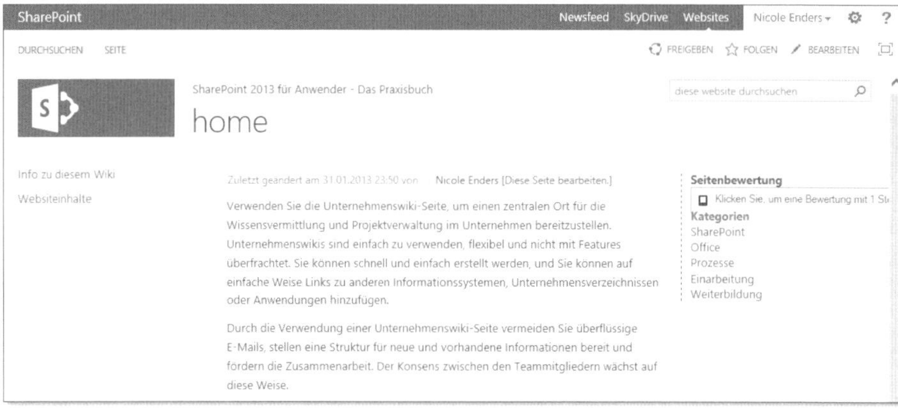

Abbildung 4.39 Homepage eines Unternehmenswikis

Öffnen Sie die Homepage im Bearbeitungsmodus, indem Sie entweder auf den Link DIESE SEITE BEARBEITEN klicken oder im Menüband SEITE den Menüpunkt BEARBEITEN auswählen. Wie in Abbildung 4.40 dargestellt, können Sie nun den vorgegebenen Text für die Homepage des Wikis entfernen und durch einen individuellen Text ersetzen. Doch wie erstellen Sie einen neuen Wiki-Artikel?

Um einen neuen Wiki-Artikel zu erstellen, haben Sie zwei Möglichkeiten. Die erste Möglichkeit besteht darin, dass Sie während der Bearbeitung eines Wiki-Artikels auf einen anderen, ggf. noch zu erstellenden Artikel verweisen. Dieser Verweis wird dann in dem fertigen Wiki-Artikel als Link auf den anderen Artikel dargestellt. Doch wie erstellen Sie einen solchen Verweis? Sie müssen dafür die Syntax »[[Name des neuen Wiki-Artikels]]« verwenden. Durch die eckigen Klammern wird der Verweis gekennzeichnet.

Wie Sie in Abbildung 4.40 erkennen können, wird Ihnen bei neuen Artikeln der Hinweis DAS ELEMENT IST NICHT VORHANDEN geliefert. Während Sie den Namen eines zu referenzierenden Wiki-Artikels eingeben, werden Ihnen alle zu den bisher eingegebenen Zeichen passenden Artikel aufgelistet, damit Sie nicht aus Versehen für ein und dieselbe Information mehrere Wiki-Artikel erstellen.

Tragen Sie nun die Referenz zu dem noch nicht existierenden Wiki-Artikel »SharePoint« ein, indem Sie in der zur Bearbeitung geöffneten Homepage den Text »[[SharePoint]]« eintragen und die Seite über den Menüpunkt SPEICHERN im Menüband TEXT FORMATIEREN speichern. Verweise auf noch nicht erstellte Wiki-Artikel werden mit einem Link mit Unterstrichen gekennzeichnet. Indem Sie auf diesen Link klicken, rufen Sie einen Dialog auf, der Sie fragt, ob Sie jetzt den Wiki-Artikel erstellen möchten. Klicken Sie auf JA, damit die Seite in der Wiki-Seitenbibliothek »Seiten« angelegt und direkt für Sie im Bearbeitungsmodus geöffnet wird.

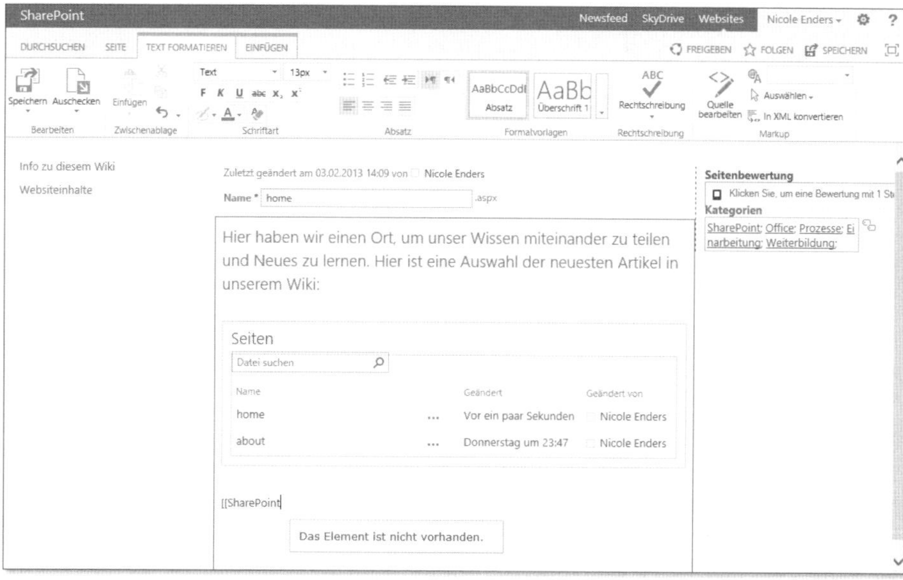

Abbildung 4.40 Bearbeitung eines Wiki-Artikels und Unterstützung bei der Erstellung neuer Artikel

Und was ist die zweite Möglichkeit, um einen Wiki-Artikel anzulegen?

Die zweite Möglichkeit besteht darin, die Websiteinhalte des Unternehmenswikis aufzurufen und unter LISTEN, BIBLIOTHEKEN UND ANDERE APPS die Wiki-Seitenbibliothek »Seiten« aufzurufen.

Wählen Sie dann im Menüband DATEIEN den Menüpunkt NEUES DOKUMENT so aus, dass sich das Untermenü öffnet. Wählen Sie dort die oberste Option UNTERNEHMENSWIKI-SEITE, und geben Sie auf der nächsten Seite den TITEL und die URL an. Hier haben Sie im Gegensatz zu der ersten Variante die Möglichkeit, die URL selbst zu definieren.

Kategorien für einen Wiki-Artikel angeben

In der Bearbeitungsmaske eines Wiki-Artikels können Sie auch direkt die Kategorisierung vornehmen. Dabei handelt es sich um einen sogenannten *offenen Ausdruckssatz*. Das bedeutet, dass jeder Anwender neue Kategorien erstellen oder auch vorhandene Kategorien nutzen kann, um einen Wiki-Artikel bestimmten Themengebieten zuzuordnen.

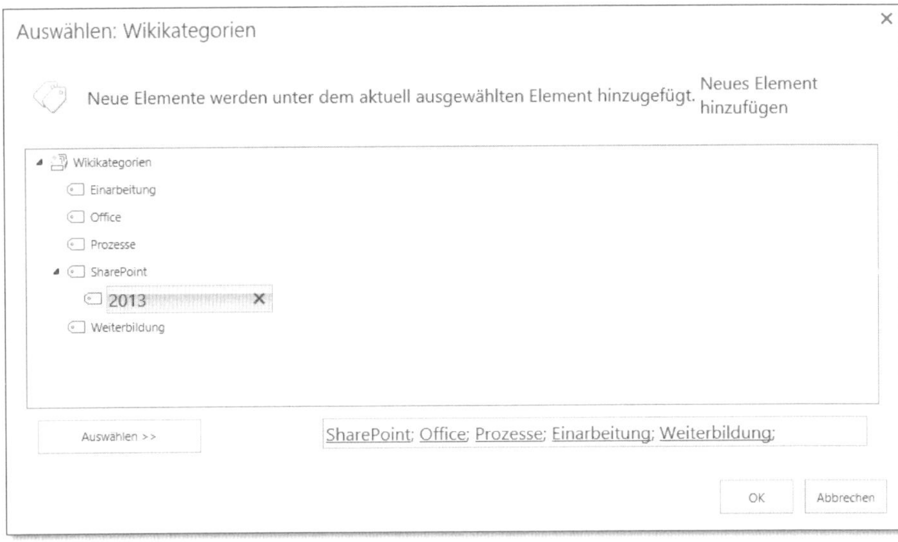

Abbildung 4.41 Neue Kategorien für Wiki-Artikel erstellen

In Abbildung 4.41 können Sie außerdem erkennen, dass Sie auch die Möglichkeit haben, die Kategorien zu gruppieren und Untergruppen zu bilden. In diesem Beispiel wurde eine Kategorie »SharePoint« angelegt. Nun kann es aber für die Suche nach Informationen nützlich sein, wenn man zusätzlich nach der Version oder auch nach der Edition filtern kann, um die richtigen Informationen zu finden. Aus diesem Grund wurde hier eine neue Unterkategorie »2013« angelegt. Die verwalteten Metadaten können grundsätzlich bei jeder Liste und Bibliothek in SharePoint genutzt werden und dienen als einfache Möglichkeit zur Navigation, Filterung und Suche innerhalb der in SharePoint abgelegten Informationen.

Erfassen Sie doch für die Homepage ein paar Kategorien, wie zum Beispiel »Einstieg«, »SharePoint« und »Anwender«. Vergessen Sie aber nicht, die Wiki-Seite mit den Änderungen zu speichern.

Wiki-Artikel bewerten

Neben der Kategorisierung der Wiki-Artikel ist die Bewertung der Inhalte ein ausschlaggebendes Merkmal für die Qualität der erfassten Informationen. Wenn Sie die Anwender dazu motivieren können, einen aufgerufenen bzw. gelesenen Wiki-Artikel zu bewerten, so kann beispielsweise eine Ansicht der beliebtesten Wiki-Artikel erstellt werden. Damit werden die als besonders wertvoll gekennzeichneten Informationen schneller gefunden.

Sie können festlegen, welche Art der Bewertung möglich ist. Standardmäßig wird eine Bewertung in Form von 1 bis 5 Sternen angeboten. Sie können allerdings auch eine Bewertung in Form eines »Gefällt mir« einstellen. Während bei der Bewertung nach Sternen der Durchschnittswert der Bewertungen aller Anwender gebildet wird, wird bei der »Gefällt mir«-Bewertung die Anzahl der Anwender angezeigt, denen der Wiki-Artikel gefällt. Aus eigener Erfahrung kann ich sagen, dass grundsätzlich eine Bewertung in Form des »Gefällt mir« einfacher ist als eine Bewertung nach Sternen, da man sich dort die Frage stellen muss: »Ist der Artikel nun 3 oder 4 oder vielleicht auch 5 Sterne wert?« Jeder Anwender wird eine etwas andere Definition finden, was für ihn welche Anzahl an Sternen bedeutet. Die Bewertung mit »Gefällt mir« lässt keinen Interpretationsspielraum zu und ist somit einfacher zu verstehen.

Wenn Sie jetzt die Bewertungseinstellungen ändern möchten, müssen Sie folgendermaßen vorgehen:

1. Wählen Sie im Menüband SEITE den Menüpunkt BIBLIOTHEKSEINSTELLUNGEN aus.
2. Unter dem Bereich ALLGEMEINE EINSTELLUNGEN rufen Sie den Menüpunkt BEWERTUNGSEINSTELLUNGEN auf.

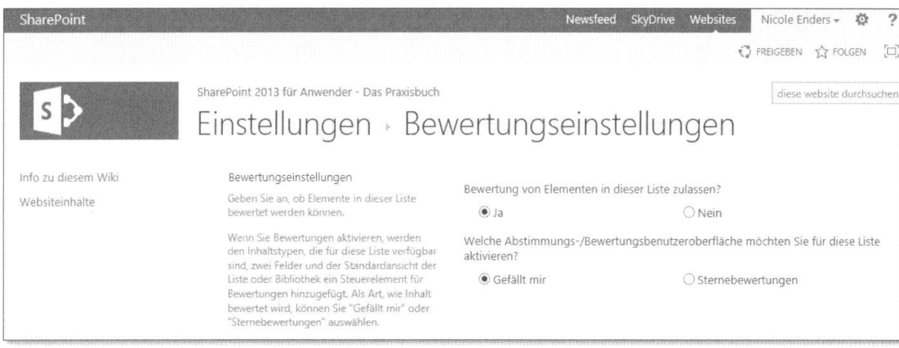

Abbildung 4.42 Mögliche Bewertungseinstellungen für das Wiki

3. Entsprechend der Darstellung in Abbildung 4.42 können Sie zum einen auswählen, ob überhaupt eine Bewertung möglich sein soll. Zum anderen können Sie aber von der Option STERNEBEWERTUNGEN zu der Option GEFÄLLT MIR wechseln.
4. Speichern Sie Ihre Einstellungen über die Schaltfläche OK, und kehren Sie zur Homepage Ihres Wikis zurück.

Wenn Sie jetzt innerhalb der Wiki-Seiten die Bewertungsfunktion nutzen, die oberhalb der Kategorien im rechten Bereich zur Verfügung gestellt wird, wird zum einen auf der Profilseite Ihrer *Meine Website* unter den Aktivitäten aufgeführt, welche Bewertung Sie abgegeben haben. Zum anderen können alle Anwender beim Aufruf einer Ansicht der Wiki-Seitenbibliothek entsprechend der Darstellung in Abbildung 4.43 genau sehen, wie viele Personen einen Wiki-Artikel bereits mit »Gefällt mir« bewertet haben.

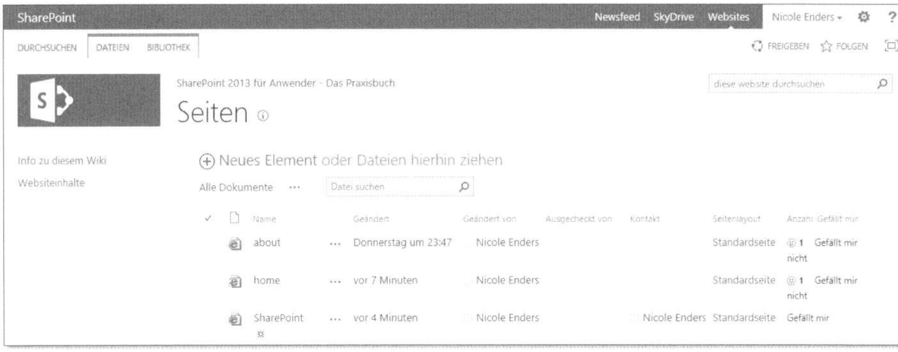

Abbildung 4.43 Bewertungen mit »Gefällt mir« im Unternehmenswiki

Wiki-Artikel als Einstiegsinformation kennzeichnen

Um einen Wiki-Artikel als Einstiegsinformation zu den als Kategorie angegebenen Themen zu definieren, fehlt Ihnen noch eine Spalte in der Wiki-Seitenbibliothek. Legen Sie diese folgendermaßen an:

1. Rufen Sie die Websiteinhalte des Unternehmenswikis auf, und wählen Sie die *App* »Seiten« aus.
2. Im Menüband BIBLIOTHEK wählen Sie den Menüpunkt SPALTE ERSTELLEN rechts neben dem Menüpunkt ANSICHT ERSTELLEN aus, der je nach Bildschirmauflösung ohne Schrift dargestellt wird.
3. Als Spaltenname geben Sie »Einstieg« an und wählen den Informationstyp »Ja/ Nein (Kontrollkästchen)« aus.
4. Der Standardwert ist auf »Ja« voreingestellt. Das macht aber hier keinen Sinn, da potenziell weniger Informationen im Unternehmenswiki als Einstiegsinformationen gekennzeichnet werden, als weiterführende oder sehr detaillierte Informationen veröffentlicht werden. Ändern Sie daher die Einstellung auf NEIN, und betätigen Sie die Schaltfläche OK, um die Spalte anzulegen.

Jetzt können Sie Wiki-Artikel als Einstiegsinformation kennzeichnen. Aber wie machen Sie dies genau? Wenn Sie die Wiki-Seite im Bearbeitungsmodus öffnen, aus dem heraus Sie auch die Kategorien pflegen können, werden Sie vergeblich nach dem Feld »Einstieg« suchen.

Im Menüband SEITE der Wiki-Seite finden Sie den Menüpunkt EIGENSCHAFTEN BEARBEITEN. Wenn Sie diesen aufrufen, werden Ihnen alle *Metadaten* des Wiki-Artikels, wie in Abbildung 4.44 dargestellt, zur Bearbeitung angezeigt. So können Sie beispielsweise nachträglich den Namen und den Titel des Wiki-Artikels ändern. Der Name bestimmt den Link zu diesem Wiki-Artikel. Das sollten Sie bei Änderungen berücksichtigen, falls Sie den Link außerhalb des Unternehmenswikis publiziert haben.

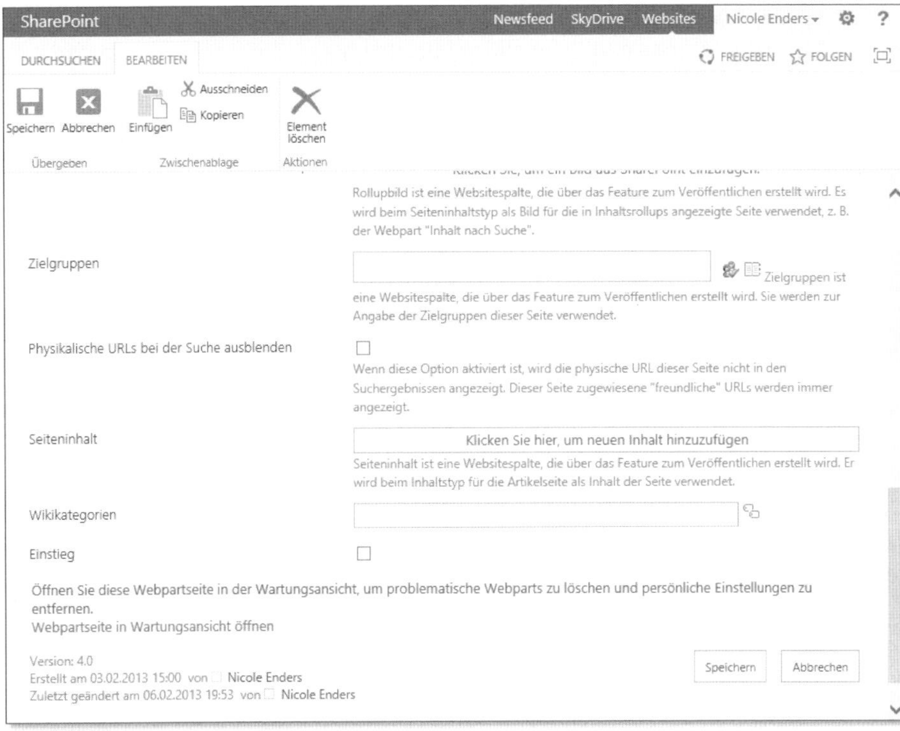

Abbildung 4.44 Eigenschaften des Wiki-Artikels bearbeiten, um diesen als Einstiegsinformation zu kennzeichnen

Sie werden außerdem Felder wie »Kontakt«, »E-Mail-Adresse des Kontakts« usw. finden. Der Kontakt ist automatisch mit der Person belegt, die den Wiki-Artikel erstellt hat. Alle übrigen Kontaktinformationen sind standardmäßig nicht belegt. Sie können somit einen Ansprechpartner für die im Wiki veröffentlichten Informationen angeben. Das kann vor allem bei Nachfragen seitens der Nutzer einen enormen Vorteil bringen, da Sie schneller an weitere Informationen zu einem Thema gelangen können, indem Sie mit der richtigen Person sprechen.

Wenn Sie nach unten scrollen, werden Sie auch die »Wikikategorien« finden, die Sie auch im Bearbeitungsmodus der Seite pflegen können. Darunter finden Sie allerdings auch das erstellte Feld »Einstieg«. Indem Sie den Haken für dieses Feld setzen, wird der Wiki-Artikel als Einstiegsinformation gekennzeichnet.

Schwierigkeitsgrad angeben

Vor allem für die weiterführenden Informationen im Wiki kann die Angabe eines Schwierigkeitsgrads oder eine Kategorisierung nach den vorauszusetzenden Kenntnissen sinnvoll sein. Damit können Sie bei der Auswahl einer Wiki-Seite bereits entscheiden, ob die gefundene Information aufgrund ihres Schwierigkeitsgrads für Sie geeignet ist oder bereits zu tief in die Materie einsteigt.

1. Rufen Sie die Websiteinhalte des Unternehmenswikis auf, und wählen Sie die *App* »Seiten« aus.
2. Im Menüband BIBLIOTHEK wählen Sie den Menüpunkt SPALTE ERSTELLEN rechts neben dem Menüpunkt ANSICHT ERSTELLEN aus, der je nach Bildschirmauflösung ohne Schrift dargestellt wird.
3. Als Spaltenname geben Sie »Level« an und wählen den Informationstyp »Auswahl (Menü)« aus.
4. Entfernen Sie die drei standardmäßig definierten Einträge für die Auswahlliste, und fügen Sie die für Sie geeigneten hinzu. Entsprechend der Kennzeichnung von Microsoft könnten Sie beispielsweise die Werte »100«, »200« ff. angeben, die in aufsteigender Reihenfolge die Schwierigkeit des Inhalts kennzeichnen.

Auch dieses Feld kann nur über den Menüpunkt EIGENSCHAFTEN BEARBEITEN für einen Wiki-Artikel editiert werden und nicht aus dem Bearbeitungsmodus einer Wiki-Seite heraus. Sie sehen ein so angelegtes Feld in den Ansichten, die für die Wiki-Seitenbibliothek erstellt werden können. Sie haben die Möglichkeit, das Feld auch für die Metadatennavigation zu verwenden, sodass Sie als Anwender der Website beispielsweise diejenigen Wiki-Artikel auswählen können, die dem Schwierigkeitsgrad »200« entsprechen.

4.5.3 Einstiegsinformationen für die Einarbeitung eines neuen Mitarbeiters finden

Jetzt können Sie zwar die Informationen kategorisieren, die in Form von Wiki-Artikeln der Allgemeinheit zur Verfügung gestellt wurden; Sie haben aber noch keine Ansichten eingerichtet, über die gezielt auf die Einstiegsinformationen oder das Wissen zu einem bestimmten Themengebiet zugegriffen werden kann.

Als Erstes erstellen Sie eine Ansicht für die Einstiegsinformationen, die die erste Anlaufstelle für Mitarbeiter sein soll, die sich mit einem für sie neuen Thema auseinandersetzen. Gehen Sie zur Erstellung der Ansicht folgendermaßen vor:

1. Rufen Sie die Websiteinhalte des Unternehmenswikis auf, und wählen Sie die *App* »Seiten« aus.
2. Im Menüband BIBLIOTHEK wählen Sie den Menüpunkt ANSICHT ERSTELLEN und anschließend den *Ansichtstyp* STANDARDANSICHT aus.
3. Geben Sie den Namen »Einstiegsinformationen« an, und wählen Sie folgende Spalten zur Anzeige aus: »Name«, »Wikikategorien«, »Kontakt«, »Level«, »Anzahl ›Gefällt mir‹« und »Gefällt«.

4. Für die Sortierung sollten Sie die Spalte »Name« wählen. Somit werden die Wiki-Artikel in alphabetischer Reihenfolge aufgelistet.
5. Im Bereich Filter wählen Sie die Option Elemente nur in folgendem Fall anzeigen aus und geben das Filterkriterium »Einstieg ist gleich Ja« an.
6. Die übrigen Einstellungen können Sie unverändert übernehmen. Schließen Sie das Erstellen der Ansicht mit einem Klick auf OK ab.

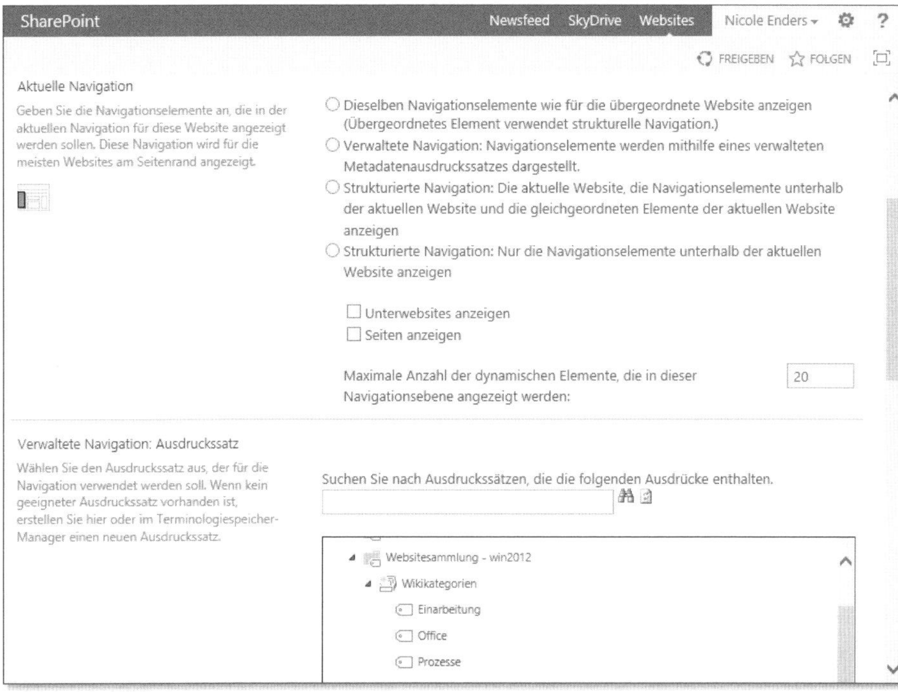

Abbildung 4.45 Besondere Navigationseinstellungen für ein Unternehmenswiki

7. Nun sollten wir die Navigation so anpassen, dass sich die jeweils gesuchten Informationen möglichst einfach finden lassen. Vielleicht ist es Ihnen bereits aufgefallen: In der Schnellstartleiste finden Sie unterhalb der Menüpunkte nicht die gewohnte Funktion Links bearbeiten, die Sie beispielsweise in Websites auf Basis der Vorlage »Teamwebsite« nutzen können, um direkt aus einer beliebigen Seite heraus die Schnellstartleiste zu bearbeiten.

   Das bedeutet, dass Sie zur Bearbeitung der Navigation die Websiteeinstellungen und dort den Menüpunkt Navigation aufrufen müssen. Der Bereich Aktuelle Navigation ermöglicht die Konfiguration der Schnellstartleiste und sollte entsprechend der Darstellung in Abbildung 4.45 vier verschiedene Optionen anbieten.

8. Wählen Sie bitte eine der beiden Optionen »Strukturelle Navigation« aus, wobei sich die obere nur durch einen zusätzlichen Link mit dem Titel des Unternehmenswikis von der unteren Option unterscheidet.

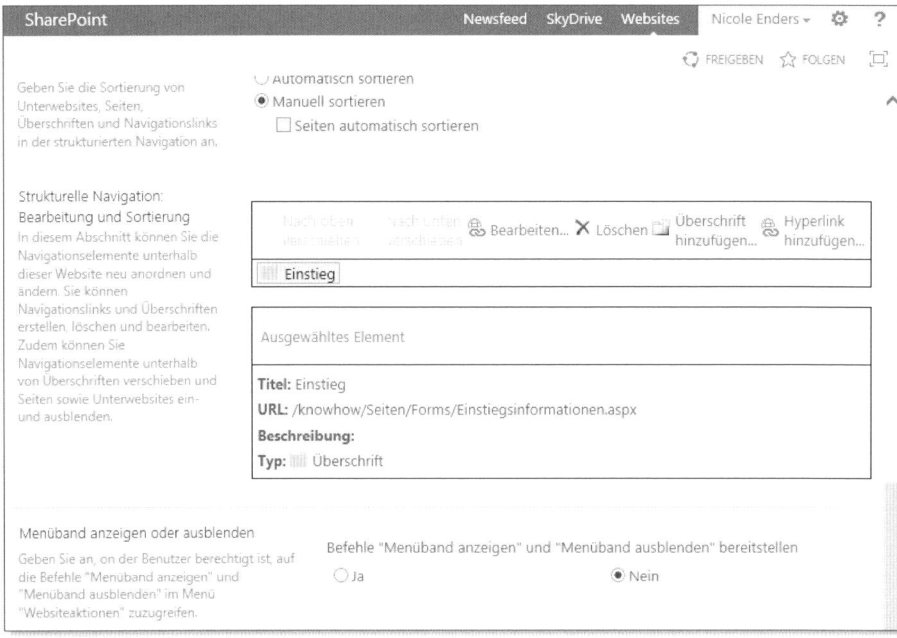

Abbildung 4.46 Strukturelle Navigation des Unternehmenswikis bearbeiten

9. Wenn Sie eine der beiden Optionen ausgewählt haben, steht Ihnen der Bereich STRUKTURELLE NAVIGATION: BEARBEITUNG UND SORTIERUNG zur Verfügung (siehe Abbildung 4.46). Klicken Sie dort auf den Menüpunkt ÜBERSCHRIFT HINZUFÜGEN, geben Sie den Titel »Einstieg« für den neuen Link an, und klicken Sie auf DURCHSUCHEN..., um den Link zu der erstellten Ansicht auszuwählen.

10. Wie Sie Abbildung 4.47 entnehmen können, werden Ihnen in einem Dialog alle Websites und die darin befindlichen Listen und Bibliotheken sowie deren Inhalte zur Auswahl angeboten. Sie könnten so zum Beispiel den Link zu einer Liste oder einer Wiki-Seite auswählen. Die erstellte Ansicht jedoch steht nicht zur Auswahl bereit und muss daher von Ihnen manuell erfasst werden. Geben Sie in dem Feld URL den Wert »/knowhow/Seiten/Forms/Einstiegsinformationen.aspx« an, und bestätigen Sie die Eingabe mit OK. Die anzugebende URL hängt von der URL Ihrer Wiki-Seitenbibliothek und der Seite ab, auf der Sie die Einstiegsinformationen bereitstellen möchten.

11. Der Dialog wird daraufhin geschlossen. Damit die Änderungen an der Navigation allerdings wirksam werden, müssen Sie unbedingt in der jetzt wieder aktiven Hauptseite erneut die Schaltfläche OK betätigen.

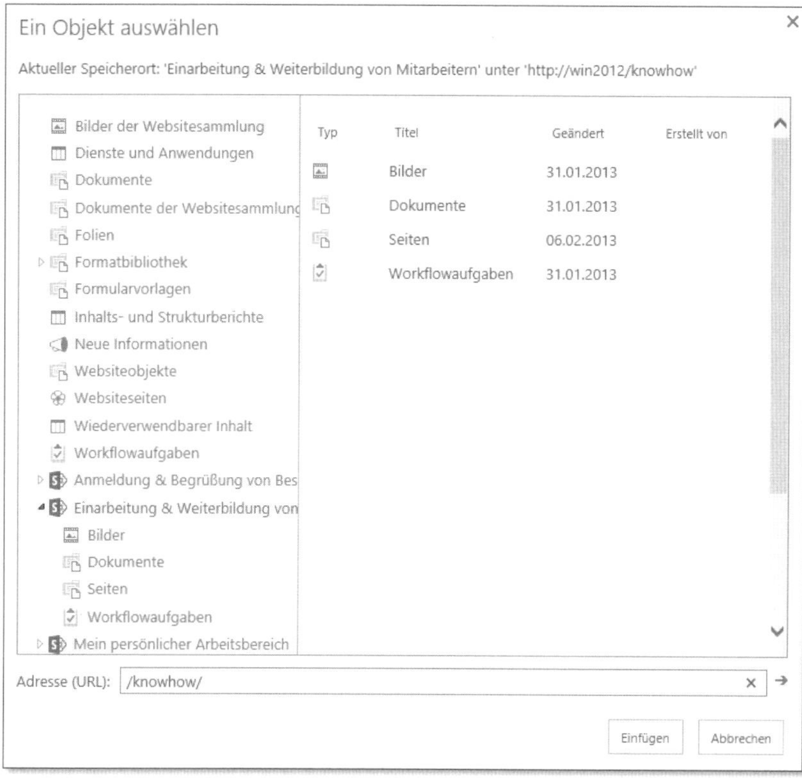

Abbildung 4.47 Auswahl eines Websiteobjekts, wie beispielsweise einer Liste oder eines Dokuments

Danach steht Ihnen der neue Menüpunkt EINSTIEG in der Schnellstartleiste zur Verfügung. Er ermöglicht es Ihnen, direkt die Einstiegsinformationen aufzurufen und anschließend über die Spaltenüberschriften das Themengebiet herauszufiltern, das Sie gerade interessiert.

4.5.4 Einfache Navigation auf Basis der erfassten Metadaten

Neben den Einstiegsinformationen interessieren Sie wahrscheinlich die Informationen zu bestimmten Themen, oder Sie suchen nach Inhalten, die von einer bestimmten Person erstellt bzw. zuletzt geändert wurden. Auch hier lernen Sie eine neue Möglichkeit kennen, um so eine metadatenbasierte Navigation durch die erfassten Inhalte bereitzustellen. Gehen Sie dazu folgendermaßen vor:

1. Rufen Sie die WEBSITEEINSTELLUNGEN und dort den Menüpunkt WEBSITEFEATURES auf.
2. Suchen Sie in der Auflistung nach dem *Feature* METADATENNAVIGATION UND FILTERN, und aktivieren Sie dieses Feature.

3. Rufen Sie die Websiteinhalte des Unternehmenswikis auf, und wählen Sie die *App* »Seiten« aus.
4. Im Menüband BIBLIOTHEK wählen Sie den Menüpunkt BIBLIOTHEKSEINSTELLUNGEN aus.
5. Unter dem Bereich ALLGEMEINE EINSTELLUNGEN klicken Sie auf den Link NAVIGATIONSEINSTELLUNGEN FÜR METADATEN.
6. Unter dem Bereich NAVIGATIONSHIERARCHIEN KONFIGURIEREN entfernen Sie zunächst den Eintrag »Ordner« aus der Auswahl, indem Sie diesen anklicken und anschließend die Schaltfläche ENTFERNEN betätigen. Fügen Sie nun die Einträge »Level« und »Wikikategorien« hinzu. Damit können Sie ähnlich wie in einem Windows Explorer durch die Inhalte Ihres Wikis navigieren.
7. Im Bereich SCHLÜSSELFILTER KONFIGURIEREN können Sie nun zusätzliche Felder auswählen, nach denen Sie die Inhalte des Wikis filtern möchten. Wählen Sie zum Beispiel die Felder »Einstieg«, »Erstellt von«, »Geändert von«, »Kontakt« und »Level« aus, und bestätigen Sie die Angaben über die Schaltfläche OK.

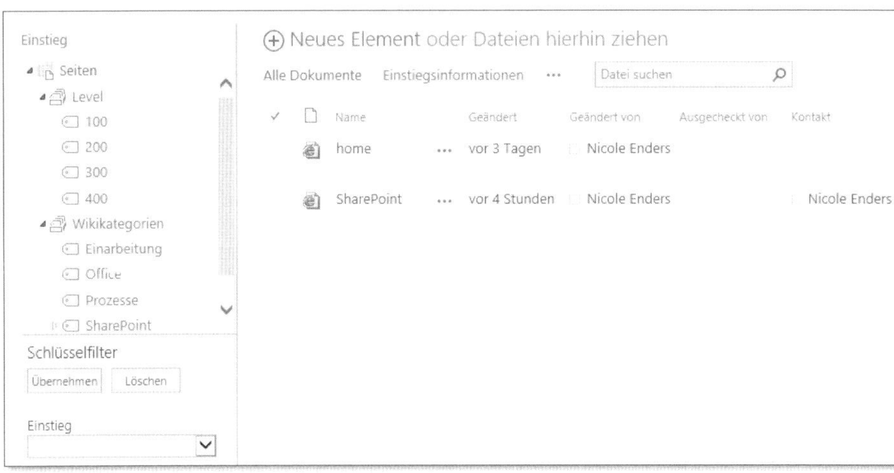

Abbildung 4.48 Metadatennavigation und Filtern im Unternehmenswiki

Wenn Sie nun die Wiki-Seitenbibliothek aufrufen, sollten Sie eine mit Abbildung 4.48 vergleichbare Darstellung erhalten. Hiermit haben Sie nun die Möglichkeit, die Inhalte Ihres Wikis zu filtern und zusätzlich über die Navigationsleiste zum Beispiel einen Überblick über die im Wiki bisher enthaltenen Themen zu erhalten, die durch die »Wikikategorien« repräsentiert werden.

Warum sollte ich die Spalte »Level« sowohl als »Navigationshierarchie« als auch als »Schlüsselfilter« auswählen? Ist das nicht doppelt gemoppelt?

Während Sie mit einer Navigationshierarchie eine Auflistung bzw. hierarchische Darstellung der grundsätzlich zur Auswahl verfügbaren Optionen erhalten und durch die Hierarchie navigieren können, müssen Sie bei einem Schlüsselfilter einen genauen Wert angeben, nach dem gefiltert werden soll.

Möchten Sie nun aber zum Beispiel alle Wiki-Artikel erhalten, die der Kategorie »SharePoint« zugeordnet wurden und dem Level »200« entsprechen, so werden Sie mit einer reinen Navigationshierarchie an eine Grenze stoßen. Sie können hier nämlich nur einen Wert auswählen. Das bedeutet: Sie müssten sich entscheiden, ob Sie alle Wiki-Artikel mit dem Level »200« oder alle Wiki-Artikel zum Thema »SharePoint« sehen möchten.

In Kombination mit einem Schlüsselfilter allerdings können Sie in der Navigationshierarchie die Kategorie »SharePoint« auswählen und anschließend den Schlüsselfilter für den Level auf den Wert »200« setzen. Nach Betätigen der Schaltfläche ÜBERNEHMEN wird die Ansicht der Wiki-Seitenbibliothek so gefiltert, dass Sie nur noch die Wiki-Artikel zum Thema »SharePoint« mit dem Level »200« sehen können.

In der Praxis werden daher häufig die in der Navigationshierarchie ausgewählten Spalten auch als Schlüsselfilter angeboten, um möglichst viele Filterszenarien abdecken zu können.

4.5.5 Podcasts, Links und Dokumente miteinander teilen

Die Einführung eines Wikis kann je nach Anwenderkreis mit sehr unterschiedlichen Reaktionen verbunden sein. Einige Anwender werden ihre Informationen in Form der unterstützten Wiki-Artikel festhalten und veröffentlichen. Andere werden Sie mit Fragen überschütten, wie beispielsweise folgenden:

- Wo kann ich Dokumente, Bilder oder Podcasts ablegen, um diese mit den Kollegen zu teilen?
- Gibt es einen Ort, an dem hilfreiche Links veröffentlicht werden?
- Wie kann ich Dokumente, Bilder oder Videos in einen Wiki-Artikel integrieren?

Sie können auf diese Fragen mit ein paar einfachen Anpassungen reagieren und damit die Benutzerakzeptanz verbessern sowie den Funktionsumfang Ihres Unternehmenswikis erheblich vergrößern. Fügen Sie als Erstes die benötigten *Websiteobjekte* hinzu, indem Sie folgende Schritte ausführen:

1. Rufen Sie die Websiteinhalte auf, und klicken Sie auf den Menüpunkt APP HINZUFÜGEN.

2. Wählen Sie die App »Dokumentbibliothek« aus, und geben Sie den Namen »Podcasts« ein.
3. Für die Ablage der Dokumente können Sie die bereits vorhandene Dokumentbibliothek »Dokumente« nutzen. Dasselbe gilt für die Bilder mit der Bildbibliothek »Bilder«.
4. Klicken Sie erneut auf den Menüpunkt APP HINZUFÜGEN, und wählen Sie die *App* »Links« aus, für die Sie den Namen »Links« angeben.

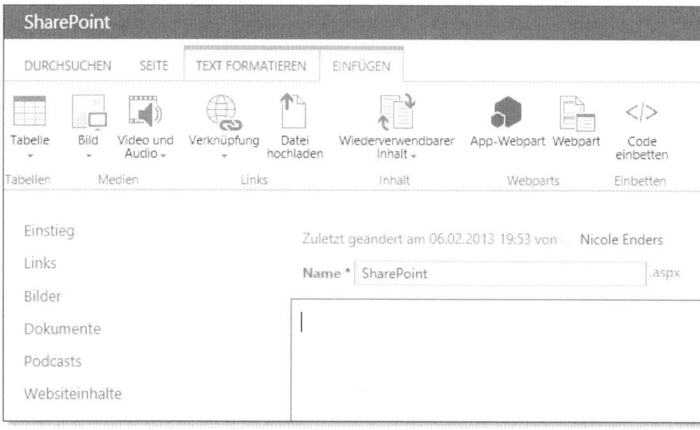

Abbildung 4.49 Einfügen von Bildern, Videos, Links oder Dokumenten in einen Wiki-Artikel

Nun stehen die Listen und Bibliotheken grundsätzlich zur Verfügung, um Dokumente, Grafiken, Podcasts und Links miteinander zu teilen. Fügen Sie die Links zu diesen vier Listen bzw. Bibliotheken auf dieselbe Weise hinzu, wie Sie den Link »Einstieg« aus Abschnitt 4.5.3 der Schnellstartleiste hinzugefügt haben. Über diese Menüpunkte können Sie direkt zu den Dokumenten bzw. den übrigen Inhalten navigieren.

Doch wie können Sie ein Dokument oder ein Bild in Ihren Wiki-Artikel integrieren? Ein denkbares Szenario wäre beispielsweise, dass Sie einen Wiki-Artikel schreiben, in dem Sie einleitende Informationen erfassen, diese mit Grafiken zur Veranschaulichung ergänzen und zusätzlich auf weiterführende Informationen in einem Dokument verweisen möchten. Wie Sie Abbildung 4.49 entnehmen können, stehen Ihnen im Bearbeitungsmodus unter dem Menüband EINFÜGEN folgende Menüpunkte zur Verfügung:

- **Bild:** Sie können Ihrem Wiki-Artikel ein Bild hinzufügen, das Sie entweder von Ihrem PC hochladen, aus SharePoint heraus referenzieren oder dessen Link Sie kennen.
- **Video und Audio:** Sie können Video- und Audiodateien über dieselben Wege wie ein Bild in Ihren Wiki-Artikel integrieren und auswählen, ob Sie die Dateien in die Seite einbetten oder nur in Form einer Verknüpfung bereitstellen möchten.

- **Verknüpfung:** Hiermit können Sie beliebige Links mit einer von Ihnen zu vergebenden Beschreibung hinzufügen.
- **Datei hochladen:** Dokumente können hochgeladen und über ein Symbol dargestellt werden, das zu dem jeweiligen Dateityp passt. Es wird lediglich eine Art Link zu dem Dokument in den Wiki-Artikel eingefügt. Es erfolgt keine Integration des Dokumentinhalts in die Seite.

Sie haben jetzt die Grundstruktur für Ihr Unternehmenswiki erstellt, mit der Sie erst einmal starten können. Wenn das Wiki von den Anwendern angenommen und entsprechend genutzt wird, werden Sie sehen, dass manche Themen sehr stark genutzt werden und somit auch relativ viele Wiki-Artikel hierzu entstehen, während andere Themen eher weniger verbreitet sind. Prüfen Sie regelmäßig die Nutzung des Wikis, und erstellen Sie ggf. für die häufig benötigten Themen neue Ansichten in der Wiki-Seitenbibliothek, die Sie dann über die Schnellstartleiste den Anwendern zur Verfügung stellen können.

4.6 Eine runde Sache für alle

Die für die Abteilung *Personalbeschaffung und -entwicklung* erstellten Lösungen sind bis auf wenige Ausnahmen vollkommen losgelöst voneinander umgesetzt worden. Sie können diese nun aber so miteinander verknüpfen, dass zusätzliche Mehrwerte in der täglichen Nutzung entstehen. An diesem Beispiel lernen Sie, dass eine kleine Anpassung die Benutzerakzeptanz einer SharePoint-Umgebung positiv beeinflussen kann.

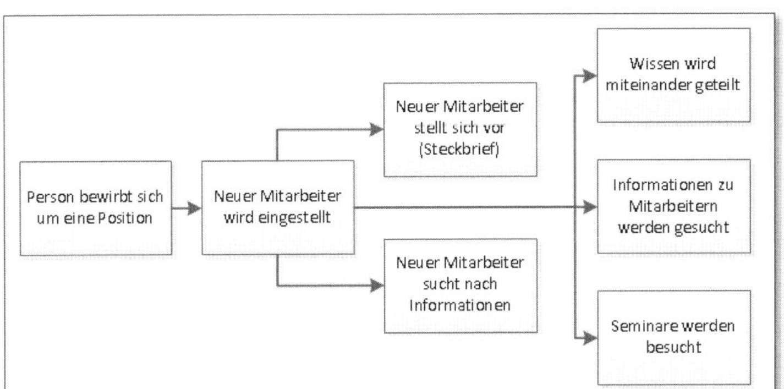

Abbildung 4.50 Prozessdarstellung zu den für die Abteilung »Personalbeschaffung und -entwicklung« erstellten Lösungen

In Abbildung 4.50 werden die in Kapitel 4, »Recruiting und Personalentwicklung«, unterstützten Anwendungsfälle dargestellt. Aus der Darstellung geht auch hervor, dass es sich bei den Schritt für Schritt aufgebauten Lösungen im Grunde genommen um einen großen Prozess handelt, der von dem Personalauswahlverfahren bis hin zur Förderung und Weiterentwicklung der Mitarbeiter reicht. Somit ist jede einzelne Lösung als Teilprozess des Ganzen zu verstehen.

4.6.1 Erstellen einer Prozessdarstellung mit Visio

Aus diesem Grund können Sie nun zur Visualisierung dieses Prozesses ein Flussdiagramm mit Visio erstellen. Wenn Sie die Edition SharePoint Server Enterprise einsetzen, können Sie sogar Hyperlinks für die einzelnen Shapes der Teilprozesse hinterlegen. Rufen Sie dazu mit einem Rechtsklick das Kontextmenü des jeweiligen Shapes auf, und wählen Sie, wie in Abbildung 4.51 dargestellt, den Menüpunkt HYPERLINK... aus.

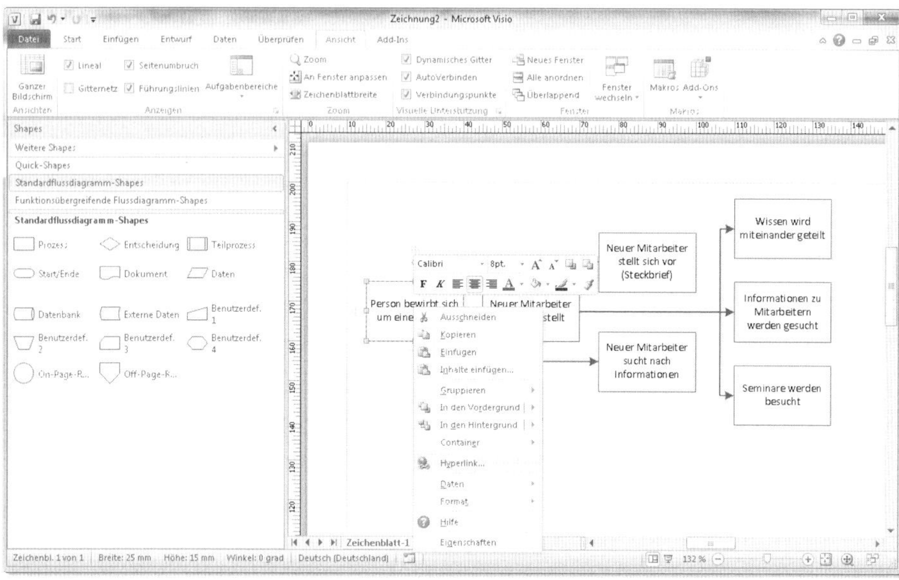

Abbildung 4.51 Prozessdarstellung mit Microsoft Visio 2010/2013 erstellen

In dem daraufhin erscheinenden Dialog können Sie dann im Feld »Adresse« den Link zu der jeweiligen SharePoint-Website einfügen und als Beschreibung den Titel der Website verwenden. Damit ist aus der Prozessdarstellung heraus direkt eine Navigationsmöglichkeit zu den einzelnen Lösungen gegeben.

Wenn Sie den Prozess in Visio Ihren Vorstellungen entsprechend gestaltet und evtl. mit Grafiken so aufbereitet haben, dass sich die Darstellung gut in Ihr Unternehmensportal auf Basis von SharePoint integriert, dann können Sie diesen Stand je nach eingesetzter Edition folgendermaßen speichern:

- **SharePoint Foundation** bzw. **Standard Server:** Bei diesen Editionen können Sie bereits Grafiken in Webseiten integrieren. Aus diesem Grund speichern Sie die Prozessdarstellung in einem Bildformat wie zum Beispiel als *.png*-Datei ab.
- **SharePoint Enterprise Server:** Bei der umfangreichsten Edition stehen Ihnen die sogenannten *Visio Services* zur Verfügung, die Ihnen mithilfe eines speziellen Webparts (des *Visio Web Access-Webpart*) die Möglichkeit bieten, eine Visio-Zeichnung direkt in eine Webseite zu integrieren. Speichern Sie hierfür die Prozessdarstellung als *Webzeichnung* bzw. als *.vdw*-Datei ab.

Speichern Sie in beiden Fällen die Visio-Zeichnung als *.vsd*-Datei ab, damit Sie später Änderungen an der Darstellung vornehmen können.

4.6.2 Integration der Prozessdarstellung in das Unternehmensportal

Nachdem Sie die Prozessdarstellung als Grafik oder Webzeichnung gespeichert haben, können Sie die *Website der obersten Ebene* Ihrer Websitesammlung aufrufen und dort zu den Websiteinhalten navigieren.

Wenn Sie dort bereits die Bibliotheken »Bilder der Websitesammlung« und »Dokumente der Websitesammlung« finden können, sollten Sie diese für die Ablage der Grafik bzw. der Webzeichnung sowie in beiden Fällen für das Original als *.vsd*-Datei verwenden. Ansonsten wählen Sie die Dokumentbibliothek »Dokumente« zur Ablage der Visio-Dateien und erstellen bei Bedarf eine Bildbibliothek für die Grafik.

Sobald die Dateien in SharePoint abgelegt sind, können Sie mit der Erstellung und Gestaltung der Webseite beginnen, die für die Prozessdarstellung der Personalabteilung eingerichtet werden soll. Rufen Sie hierzu die Wiki-Seitenbibliothek »Websiteseiten« auf, und führen Sie folgende Schritte durch:

1. Klicken Sie auf den Menüpunkt NEUE WIKI-SEITE, und geben Sie als Name »Personalbeschaffung und -entwicklung« an.
2. Die neue Seite wird direkt im Bearbeitungsmodus für Sie geöffnet. Wenn Sie die Prozessdarstellung als Grafik hinzufügen möchten, wählen Sie im Menüband EINFÜGEN den Menüpunkt BILD aus und geben den Link zu der in SharePoint gespeicherten Grafik an.
3. Die Grafik wird in die Webseite eingefügt, wodurch diese so wie in Abbildung 4.52 aussehen sollte. Sie können nun zusätzlich zu der Prozessgrafik beschreibende Texte oder Hyperlinks zu den einzelnen Lösungen hinzufügen und somit die Webseite für die Personalabteilung erstellen. Diese soll allen Mitarbeitern verdeutlichen, welche Aufgaben diese Abteilung wahrnimmt und welche Leistungen der Belegschaft angeboten werden.

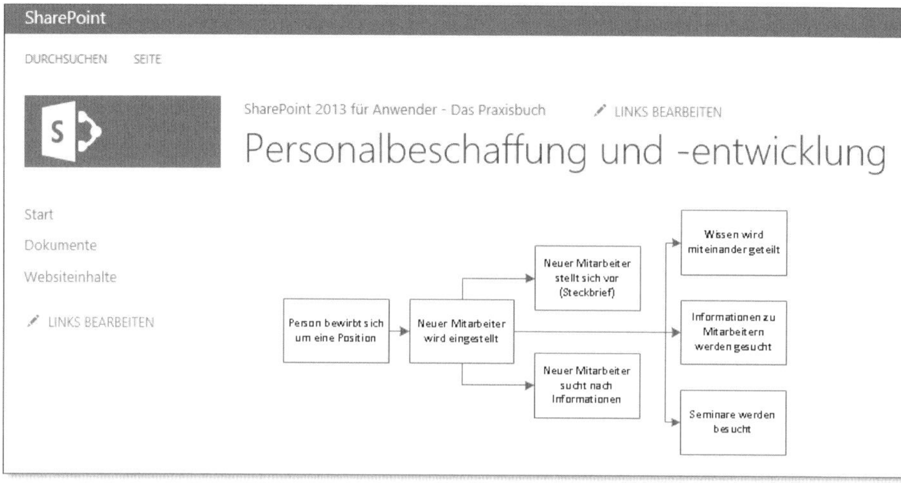

Abbildung 4.52 Prozessdarstellung der Personalabteilung in Form einer Grafik

4. Wenn Sie SharePoint Server Enterprise einsetzen, können Sie allerdings entsprechend den Hinweisen bei der Erstellung der Prozessdarstellung in Visio auch die Visio-Zeichnung über ein spezielles Webpart in die Webseite integrieren.

   Wählen Sie dazu, wie in Abbildung 4.53 dargestellt, im Menüband EINFÜGEN den Menüpunkt WEBPART, und wählen Sie unter der Kategorie GESCHÄFTSDATEN das Webpart VISIO WEB ACCESS aus.

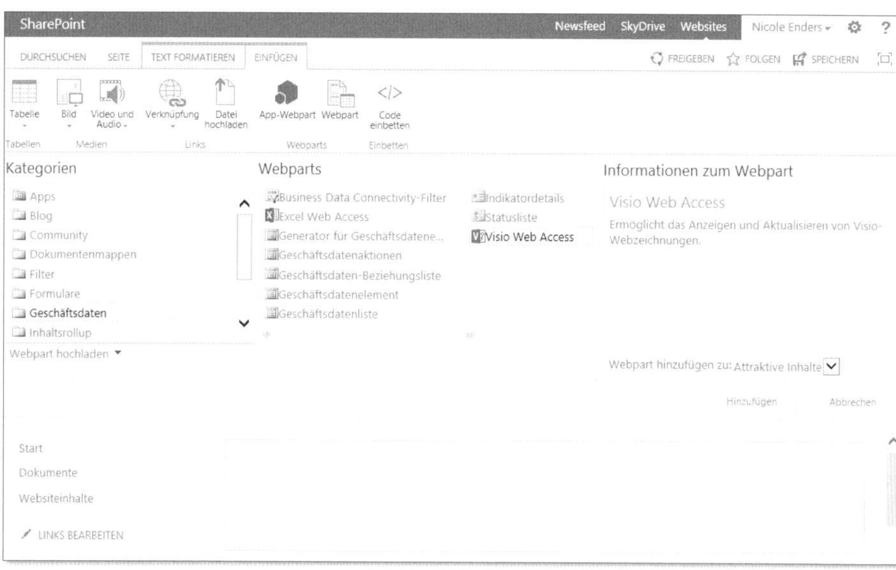

Abbildung 4.53 Das »Visio Web Access«-Webpart für die Prozessdarstellung in einem SharePoint Server Enterprise nutzen

5. Das Visio Web Access-Webpart wird der Seite hinzugefügt, muss allerdings noch konfiguriert werden. Klicken Sie dazu auf den Link KLICKEN SIE HIER, UM DEN TOOLBEREICH ZU ÖFFNEN, den Sie in Abbildung 4.54 erkennen können. Der darunter dargestellte Link öffnet die SharePoint-Hilfe, wenn Sie mal nicht weiter wissen.

6. In der sich nun öffnenden rechten Konfigurationsleiste können Sie die Webzeichnungs-URL angeben oder über die Schaltfläche, die Sie rechts davon sehen, nach der Visio-Webzeichnung suchen. Wenn Sie den Link zur Webzeichnung angegeben haben, können Sie in der rechten Konfigurationsleiste die Schaltfläche OK betätigen, die sich im unteren Bereich befindet.

Abbildung 4.54 Konfiguration eines neu eingefügten »Visio Web Access«-Webparts

7. Speichern Sie nun die Webseite über den Menüpunkt SPEICHERN im Menüband TEXT FORMATIEREN.

8. Wenn Sie sich nun die Webseite anschauen, wird zwar die Visio-Zeichnung angezeigt, aber die Überschrift »Visio Web Access« zum Beispiel stört in dieser Darstellung nur. Aus diesem Grund prüfen wir nun, welche Einstellungen noch geändert werden können, um das Aussehen dieses Webparts zu verändern. Wählen Sie im Menüband SEITE den Menüpunkt BEARBEITEN aus, um die Seite wieder im Bearbeitungsmodus zu öffnen.

9. Klicken Sie auf das Webpart, und wählen Sie im Menüband WEBPART den Menüpunkt WEBPARTEIGENSCHAFTEN aus. Dadurch wird die rechte Konfigurationsleiste erneut geöffnet.

10. Im Bereich SYMBOLLEISTE UND BENUTZEROBERFLÄCHE sind standardmäßig alle Optionen ausgewählt. Hier können Sie die nicht gewünschten Funktionen deaktivieren. So macht es in unserem Fall zum Beispiel keinen Sinn, eine Aktualisierung der Prozessdarstellung anzubieten, da es sich um statische Daten handelt. Deaktivieren Sie einfach alle Optionen, indem Sie die Haken herausnehmen.

11. Um die Überschrift »Visio Web Access« nicht mehr anzuzeigen, können Sie im Bereich DARSTELLUNG entweder unter TITEL eine neue Überschrift angeben oder

den CHROMTYP »Kein« auswählen. Dann wird die Überschrift ausgeblendet, unabhängig davon, welche Bezeichnung Sie als TITEL angeben.

Wenn Sie diese Änderungen gespeichert haben, hat sich das Aussehen der Webseite, das Abbildung 4.55 zeigt, in das Layout verändert, das Sie in Abbildung 4.56 sehen.

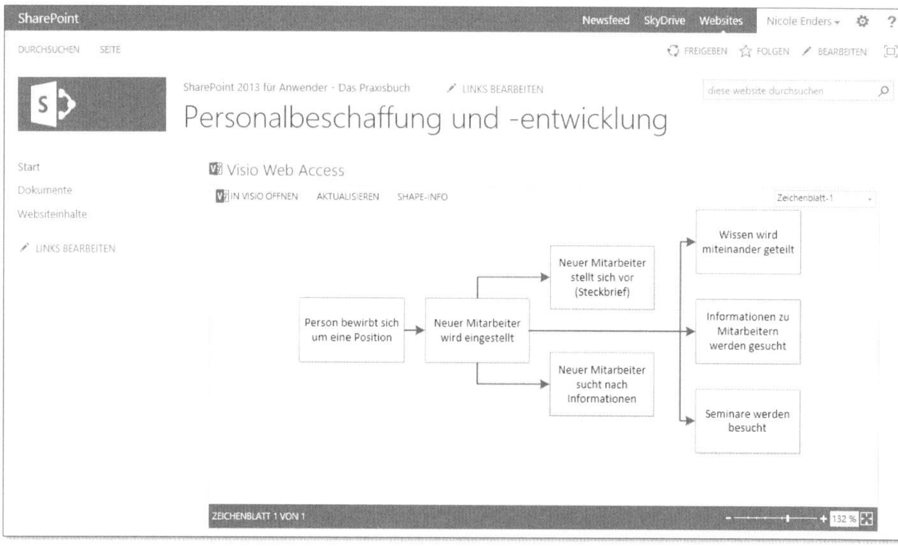

Abbildung 4.55 Prozessdarstellung nach erster Konfiguration des »Visio Web Access«-Webparts

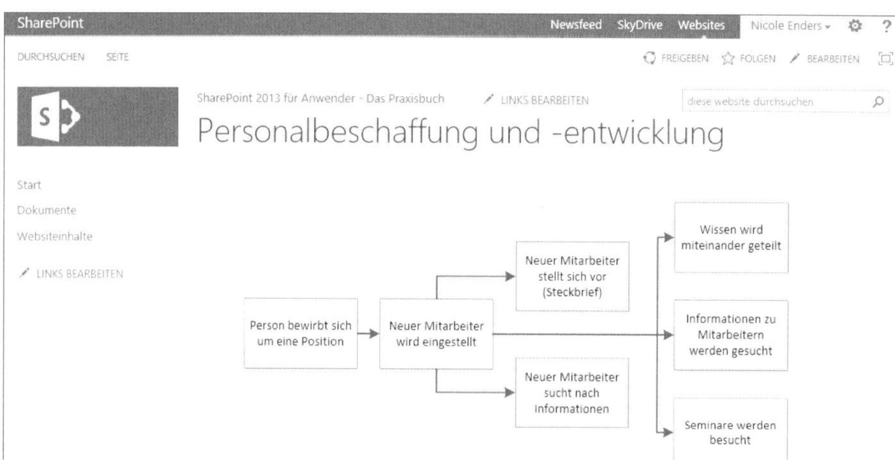

Abbildung 4.56 Gewünschte Prozessdarstellung nach erneuter Konfiguration des »Visio Web Access«-Webparts

Sie können nun zusätzlich zu der Prozessdarstellung beschreibende Texte oder weitere Grafiken hinzufügen und somit die Webseite für die Personalabteilung erstellen. Diese soll allen Mitarbeitern verdeutlichen, welche Aufgaben diese Abteilung wahrnimmt und welche Leistungen der Belegschaft angeboten werden. Darüber hinaus ist direkt mit einem Klick auf den jeweiligen Teilprozess eine Navigation zu all den Lösungen möglich, die wir bisher in Kapitel 4 erstellt haben.

Zum Abschluss sollten Sie nicht vergessen, die neue Webseite in die Navigation zu übernehmen. Erstellen Sie doch in der Schnellstartleiste eine neue Überschrift »Abteilungen« und darunter den Link »Personalbeschaffung und -entwicklung«, der auf diese Seite verweist. Damit kann jeder Anwender direkt zu den Leistungen der Abteilung navigieren.

Wir sind am Ende der Übungen dieses Kapitels angelangt, das sich mit ein paar Beispielen für die täglichen Anforderungen an die Personalabteilung beschäftigt hat. Sie haben im Rahmen dieser Übungen gelernt, wie Sie das bis dahin erlernte Basiswissen verwenden können, um neue Lösungen zu erstellen. Zusätzlich haben Sie sich mit den Themen Authentifizierung, Erweiterungen und Editionsunterschiede beschäftigt und können für Ihre eigenen Lösungen schnell bewerten, welche Anforderungen für die Umsetzung genauer betrachtet werden müssen. Außerdem haben Sie natürlich einige Lösungen im Rahmen der Übungen erstellt. Probieren Sie sie gemeinsam mit Ihren Kollegen aus, erweitern Sie die Lösungen um die in Ihrem Unternehmen von den Beispielen abweichenden Anforderungen, und setzen Sie weitere Lösungen um (wie beispielsweise eine Anwendung zur Verwaltung von Urlaubs- oder Reiseanträgen). Ich wünsche Ihnen viel Spaß bei der Realisierung und späteren Nutzung.

Kapitel 5
Marketing und Vertrieb

Ihre Kunden stehen für Sie im Mittelpunkt! Um sich von den Wettbewerbern abzuheben, müssen Sie Ihren Kunden besondere Leistungen anbieten. Wie das für Sie genau aussieht, legt die Abteilung für Marketing und Vertrieb fest. Doch wie kann eine technische Plattform Sie hierbei unterstützen?

Die Mitarbeiter im Marketing und Vertrieb Ihres Unternehmens beschäftigen sich in ihrer Kernfunktion u. a. mit der Kundenbetreuung und der Beschaffung neuer Aufträge. Am Beispiel dieser Abteilung werden Sie Lösungen mithilfe von Standardfunktionalitäten erschaffen. So werden Sie zum Beispiel eine Plattform bereitstellen, die die Mitarbeiter bei der Kundenbetreuung unterstützt und ein effizientes Kontaktmanagement ermöglicht. Zusätzlich werden Sie eine Anwendung erstellen, um Veranstaltungen zu planen und diese in einem Veranstaltungskalender zu veröffentlichen. Ich weiß, dass in diesem Bereich der Einsatz eines Customer Relationship Management-Systems (CRM) Sinn machen kann und Sie somit keine Lösungen auf Basis von SharePoint erstellen brauchen.

Allerdings müssen Sie je nach Unternehmensgröße und Anforderungen nicht unbedingt auf ein Standardprodukt zugreifen, sondern können mit einfachen Mitteln ein eigenes CRM-System erstellen. Außerdem werden Sie unabhängig davon noch weitere Funktionen von SharePoint kennenlernen, mit denen Sie neue Lösungen erstellen können. Deshalb macht dieser Abschnitt auch dann für Sie Sinn, wenn Sie bereits ein CRM-System einsetzen. Sie können in diesem Fall den Abschnitt zur Erstellung einer Kundenbetreuung lesen, anstatt die Übung praktisch durchzuführen.

Folgende Werkzeuge und Tools werden Sie bei der Bereitstellung einer hierfür geeigneten SharePoint-Plattform näher kennenlernen:

Werkzeuge und Apps	Tools und Techniken
▸ Benutzerdefinierte Liste ▸ Kalender und Kontakte ▸ Dokument- und Bildbibliothek ▸ Dokumentcenter	▸ SharePoint Designer 2010 und 2013 ▸ Inhaltstypen mit Vorlagen ▸ Dokumentenmappen

Tabelle 5.1 Werkzeuge, Apps und Tools für die Lösungen von Marketing und Vertrieb

Für die Durchführung der Übungen sollten Sie genügend Zeit einplanen. Damit Sie aber wissen, was genau auf Sie zukommt und mit welchem zeitlichen Aufwand Sie rechnen können, erhalten Sie hier eine Darstellung der durchschnittlich benötigten Zeit für die einzelnen Übungen:

Übung	Veranschlagte Zeit
Eventmanagement	45 min
Kundenbetreuung	45 min
Unternehmensweites Vorlagenmanagement	60 min
Erweiterung des Vorlagenmanagements	30 min

Tabelle 5.2 Vorgesehener Zeitrahmen für die Durchführung der Übungen

5.1 Anforderungen der Abteilung

Wenn Sie die Mitarbeiter Ihres Unternehmens nach ihren Anforderungen an eine Plattform zur Unterstützung von Marketing und Vertrieb befragen, werden Sie wahrscheinlich viele verschiedene Antworten erhalten, die Sie im Rahmen der folgenden Übungen im Wesentlichen auf die folgenden vier Bereiche eingrenzen können:

- ein optisch an das Corporate Design anpassbarer Webauftritt, in dem einfach neue Inhalte erfasst, bearbeitet und zu einer bestimmten Zeit veröffentlicht werden können. (Dieses Anwendungsgebiet wird erst in Abschnitt 9.2, »SharePoint und Corporate Design – geht das?« näher betrachtet.)
- eine Möglichkeit, Veranstaltungen im Internet für externe Kunden oder im Intranet für interne Kunden zu veröffentlichen, Anmeldungen zu ermöglichen und beim Erreichen der maximalen Teilnehmerzahl eine Warteliste einzurichten
- Unterstützung bei der Kundenbetreuung: Dazu brauchen Sie eine durch den Benutzer vielfältig filterbare abteilungsübergreifende Kontaktliste sowie eine Möglichkeit, Treffen und Telefonate mit den Kunden zu protokollieren und diese Protokolle einzusehen. Die Unterstützung bei der Kommunikation in Form von E-Mails und Briefen zählt auch dazu.
- eine zentrale Verwaltung der im Unternehmen genutzten Vorlagen zur Erstellung von Angeboten, Briefen oder sonstigen Dokumenten mit einem Freigabeprozess für die Überarbeitung und Erstellung neuer Versionen der Vorlagen

Da es sich hierbei um Anwendungsgebiete handelt, die je nach Aufbau Ihrer Organisation einen sehr großen Anwenderkreis – wenn nicht sogar alle Mitarbeiter des Unternehmens – betreffen, ist es sinnvoll, alle nachfolgend erstellten Lösungen über eine gemeinsame Einstiegsseite aufrufen zu können. Das sollte neben einer einfachen Bedienung als grundlegende Anforderung berücksichtigt werden.

Die Anforderungen der einzelnen Bereiche können Sie im Rahmen der Anforderungsanalyse in einer Form aufnehmen, die einem Anwendungsfalldiagramm aus der UML ähnelt. Dabei identifizieren Sie bereits die verschiedenen Anwendergruppen bzw. Rollen.

Die für die einzelnen Anwendungsbereiche definierten Anforderungen sollen durch die Lösungen erfüllt werden, die wir im Rahmen der folgenden Übungen erstellen werden. Achten Sie dabei bitte genau auf die Herausforderungen, die uns bei der Realisierung bestimmter geforderter Funktionalitäten begegnen werden, und behalten Sie die bei Ihnen eingesetzte Edition im Auge, damit Sie bei unterschiedlichen Varianten je nach Edition die passenden Optionen zur Umsetzung wählen können.

5.2 Eventmanagement

Sie erstellen in dieser Übung eine Lösung, um Termine für Veranstaltungen zu koordinieren – inklusive der für diese Veranstaltungen relevanten Informationen (wie zum Beispiel den Veranstaltungsleiter, den Ort und den Teilnehmerkreis). Für jedes Thema, zu dem regelmäßig Veranstaltungen stattfinden, werden diese Informationen in einem Kalender gepflegt. Durch eine Kalenderüberlagerung kann eine Übersicht über alle Veranstaltungen des Unternehmens erstellt werden.

5.2.1 Benötigte Funktionen

Bei der Planung und Durchführung von Veranstaltungen handelt es sich um einen Prozess zwischen dem veranstaltenden Unternehmen bzw. den dafür verantwortlichen Mitarbeitern und den internen und externen Teilnehmern.

Wie Sie in Abbildung 5.1 erkennen können, sind zwei verschiedene Anwendergruppen an dem Eventmanagement beteiligt:

- **Teilnehmer:** Diese Anwender möchten sich zu anstehenden Veranstaltungen des Unternehmens informieren, sich anmelden und sich ggf. auf die Warteliste setzen lassen, falls die gewünschte Veranstaltung bereits ausgebucht ist. Außerdem sollen sie die Möglichkeit haben, eine Anmeldung wieder zu stornieren, falls die Teilnahme unerwartet doch nicht möglich ist.
- **Marketing und Vertrieb:** Diese Anwender sollen Informationen zu neuen Veranstaltungen erfassen, die maximale Teilnehmerzahl festlegen und zu einem bestimmten Zeitpunkt die Anmeldung zu der jeweiligen Veranstaltung freigeben. Zusätzlich sollen sie eine Veranstaltung stornieren und die bisher angemeldeten Teilnehmer hier-

über informieren können. Wenn die maximale Teilnehmerzahl erreicht ist, sollen die Anwender entscheiden, ob eine Warteliste eröffnet werden soll.

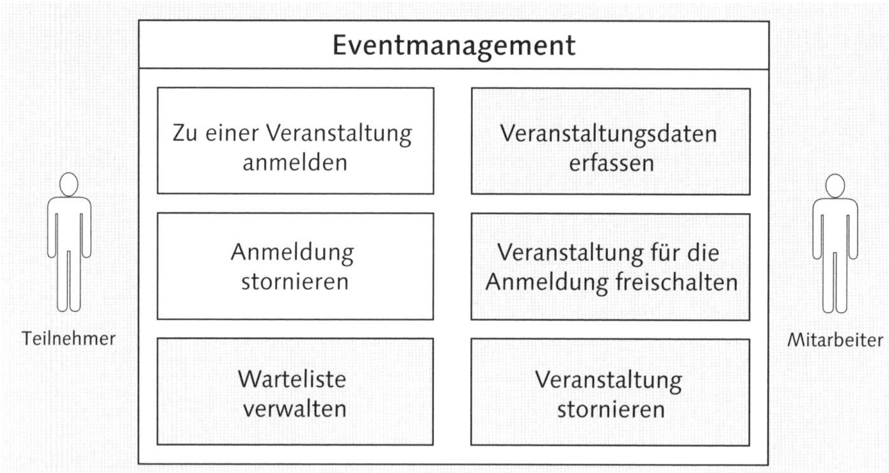

Abbildung 5.1 Anforderungen an das Eventmanagement

Die benötigten Funktionen lassen sich somit eindeutig mindestens einer Anwendergruppe zuordnen und sollten in der Praxis auch durch Vertreter dieser Gruppen detailliert beschrieben und nach der Umsetzung getestet werden. Wenn es sich bei den Teilnehmern um externe Teilnehmer handelt, ist es natürlich schwierig, ihre Anforderungen aufzunehmen. Wählen Sie stattdessen Kollegen aus, die nicht für die Verwaltung der Veranstaltungen zuständig sind, und somit als Gesprächspartner für die Anforderungen der Teilnehmer fungieren können.

Ich bin mir sicher, dass Ihnen zu den in Abbildung 5.1 dargestellten Anforderungen bestimmt noch weitere Funktionen einfallen, die im Rahmen des Eventmanagements umgesetzt werden sollten. Nutzen Sie Ihr Wissen, um auf Basis der Lösung, die wir in unseren Übungen erstellen, auch diese Anforderungen umzusetzen.

5.2.2 Konzeption der Lösung

Auf Basis der definierten Anforderungen müssen Sie zunächst ein Konzept für die mögliche Umsetzung erstellen. Hierbei sind Aspekte wie die eingesetzte Version und Edition von SharePoint und die zur Verfügung stehenden Tools zu berücksichtigen.

Da für diese Lösung sowohl ein interner Einsatz als auch eine Nutzung im Internet denkbar ist, werden ausschließlich Funktionalitäten der Edition SharePoint Foundation verwendet.

Die Veranstaltungen werden in einer Kalenderliste gepflegt, während die Teilnehmer sich über eine Kontaktliste anmelden, deren Eingabemasken mithilfe des SharePoint

Designers so angepasst wurden, dass nur die relevanten Felder angezeigt werden. Über eine Spalte vom Typ »Nachschlagen« wird der Teilnehmer einer Veranstaltung zugeordnet.

5.2.3 Informationen zu Veranstaltungen erfassen

Erstellen Sie zunächst eine neue Unterwebsite in der *Website der obersten Ebene* Ihrer Websitesammlung, indem Sie dort zu den Websiteinhalten navigieren und den Menüpunkt NEUE WEBSITE auswählen. Als Titel geben Sie die Bezeichnung »Eventmanagement« und als Websiteadresse den Wert »events« an und wählen die Websitevorlage »Teamwebsite« aus.

1. Rufen Sie die Websiteinhalte der Website auf, und wählen Sie den Menüpunkt APP HINZUFÜGEN aus.
2. Wählen Sie die App KALENDER aus, und geben Sie den Namen »Veranstaltungen« an.
3. Wählen Sie erneut den Menüpunkt APP HINZUFÜGEN aus. Klicken Sie anschließend auf KONTAKTE, und geben Sie den Namen »Teilnehmer« an.
4. Sie benötigen eine Verknüpfung zwischen einem Teilnehmer und einer Veranstaltung. Rufen Sie daher die Kontaktliste »Teilnehmer« auf, und wählen Sie im Menüband LISTE den Menüpunkt SPALTE ERSTELLEN aus.
5. Geben Sie den Spaltennamen »Veranstaltung« an, und wählen Sie den Informationstyp »Nachschlagen (in Informationen, die sich bereits auf dieser Website befinden)« aus.
6. Wählen Sie für die Einstellung DIESE SPALTE MUSS INFORMATIONEN ENTHALTEN die Option »Ja«.
7. Wählen Sie darunter die Liste »Veranstaltung« und die Spalte »Titel« aus, und aktivieren Sie für die Spalten »Ort«, »Anfangszeit« und »Endzeit« die Option, dass diese Spalten ebenfalls in der Liste der Teilnehmer angezeigt werden.
8. Damit eine Veranstaltung, zu der es bereits Anmeldungen gibt, nicht so ohne Weiteres gelöscht werden kann, aktivieren Sie die Option VERHALTEN FÜR BEZIEHUNG ERZWINGEN und lassen die Voreinstellung mit der Option »Löschbeschränkung« unverändert.
9. Schließen Sie die Erstellung der Spalte über die Schaltfläche OK ab, und bestätigen Sie die daraufhin erscheinende Nachfrage, ob die Spalte indiziert werden soll, mit der Schaltfläche OK.

Damit können Sie bereits Personen nach Angabe ihrer Kontaktinformationen zu einer Veranstaltung anmelden. Können aber bereits alle für die Veranstaltung nötigen Informationen in einer normalen Kalenderliste erfasst werden?

Abbildung 5.2 Spalten der Kalenderliste »Veranstaltungen«

Um das zu überprüfen, rufen Sie die Kalenderliste »Veranstaltungen« auf und wählen im Menüband KALENDER den Menüpunkt LISTENEINSTELLUNGEN aus. Entsprechend der Darstellung in Abbildung 5.2 werden Ihnen im Bereich SPALTEN alle Felder aufgelistet, die für die Erfassung der Veranstaltungen zur Verfügung stehen. Für die Verwaltung der Veranstaltungen werden folgende Felder benötigt:

Benötigtes Feld für die Eingabe von Informationen zu einer Veranstaltung	Spalte in Kalenderliste
Eine Bezeichnung für die Veranstaltung, die deren Inhalt möglichst klar und deutlich darstellt	Titel
Der Beginn der Veranstaltung mit Datum und Uhrzeit	Anfangszeit
Das Ende der Veranstaltung mit Datum und Uhrzeit	Endzeit
Der Veranstaltungsort ggf. mit genauer Adresse (Straße, PLZ und Ort)	Ort
Genaue Beschreibung der Veranstaltung, evtl. mit Grafiken	Beschreibung
Nummer der Veranstaltung zur eindeutigen Identifizierung	–

Tabelle 5.3 Benötigte Felder für die Eingabe von Informationen zu einer Veranstaltung

Benötigtes Feld für die Eingabe von Informationen zu einer Veranstaltung	Spalte in Kalenderliste
Maximale Anzahl an Teilnehmern	–
Leiter der Veranstaltung	–

Tabelle 5.3 Benötigte Felder für die Eingabe von Informationen zu einer Veranstaltung

Wie Sie Tabelle 5.3 entnehmen können, fehlen zur vollständigen Erfassung aller veranstaltungsrelevanten Informationen drei Felder. Gehen Sie folgendermaßen vor, um diese zu erstellen:

1. Klicken Sie auf den Link SPALTE ERSTELLEN, und geben Sie den Namen »Nummer« ein. Die eindeutige Nummer soll automatisch generiert werden. Aus diesem Grund wählen Sie den Informationstyp »Berechnet (Berechnung basiert auf anderen Spalten)« aus, geben in das Formelfeld folgende Formel ein und wählen als zurückzugebenden Datentyp die Option »Eine Textzeile« aus:

   ```
   =[ID]&TEXT([Erstellt];"yyyyMMdd")
   ```

Was hat es mit dem Informationstyp »Berechnet« auf sich? Wofür ist er gedacht, und was kann ich damit tun?

Mit den sogenannten *berechneten Spalten* können Sie auf Basis der bereits in anderen Spalten erfassten Informationen weitere Werte berechnen lassen. Häufig werden zum Beispiel Datumseingaben über ein solches Feld zur Berechnung herangezogen, um das Quartal oder Jahr des eingegebenen Datums in der Spalte anzuzeigen. Diese berechnete Spalte wird dann in Ansichten zur Gruppierung oder Filterung verwendet.

Unter *http://msdn.microsoft.com/de-de/library/bb862071(v=office.14).aspx* finden Sie eine Auflistung der möglichen Formeln für berechnete Spalten. Achten Sie dabei aber darauf, welche Sprache Sie nutzen: So wird innerhalb der Formeln zur Trennung von Parametern in deutschen Umgebungen ein Semikolon verwendet, während bei englischen Beispielen ein Komma angegeben wird.

2. Nachdem Sie über die Schaltfläche OK die Spalte erstellt haben, klicken Sie erneut auf den Link SPALTE ERSTELLEN und geben den Namen »Teilnehmerzahl (max.)« ein.
3. Wählen Sie den Informationstyp »Zahl (1 / 10 / 100)« aus, wählen Sie die Option »Ja« für die Einstellung DIESE SPALTE MUSS INFORMATIONEN ENTHALTEN, und geben Sie als Minimalwert den Wert »1« an. Da es sich bei diesem Zahlenfeld um Teilnehmer handelt, können Sie die Anzahl an Dezimalstellen auf den Wert »0« festlegen.

4. Nachdem Sie über die Schaltfläche OK die Spalte erstellt haben, klicken Sie erneut auf den Link SPALTE ERSTELLEN und geben den Namen »Leiter« ein.
5. Wenn es sich bei den Personen, die eine Veranstaltung leiten, lediglich um interne Personen bzw. Mitarbeiter handelt, die Sie über ein Personenfeld und das damit zur Verfügung stehende Adressbuch ermitteln können, sollten Sie den Informationstyp »Person oder Gruppe« auswählen. Ansonsten ist der Informationstyp »Eine Textzeile« zu verwenden.

Sobald Sie über die Schaltfläche OK diese dritte Spalte angelegt haben, steht der Erfassung von Veranstaltungsterminen grundsätzlich nichts im Wege. Damit könnten Sie bereits über anstehende Veranstaltungen informieren, die innerhalb des Kalenders erfasst wurden.

5.2.4 Veranstaltungen veröffentlichen

Die Datenstrukturen für die Erfassung von Veranstaltungen und für die Anmeldung zu einem Event stehen nun zur Verfügung. Es fehlen jedoch Ansichten auf die Daten, die zielgerichtet für den jeweiligen Anwender die benötigten Informationen darstellen; die Navigation ist zu konfigurieren, und es wird ein Berechtigungsmodell benötigt.

Erstellen der Übersichtsansichten für Marketing und Vertrieb

Für die Mitarbeiter von Marketing und Vertrieb werden zwei Ansichten benötigt. Die erste Ansicht soll eine Übersicht über sämtliche Veranstaltungen liefern, die erfasst wurden, während die zweite Ansicht nur die zukünftigen Veranstaltungen darstellt. Nach Auswahl einer Veranstaltung sollen die bisherigen Anmeldungen dazu angezeigt werden.

1. Erstellen Sie zunächst die Ansicht »Alle Veranstaltungen«, indem Sie die Kalenderliste »Veranstaltungen« aufrufen und im Menüband KALENDER den Menüpunkt ANSICHT ERSTELLEN auswählen. Wählen Sie nun den *Ansichtstyp* STANDARDANSICHT aus, und geben Sie den Namen der Ansicht an.
2. Als anzuzeigende Spalten wählen Sie von links nach rechts die Spalten »Nummer«, »Titel«, »Anfangszeit«, »Endzeit«, »Ort«, »Leiter« und »Teilnehmerzahl (max.)« aus.
3. Für die Sortierung wählen Sie die Spalte »Nummer« aus oder alternativ eine Spalte, die Ihnen für die tägliche Arbeit mit dem Veranstaltungskalender sinnvoller erscheint.
4. Schließen Sie die Erstellung der Ansicht über die Schaltfläche OK ab, und wählen Sie im Menüband LISTE erneut den Menüpunkt ANSICHT ERSTELLEN aus.

5. Im Bereich MIT EINER VORHANDENEN ANSICHT BEGINNEN können Sie nun die eben erstellte Ansicht »Alle Veranstaltungen« auswählen. Anschließend geben Sie den Namen »Anstehende Veranstaltungen« an.
6. Die Spaltenreihenfolge und die Sortierung können Sie unverändert übernehmen.
7. Im Bereich FILTER wählen Sie die Option ELEMENTE NUR IN FOLGENDEM FALL ANZEIGEN und geben das Filterkriterium »Anfangszeit ist größer als oder gleich [Heute]« an.

Jetzt können Sie, wie in Abbildung 5.3 dargestellt, eine Übersicht über alle bzw. die zukünftigen Veranstaltungen aufrufen und bei Bedarf mittels der *QuickEdit*-Funktion schnell Daten von mehreren Veranstaltungen gleichzeitig bearbeiten. In Abschnitt 2.1.3 können Sie nachschlagen, wie Sie die Funktion nutzen.

Abbildung 5.3 Übersicht über alle Veranstaltungen mit aktiver »QuickEdit«-Funktion

Allerdings fehlt Ihnen noch die Information, welche Personen sich zu der jeweiligen Veranstaltung angemeldet haben. Hierfür sollten Sie die Spalte vom Typ »Nachschlagen« in der Teilnehmerliste so konfigurieren, dass zur eindeutigen Zuordnung eines Teilnehmers zu einer Veranstaltung nicht mehr der Titel, sondern die Nummer verwendet wird. Um die Teilnehmer einer Veranstaltung anzuzeigen, können Sie anschließend zwei Webseiten erstellen. Führen Sie dafür folgende Schritte durch:

1. Rufen Sie die Kontaktliste »Teilnehmer« auf, und wählen Sie im Menüband LISTE den Menüpunkt LISTENEINSTELLUNGEN aus.
2. Klicken Sie im Bereich SPALTEN auf den Link VERANSTALTUNG, und wählen Sie statt der Spalte »Titel« die Spalte »Nummer« aus.
3. Aktivieren Sie für die Spalte »Titel« die Option zur zusätzlich anzuzeigenden Spalte aus, die bereits für die Spalten »Ort«, »Anfangszeit« und »Endzeit« aktiviert ist, und bestätigen Sie die Änderungen über die Schaltfläche OK.

   Damit stehen nach Auswahl einer Veranstaltung über die Veranstaltungsnummer automatisch für den Teilnehmer auch die Informationen wie der Name der Veranstaltung, der Ort und der zeitliche Rahmen zur Ansicht zur Verfügung.

4. Für die Erstellung der Webseiten rufen Sie über die Websiteinhalte die Wiki-Seitenbibliothek »Websiteseiten« auf.
5. Sie sehen zwei bereits existierende Wiki-Seiten. Während die Seite »Homepage« die Startseite Ihrer Website darstellt, wird die Seite »Verwendung dieser Bibliothek« in diesem Fall nicht benötigt.

   Löschen Sie diese Seite, indem Sie auf das Symbol »...« und in dem daraufhin erscheinenden Menü erneut auf das Symbol »...« klicken. In dem Kontextmenü, das jetzt auftaucht, können Sie dann auf den Menüpunkt LÖSCHEN klicken, um die Seite zu entfernen.
6. Klicken Sie auf den Menüpunkt NEUE WIKI-SEITE, und geben Sie analog zu der Ansicht den Namen »Alle Veranstaltungen« an. Klicken Sie danach auf die Schaltfläche ERSTELLEN.
7. Die Wiki-Seite ist direkt im Bearbeitungsmodus geöffnet, sodass Sie im Menüband EINFÜGEN den Menüpunkt WEBPART und unter der Kategorie APPS das *Webpart* »Veranstaltungen« und das Webpart »Teilnehmer« hinzufügen können. Vergessen Sie nicht, die Seite zu speichern, bevor Sie die Konfiguration des Webparts vornehmen.
8. Klicken Sie im oberen rechten Bereich des Webparts »Veranstaltungen« auf den nach unten gerichteten Pfeil, und wählen Sie entsprechend der Darstellung in Abbildung 5.4 im daraufhin erscheinenden Menü den Menüpunkt WEBPART BEARBEITEN aus.

Abbildung 5.4 Webpart für Veranstaltungsliste konfigurieren

9. Daraufhin erscheint im rechten Bereich der Seite eine Konfigurationsleiste, in der Sie im obersten Auswahlfeld die Ansicht »Alle Veranstaltungen« auswählen und die daraufhin erscheinende Meldung mit OK zur Kenntnis nehmen. Speichern Sie die Änderungen über die Schaltfläche OK oder ÜBERNEHMEN.
10. Wählen Sie nun erneut den Menüpunkt WEBPART BEARBEITEN (siehe Abbildung 5.4) für das Webpart »Veranstaltungen« aus, und rufen Sie das Menü erneut auf.

Sie finden dort nun einen neuen Menüpunkt VERBINDUNGEN, unter dem Sie entsprechend der Darstellung in Abbildung 5.5 die Option DATENREIHE SENDEN AN • TEILNEHMER auswählen.

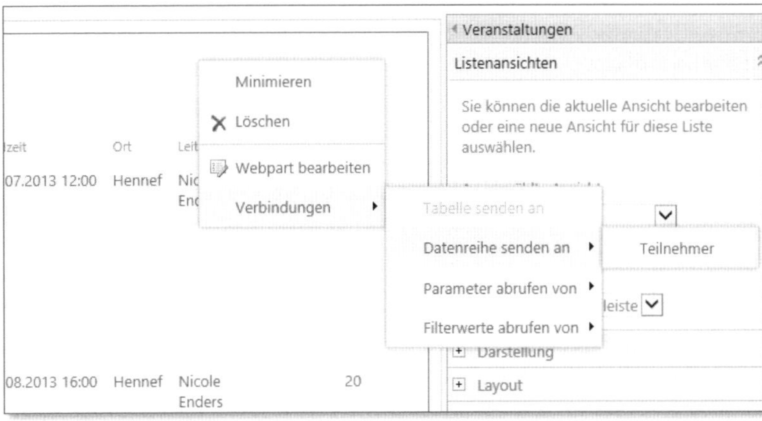

Abbildung 5.5 So stellen Sie eine Verbindung zwischen den Webparts »Veranstaltungen« und »Teilnehmer« her.

11. In dem nun erscheinenden Dialog wählen Sie unter 1. VERBINDUNG AUSWÄHLEN die Option »Filterwerte abrufen von« und betätigen die Schaltfläche KONFIGURIEREN.
12. Unter 2. VERBINDUNG KONFIGURIEREN wählen Sie als Anbieterfeldname die Spalte »Nummer« aus der Liste »Veranstaltungen« aus, während Sie für den Consumerfeldnamen die Spalte »Veranstaltung« aus der Liste »Teilnehmer« selektieren.
13. Klicken Sie auf die Schaltfläche FERTIG STELLEN, um die Konfiguration abzuschließen, und speichern Sie die Wiki-Seite über den Menüpunkt SPEICHERN im Menüband TEXT FORMATIEREN.

Gehen Sie für die Erstellung der Webseite »Anstehende Veranstaltungen« auf dieselbe Weise vor. Wählen Sie lediglich für die anzuzeigende Ansicht des Webparts »Veranstaltungen« die Ansicht »Anstehende Veranstaltungen« aus.

Jetzt haben die Mitarbeiter von Marketing und Vertrieb zukünftig einen Überblick über alle oder die noch anstehenden Veranstaltungen und können sich über die bisherigen Anmeldungen zu einer ausgewählten Veranstaltung informieren.

Eine Übersichtsseite für den Veranstaltungsleiter erstellen

Der Leiter einer Veranstaltung wird sich wahrscheinlich in erster Linie für die Anmeldungen zu den Veranstaltungen interessieren, die er leitet. Aus diesem Grund werden Sie analog zu den Ansichten für Marketing und Vertrieb zwei weitere Ansichten erstellen. Dabei wird vorausgesetzt, dass es sich bei der Angabe des Veranstaltungsleiters um ein Personenauswahlfeld handelt. Wenn Sie sich für die Option eines Textfeldes entschieden haben, können Sie diesen Abschnitt überspringen oder müssen die Spalte löschen und sie anschließend mit dem Informationstyp »Person oder Gruppe« neu anlegen. Gehen Sie dann folgendermaßen vor, um die personalisierte Ansicht für den Veranstaltungsleiter zu erstellen:

1. Rufen Sie die Liste »Veranstaltungen« auf, und wählen Sie im Menüband KALENDER den Menüpunkt ANSICHT ERSTELLEN aus.
2. Im Bereich MIT EINER VORHANDENEN ANSICHT BEGINNEN können Sie nun die Ansicht »Alle Veranstaltungen« auswählen. Geben Sie anschließend den Namen »Meine Veranstaltungen« an.
3. Die Spaltenreihenfolge und die Sortierung können Sie unverändert übernehmen.
4. Im Bereich FILTER wählen Sie die Option ELEMENTE NUR IN FOLGENDEM FALL ANZEIGEN und geben das Filterkriterium »Leiter ist gleich [Ich]« an.
5. Schließen Sie die Erstellung der Ansicht über die Schaltfläche OK ab, und wählen Sie im Menüband LISTE erneut den Menüpunkt ANSICHT ERSTELLEN aus.
6. Im Bereich MIT EINER VORHANDENEN ANSICHT BEGINNEN können Sie nun die eben erstellte Ansicht »Meine Veranstaltungen« auswählen und geben anschließend den Namen »Meine anstehenden Veranstaltungen« an.
7. Die Spaltenreihenfolge, Sortierung und Filterung können Sie unverändert übernehmen.
8. Im Bereich FILTER geben Sie das zusätzliche Filterkriterium »Anfangszeit ist größer als oder gleich [Heute]« an.
9. Rufen Sie über die Websiteinhalte die Wiki-Seitenbibliothek »Websiteseiten« auf.
10. Klicken Sie auf den Menüpunkt NEUE WIKI-SEITE, geben Sie analog zu der Ansicht den Namen »Meine Veranstaltungen« an, und klicken Sie auf die Schaltfläche ERSTELLEN.
11. Die Wiki-Seite ist direkt im Bearbeitungsmodus geöffnet, sodass Sie im Menüband EINFÜGEN den Menüpunkt WEBPART und unter der Kategorie APPS das Webpart »Veranstaltungen« und das Webpart »Teilnehmer« hinzufügen können.
12. Klicken Sie im oberen rechten Bereich des Webparts »Veranstaltungen« auf den nach unten gerichteten Pfeil, und wählen Sie im daraufhin erscheinenden Menü den Menüpunkt WEBPART BEARBEITEN aus.
13. Daraufhin erscheint im rechten Bereich der Seite eine Konfigurationsleiste, in der Sie im obersten Auswahlfeld die Ansicht »Meine Veranstaltungen« auswählen. Nehmen Sie die daraufhin erscheinende Meldung mit OK zur Kenntnis. Speichern Sie die Änderungen über die Schaltfläche OK oder ÜBERNEHMEN.
14. Wählen Sie nun erneut den Menüpunkt WEBPART BEARBEITEN für das Webpart »Veranstaltungen« aus, und rufen Sie das Menü erneut auf. Sie finden dort nun

einen neuen Menüpunkt VERBINDUNGEN, unter dem Sie die Option DATENREIHE SENDEN AN • TEILNEHMER auswählen.

15. In dem Dialog, der jetzt erscheint, wählen Sie unter 1. VERBINDUNG AUSWÄHLEN die Option »Filterwerte abrufen von« und betätigen die Schaltfläche KONFIGURIEREN.
16. Unter 2. VERBINDUNG KONFIGURIEREN wählen Sie als *Anbieterfeldname* die Spalte »Nummer« aus der Liste »Veranstaltungen« aus, während Sie für den *Consumerfeldnamen* die Spalte »Veranstaltung« aus der Liste »Teilnehmer« selektieren.
17. Klicken Sie auf die Schaltfläche FERTIG STELLEN, um die Konfiguration abzuschließen, und speichern Sie die Wiki-Seite über den Menüpunkt SPEICHERN im Menüband TEXT FORMATIEREN.

Gehen Sie auf dieselbe Weise vor, um die Webseite »Meine anstehenden Veranstaltungen« zu erstellen. Wählen Sie lediglich für die anzuzeigende Ansicht des Webparts »Veranstaltungen« die Ansicht »Meine anstehenden Veranstaltungen« aus.

Damit stehen dem Veranstaltungsleiter die Anmeldedaten zu seinen Veranstaltungen zur Verfügung, sodass er sich auf die Wünsche und evtl. bereits vorab gestellten Fragen der Teilnehmer vorbereiten kann.

Die Ansichten für einen Teilnehmer erstellen

Externe Teilnehmer werden sich anonym auf der Website aufhalten, wodurch eine auf den aktuellen Benutzer gefilterte Anzeige der Veranstaltungen, für die er sich angemeldet hat, nicht möglich ist. Bei internen Teilnehmern hingegen kann eine solche Ansicht erstellt werden. Im Hinblick auf anonyme Nutzer und die möglichen Arten der Authentifizierung lohnt sich vielleicht ein Blick in Abschnitt 4.2, in dem am Beispiel des Bewerberportals ein Internetszenario vorgestellt wurde.

Entscheiden Sie sich für einen Authentifizierungsanbieter, und gehen Sie dann folgendermaßen vor, um eine persönliche Ansicht für die Teilnehmer zu erstellen:

1. Rufen Sie die Kontaktliste »Teilnehmer« auf, und wählen Sie im Menüband LISTE den Menüpunkt ANSICHT ERSTELLEN aus.
2. Als Ansichtstyp wählen Sie STANDARDANSICHT aus und geben den Namen »Meine Veranstaltungen« an.
3. Im Bereich SPALTEN wählen Sie alle Spalten mit der Bezeichnung oder dem Präfix »Veranstaltung« aus. Die Reihenfolge sollte von links nach rechts folgendermaßen aussehen: »Veranstaltung«, »Titel«, »Anfangszeit«, »Endzeit« und »Ort«.
4. Für die Sortierung sollten Sie die Spalte »Veranstaltung:Anfangszeit« wählen. Unter dem Bereich FILTER selektieren Sie die Option ELEMENTE NUR IN FOLGENDEM FALL ANZEIGEN und geben das Filterkriterium »Erstellt von ist gleich [Ich]« an.
5. Schließen Sie die Erstellung der Ansicht über die Schaltfläche OK ab.

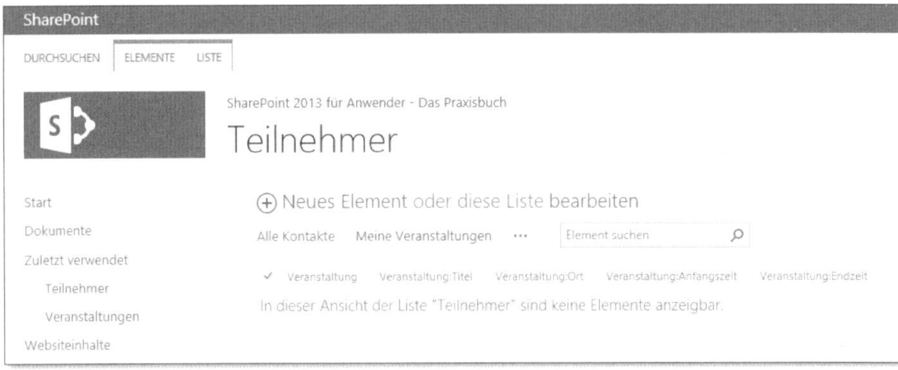

Abbildung 5.6 Ansicht über die Veranstaltungen, zu denen sich der aktuelle Benutzer angemeldet hat

Wie Sie Abbildung 5.6 entnehmen können, taucht die Bezeichnung »Veranstaltung« in jeder Spaltenüberschrift auf. Ich weiß nicht, wie es Ihnen geht, aber mich als Anwender würden diese Spaltenüberschriften stören! Woher kommt also dieses störende Präfix »Veranstaltung«? Das liegt daran, dass wir eine Spalte vom Typ »Nachschlagen« erstellt haben und zusätzlich zu der Spalte »Nummer« auch die Spalten »Titel«, »Ort«, »Anfangszeit« und »Endzeit« anzeigen lassen möchten. SharePoint bestimmt die Namen der zusätzlich anzuzeigenden Spalten mit einer simplen Formel:

```
[Name der Spalte vom Typ "Nachschlagen"] + ":" + [Spaltenname aus der
Quellliste]
```

So wird aus der Spalte »Titel« die Spalte »Veranstaltung:Titel«. Sie können die Spaltennamen aber auch nachträglich ändern. Rufen Sie die Teilnehmerliste auf, und wählen Sie im Menüband LISTE den Menüpunkt LISTENEINSTELLUNGEN aus. In der Auflistung der Spalten können Sie auf die jeweilige Spalte klicken und auf der daraufhin erscheinenden Seite den Namen folgendermaßen anpassen:

Alter Spaltenname	Neuer Spaltenname
Veranstaltung	Nummer der Veranstaltung
Veranstaltung:Ort	Veranstaltungsort
Veranstaltung:Anfangszeit	Anfangszeit
Veranstaltung:Endzeit	Endzeit
Veranstaltung:Titel	Veranstaltung

Tabelle 5.4 Anpassung der Spaltenbezeichnungen für die zur Veranstaltung gehörenden Daten in der Liste »Teilnehmer«

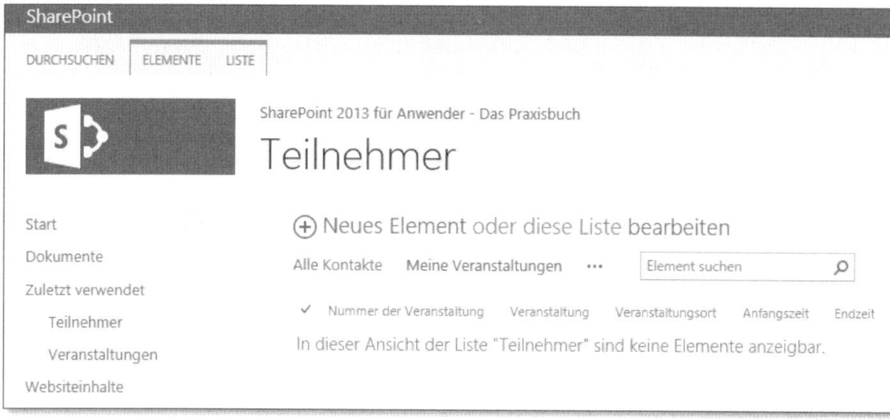

Abbildung 5.7 So sieht die Ansicht der Veranstaltungen, zu denen sich der aktuelle Benutzer angemeldet hat, aus, nachdem Sie die Spaltenbezeichnungen bearbeitet haben.

Entsprechend der Darstellung in Abbildung 5.7 werden die Spalten nun mit ihrer neuen Bezeichnung dargestellt, wodurch die Ansicht zur Anzeige derjenigen Veranstaltungen verwendet werden kann, zu denen sich der aktuelle Benutzer angemeldet hat.

Einrichten der benötigten Berechtigungen

Sie haben nun im Wesentlichen drei Anwendergruppen identifiziert. Zusätzlich zu den zwei bereits im Rahmen der Anforderungsanalyse benannten Anwendergruppen »Teilnehmer« und »Marketing & Vertrieb« haben wir während der Erstellung der Ansichten auch die Rolle »Veranstaltungsleiter« als relevante Anwendergruppe der Eventmanagement-Lösung herausgearbeitet. Aus diesem Grund werden diese Rollen als Benutzergruppen in der Website eingerichtet. Das bedeutet allerdings auch, dass die Website für das Eventmanagement individuelle Berechtigungen benötigt. Gehen Sie zur Anpassung der Berechtigungen folgendermaßen vor:

1. Rufen Sie unter den WEBSITEEINSTELLUNGEN den Menüpunkt WEBSITEBERECHTIGUNGEN auf.
2. Die Website erbt momentan die Berechtigungen von der Website der obersten Ebene in der Websitesammlung. Wählen Sie im Menüband BERECHTIGUNGEN den Menüpunkt BERECHTIGUNGSVERERBUNG BEENDEN aus, und bestätigen Sie die Sicherheitsabfrage über die Schaltfläche OK.
3. Auf der nächsten Seite können Sie jetzt drei Gruppen anlegen, die über Leserechte, über Lese- und Schreibrechte oder über administrative Berechtigungen verfügen sollen. Diese Gruppen werden als »Besucher«, »Mitglieder« und »Besitzer« bezeichnet. Wählen Sie für die drei Gruppen die Option NEUE GRUPPE ERSTELLEN, und geben Sie folgende Namen für die neuen Gruppen an:

   - **Teilnehmer:** Bei diesen Anwendern handelt es sich um Personen, die vorwiegend nur lesend auf die Website zugreifen sollen. Lediglich in der Liste »Teilnehmer« benötigen sie auch Schreibrechte, um sich zu einer Veranstaltung anmelden zu können.
   - **Veranstaltungsleiter:** Diese Anwender sollen auch Inhalte zu Veranstaltungen erfassen können.
   - **Marketing und Vertrieb:** Diese Anwender sollen die höchsten Berechtigungen besitzen, um bei Bedarf die Website neu gestalten zu können.
4. Sie können auch bereits Personen oder *Domänengruppen* als Mitglieder der Gruppen erfassen und anschließend die Erstellung der Gruppen über die Schaltfläche OK abschließen.
5. Sie werden wieder auf die Homepage der Website weitergeleitet. Rufen Sie daher erneut unter den WEBSITEEINSTELLUNGEN den Menüpunkt WEBSITEBERECHTIGUNGEN auf.
6. Alle für die Website berechtigten Benutzergruppen werden aufgelistet. Setzen Sie bei allen Gruppen außer den drei eben erstellten den Haken, und klicken Sie auf den Menüpunkt BENUTZERBERECHTIGUNGEN ENTFERNEN.

Nach der Bestätigung der Sicherheitsabfrage über die Schaltfläche OK stehen Ihnen nur noch die drei Benutzergruppen zur Verfügung, die Sie für das Eventmanagement benötigen.

Welche Konsequenzen können individuelle Berechtigungen für eine Website haben?

Sobald Sie für eine Website individuelle Berechtigungen konfigurieren müssen, um für verschiedene Anwendergruppen die jeweiligen Rechte festzulegen, müssen Sie sich zwingend die Frage stellen, ob Sie die Website als weitere Unterwebsite in Ihrer Websitesammlung anlegen oder genau für diese Website eine neue Websitesammlung erstellen.

Gerade bei vielen Unterwebsites mit verschiedenen Berechtigungskonzepten und der damit verbundenen Masse an Benutzergruppen kann es sehr schnell zu einer unübersichtlichen Berechtigungsstruktur kommen. Benutzergruppen werden immer im Kontext einer Websitesammlung erstellt und dann für die jeweilige Unterwebsite mit Berechtigungen versehen.

Um sich die Administration der Berechtigungen möglichst einfach zu machen und für die jeweilige Lösung einen guten Überblick zu behalten, sollten Sie in der Praxis eher eine neue Websitesammlung erstellen und anschließend die Navigation sowie das Design der einzelnen Lösungen so gestalten, dass es für den Anwender nicht ersichtlich ist, dass er zwischen verschiedenen Websitesammlungen wechselt.

Eine Einstellung fehlt nun noch, denn die Teilnehmer haben bisher nur Leserechte in der Website. Damit sie sich allerdings zu einer Veranstaltung anmelden können, müssen sie Schreibrechte in der Kontaktliste »Teilnehmer« erhalten. Gehen Sie hierfür folgendermaßen vor:

1. Rufen Sie die Liste »Teilnehmer« auf, und wählen Sie im Menüband LISTE den Menüpunkt LISTENEINSTELLUNGEN aus.
2. Wählen Sie auf der nächsten Seite den Menüpunkt BERECHTIGUNGEN FÜR LISTE unter der Kategorie BERECHTIGUNGEN UND VERWALTUNG aus.

   Alternativ könnten Sie auch im Menüband der Liste den Menüpunkt FREIGEBEN FÜR auswählen und dort die Schaltfläche ERWEITERT betätigen.
3. Die Liste erbt die Berechtigungen der Website. Daher müssen Sie auch hier den Menüpunkt BERECHTIGUNGSVERERBUNG BEENDEN auswählen und die Sicherheitsabfrage über die Schaltfläche OK bestätigen.
4. Setzen Sie bei der Benutzergruppe »Teilnehmer« den Haken, und klicken Sie auf den Menüpunkt BENUTZERBERECHTIGUNGEN BEARBEITEN.
5. Entfernen Sie den Haken bei der Option LESEN, und setzen Sie ihn stattdessen bei der Option MITWIRKEN. Schließen Sie dann die Konfiguration über die Schaltfläche OK ab.
6. Ein Veranstaltungsleiter hingegen sollte lediglich die Teilnehmer zu seiner Veranstaltung sehen, aber keine Anpassungen an den erfassten Daten vornehmen können. Aus diesem Grund können Sie analog zum Bearbeiten der Berechtigungen der Gruppe »Teilnehmer« die Rechte der Gruppe »Veranstaltungsleiter« von BEARBEITEN auf LESEN ändern.

Damit ist grundsätzlich gewährleistet, dass sich Teilnehmer zu Veranstaltungen anmelden können, Veranstaltungsleiter bei der inhaltlichen Gestaltung der Veranstaltungsbeschreibung helfen und die Mitarbeiter von Marketing und Vertrieb insgesamt für die Website verantwortlich sind.

Konfiguration der Navigation

Eine sinnvolle und auf die jeweilige Benutzergruppe zugeschnittene Navigation ist ein elementares Kriterium dafür, dass die Benutzer die gesamte Lösung akzeptieren. Sie haben bereits die verschiedenen Ansichten erstellt, die über die Navigation der Schnellstartleiste erreichbar sein sollen. Die angepasste Navigationsstruktur zeigt Tabelle 5.5.

Während der Bereich VERANSTALTUNGEN vor allem für die Teilnehmer interessant ist, soll der Bereich ANMELDUNGEN vor ihnen verborgen werden. Sie sollen schließlich nicht auf die personenbezogenen Daten anderer Teilnehmer zugreifen.

Start	
Veranstaltungen	
Demnächst	/events/_layouts/15/start.aspx#/Lists/Veranstaltungen/Anstehende%20Veranstaltungen.aspx
Archiv	/events/_layouts/15/start.aspx#/Lists/Veranstaltungen/Alle%20Veranstaltungen.aspx
Anmeldungen	
Meine Veranstaltungen	/events/SitePages/Meine%20Veranstaltungen.aspx
Meine anstehenden Veranstaltungen	/events/SitePages/Meine%20anstehenden%20Veranstaltungen.aspx
Alle Veranstaltungen	/events/SitePages/Alle%20Veranstaltungen.aspx
Anstehende Veranstaltungen	/events/SitePages/Anstehende%20Veranstaltungen.aspx

Tabelle 5.5 Schnellstartleiste für die Eventmanagement-Lösung anpassen

Unter den ANMELDUNGEN sind die ersten beiden Menüpunkte für die Gruppe der Veranstaltungsleiter gedacht. Falls es sich nicht um interne Anwender handelt und Sie daher die Ansichten und demzufolge auch die darauf aufbauenden Webseiten nicht erstellt haben, können Sie die beiden Menüpunkte bei der Konfiguration der Navigation ignorieren.

Wie kann ich die Sichtbarkeit von Menüpunkten konfigurieren?

Wir haben hier einen Fall, bei dem bestimmte Menüpunkte nur für ausgewählte Benutzer bzw. Gruppen zur Verfügung stehen sollen. Wenn Sie eine SharePoint Server-Edition einsetzen, haben Sie nach der Aktivierung des Websitesammlungsfeatures für die Veröffentlichungsinfrastruktur die Möglichkeit, SharePoint-Benutzergruppen anzugeben, die den Menüpunkt nutzen sollen. Solange Sie für einen Menüpunkt keine Gruppe angeben, sehen alle Anwender diesen Menüpunkt.

Beim Einsatz von SharePoint Foundation hingegen können Sie solche Einstellungen nicht vornehmen. In Listing 5.1 können Sie eine mögliche Umsetzung der Anforderungen auf Basis von SharePoint Foundation sehen. Hierbei handelt es sich um ein JavaScript, das in die Gestaltungsvorlage der Website integriert werden muss. Wie Sie mit *Gestaltungsvorlagen* umgehen, erfahren Sie in Abschnitt 9.2.3, »Gestaltungsvorlagen in SharePoint 2013 anpassen«.

```
<script type="text/javascript">
$("document").ready(function() {
  ExecuteOrDelayUntilScriptLoaded(CheckCurrentUser, "sp.js");
});

function CheckCurrentUser() {
  var clientContext = new SP.ClientContext();
  var groupCollection =
    clientContext.get_web().get_siteGroups();

  // Lade Gruppe "Teilnehmer" per ID (2) ggf. ersetzen
  var _groupTeilnehmer = groupCollection.getById(2);
  // Lade Gruppe "Marketing..." per ID (3) ggf. ersetzen
  var _groupMarketing = groupCollection.getById(3);

  // Lade Mitglieder der Gruppen
  var usersTeilnehmer = _groupTeilnehmer.get_users();
  var usersMarketing = _groupMarketing.get_users();

  // Lade Personen mit Ihrem Login-Namen
  clientContext.load(_groupTeilnehmer);
  clientContext.load(_groupMarketing);
  clientContext.load(usersTeilnehmer,'Include(loginName)');
  clientContext.load(usersMarketing,'Include(loginName)');

  // Lade aktuellen Benutzer, um seine Mitgliedschaft zu prüfen
  this._currentUser = clientContext.get_web().get_currentUser();
  clientContext.load(this._currentUser,'Include(loginName)');

  // Führe Operation für Gruppe "Teilnehmer" aus
  clientContext.executeQueryAsync(
    Function.createDelegate(this,this.onQuerySucceededTeilnehmer),
    Function.createDelegate(this, this.onQueryFailed));
  // Führe Operation für Gruppe "Marketing..." aus
  clientContext.executeQueryAsync(
    Function.createDelegate(this,this.onQuerySucceededMarketing),
    Function.createDelegate(this,this.onQueryFailed));
}

// Teilnehmergruppe wurde erfolgreich geladen
function onQuerySucceededTeilnehmer() {
  if(usersTeilnehmer.count >0)
```

```
  {
    UserExistInGroup = false;
    for(var i=0; i < usersTeilnehmer.count; i++){
      if(usersTeilnehmer[i].get_loginName() ==
        this._currentUser.get_loginName())
      {
        // Aktueller Benutzer ist Mitglied der Gruppe
        UserExistInGroup = true;
    // Ausblenden von Menüpunkten
    $("span.menu-item-text:contains('Anmeldungen')")
      .parent().parent().hide();
    $("span.menu-item-text:contains('Meine Veranstaltungen')")
      .parent().parent().hide();
    $("span.menu-item-text:contains(
      'Meine anstehenden Veranstaltungen')").parent()
      .parent().hide();
    $("span.menu-item-text:contains('Alle Veranstaltungen')")
      .parent().parent().hide();
    $("span.menu-item-text:contains('Anstehende Veranstaltungen')")
      .parent().parent().hide();
}}}}

// Marketinggruppe wurde erfolgreich geladen
function onQuerySucceededMarketing() {
  if(usersMarketing.count >0)
  {
    UserExistInGroup = false;
    for(var i=0; i < usersMarketing.count; i++)
    {
      if(usersMarketing[i].get_loginName() ==
        this._currentUser.get_loginName())
      {
        // Aktueller Benutzer ist Mitglied der Gruppe
        UserExistInGroup = true;
        // Ausblenden von Menüpunkten
    $("span.menu-item-text:contains('Meine Veranstaltungen')")
      .parent().parent().hide();
    $("span.menu-item-text:contains(
      'Meine anstehenden Veranstaltungen')").parent()
      .parent().hide();
}}}}
```

```
// Es sind Fehler beim Laden der Gruppen aufgetreten.
function onQueryFailed(sender, args) {
  alert('Fehler: ' + args.get_message() + '\n' + args.get_stackTrace());
}
</script>
```

Listing 5.1 Sichtbarkeit von Menüpunkten in der Schnellstartleiste mithilfe von jQuery festlegen

Konfiguration der Homepage

Versetzen Sie sich einmal in die Rolle eines Interessenten, der auf der Suche nach einer passenden Veranstaltung ist. Was würden Sie von der Homepage einer Eventmanagement-Website erwarten? Neben einem optisch ansprechenden Design würde ich mir eine Art Begrüßungstext wünschen, der mir genau erklärt, wo ich mich gerade befinde und welche Veranstaltungen grundsätzlich angeboten werden. Ergänzend dazu würde ich Rand- und Rahmenbedingungen (wie beispielsweise eine Vorstellung der Räume des Anbieters oder eine Anfahrtsbeschreibung) erwarten, damit ich mich ganz genau über die Events informieren kann. Wenn es Ihnen ähnlich geht, rufen Sie die Homepage auf und wählen im Menüband SEITE den Menüpunkt BEARBEITEN auf. Führen Sie nun folgende Schritte durch:

1. Rufen Sie im Menüband TEXT FORMATIEREN den Menüpunkt TEXTLAYOUT auf, und wählen Sie die Option EINE SPALTE aus.
2. Um alle standardmäßig auf der Seite platzierten Webparts in einem Schritt zu entfernen, rufen Sie den Menüpunkt QUELLE BEARBEITEN auf, wodurch Sie sich in der HTML-Ansicht der Seite befinden. Markieren Sie dort alles, entfernen Sie die markierte Zeichenfolge, und bestätigen Sie die Änderungen mit der Schaltfläche OK.
3. Fügen Sie die Liste »Veranstaltungen« hinzu, indem Sie im Menüband EINFÜGEN den Menüpunkt WEBPART und unter der Kategorie APPS das Webpart VERANSTALTUNGEN auswählen und die Schaltfläche HINZUFÜGEN betätigen.
4. Die Veranstaltungen werden in Form eines Kalenders dargestellt. Eine Auflistung wäre allerdings sinnvoller, um schnell eine für den Anwender interessante Veranstaltung zu finden. Daher rufen Sie den Menüpunkt WEBPART BEARBEITEN über den nach unten gerichteten Pfeil im oberen rechten Bereich des Webparts auf.
5. In der Konfigurationsleiste, die im rechten Bereich der Seite erscheint, wählen Sie im obersten Auswahlfeld die Ansicht »Anstehende Veranstaltungen« aus, bestätigen die Sicherheitsabfrage und betätigen die Schaltfläche OK.

Nutzen Sie nun die Funktionalitäten im Menüband TEXT FORMATIEREN, um den individuellen Begrüßungstext zu erfassen. Vielleicht möchten Sie auch ein Bild hinzufügen, um die Homepage noch ansprechender zu gestalten. Sie haben grundsätzlich alle Möglichkeiten zur Gestaltung von individuellen Websiteseiten, die Sie bei der Bearbeitung von Seiten in den vorangegangenen Übungen kennengelernt haben. Über die HTML-Ansicht haben Sie über die standardmäßig angebotenen Funktionen hinaus die Option, mit Ihren ggf. vorhandenen HTML-Kenntnissen noch zusätzliche Gestaltungsvarianten zu nutzen. Testen Sie nach Abschluss der Bearbeitung sicherheitshalber die Website mit den Zugriffsrechten eines Teilnehmers, um eventuell Unstimmigkeiten im Design frühzeitig zu erkennen und beheben zu können.

Vergessen Sie bitte nicht, zum Schluss im Menüband noch den Menüpunkt SPEICHERN aufzurufen, damit Ihre Änderungen auch für die Anwender zur Verfügung stehen.

Abbildung 5.8 Homepage der Eventmanagement-Lösung

Je nachdem, wie kreativ Sie sind, kann die Homepage zum Schluss Ähnlichkeiten mit der in Abbildung 5.8 dargestellten Variante vorweisen.

5.2.5 Zu einer Veranstaltung anmelden

Jetzt kommen wir zu der Nutzung der Lösung. Ein potenzieller Teilnehmer ruft die Website auf und informiert sich über die anstehenden Veranstaltungen. Doch wie soll er sich zu einer Veranstaltung anmelden?

1. Erstellen Sie dazu zunächst für die Liste »Teilnehmer« eine neue Ansicht, und wählen Sie als Ansichtstyp die Option DATENBLATTANSICHT aus. Als Name geben Sie die Bezeichnung »Anmeldung« an und wählen die folgenden Spalten von links nach rechts aus:
   - Nachname
   - Vorname
   - Firma

- E-Mail-Adresse
- Nummer der Veranstaltung

2. Damit ein Teilnehmer nicht die Daten anderer Teilnehmer aufrufen kann, wählen Sie nun im Bereich FILTER die Option »Elemente nur in folgendem Fall anzeigen« aus und geben das Filterkriterium »Nachname ist gleich« an. Damit werden Sie über diese Ansicht nie auch nur ein Element sehen können. Die Ansicht dient somit lediglich der Anmeldung zu einer Veranstaltung.
3. Rufen Sie nun die Homepage der Website auf, und wählen Sie im Menüband SEITE den Menüpunkt BEARBEITEN aus. Fügen Sie unterhalb des Webparts »Veranstaltungen« das Webpart »Teilnehmer« hinzu, indem Sie im Menüband EINFÜGEN den Menüpunkt WEBPART und unter der Kategorie APPS das gewünschte Webpart auswählen.
4. Wählen Sie für das Webpart den Menüpunkt WEBPART BEARBEITEN aus, und selektieren Sie im obersten Auswahlfeld der daraufhin erscheinenden Konfigurationsleiste die Ansicht »Anmeldung«. Im zweiten Auswahlmenü wählen Sie die Option »Keine Symbolleiste«.
5. Ändern Sie außerdem unter dem Abschnitt DARSTELLUNG den Titel des Webparts von »Teilnehmer« in »Zu einer Veranstaltung anmelden«, und speichern Sie die Änderungen über die Schaltfläche OK im unteren Bereich der Konfigurationsleiste.
6. Speichern Sie den aktuellen Stand der Webseite, indem Sie im Menüband den Menüpunkt SPEICHERN aufrufen.

Sie können sich nun zu einer Veranstaltung anmelden, indem Sie neben Ihren Kontaktdaten auch die Nummer der Veranstaltung angeben. Eine gewohnte Funktionalität im Rahmen des Eventmanagements ist der automatische Versand einer Bestätigungsmail an den Teilnehmer, damit er die Gewissheit hat, dass er sich korrekt für die Veranstaltung angemeldet hat. Öffnen Sie für diesen Konfigurationsschritt die Website im SharePoint Designer, und gehen Sie folgendermaßen vor:

1. Sobald Ihre Website geöffnet wurde, können Sie den Menüpunkt LISTENWORKFLOW im Menüband WEBSITE nutzen, um für die Liste TEILNEHMER einen neuen Workflow zu erstellen.
2. In dem daraufhin erscheinenden Dialog LISTENWORKFLOW ERSTELLEN – TEILNEHMER geben Sie nun den Namen »Anmeldebestätigung« und ggf. eine Beschreibung des Workflows an. Als PLATTFORMTYP können Sie sowohl die Version 2010 als auch 2013 auswählen.

Warum kann ich als Plattformtyp nur SharePoint 2010 Workflow auswählen?

Für den Fall, dass Sie SharePoint 2013 nicht als Plattform für Ihren Workflow auswählen können, sollten Sie in Vorbereitung auf die noch folgenden Übungen und Einsatzszenarien Ihren Administrator kontaktieren oder selbst die nötigen Anpassungen auf dem Server vornehmen. Gehen Sie dazu in die Zentraladministration, und konfigurieren Sie den Workflowdienst. Gehen Sie für die Konfiguration des Workflowdienstes entsprechend den Anweisungen unter *http://technet.microsoft.com/de-de/library/jj658588.aspx* vor.

3. Nun öffnet sich die Bearbeitungsmaske, in der Sie den Workflowablauf definieren können. Sie wählen in der Menügruppe EINFÜGEN im Menüband WORKFLOW den Menüpunkt AKTION aus und selektieren in der daraufhin erscheinenden Auswahl die Option E-MAIL SENDEN aus dem Bereich KERNAKTIONEN.
4. In der Bearbeitungsansicht existiert nun unterhalb von SCHRITT 1 eine Aktion E-MAIL AN DIESE BENUTZER. Wenn Sie auf den Link hinter DIESE BENUTZER klicken, öffnet sich ein Dialog, in dem Sie die weitere Konfiguration vornehmen können.
5. Klicken Sie auf das Adressbuch für das Feld AN, und wählen Sie im daraufhin erscheinenden Dialog die Option »Worflow-Nachschlagevorgang für einen Benutzer...« aus, indem Sie entweder auf sie doppelklicken oder nach der Auswahl die Schaltfläche HINZUFÜGEN betätigen.
6. In dem nun dargestellten Dialog wählen Sie als QUELLENFELD die Spalte E-MAIL-ADRESSE aus der Anmeldung des Teilnehmers aus und bestätigen die Eingabe über die Schaltfläche OK.
7. Sie können auch eine E-Mail-Adresse angeben, an die die Anmeldebestätigung in Kopie gesendet werden soll. Das ist sinnvoll, wenn Sie zum Beispiel eine öffentliche E-Mail-Adresse für Marketing und Vertrieb besitzen.
8. Jetzt geht es an die Gestaltung von Betreff und Inhalt der E-Mail. Sie können neben normaler Texteingabe auch die Funktion NACHSCHLAGEVORGANG HINZUFÜGEN ODER ÄNDERN nutzen, die für den Inhalt der E-Mail als so benannte Schaltfläche unterhalb des Eingabefeldes angeboten wird. Für den Betreff der Mail versteckt sich die Funktion hinter der Schaltfläche mit der Beschriftung »...«. Damit können Sie Werte aus dem Listenelement (d. h. aus den vom Teilnehmer eingegebenen Informationen) verwenden, um die E-Mail inhaltlich zu gestalten.

   Entsprechend der Darstellung in Abbildung 5.9 können Sie auf den Vor- und Nachnamen des Teilnehmers und auf die relevanten Informationen der Veranstaltung (wie Titel, Anfangs- und Endzeit, Ort) oder auch auf die vom Teilnehmer angegebene Nummer zugreifen. Somit lässt sich eine personalisierte Anmeldebestätigung erstellen, die dem Teilnehmer alle Informationen zur Verfügung stellt, die er braucht, um die Veranstaltung besuchen zu können.

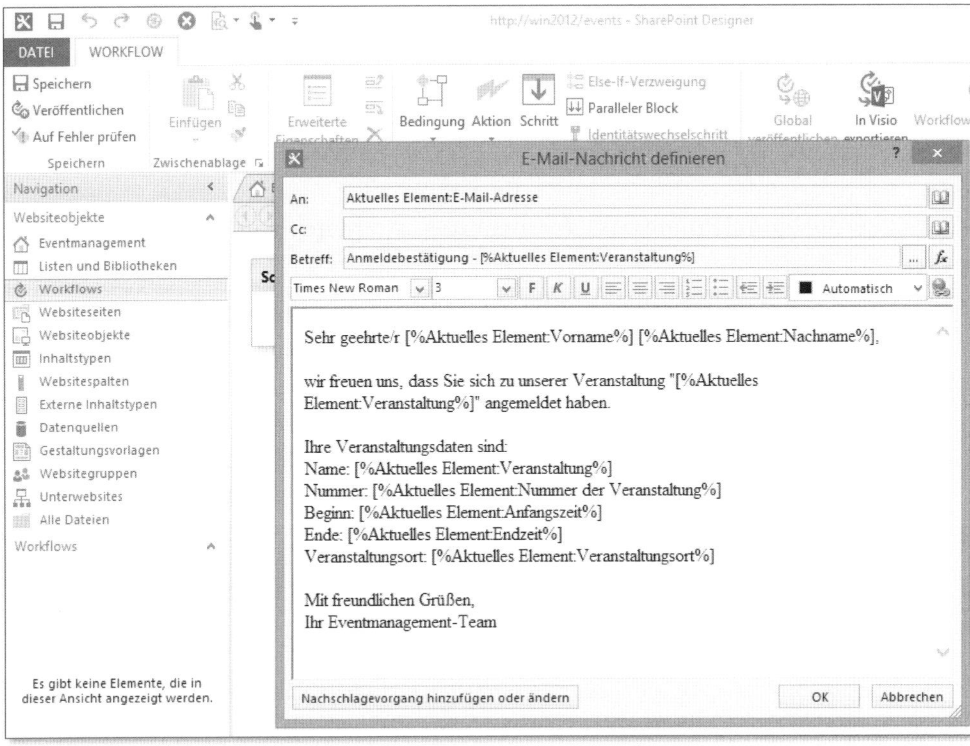

Abbildung 5.9 Konfiguration der E-Mail für die Anmeldebestätigung der Eventmanagement-Lösung

9. Indem Sie im Dialog die Schaltfläche OK betätigen, bestätigen Sie die Einstellungen und können nun den Workflow speichern. Dazu wählen Sie im Menüband den Menüpunkt SPEICHERN aus.
10. Damit auch automatisch nach Erstellung eines Termins eine Aufgabe generiert wird, müssen Sie die WORKFLOWEINSTELLUNGEN bearbeiten. Dazu klicken Sie aus der Bearbeitungsmaske heraus in der linken Navigation auf Ihren Workflow und wählen auf der Übersichtsseite unter den STARTOPTIONEN die Option »Workflow automatisch starten, wenn ein Element erstellt wird«.

    Um diese Änderungen zu speichern, sollten Sie auch jetzt erneut den Menüpunkt SPEICHERN auswählen.
11. Nun können Sie den Menüpunkt VERÖFFENTLICHEN auswählen, wodurch Ihr Workflow für die Liste »Teilnehmer« konfiguriert wird.

Nachdem Sie nun den Workflow erstellt und veröffentlicht haben, können Sie die Funktionalität überprüfen, indem Sie einen neuen Teilnehmer für eine Veranstaltung erfassen. Vorausgesetzt, der Versand von E-Mails ist in Ihrer SharePoint-Farm korrekt konfiguriert, sollte an die für den Teilnehmer angegebene E-Mail-Adresse eine Anmeldebestätigung versendet worden sein. Kontaktieren Sie bei Bedarf Ihren Administrator, um die Konfiguration für *ausgehende E-Mails* anhand der Informationen unter der folgenden Websiteadresse zu prüfen:

http://technet.microsoft.com/de-de/library/ee956941.aspx

5.2.6 Eine Anmeldung oder Veranstaltung stornieren – und was ist mit der Warteliste?

Wenn der Teilnehmer seine Anmeldung stornieren möchte, muss er bei unserer bisher erstellten Lösung per Telefon oder E-Mail Kontakt zu einem Mitarbeiter von Marketing und Vertrieb aufnehmen. Die Mitarbeiter von Marketing und Vertrieb können die Website aufrufen, die genannte Veranstaltung selektieren und anhand der Angaben des Teilnehmers diesen identifizieren und aus der Liste entfernen. Auch für die Stornierung einer Veranstaltung besteht noch Potenzial für Anpassungen und Erweiterungen, da bisher lediglich eine Übersicht über die Anmeldungen existiert.

So müssen die Mitarbeiter von Marketing und Vertrieb außerhalb des Systems eine E-Mail an alle Teilnehmer versenden, um diese über die Absage einer Veranstaltung zu informieren. Auch die Warteliste existiert momentan noch nicht. Bisher können sich beliebig viele Teilnehmer für eine Veranstaltung anmelden, auch wenn die maximale Teilnehmerzahl längst überschritten ist.

Wenn Sie sich zum Beispiel eine Funktion wünschen, mit der der Teilnehmer selbstständig seine Anmeldung stornieren kann, müssen Sie sich Gedanken über ein erweitertes Berechtigungskonzept machen, damit der Teilnehmer auf seine Anmeldungen zugreifen kann, aber keine Möglichkeit hat, die Daten anderer Teilnehmer zu erreichen. Da sich der Teilnehmer außerdem anonym auf der Website aufhält, müssten Sie eine Anmeldemaske und die damit verbundenen Funktionen bereitstellen, damit er sich authentifizieren kann. Die bisherige Lösung lässt sich problemlos um die fehlenden Funktionen wie Stornierung und Warteliste erweitern und soll Ihnen als Grundgerüst und Ideengeber für Ihre persönliche Eventmanagement-Lösung dienen. Ich kann Ihnen nur mit Beispielen und Ideen behilflich sein, um Sie auf die Umsetzung Ihrer Lösungen vorzubereiten und Ihnen mit Rat und Tat zur Seite zu stehen. Überlegen Sie sich, welche Funktionen Ihnen für eine Lösung fehlen, die Sie in Ihrem Unternehmen einsetzen möchten, bzw. welche Anpassungen Sie noch vornehmen möchten. Wenn Sie so weit sind und Ihre Anforderungen analysiert haben, können Sie die Werkzeuge und Tools nutzen, die Sie bisher kennengelernt haben. Ich wünsche Ihnen viel Erfolg bei der Erstellung Ihres ganz persönlichen Eventmanagements auf Basis von SharePoint! Erinnern Sie sich an das, was Sie gelernt haben, und ich bin sicher, dass Sie ein zufriedenstellendes Ergebnis erzielen werden.

5.3 Kundenbetreuung

Bei Unternehmen, für die der Einsatz eines separaten CRM-Systems nicht erforderlich ist, die allerdings trotzdem Informationen zu ihren Kunden zentral erfassen und zur Verfügung stellen möchten (um beispielsweise Synergieeffekte zwischen verschiedenen Abteilungen und einem sich ggf. überschneidenden Kundenstamm herzustellen), kann eine Website für die Kundenbetreuung bereitgestellt werden. Im Rahmen dieser Übung erstellen Sie eine Lösung zur Verwaltung von vertriebsrelevanten Informationen (wie Kundenstammdaten, Angeboten und weiteren Vertriebsdokumenten). Außerdem können Informationen zu Telefonaten, E-Mails und Terminen mit dem jeweiligen Kunden erfasst und festgelegte Personen über Neuigkeiten zum Kunden informiert werden.

5.3.1 Benötigte Funktionen

Im Rahmen der Kundenbetreuung werden durch die Mitarbeiter der verschiedenen Abteilungen Kunden- bzw. Kontaktinformationen gewonnen und zur Erreichung der Geschäftsziele verwendet. Damit die Informationen zu einem Kunden jedoch nicht nur einem kleinen Personenkreis oder einer Abteilung zur Verfügung stehen, sondern auch von den übrigen Mitarbeitern genutzt werden können, um bei Bestandskunden weitere auf diesen Kunden zugeschnittene Leistungen anbieten zu können, ist eine zentrale Kundenkartei mit den bisher durchgeführten Aktivitäten als eine effektive Unternehmensanwendung zu betrachten.

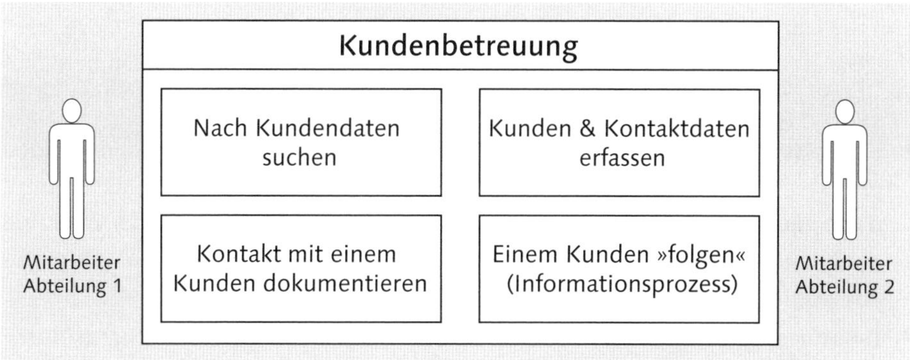

Abbildung 5.10 Anforderungen an eine Lösung zur Unterstützung der Kundenbetreuung

Wie Sie in Abbildung 5.10 erkennen können, ist im Grunde genommen nur eine einzige Anwendergruppe an der Lösung zur Unterstützung der Kundenbetreuung beteiligt. Es handelt sich dabei um die Mitarbeiter der unterschiedlichen Abteilungen, die aufgrund einer räumlichen oder organisatorischen Trennung einen zentralen Ort zur Dokumentation von Kundendaten benötigen. Folgende Funktionen werden benötigt:

- **Stammdatenpflege:** Die allgemeinen Informationen zu einem Kunden (wie beispielsweise die Adresse, die Telefonnummer oder der Name des Ansprechpartners) sollen zentral erfasst werden können.
- **Kontakt dokumentieren:** Wenn Kontakt zu dem Kunden in Form von persönlichen Treffen, Telefonaten, E-Mails oder Briefen aufgenommen wurde, soll dies dokumentiert werden können.
- **Suche:** Sie sollen die Möglichkeit haben, durch Angabe der Telefonnummer, der E-Mail-Adresse, des Namens oder der Kundennummer nach einem Kunden suchen zu können.
- **Information:** Wenn ein Kunde für Sie von besonderem Interesse ist, sollen Sie den Kunden markieren können, damit Sie bei Änderungen bzw. neuen Informationen automatisch benachrichtigt werden.

Die benötigten Funktionen sollten in der Praxis auch durch Vertreter dieser Gruppe detailliert beschrieben und nach der Umsetzung getestet werden.

5.3.2 Konzeption der Lösung

Auf Basis der definierten Anforderungen müssen Sie zunächst ein Konzept für die mögliche Umsetzung erstellen. Hierbei sind Aspekte wie die eingesetzte Version und Edition von SharePoint und die zur Verfügung stehenden Tools zu berücksichtigen.

Um alle Editionen zu unterstützen, wird die Websitevorlage »Teamwebsite« verwendet. Diese wird als Basis verwendet, um folgende Listen und Bibliotheken bereitzustellen:

- **Kontakte »Kunden«:** In dieser Liste werden die Stammdaten zu den Kunden erfasst und verwaltet. Indem Sie diese *App* verwenden, können Sie die Stammdaten auch in Ihr Outlook integrieren, sodass Ihnen die relevanten Informationen zu einem Kunden direkt aus Ihrer gewohnten Arbeitsumgebung heraus zur Verfügung stehen.
- **Dokumentbibliothek »Dokumente«:** Diese Bibliothek steht Ihnen bereits durch die Websitevorlage zur Verfügung. Indem Sie eine zusätzliche Spalte vom Typ »Nachschlagen« hinzufügen, können Sie Dokumente einem Kunden zuordnen.
- **Dokumentbibliothek »E-Mails«:** In dieser Bibliothek legen Sie an den Kunden versendete bzw. von diesem erhaltene E-Mails ab. Indem Sie eine zusätzliche Spalte vom Typ »Nachschlagen« hinzufügen, können Sie E-Mails einem Kunden zuordnen.

- **Benutzerdefinierte Liste »Notizen«:** Für alle übrigen Aktivitäten in Zusammenhang mit dem Kunden (wie beispielsweise Telefonate oder persönliche Treffen) nutzen Sie diese Liste, die ebenfalls zur Zuordnung zu einem Kunden eine zusätzliche Spalte vom Typ »Nachschlagen« besitzen soll.

Auf Basis der definierten Datenstruktur werden spezielle Übersichts- und Detailseiten benötigt, um die für einen Kunden relevanten Informationen zu finden. Zusätzlich wird eine weitere Seite benötigt, die mithilfe eines Filters nur diejenigen Informationen zu einem Kunden anzeigt, die der aktuelle Benutzer erfasst hat.

5.3.3 Einrichten der Website und der benötigten Apps

Erstellen Sie zunächst eine neue Unterwebsite in der Website der obersten Ebene Ihrer Websitesammlung, indem Sie dort zu den Websiteinhalten navigieren und den Menüpunkt NEUE WEBSITE auswählen. Als Titel geben Sie die Bezeichnung »Kundenbetreuung« und als Websiteadresse den Wert »kunden« an und wählen die Websitevorlage »Teamwebsite« aus. Zur Einrichtung der Datenstrukturen gehen Sie folgendermaßen vor:

1. Rufen Sie die Websiteinhalte der Website auf, und wählen Sie den Menüpunkt APP HINZUFÜGEN aus.
2. Wählen Sie die App KONTAKTE aus, und geben Sie den Namen »Kunden« an.
3. Wählen Sie erneut den Menüpunkt APP HINZUFÜGEN aus. Klicken Sie anschließend auf DOKUMENTBIBLIOTHEK, und geben Sie den Namen »E-Mails« an.
4. Wählen Sie erneut den Menüpunkt APP HINZUFÜGEN aus. Klicken Sie diesmal anschließend auf BENUTZERDEFINIERTE LISTE, und geben Sie den Namen »Notizen« an.
5. In der Kontaktliste fehlt noch eine Kundennummer, um einen Kunden eindeutig identifizieren zu können. Rufen Sie daher die Liste »Kunden« auf, und wählen Sie im Menüband LISTE den Menüpunkt SPALTE ERSTELLEN aus.
6. Geben Sie den Namen »Kundennummer« an, und übernehmen Sie den Informationstyp »Eine Textzeile«. Wählen Sie für die Einstellung »Diese Spalte muss Informationen enthalten« die Option »Ja« aus, und bestätigen Sie die Angaben über die Schaltfläche OK.
7. In der Liste »Notizen« fehlt noch ein mehrzeiliges Eingabefeld, um eine Notiz erfassen zu können. Rufen Sie daher die Liste »Notizen« auf, und wählen Sie im Menüband LISTE den Menüpunkt SPALTE ERSTELLEN aus.
8. Geben Sie den Namen »Notiz« an, und wählen Sie den Informationstyp »Mehrere Textzeilen«. Wählen Sie die Option »Rich-Text, erweitert« aus, und bestätigen Sie die Angaben über die Schaltfläche OK.

9. Fügen Sie nun zu den Listen bzw. Bibliotheken »Dokumente«, »E-Mails« und »Notizen« eine neue Spalte vom Typ »Nachschlagen« hinzu, indem Sie jeweils folgende Schritte durchführen:
   - Rufen Sie die Liste oder Bibliothek auf, und wählen Sie im Menüband LISTE bzw. BIBLIOTHEK den Menüpunkt SPALTE ERSTELLEN aus.
   - Geben Sie den Namen »Kunde« an, und wählen Sie den Informationstyp »Nachschlagen« aus.
   - Wählen Sie für die Einstellung »Diese Spalte muss Informationen enthalten« die Option »Ja« aus.
   - Als Quelle der Spalte wählen Sie in den zwei nun folgenden Auswahllisten die Liste »Kunden« und die Spalte »Kundennummer« aus.
   - Um später individuelle Ansichten erstellen zu können, wählen Sie als zusätzlich anzuzeigende Felder die Spalten »Nachname«, »Vorname«, »Vollständiger Name«, »E-Mail-Adresse«, »Firma« und »Telefon (geschäftlich)« aus.
   - Im Bereich BEZIEHUNG aktivieren Sie die Option »Verhalten für Beziehung erzwingen« und wählen die Variante LÖSCHWEITERGABE aus. Damit werden automatisch alle Informationen zu einem Kunden aus dem System entfernt, sobald die Stammdaten gelöscht werden. Das ist im Hinblick auf den Datenschutz und die damit verbundenen Vorgaben zur Verarbeitung personenbezogener Daten relevant.
   - Bestätigen Sie die Angaben über die Schaltfläche OK, und bestätigen Sie die daraufhin erscheinende Sicherheitsabfrage.

Die Datenstrukturen zur Erfassung von Stammdaten und der Kontakte zu einem Kunden stehen nun zur Verfügung. Allerdings fehlt noch ein schlüssiges Bedienkonzept.

5.3.4 Stammdaten von Kunden und Ansprechpartnern verwalten

Um die Daten zu einem Kunden und den dort bekannten Ansprechpartnern zu verwalten, kann die Liste »Kunden« verwendet werden. Es wäre für die tägliche Arbeit jedoch hilfreich, schnell auf relevante Informationen zugreifen zu können. Mal werden alle Ansprechpartner einer Firma gesucht, mal möchte man eine Aufstellung seiner Kunden nach ihrem Firmensitz haben, und manchmal interessiert es Sie vielleicht auch, wer den Kunden hauptverantwortlich von Ihrer Seite betreut.

Um Ihnen die Stammdatenpflege zu erleichtern, sollten Sie die folgenden Ansichten für die Liste »Kontakte« erstellen:

- **nach Firma:** Diese Ansicht wird nach der Spalte »Firma« gruppiert, um alle Ansprechpartner zu einem Unternehmen zusammen anzuzeigen.

- **nach Ort:** Diese Ansicht wird nach dem angegebenen Ort der Kunden gruppiert, um die regionale Verteilung der betreuten Kunden darzustellen. (Hier lohnt sich für Sie auch ein Blick in Abschnitt 9.1.1, »Abteilungsübergreifende Navigation«, in dem die Nutzung von Geoinformationen vorgestellt wird.)
- **Ansprechpartner:** Diese Ansicht wird nach dem Nachnamen und Vornamen der erfassten Kundenstammdaten sortiert, um eine einfache Suche nach einem Ansprechpartner und seinen Stammdaten zu ermöglichen.
- **nach Vertriebsmitarbeiter:** Mit dieser Ansicht wird eine Gruppierung der Kunden nach dem für ihre Betreuung hauptverantwortlichen Vertriebsmitarbeiter realisiert.

Die Spalte »Vertriebsmitarbeiter« fehlt Ihnen noch. Erstellen Sie diese, indem Sie im Menüband LISTE der Liste »Kontakte« den Menüpunkt SPALTE ERSTELLEN auswählen und im daraufhin erscheinenden Dialog den Namen »Vertriebsmitarbeiter« angeben sowie den Informationstyp »Person oder Gruppe« auswählen. Sie können anschließend mit der Erstellung der Ansichten fortfahren, indem Sie folgendermaßen vorgehen:

1. Wählen Sie im Menüband LISTE der Liste »Kontakte« den Menüpunkt ANSICHT ERSTELLEN aus, und wählen Sie den Ansichtstyp STANDARDANSICHT oder eine andere Ansicht aus, die sich sinnvoll als Basis verwenden lässt.
2. Geben Sie den Namen der Ansicht entsprechend der oben aufgeführten Bezeichnungen an.
3. Als anzuzeigende Spalten wählen Sie für alle Ansichten die Spalten »Kundennummer«, »Nachname«, »Vorname«, »Firma«, »Telefon (geschäftlich)«, »E-Mail-Adresse«, »Position« und »Vertriebsmitarbeiter« aus.
4. Wählen Sie im Bereich SORTIEREN die Spalten »Nachname« und »Vorname« aus, um eine aufsteigende Sortierung nach den benannten Ansprechpartnern einzurichten.
5. Im Bereich GRUPPIEREN NACH wählen Sie je nach zu erstellender Ansicht die Spalte »Firma«, »Ort« oder »Vertriebsmitarbeiter« aus und wählen für die Einstellung »Standardmäßige Anzeige von Gruppierungen« die Option »Erweitert« aus.
6. Im Bereich EINTRAGSGRENZE ist die Anzahl der pro Seite anzuzeigenden Kunden auf 30 Einträge festgelegt. Erhöhen Sie diesen Wert beispielsweise auf »500«, um nicht bei vielen Einträgen umständlich umblättern zu müssen, bis Sie den gesuchten Kunden gefunden haben.

Sobald Sie die vier Ansichten erstellt haben, sollten Sie diese in die Navigation der Schnellstartleiste integrieren, damit sie aus jeder Seite der Website heraus direkt aufgerufen werden können. Fügen Sie die Menüpunkte entweder über den Link in der Schnellstartleiste LINKS BEARBEITEN oder über die Websiteeinstellungen hinzu. (In den Websiteeinstellungen nutzen Sie dafür in Abhängigkeit von der eingesetzten Edition und den bisher aktivierten *Features* entweder den Menüpunkt SCHNELLSTART oder den Menüpunkt NAVIGATION.) Ändern Sie die Navigation folgendermaßen, und schlagen Sie bei Bedarf in Abschnitt 2.2.1 die Vorgehensweise hierfür nach:

1. Verschieben Sie den Menüpunkt »Kunden« unter der Überschrift »Zuletzt verwendet« nach oben, sodass er sich als Überschrift unterhalb von »Start« befindet.
2. Ändern Sie die Beschriftung der Überschrift »Kunden« in »Kundenstammdaten«, und ändern Sie den Hyperlink so, dass er auf die Ansicht »Ansprechpartner« verweist.
3. Fügen Sie unterhalb der Überschrift »Kundenstammdaten« Links zu den Ansichten »Ansprechpartner«, »nach Firma«, »nach Ort« und »nach Vertriebsmitarbeiter« hinzu.

Um die Konfiguration der von Ihnen erstellten Ansichten zu testen, sollten Sie die Stammdaten von ein paar (ggf. auch fiktiven) Kunden erfassen. Sie können einen neuen Stammdateneintrag erstellen, indem Sie die Liste »Kunden« über einen der eben hinzugefügten Menüpunkte in der Schnellstartleiste aufrufen und auf den Menüpunkt NEUES ELEMENT klicken. Daraufhin öffnet sich entsprechend der Darstellung in Abbildung 5.11 die Maske zur Erfassung der Kundeninformationen.

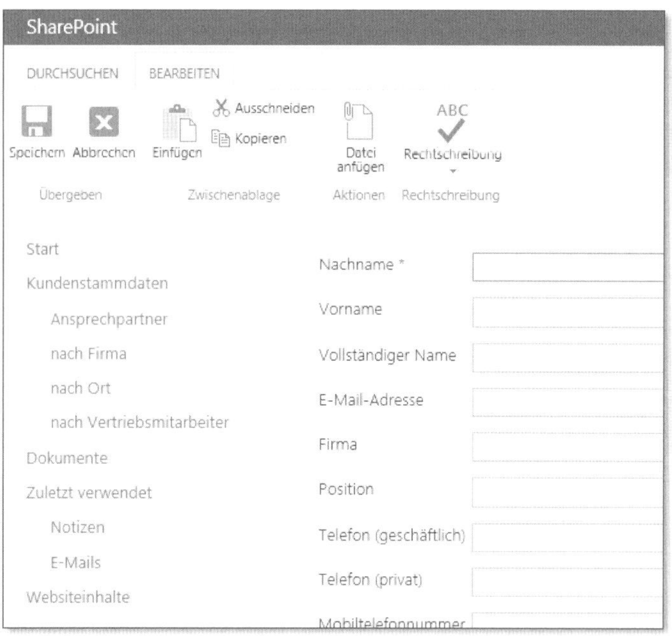

Abbildung 5.11 Erfassen der Stammdaten eines Kunden und des bekannten Ansprechpartners

Das Feld »Kundennummer« ist ein Pflichtfeld. Welche Werte sollte ich dort für die Kunden jeweils eintragen?

Es ist schwierig, ein Schema für die Erstellung einer Kundennummer vorzugeben, ohne Sie und Ihre Unternehmensprozesse zu kennen. Vielleicht haben Sie bereits eine genaue Vorstellung davon, wie eine Kundennummer für Sie aussehen muss. Oder Sie verwalten Ihre Kunden wahrscheinlich bereits mit einer Kundennummer, um Bestellungen und Rechnungen eindeutig einem Kunden zuordnen zu können.

Deshalb wurde das Feld »Kundennummer« auch als freies Textfeld erstellt, damit Sie die bereits vergebenen oder durch ein anderes System bestimmten Nummern problemlos erfassen können. Sollten Sie bisher keine Kundennummern verwendet haben, können Sie das Textfeld auch durch eine *berechnete Spalte* ersetzen. Dann wird die Kundennummer durch Informationen aus anderen Spalten des Stammdatensatzes bestimmt (zum Beispiel anhand des Erfassungsdatums und der internen ID). Wie Sie mit berechneten Spalten arbeiten, können Sie in Abschnitt 5.2.3 nachschlagen.

Für ein repräsentatives Ergebnis sollten Sie in etwa zehn Einträge in der Liste erzeugen, die zum Teil unterschiedlichen Firmen, Orten und Vertriebsmitarbeitern zugeordnet werden. Die Ansicht »nach Firma« sollte somit ungefähr so wie in Abbildung 5.12 aussehen.

Abbildung 5.12 Ansicht »nach Firma« der Stammdatenliste für Kundeninformationen

Auf diese Weise können Sie zum Beispiel erkennen, wenn es für eine Firma mehrere Ansprechpartner gibt, die in der Kundenkartei gepflegt werden. Werden die Personen dann auch noch von unterschiedlichen Vertriebsmitarbeitern betreut, sollte am besten ein regelmäßiger Austausch zwischen diesen Mitarbeitern erfolgen. Damit wäre jeder auf dem aktuellen Stand, was die Aktivitäten beim Kunden, anstehende Termine und sonstige für die Zusammenarbeit relevante Informationen betrifft.

Wenn Sie die Informationen zu Ihren Kunden bisher zum Beispiel in Outlook bearbeitet haben, müssen Sie sich nicht umstellen, obwohl Sie jetzt eine SharePoint-Website für die Verwaltung der Kundeninformationen verwenden. Sie können nämlich die Liste »Kunden« aufrufen und im Menüband LISTE den Menüpunkt VERBINDUNG MIT OUTLOOK HERSTELLEN auswählen. Damit steht Ihnen die Kundenliste in Outlook unter dem Bereich KONTAKTE (Outlook 2007/2010) bzw. PERSONEN (Outlook 2013) zur Verfügung. Sie können dann so, wie es in Abbildung 5.13 zu sehen ist, nach Kunden suchen, neue Stammdaten erfassen oder vorhandene Daten bearbeiten.

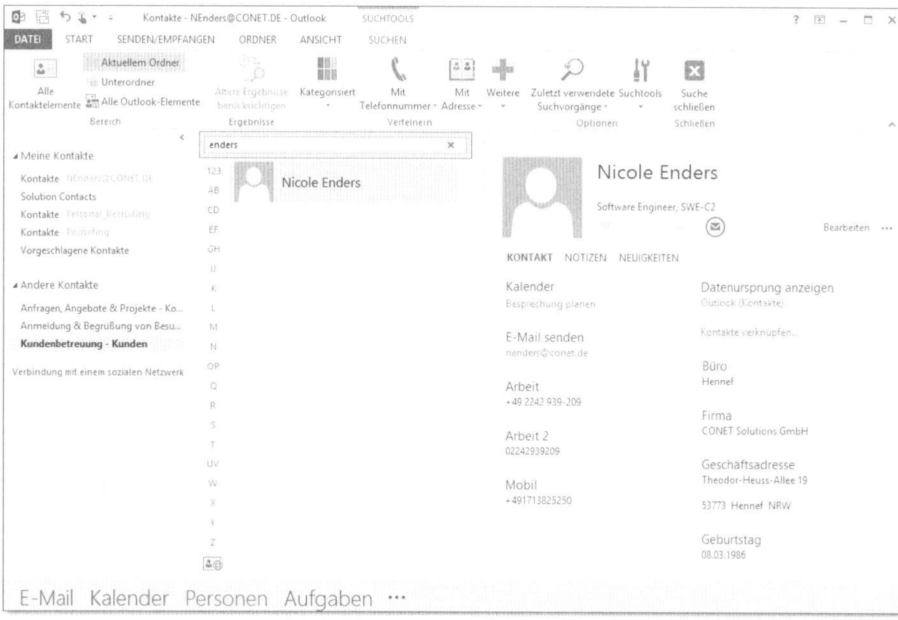

Abbildung 5.13 Stammdaten der Kunden in Outlook integrieren

Durch diese Möglichkeit müssen Sie sich nicht umstellen, sondern können weiter wie gewohnt vorgehen, um zum Beispiel die Telefonnummer eines Ansprechpartners zu ermitteln oder diesem eine E-Mail zu schreiben.

5.3.5 Kontakt zu Ansprechpartnern dokumentieren

Ein erster Schritt zur Unterstützung des Informationsprozesses stellt die Dokumentation von Aktivitäten und der Kommunikation mit den Kunden dar. Die ausgetauschten Dokumente und E-Mails sollen zum Beispiel zentral im System erfasst und damit allen Vertriebsmitarbeitern zur Verfügung gestellt werden. Sie haben so die Möglichkeit, vor einem Telefonat mit Ihrem Kunden erst einmal zu prüfen, welche

Kontakte es bereits mit ihm gab und welcher Ihrer Kollegen beispielsweise das letzte Gespräch mit ihm geführt hat. Mit diesen Informationen können Sie dann optimal vorbereitet das Gespräch beginnen und sich auf die in der Vergangenheit besprochenen Inhalte beziehen. Damit fühlt der Kunde sich besser verstanden, weil er Ihnen beispielsweise nicht noch einmal das erzählen muss, was er vielleicht Ihrem Kollegen letzte Woche schon berichtet hat.

Überarbeiten Sie hierfür die Homepage der Website, sodass nach Auswahl eines Kunden aus der Stammdatenliste die Notizen, Dokumente und E-Mails zu diesem aufgelistet werden. Gehen Sie dazu folgendermaßen vor:

1. Rufen Sie die Homepage der Website auf, und öffnen Sie diese im Bearbeitungsmodus, indem Sie im Menüband SEITE den Menüpunkt BEARBEITEN auswählen.
2. Entfernen Sie sämtliche Webparts von der Seite, und wählen Sie im Menüband TEXT FORMATIEREN den Menüpunkt TEXTLAYOUT aus. Dort selektieren Sie dann die Option DREI SPALTEN MIT KOPFZEILE.
3. Fügen Sie nun über das Menüband EINFÜGEN und den Menüpunkt WEBPART die benötigten Listen und Bibliotheken folgendermaßen zur Seite hinzu:
   - **Kopfzeile**: Hier wird die Liste »Kunden« platziert, die zur Filterung der nachfolgenden Listen und Bibliotheken verwendet werden soll, damit nur die Informationen des ausgewählten Kunden dargestellt werden.
   - **Linke, mittlere und rechte Spalte**: Hier werden die Liste »Notizen« und die Dokumentbibliotheken »Dokumente« und »E-Mails« eingefügt. Diese Listen sollen die Informationen zu einem ausgewählten Kunden darstellen.
4. Wählen Sie für das Webpart »Kunden« den Menüpunkt WEBPART BEARBEITEN aus, sodass sich die rechte Konfigurationsleiste öffnet. Wählen Sie dort die Ansicht »Ansprechpartner« aus, und aktivieren Sie im Bereich VERSCHIEDENE die Option SUCHFELD ANZEIGEN.
5. Wählen Sie für das Webpart »Notizen« den Menüpunkt WEBPART BEARBEITEN aus, sodass sich die rechte Konfigurationsleiste öffnet. Klicken Sie auf den Link AKTUELLE ANSICHT BEARBEITEN, und nehmen Sie folgende Änderungen an der Ansicht vor:
   - Wählen Sie als anzuzeigende Spalten die Felder »Titel«, »Notiz«, »Erstellt« und »Erstellt von« aus.
   - Zur Sortierung wählen Sie die Spalte »Erstellt« aus und wählen eine absteigende Sortierung, damit die neuesten Aktivitäten immer zuoberst angezeigt werden.
   - Speichern Sie die Änderungen über die Schaltfläche Ok ab, wodurch Sie wieder auf die Homepage gelangen.
6. Konfigurieren Sie nun die Webpart-Verbindungen, indem Sie die Seite erneut im Bearbeitungsmodus öffnen und für das Webpart »Kunden« den Menüpunkt WEB-

PART BEARBEITEN auswählen. Daraufhin erscheint nach erneutem Aufruf des Menüpunktes im Menü des Webparts ein weiterer Menüpunkt namens VERBINDUNGEN. Führen Sie nun für die Webparts »Notizen«, »Dokumente« und »E-Mails« jeweils folgende Schritte durch:

- Wählen Sie unterhalb des Menüpunktes VERBINDUNGEN die Option DATENREIHE SENDEN AN und darunter den Namen des jeweiligen Webparts aus.
- In dem daraufhin erscheinenden Dialog wählen Sie den Verbindungstyp »Filterwerte abrufen von« aus und klicken auf die Schaltfläche KONFIGURIEREN.
- Als *Anbieterfeldnamen* wählen Sie die Spalte »Kundennummer« und als *Consumerfeldnamen* die Spalte »Kunde« aus.
- Klicken Sie zum Abschluss der Konfiguration auf die Schaltfläche FERTIG STELLEN.

7. Um die neue Version der Homepage zu speichern und den anderen Anwendern zur Verfügung zu stellen, klicken Sie auf den Menüpunkt SPEICHERN im Menüband.

In Abbildung 5.14 sehen Sie das Ergebnis der Anpassungen an der Homepage. Nach einem Klick auf das Pfeilsymbol in der Spalte »Auswählen« selektieren Sie einen Kunden und können dann im unteren Bereich der Seite auf alle zu diesem Kunden im System erfassten Informationen zugreifen. Sie haben damit alle relevanten Informationen direkt auf einen Blick zur Verfügung. Über das letzte Änderungsdatum bei einem jeden Informationstyp können Sie schnell erkennen, wann der letzte Kontakt mit dem Kunden erfolgt ist und welche Informationen mit ihm ausgetauscht wurden.

Abbildung 5.14 Homepage der Lösung zur Unterstützung der Kundenbetreuung

Notizen zu einem Kunden erfassen

Damit die Übersicht ihren Zweck erfüllen kann, müssen Sie erst einmal in der Lage sein, beispielsweise Notizen zu einem Kunden zu erfassen.

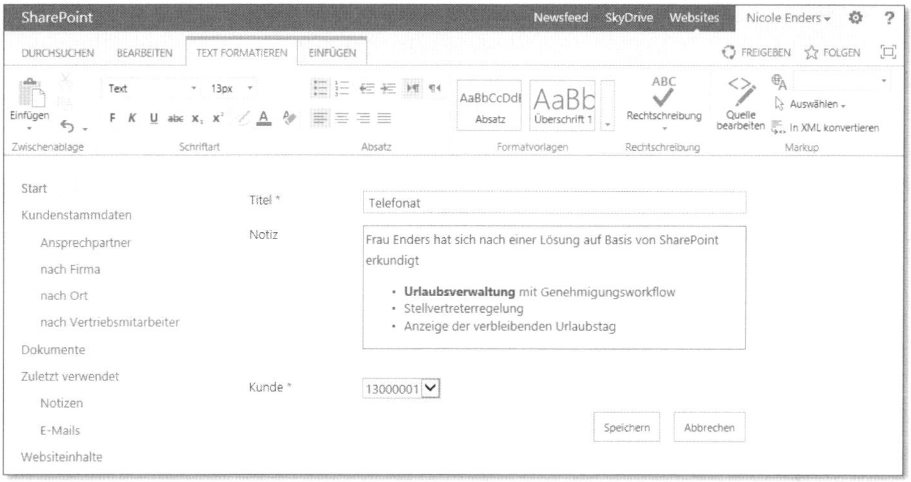

Abbildung 5.15 Notizen zu einem Kunden mithilfe eines Rich-Text-Editors erfassen

Wenn Sie auf den Menüpunkt NEUES ELEMENT im Webpart »Notizen« auf der Homepage aus Abbildung 5.14 klicken, rufen Sie die Eingabemaske für eine neue Notiz auf. Als Titel geben Sie eine kurze Bezeichnung für die Information an, die Sie erfassen wollen. So können Sie zum Beispiel entsprechend der Darstellung in Abbildung 5.15 die Bezeichnung »Telefonat« verwenden, wenn Sie den Inhalt eines Telefongesprächs dokumentieren möchten.

Warum muss ich den Kunden explizit auswählen? Ich habe doch auf der Homepage bereits einen Kunden ausgewählt, bevor ich auf den Menüpunkt »Neues Element« geklickt habe!

Das ist ein wichtiger Punkt, denn die Auswahl eines Kunden auf der Homepage hat keinerlei Auswirkungen auf die Erfassung einer neuen Notiz oder eines Dokuments bzw. einer E-Mail. Sie haben mit den Standardfunktionalitäten von SharePoint keine andere Möglichkeit, als hier den Kunden erneut auszuwählen.

Außerdem müssen Sie die Kundennummer kennen. Sie haben hier keine Möglichkeit, die Kundenliste einzusehen, sondern müssten dafür die Kundenliste in einem separaten Browserfenster aufrufen. Wenn Sie einen besseren Benutzerkomfort wünschen, sollten Sie diese Funktionalität mithilfe von *JavaScript* hinzufügen lassen.

Für die Notiz an sich steht Ihnen ein Rich-Text-Editor zur Verfügung, über den Sie die zu erfassenden Informationen formatieren können, um beispielsweise bestimmte Elemente hervorzuheben.

Sobald Sie einige Notizen zu Kunden erfasst haben, sollten Sie auf der Homepage prüfen, ob Ihre Eingaben im Feld »Notizen« so umfangreich waren, dass Sie einen horizontalen Scrollbalken erhalten. Sollte dies der Fall sein, empfehle ich Ihnen, die Spalte »Notizen« aus der Ansicht der Liste »Notizen« zu entfernen. Damit sparen Sie Platz auf der Homepage, müssen aber auch bei der Erfassung von Notizen aussagekräftige Titel verwenden, damit Sie und die anderen Mitarbeiter direkt gesuchte Notizen finden können, ohne jede einzelne Notiz zu einem Kunden aufrufen zu müssen.

Dokumente einem Kunden zuordnen

Sie können auch Dokumente zu einem Kunden hochladen, wobei hierbei dieselbe Problematik besteht wie bei der Erfassung von Notizen. Sie müssen nämlich, wie in Abbildung 5.16 dargestellt, auch nach Auswahl des hochzuladenden Dokuments den Kunden über ein Auswahlfeld selektieren.

Abbildung 5.16 Auswahl eines Kunden während des Uploads eines Dokuments

Einen Vorteil haben Sie allerdings im Vergleich zu der Erfassung von Notizen: Sie werden nicht auf eine separate Seite weitergeleitet, um dort den Kunden für das Dokument auszuwählen. Stattdessen nehmen Sie die Zuweisung in einem modalen Dialog vor, sodass Sie im Hintergrund den von Ihnen zuvor selektierten Kunden erkennen können. Damit fällt die Auswahl der richtigen Kundennummer direkt viel leichter, finden Sie nicht auch?

E-Mail-Kommunikation mit dem Kunden dokumentieren

Neben allgemeinen Notizen und versendeten bzw. empfangen Dokumenten können Sie auch E-Mails zu einem Kunden speichern, damit die zwischen Ihnen bzw. Ihrem Unternehmen und dem Kunden erfolgte Kommunikation auch den übrigen Vertriebsmitarbeitern zur Verfügung steht. Um die Kommunikation mit dem Kunden zu dokumentieren, die in Form von E-Mails erfolgt ist, haben Sie drei verschiedene Möglichkeiten:

- Kopieren von E-Mails aus Outlook über die Windows Explorer-Ansicht
- Versand von E-Mails an die Dokumentbibliothek
- Einsatz eines Outlook-Add-ins zur einfachen Übertragung von E-Mails in SharePoint

Wenn Sie bereits mit Outlook arbeiten, wird die Kommunikation per E-Mail sehr wahrscheinlich über dieses Tool erfolgen. Sie können die E-Mails, die Sie empfangen oder versendet haben, in eine Dokumentbibliothek kopieren, indem Sie diese wie in Abbildung 5.17 in der Windows Explorer-Ansicht öffnen und die Mail aus Outlook per Drag & Drop der Bibliothek hinzufügen.

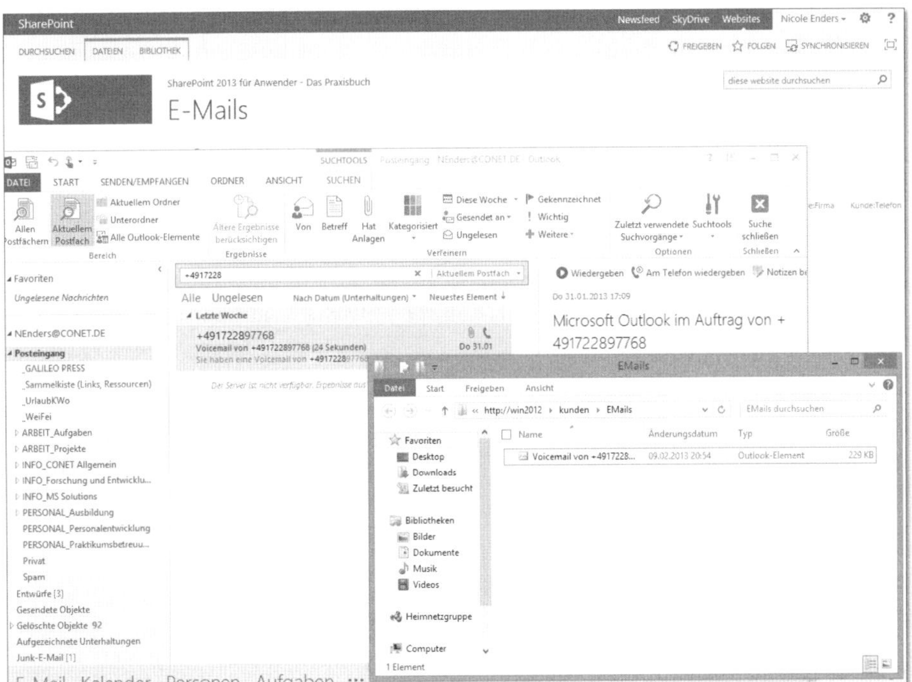

Abbildung 5.17 E-Mails über die Windows Explorer-Ansicht hochladen

Allerdings wird durch diesen Vorgang die E-Mail nur hochgeladen. Sie müssen noch die Zuordnung zu einem Kunden vornehmen und die Datei einchecken. Ansonsten können nur Sie auf die E-Mail zugreifen. Führen Sie dementsprechend nach dem Kopiervorgang folgende Schritte durch:

1. Rufen Sie die Dokumentbibliothek »E-Mails« auf, und filtern Sie nach den Dateien, bei denen das Feld »Kunde« leer ist, indem Sie auf die Spalte »Kunde« klicken und den Filterwert »(Leer)« auswählen.
2. Wählen Sie jede einzelne neue E-Mail aus, und klicken Sie im Menüband DATEIEN auf den Menüpunkt EIGENSCHAFTEN BEARBEITEN.
3. Wählen Sie den entsprechenden Kunden über seine Kundennummer aus, und speichern Sie die Angaben über die Schaltfläche SPEICHERN.
4. Ändern Sie den Filter nun auf die angegebene Kundennummer ab, und wählen Sie die neu hinzugefügten E-Mails aus.
5. Klicken Sie im Menüband DATEIEN auf den Menüpunkt EINCHECKEN, und betätigen Sie in dem daraufhin erscheinenden Dialog die Schaltfläche OK.

Wie Sie sehen, ist mit dieser Variante sehr viel manuelle Arbeit verbunden. Die zweite Option besteht darin, dass Sie Ihre SharePoint-Farm für **eingehende E-Mails** konfigurieren. Wenn Sie einmal über die Zentraladministration die zentrale Konfiguration vorgenommen haben, können Sie grundsätzliche jede Dokumentbibliothek in der Farm für eingehende E-Mails konfigurieren. Ob diese Konfiguration bereits vorgenommen wurde, erkennen Sie direkt daran, dass unter den Bibliothekseinstellungen im rechten Bereich unter KOMMUNIKATION der Menüpunkt EINSTELLUNGEN FÜR EINGEHENDE E-MAIL zur Verfügung steht.

Was sollte ich bei der Vergabe der E-Mail-Adresse beachten?

Wenn Sie die Funktion der eingehenden E-Mails in Ihrem Unternehmen nutzen möchten, sollten Sie sich ein Namenskonzept für die E-Mail-Adressen überlegen, das allen Mitarbeitern bekannt sein sollte. Damit vermeiden Sie Wildwuchs bei der Nutzung von E-Mail-Adressen und können auf Basis der Adresse schnell die dazu gehörende Dokumentbibliothek finden. Ein Beispiel für ein Namenskonzept wäre es, den Namen der Website oder der Lösung und die Aufgabe der Bibliothek in der Adresse zu verwenden.

Um die Bibliothek »E-Mails« für eingehende E-Mails zu konfigurieren, klicken Sie auf den Menüpunkt und führen folgende Schritte durch:

1. Wählen Sie für die Einstellung »Dokumentbibliothek für den Empfang von E-Mails berechtigen?« die Option »Ja« aus.
2. Geben Sie eine E-MAIL-ADRESSE an, wobei der Teil nach dem @-Zeichen über die Zentraladministration für die gesamte Farm festgelegt wird.

3. Sie können die übrigen Einstellungen übernehmen – außer im Bereich E-MAIL-SICHERHEIT. Dort sollten Sie die Option E-MAILS VON ALLEN ABSENDERN AKZEPTIEREN auswählen, damit SharePoint Ihre E-Mails auch verarbeitet und in der Bibliothek korrekt hinzufügt.

Sobald Sie die Konfiguration der Dokumentbibliothek vorgenommen haben, stehen Ihnen weitere Spalten zur Verfügung, die die Metadaten der empfangenen E-Mails speichern. Folgende Spalten werden der Bibliothek hinzugefügt und können in Ansichten verwendet werden:

- E-Mail an
- E-Mail Cc
- E-Mail von
- E-Mail-Absender
- E-Mail-Betreff
- E-Mail-Kopfzeilen

Diese Felder werden automatisch durch die Informationen der empfangenen E-Mail mit Werten belegt. Wenn Sie diese Variante nutzen möchten, können Sie die Spalte vom Typ »Nachschlagen« aus der Dokumentbibliothek »E-Mails« entfernen und müssen die Verbindung zwischen den Webparts »Kunden« und »E-Mails« aktualisieren, indem Sie die Spalte »E-Mail-Adresse« als *Anbieterfeldname* und die Spalte »E-Mail an« als *Consumerfeldname* auswählen.

Voraussetzung für die Funktion ist allerdings, dass Sie bei der Kommunikation mit den Kunden die E-Mail-Adresse der Dokumentbibliothek im »Cc«-Feld angeben. Außerdem können Sie nicht erwarten, dass der Kunde seine E-Mails an Sie genauso in »Cc« an die Bibliothek sendet. Das heißt, Sie müssten die E-Mail nach dem Empfang durch Sie an die Bibliothek weiterleiten, wodurch keine Zuordnung erfolgen kann, da die Mail weder vom Kunden gesendet wurde noch an diesen gerichtet ist. Hier wäre dementsprechend wieder manueller Aufwand nötig.

Und wenn mir die Standardmöglichkeiten bei der E-Mail-Kommunikation nicht ausreichen?

Es gibt eine Reihe von Erweiterungslösungen, die sich zum Beispiel nahtlos in Ihr Outlook integrieren und es Ihnen ermöglichen, Ihre E-Mails mit entsprechenden zusätzlichen Informationen in SharePoint zu speichern.

Für besondere Anforderungen, die im Rahmen einer Applikation unweigerlich auftreten werden, haben Sie die Möglichkeit, für sich ein spezielles Add-in entwickeln zu lassen. Bei einem Add-in handelt es sich um eine Microsoft Office-Erweiterung, die Ihnen Funktionalitäten zur Verfügung stellt, die Ihnen der Standard nicht oder nur mit manueller Arbeit bzw. umständlich anbietet.

Einen Kunden »beobachten«

Zu den Anforderungen, die wir für die Lösung zur Unterstützung der Kundenbetreuung definiert haben, gehört, dass Sie sich über neue oder geänderte Informationen zu einem Kunden informieren lassen möchten. Eine solche Funktion steht leider nicht automatisch zur Verfügung. Sie können lediglich für den Stammdatensatz des Kunden oder ein ausgewähltes Dokument einen Informationsmechanismus nutzen.

So haben Sie die Möglichkeit, die sogenannte *Benachrichtigen*-Funktion zu nutzen. Gehen Sie dazu folgendermaßen vor:

1. Rufen Sie den Menüpunkt ELEMENT ANZEIGEN bzw. EIGENSCHAFTEN ANZEIGEN auf.
2. Wählen Sie im Menüband den Menüpunkt BENACHRICHTIGEN aus, und entscheiden Sie sich, über welche Änderungen Sie informiert werden möchten.
3. Danach wählen Sie die Option für den Versand der Benachrichtigung aus, die Ihnen am besten passt. So können Sie sich über Änderungen sofort, täglich oder wöchentlich benachrichtigen lassen.

Eine speziell für Dokumente angebotene Funktion ist die *Folgen*-Funktion. Wenn Sie im Kontextmenü eines ausgewählten Dokuments den Menüpunkt FOLGEN auswählen, werden Sie innerhalb Ihrer *Meine Website* über Änderungen an dem von Ihnen beobachteten Dokument informiert.

Ich möchte aber gerne über neue Notizen, Dokumente und E-Mails zu von mir ausgewählten Kunden informiert werden – und das am besten unabhängig davon, um welchen Ansprechpartner es sich beim Kunden handelt.

Das ist ein verständlicher Wunsch. Da der Standard Ihnen diese Funktion nicht bietet, möchte ich Sie an den Werkzeugkasten »SharePoint« erinnern, der noch ein großes leeres Fach besitzt, das mit Ihren individuellen Lösungen bzw. Werkzeugen gefüllt werden kann. Bitten Sie doch einen SharePoint-Entwickler, diese fehlende Funktion für Sie zu implementieren, damit Ihre Lösung rund wird. Es sind gerade die kleinen Anpassungen und Erweiterungen, die einen erheblichen Einfluss auf die Benutzerakzeptanz haben.

5.3.6 Suche nach Informationen

Der bisherige Stand der Lösung dient zur Verwaltung der Stammdaten und der Kommunikation mit einem Kunden. Wenn Sie nun aber beispielsweise von einem Kunden angerufen werden, möchten Sie schnell durch Angabe von ausgewählten Informationen (wie Kundennummer, Nachname, Telefonnummer, E-Mail-Adresse oder Firma) die Daten des Kunden aufrufen können.

Sie benötigen hierfür zwei neue Webseiten, die Sie in der Wiki-Seitenbibliothek »Websiteseiten« anlegen. Die eine Seite ist für die Suche unter Angabe der Suchkriterien gedacht, während die zweite Seite das Suchergebnis anzeigen soll. Wir beginnen mit der Seite für das Suchergebnis, indem Sie die Wiki-Seitenbibliothek »Websiteseiten« aufrufen und folgende Schritte durchführen:

1. Klicken Sie auf den Menüpunkt NEUE WIKI-SEITE, und geben Sie den Namen »Suchergebnisse« an.
2. Bauen Sie die Seite exakt so wie die Homepage auf, indem Sie das entsprechende Textlayout auswählen und die Webparts »Kunden«, »Notizen«, »Dokumente« und »E-Mails« hinzufügen sowie die nötigen Webpart-Verbindungen herstellen.
3. Fügen Sie fünfmal das Webpart »Filter aus Abfragezeichenfolge (URL)« aus der Kategorie FILTER hinzu.
4. Nehmen Sie für die Filter folgende Konfiguration vor, indem Sie jeweils den Menüpunkt WEBPART BEARBEITEN aufrufen, die Werte aus Tabelle 5.6 eingeben und die Schaltfläche ÜBERNEHMEN betätigen:

Filtername	Parametername der Abfragezeichenfolge	Titel
Kundennummer	nr	Filter Kundennummer
Nachname	nachname	Filter Nachname
Telefon	telefon	Filter Telefon
E-Mail	mail	Filter E-Mail
Firma	firma	Filter Firma

Tabelle 5.6 Filter-Webparts für die Suche nach Kundeninformationen konfigurieren

Ich bin mir absolut sicher, dass ich das Filter-Webpart auf der Seite hinzugefügt habe. Warum kann ich es im Bearbeitungsmodus trotzdem nicht sehen?

Das ist eine Eigenart, die mir persönlich auch in der Anfangsphase Schwierigkeiten bereitet hat. Dieses Verhalten betrifft grundsätzlich alle Filter-Webparts, die auf Wiki-Seiten hinzugefügt werden. Sie müssen zuerst ein anderes Webpart auf der Seite auswählen und für dieses den Menüpunkt WEBPART BEARBEITEN aufrufen. In dem Moment, in dem die rechte Konfigurationsleiste auftaucht, werden auch die Filter-Webparts sichtbar und können konfiguriert werden.

5. Nach der Konfiguration der Filter müssen Sie für jedes Filter-Webpart eine Webpart-Verbindung mit dem Webpart »Kunden« herstellen. Wählen Sie in dem jeweiligen Filter-Webpart den Menüpunkt VERBINDUNGEN • FILTERWERTE SENDEN AN • KUNDEN aus.
6. In dem daraufhin erscheinenden Dialog wählen Sie den Verbindungstyp »Filterwerte abrufen von« aus und klicken auf die Schaltfläche KONFIGURIEREN.
7. Wählen Sie als *Consumerfeldname* die Spalte »Kundennummer«, »Nachname«, »Telefon (geschäftlich)«, »E-Mail-Adresse« bzw. »Firma« aus, und klicken Sie auf die Schaltfläche FERTIG STELLEN.
8. Speichern Sie die Seite über den Menüpunkt SPEICHERN im Menüband TEXT FORMATIEREN.

Da sich die Filter-Webparts unsichtbar auf der Seite befinden, sollte die Suchergebnisseite nun genauso wie die Homepage aussehen. Sobald Sie die Suchseite erstellt und die Verlinkung zu den Suchergebnissen hergestellt haben, sollte sich das Bild jedoch ändern.

Klicken Sie in der Wiki-Seitenbibliothek »Websiteseiten« auf den Menüpunkt NEUE WIKI-SEITE, und geben Sie den Namen »Suche« an. Fügen Sie nun ein neues **Inhalts-Editor-Webpart** aus der Kategorie »Medien und Inhalt« hinzu, und geben Sie als Link den Verweis auf eine Textdatei an, die in der Dokumentbibliothek »Dokumente« der Website abgelegt ist. Diese Textdatei enthält den Quellcode aus Listing 5.2 und kann von meiner Website heruntergeladen werden.

```
<script type="text/javascript">
function search(inputField, paramName){
  // Wert des entsprechenden Eingabefeldes laden
  var tb = document.getElementById(inputField);
  var paramValue = tb.value;
  // Aktuelle URL laden
  var link = window.location.toString();
  // Neue URL erstellen
  link = link.substring(0,link.length - 10) +
    'Suchergebnisse.aspx?' + paramName + '=' + paramValue;
  // URL aufrufen
  parent.location.href=link;
}
</script>

<table width="100%">
   <tbody>
      <tr>
         <td>
```

```
            <div><h1>Kundennummer</h1></div>
            <div>
               <input type="text" id="tbKundennummer"/>
               <input type="button" value="Start"
                 onclick="search('tbKundennummer','nr');"/>
            </div>
         </td>
         <td>
            <div><h1>Nachname</h1></div>
            <div>
               <input type="text" id="tbNachname"/>
               <input type="button" value="Start"
                onclick="search('tbNachname','nachname');"/></div>
         </td>
         <td>
            <div><h1>Firma</h1></div>
            <div>
               <input type="text" id="tbFirma"/>
               <input type="button" value="Start"
                 onclick="search('tbFirma','firma');"/></div>
         </td>
      </tr>
      <tr><td height="100"></td></tr>
      <tr>
         <td>
            <div><h1>Telefonnummer</h1></div>
            <div>
               <input type="text" id="tbTelefon"/>
               <input type="button" value="Start"
                 onclick-"search('tbTelefon','telefon');"/></div>
         </td>
         <td>
            <div><h1>E-Mail-Adresse</h1></div>
            <div>
               <input type="text" id="tbE-Mail"/>
               <input type="button" value="Start"
                 onclick="search('tbE-Mail','mail');"/></div>
         </td>
      </tr>
   </tbody>
</table>
```

Listing 5.2 Der Inhalt der Wiki-Seite »Suchen«

Verlassen Sie den Dialog über die Schaltfläche OK, und speichern Sie die Seite über den Menüpunkt SPEICHERN im Menüband. Die Seite sollte nun so wie in Abbildung 5.18 aussehen.

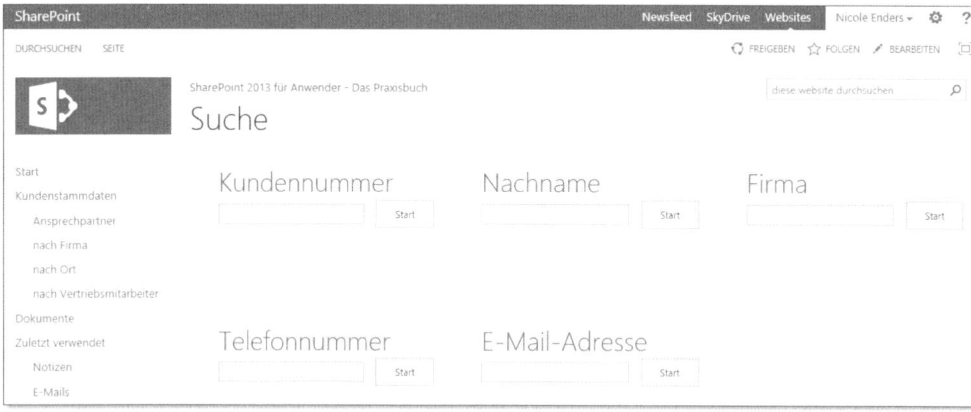

Abbildung 5.18 Suche nach Kundeninformationen durch Angabe ausgewählter Suchkriterien

Sie können nun zum Beispiel die Telefonnummer eines von Ihnen erfassten Kunden in das entsprechende Textfeld eingeben und die Schaltfläche START betätigen. Sie werden automatisch auf die Seite »Suchergebnisse« weitergeleitet und erhalten eine auf den gesuchten Kunden gefilterte Ansicht. Diese Funktion kann ggf. mit Ihrer Telefonanlage gekoppelt werden, sodass automatisch die Webseite in SharePoint mit der Telefonnummer des Anrufers als Parameter aufgerufen wird, sobald Ihr Telefon klingelt. Damit haben Sie bereits alle wichtigen Informationen auf dem Bildschirm, bevor Sie den Hörer abnehmen und das Gespräch beginnen. Sicher fallen Ihnen noch weitere Möglichkeiten zur Verbesserung dieser Lösung ein. Probieren Sie selbst einmal aus, was Sie auf Basis dieser Lösung individuell anpassen und erweitern können. Ich wünsche Ihnen viel Spaß mit Ihrer maßgeschneiderten Website zur Kundenbetreuung.

Tipp für weitere Lösungen im Rahmen der Kundenbetreuung

Sollte Ihnen diese Lösung gefallen, aber eine Vielzahl an weiteren Anforderungen bestehen, so kann die Einführung eines Customer-Relationship-Management-Systems (zum Beispiel das *Microsoft Dynamics CRM*) eine Überlegung wert sein. Nähere Informationen zu diesem Produkt finden Sie auf folgender Website:

http://crm.dynamics.com/de-de/home

5.4 Unternehmensweites Vorlagenmanagement

Für die verschiedenen Arten von Dokumenten, die bei der täglichen Arbeit erstellt werden, werden in der Regel Vorlagen genutzt, die zum Beispiel auf einem Firmenlaufwerk abgelegt sind. Sie erstellen dafür nun eine Website zur zentralen Ablage aller Vorlagen und lernen am Beispiel einer Angebotsvorlage, wie Sie für diese Vorlage einen Prozess etablieren können, der für jede neue Version eine Genehmigung durch die QS-Abteilung erfordert.

5.4.1 Benötigte Funktionen

Bei der Nutzung eines unternehmensweiten Vorlagenmanagements mit einer zentralen Dokumentenablage handelt es sich um einen Prozess zwischen den Erstellern und Bearbeitern von Vorlagen, den für die Qualitätssicherung verantwortlichen Mitarbeitern und sämtlichen Mitarbeitern des Unternehmens, die die Vorlagen nutzen und auf deren Basis neue Dokumente erstellen.

Wie Sie in Abbildung 5.19 erkennen können, sind drei verschiedene Anwendergruppen an dem Vorlagenmanagement beteiligt:

- **Mitarbeiter:** Diese Anwender möchten auf die zur Verfügung gestellten Vorlagen zugreifen und diese als Basis für die Erstellung neuer Dokumente verwenden. Für die erstellten Dokumente soll ihnen ein zentraler Ablageort genannt werden, an dem sie über Suchfunktionalitäten alle Dokumente finden können. Außerdem möchten Sie einmal erstellte PowerPoint-Folien miteinander teilen und so auf Arbeitsergebnisse der Kollegen zugreifen können, statt dieselben Folien neu erstellen zu müssen.
- **Vorlagenbearbeiter:** Diese Anwender sollen neue Vorlagen erstellen bzw. existierende Vorlagen bearbeiten können. Solange eine Vorlage überarbeitet wird, soll von den Mitarbeitern die letzte freigegebene Version genutzt werden. Wenn die neue Version einer Vorlage aus Sicht des Vorlagenbearbeiters fertig ist, soll er die Möglichkeit haben, zum einen Feedback einzufordern und zum anderen die Freigabe durch die Qualitätssicherung zu veranlassen.
- **Qualitätssicherung:** Diese Anwender prüfen die neue Version einer Vorlage und genehmigen bzw. lehnen diese ab. Sie sollen bereits zwischendurch über einen Feedback-Prozess in die Überarbeitung einer Vorlage eingebunden werden können.

Die benötigten Funktionen lassen sich somit eindeutig mindestens einer Anwendergruppe zuordnen und sollten in der Praxis auch durch Vertreter dieser Gruppen detailliert beschrieben sowie nach der Umsetzung getestet werden.

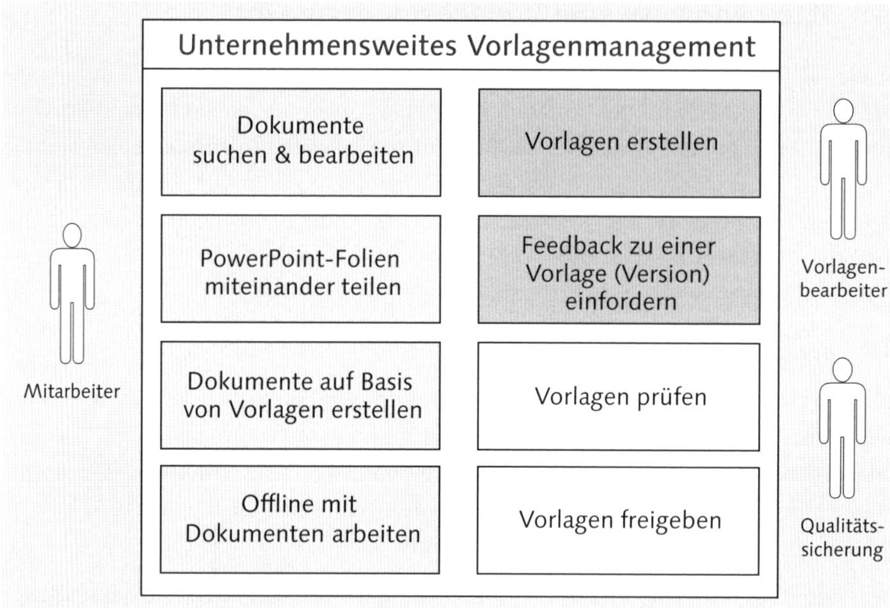

Abbildung 5.19 Anforderungen an ein unternehmensweites Vorlagenmanagement

5.4.2 Konzeption der Lösung

Auf Basis der definierten Anforderungen müssen Sie zunächst ein Konzept für die mögliche Umsetzung erstellen. Hierbei sind Aspekte wie die eingesetzte Version und Edition von SharePoint und die zur Verfügung stehenden Tools zu berücksichtigen.

Für diese Übung sehen wir eine SharePoint-Website vor, die als Unterwebsite in der bereits genutzten Websitesammlung erstellt wird. In dieser Website werden sukzessive die folgenden Schritte durchgeführt:

1. Sie erstellen eine Website auf Basis der Vorlage »Dokumentcenter« oder alternativ »Teamwebsite«.
2. Sie erstellen die benötigten Bibliotheken für die Verwaltung der Vorlagen und PowerPoint-Folien.
3. Sie richten eine Inhaltsgenehmigung und einen Feedback-Workflow für die Bibliothek »Vorlagen« ein.
4. Sie richten die Websiteinhaltstypen für die benötigten Vorlagen ein und konfigurieren die Dokumentbibliothek, sodass neue Dokumente auf Basis der Vorlagen erstellt werden können.
5. Sie erstellen eine Dokumentenmappe für die Verwaltung von Angeboten und fügen diese der Dokumentbibliothek »Dokumente« hinzu.

5.4.3 Einrichten der Website zur Ablage von Vorlagen und Dokumenten

Erstellen Sie zunächst eine neue Unterwebsite in der Website der obersten Ebene Ihrer Websitesammlung, indem Sie dort zu den Websiteinhalten navigieren und den Menüpunkt NEUE WEBSITE auswählen. Als Titel geben Sie die Bezeichnung »Vorlagen und Dokumente« und als Websiteadresse den Wert »vorlagen-und-dokumente« an und wählen die Websitevorlage »Dokumentcenter« oder alternativ die Vorlage »Teamwebsite« aus.

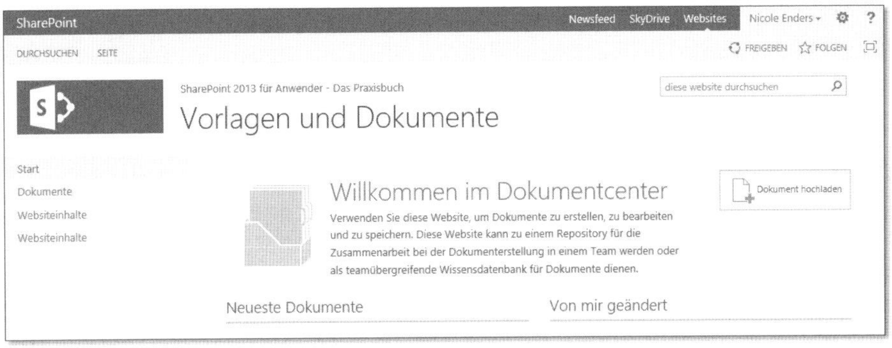

Abbildung 5.20 Homepage des Dokumentcenters zur zentralen Verwaltung von Dokumenten

In Abbildung 5.20 wird die Homepage eines Dokumentcenters dargestellt. Im Wesentlichen besteht eine auf Basis dieser Vorlage erstellte Website aus einer Dokumentbibliothek und der dargestellten Homepage, die drei Funktionen vorzuweisen hat:

- **Dokument hochladen:** Sie können direkt über die Schaltfläche auf der Homepage ein neues Dokument hochladen, ohne sich Gedanken über den Ablageort machen und erst dorthin navigieren zu müssen.
- **Neueste Dokumente:** Die zuletzt im Dokumentcenter hinzugefügten Dokumente werden in absteigender Reihenfolge im linken Bereich der Seite dargestellt. Damit können Sie sich über neue Informationen im Dokumentcenter informieren.
- **Von mir geändert:** Im rechten Bereich der Seite werden die von Ihnen als aktueller Benutzer zuletzt bearbeiteten Dokumente in absteigender Reihenfolge aufgelistet.

Was mache ich, wenn ich die Vorlage »Dokumentcenter« nicht nutzen kann und stattdessen nun eine Teamsite erstellt habe?

Die Vorlage »Teamwebsite« liefert ebenfalls bereits eine Dokumentbibliothek »Dokumente« mit. Erstellen Sie am besten zwei Ansichten, die die neuesten Dokumente bzw. die zuletzt durch den aktuellen Benutzer bearbeiteten Dokumente in absteigender Reihenfolge darstellen. Anschließend können Sie die Homepage der Website so bearbeiten, dass sie in etwa der Homepage eines Dokumentcenters entspricht.

Abbildung 5.21 Unternehmensweite Vorlagen in die Dokumentbibliothek hochladen

Die Vorlagen, die Sie im Unternehmen bzw. für Ihre tägliche Arbeit benötigen, sollen in einer separaten Dokumentbibliothek abgelegt werden. Rufen Sie die Websiteinhalte auf, und wählen Sie den Menüpunkt APP HINZUFÜGEN aus. Klicken Sie auf die *App* DOKUMENTBIBLIOTHEK, und geben Sie den Namen »Vorlagen« an.

Sie können die Dokumentbibliothek direkt nutzen und entsprechend der Darstellung in Abbildung 5.21 Ihre Vorlagen hochladen. Damit kann jeder Anwender die Vorlage zentral aufrufen und für die Erstellung neuer Dokumente nutzen.

5.4.4 Freigabeprozess für neue Versionen einer Vorlage

Die zentrale Ablage der Vorlagen in SharePoint stellt zunächst aber keinen Mehrwert zu der alternativen Verwaltung der Vorlagen auf einem Firmenlaufwerk dar. Erst durch die Konfiguration eines Freigabeprozesses lässt sich ein deutlicher Vorteil erkennen. SharePoint bietet Ihnen bereits die Möglichkeit, für eine beliebige Liste oder Bibliothek eine sogenannte *Inhaltsgenehmigung* zu aktivieren. Führen Sie folgende Schritte durch, um die Aktivierung vorzunehmen:

1. Rufen Sie die Bibliothek »Vorlagen« auf, und wählen Sie im Menüband BIBLIOTHEK den Menüpunkt BIBLIOTHEKSEINSTELLUNGEN aus.
2. Wählen Sie im Bereich ALLGEMEINE EINSTELLUNGEN den Menüpunkt VERSIONSVERWALTUNGSEINSTELLUNGEN aus.
3. Wählen Sie im Bereich INHALTSGENEHMIGUNG die Option »Ja« aus, und aktivieren Sie die Versionierung, indem Sie mindestens die Option HAUPTVERSIONEN ERSTELLEN auswählen.

4. Im Bereich ENTWURFSELEMENTSICHERHEIT wählen Sie die Option »Nur Benutzer, die Elemente genehmigen dürfen (und der Autor des Elements)« aus.

   Damit kann eine Vorlage überarbeitet werden, während die Anwender weiterhin die vorherige freigegebene Version der Vorlage nutzen. Erst wenn die neue Version geprüft und genehmigt wurde, wird sie den Anwendern zur Verfügung gestellt.

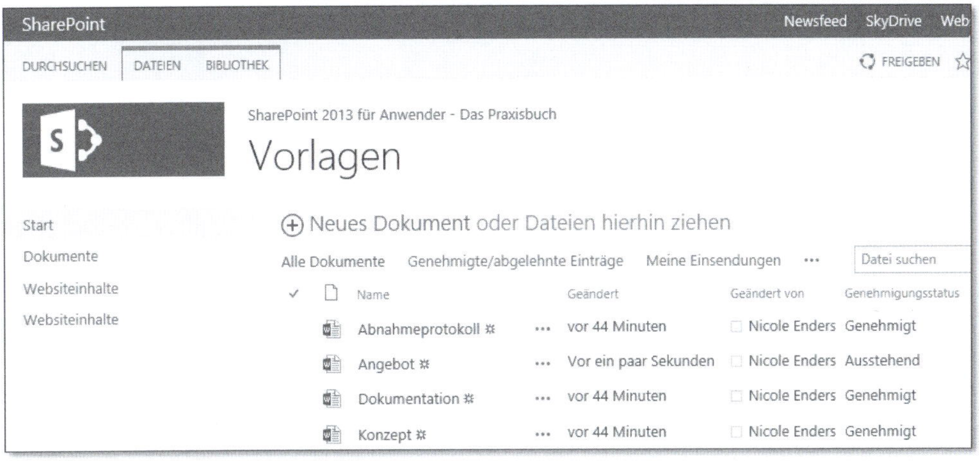

Abbildung 5.22 Freigabeprozess für neue Versionen von Vorlagen

Bestätigen Sie die Änderungen über die Schaltfläche OK, und rufen Sie die Bibliothek »Vorlagen« auf. Sie sollten nun eine neue Spalte »Genehmigungsstatus« sehen. Alle Vorlagen wurden automatisch auf den Status »Genehmigt« gesetzt. Doch was passiert, wenn eine Vorlage bearbeitet wird?

Öffnen Sie am besten einfach eine Vorlage, ändern Sie an einer beliebigen Stelle etwas, und speichern Sie die Änderungen ab. Ausgehend von der Darstellung in Abbildung 5.22 wurde der Status der Vorlage auf »Ausstehend« geändert.

Wenn Sie über die erforderlichen Berechtigungen verfügen, können Sie, wie in Abbildung 5.23 dargestellt, über das Kontextmenü der Vorlage die neue Version genehmigen oder ablehnen.

Ein Anwender mit den standardmäßigen Lese- und Schreibrechten besitzt diese Berechtigung nicht. Entweder müssen Sie eine individuelle **Berechtigungsstufe** erstellen oder die Aufgabe zur Genehmigung neuer Versionen den Personen zuweisen, die über administrative Berechtigungen in der Website verfügen.

Abbildung 5.23 Genehmigen oder Ablehnen der Freigabe der neuen Version einer Vorlage

Sie müssen bei der Freigabefunktion allerdings beachten, dass das System erst einmal niemandem mitteilt, dass es eine neue Version für eine Vorlage gibt, die genehmigt werden muss. Das bedeutet, dass Sie sich einen Informationsprozess überlegen müssen. Wenn Sie vorab nicht sagen können, wer die Genehmigung für eine Vorlage erteilen soll, kann die zusätzliche Verwendung eines Workflows sinnvoll sein. Gehen Sie folgendermaßen vor, um einen solchen Workflow zu konfigurieren:

1. Wählen Sie im Menüband BIBLIOTHEK der Dokumentbibliothek »Vorlagen« den Menüpunkt WORKFLOWEINSTELLUNGEN aus.
2. Klicken Sie auf der nächsten Seite auf den Link WORKFLOW HINZUFÜGEN, und wählen Sie den Workflow »Feedback sammeln – SharePoint 2010« aus.

   Sollten Sie den Workflow nicht auswählen können, müssen Sie zu der Website der obersten Ebene der Websitesammlung navigieren und dort unter den Websiteeinstellungen die *Websitesammlungsfeatures* aufrufen. Aktivieren Sie dort das Feature »Workflows«, und kehren Sie an diese Stelle hier zurück.
3. Geben Sie den Namen »Feedback« an, übernehmen Sie die übrigen Einstellungen, und klicken Sie auf WEITER.
4. Wenn es für die meisten Fälle, in denen Sie eine Rückmeldung zu einer neuen Vorlagenversion einfordern, doch eine Person gibt, die Sie angeben können, sollten Sie diese als Bearbeiter angeben.

Sie können allerdings auch die Felder leer lassen und die Konfiguration über die Schaltfläche SPEICHERN abschließen.

Ab jetzt können Sie für ein Dokument in dieser Bibliothek jederzeit den Workflow »Feedback« ausführen, indem Sie im Kontextmenü des Dokuments den Menüpunkt WORKFLOWS aufrufen und anschließend den Workflow auswählen.

5.4.5 Konfiguration von Vorlagen für eine Dokumentbibliothek

Die Vorlagen werden jetzt zwar zentral in einer Dokumentbibliothek verwaltet. Hilfreich wäre es allerdings, wenn Sie direkt ein neues Dokument auf Basis einer dieser Vorlagen erstellen könnten. Das ist über die sogenannten Inhaltstypen möglich, für die Sie neben evtl. benötigten Websitespalten auch eine Dokumentenvorlage hinterlegen können. Erstellen Sie für die in der Bibliothek abgelegten Vorlagen jeweils einen Inhaltstyp, indem Sie folgendermaßen vorgehen:

1. Rufen Sie die WEBSITEEINSTELLUNGEN und dort den Menüpunkt WEBSITEINHALTSTYPEN auf.
2. Klicken Sie auf ERSTELLEN, und geben Sie den Namen der jeweiligen Vorlage (wie zum Beispiel »Angebot«) an.
3. Wählen Sie entsprechend der Darstellung in Abbildung 5.24 als übergeordneten Inhaltstyp in den beiden Auswahllisten die Werte »Dokumentinhaltstypen« und »Dokument« aus.
4. Sie können die Gruppe »Benutzerdefinierte Inhaltstypen« verwenden oder auch eine neue erstellen, wenn Sie dies wünschen. Die Gruppe kann Ihnen bei der Suche nach einem Inhaltstyp helfen, da sie als Gruppierungselement bei der Auflistung aller Websiteinhaltstypen verwendet wird.
5. Schließen Sie die Erstellung des Inhaltstyps über die Schaltfläche OK ab.

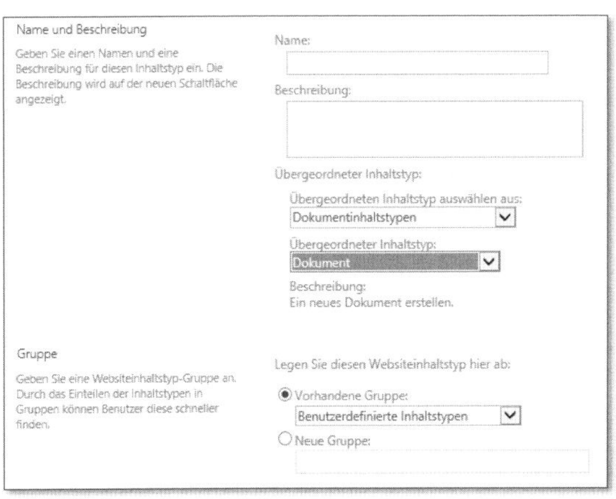

Abbildung 5.24 Erstellen eines Websiteinhaltstyps für eine Vorlage

6. Sie befinden sich jetzt auf der Konfigurationsseite des Inhalttyps und wählen den Menüpunkt ERWEITERTE EINSTELLUNGEN aus.
7. Wie Sie Abbildung 5.25 entnehmen können, haben Sie hier die Möglichkeit, eine Dokumentvorlage hochzuladen oder die URL zu einer Vorlage anzugeben. Da Sie die Vorlage bereits in der Dokumentbibliothek »Vorlagen« gespeichert haben, sollten Sie in einem weiteren Browserfenster diese Bibliothek aufrufen und über das Kontextmenü der Vorlage deren URL aufrufen, kopieren und an der in Abbildung 5.25 dargestellten Stelle einfügen.
8. Die übrigen Einstellungen können Sie unverändert übernehmen. Schließen Sie die Konfiguration über die Schaltfläche OK ab.

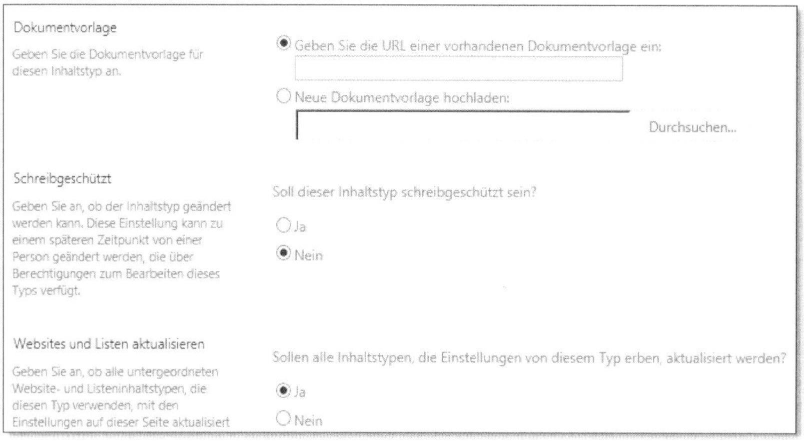

Abbildung 5.25 Dokumentvorlage für den Websiteinhaltstyp angeben

Sie sollten nun folgende Inhaltstypen in Ihrer Website erstellt haben:

- Abnahmeprotokoll
- Angebot
- Dokumentation
- Konzept
- Lösung
- Testphase
- Vision

Um die Vorlagen direkt für die Erstellung neuer Dokumente im Dokumentcenter bzw. in einer Dokumentbibliothek nutzen zu können, müssen Sie folgende Schritte durchführen:

1. Rufen Sie die Dokumentbibliothek auf, für die die Vorlagen bereitgestellt werden sollen.
2. Wählen Sie im Menüband BIBLIOTHEK den Menüpunkt BIBLIOTHEKSEINSTELLUNGEN und anschließend den Menüpunkt ERWEITERTE EINSTELLUNGEN aus.
3. Falls unter INHALTSTYPEN die Option »Nein« selektiert ist, wählen Sie die Option »Ja« und speichern die Änderungen über die Schaltfläche OK.

4. Auf der Seite der Bibliothekseinstellungen scrollen Sie dann zum Bereich INHALTSTYPEN und klicken auf den Link AUS VORHANDENEN WEBSITEINHALTSTYPEN HINZUFÜGEN.
5. Selektieren Sie in der Auswahlliste den Wert »Benutzerdefinierte Inhaltstypen«, fügen Sie alle sieben erstellten Inhaltstypen hinzu, und schließen Sie den Vorgang über die Schaltfläche OK ab.

Wenn Sie die Dokumentbibliothek »Dokumente« nach Abschluss der Konfiguration aufrufen und im Menüband DATEIEN das Untermenü des Menüpunkts NEUES DOKUMENT aufrufen, sollten Sie eine mit Abbildung 5.26 vergleichbare Darstellung vorfinden.

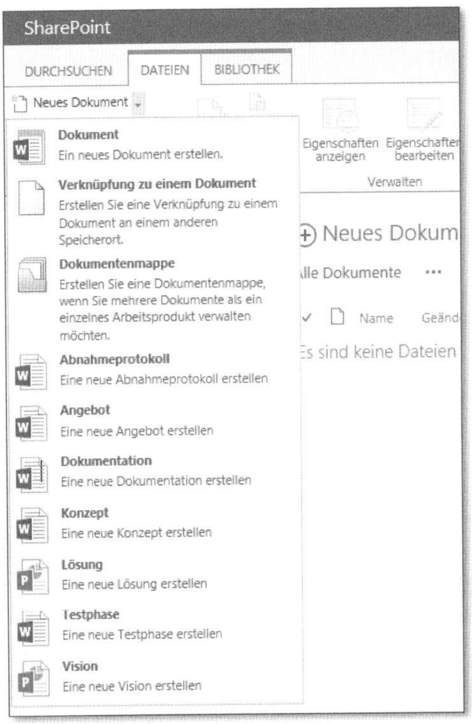

Abbildung 5.26 Das Menü »Neues Dokument« nach Zuweisung der Inhaltstypen zu einer Bibliothek

Nun können Sie aus der Bibliothek heraus neue Dokumente auf Basis der jeweiligen Vorlage erstellen. Da die Inhaltstypen nur einen Link auf die Vorlage enthalten, stehen freigegebene Änderungen an einer Vorlage auch unmittelbar danach bereits an dieser Stelle zur Verfügung. Außerdem können Sie weiterhin hierüber ein neues leeres Word-Dokument erstellen, indem Sie den obersten Menüpunkt DOKUMENT mit der Beschreibung »Ein neues Dokument erstellen« auswählen.

Was ist eine Verknüpfung zu einem Dokument?

Der zweite Menüpunkt von oben, VERKNÜPFUNG ZU EINEM DOKUMENT, ist für Dokumente interessant, die sich nicht in dieser Bibliothek befinden, aber über einen Link zu erreichen sind. Das kann zum Beispiel für ein PDF-Dokument gelten, das im Internet zu finden ist. Über die Auswahl des Menüpunkts und die Angabe der URL zu dem jeweiligen Dokument wird dieses wie ein Dokument behandelt, das in einer Bibliothek gespeichert ist. Das heißt, Sie können Metadaten für dieses Dokument pflegen und es über die Suche finden.

5.4.6 Erstellen einer Angebotsmappe

In Abbildung 5.26 können Sie als dritten Menüpunkt eine sogenannte **Dokumentenmappe** erkennen. Eine solche Mappe können Sie sich wie eine Art Ordner vorstellen, in dem zusammengehörende Dokumente gemeinsam verwaltet werden. Mit dieser Funktion können Sie unabhängig von der Version der einzelnen Dokumente auch eine Version der Mappe verwalten oder beispielsweise einen Workflow für alle Dokumente der Mappe starten. Diese Funktion steht aber nur in den Server-Editionen zur Verfügung.

Die für mich besondere Funktion einer Dokumentenmappe besteht allerdings in der Möglichkeit, dass mit der Erstellung einer Dokumentenmappe automatisch beliebig viele Dokumente auf Basis hinterlegter Vorlagen erstellt werden können. Wenn Sie ein Angebot für einen Kunden schreiben, nutzen Sie wahrscheinlich eine Word-Vorlage für das Angebot selbst. Für die Kalkulation wiederum verwenden Sie ein Excel-Sheet und für die Präsentation des Angebots eine PowerPoint-Präsentation, die unabhängig vom jeweiligen Angebot erst einmal immer denselben Aufbau hat, bevor Sie sie mit den individuellen Inhalten befüllen. Ist Ihnen das alles ein wenig zu abstrakt und theoretisch? Kein Problem, dann erstellen wir doch am besten gemeinsam eine solche Dokumentenmappe, und Sie schauen dann, ob Sie für sich darin einen Mehrwert sehen. Um eine Dokumentenmappe einzurichten, gehen Sie folgendermaßen vor:

1. Rufen Sie die WEBSITEEINSTELLUNGEN und dort den Menüpunkt WEBSITEINHALTSTYPEN auf.
2. Klicken Sie auf ERSTELLEN, und geben Sie den Namen »Angebotsmappe« ein.
3. Wählen Sie als übergeordneten Inhaltstyp in beiden Auswahllisten die Werte »Inhaltstypen der Dokumentenmappe« und »Dokumentenmappe« aus.
4. Sie können die Gruppe »Benutzerdefinierte Inhaltstypen« verwenden oder auch eine neue erstellen, wenn Sie dies wünschen. Die Gruppe kann Ihnen bei der Suche

nach einem Inhaltstyp helfen, da sie als Gruppierungselement bei der Auflistung aller Websiteinhaltstypen verwendet wird.

5. Schließen Sie die Erstellung des Inhaltstyps über die Schaltfläche OK ab.
6. Sie befinden sich jetzt auf der Konfigurationsseite des Inhalttyps. Wählen Sie hier den Menüpunkt EINSTELLUNGEN FÜR DOKUMENTENMAPPE aus.
7. Im Bereich ZULÄSSIGE INHALTSTYPEN schränken Sie die Anzeige der Inhaltstypen ein, indem Sie in der Auswahlliste die Option »Benutzerdefinierte Inhaltstypen« auswählen. Fügen Sie nun die Inhaltstypen »Angebot«, »Konzept« und »Vision« hinzu, indem Sie sie selektieren und die Schaltfläche HINZUFÜGEN nutzen. Entfernen Sie außerdem den Inhaltstyp »Dokument« aus der Auswahl.
8. Da sich der Inhaltstyp »Dokument« so lange nicht aus der Auswahl entfernen lässt, wie er noch verwendet wird, wählen Sie in der Auswahlliste unter dem Bereich STANDARDINHALT den Inhaltstyp »Angebot« aus und entfernen dann den Inhaltstyp »Dokument« oben aus der Auswahl.

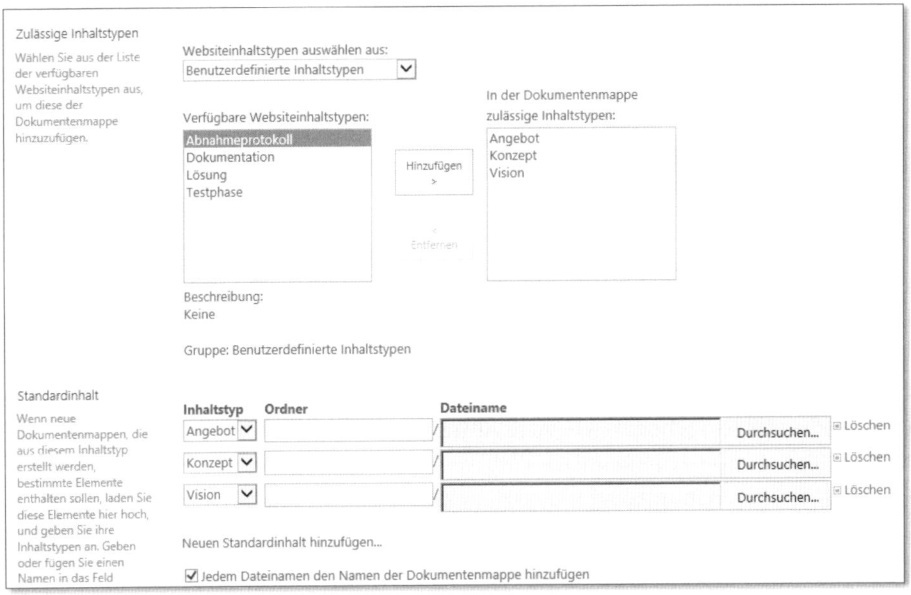

Abbildung 5.27 Konfiguration der Dokumentenmappe für ein Angebot

9. Entsprechend der Darstellung in Abbildung 5.27 legen Sie für die drei ausgewählten Inhaltstypen einen STANDARDINHALT fest. Dabei handelt es sich um den Link zu der jeweiligen Vorlage, die in der Bibliothek »Vorlagen« zu finden ist. Um eine neue Zeile für einen weiteren Standardinhalt zu erhalten, müssen Sie auf den Link NEUEN STANDARDINHALT HINZUFÜGEN klicken.
10. Die Eigenschaft »Jedem Dateinamen den Namen der Dokumentenmappe hinzufügen« ist standardmäßig ausgewählt. Das hat bei unserer Konfiguration zur

Folge, dass eine Angebotsmappe, für die der Name »Beispielangebot« angegeben wird, die drei folgenden Dokumente beinhaltet:

- »Beispielangebot – Angebot.docx«
- »Beispielangebot – Konzept.docx«
- »Beispielangebot – Vision.pptx«

Das kann als störend empfunden werden, weshalb diese Option in der Praxis öfter deaktiviert wird.

11. Ansonsten können Sie sämtliche Einstellungen übernehmen und die Schaltfläche OK betätigen.

Um die Angebotsmappe im Dokumentcenter bzw. in einer Dokumentbibliothek nutzen zu können, müssen Sie folgende Schritte durchführen:

1. Rufen Sie die Dokumentbibliothek »Dokumente« auf, und wählen Sie im Menüband BIBLIOTHEK den Menüpunkt BIBLIOTHEKSEINSTELLUNGEN aus.
2. Auf der Seite der Bibliothekseinstellungen scrollen Sie zum Bereich INHALTSTYPEN und klicken auf den Link AUS VORHANDENEN WEBSITEINHALTSTYPEN HINZUFÜGEN.
3. Selektieren Sie in der Auswahlliste den Wert »Benutzerdefinierte Inhaltstypen«, fügen Sie den Inhaltstyp »Angebotsmappe« hinzu, und schließen Sie den Vorgang über die Schaltfläche OK ab.

Wenn Sie die Dokumentbibliothek »Dokumente« nach Abschluss der Konfiguration aufrufen und im Menüband DATEIEN das Untermenü des Menüpunkts NEUES DOKUMENT aufrufen, sollten Sie als untersten Menüpunkt die Angebotsmappe vorfinden. Wählen Sie diesen Menüpunkt aus, geben Sie einen Namen für Ihr erstes Angebot (wie zum Beispiel »Angebot SharePoint Workshop«) an, und klicken Sie auf die Schaltfläche SPEICHERN. Je nachdem, wie viele Anfragen der Server gerade zu bearbeiten hat, können Sie sehen, wie der Reihe nach die Dateien erstellt werden, die Sie als Standardinhalt angegeben haben. Wenn die Erstellung der Dateien abgeschlossen ist, wird die Angebotsmappe automatisch angezeigt. Sie sollten nun die in der Angebotsmappe verwalteten Dokumente sehen können (vergleiche Abbildung 5.28).

Sie sollten außerdem wissen, dass Sie Metadaten für eine Dokumentenmappe verwalten können, die automatisch für alle Dokumente innerhalb dieser Mappe gelten. Den Menüpunkt EIGENSCHAFTEN BEARBEITEN, den Sie in Abbildung 5.28 neben der Grafik oberhalb der Dokumente finden, verwenden Sie zur Pflege der Metadaten in einer Dokumentenmappe.

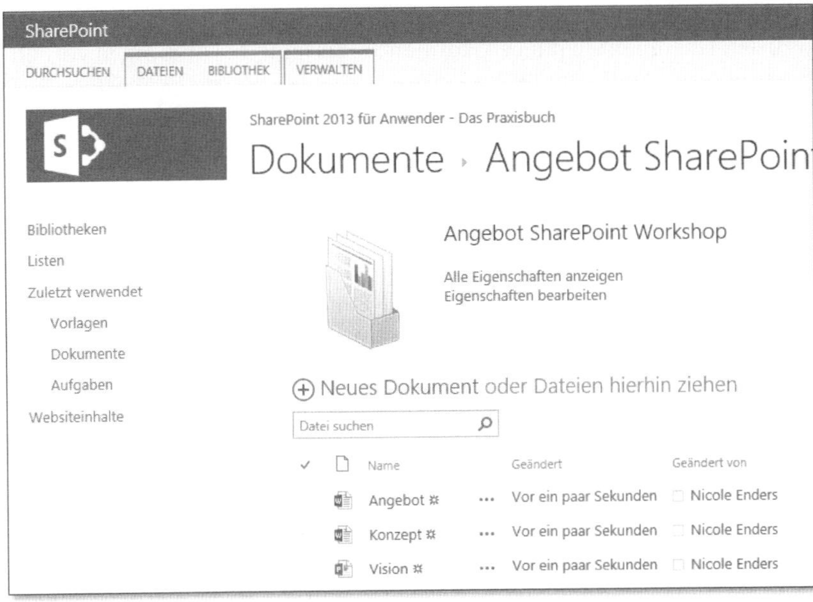

Abbildung 5.28 Neu angelegte Angebotsmappe mit automatisch erstellten Dokumenten

5.4.7 Pflege von Metadaten zur Unterstützung der Suche

Wenn Sie das Dokumentcenter nutzen, ist Ihnen beim Aufruf der Dokumentbibliothek »Dokumente« vielleicht bereits der Bereich in der Schnellstartleiste aufgefallen, der **Schlüsselfilter** bereitstellt. In Abbildung 5.29 können Sie sehen, dass Sie damit die Möglichkeit haben, die Dokumente nach ihrem Änderungsdatum zu filtern.

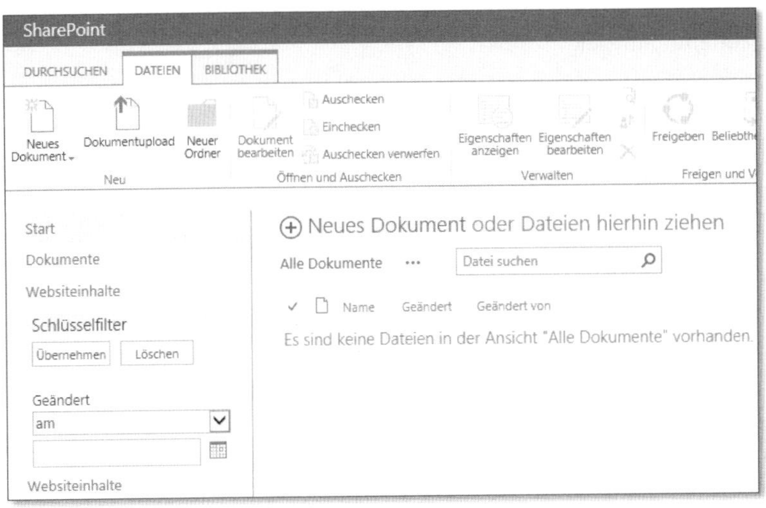

Abbildung 5.29 Konfiguration von Schlüsselfiltern in der Bibliothek »Dokumente« im Dokumentcenter

Indem Sie weitere Spalten in der Dokumentbibliothek anlegen und darüber die Metadaten zu den Dokumenten pflegen, können Sie verfeinerte Filterungen vornehmen und die Ergebnisse von Suchanfragen weiter einschränken. Planen Sie daher bei der Einrichtung einer Dokumentenablage von Beginn an ein ausgefeiltes Metadatenmanagement. Ansonsten werden die Anwender zwar ihre Dokumente in SharePoint ablegen, aber relativ bald werden sie darüber klagen, dass »man in SharePoint ja nie was findet«. Mit den passenden Spalten und ein paar Vorgaben, was die Pflege der Metadaten anbelangt, sollten Sie aber langfristig erfolgreich sein. Ich kann Ihnen hier kein Geheimrezept verraten, weil die Verwaltung der Metadaten meiner Erfahrung nach von Unternehmen zu Unternehmen verschieden ist. Sie müssen sich die Frage stellen, wonach Sie und Ihre Kollegen suchen und was für Sie wichtige Filterkriterien sind. Wenn Sie lange mit Ordnerstrukturen gearbeitet haben, werden Sie eine Art von Metadaten bereits unbewusst verwenden, indem es ein Verfahren für die Benennung von Ordnern gibt. Sie müssen aber auch nicht von Anfang an bereits als Experte für das Metadatenmanagement auftreten. Das wäre eine vollkommen falsche Erwartungshaltung. Sehen Sie es lieber als stetigen Prozess, der mit Ihrer wachsenden Erfahrung immer weiter verbessert werden kann.

5.4.8 PowerPoint-Folien als Vorlagen zentral zur Verfügung stellen

In einer Folienbibliothek können Sie Folien aus PowerPoint-Präsentationen an zentraler Stelle veröffentlichen, um sie in Ihrem Unternehmen als Vorlage zu verwenden. Die einzelnen Folien der Präsentation werden in dieser Bibliothek gespeichert und stehen somit allen Mitarbeitern zur Verfügung, für die das Verwenden der bereits bestehenden Folie eine Zeitersparnis bedeuten kann.

Erstellen einer Folienbibliothek

Wenn Sie die Vorgängerversionen von SharePoint 2013 bereits kennengelernt haben, kennen Sie die Folienbibliothek vielleicht schon und haben diese liebgewonnen. Wenn Sie nun eine Folienbibliothek anlegen möchten, werden Sie diese unter dem Menüpunkt App hinzufügen bei den Websiteinhalten vergebens suchen.

»Wo ist die Folienbibliothek hin?«, werden Sie sich fragen. Wahrscheinlich ist doch nicht alles eine App geworden. Denn Sie können zwar so keine Folienbibliothek anlegen, wenn Sie jedoch den genauen Link kennen, der zur Erstellung benötigt wird, so können Sie das System austricksen und doch die geliebte Folienbibliothek erstellen. Geben Sie den Link zu Ihrer Website an, und fügen Sie dahinter

```
/_layouts/15/slnew.aspx?FeatureId={0be49fe9-9bc9-409d-abf9-702753bd878d}&
ListTemplate=2100
```

hinzu. Geben Sie einen Namen für die Bibliothek an (wie zum Beispiel »Öffentliche Folien«), und klicken Sie auf die Schaltfläche Erstellen.

Folien veröffentlichen

Folien einer geöffneten PowerPoint-Präsentation können Sie aus PowerPoint heraus über die Registerkarte DATEI und den Menüpunkt FREIGEBEN • FOLIEN VERÖFFENTLICHEN in der Folienbibliothek speichern, indem Sie auf die Schaltfläche FOLIEN VERÖFFENTLICHEN klicken. Daraufhin öffnet sich das Dialogfenster FOLIEN VERÖFFENTLICHEN, in dem Sie die Folien auswählen können, die Sie veröffentlichen wollen (siehe Abbildung 5.30). Dazu müssen Sie auch die URL der Folienbibliothek angeben.

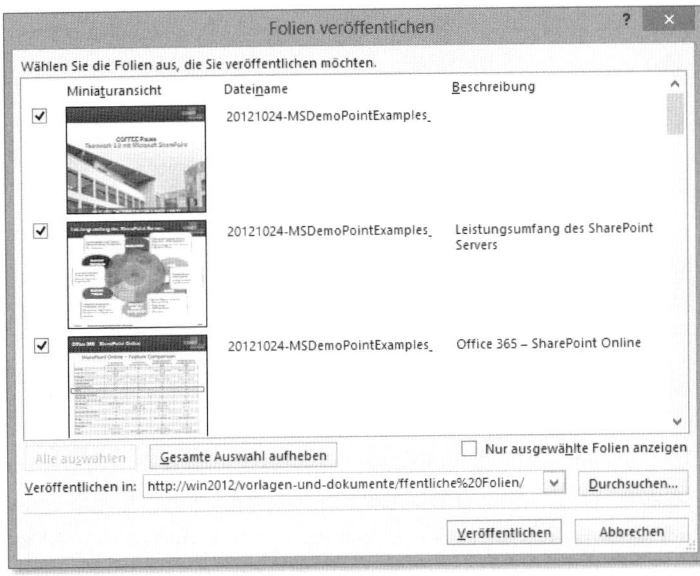

Abbildung 5.30 Auswahl der zu veröffentlichenden Folien einer PowerPoint-Präsentation

Des Weiteren gibt es auch die Möglichkeit, die Folien aus SharePoint heraus über den Menüpunkt HOCHLADEN • FOLIEN VERÖFFENTLICHEN der Folienbibliothek in der Bibliothek zu speichern. Wenn Sie den in Abbildung 5.31 dargestellten Menüpunkt auswählen, öffnet sich PowerPoint und fordert Sie zur Auswahl einer Präsentation auf. Anschließend müssen Sie wie bei der ersten Variante die zu veröffentlichenden Folien auswählen.

Eine Folie, die sich in der Folienbibliothek befindet, können Sie über die PowerPoint-Registerkarte START Ihrer Präsentation hinzufügen. Über die Befehlsschaltfläche NEUE FOLIE kann der Befehl FOLIEN WIEDERVERWENDEN ausgewählt werden. Dadurch wird am rechten Fensterrand der Aufgabenbereich FOLIEN WIEDERVERWENDEN geöffnet. Nachdem Sie in diesem Bereich die URL der Folienbibliothek eingegeben haben, werden Ihnen im mittleren Bereich alle Folien angezeigt, die Sie wiederverwenden können. Durch doppeltes Klicken auf die Vorschau einer Folie wird diese der aktuellen Präsentation hinzugefügt.

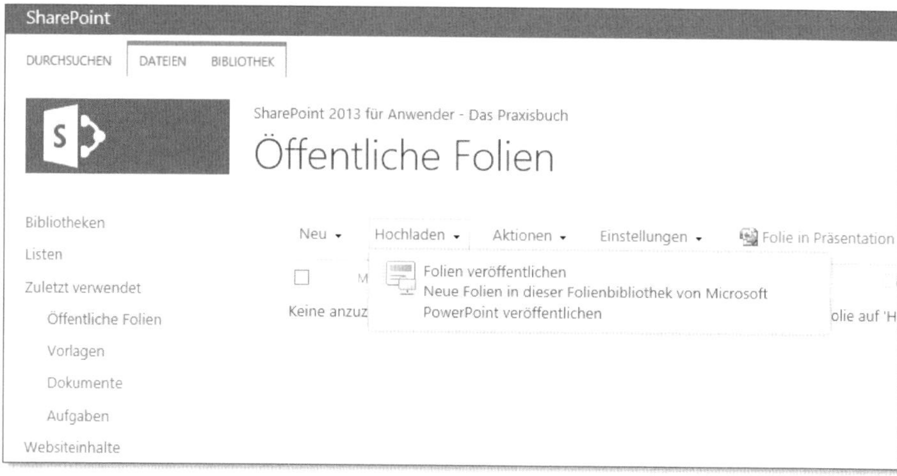

Abbildung 5.31 Folien aus SharePoint heraus veröffentlichen

Wenn Sie veröffentlichte Folien Ihrer PowerPoint-Präsentation hinzufügen, haben Sie die Möglichkeit, festzulegen, ob das ursprüngliche Design der Folien übernommen werden soll. Wählen Sie diese Option nicht, werden die Folien Ihrer PowerPoint-Präsentation hinzugefügt und Ihr gewähltes Foliendesign wird auf die neuen Folien übertragen.

Ebenso können Sie, bevor Sie eine Folie Ihrer Präsentation hinzufügen, definieren, ob Sie über Folienänderungen informiert werden möchten. Wenn Sie die Option ÜBER FOLIENÄNDERUNGEN INFORMIEREN ausgewählt haben, werden Sie beim Öffnen einer PowerPoint-Präsentation uber Folienänderungen informiert, falls diese Änderung eine Folie der aktuellen Präsentation betrifft. Sie können dann entscheiden ob Sie diese Änderung übernehmen wollen.

Mit dieser Funktion haben Sie eine einfache Möglichkeit, Folien miteinander zu teilen und von den Arbeitsergebnissen Ihrer Kollegen zu profitieren. Sie müssen nicht mehr lange danach suchen oder der Reihe nach Ihre Kollegen nach alten Präsentationen fragen. Wenn Sie einen Prozess etablieren, der die Ablage sämtlicher wiederverwendbaren Folien der erstellten Präsentationen in einer solchen Folienbibliothek vorsieht, dann können Sie hier nach verwendbarem Material suchen und dieses in Ihre Präsentation integrieren. Ich wünsche Ihnen viel Spaß beim Ausprobieren dieser hilfreichen Funktion.

5.4.9 Offline mit Dokumenten arbeiten

Bei der Arbeit mit Dokumenten stehen Sie meistens recht schnell vor der Herausforderung, dass diese auch offline zur Verfügung stehen sollen. Wenn Sie beispielsweise zu einer Besprechung gehen oder außerhalb des Firmennetzes auf die in SharePoint abgelegten Dokumente zugreifen möchten, haben Sie in der Regel keinen Zugriff auf die jeweilige Website bzw. Dokumentbibliothek. In SharePoint 2010 haben Sie dafür noch den **SharePoint Workspace** genutzt, den Sie explizit auf Ihrem PC installieren mussten. Mit SharePoint 2013 wird für die Offline-Verfügbarkeit von Dokumenten **SkyDrive Pro Sync** verwendet.

SkyDrive Pro Sync steht Ihnen sowohl bei Office 365 und SharePoint Online als auch bei lokalen SharePoint 2013-Installationen zur Verfügung. Allerdings wird für die Funktionalität vorausgesetzt, dass Sie Office 2013 auf Ihrem PC installiert haben. Mit einer älteren Office-Version werden Sie weiterhin den SharePoint Workspace für die Offline-Funktionalität nutzen müssen.

Wenn Sie Office 2013 installiert haben, können Sie die Offline-Funktion am Beispiel der Vorlagen ausprobieren, die Sie eben in einer Dokumentbibliothek zentral abgelegt haben. Möchten Sie nun eine der Vorlagen nutzen, während Sie keinen Zugriff auf die SharePoint-Website haben, so können Sie folgendermaßen vorgehen:

1. Rufen Sie die Dokumentbibliothek »Vorlagen« auf, und wählen Sie den Menüpunkt SYNCHRONISIEREN aus, der nur für Dokumentbibliotheken zur Verfügung gestellt wird. Sie sehen ihn im oberen rechten Bereich der Seite auf Abbildung 5.32. Das bedeutet allerdings auch, dass Sie die übrigen SharePoint-Inhalte nicht offline nutzen können.

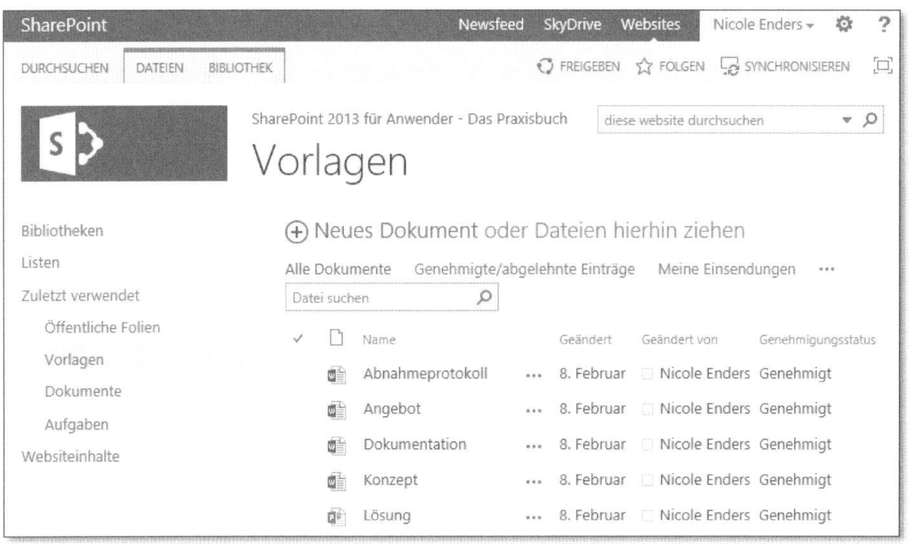

Abbildung 5.32 Die Dokumentbibliothek »Vorlagen« mit dem für Dokumentbibliotheken typischen Menüpunkt »Synchronisieren«

Was kann ich tun, wenn ich kein Microsoft Office 2013 installiert habe?

In diesem Fall können Sie den SharePoint Workspace 2010 installieren und für die Offline-Funktionalität nutzen. Sie haben hierüber die Möglichkeit, neben Dokumenten auch bestimmte SharePoint-Listen (wie beispielsweise Aufgaben) offline zu bearbeiten und mit der Serverversion zu synchronisieren, sobald Sie wieder eine Verbindung zu der jeweiligen SharePoint-Website herstellen können.

Unter der Websiteadresse *http://www.galileo-videotrainings.de/austausch-mit-anderen-anwendungen/sharepoint-inhalte-offline-bearbeiten/sharepoint-server-2010-sharepoint-foundation-2010/3039/probe-lektion* finden Sie die wichtigsten Informationen zur Einrichtung und Nutzung dieses Werkzeugs.

2. Wenn Sie den Menüpunkt angeklickt haben, erscheint ein Dialog, in dem Sie den Speicherort für die Offlinekopie der Dokumente ändern können. Standardmäßig handelt es sich dabei um Ihr Benutzerverzeichnis. Wenn Sie so weit sind, können Sie die Schaltfläche JETZT SYNCHRONISIEREN betätigen.
3. Sobald die Synchronisation abgeschlossen ist, können Sie die Schaltfläche MEINE DATEIEN ANZEIGEN... betätigen, woraufhin sich (wie in Abbildung 5.33 dargestellt) der Windows Explorer öffnet. Unter FAVORITEN • SHAREPOINT finden Sie zukünftig jede synchronisierte Bibliothek und können hierüber das gewünschte Dokument aufrufen und offline bearbeiten.

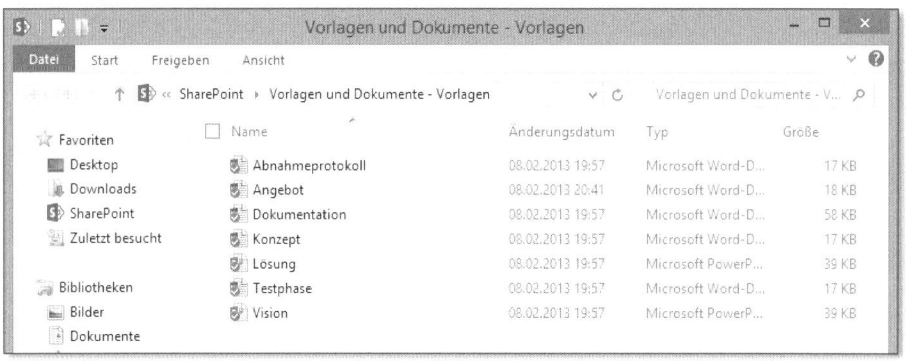

Abbildung 5.33 Der Windows Explorer mit den aus SharePoint synchronisierten Dokumenten der Bibliothek »Vorlagen« aus der Website »Vorlagen und Dokumente«

4. Solange Sie noch keine Änderungen vorgenommen haben, werden die Dokumente als aktuell und synchron mit der Serverversion gekennzeichnet, indem ein grüner Haken für das jeweilige Dokument angezeigt wird. Trennen Sie jetzt die Verbindung zu SharePoint, sodass Sie keine Aktualisierungen der Dokumente erhalten können.

5. Öffnen Sie nun eine Vorlage, wie beispielsweise das Worddokument »Dokumentation«.
6. Sobald das Dokument geöffnet ist, erhalten Sie entsprechend der Darstellung in Abbildung 5.34 in der unteren Funktionsleiste die Information, dass es sich bei dem Dokument um eine Offlinekopie handelt. Außerdem werden Sie darüber informiert, wann die letzte Aktualisierung erfolgt ist.
7. Sie können nun die Offlinekopie bearbeiten und die Änderungen und Ergänzungen an dem Dokument vornehmen, die Sie wünschen. Sobald Sie das Dokument speichern, erhalten Sie in der Funktionsleiste den Hinweis, dass ein Upload aussteht. Das ändert sich so lange nicht, bis Sie wieder eine Verbindung zum Server haben und die Änderungen mit der Serverversion synchronisiert werden können.

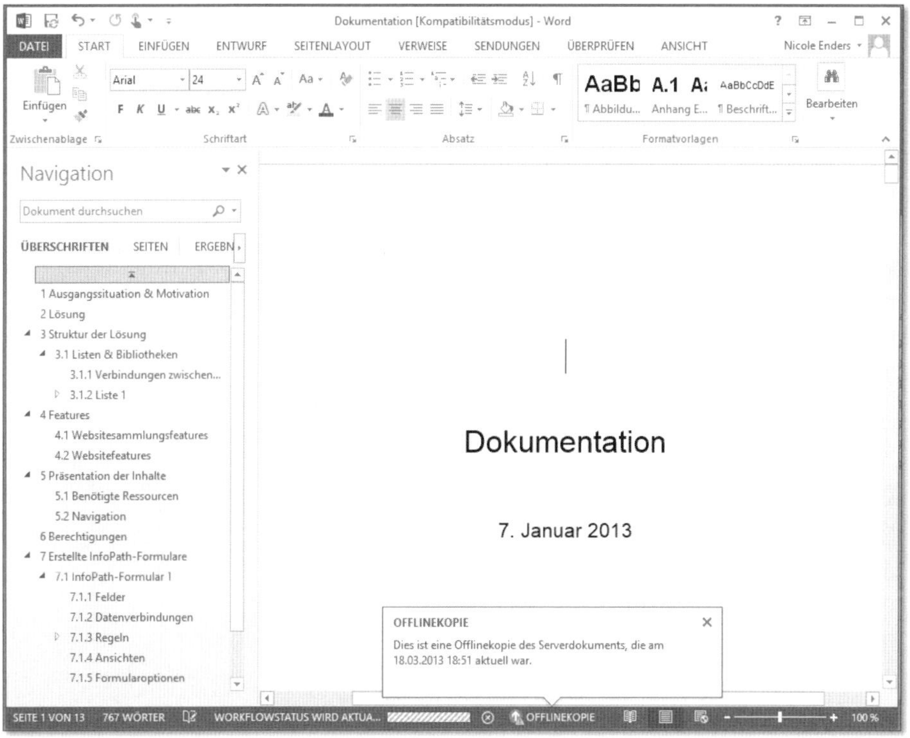

Abbildung 5.34 Informationen zu einer Offlinekopie inklusive der Angabe von Datum und Uhrzeit der letzten Aktualisierung

Wenn Sie noch einmal in den Windows Explorer schauen, über den Sie das Dokument aufgerufen haben, werden Sie feststellen, dass sich das Symbol für dieses Dokument geändert hat. Dabei handelt es sich, wie in Abbildung 5.35 dargestellt, um ein klassisches Aktualisierungssymbol. Während Sie offline arbeiten, können Sie auf diese Weise schnell einen Überblick darüber erhalten, welche Dokumente Sie bearbeitet haben. Sobald Sie wieder eine Verbindung zu den jeweiligen Bibliotheken haben, die Sie auch offline nutzen, werden die bearbeiteten Dokumente der Reihe nach mit der jeweiligen Serverversion synchronisiert. Dazu wird das **Microsoft Office Upload Center** verwendet.

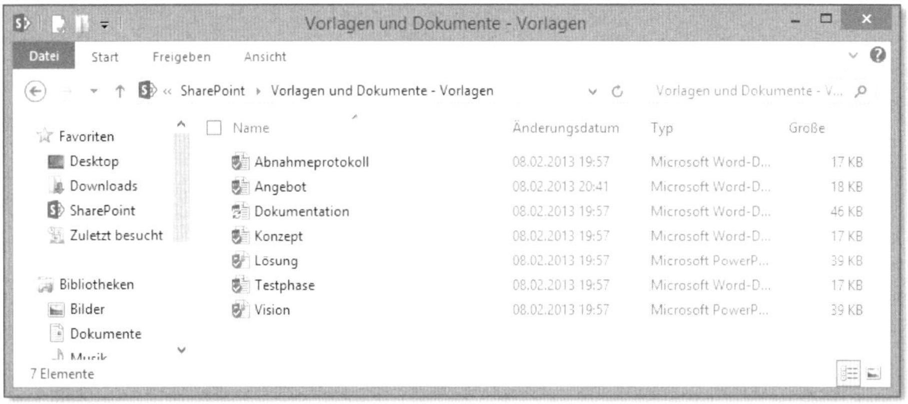

Abbildung 5.35 Kennzeichnung von bearbeiteten Dokumenten im Windows Explorer vor der Synchronisation mit der Serverversion

In den meisten Fällen werden Sie vom Upload Center keine Notiz nehmen, weil es in Ihrer Taskleiste still vor sich hin arbeitet. Erst dann, wenn Konflikte bei der Synchronisation auftauchen, müssen Sie aktiv werden und das **Upload Center**, das Sie in Abbildung 5.36 sehen, aufrufen.

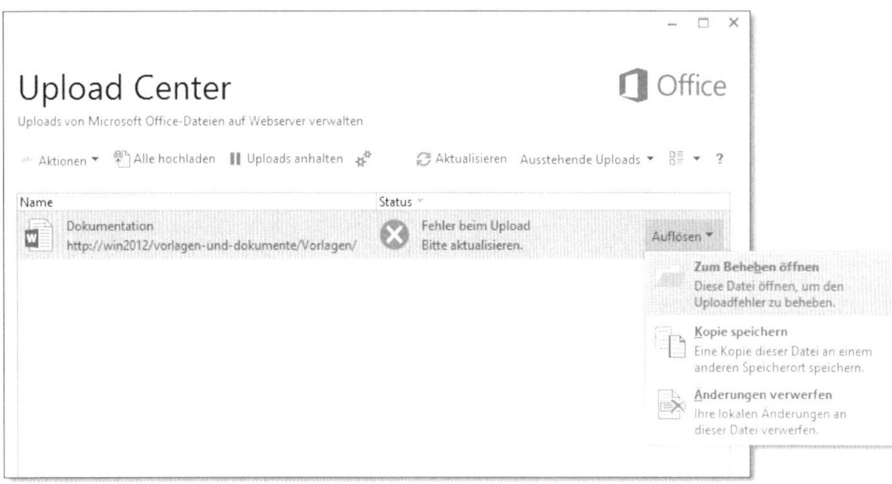

Abbildung 5.36 Das »Microsoft Office Upload Center« dient zur Auflösung von Konflikten bei der Synchronisation von Offlinekopien mit ihrer Serverversion.

Ein solcher Konflikt tritt in der Regel dann auf, wenn zusätzlich zu den Änderungen, die Sie an der Offlinekopie vorgenommen haben, auch die Serverversion bearbeitet wurde. In diesem Fall benötigt SharePoint Ihre Unterstützung, um eine neue Version des Dokuments bereitstellen zu können.

Bei einem Konflikt können Sie folgendermaßen vorgehen:

1. Rufen Sie in Ihrer Taskleiste das Microsoft Office Upload Center auf. Bei einem Konflikt sollten Sie bereits über die Taskleiste darauf aufmerksam gemacht werden, dass Sie das Upload Center öffnen sollen.
2. Sie erhalten entsprechend der Darstellung in Abbildung 5.36 eine Übersicht über die Dokumente, die nicht automatisch synchronisiert werden konnten. Wählen Sie für das entsprechende Dokument den Menüpunkt AUFLÖSEN • ZUM BEHEBEN ÖFFNEN aus.

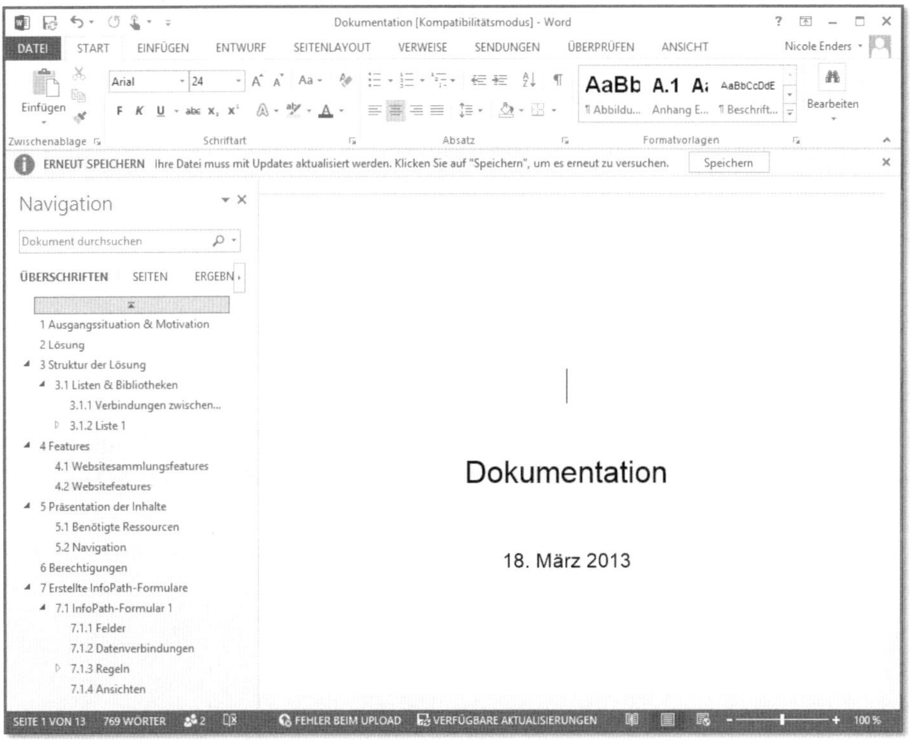

Abbildung 5.37 So synchronisieren Sie eine Offlinekopie mit den Aktualisierungen der Serverversion, bevor die neue Version hochgeladen wird.

3. Es öffnet sich das Dokument, wobei Sie in der unteren Funktionsleiste entsprechend der Darstellung in Abbildung 5.37 sowohl die Information erhalten, dass Fehler beim Upload aufgetreten sind, als auch die Benachrichtigung zu verfügbaren Aktualisierungen. Zusätzlich werden Sie noch über eine gelbe Informations-

leiste oben unmittelbar unter dem Menüband darüber informiert, dass Sie erst einmal die Schaltfläche SPEICHERN betätigten müssen, damit die Änderungen der Serverversion in Ihre Offlinekopie übertragen werden. Klicken Sie auf SPEICHERN, und prüfen Sie die Änderungen, die an Ihrem Dokument entstanden sind.

4. Wenn Sie alle Änderungen vorgenommen haben, können Sie das Dokument wie gewohnt speichern, indem Sie entweder auf das Diskettensymbol klicken oder die Tastenkombination STRG+S drücken.

Wenn ein anderer Anwender das Dokument gerade bearbeitet, während Sie diese Änderungen vornehmen und mit der Serverversion synchronisieren, wird er ggf. beim Speichern die Meldung »Erneut speichern« erhalten und muss ähnlich wie Sie eben die Schaltfläche SPEICHERN betätigen, um Ihre Aktualisierungen in seine Version zu integrieren. Anschließend kann er dann diese Änderungen prüfen und seine Version als neue Serverversion speichern.

Wie erkenne ich, welche Änderungen über die Aktualisierung mit der Serverversion in meine Offlinekopie übernommen wurden?

Alle Änderungen, die in der Zwischenzeit an der Serverversion vorgenommen wurden, werden mit einer grünlichen Texthervorhebungsfarbe gekennzeichnet. Darüber können Sie schnell die Änderungen ermitteln und prüfen, ob diese Änderungen im Zusammenspiel mit Ihren Änderungen sinnvoll sind. Sie können das Dokument genau so bearbeiten, wie Sie es sich wünschen.

Wenn Sie und ein anderer Anwender an derselben Stelle einen neuen Absatz erstellt haben, so werden beide Absätze nach der Aktualisierung in Ihrem Dokument zu finden sein, wobei der Absatz der Serverversion vor Ihrem Absatz erscheint.

Sie sollten sich vorab genau überlegen, wie Sie mit Konflikten bei der Bearbeitung von Dokumenten vorgehen. Solange Sie Ihre Offlinekopien lediglich lesend nutzen, besteht dieses Problem nicht. Nutzen Sie allerdings mit mehreren Personen einen Dokumentenbereich, der auch offline editiert wird, so werden Sie wahrscheinlich die bearbeiteten Dokumente inhaltlich überprüfen müssen, damit nicht durch die verschiedenen Synchronisationen ungewollt falsche Inhalte entstehen.

5.5 Erweiterung der Lösung für das Vorlagenmanagement

Bei der Arbeit mit Dokumenten und der Nutzung der Funktionen des Dokumentenmanagements in SharePoint werden Sie in der Praxis noch viele weitere Möglichkeiten kennenlernen. Als ein Beispiel hierfür werden Sie in dieser Übung lernen, wie Sie die Metadaten Ihres Dokuments innerhalb eines Dokuments selbst integrieren können, sodass Sie bestimmte Informationen in der Bibliothek selbst editieren und bei einem erneuten Öffnen des Dokuments automatisch diese Werte an beliebig vielen Stellen innerhalb des Dokuments aktualisieren lassen können. Außerdem können Sie **Textbausteine** in einer SharePoint-Liste pflegen, um diese anschließend bei der Erstellung und Bearbeitung von Dokumenten zu verwenden.

Sobald Sie einmal ein Dokument fertiggestellt haben, können Sie einen der **Standardworkflows** von SharePoint nutzen, um beispielsweise Feedback zu den von Ihnen erfassten Inhalten zu erhalten. Um den Lebenszyklus der in SharePoint verwalteten Informationen zu definieren und so beispielsweise zu bestimmen, ab wann ein Dokument als veraltet gilt, werden Sie abschließend die Möglichkeiten der **Informationsverwaltungsrichtlinien** kennenlernen.

5.5.1 Integration von Metadaten in ein Word-Dokument

Sie können zu jedem Dokument in einer Dokumentbibliothek neben den automatisch für jede Datei verwalteten Informationen (das sind beispielsweise das Datum der letzten Änderung oder auch das Erstelldatum) weitere Metadaten pflegen. Legen Sie dazu für die zu verwaltenden Informationen neue Spalten in dieser Bibliothek an.

Zur Vorbereitung erstellen Sie in der Bibliothek »Dokumente«, die Sie bereits zur Ablage der Angebote (und im Speziellen zur Ablage der Angebotsmappen) verwendet haben, eine neue Spalte »Kategorie« mit dem Informationstyp »Auswahl (Menü)«. Welche Kategorien würden Sie für Ihre Dokumente vergeben wollen? Eine Möglichkeit wären die Kategorien »Interne Verwendung«, »Öffentlich« und »Nicht weiterverwenden«.

Wenn Sie eine solche Spalte angelegt haben, können Sie zu jedem in der Bibliothek gespeicherten Dokument die Kategorie pflegen. Dazu wählen Sie das jeweilige Dokument in der Dokumentbibliothek aus und rufen im Menüband DATEIEN den Menüpunkt EIGENSCHAFTEN BEARBEITEN auf. Sie können nun folgendermaßen vorgehen, um die Verwendung von Metadaten innerhalb von Dokumenten auszuprobieren:

1. Rufen Sie ein vorhandenes Dokument auf, oder erstellen Sie alternativ ein neues, indem Sie im Menüband DATEIEN eine Vorlage auswählen.
2. Wählen Sie die Stelle innerhalb Ihres Word-Dokuments aus, an der Sie beispielsweise die Kategorie einfügen möchten, die Sie unter den Metadaten des Dokuments angeben werden. Anschließend können Sie entsprechend der Darstellung in Abbildung 5.38 im Menüband EINFÜGEN aus der Gruppe TEXT den Menüpunkt SCHNELLBAUSTEINE • DOKUMENTEIGENSCHAFTEN aufrufen und darunter den Eintrag KATEGORIE auswählen.
3. Sofort wird ein Platzhalter an der gewünschten Stelle eingefügt. Sie können das Dokument nun in der Dokumentbibliothek speichern und schließen.

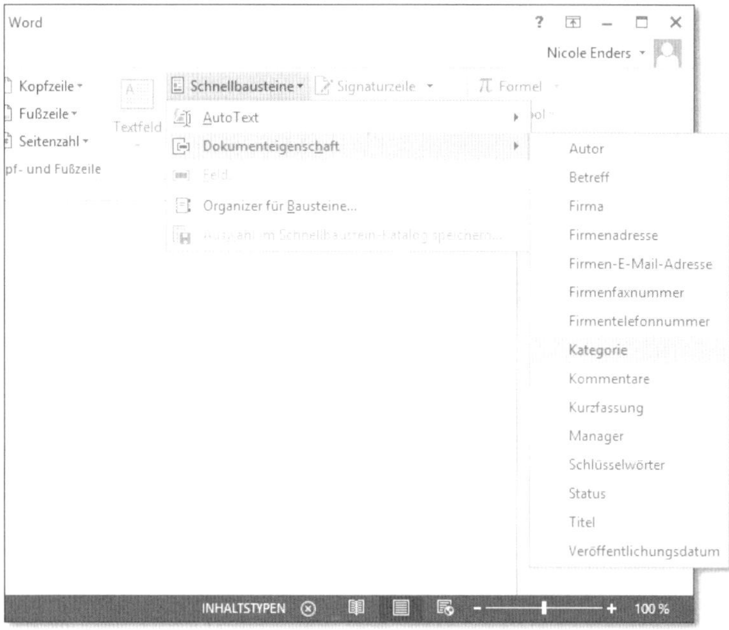

Abbildung 5.38 Dokumenteigenschaften auswählen und in das Word-Dokument integrieren

4. Innerhalb der Dokumentbibliothek wählen Sie dann das entsprechende Dokument aus und nehmen über den Menüpunkt EIGENSCHAFTEN BEARBEITEN im Menüband DATEIEN die Kategorisierung vor. Dazu wählen Sie in dem daraufhin erscheinenden Dialog für das Feld »Kategorie« einen der zur Auswahl stehenden Werte aus und bestätigen die Änderungen über die Schaltfläche SPEICHERN.
5. Rufen Sie das Dokument nun wieder auf, und prüfen Sie, ob die Änderungen bzgl. der vergebenen Kategorie wirksam geworden sind.

Sie haben mit dem Platzhalter eine dauerhafte Verknüpfung zwischen den Metadaten, die Sie unter den Dokumenteigenschaften pflegen können, und dem Dokumentinhalt hergestellt. Das kann im Zusammenhang mit der Erstellung von Angeboten beispielsweise verwendet werden, um innerhalb der Dokumenteigenschaften Informationen (wie den vorgesehenen Projektleiter, die Angebotssumme oder auch eine Angebotsnummer) zu erfassen. Wenn diese Informationen auf die eben beschriebene Vorgehensweise in das Dokument integriert werden, müssen Sie beispielsweise bei einem Austausch des vorgesehenen Projektleiters nicht im gesamten Dokument nach der Erwähnung der entsprechenden Person suchen und diese durch den neuen Projektleiter ersetzen. Diese doch recht umständliche Arbeit können Sie sich ersparen, indem Sie den Platzhalter verwenden und unter den Dokumenteigenschaften in dem Feld für den Projektleiter eine andere Person auswählen. Sobald Sie dann das

Dokument neu öffnen, werden die Änderungen der Dokumenteigenschaften automatisch ermittelt und Ihr Dokument ist auf dem neuesten Stand.

5.5.2 Den Dokumentinformationsbereich zur Pflege der Dokumenteigenschaften nutzen

Die Pflege der Dokumenteigenschaften scheint bisher vollkommen losgelöst von der Bearbeitung der Dokumentinhalte zu sein. Das muss aber nicht so sein! Wenn Sie innerhalb von Word auf das Menüband DATEI klicken, befinden Sie sich in der Ansicht »Informationen«. Im rechten Bereich finden Sie dort die wesentlichen Dokumenteigenschaften, wie zum Beispiel den Autor oder den Titel des Dokuments. Klicken Sie auf den Menüpunkt EIGENSCHAFTEN. Daraufhin öffnet sich ein Untermenü, in dem Sie den Menüpunkt DOKUMENTBEREICH ANZEIGEN auswählen.

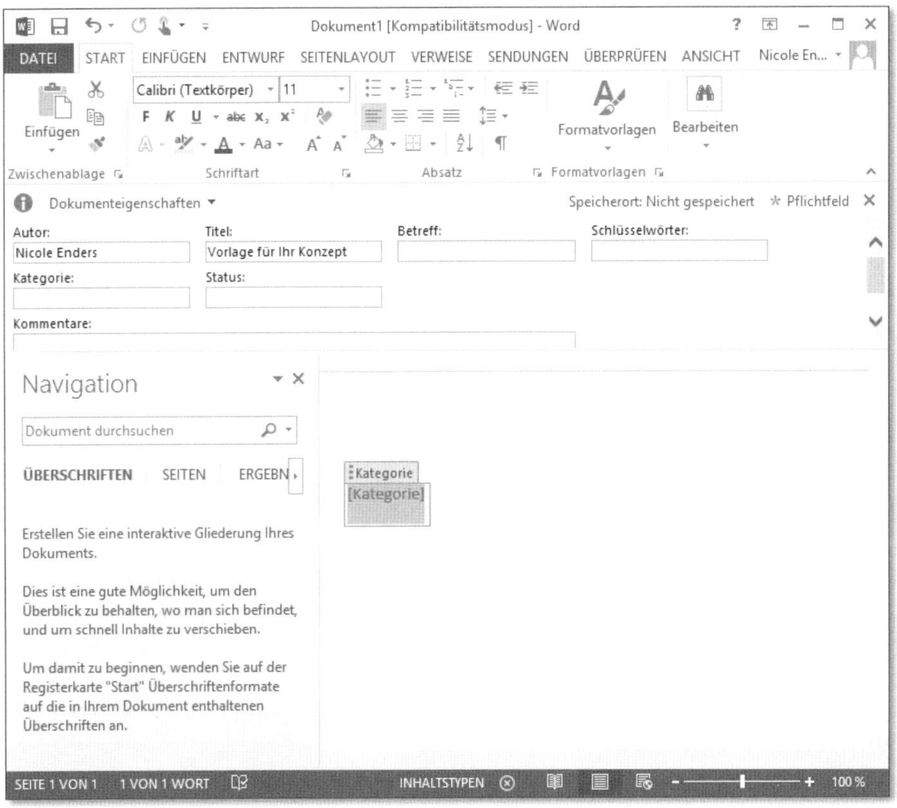

Abbildung 5.39 Sie können Dokumenteigenschaften innerhalb des Dokuments über den Dokumentinformationsbereich pflegen.

Daraufhin erscheint entsprechend der Darstellung in Abbildung 5.39 innerhalb Ihres Word-Dokuments ein Bereich zwischen dem Menüband und dem Dokumentinhalt, in dem Sie nun auch während der Bearbeitung des Dokuments selbst die Metadaten verwalten können. Dabei werden auch Validierungen (wie Pflichtfelder oder minimale bzw. maximale Werte) berücksichtigt.

Dieser Dokumentinformationsbereich sieht aber nicht schön aus!

Das Aussehen und die Funktionalität des Dokumentinformationsbereichs sind sehr einfach gehalten. Es werden sämtliche Felder nebeneinander dargestellt. Wenn die Felder nicht mehr alle nebeneinander dargestellt werden können, wird die Anzeige in eine weitere Zeile umbrochen. Jetzt ist es in der Praxis aber durchaus üblich, dass bestimmte Felder voneinander abhängig sind oder dass auch einfach eine andere Anordnung dieser Felder gewünscht ist. Das lässt sich mit dem Werkzeug *InfoPath Designer* umsetzen. Sie können mit dem InfoPath Designer für einen ausgewählten Inhaltstyp einen auf Ihre individuellen Wünsche zugeschnittenen Dokumentinformationsbereich entwerfen und diesen anschließend veröffentlichen. Dabei stehen Ihnen sämtliche Funktionen zur Verfügung, die Sie auch bei der Erstellung eines elektronischen Formulars auf Basis von InfoPath besitzen. So können Sie die Anordnung der Felder, ihre Beschriftung und spezielle Validierungen definieren sowie Regeln hinterlegen, nach denen bestimmte Felder nur unter gewissen Voraussetzungen angezeigt werden bzw. zu Pflichtfeldern werden.

5.5.3 Textbausteine zur Erstellung von Word-Dokumenten nutzen

Bisher haben wir Dokumenteigenschaften innerhalb des Dokuments genutzt. Im konkreten Fall der Angebotserstellung werden wahrscheinlich auch bei Ihnen viele Textpassagen in allen Angeboten dieselben sein. Dafür können Sie Textbausteine verwenden, die innerhalb der Word-Dokumente zur Verfügung gestellt werden.

Über eine benutzerdefinierte Liste in Ihrem Dokumentcenter und eine Erweiterung in Word in Form eines Add-ins können Sie Textbausteine nutzen. Gehen Sie dazu folgendermaßen vor, und bitten Sie für die Erstellung des Add-ins bei Bedarf einen SharePoint- bzw. Microsoft Office-Entwickler darum, die entsprechenden Schritte durchzuführen.

Wir beginnen zunächst mit der Erstellung der Liste zur Verwaltung der Textbausteine. Gehen Sie dazu folgendermaßen vor:

1. Rufen Sie die Website für die Verwaltung von Vorlagen und Dokumenten auf, und navigieren Sie zu den Websiteinhalten.
2. Klicken Sie auf den Menüpunkt App hinzufügen, und wählen Sie die App Benutzerdefinierte Liste aus.
3. Geben Sie den Namen »Textbausteine« an, und bestätigen Sie die Angaben über die Schaltfläche Erstellen.

4. Rufen Sie die neue Liste »Textbausteine« auf, und fügen Sie die folgenden Spalten hinzu:

Spaltenname	Informationstyp
Kategorie	Auswahl (Menü) ▸ Vertragsbedingungen ▸ Leistung ▸ Produkt ▸ Kosten
Textbaustein	Mehrere Textzeilen

Tabelle 5.7 Spalten zur Liste »Textbausteine« hinzufügen

Sie sollten zu jeder Kategorie nun mindestens einen Textbaustein in der Liste erfassen. In Word können Sie später zuerst eine Kategorie auswählen und erhalten anschließend eine Auflistung der darunter befindlichen Textbausteine, wobei dort nur der Titel des jeweiligen Textbausteins angezeigt wird. Wenn Sie dann einen Textbaustein selektieren und bestätigen, dass dieser in Word eingefügt werden soll, wird der Inhalt des Felds »Inhalt« dieses Textbausteins an der entsprechenden Stelle in das Word-Dokument eingefügt. Wie können Sie aber nun eine solche Lösung erstellen? Es handelt sich hierbei um keine Übung, wie Sie sie bisher kennengelernt haben. Hier liegt der Fokus auf der Entwicklung des Word-Add-ins. Wenn Sie also keine Entwicklerkenntnisse besitzen, können Sie diesen Abschnitt kurz überfliegen und dann zum nächsten Abschnitt wechseln. Haben Sie jedoch ein wenig Erfahrung in der Softwareentwicklung mit Microsoft-Technologien, so lohnt sich ein Blick auf die Möglichkeiten. Gehen Sie dann folgendermaßen vor, um die Word-Erweiterung zu entwickeln:

1. Rufen Sie das Werkzeug **Visual Studio 2012** auf, und klicken Sie auf den Link NEUES PROJEKT.
2. In dem daraufhin erscheinenden Dialog wählen Sie die Vorlage »Word 2013-Add-in« aus. Sie finden diese unter der Rubrik VISUAL C# • OFFICE/SHAREPOINT • OFFICE ADD-INS. Sollten Sie diese Rubrik nicht finden können, müssen Sie noch die **Microsoft Office Developer Tools für Visual Studio 2012** installieren, die Sie unter *http://msdn.microsoft.com/de-de/office/apps/fp123627.aspx* finden.
3. Geben Sie einen Namen für Ihr Visual Studio-Projekt an, wählen Sie einen Speicherort aus, und erstellen Sie die Projektmappe über die Schaltfläche OK.
4. Sie befinden sich daraufhin, wie in Abbildung 5.40 gezeigt, in der Projektmappe für ein neues Word Add-in. Da stellt sich natürlich die Frage: »Was kann ich mit solch

einem Add-in an zusätzlichen Funktionen einbringen?« Sie können beispielsweise einen neuen Menüpunkt in ein Menüband einfügen oder auch ein vollkommen neues Menüband erstellen. Am besten machen wir genau das einmal. Im rechten Bereich finden Sie den Projektmappen-Explorer. Auf oberster Ebene befindet sich die »Lösung«, die denselben Namen wie das darunter zu findende »Projekt« trägt. Wenn Sie mit der rechten Maustaste auf das Projekt klicken, öffnet sich ein Kontextmenü, in dem Sie den Menüpunkt HINZUFÜGEN • NEUES ELEMENT auswählen.

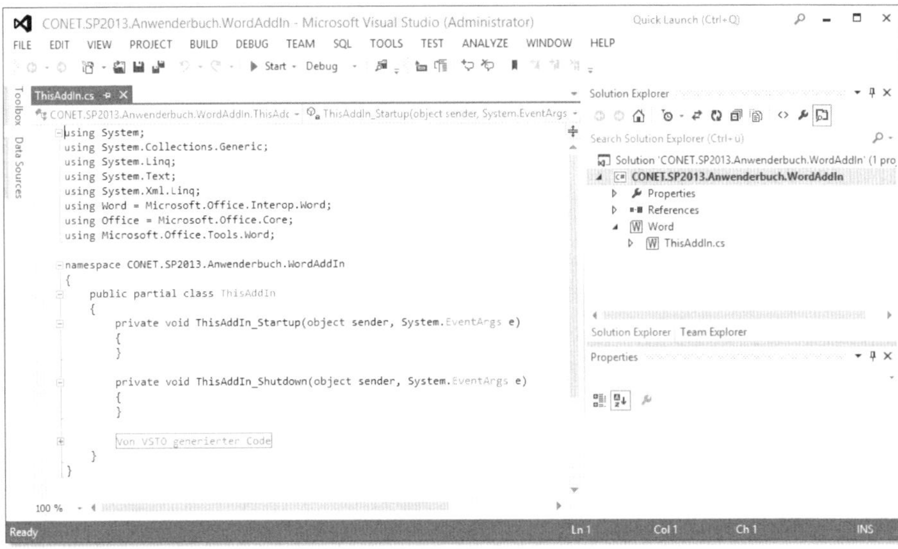

Abbildung 5.40 So erstellen Sie ein neues Word Add-in für die Funktionalität der Textbausteine.

5. In dem Dialog, der jetzt erscheint, können Sie aus verschiedenen Vorlagen die Option MENÜBAND (VISUELLER DESIGNER) auswählen. Geben Sie den Namen »TextPartRibbon.cs« an, und bestätigen Sie diese Angaben über die Schaltfläche HINZUFÜGEN.
6. Die Datei *TextPartRibbon.cs* wird automatisch in der Entwurfsansicht geöffnet. Im rechten Bereich sehen Sie unterhalb des Projektmappen-Explorers den Bereich EIGENSCHAFTEN. Dieser zeigt die Eigenschaften des neuen Menübands an. Ändern Sie dort folgende Einstellungen:
   - **(Name)**: tabTextParts
   - **Label**: Textbausteine
7. Innerhalb des Menübands gibt es auch bereits durch die Vorlage eine Menügruppe »group1«. Klicken Sie diese an, und ändern Sie auch dort die folgenden Eigenschaften:

   - **(Name)**: gProposal
   - **Label**: Angebote
8. Innerhalb der Menügruppe können wir nun die benötigten Funktionen bereitstellen. Über die gewählte Vorgehensweise sind weitere Funktionalitäten im Bereich der Nutzung von Textbausteinen realisierbar, die nicht zwingend etwas mit unserem konkreten Szenario der Angebotserstellung zu tun haben müssen.

   Öffnen Sie jetzt im linken Bereich die TOOLBOX, über die Sie verschiedene Steuerelemente in Ihrem Menüband hinzufügen können.
9. Erweitern Sie in der Toolbox die Gruppe OFFICE RIBBON CONTROLS, und fügen Sie das Steuerelement BUTTON per Drag & Drop zur Menügruppe »Angebote« hinzu.
10. Ändern Sie die folgenden Eigenschaften dieses Steuerelements über den Eigenschaftenbereich:
   - **(Name)**: btnShowTaskPaneForProposalTextParts
   - **ControlSize**: RibbonControlSizeLarge
   - **Label**: Hinzufügen

   Klicken Sie anschließend für die Eigenschaft »Image« auf die Schaltfläche »...«, und klicken Sie in dem daraufhin erscheinenden Dialog auf die Schaltfläche IMPORTIEREN, um ein Bild für den Menüpunkt auszuwählen. Bestätigen Sie die Auswahl eines Bildes über die Schaltfläche OK, und testen Sie das Add-in, indem Sie im oberen Bereich des Visual Studios auf die Schaltfläche START mit dem grünen Pfeil klicken oder alternativ die Taste [F5] drücken.

Wie Sie in Abbildung 5.41 sehen, wird das neue Menüband zu den bereits vorhandenen hinzugefügt, und Sie können die Menüpunkte aufrufen, die Sie in Visual Studio konfiguriert haben.

Abbildung 5.41 Das neue Menüband »Textbausteine« ist in Word verfügbar.

Allerdings ist dieser Menüpunkt bisher ohne Funktion. Beenden Sie deshalb Word, kehren Sie zu Visual Studio zurück, und führen Sie die folgenden Schritte durch:

1. Doppelklicken Sie auf den Menüpunkt HINZUFÜGEN aus unserer Menügruppe »Angebote«. Daraufhin befinden Sie sich in der Code-Ansicht des Menübands und können die Aktion programmieren, die ausgeführt werden soll, wenn ein Anwender den Menüpunkt später auswählt.
2. Die Frage ist demnach: »Welche Aktion soll ausgeführt werden?« Wie wäre es mit einer Auswahlmöglichkeit für die Kategorie der Textbausteine und einer anschließenden Auflistung der Einträge aus der SharePoint-Liste, die zu der ausgewählten Kategorie gehören? Diese Funktion kann in einem sogenannten **Arbeitsbereich (Task Pane)** zur Verfügung gestellt werden. Dabei handelt es sich um einen Bereich, der beispielsweise im rechten Bereich neben dem Bereich zur Bearbeitung des Dokumentinhalts in Word dargestellt werden kann. Rufen Sie im Projektmappen-Explorer wieder das Kontextmenü des Projekts auf, und wählen Sie den Menüpunkt HINZUFÜGEN • NEUES ELEMENT aus.
3. Für den neuen Arbeitsbereich wählen Sie in dem daraufhin erscheinenden Dialog das Element »User Control« aus, geben den Namen »ProposalTextPartsTaskPane.cs« an und bestätigen die Angaben über die Schaltfläche HINZUFÜGEN.
4. Bevor wir die Funktionalitäten für den Arbeitsbereich umsetzen, müssen Sie diesen erst einmal registrieren, damit Sie ihn über den Button in Ihrem Menüband anzeigen lassen können. Klicken Sie dazu im Projektmappen-Explorer auf die Datei *ThisAddIn.cs*, damit diese geöffnet wird.
5. Sie finden dort die zwei Methoden `ThisAddIn_Startup` und `ThisAddIn_Shutdown` vor. Fügen Sie den Quellcode aus Listing 5.3 an der entsprechenden Stelle ein. Dadurch können Sie innerhalb Ihres Add-ins den Arbeitsbereich ansprechen, konfigurieren und anzeigen lassen.

```
public partial class ThisAddIn
{
  public CustomTaskPane ProposalTextPartsCustomTaskPane
  {
    get{ return proposalTextPartsCustomtaskPane;}
  }
  private CustomTaskPane proposalTextPartsCustomtaskPane;

  private void ThisAddIn_Startup(object sender, System.EventArgs e)
  {
    proposalTextPartsCustomtaskPane =
      this.CustomTaskPanes.Add(new ProposalTextPartsTaskPane(),
      "Textbausteine für Ihr Angebot");
        }
```

Listing 5.3 Registrieren eines Arbeitsbereichs (Task Pane) in einem Office-Add-in

6. Nach der Registrierung können Sie dafür sorgen, dass der Arbeitsbereich auch aufgerufen wird, wenn Sie auf den Menüpunkt HINZUFÜGEN in Ihrem Menüband klicken. Führen Sie dazu innerhalb des Projektmappen-Explorers einen Rechtsklick auf die Datei *TextPartRibbon.cs* aus, und selektieren Sie im Kontextmenü den Menüpunkt CODE ANZEIGEN.
7. Aus Schritt 1 kennen Sie bereits die Methode, die für die Aktionen vorgesehen ist, wenn ein Anwender auf den neuen Menüpunkt klickt. Fügen Sie den Aufruf aus Listing 5.4 ein, wodurch der Arbeitsbereich sichtbar wird, sobald der Menüpunkt ausgewählt wird. Allerdings steckt bis jetzt noch keine Funktion dahinter, durch die Sie einen Textbaustein auswählen könnten.

```
private void btnShowTaskPaneForProposalTextParts_
Click(object sender, RibbonControlEventArgs e)
{
  Globals.ThisAddIn.ProposalTextPartsCustomTaskPane.Visible
    = true;
}
```

Listing 5.4 Anzeigen eines Arbeitsbereichs (Task Pane) nach einem Klick auf einen Menüpunkt im Menüband einer Office-Anwendung

8. Rufen Sie die Datei *ProposalTextPartsTaskPane.cs* in der Entwurfsansicht auf, und öffnen Sie links die Toolbox. Fügen Sie aus der Toolbox die folgenden Steuerelemente in den Arbeitsbereich ein:

Steuerelement	(Name)	
ComboBox	cbTextPartCategory	
Button	btnLoad	**Text** = Laden
Button	btnAddTextPart	**Text** = Einfügen
DataGridView	dgTextParts	Unter Columns zwei Spalten anlegen (ID und Textbaustein), wobei die Spalte »ID« unsichtbar sein soll

9. Führen Sie dann einen Doppelklick auf die Steuerelemente vom Typ »ComboBox« und »Button« aus, wodurch Sie die Code-Ansicht aufrufen. Fügen Sie dort als Erstes unmittelbar nach `public partial class ProposalTextPartsTaskPane UserControl {` die Variablen aus Listing 5.5 ein. Diese werden für die Verwaltung der geladenen Textbausteine bzw. für den Zugriff auf die Website verwendet, in der sich die Liste der Textbausteine befindet. Ändern Sie aus diesem Grund die URL innerhalb des Listings so ab, dass sie dem Link auf die Website entspricht, in der Sie Ihre SharePoint-Liste zur Verwaltung der Textbausteine angelegt haben.

```
private Dictionary<string, string> textPartIdsToContent
  { get; set; }
private string linkToWebsite = "http://win2012/vorlagen-und-dokumente/";
```

Listing 5.5 Properties für die Word-Erweiterungen zur Nutzung von Textbausteinen aus einer SharePoint-Liste

10. Als Nächstes benötigen Sie eine Operation, die die Kategorien sämtlicher Textbausteine lädt und als Auswahlliste für das Steuerelement »cbTextPartCategory« bereitstellt. Fügen Sie dazu die in Listing 5.6 aufgeführte Logik in das Click-Event für den Button »btnLoad« ein.

```
private void btnLoad_Click(object sender, EventArgs e){
  ClientContext remoteContext = new ClientContext(linkToWebsite);
  var remoteSite = remoteContext.Web;
  remoteContext.Load(remoteSite);
  remoteContext.ExecuteQuery();

  Microsoft.SharePoint.Client.List listTextParts =
    remoteSite.Lists.GetByTitle("Textbausteine");
  var query = new CamlQuery()
  { ViewXml = "<View></View>" };

  var textPartItems = listTextParts.GetItems(query);
  remoteContext.Load(textPartItems);
  remoteContext.ExecuteQuery();

  List<string> categories = new List<string>();
  foreach (var textPartItem in textPartItems){
    if(!categories.Contains(textPartItem["Kategorie"].ToString()))
      categories.Add(textPartItem["Kategorie"].ToString());
  }
  cbTextPartCategory.DataSource = categories;
}
```

Listing 5.6 Laden der Kategorien aller verwalteten Textbausteine, um diese Werte in einer Auswahlliste zu hinterlegen

11. Jetzt werden die Kategorien in die ComboBox geladen. Wenn Sie dort als Anwender eine Kategorie auswählen, sollen die dazu gehörenden Textbausteine geladen und in dem Steuerelement »dgTextParts« aufgelistet werden. Aus diesem Grund

muss bei einem Wechsel der Auswahl einer Kategorie eine Abfrage der Textbausteine erfolgen, die zu dieser Kategorie gehören. Außerdem muss die Tabelle aktualisiert werden. Das erfolgt in Listing 5.7.

```
private void cbTextPartCategory_SelectedIndexChanged(
  object sender, EventArgs e){
  ClientContext remoteContext= new ClientContext(linkToWebsite);
  var remoteSite = remoteContext.Web;
  remoteContext.Load(remoteSite);
  remoteContext.ExecuteQuery();

  Microsoft.SharePoint.Client.List listTextParts =
    remoteSite.Lists.GetByTitle("Textbausteine");
  var query = new CamlQuery()
  { ViewXml = @"<View><Query><Where><Eq>
    <FieldRef Name='Kategorie' /><Value
    Type='Choice'>" + cbTextPartCategory.Text
    + "</Value></Eq></Where></Query></View>"
  };

  var textPartItems = listTextParts.GetItems(query);
  remoteContext.Load(textPartItems);
  remoteContext.ExecuteQuery();

  textPartIdsToContent = new Dictionary<string, string>();
  dgTextParts.Rows.Clear();
  foreach(var textPartItem in textPartItems)
  {
    dgTextParts.Rows.Add(textPartItem["ID"].ToString(),
      textPartItem["Title"].ToString());
    textPartIdsToContent.Add(textPartItem["ID"].ToString(),
      textPartItem["Inhalt"].ToString());
  }
}
```

Listing 5.7 Laden aller Textbausteine einer ausgewählten Kategorie sowie Auflistung der Textbausteine in einer tabellarischen Darstellung

12. Abschließend kommt die wichtigste Funktion, die später von den Anwendern durch einen Klick auf den Button EINFÜGEN aufgerufen wird. Dabei wird der ausgewählte Textbaustein genau an der aktuellen Stelle in das Word-Dokument eingefügt.

```
private void btnAddTextPart_Click(object sender, EventArgs e){
  if (dgTextParts.SelectedRows.Count > 0)
  {
    Microsoft.Office.Interop.Word.Selection currentSelection =
      Globals.ThisAddIn.Application.Selection;
    currentSelection.ParagraphFormat.LineSpacingRule =
      WdLineSpacing.wdLineSpaceSingle;
    currentSelection.TypeText(textPartIdsToContent.FirstOrDefault(
      t => t.Value == dgTextParts.SelectedRows[0].Cells[0].Value
      .ToString()).Value);
    currentSelection.TypeParagraph();
  }
}
```

Listing 5.8 Mit diesem Code wird ein ausgewählter Textbaustein an der gewünschten Stelle innerhalb des Word-Dokuments eingefügt.

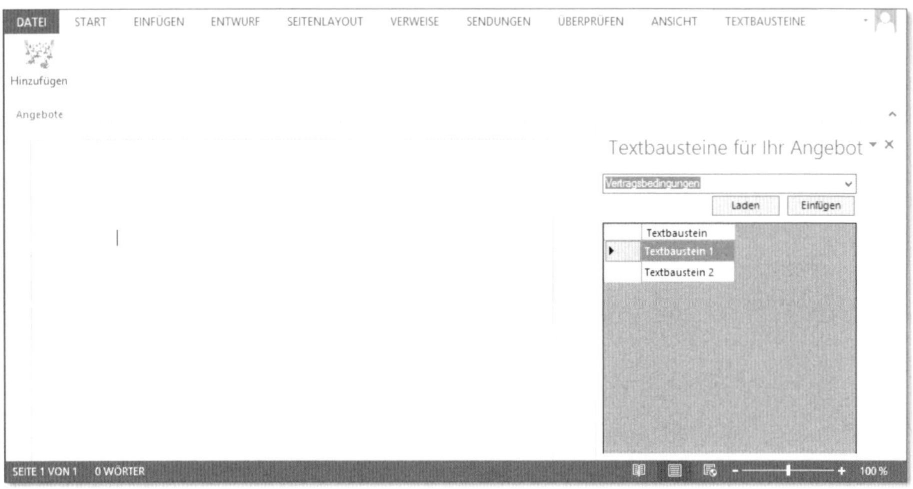

Abbildung 5.42 Angebote (hier ein Word-Dokument) mit der Unterstützung von Textbausteinen aus einer benutzerdefinierten Liste in SharePoint erstellen

Wenn Sie die Lösung jetzt über die Taste F5 ausführen, sollte sich Word bei Ihnen öffnen. Dort können Sie das neue Menüband TEXTBAUSTEINE und darunter den Menüpunkt HINZUFÜGEN auswählen, wodurch sich der Arbeitsbereich »Textbausteine für Ihr Angebot« entsprechend der Darstellung in Abbildung 5.42 öffnet. Klicken Sie dort als Erstes auf die Schaltfläche LADEN, damit die Auswahlliste für die Kategorien befüllt wird. Es wird automatisch die erste Kategorie in der Auswahlliste für Sie selektiert, wodurch Sie bereits die dazu gehörenden Textbausteine sehen und auswählen können. Wählen Sie doch am besten einen Textbaustein aus, und klicken

Sie auf EINFÜGEN. Der Textbaustein (bzw. der Text, den Sie in der SharePoint-Liste für die Eigenschaft »Inhalt« des entsprechenden Textbausteins gepflegt haben) wird in das Dokument eingefügt.

Mögliche Interaktionen von Office-Produkten und SharePoint: Die Reise fängt erst an!

Das hier ist nur ein Beispiel für die Kombination von SharePoint-Inhalten und Office-Produkten. So können Sie beispielsweise auch eine Lösung implementieren, über die Inhalte innerhalb eines Excel-Arbeitsblatts in einer SharePoint-Liste gespeichert werden oder über die PowerPoint-Folien auf Basis eines Wikis inhaltlich gestaltet werden.

Sie haben mit der Unterstützung durch einen SharePoint- und Office-Entwickler alle Möglichkeiten, um Ihre Prozesse optimal durch eine medienbruchfreie Kombination von Microsoft Office-Produkten und der zentralen Plattform SharePoint zu unterstützen.

Welche Funktionen benötigen Sie zum Beispiel in Ihrem Outlook-Client, damit Sie – ausgehend von der Arbeit mit E-Mails und Terminen sowie Kontakten und Aufgaben – die für Sie wichtigen Anwendungen und Dienste aufrufen können? Vorbei sind damit die Zeiten, in denen Sie die verschiedensten Anwendungen manuell aufrufen mussten. Integrieren Sie die Funktionen der unterschiedlichen Prozesse genau in die Anwendungen, mit denen Sie tagtäglich arbeiten. In einer gewohnten Arbeitsumgebung können Sie damit Ihre Aufgaben einfacher bearbeiten.

5.5.4 Feedback zu einem Dokument einfordern

Bei der Erstellung und Bearbeitung von Dokumenten werden Sie wahrscheinlich einen Prozess vorgesehen haben, um die erfassten Inhalte sowie die Form des Schriftstücks zu überprüfen. Dabei kann es sich auch um die offizielle Freigabe eines Dokuments handeln, bei der über einen ggf. mehrstufigen Genehmigungsprozess verschiedene Personen eine Prüfung vornehmen und unter Angabe eines Kommentars den Status auf den Wert »Genehmigt« bzw. »Abgelehnt« setzen.

Bei Dokumenten, bei denen Sie allerdings keinen endgültigen Status benötigen, sondern lediglich eine Prüfung sowie eine Überarbeitung oder Verbesserungsvorschläge von Ihren Kollegen einfordern möchten, können Sie auch einen Feedback-Workflow nutzen. Dieser fordert die ausgewählte Person lediglich auf, einen Kommentar zu Ihrem Dokument zu verfassen. Dieser Kommentar wird anschließend an Sie gesendet, und Sie können entscheiden, wie Sie mit den Rückmeldungen umgehen.

In Tabelle 5.8 können Sie die wesentlichen Workflows erkennen, die Ihnen grundsätzlich in einer der Server-Editionen zur Verfügung stehen.

Workflow	Beschreibung
Dispositions-genehmigung	Verwaltet den Ablauf und die Beibehaltung von Dokumenten, indem die Teilnehmer entscheiden können, ob abgelaufene Dokumente beibehalten oder gelöscht werden sollen.
Drei Status	Mit diesem Workflow können Sie Elemente in einer Liste verfolgen, indem Sie diese durch drei verschiedene Status steuern.
Feedback sammeln – SharePoint 2010	Leitet ein Dokument zur Überarbeitung weiter. Bearbeiter können Feedback bereitstellen, das an den Besitzer des Dokuments gesendet wird, wenn der Workflow abgeschlossen ist.
Genehmigung – SharePoint 2010	Leitet ein Dokument zur Genehmigung weiter. Genehmigende Personen können das Dokument genehmigen oder ablehnen, die Genehmigungsaufgabe einer anderen Person zuweisen oder aber Änderungen am Dokument anfordern.
Signaturerfassung – SharePoint 2010	Sammelt Signaturen, die zum Abschließen eines Microsoft Office-Dokuments erforderlich sind.

Tabelle 5.8 Wichtige Workflows zur Verwendung für die Inhalte von Listen und Bibliotheken

Bei der SharePoint Foundation-Edition können Sie lediglich den Workflow »Drei Status« verwenden. Allerdings haben Sie über den SharePoint Designer auch bereits hier die Möglichkeit, eigene Workflows zu definieren und somit auch eine Art Feedback- oder Genehmigungsworkflow zu realisieren.

Damit Sie zu Ihren Dokumenten eine Rückmeldung erhalten können, sollten Sie im Rahmen dieser Übung die folgenden Schritte durchführen:

1. Rufen Sie die Dokumentbibliothek »Dokumente« in der Website zur Verwaltung von Vorlagen und Dokumenten auf.
2. Wählen Sie im Menüband BIBLIOTHEK den Menüpunkt WORKFLOWEINSTELLUNGEN • WORKFLOW HINZUFÜGEN aus.
3. In der Auswahlliste im Bereich INHALTSTYPEN ist standardmäßig die Option »Diese Liste« ausgewählt. Das bedeutet, dass der Workflow, den Sie gleich konfigurieren, für jeden Inhaltstyp dieser Liste bzw. Bibliothek zur Verfügung stehen wird. Lassen Sie daher diese Einstellung unverändert.
4. Wählen Sie den Workflow »Feedback sammeln – SharePoint 2010« aus, damit die Personen, die Sie für ein Dokument auswählen, Ihnen über ein Kommentarfeld eine Rückmeldung zu dem Inhalt geben können.

5. Geben Sie den Namen »Feedback« an, und übernehmen Sie die Auswahl in den beiden folgenden Auswahllisten unverändert.
6. Im Bereich STARTOPTIONEN können Sie sich entscheiden, ob der Feedback-Prozess automatisch gestartet werden soll, wenn Sie ein Dokument in der Bibliothek erstellen oder es aktualisieren. In der Praxis ist häufiger ein manueller Start des Workflows gewünscht, damit Sie als Anwender sich ganz bewusst dafür entscheiden können, wann das Dokument einen Stand hat, den Sie anderen Kollegen vorlegen möchten.
7. Wenn Sie Ihre Entscheidung für den Start des Workflows getroffen haben, klicken Sie auf die Schaltfläche WEITER, um auf die Konfigurationsseite des Workflows zu gelangen.
8. Sie können hier bereits die Personen angeben, die eine Prüfung des jeweiligen Dokuments vornehmen sollen. Dabei können Sie außerdem Einstellungen vornehmen, um die Bearbeitungsdauer festzulegen und die erbetene Prüfung zu erläutern. Diese Konfigurationsseite ist essenziell, wenn Sie den Workflow automatisch ausführen lassen. In diesem Fall haben Sie nämlich keine Möglichkeit, die Daten manuell unmittelbar vor der Ausführung des Feedback-Prozesses zu erfassen.
9. Wenn Sie die gewünschten Einstellungen vorgenommen haben, können Sie die Konfiguration über die Schaltfläche SPEICHERN abschließen.

Sie befinden sich jetzt wieder auf der Seite der Workfloweinstellungen Ihrer Dokumentbibliothek. Rufen Sie die Bibliothek über die Schnellstartleiste wieder auf, und wählen Sie ein Dokument aus. Unter Umständen müssen Sie zunächst ein Dokument hochladen. Gehen Sie nun folgendermaßen vor:

1. Rufen Sie im Menüband DATEIEN den Menüpunkt WORKFLOWS auf.
2. Auf der nun aufgerufenen Seite wird Ihnen der Workflow »Feedback« angeboten, den Sie mit einem Klick auf den Link FEEDBACK auswählen.
3. Sie befinden sich daraufhin entsprechend der Darstellung in Abbildung 5.43 wieder in der gleichen Konfigurationsmaske, die Sie beim Hinzufügen des Workflows zu der Bibliothek genutzt haben.

   Geben Sie hier speziell für das ausgewählte Dokument die Prüfer an. Wichtig ist dabei, dass Sie den Unterschied zwischen den beiden folgenden Optionen für die Sortierung der Bearbeiter kennen:

   - **Alle gleichzeitig (parallel):** Wenn Sie diese Option auswählen, erhalten alle Bearbeiter, die Sie in der jeweiligen Zeile ausgewählt haben, gleichzeitig die Aufgabe, das Dokument zu prüfen. In diesem Beispiel wären dies die Bearbeiter »Nicole Enders« und »Dirk Witte«.
   - **Einzeln (seriell):** Wählen Sie stattdessen diese Option, so wird zuerst eine Aufgabe für die Bearbeiterin »Nicole Enders« erstellt. Erst dann, wenn sie ihre Aufgabe abgeschlossen hat, erhält der Bearbeiter »Dirk Witte« eine Aufgabe zur Prüfung des Dokuments.

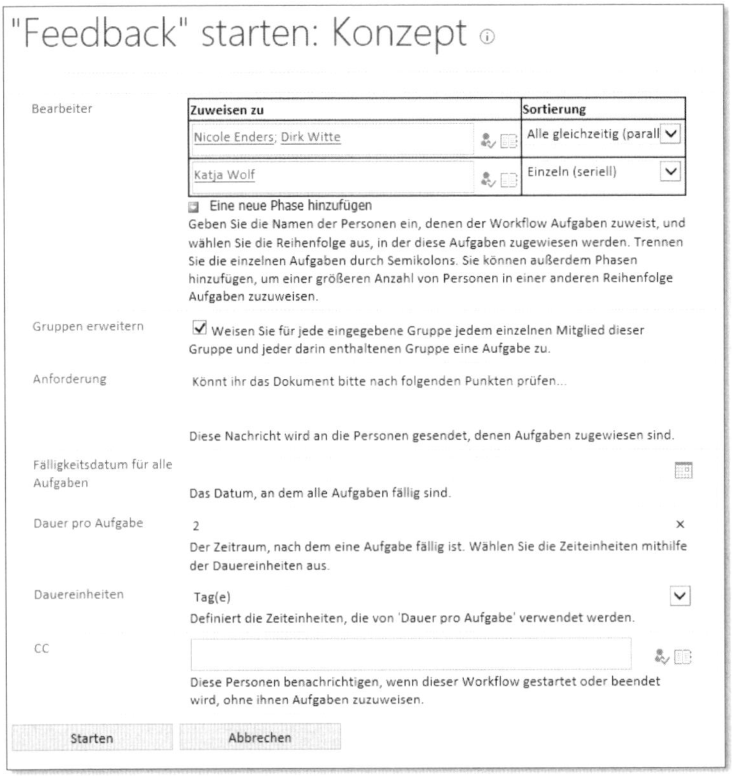

Abbildung 5.43 Auswahl der Bearbeiter und Konfiguration des Feedback-Prozesses

Jede Zeile bei den anzugebenden Bearbeitern steht für eine Phase. Damit können Sie beispielsweise vorsehen, dass zuerst drei Personen parallel die Prüfung vornehmen, anschließend zwei Personen hintereinander die Möglichkeit erhalten, Feedback zu geben, und abschließend eine weitere Person die finale Version des Dokuments überprüft.

Wenn Sie den Workflow über die Schaltfläche STARTEN in Auftrag geben, erhalten Sie sowie die ersten Bearbeiter jeweils eine E-Mail vom System. Außerdem können Sie jederzeit den Status Ihres Workflows prüfen, indem Sie in der nun neuen Spalte »Feedback« innerhalb der Bibliothek auf den Link in der Zeile Ihres Dokuments klicken. Haben die Bearbeiter ihre Aufgaben alle abgeschlossen, werden Sie zum Abschluss ebenfalls per E-Mail benachrichtigt, damit Sie die Ergebnisse der Prüfungen verarbeiten können.

5.5.5 Wann ist ein Dokument veraltet?

Wenn Sie darüber nachdenken, Ihre Dokumente zukünftig zentral in Dokumentbibliotheken zu verwalten, sollten Sie sich auch Gedanken darüber machen, wann ein Dokument für Sie als veraltet gilt und dann wahrscheinlich nicht mehr benötigt wird. Auch in diesem Bereich werden Sie durch das System in der SharePoint Server Enterprise-Edition unterstützt, wobei die nachfolgend vorgestellte Funktionalität für jeden Listen- und Bibliothekstyp zur Verfügung steht. Rufen Sie am besten die Dokumentbibliothek »Dokumente« auf, wählen Sie im Menüband BIBLIOTHEK den Menüpunkt BIBLIOTHEKSEINSTELLUNGEN aus, und gehen Sie nun folgendermaßen vor:

1. Klicken Sie auf den Link EINSTELLUNGEN FÜR DIE INFORMATIONSVERWALTUNGSRICHTLINIE.
2. Sie erhalten dann eine Auflistung der für die Bibliothek konfigurierten Inhaltstypen. Das bedeutet, dass Sie auch für einen Inhaltstyp ganz spezielle Einstellungen hinsichtlich der Aufbewahrungsrichtlinien konfigurieren können. Da wir für alle Inhaltstypen die Konfiguration vornehmen möchten, klicken Sie auf den Link QUELLEN ÄNDERN oberhalb der Auflistung der Inhaltstypen.
3. Wählen Sie auf der nächsten Seite die Option »Bibliothek und Ordner«, und bestätigen Sie die Sicherheitsabfrage über die Schaltfläche OK.
4. Sobald Sie die Option ausgewählt haben, erscheint ein neuer Bereich BIBLIOTHEKSBASIERTER AUFBEWAHRUNGSZEITPLAN auf der Seite. Klicken Sie auf den Link AUFBEWAHRUNGSPHASE HINZUFÜGEN..., um zu definieren, was mit den Dokumenten in Ihrer Bibliothek nach einer bestimmten Zeit passieren soll.
5. Nun erscheint der Dialog aus Abbildung 5.44. Wählen Sie dort zum Beispiel die Spalte »Geändert« aus, und geben Sie in das Eingabefeld rechts daneben den Wert »2« an. Damit haben Sie bereits definiert, dass für alle Dokumente, die seit zwei Jahren nicht mehr bearbeitet wurden, eine noch zu definierende Aktion ausgeführt werden soll.

Abbildung 5.44 Konfiguration einer neuen Aufbewahrungsphase für eine Dokumentbibliothek

6. Wählen Sie nun eine Aktion aus, die ausgeführt werden soll, wenn die zwei Jahre abgelaufen sind. Sie können zum Beispiel eine automatische Löschung durchführen lassen, wobei Sie die Wahl zwischen einer endgültigen Löschung oder einer Verschiebung in den Papierkorb haben.

   Wenn Sie eine der beiden unteren Aktionen auswählen, werden die Entwürfe oder Versionen des »abgelaufenen« Dokuments gelöscht. Das ist sinnvoll, falls Ihnen die früheren Versionen eines Dokuments keinen Mehrwert mehr bringen, wenn das Dokument nicht mehr editiert wird und daher mit keinen Änderungen mehr zu rechnen ist.

   Wenn Sie hier Aktionen vermissen, können Sie die Option »Starten eines Workflows« wählen und einen Workflow entwickeln, der genau die Aktionen durchführt, die Sie sich wünschen. Vielleicht können Sie den Workflow auch mithilfe des SharePoint Designers konfigurieren. Es kann aber auch sein, dass Sie für Ihre speziellen Anforderungen die Entwicklung eines individuellen Workflows mit Visual Studio beauftragen müssen.

7. Bestätigen Sie Ihre Konfiguration sowohl innerhalb des Dialogs als auch anschließend auf der Konfigurationsseite für die Richtlinie über die Schaltfläche OK.

Mit der Funktion können Sie auf Basis eines beliebigen Datumswertes zu einem Dokument bzw. Element automatisierte Aktionen ausführen lassen. Während ein Workflow von der Interaktion mit dem jeweiligen Bearbeiter abhängig ist, ist die Funktion einer Richtlinie in erster Linie nur für den Administrator der Website sichtbar.

Sie haben in diesem Abschnitt das Wissen vertieft, das Sie sich in den vorangegangenen Abschnitten erarbeitet haben. Zusätzlich haben Sie einen Einblick in den Bereich der Dokumentenverwaltung sowie der Integration von SharePoint in die Microsoft Office-Anwendungen erhalten. Ich weiß, dass ich Ihnen nicht jede einzelne Funktion vorstellen kann, die Ihnen im Arbeitsalltag helfen kann. Ich hoffe aber, dass Sie mit den von mir ausgewählten Beispielen einen guten Einblick in die verschiedenen Möglichkeiten erhalten haben. Probieren Sie doch im Anschluss an die Übungen dieses Abschnitts selbst die einzelnen Funktionen aus. Ich wünsche mir, dass Sie ein Gefühl dafür bekommen, wie Sie für sich einen Mehrwert aus der zentralen Ablage von Dokumenten und dem Austausch mit Ihren Kollegen gewinnen. Lassen Sie sich auf diese neue Art der Zusammenarbeit ein, und erforschen Sie die vielen neuen Wege, die SharePoint Ihnen anbietet. Ich bin mir sicher, dass Sie viele Funktionen im Alltag erfolgreich einsetzen können, und wünsche Ihnen viel Erfolg dabei.

Kapitel 6
Einkauf

Marketing und Vertrieb stellen eine wichtige Schnittstelle zwischen Ihrem Unternehmen und Ihren Kunden dar, und der Einkauf nimmt ebenfalls eine elementare Funktion wahr. Die Mitarbeiter dieser Abteilung sind als Schnittstelle zwischen den Lieferanten und Ihrem Unternehmen bzw. Ihnen als Mitarbeitern tätig, um Ihnen benötigte Arbeitsmaterialien, Produkte und Ressourcen zu möglichst guten Konditionen zu beschaffen.

Die Mitarbeiter im Einkauf Ihres Unternehmens beschäftigen sich in ihrer Kernfunktion mit der Beschaffung aller benötigten Materialien und Dienstleistungen, die Sie im Rahmen Ihrer Arbeit benötigen. Darüber hinaus kann sich das Aufgabengebiet der Einkäufer gerade bei großen Unternehmen auch auf die Vermittlung zwischen verschiedenen Abteilungen oder Unternehmensbereichen erstrecken, wenn diese sich ihre jeweils produzierten Güter bzw. ihre Dienstleistungen untereinander »verkaufen« und somit eine unternehmensinterne Verrechnung nötig wird.

Am Beispiel dieser Abteilung werden Sie Lösungen mithilfe von Standardfunktionalitäten erschaffen, um die Kommunikation zwischen den Mitarbeitern des Einkaufs und der Belegschaft zu unterstützen. So werden Sie zum Beispiel eine Plattform bereitstellen, die zur Verwaltung von häufig bestellten Produkten verwendet werden kann. Zusätzlich werden Sie eine Lösung zur Bestellung von benötigten Materialien und Dienstleistungen erstellen – und diese in einer weiteren Übung mit dem anfangs erstellten Produktkatalog verbinden. Folgende Werkzeuge und Tools werden Sie bei der Bereitstellung einer für diese Szenarien geeigneten SharePoint-Plattform näher kennenlernen:

Werkzeuge und Apps	Tools und Techniken
▸ Benutzerdefinierte Liste ▸ Bildbibliothek ▸ Produktkatalog	▸ InfoPath Designer 2013 ▸ Inhaltstypen ▸ Listenvorlagen ▸ Websiteinhalt und -struktur

Tabelle 6.1 Werkzeuge, Apps und Tools für die Lösungen im Einkauf

Für die Durchführung der Übungen sollten Sie genügend Zeit einplanen. Damit Sie wissen, was genau auf Sie zukommt und mit welchem zeitlichen Aufwand Sie rechnen müssen, erhalten Sie hier eine Darstellung der durchschnittlich benötigten Zeit für die einzelnen Übungen:

Übung	Veranschlagte Zeit
Pflege und Veröffentlichung eines Produktkatalogs	45 min
Bestellungen und Wareneingang	30 min
Kopplung der Lösungen	20 min

Tabelle 6.2 Vorgesehener Zeitrahmen für die Durchführung der Übungen

6.1 Anforderungen der täglichen Arbeit

Wenn Sie die Mitarbeiter Ihres Unternehmens nach ihren Anforderungen an eine Plattform zur Unterstützung des Einkaufs – sowohl seitens der Mitarbeiter dieser Abteilung als auch seitens der übrigen Mitarbeiter des Unternehmens – befragen, werden Sie wahrscheinlich viele verschiedene Antworten erhalten, die Sie in unserem Fall im Wesentlichen auf die folgenden vier Bereiche eingrenzen können:

- Eine Liste der Materialien und Dienstleistungen, die den Mitarbeitern des Unternehmens angeboten werden, soll in Form eines Produktkatalogs verwaltet werden können. So kann eine Abteilung beispielsweise eine Schulung für ein bestimmtes unternehmensweit eingesetztes Softwareprodukt allen Mitarbeitern anbieten, oder die Marketingabteilung bietet zu definierten Preisen Werbematerialien an. Ihnen fallen sicher für Ihr Unternehmen noch weitere Beispiele ein.
- Die Mitarbeiter möchten Materialien und Dienstleistungen aus dem Produktkatalog bestellen können. Darüber hinaus möchten sie auch Anfragen oder Bestellungen zu nicht explizit angebotenen Materialien oder Dienstleistungen einstellen können.
- Bestellungen sollen erst nach der Genehmigung durch einen (vom jeweiligen Besteller angegebenen) Vorgesetzten beim Einkauf eintreffen und von diesem weiterverarbeitet werden.
- Wenn die bestellten Waren (oder die Bestätigung für eine eingekaufte Dienstleistung) eingegangen sind, soll der Wareneingang protokolliert und der Besteller hierüber informiert werden. Das ist nur ein Beispiel für die vielen weiteren Prozesse – wie die Kontrolle des Wareneingangs, eine Lagerverwaltung oder die Bewertung von Lieferanten.

Da es sich hierbei um Anwendungsgebiete handelt, die je nach Aufbau Ihrer Organisation einen sehr großen Anwenderkreis (wenn nicht sogar alle Mitarbeiter des Unternehmens) betreffen, wäre es sinnvoll, alle nachfolgend erstellten Lösungen über eine gemeinsame Einstiegsseite aufrufen zu können. Das sollte neben einer einfachen Bedienung als grundlegende Anforderung berücksichtigt werden.

Die Anforderungen der einzelnen Bereiche können Sie im Rahmen der Anforderungsanalyse in einer Form aufnehmen, die einem Anwendungsfalldiagramm aus der UML ähnelt. Dabei können Sie bereits die verschiedenen Anwendergruppen bzw. Rollen identifizieren.

Die für die einzelnen Anwendungsbereiche definierten Anforderungen sollen durch die Lösungen erfüllt werden, die wir im Rahmen der folgenden Übungen erstellen. Achten Sie dabei bitte genau auf die Herausforderungen, die uns bei der Realisierung bestimmter geforderter Funktionalitäten begegnen werden. Behalten Sie auch die bei Ihnen eingesetzte Edition im Auge, um bei unterschiedlichen Varianten je nach Edition die passenden Optionen zur Umsetzung wählen zu können.

6.2 Pflege und Veröffentlichung des Produktkatalogs

Die Mitarbeiter des Einkaufs erstellen einen Produktkatalog, der vorgibt, welche Produkte von den Mitarbeitern bestellt werden können und ggf. bereits zur Abholung bereitliegen. In dieser Übung erstellen Sie eine Lösung für die Erfassung und Bearbeitung der Produkte. Sie lernen dabei verschiedene Möglichkeiten für die Realisierung eines Workflows zur Veröffentlichung des Produktkatalogs kennen.

6.2.1 Benötigte Funktionen

Wie Sie in Abbildung 6.1 sehen, sind zwei verschiedene Anwendergruppen an dem Produktkatalog beteiligt:

- **Einkauf:** Diese Anwender möchten neue Produkte unter Angabe der Produktinformationen und einer Grafik erfassen und anschließend kategorisieren können, damit die Produkte auf Basis dieser Kategorien gesucht werden können. Außerdem sollen die Produktdaten geändert oder Produkte aus dem System entfernt werden können. Wenn Produkte zu dem Produktkatalog hinzugefügt werden, soll es einen Freigabeprozess für die neue Version des Produktkatalogs geben. Zusätzlich werden die verfügbaren Stückzahlen verwaltet und müssen aktualisiert werden können, damit keine Bestellungen mehr erfolgen, wenn ein Produkt vergriffen ist.
- **Mitarbeiter:** Diese Anwender sollen die freigegebene Version des Produktkatalogs aufrufen und sich über die angebotenen Produkte informieren können.

Die benötigten Funktionen lassen sich somit eindeutig mindestens einer Anwendergruppe zuordnen und sollten in der Praxis auch durch Vertreter dieser Gruppen detailliert beschrieben und nach der Umsetzung getestet werden.

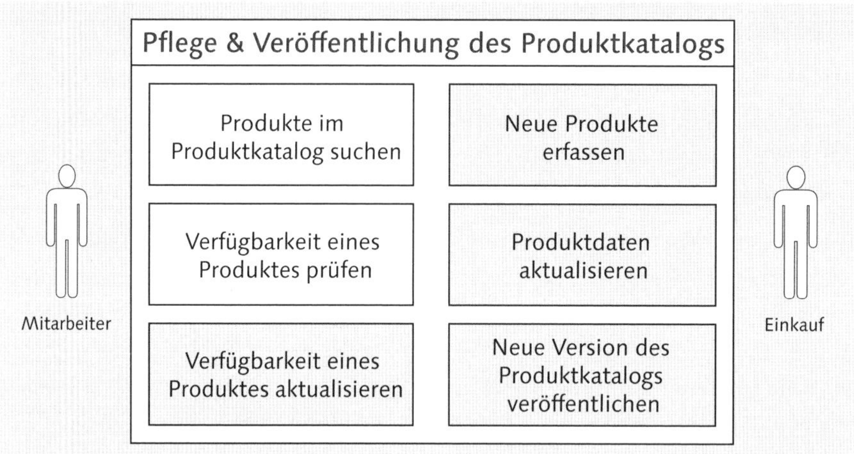

Abbildung 6.1 Anforderungen an die Pflege, Veröffentlichung und Nutzung eines Produktkatalogs

Als Beispiel für die im Produktkatalog zu verwaltenden Produkte schlage ich die Werbemittel vor, die im Rahmen der Marketingstrategie Ihres Unternehmens an Kunden oder Interessenten verteilt werden, um deren Aufmerksamkeit auf Ihr Unternehmen zu lenken.

6.2.2 Konzeption der Lösung

Auf Basis der definierten Anforderungen müssen Sie zunächst ein Konzept für die mögliche Umsetzung erstellen. Hierbei sind Aspekte wie die eingesetzte Version und Edition von SharePoint und die zur Verfügung stehenden Tools zu berücksichtigen.

In dieser Übung wird die Websitevorlage »Produktkatalog« verwendet, die nur in der *SharePoint Server Enterprise*-Edition zur Verfügung steht. Wenn Sie eine andere Edition einsetzen, können Sie die Websitevorlage »Teamwebsite« verwenden und auf dieser Basis folgende Listen und Bibliotheken bereitstellen, die bei der Websitevorlage »Produktkatalog« automatisch zur Verfügung stehen:

- **Bildbibliothek »Bilder«**: In dieser Liste werden Sie die Grafiken für die Produkte verwalten und diese bei den Produktinformationen in Form einer Spalte vom Typ »Link oder Bild« referenzieren.
- **Dokumentbibliothek »Dokumente«**: Diese Bibliothek steht Ihnen bereits durch die Websitevorlage zur Verfügung. Indem Sie eine zusätzliche Spalte vom Typ »Nachschlagen« hinzufügen, können Sie Dokumente einem Produkt zuordnen.

- **Benutzerdefinierte Liste »Produkte«:** Diese Liste nutzen Sie zur Verwaltung der Produkte. Wie sich der Aufbau der Liste im Detail gestaltet, werden Sie sehen, sobald wir im Rahmen der Websitevorlage »Produktkatalog« an die entsprechende Stelle gelangen.

Da diese Lösung auch als Webshop im Internet interessant sein kann, werden Sie auch Hinweise zu einer ausschließlichen Nutzung von Funktionalitäten der Edition **SharePoint Foundation** erhalten. Sobald Sie eine Server-Edition in einem Internetszenario einsetzen, müssen Sie mit wesentlich höheren Kosten kalkulieren, wodurch der Einsatz der Foundation-Edition in einem solchem Fall auch dann immer noch attraktiver ist, wenn für die Erstellung der Lösung die ein oder andere Erweiterung entwickelt werden muss.

Die Entwicklung von Erweiterungen kann dann erforderlich sein, wenn Funktionen gewünscht werden, die nur in einer höheren Edition zur Verfügung stehen. Aber SharePoint bietet Ihnen durch sein Prinzip als Werkzeugkasten die Möglichkeit, genau die gewünschten Anpassungen vorzunehmen. Überlegen Sie einmal, wie ein Webshop für Sie aussehen sollte und wie Sie ihn mit SharePoint realisieren würden.

6.2.3 Erstellen der Website für den Produktkatalog

Wenn Sie *SharePoint Server 2013 Enterprise* einsetzen, können Sie eine neue Websitevorlage für die Lösung nutzen, die Ihnen bereits sehr viel Arbeit bei der Einrichtung des Produktkatalogs abnimmt. Die Websitevorlage steht Ihnen allerdings nicht zum Erstellen einer neuen Unterwebsite in Ihrer Websitesammlung zur Verfügung, sondern kann lediglich beim Erstellen einer neuen Websitesammlung als Vorlage ausgewählt werden. Eine Websitesammlung wird immer über die Zentraladministration erstellt, die Sie nur dann aufrufen können, wenn Sie als Farmadministrator registriert sind. Wenn Sie keinen Zugriff auf die Zentraladministration besitzen, sollten Sie Kontakt zu Ihrem Administrator oder Hosting-Anbieter aufnehmen, um eine zusätzliche Websitesammlung auf Basis dieser speziellen Websitevorlage anzufragen.

Was kann ich tun, wenn ich keine neue Websitesammlung erstellen oder bekommen kann bzw. nur eine SharePoint Foundation- oder SharePoint Server Standard-Edition besitze, aber trotzdem einen Produktkatalog erstellen möchte?

In diesem Fall können Sie in einer beliebigen Websitesammlung eine neue Unterwebsite anlegen. Verwenden Sie bei der Erstellung der Website die Vorlage »Teamwebsite«, und folgen Sie im weiteren Verlauf dieser Übung den Anweisungen in den Hinweiskästen, um Konfigurationen manuell durchzuführen, die Ihnen sonst durch die spezielle Websitevorlage »Produktkatalog« automatisch abgenommen werden.

Falls Sie administrativen Zugriff auf die SharePoint-Farm besitzen, sollten Sie die Zentraladministration aufrufen, die über den Server zu erreichen ist, auf dem Sie SharePoint installiert haben. Unter PROGRAMME • SHAREPOINT 2013 PRODUCTS • SHAREPOINT 2013-ZENTRALADMINISTRATION lässt sie sich aufrufen. Wählen Sie auf der Startseite der Zentraladministration den Menüpunkt WEBSITESAMMLUNGEN ERSTELLEN in der Rubrik ANWENDUNGSVERWALTUNG aus.

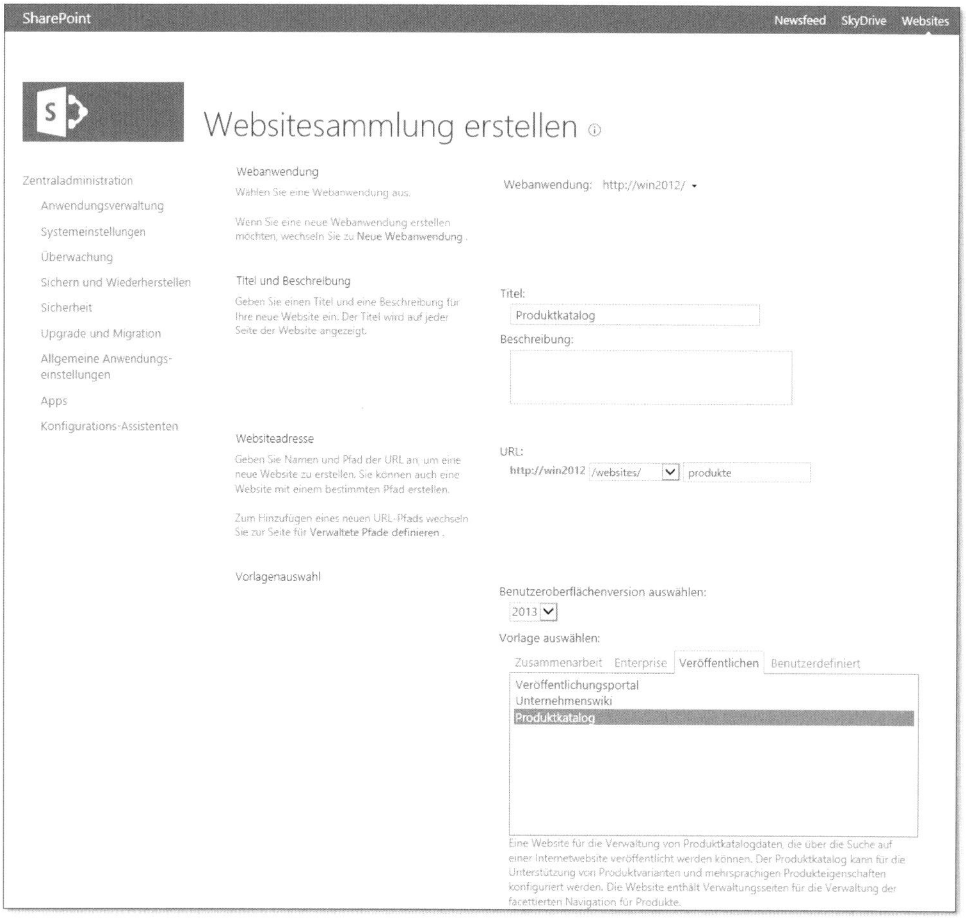

Abbildung 6.2 Erstellen einer neuen Websitesammlung für den Produktkatalog in SharePoint Server 2013 Enterprise

Wenn Sie diesen Menüpunkt auswählen, werden Sie auf der nächsten Seite mit dem Titel WEBSITESAMMLUNG ERSTELLEN aufgefordert, die nötigen Informationen zur Erstellung Ihrer Websitesammlung anzugeben:

1. Wählen Sie einen **Titel** für Ihre Websitesammlung aus – zum Beispiel den Namen Ihres Unternehmens und das Suffix » – Produktkatalog«.

2. Geben Sie eine **URL** (wie zum Beispiel »produkte« oder »werbemittel«) an, unter der der Produktkatalog erreichbar sein soll.
3. Wählen Sie als **Vorlage** die in Abbildung 6.2 ausgewählte Option »Produktkatalog« in der Rubrik VERÖFFENTLICHEN aus, und lassen Sie die Auswahl der Benutzeroberflächenversion unverändert.
4. Geben Sie sich als **primären Websitesammlungsadministrator** an, damit Sie die erstellte Websitesammlung überhaupt aufrufen und verwalten können, und bestätigen Sie die Angaben über die Schaltfläche OK. Sollten Sie vergessen, sich selbst als einen der beiden Websitesammlungsadministratoren anzugeben, so haben Sie erst einmal keinen Zugriff auf die Inhalte der Websitesammlung.

Wie kann ich ein Websitesammlungsadministrator werden?

In SharePoint gibt es eine strikte Trennung zwischen den Rollen **Farmadministrator** und **Websitesammlungsadministrator**, die in Abschnitt 2.6.2 unter dem Stichpunkt »Websitesammlungsadministratoren« näher beschrieben wird. In der Regel nehmen auch verschiedene Personen die jeweilige Rolle wahr:

- Farmadministratoren sind für den Betrieb der gesamten SharePoint-Farm verantwortlich und erstellen im Rahmen ihrer Tätigkeiten auch Websitesammlungen.
- Für die Gestaltung und Inhalte einer Websitesammlung ist dann allerdings diejenige Person verantwortlich, die die Websitesammlung beantragt hat (oder in deren Namen die Websitesammlung beantragt wurde). Dementsprechend wird diese Person auch als Websitesammlungsadministrator vorgesehen.

Benötigen Sie als Farmadministrator allerdings doch einmal die Rechte eines Websitesammlungsadministrators, um einen Kollegen bei einem Problem in seiner Websitesammlung zu unterstützen, so können Sie in der Zentraladministration den Menüpunkt ANWENDUNGSVERWALTUNG in der Schnellstartleiste aufrufen und unter der Rubrik WEBSITESAMMLUNGEN den Menüpunkt WEBSITESAMMLUNGSADMINISTRATOREN ÄNDERN auswählen. Dort können Sie die entsprechende Websitesammlung auswählen, anschließend sich selbst als primären oder sekundären Websitesammlungsadministrator erfassen und die Konfiguration über die Schaltfläche OK abschließen.

6.2.4 Einen Produktkatalog einrichten und die ersten Produkte anbieten

Sobald Sie die Websitesammlung auf Basis der Vorlage »Produktkatalog« erstellt und den Link zu der neuen Website aufgerufen haben, sollte wie in Abbildung 6.3 die Homepage Ihres Produktkatalogs mit vielen Tipps zur Einrichtung erscheinen.

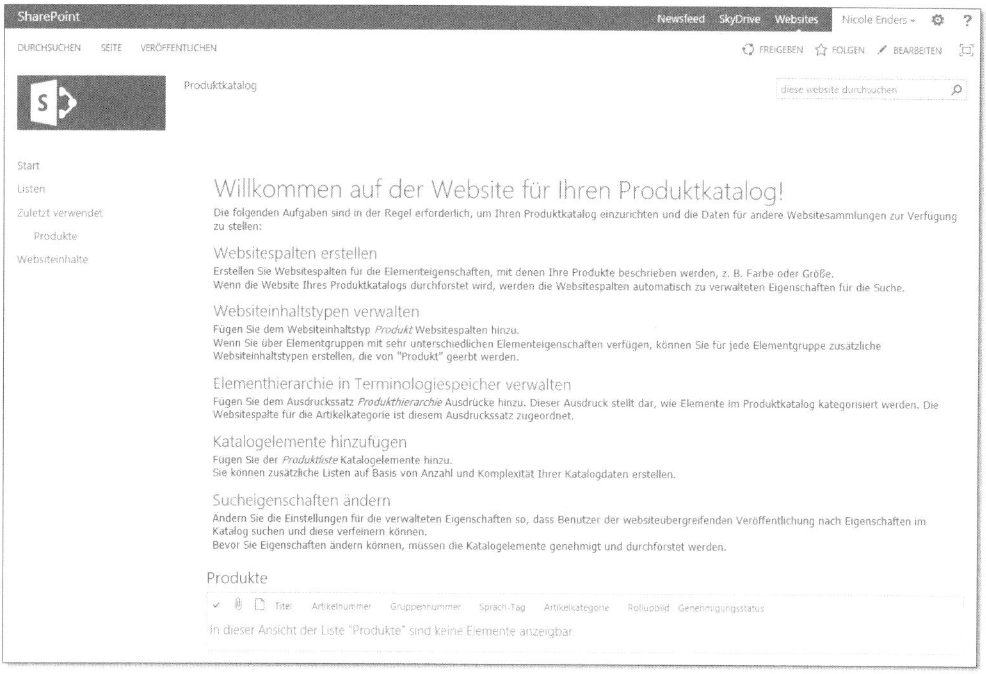

Abbildung 6.3 Homepage des Produktkatalogs auf Basis der Websitevorlage »Produktkatalog«

Die Einrichtung Ihres Produktkatalogs unterteilt sich bei Nutzung der Websitevorlage »Produktkatalog« in die folgenden fünf Schritte:

1. **Websitespalten erstellen:** Die benötigten Spalten zur Verwaltung der Produktinformationen werden bereits in Form von Websitespalten verwaltet. Sollten Ihnen noch Felder zur Erfassung Ihrer Produkte fehlen, so können Sie weitere Websitespalten anlegen.
2. **Websiteinhaltstypen verwalten:** Nach der Erstellung weiterer Websitespalten sollten Sie diese dem Websiteinhaltstyp »Produkt mit Bild« zuordnen. Vielleicht macht es auch Sinn, weitere Inhaltstypen zu erstellen, wenn Sie verschiedene Arten von Produkten im Produktkatalog verwalten möchten. Diese verschiedenen Arten sollten unterschiedliche Felder zur Erfassung der Produktinformationen benötigen. Ansonsten können Sie weiterhin den bereits existierenden Websiteinhaltstyp nutzen. In Abschnitt 5.4.5 können Sie noch einmal nachschlagen, wie Sie mit Inhaltstypen umgehen können.
3. **Elementhierarchie in Terminologiespeicher verwalten:** Um die Produkte optimal kategorisieren und damit den Kunden präsentieren zu können, wird eine Hierarchie aus Metadaten aufgebaut. Diese können Sie aufbauen und für die

Navigation im Produktkatalog verwenden. Für unser Beispiel mit den Werbemitteln sind Begriffe wie »Tassen« oder »Stifte« denkbar, über die die Werbemittel kategorisiert werden können.

4. **Katalogelemente hinzufügen:** Wenn Sie die vorbereitenden Maßnahmen getroffen haben, können Sie mit der Erfassung Ihrer Produkte beginnen. Diese stehen in der Produktliste zur Verfügung und können von den Anwendern aufgerufen werden.
5. **Sucheigenschaften ändern:** Konfigurieren Sie abschließend die Suche für den Produktkatalog, damit die Anwender auf Basis eingegebener Suchbegriffe bzw. mithilfe von Kategorien die passenden Produkte finden können.

Diese fünf Schritte werden Sie nun im Einzelnen durchlaufen, um Ihren Produktkatalog einzurichten. Achten Sie darauf, welche zusätzlichen Schritte beim Einsatz einer anderen Edition oder Version als SharePoint Server 2013 Enterprise nötig sind.

Websitespalten erstellen

Bevor wir Websitespalten erstellen, sollten wir erst einmal klären, worum es sich dabei handelt. Bisher haben Sie immer für eine bestimmte Liste über das Menüband LISTE oder BIBLIOTHEK den Menüpunkt SPALTE ERSTELLEN verwendet, um genau für diese eine Liste eine neue Spalte anzulegen. Sie können in Ihrer Website aber auch Vorlagen für Spalten erstellen, die dann von jeder Liste und Bibliothek grundsätzlich verwendet werden können.

Zum Beispiel können Sie bestimmt eine Spalte »Kommentare« mit dem Informationstyp »Mehrere Textzeilen« und der Option »Rich-Text, erweitert« in mehreren Listen einer Website sinnvoll nutzen. Sie können für die Umsetzung die folgenden Wege wählen:

- **Spalte erstellen:** Der Ihnen bisher bekannte Weg würde sich so gestalten, dass Sie in jeder Liste und Bibliothek manuell diese Spalte anlegen. Dabei müssten Sie genau darauf achten, dass die Einstellungen und Spaltennamen einheitlich sind.
- **Aus vorhandenen Websitespalten hinzufügen:** Nutzen Sie stattdessen Websitespalten, so legen Sie die Vorlage für die Spalte einmal an. Anschließend navigieren Sie zu den Listeneinstellungen der entsprechenden Listen und klicken im Bereich SPALTEN auf den Link AUS VORHANDENEN WEBSITESPALTEN HINZUFÜGEN. Dort müssen Sie dann die Websitespalte auswählen, aber Sie müssen keine weitere Konfiguration vornehmen, um einheitliche Einstellungen und Spaltennamen zu gewährleisten.

Nachdem Sie nun ein wenig über Websitespalten wissen, sollten wir uns anhand unseres Beispiels die Vorgehensweise im Detail anschauen.

Manuelle Schritte, falls die Websitevorlage »Produktkatalog« nicht genutzt werden kann

Verwenden Sie diese Informationen, um bei Bedarf die erforderlichen Listen zu erstellen. Die Websitevorlage »Produktkatalog« beinhaltet als zentrale Komponente eine Liste »Produkte«. Wenn Sie sich unter den Listeneinstellungen einmal die zur Erfassung der Produkte eingerichteten Spalten anschauen, werden Sie folgende Spalten finden:

- Artikelkategorie »Verwaltete Metadaten«
- Artikelnummer »Eine Textzeile«
- Gruppennummer »Eine Textzeile«
- Rollupbild »Hyperlink oder Bild«
- Sprach-Tag »Auswahl (zum Beispiel »de-DE« für Deutsch)«
- Titel »Eine Textzeile«

Diese Spalten werden durch den vorbereiteten Websiteinhaltstyp »Produkt mit Bild« zur Verfügung gestellt, der der benutzerdefinierten Liste zugewiesen wurde. Auf diese Weise können Sie auch selbst eine benutzerdefinierte Liste erstellen und die zur Erfassung Ihrer Produkte erforderlichen Spalten anlegen. Dabei müssen Sie nicht alle der oben aufgelisteten Spalten anlegen. Wenn Sie zum Beispiel keinen mehrsprachigen Produktkatalog bereitstellen, können Sie die Spalte »Sprach-Tag« ignorieren.

Sie können sich entscheiden, ob Sie den hier vorgeschlagenen Weg wählen und Websitespalten und -inhaltstypen nutzen oder ob Sie die Spalten direkt in der Liste anlegen. Wenn Sie sie direkt in der Liste anlegen, haben Sie aber keine Möglichkeit, verschiedene Produkttypen mit ihren jeweils spezifischen Spalten über eine einzige Produktliste zu pflegen.

Für die Spalte »Artikelkategorie« sollten Sie sich entscheiden, ob Sie den Informationstyp »Auswahl« oder »Nachschlagen« verwenden. Der Typ hängt davon ab, ob Sie nur eine feste Auswahl an Kategorien vorgeben möchten oder ob es denkbar ist, dass zu beliebigen Zeiten neue Kategorien hinzukommen oder umbenannt werden. Falls Sie sich für den Informationstyp »Nachschlagen« entscheiden, müssen Sie zuerst eine benutzerdefinierte Liste für die Kategorien erstellen, um dann hierüber die Listen miteinander zu verbinden.

Zusätzlich benötigen Sie noch eine Bildbibliothek, in der die Grafiken für die einzelnen Produkte gespeichert werden, um diese anschließend in der Produktbeschreibung zu verlinken.

Wenn Sie die Websitevorlage »Produktkatalog« nutzen, können Sie nun folgendermaßen vorgehen:

1. Klicken Sie auf der Homepage auf den Link WEBSITESPALTEN ERSTELLEN, oder rufen Sie alternativ unter den Websiteeinstellungen den Menüpunkt WEBSITESPALTEN auf.
2. In der Gruppe »Produktkatalogspalten« relativ weit unten in der Auflistung der Websitespalten finden Sie die für die Erfassung der Produktinformationen speziell angelegten Websitespalten. Diese werden u. a. in der Liste »Produkte« verwendet, die die zentrale Komponente Ihrer Lösung ist.
3. Bei den vorbereiteten Websitespalten fehlen noch Spalten zur Erfassung einer Produktbeschreibung und zur Angabe eines Preises für das Produkt.

Spaltenname	Informationstyp
Preis	Währung
Produktbeschreibung	Mehrere Textzeilen

Tabelle 6.3 Neue Websitespalten für den Produktkatalog

Diese Spalten können Sie folgendermaßen anlegen:

- Klicken Sie auf den Menüpunkt ERSTELLEN und geben Sie den Spaltennamen an.
- Wählen Sie den entsprechenden Informationstyp und die Gruppe »Produktkatalogspalten« aus.
- Übernehmen Sie die übrigen Einstellungen unverändert, und betätigen Sie die Schaltfläche OK.

Die beiden Websitespalten sind nun zwar erstellt, werden jedoch an keiner Stelle verwendet. Dic Zuordnung dieser Spalten zu einem Produkt nehmen Sie über den jeweiligen Websiteinhaltstyp vor.

Websiteinhaltstypen verwalten

Klicken Sie auf der Homepage auf den Link PRODUKT unterhalb des Links WEBSITESPALTEN ERSTELLEN, oder rufen Sie alternativ unter den Websiteeinstellungen den Menüpunkt WEBSITEINHALTSTYPEN und dort den Inhaltstyp »Produkt« auf. Um die Websitespalten zuzuordnen, gehen Sie folgendermaßen vor:

1. Unterhalb der Auflistung der Websitespalten, die in diesem Inhaltstyp verwendet werden, klicken Sie auf den Menüpunkt AUS VORHANDENEN WEBSITESPALTEN HINZUFÜGEN.
2. Schränken Sie die Anzeige der zur Auswahl stehenden Websitespalten ein, indem Sie in der Auswahlliste die Gruppe »Produktkatalogspalten« selektieren.

3. Wählen Sie die Spalten »Preis« und »Produktbeschreibung« jeweils aus, und klicken Sie auf die Schaltfläche HINZUFÜGEN.
4. Schließen Sie den Vorgang über die Schaltfläche OK ab.

Damit stehen die zwei von Ihnen erstellten Websitespalten nun den Websiteinhaltstypen »Produkt« und »Produkt mit Bild« zur Verfügung, da der zweite Inhaltstyp von »Produkt« erbt und Sie beim Hinzufügen der beiden Websitespalten die Voreinstellung für die Eigenschaft »Sollen alle Inhaltstypen, die Einstellungen von diesem Typ erben, aktualisiert werden?« unverändert auf dem Wert »Ja« belassen haben.

Inhaltstypen können voneinander erben? Das haben wir aber noch nicht besprochen, oder?

In Abschnitt 5.4 haben wir uns im Zusammenhang mit der Verwaltung und Nutzung unternehmensweiter Vorlagen bereits mit Inhaltstypen beschäftigt. Wenn Sie einen Inhaltstyp erstellen, haben Sie einen übergeordneten Inhaltstyp aus einer Auswahlliste selektiert. Von diesem übergeordneten Inhaltstyp erbt Ihr Inhaltstyp die Spalteneinstellungen. Das bedeutet: Sobald Sie an diesem übergeordneten Inhaltstyp Änderungen vornehmen, können diese auf Ihren Inhaltstyp übertragen werden.

Elementhierarchie in Terminologiespeicher verwalten

Neben der Erfassung der Produktinformationen ist die Kategorisierung der Produkte ein elementarer Bestandteil der Pflege des Produktkatalogs. Sie definieren, unter welchen Kategorien Produkte gruppiert, gefiltert oder auch gesucht werden können. Dabei können Sie die Kategorien auch in Unterkategorien bis in eine beliebige Tiefe unterteilen. So wären zum Beispiel für die Verwaltung von Werbemitteln im Unternehmen folgende Kategorien denkbar: **Stifte** mit den Unterkategorien »Kugelschreiber« und »Whiteboard Marker« sowie **Kalender** mit den Unterkategorien »Wandkalender« und »Taschenkalender«.

Die Kategorien werden über eine spezielle Spalte vom Typ »Verwaltete Metadaten« in der Produktliste den Produkten zugeordnet. Einer solchen Spalte wird immer ein sogenannter **Ausdruckssatz** zugewiesen, wobei dieser aus einer Sammlung von **Ausdrücken** besteht. Ein Ausdruck ist in unserem Fall eine bestimmte Kategorie, während der Ausdruckssatz uns erst einmal unbekannt ist.

Indem Sie auf der Homepage des Produktkatalogs auf den Menüpunkt ELEMENTHIERARCHIE IN TERMINOLOGIESPEICHER VERWALTEN klicken, gelangen Sie zum sogenannten **Terminologiespeicher-Verwaltungstool**, das auch über die Websiteeinstellungen in der Rubrik WEBSITEVERWALTUNG zu finden ist. In Abbildung 6.4 können Sie das Terminologiespeicher-Verwaltungstool mit dem markierten Ausdruckssatz namens »Produkthierarchie« erkennen, der für die Kategorisierung der Produkte des Produktkatalogs verwendet wird.

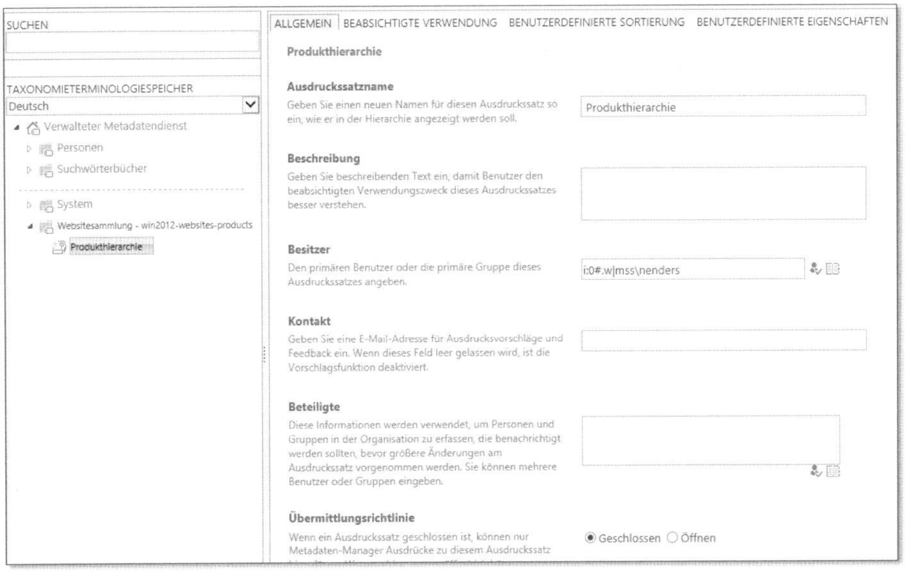

Abbildung 6.4 Terminologiespeicher-Verwaltungstool für die Konfiguration der verwalteten Metadaten im Produktkatalog

Als **Besitzer** sollten Sie eingetragen sein, falls Sie die Websitesammlung angelegt haben. Neben den Farmadministratoren, die auch über die Zentraladministration auf das Terminologiespeicher-Verwaltungstool zugreifen können, kann der jeweilige Besitzer eines Ausdrucksatzes Änderungen an diesem vornehmen.

Sie können auch **Beteiligte** angeben, die über Änderungen an dem Ausdruckssatz benachrichtigt werden sollen. So kann es beispielsweise Personen geben, die über die Einführung einer neuen Produktkategorie informiert werden müssen, damit ggf. Marketingmaßnahmen für das neue Angebot eingeleitet werden.

Standardmäßig ist die **Übermittlungsrichtlinie** auf den Wert »Geschlossen« gesetzt. Das bedeutet, dass nur ein Websiteadministrator neue Kategorien erfassen kann. Wenn Sie oder ein anderer Anwender aus dem Einkauf während der Erfassung eines neuen Produktes feststellen, dass Ihnen eine Kategorie fehlt, haben Sie keine Möglichkeit, aus der Erfassungsmaske heraus die neue Kategorie anzulegen. Das bedeutet, dass Sie das Produkt ohne die gewünschte Kategorie speichern und danach den Terminologiespeicher aufrufen, die neue Kategorie hinzufügen und abschließend das Produkt zur Bearbeitung aufrufen und die Kategorie zuweisen. Wenn Sie kein Websiteadministrator sind, müssen Sie sogar noch einen Zwischenschritt einplanen, in dem Sie einen Websiteadministrator suchen und diesen bitten, die Kategorie für Sie anzulegen.

In der Praxis wird daher häufig die Option »Öffnen« für die Übermittlungsrichtlinie gewählt. Dadurch kann jeder Anwender, der Produkte erfasst und bearbeitet, bei Bedarf neue Kategorien direkt aus der Erfassungsmaske heraus anlegen und diese dem Produkt zuordnen. Sollten Sie sich allerdings trotzdem für die Option »Geschlossen« entscheiden, so sollten Sie einen **Kontakt** in Form einer E-Mail-Adresse angeben, an die die Erfasser der Produktinformationen Vorschläge für neue Kategorien senden können.

Legen Sie nun die oben genannten Kategorien **Stifte** mit den Unterkategorien »Kugelschreiber« und »Whiteboard Marker« sowie **Kalender** mit den Unterkategorien »Wandkalender« und »Taschenkalender« einmal an, indem Sie folgendermaßen vorgehen:

1. Öffnen Sie mit einem Rechtsklick auf den Ausdruckssatz »Produkthierarchie« das Kontextmenü, und wählen Sie den Menüpunkt AUSDRUCK ERSTELLEN aus.
2. Daraufhin erscheint unterhalb des Ausdrucksatzes ein neuer Eintrag, in dem Sie direkt den Namen »Stifte« für die erste Kategorie eingeben können.
3. Durch Betätigen der Taste [↵] können Sie auch direkt die nächste Kategorie »Kalender« eingeben.
4. Rufen Sie mit einem Rechtsklick auf den Ausdruck »Stifte« das Kontextmenü auf, und wählen Sie den Menüpunkt AUSDRUCK ERSTELLEN aus.
5. Geben Sie nun auf dieselbe Weise die Unterkategorien für die Hauptkategorie »Stifte« an, und fügen Sie anschließend die Unterkategorien für die Hauptkategorie »Kalender« hinzu.

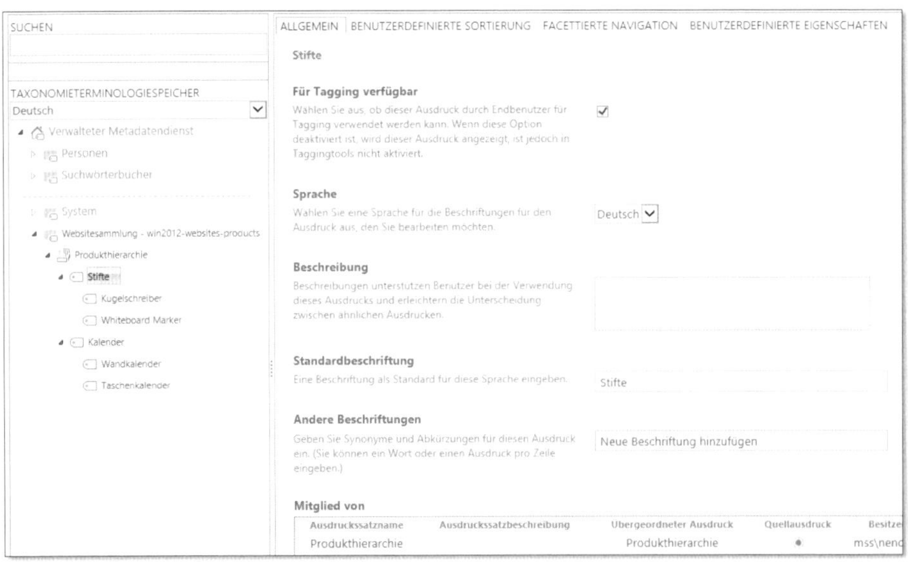

Abbildung 6.5 Eigenschaften eines Ausdrucks im Terminologiespeicher-Verwaltungstool

Der Ausdruckssatz »Produkthierarchie« sollte nun so wie in Abbildung 6.5 aussehen. Wenn Sie einen beliebigen Ausdruck in einem Ausdruckssatz anklicken, erscheinen im rechten Bereich der Seite dessen Einstellungen. So können Sie zum Beispiel als Erstes definieren, ob der Ausdruck von Anwendern ausgewählt werden kann. Interessant ist das für die Ausdrücke »Stifte« und »Kalender«, die zur Gruppierung der jeweiligen Unterkategorien verwendet werden. Wenn Sie möchten, dass nur eine Unterkategorie ausgewählt wird und nicht eine der Hauptkategorien, dann müssen Sie bei den Hauptkategorien die Option »Für Tagging verfügbar« deaktivieren.

Außerdem können Sie im Bereich ANDERE BESCHRIFTUNGEN Synonyme oder Abkürzungen für einen Ausdruck hinterlegen. Das ist für die Suche nach Metadaten relevant, da bei Angabe von Synonymen im Suchfeld trotzdem das gesuchte Produkt in den Suchergebnissen erscheint.

Ich finde das Terminologiespeicher-Verwaltungstool nicht! Wie kann ich denn Kategorien zuordnen?

Das Terminologiespeicher-Verwaltungstool und der Informationstyp »Verwaltete Metadaten« gehören zwingend zusammen und stehen Ihnen erst mit der *SharePoint Server Standard*-Edition zur Verfügung. Das bedeutet, dass Sie mit SharePoint Foundation keine Möglichkeit haben eine Taxonomie aufzubauen und zu verwalten, wie sie in diesem Abschnitt beschrieben wird.

Ihnen stehen zur Kategorisierung nur die elementaren Funktionen zur Verfügung, wie fest hinterlegte Auswahllisten oder die Verwendung von Werten, die in einer weiteren Liste nachgeschlagen werden. Damit lässt sich allerdings keine Hierarchie aufbauen. Häufig werden dann Hilfskonstrukte genutzt, indem die Unterkategorien beispielsweise den Namen der Hauptkategorie als Präfix verwenden. So würden die Kategorien, die Sie eben im Terminologiespeicher-Verwaltungstool erfasst haben, folgendermaßen aussehen: »Stifte«, »Stifte – Kugelschreiber«, »Stifte – Whiteboard Marker« usw.

Da die verwalteten Metadaten u. a. mit ihrer Unterstützung von Synonymen und der Möglichkeit, die Ergebnisse von Suchanfragen zu verfeinern, einen deutlichen Mehrwert in der täglichen Arbeit darstellen, ist diese Komponente häufig der Grund für den Wechsel von SharePoint Foundation hin zu einer der beiden Server-Editionen.

Katalogelemente hinzufügen

Nachdem Sie nun die vorbereitenden Maßnahmen für die Datenerfassung vorgenommen haben, werden Sie die ersten Produkte in den Produktkatalog aufnehmen. Klicken Sie dazu auf der Homepage auf den Link KATALOGELEMENTE HINZUFÜGEN oder PRODUKTLISTE, oder navigieren Sie alternativ über die Schnellstartleiste zu der Produktliste, und gehen Sie folgendermaßen vor, um ein paar Produkte zu erfassen:

1. Rufen Sie den Menüpunkt NEUES ELEMENT auf, wodurch die Erfassungsmaske für ein neues Produkt erscheint (siehe Abbildung 6.6).
2. Geben Sie dort zum Beispiel den Namen des Produktes »Bleistifte (blau)« und die Artikelnummer »100002« ein.
3. Sie können auch eine Gruppennummer angeben, die mit der vergebenen Hauptkategorie korreliert und somit eine eindeutige Zuordnung ermöglicht.
4. Sie haben die Möglichkeit, ein bereits in SharePoint liegendes Bild auszuwählen oder ein neues hochzuladen, indem Sie in dem erscheinenden Dialog zu der entsprechenden Bildbibliothek navigieren und dort das Menü zum Upload eines Bildes nutzen.
5. Bestätigen Sie die Angabe über die Schaltfläche OK, und führen Sie für jedes Produkt dieselben Schritte aus.

Wenn Sie bereits Ideen für eine individuelle Eingabemaske haben, können Sie die Anpassungen mithilfe der Ihnen bekannten Tools – SharePoint Designer und InfoPath Designer – vornehmen.

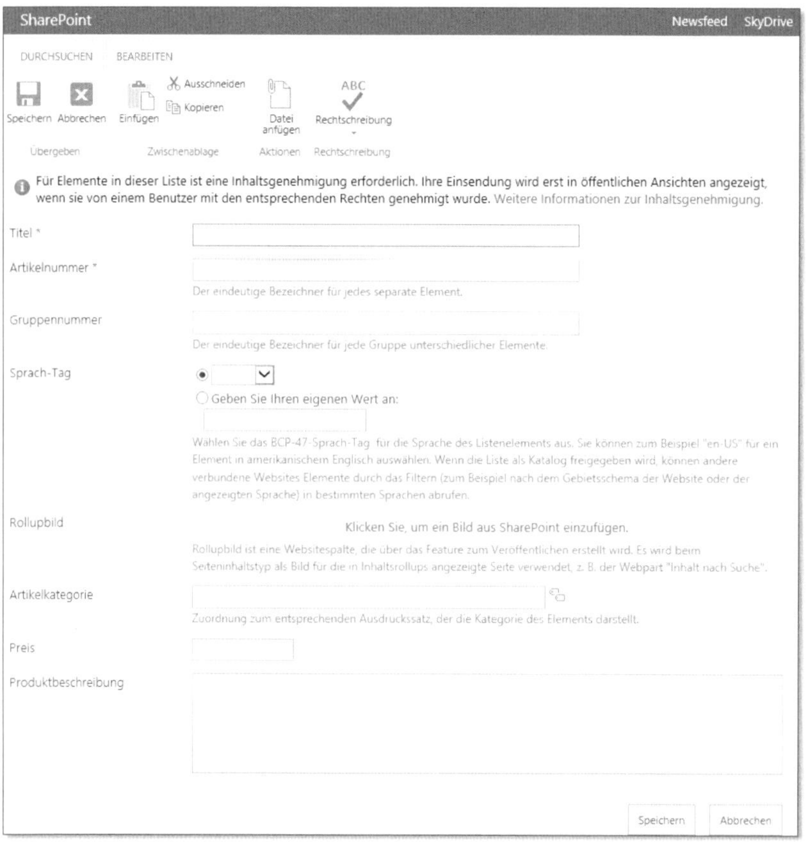

Abbildung 6.6 Erfassungsmaske für ein neues Produkt im Produktkatalog

Als weitere Spalte wird u. a. die im vorherigen Abschnitt vorbereitete Metadatenspalte zur Erfassung der Produktinformationen zur Verfügung gestellt, in der Sie die für das Produkt geltenden Kategorien auswählen. Dabei können Sie durchaus mehrere Kategorien angeben, da somit das Produkt in verschiedenen Ansichten auf die Inhalte des Produktkatalogs auftaucht und dementsprechend leichter gefunden werden kann.

Wenn Sie ein paar Produkte erfasst haben, sollten Sie entsprechend der Darstellung in Abbildung 6.7 die Produkte in der Produktliste sehen können. In der rechten Spalte der Ansicht können Sie allerdings erkennen, dass der **Genehmigungsstatus** der neuen Produkte automatisch auf den Wert »Ausstehend« gesetzt wurde. Das liegt daran, dass für diese Liste die Funktion der **Inhaltsgenehmigung** aktiviert wurde. Das bedeutet, dass nur Sie als Ersteller bzw. Bearbeiter eines Produktes und Personen mit Genehmigungsrechten die neue Version des Produkts sehen können, solange sich das Produkt in diesem Status befindet.

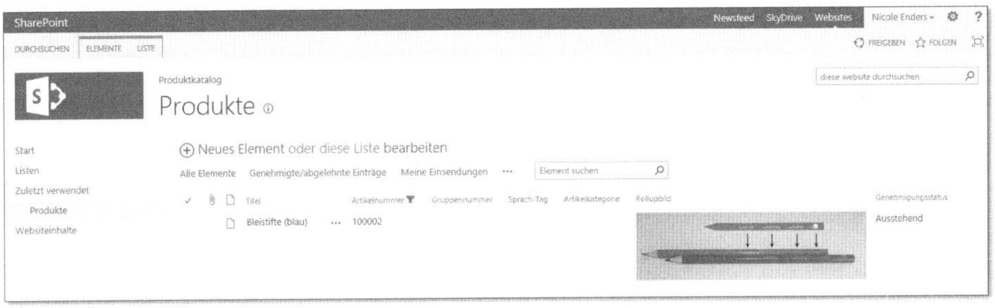

Abbildung 6.7 Zur Genehmigung ausstehende Produkte in der Produktliste

Diese Funktion ist für die Pflege und vor allem für die Veröffentlichung des Produktkatalogs sinnvoll. Denn so können Sie Änderungen an bestehenden Produkten vornehmen oder neue erfassen, ohne dass die Mitarbeiter des Unternehmens etwas davon erfahren. Erst zu dem Zeitpunkt, an dem ein Genehmiger (bei dem es sich vielleicht sogar um Sie selbst handelt) die Version des Produktes freigibt, werden die neuen Informationen den anderen Anwendern zur Verfügung gestellt.

Doch wie geben Sie eine neue Version frei? Rechts neben dem Titel bzw. dem Produktnamen wird wie bei jeder Spalte »Titel« eine Schaltfläche »...« dargestellt. Wenn Sie auf diese klicken, erscheint ein Kontextmenü zu dem ausgewählten Produkt. Dort sollten Sie wie bei jeder anderen Liste oder Bibliothek mit aktivierter Inhaltsgenehmigung den Menüpunkt GENEHMIGEN/ABLEHNEN finden. Wenn Sie diesen Menüpunkt auswählen, erscheint ein modaler Dialog (siehe Abbildung 6.8), in dem Sie eine der folgenden drei Optionen auswählen können:

- **Genehmigt:** Das Produkt wird damit für alle Anwender sichtbar.
- **Abgelehnt:** Die Produktinformationen sollen vom Bearbeiter geändert werden. Die Version ist weiterhin nur für den Bearbeiter und für Personen mit Genehmigungsrechten sichtbar.
- **Ausstehend:** Die Version ist weiterhin nur für den Bearbeiter und für Personen mit Genehmigungsrechten sichtbar.

Welcher Prozess steckt hinter der Inhaltsgenehmigung? Wird zum Beispiel der Bearbeiter über eine Statusänderung informiert?

Der Informationsprozess bei der Inhaltsgenehmigung stellt in der Tat eine Herausforderung in der Praxis dar. Denn sowohl die für die Genehmigung vorgesehenen Anwender als auch der Bearbeiter erhalten keine Informationen über Statusänderungen und über ihre jeweils anstehenden Aufgaben im Freigabeprozess.

Aus diesem Grund muss ein anderer Weg gewählt werden. In manchen Fällen ist der zusätzliche Einsatz eines Workflows, wie zum Beispiel des Feedback-Workflows, eine Lösung. Das heißt, der Bearbeiter startet einen Workflow, wenn er eine Freigabe der neuen Version durch den Genehmiger wünscht. Genauso kann der Genehmiger den Feedback-Workflow nutzen, um im Fall einer Ablehnung den Grund hierfür anzugeben bzw. dem Bearbeiter die Information zu geben, dass eine Ablehnung der neuen Version erfolgt ist.

Außerdem können verschiedene (auf den Status und die jeweilige Rolle gefilterte) Ansichten auf die entsprechende Liste helfen, um schnell einen Überblick über die anstehenden Aufgaben zu erhalten. Überlegen Sie sich, was Ihnen bei der Pflege der Informationen am ehesten hilft.

Abbildung 6.8 Neue Version eines Produkts prüfen und entweder genehmigen oder ablehnen

Sucheigenschaften ändern

Der letzte auf der Homepage des Produktkatalogs angebotene Link, SUCHEIGENSCHAFTEN ÄNDERN, führt Sie auf die Seite aus Abbildung 6.9, in der Sie die **Suche** des Produktkatalogs konfigurieren können. Sie können die Einstellungen für die sogenannten verwalteten Eigenschaften so ändern, dass die Anwender nach diesen Eigenschaften im Produktkatalog suchen und die Suchergebnisse verfeinern können. Bevor aber Anpassungen vorgenommen werden können, müssen die entsprechenden Produkte erst einmal genehmigt und von dem Suchdienst durchforstet worden sein.

Abbildung 6.9 Sucheigenschaften für den Produktkatalog

Wie Sie die Suche im Produktkatalog und auch in jeder anderen beliebigen Website, Websitesammlung oder der gesamten SharePoint-Farm konfigurieren können, werden Sie in Abschnitt 9.1.2 lernen. In dieser Übung reicht es vollkommen aus, die Standardeinstellungen zu verwenden.

6.2.5 Homepage für die produktive Nutzung vorbereiten

Jetzt können Sie Produkte erfassen, kategorisieren und veröffentlichen. Das heißt, die grundlegenden Funktionalitäten für die Pflege und Veröffentlichung eines Produktkatalogs stehen Ihnen und den Anwendern zur Verfügung. Allerdings sollten Sie die Seiten für die Darstellung der Produkte noch überarbeiten. Als Erstes entfernen Sie daher aus der Homepage die für Sie als Hilfestellung gedachten Texte und Verlinkungen, sodass nur die Produktliste auf der Seite verbleibt. Gehen Sie dazu folgendermaßen vor:

1. Rufen Sie die Homepage des Produktkatalogs auf, und wählen Sie im Menüband SEITE den Menüpunkt AUSCHECKEN aus. Den Menüpunkt kennen Sie bisher noch nicht, da dieser nur bei Veröffentlichungsportalen genutzt wird. Damit soll sicher-

gestellt werden, dass die Änderungen, die ein Anwender an einer Seite vornimmt, nicht durch parallele Bearbeitung von einem anderen Anwender überschrieben werden. Außerdem liegt bei solchen Portalen auch ein Genehmigungsprozess hinter jeder Änderung, sodass die neue Version der Seite nicht direkt nach einem Speichern für alle Anwender zur Verfügung steht. So haben Sie genügend Zeit, um Änderungen vorzunehmen, prüfen zu lassen und final freizugeben, ohne die Anwender in ihrer Arbeit mit dieser Seite zu beeinträchtigen.

2. Daraufhin erscheint ein gelber Balken, der Sie darüber informiert, dass die Seite für Sie ausgecheckt ist und daher niemand außer Ihnen die Änderungen sehen kann, bis Sie die Seite wieder einchecken.
3. Wählen Sie nun im Menüband SEITE den Menüpunkt BEARBEITEN aus.
4. Nachdem die Seite im Bearbeitungsmodus geöffnet ist, markieren Sie den Text in dem Feld »Seiteninhalt« oberhalb der Produktliste und entfernen ihn.
5. Jetzt können Sie selbst eine Überschrift für Ihren Produktkatalog entwerfen und dort eintragen. Ich zum Beispiel greife das bereits bei der Kategorisierung der Produkte verwendete Szenario auf und trage den Text »Werbemittelshop« ein. In einer weiteren Zeile ergänze ich: »Hier werden alle derzeit zur Verfügung stehenden Werbemittel aufgeführt. Bei Interesse an ausgewählten Produkten nehmen Sie bitte Kontakt mit dem Einkauf auf oder erfassen Ihren Bedarf in der Bestelldatenbank!«
6. Nun geht es an die Formatierung der Texte, da diese standardmäßig recht klein und unauffällig dargestellt werden. Markieren Sie die Überschrift »Werbemittelshop«, und wählen Sie im Menüband TEXT FORMATIEREN im Bereich FORMATVORLAGEN die Option »Überschrift 1« und analog dazu für den zweiten Text die Option »Überschrift 2« aus.
7. Die Produktliste selbst können Sie auch anders gestalten. Rufen Sie den Menüpunkt WEBPART BEARBEITEN für das Webpart »Produkte« auf, und wählen Sie in der daraufhin erscheinenden rechten Konfigurationsleiste den Link AKTUELLE ANSICHT BEARBEITEN aus. Nehmen Sie dann folgende Änderungen an der Ansicht vor:
   - Als anzuzeigende Spalten wählen Sie »Titel (Hyperlink zu Element mit Menü ›Bearbeiten‹)«, »Artikelnummer« und »Rollupbild« aus.
   - Im Bereich FORMATVORLAGE wählen Sie die Option »Umrahmt, keine Etiketten« aus.
   - Klicken Sie auf die Schaltfläche OK, um Ihre Änderungen zu speichern.
8. Speichern Sie Ihre Änderungen über den Menüpunkt SPEICHERN im Menüband.
9. Der gelbe Balken erinnert Sie jetzt daran, dass die neue Homepage des Produktkatalogs nur für Sie sichtbar ist und dass alle anderen Anwender weiterhin die alte Version der Seite nutzen müssen. Rufen Sie daher im Menüband SEITE den Menüpunkt EINCHECKEN auf.

10. In dem Dialog, der jetzt erscheint, können Sie einen Kommentar erfassen. Ich empfehle Ihnen, hier grob die vorgenommenen Änderungen zu dokumentieren, da es Ihnen somit später leichter fällt, die insgesamt vorgenommenen Änderungen nachzuvollziehen.
11. Der gelbe Balken ist immer noch nicht verschwunden. Allerdings hat sich die Meldung geändert. Denn Sie müssen explizit die Seite neu veröffentlichen. Das können Sie über den Link DIESEN ENTWURF VERÖFFENTLICHEN innerhalb des gelben Balkens tun.

Jetzt steht die neue Version der Homepage allen Anwendern zur Verfügung. Sie sollte so wie in Abbildung 6.10 dargestellt aussehen. Sie können selbstverständlich weitere Anpassungen an der Homepage vornehmen. Seien Sie kreativ, und gehen Sie auf die Bedürfnisse der Anwender ein. Es sollte nach Möglichkeit für die beiden Anwendergruppen »Einkauf« und »Mitarbeiter« eine effektiv zu nutzende und ansprechende Seite sein.

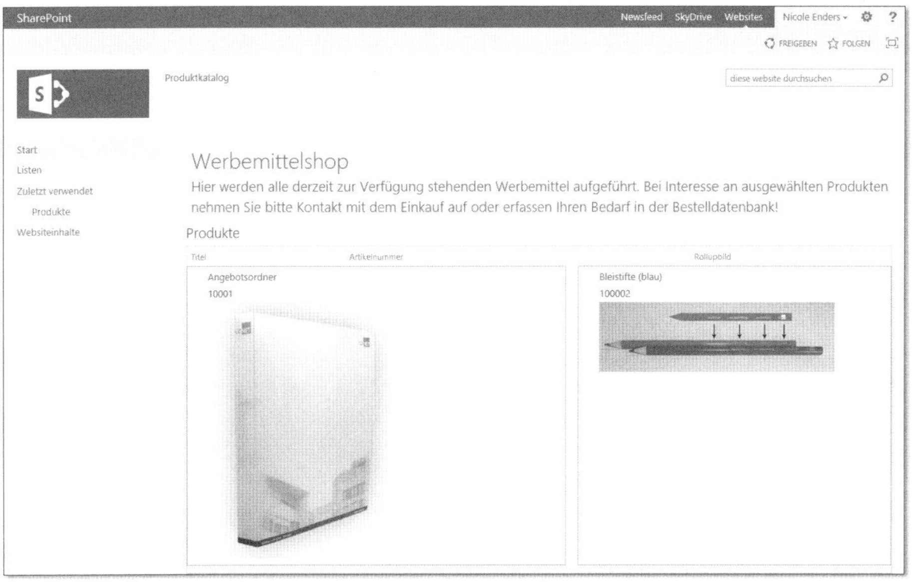

Abbildung 6.10 Neue Homepage des Produktkatalogs

Muss ich bei der Bearbeitung der Homepage etwas beachten, wenn ich nur eine SharePoint-Foundation-Teamwebsite nutze?

Sie können die Homepage auf dieselbe Weise bearbeiten, wobei Sie die standardmäßig dort positionierten Webparts entfernen müssen, um anschließend die Produktliste als Webpart hinzuzufügen.

Die Erfassung des Begrüßungstextes und der Webparts können Sie wie in der Übung beschrieben durchführen. Allerdings steht Ihnen der Mechanismus der Veröffentlichung nicht zur Verfügung. Das heißt, dass die vorgenommenen Änderungen an der Homepage direkt nach jedem Speichervorgang allen Anwendern zur Verfügung stehen. Das sollten Sie im Produktivbetrieb der Website berücksichtigen.

6.2.6 Navigation automatisch durch die erfassten Kategorien generieren lassen

Abschließend kümmern wir uns um den wichtigsten Punkt bei der Nutzung des Produktkatalogs. Die Navigation muss noch angepasst werden. Momentan ist die Schnellstartleiste praktisch nicht zu nutzen, da Sie lediglich die gesamte Produktliste aufrufen können. Um schnell einen groben Überblick über die angebotenen Produkte zu erhalten, wäre eine Verwendung der Haupt- und Unterkategorien als Menüpunkte in der Schnellstartleiste optimal.

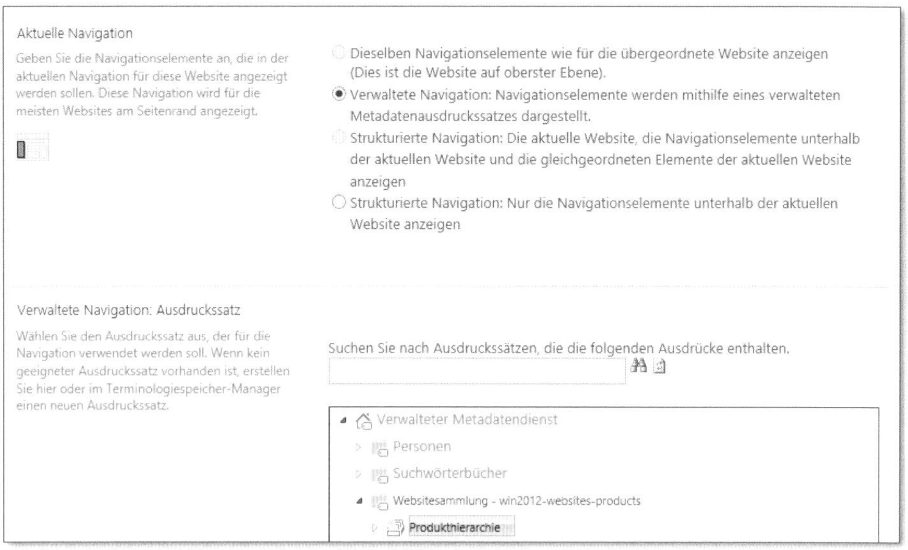

Abbildung 6.11 Konfiguration der Schnellstartleiste mit der Option »Verwaltete Navigation«

Sie können eine solche Konfiguration in einer der Server-Editionen vornehmen, indem Sie unter den Websiteeinstellungen den Menüpunkt NAVIGATION aufrufen.

Entsprechend der Darstellung in Abbildung 6.11 wählen Sie im Bereich AKTUELLE NAVIGATION die Option »Verwaltete Navigation« und weiter unten den Ausdruckssatz »Produkthierarchie« aus. Nachdem Sie die Konfiguration gespeichert haben, sollte sich die Schnellstartleiste so verändert haben, wie Sie sie in Abbildung 6.12

sehen. Die einzelnen Kategorien werden als Menüpunkte dargestellt und geben Ihnen somit einen Überblick darüber, was Sie in diesem Produktkatalog erwartet.

Abbildung 6.12 Schnellstartleiste auf Basis von verwalteten Metadaten

Wenn Sie nun aber auf einen der Menüpunkte klicken, werden Sie die Meldung erhalten, dass die Seite nicht gefunden wurde. Welche Links wurden für die Kategorien generiert? Standardmäßig funktioniert die verwaltete Navigation nur für Unterwebsites mit der Bezeichnung bzw. URL der jeweiligen Kategorie. So wurde der Link für die Unterkategorie »Taschenkalender« beispielsweise auf den Wert »/websites/kalender/taschenkalender« festgelegt. Das heißt, falls Sie im Produktkatalog eine Unterwebsite »Kalender« und darunter eine weitere Unterwebsite »Taschenkalender« eingerichtet hätten, würden Sie diese Website über den Menüpunkt aufrufen.

Allerdings macht dies in unserem Fall keinen Sinn. Wir benötigen nicht für jede Produktkategorie eine Unterwebsite, weil uns eine einzelne Seite mit der Auflistung der zu der Kategorie gehörenden Produkte ausreicht. Die Produkte haben Sie auch bereits in der Website erfasst, und Sie möchten sie bestimmt nicht noch einmal in einer Unterwebsite pflegen. Sie benötigen demnach lediglich eine auf die jeweilige Kategorie gefilterte Ansicht der Produktliste.

Erstellen Sie daher für die einzelnen Kategorien neue Ansichten, und weisen Sie diese folgendermaßen dem jeweiligen Menüpunkt zu:

1. Rufen Sie das Terminologiespeicher-Verwaltungstool über die Websiteeinstellungen auf.
2. Wählen Sie den Ausdruck für die jeweilige Kategorie aus, und klicken Sie auf den Reiter NAVIGATION.
3. Dort sollten Sie entsprechend der Darstellung in Abbildung 6.13 die Konfiguration für die globale Navigation und die Schnellstartleiste vornehmen können. Wählen Sie im Bereich NAVIGATIONSKNOTENTYP die Option »Einfache Verknüpfung oder Kopfzeile« aus.

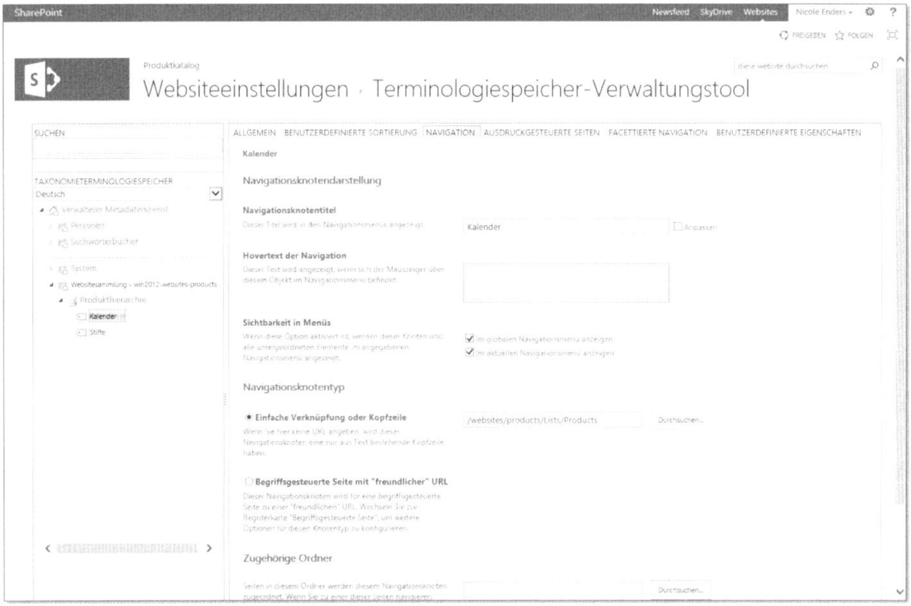

Abbildung 6.13 Die Navigationseinstellungen für einen Ausdruck über das Terminologiespeicher-Verwaltungstool bearbeiten

4. Wenn Sie die Änderungen jetzt über die Schaltfläche SPEICHERN speichern, würde der Menüpunkt zwar in der Schnellstartleiste angezeigt, hätte aber keine Funktion, da er als einfache Überschrift verwendet würde. Klicken Sie daher auf die Schaltfläche DURCHSUCHEN neben der gerade ausgewählten Option, und wählen Sie die Ansicht in der Produktliste aus, die auf die Inhalte auf die jeweilige Kategorie filtert.
5. Nutzen Sie nach der Auswahl der Ansicht die Schaltfläche SPEICHERN, um die Konfiguration für den jeweiligen Ausdruck zu speichern.

Wenn Sie die Änderungen für jede Kategorie vorgenommen haben, können Sie nun über die Schnellstartleiste durch Ihren Produktkatalog navigieren und genau die Produkte aufrufen, nach denen Sie gerade suchen.

Falls Sie für den Ausdruckssatz bei der Übermittlungsrichtlinie die Option »Öffnen« gewählt haben, sollten Sie sich darüber im Klaren sein, dass neue Kategorien direkt als neue Menüpunkte in der Schnellstartleiste erscheinen und auf noch nicht existierende Seiten verweisen. Hier müssen Sie (wie gerade beschrieben) eine neue Ansicht für diese Kategorie erstellen und die Verlinkung des Menüpunktes ändern. Aus diesem Grund kann es sinnvoll sein, die Option »Geschlossen« für die Übermittlungsrichtlinie zu verwenden, damit Sie sicherstellen können, dass jeder Menüpunkt in der Navigation korrekt funktioniert.

Welche anderen Möglichkeiten habe ich, um die Navigation festzulegen?

Sie können selbstverständlich auch wie gewohnt die Menüpunkte einzeln festlegen. Vor allem dann, wenn Sie keine verwalteten Metadaten zur Kategorisierung Ihrer Produkte vorgesehen haben, müssen Sie die Schnellstartleiste manuell konfigurieren.

Wählen Sie zunächst zur Vorbereitung die Kategorien aus, die Sie in der Schnellstartleiste verlinken möchten, und erstellen Sie in der Produktliste neue Ansichten, die die Produkte auf die jeweilige Kategorie filtern.

Anschließend fügen Sie die Links zu diesen Ansichten in der Schnellstartleiste hinzu und legen die Reihenfolge fest.

6.3 Bestellungen und Wareneingang

Im Rahmen Ihrer Arbeit werden Sie wahrscheinlich Materialien, Produkte oder Dienstleistungen von Zulieferern beziehen. Diese müssen allerdings zunächst über den Einkauf bestellt werden. Um die Arbeit der dortigen Mitarbeiter zu unterstützen, werden Sie in dieser Übung eine Lösung zur Erfassung und Bearbeitung von Bestellungen bereitstellen. Dabei werden auch Anfragen der Mitarbeiter berücksichtigt, wenn zunächst nur die Kosten für bestimmte Produkte erfragt werden. Außerdem sollen die Mitarbeiter des Einkaufs den Wareneingang erfassen und den Besteller hierüber informieren können.

6.3.1 Benötigte Funktionen

Bei der Bestellung von Materialien, Produkten und Dienstleistungen sowie beim Eingang der bestellten Waren handelt es sich um einen Prozess zwischen dem Einkauf und sämtlichen Mitarbeitern des Unternehmens, die als interne Kunden agieren.

Wie Sie in Abbildung 6.14 erkennen können, sind zwei verschiedene Anwendergruppen an der Bestelldatenbank beteiligt. Sie haben in unserem beispielhaften Szenario folgende Anforderungen:

- **Mitarbeiter:** Diese Anwender möchten den Preis für bestimmte Waren oder Dienstleistungen erfragen und Bestellungen aufgeben. Dabei soll es bis zu einem bestimmten Status, an dem die Bestellung durchgeführt wurde, möglich sein, die Bestellung zu stornieren.
- **Einkauf:** Diese Anwender benötigen eine Übersicht über die aktuellen Anfragen und Bestellungen. Sie sollen die Möglichkeit haben, die Anfragen und Bestellungen zu bearbeiten sowie deren Status festzulegen. Sobald die bestellte Ware eingetroffen ist, soll dies in der Bestellung dokumentiert werden, damit der Besteller darüber informiert wird, dass die Ware nun für ihn verfügbar ist.

Abbildung 6.14 Anforderungen an eine Lösung für Bestellungen und den Eingang der bestellten Waren

Die benötigten Funktionen lassen sich somit eindeutig mindestens einer Anwendergruppe zuordnen und sollten in der Praxis auch durch Vertreter dieser Gruppen detailliert beschrieben und nach der Umsetzung getestet werden. Sicher gibt es noch viele weitere Anforderungen, die hier nicht angesprochen werden. Wenn Sie Interesse daran haben, können Sie gerne auch die aus Ihrer Sicht noch fehlenden Funktionen umsetzen. Probieren Sie es am besten nach Abschluss der Übung auf Basis der erstellten Lösung aus.

6.3.2 Konzeption der Lösung

Auf Basis der definierten Anforderungen müssen Sie zunächst ein Konzept für die mögliche Umsetzung erstellen. Hierbei sind Aspekte wie die eingesetzte Version und Edition von SharePoint und die zur Verfügung stehenden Tools zu berücksichtigen.

In dieser Übung wird die Websitevorlage »Teamwebsite« verwendet, auf deren Basis Sie folgende Listen und Bibliotheken bereitstellen:

- **Benutzerdefinierte Liste »Anfragen«**: Diese Liste nutzen Sie zur Verwaltung der Anfragen für Produkte oder Dienstleistungen.
- **Benutzerdefinierte Liste »Bestellungen«**: Diese Liste werden Sie für die Verwaltung der Bestellungen verwenden.

Damit aus einer Anfrage eine Bestellung werden kann, wird das Eingabeformular der Liste »Anfragen« mit InfoPath bearbeitet und um diese fehlende Funktion erweitert. Um die Erfassung einer neuen Anfrage bzw. Bestellung in die Homepage zu integrieren, werden Sie abschließend das InfoPath-Webpart nutzen. Die Nutzung von InfoPath ist allerdings nur bei Einsatz der Server-Editionen möglich.

Alternative für SharePoint Foundation

Bei Nutzung einer SharePoint Foundation müssen Sie die Eingabemaske für die Liste »Anfragen« (wie in den Übungen zu Abschnitt 4.4.4 vorgestellt) über den SharePoint Designer anpassen oder einen Entwickler beauftragen, damit die gewünschten Funktionalitäten zur Verfügung stehen.

Auch für die Gestaltung der Homepage müssen Sie sich eine Alternative überlegen. Eine Möglichkeit wäre die Darstellung der Anfragen und Bestellungen des aktuellen Benutzers.

6.3.3 Einrichten der Website

Sie beginnen mit der Erstellung einer neuen Unterwebsite in der Website der obersten Ebene Ihrer Websitesammlung. Navigieren Sie dazu auf die Websiteinhalte, und wählen Sie den Menüpunkt NEUE WEBSITE aus. In der daraufhin erscheinenden Webseite geben Sie als Titel »Bestellungen und Wareneingang« und für die Websiteadresse den Wert »bestellungen« an. In der neuen Website müssen Sie nun die benötigten Listen inklusive aller benötigten Spalten und der für die verschiedenen Anwendergruppen relevanten Ansichten erstellen und die Navigation konfigurieren.

Verwaltung von Anfragen

Um die Anfragen verwalten zu können, benötigen Sie eine benutzerdefinierte Liste, die Sie nach Aufruf der Websiteinhalte durch Auswahl des Menüpunktes APP HINZUFÜGEN erstellen können. Geben Sie den Namen »Anfragen« an, und erstellen Sie anschließend folgende Spalten in der Liste (in Abschnitt 2.1.3 können Sie nachlesen, wie Sie Spalten erstellen):

Spalte	Typ	Pflichtfeld
Endkunde	Eine Textzeile	Ja
Produkt	Mehrere Textzeilen	Nein
Dienstleistung	Mehrere Textzeilen	Nein
Anzahl	Zahl	Ja
Preis	Währung	Nein

Tabelle 6.4 Spalten für die benutzerdefinierte Liste »Anfragen« in der Bestelldatenbank

Spalte	Typ	Pflichtfeld
Bemerkungen	Mehrere Textzeilen	Nein
Status	Auswahl (»Neu«, »In Bearbeitung«, »Bearbeitet«)	Nein

Tabelle 6.4 Spalten für die benutzerdefinierte Liste »Anfragen« in der Bestelldatenbank (Forts.)

Für die Mitarbeiter des Einkaufs wird für jeden Status jeweils eine Ansicht benötigt, während Sie für den einzelnen Mitarbeiter eine Ansicht erstellen sollten, die gruppiert nach dem Status seine Anfragen darstellt. Gehen Sie bei der Erstellung der ersten drei Ansichten folgendermaßen vor:

1. Wählen Sie im Menüband LISTE den Menüpunkt ANSICHT ERSTELLEN und anschließend den Ansichtstyp STANDARDANSICHT aus.
2. Geben Sie als Namen der Ansicht den jeweiligen Status (»Neu«, »In Bearbeitung«, »Bearbeitet«) an.
3. Wählen Sie als anzuzeigende Spalten »Titel«, »Erstellt von«, »Preis«, »Erstellt«, »Geändert« und »Bemerkungen« in der angegebenen Reihenfolge von links nach rechts aus.
4. Wählen Sie zur Sortierung die Spalte »Geändert« mit aufsteigender Reihenfolge aus.
5. Im Bereich FILTER wählen Sie die Option »Elemente nur in folgendem Fall anzeigen« aus und geben das Filterkriterium »Status ist gleich Neu« bzw. den jeweils für die Ansicht vorgesehenen Statuswert an.
6. Die übrigen Einstellungen können Sie unverändert übernehmen und die Ansicht über die Schaltfläche OK erstellen lassen.

Nachdem Sie die drei Ansichten erstellt haben, können Sie auch die Ansicht für den einzelnen Mitarbeiter, der Anfragen einstellt, erstellen, indem Sie folgende Schritte durchführen:

1. Wählen Sie im Menüband LISTE den Menüpunkt ANSICHT ERSTELLEN und anschließend den Ansichtstyp STANDARDANSICHT aus.
2. Geben Sie als Namen der Ansicht den Wert »Meine Anfragen« an.
3. Wählen Sie als anzuzeigende Spalten »Titel«, »Geändert von«, »Preis«, »Erstellt«, »Geändert« und »Bemerkungen« in der angegebenen Reihenfolge von links nach rechts aus.
4. Wählen Sie zur Sortierung die Spalte »Erstellt« mit absteigender Reihenfolge aus.
5. Im Bereich FILTER wählen Sie die Option »Elemente nur in folgendem Fall anzeigen« aus und geben das Filterkriterium »Erstellt von ist gleich [Ich]« an.

6. Im Bereich GRUPPIEREN NACH wählen Sie die Spalte »Status« und die Option »Erweitert« für die standardmäßige Anzeige von Gruppierungen aus.
7. Die übrigen Einstellungen können Sie unverändert übernehmen. Klicken Sie auf die Schaltfläche OK, um die Ansicht zu erstellen.

Wenn Ihnen weitere Ansichten für die Übersicht über die erfassten Anfragen einfallen, können Sie diese selbstverständlich auch erstellen. Denken Sie nur gleich bei der Konfiguration der Navigation daran, dass Sie diese Ansichten dort auch verlinken.

Verwaltung von Bestellungen

Um die Bestellungen verwalten zu können, benötigen Sie eine benutzerdefinierte Liste, die Sie nach dem Aufruf der Websiteinhalte durch Auswahl des Menüpunktes APP HINZUFÜGEN erstellen können. Geben Sie den Namen »Bestellungen« an, und erstellen Sie anschließend folgende Spalten in der Liste:

Spalte	Typ	Pflichtfeld
Beauftragt für	Person oder Gruppe	Nein
Endkunde	Eine Textzeile	Ja
Vorgesetzter	Person oder Gruppe	Ja
Wunschtermin	Datum und Uhrzeit	Nein
Produkt	Mehrere Textzeilen	Nein
Dienstleistung	Mehrere Textzeilen	Nein
Anzahl	Zahl	Ja
Preis	Währung	Nein
Bemerkungen	Mehrere Textzeilen	Nein
Status	Auswahl (»Neu«, »In Bearbeitung«, »Bestellt«, »Storniert«, »Eingegangen«)	Nein

Tabelle 6.5 Spalten für die benutzerdefinierte Liste »Bestellungen« in der Bestelldatenbank

Für die Mitarbeiter des Einkaufs wird für jeden Status jeweils eine Ansicht benötigt, während Sie für den einzelnen Mitarbeiter eine Ansicht erstellen sollten, die – gruppiert nach dem Status – seine Anfragen darstellt. Gehen Sie bei der Erstellung der ersten fünf Ansichten folgendermaßen vor:

1. Wählen Sie im Menüband LISTE den Menüpunkt ANSICHT ERSTELLEN und anschließend den Ansichtstyp STANDARDANSICHT aus.
2. Geben Sie als Namen der Ansicht den jeweiligen Status (»Neu«, »In Bearbeitung«, »Bestellt«, »Storniert«, »Eingegangen«) an.
3. Wählen Sie als anzuzeigende Spalten »Titel«, »Erstellt von«, »Preis«, »Erstellt«, »Geändert« und »Bemerkungen« in der angegebenen Reihenfolge von links nach rechts aus.
4. Wählen Sie zur Sortierung die Spalte »Geändert« mit aufsteigender Reihenfolge aus.
5. Im Bereich FILTER wählen Sie die Option »Elemente nur in folgendem Fall anzeigen« aus und geben das Filterkriterium »Status ist gleich Neu« bzw. den jeweils für die Ansicht vorgesehenen Statuswert an.
6. Die übrigen Einstellungen können Sie unverändert übernehmen. Klicken Sie auf die Schaltfläche OK, um die Ansicht zu erstellen.

Nachdem Sie die fünf Ansichten erstellt haben, können Sie auch die Ansicht für den einzelnen Mitarbeiter, der Bestellungen einstellt, erstellen, indem Sie folgende Schritte durchführen:

1. Wählen Sie im Menüband LISTE den Menüpunkt ANSICHT ERSTELLEN und anschließend den Ansichtstyp STANDARDANSICHT aus.
2. Geben Sie als Namen der Ansicht den Wert »Meine Bestellungen« an.
3. Wählen Sie als anzuzeigende Spalten »Titel«, »Geändert von«, »Preis«, »Erstellt«, »Geändert« und »Bemerkungen« in der angegebenen Reihenfolge von links nach rechts aus.
4. Wählen Sie zur Sortierung die Spalte »Erstellt« mit absteigender Reihenfolge aus.
5. Im Bereich FILTER wählen Sie die Option »Elemente nur in folgendem Fall anzeigen« aus und geben das Filterkriterium »Erstellt von ist gleich [Ich]« an.
6. Im Bereich GRUPPIEREN NACH wählen Sie die Spalte »Status« und die Option »Erweitert« für die standardmäßige Anzeige von Gruppierungen aus.
7. Die übrigen Einstellungen können Sie unverändert übernehmen. Klicken Sie auf die Schaltfläche OK, um die Ansicht zu erstellen.

Wenn Ihnen weitere Ansichten einfallen (wie zum Beispiel die Bestellungen, deren Wunschtermin bereits überschritten ist), können Sie diese selbstverständlich auch erstellen. Denken Sie nur gleich bei der Konfiguration der Navigation daran, dass Sie diese Ansichten dort auch verlinken.

Navigationseinstellungen ändern

Passen Sie entsprechend der Darstellung in Abbildung 6.15 nun die Schnellstartleiste so an, dass alle von Ihnen erstellten Ansichten hierüber aufgerufen werden können. In Abschnitt 2.2.1 können Sie nachlesen, wie Sie die Schnellstartleiste konfigurieren.

Abbildung 6.15 Konfiguration der Schnellstartleiste für die Bestelldatenbank

Mit der aktuellen Konfiguration kann allerdings jeder die gesamten Menüpunkte aufrufen und somit grundsätzlich alle Anfragen und Bestellungen einsehen und bearbeiten. Oft wird jedoch ein Menü gewünscht, das an die jeweilige Anwendergruppe angepasst wurde. Während eine Anwendergruppe beispielsweise über die Navigation nur auf die Ansichten zugreifen kann, die auf den aktuellen Anwender gefiltert wurden, soll eine andere Gruppe zusätzlich die Ansichten auf alle Bestellungen und Anfragen über das Menü aufrufen können. Beim Einsatz einer Server-Edition können Sie nach Aktivierung des Websitesammlungsfeatures »SharePoint Server-Veröffentlichungsinfrastruktur« über die Websiteberechtigungen zwei neue Gruppen für die beiden Anwendergruppen anlegen, deren Mitglieder festlegen und anschließend für die einzelnen Menüpunkte die Benutzergruppe angeben. Gehen Sie dazu folgendermaßen vor:

1. Wählen Sie unter den Websiteeinstellungen den Menüpunkt NAVIGATION aus.
2. Scrollen Sie bis zum Bereich STRUKTURELLE NAVIGATION herunter, und klicken Sie auf den jeweiligen Menüpunkt, den Sie nur für die Mitarbeiter des Einkaufs sichtbar gestalten möchten. Dabei reicht es aus, wenn Sie die übergeordneten Menüpunkte konfigurieren. Die darunter befindlichen Links werden automatisch auch unsichtbar.
3. Klicken Sie nach der Auswahl eines Menüpunktes auf die Schaltfläche BEARBEITEN. Daraufhin öffnet sich ein Dialog zur weiteren Konfiguration.
4. Zuunterst befindet sich das Eingabefeld »Benutzergruppe«. Geben Sie dort den exakten Namen der eben erstellten Gruppe für den Einkauf ein. Alternativ können

Sie auch das Adressbuch rechts neben dem Eingabefeld nutzen. Achten Sie aber bitte darauf, dass Sie in der Auswahlliste der Suchmaske, die nun erscheint, den Wert »SharePoint-Gruppen« auswählen. Ansonsten werden Ihnen keine Suchergebnisse geliefert.

5. Speichern Sie die Änderungen über die Schaltfläche OK, und testen Sie die Sichtbarkeit der Menüpunkte mit Vertretern der beiden Anwendergruppen.

Standardmäßig ist bei der Suche nach Benutzergruppen der Wert »Globale Zielgruppen« ausgewählt. Was sind das für Gruppen, und wo werden sie erstellt?

Globale Zielgruppen werden über die Zentraladministration gepflegt. Hierbei legen Sie einen Personenkreis fest, indem Sie nach bestimmten Eigenschaften filtern, die über den Verzeichnisdienst (wie zum Beispiel das Active Directory) zu jeder Person verwaltet werden. Damit lassen sich beispielsweise Gruppen für die jeweiligen Abteilungen erstellen, die durch die Pflege des Active Directory verwaltet werden.

Der erfolgreiche Einsatz von globalen Zielgruppen hängt davon ab, wie gut die Kommunikation zwischen den Administratoren von SharePoint und den Administratoren des Verzeichnisdienstes funktioniert. Wenn nicht sichergestellt werden kann, dass der Verzeichnisdienst die aktuellen und von SharePoint benötigten Daten zu den Anwendern verwaltet, wird auf die Alternative von SharePoint-Gruppen ausgewichen, die Sie gerade in dieser Übung nutzen.

Eine mögliche Alternative für Berechtigungen auf Listenansichten

Mit der Sichtbarkeit der Menüpunkte haben Sie allerdings keine Lösung für das Berechtigungsproblem gefunden. Zwar sieht ein Mitarbeiter jetzt nur noch die zwei Menüpunkte für seine Anfragen und Bestellungen, allerdings kann er über diese Ansichten auch auf die weiteren Ansichten einer jeden Liste zugreifen. Ansichten können nicht mit Berechtigungen versehen werden.

Wenn Sie hierfür eine Lösung suchen, sollten Sie keine Ansichten in der jeweiligen Liste erstellen, sondern stattdessen für jede benötigte Ansicht eine Seite in einer Wiki-Seitenbibliothek anlegen, dort das Webpart für die entsprechende Liste hinzufügen und für das Webpart die aktuelle Ansicht bearbeiten. Jede Wiki-Seite können Sie mit separaten Berechtigungen ausstatten und somit den Zugriff auf die dargestellten Informationen steuern.

Vergessen Sie aber nicht, die Standardansicht der Listen so zu bearbeiten, dass sie auf den aktuellen Benutzer gefiltert werden. Die Standardansicht kann nämlich weiterhin von jedem Anwender aufgerufen werden.

6.3.4 Eingabemaske für Anfragen anpassen

Nachdem Sie die grundlegende Struktur fertiggestellt haben, rufen Sie die Liste »Anfragen« auf und wählen im Menüband LISTE den Menüpunkt FORMULAR ANPASSEN aus. Daraufhin öffnet sich zuerst eine Sicherheitsabfrage, die Sie mit einem Klick auf die Schaltfläche ZULASSEN bestätigen. Danach erscheint das Eingabeformular im InfoPath Designer 2013 (siehe Abbildung 6.16).

Ich finde den Menüpunkt »Formular anpassen« nicht!

Der Menüpunkt steht Ihnen nur zur Verfügung, wenn Sie in der SharePoint-Farm die *InfoPath Forms Services* verwenden. In der Edition SharePoint Foundation ist das nicht der Fall. Deshalb müssen Sie eine Alternative zur Anpassung der Eingabeformulare nutzen. Das kann über den SharePoint Designer erfolgen, wobei die nachfolgend beschriebene Anpassung auch funktionale Erweiterungen betrifft und somit für Sie als Anwender eine Hürde darstellt. Hierbei sind Sie auf Personen mit Kenntnissen in der SharePoint-Entwicklung angewiesen, um die gewünschten Funktionalitäten bereitstellen zu können.

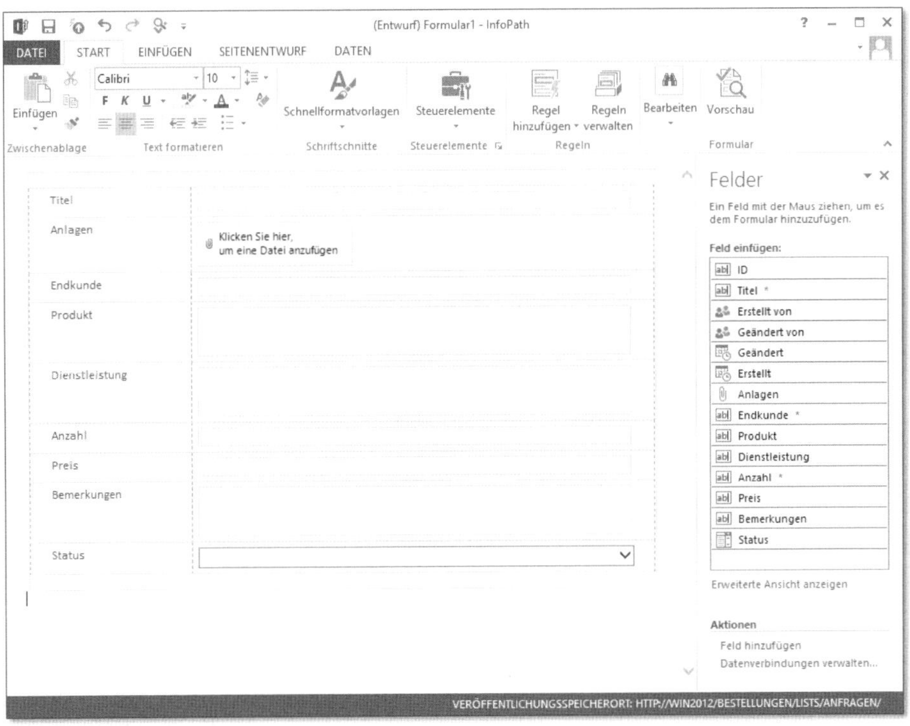

Abbildung 6.16 Das Eingabeformular für die Liste »Anfragen«, mit InfoPath Designer geöffnet

Im linken Bereich wird das Eingabeformular dargestellt, während Sie im rechten Bereich die für die Liste definierten Felder finden. Sollten Sie einmal bei einer Liste nachträglich weitere Spalten hinzufügen, so werden diese im rechten Bereich aufgeführt, aber nicht mehr automatisch in das Eingabeformular integriert. Dies müssen Sie dann manuell durchführen, indem Sie das entsprechende Feld per Drag & Drop aus dem rechten Bereich in das Eingabeformular ziehen, es dort grafisch aufbereiten und an der gewünschten Stelle platzieren.

Konfiguration der Datenverbindung zur Erstellung neuer Listenelemente

Um eine Anfrage in eine Bestellung umzuwandeln, müssen Sie eine Datenverbindung einrichten, die die Erstellung eines neuen Listeneintrags vorsieht. Gehen Sie dazu folgendermaßen vor:

1. Erstellen Sie zunächst über einen beliebigen Texteditor eine Datei *AddListItemTemplate.xml*, deren Inhalt dem folgenden Listing 6.1 entspricht, oder laden Sie alternativ die fertige Datei unter *http://msdemopoint.conet.de/blog/nicole-enders/sharepoint-2013-fuer-anwender/uebungen/einkauf.aspx* herunter. Die Felder entsprechen den Spalten der Liste »Anfragen«, die auch in der Liste »Bestellungen« existieren.

```
<?xml version="1.0" encoding="UTF-8"?>
<Batch OnError="Continue">
    <Method ID="1" Cmd="New">
        <Field Name='Title'></Field>
        <Field Name="Endkunde"></Field>
        <Field Name="Produkt"></Field>
        <Field Name="Dienstleistung"></Field>
        <Field Name="Anzahl"></Field>
        <Field Name="Preis"></Field>
        <Field Name="Bemerkungen"></Field>
    </Method>
</Batch>
```

Listing 6.1 Die Datei »AddListItemTemplate.xml« dient zum Erstellen eines neuen Listenelements aus einem InfoPath-Formular heraus.

2. Wählen Sie nun in dem im InfoPath Designer geöffneten Eingabeformular unterhalb der Darstellung der Felder den Menüpunkt DATENVERBINDUNGEN VERWALTEN aus.
3. Klicken Sie auf die Schaltfläche HINZUFÜGEN, wählen Sie die Option »Daten empfangen« aus, und klicken Sie auf die Schaltfläche WEITER.

4. Wählen Sie als Datenquelle die Option »XML-Dokument« aus, und klicken Sie auf WEITER.
5. Betätigen Sie nun die Schaltfläche RESSOURCENDATEIEN, klicken Sie anschließend auf HINZUFÜGEN, und wählen Sie nun die Datei *AddListItemTemplate.xml* aus, die Sie in Schritt 1 erstellt haben.
6. Klicken Sie auf OK und in dem daraufhin wieder aktiven Assistenten auf die Schaltflächen WEITER und FERTIG STELLEN.
7. Die neue Datenverbindung wird nun zusätzlich zu den zwei Datenverbindungen aufgeführt, die bereits vorher bestanden. Schließen Sie den Dialog über die Schaltfläche SCHLIESSEN.

Diese Datenverbindung werden Sie nach ein paar weiteren Schritten zur Erstellung neuer Bestellungen verwenden.

Eindeutige Kennzeichnung der Liste »Bestellungen« ermitteln

Um für die Liste »Bestellungen« neue Listenelemente erstellen zu können, benötigen Sie die sogenannte *GUID* der Liste. Dabei handelt es sich um eine Zeichenfolge, die die Liste eindeutig kennzeichnet. Am einfachsten finden Sie diese GUID, indem Sie die Listeneinstellungen der Liste über den Menüpunkt LISTENEINSTELLUNGEN im Menüband LISTE aufrufen.

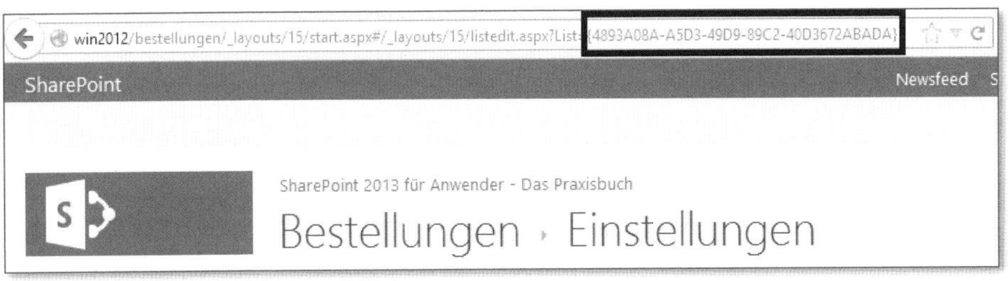

Abbildung 6.17 GUID einer beliebigen Liste oder Bibliothek ermitteln

1. Kopieren Sie den in Abbildung 6.17 markierten Teil der URL, der direkt nach der Zeichenfolge »List=« zu finden ist. Er beginnt und endet mit einer geschweiften Klammer. Speichern Sie diese Zeichenfolge temporär in einem Texteditor. Bei dieser Zeichenfolge handelt es sich um die GUID Ihrer Liste. Achten Sie bitte darauf, dass die GUID individuell für jede Liste vergeben wird und nicht vom Namen der jeweiligen Liste abhängig ist. Daher wird sich die GUID in Abbildung 6.17 auch von der GUID Ihrer Liste »Bestellungen« unterscheiden.
2. Wechseln Sie nun wieder zu dem Eingabeformular, das Sie im InfoPath Designer geöffnet haben, und klicken Sie unterhalb der Darstellung der Felder auf den Menüpunkt FELD HINZUFÜGEN. Geben Sie den Namen »Liste« an, und klicken Sie auf die Schaltfläche OK.

3. Das neue Feld taucht nun zuunterst in der Auflistung der Felder auf. Öffnen Sie mit einem Rechtsklick auf das Feld dessen Kontextmenü, und wählen Sie den Menüpunkt FELDEIGENSCHAFTEN aus. In dem Dialog, der nun erscheint, geben Sie als Wert für das Feld die GUID der Liste »Bestellungen« an und speichern die Änderungen über die Schaltfläche OK.

Eine Datenverbindung zur Liste »Bestellungen« einrichten

Wählen Sie nun in dem im InfoPath Designer geöffneten Eingabeformular unterhalb der Darstellung der Felder den Menüpunkt DATENVERBINDUNGEN VERWALTEN aus, und gehen Sie folgendermaßen vor:

1. Klicken Sie auf die Schaltfläche HINZUFÜGEN, wählen Sie die Option »Daten senden« aus, und betätigen Sie die Schaltfläche WEITER.
2. Wählen Sie als Ziel die Option »An einen Webdienst« aus, und klicken Sie auf die Schaltfläche WEITER.
3. Geben Sie die URL zu Ihrer Website für die Bestelldatenbank und anschließend das Suffix »*/_vti_bin/lists.asmx*« ein, und klicken Sie auf WEITER.
4. Wählen Sie die Methode UPDATELISTITEMS aus, und klicken Sie erneut auf WEITER.
5. Die Methode benötigt zwei Eingabeparameter. Wählen Sie als Erstes für den Parameter »tns:listName« das Feld »Liste« aus, indem Sie auf die Schaltfläche rechts neben dem Eingabefeld FELD ODER GRUPPE klicken und in dem daraufhin erscheinenden Dialog das Feld auswählen.
6. Klicken Sie danach auf den Parameter »tns:updates«, und nutzen Sie auch die Schaltfläche rechts neben dem Eingabefeld FELD ODER GRUPPE, um die XML-Datei zu referenzieren. Da der Dialog nur die Felder der Liste »Anfragen« auflistet, klicken Sie auf den Link ERWEITERTE ANSICHT ANZEIGEN.
7. Selektieren Sie in dem nun aktiven Dialog die Option »AddListItemTemplate (Sekundär)« aus der Auswahlliste. Markieren Sie den obersten Eintrag »Batch«, und bestätigen Sie die Auswahl über die Schaltfläche OK.
8. Nachdem Sie wieder zurück bei dem Datenverbindungs-Assistenten sind, wählen Sie unter EINSCHLIESSEN die Option »XML-Unterstruktur, einschließlich ausgewähltem Element« aus und klicken auf WEITER.
9. Schließen Sie den Vorgang über die Schaltfläche FERTIG STELLEN ab, und schließen Sie die Auflistung der Datenverbindungen über die Schaltfläche SCHLIESSEN.

Eingabemaske anpassen

Sie fügen nun einen neuen Abschnitt zur Eingabemaske hinzu, der erst sichtbar wird, wenn die Anfrage bearbeitet wurde. Gehen Sie dazu folgendermaßen vor:

1. Fügen Sie unterhalb des Feldes »Status« das Steuerelement »Abschnitt« hinzu, und erfassen Sie darin zunächst die Überschrift »Neue Bestellung« und anschließend den erläuternden Text »Übernehmen Sie die relevanten Daten aus Ihrer Anfrage zur Erfassung einer neuen Bestellung«.
2. Wählen Sie nun im rechten Bereich FELDER die sekundäre Datenverbindung »AddListItemTemplate« aus (ggf. müssen Sie zuerst auf den Link ERWEITERTE ANSICHT ANZEIGEN klicken), und öffnen Sie mit einem Rechtsklick auf den Eintrag »Field« dessen Kontextmenü, das Sie in Abbildung 6.18 erkennen können.

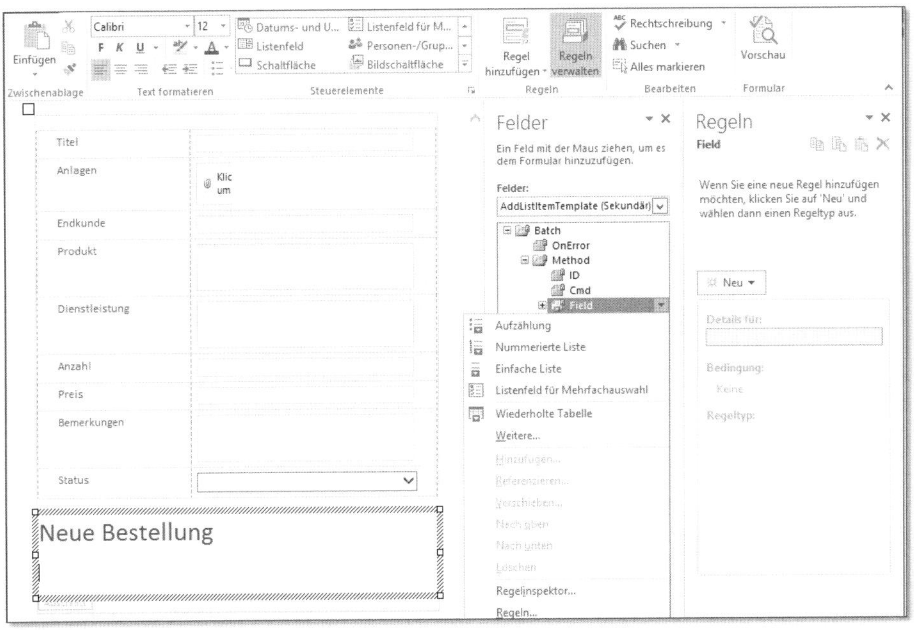

Abbildung 6.18 Felder aus einer sekundären Datenverbindung in ein InfoPath-Formular integrieren

3. Wählen Sie den Menüpunkt WIEDERHOLTE TABELLE aus, und markieren Sie das Eingabefeld »Name« in der linken Spalte der nun im Formular hinzugefügten Liste. Rufen Sie über einen Rechtsklick den Menüpunkt EIGENSCHAFTEN FÜR TEXTFELD im Kontextmenü auf.
4. Wechseln Sie im daraufhin erscheinenden Dialog auf die Registerkarte ANZEIGE, aktivieren Sie die Option »Schreibgeschützt«, und speichern Sie die Änderungen über die Schaltfläche OK.
5. Fügen Sie nun eine Schaltfläche in dem Abschnitt hinzu, den Sie in Schritt 1 eingefügt haben, und ändern Sie die Beschriftung unter den Eigenschaften auf den Wert »Bestellung absenden«.

6. Wenn die Schaltfläche von Ihnen markiert ist, wählen Sie im Menüband START den Menüpunkt REGEL HINZUFÜGEN • BEIM KLICKEN AUF DIESE SCHALTFLÄCHE • DATEN ÜBERMITTELN aus.
7. Wählen Sie daraufhin die Datenverbindung »Webdienst – Absenden« aus, und bestätigen Sie die Konfiguration über die Schaltfläche OK.
8. Markieren Sie nun den gesamten Abschnitt, und wählen Sie im Menüband START den Menüpunkt REGELN VERWALTEN aus.
9. Die Schaltfläche NEU in dem Konfigurationsbereich für Regeln, den Sie im rechten Bereich der Anwendung sehen, verfügt über drei Optionen. Sie wählen die Option »Formatierung« aus und aktivieren die Option »Dieses Steuerelement ausblenden«.
10. Klicken Sie nun auf den Link KEINE im Bereich BEDINGUNG, und geben Sie die Regel »Status ist ungleich Bearbeitet« an.
11. Speichen Sie die Regel über die Schaltfläche OK, und veröffentlichen Sie die Änderungen an der Eingabemaske über das kleine Icon mit dem Blitz oben links im InfoPath Designer oder über das Menüband DATEI und den Menüpunkt SCHNELL VERÖFFENTLICHEN.

Es sind viele weitere Anpassungen an dem Eingabeformular denkbar, die einen höheren Benutzerkomfort ermöglichen würden. Probieren Sie doch einfach einmal aus, was Sie noch gerne ändern möchten.

6.3.5 Formulare für neue Anfragen oder Bestellungen in die Homepage integrieren

Rufen Sie zum Abschluss die Homepage der Bestelldatenbank auf. Öffnen Sie diese im Bearbeitungsmodus, und entfernen Sie erst einmal alle darauf befindlichen Webparts. Wählen Sie das Textlayout »Zwei Spalten mit Kopfzeile« aus, und fügen Sie dann im oberen Bereich zum Beispiel die Liste »Bestellungen« als Webpart hinzu. Wählen Sie die Ansicht »Meine Bestellungen« aus, und ändern Sie den Titel des Webparts entsprechend auf den Wert »Meine Bestellungen«.

In den zwei unteren Bereich fügen Sie jeweils ein InfoPath-Webpart hinzu, das Sie unter der Kategorie »Formulare« unter dem Menüpunkt WEBPART im Menüband EINFÜGEN finden können. (Hier müssen Sie beim Einsatz von SharePoint Foundation wieder einmal einen anderen Weg finden.) Zur Konfiguration des Webparts klicken Sie auf den Link KLICKEN SIE HIER, UM DEN TOOLBEREICH ZU ÖFFNEN, und wählen in der rechten Konfigurationsleiste die gewünschte Liste (wie zum Beispiel »Anfragen«) aus. Ändern Sie unbedingt den Titel des Webparts, und bestätigen Sie die Angaben über die Schaltfläche OK.

Ich kann die Liste »Bestellungen« nicht bei der Konfiguration des InfoPath-Webparts auswählen. Woran liegt das?

Sie haben nur für die Liste »Anfragen« das Eingabeformular bearbeitet und somit ein InfoPath-Formular daraus gemacht. Wenn Sie die Liste »Bestellungen« auch auswählen und dementsprechend hierfür das InfoPath-Webpart nutzen möchten, müssen Sie im Menüband LISTE den Menüpunkt FORMULAR ANPASSEN auswählen und das im InfoPath Designer geöffnete Eingabeformular einmal veröffentlichen.

Nun sollten Sie keine Probleme haben, das Bestellformular auch auf der Homepage zu platzieren.

6

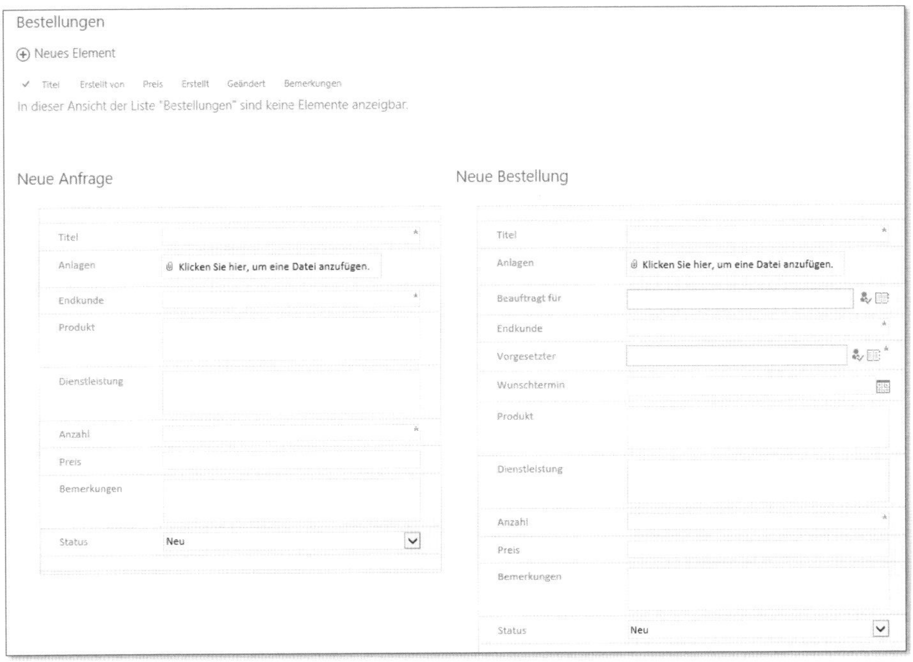

Abbildung 6.19 Homepage der Bestelldatenbank unter Verwendung von InfoPath-Webparts

Die Homepage Ihrer Bestelldatenbank kann nun wie in Abbildung 6.19 dargestellt aussehen. Die Funktion des Wareneingangs beschränkt sich in dieser Lösung auf eine Statusänderung, sobald die Ware eingetroffen ist. Die Benachrichtigung des Bestellers kann über die Funktion BENACHRICHTIGEN erfolgen, mit deren Hilfe der Anwender über sämtliche Änderungen an Anfragen bzw. Bestellungen informiert wird, die er erstellt hat.

6.4 Kopplung der Lösungen

Sie haben in den beiden vorangegangenen Übungen zum einen eine Lösung für einen Produktkatalog erstellt und zum anderen eine Bestelldatenbank bereitgestellt. Nun wäre eine Verknüpfung der beiden Lösungen wünschenswert, damit ein Produkt aus dem Produktkatalog direkt bestellt werden kann und sich die Informationen im Hinblick auf die verbleibenden Stückzahlen und die damit verbundene Verfügbarkeit der Produkte automatisch aktualisieren.

Doch wie lassen sich die beiden Lösungen miteinander verbinden? Wenn Sie die Websitevorlage »Produktkatalog« genutzt haben, befinden sich die beiden Websites sogar in unterschiedlichen Websitesammlungen. Sie müssen daher entweder eine Erweiterungslösung mit *NAPA* oder Visual Studio entwickeln oder eine Migration Ihrer Bestelldatenbank vornehmen. Dabei können Sie zwischen einer Migration innerhalb einer Websitesammlung über die **Inhalts- und Strukturansicht** und der Erstellung von **Listenvorlagen** wählen, auf deren Basis im Produktkatalog neue Listen erstellt werden. Schauen wir uns diese beiden Möglichkeiten doch einmal im Detail an.

6.4.1 Inhalt und Struktur einer Website oder Websitesammlung

Wenn Sie eine Server-Edition nutzen, können Sie über die Websiteeinstellungen in der Rubrik WEBSITEVERWALTUNG den Menüpunkt INHALT UND STRUKTUR aufrufen. Daraufhin werden Sie auf die Webseite aus Abbildung 6.20 weitergeleitet, die die gesamten Websites und deren Listen und Bibliotheken aus der aktuellen Websitesammlung anzeigt.

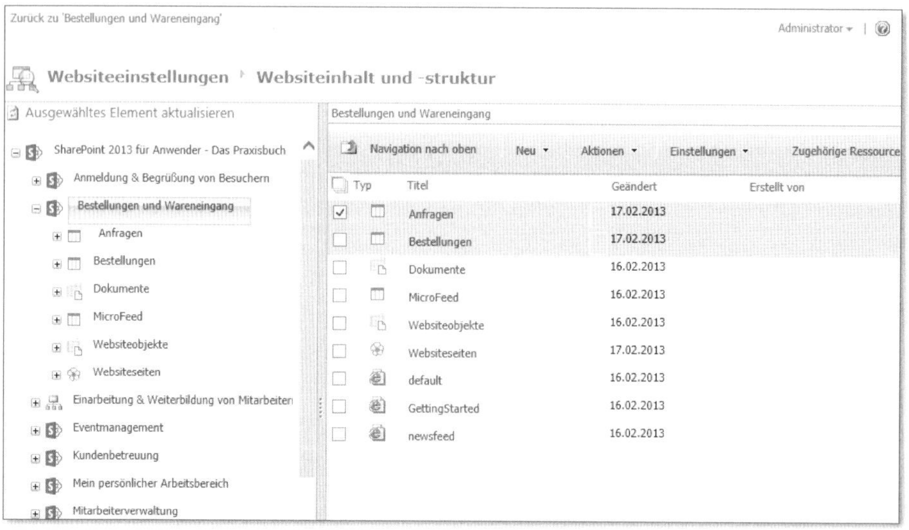

Abbildung 6.20 Inhalt und Struktur der Websitesammlung

Sie können über die Websitesammlung jede Website, Liste oder auch einzelne Elemente auswählen, um sie zu löschen, zu bearbeiten oder auch zu verschieben. Wenn Sie zum Beispiel den Produktkatalog auf Basis einer Teamwebsite erstellt haben, befindet sich diese Lösung wahrscheinlich in derselben Websitesammlung wie die Website mit der Bestelldatenbank. Wählen Sie also die Liste »Anfragen« aus, und verschieben Sie diese über den Menüpunkt AKTIONEN • VERSCHIEBEN, wobei Sie als Ziel die Website des Produktkatalogs angeben. Gehen Sie mit der Liste »Bestellungen« genauso vor. Nun befinden sich die beiden Listen im Produktkatalog, wodurch eine engere Verknüpfung zwischen den Produkten und den Bestellungen möglich ist. Die weiteren Schritte finden Sie in Abschnitt 6.4.3, da diese unabhängig von der gewählten Migrationsart dieselben sind.

6.4.2 Listen als Vorlage speichern und wiederverwenden

Die zweite Option für die Migration der Listen »Anfragen« und »Bestellungen« besteht im Erstellen von Listenvorlagen, auf deren Basis im Produktkatalog neue Listen erstellt werden. Gehen Sie dazu folgendermaßen vor:

1. Rufen Sie die jeweilige Liste auf, und wählen Sie im Menüband LISTE den Menüpunkt LISTENEINSTELLUNGEN aus.
2. In der Rubrik BERECHTIGUNGEN UND VERWALTUNG wählen Sie dann den Menüpunkt LISTE ALS VORLAGE SPEICHERN aus und geben einen Dateinamen und einen Vorlagennamen (ggf. mit einer Beschreibung) an. Der Vorlagenname wird gemeinsam mit der Beschreibung angezeigt, wenn Sie eine neue App hinzufügen. Er sollte daher auch den anderen Anwendern genaue Informationen über den Verwendungszweck der Listenvorlage liefern. Am besten wählen Sie als Vorlagennamen in diesem Fall den Titel der Liste.

Was hat es mit der Option »Inhalte einschließen« auf sich?

Wenn Sie diese Option aktivieren, werden alle Elemente, die sich zu diesem Zeitpunkt in der Liste befinden, mit in die Vorlage aufgenommen. Allerdings werden keine Berechtigungen berücksichtigt. Das bedeutet, dass Sie Listenvorlagen nicht als Lösung verwenden können, um komplizierte Berechtigungskonfigurationen an anderen Stellen wiederzuverwenden.

Sollten Sie für eine Liste allerdings einen Workflow mittels SharePoint Designer erstellt haben, so sollten Sie unbedingt diese Option aktivieren, wenn Sie den Workflow auch für die Listen verwenden möchten, die auf Basis der Listenvorlage erstellt werden.

3. Wenn Sie eine Listenvorlage erstellt haben, wird Ihnen entsprechend der Darstellung in Abbildung 6.21 eine Erfolgsmeldung angezeigt, die Ihnen auch einen Link

auf den **Listenvorlagenkatalog** zur Verfügung stellt. Wenn Sie die Listenvorlage für die zweite Liste erstellt haben, klicken Sie auf den Link, woraufhin Sie wie in Abbildung 6.22 den Listenvorlagenkatalog sehen können.

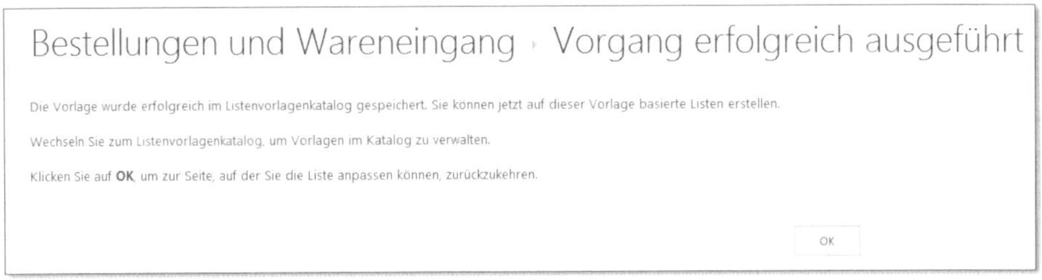

Abbildung 6.21 Die Listenvorlage wurde erfolgreich erstellt.

Abbildung 6.22 Der Listenvorlagenkatalog mit den Vorlagen für die Listen »Anfragen« und »Bestellungen«

4. Klicken Sie nun auf den Link der jeweiligen Vorlage, und laden Sie die Vorlage herunter. Dabei handelt es sich um **stp-Dateien**.
5. Rufen Sie die Websitesammlung des Produktkatalogs auf, und rufen Sie unter den Websiteeinstellungen den Menüpunkt LISTENVORLAGEN auf.
6. Wählen Sie im Menüband DATEIEN den Menüpunkt DOKUMENTUPLOAD aus, und laden Sie die beiden Listenvorlagen hoch.
7. Jetzt können Sie über die Websiteinhalte den Menüpunkt APP HINZUFÜGEN auswählen und dort auf Basis der Listenvorlagen eine Liste »Anfragen« und eine Liste »Bestellungen« erstellen.

Nun befinden sich die beiden Listen im Produktkatalog, wodurch eine engere Verknüpfung zwischen den Produkten und den Bestellungen möglich ist. Die weiteren Schritte finden Sie in Abschnitt 6.4.3, da diese unabhängig von der gewählten Migrationsart dieselben sind.

6.4.3 Produkte mit Bestellungen verknüpfen

Nachdem die Listen für Anfragen und Bestellungen sich nun entsprechend der Darstellung der Websiteinhalte in Abbildung 6.23 in derselben Website wie der Produktkatalog und dementsprechend in derselben Website wie die Produktliste befinden, können Sie mit der Verknüpfung der Listen beginnen.

Abbildung 6.23 Websiteinhalte des Produktkatalogs nach der Migration der Listen »Anfragen« und »Bestellungen«

Folgende Konfigurationen müssen Sie gleich vornehmen:

- Sie müssen in der Liste »Bestellungen« eine neue Spalte »Produktkatalog« vom Typ »Nachschlagen« erstellen, die als Quelle die Spalte »Titel« der Liste »Produkte« verwendet. Damit kann eine Bestellung für ein Produkt aus dem Produktkatalog erstellt werden.
- In der Produktliste selbst müssen Sie eine neue Spalte »Anzahl« vom Typ »Zahl« erstellen. In diesem Feld wird die verbleibende Stückzahl des Produkts verwaltet.
- Sie benötigen einen Mechanismus, der bei der Bestellung eines Produkts aus dem Produktkatalog automatisch die verbleibende Anzahl um die bestellte Stückzahl reduziert.

Sie müssen außerdem die Navigation und das Berechtigungskonzept überdenken, da die beiden Lösungen hier unterschiedliche Konfigurationen aufweisen. So können Sie momentan zum Beispiel die Listen »Anfragen« und »Bestellungen« nur über die Websiteinhalte aufrufen, während die Mitarbeiter durch ihre bloße Leseberechtigung weder Anfragen noch Bestellungen erstellen können.

Aber wir machen das alles Schritt für Schritt. Als Erstes richten Sie wie in Abschnitt 6.3.3 unter »Navigationseinstellungen ändern« auch hier im Produktkatalog die benötigten Menüpunkte ein und stellen sicher, dass nur die Mitarbeiter des Einkaufs die Hauptmenüpunkte ANFRAGEN NACH STATUS und BESTELLUNGEN NACH STATUS sehen können. Wie Sie in Abbildung 6.24 sehen, ist es auch sinnvoll, diese Menüpunkte in der Schnellstartleiste oberhalb der Kategorien des Produktkatalogs zu platzieren, da ansonsten je nach Anzahl der erfassten Kategorien regelmäßig ein aufwendiges Scrollen nötig wäre, um Informationen zu den Anfragen und Bestellungen zu erhalten.

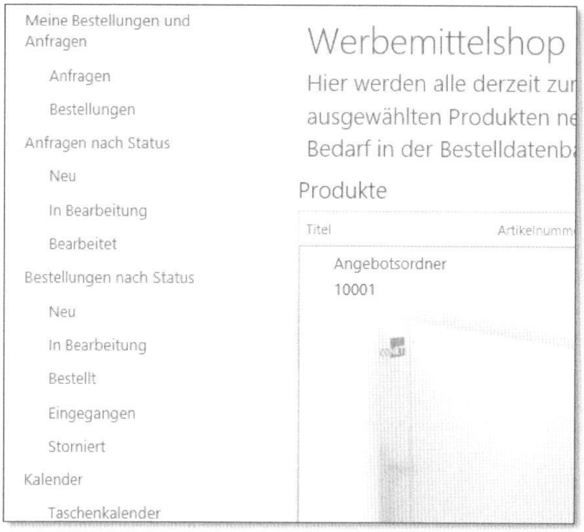

Abbildung 6.24 Neue Navigation im Produktkatalog mit Zugriff auf Anfragen und Bestellungen

Anschließend erstellen Sie die zwei benötigten Spalten in den Listen »Bestellungen« und »Produkte«. Sicher fällt Ihnen dies nach den vorangegangenen Übungen nun schon viel leichter! Sobald Sie die Spalten angelegt haben, sollten Sie sich um die Konfiguration der Berechtigungen kümmern.

Bei der Erstellung des Produktkatalogs haben wir vorgesehen, dass die Mitarbeiter nur Leseberechtigungen erhalten, während die Mitarbeiter des Einkaufs Lese- und Schreibrechte benötigen, um den Produktkatalog pflegen zu können. Da Sie die Listen »Anfragen« und »Bestellungen« nun in diese Website migriert haben, übernehmen diese erst einmal die Berechtigungen der Website. Das würde aber bedeuten, dass nur die Mitarbeiter des Einkaufs zukünftig Anfragen oder Bestellungen erfassen können. Das allerdings widerspricht den Anforderungen an die Lösung für Bestellungen und Wareneingang.

Aus diesem Grund rufen Sie die Liste »Anfragen« bzw. »Bestellungen« auf und führen jeweils folgende Schritte durch:

1. Wählen Sie im Menüband LISTE den Menüpunkt LISTENEINSTELLUNGEN aus.
2. In der Rubrik BERECHTIGUNGEN UND VERWALTUNG klicken Sie auf den Link BERECHTIGUNGEN FÜR LISTE.

Abbildung 6.25 Berechtigungen für die Liste »Anfragen« bzw. »Bestellungen«

3. Die Darstellung der Berechtigungen sollte sich wie in Abbildung 6.25 gestalten, wobei die Mitarbeiter des Einkaufs durch die Gruppe »Mitglieder von Produktkatalog«, die Genehmiger für die neue Version des Produktkatalogs durch die Gruppe »Besitzer von Produktkatalog« und die übrigen Mitarbeiter des Unternehmens durch die Gruppe »Besucher von Produktkatalog« vertreten werden. Klicken Sie auf den Menüpunkt BERECHTIGUNGSVERERBUNG BEENDEN, um den Mitarbeitern des Unternehmens auch Schreibrechte zu erteilen.
4. Haken Sie die Gruppe »Besucher von Produktkatalog« an, und wählen Sie den Menüpunkt BENUTZERBERECHTIGUNGEN BEARBEITEN aus.
5. Entfernen Sie nun den Haken bei der Berechtigung »Lesen«, und setzen Sie stattdessen einen Haken bei der Option »Mitwirken«. Bestätigen Sie die Änderungen über die Schaltfläche OK.

Wenn Sie diese Änderungen vorgenommen haben, können die Mitarbeiter Anfragen und Bestellungen wie in der Lösung erfassen, die wir in Abschnitt 6.3 erstellt haben. Allerdings reduziert sich durch eine Bestellung eines Produkts aus dem Produktkatalog nicht automatisch die verbleibende Stückzahl in der Produktliste. Das gestaltet sich schwierig, weil ein Mitarbeiter nicht das Recht hat, ein Produkt aus dem Produktkatalog zu bearbeiten. Selbst wenn er diese Berechtigung hätte, würde er damit nur einen neuen Entwurf der Produktinformation erstellen, die erst durch einen Mitarbeiter des Einkaufs mit Genehmigungsrechten freigegeben werden müsste. Das ist natürlich für einen Webshop fatal, denn die Angabe der verbleibenden Stückzahl muss somit nicht aktuell sein, und es kann dadurch ggf. zu Bestellungen für ausverkaufte Artikel kommen.

Aber auch, wenn Sie jetzt an die Grenzen der Standardfunktionalitäten gelangen, heißt das nicht, dass sich ein Webshop nicht mit SharePoint umsetzen lässt. Sie brauchen dazu nur eben jemanden, der Ihnen diese Funktionalität entwickelt und somit Ihren Werkzeugkasten wieder um eine individuelle Komponente erweitert. In Listing 6.2 sehen Sie eine Möglichkeit, mit der die verbleibende Anzahl des Produkts per Code aktualisiert werden kann. Vielleicht interessiert es Sie, was hinter so einer Erweiterung steckt. Hierbei handelt es sich um einen *Event Receiver*, der über eine Serverlösung durch einen Administrator zentral bereitgestellt und der Liste »Bestellungen« zugewiesen werden kann.

```
/// <summary>
/// Es wird eine neue Bestellung in der Liste "Bestellungen" erfasst.
/// </summary>
public override void ItemAdding(SPItemEventProperties properties){
if (properties.ListItem["Produktkatalog"] != null)
{
  using (SPWeb site = properties.OpenWeb())
  {
    SPList listProducts = site.Lists.TryGetList("Produkte");
    SPQuery query = new SPQuery();
    query.ViewXml = "<Where><Eq><FieldRef Name=\"Title\" />"
          + "<Value Type=\"Lookup\">"
          + properties
            .ListItem["Produktkatalog"]
            .ToString()
          + "</Value></Eq></Where>";
    SPListItemCollection items = listProducts.GetItems(query);
    foreach (SPListItem item in items)
    {
      int productCount =
        int.Parse(item["Stückzahl"].ToString());
      if (productCount > 0)
      {
        item["Stückzahl"] = productCount -
          int.Parse(properties.ListItem["Anzahl"].ToString());
        item.SystemUpdate();
        base.ItemAdd-ing(properties);
        break;
```

```
          }
          else
          {
            properties.Status = SPEventReceiverStatus
              .CancelWithError;
            properties.ErrorMessage = @"Die Bestellung
              kann nicht abgesendet werden, weil
              das Produkt ausverkauft ist.";
          }
        }
      }
    }
}
```

Listing 6.2 »Event Receiver« für die Aktualisierung der verbleibenden Anzahl des Produkts

Sie können auch Ihre Lösung um beliebig viele weitere Komponenten erweitern lassen, sodass ausverkaufte Artikel beispielsweise nicht mehr bestellt werden können oder dass man sich auf eine Warteliste setzen lassen kann, damit man bei erneuter Verfügbarkeit des Produkts benachrichtigt wird. Sie haben alle Freiheiten, aus SharePoint Ihre individuellen Lösungen zu schaffen.

Wir sind nun am Ende dieser Übung angelangt, und ich hoffe, es hat Ihnen viel Spaß gemacht, die einzelnen Lösungen zu erstellen. Mir war es in diesem Abschnitt besonders wichtig, Ihnen die Unterschiede zwischen den Editionen aufzuzeigen, da sich daraus auch unterschiedliche Vorgehensweisen bei der Erstellung von Lösungen ableiten.

Außerdem haben Sie gesehen, wie Sie Lösungen miteinander verbinden können. Wenn Sie im Verlauf der Zeit feststellen, dass die Prozesse einzelner Lösungen ineinandergreifen könnten, sollten Sie nicht davor zurückschrecken, diese Verknüpfung vorzunehmen. Sie haben jetzt die Werkzeuge hierfür kennengelernt, und ich bin sicher, dass Ihnen das gelingen wird.

Blicken Sie bitte einmal zurück, und seien Sie stolz auf das, was Sie umgesetzt haben. Ich weiß, dass diese Lösungen nur ein Anfang sind, wenn man sich den einzelnen Prozess im Detail anschaut. Aber Sie werden es schaffen, aus diesen Basislösungen fertige Anwendungen für Ihre Unternehmenszwecke zu erstellen. Ich wünsche Ihnen dabei viel Erfolg!

Kapitel 7
Fachabteilungen

Die in den Fachabteilungen angestellten Mitarbeiter erstellen die Produkte oder bieten Dienstleistungen an, die für die Kunden Ihres Unternehmens gedacht sind. Das Wissen dieser Mitarbeiter und die dort gelebten Prozesse bestimmen den Unternehmenserfolg in hohem Maße.

Die Mitarbeiter in den Fachabteilungen Ihres Unternehmens beschäftigen sich in ihrer Kernfunktion mit der Erstellung von Produkten oder der Unterstützung der Kunden in Form von Dienstleistungen. Das Wissen, das die Mitarbeiter für diese Tätigkeiten benötigen bzw. im Rahmen dieser Tätigkeiten aufbauen und weiterentwickeln, beeinflusst in erheblichem Maße den Unternehmenserfolg. Deshalb ist es notwendig, dass auch diese Abteilungen mittels IT-Lösungen in ihren Arbeitsprozessen optimal unterstützt werden.

Am Beispiel einer Fachabteilung für die Erstellung von Software-Lösungen werden Sie die nachfolgend beschriebenen Lösungen mithilfe von Standardfunktionalitäten erschaffen. So werden Sie zum Beispiel eine Plattform bereitstellen, die zum Wissensaustausch zwischen den verschiedenen Mitarbeitern gedacht ist. Sie lernen dabei die Unterschiede zwischen den von SharePoint angebotenen Komponenten zur Unterstützung des Wissensmanagements kennen. Außerdem werden Sie eine erste Version einer Ressourcenplanung realisieren und einen Ausblick erhalten, wie Sie mit ein paar Anpassungen oder einem alternativen Produkt weitere Funktionalitäten hinzugewinnen können. Da viele Tätigkeiten in Unternehmen in Form von Projekten abgewickelt werden, werden Sie abschließend eine mögliche Lösung zur Unterstützung des Projektmanagements und zum Austausch zwischen den Teammitgliedern im Projekt bereitstellen. Folgende Werkzeuge und Tools werden Sie bei der Bereitstellung einer für diese Szenarien geeigneten SharePoint-Plattform näher kennenlernen:

Werkzeuge und Apps	Tools und Techniken
▸ Projektwebsite ▸ Communitywebsite ▸ Unternehmenswiki ▸ Wiki-Seitenbibliothek ▸ Blog ▸ Diskussionsrunde ▸ Website-Notizbuch ▸ Meine Website	▸ SharePoint Designer 2010 und 2013 ▸ InfoPath Designer 2013 ▸ Outlook ▸ Excel oder Access

Tabelle 7.1 Werkzeuge, Apps und Tools für die Lösungen in einer Fachabteilung

Für die Durchführung der Übungen sollten Sie genügend Zeit einplanen. Damit Sie aber wissen, was genau auf Sie zukommt und mit welchem zeitlichen Aufwand Sie rechnen können, erhalten Sie hier eine Darstellung der durchschnittlich benötigten Zeit für die einzelnen Übungen:

Übung	Veranschlagte Zeit
Forschung und Entwicklung	30 min
Ressourcenplanung	25 min
Projektmanagement	40 min

Tabelle 7.2 Vorgesehener Zeitrahmen für die Durchführung der Übungen

7.1 Anforderungen der Belegschaft in den Fachabteilungen

Wenn Sie die Mitarbeiter der Fachabteilungen Ihres Unternehmens nach ihren Anforderungen an eine Plattform zur Unterstützung ihrer täglichen Arbeit befragen, werden Sie wahrscheinlich viele verschiedene Antworten erhalten, die wir im Rahmen dieser Übung in vier Bereiche eingrenzen:

- Die Mitarbeiter möchten sich über Neuigkeiten innerhalb ihrer Abteilung informieren und austauschen. Das ist besonders dann gewünscht, wenn die Mitarbeiter auf unterschiedliche Standorte verteilt sind oder wenn aus anderen Gründen nur selten ein persönlicher Austausch zwischen den Mitarbeitern möglich ist.
- Neue Erkenntnisse, die im Rahmen des Tätigkeitsfelds der Abteilung oder einer Gruppe von Mitarbeitern wichtig sind, sollen dokumentiert und somit mit den

anderen Mitarbeitern geteilt werden können. Dabei soll es außerdem möglich sein, Diskussionen zu führen und gemeinsam neue Ideen zu entwickeln.

- Um einen guten Überblick über die Auslastung der Mitarbeiter zu erhalten und eine realistische Einsatzplanung vornehmen zu können, wird eine Ressourcenplanung benötigt. Hier sollen der Einsatz sowohl von Mitarbeitern der Abteilung als auch von gemeinsam genutzten Ressourcen (wie zum Beispiel der Einsatz eines Firmenwagens und ggf. auch der Einsatz von Mitarbeitern anderer Abteilungen) geplant werden können.
- Die Mitarbeiter möchten alle Informationen zu einem Projekt oder Kundenauftrag an einer zentralen Stelle verwalten, die anstehenden Aufgaben verteilen und die Kommunikation mit dem Kunden sowie die erbrachten Leistungen dokumentieren. Dabei soll auch der Prozess des Projektmanagements unterstützt werden, der in der Abteilung zur Abwicklung der Projekttätigkeiten angewendet wird.

Da es sich hierbei um Anwendungsgebiete handelt, von denen die gesamte Abteilung betroffen ist, wäre es sinnvoll, alle nachfolgend erstellten Lösungen über eine gemeinsame Einstiegsseite aufrufen zu können. Das sollte neben einer einfachen Bedienung als grundlegende Anforderung berücksichtigt werden.

Die Anforderungen der einzelnen Bereiche können Sie im Rahmen der Anforderungsanalyse in einer Form aufnehmen, die einem Anwendungsfalldiagramm aus der UML ähnelt. Dabei können Sie bereits die verschiedenen Anwendergruppen bzw. Rollen identifizieren.

Die für die einzelnen Anwendungsbereiche definierten Anforderungen sollen durch die im Rahmen der folgenden Übungen erstellten Lösungen erfüllt werden. Achten Sie dabei bitte genau auf die Herausforderungen, die uns bei der Realisierung bestimmter geforderter Funktionalitäten begegnen werden. Behalten Sie auch die bei Ihnen eingesetzte Edition im Auge, um bei unterschiedlichen Varianten je nach Edition die passenden Optionen zur Umsetzung wählen zu können.

7.2 Forschung und Entwicklung

Die im Rahmen der täglichen Arbeit gewonnenen Erkenntnisse sollen zur Unterstützung der Zusammenarbeit von jedem Mitarbeiter an einer zentralen Stelle dokumentiert und so mit den anderen Mitarbeitern geteilt werden. Dadurch muss nicht jeder von Neuem bestimmte Dinge lernen, sondern kann beispielsweise auf Ihr Wissen und das der Kollegen zurückgreifen. Sie bauen gewissermaßen einen gemeinsamen Wissensbereich auf. Es gibt bestimmt auch Wissen, das Sie nicht der Allgemeinheit zur Verfügung stellen möchten oder auch gar nicht dürfen. Natürlich dürfen geheime Formeln oder Verfahren für die Produktion auf keinen Fall in die

Hände der Konkurrenz fallen. Diese Informationen sollen selbst in Ihrem Unternehmen nur einer sehr kleinen Anzahl von Personen zugänglich sein. Überlegen Sie aber bitte, ob es nicht doch Wissen gibt, das Sie mit Ihren Kollegen teilen. Welche Fragen werden Ihnen öfter einmal gestellt, bzw. welche Fragen stellen Sie Ihren Kollegen? Über solche Informationen können Sie sich in einer gemeinsamen Wissensplattform austauschen.

Ob man dafür ein Wiki, einen Blog oder ganz andere Komponenten nutzen kann, werden Sie in dieser Übung lernen. Sie lernen die Stärken und Schwächen der unterschiedlichen Komponenten kennen und können für sich und Ihre Kollegen eine Art Richtlinie entwickeln, die genau definiert, wo welche Art von Informationen abgelegt werden sollen. Je verständlicher so eine Richtlinie ist, umso einfacher gestaltet sich für Sie die Veröffentlichung neuer Informationen und desto höher kann die Benutzerakzeptanz Ihrer Lösung sein. Das Ergebnis der Übung ist eine Plattform für das Wissensmanagement, in der Sie Wissen strukturiert erfassen und leicht wiederfinden können.

7.2.1 Benötigte Funktionen

Bei der täglichen Arbeit werden stets neue Erkenntnisse gewonnen, die zur Verbesserung der Arbeitsabläufe zum einen dokumentiert und zum anderen mit den Kollegen und den Vorgesetzten geteilt werden sollten. So kann einem Mitarbeiter zum Beispiel auffallen, dass er persönlich durch Einsatz eines anderen Verfahrens bzw. durch eine von der vorgegebenen Norm abweichende Vorgehensweise bessere Arbeitsergebnisse erzielt. Wenn dieser Mitarbeiter eine Möglichkeit hätte, diese Erkenntnis für sich zu dokumentieren und sie in einem den Kollegen und seinem Vorgesetzten als Verbesserungsvorschlag vorzustellen, könnte eine Diskussion zu dem Thema angestoßen werden. Daraus kann dann evtl. eine Verbesserung des Arbeitsprozesses folgen.

Wie Sie in Abbildung 7.1 erkennen können, ist an der Informationsplattform im Grunde genommen nur eine Anwendergruppe beteiligt. Es handelt sich dabei um die Mitarbeiter der Fachabteilung, wobei hier auch der Vorgesetzte dazu gezählt wird. Es ist natürlich möglich, dem Vorgesetzten in dieser Plattform zusätzliche Rechte zu erteilen. In dieser Übung wird er allerdings gleichberechtigt mit seinen Mitarbeitern behandelt. Folgende Funktionen werden von den Mitarbeitern benötigt:

- **Erfassung:** Neue Informationen sollen erfasst werden. Je nach Kategorie der Information soll diese an dem für sie vorgesehenen Ort veröffentlicht werden können. Um schnell den richtigen Ort zu finden, wird eine Richtlinie für die Ablage von Informationen benötigt, die entweder vom Vorgesetzten vorgegeben oder gemeinsam von den Mitarbeitern definiert wird.

- **Austausch:** Es soll eine Möglichkeit geben, Informationen untereinander auszutauschen. Das bedeutet, dass jeder Mitarbeiter auf die veröffentlichten Informationen mit einem Kommentar oder einer Antwort reagieren darf. Es soll eine Art Forum geben, in dem sich die Mitarbeiter untereinander austauschen und gemeinsam neue Ideen entwickeln oder Entscheidungen herbeiführen können.
- **Suche:** Die einmal veröffentlichten Informationen sollen leicht wiedergefunden werden können, um einen Mehrwert aus der Dokumentation des Wissens zu erhalten. Wenn Wissen zwar erfasst, jedoch nicht mehr gefunden werden kann, werden Sie keinen Erfolg mit der Einführung der Informationsplattform haben.
- **Aufgaben:** Wenn zum Beispiel ein Verbesserungsvorschlag umgesetzt oder detailliert beschrieben werden soll, macht es Sinn, wenn die Aufgabe dazu direkt innerhalb der Informationsplattform erteilt werden kann. Es soll die Möglichkeit geben, einen Überblick über die gerade aktiven Aufgaben zu erhalten.

7

Die benötigten Funktionen sollten in der Praxis durch Vertreter der Anwendergruppe detailliert beschrieben und nach der Umsetzung getestet werden.

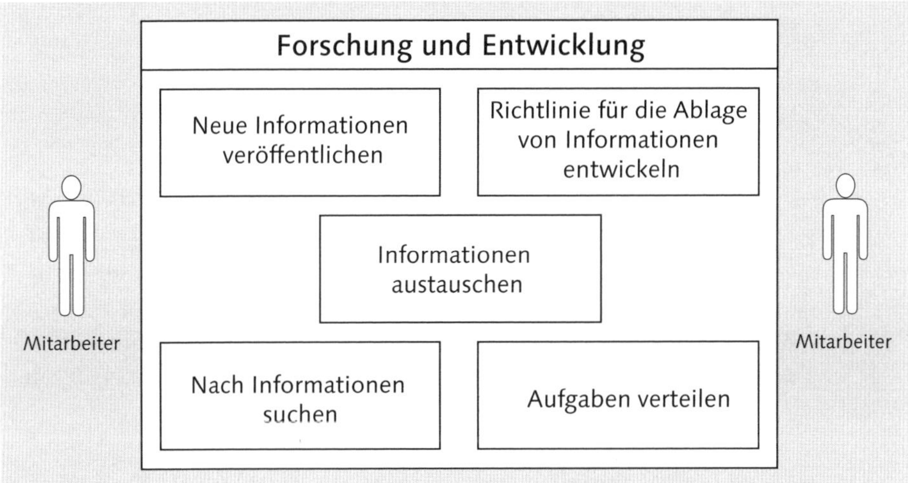

Abbildung 7.1 Anforderungen an eine Informationsplattform für die Mitarbeiter aus Forschung und Entwicklung

7.2.2 Komponenten zur Unterstützung des Wissensmanagements und Vorschlag für eine Informationsrichtlinie

SharePoint bietet Ihnen viele verschiedene Möglichkeiten zur Veröffentlichung Ihrer Informationen an. Tatsächlich sind es so viele Möglichkeiten, dass es anfangs verwirrend sein kann. »Gibt es nicht einfach einen Ort, an dem ich meine Informationen ablegen kann?«, werden Sie sich fragen. Wenn Sie den Anwendern zu viele Möglichkeiten geben und es keine klaren Richtlinien gibt, nach denen die Informationen veröffentlicht werden sollen, werden die Anwender schnell auf andere Mittel ausweichen, die aus ihrer Sicht einfacher zu verwenden sind.

Das kann zum Beispiel dazu führen, dass die Informationen per E-Mail hin und her geschickt werden. Damit liegen diese Informationen allerdings in den Postfächern einzelner Mitarbeiter und können nicht von der gesamten Belegschaft genutzt werden. Im Zweifelsfall wissen Sie noch nicht einmal, dass der Kollege etwas Neues herausgefunden hat – und das nur, weil er die Informationsplattform nicht genutzt hat.

Im Wesentlichen stehen Ihnen bereits in der SharePoint Foundation die vier Inhaltscontainer »Ankündigungen«, »Wiki«, »Blog« und »Diskussionsrunde« zur Verfügung, deren Anwendungsgebiete in Tabelle 7.3 beschrieben werden.

Komponente	Anforderungen und Anwendungsgebiete
Ankündigungen	**Hat die Information eine begrenzte Gültigkeit?** Wenn Sie eine neue Ankündigung erfassen, können Sie im Feld »Läuft ab« ein Datum angeben. Bis zu diesem Zeitpunkt ist die von Ihnen erfasste Information gültig und wird den Anwendern angezeigt. Hierüber können Sie die Mitarbeiter zum Beispiel über einen anstehenden Termin oder eine wichtige Änderung bzw. neue Regelungen informieren.
Blog	**Sollen Kommentare zu der Information erfasst werden können?** Wenn Sie die Kollegen über Neuigkeiten informieren und zusätzlich eine Rückmeldung von ihnen erhalten möchten, können Sie die Ankündigungen nicht verwenden. Dafür werden Sie einen Blog nutzen. Dort kann jeder Anwender Kommentare zu einem Beitrag erfassen. Allerdings haben Sie hier keine Möglichkeit, eine Gültigkeitsdauer anzugeben. **Sollen die Informationen in chronologisch absteigender Reihenfolge dargestellt werden?** In einem Blog wird die zuletzt veröffentlichte Information stets zuoberst angezeigt. Zusätzlich haben Sie die Möglichkeit, über die Schnellstartleiste nach Kategorien zu filtern oder im Archiv nach älteren Beiträgen (wie beispielsweise aus dem vergangenen Monat) zu suchen.

Tabelle 7.3 Anwendungsgebiete der Komponenten »Ankündigungen«, »Blog«, »Wiki« und »Diskussionsrunde«

Komponente	Anforderungen und Anwendungsgebiete
Wiki	**Möchten Sie Ihr Wissen festhalten und mit anderen Mitarbeitern teilen?** Wenn es sich um Wissen bzw. neue Erkenntnisse handelt, die Sie dokumentieren möchten, um diese einerseits selbst einfach nachschlagen zu können und andererseits dieses Wissen den Kollegen zu Verfügung zu stellen, so ist ein Wiki die richtige Wahl. Hier steht Ihnen ein umfangreicher Rich-Text-Editor zur Verfügung, damit Sie Ihr Wissen mit Bildern, weiterführenden Dokumenten oder auch externen Quellen in Form von Hyperlinks festhalten können. **Möchten Sie Wissen miteinander verknüpfen und daraus neues Wissen genieren?** Wenn Sie im Wiki suchen, finden Sie neben Ihren eigenen Beiträgen auch die Informationen, die von den Kollegen erfasst wurden. Wenn Sie Beiträge finden, die im Kontext Ihrer Beiträge auch Sinn machen, sollten Sie diese miteinander verknüpfen. Vielleicht ergibt sich aus Ihrem Wissen und dem Wissen Ihrer Kollegen eine neue Möglichkeit für bestimmte Arbeitsabläufe.
Diskussionsrunde	**Handelt es sich um eine Frage oder um eine Information, die in der Gruppe diskutiert werden soll?** Wenn Sie eine Frage zu einem Thema oder eine Idee haben, die Sie mit Ihren Kollegen diskutieren möchten, benötigen Sie ein Forum, wie man es aus dem Internet kennt. Foren sind in SharePoint die sogenannten Diskussionsrunden. Hier können Sie neue Threads eröffnen und ein Thema oder eine Fragestellung beliebig lang und breit erörtern.

Tabelle 7.3 Anwendungsgebiete der Komponenten »Ankündigungen«, »Blog«, »Wiki« und »Diskussionsrunde« (Forts.)

Wenn Sie nun eine neue Information veröffentlichen möchten, müssen Sie für sich entscheiden, wo diese am besten abgelegt werden soll. Prüfen Sie doch am besten einmal anhand der in Tabelle 7.4 genannten Auswahlkriterien, um was für eine Art von Information es sich handelt. Ich bin mir sicher, dass Sie auf diese Weise schnell den richtigen Ablageort finden werden.

	Ankündigungen	Blog	Wiki	Diskussionsrunde
Gültigkeit für Information angeben	☑			
Informationen kommentieren		☑	(☑)	☑
Wissen dokumentieren	☑	☑	☑	☑
Informationen miteinander verknüpfen			☑	
Fragen stellen und beantworten				☑
Gemeinsam Ideen entwickeln			☑	☑

Tabelle 7.4 Vorschlag für eine Informationsrichtlinie zur Veröffentlichung neuer Informationen in Form von Ankündigungen, Blog- und Wiki-Artikeln oder Diskussionsrunden

Gibt es auch bei den möglichen Ablageorten für Informationen Unterschiede zwischen den Editionen?

Natürlich gibt es auch hier wieder Unterschiede zwischen den Editionen. Während die SharePoint Foundation nur eine Wiki-Seitenbibliothek anbietet, können Sie in den beiden Server-Editionen die Websitevorlage **Unternehmenswiki** nutzen. Diese bietet Ihnen bereits aus der einzelnen Wiki-Seite heraus die Möglichkeit, die dort veröffentlichten Informationen in Form von Metadaten zu kategorisieren.

Allerdings können Sie in den Server-Editionen Ihre Informationen auch in einem **Newsfeed**-Bereich veröffentlichen, der zum Beispiel bei Erstellung einer Teamwebsite direkt auf der Startseite platziert wird. Die Newsfeed-Funktionalität lässt sich mit dem Microblog Ihrer Profilseite unter *Meine Website* vergleichen und kommt damit einer Diskussionsrunde am nächsten. Allerdings haben Sie hier keine Möglichkeit, einen Beitrag als Frage zu kennzeichnen und dementsprechend eine Antwort auf einen Beitrag als die »richtige« Antwort zu markieren. Alle dort erfassten Informationen werden in der Liste »MicroFeed« gespeichert, die Sie unter den Websiteinhalten Ihrer Website finden können. Wenn Ihnen diese Liste fehlt, können Sie unter den Websitefeatures das Feature »Websitefeed« aktivieren. Danach können Sie die Funktion nutzen.

7.2.3 Konzeption der Lösung

Auf Basis der beispielhaft definierten Anforderungen müssen Sie nun ein Konzept für die mögliche Umsetzung erstellen. Hierbei sind Aspekte wie die eingesetzte Version und Edition von SharePoint und die zur Verfügung stehenden Tools zu berücksichtigen.

In dieser Übung wird die Websitevorlage »Teamwebsite« verwendet, um alle Editionen zu unterstützen. Auf dieser Basis werden folgende Listen und Bibliotheken bereitgestellt:

- **Diskussionsrunde »Forum«:** Um den Ablageort für Diskussionen zu kennzeichnen, werden Sie den geläufigeren Begriff »Forum« als Titel für diese Liste verwenden. Hier haben die Anwender die Möglichkeit, sich zu unterschiedlichen Themen auszutauschen.
- **Wiki-Seitenbibliothek »Wiki«:** Es wäre auch denkbar, dass Sie eine Unterwebsite auf Basis der Websitevorlage »Unternehmenswiki« erstellen. Allerdings besteht diese im Wesentlichen auch nur aus einer Wiki-Seitenbibliothek, sodass wir uns in dieser Übung mit der Kernkomponente des Wikis beschäftigen.
- **Ankündigungsliste »Ankündigungen«:** Für Informationen mit einer begrenzten Gültigkeit werden Sie diese Liste einrichten. Damit können Sie zum Beispiel Termine ankündigen.

Zusätzlich werden Sie einen **Blog »Teamblog«** einrichten. Dabei handelt es sich allerdings um eine Unterwebsite. Sie können einen Blog nicht innerhalb einer Website erstellen. Daher müssen Sie sich Gedanken über eine sinnvolle Navigation zwischen einem Blog und den übergeordneten Websites machen.

In der Navigation der Website sollen Menüpunkte für die vier Ablageorte erstellt werden, während auf der Homepage lediglich die Ankündigungen mit der sogenannten **Überblicksansicht** im rechten Bereich der Seite dargestellt werden. Im linken Bereich der Homepage wird die mit der Teamwebsite bereitgestellte Dokumentbibliothek platziert, und oberhalb der beiden Webparts stehen ein Begrüßungstext sowie die Richtlinie für die Ermittlung des rechten Ablageorts.

7.2.4 Website für das Wissensmanagement der Fachabteilung erstellen

Sie beginnen mit der Erstellung einer neuen Unterwebsite in der Website der obersten Ebene Ihrer Websitesammlung. Navigieren Sie dazu auf die Websiteinhalte, und wählen Sie den Menüpunkt NEUE WEBSITE aus. In der daraufhin erscheinenden Webseite geben Sie als Titel »Fachabteilung« und für die Websiteadresse den Wert »fachabteilung« an. In der neuen Website müssen Sie nun die benötigten Listen und den Blog einrichten. Gehen Sie dazu folgendermaßen vor:

1. Rufen Sie die Websiteinhalte der Website auf, und klicken Sie auf den Menüpunkt APP HINZUFÜGEN.
2. Wählen Sie die App »Ankündigungen« aus, geben Sie den Namen »Ankündigungen« an, und betätigen Sie die Schaltfläche ERSTELLEN.

3. Wählen Sie unter den Websiteinhalten den Menüpunkt APP HINZUFÜGEN aus.
4. Wählen Sie die App »Wiki-Seitenbibliothek« aus, geben Sie den Namen »Wiki« an, und betätigen Sie die Schaltfläche ERSTELLEN.
5. Wählen Sie unter den Websiteinhalten den Menüpunkt APP HINZUFÜGEN aus.
6. Wählen Sie die App »Diskussionsrunde« aus, geben Sie den Namen »Forum« an, und betätigen Sie die Schaltfläche ERSTELLEN.
7. Wählen Sie unter den Websiteinhalten den Menüpunkt NEUE WEBSITE aus.
8. Geben Sie als Titel »Teamblog« und für die Websiteadresse den Wert »blog« an. Wählen Sie die Websitevorlage »Blog« aus, und erstellen Sie den Blog über die Schaltfläche ERSTELLEN.

Sie sollten sich nun entsprechend der Darstellung in Abbildung 7.2 innerhalb des gerade erstellten Blogs befinden. Dabei fällt Ihnen sicher auf, dass Sie die Navigation der übergeordneten Website übernehmen. Das bedeutet aber auch, dass Sie in dem Fall, dass die übergeordnete Website ebenfalls die Navigation ihrer übergeordneten Website übernimmt, ggf. keine Möglichkeit haben, auf die Website der Fachabteilung zu navigieren.

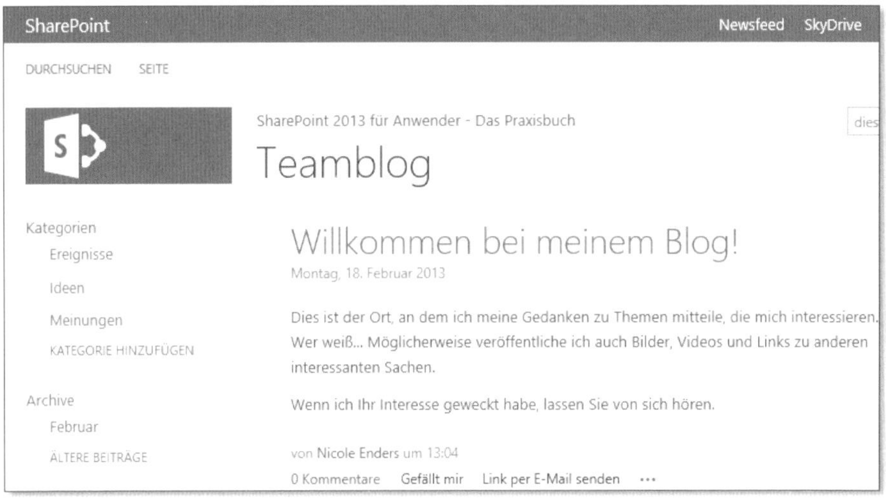

Abbildung 7.2 Neuer Teamblog für die Fachabteilung

Rufen Sie daher unter den Websiteeinstellungen den entsprechenden Menüpunkt auf, um die **Leiste für häufig verwendete Links** bzw. die **globale Navigation** zu bearbeiten. Fügen Sie dort einen Link auf die Website der Fachabteilung hinzu. Schauen Sie bei Bedarf noch einmal in Abschnitt 2.2.2 nach, um die Konfiguration vorzunehmen.

Navigieren Sie nun wieder zu der Website für die Fachabteilung, und konfigurieren Sie dort die Schnellstartleiste, sodass die Anwender hierüber die Listen und Bibliotheken »Ankündigungen«, »Wiki« und »Forum« sowie die Unterwebsite »Teamblog« aufrufen können. Sofern die entsprechenden Menüpunkte noch nicht existieren und somit nur verschoben werden müssen, um ein ansprechenderes Gesamtbild zu erreichen, können Sie die Links auf die Listen und Bibliotheken über die Websiteinhalte ermitteln. Entsprechend der Darstellung in Abbildung 7.3 sollten alle von Ihnen erstellten Listen mit dem Hinweis NEU gekennzeichnet sein.

Besonderheit bei den Server-Editionen

Wenn Sie eine Server-Edition einsetzen, sollten Sie, wie in Abbildung 7.3 dargestellt, hier auch die Liste »MicroFeed« finden.

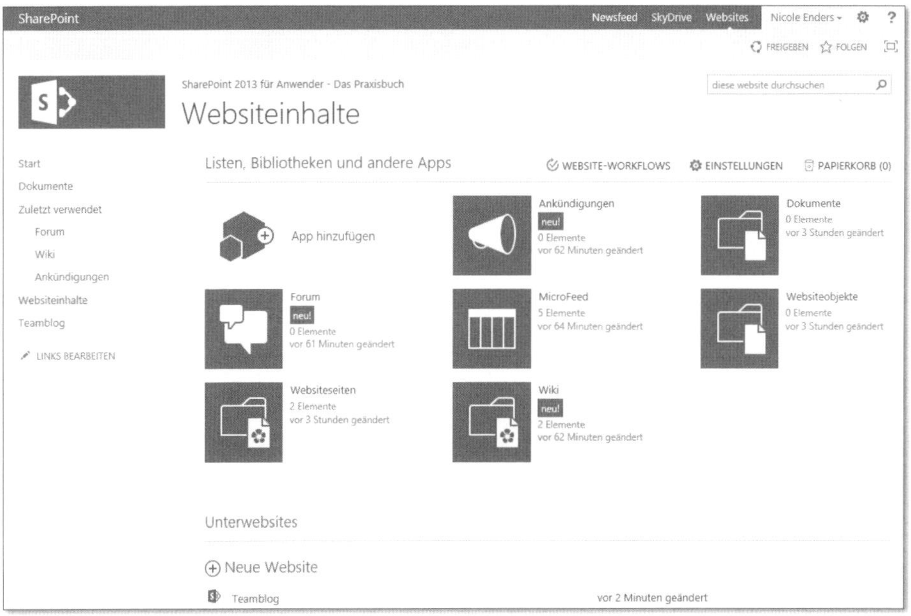

Abbildung 7.3 Websiteinhalte der Website für die Fachabteilung

Abschließend richten Sie die Homepage dieser Website ein. Standardmäßig sollte die Homepage so aussehen wie in Abbildung 7.4. Je nachdem, welche Edition Sie einsetzen, kann es zu Abweichungen kommen. Nichtsdestotrotz müssen in jedem Fall Anpassungen vorgenommen werden.

Zur Gestaltung der Homepage rufen Sie diese zunächst über den Menüpunkt START in der Schnellstartleiste auf, öffnen diese dann über das Menüband SEITE und den Menüpunkt BEARBEITEN im Bearbeitungsmodus und führen folgende Schritte durch:

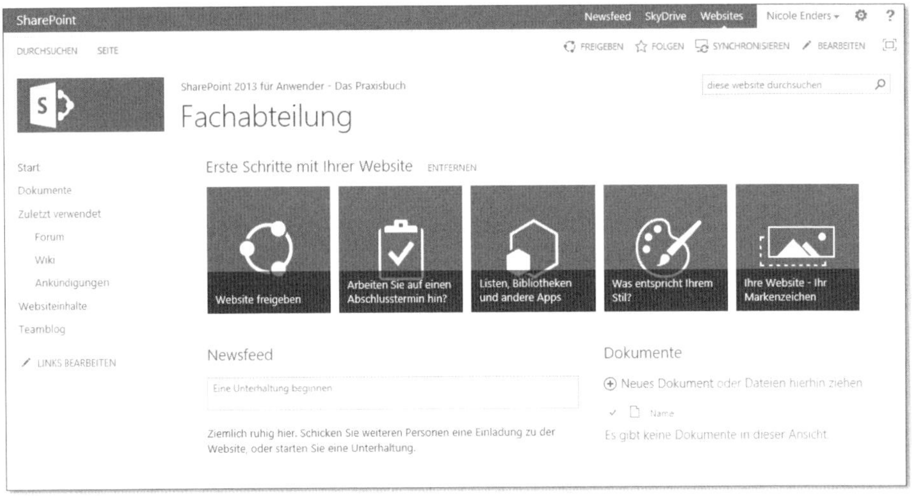

Abbildung 7.4 Homepage der Fachabteilung vor der Anpassung

1. Entfernen Sie sämtliche Webparts von der Seite. Eine Ausnahme kann das Webpart »Newsfeed« sein. Damit können sich die Mitarbeiter zu Themen austauschen. Das Forum sollte dann ggf. insofern von dem Newsfeed abgegrenzt werden, als dass dort nur Fragen eingestellt und beantwortet werden, während Diskussionen über den Newsfeed erfolgen.
2. Fügen Sie auf der linken Spalte das Webpart »Dokumente« und auf der rechten das Webpart »Ankündigungen« hinzu, indem Sie im Menüband Einfügen den Menüpunkt Webpart auswählen und in der Kategorie »Apps« das entsprechende Webpart selektieren.
3. Im oberen Bereich können Sie dann entsprechend der Darstellung in Abbildung 7.5 einen Willkommenstext erfassen und den Anwendern die in Tabelle 7.4 vorgeschlagene Richtlinie zur Ermittlung der richtigen Ablageorte vorstellen.
4. Speichern Sie Ihre Änderungen über den Menüpunkt Speichern im Menüband Text formatieren.

Es gibt so viele Möglichkeiten zur Veröffentlichung von Informationen, dass ich gar nicht weiß, wo ich diese erfassen soll!

Das ist in der Praxis häufig eine Herausforderung. Sie haben jetzt die verschiedenen Möglichkeiten kennengelernt und sollten entscheiden, welche davon am besten zu Ihnen und der Arbeitsweise in Ihrem Unternehmen passt. Probieren Sie doch einfach einmal aus, womit Sie und Ihre Kollegen am besten zurechtkommen. Auf Basis dieser Erfahrungen können Sie schnell die passende Komponente auswählen. Es ist ganz wichtig, dass Sie nicht zu viele Möglichkeiten anbieten, weil diese dann später von jedem unterschiedlich genutzt werden. Oft würden dann Fragen aufkommen, wo Informationen abgelegt werden sollen und warum es keine einheitliche Vorgehensweise hierfür gibt. Fangen Sie lieber klein an, indem Sie zum Beispiel einen Blog oder ein Wiki nutzen, und führen Sie weitere Komponenten später bei Bedarf ein.

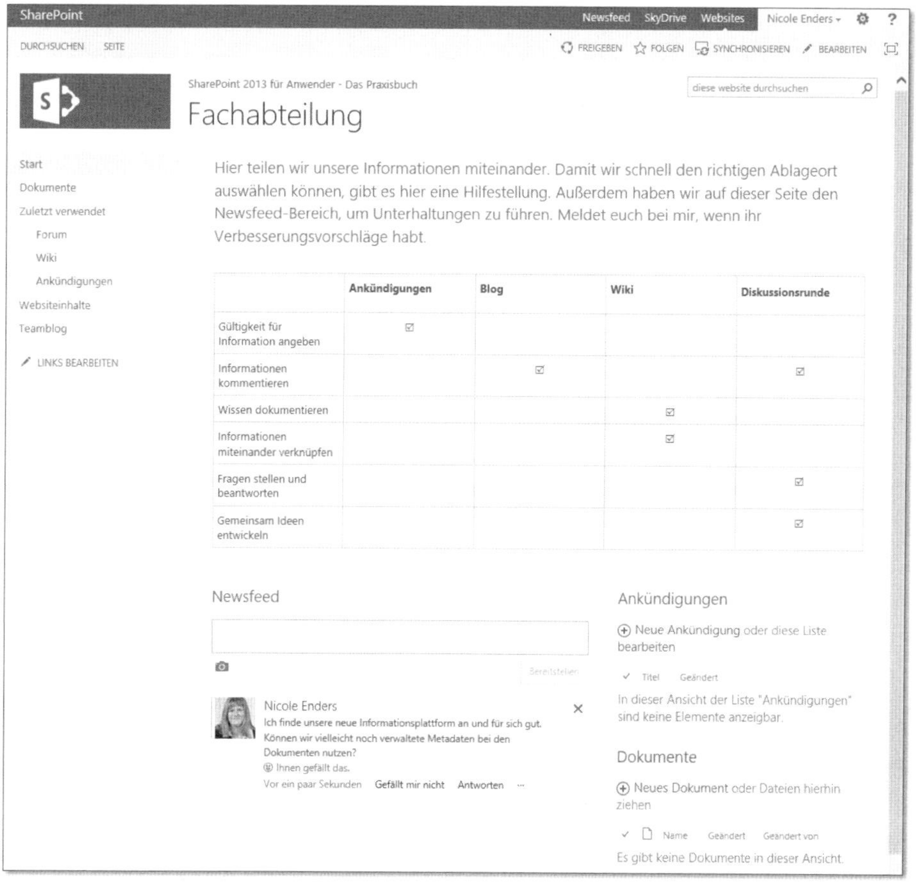

Abbildung 7.5 Homepage der Fachabteilung nach der Anpassung

Die Lösung ist nun so weit gediehen, dass Sie sie benutzen können. Probieren Sie selbst einmal die verschiedenen Komponenten aus, und erfassen Sie dort Informationen, um ein Gefühl für die Unterschiede in der Bedienung zu bekommen. Sie können mit dieser Konfiguration beginnen und im Rahmen eines Abteilungstreffens bei den Anwendern Feedback einholen. Wenn Sie die Rückmeldung erhalten, dass die vielen verschiedenen Möglichkeiten immer noch als verwirrend wahrgenommen werden, sollten Sie die Anwender fragen, welche Arten von Informationen sie veröffentlichen möchten. So kann es in der jeweiligen Abteilung vielleicht Sinn machen, nur ein Wiki einzusetzen. Gehen Sie auf diese Wünsche ein, und beziehen Sie die Anwender in den Änderungsprozess ihrer Informationsplattform mit ein.

Auch wenn Sie die richtige Kombination an Komponenten in Ihrer Informationsplattform gefunden haben, sollten Sie in regelmäßigen Abständen prüfen, ob die vorgesehenen Ablageorte auch genutzt werden. Gehen Sie auf das Nutzerverhalten ein, ermitteln Sie die aktiven Benutzer der Plattform, und befragen Sie diese nach ihrem Verhalten bei der Veröffentlichung von Informationen. Aus den dabei gewonnen Erkenntnissen können Sie den Änderungsbedarf ermitteln und die Informationsplattform optimieren, damit Sie noch einfacher Informationen untereinander austauschen können.

7.3 Ressourcenplanung

Um eine realistische Einsatzplanung vornehmen zu können und einen guten Überblick über die Auslastung der Mitarbeiter zu erhalten, wird in den meisten Unternehmen eine technisch unterstützte Ressourcenplanung benötigt. Damit sollen die Einsätze sowohl von Mitarbeitern der Abteilung als auch von gemeinsam genutzten Ressourcen (wie zum Beispiel der Einsatz eines Firmenwagens und ggf. auch der Einsatz von Mitarbeitern anderer Abteilungen) geplant werden können. In dieser Übung werden Sie zunächst eine Lösung zur Planung von zentralen Ressourcen (wie Besprechungsräumen oder Firmenwagen) erstellen. Anschließend erweitern Sie diese Lösung um eine Personaleinsatzplanung und erhalten einen Ausblick auf zusätzliche Funktionalitäten, die entwickelt werden können, um die Bedienung der Lösungen zu optimieren.

Beachten Sie bitte, dass wir im Rahmen dieser Übung keine Personaleinsatzplanung oder Ressourcenplanung erstellen können, die alle die Funktionen anbietet, die in den auf dem Markt erhältlichen Produkten für diese Art von Planung angeboten werden. Mir geht es in dieser Übung vielmehr darum, Ihnen die Ansätze zu zeigen, wie Sie auch so ein Szenario mithilfe von SharePoint unterstützen können. Wir werden eine erste Version einer solchen Lösung erstellen, die Sie selbstverständlich später zu einer produktiv einsetzbaren Lösung mit einem Funktionsumfang erweitern können, der den Fähigkeiten der auf dem Markt erhältlichen Produkte entspricht.

7.3.1 Benötigte Funktionen

Innerhalb eines Unternehmens werden verschiedene zentrale Ressourcen (wie beispielsweise Besprechungsräume oder ein Pool von Firmenhandys bzw. Firmenwagen) gemeinsam von allen Mitarbeitern genutzt. Um die Verfügbarkeit einer Ressource zu prüfen und diese für einen bestimmten Zeitraum zu buchen, wird in den meisten Fällen eine technische Unterstützung benötigt. Eine Ressourcenplanung kann darüber hinaus auch für die Einsatzplanung der Mitarbeiter verwendet werden, wobei hier beliebig komplexe Regeln für die Planung der Mitarbeiter denkbar sind. Da der Fokus dieser Übung auf den Funktionen von SharePoint liegt, werden wir diese Regeln ignorieren. Das heißt nicht, dass sie nicht mit SharePoint umsetzbar wären. Es ist vielmehr so, dass ein solches Regelwerk immer sehr persönlich auf das jeweilige Unternehmen zugeschnitten ist und individuell betrachtet werden muss. Schauen Sie sich das am besten nach Abschluss der Übung an, und überlegen Sie, wie Sie diese Regeln umsetzen können.

Der Unternehmenserfolg kann u. a. auch dadurch bestimmt werden, dass die Mitarbeiter entsprechend mit Arbeit ausgelastet sind. Dabei sollten Überbuchungen von Mitarbeitern vermieden werden. Um Konflikte oder Lücken in der Einsatzplanung von Mitarbeitern zu finden, wird eine Ressourcenplanung für die Mitarbeiter gerade in größeren Organisationen dringend benötigt.

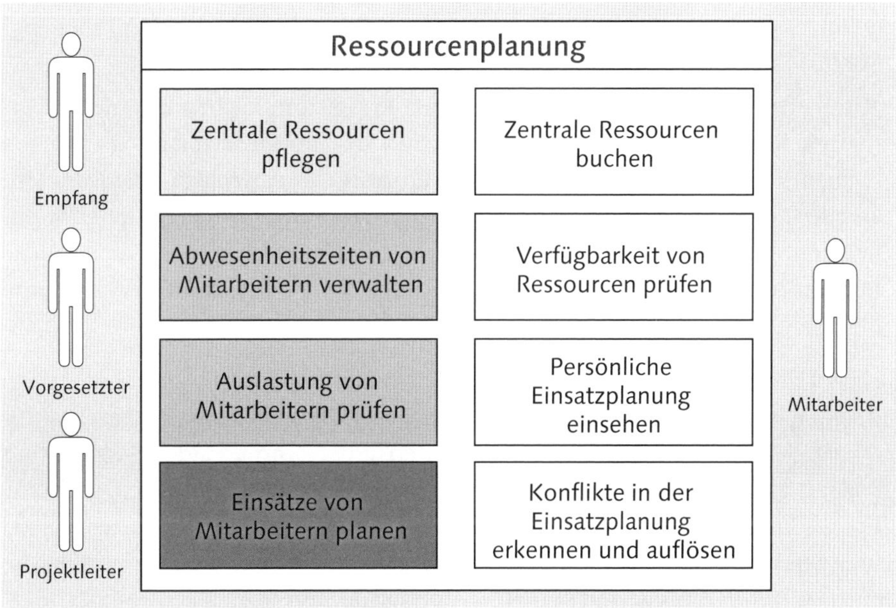

Abbildung 7.6 Anforderungen an die Planung zentraler Ressourcen und die Einsatzplanung von Mitarbeitern

Wie Sie in Abbildung 7.6 erkennen können, sind mehrere verschiedene Anwendergruppen an der Ressourcenplanung beteiligt:

- **Empfang:** Die Mitarbeiter des Empfangs sind für die Verwaltung der zentralen Ressourcen verantwortlich. Sobald zum Beispiel ein neuer Besprechungsraum im Unternehmen bereitgestellt wird, sollen diese Mitarbeiter den neuen Raum in der Ressourcenplanung eintragen können, damit er zukünftig gebucht werden kann. Bestehende Ressourcen sollen bearbeitet oder auch gelöscht werden können.

- **Vorgesetzter:** Der Vorgesetzte, der für Genehmigung von Abwesenheitszeiten seiner Mitarbeiter verantwortlich ist, sollte diese Daten auch für die Personaleinsatzplanung bereitstellen können, damit ein Mitarbeiter nicht für einen Zeitraum verplant wird, in dem er überhaupt nicht verfügbar ist. In regelmäßigen Abständen wird der Vorgesetzte eine Auswertung über die Auslastung seiner Mitarbeiter erstellen wollen. Das System sollte ihm hier entweder direkt eine Auswertung zur Verfügung stellen oder ihm die Möglichkeit bieten, individuelle Auswertungen vorzunehmen.
- **Projektleiter:** Im Rahmen von Projekten oder größeren Aktivitäten wird eine Einsatzplanung benötigt, um die für die Durchführung bestimmter Tätigkeiten vorgesehenen Mitarbeiter zu planen. Vor allem für Mitarbeiter, die an mehreren Projekten bzw. Aktivitäten im selben Zeitraum beteiligt sind, ist die Erkennung und Lösung von Konflikten in der Einsatzplanung erforderlich. Die Projektleiter sollen nicht nur die Möglichkeit haben, die Einsatzplanung für Mitarbeiter vorzunehmen, sondern auch die Verfügbarkeit von Mitarbeitern einsehen können und Konflikte in der Einsatzplanung aufgezeigt bekommen.
- **Mitarbeiter:** Die Mitarbeiter sollen zentrale Ressourcen buchen bzw. deren Verfügbarkeit prüfen können. Außerdem sollen sie ihre Einsatzplanung einsehen können. Je nach den bei Ihnen etablierten Prozessen ist es denkbar, dass jeder Mitarbeiter auch die Aufgaben der drei zuvor benannten Anwendergruppen wahrnehmen kann. Vor allem bei interdisziplinären Teams gibt es eine solche Abgrenzung der Rollen nicht. Die Ressourcenplanung sollte diese Einsatzvariante berücksichtigen.

Die benötigten Funktionen lassen sich mindestens einer Anwendergruppe zuordnen und sollten in der Praxis auch durch Vertreter dieser Gruppen detailliert beschrieben und nach der Umsetzung getestet werden. Denken Sie immer daran, dass wir hier nur einen ganz kleinen Ausschnitt dieses Anwendungsfalls betrachten und dass selbstverständlich viele weitere Funktionen für eine produktiv einzusetzende Lösung benötigt werden. Wenn Sie die Übungen in diesem Buch durchgeführt haben, kennen Sie die Werkzeuge, mit denen Sie eine solche Lösung erstellen können.

7.3.2 Konzeption der Lösung

Auf Basis der definierten Anforderungen müssen Sie zunächst ein Konzept für die mögliche Umsetzung erstellen. Hierbei sind Aspekte wie die eingesetzte Version und Edition von SharePoint und die zur Verfügung stehenden Tools zu berücksichtigen.

In dieser Übung wird die Websitevorlage »Teamwebsite« verwendet, auf deren Basis Sie folgende Listen und Bibliotheken bereitstellen:

- **Benutzerdefinierte Liste »Zentrale Ressourcen«:** In dieser Liste werden Sie die Ressourcen (wie beispielsweise Besprechungsräume, Firmenhandys oder Firmenwagen) verwalten. Über eine zusätzliche Spalte »Kategorie« können die Ressourcen gruppiert dargestellt werden.
- **Kalender »Ressourcenplanung«:** Über eine Spalte vom Typ »Nachschlagen«, die auf die Liste »Zentrale Ressourcen« verweist, können in dieser Liste die Ressourcen gebucht werden. Für jede Ressource sollte der Übersichtlichkeit wegen eine separate Ansicht erstellt werden.

  Da bei recht vielen Ressourcen die Aufnahme einer jeden Ansicht in die Schnellstartleiste unübersichtlich werden kann, sollte eine neue Webseite erstellt werden, über die die verschiedenen Ressourcen, gruppiert nach ihrer Kategorie, aufgelistet werden.
- **Benutzerdefinierte Liste »Projekte und Aktivitäten«:** In dieser Liste werden die Projekte und Aktivitäten der Mitarbeiter mit der jeweils für die Planung zuständigen Person gepflegt. Um die Abwesenheitszeiten der Mitarbeiter zu verwalten, wird ein Projekt »Abwesenheit« standardmäßig erfasst.
- **Kalender »Einsatzplanung«:** In diesem Kalender fügen Sie eine Spalte vom Typ »Nachschlagen«, die auf die Liste »Projekte und Aktivitäten« verweist, und eine Spalte vom Typ »Person oder Gruppe« hinzu, um die Zuordnung eines Mitarbeiters zu einem Projekt für einen entsprechenden Zeitraum vornehmen zu können.

Die Übersicht über die vorgenommene Einsatzplanung sowohl für die persönliche Ansicht als auch für Projektleiter und Vorgesetzte wird über die Erstellung von Ansichten auf die Kalenderliste realisiert.

Alternative bei SharePoint 2010

Sie müssen in SharePoint 2013 sehr viele manuelle Schritte durchführen, um eine Ressourcenplanung mit den oben genannten rudimentären Funktionen zu erstellen.

In SharePoint 2010 stand Ihnen dazu noch eine spezielle Websitevorlage namens »Gruppenarbeitssite« zur Verfügung, deren Homepage Sie in Abbildung 7.7 sehen. Das zentrale Element hierbei stellt der **Gruppenkalender** dar, der eine gleichzeitige Planung von Personen und zentralen Ressourcen ermöglicht. Die in einer Kalenderliste auch weiterhin zur Verfügung stehenden Tages-, Wochen- und Monatsansichten werden in einem Gruppenkalender bei SharePoint 2010 um eine **Planungsansicht** für die ausgewählten Personen und Ressourcen erweitert.

Dabei werden diese untereinander dargestellt, wie es in Outlook auch geschieht, wenn Sie zum Beispiel mehr als vier Kalender gleichzeitig geöffnet haben.

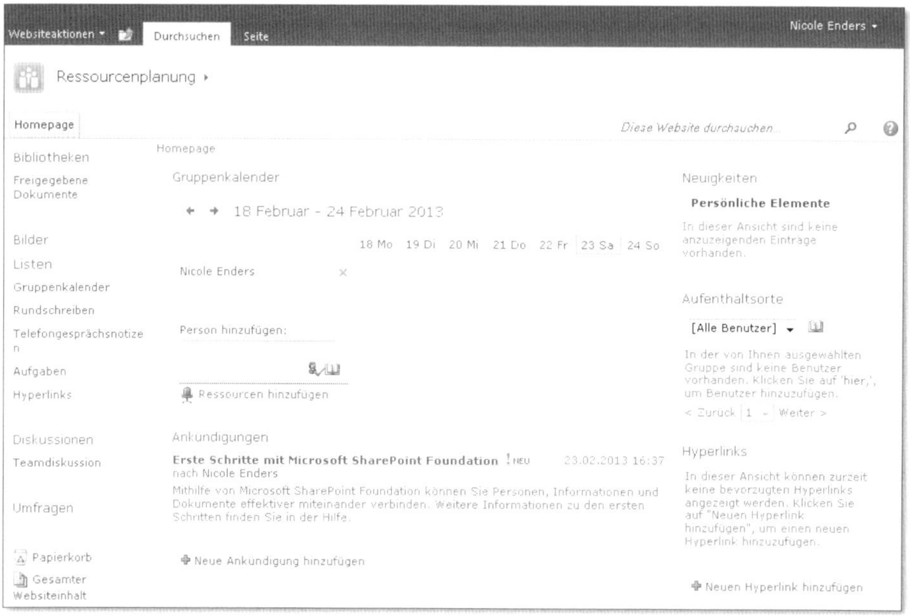

Abbildung 7.7 Die »Gruppenarbeitssite von SharePoint 2010« steht für SharePoint 2013 nicht mehr zur Verfügung.

Weitere Funktionen in Project Server 2013

Wenn Ihnen die Funktionen für die Ressourcenplanung nicht ausreichen und Sie jetzt nach einer professionellen Anwendung suchen, sollten Sie sich den **Microsoft Project Server** anschauen. Dieser bietet Ihnen u. a. die Möglichkeit, Projekte und Aktivitäten zu verwalten, eine Personaleinsatzplanung vorzunehmen sowie über das sogenannte Ressourcencenter die Verfügbarkeit ausgewählter Ressourcen zu überprüfen. Abbildung 7.8 stellt als Beispiel die Einsatzplanung eines ausgewählten Mitarbeiters dar.

Der Microsoft Project Server 2013 ist zur Unterstützung des Projektmanagements gedacht und hilft Ihnen vor allem bei der Planung und Durchführung mehrerer parallel laufender Projekte. Gemeinsam genutzte Ressourcen, wie zum Beispiel die Mitarbeiter, können so eingesetzt werden, dass keine Überlast entsteht.

SharePoint ist die technische Grundlage des Project Servers, um eine zentrale und einheitliche Benutzeroberfläche zur Datenspeicherung und Zusammenarbeit bereitzustellen. So haben Sie über den Project Server auch die Möglichkeit, **Projektarbeitsräume** in Form von SharePoint-Websites für Ihre Projekte oder Aktivitäten zu erstellen und diese direkt aus der Ressourcenplanung heraus aufzurufen.

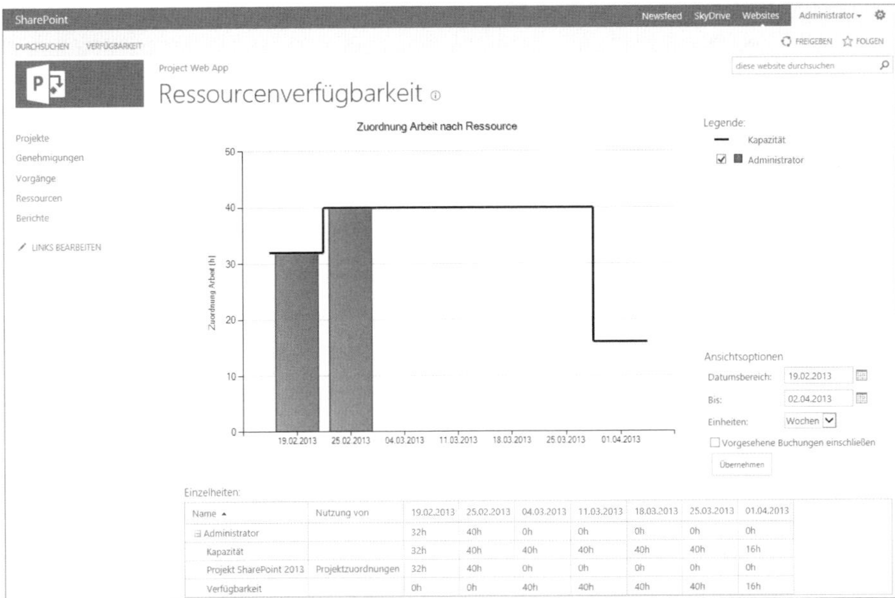

Abbildung 7.8 Darstellung der Verfügbarkeit eines Mitarbeiters bei einer Ressourcenplanung mit Project Server 2013

Setzen Sie vielleicht schon Microsoft Project zur Projektplanung ein? Dann kann der Project Server Ihnen bei der projektübergreifenden Einsatzplanung und der transparenten Darstellung in Richtung der geplanten Mitarbeiter eine große Hilfe sein. Unter *http://technet.microsoft.com/de-de/library/cc303399.aspx* erhalten Sie weitere Informationen zum Project Server 2013.

7.3.3 Zentrale Ressourcen erfassen

Sie beginnen mit der Erstellung einer neuen Unterwebsite in der Website »Fachabteilung« oder alternativ in der Website der obersten Ebene Ihrer Websitesammlung. Navigieren Sie dazu auf die Websiteinhalte, und wählen Sie den Menüpunkt NEUE WEBSITE aus. In der daraufhin erscheinenden Webseite geben Sie als Titel »Ressourcenplanung« und für die Websiteadresse den Wert »ressourcen« an und wählen die Websitevorlage »Teamwebsite« aus. In der neuen Website müssen Sie nun die benötigten Listen inklusive aller benötigten Spalten und der für die verschiedenen Anwendergruppen relevanten Ansichten erstellen und die Navigation konfigurieren. Gehen Sie dazu folgendermaßen vor:

1. Rufen Sie die Websiteinhalte auf, und wählen Sie den Menüpunkt APP HINZUFÜGEN aus.
2. Wählen Sie die App »Benutzerdefinierte Liste« aus, geben Sie den Namen »Zentrale Ressourcen« an, und erstellen Sie die Liste über die Schaltfläche ERSTELLEN.

3. Rufen Sie die Liste »Zentrale Ressourcen« auf, und legen Sie über den Menüpunkt SPALTE ERSTELLEN im Menüband LISTE die Spalte »Kategorie« an. Dabei können Sie sich je nach eingesetzter Edition zwischen folgenden Informationstypen entscheiden:
   - **Auswahl:** Wenn Sie jetzt schon genau absehen können, dass Sie einmalig die Kategorien der Ressourcen erfassen werden und danach keine wesentlichen Änderungen mehr erfolgen, dann können Sie diesen Informationstyp verwenden.
   - **Nachschlagen:** Sobald sich die Bezeichnungen, der von Ihnen zu Beginn vorgeschlagenen Kategorien ändern, entsteht bei dem Informationstyp »Auswahl« manueller Anpassungsbedarf. Das bleibt Ihnen bei der Nachschlagen-Funktionalität erspart, da die Änderungen hier automatisch auf alle bereits erfassten Ressourcen übertragen werden. Sie pflegen die Kategorien damit über eine zusätzliche benutzerdefinierte Liste, die Sie erstellt haben müssen, bevor Sie diese Spalte anlegen. Ein weiterer Vorteil hierbei ist, dass Sie bei diesem Informationstyp eine Beziehung zwischen Ressourcen und Kategorien definieren, wodurch beim Löschen einer Kategorie entweder alle dazu gehörenden Ressourcen automatisch auch gelöscht werden oder eine Meldung erscheint, dass noch Ressourcen dieser Kategorie zugeordnet sind und so lange keine Löschung möglich ist.

     Der Vorteil dieser Option ist, dass grundsätzlich jeder Anwender über die zweite Liste Kategorien pflegen kann. Wenn Sie möchten, dass nur ausgewählte Personen oder eine bestimmte Gruppe die Kategorien pflegen, ist dies auch möglich, indem Sie spezielle Berechtigungen für diese Liste konfigurieren. Sie haben hiermit wesentlich mehr Möglichkeiten als bei der ersten Option »Auswahl«.
   - **Verwaltete Metadaten:** Die verwalteten Metadaten und eine damit mögliche Taxonomie bzw. Hierarchie stehen Ihnen nur in den Server-Editionen zur Verfügung. Die Verwendung dieses Informationstyps macht genau dann Sinn, wenn Sie zu den Kategorien weiter Unterkategorien definieren möchten. So wäre es denkbar, dass Sie zwar eine Kategorie »Handys« erfassen, aber darunter eine Verfeinerung nach »Smartphone« und »Blackberry« usw. vornehmen möchten. Diese Möglichkeit haben Sie nur mit diesem Informationstyp. In Abschnitt 6.2.4 werden weitere Details zu den verwalteten Metadaten vorgestellt.

   Wir wählen in dieser Übung die erste Option »Auswahl«, da wir in diesem Beispiel annehmen, dass es keinen großen Änderungsbedarf bei den Kategorien geben wird und wir auch keine Unterkategorien benötigen. Beachten Sie dies bitte, falls Sie die fertige Lösung von meiner Website herunterladen. Als Auswahlwerte können Sie »Besprechungsraum«, »Firmenwagen«, »Handy« und »Sonstiges« hinterlegen.

4. Nachdem Sie die Spalte hinzugefügt haben, können Sie eine Ansicht erstellen, die die Ressourcen nach der Kategorie gruppiert darstellt. Führen Sie hierfür folgende Schritte durch:
   - Wählen Sie im Menüband LISTE den Menüpunkt ANSICHT ERSTELLEN aus.
   - Wählen Sie den Ansichtstyp »Standardansicht« aus, und geben Sie den Namen »nach Kategorie« an.
   - Wählen Sie als anzuzeigende Spalten die Spalten »Titel«, »Geändert« und »Geändert von« aus. Damit können Sie genau erkennen, wann die Ressource zum letzten Mal aktualisiert wurde und wer der Bearbeiter war.
   - Als Sortierung empfehle ich Ihnen die Auswahl der Spalte »Titel« und eine aufsteigende Reihenfolge. Damit werden die Ressourcen in alphabetischer Reihenfolge aufgelistet und sind leicht zu finden.
   - Im Bereich GRUPPIEREN NACH wählen Sie die Spalte »Kategorie« aus. Aus diesem Grund benötigen Sie die Spalte nicht unter den anzuzeigenden Spalten. Sie können sich jetzt noch entscheiden, ob Sie die Gruppen standardmäßig zusammen- oder aufgeklappt sehen möchten. Ich bevorzuge bei einer überschaubaren Anzahl an Gruppen die Option »Erweitert«, da ich dadurch direkt die Elemente sehen kann, die sich in der Gruppe befinden (in diesem Fall die Ressourcen der jeweiligen Kategorie).
   - Im Bereich EINTRAGSGRENZE ist standardmäßig der Wert »30« für die Anzahl der anzuzeigenden Elemente angegeben. Wenn Sie mehr als 30 Ressourcen erfassen, müssen Sie auf die nächste Seite blättern, um die nächsten 30 Ressourcen aufzurufen. Das kann bei sehr vielen Einträgen als umständlich wahrgenommen werden. Sie sollten daher die Anzahl auf einen Wert einstellen, der zum einen nicht zu viele Elemente auf einer Seite darstellt und zum anderen nicht zu viele Seiten erzeugt. Ein häufig verwendeter Wert ist »100«, da bei kleineren Listen somit kein Seitenwechsel auftritt.
   - Schließen Sie die Konfiguration über die Schaltfläche OK ab.
5. Die Standardansicht »Alle Elemente« muss noch von Ihnen angepasst werden, weil die Sortierung der Ressourcen nach dem Datum ihrer Erfassung erfolgt. Das hilft den Anwendern allerdings nicht weiter, wenn sie nach einer Ressource suchen. Eine alphabetische Sortierung nach der Bezeichnung der Ressource ist viel sinnvoller. Rufen Sie die Ansicht auf, indem Sie auf den Link ALLE ELEMENTE unmittelbar oberhalb der Spaltenüberschriften der Liste klicken.
6. Sobald Sie die Ansicht aufgerufen haben, wird der Link farblich gekennzeichnet. In derselben Zeile, in der sich dieser Link und der Link zu der Ansicht »nach Kategorie« befinden, finden Sie die Schaltfläche »...«. Wählen Sie diese aus, und klicken Sie auf den Untermenüpunkt ANSICHT ÄNDERN. Führen Sie nun folgende Schritte durch:
   - Fügen Sie unter den anzuzeigenden Spalten die Spalten »Geändert« und »Geändert von« ein, und selektieren Sie für die Sortierung die Spalte »Titel«.

- Im Bereich EINTRAGSGRENZE sollten Sie denselben Wert wie bei der Ansicht »nach Kategorie« (beispielsweise »100«) angeben. Wenn Sie bei Ansichten für eine Liste unterschiedlich viele Elemente anzeigen, kann das von den Anwendern als verwirrend bzw. unverständlich wahrgenommen werden.
- Schließen Sie die Konfiguration über die Schaltfläche OK ab.

7. Nachdem die zwei Ansichten nun für die Nutzung bereit sind, können sie in die Navigation aufgenommen werden. Klicken Sie in der Schnellstartleiste auf den Menüpunkt LINKS BEARBEITEN, oder rufen Sie alternativ unter den Websiteeinstellungen den Menüpunkt SCHNELLSTART bzw. NAVIGATION auf.
8. Ändern Sie die Navigationslinks so ab, dass die Menüpunkte DOKUMENTE und ZULETZT VERWENDET entfernt sind, während die zwei Ansichten unter der Bezeichnung »Alle« bzw. »nach Kategorie« unterhalb einer Überschrift »Zentrale Ressourcen« aufgerufen werden können.

Wenn Sie ein paar Ressourcen erfasst haben, wie zum Beispiel die in Abbildung 7.9, sollte die Lösung und speziell die Ansicht »nach Kategorie« so wie in Abbildung 7.9 aussehen. Um mehrere Ressourcen hintereinander zu erfassen, sollten Sie die Ansicht »Alle Elemente« auswählen und die Ansicht im Ansichtsformat **QuickEdit** öffnen, indem Sie den gleichnamigen Menüpunkt im Menüband LISTE auswählen oder alternativ auf den in dieser Ansicht sichtbaren Link BEARBEITEN in derselben Zeile wie NEUES ELEMENT klicken.

7.3.4 Planung von zentralen Ressourcen

Aufbauend auf der Pflege der zentralen Ressourcen werden Sie die Buchung dieser Ressourcen ermöglichen. In Abschnitt 7.3.2 haben wir definiert, dass hierfür ein Kalender erstellt wird, der über eine Spalte vom Typ »Nachschlagen« mit der Ressourcenliste verknüpft werden soll. Führen Sie dazu folgende Schritte durch:

1. Rufen Sie die Websiteinhalte auf, und wählen Sie den Menüpunkt APP HINZUFÜGEN aus.
2. Wählen Sie die App »Kalender« aus, geben Sie den Namen »Ressourcenplanung« an, und erstellen Sie die Liste über die Schaltfläche ERSTELLEN.
3. Rufen Sie die Liste »Ressourcenplanung« auf, und wählen Sie den Menüpunkt SPALTE ERSTELLEN im Menüband KALENDER aus.
4. Geben Sie den Namen »Ressource« an, und wählen Sie den Informationstyp »Nachschlagen« und die Liste »Zentrale Ressourcen« sowie die Spalte »Titel« aus.
5. Eine Buchung ohne Auswahl einer Ressource macht keinen Sinn. Wählen Sie daher für die Einstellung »Diese Spalte muss Informationen enthalten« die Option »Ja« aus, und schließen Sie den Vorgang über die Schaltfläche OK ab.

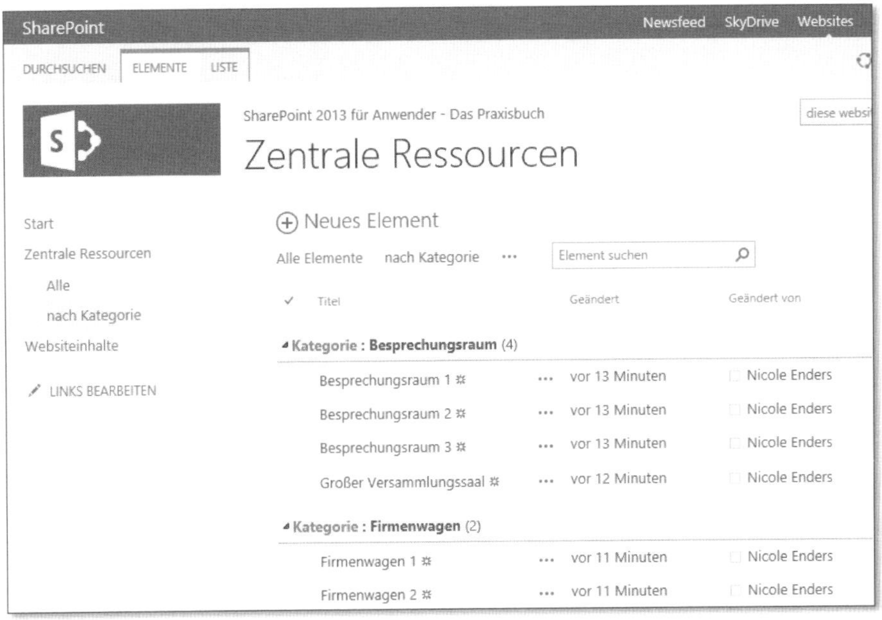

Abbildung 7.9 Erfassung und Kategorisierung zentraler Ressourcen

Sie können jetzt bereits Ressourcen für beliebige Zeiträume buchen, erhalten jedoch in der Kalenderansicht eine Übersicht über alle gebuchten Ressourcen. Denken Sie bitte einmal an die in Abbildung 7.9 dargestellten Ressourcen, und stellen Sie sich vor, dass es zu jeder Ressource Buchungen gibt. Wenn all diese Buchungen in einer Kalenderansicht dargestellt werden, wird es schwer sein, freie Kapazitäten für eine bestimmte Ressource zu ermitteln.

Wir benötigen am besten für jede Ressource eine separate Ansicht. Gehen Sie hierfür folgendermaßen vor:

1. Rufen Sie im Menüband KALENDER den Menüpunkt ANSICHT ERSTELLEN auf, und wählen Sie die vorhandene Ansicht »Kalender« als Basis aus.
2. Geben Sie als Namen die Ressource an, deren Buchungen Sie darstellen möchten.
3. Wählen Sie im Bereich FILTER die Option »Elemente nur in folgendem Fall anzeigen« aus, und geben Sie das Filterkriterium »Ressource ist gleich« mit dem Namen der Ressource an.
4. Die übrigen Einstellungen können Sie unverändert übernehmen. Schließen Sie das Erstellen der Ansicht über die Schaltfläche OK ab.

Jede Ansicht sollte wie die Standardansicht einen Kalender mit Darstellung des aktuellen Monats zeigen (siehe Abbildung 7.10). Wenn Sie in Ihrem Unternehmen eher eine Anzeige der aktuellen Woche bevorzugen, können Sie diese Einstellung beim Erstellen der Ansichten vornehmen. Auch eine Darstellung für den aktuellen Tag wäre möglich.

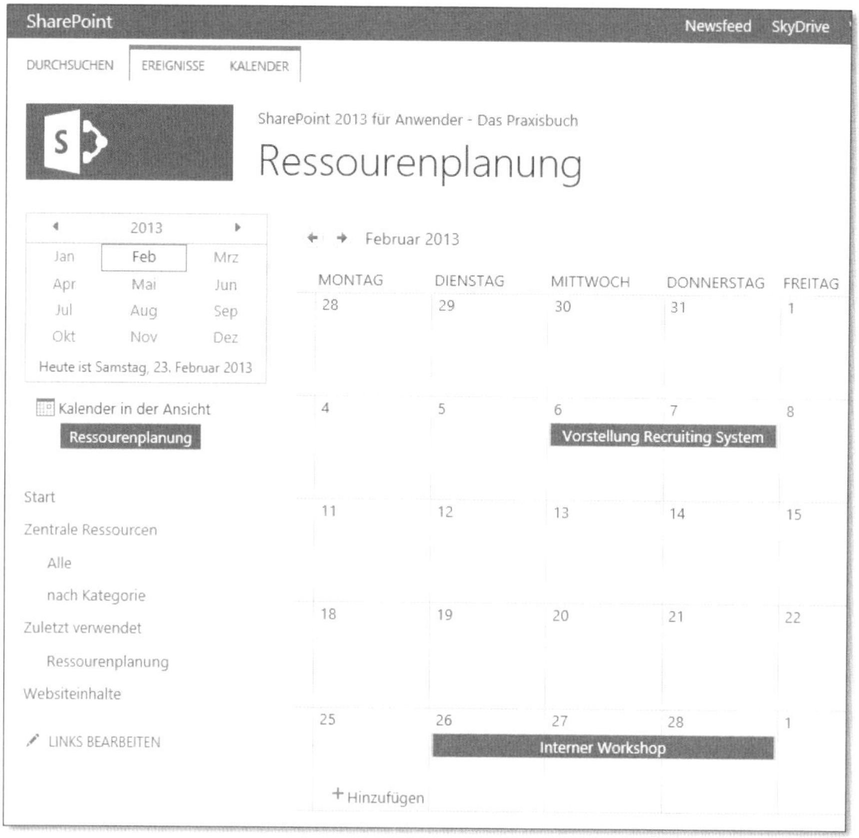

Abbildung 7.10 Ansicht über die Buchungen für eine bestimmte Ressource, wie beispielsweise für einen ausgewählten Besprechungsraum

Wenn Sie für jede Ressource eine Ansicht erstellt haben, müssen Sie eine einfache Zugriffsmöglichkeit auf diese Ansichten anbieten. Dafür können Sie eine spezielle Liste nutzen, die erst mit SharePoint 2013 zur Verfügung steht. Es handelt sich dabei um die **Höhergestuften Links**, eine Liste, die in Form der mit Windows 8 eingeführten Kacheln die Links auf die Ansichten zur Verfügung stellen kann. Richten Sie folgendermaßen eine solche Liste ein:

1. Rufen Sie die Websiteinhalte auf, und wählen Sie den Menüpunkt APP HINZUFÜGEN aus.
2. Wählen Sie die App »Höhergestufte Links« aus, geben Sie den Namen »Auswahl der Ressourcen« an, und erstellen Sie die Liste über die Schaltfläche ERSTELLEN.
3. Rufen Sie die neue Liste auf, und klicken Sie auf den Link ALLE HÖHER GESTUFTEN LINKS.

4. Klicken Sie jetzt auf den Link BEARBEITEN, um die Liste im Ansichtsformat **Quick-Edit** zu öffnen. Dadurch kann die Erfassung der Links recht schnell erfolgen.
5. Fügen Sie nun die Links auf die Ansichten ein, und schließen Sie den Vorgang ab, indem Sie auf den Link BEENDEN klicken.

Wenn Sie die Ansicht »Kacheln« der Liste aufrufen, sollte diese nun so wie in Abbildung 7.11 aussehen. Wenn Sie das Feld »Reihenfolge« leer lassen, wird der zuletzt erfasste Link immer zuerst dargestellt. Außerdem können die Kacheln, die nicht mehr auf die Seite passen, über eine Art Scroll-Funktion aufgerufen werden. Sehen Sie den Pfeil oberhalb der ganz rechts nur noch zum Teil angezeigten Kachel? Nutzen Sie diesen, um auf die weiteren Kacheln zuzugreifen.

Wenn Sie im Feld »Hintergrundbild-Speicherort« keine Angaben machen, wird die Kachel mit einer Hintergrundfarbe belegt, die zum ausgewählten Design passt. Sie haben hiermit aber die Möglichkeit, beliebige Grafiken zu hinterlegen (wie zum Beispiel ein Foto der jeweiligen Ressource). Das kann wieder ein Kriterium für die Steigerung der Benutzerakzeptanz sein. Wenn Sie ein paar Grafiken zur Hand haben, sollten Sie das unbedingt einmal ausprobieren.

Fügen Sie die Liste abschließend zur Homepage der Ressourcenplanung hinzu, damit von dort aus direkt alle Buchungen eingesehen werden können.

Abbildung 7.11 »Höhergestufte Links« in Form von Kacheln darstellen

Wie kann ich »höhergestufte Links« bearbeiten?

Die höhergestuften Links haben standardmäßig zwei Ansichten. Wenn Sie die Liste aufrufen, wird Ihnen die Standardansicht »Kacheln« angezeigt. Über das Menüband LISTE und die Auswahlliste im Bereich ANSICHTEN VERWALTEN können Sie die Ansicht »Alle höhergestuften Links« aufrufen und darüber wie in jeder anderen Liste auch auf gewohnte Art und Weise die Daten bearbeiten.

7.3.5 Einsatzplanung von Mitarbeitern

Neben der Planung zentraler Ressourcen soll diese Lösung auch Funktionen für die Einsatzplanung von Mitarbeitern zur Verfügung stellen. Zunächst benötigen Sie eine Liste zur Verwaltung der Projekte und Aktivitäten, für die die Mitarbeiter gebucht werden sollen. Gehen Sie dazu folgendermaßen vor:

1. Rufen Sie die Websiteinhalte auf, und wählen Sie den Menüpunkt APP HINZUFÜGEN aus.
2. Wählen Sie die App »Benutzerdefinierte Liste« aus, geben Sie den Namen »Projekte und Aktivitäten« an, und erstellen Sie die Liste über die Schaltfläche ERSTELLEN.
3. Rufen Sie die Liste »Projekte und Aktivitäten« auf, und legen Sie über den Menüpunkt SPALTE ERSTELLEN im Menüband LISTE die Spalte »Verantwortlicher Mitarbeiter« vom Typ »Person oder Gruppe« an, wobei es sich um ein Pflichtfeld handelt.
4. Legen Sie in der Liste bereits einen Eintrag mit dem Titel »Abwesenheit« an, und geben Sie als verantwortlichen Mitarbeiter beispielsweise Ihren Vorgesetzten an. Für Testzwecke sollten Sie mindestens noch drei Projekte oder Aktivitäten aus Ihrem Arbeitsalltag erfassen und auch dort Personen auswählen, die für die Planung des jeweiligen Projektes bzw. der Aktivität verantwortlich sein sollen. Über diese Angaben werden keine Berechtigungen verwaltet. Es geht lediglich um eine rein informative Angabe.

Aufbauend auf der Pflege der Projekte werden Sie die Buchung der Mitarbeiter für ein ausgewähltes Projekt bzw. eine Aktivität ermöglichen. In Abschnitt 7.3.2 haben wir definiert, dass hierfür ein Kalender erstellt wird, der über eine Spalte vom Typ »Nachschlagen« mit der Liste »Projekte und Aktivitäten« verknüpft werden soll. Führen Sie dazu folgende Schritte durch:

1. Rufen Sie die Websiteinhalte auf, und wählen Sie den Menüpunkt APP HINZUFÜGEN aus.
2. Wählen Sie die App »Kalender« aus, geben Sie den Namen »Einsatzplanung« an, und erstellen Sie die Liste über die Schaltfläche ERSTELLEN.
3. Rufen Sie die Liste »Einsatzplanung« auf, und wählen Sie den Menüpunkt SPALTE ERSTELLEN im Menüband KALENDER aus.
4. Geben Sie den Namen »Projekt oder Aktivität« an, und wählen Sie den Informationstyp »Nachschlagen« und die Liste »Projekte und Aktivitäten« sowie die Spalte »Titel« aus.
5. Eine Buchung ohne Auswahl eines Projekts bzw. einer Aktivität macht keinen Sinn. Wählen Sie daher für die Einstellung »Diese Spalte muss Informationen enthalten« die Option »Ja« aus, und schließen Sie den Vorgang über die Schaltfläche OK ab.

6. Wählen Sie in der Liste »Einsatzplanung« den Menüpunkt SPALTE ERSTELLEN im Menüband KALENDER aus.
7. Geben Sie den Namen »Mitarbeiter« an, und wählen Sie den Informationstyp »Person oder Gruppe« aus.
8. Eine Buchung ohne Auswahl einer Ressource macht keinen Sinn. Wählen Sie daher für die Einstellung »Diese Spalte muss Informationen enthalten« die Option »Ja« aus, und schließen Sie den Vorgang über die Schaltfläche OK ab.

Nun können Sie zwar Mitarbeiter für Projekte planen, haben aber keine gute Planungsübersicht. Erstellen Sie hierzu eine Ansicht, indem Sie folgendermaßen vorgehen:

1. Wählen Sie im Menüband KALENDER den Menüpunkt ANSICHT ERSTELLEN aus.
2. Als Ansichtstyp wählen Sie die Option »Balkendiagrammansicht« aus und geben den Namen »Planung« an.
3. Als anzuzeigende Spalten wählen Sie die Spalten »Projekt oder Aktivität«, »Mitarbeiter«, »Titel«, »Anfangszeit« und »Endzeit« aus.
4. Im Bereich GANTT-SPALTEN wählen Sie folgende Spalten aus:

   Titel: Titel

   Anfangsdatum: Anfangszeit

   Fälligkeitsdatum: Endzeit
5. Für die Sortierung ist eine aufsteigende Reihenfolge nach den Spalten »Projekt oder Aktivität« und »Anfangszeit« sinnvoll. Ausgehend von dieser standardmäßigen Sortierung können Sie als Anwender beim Aufruf der Ansicht eine temporär andere Sortierung vornehmen, indem Sie auf die jeweilige Spaltenüberschrift klicken.
6. Die übrigen Einstellungen können Sie unverändert übernehmen. Klicken Sie auf die Schaltfläche OK, um die Ansicht zu erstellen.

Tragen Sie nun ein paar Planungsdaten (zum Beispiel für sich selbst) ein. So wäre es denkbar, dass Sie momentan an drei verschiedenen Projekten oder Aktivitäten beteiligt sind. Sie werden zwar nicht gleichzeitig daran arbeiten können, sondern werden vielleicht ähnlich wie in dem in Tabelle 7.5 gewählten Beispiel für drei verschiedene Projekte oder Aktivitäten eingeplant.

Projekt	Beteiligung	Von	Bis
Projekt 1	40 %	23.02.	01.03.
Projekt 2	25 %	27.02.	08.03.
Projekt 3	35 %	02.01.	01.04.

Tabelle 7.5 Persönliche Einsatzplanung für einen ausgewählten Zeitraum

In Abbildung 7.12 sehen Sie ein Beispiel für das Ergebnis einer solchen Einsatzplanung in Form der von Ihnen erstellten Balkendiagrammansicht.

Abbildung 7.12 Planungsansicht für die Einsatzplanung der Mitarbeiter

Allerdings fehlt hierbei die Möglichkeit, eine prozentuale Verfügbarkeit anzugeben. Das bedeutet: Wenn Sie einen Mitarbeiter hier für einen bestimmten Tag planen, ist er zu 100 % an diesem Projekt beteiligt und kann nicht parallel an demselben Tag an einem anderen Projekt arbeiten. Wenn Sie sich nun allerdings die Einsatzplanung in Abbildung 7.12 anschauen, wird direkt anhand der Balken im rechten Bereich der Ansicht deutlich, dass Sie in einem bestimmten Zeitraum theoretisch eine Auslastung von 300 % haben, weil sich dort drei Projekte oder Aktivitäten überschneiden.

Abwesenheitszeiten hinterlegen

Hinzu kommt die Verwaltung von Abwesenheitszeiten. Diese werden für die jeweiligen Tage auf jeden Fall zu 100 % gewertet und können damit zu einem Konflikt in der Einsatzplanung führen. Es hängt sehr stark von dem bei Ihnen gelebten Prozess bei der Einsatzplanung ab, wie komplex eine Softwarelösung hierfür sein muss. Es ist zum Beispiel denkbar, dass derjenige, der die Abwesenheitszeiten erfasst, bei der Erfassung prüft, ob es bereits Planungsdaten für den Zeitraum gibt, und diese entsprechend anpasst. Alternativ ist es auch denkbar, dass es einen Informationsprozess für die verantwortlichen Mitarbeiter gibt, damit Sie die Konflikte lösen. Das sind in der Praxis sehr komplexe Themen, die einer intensiven Anforderungsanalyse bedürfen. Wenn Sie Ihre Anforderungen so weit definiert haben, sollten Sie diese im Hinblick auf die gewünschte Plattform wie beispielsweise SharePoint mit den für die Umsetzung verantwortlichen Entwicklern oder Anbietern besprechen, damit diese Ihre individuellen Anforderungen verstehen und wie gewünscht umsetzen können.

Die Erfassung der Abwesenheitszeiten erfolgt in unserem einfachen Beispiel analog zur Planung eines beliebigen Projekts, indem Sie das Projekt »Abwesenheit« und den entsprechenden Mitarbeiter auswählen, einen Titel wie beispielsweise »Abwesenheit« angeben und den entsprechenden Zeitraum angeben.

Zur besseren Übersicht erstellen Sie in der Liste »Einsatzplanung« eine neue Ansicht, indem Sie folgende Schritte durchführen:

1. Wählen Sie im Menüband KALENDER den Menüpunkt ANSICHT ERSTELLEN aus.
2. Wählen Sie als Basis die Ansicht »Planung« aus, und geben Sie den Namen »Planung Abwesenheit« an.
3. Wählen Sie für die Sortierung die Spalten »Mitarbeiter« und »Anfangszeit« aus.
4. Wählen Sie im Bereich FILTER die Option »Elemente nur in folgendem Fall anzeigen« aus, und geben Sie das Filterkriterium »Projekt oder Aktivität ist gleich Abwesenheit« an.
5. Übernehmen Sie alle übrigen Einstellungen unverändert, und schließen Sie den Vorgang über die Schaltfläche OK ab.

Jetzt können Sie die Abwesenheitszeiten für die Mitarbeiter komfortabler pflegen als in der Planungsansicht. Das gilt allerdings nur dann, wenn Sie keine Rücksicht auf bereits vorgenommene Planungsdaten nehmen möchten und die Erfassung der Abwesenheitszeiten unabhängig davon erfolgen soll. Wenn Sie wissen möchten, ob mit der Erfassung einer Abwesenheitszeit die Planung eines Projektes oder einer Aktivität überarbeitet werden muss, müssen Sie weiterhin die Ansicht »Planung« nutzen. Das hier ist ein Punkt, an dem Ihre Prozesse eine sehr wichtige Rolle spielen. Erst mit dem Wissen um diese Prozesse können Sie entscheiden, ob Sie vielleicht eine Validierung implementieren möchten, durch die Sie auch in der eben erstellten Ansicht gewarnt werden, wenn Sie für einen Mitarbeiter Abwesenheitszeiten erfassen und er in dem entsprechenden Zeitraum bereits für Projekte eingeplant wird. Vielleicht soll aber auch nur eine E-Mail an den betroffenen Mitarbeiter gesendet werden, damit er sich um den Konflikt kümmert.

Die Auslastung von Mitarbeitern prüfen

Über die bisherigen Ansichten lässt sich die Auslastung eines Mitarbeiters bzw. seine Verfügbarkeit nur schwer überprüfen. Sie benötigen für eine Darstellung, die mit den vorgestellten Funktionen des Project Servers vergleichbar ist, definitiv Erweiterungslösungen. Eine kleine Hilfestellung kann ich Ihnen dennoch anbieten. Erstellen Sie eine neue Webseite für die Suche nach Planungsdaten, indem Sie folgende Schritte durchführen:

1. Rufen Sie die Websiteinhalte auf, und wählen Sie die App »Websiteseiten« aus.
2. Klicken Sie auf den Link NEUE WIKI-SEITE, und geben Sie den Namen »Verfügbarkeit prüfen« an.
3. Sie befinden sich direkt auf der im Bearbeitungsmodus geöffneten Webseite. Wählen Sie als Erstes im Menüband TEXT FORMATIEREN den Menüpunkt TEXTLAYOUT • ZWEI SPALTEN MIT KOPF- UND FUSSZEILE aus.

4. Fügen Sie in der linken und rechten Spalte jeweils das Webpart »Datumsfilter« aus der Kategorie »Filter« ein, indem Sie im Menüband EINFÜGEN den Menüpunkt WEBPART und dann das gewünschte Webpart auswählen.
5. In der unteren Zeile fügen Sie das Webpart »Einsatzplanung« aus der Kategorie »Apps« hinzu. Dabei handelt es sich um die Liste mit den Planungsdaten.
6. Speichern Sie die Seite über den Menüpunkt SPEICHERN im Menüband TEXT FORMATIEREN, und öffnen Sie diese wieder im Bearbeitungsmodus. Ansonsten gehen durch die nächsten Schritte Ihre Änderungen verloren.
7. Die angezeigten Spalten entsprechen nicht den in den beiden Planungsansichten ausgewählten Spalten. Wählen Sie daher für das Webpart den Menüpunkt WEBPART BEARBEITEN aus, um die Änderungen vorzunehmen.
8. In der daraufhin rechts erscheinenden Konfigurationsleiste klicken Sie auf den Link AKTUELLE ANSICHT BEARBEITEN und nehmen an der Ansicht folgende Änderungen vor:
   - Wählen Sie als anzuzeigende Spalten die Spalten »Projekt oder Aktivität«, »Mitarbeiter«, »Titel (Hyperlink zu Element mit Menü ›Bearbeiten‹)«, »Anfangszeit«, »Endzeit«, »Geändert« und »Geändert von« aus.
   - Für die Sortierung wählen Sie die Spalten »Mitarbeiter« und »Anfangszeit« aus. Dadurch kann der gesuchte Mitarbeiter schnell ermittelt werden, und Sie erhalten direkt einen Überblick über die Planungsdaten dieses Mitarbeiters.
   - Die übrigen Einstellungen sind für dieses Szenario irrelevant und können daher übernommen werden, indem Sie die Schaltfläche OK betätigen.
9. Sie befinden sich nun wieder auf der Webseite, die Sie über das Menüband SEITE und den Menüpunkt BEARBEITEN erneut im Bearbeitungsmodus öffnen.
10. Wählen Sie nun für das linke Webpart »Datumsfilter« den Menüpunkt WEBPART BEARBEITEN aus, und nehmen Sie in der rechten Konfigurationsleiste folgende Einstellungen vor:
   - Geben Sie den Filternamen »Anfangszeit« an. Diese Angabe wird oberhalb des Eingabefeldes für das Datum auf der Seite angezeigt.
   - Für den Standardwert wählen Sie die Option »Zeitverzögerung ab heute«. Belassen Sie die Einstellung auf dem Wert »0 Tage nach dem heutigen Tag«.
   - Als Titel geben Sie den Wert »Datumsfilter Anfangszeit« an. Dieser wird nicht auf der Seite angezeigt, weil bei Filterwebparts der *Chromtyp* automatisch auf die Option »Kein« festgelegt ist. Der Chromtyp bestimmt, ob ein Webpart mit oder ohne seinen Titel auf der Seite dargestellt wird.
   - Bestätigen Sie die Konfiguration über die Schaltfläche OK bzw. ÜBERNEHMEN, falls Sie die Seite nicht erneut im Bearbeitungsmodus öffnen, sondern auf ihr bleiben möchten.

11. Nehmen Sie für das rechte Webpart »Datumsfilter« dieselbe Konfiguration vor. Verwenden Sie nur an allen Stellen statt der Bezeichnung »Anfangszeit« den Namen »Endzeit«, und geben Sie bei der Zeitverzögerung den Wert »1 Tage nach dem heutigen Datum« an.
12. Wenn Sie nun das Menü der Filterwebparts aufrufen, erscheint dort ein neuer Menüpunkt VERBINDUNGEN. Wählen Sie darunter den Menüpunkt FILTERWERTE SENDEN AN • EINSATZPLANUNG aus.
13. In dem daraufhin erscheinenden Dialog wählen Sie den Verbindungstyp »Filterwerte abrufen von« aus und betätigen die Schaltfläche KONFIGURIEREN.
14. Wählen Sie für das Filterwebpart »Datumsfilter Anfangszeit« die Spalte »Anfangszeit« als *Consumerfeldname* aus. Für das Webpart »Datumsfilter Endzeit« wählen Sie die Spalte »Endzeit« aus. Schließen Sie die Konfiguration über die Schaltfläche FERTIG STELLEN ab.
15. Speichern Sie die Seite über den Menüpunkt SPEICHERN im Menüband TEXT FORMATIEREN ab.

Die Seite sollte nun so wie in Abbildung 7.13 aussehen. Sie können nun nach Planungsdaten suchen und in der Listendarstellung im unteren Bereich nach einem ausgewählten Mitarbeiter oder Projekt filtern. Allerdings haben die Filter im oberen Bereich eine wichtige Einschränkung, denn Sie müssen eine exakte Übereinstimmung in der Liste finden. Das bedeutet: Sie können nur nach Planungsdaten suchen, bei denen das Anfangsdatum und bzw. oder das Enddatum exakt mit dem eingegebenen Wert übereinstimmt. Eine Suche nach Planungsdaten, die irgendwo innerhalb eines angegebenen Zeitraums liegen, ist somit nicht möglich und muss über eine Erweiterungslösung realisiert werden.

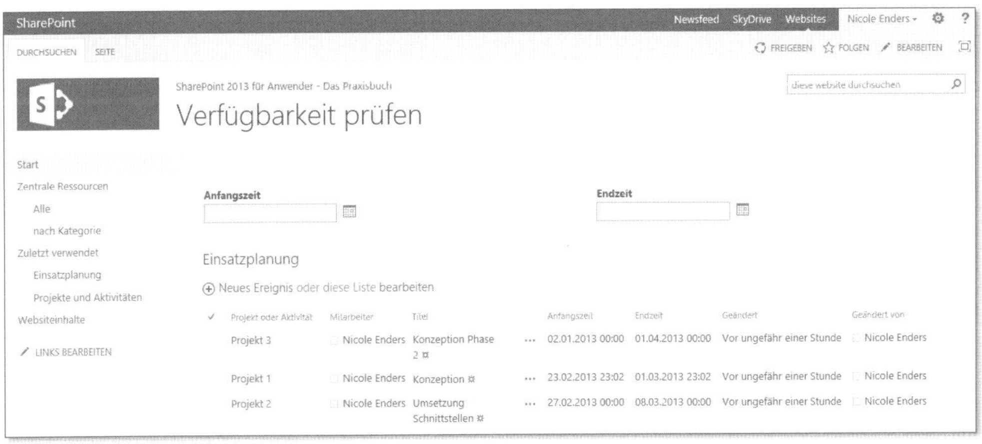

Abbildung 7.13 Verfügbarkeit bzw. Auslastung von Mitarbeitern in einem bestimmten Zeitraum prüfen

Konflikte in der Einsatzplanung erkennen

Über die Webseite »Verfügbarkeit prüfen« können Sie bereits erkennen, ob es Konflikte in der Einsatzplanung gibt. Auch die Planungsansicht gibt durch die Darstellung der Einsatzplanung in Form von Balken einen Hinweis auf mehrfache Buchungen eines Mitarbeiters für einen ausgewählten Zeitraum. Allerdings wäre es hilfreich, bereits bei der Planung eines Mitarbeiters einen Hinweis zu erhalten, dass in dem entsprechenden Zeitraum bereits andere Planungsdaten vorliegen, oder eine Kennzeichnung dieser Daten zu erhalten. Diese Anforderungen lassen sich mit den Standardfunktionen von SharePoint nicht umsetzen. Sie müssten dafür Ihren Werkzeugkasten um neue Werkzeuge erweitern und müssen dementsprechend mit Aufwänden für die Entwicklung der fehlenden Komponente rechnen.

Homepage für die Übersicht der persönlichen Einsatzplanung anpassen

Wenn Sie die Ressourcenplanung aufrufen, möchten Sie wahrscheinlich in den meisten Fällen wissen, wie Ihre Einsatzplanung für den aktuellen Zeitraum aussieht. Aus diesem Grund werden Sie die Homepage der Website bearbeiten, indem Sie diese aufrufen und im Menüband SEITE den Menüpunkt BEARBEITEN auswählen. Führen Sie nun folgende Schritte durch:

1. Fügen Sie unterhalb des Webparts »Zentrale Ressourcen« das Webpart »Einsatzplanung« hinzu, indem Sie im Menüband EINFÜGEN den Menüpunkt WEBPART und anschließend das gewünschte Webpart aus der Kategorie »Apps« auswählen und die Schaltfläche HINZUFÜGEN betätigen.
2. Wählen Sie im Webpart »Einsatzplanung« den Menüpunkt WEBPART BEARBEITEN aus, und klicken Sie in der daraufhin erscheinenden rechten Konfigurationsleiste auf den Link AKTUELLE ANSICHT BEARBEITEN.
3. Wählen Sie im Bereich FILTER die Option »Elemente nur in folgendem Fall anzeigen« aus, und geben Sie das Filterkriterium »Mitarbeiter ist gleich [Ich]« an.
4. Lassen Sie die übrigen Einstellungen unverändert, und speichern Sie die Änderungen über die Schaltfläche OK.

Entsprechend der Darstellung in Abbildung 7.14 können Sie nun für den aktuellen Monat sehen, welche Planungsdaten für Sie persönlich vorliegen, und die zentralen Ressourcen aufrufen und dort Buchungen vornehmen. Alternativ können Sie bei Bedarf die Ansicht auch auf eine Tages- oder Wochenansicht ändern.

Schnellstartleiste aktualisieren

Nachdem Sie nun mit der Lösung an und für sich fertig sind, sollten Sie zum Schluss noch die Schnellstartleiste überarbeiten. Klicken Sie in der Schnellstartleiste auf den Menüpunkt LINKS BEARBEITEN, oder rufen Sie alternativ unter den Websiteeinstellungen den Menüpunkt SCHNELLSTART bzw. NAVIGATION auf.

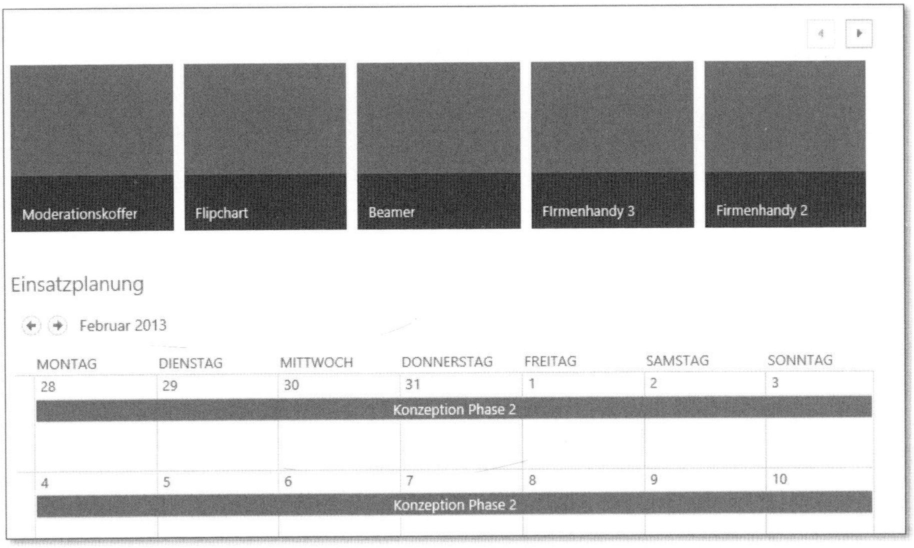

Abbildung 7.14 Neue Homepage der Ressourcenplanung

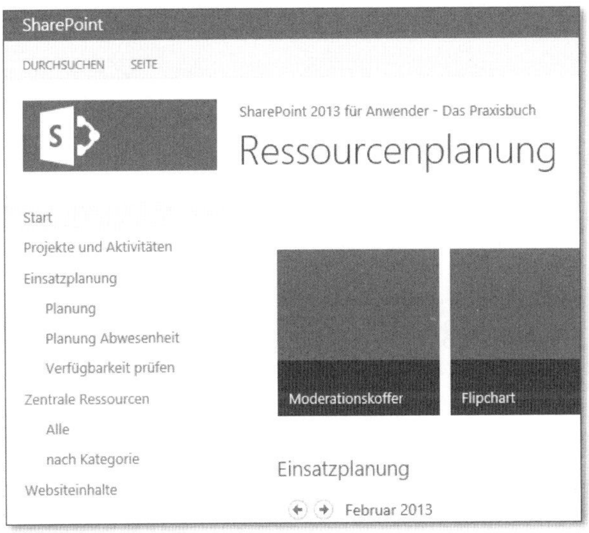

Abbildung 7.15 Neue Navigation der Ressourcenplanung

Nehmen Sie nun folgende Änderungen an der Navigation vor, um das in Abbildung 7.15 dargestellte Ergebnis zu erzielen:

1. Entfernen Sie die Menüpunkte RESSOURCENPLANUNG und AUSWAHL DER RESSOURCEN, falls Sie dies nicht bereits getan haben.
2. Verschieben Sie den Menüpunkt PROJEKTE UND AKTIVITÄTEN nach oben, sodass dieser als Überschrift nach dem Menüpunkt START dargestellt wird.

3. Verschieben Sie den Menüpunkt EINSATZPLANUNG nach oben, sodass dieser als Überschrift nach dem Menüpunkt PROJEKTE UND AKTIVITÄTEN dargestellt wird.
4. Fügen Sie unterhalb des Menüpunktes EINSATZPLANUNG Links auf die Ansichten »Meine Einsatzplanung«, »Planung« und »Planung Abwesenheit« ein.
5. Fügen Sie einen Link auf die Webseite »Verfügbarkeit prüfen« ein, der unterhalb des Links »Planung Abwesenheit« positioniert wird.

Nun sollte die Ressourcenplanung so wie in Abbildung 7.15 aussehen und Ihnen den Zugriff auf alle benötigten Funktionalitäten ermöglichen.

Fehlt noch etwas in Ihrer Lösung?

Sicher fehlen noch viele Funktionen für eine produktiv einsetzbare Ressourcen- bzw. Personaleinsatzplanung. Wir haben uns bei der Umsetzung der ausgewählten Anforderungen zum Beispiel keine Gedanken über ein ggf. nötiges Berechtigungskonzept gemacht. Die Lösung kann zum momentanen Zeitpunkt für Organisationen verwendet werden, in denen die Rollen nicht genau voneinander abgegrenzt werden können. Dadurch können die Anwender grundsätzlich alle Funktionen ausführen, obwohl diese vom Grundgedanken her für unterschiedliche Anwendergruppen vorgesehen sind.

Es hindert Sie allerdings nichts daran, ein paar Benutzergruppen anzulegen und die Berechtigungen für die jeweiligen Listen anzupassen sowie die Sichtbarkeit der Menüpunkte in der Schnellstartleiste zu konfigurieren.

Auswertungen erstellen

Da Ihnen Funktionalitäten gerade für die Auswertungen der Verfügbarkeit von Mitarbeitern bzw. zur Ermittlung von Konflikten in der Einsatzplanung fehlen, können Sie die Daten auch über die Standardschnittstellen nach Excel exportieren oder mit Access öffnen und dort die Daten analysieren. Rufen Sie dazu den Kalender »Einsatzplanung« auf, und wählen Sie im Menüband KALENDER bzw. LISTE den Menüpunkt NACH EXCEL EXPORTIEREN oder MIT ACCESS ÖFFNEN aus (siehe Abbildung 7.16).

Wenn die Daten erst einmal mit dem von Ihnen ausgewählten Tool geöffnet sind, stehen Ihnen die dort gewohnten Funktionen zur Aufbereitung der Daten zur Verfügung. Vielleicht möchten Sie diese Daten mit anderen Datenquellen kombinieren und aus der Kombination dieser Daten Diagramme erzeugen. Ihnen stehen alle nur denkbaren Möglichkeiten zur Verfügung.

Allerdings haben Sie bei der Verwendung von Excel (anders als bei Verwendung von Access) keine Möglichkeit, die geänderten Daten automatisch zurück nach SharePoint zu übertragen.

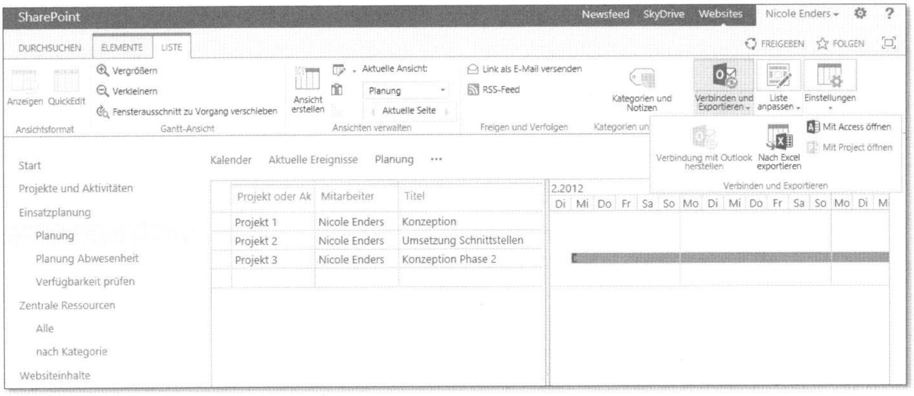

Abbildung 7.16 Planungsdaten nach Excel exportieren oder mit Access öffnen

7.4 Projektmanagement

Wenn Sie Ihre Tätigkeiten im Rahmen von Projekten durchführen, werden Sie wahrscheinlich alle projektrelevanten Informationen an einer zentralen Stelle verwalten. Neben der Kommunikation mit dem Kunden und den im Rahmen des Projektes erstellten Dokumenten bzw. Artefakten soll über diese zentrale Stelle auch der Informationsaustausch zwischen den Mitgliedern des Projektteams unterstützt werden. Wenn sich ein neues Projekt anbahnt und die ersten Informationen hierzu gespeichert werden sollen, muss ein solcher Projektarbeitsraum auf Basis einer Vorlage erstellt werden und direkt verwendet werden können.

7.4.1 Benötigte Funktionen

Bei der Plattform zu Unterstützung des Projektmanagements handelt es sich um einen Prozess zwischen dem Projektleiter und sämtlichen Mitarbeitern im Projekt. Es ist auch denkbar, den Kunden mit in eine solche Plattform einzubeziehen. Dann sollten Sie sich Gedanken darüber machen, wie der Kunde als externer Anwender auf die Website zugreifen kann, und müssen sicherstellen, dass er nur auf die von Ihnen freigegebenen Daten und keinesfalls auf Daten anderer Kunden zugreifen kann. Wenn Sie ernsthaft an ein solches Szenario denken, sollten Sie sich mit den in Abschnitt 4.2.3 vorgestellten Möglichkeiten zur Authentifizierung auseinandersetzen.

Wie Sie in Abbildung 7.17 erkennen können, sind zwei verschiedene Anwendergruppen an einer Plattform zur Unterstützung des Projektmanagements beteiligt. Diese haben zum Beispiel folgende Anforderungen:

- **Projektleiter:** Diese Anwender möchten ein neues Projekt anlegen können und in dem Projektarbeitsraum direkt die ersten Dokumente bzw. die Kommunikation mit dem Kunden verwalten. Alle in der Abteilung durchgeführten Projekte mit einem Projektarbeitsraum sollen über eine spezielle Liste gepflegt und einem Projektleiter zugeordnet werden können. Über diese Liste soll der Einstieg in den jeweiligen Projektarbeitsraum ermöglicht werden. Zusätzlich möchten diese Anwender innerhalb eines jeden Projektarbeitsraums die für das Projekt anstehenden Aufgaben und Termine verwalten und so den aktuellen Projektstatus kontrollieren.

- **Mitarbeiter:** Diese Anwender möchten über die Projektliste die Projekte aufrufen können, an denen sie mitarbeiten. Innerhalb des Projektarbeitsraums benötigen sie einen Überblick über ihre Aufgaben und die demnächst anstehenden Termine. Außerdem möchten sie die zum Projekt erfassten Informationen aufrufen, selbst neue Informationen erfassen und sich innerhalb des Projektteams zu bestimmten projektrelevanten Themen austauschen.

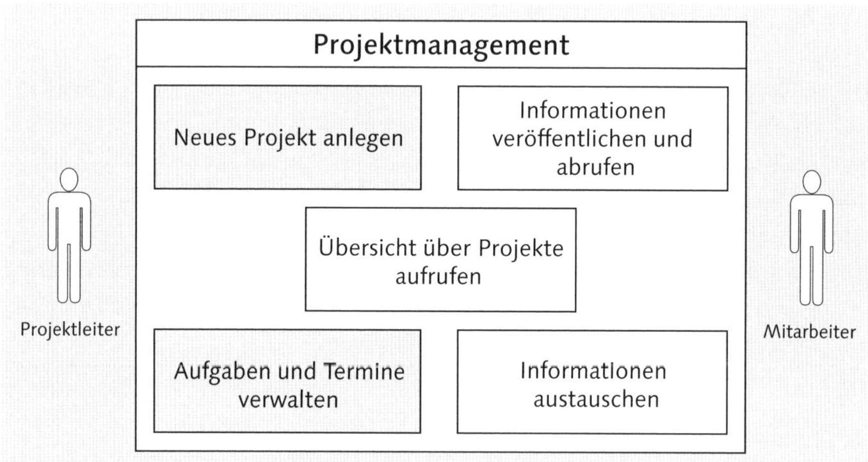

Abbildung 7.17 Anforderungen an eine Plattform zur Unterstützung des Projektmanagements

Die benötigten Funktionen lassen sich somit eindeutig mindestens einer Anwendergruppe zuordnen. Sie sollten in der Praxis auch durch Vertreter dieser Gruppen detailliert beschrieben und nach der Umsetzung getestet werden.

7.4.2 Konzeption der Lösung

Auf Basis der definierten Anforderungen müssen Sie nun ein Konzept für die mögliche Umsetzung erstellen. Hierbei sind Aspekte wie die eingesetzte Version und Edition von SharePoint und die zur Verfügung stehenden Tools zu berücksichtigen.

In dieser Übung werden Sie zum einen die Websitevorlage »Projektwebsite« kennenlernen, die in den Server-Editionen angeboten wird. Zur Erstellung einer eigenen

Websitevorlage können Sie allerdings auch eine »Teamwebsite« verwenden, um alle Editionen zu unterstützen. Auf dieser Basis werden folgende Listen und Bibliotheken bereitgestellt:

- **Aufgaben »Aufgaben«:** In dieser Liste werden alle projektrelevanten Aufgaben verwaltet. Der Projektleiter kann über diese Liste den Projektverlauf überwachen und Verantwortlichkeiten definieren, indem er Aufgabenbereiche den entsprechenden Mitarbeitern zuweist. Überfällige Aufgaben werden rot markiert, um zu verdeutlichen, dass dadurch das Projektende ggf. verschoben wird.
- **Kalender »Termine«:** In dieser Liste werden wichtige Termine (wie zum Beispiel Treffen mit dem Kunden oder Meilensteine im Projekt) erfasst und somit alle Beteiligten über diese Termine informiert.
- **Dokumentbibliothek »Dokumente«:** In dieser Bibliothek werden alle für das Projekt relevanten Dokumente verwaltet. Dabei kann es sich zum Beispiel um Angebote, Anforderungsdokumente oder Dokumentationen handeln.
- **Dokumentbibliothek »Kommunikation«:** Diese Bibliothek können Sie so konfigurieren, dass Sie E-Mails einfach an die Bibliothek weiterleiten können. Ansonsten haben Sie immer noch die Möglichkeit, über die Windows Explorer-Ansicht die E-Mails aus Outlook in die Bibliothek zu kopieren.
- **Wiki-Seitenbibliothek »Projektwiki«:** Damit die Mitglieder des Projektteams Informationen dokumentieren können, sollten Sie ein Wiki vorsehen. Damit können zum Beispiel die Erklärungen für projektspezifische Begriffe verwaltet werden. Sie sollten ggf. auch über eine Diskussionsrunde nachdenken. Die Projektleiter sollen im Rahmen des Kick-off-Meetings den Projektarbeitsraum vorstellen und nachfragen, ob ein Forum für den Informationsaustausch benötigt wird. Die Entscheidung sollte dabei gemeinsam vom Projektteam getroffen werden.
- **Unterwebsite »Blog«:** Für wichtige Informationen sollte ein Blog genutzt werden. Die Informationen aus dem Blog können auf der Homepage des Projektarbeitsraums dargestellt werden, wenn Sie SharePoint Server einsetzen. Beim Einsatz von SharePoint Foundation können Sie als Alternative zu einem Blog auch die Ankündigungen verwenden und eine spezielle Ansicht über die Liste erstellen.

Zusätzlich werden Sie innerhalb der Website »Fachabteilung« eine **benutzerdefinierte Liste »Projekte«** einrichten, um die Projekte zu verwalten. Diese Liste wird mit zwei Ansichten in die Schnellstartleiste aufgenommen, um sowohl die aktuellen Projekte als auch das Archiv aufrufen zu können.

7.4.3 Eine Liste zur Verwaltung der Projekte einrichten

Als Erstes erstellen Sie eine Liste, die zur Verwaltung der Projekte innerhalb der Abteilung verwendet werden soll. Es handelt sich dabei um eine benutzerdefinierte

Liste, die um die benötigten Spalten erweitert wird. Gehen Sie dazu folgendermaßen vor:

1. Rufen Sie die Websiteinhalte der Website »Fachabteilung« auf, und wählen Sie den Menüpunkt APP HINZUFÜGEN aus.
2. Wählen Sie die App »Benutzerdefinierte Liste« aus, geben Sie den Namen »Projekte« an, und erstellen Sie die Liste über die Schaltfläche ERSTELLEN.
3. Rufen Sie die Liste »Projekte« auf, und legen Sie über den Menüpunkt SPALTE ERSTELLEN im Menüband LISTE die folgenden Spalten an:

Spalte	Typ	Pflichtfeld
Projektnummer	Eine Textzeile	Ja
Beschreibung	Mehrere Textzeilen	Nein
Projektleiter	Person oder Gruppe	Ja
Arbeitsraum	Link oder Bild	Nein
Status	Auswahl (offen, geschlossen)	Ja
Start	Datum und Uhrzeit	Ja
Ende	Datum und Uhrzeit	Nein

Tabelle 7.6 Spalten in der Liste zur Verwaltung der Projekte erstellen

4. Beginnen Sie nun mit der Anpassung der Standardansicht »Alle Elemente« der Liste, indem Sie den Menüpunkt ANSICHT ÄNDERN im Menüband LISTE auswählen.
5. Legen Sie im Bereich SORTIEREN die Sortierung fest, indem Sie die Spalten »Start« mit einer absteigenden und die Spalte »Ende« mit einer aufsteigenden Sortierung auswählen.
6. Unter dem Bereich GRUPPIEREN NACH wählen Sie die Spalten »Projektleiter« und »Status« aus, und zwar in der Reihenfolge, die Ihnen am günstigsten erscheint. Selektieren die Option »Erweitert«, und speichern Sie die Konfiguration über die Schaltfläche OK.
7. Erstellen Sie nun eine neue Ansicht für die aktuellen Projekte, indem Sie im Menüband LISTE den Menüpunkt ANSICHT ERSTELLEN auswählen.
8. Wählen Sie die Ansicht »Alle Elemente« als Basis aus, und geben Sie den Namen »Aktuelle Projekte« an.

9. Entfernen Sie aus der Auswahl der anzuzeigenden Spalten die Spalten »Projektleiter« und »Status«.
10. Wählen Sie im Bereich FILTER die Option »Elemente nur in folgendem Fall anzeigen«, und geben Sie das Filterkriterium »Status ist gleich offen« an.
11. Ändern Sie im Bereich GRUPPIEREN NACH die Einstellungen so, dass nur noch nach der Spalte »Projektleiter« gruppiert wird.
12. Ändern Sie die Navigation der Schnellstartleiste nun so ab, dass beide Ansichten hierüber aufgerufen werden können.

Nun können Sie Projekte anlegen und einen Projektarbeitsraum angeben. Wie Sie das genau tun, werden Sie in Abschnitt 7.4.6 lernen, nachdem wir die Arbeitsräume vorbereitet haben.

7.4.4 Erstellen einer Projektwebsite

Wenn Ihnen beim Erstellen einer neuen Website die Websitevorlage »Projektwebsite« zur Verfügung steht, sollten Sie sich diese einmal im Detail anschauen. Ihnen werden damit bereits viele gewünschte Funktionalitäten angeboten. Gehen Sie folgendermaßen vor:

1. Rufen Sie die Websiteinhalte auf, und wählen Sie den Menüpunkt NEUE WEBSITE aus.
2. Geben Sie den Namen »Projekt – SharePoint 2013« und die Websiteadresse »projekt-sharepoint-2013« an.
3. Wählen Sie die Websitevorlage »Projektwebsite« und im Bereich NAVIGATIONSVERERBUNG die Option »Ja« aus, und erstellen Sie die Website über die Schaltfläche ERSTELLEN.

Die Projektwebsite sollte nun so wie in Abbildung 7.18 aussehen. Was direkt ins Auge sticht, ist die Zeitachse, die als Datenquelle die Aufgabenliste verwendet und Ihnen direkt auf der Homepage Informationen zum aktuellen Status des Projektes liefert.

Das Webpart »Erste Schritte mit Ihrer Website« können Sie über den Menüpunkt ENTFERNEN von der Homepage löschen. Damit ist die Projektwebsite direkt bereit zur Nutzung. Ihnen stehen eine Aufgabenliste, ein Kalender und eine Dokumentbibliothek zur Verfügung. Lediglich zur Verwaltung der Kommunikation mit dem Kunden müssen Sie ggf. eine weitere Dokumentbibliothek anlegen.

Die Listen »Kalender« und »Aufgaben« werden Ihnen durch ein spezielles Feature zur Verfügung gestellt. Wenn Sie in einer beliebigen Website das Websitefeature »**Projektfunktionen**« aktivieren, werden die beiden Listen wie in dieser Websitevorlage automatisch für Sie bereitgestellt.

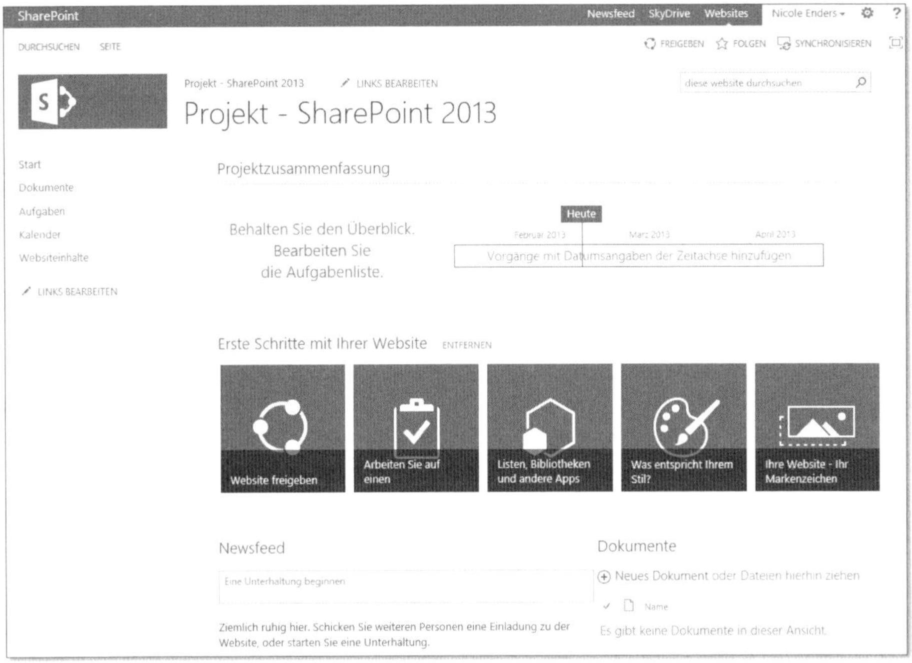

Abbildung 7.18 Homepage einer Projektwebsite in SharePoint Server 2013

1. Klicken Sie in der Zeitachse auf den Link BEARBEITEN, um die Aufgabenliste aufzurufen, die in Abbildung 7.19 dargestellt wird. Dort ist die Aufgabenliste im Ansichtsformat **QuickEdit** geöffnet, wodurch Sie sehr schnell die ersten Aufgaben erfassen können.
2. Um eine Aufgabe allerdings in der Zeitachse anzeigen zu können, müssen Sie sowohl das Anfangs- als auch das Fälligkeitsdatum der Aufgabe angeben. Ändern Sie daher die Ansicht, und wählen Sie die Spalte »Anfangsdatum« zur Anzeige aus, wobei die Position unmittelbar vor der Spalte »Fälligkeitsdatum« sein sollte, damit die Erfassung der Aufgaben leichter fällt.
3. Erfassen Sie nun ein paar Aufgaben unter Angabe eines Vorgangsnamens und eines Anfangs- und Fälligkeitsdatums.
4. Wenn Sie eine Aufgabe erfasst haben, wird Ihnen rechts vom angegebenen Vorgangsnamen die Schaltfläche »...« zur Verfügung gestellt. Wenn Sie diese Schaltfläche betätigen, rufen Sie das Kontextmenü der Aufgabe auf, das sich wie in Abbildung 7.19 darstellt. Sie sehen zum einen, wie viele Tage noch bis zum Erreichen des Fälligkeitsdatums vergehen, und zum anderen können Sie durch Betätigen des Menüpunkts ZU ZEITACHSE HINZUFÜGEN bestimmen, ob diese Aufgabe in der obigen Zeitachse und somit auf der Homepage der Projektwebsite erscheinen soll. Eine weitere Funktion steht Ihnen über den Menüpunkt TEILVORGANG

ERSTELLEN zur Verfügung. Damit können Sie Arbeitspakete in Ihrem Projekt beschreiben und darunter die einzelnen Tätigkeiten spezifizieren.

Probieren Sie diese beiden Funktionen anhand der eben erfassten Aufgaben aus.

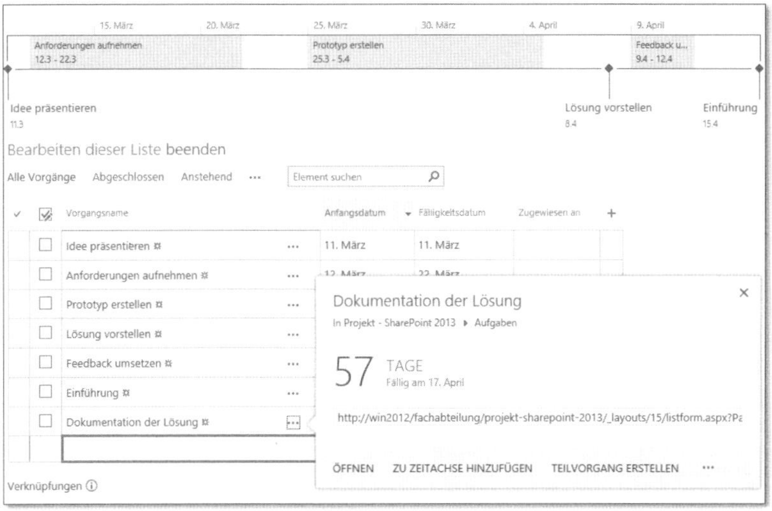

Abbildung 7.19 Aufgaben im Projekt verwalten

Wenn Sie ein paar Aufgaben erfasst und der Zeitachse hinzugefügt haben, sollte die Homepage diese neuen Informationen ebenfalls anzeigen. Abbildung 7.20 stellt die aktualisierte Homepage der Projektwebsite dar. Die Zeitachse selbst gestaltet sich genauso wie die der Aufgabenliste. Allerdings wird im linken Bereich der Vorgangsname und die Zeitspanne bis zum Erreichen der Fälligkeit der nächsten anstehenden Aufgabe angezeigt. Sollte das Fälligkeitsdatum der Aufgabe überschritten sein, so wird die Zeitspanne in roter Schrift dargestellt.

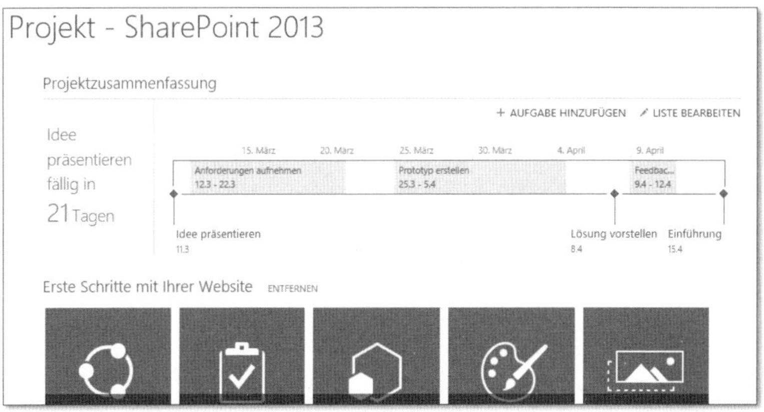

Abbildung 7.20 Homepage der Projektwebsite mit einer Übersicht der Projekttätigkeiten und Informationen zur nächsten anstehenden Aufgabe

Sie haben nun die Websitevorlage kennengelernt, die in den Server-Editionen direkt angeboten wird. Sie können diese natürlich direkt verwenden, wenn sie Ihre Anforderungen erfüllt. In dem Fall können Sie Abschnitt 7.4.5 überspringen und direkt mit der Anlage eines Projektes fortfahren, da wir in dem genannten Abschnitt eine eigene Websitevorlage erstellen.

Wie kann ich hier die Kommunikation mit dem Kunden unterbringen?

Eine Möglichkeit, die Sie immer haben, ist die Erstellung einer weiteren Dokumentbibliothek, die Sie für **eingehende E-Mails** konfigurieren. Als Erstes muss Ihr Administrator dazu eine zentrale Einstellung für die gesamte SharePoint-Farm in der Zentraladministration im Bereich SYSTEMEINSTELLUNGEN vornehmen. Sobald diese Konfiguration erfolgt ist, können Sie die Bibliothekseinstellungen der für die Kommunikation vorgesehenen Dokumentbibliothek aufrufen und dort die Einstellungen für eingehende E-Mails vornehmen.

Eine andere Möglichkeit, die Ihnen mit SharePoint 2013 angeboten wird, stellt das neue Websitefeature **Websitepostfach** dar. Sie haben darüber die Möglichkeit, ein Exchange-Postfach mit der jeweiligen Website zu verknüpfen.

Voraussetzung hierfür ist neben dem Einsatz eines Exchange Servers 2013 die Aktivierung des Farmfeatures **Websitepostfächer**, die durch Ihren Administrator über die Zentraladministration erfolgen muss. Farmfeatures können im Bereich SYSTEMEINSTELLUNGEN der Zentraladministration aktiviert werden.

Sobald Sie das Websitefeature aktiviert haben, befindet sich eine neu App in Ihrer Website, die Sie über den Menüpunkt POSTFACH in der Schnellstartleiste aufrufen können. Nun müssen Sie noch die Zugriffsdaten des Postfachs angeben, und schon haben Sie das Postfach in SharePoint integriert. Das bedeutet allerdings auch, dass Sie für jedes Projekt ein Exchange-Postfach anlegen müssten.

Weitere Informationen zur Konfiguration eines Websitepostfachs finden Sie unter *http://technet.microsoft.com/de-de/library/jj552524.aspx*.

7.4.5 Websitevorlage für Projekte definieren

Wenn Sie die Vorlage »Projektwebsite« nicht nutzen können oder möchten, sollten Sie sich unbedingt eine eigene Websitevorlage erstellen. Ansonsten müssten Sie bei jedem neuen Projektarbeitsraum immer wieder mehrere Schritte manuell durchführen. Führen Sie diese einmalig im Rahmen der Definition der Websitevorlage durch, indem Sie folgendermaßen vorgehen:

1. Rufen Sie die Website »Fachabteilung« und dort die Websiteinhalte auf.
2. Wählen Sie den Menüpunkt NEUE WEBSITE aus, und geben Sie den Titel »Projekt« und die Websiteadresse »projektvorlage« an.

3. Als Websitevorlage wählen Sie die Option »Teamwebsite« aus. Im Bereich NAVIGATIONSVERERBUNG wählen Sie die Option »Ja« aus und legen dann die neue Website über die Schaltfläche ERSTELLEN an.
4. Rufen Sie die Websiteinhalte auf, und fügen Sie über den Menüpunkt APP HINZUFÜGEN die folgenden Apps hinzu:

App	Name
Aufgaben	Aufgaben
Kalender	Termine
Dokumentbibliothek	Kommunikation
Wiki-Seitenbibliothek	Projektwiki
Ankündigungen	Neuigkeiten

Tabelle 7.7 Listen, die in der Websitevorlage für Projekte enthalten sein sollen

Sie haben die Ankündigungsliste anstelle eines Blogs erstellt, weil sich Unterwebsites nicht in eine Websitevorlage integrieren lassen. Inhaltlich wird das Projektteam die Ankündigungen wie einen Blog verwenden können, um alle Beteiligten über Neuigkeiten zu informieren. Alternativ können Sie auch einen Blog einsetzen. Sie müssen diesen aber entweder manuell erstellen, wenn Sie eine Projektwebsite anlegen, oder Sie benötigen eine Erweiterung für eine automatische Anlage des Blogs.

Die Homepage der Projektwebsite anpassen

Damit Sie direkt bei Aufrufen einer Projektwebsite einen Überblick über alle wichtigen Projektinformationen haben, sollten Sie die entsprechenden Informationen auf der Homepage bereitstellen. Rufen Sie die Homepage auf, öffnen Sie diese im Bearbeitungsmodus, und führen Sie folgende Schritte durch:

1. Entfernen Sie sämtliche Webparts von der Seite, die dort standardmäßig angeboten werden. Dies können Sie tun, indem Sie bei den betroffenen Webparts den Menüpunkt LÖSCHEN in dem Menü aufrufen, das sich in der oberen rechten Ecke eines jeden Webparts befindet.
2. Fügen Sie in der oberen Zeile das Webpart »Aufgaben« aus der Kategorie »Apps« ein, indem Sie im Menüband EINFÜGEN den Menüpunkt WEBPART und anschließend das entsprechende Webpart auswählen.
3. Fügen Sie in der rechten Spalte das Webpart »Neuigkeiten« aus der Kategorie »Apps« ein, indem Sie im Menüband EINFÜGEN den Menüpunkt WEBPART und anschließend das entsprechende Webpart auswählen.

4. Fügen Sie in der linken Spalte die Webparts »Dokumente« und »Kommunikation« aus der Kategorie »Apps« ein, indem Sie im Menüband EINFÜGEN den Menüpunkt WEBPART und anschließend das entsprechende Webpart auswählen.
5. Speichern Sie die Seite über den Menüpunkt SPEICHERN im Menüband TEXT FORMATIEREN, damit Ihre Änderungen bei der Bearbeitung der Webparts nicht verloren gehen.
6. Jetzt sollten Sie sicherstellen, dass in den Webparts nicht zu viele Elemente auf der Homepage dargestellt werden. Ansonsten könnte es zu einer unübersichtlichen Darstellung kommen. Schränken Sie lieber die Anzeige auf die jeweils neuesten oder als Nächstes anstehenden Elemente ein. Der Zugriff auf die weiteren Elemente sollte über die Schnellstartleiste erfolgen. Nehmen Sie nun folgende Änderungen an den Webparts vor, indem Sie den Menüpunkt WEBPART BEARBEITEN und anschließend in der rechten Konfigurationsleiste den Link AKTUELLE ANSICHT BEARBEITEN auswählen:
   - **Aufgaben:** Wählen Sie als anzuzeigende Spalten die Spalten »Abgeschlossen«, »Vorgangsname«, »Anfangsdatum«, »Fälligkeits-datum«, »Zugewiesen an« und »Vorgangsstatus« aus. Legen Sie eine Sortierung nach den Spalten »Anfangsdatum« und »Fälligkeitsdatum« fest. Geben Sie im Bereich EINTRAGSGRENZE den Wert »10« an.
   - **Dokumente:** Legen Sie eine Sortierung nach der Spalte »Geändert« in absteigender Reihenfolge fest, und geben Sie im Bereich EINTRAGSGRENZE den Wert »10« an.
   - **Kommunikation:** Legen Sie eine Sortierung nach der Spalte »Erstellt« in absteigender Reihenfolge fest, und geben Sie im Bereich EINTRAGSGRENZE den Wert »10« an.

   Für das Webpart »Neuigkeiten« wählen Sie einfach eine bestehende Ansicht in der Auswahlliste aus. Wenn Sie die Ansicht »Überblickansicht« auswählen, werden diejenigen Ankündigungen auf der Homepage angezeigt, deren Ablaufdatum noch nicht erreicht wurde.
7. Nachdem Sie die Änderungen vorgenommen haben, sollten Sie die Seite über den Menüpunkt SPEICHERN im Menüband TEXT FORMATIEREN speichern.

Sie haben nun entsprechend der Darstellung in Abbildung 7.21 eine Übersicht über die Projektaufgaben, die sich mit der Websitevorlage »Projektwebsite« der Server-Editionen vergleichen lässt, die wir in Abschnitt 7.4.4 vorgestellt haben. Außerdem können Sie hier direkt auf die zuletzt geänderten Dokumente und die letzte E-Mail-Kommunikation zugreifen.

Im rechten Bereich der Seite sehen Sie auch ein Beispiel für eine Neuigkeit, wobei unterhalb des Titels und des Autors auch der Inhalt der Nachricht bis zu einer bestimmten Anzahl an Zeichen dargestellt wird.

Für die Abbildung habe ich – um die neue Funktion der Homepage zu verdeutlichen – ein paar Inhalte in den jeweiligen Inhaltscontainern eingefügt. Sie sollten dies besser nicht tun, da Sie gleich diese Website als Vorlage speichern werden. Darin sollten dann besser keine Inhalte zu Testzwecken, sondern nur wirklich benötigte Inhalte enthalten sein.

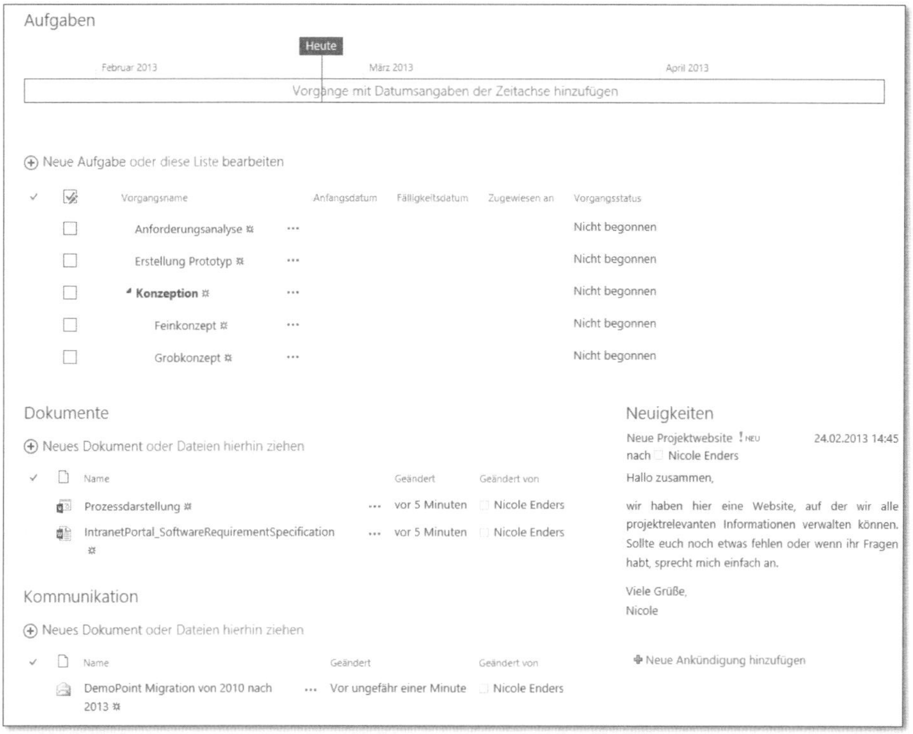

Abbildung 7.21 Homepage der Projektwebsite mit einer Übersicht über die wesentlichen Projektinformationen

Die Schnellstartleiste für den Zugriff auf alle projektrelevanten Informationen vorbereiten

Bevor Sie allerdings eine Websitevorlage erstellen, sollten Sie die Navigation der Website anpassen. Hierbei geht es um die Schnellstartleiste, da alle Listen und Bibliotheken außer der Bibliothek »Dokumente« momentan unter der Überschrift »Zuletzt verwendet« aufgeführt werden. Klicken Sie in der Schnellstartleiste auf den Menüpunkt LINKS BEARBEITEN, oder rufen Sie alternativ unter den Websiteeinstellungen den Menüpunkt SCHNELLSTART bzw. NAVIGATION auf. Nehmen Sie nun folgende Änderungen an der Navigation vor:

1. Verschieben Sie den Menüpunkt NEUIGKEITEN so, dass er als Überschrift direkt nach dem Menüpunkt START erscheint.

2. Erstellen Sie darunter eine neue Überschrift »Aufgaben und Termine«, unter der Sie die Menüpunkte AUFGABEN und TERMINE anordnen.
3. Benennen Sie den Menüpunkt AUFGABEN in »Alle Aufgaben« um, und fügen Sie einen neuen Menüpunkt unterhalb der Überschrift hinzu, der auf die Ansicht »Meine Aufgaben« der Aufgabenliste verweist.
4. Fügen Sie eine neue Überschrift »Dokumentation« hinzu, unter der Sie die Menüpunkte DOKUMENTE, KOMMUNIKATION und PROJEKTWIKI anordnen.
5. Den Menüpunkt ZULETZT VERWENDET können Sie jetzt entfernen, da er nicht mehr benötigt wird.

Nun sollte die Schnellstartleiste bei Ihnen so wie in Abbildung 7.22 ausschauen und damit den Zugriff auf alle projektrelevanten Informationen ermöglichen.

Abbildung 7.22 Angepasste Schnellstartleiste der Projektwebsite

Die Projektwebsite als Vorlage speichern

Jetzt ist die Website so weit konfiguriert, dass sie als Vorlage für neue Projektwebsites genutzt werden könnte. Rufen Sie über das Zahnradsymbol im oberen rechten Bereich der Seite den Menüpunkt WEBSITEEINSTELLUNGEN auf, und wählen Sie in der Kategorie »Websiteaktionen« den Menüpunkt WEBSITE ALS VORLAGE SPEICHERN aus. Daraufhin erscheint die in Abbildung 7.23 dargestellte Webseite, die Sie auffordert, als Erstes einen Dateinamen für die Vorlage anzugeben. Da alle Vorlagen in dem Web-Designer-Katalog »Lösungen« gespeichert werden, sollten Sie hier einen eindeutigen Namen wählen. Gibt es bereits eine Datei mit demselben Namen, so wird die Erstellung Ihrer Websitevorlage fehlschlagen. Schauen Sie also bei Bedarf erst einmal dort nach, bevor Sie eine Vorlage erstellen, weil Sie ansonsten eine Fehlermeldung erhalten und erneut einen Datei- sowie Vorlagennamen eingeben müssen.

Nach der Angabe des Dateinamens geben Sie den Namen und ggf. eine Beschreibung Ihrer Websitevorlage an, zum Beispiel »Projekt« und »Diese Website wird für die Verwaltung sämtlicher projektrelevanter Informationen genutzt«. Diese Informationen werden angezeigt, wenn Sie die Vorlage beim Erstellen einer neuen Website auswählen.

Abbildung 7.23 Speichern Sie eine Projektwebsite als Vorlage. Dabei geben Sie einen Dateinamen, einen Namen und eine Beschreibung für die Vorlage an. Aktivieren Sie die Option, die Inhalte der Listen und Bibliotheken in die Vorlage einzubeziehen.

Mit der letzten Option legen Sie fest, ob die Inhalte in der Website mit in die Vorlage integriert werden sollen. Das betrifft Elemente in Listen und Bibliotheken, Workflows und Webseiten, die Sie erstellt bzw. angepasst haben. Aktivieren Sie diese Option, und klicken Sie auf die Schaltfläche OK, um die Erstellung der Websitevorlage abzuschließen.

Die Erstellung der Websitevorlage kann je nach Auslastung Ihres SharePoint-Systems einige Sekunden bis Minuten dauern und endet mit der Meldung »Vorgang erfolgreich ausgeführt«. Dort ist auch der Link LÖSUNGSKATALOG zu finden, auf den Sie klicken, um den in Abbildung 7.24 dargestellten Lösungskatalog der Websitesammlung aufzurufen.

Abbildung 7.24 Lösungskatalog der Websitesammlung

Indem Sie auf den Link PROJEKTWEBSITE klicken, können Sie die Websitevorlage herunterladen, während Sie über den Menüpunkt LÖSUNG HOCHLADEN eine Websitevorlage zur Websitesammlung hinzufügen können. Auf diese Weise können Sie Vorlagen auch in weiteren Websitesammlungen zur Verfügung stellen.

7.4.6 Mein erstes Projekt anlegen

Jetzt sind Sie bestens vorbereitet, um Ihre Projekte mit SharePoint-Lösungen zu unterstützen. Am besten führen wir gemeinsam einmal den Prozess von der Erfassung eines neuen Projektes bis hin zur produktiven Nutzung des Projektarbeitsraums durch:

1. Rufen Sie die Website »Fachabteilung« auf, die Sie in Abschnitt 7.2 erstellt haben. Rufen Sie dort die Websiteinhalte auf. Klicken Sie auf den Link NEUE WEBSITE, um einen neuen Projektarbeitsraum als Unterwebsite zu erstellen. Geben Sie als Titel den Namen des Projektes und als Websiteadresse das Präfix »projekt-« und anschließend die Projektnummer an.

   Alle von Ihnen über die Weboberfläche erstellten Websitevorlagen befinden sich unter der Kategorie »Benutzerdefiniert«. Wählen Sie diese aus, um die Vorlage »Projektwebsite« zu finden und diese zu selektieren. Wenn das Projekt sensible Informationen enthält, können Sie individuelle Berechtigungen konfigurieren. Ansonsten können alle Anwender, die Zugriff auf die Website der Fachabteilung haben, auch diesen Projektarbeitsraum aufrufen.

2. Wenn Sie die Erstellung der Website über die Schaltfläche OK gestartet haben, werden Sie zum neuen Projektarbeitsraum weitergeleitet, sobald dieser verfügbar ist. Wie Sie Abbildung 7.25 entnehmen können, stehen Ihnen alle Listen und Bibliotheken sowie die angepassten Seiten (wie beispielsweise die Homepage) genauso zur Verfügung wie in der Website, die Sie als Vorlage gespeichert und nun für die Erstellung genutzt haben.

Abbildung 7.25 Neuer Projektarbeitsraum für das Beispielprojekt »Einführung SharePoint 2013«

3. Kopieren Sie den Link auf den Projektarbeitsraum, und rufen Sie jetzt erneut die Website »Fachabteilung« auf. Wählen Sie dort den Menüpunkt PROJEKTE • AKTUELL aus.
4. Sie befinden sich nun entsprechend der Darstellung in Abbildung 7.26 in der Projektliste, in der Sie das neue Projekt erfassen und mit dem Projektarbeitsraum verknüpfen können. Klicken Sie auf den Link NEUES ELEMENT, um die Eingabemaske aufzurufen.
5. Geben Sie als Titel den Namen des Projektarbeitsraums an, der dem Projektnamen entspricht. Die Projektnummer haben Sie ebenfalls bereits bei der Erstellung der Website verwendet; daher sollte sie Ihnen bekannt sein. Im Feld »Arbeitsraum« geben Sie den kopierten Link auf den Projektarbeitsraum und die Beschreibung »Projektarbeitsraum« an. Wenn Sie bereits den genauen Projektzeitraum kennen, können Sie zusätzlich zum mindestens zu erfassenden Startdatum bereits ein geplantes Enddatum angeben.

Abbildung 7.26 Neuer Eintrag in der Projektliste mit Verweis auf den Projektarbeitsraum

So haben Sie ein neues Projekt angelegt, das bereit zur Nutzung ist und über die zentrale Projektliste aufgerufen und verwaltet werden kann. Hierüber können die Projektteams zwischen den verschiedenen Projekten navigieren und sich einen Überblick über ihre aktuellen Projekte verschaffen.

Wer kann neue Projektarbeitsräume erstellen?

Sie müssen sich ein Berechtigungskonzept überlegen, das die Einrichtung solcher Projektarbeitsräume betrifft. Da Berechtigungen standardmäßig geerbt werden, kann der Besitzer der Websitesammlung, in der sich die Website Ihrer Fachabteilung befindet, auch neue Unterwebsites anlegen. Das bedeutet allerdings, dass sich ein Projektleiter an den Besitzer wenden muss, damit dieser einen neuen Projektarbeitsraum anlegt. Sie können die Berechtigungen so anpassen, dass eine neue

Benutzergruppe »Projektleiter« bereitgestellt wird, die über die nötigen Berechtigungen verfügt, um neue Unterwebsites anzulegen. Dabei kann es sich um einen Projektarbeitsraum handeln; die Projektleiter können allerdings auch jede andere verfügbare Websitevorlage nutzen und weitere Unterwebsites erstellen. Es ist auch denkbar, dass nur ein neuer Eintrag in der Projektliste erstellt werden muss und der Projektarbeitsraum automatisch durch das System erstellt wird. Ein solcher Automatismus kann allerdings nur Erweiterungslösung bereitgestellt werden, die noch entwickelt werden muss.

7.4.7 Nach Projekten suchen

Haben Sie übrigens in Abbildung 7.26 das Suchfeld in der Projektliste gesehen, das den Standardtext »Element suchen« enthält? Dieses Suchfeld können Sie verwenden, um innerhalb der Liste zu suchen und so gerade bei einer umfangreichen Projektliste schnell das richtige Projekt zu finden. Das von uns umgesetzte Szenario ist allerdings auf eine Fachabteilung begrenzt. Wie sieht das aus, wenn Sie innerhalb des gesamten Unternehmens nach Projektdaten suchen? Sie können zwar die Suche in SharePoint verwenden, werden dort allerdings nicht angeben können, dass Sie nur nach Projektarbeitsräumen suchen.

Das heißt, Sie sollten sich hierfür ein Konzept zur Verwaltung von Projekten in Ihrem Unternehmen überlegen. Sie können weiterhin innerhalb der jeweiligen Abteilung eine Liste mit den dort zugeordneten Projekten verwalten, wenn Sie dies für sinnvoll erachten. Allerdings sollten Sie darüber nachdenken, ob Sie vielleicht eine separate Websitesammlung für Projekte einrichten und dort auch eine solche Projektliste an zentraler Stelle pflegen. Wenn Sie dort alle Projektarbeitsräume verwalten, können Sie auch eine einfache Suche innerhalb dieser einen Websitesammlung durchführen.

Für eine Projektsuche aus jeder beliebigen Website heraus kann eine Erweiterung (wie beispielsweise ein neuer Menüpunkt unterhalb der Websiteaktionen oder auch ein weiteres Suchfeld) bereitgestellt werden.

7.4.8 Projektunterstützung in meiner persönlichen Website

Doch wie behalten Sie den Überblick über die Ihnen zugewiesenen Aufgaben in den verschiedenen Projekten? Beim Einsatz einer Server-Edition gibt es eine hierzu passende Lösung, die keiner weiteren Konfiguration bedarf. Probieren Sie bitte einmal Folgendes aus:

1. Weisen Sie sich innerhalb des Projektarbeitsraums ein paar Aufgaben zu, und rufen Sie dann Ihre persönliche Website auf, indem Sie oben rechts im Untermenü bei Ihrem Namen den Menüpunkt ÜBER MICH aufrufen.

2. Rufen Sie in der Schnellstartleiste den Menüpunkt AUFGABEN auf, und wählen Sie im Menüband AUFGABEN den Menüpunkt NACH PROJEKT GRUPPIEREN aus, um die in Abbildung 7.27 dargestellte Übersicht über Ihre Aufgaben zu erhalten.

Die Aufgaben aus einer jeden Aufgabenliste in SharePoint werden hier aggregiert dargestellt. Auch die Aufgaben, die Sie über Outlook pflegen und die daher vom Exchange Server verwaltet werden, werden automatisch in Ihre persönliche Website übernommen. Damit stellt Ihre persönliche Website die Zentrale Ihrer Aufgaben dar, wobei Sie die aggregierten Aufgaben auch wieder in Outlook integrieren können, falls Outlook für Sie das Tool der Wahl ist. Zusätzlich können Sie auch hier private Aufgaben verwalten; d. h. Aufgaben, die innerhalb Ihrer Website gespeichert werden und somit mit den Aufgaben vergleichbar sind, die Sie sonst in Outlook pflegen würden.

Wenn Sie SharePoint Foundation einsetzen, steht Ihnen diese Funktion nicht zur Verfügung. Es ist mit den Standardwerkzeugen auch nicht möglich, den beschriebenen Mechanismus umzusetzen. Das bedeutet, dass Sie dafür ggf. eine Erweiterung entwickeln lassen müssten, die als individuelles Werkzeug zu Ihrer SharePoint-Plattform hinzugefügt werden kann.

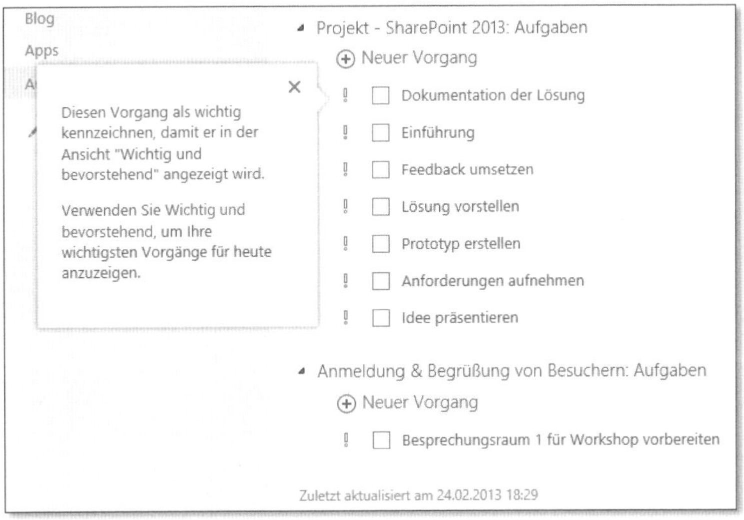

Abbildung 7.27 Übersicht über alle in Aufgabenlisten erfassten Aufgaben, gruppiert nach den Websites in der persönlichen Website

Wenn Sie in Ihrer Website eine neue Aufgabe anlegen, können Sie auswählen, wo diese Aufgabe gespeichert werden soll. Das bedeutet für Sie, dass Sie zum Beispiel noch nicht einmal den Projektarbeitsraum aufrufen müssen, um für sich dort eine neue Aufgabe anzulegen oder den Status einer Aufgabe zu ändern.

Wer war denn noch mal an diesem Projekt beteiligt? Ich brauche dringend Informationen dazu!

Gelegentlich sucht man nach einem Ansprechpartner zu einem Projekt, das vielleicht schon etwas länger abgeschlossen ist. Wie finden Sie die richtige Person? SharePoint bietet Ihnen hier Unterstützung an, indem jeder Anwender in seinem Profil die Projekte angeben kann, an denen er gearbeitet hat.

Rufen Sie Ihre Profilseite auf, indem Sie oben rechts im Untermenü bei Ihrem Namen den Menüpunkt ÜBER MICH auswählen. Klicken Sie nun auf den Link BEARBEITEN, und wechseln Sie innerhalb Ihres Profils auf die Seite DETAILS. Dort können Sie die Projekte eintragen, wobei Sie bei der Eingabe unterstützt werden. Das heißt: Falls jemand das Projekt auf seiner Profilseite bereits eingetragen hat, wird es Ihnen nach der Eingabe der ersten Zeichen zur Auswahl vorgeschlagen.

Wenn alle Mitarbeiter ihr Profil auch in dieser Hinsicht pflegen, kann über eine Personensuche schnell der richtige Ansprechpartner gefunden werden; auch wenn das Projekt bereits jahrelang abgeschlossen ist.

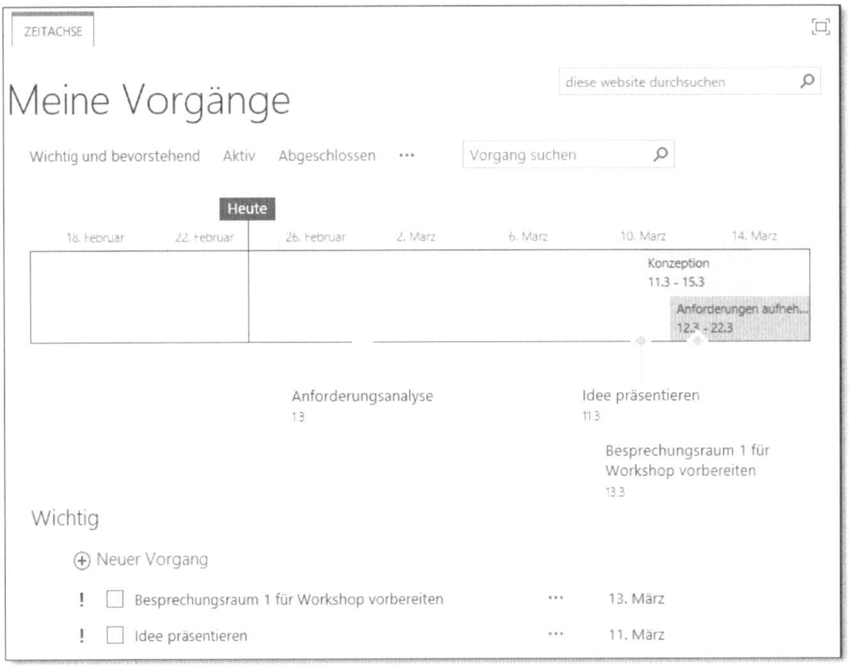

Abbildung 7.28 Ihre wichtigen und bevorstehenden Aufgaben

Die aggregierte Darstellung Ihrer Aufgaben verfügt über mehrere Ansichten. Abbildung 7.28 stellt die Ansicht für wichtige und bevorstehende Aufgaben dar. Sie können eine Aufgabe als wichtig kennzeichnen, indem Sie auf das »!«-Symbol der jeweiligen Aufgabe klicken. Diese Ansicht verfügt übrigens über eine Zeitachse, die die Aufgaben anzeigt, die Sie in der Auflistung darunter sehen können. Um die Aufgaben in der Zeitachse optisch direkt einem Projekt zuordnen zu können, werden verschiedene Farben verwendet. Sie können die Farbe für ein jedes Projekt festlegen. Wählen Sie dafür den Menüpunkt EINSTELLUNGEN im Menüband AUFGABEN aus.

Abbildung 7.29 Einstellungen für die aggregierte Darstellung Ihrer Aufgaben in Ihrer Website

In Abbildung 7.29 können Sie die möglichen Einstellungen sehen. Zuunterst werden diejenigen Websites, die Aufgabenlisten und Aufgaben für Sie enthalten, unter dem Punkt PROJEKTE aufgelistet. Sie können die Reihenfolge angeben, in der die »Projekte« von oben nach unten in der Zeitachse dargestellt werden sollen. Außerdem werden bereits standardmäßig unterschiedliche Farben für die Anzeige der Aufgaben ausgewählt. Mit einem Klick auf die jeweilige Farbe können Sie diese anpassen und die Änderungen über die Schaltfläche SPEICHERN übernehmen.

Für mich persönlich ist diese Funktion eine sehr wichtige Änderung im Vergleich zu den Vorgängerversionen. Sie finden an einer zentralen Stelle alle für die tägliche Arbeit wichtigen Informationen bzw. Aufgaben. Probieren Sie diese Funktion bitte unbedingt einmal aus, und lassen Sie sich von ihr überzeugen.

7.4.9 Projektmanagement mit Project Server 2013

Für kleinere Projekte mögen diese Funktionen ausreichen. Was können Sie aber bei großen und komplexen Projekten oder im Rahmen des Multiprojektmanagements nutzen?

Der Microsoft Project Server 2013 ist zur Unterstützung des Projektmanagements gedacht und hilft Ihnen vor allem bei der Planung und Durchführung mehrerer parallel laufender Projekte. Gemeinsam genutzte Ressourcen (wie zum Beispiel die Mitarbeiter) können so eingesetzt werden, dass keine Überlast entsteht.

SharePoint ist die technische Grundlage des Project Servers, um eine zentrale und einheitliche Benutzeroberfläche zur Datenspeicherung und Zusammenarbeit bereitzustellen. Über den sogenannten **Project Web Access (PWA)** können die Anwender über den Browser abhängig von ihrer Rolle auf Daten und Funktionen zugreifen, ohne einen Project-Client aus der Microsoft Office-Produktpalette zu benötigen. Dabei handelt es sich lediglich um eine separate Websitesammlung, die nach der Installation des Project Servers und nach der Ausführung des Konfigurations-Assistenten über die Zentraladministration angelegt wird.

Abbildung 7.30 zeigt die Homepage des Project Web Access. Während die Standardfarbe in SharePoint ein Blauton ist, wird beim Project Server Grün als Farbe für die Benutzeroberfläche (wie beispielsweise die Kacheln verwendet). Über diese Kacheln können Sie direkt auf die Projekte oder die Ihnen zugewiesenen Projekttätigkeiten bzw. Vorgänge zugreifen.

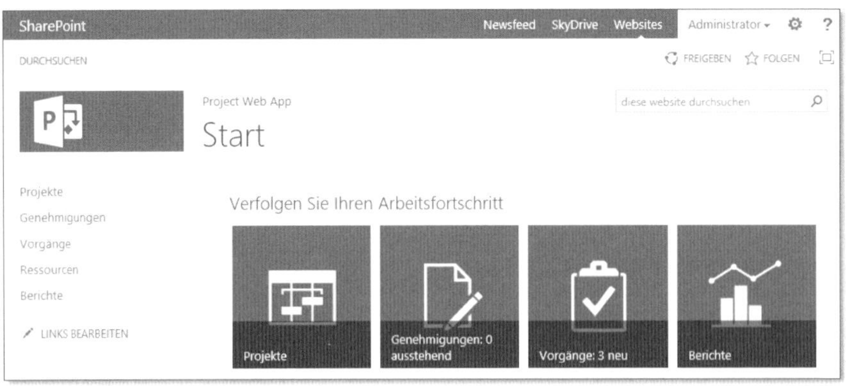

Abbildung 7.30 Project Server 2013 zur Unterstützung von großen Projekten oder des Multiprojektmanagements

Alternativ können Sie auch die Schnellstartleiste nutzen und zum Beispiel die Projekte aufrufen. Wenn Sie dort ein Projekt öffnen, wird Ihnen dieses so wie in Abbildung 7.31 dargestellt.

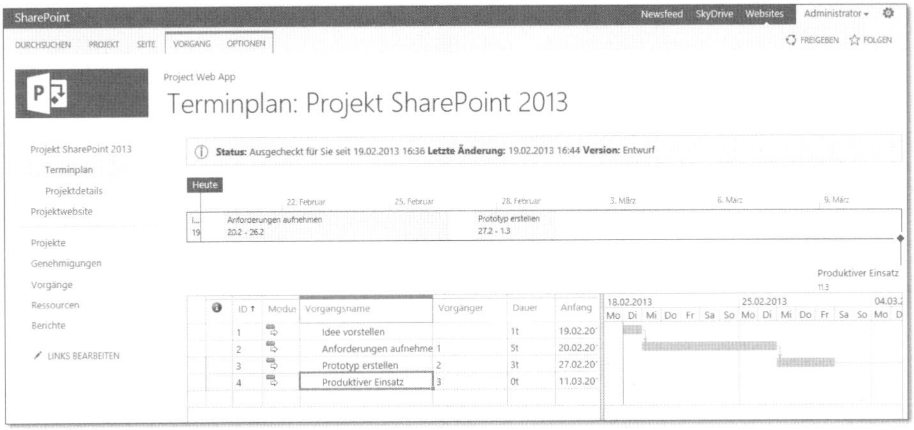

Abbildung 7.31 Planung von Projekten und deren Arbeitspakete und Vorgänge mit Project Server 2013

Die Ähnlichkeiten mit einer Aufgabenliste aus SharePoint sind deutlich erkennbar, wobei in diesem Produkt die SharePoint-Funktionalitäten mit denen einer Microsoft Project-Clientanwendung vereint werden. Unter *http://technet.microsoft.com/de-de/library/cc303399.aspx* erhalten Sie weitere Informationen zum Project Server 2013.

7.5 Weitere Möglichkeiten der Zusammenarbeit

Um alle Möglichkeiten der Zusammenarbeit vorzustellen, die SharePoint Ihnen anbietet, reicht wahrscheinlich das dickste Buch nicht aus. Deshalb kann ich Ihnen hier nur ein paar Highlights zeigen, die Sie in Ihrem Arbeitsalltag unterstützen können, wenn Sie mit Kollegen zusammenarbeiten oder Ihr Wissen miteinander teilen bzw. dieses Wissen den anderen vermitteln möchten. Besuchen Sie doch von Zeit zu Zeit meinen Blog, um weitere Möglichkeiten kennenzulernen.

7.5.1 Mehrere Personen arbeiten gleichzeitig an einem Dokument mit einer Unterstützung der Kommunikation durch den Einsatz von Lync

Wenn Sie zusammen mit einem Kollegen oder vielleicht auch mit mehreren an der Erstellung eines Dokuments beteiligt sind, stellt sich die Frage: »Wie gehen Sie hier vor?« Schreibt jeder für sich seinen abgegrenzten Teil, und zum Schluss werden alle Teile in ein gemeinsames Dokument kopiert? Oder schreiben Sie nacheinander an dem Dokument?

Im zweiten Fall können Sie das Dokument in einer Dokumentbibliothek in SharePoint speichern und durch die Ein-und-Auschecken-Funktionalität das Dokument zur Bearbeitung sperren, damit wirklich immer nur eine Person an dem Dokument schreiben kann.

Wissen Sie aber eigentlich, dass Sie auch die Möglichkeit haben, zu mehreren Personen gleichzeitig an diesem Dokument zu schreiben? Unter folgenden Voraussetzungen können mehrere Personen das Dokument gleichzeitig zur Bearbeitung öffnen:

- Sie haben Ihr Word-Dokument als **docx-Datei** und nicht als **doc-Datei** gespeichert.
- In der Dokumentbibliothek haben Sie das Auschecken zur Bearbeitung von Dateien nicht erzwungen.
- Sie haben eingestellt, dass Dokumente bevorzugt in der Client-Anwendung geöffnet werden sollen. Sie können diese Einstellung im Bereich ERWEITERTE EINSTELLUNGEN unter dem Menüpunkt BIBLIOTHEKSEINSTELLUNGEN vornehmen.

Fragen Sie doch mal einen Kollegen, ob er diese Funktion gerade mit Ihnen ausprobieren möchte. Legen Sie ein Word-Dokument im docx-Format in eine beliebige Dokumentbibliothek, und öffnen Sie beide das Dokument. In Word erscheint nach dem Öffnen eine gelbe Leiste, in der Sie die Schaltfläche DOKUMENT BEARBEITEN betätigen müssen, um vom Lese- in den Bearbeitungsmodus zu wechseln.

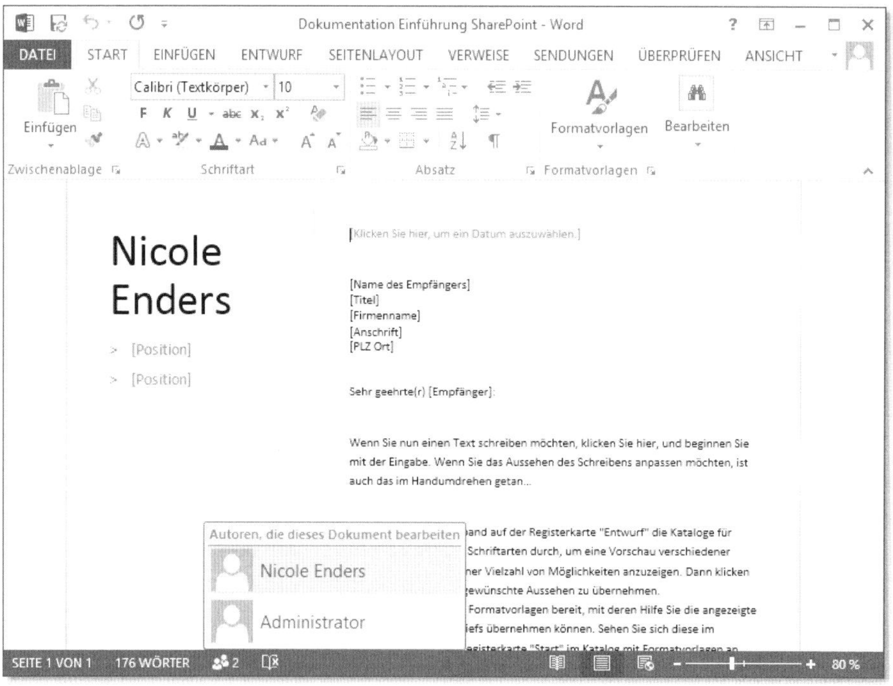

Abbildung 7.32 Gemeinsame Bearbeitung von Dokumenten mit einer Übersicht über Bearbeiter und der Möglichkeit zur Kontaktaufnahme

Sie und Ihr Kollege erhalten nach ein paar Sekunden in der unteren Leiste in Word eine Mitteilung, wie viele Personen das Dokument aktuell zur Bearbeitung geöffnet haben. Entsprechend der Darstellung in Abbildung 7.32 sollte neben dem Personensymbol der Wert »2« stehen; es sei denn, Sie testen die Funktion mit mehr als zwei Bearbeitern. Sie können auf diese Anzeige klicken, um zu erfahren, um wen es sich bei den Bearbeitern handelt.

Falls Sie *Lync* zur Kommunikationsunterstützung einsetzen, können Sie direkt aus dem Dokument heraus den entsprechenden Kollegen kontaktieren, um Details bei der Dokumentbearbeitung zu besprechen. Dabei kann es sich um eine Kurznachricht, eine E-Mail oder auch einen Telefonanruf handeln.

Doch wie bekommen Sie die Änderungen mit, die von den anderen Bearbeitern an dem Dokument vorgenommen werden? Kann es nicht dazu kommen, dass Sie gleichzeitig an derselben Stelle im Dokument arbeiten und dadurch Chaos erzeugen?

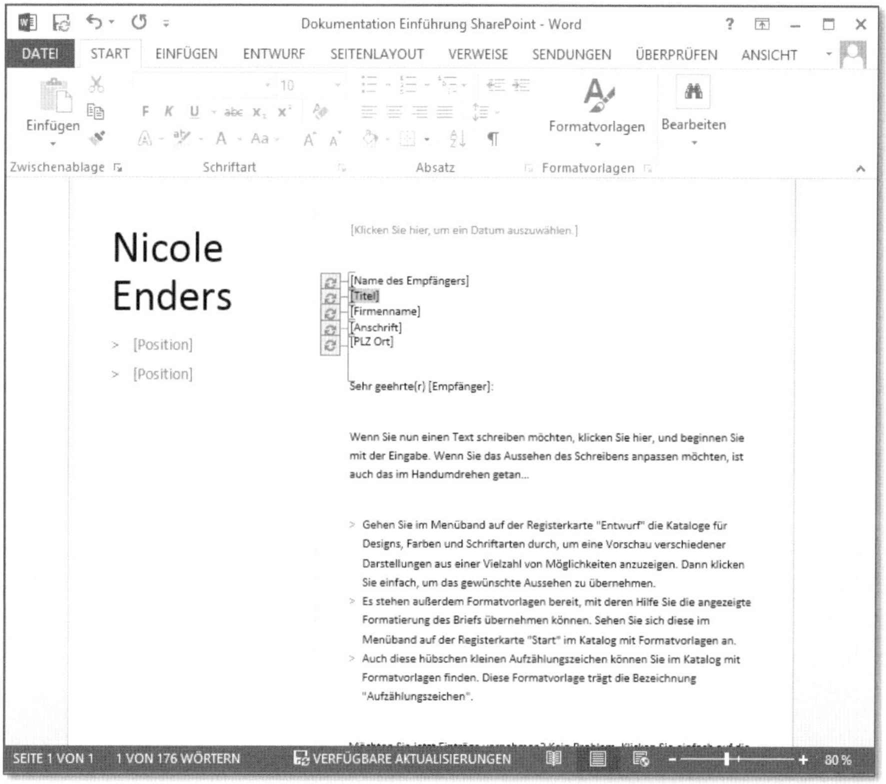

Abbildung 7.33 Änderungen der anderen Bearbeiter werden automatisch während der Bearbeitung des Dokuments angekündigt.

Machen Sie sich keine Sorgen! Sobald Sie einen Absatz im Dokument bearbeiten, ist dieser für die anderen Bearbeiter gesperrt. Diese sehen, dass Sie sich gerade in dem entsprechenden Abschnitt aufhalten, und werden daher andere Bereiche des Dokuments bearbeiten. In der Praxis ist es schließlich auch eher der Fall, dass Sie in unterschiedlichen Kapiteln oder Abschnitten arbeiten und nicht gleichzeitig an ein und demselben Satz schreiben möchten.

Wenn ein Bearbeiter seine aktuelle Version speichert, werden Sie, wie in Abbildung 7.33 dargestellt, in der unteren Leiste darüber informiert, dass verfügbare Aktualisierungen für Sie vorliegen. Wenn Sie sich momentan auf einer Seite aufhalten, in der sich die Änderungen des anderen Bearbeiters befinden, werden diese (wie beispielsweise der Adressblock in Abbildung 7.33) mit einem Aktualisierungssymbol versehen. Sie können Ihr Dokument aktualisieren, indem Sie das Diskettensymbol mit dem integrierten Aktualisierungssymbol oben links in Word nutzen. Dadurch werden allerdings Ihre Änderungen ebenfalls gespeichert und stehen direkt den anderen Bearbeitern zur Verfügung.

Wenn Sie Ihr Dokument aktualisiert haben, stellt sich Ihnen vielleicht die Frage: »Was hat mein Kollege denn an dem Dokument geändert?« Das können Sie ganz einfach prüfen, weil die entsprechenden Bereiche in grüner Schrift dargestellt werden.

Mit dieser Funktion wird die Zusammenarbeit im Hinblick auf Dokumente sehr gut unterstützt. Sie haben immer die aktuelle Version eines Dokuments vorliegen und können durch die parallele Bearbeitung schneller Ergebnisse erzielen, weil Sie nicht mehr so lange auf die Arbeit warten müssen, die Ihre Kollegen beisteuern. Ich wünsche Ihnen viel Spaß bei der Nutzung dieser Funktion, auf die ich im Alltag nicht mehr verzichten möchte!

7.5.2 Nutzung eines Website-Notizbuchs für den Gedankenaustausch

Innerhalb einer jeden Website können Sie ein Notizbuch zum Austausch und zur Bearbeitung gemeinsamer Notizen nutzen. Rufen Sie dazu die Websiteeinstellungen der entsprechenden Website auf, und wählen Sie den Menüpunkt WEBSITEFEATURES aus. Ziemlich weit unten auf der Seite, die daraufhin erscheint, finden Sie das Feature »**Website-Notizbuch**«. Aktivieren Sie dieses Feature. Sogleich wird ein neuer Menüpunkt mit der Bezeichnung »Notizbuch« in der Schnellstartleiste hinzugefügt. Dieser Menüpunkt verweist auf eine OneNote-Datei, die in der Bibliothek »Websiteobjekte« in Ihrer Website erstellt wurde.

Wenn Sie Ihr Notizbuch aufrufen, wird allerdings nicht OneNote auf Ihrem PC zum Öffnen der Datei verwendet, sondern Sie bleiben im Browser und können dort Ihre Notizen pflegen. Wie Sie in Abbildung 7.34 erkennen können, wird die sogenannte **Microsoft OneNote Web App** für den Zugriff auf die Notizen verwendet, wodurch Sie die wesentlichen Funktionen aus OneNote bereits im Browser nutzen können. Sollten Ihnen allerdings Funktionen bei der Bearbeitung fehlen, können Sie über den

Menüpunkt IN ONENOTE ÖFFNEN zu jedem beliebigen Zeitpunkt in die Client-Anwendung auf Ihrem PC wechseln.

Abbildung 7.34 Sie können ein Website-Notizbuch zum Austausch gemeinsamer Notizen nutzen.

Sie können auf diese Weise Informationen miteinander teilen, die noch nicht so strukturiert vorliegen, dass Sie sie in einer Liste, einem Wiki oder einem anderen Inhaltscontainer veröffentlichen können bzw. möchten. Dieses Notizbuch soll eine Alternative zu den etablierten Notizbüchern und Kladden sein, in denen Sie handschriftliche Notizen festhalten, die damit nur Ihnen persönlich zur Verfügung stehen und brachliegende Informationen darstellen. Lösen Sie sich von dieser Vorgehensweise, und probieren Sie einfach aus, welche Auswirkungen die Nutzung eines solchen Notizbuchs für Sie und Ihre Arbeit hat.

Ich kann das Feature »Website-Notizbuch« nicht aktivieren!

Wenn Sie sich die Beschreibung des Features anschauen, werden Sie dort darüber informiert, dass für die Aktivierung ein sogenannter **WOPI-Anwendungsserver** benötigt wird. Dieser wird für die *Office Web Apps* verwendet, wodurch eine Bearbeitung von Office-Dokumenten innerhalb des Browsers ermöglicht wird. Da es sich bei dem Website-Notizbuch um eine im Browser bearbeitbare OneNote-Datei handelt, können Sie dieses Feature so lange nicht nutzen, wie Sie nicht den geforderten Server bereitgestellt haben.

In SharePoint 2010 waren die Office Web Apps noch eine Dienstanwendung, die über die Zentraladministration in SharePoint konfiguriert und bereitgestellt wurde. In SharePoint 2013 allerdings müssen Sie einen separaten Server hierfür installieren. Damit wird dieser Server die Zentrale für den Zugriff auf Office-Dokumente, ausgehend von SharePoint, Exchange, Lync und Drittanbieter-Produkten. Falls Sie also das Feature »Website-Notizbuch« nicht aktivieren können, sollten Sie Ihren Administrator bitten, Ihnen einen solchen WOPI-Anwendungsserver zur Verfügung zu stellen.

7.5.3 Versteckte Funktionen für die Aus- und Weiterbildung

Mit der Ankündigung von SharePoint 2013 kam das Gerücht auf, dass in dem erweiterten Funktionsumfang auch eine Lernplattform für die Aus- und Weiterbildung in Unternehmen enthalten sein soll. Doch nach der Veröffentlichung dieser Informationen wurde eine solche Funktion nicht mehr erwähnt. Nichtsdestotrotz stehen Ihnen Funktionen für die Aus- und Weiterbildung in der neuen Version zur Verfügung. Da Sie wahrscheinlich bei einer Internetrecherche nicht so leicht die richtigen Informationen hierzu finden, möchte ich Ihnen die Funktionen gern etwas ausführlicher vorstellen.

Installation

Die Funktionen stehen Ihnen nicht direkt nach der Installation von SharePoint zur Verfügung, sondern müssen separat installiert werden. Das liegt wahrscheinlich daran, dass sie bisher kein offizielles Feature von SharePoint 2013 sind. Es gibt momentan, (also im Frühjahr 2013) nur Vermutungen, dass die Funktionen vielleicht noch nicht ausgereift sind und erst mit einem Service Pack vollständig zur Verfügung gestellt werden sollen. Seien Sie also vorsichtig beim produktiven Einsatz dieser Funktionen, und denken Sie daran, dass es hierbei noch zu Änderungen kommen kann.

Für die Installation, die durch einen Farmadministrator über die **SharePoint 2013-Verwaltungsshell** erfolgt, müssen Sie bzw. Ihr Administrator zunächst ein paar Voraussetzungen erfüllen:

1. **Berechtigungen:** Sie müssen Administrator im SQL Server sein, damit Sie die erforderliche Konfiguration durchführen können.
2. **Webanwendung:** Sie benötigen für die Funktion »Ausbildung« eine neue Webanwendung, die Sie als Farmadministrator über die Zentraladministration erstellen. Innerhalb dieser neuen Webanwendung erstellen Sie auch gleich eine neue Websitesammlung, in der Sie primärer Websitesammlungsadministrator sind.

   Zusätzlich müssen Sie die Erstellung neuer Websitesammlungen durch die Benutzer erlauben. Rufen Sie dafür in der Zentraladministration den Menüpunkt ANWENDUNGSVERWALTUNG in der Schnellstartleiste auf und dann den Menüpunkt WEBANWENDUNGEN VERWALTEN. In der Auflistung der Webanwendungen selektieren Sie jetzt die eben von Ihnen erstellte Webanwendung, wählen den Menüpunkt SELF-SERVICE SITE CREATION im Menüband aus und erlauben dort die Erstellung neuer Websitesammlungen.
3. **Websitesammlungen:** Sie benötigen innerhalb Ihrer Webanwendung eine Websitesammlung, bei der es sich um ein Suchcenter handelt. Sie können dabei zwischen den Websitevorlagen »Basissuchcenter« und »Unternehmenssuchcenter« wählen. Außerdem benötigen Sie eine Websitesammlung auf Basis der Websitevorlage »Mein Websitehost«.

4. **Benutzerprofildienst-Anwendung:** Rufen Sie in der Schnellstartleiste der Zentraladministration den Menüpunkt ANWENDUNGSVERWALTUNG auf und dann den Menüpunkt DIENSTANWENDUNGEN VERWALTEN. Selektieren Sie zunächst die Zeile für die Benutzerprofildienst-Anwendung, und wählen Sie im Menüband den Menüpunkt BERECHTIGUNGEN aus. Fügen Sie im daraufhin erscheinenden Dialog Ihr Benutzerkonto hinzu, und vergeben Sie für dieses Vollzugriff.

   Danach können Sie auf den Link BENUTZERPROFILDIENST-ANWENDUNG klicken und auf der Konfigurationsseite der Dienstanwendung den Menüpunkt ›MEINE WEBSITES‹ EINRICHTEN auswählen. Geben Sie für die Eigenschaft »Mein Websitehost« den Link auf die eben erstellte Websitesammlung »Mein Websitehost« an, und ändern Sie die Eigenschaft »Speicherort für persönliche Websites« ebenfalls ab, sodass diese auf die neue Websitesammlung verweist.

Jetzt müssen Sie darauf warten, dass durch einen automatisch ausgeführten Dienst (Zeitgeberauftrag) Aktionen im Hintergrund für Sie durchgeführt werden. Wenn Sie den Status einsehen möchten, können Sie in der Schnellstartleiste den Menüpunkt ÜBERWACHUNG und anschließend den Link AUFTRAGSSTATUS ÜBERPRÜFEN auswählen. Suchen Sie dort nach dem Zeitgeberauftrag »Verarbeitung des Ressourcenverwendungsprotokolls der Lösung«. Sobald dieser im unteren Bereich im Verlauf der Überwachung auftaucht und den Status »Erfolgreich« vorweist, können Sie weitermachen.

5. Wenn Sie diese Vorbereitungen getroffen haben, können Sie die SharePoint 2013-Verwaltungsshell öffnen und den in Listing 7.1 dargestellten Befehl ausführen. Allerdings müssen Sie die Links auf Ihre erstellte Webanwendung und die entsprechenden Websitesammlungen für »Mein Websitehost« und das Suchcenter abändern. Wenn Sie die Parameter nicht angeben, werden Sie zur Eingabe der fehlenden Informationen aufgefordert.

```
Install-SPEduSites -WebApplication http://ausbildung -MySiteHost http://
urlmeinwebsitehost -SearchCenter http://urlsuchcenter
```

Listing 7.1 Befehl zur Installation der versteckten Funktion »Ausbildung«

Dieser Vorgang kann je nach Auslastung Ihres Servers längere Zeit in Anspruch nehmen. Es werden verschiedene Websitesammlungen erstellt und konfiguriert, was Sie aus der in Listing 7.2 aufgeführten Zusammenfassung entnehmen können. Prüfen Sie, ob die Ergebnisse Ihrer Installation mit den hier im Listing aufgeführten Ergebnissen übereinstimmen.

Wenn dies der Fall ist, wurde die Installation erfolgreich durchgeführt. Die versteckten Funktionen für die Aus- und Weiterbildung stehen Ihnen jetzt zur Verfügung.

```
Activating Feature: EduAdminPages to central Admin Site
Activating Feature: EduAdminLinks to central Admin Web
Creating: /sites/global Site Collection
Attempting to create site: http://sp2013:80/sites/global
Activating Feature: EduShared to Institution Site
Activating Feature: EduInstitutionSiteCollection to Institution Site
Creating: /sites/admin Site Collection
Attempting to create site: http://sp2013:80/sites/admin
Activating Feature: EduInstitutionAdmin to Admin Site
Creating: /sites/studygroup Site Collection
Attempting to create site: http://sp2013:80/sites/studygroup
Activating Feature: Ratings to Study Group Site
Activating Feature: EduShared to Study Group Site
Activating Feature: EduCommunitySiteId to Study Group Site
Activating Feature: EduEduSearchDisplayTemplates to Study Group Site
Activating Feature: SearchWebPartFeature to Study Group Site
Activating Feature: SearchTemplatesandResources to Study Group Site
Finished Activating Fetures for Study Group Site
Creating: /sites/academiclibrary Site Collection
Attempting to create site: http://sp2013:80/sites/academiclibrary
Activating Feature: DocMarketPlaceSampleData to Academic Library Site
Add-ing Academic Library Site to promoted sites view
Ensure current user has user profile
Successfully added Academic Library Site to promoted sites view
Added "All-Authenticated-Users" security group to
"Site Visitors" group in Academic Library
Activating Feature: EduShared to My Site Host
Activating Feature: EduDashBoard to My Site Host
Activating Feature: EduMySiteHost to My Site Host
Activating Feature: EduSearchDisplayTemplates to My Site Host
Activating Feature: EduEduSearchDisplayTemplates to Search Center Site
```

Listing 7.2 Zusammenfassung der vorgenommenen Anpassungen während der Installation der Funktion »Ausbildung«

Konfiguration über die Zentraladministration

Nachdem die Installation erfolgreich abgeschlossen wurde, können Sie in der Zentraladministration den Menüpunkt ALLGEMEINE ANWENDUNGS-EINSTELLUNGEN aufrufen. Sie finden dort die neue Rubrik AUSBILDUNG vor (siehe Abbildung 7.35).

Wenn Sie dort den Menüpunkt KURSE UND GRUPPEN VERWALTEN auswählen, werden Sie auf die Seite aus Abbildung 7.36 weitergeleitet. Schauen Sie sich das Menüband AUSBILDUNG bitte genauer an! Sie können hier neue Kurse oder Studiengruppen anlegen, den Status eines Kurses ändern oder einen Export von Noten durchführen.

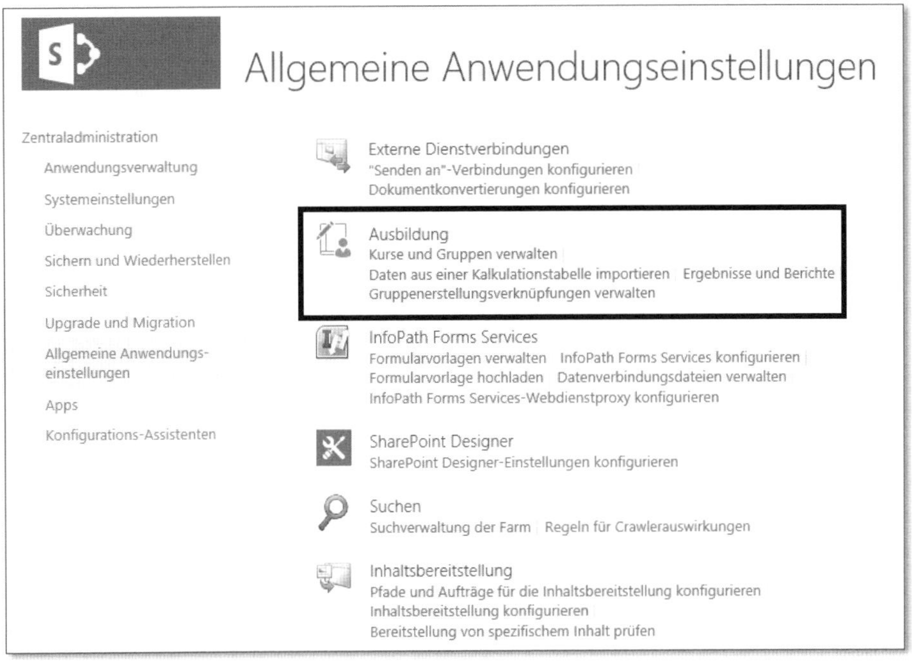

Abbildung 7.35 Neue Rubrik »Ausbildung« bei den allgemeinen Anwendungseinstellungen in der Zentraladministration

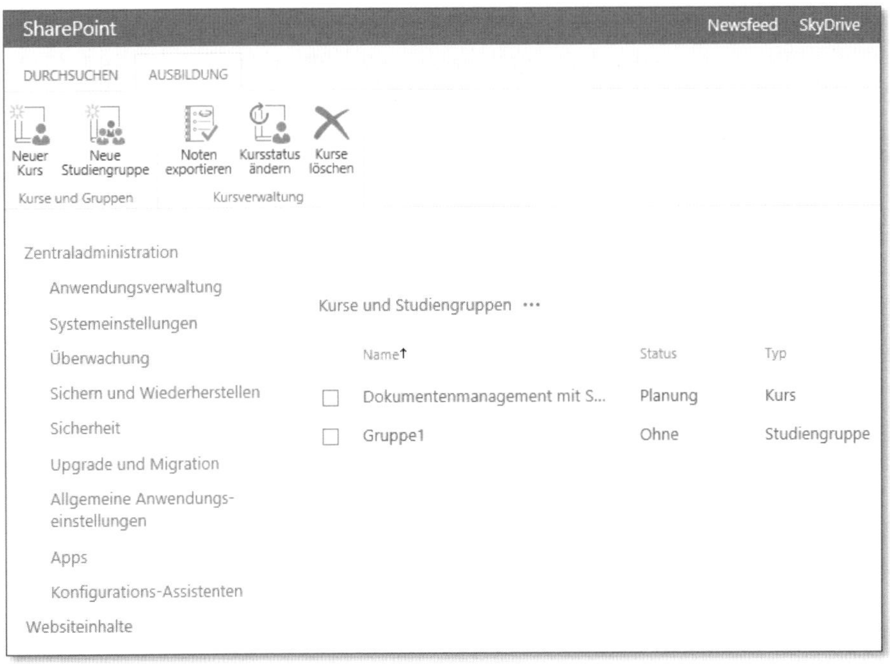

Abbildung 7.36 Kurse und Gruppen über die Zentraladministration verwalten

Diese Funktionen erwecken den Eindruck, als ob Sie hiermit eine Art Hochschulsystem aufbauen könnten. Gerade bei der Aus- und Weiterbildung in Unternehmen kann eine solche Lernplattform sehr sinnvoll eingesetzt werden. So werden Mitarbeiter mit einer bestimmten Expertise zu »Dozenten« und vermitteln das für ihr Fachgebiet relevante Wissen in Form von Kursen. Mitarbeiter, die sich in einem Themengebiet weiterbilden möchten, können sich in Form von Studiengruppen organisieren und so gemeinsam neues Wissen erwerben. Am besten erstellen Sie über den Menüpunkt NEUER KURS eine neue Lernplattform zum Thema »Dokumentenmanagement mit SharePoint 2013«. Wenn Sie die entsprechenden Informationen erfasst haben, wird der Kurs in der Auflistung aus Abbildung 7.36 aufgeführt. Zu jedem Kurs wird automatisch eine Websitesammlung erstellt, die über den Link mit der Bezeichnung des Kursnamens in der Liste aufgerufen werden kann.

Websites für Kurse und Studiengruppen

Wenn Sie die Websitesammlung für einen Kurs aufrufen, sollten Sie entsprechend der Darstellung in Abbildung 7.37 auf der Homepage eine Information über den Kursstatus erhalten. Nach der Erstellung eines neuen Kurses hat dieser automatisch den Status »Planung«. Somit ist er für die Anwender nicht sichtbar, damit Sie den Kurs und die zu vermittelnden Inhalte in Ruhe vorbereiten können.

Außerdem werden Ihnen als Dozent die nächsten ausstehenden Benotungen bzw. als Kursmitglied die noch offenen Aufgaben dargestellt. Über eine Ankündigungsliste direkt darunter können Sie die Kursmitglieder über Neuerungen oder den Kurs an sich informieren, während im rechten Bereich der Homepage anstehende Termine dargestellt werden.

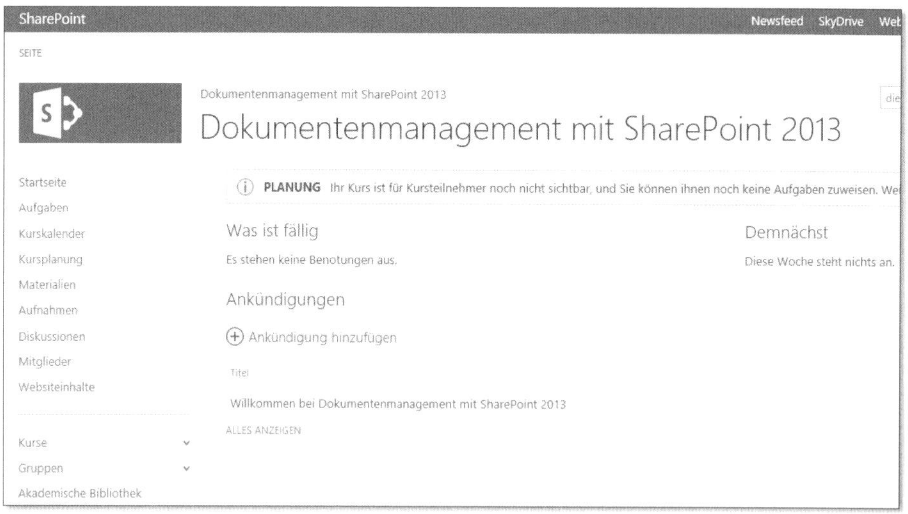

Abbildung 7.37 Homepage einer Kurswebsite

Kursplanung

Im Moment sind die Bereiche noch leer, doch das werden Sie nun ändern, indem Sie in der Schnellstartleiste den Menüpunkt KURSPLANUNG auswählen. Hier können Sie entsprechend der Darstellung in Abbildung 7.38 die Lektionen für den Kurs definieren.

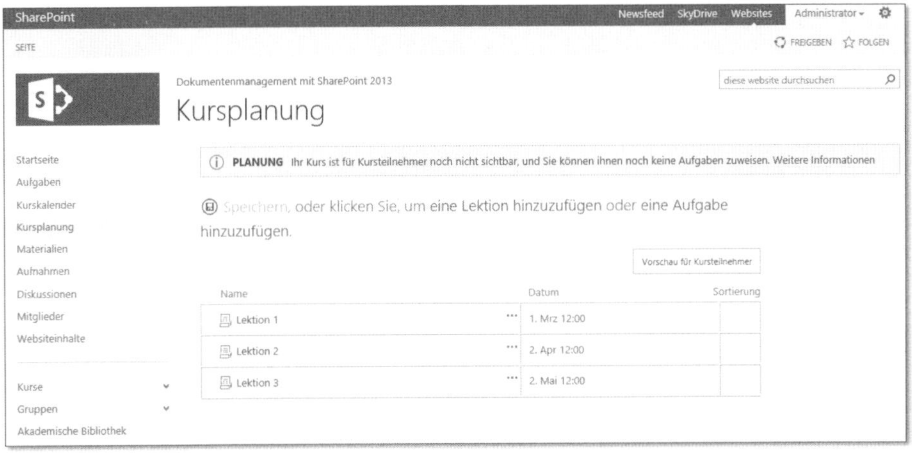

Abbildung 7.38 Kursplanung vornehmen und Lektionen definieren

Zunächst geben Sie nur einen Namen und ein Datum für die Lektion an. Sobald diese aber gespeichert ist, können Sie mit einem Klick auf die Lektion diese in der Detailansicht aufrufen, die Sie in Abbildung 7.39 sehen können.

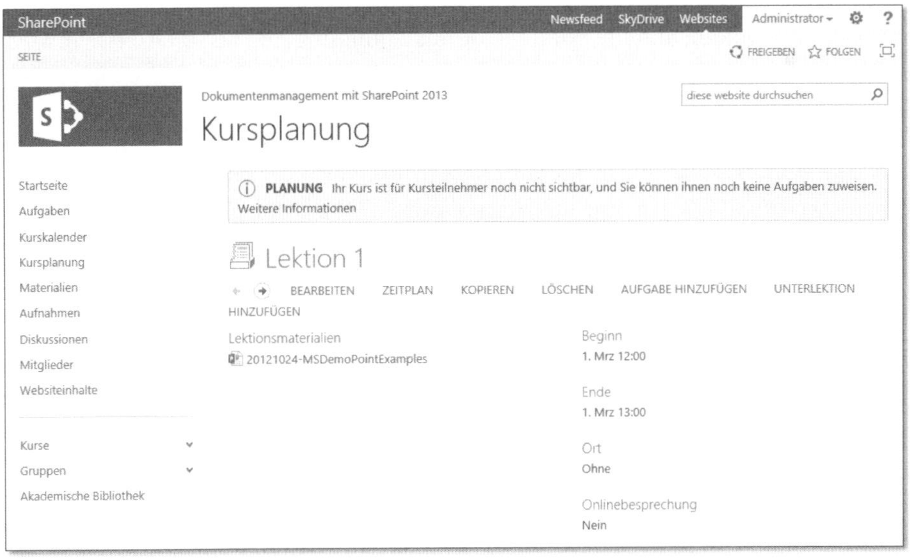

Abbildung 7.39 Details zu einer Lektion einsehen bzw. pflegen

Sie können für die Lektion den Zeitraum festlegen, einen Ort angeben und definieren, ob es eine Präsenzveranstaltung, ein Online-Meeting oder ein aufgezeichnetes und damit später abrufbares Online-Meeting werden soll.

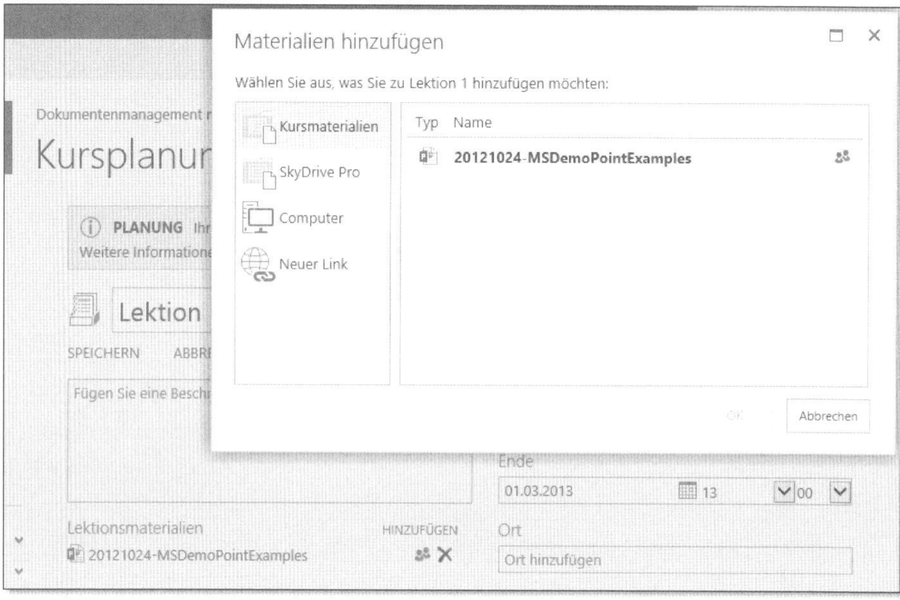

Abbildung 7.40 Hinzufügen von Lektions- und Kursmaterialien

Bei vielen Lektionen werden Sie Kursmaterialien anbieten wollen. Wenn Sie die Lektion bearbeiten, können Sie die Schaltfläche HINZUFÜGEN im Bereich LEKTIONSMATERIALIEN nutzen und über den Dialog aus Abbildung 7.40 beispielsweise bereits vorhandene Kursmaterialien auswählen oder neue von Ihrem PC hochladen.

Kurskalender

Wenn Sie die Lektionen fertig definiert haben, lohnt sich ein Blick in den Kurskalender aus Abbildung 7.41. Um ihn anzuzeigen, klicken Sie auf den gleichnamigen Menüpunkt in der Schnellstartleiste. Die Lektionen werden dort automatisch aufgeführt. Vielleicht möchten Sie ein regelmäßiges Treffen vereinbaren, damit sich die Kursmitglieder untereinander austauschen und Ihnen Fragen bei der Bearbeitung der jeweiligen Lektion stellen können.

Fügen Sie zum Beispiel eine neue Veranstaltung »Brainpool« hinzu, die jede Woche zum selben Zeitpunkt stattfindet, indem Sie den Menüpunkt VERANSTALTUNG HINZUFÜGEN auswählen und die Informationen zu dem Termin angeben. Aktivieren Sie die untere Option, um anstatt eines einzelnen Termins eine Terminserie zu erstellen, und geben Sie an, in welchem Turnus der Brainpool stattfinden soll.

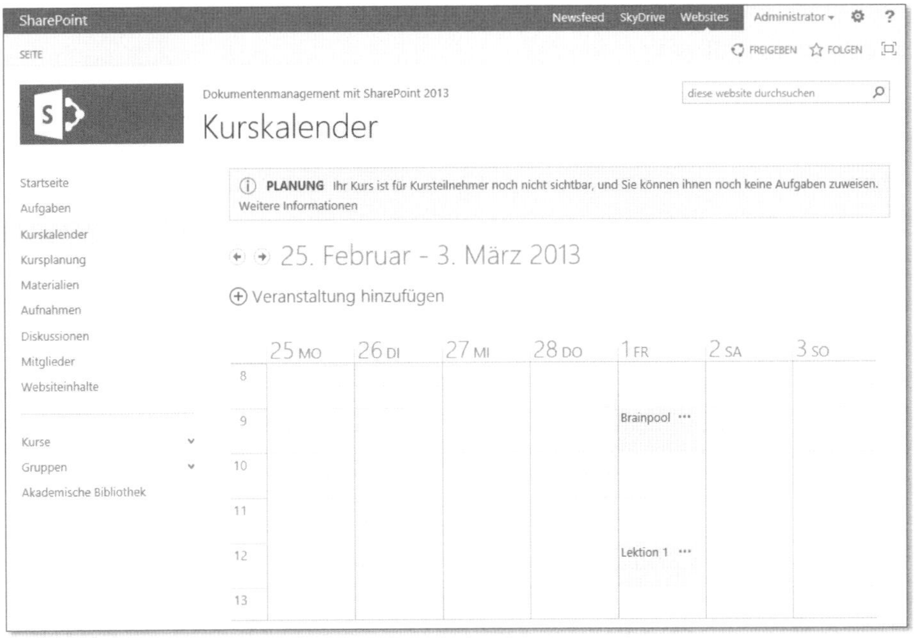

Abbildung 7.41 Kurskalender zur Planung von Präsenzveranstaltungen, Online-Meetings und Prüfungen

Kursmitglieder und Dozenten

Die wichtigste Konfiguration, die Sie neben der Planung von Lektionen und Kursterminen vornehmen sollten, ist die Angabe der Kursmitglieder und der Dozenten. In Abbildung 7.42 sehen Sie die Auflistung der bereits erfassten Personen und können weitere über die entsprechenden Menüpunkte hinzufügen.

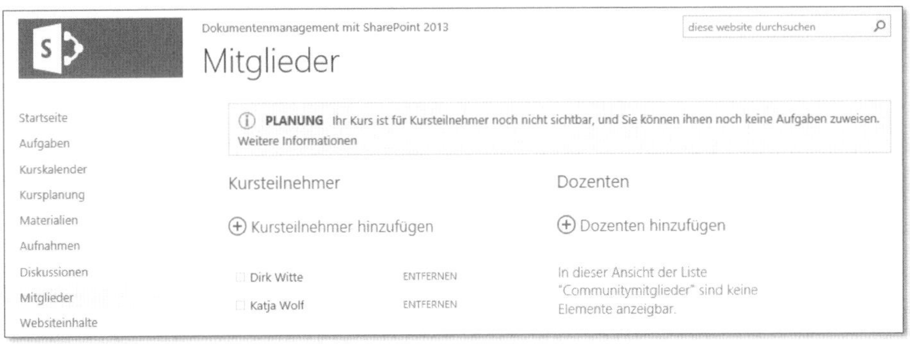

Abbildung 7.42 Verwaltung von Kursmitgliedern und Dozenten

Sollten Sie eine Fehlermeldung erhalten, wenn Sie eine Person hinzufügen möchten, so kann es helfen, wenn Sie unter den Websiteeinstellungen den Menüpunkt BENUT-

ZER UND GRUPPEN auswählen und dort die entsprechende Person in die Gruppe »Mitglieder...« einfügen.

Aufgaben verwalten und den Kursmitgliedern zuweisen

Jetzt haben Sie Lektionen erstellt, einen Zeitplan für den Kurs definiert und für die ausgewählten Kursmitglieder entsprechende Materialien hinterlegt. Das heißt, es kann losgehen – oder doch nicht? Es fehlen noch konkrete Aufgabenstellungen. Wenn Sie sich vorstellen, dass Sie einen Kurs besuchen: Was würden Sie erwarten?

Sie erhalten eine Lektion zum Thema »Grundlegende Funktionalitäten zur Verwaltung von Dokumenten in SharePoint« in Form einer PowerPoint-Präsentation und vielleicht weiterführende Dokumente und Links. Doch was machen Sie damit? Sie können natürlich die Informationen durchlesen und sich Gedanken über sie machen. Eine genaue Aufgabenstellung hilft Ihnen aber dabei, die Informationen aus einem bestimmten Blickwinkel heraus zu erfassen und zielgerichtet die für Sie wichtigen Lernfortschritte zu machen. Weil es nicht nur Ihnen so gehen wird, sondern jedem Menschen, der etwas Neues erlernen möchte, sollten Sie als Dozent zu den verschiedenen Lektionen auch Aufgaben definieren. Rufen Sie dafür den Menüpunkt AUFGABEN in der Schnellstartleiste auf, und erfassen Sie neue Aufgaben bzw. Prüfungen.

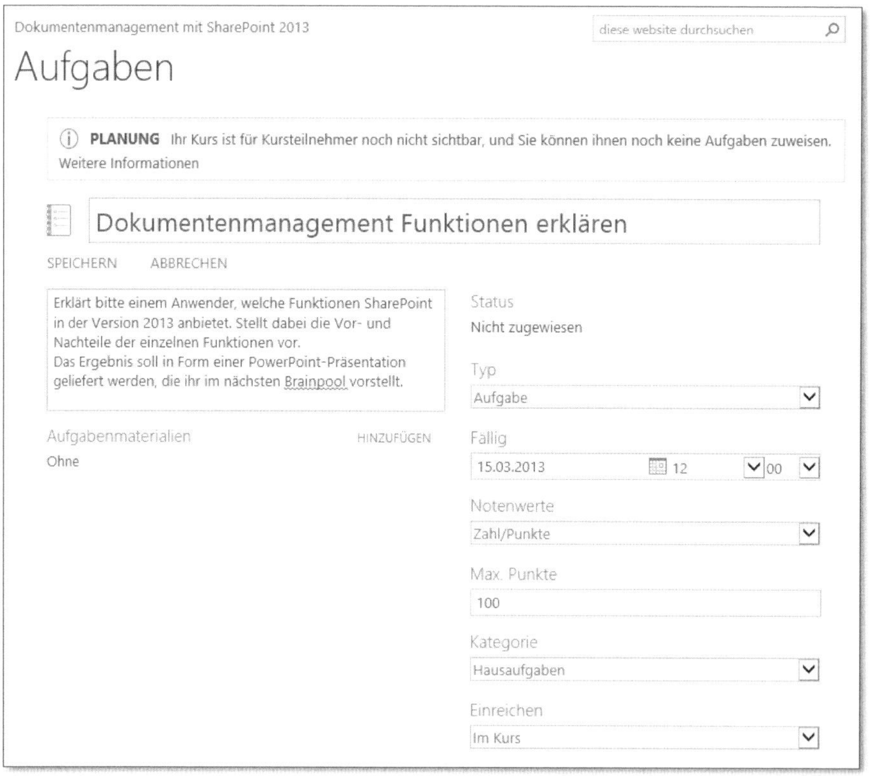

Abbildung 7.43 Neue Aufgabe für die Kursteilnehmer erstellen

Entsprechend der Darstellung in Abbildung 7.43 können Sie u. a. angeben, wie die Benotung der Arbeitsergebnisse erfolgen soll und in welcher Form die Ergebnisse eingereicht werden sollen.

Abbildung 7.44 Benotung von Arbeitsergebnissen

Sobald die Kursmitglieder Ihre Aufgaben abgeschlossen und ihre Arbeitsergebnisse eingereicht haben, können Sie diese benoten (siehe Abbildung 7.44) und Ihr Feedback in Form eines Freitextfeldes über den Menüpunkt HINZUFÜGEN in der Zeile des jeweiligen Kursmitglieds erfassen. Nachdem Sie nun ein wenig mit der Kurswebsite gearbeitet haben, sollte die Homepage so wie Abbildung 7.45 aussehen. Über die Websiteaktion KURSSTATUS ÄNDERN können Sie einen Kurs nach Abschluss der vorbereitenden Maßnahmen für die Mitglieder freigeben oder nach Abschluss archivieren (siehe Abbildung 7.46).

Abbildung 7.45 Homepage eines laufenden Kurses

Abbildung 7.46 Kurs freigeben oder archivieren

Eine allgemeingültige Bewertung der vorgestellten Funktionen zur Aus- und Weiterbildung fällt mir recht schwer. Es sind durchaus interessante Ansätze vorhanden. Allerdings liegt der Fokus der Funktionen aus meiner Sicht zu sehr auf dem schulischen Aspekt mit der Benotung von eingereichten Arbeiten und der Planung sowie Durchführung von Prüfungen.

Für die Aus- und Weiterbildung in Unternehmen sollte es darum gehen, Lernziele zu definieren, Kollegen mit ähnlichen Lernzielen zu finden und mithilfe einer gemeinsamen Lernplattform an der Zielerreichung zu arbeiten. Dabei können dann bekannte Werkzeuge (wie beispielsweise ein Wiki, eine Aufgabenliste oder eine Diskussionsrunde) verwendet werden, um Sie zu unterstützen. Vielleicht kann hierfür bereits die Websitevorlage »Communitywebsite« verwendet werden, die viele der gewünschten Funktionalitäten bereitstellt. Damit haben Sie für die individuellen Lernziele eines jeden Mitarbeiters genügend Flexibilität und können so eine Community-Landschaft aufbauen. In Abschnitt 9.1.3 erfahren Sie, wie Sie auf Communitys in Ihrem Unternehmen aufmerksam werden können bzw. wie Sie eine Community finden und wie Sie dieser beitreten.

Wenn ich die Funktionen einer Communitywebsite mit denen einer Kurswebsite vergleiche, bietet die Community mehr Unterstützung im Bereich des Wissensmanagements und der Weiterbildung innerhalb eines Unternehmens, während eine Kurswebsite eher für die klassische Ausbildung mit festgelegten Lerneinheiten einsetzbar ist. Ich könnte mir vorstellen, dass Sie diese Website zur Unterstützung der Wissensvermittlung bei den Auszubildenden in Ihrem Unternehmen nutzen können. Dort sind in der Regel vordefinierte Lernpläne einzuhalten, die oftmals auch an bestimmte Zeiträume und Prüfungen gebunden sind. Dafür wäre eine Kurswebsite denkbar, in der sämtliche Auszubildende desselben Berufsfelds als Kursmitglieder registriert werden und für die Zeit Ihrer Ausbildung gemeinsam lernen und sich zu den Lektionen austauschen können.

Wie sieht es in Ihrem Unternehmen aus? Wie gestalten Sie die Fortbildung Ihrer Mitarbeiter? Wenn Ihnen der Freiraum gegeben wird, sich selbstständig weiterzubilden, kann eine Lernplattform Sie dabei unterstützen. Sie können dort Ihre Lernziele verwalten, Aufgaben definieren und sich einen Zeitpunkt setzen, an dem Sie wichtige Meilensteine in der Erfüllung eines Lernziels erreichen möchten. Denken Sie in Ruhe darüber nach; ich bin sicher, dass Ihnen gute Ideen einfallen, wie SharePoint Sie dabei unterstützen kann.

Kapitel 8
Management und Controlling

Das Management im Unternehmen ist sowohl für die Planung und Organisation der unternehmerischen Tätigkeiten als auch für die Führung der Mitarbeiter und die Erfolgskontrolle verantwortlich. Diese Personen müssen sicherstellen, dass die Geschäftsziele erreicht werden, sollten aber nicht vergessen, stets aktiv den Austausch mit der gesamten Belegschaft suchen.

Die Mitarbeiter, die Aufgaben im Management oder Controlling des Unternehmens wahrnehmen, sind u. a. für die Planung der unternehmerischen Tätigkeiten und Geschäftsziele verantwortlich. Eine weitere Aufgabe stellen die Führung der Mitarbeiter und die Steuerung sowie die Erfolgskontrolle dar, um die geplanten Geschäftsziele zu erreichen. Als wichtiger Bestandteil des Unternehmens sollten diese Mitarbeiter die Möglichkeit haben, sich sowohl untereinander auszutauschen als auch aktiv die Kommunikation mit der Belegschaft zu suchen. Außerdem wäre ein Management Cockpit wünschenswert, das eine Auswertung und verschiedene Übersichten über die im Unternehmen gesammelten Daten ermöglicht.

Am Beispiel der Personengruppe des Managements und Controllings, die sich über mehrere Abteilungen verteilen kann, werden Sie Lösungen weitestgehend mithilfe von Standardfunktionalitäten erschaffen. So werden Sie zum Beispiel eine Plattform bereitstellen, die zur Veröffentlichung von organisatorischen Regelungen, geplanten Geschäftsergebnissen sowie von speziellen Angeboten für die Belegschaft verwendet werden kann. Außerdem werden Sie eine Lösung zur Erfassung der Arbeitszeiten durch die Mitarbeiter mithilfe der Access Services erstellen und eine erste Version eines Management Cockpits umsetzen, das zur Prozessüberwachung und -optimierung genutzt werden kann.

Folgende Werkzeuge und Tools werden Sie bei der Bereitstellung einer für diese Szenarien geeigneten SharePoint-Plattform näher kennenlernen:

Werkzeuge und Apps	Tools und Techniken
▸ Unternehmenswiki bzw. Wiki-Seitenbibliothek ▸ Ankündigungen ▸ Kalender ▸ Umfragen und Pinnwand ▸ Business Intelligence Center ▸ Visio-Prozessrepository	▸ SharePoint Designer 2010 und 2013 ▸ Outlook 2010/2013 ▸ Access Services ▸ Visio Services ▸ Visual Studio 2012

Tabelle 8.1 Werkzeuge, Apps und Tools für die Lösungen für das Management und Controlling

Für die Durchführung der Übungen sollten Sie genügend Zeit einplanen. Damit Sie aber wissen, was genau auf Sie zukommt und mit welchem zeitlichen Aufwand Sie rechnen können, erhalten Sie hier eine Darstellung der durchschnittlich benötigten Zeit für die einzelnen Übungen:

Übung	Veranschlagte Zeit
Bereitstellung allgemeiner Unternehmensinformationen	30 min
Umfragen und Feedback der Mitarbeiter	20 min
Zeiterfassung	45 min
Prozessüberwachung und -optimierung	60 min
Erweiterungen und Anpassungsmöglichkeiten	30 min

Tabelle 8.2 Vorgesehener Zeitrahmen für die Durchführung der Übungen

8.1 Anforderungen des Managements

Wenn Sie die Mitarbeiter Ihres Unternehmens, die Aufgaben im Bereich des Managements und Controllings wahrnehmen, nach ihren Anforderungen an eine Plattform zur Unterstützung ihrer täglichen Arbeit fragen und dazu in der Belegschaft die Anforderungen an die Vorgesetzten erheben, werden Sie wahrscheinlich viele verschiedene Antworten erhalten, die wir im Rahmen dieser Übung in vier Bereiche eingrenzen:

- Das Management soll die organisatorischen Vorgaben in verständlicher Form für alle Mitarbeiter an einer zentralen Stelle bereitstellen und zu einer gegebenen Zeit veröffentlichen können. Außerdem sollen die Termine beispielsweise für Betriebsversammlungen inklusive der dazu gehörenden Dateien (wie beispielsweise die Agenda, ggf. eine Präsentation oder auch ein Besprechungsprotokoll oder eine Videoaufzeichnung) für die Belegschaft bereitgestellt werden.

- Um als Mitglied des Managements nicht den Kontakt zur Basis – sprich: dem einzelnen Mitarbeiter des Unternehmens – zu verlieren, ist ein reger Austausch zwischen allen Personen notwendig. Hier kann eine Plattform für Umfragen und die Umsetzung eines Feedback-Prozesses sinnvoll sein. Die Plattform ermöglicht es jedem Mitarbeiter, Ideen und Verbesserungsvorschläge mit den Kollegen und den Vorgesetzten zu diskutieren und sich somit aktiv für das Unternehmen zu engagieren.
- Für eine Unterstützung bei der Abrechnung von Kundenaufträgen wird der Einsatz eines Systems zur Zeiterfassung gewünscht. Dort kann jeder Mitarbeiter seine täglichen zeitlichen Aufwände den verschiedenen Kundenaufträgen oder innerbetrieblichen Aktivitäten zuordnen. Auf Basis der erfassten Daten können verschiedene Auswertungen (wie zum Beispiel für ein bestimmtes Projekt oder den aktuellen Anwender) erstellt werden. Außerdem soll bei der Lösung die Möglichkeit bestehen, Überstunden anzumelden und genehmigen zu lassen sowie die für den jeweiligen Monat vorgesehene Arbeitszeit und Abwesenheitszeiten für die Mitarbeiter zu pflegen.
- Für das Management ist es besonders wichtig, die im Unternehmen gelebten Prozesse zu überwachen und auf den Prüfstand zu stellen. Damit sollen Engpässe oder fehlerhafte Prozesse identifiziert und ggf. optimiert werden. Wenn zum Beispiel die Geschäftsziele von einer Abteilung nicht erreicht werden, können Sie hierüber die Ursache ermitteln und Gegenmaßnahmen einleiten. Dabei kann ein Management Cockpit helfen, das einen schnellen Überblick und verschiedene Auswertungen der Unternehmenszahlen anbietet.

Da es sich hierbei um Anwendungsgebiete handelt, die das gesamte Unternehmen betreffen, wäre es sinnvoll, alle nachfolgend erstellten Lösungen über ein Unternehmensportal aufrufen zu können. Das sollte neben einer einfachen Bedienung als grundlegende Anforderung berücksichtigt werden.

Die Anforderungen der einzelnen Bereiche können Sie im Rahmen der Anforderungsanalyse in einer Form aufnehmen, die einem Anwendungsfalldiagramm aus der UML ähnelt. Dabei können Sie bereits die verschiedenen Anwendergruppen bzw. Rollen identifizieren.

Die für die einzelnen Anwendungsbereiche definierten Anforderungen sollen durch die im Rahmen der folgenden Übungen erstellten Lösungen erfüllt oder zumindest skizziert werden. Achten Sie dabei bitte genau auf die Herausforderungen, die uns bei der Realisierung bestimmter geforderter Funktionalitäten begegnen werden, und behalten Sie die bei Ihnen eingesetzte Edition im Auge, damit Sie bei unterschiedlichen Varianten je nach Edition die passenden Optionen zur Umsetzung wählen können.

8.2 Bereitstellung allgemeiner Unternehmensinformationen

Informationen zum Unternehmen oder Neuigkeiten aus den Abteilungen sollten an zentraler Stelle zur Verfügung gestellt werden, um so allen Mitarbeitern die Möglichkeit zu geben, diese zu erhalten. Ein solches Kommunikationsmittel, das als Ergänzung zu Abteilungsbesprechungen und Betriebsversammlungen dient, werden Sie im Rahmen dieser Übung bereitstellen. Zusätzlich werden Sie lernen, wie einfach Sie weitere Funktionen hinzufügen können, um zum Beispiel Mitarbeiterangebote oder ein virtuelles schwarzes Brett zur Verfügung zu stellen.

8.2.1 Benötigte Funktionen

Bei der Bereitstellung von mehr oder weniger allgemeinen Unternehmensinformationen handelt es sich um einen Prozess zwischen dem Management (wie beispielsweise der Geschäftsführung) und sämtlichen Mitarbeitern des Unternehmens.

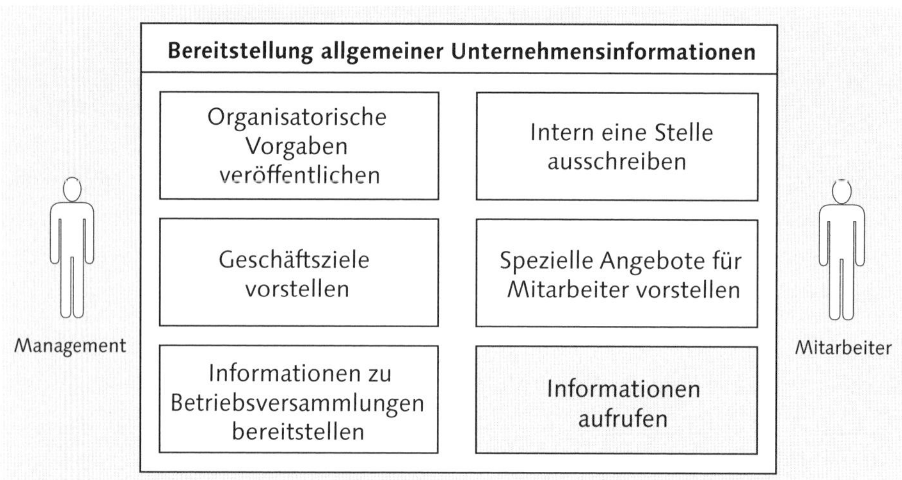

Abbildung 8.1 Anforderungen an eine Lösung zur Bereitstellung allgemeiner Unternehmensinformationen

Wie Sie in Abbildung 8.1 erkennen können, sind zwei verschiedene Anwendergruppen an der Bereitstellung bzw. Konsumierung allgemeiner Unternehmensinformationen beteiligt:

- **Management:** Diese Anwender möchten neue Informationen für die Belegschaft bereitstellen. Dabei kann es sich sowohl um organisatorische Vorgaben als auch um die Vorstellung der Geschäftsziele handeln. Außerdem sollen die Termine für Betriebs- oder Abteilungsversammlungen veröffentlicht und die dazugehörenden Informationen bzw. Dokumente (wie die Agenda, ggf. eine Präsentation und ein Besprechungsprotokoll) bereitgestellt werden, damit sich diejenigen Mitarbeiter, die nicht an der Versammlung teilnehmen konnten, im Nachhinein über den Termin informieren können. Wenn Sie in Ihrem Unternehmen spezielle Angebote für die Belegschaft anbieten (wie beispielsweise besondere Konditionen für Freizeitaktivitäten oder beim Kauf von Produkten bei bestimmten Anbietern), sollen diese Informationen ebenfalls durch diese Anwendergruppe bereitgestellt werden können. Zusätzlich sollen die Mitarbeiter des Managements die Möglichkeit haben, bei einer vakanten Stelle in ihrer Abteilung diesen Bedarf mitzuteilen und somit erst einmal intern nach einem passenden Kandidaten zu suchen, bevor sie die Stelle über ein Recruiting-System (wie beispielsweise die in Abschnitt 4.2 vorgestellte Lösung) extern ausschreiben.

- **Mitarbeiter:** Diese Anwender sollen die veröffentlichten Informationen aufrufen können, die vom Management bereitgestellt wurden. Dabei soll darauf geachtet werden, dass die Informationen schnell gefunden werden können. Außerdem sollen sie die Möglichkeit haben, die Termine für Betriebs- und Abteilungsversammlungen zu abonnieren, um jederzeit über die nächsten Termine informiert zu sein.

Die benötigten Funktionen lassen sich somit eindeutig mindestens einer Anwendergruppe zuordnen. Sie sollten in der Praxis auch durch Vertreter dieser Gruppen detailliert beschrieben und nach der Umsetzung getestet werden.

8.2.2 Konzeption der Lösung

In dieser Übung werden Sie die Website der obersten Ebene in der Websitesammlung verwenden, die Sie bereits für die vorherigen Übungen verwendet haben. Alternativ können Sie auch die Websitevorlage »Teamwebsite« verwenden. Auf Basis der Website werden Sie dann in beiden Varianten folgende Listen und Bibliotheken bereitstellen, die später noch im Detail besprochen werden:

- **Ankündigungen »Neuigkeiten«:** Hier können sowohl vakante Stellen intern ausgeschrieben als auch neue Informationen mit einer begrenzten Gültigkeit (wie beispielsweise Presseinformationen) veröffentlicht werden. Mit einer zusätzlichen Spalte »Kategorie« kann bei der Erfassung der Information angegeben werden, um welche Art von Neuigkeit es sich handelt.
- **Wiki-Seitenbibliothek »Organisatorische Vorgaben«:** Ein Wiki eignet sich zur Verwaltung der organisatorischen Vorgaben und Regelungen. Über eine zusätzliche Spalte vom Typ »Verwaltete Metadaten« lassen sich die Inhalte kategorisieren und somit besser wiederfinden. Dieser Informationstyp steht allerdings nur in

den Server-Editionen zur Verfügung und muss bei Einsatz von SharePoint Foundation durch den Informationstyp »Auswahl« ersetzt werden.

- **Kalender »Versammlungen«:** Diese Liste wird zur Ankündigung von Betriebs- und Abteilungsversammlungen verwendet. Durch die Nutzung dieser App können die Termine wie der Kalender einer anderen Person in Outlook integriert werden. Außerdem kann ein RSS-Feed abonniert werden, um über neue oder geänderte Termine auf dem Laufenden zu bleiben.
- **Dokumentbibliothek »Dokumente«:** Diese bereits durch die Websitevorlage existierende Dokumentbibliothek können Sie zur Ablage von Dokumenten (beispielsweise Präsentationen oder Besprechungsprotokolle) verwenden.
- **Bildbibliothek »Bilder«:** In dieser Liste werden Sie die Grafiken für die Wiki-Artikel oder Neuigkeiten verwalten.

Auf Basis der definierten Datenstruktur werden spezielle Übersichts- und Detailseiten benötigt, um zum Beispiel alle Informationen zu einer Versammlung aufzurufen oder um sich über ein Mitarbeiterangebot zu informieren. Diese Seiten werden in der Wiki-Seitenbibliothek »Websiteseiten« angelegt, die bereits durch die Websitevorlage bereitgestellt wird. Haben Sie keine Angst; wir werden das nun Schritt für Schritt gemeinsam durchführen.

8.2.3 Regelungen und Vorgaben im Unternehmen

Rufen Sie jetzt die Website der obersten Ebene Ihrer Websitesammlung auf, und navigieren Sie zu den Websiteinhalten. Wählen Sie dort den Menüpunkt APP HINZUFÜGEN und anschließend die App WIKI-SEITENBIBLIOTHEK aus. Geben Sie den Namen »Organisatorische Vorgaben« an, klicken Sie auf die Schaltfläche ERSTELLEN, und rufen Sie die neue Wiki-Seitenbibliothek in den Websiteinhalten auf.

Sie befinden sich auf der Homepage des Wikis, die den Standardtext »Willkommen bei der Wiki-Bibliothek...« beinhaltet. Diesen Inhalt werden wir zu einem späteren Zeitpunkt noch anpassen, damit die Anwender direkt auf die wesentlichen Informationen zugreifen können. Führen Sie nun folgende Schritte durch:

1. Wählen Sie im Menüband SEITE den Menüpunkt BIBLIOTHEKSEINSTELLUNGEN aus, und klicken Sie unterhalb der Auflistung der Spalten des Wikis auf den Link SPALTE ERSTELLEN.
2. Geben Sie den Namen »Kategorien« für die neue Spalte an, und wählen Sie den Informationstyp »Verwaltete Metadaten« aus.
3. Besonders wichtig ist es, dass Sie die Option »Mehrere Werte zulassen« aktivieren. Ansonsten können Sie für eine organisatorische Vorgabe immer nur eine Kategorie angeben. Das ist für die Suche nach Informationen durch die Mitarbeiter nicht optimal, da eine Vorgabe zu beliebig vielen Kategorien zugeordnet werden könnte

und Sie somit immer die Qual der Wahl hätten, die eine am besten passende Kategorie zu finden.

4. Im Bereich AUSDRUCKSSATZEINSTELLUNGEN wählen Sie die Option »Ausdruckssatz anpassen« aus, woraufhin darunter der Eintrag »Kategorien« erscheint.
5. Klicken Sie auf den Eintrag, und ändern Sie die Bezeichnung in »Kategorien für organisatorische Vorgaben« ab. Damit sind der Ausdruckssatz und sein Verwendungszweck eindeutig identifizierbar, wenn ein Administrator den **Terminologiespeicher** aufruft.
6. Wenn Sie erlauben möchten, dass jeder Anwender, der neue organisatorische Vorgaben erfasst, auch neue Kategorien erfassen kann, sollten Sie die Option im Bereich AUSFÜLLEN ZULASSEN auf dem Wert »Ja« belassen.
7. Schließen Sie die Erstellung der Spalte über die Schaltfläche OK ab.

Was mache ich, wenn ich keine verwalteten Metadaten nutzen kann?

Wenn dieser Informationstyp für Sie nicht zur Verfügung steht oder aufgrund der bei Ihnen gegebenen Konfiguration nicht verwendet werden kann, müssen Sie sich etwas anderes für die Kategorisierung der Inhalte des Wikis überlegen. Sie können immer auf die Informationstypen »Auswahl« oder »Nachschlagen« zurückgreifen.

Welchen der beiden Typen Sie auswählen, hängt davon ab, ob Sie einmalig die möglichen Kategorien vorgeben möchten oder ob es sich bei der Kategorisierung eher um einen dynamischen Prozess handelt und somit beliebige Kategorien denkbar sind. Dabei werden die Kategorien in einer zusätzlichen benutzerdefinierten Liste gespeichert und für die Kategorisierung der Wiki-Artikel verwendet.

Wenn die Erstellung und Konfiguration des Wikis so weit abgeschlossen ist, sollten Sie nun ein paar Inhalte erfassen, um die Nutzung des Wikis zu verdeutlichen. Welche organisatorischen Regelungen oder Vorgaben gibt es bei Ihnen? Haben Sie festgelegte Arbeitszeiten? Wie sehen bei Ihnen die Prozesse zur Beantragung von Urlaub oder zur Meldung von krankheitsbedingten Abwesenheitszeiten aus?

Suchen Sie sich ein paar Ihrer Vorgaben aus, und tragen Sie diese im Wiki ein. Achten Sie dabei neben der Formatierung des Inhalts auch auf die richtige Kategorisierung, damit die Informationen schnell wiedergefunden werden. Denken Sie dabei einfach daran, nach welchen Stichwörtern Sie suchen würden, wenn Sie auf die jeweilige Information zugreifen wollten.

Ihr Wiki für die organisatorischen Vorgaben und Regelungen sollte nun entsprechend der Darstellung in Abbildung 8.2 einen Überblick über die dort erfassten Informationen bieten.

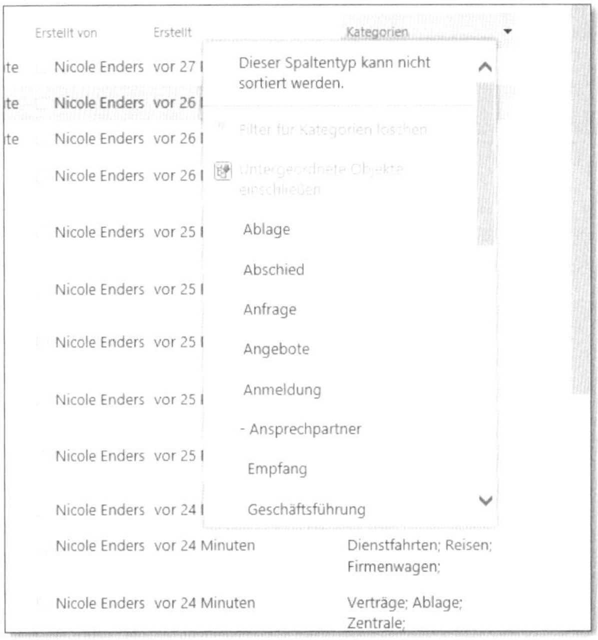

Abbildung 8.2 Übersicht über die organisatorischen Vorgaben und Regelungen im Unternehmen

Wie Sie sehen können, haben Sie, genauso wie jeder beliebige Anwender auch, die Möglichkeit, die Informationen auf ausgewählte Kategorien zu filtern. Ihnen wird nach einem Klick auf die Spaltenüberschrift der Spalte »Kategorien« die gesamte Taxonomie angezeigt. Aus dieser können Sie einen beliebigen Wert auswählen. Alternativ könnten Sie über die Bibliothekseinstellungen auch die Metadatennavigation aktivieren, sodass im Bereich der Schnellstartleiste unterhalb der Menüpunkte ein Filtermenü wie in Abbildung 8.3 angeboten wird. Weitere Informationen hierzu finden Sie in Abschnitt 4.5.4, in dem diese Art der Navigation bereits für das Unternehmenswiki vorgestellt wurde.

Sie können jetzt selbstverständlich verschiedene Ansichten erstellen, um die neuesten Informationen oder Vorgaben einer bestimmten Kategorie schnell aufrufen zu können. Vergessen Sie aber bitte nicht, die Schnellstartleiste noch zu aktualisieren, indem Sie den Menüpunkt ORGANISATORISCHE VORGABEN eine Ebene nach oben verschieben, sodass er nicht mehr als Untermenüpunkt angezeigt wird. Den Menüpunkt ZULETZT VERWENDET können Sie aus der Schnellstartleiste entfernen.

Bisher haben Sie die Homepage des Wikis noch nicht angepasst. Diese wird allerdings über den Menüpunkt in der Schnellstartleiste aufgerufen. Entweder passen Sie den Link so an, dass Sie die in Abbildung 8.3 dargestellte Ansicht der Wiki-Seitenbibliothek aufrufen, oder Sie passen die Homepage des Wikis entsprechend an.

Abbildung 8.3 Organisatorische Vorgaben und Regelungen mit Nutzung der Funktionen der Metadatennavigation

Rufen Sie dazu die Seite »Homepage.aspx« der Wiki-Seitenbibliothek »Organisatorische Vorgaben« auf, und führen Sie folgende Schritte durch:

1. Wählen Sie im Menüband SEITE den Menüpunkt BEARBEITEN aus.
2. Entfernen Sie den Standardtext der Seite, und wählen Sie im Menüband EINFÜGEN den Menüpunkt WEBPART aus.
3. Wählen Sie aus der Kategorie »Apps« die Wiki-Seitenbibliothek »Organisatorische Vorgaben« aus, und klicken Sie auf HINZUFÜGEN.
4. Auf der Seite befindet sich nun die Auflistung aller erfassten organisatorischen Vorgaben und Regelungen. Sie können wie gewohnt über den Menüpunkt WEBPART BEARBEITEN des hinzugefügten Webparts eine andere Ansicht auswählen oder individuelle Anpassungen vornehmen.
5. Speichern Sie zum Abschluss die Seite, indem Sie im Menüband TEXT FORMATIEREN den Menüpunkt SPEICHERN auswählen.

Und was ist mit den Berechtigungen? Darf jetzt jeder Vorgaben bzw. Regeln festlegen?

Das ist ein guter Punkt. Jeder Anwender, der grundsätzlich Mitglied der Website ist, kann auch in diesem Wiki neue Seiten anlegen bzw. vorhandene Seiten bearbeiten oder löschen. Das muss nicht gewollt sein, und es liegt in Ihrer Hand, die Berechtigungen für das Wiki zu konfigurieren. Sie können über die Bibliothekseinstellungen individuelle Berechtigungen festlegen. Zuerst sollten Sie allerdings erst einmal eine Benutzergruppe »Management« bzw. »Editoren für organisatorische Vorgaben« erstellen, um diese bei den Berechtigungen für das Wiki mit der Berechtigungsstufe »Mitwirken« auszustatten, während die anderen Anwender nur über Leseberechtigungen verfügen sollen. Falls Sie Hilfe bei der Konfiguration von Berechtigungen benötigen, lohnt sich ein Blick in Abschnitt 2.6, in dem die Grundlagen hierzu vermittelt werden.

8.2.4 Neuigkeiten, Pressemitteilungen und Geschäftsziele

Neben den eher langfristig veröffentlichten Vorgaben und Regelungen im Unternehmen möchte das Management auch Informationen mit einer begrenzten Gültigkeit veröffentlichen (wie zum Beispiel besondere Ereignisse, aktuelle Pressemitteilungen oder auch neu definierte Geschäftsziele bzw. zum Abschluss des Geschäftsjahres eventuell auch die erzielten Ergebnisse). Dazu kann eine Ankündigungsliste verwendet werden. Rufen Sie die Websiteinhalte der Website auf, und gehen Sie folgendermaßen vor:

1. Wählen Sie den Menüpunkt App hinzufügen und anschließend die App »Ankündigungen« aus.
2. Geben Sie den Namen »Neue Informationen« an, und klicken Sie auf die Schaltfläche Erstellen.
3. Rufen Sie die Liste auf, und wählen Sie im Menüband Liste den Menüpunkt Spalte erstellen aus.
4. Geben Sie den Namen »Kategorie« für die neue Spalte an, und wählen Sie den Informationstyp »Auswahl« aus.
5. Geben Sie Auswahlwerte (wie zum Beispiel »Allgemein«, »Pressemitteilung«, »aus der Geschäftsführung«, »aus der Abteilung«, »Geschäftsziele« oder »Geschäftsergebnis«) an.
6. Wählen Sie als Standardwert zum Beispiel die Option »Allgemein« aus, und schließen Sie den Vorgang über die Schaltfläche OK ab.

Die neue Liste ist nun so weit vorbereitet. Erfassen Sie ein paar Neuigkeiten, und vergeben Sie verschiedene Kategorien hierfür, indem Sie in der Liste auf den Menüpunkt Neue Ankündigung klicken. Wählen Sie einen kurzen und prägnanten Titel für die Neuigkeit, und nutzen Sie innerhalb des Feldes »Textkörper« die Möglichkeiten zur Textformatierung und zum Hinzufügen von Bildern, Dateien und Hyperlinks, um die Informationen ansprechend zu gestalten. Neben der Kategorie können

Sie auch angeben, ab wann die Information nicht mehr gültig sein soll. Durch eine solche Angabe erscheint die Neuigkeit ab Erreichen dieses Datums nicht mehr in der sogenannten **Überblickansicht**, die Sie für ein Webpart auswählen können. Dadurch wird die Information nicht gelöscht; sie steht weiterhin über die verschiedenen Ansichten der Liste zur Verfügung, sodass ihre Gültigkeit ggf. verlängert werden kann.

Die Neuigkeiten sollten direkt, wie Sie in Abbildung 8.4 sehen, auf der Homepage Ihrer Website dargestellt werden, damit alle Besucher der Website sofort die wesentlichen Informationen sehen können.

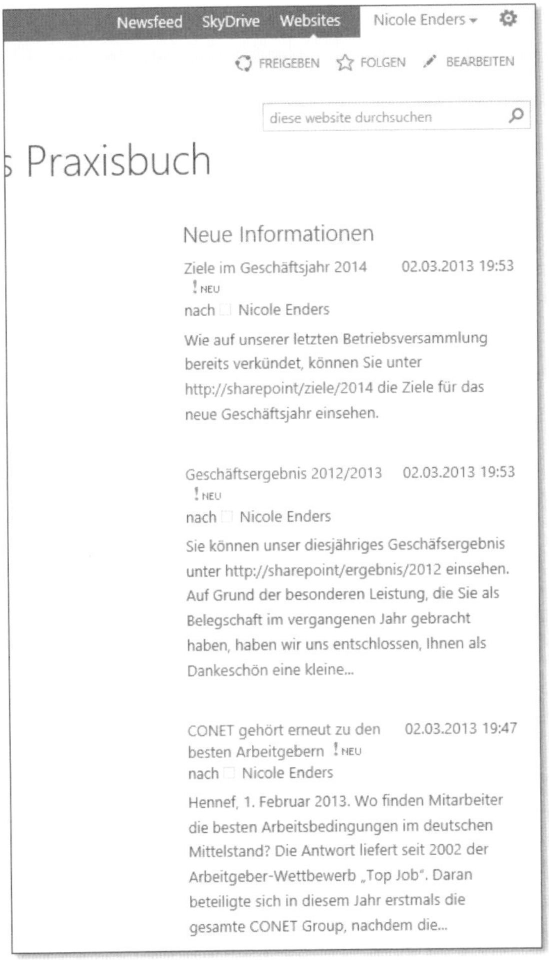

Abbildung 8.4 Neuigkeiten direkt auf der Homepage Ihrer Website bereitstellen

Um die Ankündigungsliste auf der Homepage in der dargestellten Form zur Verfügung zu stellen, gehen Sie folgendermaßen vor:

1. Rufen Sie die Homepage auf, und wählen Sie im Menüband SEITE den Menüpunkt BEARBEITEN aus.
2. Prüfen Sie, dass als Textlayout die Option »Eine Spalte mit Randleiste« ausgewählt ist.
3. Klicken Sie in die rechte Spalte bzw. die Randleiste, und wählen Sie im Menüband EINFÜGEN den Menüpunkt WEBPART aus.
4. Wählen Sie aus der Kategorie »Apps« die Ankündigungsliste »Neue Informationen« aus, und klicken Sie auf HINZUFÜGEN.
5. Wählen Sie in dem nun hinzugefügten Webpart den Menüpunkt WEBPART BEARBEITEN aus.
6. In der daraufhin erscheinenden rechten Konfigurationsleiste wählen Sie als Ansicht die Option »<Überblickansicht>« aus und bestätigen die Angaben über die Schaltfläche OK.
7. Speichern Sie die Homepage, indem Sie im Menüband TEXT FORMATIEREN den Menüpunkt SPEICHERN auswählen.

Von nun an werden alle Neuigkeiten, deren Ablaufdatum noch nicht überschritten wurde, auf der Homepage dargestellt. Dabei fällt auf, dass der Inhalt Ihrer Neuigkeit nach einer festgelegten Anzahl an Zeichen abgeschnitten wird. Sie haben hierauf keinen Einfluss und können nicht angeben, dass der gesamte Text angezeigt wird, sondern können diesen nur über den unterhalb der jeweiligen Nachricht angebotenen Link aufrufen. Die Überblickansicht dient lediglich dazu, dass Sie als Anwender schnell sehen können, welche Informationen Ihnen zur Verfügung stehen. Aus diesem Grund empfehle ich Ihnen, die wichtigsten Informationen an den Anfang Ihrer Nachricht zu stellen, damit der wichtige Teil auch vollständig dargestellt wird.

Allerdings werden Ihnen mit den aktuellen Einstellungen alle derzeit gültigen Informationen angezeigt. Je nachdem, wie viele Neuigkeiten erfasst werden, kann die Seite damit überladen sein. Legen Sie deshalb genau fest, wie viele Neuigkeiten maximal dargestellt werden sollen. Das können Sie tun, indem Sie die Seite im Bearbeitungsmodus öffnen, das Webpart bearbeiten und die aktuelle Ansicht editieren. Legen Sie dort als Eintragsgrenze die maximal anzuzeigende Anzahl an Neuigkeiten fest.

Wo ist denn die Kategorie geblieben, die ich bei der Erfassung einer Neuigkeit angebe? Warum wird sie nicht mit angezeigt?

Leider sieht die Überblickansicht nicht vor, dass weitere Spalten mit angezeigt werden. Allerdings würde eine Gruppierung nach der Kategorie durchaus Sinn machen. Erstellen Sie doch in der Wiki-Seitenbibliothek »Websiteseiten« eine neue Wiki-Seite »Neuigkeiten«, und platzieren Sie für jede von Ihnen definierte Kategorie jeweils einmal das Webpart für die Ankündigungsliste.

Bearbeiten Sie die Webparts, und legen Sie als Titel die Bezeichnung der jeweiligen Kategorie fest. Wählen Sie dann die Überblickansicht aus, und bearbeiten Sie diese, sodass auf die entsprechende Kategorie gefiltert wird.

Überlegen Sie sich abschließend noch ein hübsches Design, damit die Neuigkeiten der verschiedenen Kategorien gleichmäßig auf der Seite verteilt sind, und nehmen Sie die Wiki-Seite in die Navigation der Schnellstartleiste auf.

8.2.5 Betriebs- und Abteilungsversammlungen

Wichtige Informationen werden meistens im Rahmen von Betriebs- und Abteilungsversammlungen mitgeteilt. Vorab müssen Sie als Mitarbeiter aber erst einmal die Information erhalten, dass eine solche Versammlung stattfindet. Vielleicht werden Sie momentan per E-Mail oder durch eine Termineinladung in Outlook über einen solchen Termin informiert. Eine Alternative hierzu könnte ein Gruppenkalender in Ihrer SharePoint-Website sein.

Der Kalender selbst ist sehr schnell eingerichtet, indem Sie die Websiteinhalte aufrufen und dort den Menüpunkt APP HINZUFÜGEN auswählen. Wählen Sie nun die App »Kalender« aus, und geben Sie den Namen »Versammlungen« an.

Analog zur Ankündigungsliste mit den Neuigkeiten sollten Sie die Termine auch auf der Homepage darstellen. Gehen Sie dazu folgendermaßen vor:

1. Rufen Sie die Homepage auf, und wählen Sie im Menüband SEITE den Menüpunkt BEARBEITEN aus.
2. Klicken Sie in die linke Spalte, und wählen Sie im Menüband EINFÜGEN den Menüpunkt WEBPART aus.
3. Wählen Sie aus der Kategorie »Apps« die Ankündigungsliste »Versammlungen« aus, und klicken Sie auf HINZUFÜGEN.
4. Wählen Sie in dem nun hinzugefügten Webpart den Menüpunkt WEBPART BEARBEITEN aus.
5. In der daraufhin erscheinenden rechten Konfigurationsleiste wählen Sie als Ansicht die Option »<Überblickansicht>« aus und bestätigen die Angaben über die Schaltfläche OK.
6. Speichern Sie die Homepage, indem Sie im Menüband TEXT FORMATIEREN den Menüpunkt SPEICHERN auswählen.

Ihnen werden jetzt alle im Kalender erfassten Termine auf der Homepage angezeigt, die noch stattfinden werden. Die vergangenen Ereignisse werden nur im Kalender selbst aufgelistet. Über das Feld »Beschreibung« können Sie die Agenda für eine Versammlung erfassen, die automatisch zu dem Termin und seiner Bezeichnung auf der

Homepage dargestellt wird. Damit können sich die Mitarbeiter entsprechend der Darstellung in Abbildung 8.5 schnell einen Überblick über die anstehenden Versammlungen verschaffen.

Abbildung 8.5 Homepage mit einer Übersicht über die anstehenden Betriebs- und Abteilungsversammlungen

Und wie kann ich jetzt die zu einer Versammlung gehörende Präsentation bzw. das Besprechungsprotokoll zuordnen?

Die einfachste Möglichkeit besteht darin, die entsprechenden Dateien als Anhang des Termins zu verwalten. Rufen Sie dazu den gewünschten Termin im Kalender auf, und wählen Sie im Menüband den Menüpunkt BEARBEITEN aus.

Im Menüband erscheint jetzt u. a. der Menüpunkt DATEI ANFÜGEN, den Sie bitte auswählen. Wählen Sie über die Schaltfläche DURCHSUCHEN die gewünschte Datei, und bestätigen Sie die Auswahl über die Schaltfläche OK. Sobald Sie sich wieder in der Bearbeitungsmaske des Termins befinden, sollten Sie unmittelbar unter dem letzten zu bearbeitenden Feld die angehängte Datei mit dem Dateipfad sehen, den Sie gerade angegeben haben. Klicken Sie auf die Schaltfläche SPEICHERN, um die Datei als Anhang des Termins hochzuladen.

Jetzt steht beispielsweise die Präsentation für die Betriebsversammlung allen Mitarbeitern zur Verfügung und ist automatisch dem richtigen Termin zugeordnet. Allerdings kann die Präsentation nur aufgerufen werden, wenn Sie sich bereits im richtigen Termin befinden. Das kann für die manuelle Suche nach einer Information sehr mühselig sein. Aus diesem Grund empfehle ich Ihnen, eine Dokumentbibliothek für diese Dateien zu nutzen, die über eine Spalte vom Typ »Nachschlagen« eine Beziehung zu dem entsprechenden Termin herstellt. Damit können Sie auch unabhängig von einem Termin nach Dokumenten suchen und haben trotzdem eine Zuordnung zu einem ausgewählten Termin.

Doch wie bleiben Sie über die anstehenden Termine informiert? Müssen Sie jetzt immer die Website aufrufen und regelmäßig überprüfen, ob es dort etwas Neues für Sie gibt?

Wenn ich so frage, dann haben Sie sicher eine andere Möglichkeit. Rufen Sie doch einmal den Kalender auf, und öffnen Sie, wie in Abbildung 8.6 dargestellt, das Menüband KALENDER. Dort finden Sie zwei wichtige Menüpunkte, um auch ohne Aufruf der Website über die Termine informiert zu bleiben.

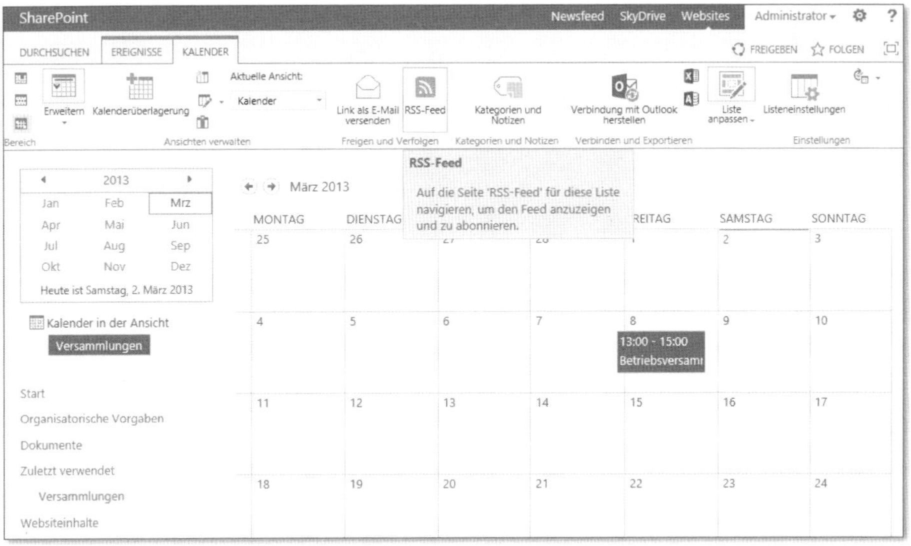

Abbildung 8.6 Sie können einen RSS-Feed für den Kalender zur Verwaltung von Betriebs- und Abteilungsversammlungen abonnieren.

Zum einen befindet sich dort der Menüpunkt VERBINDUNG MIT OUTLOOK HERSTELLEN, über den Sie einen zusätzlichen Kalender in Outlook hinzufügen. Dieser Kalender wird wie der Kalender einer anderen Person dargestellt, verfügt allerdings nicht über die dabei gewohnten Funktionen, weil es sich hierbei um eine SharePoint-Liste und nicht um einen echten Kalender handelt. Das heißt: Sie können weder über den Kalender weitere Personen einladen, noch können Sie Termineinladungen an diesen Kalender versenden. Ihnen steht lediglich die Möglichkeit zur Verfügung, Termine zwischen diesem Kalender und den anderen Kalendern zu kopieren.

Die zweite Möglichkeit stellt der Menüpunkt RSS-FEED dar. Über ihn können Sie einen RSS-Feed des Kalenders abonnieren. Nach einem Klick auf diesen Menüpunkt wird Ihnen der RSS-Feed so wie in Abbildung 8.7 angezeigt. Sie können nun jeden beliebigen RSS-Reader nutzen, um sich über Änderungen oder neue Informationen im Kalender zu informieren.

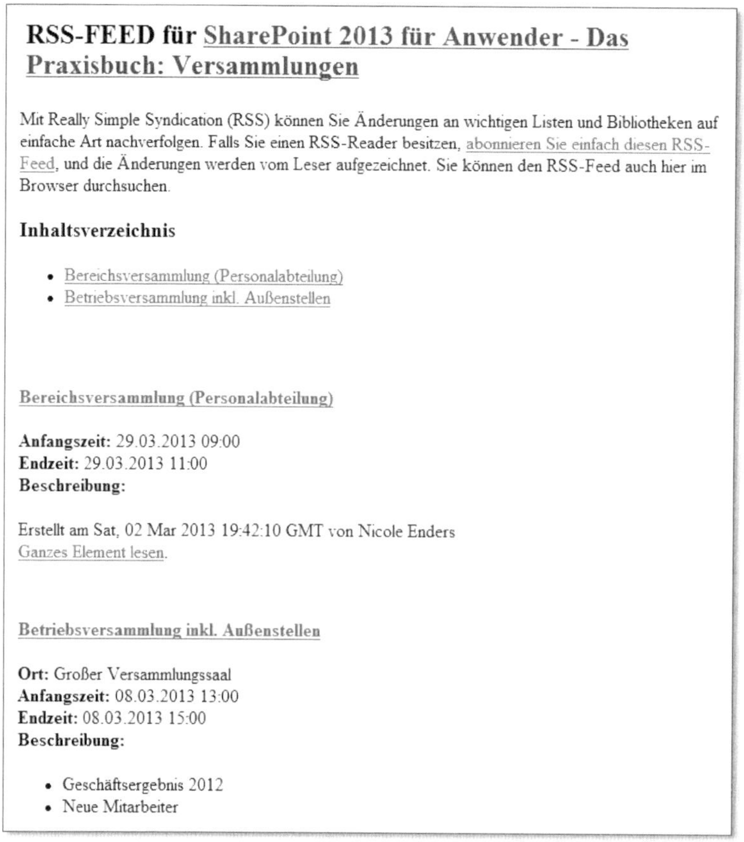

RSS-FEED für SharePoint 2013 für Anwender - Das Praxisbuch: Versammlungen

Mit Really Simple Syndication (RSS) können Sie Änderungen an wichtigen Listen und Bibliotheken auf einfache Art nachverfolgen. Falls Sie einen RSS-Reader besitzen, abonnieren Sie einfach diesen RSS-Feed, und die Änderungen werden vom Leser aufgezeichnet. Sie können den RSS-Feed auch hier im Browser durchsuchen.

Inhaltsverzeichnis

- Bereichsversammlung (Personalabteilung)
- Betriebsversammlung inkl. Außenstellen

Bereichsversammlung (Personalabteilung)

Anfangszeit: 29.03.2013 09:00
Endzeit: 29.03.2013 11:00
Beschreibung:

Erstellt am Sat, 02 Mar 2013 19:42:10 GMT von Nicole Enders
Ganzes Element lesen.

Betriebsversammlung inkl. Außenstellen

Ort: Großer Versammlungssaal
Anfangszeit: 08.03.2013 13:00
Endzeit: 08.03.2013 15:00
Beschreibung:

- Geschäftsergebnis 2012
- Neue Mitarbeiter

Abbildung 8.7 Browser-Anzeige des RSS-Feeds für die Betriebs- und Abteilungsversammlungen

Allerdings steht Ihnen mit Outlook die Möglichkeit zur Verfügung, die Informationen direkt in einer einheitlichen Umgebung aufzurufen, die Sie vielleicht bereits als primäres Kommunikationsmittel nutzen. Wenn Sie wie ich Outlook zur E-Mail-Kommunikation und zur Terminplanung nutzen, möchte ich Ihnen diese Funktion wärmstens empfehlen, weil die Integration von RSS-Feeds in dieser Anwendung einen wirklichen Mehrwert für Sie darstellen wird. Doch wie fügen Sie den RSS-Feed für den SharePoint-Kalender in Outlook hinzu? Gehen Sie folgendermaßen vor:

1. Rufen Sie Outlook auf, und wählen Sie in der linken Navigationsleiste den Menüpunkt RSS-FEEDS aus.
2. Über einen Rechtsklick auf den Menüpunkt öffnen Sie das Kontextmenü aus Abbildung 8.8. Wählen Sie dort den Menüpunkt NEUEN RSS-FEED HINZUFÜGEN aus.
3. In dem Dialog, der jetzt erscheint, geben Sie den Link an, der im URL-Feld des Browsers zu finden ist, wenn Sie wie in Abbildung 8.7 den RSS-Feed des Kalenders aufrufen. Klicken Sie anschließend auf die Schaltfläche HINZUFÜGEN.

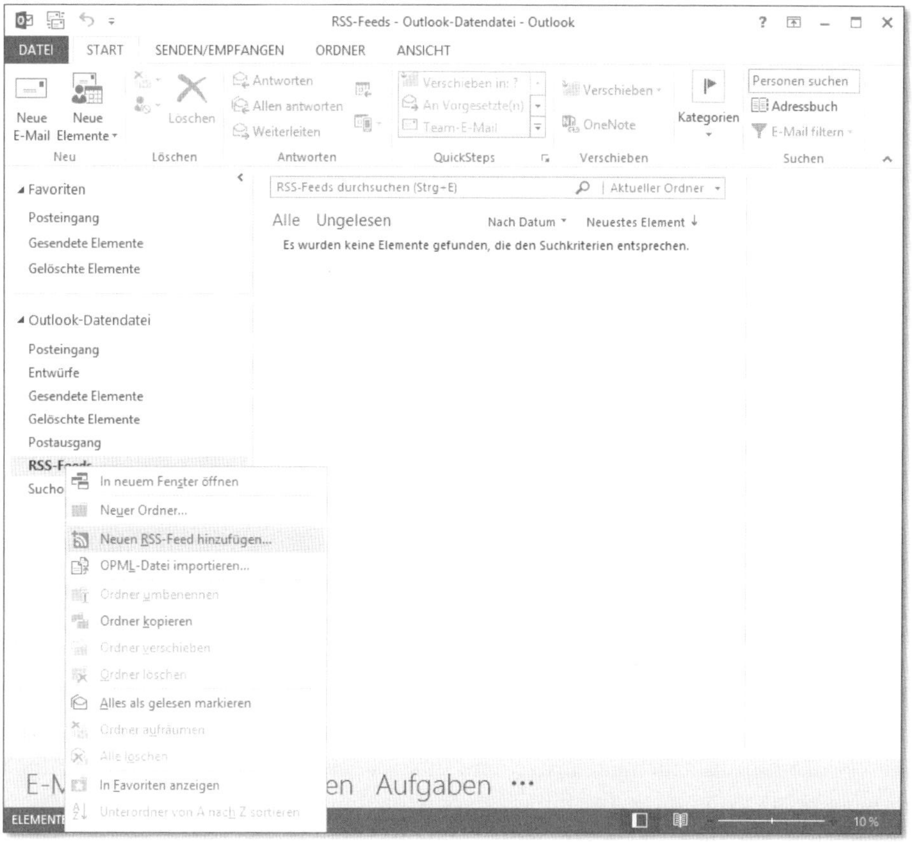

Abbildung 8.8 Neuen RSS-Feed in Ihrem Outlook hinzufügen

4. Bestätigen Sie die Sicherheitsabfrage über die Schaltfläche »Ja«, und schon ist der RSS-Feed in Ihr Outlook integriert.

Muss jeder Mitarbeiter beispielsweise den RSS-Feed für den unternehmensweiten Blog manuell abonnieren?

RSS-Feeds lassen sich auch über Gruppenrichtlinien automatisch verteilen. Das macht vor allem bei allgemeingültigen Feeds Sinn, die von jedem Mitarbeiter genutzt werden sollen. So ist es beispielsweise möglich, dass ein neuer Mitarbeiter seinen Rechner so konfiguriert erhält, dass die wichtigsten RSS-Feeds bereits in Outlook eingebunden sind und er von der ersten Minute an bestens informiert ist. Diese Art der Verteilung von RSS-Feeds ist auch dann besonders sinnvoll, wenn es sich um einen sehr großen Anwenderkreis handelt und Sie nicht sicherstellen können, dass jeder Mitarbeiter in der Lage ist, den RSS-Feed selbstständig zu abonnieren und die Konfiguration in Outlook vorzunehmen.

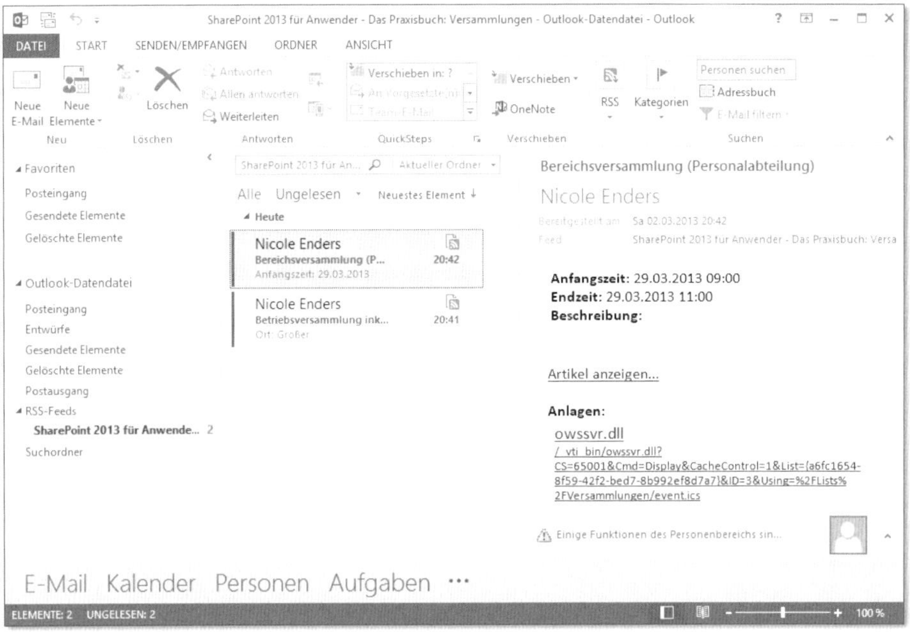

Abbildung 8.9 Ein direkter Zugriff auf die wesentlichen Informationen der Betriebs- und Abteilungsversammlungen ist über einen RSS-Feed in Outlook möglich.

Sie können grundsätzlich alle Listen und Bibliotheken als RSS-Feed in Ihr Outlook integrieren und zukünftig aus Outlook heraus auf neue Informationen in SharePoint zugreifen, sofern Ihre Berechtigungen dies für die jeweilige Liste zulassen. So können Sie in Abbildung 8.9 in der linken Navigationsleiste bereits erkennen, dass es zwei ungelesene Neuigkeiten in der Kalenderliste gibt. Dadurch können Sie direkt auf die wesentlichen Informationen sowie die Dateianhänge des jeweiligen Termins zugreifen, ohne Outlook dazu verlassen zu müssen. Damit können Sie Outlook als eine Art Kommunikationszentrale verwenden und wechseln nur bei Bedarf in andere Systeme, wie beispielsweise SharePoint.

8.2.6 Schwarzes Brett einrichten und nutzen

Um unternehmensweit Informationen zu veröffentlichen, kann der Einsatz eines virtuellen Schwarzen Bretts sinnvoll sein. Sie haben in Abschnitt 7.2 die Werkzeuge »Ankündigungen«, »Blogs« und »Diskussionsrunde« kennengelernt und können selbst entscheiden, welches Mittel die richtige Wahl für Sie ist. Ich möchte Ihnen nun aber eine weitere Möglichkeit vorstellen, die Sie beim Einsatz einer Server-Edition haben, nämlich die sogenannte **Pinnwand**. Dabei handelt es sich Wesentlichen um ein Webpart, das zur Erfassung von Notizen verwendet werden kann, wobei diese Notizen auch auf Ihrer persönlichen Website bzw. im Newsfeed Ihrer Kollegen auftauchen. Damit sind Ihre Kollegen, wenn sie ihre Website bzw. ihren persönlichen Newsfeed-Bereich aufrufen, automatisch über die Informationen im Bilde, die Sie auf einer Pinnwand erfasst haben.

Damit Sie ein Schwarzes Brett wie das in Abbildung 8.10 nutzen können, müssen Sie folgende Schritte durchführen:

1. Rufen Sie die Websiteinhalte und dort die Wiki-Seitenbibliothek »Websiteseiten« auf.
2. Wählen Sie den Menüpunkt NEUE WIKI-SEITE aus, und geben Sie den Namen »Schwarzes Brett« für die neue Seite an.
3. Die neue Seite öffnet sich nach Betätigen der Schaltfläche ERSTELLEN automatisch im Bearbeitungsmodus.
4. Wählen Sie im Menüband EINFÜGEN den Menüpunkt WEBPART aus, und rufen Sie die Kategorie »Zusammenarbeit im sozialen Netzwerk« auf.
5. Wählen Sie nun das Webpart »Pinnwand« aus, und klicken Sie auf die Schaltfläche HINZUFÜGEN.
6. Da der Titel »Pinnwand« des Webparts standardmäßig angezeigt wird, die Überschrift »Schwarzes Brett« allerdings ausreichen sollte, wählen Sie für das neu hinzugefügte Webpart den Menüpunkt WEBPART BEARBEITEN aus, wählen den Chromtyp »Kein« aus und bestätigen die Konfiguration über die Schaltfläche OK.

Nachdem Sie die Seite über den Menüpunkt SPEICHERN im Menüband gespeichert haben, können Sie das schwarze Brett bereits nutzen. Solange Sie oder ein anderer Anwender dort nicht mindestens eine Nachricht veröffentlicht hat, wird der in Abbildung 8.10 dargestellte erläuternde Text unterhalb des Eingabefelds für die Notizen angezeigt.

Abbildung 8.10 Dieses Schwarze Brett wurde mithilfe des Webparts »Pinnwand« auf einer separaten Websiteseite eingerichtet.

Das Schwarze Brett können Sie nun für verschiedene Szenarien nutzen. So können Sie zum Beispiel entsprechend der Darstellung in Abbildung 8.11 innerhalb des

Unternehmens nach neuen Mitarbeitern suchen und so evtl. eine interne Stellenbesetzung vornehmen, anstatt die Stelle extern auszuschreiben. Außerdem können die Mitarbeiter hier angeben, dass Sie etwas Bestimmtes suchen oder anbieten möchten.

Was ist der Unterschied zwischen einer Wiki-Seite und einer Webpartseite?

Wenn Sie die Wiki-Seitenbibliothek »Websiteseiten« innerhalb Ihrer Website aufrufen, können Sie über den Menüpunkt NEUE WIKI-SEITE (wie eben am Beispiel des Schwarzen Bretts beschrieben) eine neue Seite erstellen. Allerdings haben Sie noch eine zweite Möglichkeit, neue Seiten anzulegen, indem Sie in dieser Bibliothek den Menüpunkt NEUES DOKUMENT im Menüband DATEIEN verwenden. Dieser Menüpunkt enthält in Form eines weiteren Menüs die Menüpunkte WIKI-SEITE und WEBPARTSEITE. Webpartseiten haben wir bisher nicht verwendet, und sie bedürfen daher einer Erklärung.

Während Sie für die Erstellung einer Wiki-Seite lediglich den Namen der Seite angeben müssen und später immer wieder über das Textlayout die Struktur der Seite definieren können, müssen Sie sich bei einer Webpartseite bereits bei der Erstellung der Seite für ein Layout entscheiden. In einer Webpartseite können Sie grundsätzlich nur Webparts hinzufügen und können nicht wie bei einer Wiki-Seite in eine HTML-Ansicht wechseln, um dort weitere optische Anpassungen vorzunehmen. Das lässt erst einmal darauf schließen, dass Sie mit einer Webpartseite weniger Freiheiten hinsichtlich der grafischen Gestaltung haben. Das kann je nach Anforderung an das Layout auch der Fall sein; allerdings ist die Pflege von Webpartseiten damit auch deutlich einfacher, weil Sie sich ganz auf die Konfiguration der darauf platzierten Webparts konzentrieren können und nicht zwingend HTML-Kenntnisse benötigen.

Abbildung 8.11 Ein Schwarzes Brett kann beispielsweise für interne Stellenangebote oder zur Suche bzw. zum Anbieten von verschiedensten Dingen genutzt werden.

Vergessen Sie nicht, die neue Seite in die Navigation der Schnellstartleiste aufzunehmen. Ansonsten werden die Anwender diese Seite nicht finden können.

Kann ich festlegen, dass nur bestimmte Personen neue Einträge auf dem Schwarzen Brett veröffentlichen dürfen?

Bei dem Schwarzen Brett handelt es sich um ein Webpart, das zusammen mit den persönlichen Websites agiert. Es ist dabei nicht vorgesehen, die Berechtigungen einzuschränken. Aus diesem Grund können alle Anwender, die das Webpart sehen, auch automatisch darüber Inhalte erfassen.

Sie könnten zwar die Sichtbarkeit des Webparts auf ausgewählte Benutzergruppen einschränken. Allerdings haben Sie keine Möglichkeit, Benutzer mit reinen Leserechten zu einer Pinnwand zuzulassen. Aus diesem Grund müssen Sie bei einer Anforderung nach unterschiedlichen Berechtigungen auf eine Alternative (zum Beispiel mit einer Diskussionsrunde) ausweichen. Diese Variante hätte außerdem den Vorteil, dass Anwender auf eine Notiz antworten und sich hierzu austauschen könnten. Ein Eintrag auf einer Pinnwand kann nicht kommentiert werden, und außerdem stehen Ihnen dort nicht die gewohnten Möglichkeiten zur Textformatierung zur Verfügung. Sie können das Webpart somit als einen Teilbereich der Möglichkeiten betrachten, die Ihnen eine Diskussionsrunde bieten würde.

8

8.2.7 Angebote für die Mitarbeiter veröffentlichen

Wenn Sie Ihren Mitarbeitern im Unternehmen besondere Konditionen (zum Beispiel beim Kauf bestimmter Produkte) anbieten können, sollten Sie diese Information auch an einer zentralen Stelle veröffentlichen. Damit haben vor allem neue Mitarbeiter die Chance, schnell auf solche Angebote aufmerksam zu werden.

Eine Möglichkeit besteht darin, dass Sie den Produktkatalog, den wir in Abschnitt 6.2 erstellt haben, um eben diese Mitarbeiterangebote erweitern. Das ist von der Umsetzung her recht einfach, da Sie lediglich eine neue Kategorie definieren und für diese eine neue Ansicht erstellen müssen. So könnten Sie und sämtliche Mitarbeiter sich über die Mitarbeiterangebote informieren.

Eine andere Möglichkeit stellt die Ankündigungsliste dar. Sie macht vor allem dahingehend Sinn, dass ein Mitarbeiterangebot auch eine begrenzte Gültigkeit haben kann. Ihnen fehlt nun noch die entsprechende Kategorie, um die Informationen in der bereits genutzten Liste zu erfassen. Gehen Sie folgendermaßen vor, um die entsprechenden Einstellungen vorzunehmen:

1. Rufen Sie die Ankündigungsliste »Neue Informationen« auf, und wählen Sie im Menüband LISTE den Menüpunkt LISTENEINSTELLUNGEN aus.

2. Klicken Sie in der Auflistung der Spalten auf die Spalte »Kategorie«, damit diese zur Bearbeitung geöffnet wird.
3. Fügen Sie in der Auflistung der Auswahlwerte eine neue Zeile »Mitarbeiterangebot« hinzu, und speichern Sie die Änderungen über die Schaltfläche OK.

Jetzt können Sie die Mitarbeiterangebote schnell und einfach erfassen und für eine ausgewählte Zeit veröffentlichen. Sie sollten sich überlegen, ob Sie die Überblickansicht auf der Homepage so anpassen, dass dort die Einträge der Kategorie »Mitarbeiterangebot« herausgefiltert werden. Im Gegenzug dazu können Sie dann eine neue Websiteseite anlegen, die nur die Einträge der Kategorie »Mitarbeiterangebot« anzeigt und über die Schnellstartleiste zu erreichen ist. Probieren Sie die verschiedenen Möglichkeiten einfach einmal aus, und überlegen Sie, welche Darstellung Ihnen am ehesten zusagt. Über die Formatierungsmöglichkeiten des Rich-Text-Editors können Sie die Seiten optisch so gestalten, wie Sie es gerne möchten. Ich wünsche Ihnen viel Spaß!

8.3 Umfragen und Feedback der Mitarbeiter

Zur Unterstützung der Kommunikation zwischen dem Management und dem einzelnen Mitarbeiter kann neben persönlichen Gesprächen auch der Einsatz einer Plattform für Umfragen und Feedback der Mitarbeiter sinnvoll sein. Vor allem bei großen Unternehmen ist diese Lösung hilfreich, wenn man sich nicht mehr unbedingt persönlich kennt. Sie werden die Website zur Bereitstellung allgemeiner Unternehmensinformationen um einen Bereich erweitern, in dem Mitarbeiter wie bei einer Art von Kummerkasten jederzeit Feedback bzw. Verbesserungsvorschläge oder Kritik an die Geschäftsführung übermitteln können. Andererseits können aber auch Umfragen seitens des Managements erstellt und durchgeführt werden, um zum Beispiel die Meinung der Belegschaft zu einer anstehenden Änderung einzuholen und die Mitarbeiter so aktiv an der Entscheidungsfindung zu beteiligen.

8.3.1 Benötigte Funktionen

Bei Umfragen und Feedback der Mitarbeiter handelt es sich um einen Prozess zwischen dem Management (wie beispielsweise der Geschäftsführung) und sämtlichen Mitarbeitern des Unternehmens.

Wie Sie in Abbildung 8.12 erkennen können, sind in unserem Beispiel zwei verschiedene Anwendergruppen an diesem Prozess beteiligt:

- **Management:** Diese Anwender möchten eine neue Umfrage veröffentlichen, um die Meinung der Mitarbeiter zu einer bestimmten Fragestellung zu ermitteln. Nach Abschluss der Umfrage sollen sie eine einfache Möglichkeit haben, die Ergebnisse auszuwerten. Außerdem sind sie Empfänger von Kritik bzw. Verbesserungsvorschlägen, die von der Belegschaft kommen. Die Anwender aus dem Management sollen sich aktiv an der Diskussion einer Idee beteiligen und die ggf. anschließende Umsetzung der Idee betreuen.

- **Mitarbeiter:** Diese Anwender werden auf die vom Management veröffentlichten Umfragen antworten und benötigen eine Übersicht über die noch ausstehenden Aufgaben in diesem Bereich. Außerdem möchten sie neue Ideen einstellen können, wobei es sich generell um Kritik oder Verbesserungsvorschläge (beispielsweise zu Arbeitsabläufen oder -bedingungen) handeln kann. Eingestellte Ideen sollen untereinander in der Belegschaft und gemeinsam mit dem Management diskutiert und bewertet werden können. In Zusammenarbeit von Management und dem Ideengeber werden die nächsten Schritte geplant, um die Idee umzusetzen.

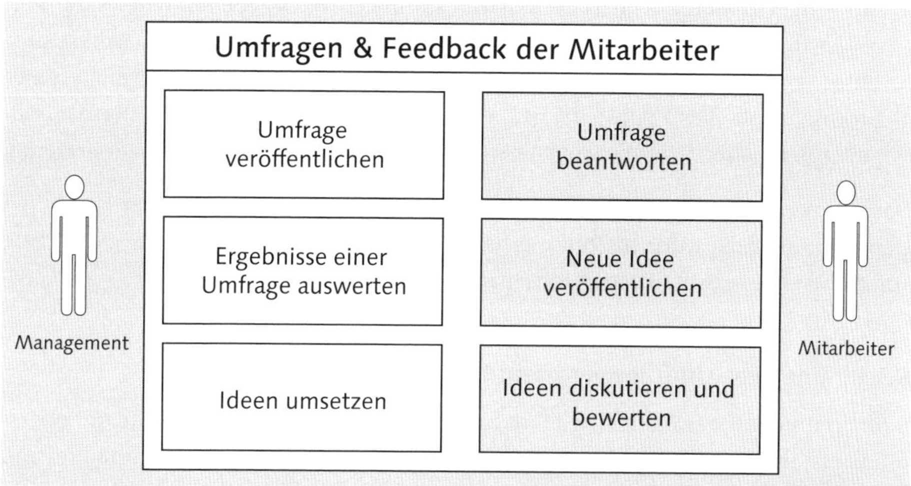

Abbildung 8.12 Anforderungen an eine Lösung für Umfragen und Feedback der Mitarbeiter

Die benötigten Funktionen lassen sich somit eindeutig mindestens einer Anwendergruppe zuordnen. Sie sollten in der Praxis auch durch Vertreter dieser Gruppen detailliert beschrieben und nach der Umsetzung getestet werden.

8.3.2 Konzeption der Lösung

Auf Basis der definierten Anforderungen müssen Sie zunächst ein Konzept für die mögliche Umsetzung erstellen. Hierbei sind Aspekte wie die eingesetzte Version und Edition von SharePoint und die zur Verfügung stehenden Tools zu berücksichtigen.

In dieser Übung werden Sie in der Website der obersten Ebene in der Websitesammlung, die Sie bereits für die vorherigen Übungen verwendet haben, eine neue Unterwebsite »Umfragen & Feedback« einrichten. Sie basiert auf der Websitevorlage

»Teamwebsite«. Auf Basis der Website werden Sie dann folgende Listen und Bibliotheken bereitstellen:

- **Umfrage »Änderungen der Betriebsruhe«:** Für jede Umfrage, die Sie erstellen möchten, wird eine neue App »Umfrage« in der Website hinzugefügt. Wenn das Management selbstständig eine neue Umfrage veröffentlichen möchte, müssen Sie diesen Personen spezielle Berechtigungen geben. Wahrscheinlicher ist allerdings, dass der Redakteur des Unternehmensportals den Auftrag erhält, eine neue Umfrage freizuschalten. Sie werden ein Beispiel für eine Umfrage umsetzen, in dem die Mitarbeiter zu ihrer Meinung hinsichtlich einer Änderung der Betriebsruhe gefragt werden.
- **Diskussionsrunde »Ideen und Feedback«:** Damit die Mitarbeiter sich gemeinsam mit dem Management austauschen und somit Feedback geben und Ideen für Verbesserungsvorschläge untereinander diskutieren können, wird eine Diskussionsrunde verwendet. Durch die Funktion, dass eine Antwort innerhalb einer Diskussion als »beste Antwort« gekennzeichnet werden kann, können Sie das endgültige Vorgehen bzw. die nächsten Schritte zur Umsetzung einer Idee markieren.

Damit sowohl das Management als auch der einzelne Mitarbeiter einen schnellen Überblick über die Informationen erhält, die für ihn aufgrund seiner Rolle wichtig sind, wird eine personalisierte Homepage erstellt.

8.3.3 Eine neue Umfrage veröffentlichen

Sie beginnen mit der Erstellung einer neuen Unterwebsite in der Website der obersten Ebene Ihrer Websitesammlung. Navigieren Sie dazu auf die Websiteinhalte, und wählen Sie den Menüpunkt NEUE WEBSITE aus. In der daraufhin erscheinenden Webseite geben Sie als Titel »Umfragen & Feedback« und für die Websiteadresse den Wert »umfragen-und-feedback« an und wählen die Websitevorlage »Teamwebsite« aus. In der neuen Website müssen Sie nun die benötigte Umfrage einrichten. Gehen Sie dazu folgendermaßen vor:

1. Rufen Sie die Websiteinhalte der Website auf, und klicken Sie auf den Menüpunkt APP HINZUFÜGEN.
2. Wählen Sie die App »Umfrage« aus, geben Sie den Namen »Änderungen der Betriebsruhe« an, und klicken Sie auf die Schaltfläche ERSTELLEN.

Die Umfrage steht nun zur Verfügung. Bevor Sie diese allerdings nutzen können, müssen Sie dort Fragen hinterlegen, auf die der einzelne Mitarbeiter antworten kann. Rufen Sie deshalb die Umfrage auf, und wählen Sie entsprechend der Darstellung in Abbildung 8.13 im Menü EINSTELLUNGEN den Menüpunkt FRAGEN HINZUFÜGEN aus.

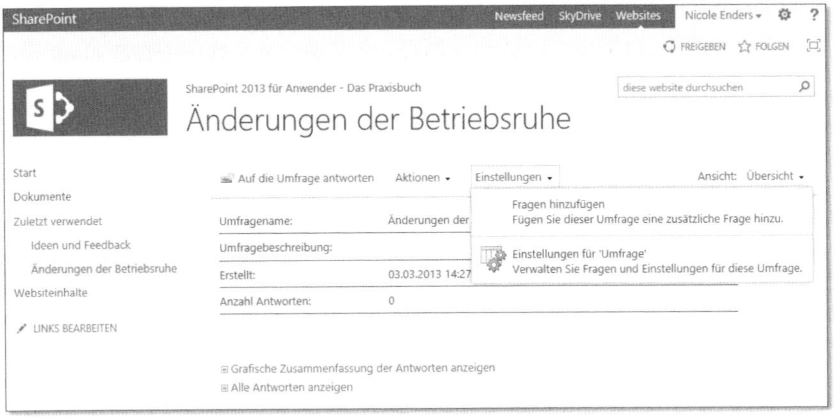

Abbildung 8.13 Fragen für die neue Umfrage hinterlegen

Die daraufhin erscheinende Eingabemaske zur Erfassung einer neuen Frage innerhalb der Umfrage erinnert ein wenig an die Maske zur Erstellung einer neuen Spalte innerhalb einer Liste. Und in der Tat entspricht eine Frage in der Umfrage auch wirklich einer Spalte.

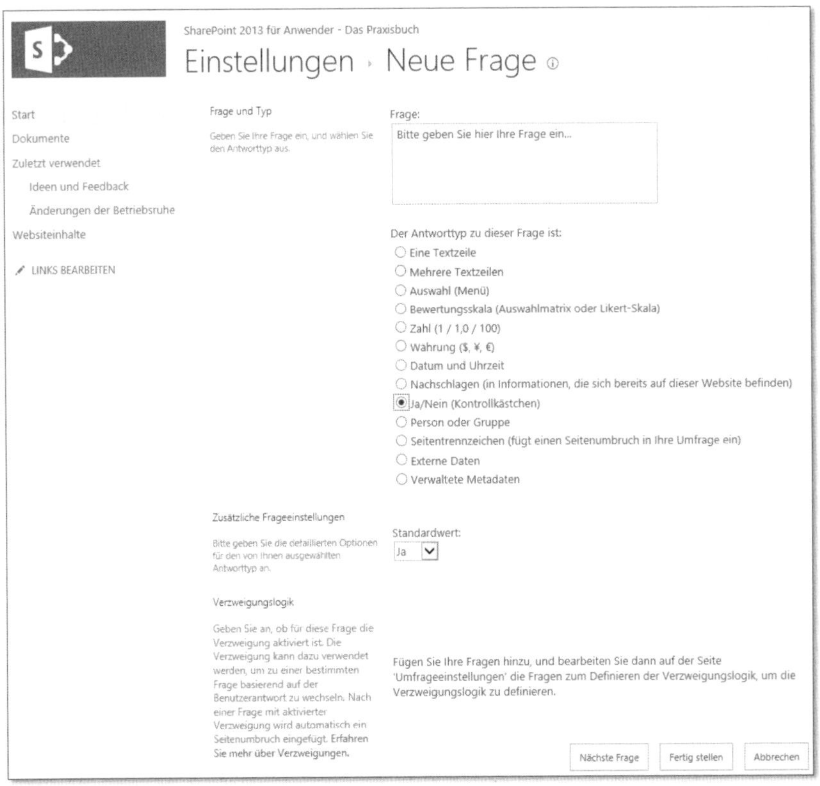

Abbildung 8.14 Einstellungen für eine neue Frage innerhalb der Umfrage

Wie Sie der Darstellung in Abbildung 8.14 entnehmen können, formulieren Sie zunächst die Frage und entscheiden sich dann für das Format der Antwort. Für automatisierte Auswertungen ist es zu empfehlen, möglichst wenige Freitextantworten zu erlauben und stattdessen mit Auswahlwerten zu arbeiten. Sie können über die Schaltfläche NÄCHSTE FRAGE auch direkt weitere Fragen formulieren. Interessant ist aber vor allem der Bereich VERZWEIGUNGSLOGIK, in dem Sie in Abhängigkeit von den gegebenen Antworten definieren können, welche Frage als nächste gestellt wird.

Sie werden nun ein paar Fragen erfassen, indem Sie folgendermaßen vorgehen:

1. In der geöffneten Erfassungsmaske für eine neue Frage geben Sie die Frage »Wir planen zukünftig eine Betriebsruhe vom 24.12. bis einschließlich 01.01. einzuführen. Das heißt, in diesem Zeitraum wird kein Mitarbeiter arbeiten. Was halten Sie davon?« ein.
2. Wählen Sie als Antworttyp die Option »Auswahl« aus, und geben Sie als mögliche Antworten die Werte »Das finde ich gut!« und »Ich möchte das nicht!« an.
3. Klicken Sie auf die Schaltfläche NÄCHSTE FRAGE, sodass sich die Erfassungsmaske für die zweite Frage öffnet.
4. In der geöffneten Erfassungsmaske für eine neue Frage geben Sie die Frage »Warum gefällt Ihnen die Einführung einer Betriebsruhe nicht?« ein.
5. Wählen Sie als Antworttyp die Option »Mehrere Textzeilen« aus, damit der Anwender seinen Grund angeben kann.
6. Klicken Sie auf die Schaltfläche NÄCHSTE FRAGE, sodass sich die Erfassungsmaske für die dritte Frage öffnet.
7. In der geöffneten Erfassungsmaske für eine neue Frage geben Sie die Frage »Für die Betriebsruhe sind im Schnitt ca. 3 bis 6 Urlaubstage zu verrechnen. Dürfen diese bereits automatisch zu Beginn des Jahres von Ihrem Urlaubskonto abgezogen werden?« ein.
8. Wählen Sie als Antworttyp die Option »Ja/Nein« aus, und klicken Sie auf die Schaltfläche NÄCHSTE FRAGE, sodass sich die Erfassungsmaske für die vierte Frage öffnet.
9. In der geöffneten Erfassungsmaske für eine neue Frage geben Sie die Frage »Warum dürfen die Urlaubstage nicht von Ihrem Urlaubskonto abgezogen werden?« ein.
10. Wählen Sie als Antworttyp die Option »Mehrere Textzeilen« aus, damit der Anwender seinen Grund angeben kann, und klicken Sie auf die Schaltfläche FERTIG STELLEN.

Sie befinden sich nun auf der Übersichtsseite aus Abbildung 8.15. Sie entspricht den Einstellungen der Umfrage. Sie sehen dort die von Ihnen erfassten Fragen und können über den Link REIHENFOLGE DER FRAGEN ÄNDERN festlegen, in welcher Reihenfolge die Fragen gestellt werden, wenn Sie die Umfrage beantworten.

Wir haben jetzt noch einen besonderen Fall, für den wir eine **Verzweigungslogik** benötigen. Bei der Erfassung einer Frage wurden Sie bereits darauf aufmerksam gemacht, dass Sie über diese Übersichtsseite die Konfiguration von Verzweigungen vornehmen können. So macht es beispielsweise keinen Sinn, die zweite Frage zu stellen, wenn der Anwender zuvor bei Frage 1 gesagt hat, dass er mit den Änderungen der Betriebsruhe zufrieden ist. Das Gleiche gilt für die dritte und vierte Frage.

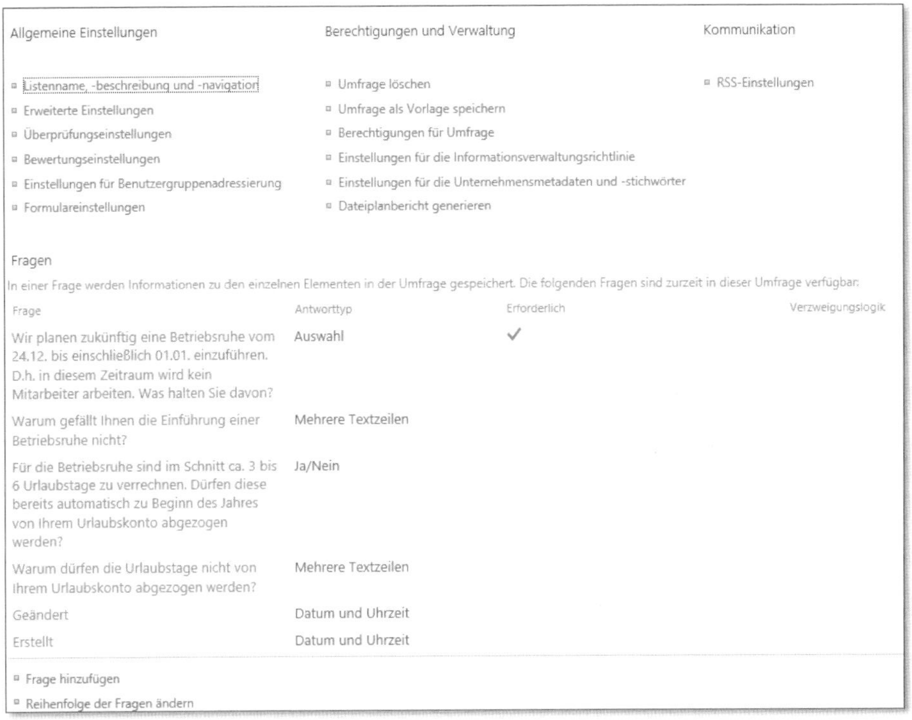

Abbildung 8.15 Übersicht über die erfassten Fragen der Umfrage in den Einstellungen

Um die Verzweigung zu konfigurieren, klicken Sie auf die erste Frage, wodurch diese zur Bearbeitung geöffnet wird. Wenn Sie zu dem unteren Bereich der Bearbeitungsmaske wechseln, können Sie im Bereich VERZWEIGUNGSLOGIK festlegen, welche Frage folgen soll, wenn eine bestimmte Antwort gegeben wird.

In Abbildung 8.16 sehen Sie das Beispiel für die Konfiguration der ersten Frage. Nehmen Sie nun folgende Anpassungen an den Fragen vor:

- Rufen Sie die erste Frage auf, und wählen Sie für die Antwort »Das finde ich gut!« die dritte Frage aus, während bei der Antwort »Ich möchte das nicht!« die zweite Frage wie bisher auch folgt. Durch diese Konfiguration überspringen Sie die zweite Frage, wenn die Befragten mit der Änderung der Betriebsruhe einverstanden sind. Vergessen Sie aber nicht, die Konfiguration über die Schaltfläche OK zu speichern.

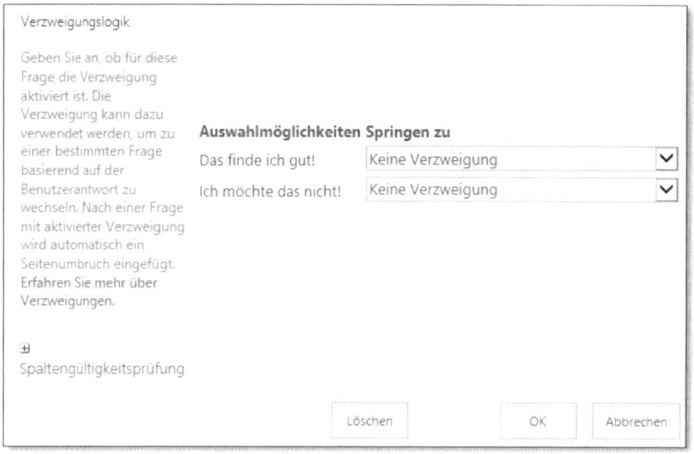

Abbildung 8.16 Verzweigungslogik für eine Frage der Umfrage konfigurieren

- Rufen Sie die dritte Frage auf, und schauen Sie sich die möglichen Verzweigungen für die Antworten »Ja« und »Nein« an. Dabei sollte Ihnen auffallen, dass Sie die letzte Frage nicht überspringen können. Sie haben keine Möglichkeit, zu sagen, dass mit einer Antwort die Umfrage automatisch beendet ist.
- Aus diesem Grund müssen Sie eine fünfte Frage anlegen, die zum Beispiel »Möchten Sie uns gerne noch etwas sagen, das zu diesem Thema passt?« heißen kann und den Antworttyp »Mehrere Textzeilen« haben sollte.
- Rufen Sie jetzt erneut die dritte Frage auf, und legen Sie die Verzweigung so fest, dass bei der Antwort »Ja« direkt auf die fünfte Frage verwiesen wird, während die Antwort »Nein« weiterhin die vierte Frage zur Folge hat. Speichern Sie dann die Konfiguration über die Schaltfläche OK.

Jetzt können die Mitarbeiter über die Schaltfläche AUF DIE UMFRAGE ANTWORTEN die Umfrage ausfüllen. Probieren Sie es doch einmal aus!

Überlegen Sie sich genau, ob Sie die Option »Eindeutige Werte erzwingen« aktivieren!

Wenn Sie diese Option aktivieren, bedeutet das, dass nur eine Person diese Antwort auswählen darf. Bei der nächsten Person, die diese Antwort auswählt, wird eine Fehlermeldung erscheinen. Sinnvoll kann eine solche Konfiguration sein, wenn Sie zum Beispiel Aufgaben oder Verantwortungsbereiche verteilen möchten und sich Mitarbeiter hierfür melden sollen.

Wenn Sie zulassen möchten, dass mehrere Personen dieselbe Antwort geben, sollten Sie die Einstellung der Option unverändert lassen.

8.3.4 Ergebnisse einer Umfrage auswerten

Um die Ergebnisse einer Umfrage auswerten zu können, müssen die Mitarbeiter überhaupt erst einmal von dieser Umfrage erfahren und diese anschließend ausfüllen. Leider gibt es keinen automatischen Mechanismus, um einen Personenkreis über die neue Umfrage zu informieren. Aber Sie haben im vorherigen Abschnitt ja bereits eine Lösung zur Bereitstellung allgemeiner Unternehmensinformationen erstellt. Tragen Sie doch dort als Neuigkeit ein, dass es diese Umfrage gibt. Gegebenenfalls macht die Erstellung einer neuen Kategorie in der Ankündigungsliste Sinn, damit Sie über Filterungen schnell die Ankündigungen zu Umfragen finden können.

Der Vorteil dieses Vorgehens ist, dass alle automatisch über die neue Umfrage im Bilde sind, sobald sie diese zentrale Website aufrufen. Außerdem können die Mitarbeiter die RSS-Feed-Funktionalität nutzen und werden dadurch bereits in Outlook über diese Neuigkeit benachrichtigt.

Abbildung 8.17 Verschiedene Fragen bei der Beantwortung der Umfrage

Wenn Sie als Anwender die Umfrage ausfüllen, hängt es von Ihren Antworten ab, welche Fragen Ihnen in welcher Reihenfolge gestellt werden. Wenn Sie zum Beispiel die dritte Frage nach der automatischen Verrechnung Ihrer Urlaubstage mit der Betriebsruhe mit »Nein« beantworten, wird Ihnen entsprechend der Darstellung in

Abbildung 8.17 als Nächstes bereits die spezielle Frage für den Fall »Nein« und die für beide Antworten abschließende Frage 5 gestellt.

Wenn die Mitarbeiter auf Ihre Umfrage geantwortet haben, können Sie bereits über die Liste selbst eine grafische Zusammenfassung wie in Abbildung 8.18 aufrufen. Dort erhalten Sie einen groben Überblick über die gegebenen Antworten, um einen ersten Eindruck von der Einstellung der Belegschaft hinsichtlich eines bestimmten Themas zu erhalten.

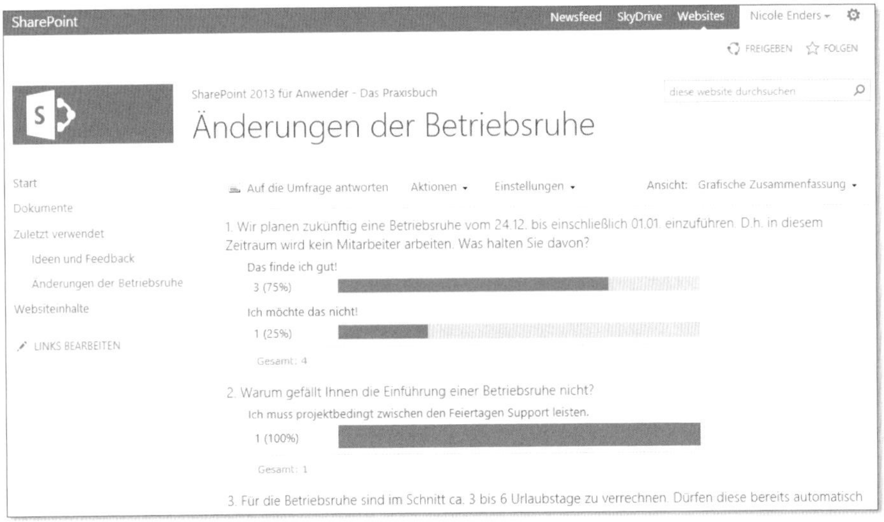

Abbildung 8.18 Grafische Zusammenfassung zu einer Umfrage

Allerdings ist diese Übersicht nicht hilfreich, wenn Sie bestimmte Diagramme oder eine tabellarische Auswertung benötigen. Dazu gibt es eine andere Möglichkeit. Wenn Sie im Menü unter Aktionen den Menüpunkt In eine Kalkulationstabelle exportieren nutzen, wird der Inhalt der Liste in Excel exportiert.

Wie Sie der Darstellung in Abbildung 8.19 entnehmen können, wird jede Frage der Umfrage durch eine Spalte repräsentiert und findet sich daher in dieser Form auch im Export wieder.

Sie können nun nach Belieben individuelle Auswertungen erstellen, indem Sie die Funktionen nutzen, die in Excel zur Verfügung stehen. So sind hier die verschiedensten Diagramme zur Darstellung der Umfrageergebnisse denkbar. Die Excel-Datei können Sie anschließend wieder in der Dokumentbibliothek »Dokumente« speichern, die bereits durch die Websitevorlage geliefert wurde. Somit stünden die Auswertungen anschließend ebenfalls allen Mitarbeitern zur Verfügung. Wenn Sie das nicht wünschen, können Sie die Berechtigungen auf diese Bibliothek auch entsprechend konfigurieren, sodass beispielsweise nur das Management diese Bibliothek aufrufen kann.

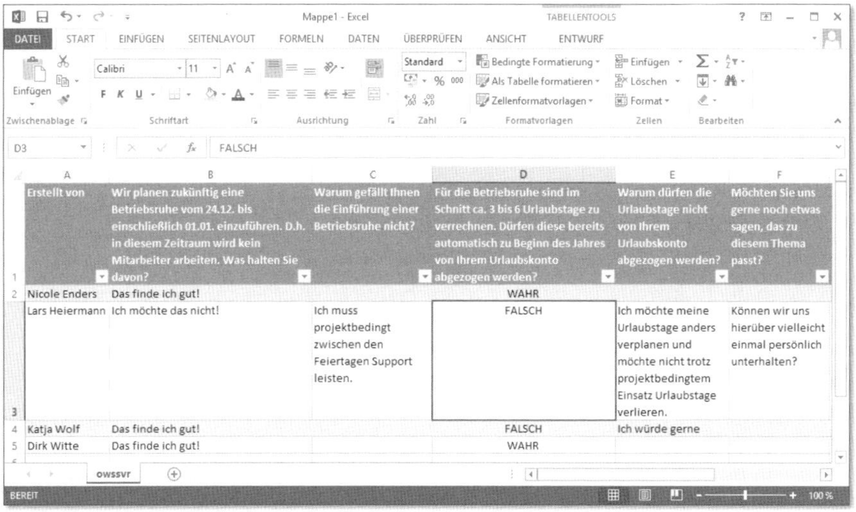

Abbildung 8.19 Auswertung einer Umfrage mit Excel (tabellarische Darstellung)

8.3.5 Ideen einstellen, diskutieren und bewerten

Neben der Möglichkeit, Umfragen zu veröffentlichen, zu beantworten und Auswertungen durchzuführen, möchten Sie auch einen Ort erschaffen, an dem die Mitarbeiter Ideen und Verbesserungsvorschläge äußern, untereinander diskutieren und bewerten können. Dieser Ort soll die Zusammenarbeit und die Kommunikation von Management und Belegschaft fördern und als Zusatz zu den persönlichen Gesprächen genutzt werden.

Für diese Lösung werden Sie eine Diskussionsrunde verwenden, die Sie folgendermaßen einrichten:

1. Wählen Sie unter den Websiteinhalten den Menüpunkt APP HINZUFÜGEN aus.
2. Wählen Sie die App »Diskussionsrunde« aus, geben Sie den Namen »Ideen und Feedback« an, und betätigen Sie die Schaltfläche ERSTELLEN.

Die Diskussionsrunde kann nun direkt genutzt werden. Allerdings sollten Sie bei einer produktiven Nutzung unbedingt mit ein paar initialen Inhalten beginnen. Ansonsten ist bei den meisten Anwendern die Hemmschwelle zu hoch, dort als Erster eine Idee einzustellen. Suchen Sie sich ein paar ausgewählte Mitarbeiter aus, und diskutieren Sie mit diesen bestimmte Themen. Über dieses Beispiel werden Sie die übrigen Mitarbeiter für diese neue Kommunikationsmöglichkeit begeistern können.

8.3.6 Zu guter Letzt ein bisschen aufräumen

Ein paar Punkte, die Sie immer beachten sollten, sind die Gestaltung der Homepage und der Navigation einer jeden Website. Darum haben wir uns bis jetzt noch nicht gekümmert. Deshalb spreche ich es jetzt an. Rufen Sie zunächst die Homepage auf, und führen Sie folgende Schritte durch:

1. Wählen Sie im Menüband Seite den Menüpunkt Bearbeiten aus, um die Seite im Bearbeitungsmodus zu öffnen.
2. Entfernen Sie sämtliche Webparts von der Seite, und wählen Sie über den Menüpunkt Textlayout im Menüband Text formatieren das Layout »Eine Spalte mit Randleiste« aus.
3. Fügen Sie in die linke Spalte über den Menüpunkt Webpart im Menüband Einfügen die Diskussionsrunde »Ideen und Feedback« hinzu.
4. In der rechten Spalte sollte die erstellte Umfrage erscheinen. Gehen Sie dazu analog zur Diskussionsrunde vor.
5. Wählen Sie für das Webpart mit der Umfrage den Menüpunkt Webpart bearbeiten aus, wählen Sie in der daraufhin erscheinenden rechten Konfigurationsleiste die Ansicht »<Überblickansicht>« aus, und bestätigen Sie die Einstellungen über die Schaltfläche OK.
6. Speichern Sie die Seite über den Menüpunkt Speichern im Menüband.

Vergessen Sie jetzt die Schnellstartleiste nicht. Sowohl die Umfrage als auch die Diskussionsrunde werden unterhalb des Menüpunktes Zuletzt verwendet angezeigt. Verschieben Sie den Link Ideen und Feedback um eine Ebene nach oben, entfernen Sie den Link auf die Dokumente, und führen Sie eine neue Überschrift »Umfragen« ein, unter der der Link zu unserer ersten Umfrage angeordnet werden kann.

Damit sollte Ihre Lösung in etwa so wie in Abbildung 8.20 aussehen. Denken Sie aber bitte daran, dass es nicht mit der Bereitstellung einer solchen Lösung getan ist. Sie müssen den Mitarbeitern erklären, wozu diese Plattform gedacht ist und welche Vorteile und Möglichkeiten sie hierdurch haben.

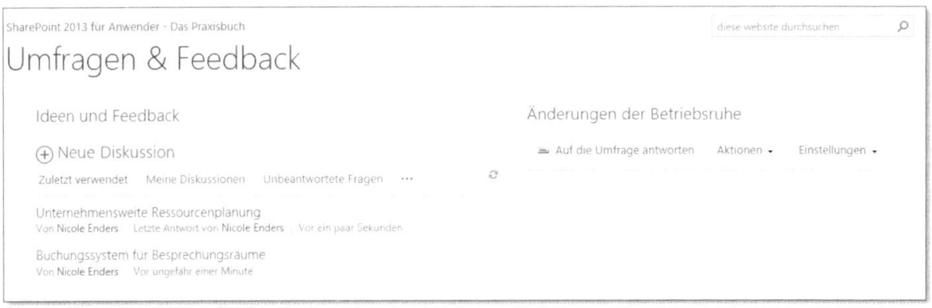

Abbildung 8.20 Homepage und Navigation der Lösung für Umfragen und Feedback der Mitarbeiter

Nehmen Sie sich ausreichend Zeit für die verschiedenen Anwendergruppen. Stellen Sie ihnen die Lösung vor, und nehmen Sie die Änderungswünsche auf. Bestimmt werden sich die Anwender ein komplexeres Berechtigungskonzept wünschen, das Sie in den meisten Fällen durch einfache Konfigurationsänderungen umsetzen können. Vielleicht werden Sie aber auch Wünsche hören, die mit den Standardfunktionen von SharePoint nicht realisierbar sind. Das sollten Sie allerdings nach den vorangegangenen Übungen schon gut erkennen können. Nehmen Sie diese Anforderungen auf, und bitten Sie bei Bedarf einen SharePoint-Entwickler um eine Einschätzung, wie und mit welchem Aufwand diese Anforderungen realisiert und in Ihre Lösung integriert werden können.

Wie kann ich eine personalisierte Homepage erstellen?

Sie können bei jedem Webpart eine oder mehrere Benutzergruppen angeben, die das Webpart sehen dürfen. Solange Sie gar keine Gruppe angeben, sieht jeder Anwender das Webpart und kann es nutzen. Wenn Sie aber für bestimmte Gruppen zusätzliche bzw. spezielle Informationen auf der Seite bereitstellen möchten, sollten Sie diese Möglichkeit nutzen, die über die rechte Konfigurationsleiste bei der Bearbeitung eines Webparts zur Verfügung steht.

Sie haben in den vergangenen zwei Abschnitten verschiedene Möglichkeiten für die Unterstützung der Kommunikation zwischen dem Management und den Mitarbeitern des Unternehmens kennengelernt. In den nächsten Abschnitten wenden wir uns ein paar schwierigeren Themen zu, die sich explizit an fortgeschrittene Anwender richten. Haben Sie also keine Angst, wenn Ihnen die nächsten Übungen zu schwierig vorkommen.

8.4 Zeiterfassung

In vielen Unternehmen beliebiger Größe werden die Arbeitszeiten der Mitarbeiter über ein Zeiterfassungssystem erfasst. Dabei sind verschiedene Varianten – von der klassischen Stempeluhr bis hin zu modernen Softwarelösungen – denkbar. Sie werden in dieser Übung erkennen, dass bei der Bereitstellung eines Zeiterfassungssystems für die folgenden Zugriffsmöglichkeiten kein großer Unterschied besteht:

- Nutzung von Terminals zur An- und Abmeldung des Mitarbeiters (evtl. mittels RFID-Chips)
- mobile Zeiterfassung über ein Smartphone (ggf. mit GPS-Sender)
- Verwendung einer Internet-Website
- Nutzung einer Intranet-Lösung

Wenn Sie von Anfang an die Unterstützung verschiedener Zugriffsmöglichkeiten bei der Umsetzung der Lösung berücksichtigen, entstehen keine immensen zusätzlichen Kosten. Das bedeutet allerdings auch, dass nachträglich gestellte Forderungen auch bei dieser Lösung zu unerwartet hohen Mehraufwänden führen können, wenn sie bei der Konzeption der Lösung nicht berücksichtigt wurden und dadurch mit den ausgewählten Werkzeugen nicht oder nur bedingt realisiert werden können.

8.4.1 Benötigte Funktionen

Die Erfassung von Arbeitszeiten betrifft meistens sämtliche Mitarbeiter des Unternehmens. Auf Basis der von ihnen erfassten zeitlichen Aufwände können im Rahmen des Controllings die verschiedensten Auswertungen erstellt werden. So wird beispielsweise häufig gefordert, die entstandenen Aufwände im Rahmen eines Kundenauftrags anhand von Tätigkeitsnachweisen in Rechnung zu stellen. Hierfür werden die Arbeitszeiten der an diesem Auftrag beteiligten Mitarbeiter benötigt.

Wie Sie in Abbildung 8.21 erkennen können, sind zwei verschiedene Anwendergruppen an dem Zeiterfassungssystem in dieser Übung beteiligt:

- **Mitarbeiter:** Diese Anwender möchten ihre Arbeitszeiten möglichst einfach erfassen. Dabei sollen die verschiedenen Zugriffs- und Nutzungsalternativen von der klassischen Stempeluhr mittels RFID-Chips bis hin zur manuellen Erfassung über eine Web- oder Windows-Oberfläche ermöglicht werden.

  Neben der Erfassung von Arbeitszeiten, die jeweils Kundenaufträgen, Projekten oder bestimmten Aktivitäten zugeordnet und somit kategorisiert werden, möchten die Anwender auch ihre Abwesenheitszeiten verwalten. Dabei soll auch die Möglichkeit bestehen, Urlaub zu beantragen und somit einen Genehmigungsprozess zu initiieren.

  Zusätzlich soll jeder Mitarbeiter seine Stammdaten einsehen dürfen. Dabei handelt es sich um Daten aus der Mitarbeiterdatenbank, seinen Urlaubsanspruch für das aktuelle Jahr und die für ihn geltende SOLL-Arbeitszeit für den jeweiligen Monat.

  Außerdem sollen die Anwender Auswertungen zu den von ihnen selbst erfassten Arbeits- und Abwesenheitszeiten erstellen und in Excel weiterverarbeiten können. Der Zugriff auf erfasste Zeiten anderer Mitarbeiter darf für sie nicht möglich sein.
- **Management und Controlling:** Diese Anwender pflegen die Stammdaten für die Mitarbeiter. So werden von ihnen beispielsweise die Kundenaufträge, Projekte und Aktivitäten definiert, die anschließend für die Zeitverschreibung zur Verfügung stehen. Außerdem können Sie bei jedem beliebigen Mitarbeiter festlegen, ob er Tätigkeitsnachweise für einen Kundenauftrag erstellen darf, da dies auch Arbeitszeiten anderer Mitarbeiter betrifft.

  Neben der Zeiterfassung, die die Anwender aus Management und Controlling genauso wie jeder andere Mitarbeiter auch vornehmen, können sie allerdings Auswertungen zu jedem beliebigen Mitarbeiter und zu jedem Kundenauftrag, einem Projekt oder einer Aktivität erstellen.

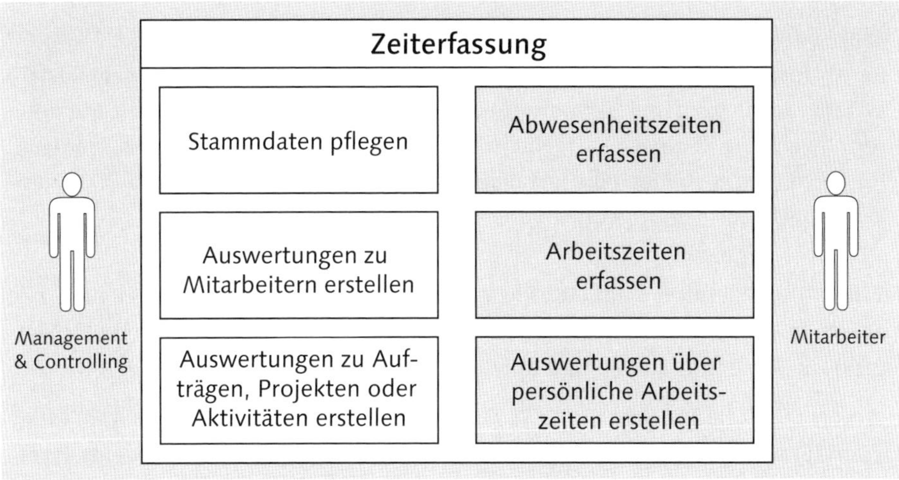

Abbildung 8.21 Anforderungen an ein Zeiterfassungssystem

Die benötigten Funktionen lassen sich somit eindeutig mindestens einer Anwendergruppe zuordnen und sollten in der Praxis auch durch Vertreter dieser Gruppen detailliert beschrieben und nach der Umsetzung getestet werden.

8.4.2 Konzeption der Lösung

Bei der Konzeption sind Aspekte wie die eingesetzte Version und Edition von SharePoint und die zur Verfügung stehenden Tools zu berücksichtigen.

Für diese Übung müssen folgende **Voraussetzungen** erfüllt sein:

- Einsatz der Edition SharePoint Server 2013 Enterprise
- die lokale Installation von Microsoft Access 2013 auf Ihrem PC
- Erfahrungen in der Nutzung von Microsoft Access

Den Schwierigkeitsgrad der Übung habe ich bewusst für fortgeschrittene Anwender mit Kenntnissen in der Datenbankentwicklung gewählt, um Ihnen einen Ausblick auf mögliche weitere Anwendungsszenarien geben zu können. Wenn Sie die Voraussetzungen nicht erfüllen, möchte ich Sie dazu einladen, die Übung zu überspringen oder nur einen kurzen Blick auf die Ergebnisse zu werfen, damit Sie grundsätzlich wissen, welche Möglichkeiten Ihnen mit diesen Funktionen geboten werden. Sie können dann direkt zu Abschnitt 8.5 wechseln.

In dieser Übung werden Sie die Möglichkeiten der sogenannten **Access Services** in SharePoint kennenlernen, die eine Nutzung solcher Datenbankanwendungen über den Browser ermöglichen und somit keine Installation von Microsoft Access auf dem PC eines Anwenders mehr erfordern.

Was ist Access, und wofür verwende ich es?

Bei Microsoft Access handelt es sich um ein proprietäres Datenbankmanagementsystem von Microsoft zur Verwaltung von Daten in Form von Datenbanken. Mit dieser Anwendung können verschiedenste Datenbankanwendungen erstellt werden, für deren Nutzung jedoch die Installation von Microsoft Access auf den PCs eines jeden Anwenders vorausgesetzt wird.

Bei den Access Services handelt es sich in SharePoint 2013 um die folgenden zwei Dienstanwendungen, mit deren Hilfe Sie Access-Lösungen über eine Weboberfläche zentral zur Verfügung stellen und nutzen können:

- **Access Services:** Mit SharePoint 2013 werden die sogenannten Access Apps eingeführt. Sie können auf diese Weise eine Anwendung mit Access 2013 entwickeln, ohne eine Zeile Code zu schreiben, und sie als App in SharePoint zentral bereitstellen.
- **Access Services 2010:** Die in Access 2010 und SharePoint 2010 gewohnte Erstellung von Webdatenbanken ist mit Access 2013 nicht mehr möglich. Sie können allerdings eine mit Access 2010 und SharePoint 2010 erstellte Webdatenbank anzeigen und bearbeiten, um diese anschließend in SharePoint 2013 bereitzustellen. Wie Sie sehen, wird diese Dienstanwendung genutzt, um eine Abwärtskompatibilität für Access-Webdatenbanken zu gewährleisten.

Wenn Sie eine Access-App erstellen, wählen Sie eine Website in SharePoint aus, in der diese App bereitgestellt werden soll. Sie können diese App wie jede andere auch über die Websiteinhalte der entsprechenden Website aufrufen, verwalten und auch wieder deinstallieren. Sobald Sie die App in SharePoint bereitstellen, wird im Hintergrund eine **SQL Server-Datenbank** für die Datenverwaltung der Access-App erstellt. In dieser Datenbank werden alle Objekte (wie Tabellen und Ansichten) gespeichert, die Sie für die Anwendung benötigen.

In dieser Übung werden Sie in der Website der obersten Ebene in der Websitesammlung, die Sie bereits für die vorherigen Übungen verwendet haben, eine neue Access-App »Zeitverschreibung« bereitstellen, die über die folgenden Tabellen verfügt:

- **Mitarbeiter:** Nur die Anwender, die in dieser Stammdatentabelle erfasst wurden, können ihre Arbeitszeiten verschreiben. Dabei werden Informationen wie Vor- und Nachname, E-Mail-Adresse und die Mitarbeiternummer zur eindeutigen Identifizierung der Mitarbeiter verwaltet. Zusätzlich kann über eine weitere Spalte die von dem jeweiligen Mitarbeiter erwartete SOLL-Stundenzahl pro Tag erfasst werden.

- **Projekte:** Für spätere Auswertungen kann es neben der reinen Arbeitszeit eines jeden Mitarbeiters auch interessant sein, für welche Kundenaufträge, Projekte oder Aktivitäten welche Aufwände entstanden sind. Aus diesem Grund wird die Tabelle »Projekte« angelegt, in der neben einer Projektnummer und einer Bezeichnung auch der Zeitraum des jeweiligen Projektes bzw. Kundenauftrags angegeben werden kann. Wenn Sie zusätzlich noch den Projektleiter angeben, bei dem es sich um eine in der Tabelle »Mitarbeiter« erfasste Person handelt, können Sie im Rahmen einer Erweiterung auf Basis der in dieser Übung erstellten Lösung eine Erfassung von Arbeitszeiten nur innerhalb des angegebenen Projektzeitraums erlauben. Wenn das eingegebene Projektende erreicht ist, könnte außerdem der Projektleiter per E-Mail benachrichtigt werden, um den Zeitraum bei Bedarf zu verlängern. Die beiden genannten Erweiterungen werden nicht in Form einer Übung gezeigt, sondern sollen Ihnen lediglich ein Gefühl für die vielen Möglichkeiten geben, die Sie bei der Erstellung Ihrer Lösungen grundsätzlich haben.
- **Arbeitspakete:** Jeder Kundenauftrag bzw. jedes Projekt unterteilt sich in unserem Beispiel in Aufgaben- oder Arbeitspakete, die bei der Zeiterfassung berücksichtigt werden sollen. So kann ein Einführungsprojekt für SharePoint beispielsweise in die Arbeitspakte »Anforderungsanalyse«, »Konzeption«, »Realisierung«, »Schulung« und »Dokumentation« unterteilt werden.
- **Aktivitäten:** Um eine zusätzliche Verfeinerung bei der Erfassung der Arbeitszeiten vornehmen zu können, werden Arbeitspakete in Aktivitäten unterteilt. So kann beispielsweise festgehalten werden, dass im Arbeitspaket »Konzeption« Besprechungen mit dem Kunden, Besprechungen innerhalb des Projektteams und die Erstellung des Konzepts erfolgt sind.
- **Arbeitszeiten:** Jeder Mitarbeiter erfasst in dieser Tabelle seine Arbeitszeiten, indem er zunächst ein Projekt und anschließend ein Arbeitspaket und eine Aktivität auswählt. Danach wählt er ein Datum aus und gibt die Anzahl an Stunden ein, die er für die entsprechende Aktivität verwendet hat. Für zusätzliche Angaben kann ein Bemerkungsfeld sinnvoll sein. Das ist aber nur dann der Fall, wenn die Mitarbeiter ihre Arbeitszeiten manuell eingeben und keine automatische Erfassung der Zeiten (beispielsweise durch RFID-Chips) erfolgt.

Aufbauend auf dieser Datenstruktur können Sie die Benutzeroberfläche gestalten, damit sich die Ansicht der Arbeitszeiten bei Aufruf der Access-App automatisch öffnet und die benötigten Eingabe- und Übersichtsseiten von dort aus aufgerufen werden können. Außerdem sollten Sie abschließend die Auswertungsmöglichkeiten für die unterschiedlichen Anwendergruppen vorsehen und zur Verfügung stellen.

8.4.3 Konfiguration der Access Services

Bei den Access Services handelt es sich um eine Komponente, die Ihnen nur in der Edition mit dem größten Funktionsumfang, dem SharePoint Server Enterprise, zur

Verfügung steht. Das bedeutet, dass Sie diese Übung mit einer SharePoint Foundation oder einem SharePoint Server Standard nicht in der gezeigten Form durchführen können. Allerdings können Sie alternativ eine Lösung auf Basis von benutzerdefinierten Listen mit den vorgesehenen Spalten erstellen und so trotzdem eine SharePoint-basierte Lösung zur Zeiterfassung entwickeln.

Funktionieren die Access Services unter Office 365?

Wenn Sie Office 365 nutzen, bleibt Ihnen die Konfiguration der Access Services erspart und Sie können direkt mit der Einrichtung einer Access-App beginnen. Allerdings sollten Sie darauf achten, dass die Access Services nur in der Edition SharePoint Server Enterprise zur Verfügung stehen und somit das von Ihnen für Office 365 gewählte Paket darüber entscheidet, ob Sie diese Funktion überhaupt nutzen können.

Sollten Sie allerdings SharePoint selbst installiert haben oder bei sich im Haus betreiben, so müssen Sie sicherstellen, dass die Konfiguration für die Access Services vorgenommen wurde. Fragen Sie dazu am besten Ihren Administrator. Falls Sie selbst der Administrator sind, können Sie die folgenden Schritte ausführen, um die Access Services in SharePoint Server 2013 zu installieren, einzurichten und bereitzustellen:

1. Sie benötigen zwingend einen SQL Server 2012 in der Enterprise-Edition. Die Inhalte einer jeden Access-App werden jeweils in einer separaten SQL Server-Datenbank gespeichert.

   Installieren und konfigurieren Sie daher *SQL Server 2012 Enterprise*. Überlegen Sie sich dabei genau, ob es sinnvoll ist, aufgrund der vielleicht bei Ihnen zu erwartenden Nutzung der Access Services einen separaten Server für diesen Dienst bereitzustellen. Für die Evaluierung können Sie beispielsweise den SQL Server nehmen, der von SharePoint bereits verwendet wird. Die einzige Voraussetzung ist hier die Version 2012 in der Enterprise Edition. Mit anderen Versionen bzw. Editionen werden die Access Services nicht unterstützt.
2. Sie müssen über die Zentraladministration die Konfiguration des App Stores vornehmen, falls diese noch nicht erfolgt ist. Ohne diesen Schritt steht Ihnen die Access-App nicht zur Verfügung.
3. Konfigurieren Sie außerdem die Dienstanwendung *Access Services*, damit Access-Apps mithilfe von Access Services erfolgreich ausgeführt werden können.

Sollten Sie einen vermehrten Einsatz von Access-Apps absehen können, empfehle ich Ihnen, für diese eine separate Websitesammlung zu erstellen, da mit jeder Access-App eine neue Unterwebsite erstellt wird.

Weitere Informationen zu den einzelnen Schritten finden Sie unter *http://technet.microsoft.com/de-de/library/jj714714.aspx*. Dort können Sie (auf Englisch) auch die detaillierte Installations- und Konfigurationsanleitung *AccessServices2013OnPremInstall.docx* herunterladen.

Was muss ich tun, wenn ich meine Webdatenbanken aus SharePoint 2010 weiterhin nutzen möchte?

Wenn Sie Ihre Webdatenbanken aus SharePoint 2010 auch in einer SharePoint 2013-Umgebung nutzen möchten, müssen Sie folgende Konfiguration vornehmen:

- Konfiguration der *SQL Server Reporting Services*
- Starten des Access-Datenbankdienstes
- Konfiguration der Dienstanwendung *Access Services 2010*
- weitere Einstellungen für die Access Services vornehmen

Weitere Informationen zur Konfiguration der Access Services 2010 finden Sie unter *http://technet.microsoft.com/de-de/library/ee748653.aspx*.

8.4.4 Einrichten einer Access-App

Rufen Sie jetzt die Website der obersten Ebene Ihrer Websitesammlung auf, und navigieren Sie zu den Websiteinhalten. Wählen Sie dort den Menüpunkt APP HINZUFÜGEN und anschließend die App ACCESS-APP aus. Geben Sie den Namen »Zeitverschreibung« an, und klicken Sie auf die Schaltfläche ERSTELLEN. Ihre App erscheint nun ausgegraut unter den Websiteinhalten mit der Bemerkung »Ihre App wird hinzugefügt. Klicken Sie hier, um den Vorgang abzubrechen«. Erst dann, wenn diese Bemerkung verschwindet und die Kachel der App wie in Abbildung 8.22 das Logo von Access beinhaltet, ist die Erstellung abgeschlossen.

Abbildung 8.22 Die neue Access-App »Zeitverschreibung« wurde vollständig angelegt und kann verwendet werden.

Rufen Sie die App nun auf, um auf die Seite zu gelangen, die Sie in Abbildung 8.23 sehen. Dort erhalten Sie Hilfe, um eine Access-App zu konfigurieren, und können über den Link ÖFFNEN SIE DIESE APP IN ACCESS UND BEGINNEN SIE MIT DEM HINZUFÜGEN VON TABELLEN die Bearbeitung in Access 2013 beginnen.

Nachdem ich auf den Link geklickt habe, wurde Microsoft Access zwar gestartet, ist allerdings beim Laden abgestürzt!

Das kann passieren, wenn Microsoft Access die Daten und Strukturen der Access-App aus SharePoint lädt und durch Schutzmaßnahmen Ihrer IT-Infrastruktur dabei blockiert wird. In meinem Fall habe ich eine Access-App unter Office 365 erstellt und versucht, diese aus unserem Firmennetzwerk heraus mit Microsoft Access zu öffnen. Dabei wurde der Download der von Access benötigten Informationen durch unsere Firewall blockiert und führte zum Absturz der Anwendung. Wenn so ein Problem bei Ihnen auftritt, sollten Sie Ihren Administrator um Hilfe bitten.

Abbildung 8.23 Die neue Access-App zeigt bei ihrem ersten Aufruf eine Hilfe zur Einrichtung der gewünschten Tabellen an.

Sie werden über den Download-Manager Ihres Browsers nun gefragt, ob Sie die Datei *Zeitverschreibung.accdw* öffnen oder speichern möchten. Klicken Sie auf ÖFFNEN, und bestätigen Sie die Sicherheitsabfrage aus Abbildung 8.24 über die Schaltfläche OK.

Abbildung 8.24 Sicherheitsabfrage beim Öffnen einer Access-App in Access 2013

Es geht dabei darum, dass durch das Öffnen der Access-App Daten auf Ihren PC heruntergeladen werden. Damit sollen Sie prinzipiell darauf aufmerksam gemacht werden, dass beim Öffnen von einer solchen Datei potenziell gefährliche Inhalte auf Ihrem PC gespeichert werden können. Da Sie die Access-App allerdings selbst erstellen, ist die Gefahr relativ gering, dass hiermit gefährliche Inhalte auf Ihrem System gespeichert werden. Sollten Sie allerdings in einem anderen Szenario diese Meldung erhalten und Sie wissen nicht, von wem die Anwendung erstellt wurde, so sollten Sie vor der Bestätigung der Sicherheitsabfrage genau überlegen, ob Sie die Informationen herunterladen möchten.

Warum kommt denn jetzt auch noch eine Anmeldemaske in Access?

Wenn Sie Office 365 nutzen, erscheint nun in Access noch ein Anmeldedialog, in dem Sie zunächst Ihre E-Mail-Adresse und nach Betätigen der Schaltfläche WEITER Ihr Kennwort eingeben müssen, um die App in Access öffnen zu können.

Da Ihre App noch keine Inhalte besitzt, sollten Sie sich nun in der Bearbeitungsmaske aus Abbildung 8.25 befinden. Dort können Sie Tabellen auf drei verschiedene Weisen zu Ihrer App hinzufügen:

- **Integrierte Vorlage:** Sie können über ein Suchfeld aus einer großen Menge an Vorlagen die verschiedensten Tabellen erstellen. Suchen Sie zum Beispiel nach dem Begriff »Projekt«, so werden Sie Suchergebnisse finden. Über eine Vorlage ist es auch möglich, mehrere zusammenhängende Tabellen auf einmal zu erstellen. Die Vorlage »Projekt« bringt damit neben der Tabelle »Projekte« auch die Tabellen »Kunden« und »Aufgaben« mit, die über Fremdschlüssel miteinander verbunden sind.
- **Vorhandene Datenquelle:** Sie können Tabellen auf Basis einer vorhandenen Datenquelle erstellen. Über diese Möglichkeit können Daten aus unterschiedlichen Quellen in einer Access-App aggregiert, kombiniert und aufbereitet dargestellt werden. Folgende Datenquellen können Sie aus einer Access-App heraus anbinden:
  - eine Access-Clientdatenbank
  - ein Excel-Arbeitsblatt
  - eine Datenquelle, die eine ODBC-Schnittstelle verwendet
  - Daten aus einer Text- oder CSV-Datei
  - eine SharePoint-Liste

  Im Gegensatz zu den anderen Datenquellen können die Daten aus einer SharePoint-Liste nicht nur importiert, sondern auch mit der Access-App verknüpft werden. Während bei einem Import die Daten nicht mehr aktuell sein müssen, wenn Sie später die App aufrufen, werden die Daten einer verknüpften SharePoint-Liste immer mit der Datenquelle aktualisiert. Allerdings haben Sie bei dieser Option nicht die Möglichkeit, die Daten in der verknüpften SharePoint-Liste zu editieren. Das heißt, hierfür müssen Sie die SharePoint-Liste selbst aufrufen und dort Änderungen vornehmen.

- **Neue Tabelle:** Wenn Sie weder eine Vorlage verwenden noch eine Datenquelle nutzen möchten oder können, haben Sie immer noch die Möglichkeit, eine neue Tabelle zu erstellen. Sie können damit genau die Spalten anlegen, die Sie für die Verwaltung der entsprechenden Daten benötigen.

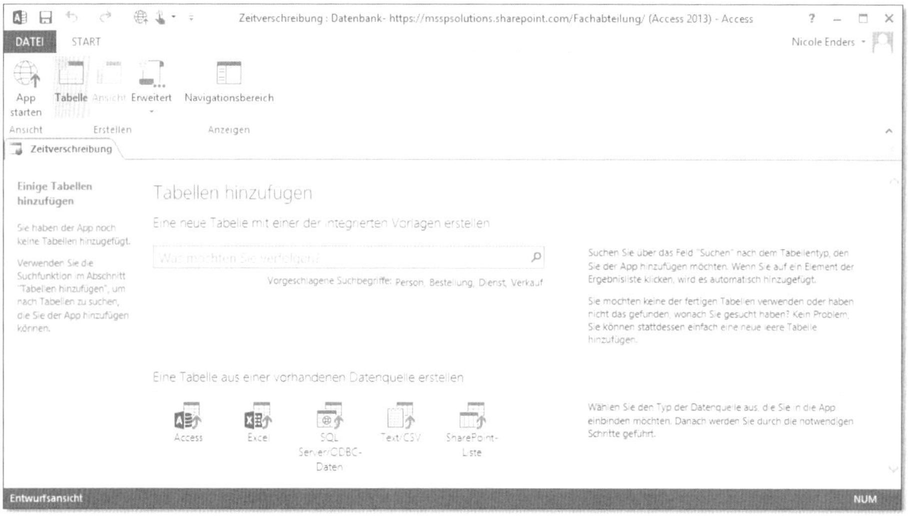

Abbildung 8.25 Tabellen in einer Access-App hinzufügen

In Abbildung 8.25 können Sie die drei Optionen genau erkennen. Über das Suchfeld steht Ihnen die Option der integrierten Vorlagen zur Verfügung, während die unterstützen Datenquellen darunter aufgeführt werden. Die dritte Option, mit der Sie eine neue Tabelle erstellen können, versteckt sich ein wenig im rechten Bereich der Maske hinter dem Link EINE NEUE LEERE TABELLE HINZUFÜGEN.

8.4.5 Erstellung und Konfiguration der benötigten Tabellen

Beginnen wir nun mit der Erstellung der benötigten Tabellen, indem wir für die Tabelle »Mitarbeiter« die Suchfunktion nutzen. Geben Sie in das Suchfeld den Begriff »Mitarbeiter« ein, und bestätigen Sie die Eingabe über die [↵]-Taste.

Sie erhalten entsprechend der Darstellung in Abbildung 8.26 eine Auflistung der zu dem Suchbegriff als passend erachteten integrierten Vorlagen. Über die unterhalb eines Suchergebnisses aufgeführte Beschreibung können Sie Informationen zum vorgesehenen Verwendungszweck erhalten.

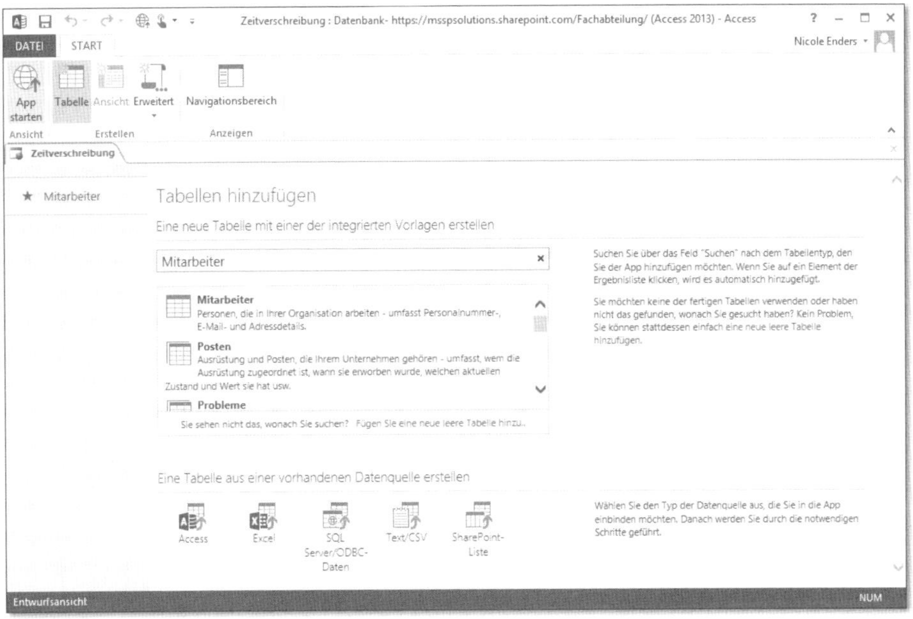

Abbildung 8.26 Vorschläge für integrierte Vorlagen nach der Suche nach einem Begriff

Wofür stehen die verschiedenen Symbole bei den Suchergebnissen?

Vielleicht ist Ihnen aufgefallen, dass bei dem Suchergebnis »Mitarbeiter« ein anderes Symbol verwendet wird als bei dem Suchergebnis »Posten«. Natürlich haben diese Symbole eine Bedeutung. Während bei dem Suchergebnis »Mitarbeiter« eine einzelne Tabelle dargestellt wird, weisen mehrere Tabellen hintereinander bei dem Suchergebnis »Posten« darauf hin, dass durch Auswahl dieser Vorlage mehrere zusammenhängende Tabellen erstellt werden.

Wählen Sie nun das Suchergebnis »Mitarbeiter« aus, indem Sie auf diese Option klicken. Die Tabelle »Mitarbeiter« wird erstellt, ohne dabei eine Benutzereingabe von Ihnen zu verlangen. Das bedeutet aber auch, dass Sie bei der Erstellung der Tabelle auf Basis einer integrierten Vorlage keinen Einfluss auf den Namen der Tabelle haben und diesen ggf. nachträglich ändern müssen.

Die neu erstellte Tabelle wird automatisch für Sie aufgerufen, sodass Sie sich in der Maske aus Abbildung 8.27 befinden. Klicken Sie auf den Menüpunkt BEARBEITEN mitten in der Maske, um die in Abbildung 8.28 dargestellte Bearbeitungsmaske für die Tabelle »Mitarbeiter« zu öffnen.

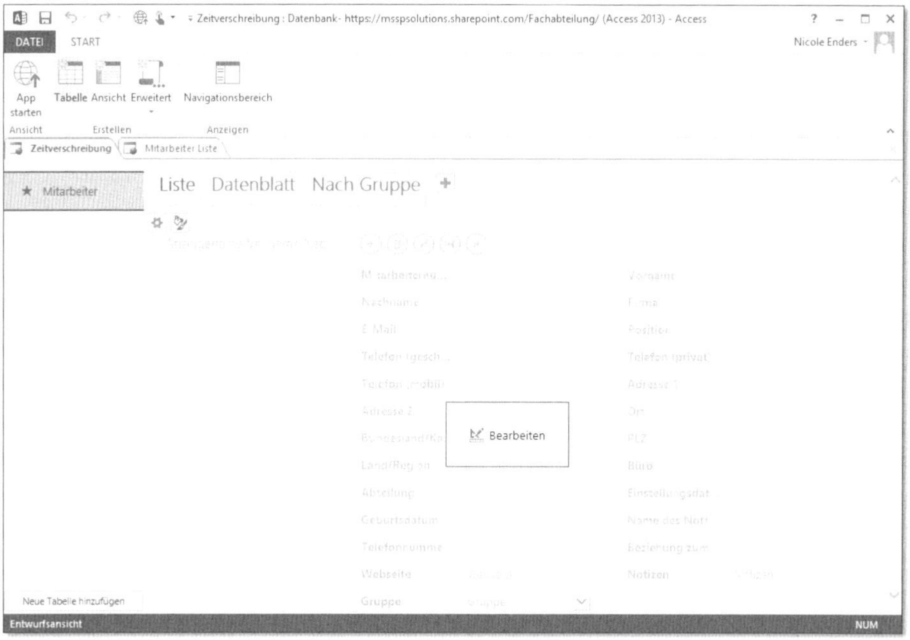

Abbildung 8.27 Die neue Tabelle »Mitarbeiter« mit den Ansichten »Liste«, »Datenblatt« und »Nach Gruppe«

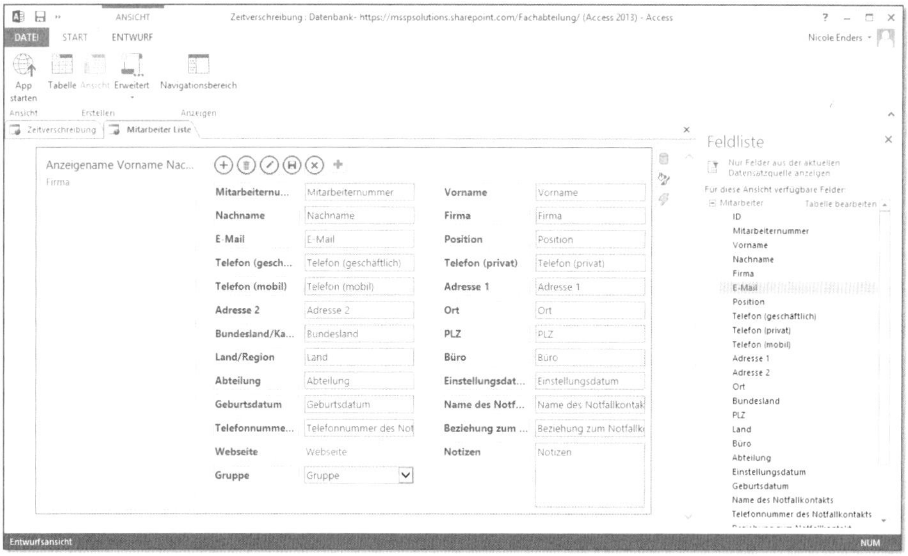

Abbildung 8.28 Bearbeiten der Ansicht »Liste« der Tabelle »Mitarbeiter«

Während Sie im rechten Bereich die sogenannte **Feldliste** finden, in der sämtliche Spalten der Tabelle aufgeführt werden, können Sie im linken Bereich die Ansicht für die Bearbeitung von Mitarbeiterdaten verändern. So haben Sie beispielsweise die Möglichkeit, die Reihenfolge bzw. generell die Anordnung der Felder zu ändern oder auch nicht benötigte Felder aus der Ansicht zu entfernen.

Als Nächstes legen Sie die Tabelle »Projekte« an, indem Sie folgendermaßen vorgehen:

1. Wechseln Sie von der Registerkarte MITARBEITER LISTE wieder auf die Registerkarte ZEITVERSCHREIBUNG, und klicken Sie dort im unteren linken Bereich auf die Schaltfläche NEUE TABELLE HINZUFÜGEN.

   Wählen Sie alternativ aus jeder beliebigen Registerkarte heraus den Menüpunkt TABELLE im Menüband START aus.
2. Klicken Sie auf den Link EINE NEUE LEERE TABELLE HINZUFÜGEN, um in der sich nun öffnenden Registerkarte TABELLE 1 die Spalten für die Tabelle »Projekte« anzulegen.
3. Über einen Rechtsklick auf die Registerkarte öffnet sich ein Kontextmenü, in dem Sie den Menüpunkt SPEICHERN auswählen und anschließend den Namen »Projekte« für die Tabelle angeben sowie diese Eingabe bestätigen.
4. Legen Sie jetzt die folgenden Spalten in der Tabelle »Projekte« an:

Feldname	Felddatentyp	Eingabe erforderlich
Projektname	Kurzer Text	Ja
Projektnummer	Kurzer Text	Ja
Von	Datum/Uhrzeit	Nein
Bis	Datum/Uhrzeit	Nein
Projektleiter	Nachschlagen	Nein

Tabelle 8.3 Diese Spalten legen Sie für die Tabelle »Projekte« der Access-App »Zeitverschreibung« an.

Ob es sich um ein Pflichtfeld handelt, das zwingend durch den Anwender ausgefüllt werden muss, können Sie bei jeder Spalte definieren, indem Sie die Spalte auswählen und dann im unteren Bereich die Eigenschaft »Eingabe erforderlich« auf den Wert »Ja« setzen. Standardmäßig sind alle Spalten optional zu befüllen.

Bei der Spalte »Projektleiter« wählen Sie den Datentyp »Nachschlagen« aus, den Sie bereits bei den SharePoint-Listen kennengelernt haben. So, wie Sie dort zwei SharePoint-Listen miteinander verknüpfen können, verbinden Sie in einer Access-App über diesen Datentyp zwei Tabellen miteinander.

Aus diesem Grund öffnet sich der **Nachschlage-Assistent** (siehe Abbildung 8.29), sobald Sie den Datentyp »Nachschlagen« ausgewählt haben. Wählen Sie dort die Tabelle »Mitarbeiter« aus, und legen Sie über die obere Auswahlliste fest, ob Sie den Projektleiter unter Angabe seiner Mitarbeiternummer, der E-Mail-Adresse oder einer anderen eindeutigen Kennzeichnung auswählen möchten.

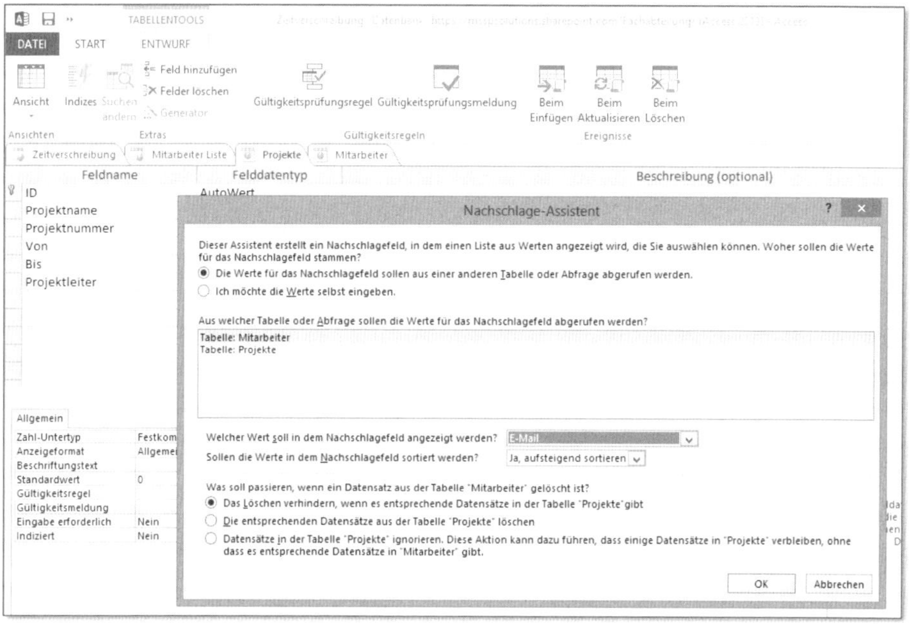

Abbildung 8.29 Der Nachschlage-Assistent für die Verknüpfung von zwei Tabellen innerhalb der Access-App

Übernehmen Sie die übrigen Einstellungen unverändert, und bestätigen Sie die Angaben über die Schaltfläche OK. Es erscheint daraufhin die in Abbildung 8.30 dargestellte Nachfrage, ob Sie den vorhandenen Datenbestand hinsichtlich Ihrer Änderungen überprüfen möchten.

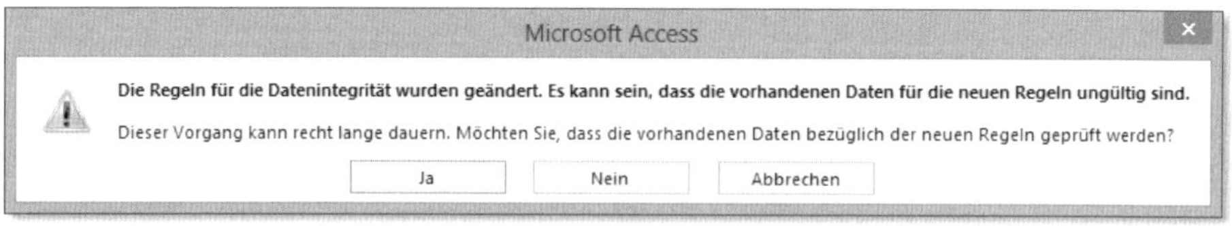

Abbildung 8.30 Abfrage zur Überprüfung der Datenintegrität nach der Verknüpfung der Tabellen »Mitarbeiter« und »Projekte«

Sie können die Schaltfläche NEIN betätigen, weil Sie bisher noch keine Daten erfasst haben und somit eine Überprüfung nicht erforderlich ist. Bei späteren

Änderungen kann diese Option für Sie sehr wichtig sein, wenn Sie beispielsweise Spalten als Pflichtfelder definieren, die vorher optional zu befüllen waren. Das führt dazu, dass die bis dahin erfassten Daten nicht den Anforderungen entsprechen. So werden beispielsweise für bestimmte Felder durch eine solche Änderung plötzlich Werte für weitere Berechnungen erwartet, die dann zu Fehlern führen, weil die Felder bisher bei der Datenerfassung leer gelassen wurden.

Als Nächstes legen Sie die Tabelle »Arbeitspakete« an, indem Sie folgendermaßen vorgehen:

1. Wechseln Sie auf die Registerkarte ZEITVERSCHREIBUNG, und betätigen Sie dort im unteren linken Bereich die Schaltfläche NEUE TABELLE HINZUFÜGEN.
2. Klicken Sie auf den Link EINE NEUE LEERE TABELLE HINZUFÜGEN, um in der sich nun öffnenden Registerkarte TABELLE 1 die Spalten für die Tabelle »Arbeitspakete« anzulegen.
3. Über einen Rechtsklick auf die Registerkarte öffnet sich ein Kontextmenü, in dem Sie den Menüpunkt SPEICHERN auswählen. Geben Sie anschließend den Namen »Arbeitspakete« für die Tabelle an, und bestätigen Sie diese Eingabe.
4. Legen Sie jetzt die folgenden Spalten in der Tabelle »Arbeitspakete« an:

Feldname	Felddatentyp	Eingabe erforderlich
Arbeitspaket	Kurzer Text	Ja
Arbeitspaket-Nummer	Kurzer Text	Ja
Projekt	Nachschlagen	Ja

Tabelle 8.4 Diese Spalten müssen Sie für die Tabelle »Arbeitspakete« der Access-App »Zeitverschreibung« anlegen.

Bei der Spalte »Projekt« wählen Sie den Datentyp »Nachschlagen« aus, woraufhin sich der Nachschlage-Assistent öffnet. Wählen Sie dort die Tabelle »Projekte« aus, und legen Sie über die obere Auswahlliste fest, ob Sie ein Projekt auf Basis seiner Bezeichnung oder der Projektnummer auswählen möchten.

Übernehmen Sie die übrigen Einstellungen unverändert, und bestätigen Sie die Angaben über die Schaltfläche OK. Es erscheint daraufhin die Nachfrage, ob Sie den vorhandenen Datenbestand hinsichtlich Ihrer Änderungen überprüfen möchten. Sie können die Schaltfläche NEIN betätigen, weil Sie bisher noch keine Daten erfasst haben und somit eine Überprüfung nicht erforderlich ist.

Als Nächstes legen Sie die Tabelle »Aktivitäten« an, indem Sie folgendermaßen vorgehen:

1. Wechseln Sie auf die Registerkarte ZEITVERSCHREIBUNG, und betätigen Sie dort im unteren linken Bereich die Schaltfläche NEUE TABELLE HINZUFÜGEN.
2. Klicken Sie auf den Link EINE NEUE LEERE TABELLE HINZUFÜGEN, um in der sich nun öffnenden Registerkarte TABELLE 1 die Spalten für die Tabelle »Aktivitäten« anzulegen.
3. Über einen Rechtsklick auf die Registerkarte öffnet sich ein Kontextmenü, in dem Sie den Menüpunkt SPEICHERN auswählen und anschließend den Namen »Aktivitäten« für die Tabelle angeben sowie diese Eingabe bestätigen.
4. Legen Sie jetzt die folgenden Spalten in der Tabelle »Aktivitäten« an:

Feldname	Felddatentyp	Eingabe erforderlich
Aktivität	Kurzer Text	Ja
Aktivität-Nummer	Kurzer Text	Ja
Arbeitspaket	Nachschlagen	Ja

Tabelle 8.5 Diese Spalten für die Tabelle »Aktivitäten« der Access-App »Zeitverschreibung« müssen Sie jetzt anlegen.

Bei der Spalte »Arbeitspaket« wählen Sie den Datentyp »Nachschlagen« aus, woraufhin sich der Nachschlage-Assistent öffnet. Wählen Sie dort die Tabelle »Arbeitspakete« aus, und legen Sie über die obere Auswahlliste fest, ob Sie ein Arbeitspaket auf Basis seiner Bezeichnung oder der Nummer auswählen möchten.

Übernehmen Sie die übrigen Einstellungen unverändert, bestätigen Sie die Angaben über die Schaltfläche OK, und reagieren Sie auf die Nachfrage, indem Sie auf die Schaltfläche NEIN klicken.

Als Nächstes legen Sie die Tabelle »Arbeitszeiten« an, indem Sie folgendermaßen vorgehen:

1. Wechseln Sie auf die Registerkarte ZEITVERSCHREIBUNG, und klicken Sie dort im unteren linken Bereich auf die Schaltfläche NEUE TABELLE HINZUFÜGEN.
2. Klicken Sie auf den Link EINE NEUE LEERE TABELLE HINZUFÜGEN, um in der sich nun öffnenden Registerkarte TABELLE 1 die Spalten für die Tabelle »Arbeitszeiten« anzulegen.
3. Über einen Rechtsklick auf die Registerkarte öffnet sich ein Kontextmenü, in dem Sie den Menüpunkt SPEICHERN auswählen. Geben Sie anschließend den Namen »Arbeitszeiten« für die Tabelle an, und bestätigen Sie diese Eingabe.
4. Legen Sie jetzt die folgenden Spalten in der Tabelle »Arbeitszeiten« an:

Feldname	Felddatentyp	Eingabe erforderlich
Mitarbeiter	Nachschlagen	Ja
Datum	Datum/Uhrzeit	Ja
Stunden	Zahl	Ja
Projekt	Nachschlagen	Ja
Arbeitspaket	Nachschlagen	Nein
Aktivität	Nachschlagen	Nein

Tabelle 8.6 Diese Spalten legen Sie für die Tabelle »Arbeitszeiten« der Access-App »Zeitverschreibung« an.

Bei den Spalten »Mitarbeiter«, »Projekt«, »Arbeitspaket« und »Aktivität« wählen Sie den Datentyp »Nachschlagen« aus, woraufhin sich der Nachschlage-Assistent öffnet. Wählen Sie dort die jeweilige Tabelle aus, und legen Sie über die obere Auswahlliste fest, wie Sie einen Datensatz aus der entsprechenden Tabelle auswählen möchten.

Übernehmen Sie die übrigen Einstellungen unverändert, bestätigen Sie die Angaben über die Schaltfläche OK, und reagieren Sie auf die Nachfrage, indem Sie auf die Schaltfläche NEIN klicken.

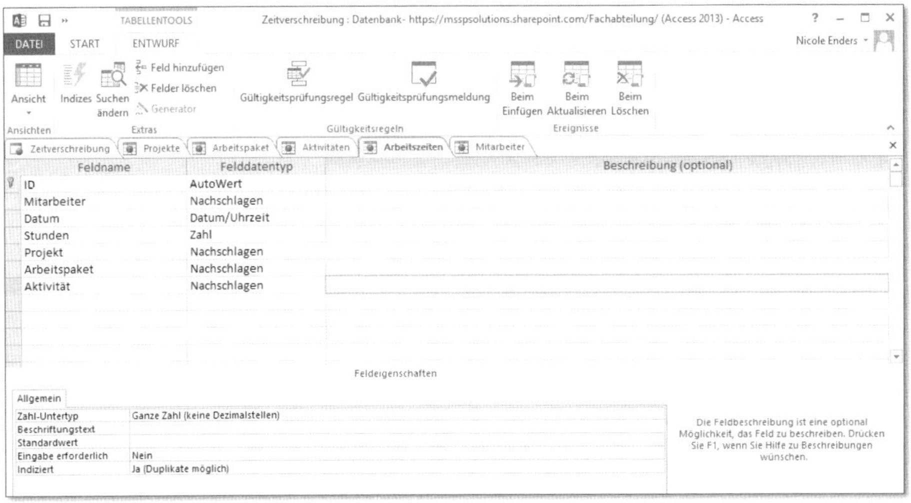

Abbildung 8.31 Die Erstellung der benötigten Tabellen der Access-App »Zeitverschreibung« wurde abgeschlossen.

Wenn Sie nun, wie in Abbildung 8.31 dargestellt, die fünf von Ihnen erstellten Tabellen als Registerkarten neben der Registerkarte ZEITVERSCHREIBUNG vorfinden, haben Sie die Erstellung und Konfiguration der benötigten Datenstrukturen abgeschlossen.

Warum wähle ich nicht nur einfach eine Aktivität aus, wenn ich meine Arbeitszeiten erfasse?

Wenn Sie eine Aktivität auswählen, ist damit automatisch ein Arbeitspaket verbunden, das wiederum einem Projekt zugeordnet wird. Allerdings möchten Sie wahrscheinlich zunächst angeben, dass Sie an einem bestimmten Projekt bzw. Kundenauftrag gearbeitet haben, um dann aus den dazu gehörenden Arbeitspaketen das passende auszuwählen und anschließend eine konkrete Aktivität anzugeben.

Meistens werden sich die Bezeichnungen der Arbeitspakete und Aktivitäten auch bei gleichartigen Kundenaufträgen überschneiden, wodurch es mehrere Arbeitspakete bzw. Aktivitäten gleichen Namens gibt, die ohne Auswahl eines Projektes für Sie als Anwender nicht eindeutig zu identifizieren sind.

Aus diesem Grund macht das Referenzieren aller drei Tabellen durchaus Sinn; vor allem im Hinblick darauf, dass die Angabe eines Arbeitspakets und einer Aktivität dann auch optional erfolgen kann.

Sie sollten allerdings dafür sorgen, dass in der Eingabemaske für die Arbeitszeiten eine Filterung vorgesehen wird, wodurch nach Auswahl eines Projektes nur noch die diesem Projekt zugeordneten Arbeitspakete in der entsprechenden Auswahlliste aufgeführt werden. Das gilt analog für die Aktivitäten, die nur nach Auswahl eines Arbeitspaketes zur Auswahl stehen sollten.

8.4.6 Navigation anpassen

Jede Tabelle, die Sie erstellen, wird automatisch über einen Menüpunkt in der Access-App aufgerufen. Die Möglichkeiten zur Konfiguration der Navigation, die Sie bereits für SharePoint kennengelernt haben, stehen Ihnen hier nicht zur Verfügung. So können Sie weder Überschriften zur Gruppierung von Menüpunkten verwenden noch die Sichtbarkeit eines Menüpunktes nur für eine bestimmte Benutzergruppe erlauben. Das liegt daran, dass die Access Services eher für die schnelle und einfache Bereitstellung von Daten vorgesehen sind. Wenn Sie das im Hinterkopf behalten, stellt die automatisch verfügbare Navigation eine wirkliche Arbeitserleichterung dar, weil Sie sich bei der Erstellung einer Access-App ganz auf die Definition der Datenstrukturen und die für die Anzeige und Bearbeitung der Daten gewünschten Formulare konzentrieren können.

In unserem konkreten Fall möchten wir aber am Beispiel einer Zeiterfassung eine Anwendung erstellen. Dabei wird sehr schnell klar, dass die Anforderung hinsichtlich der Stammdatenbearbeitung durch ausgewählte Personen in einer Access-App so nicht umgesetzt werden kann. Das bedeutet wiederum, dass Sie sich für solche Anforderungen eine andere Art der Umsetzung überlegen müssen. Seien Sie aber bitte jetzt nicht entmutigt! Ich möchte Ihnen hier auch bewusst die Grenzen der Funktion aufzeigen, damit Sie in der Praxis die Stärken und Schwächen der einzelnen Werkzeuge kennen und von Anfang an den Weg wählen können, der zu Ihren Anforderungen passt.

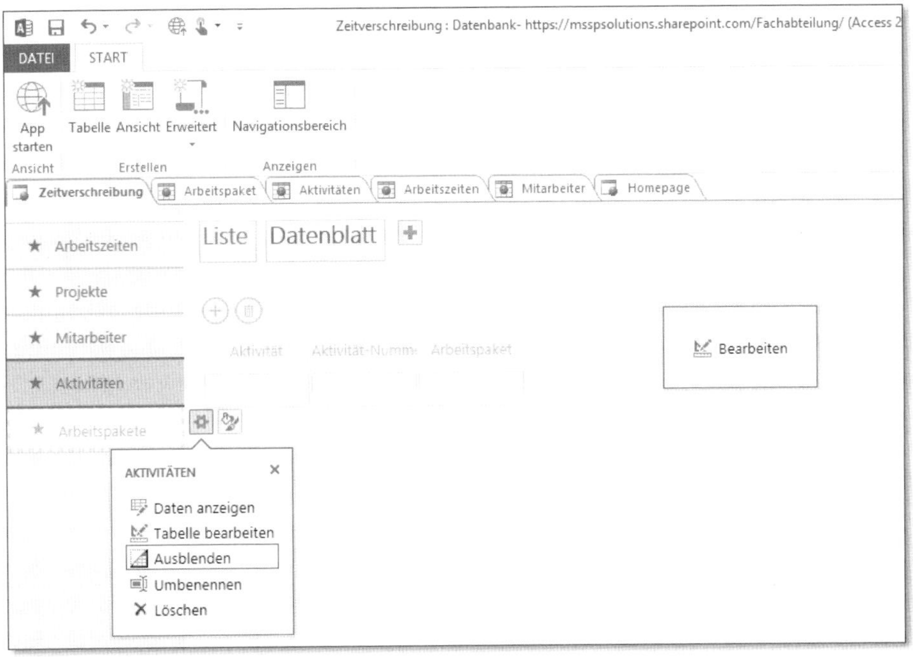

Abbildung 8.32 Ausblenden von Tabellen in der Access-App »Zeitverschreibung«

Indem Sie auf einen Menüpunkt in der Navigation klicken und anschließend das Zahnradsymbol anklicken, erscheint das Kontextmenü aus Abbildung 8.32. Über den Menüpunkt AUSBLENDEN können Sie einen Menüpunkt ausblenden. Die Tabelle steht damit weiterhin zur Verfügung und kann bearbeitet werden, ist jedoch nicht mehr direkt über die Navigation zu erreichen. Führen Sie diese Aktion für die Menüpunkte »Arbeitspakete« und »Aktivitäten« durch.

Sobald Sie einen Menüpunkt ausgeblendet haben, wird dieser entsprechend markiert. Sie können ihn auch jederzeit wieder einblenden, indem Sie für ihn ebenfalls das Kontextmenü aufrufen und dort den nur für ausgeblendete Menüpunkte sichtbaren Menüpunkt EINBLENDEN auswählen.

Wie kann ich eigene Menüpunkte erstellen?

Sie haben nicht die Möglichkeit, eigene Menüpunkte zu erstellen; Microsoft Access bietet Ihnen in einer Access-App keine Funktion hierfür an. Neben der Möglichkeit, Menüpunkte ein- und auszublenden, können Sie Menüpunkte nur noch umbenennen oder die Reihenfolge der Menüpunkte definieren, indem Sie diese per Drag & Drop an die gewünschte Stelle verschieben.

Wenn Sie neue Menüpunkte erstellen möchten, geht dies lediglich über eine neue Tabelle. Für die Tabelle können Sie dann die standardmäßig verwendete Ansicht bearbeiten und diese sowohl inhaltlich als auch optisch so gestalten, dass die von Ihnen vorgesehenen Informationen und Funktionen angeboten werden. Sie sollten sich aber genau überlegen, ob Sie Tabellen anlegen wollen, die Sie im Grunde genommen nicht benötigen, nur um einen neuen Menüpunkt zu erstellen. Bei solchen Szenarien ist eine Access-App wahrscheinlich die falsche Lösung.

8.4.7 Stammdaten erfassen

Sie sind jetzt so weit, dass Sie Ihre App zum ersten Mal im Browser aufrufen können. Wählen Sie dazu im Menüband START den Menüpunkt APP STARTEN aus. Daraufhin öffnet sich Ihre Access-App mit den drei Menüpunkten ARBEITSZEITEN, PROJEKTE und MITARBEITER. Außerdem wird die Tabelle, die durch den obersten Menüpunkt aufgerufen werden kann, automatisch beim Aufruf der App angezeigt. Führen Sie nun folgende Schritte durch:

1. Rufen Sie den Menüpunkt MITARBEITER auf, und erfassen Sie dort zwei Mitarbeiter mit ihrer Mitarbeiternummer und weiteren Informationen (wie Vor- und Nachname) und die E-Mail-Adresse.
2. Rufen Sie den Menüpunkt PROJEKTE auf, und legen Sie ein neues Projekt namens »Einführung SharePoint 2013« an. Sobald Sie das Projekt gespeichert haben, können Sie aus dem Projekt heraus Arbeitspakete anlegen.
3. Klicken Sie nach Auswahl Ihres erfassten Projekts auf den in Abbildung 8.33 dargestellten Link ARBEITSPAKET HINZUFÜGEN, der im unteren Bereich der rechts dargestellten Detailmaske für das Projekt zu finden ist.
4. Dadurch öffnet sich der modale Dialog, den Sie ebenfalls in Abbildung 8.33 sehen. Sie können im Hintergrund weiterhin das ausgewählte Projekt erkennen und nun die Arbeitspakete pflegen. Erfassen Sie für dieses Projekt zum Beispiel die fünf Arbeitspakete »Anforderungsanalyse«, »Konzeption«, »Realisierung«, »Schulung« und »Dokumentation«.

Abbildung 8.33 Arbeitspakete und Aktivitäten aus dem Datensatz eines Projektes heraus pflegen

5. Innerhalb des Dialogs können Sie nun auch für ein Arbeitspaket direkt die Aktivitäten verwalten. Damit müssen Sie nicht in die jeweilige Tabelle wechseln, sondern können immer ausgehend von einem Kundenauftrag bzw. einem Projekt die gesamte für die Zeitverschreibung benötigte Struktur pflegen. Erfassen Sie für jedes Arbeitspaket mindestens zwei Aktivitäten, damit der Anwender eine Auswahlliste erhält.

Sie haben nun die Stammdaten erfasst, die für die Erfassung der Arbeitszeiten benötigt werden.

8.4.8 Arbeitszeiten erfassen

Die zentrale Funktion der Access-App ist die Erfassung der Arbeitszeiten. Aus diesem Grund sollte die Tabelle »Arbeitszeiten« auch automatisch bei einem Aufruf der App geöffnet werden. Für eine schnelle Eingabe von Arbeitszeiten wäre außerdem die Verwendung der **Datenblattansicht** sinnvoll. Wechseln Sie dazu wieder in Access, und klicken Sie in der Registerkarte ZEITVERSCHREIBUNG auf den Menüpunkt ARBEITSZEITEN.

Sie sehen nun entsprechend der Darstellung in Abbildung 8.34 die zwei Ansichten der Tabelle »Arbeitszeiten«, wobei die Ansicht »Liste« bei Ihnen noch als erste (von links nach rechts) aufgeführt wird. Das bedeutet, dass diese Ansicht standardmäßig bei Aufruf des Menüpunkts ARBEITSZEITEN verwendet wird. Für eine schnelle Eingabe der Arbeitszeiten verschieben Sie die Ansicht »Datenblatt« einfach per Drag & Drop nach links, sodass diese nun als erste aufgeführt wird.

Abbildung 8.34 Konfiguration der Tabelle »Arbeitszeiten«

Rufen Sie danach die App erneut auf, indem Sie den Menüpunkt APP STARTEN im Menüband auswählen. Die Homepage Ihrer App sollte so wie in Abbildung 8.35 aussehen, sobald Sie ein paar erste Daten erfasst haben.

Abbildung 8.35 Die neue Homepage der Access-App »Zeitverschreibung«

Und wo erfasse ich meine Abwesenheitszeiten?

Wir haben bisher keine Funktion zur Verwaltung von Abwesenheitszeiten vorgesehen – oder vielleicht doch? Sie können in Anlehnung an die erstellte Lösung für die Ressourcenplanung in Abschnitt 7.3 ein Projekt »Abwesenheitszeiten« anlegen, in dem Sie ein Arbeitspaket »Abwesend« vorsehen und darunter als Aktivitäten die verschiedenen Arten von Abwesenheitszeiten in Ihrem Unternehmen erfassen. So wären die Aktivitäten »Krank«, »Urlaub« und »Sonderurlaub« denkbar.

8.4.9 Auswertungen erstellen

Betrachten Sie nun einmal die Möglichkeiten hinsichtlich der Auswertung der erfassten Daten. Im Menüband START Ihrer in Access geöffneten App werden Sie keinen

Menüpunkt zur Erstellung eines neuen Berichts finden. Wählen Sie dafür das Menüband DATEI aus, um auf die Ansicht aus Abbildung 8.36 zu gelangen.

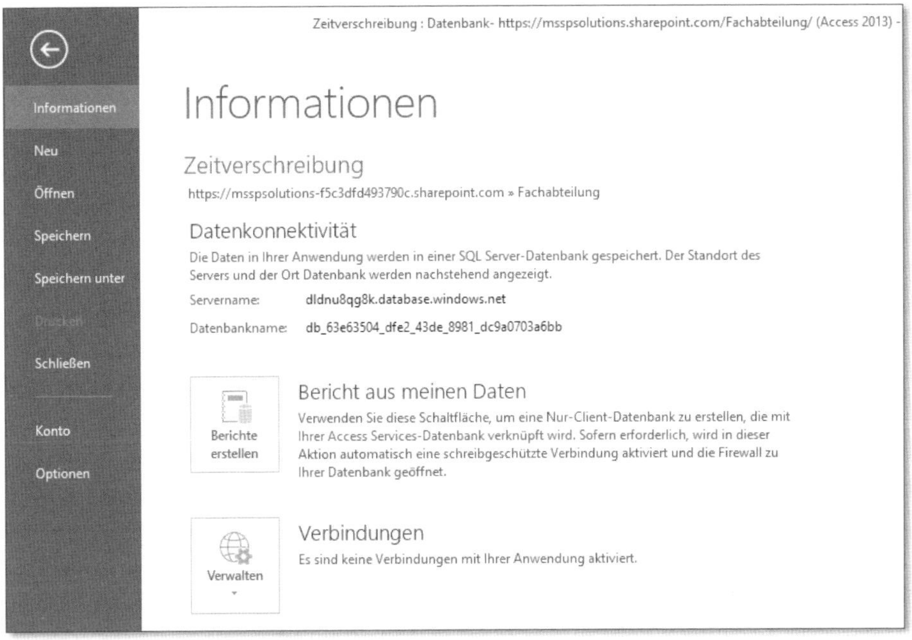

Abbildung 8.36 Informationen zur Access-App »Zeitverschreibung«

Dort sehen Sie den Menüpunkt BERICHTE ERSTELLEN, den Sie auswählen, um eine Access-Clientdatenbank zu erstellen, die mit Ihrer Access-App verknüpft wird. Es erscheint nun der Dialog LOKALE KOPIE SPEICHERN, in dem Sie den Speicherort und den Namen der Access-Clientdatenbank angeben und die Angaben über die Schaltfläche SPEICHERN bestätigen.

Sobald die Datenbank gespeichert wurde, können Sie die gewohnten Funktionalitäten von Access nutzen, um die Daten aus Ihrer Access-App ggf. mit weiteren Datenquellen zu verknüpfen, Ansichten zu erstellen und Berichte zu generieren. Wählen Sie dazu zunächst im linken Bereich die verknüpfte Tabelle »Arbeitszeiten« aus, und rufen Sie anschließend im Menüband ERSTELLEN den Menüpunkt BERICHT aus der Gruppe BERICHTE auf.

Es öffnet sich daraufhin die Entwurfsansicht für Ihren Bericht (siehe Abbildung 8.37), der Ihnen beispielsweise eine Aufstellung über die Aufwände der einzelnen Kundenaufträge im vergangenen oder auch aktuellen Geschäftsjahr liefert. Grundsätzlich sind beliebig viele Berichte denkbar, mit deren Hilfe Sie die erfassten Daten so aufbereiten können, wie Sie es benötigen, um auf Basis dieser Informationen Entscheidungen treffen zu können.

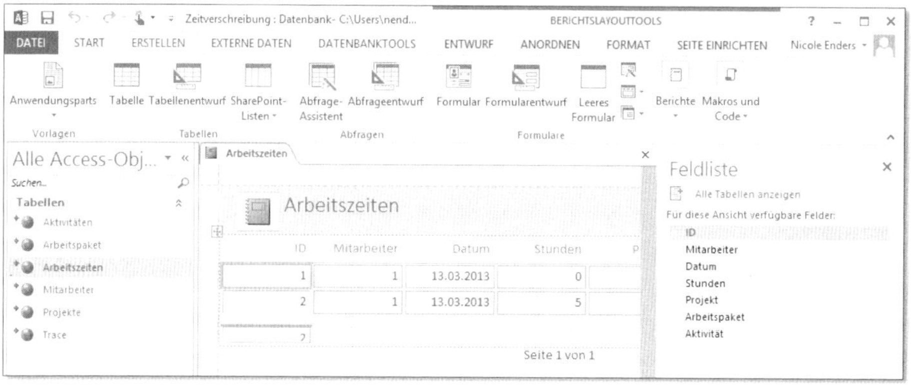

Abbildung 8.37 Entwurfsansicht für einen Bericht in Access

Ihnen stehen für die Gestaltung Ihrer Berichte grundsätzlich folgende Funktionen zur Verfügung:

- **Gruppieren und Sortieren:** Sie können Spalten auswählen, nach denen in diesem Beispiel die Arbeitszeiten gruppiert bzw. sortiert werden sollen. Dabei können Sie angeben, ob die Sortierung auf- oder absteigend erfolgen soll.
- **Mathematische Funktionen:** Sie können für die Spalten mathematische Funktionen (wie die Bildung einer Summe oder eines Mittelwertes) nutzen.
- **Bedingte Formatierung:** Sie können einzelne Zellen in der Tabelle der Arbeitszeiten formatieren, indem Sie Regeln dafür definieren. So könnten Sie beispielsweise die Einträge rot markieren, bei denen mehr als 8 Stunden an einem Tag erfasst wurden. So wird der Nutzer dieses Berichts direkt auf Mehrarbeit des Mitarbeiters aufmerksam gemacht.
- **Eigenschaftenblatt:** Über das Eigenschaftenblatt können Sie allgemeine Einstellungen (wie beispielsweise die Hintergrundfarbe oder die Schriftart des Berichts) festlegen.

Wenn Sie die Konfiguration der Berichte abgeschlossen haben, können Sie die Access-Clientdatenbank speichern. Rufen Sie dazu entsprechend der Darstellung in Abbildung 8.38 das Menüband DATEI und dort den Menüpunkt SPEICHERN UNTER auf. Als Option können Sie nun SHAREPOINT auswählen und die Schaltfläche SPEICHERN UNTER betätigen. Geben Sie nun die Webadresse zu einer SharePoint-Dokumentbibliothek an, und bestätigen Sie die Angabe über die Schaltfläche SPEICHERN. Im Gegensatz zu einer Access-App, die über den Browser aufgerufen und genutzt werden kann, benötigen Sie für den Aufruf der Berichte eine lokale Installation von Microsoft Access, da es sich hierbei um eine Clientdatenbank handelt, die nicht über die Access Services von SharePoint bereitgestellt werden kann.

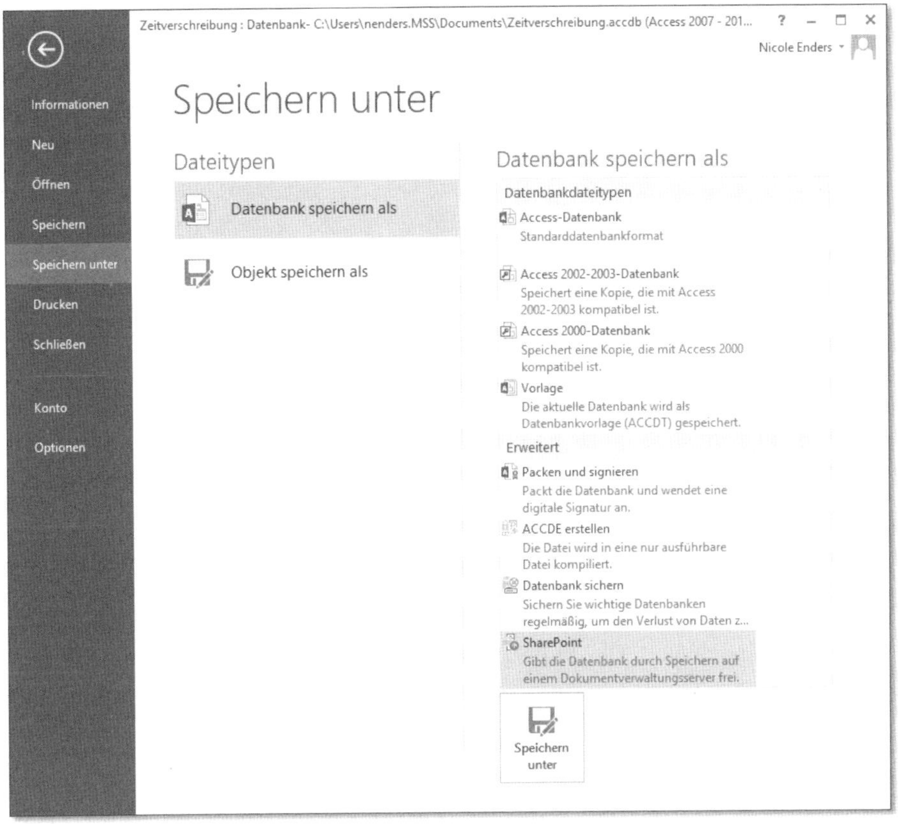

Abbildung 8.38 So speichern Sie die Access-Clientdatenbank für Ihre Berichte in einer SharePoint-Dokumentbibliothek.

8.4.10 Grenzen bei der Umsetzung

Bei der Erfassung der Daten in der Access-App ist Ihnen vielleicht aufgefallen, dass Sie als Anwender Ihre Mitarbeiternummer erfassen müssen. Damit haben Sie grundsätzlich auch die Möglichkeit, für einen beliebigen anderen Mitarbeiter Arbeitszeiten zu erfassen, sobald Sie seine Mitarbeiternummer kennen. Und falls Sie eine Mitarbeiternummer suchen, können Sie einfach die Mitarbeitertabelle aufrufen und dort nachschauen. In den wenigsten Fällen wird es erwünscht sein, die Arbeitszeiten eines anderen Mitarbeiters zu erfassen bzw. einzusehen. Das bedeutet, dass diese Lösung hier noch angepasst werden muss. Für Sie bedeutet das allerdings auch, dass Sie bei der Erfassung Ihrer Arbeitszeiten aufgrund dieser **fehlenden Personalisierung** immer die Einträge aller Mitarbeiter sehen und nicht auf Ihre persönlichen Daten filtern können.

Außerdem werden die **Vorschlaglisten** für die Arbeitspakete und Aktivitäten nicht auf Basis des zuvor ausgewählten Projekts bzw. Arbeitspakets gefiltert. Damit müsste jedes Arbeitspaket und jede Aktivität eine eindeutige Nummer erhalten. Ansonsten haben Sie keine Chance, den richtigen Eintrag bei der Erfassung auszuwählen.

Mit einer solchen Vorgehensweise erschweren Sie sich allerdings die **Auswertung**, beispielsweise für die Aufwände für Besprechungen über alle Projekte hinweg. Eine solche Auswertung ist nur dann möglich, wenn Sie jeder Aktivität »Besprechungen« dieselbe Nummer zuordnen.

Sie sehen, dass Sie bei der Umsetzung Ihrer Anforderungen mit einer Access-App an die Grenzen gelangt sind und dass Sie die noch offenen Punkte mit den Ihnen zur Verfügung stehenden Mitteln nicht so ohne Weiteres realisieren können. Ein SharePoint-Entwickler kann Ihnen dabei helfen, so eine Situation zu vermeiden, indem er Ihnen direkt von Anfang an die richtige Richtung weist oder genau die Erweiterungen oder Anpassungen vornimmt, die Sie benötigen. Deshalb empfehle ich Ihnen, gerade bei der Abbildung von Prozessen einen technisch erfahrenen SharePoint-Berater oder -Entwickler von Anfang an am Erstellungsprozess der Lösung zu beteiligen.

8.4.11 Wofür kann ich Access-Apps nun wirklich nutzen?

Mit dieser Übung haben Sie den Funktionsumfang der Access-Apps und damit sowohl ihre Möglichkeiten als auch ihre Grenzen kennengelernt. Sie können nun besser einschätzen, welche Anforderungen sich mit Access-Apps umsetzen lassen und welche nicht.

Der wichtigste Punkt dabei ist aus meiner Sicht, dass Sie mit einer Access-App keine hochkomplexen Anwendungen erstellen können. Die Stärke einer Access-App liegt eher im Bereich der schnellen Erstellung von Datenstrukturen und Formularen zur Erfassung von Daten sowie in der Datenaggregation. Wenn für die Zeiterfassung kein Berechtigungskonzept erforderlich wäre, könnten Sie zu Recht sagen, dass Sie im Rahmen der Übung eine einsatzbereite Lösung erstellt haben. Sie haben in Form von Tabellen die nötigen Datenstrukturen erstellt und diese Tabellen miteinander verknüpft. Auf Basis dieser Verknüpfung sind die entsprechenden Eingabeformulare automatisch für Sie generiert worden, sodass Sie hier sehr viel Arbeit und somit auch Zeit gespart haben. Sie sind im Grunde genommen nur durch das geforderte Rollen- und Rechtekonzept und die damit einhergehende Personalisierung an die Grenzen der hier gebotenen Möglichkeiten gestoßen. Berücksichtigen Sie dies für zukünftige Lösungen. Solange Sie eine Lösung zur Datenerfassung benötigen, in der jeder autorisierte Anwender die Daten sehen und bearbeiten darf, ist eine Access-App für Sie ein sehr gutes Werkzeug, mit dem Sie schnell eine Lösung erstellen und veröffentlichen können.

Sie haben mit den *Access Services* außerdem die Möglichkeit, grundsätzlich alle Daten Ihres Unternehmens innerhalb einer Access-App zu aggregieren und zur weiteren Verwendung aufzubereiten. So lassen sich vielleicht durch eine Verbindung aus den Projektdaten der Fachabteilungen und den erfassten Kundenkontakten des Vertriebs neue Erkenntnisse gewinnen, die für die Planung weiterer Vertriebsmaßnahmen hilfreich sind. Überlegen Sie sich einmal, welche Datenquellen Sie bei sich sinnvoll miteinander verknüpfen können, und erstellen Sie hierzu eine Access-App. Sie haben die richtigen Werkzeuge und Vorgehensweisen kennengelernt, um das erfolgreich durchführen zu können. Probieren Sie es einfach einmal aus. Ich bin sicher, dass Sie dabei viele Ideen für mögliche Einsatzzwecke entwickeln werden.

Alternative Lösung für die Zeiterfassung

Einmal abgesehen vom Rollen- und Rechtekonzept haben wir in dieser Übung eine durchaus einsetzbare Lösung für die Erfassung von Arbeitszeiten erstellt. Es ging mir an dieser Stelle besonders darum, Ihnen auch die Grenzen zu zeigen, die Ihnen als Anwender gesetzt sind. Die Anforderungen an die Lösung sehen erst einmal nicht so komplex aus. Allerdings kann nicht alles mithilfe von Standardfunktionalitäten umgesetzt werden. Meistens müssen Sie bei der Erstellung von Lösungen auf Erweiterungen zurückgreifen, sobald es darum geht, dynamische Berechtigungskonzepte umzusetzen und dafür zu sorgen, dass nur ausgewählte Personen sowie einzelne Anwendergruppen auf bestimmte Daten zugreifen können.

Eine alternative Lösung für die Erfassung der Arbeitszeiten mit einer Berücksichtigung der geforderten Berechtigungen wäre durch eine SQL Server-Datenbank denkbar, die mittels der **Business Connectivity Services** in SharePoint in Form einer Liste dargestellt wird. Über eine Logik, die noch mit Visual Studio entwickelt werden müsste, werden nur die für den aktuell angemeldeten Anwender erfassten Daten geladen – es sei denn, es handelt sich bei ihm um einen Administrator oder jemanden aus dem Management oder Controlling. Der Vorteil der SQL Server-Datenbank besteht darin, dass somit einfach Berichte auf Basis der *Reporting Services* erstellt werden können. Außerdem wäre auf diese Weise eine Erweiterung um eine Funktion denkbar, mit der über RFID-Chips automatisch Arbeitszeiten erfasst werden. Der Mitarbeiter müsste dann ggf. nur noch Zusatzinformationen zu den für ihn erfassten Arbeitszeiten erfassen, ohne sich zu merken, wann er morgens angefangen hat und wann er die Arbeit beendet bzw. unterbrochen hat.

8.5 Prozessüberwachung und -optimierung

Im Rahmen des Controllings sollen Prozesse überwacht und Arbeitsschritte bei Bedarf optimiert werden. Sie werden zunächst eine Prozessdarstellung mit Visio erstellen und diese anschließend in eine SharePoint-Umgebung integrieren. Anhand des ausgewählten Beispiels werden wir einen optimierungsfähigen Prozess identifizieren können und dafür einen Workflow erstellen, der den entsprechenden Arbeitsabschnitt automatisiert.

8.5.1 Benötigte Funktionen

Für das Management und Controlling des Unternehmens ist es wichtig, beispielsweise die Unternehmensprozesse genau zu beobachten, um Fehler und Optimierungspotenziale aufzudecken, Änderungen vorzunehmen und somit den Unternehmenserfolg zu steigern. Dazu wird eine zentrale und einfach zu bedienende Plattform benötigt, die alle erforderlichen Informationen aggregiert zur Verfügung stellt.

Wie Sie in Abbildung 8.39 erkennen können, sind zwei verschiedene Anwendergruppen an dem Zeiterfassungssystem in dieser Übung beteiligt:

- **Mitarbeiter:** Diese Anwender erfassen in den verschiedenen Unternehmensanwendungen Daten, die jeweils entsprechenden Unternehmensprozessen zugeordnet werden können. Die Erfassung dieser Daten kann sowohl manuell durch den jeweiligen Mitarbeiter erfolgen als auch mit seiner Kenntnis automatisiert vonstattengehen. Ein Beispiel hierfür wäre die Verwaltung der Arbeitszeiten ausschließlich über die Verwendung von Zutrittskarten zum Firmengelände, die RFID-Chips enthalten.

  Diese Daten könnten zum Beispiel in der Access-App verwaltet werden, die wir im vorherigen Abschnitt erstellt haben. Diese App würde zwecks Auswertung nur dem Management und Controlling zur Verfügung stehen, aber durch diesen Automatismus nicht von den einzelnen Mitarbeitern genutzt werden.

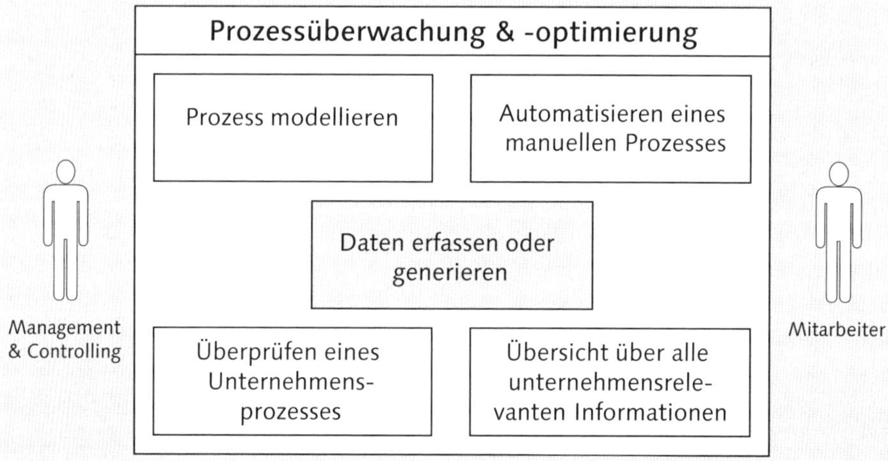

Abbildung 8.39 Anforderungen an eine Lösung zur Prozessüberwachung und -optimierung

- **Management und Controlling:** Personen aus dieser Anwendergruppe werden definieren, wie die Unternehmensprozesse auszusehen haben, und Kriterien für die Überprüfung der Effektivität dieser Prozesse sowie für die Ermittlung von Optimierungspotenzialen festlegen. Sie möchten außerdem ein zentrales Management Cockpit nutzen, in dem sämtliche unternehmensrelevanten Daten aggregiert und aufbereitet zur Verfügung gestellt werden. Mithilfe von Kennzahlen und speziellen Berichten sowie Prozessdarstellungen können diese Mitarbeiter die Prozesse im Unternehmen überprüfen und Verbesserungen durchführen bzw. veranlassen, indem beispielsweise ein bisher manueller Arbeitsvorgang automatisiert wird.

Die benötigten Funktionen lassen sich somit eindeutig mindestens einer Anwendergruppe zuordnen. Sie sollten in der Praxis auch durch Vertreter dieser Gruppen detailliert beschrieben und nach der Umsetzung getestet werden.

8.5.2 Konzeption der Lösung

Die **Voraussetzungen** für diese Übung sind zum einen der Einsatz der Edition *SharePoint Server 2013 Enterprise* und zum anderen eine lokale Installation von *Microsoft Visio Professional 2013* auf Ihrem PC. Sie sollten außerdem mindestens grundlegende Kenntnisse im Bereich *Business Intelligence* besitzen, um die Möglichkeiten der nachfolgend vorgestellten Werkzeuge und Tools effektiv nutzen zu können.

In dieser Übung werden Sie die Möglichkeiten der sogenannten **Visio Services** und des **Business Intelligence Centers** in SharePoint kennenlernen. Bei den Visio Services handelt es sich um eine Dienstanwendung, mit deren Hilfe Sie Visio-Webzeichnungen innerhalb einer Websiteseite zur Verfügung stellen können. Es ist außerdem möglich, das dafür verwendete **Visio Web Access-Webpart** mit anderen Webparts auf der Seite zu verknüpfen, um so nach einem Klick auf ein Shape der Visio-Webzeichnung weitere Informationen oder Funktionen aufzurufen. Sie werden zunächst einen Prozess in Visio modellieren und mit den Unternehmensdaten verbinden. Anschließend stellen Sie diese Prozessdarstellung in einer beliebigen Websiteseite der bisher von Ihnen verwendeten Websitesammlung bereit.

Mit der Websitevorlage »Business Intelligence Center« werden Sie danach das Management Cockpit einrichten, über das alle Auswertungen und erforderlichen Kennzahlen auf Basis der Unternehmensdaten bereitgestellt werden. Sie werden **Dashboards** erstellen, die sowohl Berichte auf Basis der Reporting Services als auch Daten aus verschiedenen Datenquellen für die benötigten Kennzahlen enthalten können. Dashboards sind dabei nichts anderes als spezielle Websiteseiten, die zur Darstellung der aufbereiteten Daten dienen.

Wenn Sie die Plattform für die Prozessüberwachung so weit fertiggestellt haben, werden Sie am Beispiel des mittels der Visio Services überwachten Unternehmensprozesses eine Optimierung durchführen. Dabei werden Sie einen Prozess automatisieren, indem Sie diesen zunächst in Visio modellieren und anschließend über den SharePoint Designer final konfigurieren und veröffentlichen.

8.5.3 Modellierung eines Prozesses mit Visio

Wir beginnen mit der Erstellung einer Prozessdarstellung, die Ihnen Aufschluss darüber geben soll, wie effektiv Ihr Personalauswahlprozess in der Praxis ist. Wir nehmen in dieser Übung Bezug auf die Ergebnisse aus Abschnitt 4.2, »Unterstützung des Personalauswahlprozesses«. Sollten Sie diese Übung noch nicht abgeschlossen haben, so sollten Sie mindestens die vorbereitenden Maßnahmen treffen, die in Abschnitt 4.2.4 beschrieben werden. Damit haben Sie die Basis geschaffen, um die Überwachung des Personalauswahlprozesses mittels Visio umzusetzen.

Welche Edition von Visio benötige ich für die Funktionen, die ich in dieser Übung kennenlerne?

Für die Modellierung eines Prozesses und dessen Darstellung als Webzeichnung innerhalb einer SharePoint-Websiteseite reicht bereits die Standard Edition von Visio 2013 aus. Sobald es allerdings um Funktionen geht, die mit der Modellierung eines SharePoint 2010- oder SharePoint 2013-Workflows zusammenhängen, mussten Sie auch bereits in den früheren Versionen von SharePoint eine höhere Edition verwenden. In diesem Fall handelt es sich dabei um *Visio Professional 2013*. Eine Premium-Edition von Visio werden Sie in der Version 2013 vergeblich suchen, da diese mit der Professional-Edition verschmolzen ist.

Unter *http://technet.microsoft.com/de-de/evalcenter/hh973399.aspx* können Sie eine Testversion von Visio Professional 2013 herunterladen, um die Möglichkeiten von Visio im Zusammenspiel mit SharePoint zu evaluieren.

Shapes auswählen und miteinander verknüpfen

In Visio stehen Ihnen die verschiedensten Shape-Sets für die Modellierung zur Verfügung. In dieser Übung verwenden wir das Set »Workflowdiagramm – 3D«. Gehen Sie zur Erstellung des Prozessmodells folgendermaßen vor:

1. Starten Sie Visio, und wählen Sie die Kategorie »Flussdiagramm« aus, indem Sie auf die entsprechende Kachel klicken und anschließend die Kachel »Workflowdiagramm – 3D« auswählen.
2. Wählen Sie im linken Bereich die Kategorie »Workflowschritte – 3D« aus, und fügen Sie die folgenden Shapes mit der entsprechenden Beschreibung ein:

Shape	Beschreibung
Vorlegen	Bewerbungseingang
Aufgabe	Initiale Bewertung
Genehmigen	Bewertung der Fachabteilung mit dem Ergebnis »Einstellen«
Ablehnen	Bewertung der Fachabteilung mit dem Ergebnis »Absage«

Tabelle 8.7 Verwendete Visio-Shapes für die Darstellung eines Teilbereichs aus dem Personalauswahlprozess

3. Ordnen Sie die Shapes entsprechend der Darstellung in Abbildung 8.40 an, und verbinden Sie diese miteinander, um den zu überwachenden Prozess und seinen Verlauf darzustellen.

Die Anwender, die später diese Darstellung aufrufen, sollen hierüber schnell erkennen können, dass auf eine eingereichte Bewerbung eine initiale Bewertung erfolgt. Erst nachdem diese Bewertung abgeschlossen wurde, werden im Rahmen verschiedener Gespräche die Bewertungen seitens der Fachabteilung eingeholt. Damit Sie überprüfen können, ob es Unterschiede bei der Bearbeitungszeit einer Bewerbung gibt, von der Entscheidung für oder gegen einen Bewerber abhängen, unterscheiden wir zwischen den beiden möglichen finalen Bewertungsergebnissen.

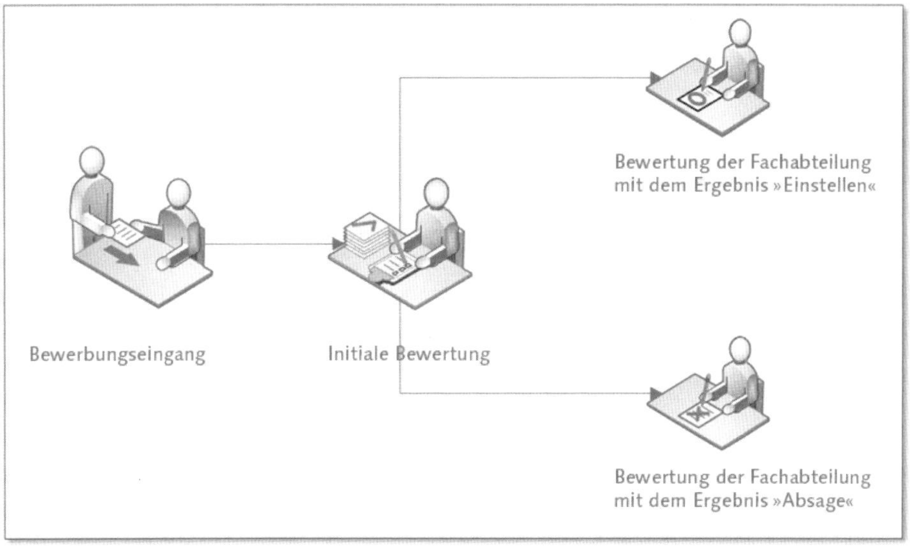

Abbildung 8.40 Zu überwachender Prozess aus der Personalabteilung bei der Personalauswahl

Verbindung mit den Daten aus dem Recruiting-System herstellen

Nachdem der Prozess an und für sich dargestellt wird, können Sie nun eine Prozessüberwachung einrichten, indem die Shapes mit ausgewählten Daten aus dem verwendeten Recruiting-System versorgt werden. Führen Sie dazu folgende Schritte aus:

1. Rufen Sie im Menüband DATEN den Menüpunkt DATEN MIT SHAPES VERKNÜPFEN auf.
2. In dem daraufhin erscheinenden Dialog »Datenauswahl« wählen Sie die Option »Microsoft SharePoint Foundation-Liste« aus und klicken auf die Schaltfläche WEITER.
3. Geben Sie nun die Websiteadresse des Recruiting-Systems an, das wir in Abschnitt 4.2.4 eingerichtet haben, und folgen Sie den weiteren Anweisungen des Assistenten, wobei Sie aus der ausgewählten Website die Liste »Prozessüberwachung« mit sämtlichen Elementen auswählen.
4. Sobald Sie die Datenquelle konfiguriert haben, erscheint der Bereich EXTERNE DATEN unterhalb des Zeichenblatts (siehe Abbildung 8.41). Dort werden alle Elemente der SharePoint-Liste »Prozessüberwachung« aufgelistet. Sie können diese Elemente auf zwei verschiedene Weisen mit den Shapes innerhalb des Zeichenblatts verknüpfen:

Abbildung 8.41 Prozessdarstellung nach der Verbindung der Shapes mit den externen Daten

- **Automatische Verknüpfung:** Wählen Sie im Menüband DATEN den Menüpunkt AUTOMATISCH VERKNÜPFEN aus. Daraufhin öffnet sich ein Dialog, in dem Sie die Option »Alle Shapes auf dieser Seite« auswählen und nach einem Klick auf die Schaltfläche WEITER die Zuordnung festlegen, nach der ein Element der Liste mit einem bestimmten Shape verbunden wird. Geben Sie dort an, dass der Titel des Listenelements aus SharePoint dem Shape-Text entspricht, und klicken Sie auf die Schaltfläche FERTIG STELLEN.
  Ihnen sollte im Zeichenblatt nun eine Veränderung an den ersten beiden Shapes auffallen. Dort ist die Verknüpfung erfolgt. Bei den zwei weiteren Shapes hat sich nichts verändert, weil die gewählte Beschreibung unterhalb dieser Shapes nicht mit dem Titel eines Elements aus der SharePoint-Liste übereinstimmt.
- **Manuelle Verknüpfung:** Für diese beiden Shapes müssen Sie demnach eine manuelle Verknüpfung vornehmen. Das ist allerdings auch sehr einfach umzusetzen, indem Sie im Bereich EXTERNE DATEN die entsprechende Zeile auswählen, sie per Drag & Drop auf das gewünscht Shape ziehen und loslassen.

1. Sie sehen jetzt rechts neben jedem Shape die Daten der Spalte »IST« aus dem jeweils zugeordneten Listenelement. Sie können diese Daten aber auch ganz anders darstellen lassen, indem Sie folgendermaßen vorgehen:
   - Wählen Sie nach einem Rechtsklick auf eines der vier Shapes im Kontextmenü den Menüpunkt DATEN • DATENGRAFIK BEARBEITEN aus.
   - Wählen Sie in dem daraufhin erscheinenden Dialog im unteren Bereich die Option »Alle Shapes mit dieser Datengrafik« aus, damit die hier vorgenommene Konfiguration automatisch für alle vier Shapes übernommen wird.
   - Die Spalte »IST« wird bereits für die Datengrafik verwendet und wird demnach auch in diesem Konfigurationsdialog aufgeführt. Wählen Sie diese Zeile aus, und klicken Sie auf die Schaltfläche ELEMENT BEARBEITEN.
   - Nehmen Sie an den Einstellungen nun folgende Änderungen vor, und bestätigen Sie die Angaben anschließend über die Schaltfläche OK:

Eigenschaft	Neuer Wert
Angezeigt als	Datenbalken
Formatvorlage	Tachometer
Standardposition verwenden	Kein Haken
Position • Horizontal	Links
Position • Vertikal	Über Shape

Tabelle 8.8 Datengrafik für die Shapes der Prozessüberwachung konfigurieren

Wenn Sie nun wie in Abbildung 8.41 oberhalb eines jeden Shapes ein Tachometer mit Angabe des jeweiligen IST-Wertes sehen können, haben Sie die Prozessdarstellung korrekt mit den Daten aus dem Recruiting-System verknüpft und können zukünftig hierüber den Prozess überwachen.

Vielleicht fragen Sie sich gerade, was Sie denn nun genau überwachen. Es handelt sich hierbei um die Bearbeitungszeit für einzelne Prozessschritte im Personalauswahlverfahren. Es werden dabei keine personenbezogenen Daten, sondern durch das Recruiting-System (siehe Abschnitt 4.2) bereits anonymisiert erhobene Daten für unsere Prozessdarstellung verwendet. Über diese Darstellung können Sie schnell ermitteln, ob vorgegebene Bearbeitungszeiten eingehalten werden. Sollte dies nicht der Fall sein, so werden Sie auf diese Weise darauf aufmerksam gemacht und können die Ursache hierfür ermitteln und als Nächstes mit entsprechenden Maßnahmen darauf reagieren.

Weitere Möglichkeiten bei der Nutzung von Visio in Kombination mit SharePoint und den Visio Services

Bei der Definition der Datenquelle haben Sie eine Liste bzw. Bibliothek aus einer beliebigen SharePoint-Website auswählen können. Damit können Sie grundsätzlich alle Daten aus SharePoint in Visio verwenden und entsprechend grafisch aufbereiten. Sie müssen nur darauf achten, dass Sie ein Shape immer mit genau einem Element bzw. Dokument einer Liste bzw. Bibliothek verknüpfen. Diese Voraussetzung muss die Datenquelle erfüllen. Das heißt, Sie müssen die Daten bereits so aufbereitet haben, dass die Werte in einem Element direkt verwendet werden können. Eine nachträglich in Visio vorzunehmende Zusammenführung von Werten mehrerer Elemente (wie beispielsweise die Summe aller benötigten Zeitspannen für eine Bewertung oder ein Durchschnittswert) ist nicht möglich.

Neben den Daten aus SharePoint können Sie auch eine Excel-Arbeitsmappe, eine Access-Datenbank oder eine SQL Server-Datenbank als Datenquelle verwenden. So können Sie auch die Daten unterschiedlicher Datenquellen zusammenführen und eine Prozessdarstellung realisieren, die den applikationsübergreifenden Prozess visualisiert. Wenn dieser sich in kleinere Teilprozesse unterteilt, können Sie immer die jeweilige Datenquelle aufrufen und die Shapes des entsprechenden Teilprozesses mit den Daten verknüpfen.

Prozessdarstellung veröffentlichen

Wenn Sie den Prozess so weit modelliert haben oder den aktuellen Stand speichern möchten, sollten Sie dies direkt in einer SharePoint-Website tun. Ein lokales Speichern auf Ihrem PC hätte zur Folge, dass kein anderer Anwender auf die Ergebnisse Ihrer Arbeit zugreifen und Sie bei der Erstellung sowie Konfiguration der Prozessdarstellung unterstützen kann. Speichern Sie doch die Arbeitsergebnisse in Ihrem persönlichen Arbeitsbereich zwischen. Dort können Sie sich entscheiden, ob es sich hierbei noch um eine Arbeitsversion handelt, die noch niemand sehen soll, oder ob die Kollegen ruhig schon bei Bedarf Zugriff erhalten sollen. Gehen Sie nun folgendermaßen vor:

1. Wählen Sie innerhalb von Visio das Menüband DATEI und dort den Menüpunkt SPEICHERN UNTER in der linken Menüleiste aus.
2. Wählen Sie als Option »SharePoint« aus, und klicken Sie auf die Schaltfläche DURCHSUCHEN.
3. Sie können in dem Dialog, der jetzt erscheint, den Speicherort angeben, wobei Ihr persönlicher Arbeitsbereich (siehe Abschnitt 2.4.5) vorausgewählt ist, sofern Sie eine Server-Edition einsetzen und SharePoint bereits einmal zur Ablage von Dokumenten aus einem Office-Produkt heraus genutzt haben. Sie können dort die Bibliothek »Dokumente« auswählen und dann entscheiden, ob Sie die Visio-Datei bereits für die Kollegen bereitstellen möchten. In diesem Fall müssten Sie die Datei in dem Ordner »Für jeden freigegeben« speichern. Ansonsten steht die Datei nur Ihnen persönlich zur Verfügung. Geben Sie den gewünschten Dateinamen an, und bestätigen Sie Ihre Angaben über die Schaltfläche SPEICHERN.

Was sind das für Optionen, die ich beim Speichern noch konfigurieren kann?

In dem Dialog zur Auswahl des Speicherortes befindet sich eine Schaltfläche OPTIONEN. Wenn Sie diese betätigen, erscheint der Dialog für die Veröffentlichungseinstellungen. Dort können Sie auswählen, welche Zeichenblätter (falls Sie mehrere in der Visio-Datei erstellt haben) und welche Datenquellen Sie für die Nutzung in SharePoint mit den Visio Services zur Verfügung stellen möchten.

Wenn Sie in diesem Dialog die Schaltfläche AKTUALISIERUNG KONFIGURIEREN betätigen, können Sie außerdem für eine jede Datenquelle genau einstellen, in welchem Zeitintervall die Daten in den Zeichenblättern aktualisiert werden sollen, und Sie können die Verbindung zu der jeweiligen Datenquelle anpassen.

Beachten Sie bitte, dass Sie Schreibberechtigungen in der Dokumentbibliothek benötigen, in der Sie die Visio-Datei speichern möchten. Solange Sie nur Leseberechtigungen für die von Ihnen vorgesehene Bibliothek besitzen, werden Sie diese im Dialog zum Speichern aufrufen können. Sie werden jedoch beim Speichern selbst eine Fehlermeldung erhalten, weil Sie nicht autorisiert sind, dort Dateien zu verwalten.

Wenn Sie Ihre Visio-Datei nicht in Ihrem persönlichen Arbeitsbereich, sondern lieber in der Dokumentbibliothek einer beliebigen anderen Website speichern möchten, können Sie in dem Dialog in das oberste Eingabefeld die Websiteadresse der gewünschten Website eintragen und die Eingabe über die Taste [↵] bestätigen.

Sobald das System die Website gefunden hat, werden Ihnen die dort existierenden Listen und Bibliotheken zur Auswahl zur Verfügung gestellt, damit Sie Ihre Datei dort speichern können.

8.5.4 Überwachung des Prozesses in SharePoint

Wenn Sie die Prozesse in Ihrem Unternehmen überwachen möchten, können Sie jeden zu überwachenden Prozess mithilfe von Visio modellieren und mit den Daten der entsprechenden Unternehmensapplikationen verknüpfen. Jetzt wäre aber eine simple Ablage der Visio-Dateien in einer Dokumentbibliothek nicht wirklich zielführend. Sie benötigen vielmehr eine zentrale Plattform, über die Sie die Prozesse einsehen und Probleme schnell erkennen können.

Das Visio-Prozessrepository einrichten

Für eine zentrale Plattform wird Ihnen bereits eine spezielle Websitevorlage unter der Kategorie »Enterprise« zur Verfügung gestellt. Es handelt sich dabei um das **Visio-Prozessrepository**, das Sie sowohl als Unterwebsite innerhalb einer bestehenden Websitesammlung als auch in Form einer separaten Websitesammlung einrichten können. Wofür Sie sich letztendlich entscheiden, hängt wieder einmal sehr stark von der gewünschten Berechtigungsstruktur ab. Wenn Sie hier nur einen sehr ausgewählten Personenkreis zulassen möchten und diese Daten beispielsweise nicht den Websitesammlungsadministratoren der Fachabteilungen zur Verfügung stellen möchten, sollten Sie eine neue Websitesammlung einrichten.

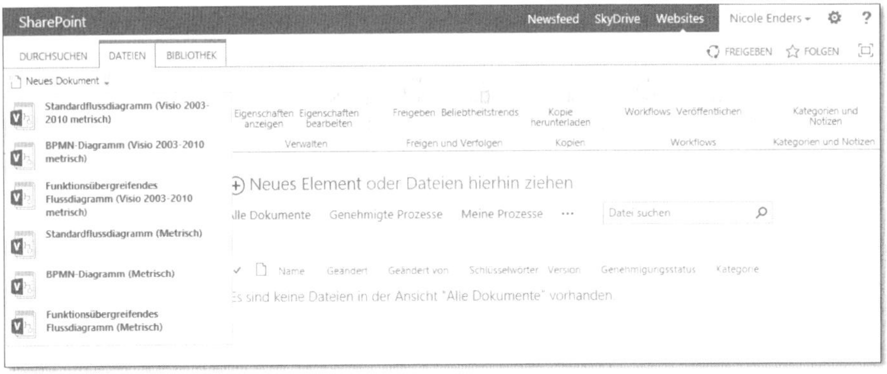

Abbildung 8.42 Visio-Prozessrepository mit verschiedenen vordefinierten Inhaltstypen und Vorlagen

Eine solche Website besteht aus genau einer Bibliothek namens »Prozessdiagramme« und verfügt über die vordefinierten Inhaltstypen, die Sie in Abbildung 8.42 sehen, und die diesen zugeordneten Visio-Vorlagen. So eine Lösung ließe sich selbstverständlich auch selbst erstellen, indem Sie eine Dokumentbibliothek verwenden und die entsprechenden Inhaltstypen erstellen und dieser Bibliothek zuweisen. Probieren wir doch gemeinsam die Funktionalität dieser Website aus:

1. Erstellen Sie in der Website der obersten Ebene Ihrer Websitesammlung eine neue Unterwebsite »Prozessüberwachung«. Verwenden Sie dazu die Websitevorlage »Visio-Prozessrepository« aus der Kategorie »Enterprise«.
2. Rufen Sie die eben erstellte Visio-Datei erneut auf, und speichern Sie diese in der Bibliothek »Prozessdiagramme« ab. Geben Sie dabei die Websiteadresse der neuen Website und den Dateinamen »Recruiting – Personalauswahlprozess« an.

Wenn Sie Ihre Prozessdarstellung auf diese Weise in dem Prozessrepository gespeichert haben, sollten Sie diese entsprechend der Darstellung in Abbildung 8.43 ausgecheckt und mit dem Genehmigungsstatus »Entwurf« vorfinden.

Abbildung 8.43 Ein erstes Prozessdiagramm wurde im Visio-Prozessrepository bereitgestellt.

Solange die Datei nicht ein erstes Mal eingecheckt wurde, stehen die darin enthaltenen Informationen nur Ihnen persönlich zur Verfügung. Andere Anwender, die diese Bibliothek aufrufen, werden die Datei nicht sehen können. Um das Prozessdiagramm den Kollegen jedoch zur Verfügung zu stellen, sollten Sie folgende Schritte durchführen:

1. Klicken Sie auf die Schaltfläche »...« neben der Datei. In dem Menü, das jetzt sichtbar wird, klicken Sie erneut auf die Schaltfläche »...« und wählen anschließend den Menüpunkt EINCHECKEN aus.
2. Wählen Sie für die einzucheckende Version die Option »1.0 Hauptversion (veröffentlichen)« aus, und bestätigen Sie die Angaben über die Schaltfläche OK.
3. Die Datei ist jetzt zwar eingecheckt, muss jedoch noch genehmigt werden, damit sie für die anderen Anwender freigegeben wird. Wählen Sie dazu im Kontextmenü »...« der Datei den Menüpunkt HAUPTVERSION VERÖFFENTLICHEN aus, geben Sie anschließend optional einen Kommentar ein, und bestätigen Sie den Vorgang über die Schaltfläche OK.

4. Der Genehmigungsstatus ist nun von »Entwurf« auf den Wert »Ausstehend« gewechselt. Das bedeutet, dass jetzt eine Person mit Genehmigungsrechten die finale Freigabe vornehmen kann. Das können Sie als Besitzer dieser Website auch machen, indem Sie im Kontextmenü den Menüpunkt GENEHMIGEN/ABLEHNEN auswählen.
5. In dem Dialog,der daraufhin erscheint, können Sie jetzt entscheiden, ob Sie die Datei freigeben möchten. In diesem Fall wählen Sie die Option »Genehmigt« für den Genehmigungsstatus aus und schließen den Vorgang über die Schaltfläche OK ab.

Klicken Sie jetzt einfach einmal auf die Visio-Datei. Sie sehen dann eine Darstellung wie in Abbildung 8.44.

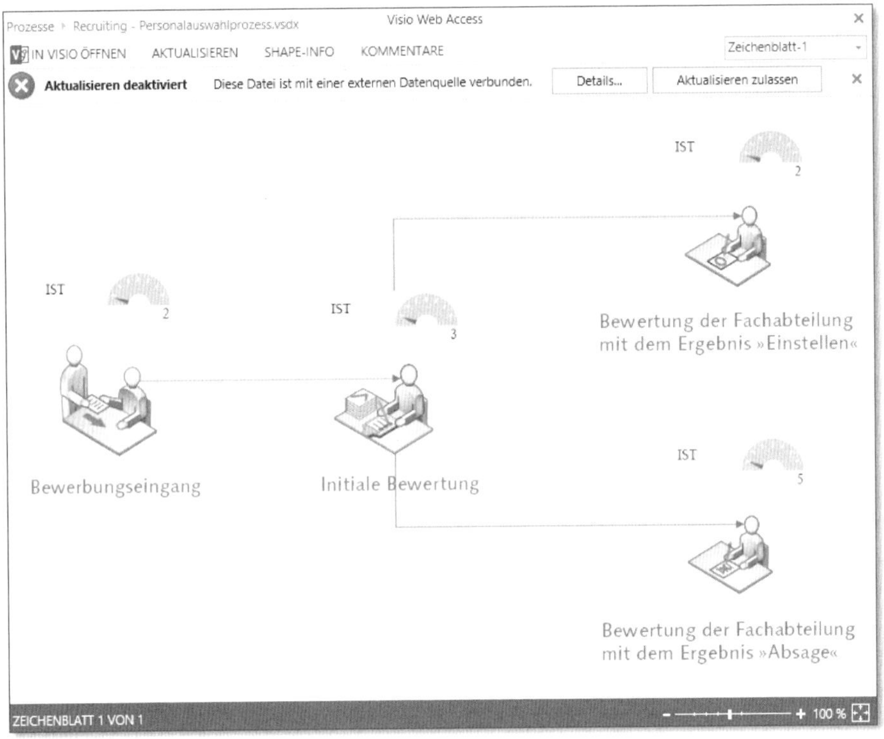

Abbildung 8.44 Darstellung von Visio-Inhalten mittels der Visio Services

Ihre Prozessdarstellung erscheint auf einer separaten Websiteseite. Die Navigationsleisten aus SharePoint, die sowohl im oberen als auch im linken Bereich der Seite nur Platz verbrauchen würden, werden in einer solchen Ansicht nicht dargestellt, sondern stattdessen ausgeblendet.

Sobald Sie Datenquellen in Ihrer Prozessdarstellung verwenden, erscheint beim Aufruf einer solchen Datei der Informationsbalken, den Sie ebenfalls in Abbildung 8.44

sehen. Über ihn können Sie die Aktualisierung der Datenquellen zulassen. Des Weiteren haben Sie über die Visio Services folgende Möglichkeiten:

- **Zeichenblatt auswählen:** Oben rechts in der Seite wird Ihnen eine Auswahlliste zur Verfügung gestellt. In ihr finden Sie die Zeichenblätter, die in der Visio-Datei enthalten bzw. unter den Veröffentlichungsoptionen ausgewählt sind. Damit können Sie zwischen den einzelnen Zeichenblättern wechseln. Wenn Sie bereits Erfahrungen mit Visio haben, empfehle ich Ihnen jedoch, lieber eine Verknüpfung der verschiedenen Zeichenblätter über die Shapes vorzunehmen. Sie können so beispielsweise in Visio ein Shape auswählen und über sein Kontextmenü einen Hyperlink konfigurieren, der auf ein anderes Zeichenblatt der Datei verweist. Damit ist die Navigation in verschiedene Teilprozesse möglich.
- **In Visio öffnen:** Wenn Sie die über die Visio Services im Browser dargestellten Informationen einer Visio-Datei bearbeiten möchten oder eine Anzeige in Visio selbst wünschen, können Sie diesen Menüpunkt benutzen.
- **Aktualisieren:** Nutzen Sie diesen Menüpunkt, um die verwendeten Datenquellen zu aktualisieren. Das ist vor allem dann sinnvoll, wenn Sie die Daten in Echtzeit benötigen und daher nicht den nächsten anstehenden Zeitpunkt für die Aktualisierung abwarten können.
- **Shape-Info:** Haben Sie für Ihre Shapes bestimmte Daten bzw. Informationen hinterlegt oder möchten Sie sich die mit dem Shape aus einer Datenquelle verknüpften Daten anschauen, so können Sie über den Menüpunkt SHAPE-INFO den Bereich für die Shape-Informationen einblenden. Sobald Sie ein Shape anklicken, erscheinen dort die gewünschten Informationen.
- **Kommentare:** Nach einem Klick auf diesen Menüpunkt erscheint im rechten Bereich der Seite ein Kommentarbereich, in dem jeder Anwender Anmerkungen erfassen kann. So kann hier beispielsweise eine Diskussion geführt werden, wo Optimierungspotenzial in dem Prozess besteht bzw. welche Probleme momentan zu erkennen sind.

Allerdings müssen Sie für die Kommentarfunktion die Dokumentbibliothek so konfigurieren, dass kein Auschecken der Datei erforderlich ist, um diese zu bearbeiten. Ansonsten werden Sie bei der Erfassung eines Kommentars eine Fehlermeldung erhalten. Die Funktion des Auscheckens wird in der Praxis immer dann verwendet, wenn Sie sicherstellen möchten, dass immer nur genau eine Person an einer in SharePoint gespeicherten Datei arbeiten kann. Es hängt von Ihren Prozessen ab, ob Sie eine solche Vorgehensweise bevorzugen oder ob Sie lieber auch eine parallele Bearbeitung von Dateien wie beispielsweise der Visio-Webzeichnung ermöglichen. Es gibt hier auch kein »richtig« oder »falsch«, sondern nur die bewusste Entscheidung für eine der beiden Optionen, die Sie für jede einzelne Bibliothek wählen können.

Prozessdarstellung in eine Websiteseite integrieren

Sie können also Ihre Prozessdarstellungen in einer Dokumentbibliothek speichern, und mithilfe der Visio Services wird nach einem Klick auf die entsprechende Datei nicht der Visio-Client auf Ihrem PC, sondern Ihr Browser zum Öffnen der Visio-Datei verwendet. Allerdings erfolgt die Darstellung dabei immer in Form einer separaten Websiteseite. Manchmal kann es aber viel sinnvoller sein, die Prozessdarstellung in eine bestehende Websiteseite zu integrieren, in der bereits Texte und weitere Informationen genau zu dem darzustellenden Prozess zur Verfügung gestellt werden. Dafür wird Ihnen das **Visio Web Access-Webpart** angeboten, das ich Ihnen bereits in Abschnitt 4.6.2 vorgestellt habe. Sie können es folgendermaßen konfigurieren:

1. Rufen Sie die Websiteinhalte des Visio-Prozessrepositorys auf, und wählen Sie den Menüpunkt APP HINZUFÜGEN aus.
2. Wählen Sie die App »Wiki-Seitenbibliothek« aus, geben Sie den Namen »Websiteseiten« an, und bestätigen Sie die Angaben über die Schaltfläche ERSTELLEN.
3. Wieder zurück bei den Websiteinhalten rufen Sie die neue Wiki-Seitenbibliothek auf.
4. Sie befinden sich automatisch auf der Homepage des Wikis und können die Seite im Bearbeitungsmodus öffnen, indem Sie im Menüband SEITE den Menüpunkt BEARBEITEN auswählen.
5. Entfernen Sie den Standardtext von der Seite, und ändern Sie das Textlayout über den Menüpunkt TEXTLAYOUT • ZWEI SPALTEN MIT KOPFZEILE.
6. Erfassen Sie in der Kopfzeile die Überschrift »Prozessüberwachung – Personalauswahl im Recruiting System«, und tragen Sie in der linken Spalte Informationen zu dem Prozess in Textform ein. Sie können dort (wie bei jeder anderen Wiki-Seite auch) Bilder, Verlinkungen oder auch Dateien bzw. Video- und Audiomaterial einfügen.
7. In der rechten Spalte werden Sie nun die Prozessdarstellung aus der Visio-Datei in die Seite integrieren. Klicken Sie dazu in die rechte Spalte, und wählen Sie anschließend im Menüband EINFÜGEN den Menüpunkt WEBPART aus.
8. Wählen Sie das Webpart »Visio Web Access« aus der Kategorie »Geschäftsdaten« aus, und betätigen Sie die Schaltfläche HINZUFÜGEN.
9. Nachdem das Visio Web Access-Webpart der Seite hinzugefügt wurde, können Sie innerhalb dieses Webparts auf den Link KLICKEN SIE HIER, UM DEN TOOLBEREICH ZU ÖFFNEN klicken.
10. In der Konfigurationsleiste, die nun rechts zu sehen ist, klicken Sie oben im Bereich WEBZEICHNUNGS-URL auf die Schaltfläche »...« und wählen aus der Bibliothek »Prozessdiagramme« die Datei »Recruiting – Personalauswahlprozess.vsdx« aus. Bestätigen Sie die Auswahl über die Schaltfläche EINFÜGEN innerhalb des Dialogs.

11. Wieder zurück in der rechten Konfigurationsleiste können Sie diejenigen Einstellungen unverändert übernehmen, die die Aktualisierung der Datenquellen oder die Funktionen betreffen, die zur Verfügung gestellt werden sollen.

    Erweitern Sie lediglich den Bereich DARSTELLUNG. Wählen Sie hier als Chromtyp die Option »Kein«, und bestätigen Sie die Konfiguration über die Schaltfläche OK.
12. Verwenden Sie abschließend den Menüpunkt SPEICHERN im Menüband TEXT FORMATIEREN, um die Änderungen an der Wiki-Seite zu speichern.

Über diese Möglichkeit können Sie die Prozessdarstellung mit weiteren Informationen anreichern und noch ansprechender gestalten. Vielleicht haben Sie vor, bestimmte Prozesse als Menüpunkte in der Schnellstartleiste anzubieten, oder Sie möchten innerhalb der einzelnen Prozessseiten zu anderen Prozessen navigieren können. Durch die Integration der Prozessdarstellungen in eine Seite haben Sie mehr Möglichkeiten, genau die Informationen zur Verfügung zu stellen, die tatsächlich benötigt werden.

Vielleicht ist es auch erforderlich, dass Sie den Kollegen erst einmal erklären, wofür der dargestellte Prozess steht und welche Punkte besonders beobachtet werden müssen. Wenn dann ein bestimmter Wert innerhalb eines Prozessschritts überschritten wird, kann er durch die konfigurierte Datengrafik entsprechend gekennzeichnet werden, indem er beispielsweise rot markiert wird. Doch was bedeutet diese Markierung, und wie soll Ihr Kollege mit dieser Information umgehen? Diese Fragen können Sie direkt innerhalb der Seite beantworten, in die Sie die Prozessdarstellung integriert haben.

Es ist noch viel mehr mit den Visio Services möglich, als Sie sich vorstellen können!

Bis jetzt kennen Sie nur die Möglichkeit, eine beliebige Visio-Datei in eine Websiteseite zu integrieren. Dabei ist keine Interaktion mit den übrigen Inhalten der Seite vorgesehen. Das muss allerdings nicht so sein! Sie können Ihre Prozessdarstellung mit anderen Webparts auf der Seite verknüpfen, um so beispielsweise eine spezielle Navigation oder auch eine Suche innerhalb des aktuellen Zeichenblatts bzw. der gesamten Visio-Datei vorzunehmen und die entsprechenden Shapes grafisch hervorzuheben. Sie können damit auch in einem zusätzlichen Webpart die Daten eines angeklickten Shapes in einer grafisch aufbereiteten Form darstellen.

Solche Erweiterungen können mit dem **Visio Services JavaScript-Objektmodell** umgesetzt werden, das Sie sich als eine Art Schnittstelle für Erweiterungen Ihrer Visio-Zeichnungen vorstellen können. Fragen Sie hierzu einen SharePoint-Entwickler, damit er Ihnen anhand eines überschaubaren Szenarios einen Prototyp bereitstellen kann. Auf dieser Basis können Sie sich ein besseres Bild von den Erweiterungsmöglichkeiten machen. Anschließend können Sie Ihre konkrete Lösung im Detail besprechen sowie die Umsetzung beauftragen. Unter der Websiteadresse *http://msdn.microsoft.com/de-de/library/ff394649.aspx* finden Sie erste Informationen zu den Anpassungsmöglichkeiten der Visio Services.

8.5.5 Aggregation von Daten in einem Business Intelligence Center

Nachdem wir uns nun mit den Möglichkeiten der Prozessüberwachung mittels der Visio Services und des Visio-Prozessrepositorys beschäftigt haben, ist es an der Zeit, unser Management Cockpit zu erstellen.

Wichtige Voraussetzungen für diesen Teil der Übung

Wir werden uns auf den nächsten Seiten intensiv mit den Möglichkeiten von SharePoint im Bereich *Business Intelligence* (BI) beschäftigen. Wenn Sie bisher noch keine Erfahrung mit BI haben, werden Sie Schwierigkeiten mit den einzelnen Schritten der Übung haben, weil Ihnen die verwendeten Begriffe wahrscheinlich nicht geläufig sind. Ich möchte Sie nicht davon abhalten, diesen Teil der Übung auszuprobieren. Ganz im Gegenteil; probieren Sie die Werkzeuge unbedingt einmal aus! Ich möchte Sie lediglich vorwarnen, dass es zu Verständnisschwierigkeiten kommen kann. Seien Sie dann bitte nicht entmutigt, sondern recherchieren Sie bei Bedarf im Internet, wenn Sie einen Begriff erst einmal nicht verstehen. Ich werde diese Begriffe entsprechend hervorheben, um Ihnen die Suche nach ihnen zu erleichtern.

Wenn Sie allerdings bereits ein fundiertes Wissen im Bereich BI besitzen, möchte ich Ihnen an dieser Stelle auch einen Hinweis auf den Inhalt der Übung geben. BI ist ein sehr großer Themenbereich, den ich über viele Seiten hinweg behandeln könnte. Ich beschränke mich im Rahmen dieses Buchs auf wenige Seiten und kann das Thema somit nur kurz beleuchten. Sie werden auf den nächsten Seiten wichtige Werkzeuge für die Erstellung verschiedenster BI-Lösungen kennenlernen und sollten danach in der Lage sein, mit Ihrem Wissen die zu Ihren Anforderungen passenden Lösungen zu erstellen.

Richten Sie zunächst innerhalb Ihrer Websitesammlung eine neue Unterwebsite »Management Cockpit« in der Website der obersten Ebene ein. Verwenden Sie dabei die Websitevorlage »Business Intelligence Center«.

In Abbildung 8.45 sehen Sie die Homepage Ihres zukünftigen Management Cockpits. Dabei wird Ihnen direkt der Prozess erläutert, wie Sie mit dieser Lösung umgehen sollen. Als Erstes benötigen Sie Daten aus beliebigen Quellen, die Sie untersuchen und analysieren können. Anschließend verwenden Sie diese Daten, um daraus Berichte zu erstellen, die nach Möglichkeit interaktiv gestaltet werden, damit der Anwender durch sie navigieren und genau die für ihn persönlich wichtigen Informationen herausfiltern kann. Abschließend erstellen Sie spezielle Websiteseiten, die sogenannten **Dashboards**, die Ihre Berichte in Kombination mit weiteren Informationen allen Anwendern zur Verfügung stellen. Aus der Kombination verschiedener Auswertungen lassen sich so ggf. ganz neue Erkenntnisse gewinnen, um Ihre Unternehmensabläufe und -prozesse noch weiter zu optimieren.

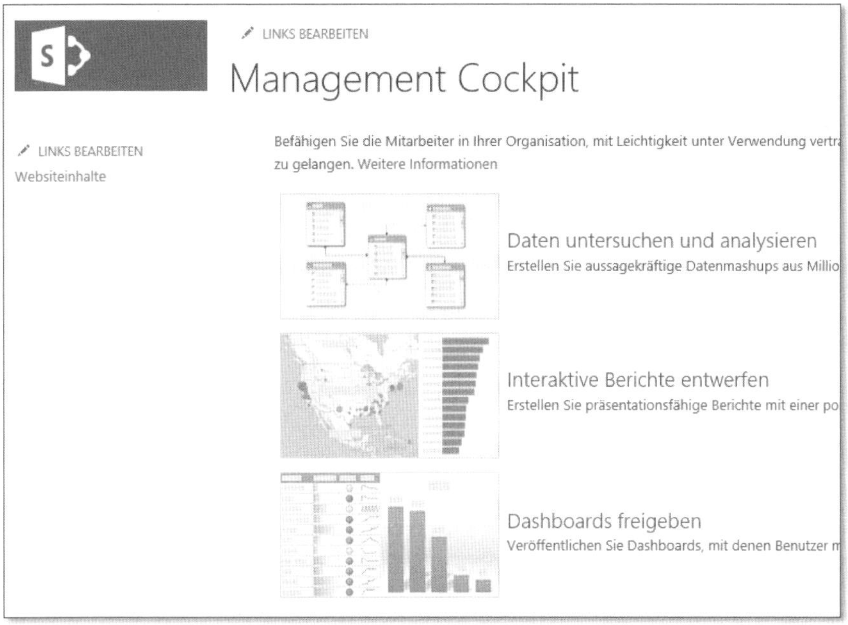

Abbildung 8.45 Die Homepage des Management Cockpits

Daten untersuchen und analysieren

Als Erstes müssen Sie die Daten ermitteln, die Sie in Ihrem Management Cockpit benötigen. Erstellen Sie für Ihre Daten entsprechende Modelle (beispielsweise mit **PowerPivot**), und legen Sie diese in SharePoint zur weiteren Verwendung ab. PowerPivot besteht zum einen aus einem **Excel-Add-in**, über das Sie auf einfache Weise Berechnungen und Analysen über große Datenmengen aus mehreren Datenquellen in Excel durchführen können. Zum anderen gibt es eine Komponente für den SharePoint Server in der Enterprise-Edition, über den die in einer solchen Excel-Arbeitsmappe integrierten Daten auch in einem vorgegebenen Zeitintervall aktualisiert werden.

Wichtige Informationen zu den Funktionen für Excel-Arbeitsmappen

Wenn Sie Daten in Excel aufbereiten, können Sie die Excel-Arbeitsmappe in einer Dokumentbibliothek in SharePoint speichern. Ähnlich wie bei Visio wird Ihnen auch bei Excel die Möglichkeit geboten, die Arbeitsmappe über den Browser zu öffnen oder sie über ein spezielles Webpart in eine beliebige Websiteseite oder Webpartseite zu integrieren. Bei Visio wurden hierfür die Visio Services und das Visio Web Access-Webpart angeboten, und dementsprechend handelt es sich bei den Funktionen für Excel-Arbeitsmappen um die **Excel Services** und das **Excel Web Access-Webpart**.

Solange Sie die Server-Komponente von PowerPivot nicht nutzen, können Sie zwar die verschiedensten Datenquellen in eine Excel-Arbeitsmappe integrieren und Teilbereiche daraus (wie beispielsweise ein bestimmtes Diagramm oder ein Arbeitsblatt) über das **Excel Web Access-Webpart** in beliebige Websiteseiten integrieren. Die Daten werden allerdings erst dann aktualisiert, wenn Sie die Arbeitsmappe wieder in Excel selbst zur Bearbeitung öffnen und die Aktualisierung vornehmen. Über die Server-Komponente von PowerPivot werden die Daten in regelmäßigen Abständen ohne eine Benutzerinteraktion aktualisiert.

Interaktive Berichte entwerfen

Auf Basis der zur Verfügung gestellten Daten können Sie mit Excel und den **SQL Server Reporting Services** bereits seit längerer Zeit Berichte und Auswertungen erstellen. Während die Erstellung von Berichten auf Basis der Reporting Services meist durch einen Entwickler erfolgt und von den Anwendern als zu statisch kritisiert wird, sind die Auswertungen mittels Excel für Endanwender wie Sie vorgesehen. Da Sie mit dem gewohnten Werkzeug Excel arbeiten können, um die gewünschten Daten auszuwerten, sind beliebige Berichte und somit **Self-Service BI** denkbar. Allerdings werden beide Möglichkeiten in der Praxis nur selten in einer SharePoint-Umgebung genutzt.

Aus diesem Grund wurde mit der Einführung des SQL Servers 2012 in der Business Intelligence- oder Enterprise-Edition die neue Funktion **Power View** vorgestellt. Mit diesem neuen Tool haben Sie die Möglichkeit, interaktive Berichte zu erstellen. So könnten Sie beispielsweise ein Balkendiagramm anbieten, in dem die Verkaufszahlen der letzten vier Jahre dargestellt werden. Neben dem Diagramm werden detaillierte Informationen dargestellt, die sich ebenfalls auf die im Diagramm angezeigten vier Jahre beziehen. Wenn ein Anwender allerdings auf einen Balken innerhalb des Diagramms klickt, werden die übrigen Daten auf das damit ausgewählte Jahr gefiltert dargestellt. Sie können selbstverständlich auch vorsehen, dass bei einem Klick auf den Balken eine Darstellung der Quartale oder Monate des entsprechenden Jahres erfolgen soll. Eine weitere Funktionalität ist, dass automatisch für ein ausgewähltes Jahr beispielsweise der Reihe nach die Zahlen der Monate Januar bis Dezember dargestellt werden. Dabei ist keine Benutzerinteraktion für den Wechsel des Monats erforderlich, da nach einem bestimmten Zeitintervall zu dem nächsten Monat gewechselt wird.

Technologisch handelt es sich bei dem Tool **Power View** um eine Silverlight-Anwendung, die nach der Installation und korrekten Konfiguration der SQL Server 2012 Reporting Services zur Verfügung steht. Als Datenquellen können die mittels **PowerPivot** erstellten und in SharePoint gespeicherten Modelle bzw. die auf Basis der **Analysis Services 2012** erstellten tabellarischen Modelle verwendet werden.

Dashboards freigeben

Für die Darstellung der aggregierten und aufbereiteten Daten erstellen Sie in der Regel ein oder mehrere **Dashboards**. Dabei handelt es sich um spezielle Websiteseiten, auf denen Sie Ihre erstellten Berichte ggf. in Kombination mit weiteren Daten für die Anwender zur Verfügung stellen können. Sie können Dashboards allerdings nur mithilfe eines bestimmten Tools erstellen: mit dem sogenannten Dashboard-Designer. Rufen Sie dazu in Ihrer Website unter den Websiteinhalten die Bibliothek »Dashboards« auf, und wählen Sie entsprechend der Darstellung in Abbildung 8.46 im Menüband PERFORMANCEPOINT den Menüpunkt DASHBOARD-DESIGNER aus.

Abbildung 8.46 Aufruf des Dashboard-Designers über die App »Dashboards«

Bestätigen Sie die daraufhin erscheinende Sicherheitswarnung »Möchten Sie diese Anwendung ausführen?« mit einem Klick auf die Schaltfläche AUSFÜHREN. Damit wird eine Verknüpfung »PerformancePoint Dashboard Designer« unter START • PROGRAMME • SHAREPOINT erstellt. Nachdem diese Konfiguration abgeschlossen ist, wird der Dashboard-Designer gestartet und Sie befinden sich in der Ansicht aus Abbildung 8.47.

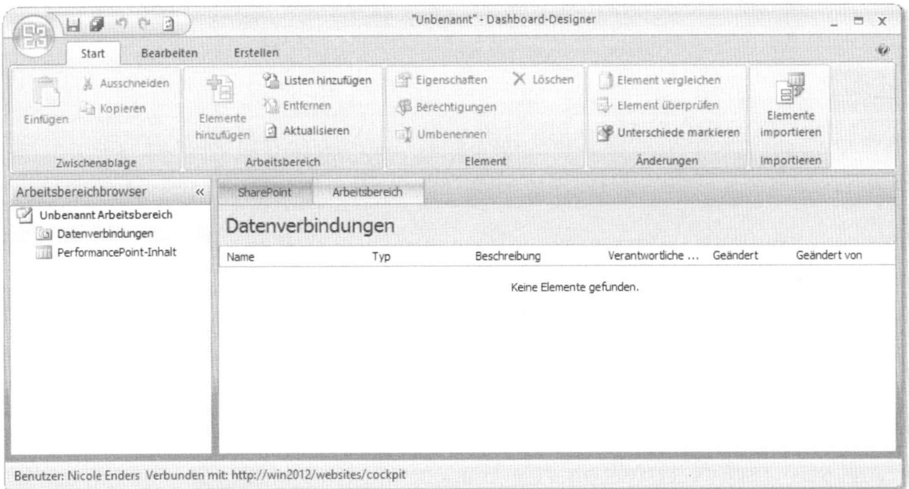

Abbildung 8.47 Dashboard-Designer zur Gestaltung des Dashboards Ihres Management Cockpits

Im Dashboard-Designer werden die folgenden zwei Komponenten unterschieden:

- **Datenverbindungen:** Bevor Sie ein Dashboard erstellen können, benötigen Sie in der Regel eine Datenverbindung, über die Sie anschließend einen sogenannten PerformancePoint-Inhalt erstellen. Dabei kann es sich um eine rein tabellarische Darstellung der Daten handeln. Sie können aber auch **Key Performance Indikatoren** oder darauf aufbauend **Scorecards** erstellen, die Ihnen beispielsweise in Form einer Ampelgrafik die Kennzahlen visualisieren. Die erstellten Datenverbindungen werden in dem Management Cockpit in der Datenverbindungsbibliothek »Datenverbindungen« gespeichert.
- **PerformancePoint-Inhalt:** Hierbei handelt es sich neben den eben erwähnten Key Performance Indikatoren und Scorecards auch um die mittels der Reporting Services erstellten Berichte und um die Dashboards. Der Anwender ruft immer ein Dashboard auf, um die aufbereiteten Daten im Management Cockpit zu sehen. Die erstellten Inhalte werden in dem Management Cockpit in der PerformancePoint-Inhaltsliste »PerformancePoint-Inhalt« gespeichert. Nur die Dashboards werden in der Berichtsbibliothek »Dashboards« abgelegt, über die Sie den Dashboard-Designer aufgerufen haben.

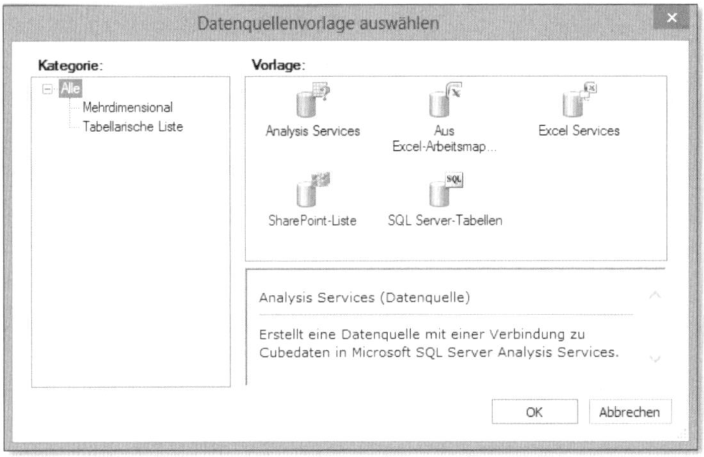

Abbildung 8.48 Neue Datenquellen zum Management Cockpit hinzufügen

Wenn Sie auf das Menüband Erstellen wechseln und dort den Menüpunkt Datenquelle auswählen, erscheint der Dialog aus Abbildung 8.48, in dem Sie die gewünschte Datenquelle auswählen können. Sie haben dabei die Auswahl zwischen den folgenden Vorlagen:

- **Analysis Services:** Erstellt eine Datenquelle mit einer Verbindung zu Cubedaten in den *Microsoft SQL Server Analysis Services*.

- **Aus Excel-Arbeitsmappe importieren:** Erstellt eine Datenquelle mit festen Werten aus Excel. Spätere Änderungen an den Daten in der Excel-Arbeitsmappe werden dabei nicht berücksichtigt.
- **Excel Services:** Erstellt eine Datenquelle mit einer Verbindung zu einer Excel Services-Datei. Solange Sie die Komponente **PowerPivot für SharePoint** nicht verwenden, entspricht die Aktualität dieser Daten immer dem Zeitpunkt, an dem die Daten zuletzt über den Excel-Client bearbeitet wurden.
- **SharePoint-Liste:** Erstellt eine Datenquelle mit einer Verbindung zu einer SharePoint-Liste. Die Daten werden automatisch aktualisiert.
- **SQL Server-Tabellen:** Erstellt eine Datenquelle mit einer Verbindung zu einer beliebigen SQL Server-Tabelle.

Wenn Sie die Konfiguration der erforderlichen Datenquellen vorgenommen haben, können Sie einen PerformancePoint-Inhalt erstellen. Wählen Sie im *Arbeitsbereichbrowser* im linken Bereich des Tools den Menüpunkt PERFORMANCEPOINT-INHALT aus, und wechseln Sie in das Menüband ERSTELLEN. Wie in Abbildung 8.49 sind nun die übrigen Menüpunkte für Sie aktiviert.

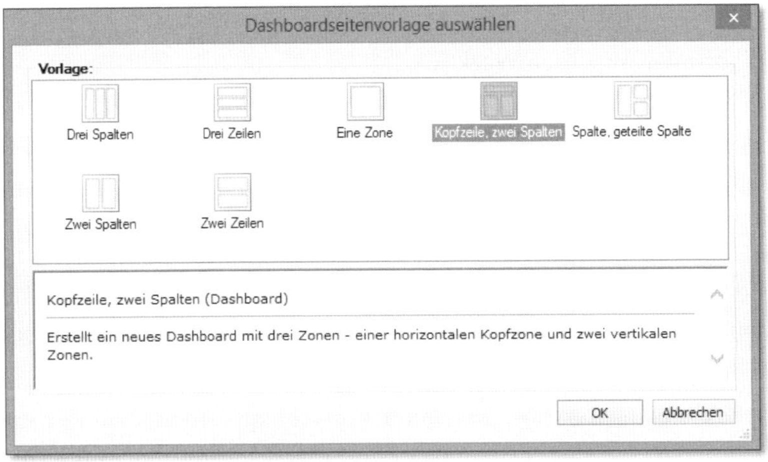

Abbildung 8.49 Erstellen eines neuen Dashboards für das Management Cockpit

Sie können verschiedene Berichte über den Dashboard-Designer anbinden und in Ihr Management Cockpit integrieren. Vielleicht setzen Sie bereits für verschiedene Anwendungen Berichte ein, die auf Basis der SQL Server Reporting Services erstellt wurden. Wenn Sie den Servernamen bzw. die URL kennen, unter der der **Report Server** zu erreichen ist, können Sie prüfen, welche Berichte existieren, und einen nach dem anderen für Ihr Cockpit auswählen.

Anschließend erstellen Sie über den Menüpunkt DASHBOARD im Menüband ERSTELLEN ein neues Dashboard. Dabei wählen Sie, wie in Abbildung 8.49 dargestellt, das

Layout der ersten Seite Ihres Dashboards aus und bestätigen die Auswahl über die Schaltfläche OK. Geben Sie als Nächstes einen Namen für Ihr Dashboard über den *Arbeitsbereichbrowser* an. Die erste Seite Ihres Dashboards ist bereits zur Bearbeitung geöffnet. Sie können alle Inhalte, die Sie bis dahin erstellt haben, über den rechten Bereich DETAILS per Drag & Drop an der gewünschten Position im Dashboard zur Verfügung stellen.

Wenn Sie ein Dashboard veröffentlichen möchten, müssen Sie zunächst Ihren Arbeitsbereich speichern. Anschließend können Sie über das Office-Symbol oben links im Dashboard-Designer ein Menü aufrufen, in dem Sie den Menüpunkt BEREITSTELLEN auswählen. Daraufhin erscheint ein Dialog, in dem Sie festlegen, dass die Dashboards in der Bibliothek »Dashboards« veröffentlicht werden. Sie können außerdem eine Gestaltungsvorlage auswählen. Wenn Sie beispielsweise eine individuelle Gestaltung realisieren möchten, können Sie speziell für das Management Cockpit eine besondere Gestaltungsvorlage erstellen und diese für die Dashboards hier angeben. Wenn Sie mit dem Einstellungen so weit sind, bestätigen Sie die Angaben über die Schaltfläche OK. Daraufhin sind die neuen oder bearbeiteten Dashboards im Management Cockpit für alle Anwender verfügbar.

8.5.6 Prozessoptimierung durch Workflows

Wenn Sie nun durch die Prozessüberwachung und die Auswertungen der Daten innerhalb Ihres Management Cockpits entschieden haben, dass ein Prozess optimiert werden soll, müssen Sie sich überlegen, womit Sie die Optimierung erreichen möchten. Wenn Sie an das Beispiel für die Prozessüberwachung denken, dann könnte beispielsweise die Reaktionszeit für die Bewertung durch den Fachbereich in dem Fall, dass der Bewerber eine Absage erhalten sollte, nicht den Anforderungen entsprechen. Eine mögliche Ursache hierfür kann ein manueller Vorgang sein, der durch eine Automatisierung optimiert werden könnte.

Wenn zwei Mitarbeiter gemeinsam an einem Vorstellungsgespräch mit einem Bewerber teilnehmen und jeder eine Bewertung abgeben soll, kann es sein, dass die beiden im Anschluss an das Vorstellungsgespräch besprechen, wer zuerst die Bewertung im System erfassen soll und wer sich dann auf die erste Bewertung bezieht. Bei einer solchen Absprache muss der zweite Bewerter abwarten, bis die Bewertung im System erfasst wurde.

Wie erfährt der zweite Bewerter aber, wann er seine Bewertung abgeben kann? Einen Informationsprozess gibt es hierfür in der bisherigen Lösung nicht – und darin besteht das Problem. Der Mitarbeiter muss also aktiv immer wieder im System prüfen, ob die Bewertung seines Kollegen eingegangen ist, oder außerhalb des Systems bei ihm nachfragen, ob er seine Aufgabe bearbeitet hat. Diesen fehlenden Informationsprozess werden Sie nun definieren und in die Lösung integrieren.

Sie können den Prozess optimieren, indem Sie hierfür einen Workflow bereitstellen. Sie können diesen Prozess mit Visio modellieren und mit verschiedenen Anwendern besprechen, ohne sich Gedanken über die technische Umsetzung machen zu müssen. Wenn Sie Visio Professional 2013 aufrufen und die Kategorie »Flussdiagramm« auswählen, werden Ihnen die Shape-Sets aus Abbildung 8.50 zur Verfügung gestellt.

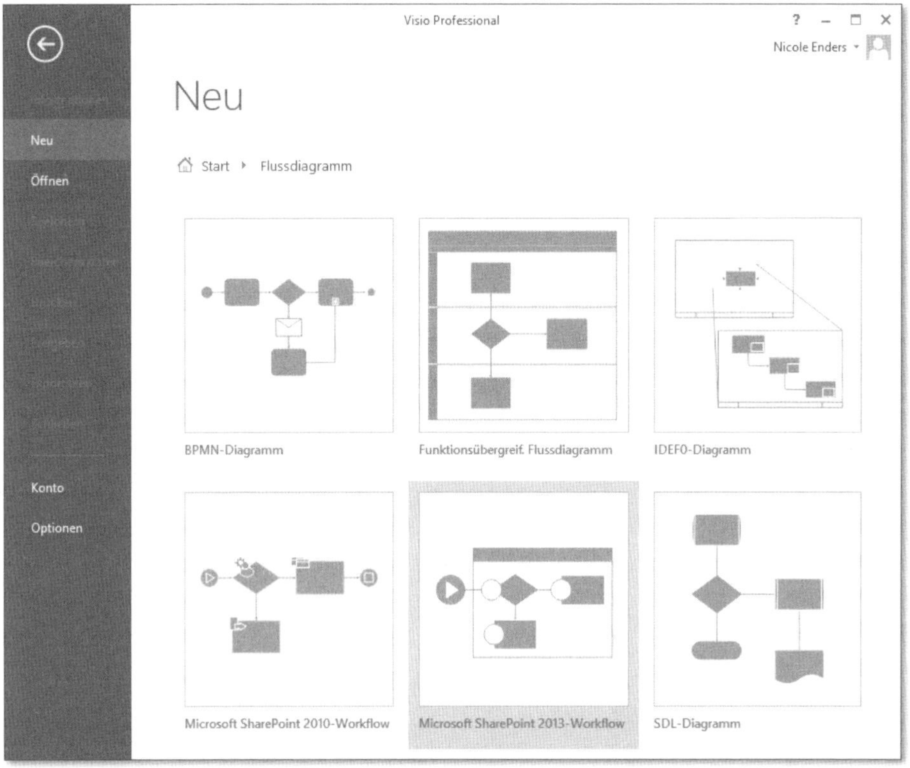

Abbildung 8.50 Eine neue Visio-Zeichnung erstellen

Dazu gehören auch die beiden Shape-Sets »Microsoft SharePoint 2010-Workflow« und »Microsoft SharePoint 2013-Workflow«. Wählen Sie die zweite Option aus, damit Sie die Neuerungen von SharePoint 2013 bereits bei der Modellierung des Workflows nutzen können.

Sie befinden sich daraufhin in der Bearbeitungsansicht aus Abbildung 8.51 und können die Komponenten aus Abbildung 8.52 für die Modellierung des SharePoint-Workflows nutzen. Sie können die passenden Workflow-Komponenten per Drag & Drop in das Zeichenblatt ziehen und in die richtige Reihenfolge bringen. Wenn Sie die Modellierung abschließen möchten, sollten Sie in Visio das Menüband PROZESS aufrufen. Dort können Sie den Menüpunkt DIAGRAMM ÜBERPRÜFEN auswählen, um sicherzustellen, dass Sie die Shapes korrekt miteinander verknüpft haben.

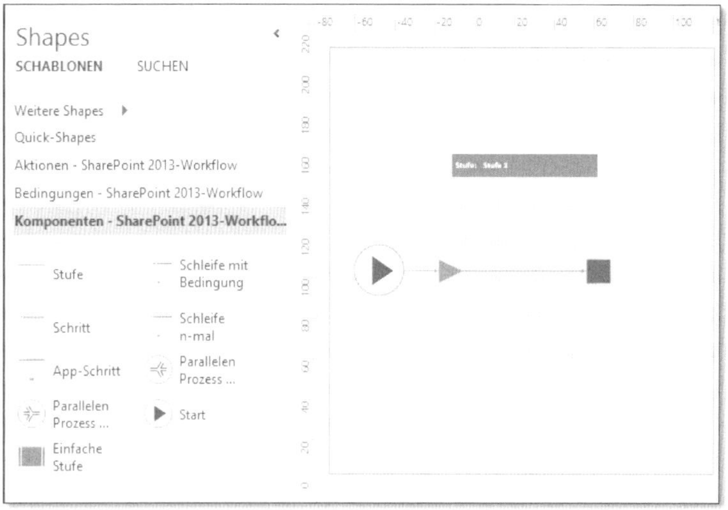

Abbildung 8.51 Modellierung eines SharePoint 2013-Workflows

Abbildung 8.52 Aktionen innerhalb des zu modellierenden Workflows

Wenn hierbei keine Fehler gemeldet werden, können Sie den Menüpunkt EXPORTIEREN verwenden, um den modellierten Prozess in dem richtigen Format zu speichern. Als Nächstes sollten Sie mithilfe des SharePoint Designers die Website öffnen, in der Sie den Workflow verwenden möchten. Rufen Sie dort in der Navigationsleiste das Websiteobjekt WORKFLOWS auf, wodurch automatisch das Menüband geöffnet wird, das den Menüpunkt AUS VISIO IMPORTIEREN enthält. In Abbildung 8.53 können Sie diesen Menüpunkt erkennen.

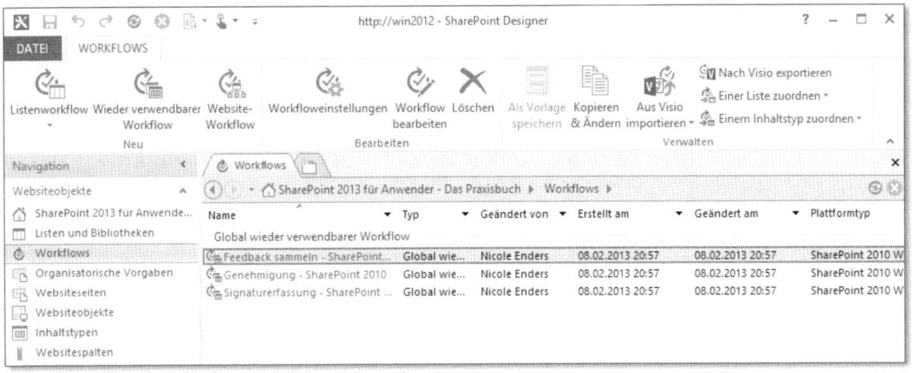

Abbildung 8.53 SharePoint-Workflow aus Visio importieren bzw. nach Visio exportieren

Wenn Sie auf diese Weise einen Workflow erstellen, werden die in Visio ausgewählten Shapes in Workflow-Aktionen umgewandelt, die Ihnen bei der Erstellung eines Workflows über den SharePoint Designer auch zur Verfügung stehen. Sie können dann im weiteren Verlauf die einzelnen Komponenten final konfigurieren und den Workflow anschließend veröffentlichen, um die Prozessoptimierung vorzunehmen.

Wenn Sie innerhalb des SharePoint Designers Änderungen an dem Prozess vornehmen und somit das in Visio erstellte Modell nicht mehr aktuell ist, sollten Sie die Funktion NACH VISIO EXPORTIEREN nutzen. Wenn Sie diesen Menüpunkt verwenden, wird eine Visio-Datei erstellt, die Sie für die weitere Modellierung nutzen können.

Ich kann mit dem SharePoint Designer nicht genau das umsetzen, was ich mir vorgenommen habe!

Es kann in der Praxis vorkommen, dass Sie sich bei der Realisierung von einem Workflow fragen: »Gibt es eine Möglichkeit, einen im SharePoint Designer begonnenen Workflow für die Entwicklung weiterer Funktionen zu nutzen?« Das passiert meist dann, wenn Ihnen eine Aktion fehlt oder Sie sich mehr Flexibilität bei der Konfiguration des Workflows wünschen. In diesem Fall müssen Sie in der Regel auf einen SharePoint-Entwickler zurückgreifen. Allerdings muss dieser nicht komplett neu anfangen, sondern kann den aktuellen Stand des Workflows grundsätzlich als Basis verwenden.

Es kann allerdings auch sein, dass der SharePoint-Entwickler den in Visual Studio importierten Workflow aufgrund von bestimmten Anforderungen nicht als Basis verwenden kann, weil dadurch mehr Aufwand entstehen würde als in dem Fall einer vollkommen neuen Implementierung. Aber der entsprechende Entwickler wird Ihnen auf Basis der Anforderungen und des bis dahin konfigurierten Workflows schnell eine Aussage hierzu geben können.

Probieren Sie einmal aus, wie Sie mit Visio einen Workflow modellieren können und wie Ihr modellierter Prozess nach dem Import in den SharePoint Designer aussieht. Nehmen Sie dann die Konfiguration der einzelnen Prozessschritte vor, und veröffentlichen Sie den Workflow. Fangen Sie ruhig klein an, indem beispielsweise eine E-Mail versendet werden soll, und freuen Sie sich über Ihren ersten auf diese Weise erstellten Workflow!

8.6 Erweiterungen und Anpassungsmöglichkeiten

In den vorigen zwei Übungen lag der Fokus ganz klar auf Lösungen zum Auswerten von Unternehmensdaten. Dabei wurden Funktionen wie die Visio und Access Services sowie das Business Intelligence Center und der Dashboard-Designer vorgestellt. Das Werkzeug, das Sie aber vermutlich bereits wesentlich länger verwenden als SharePoint selbst, haben wir uns noch nicht so genau angeschaut, sondern nur ganz kurz einmal angesprochen. An dieser Stelle werden Sie in Erfahrung bringen, welche Möglichkeiten Ihnen mit **Excel** in Verbindung mit SharePoint zur Verfügung stehen.

Sie können grundsätzlich jede Liste und Bibliothek nach Excel exportieren. Nutzen Sie dafür den Menüpunkt NACH EXCEL EXPORTIEREN aus dem Menüband LISTE bzw. BIBLIOTHEK. Daraufhin öffnet sich Ihr Excel-Client mit den Daten, die in der gerade aktiven Ansicht dargestellt werden. Auf dieser Basis können Sie Auswertungen erstellen und mithilfe von Diagrammen grafisch aufbereiten. So können Sie beispielsweise die Daten einer Aufgabenliste exportieren und ermitteln, wie die Aufgaben auf die einzelnen Mitarbeiter verteilt wurden. Die Ergebnisse können Sie dann in Form eines Kreisdiagramms darstellen. In Abschnitt 1.6.1 können Sie noch einmal nachlesen, wie Sie im Detail mit dieser Funktion umgehen sollten und welche Möglichkeiten Ihnen damit zur Verfügung stehen.

8.6.1 Integration eines Diagramms aus einer Excel-Arbeitsmappe in eine Websiteseite

Wenn Sie Ihre Excel-Arbeitsmappen in einer Dokumentbibliothek speichern und Ihnen die Excel Services zur Verfügung stehen, wird bei einem Aufruf einer Excel-Datei aus SharePoint heraus nicht Ihr Excel-Client gestartet. Die Darstellung erfolgt stattdessen in Ihrem Browser.

Sie können für die Bearbeitung oder die Nutzung weiterer Funktionalitäten den Menüpunkt IN EXCEL ÖFFNEN auswählen. Daraufhin öffnet sich die Datei in Ihrem Excel-Client, und Sie werden entsprechend der Darstellung in Abbildung 8.54 im Browser gefragt, ob Sie die Excel Services nun verlassen möchten.

Abbildung 8.54 Nutzung der Excel Services für den Zugriff auf Excel-Arbeitsmappen mit der Möglichkeit, die Daten im Excel-Client zu bearbeiten

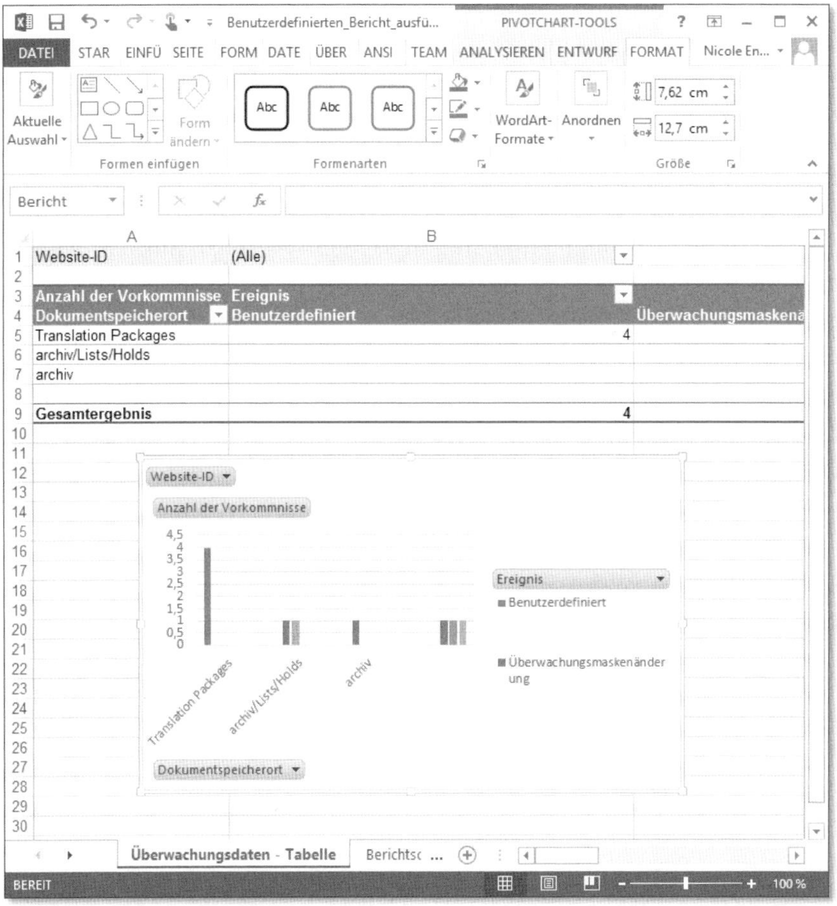

Abbildung 8.55 Aufbereiten der Daten der Excel-Arbeitsmappe durch die Erstellung von Pivot-Tabellen und Diagrammen

Wenn Sie die Arbeitsmappe in Excel geöffnet haben, können Sie dort die Daten bearbeiten, weitere Daten aus beliebigen Datenquellen hinzufügen oder auch die Daten durch die Erstellung einer Pivot-Tabelle oder eines Diagramms aufbereiten. In Abbildung 8.55 sehen Sie ein Beispiel, in dem ein Balkendiagramm auf Basis einer Pivot-Tabelle erstellt wurde. Darüber stehen Ihnen in dem Diagramm verschiedene Auswahllisten zur dynamischen Filterung der Daten zur Verfügung. Es handelt sich dabei um einen Bericht mit Informationen zur Nutzung einer Websitesammlung, den Sie in Abschnitt 9.1.5 noch genauer kennenlernen werden.

Das dargestellte Diagramm stellt genau die Informationen zur Verfügung, die für den Anwender relevant sind, um einen Überblick über die Nutzung einer SharePoint-Website zu erhalten. Die dahinter liegenden Daten sind evtl. für einzelne Personen interessant, sollen aber nur bei Bedarf angezeigt werden. Wenn Sie die Excel-Arbeitsmappe in einer Bibliothek ablegen, ruft ein Anwender zwingend immer die gesamten Informationen auf.

Ihnen steht für solche Anforderungen das **Excel Web Access-Webpart** zur Verfügung. Damit können Sie einen benannten Bereich in Ihrer Excel-Arbeitsmappe innerhalb einer beliebigen Websiteseite anzeigen lassen. Gehen Sie dazu folgendermaßen vor:

1. Erstellen Sie eine Excel-Arbeitsmappe, in der neben den Daten in einer tabellarischen Form auch ein Diagramm auf Basis dieser Daten existiert.
2. Klicken Sie auf das Diagramm, und ändern Sie den Wert oben links im Bereich NAMENFELD von »Diagramm 1« auf den Wert »Bericht«. Sie können auch einen neuen benannten Bereich erstellen, indem Sie die entsprechenden Zellen markieren und anschließend unter dem Bereich NAMENFELD einen passenden Namen angeben sowie Ihre Angabe mit der Taste [↵] bestätigen.
3. Speichern Sie die Excel-Arbeitsmappe nun in einer Dokumentbibliothek in SharePoint ab.
4. Rufen Sie unter den Websiteinhalten die Wiki-Seitenbibliothek »Websiteseiten« auf, und klicken Sie auf den Link NEUE WIKI-SEITE.
5. Geben Sie den Namen »Auswertungen« an, und bestätigen Sie diese Angabe über die Schaltfläche ERSTELLEN.
6. Die neue Seite ist automatisch im Bearbeitungsmodus geöffnet. Sie können dort die gewohnten Textformatierungen vornehmen, um den Anwendern Informationen zu der Auswertung mitzuteilen. Zu den möglichen Formatierungen können folgende Schritte gehören:
   - Wählen Sie das Textlayout »Zwei Spalten mit Kopfzeile« aus.
   - Erfassen Sie in der Kopfzeile die Überschrift für den Bericht, den Sie gleich aus Excel in die Seite integrieren werden. Markieren Sie anschließend den erfassten Text, und wählen Sie die Formatvorlage »Überschrift 1« aus.

- In der linken Spalte können Sie eine Beschreibung zu dem Bericht hinzufügen. Hierüber sollen die Anwender direkt erfahren können, welche Informationen Sie ihnen mit dem Bericht zur Verfügung stellen und wie dieser auf sinnvolle Weise genutzt werden kann.

1. Wählen Sie anschließend im Menüband EINFÜGEN den Menüpunkt WEBPART aus. Selektieren Sie das Webpart »Excel Web Access« aus der Kategorie »Geschäftsdaten«. Klicken Sie in die rechte Spalte im Textlayout der Seite, und betätigen Sie dann die Schaltfläche HINZUFÜGEN.
2. Nachdem das Excel Web Access-Webpart auf der Seite hinzugefügt wurde, klicken Sie auf den Link KLICKEN SIE HIER, UM DEN TOOLBEREICH ZU ÖFFNEN, wodurch sich die rechte Konfigurationsleiste öffnet.
3. Klicken Sie auf die Schaltfläche »...«, um die ARBEITSMAPPE anzugeben, und wählen Sie die Excel-Arbeitsmappe aus der Bibliothek aus, in der Sie diese gespeichert haben.
4. Geben Sie dann in dem Feld BENANNTES ELEMENT den Wert »Bericht« an, und bestätigen Sie die Angaben über die Schaltfläche OK ganz unten in der rechten Konfigurationsleiste.
5. Speichern Sie abschließend die Seite noch über den Menüpunkt SPEICHERN im Menüband TEXT FORMATIEREN ab.

Wie Sie in Abbildung 8.56 erkennen können, ist das Diagramm nun in die Websiteseite integriert, kann aber jederzeit in Excel geöffnet werden. Sie können über das Webpart auch zwischen den verschiedenen benannten Elementen wechseln, indem Sie die Auswahlliste im rechten oberen Bereich des Webparts nutzen.

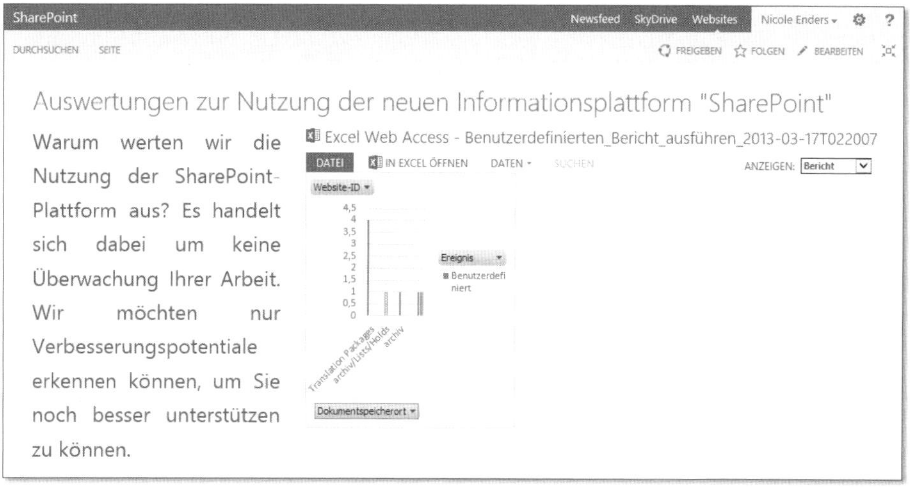

Abbildung 8.56 Das Excel Web Access-Webpart dient zur Integration von Inhalten einer Excel-Arbeitsmappe in eine beliebige Websiteseite.

Außerdem können Sie die Daten aktualisieren oder die Arbeitsmappe neu berechnen lassen, indem Sie das Untermenü des Menüpunkts DATEN nutzen. Das bedeutet, dass Sie mit dieser Vorgehensweise Daten über das Webpart temporär ändern können, um verschiedene Szenarien oder Kalkulationen durchzuführen. Es findet dabei keine Änderung an der Excel-Arbeitsmappe statt, und sobald Sie den Browser schließen oder die Seite verlassen, werden die Änderungen verworfen.

Wenn Sie ein **Dashboard** erstellen möchten, in dem verschiedene Diagramme oder Tabellen einer Excel-Arbeitsmappe auf einer gemeinsamen Websiteseite dargestellt werden, können Sie mehrere Excel Web Access-Webparts hinzufügen und so die Informationen bereitstellen. Und wenn es Sie stört, dass Sie in jedem Webpart zwischen den benannten Bereichen wechseln können, oder wenn Sie die Menüpunkte innerhalb des Webparts nicht anbieten möchten, können Sie das auch konfigurieren, indem Sie für jedes Webpart den Menüpunkt WEBPART BEARBEITEN verwenden und die Einstellungen über die rechte Konfigurationsleiste vornehmen.

8.6.2 Erweiterung der Funktionalitäten über ein Add-in

Bei einem Rückblick auf die Übung zur Erstellung einer Lösung für die Zeiterfassung müssen wir feststellen, dass wir mithilfe der Access Services nicht alle Anforderungen umsetzen konnten. Vielleicht wäre Excel eine bessere Möglichkeit. Eine Lösung mit reinen Excel-Funktionalitäten wird die gestellten Anforderungen hinsichtlich des Rollen- und Rechtekonzeptes nicht erfüllen können. Sie haben aber die Möglichkeit, über ein Add-in für Excel eine passende Lösung entwickeln zu lassen.

Soll ich jetzt ein Add-in entwickeln?

Haben Sie keine Angst, dass Sie jetzt ein Add-in entwickeln müssen. Ich möchte Ihnen nur einen Einblick in die Erweiterungsmöglichkeiten geben. Sie können mit diesem Wissen in der Praxis besser einschätzen, ob so eine Erweiterung einen Mehrwert für Ihre Arbeitsprozesse darstellt oder eine sinnvolle Ergänzung zu einer SharePoint-basierten Lösung sein kann.

Wenn Sie vielleicht ein wenig Erfahrung in der Entwicklung mit Visual Studio haben, aber noch nie ein Add-in entwickelt haben, lade ich Sie ein, die folgende Übung durchzuführen. Ansonsten können Sie die nächsten Seiten einfach einmal überfliegen und sich merken, welche Möglichkeiten Ihnen offenstehen.

Bei der Entwicklung eines Excel Add-ins stehen Ihnen grundsätzlich die gleichen Komponenten zur Verfügung, die Sie im Rahmen des Add-ins für Word in Abschnitt 5.5.3 kennengelernt haben. Das bedeutet: Sie können neue Menübänder, neue Menüpunkte innerhalb eines beliebigen Menübands sowie Arbeitsbereiche zur Verfügung stellen. Wie Sie in Abbildung 8.57 erkennen können, besteht auch erst einmal kein Unterschied in der Erstellung eines solchen Add-ins im Vergleich mit dem Add-in für Word.

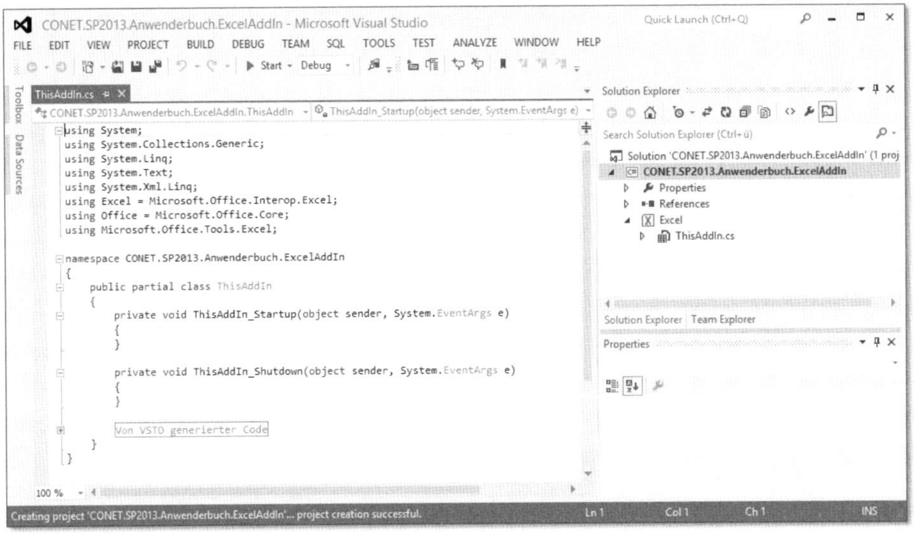

Abbildung 8.57 Ein neues Add-in für Excel in Visual Studio entwickeln

Der wesentliche Unterschied besteht dabei in dem Zugriff auf die Inhalte von Excel. Während es bei Word um einen Austausch von Textinhalten geht bzw. an der gerade aktiven Stelle neue Inhalte eingefügt werden sollten, muss bei einer Excel-Lösung sowohl ein lesender als auch ein schreibender Zugriff auf bestimmte Zellen möglich sein.

Ein paar mögliche Befehle finden Sie in Listing 8.1, um auf die Inhalte Ihrer Excel-Arbeitsmappe zuzugreifen.

```
// Den Wert der gerade aktiven Zelle auslesen
string cellValue=
  Globals.ThisAdd-in.Application.ActiveCell.Text;

// Den Wert der gerade aktiven Zelle setzen
Globals.ThisAdd-in.Application.ActiveCell.Value = "Wert";

// Den Wert der Zelle "B1" im aktiven Sheet setzen. Sie geben
// als Index zuerst die Zeile und dann die Spalte an.
Globals.ThisAdd-in.Application.ActiveWorkbook.ActiveSheet.Cells[1,2]
  = "Wert";
```

Listing 8.1 Lesender und schreibender Zugriff auf Excel-Zellen über ein Add-in für Excel

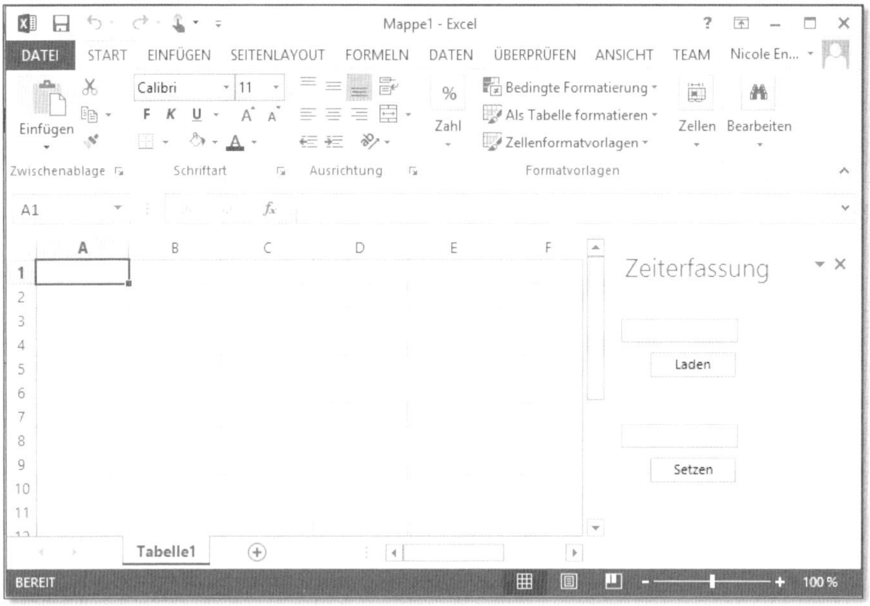

Abbildung 8.58 Möglichkeiten eines Add-ins für Excel

Wie Sie in Abbildung 8.58 erkennen können, haben Sie so zum Beispiel die Möglichkeit, Ihre Daten für die Zeiterfassung schnell einzugeben. Da Sie in einem Arbeitsbereich die Möglichkeit haben, das Rollen- und Rechtemodell zu implementieren und somit nur die Daten des jeweiligen Benutzers zur Verfügung zu stellen, ist eine solche Lösung durchaus denkbar.

Welchen Vorteil hat denn eine Lösung mit Excel für mich?

In vielen Fällen werden Sie und überhaupt die meisten Anwender in Ihrem Unternehmen wesentlich mehr Erfahrung in der Nutzung von Standard-Microsoft Office-Produkten wie Excel, Word, PowerPoint oder Outlook haben als mit jeder anderen Anwendung – und somit auch als mit SharePoint.

Viele Menschen schrecken vor großen Veränderungen zurück und werden daher der neuen Plattform SharePoint zunächst kritisch gegenüberstehen. Aus diesem Grund hat sich eine Verknüpfung von SharePoint mit den gewohnten Applikationen – wie zum Beispiel Excel – in der Praxis bewährt.

Sie können eine SharePoint-Lösung bereitstellen, die sehr stark mit den Office-Produkten verknüpft ist, und werden dann hoffentlich feststellen können, wie sehr der Einsatz der gewohnten Anwendungen die Benutzerakzeptanz der gesamten Lösung positiv beeinflusst.

In unserem konkreten Fall könnten Sie die Lösung später noch um zusätzliche Funktionen erweitern, indem Sie beispielsweise für ausgewählte Kundenaufträge, Projekte oder Aktivitäten neue Sheets in der Excel-Arbeitsmappe erstellen, in denen Sie dann die entsprechenden Tätigkeitsnachweise finden können. Damit sparen die Mitarbeiter Zeit, weil die zuvor manuelle Arbeit automatisiert für sie durchgeführt werden kann.

8.6.3 Eine Inhalts-App für Excel mithilfe von NAPA erstellen

Mit SharePoint 2013 kommt eine weitere Möglichkeit hinzu, wie Sie durch Entwicklung zusätzliche Funktionen zu Excel hinzufügen können. Betrachten Sie auch diesen Abschnitt als kurzen Exkurs, damit Sie als Anwender sich grundsätzlich mit einem Entwickler über mögliche Umsetzungsvarianten abstimmen können, wenn es um Erweiterungen der Standardfunktionalitäten geht.

Wenn Sie sich bereits die Möglichkeiten von **NAPA** angeschaut haben, sollte Ihnen die sogenannte **Inhalts-App für Excel** aufgefallen sein. Dabei handelt es sich um eine Art von Erweiterung, die über den Office App Store verteilt werden kann und zusätzliche Funktionen für Excel bereitstellt. Bei der Erstellung einer neuen App mit NAPA können Sie die entsprechende Vorlage auswählen. Sie befinden sich dann in der Bearbeitungsansicht für Ihre App aus Abbildung 8.59.

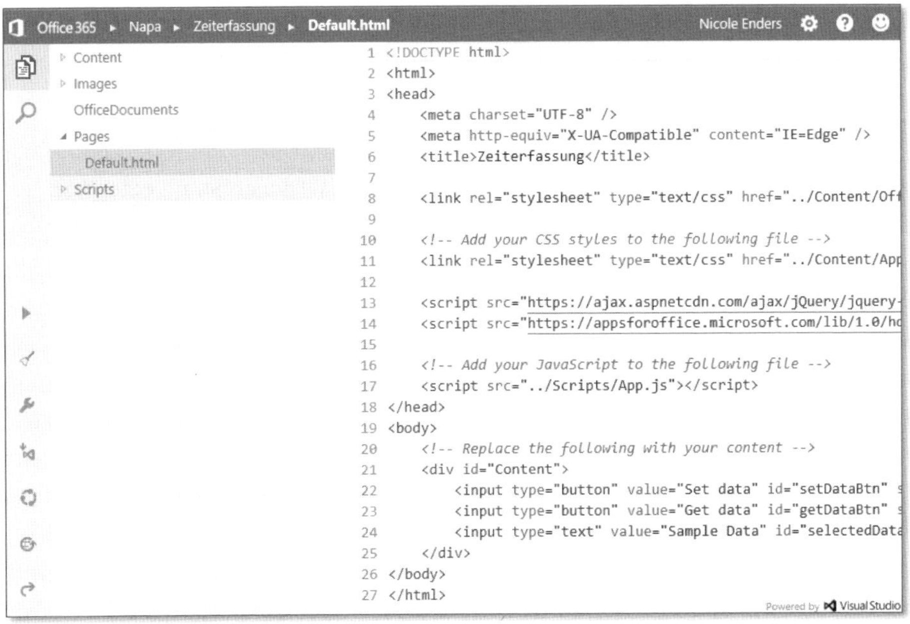

Abbildung 8.59 Neue Inhalts-App für Excel mit den Möglichkeiten aus der Webentwicklung

In der Vorlage ist direkt ein Beispiel enthalten, anhand dessen Sie den grundsätzlichen Zugriff auf die Daten Ihrer Excel-Arbeitsmappe kennenlernen können. Wichtig für Sie ist, dass Sie grundsätzlich alle Möglichkeiten haben, die Sie aus dem Bereich der Webentwicklung haben. So können Sie Webdienste zur Ermittlung von Daten nutzen, um beispielsweise Börsendaten innerhalb von Excel anzuzeigen und die Übertragung dieser Daten in die aktuelle Arbeitsmappe zu ermöglichen.

Abbildung 8.60 Testen der Inhalts-App für Excel starten

Um den Entwickler bei der Einarbeitung in die App-Entwicklung zu unterstützen, wurden die grundlegenden Funktionen, die das Lesen und Schreiben von Daten in einzelne Zellen eines Arbeitsblatts betreffen, in die Vorlage für eine neue App integriert. Das heißt, Sie müssten nur eine neue Inhalts-App für Excel erstellen und könnten direkt die Funktion testen.

Wenn Sie in der linken Menüleiste den Menüpunkt mit dem Pfeilsymbol und der Beschreibung »Run Project« nutzen, können Sie den aktuellen Stand einer App testen. Wie Sie in Abbildung 8.60 erkennen können, wird die App über einen vorgegebenen Prozess bereitgestellt, den Sie überwachen können. Sobald die App zur Verfügung steht, können Sie die App testen, wodurch Excel gestartet wird.

Wenn Sie eine bestimmte Arbeitsmappe benötigen, haben Sie dann die Möglichkeit, diese zu öffnen und können anschließend entsprechend der Darstellung in Abbildung 8.61 die Funktionen der App nutzen. In diesem Fall wurde zuerst in der Zelle »C7« der Wert »Eingabe« erfasst und anschließend in der App auf die Schaltfläche GET DATA geklickt. Dadurch wurde der Inhalt der Zelle ausgelesen und in das Eingabefeld der App übernommen.

Wenn Sie nun eine andere Zelle anklicken und anschließend in der App die Schaltfläche SET DATA betätigen, wird der Wert »Eingabe« in diese Zelle übertragen.

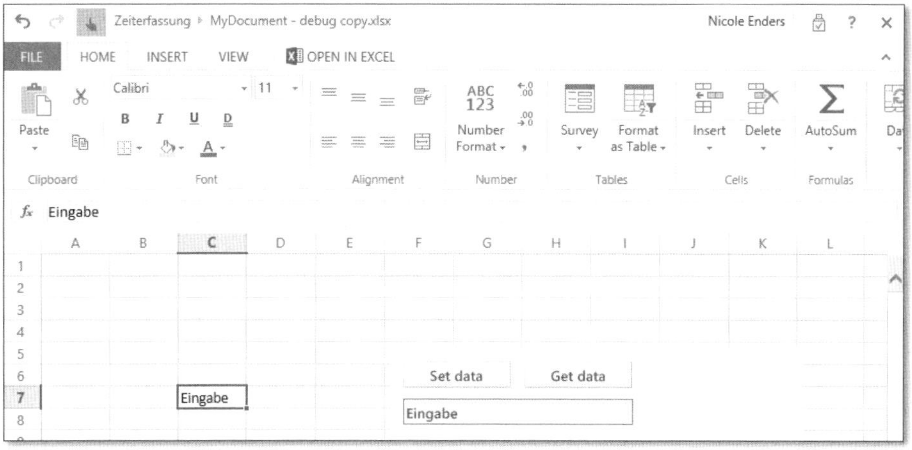

Abbildung 8.61 Funktionen einer Inhalts-App für Excel testen

Wenn die Möglichkeiten von NAPA nicht für die Umsetzung Ihrer Anforderungen ausreichen, kann der Entwickler den aktuellen Stand nach Visual Studio 2012 exportieren und dort die weitere Entwicklung durchführen. Dabei stehen Ihnen entsprechend der Darstellung in Abbildung 8.62 viele Vorlagen für die Umsetzung zur Verfügung. Sie können beispielsweise weitere HTML-Seiten erstellen oder einen Webdienst entwickeln bzw. anbinden lassen, den Sie für die Logik Ihrer App benötigen.

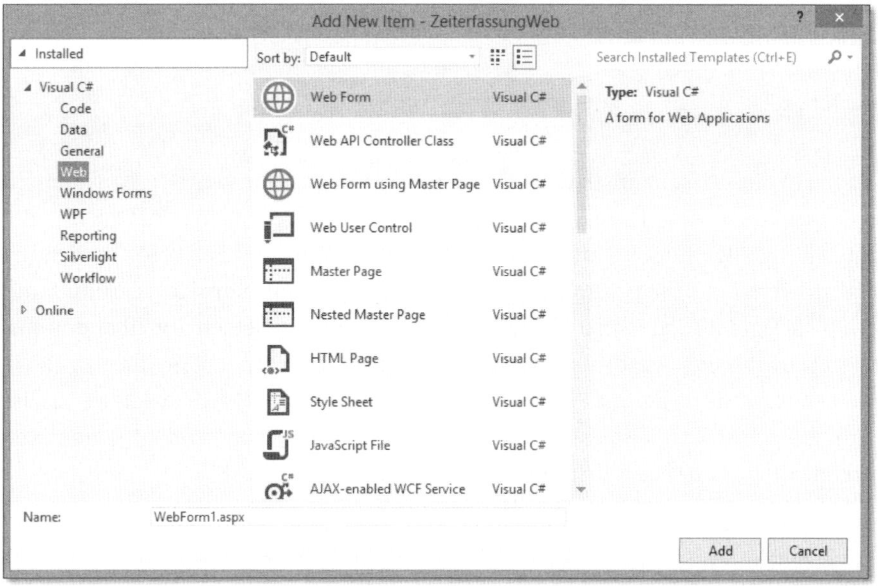

Abbildung 8.62 Weitere Entwicklung der Inhalts-App für Excel mithilfe von Visual Studio 2012

Sobald Sie die Entwicklung einer App abgeschlossen haben und diese den Anwendern zur Verfügung stellen möchten, müssen Sie die App im **Office App Store** veröffentlichen. Dabei wird zwischen einem internen App Store im Unternehmen und dem App Store von Microsoft unterschieden. Es hängt von Ihren Sicherheitsanforderungen und der Art der App ab, welche der beiden Varianten für Sie am sinnvollsten ist. Vielleicht ist es undenkbar für Sie, dass andere Firmen auf diese App zugreifen dürfen, weil damit eventuell Firmengeheimnisse preisgegeben werden.

Wenn Sie mit Ihren Kenntnissen Lösungen für SharePoint erstellen und an der einen oder anderen Stelle über Anpassungen oder Erweiterungen nachdenken, sollten Sie sich damit auseinandersetzen, wie diese Erweiterungen allen Beteiligten zur Verfügung gestellt werden. Während es sich bei klassischen SharePoint-Erweiterungen um eine zentrale Bereitstellung handelt, müssen Sie bei Erweiterungen in Microsoft Office-Anwendungen einen genauen Prozess für die Verteilung vorsehen.

Weitere Informationen zu Inhalts-Apps für Excel

Wenn Sie sich nicht in einer Entwicklungsumgebung befinden, müssen Sie sich die Frage stellen, wie Sie – wie jeder andere Anwender auch – eine neue App installieren können. Das können Sie am Beispiel der Inhalts-App für Excel über das Menüband EINFÜGEN und den Menüpunkt APPS FÜR OFFICE erledigen, den Sie dort finden. Sie können über den Dialog, der dann erscheint, nach Apps im Office Store suchen. Dabei kann Ihr Administrator definieren, welche Apps in Ihrem Unternehmen für die Installation zur Verfügung stehen sollen.

Unter *http://msdn.microsoft.com/de-de/library/jj220065.aspx* erhalten Sie außerdem weitere Informationen zu der Erstellung und Veröffentlichung einer Inhalts-App für Excel.

Sie haben in diesem sehr anstrengenden Kapitel 8 mit der Überschrift »Management und Controlling« viele Herausforderungen meistern müssen. Wir haben mit der Bereitstellung allgemeiner Unternehmensinformationen und der Veröffentlichung sowie Auswertung von Umfragen begonnen. Danach mussten Sie allerdings mit Ihrem bisherigen Wissen versuchen, Anforderungen umzusetzen, die über den bisherigen Schwierigkeitsgrad hinausgingen. Als Erstes möchte ich Sie dazu beglückwünschen, dass Sie es bis ans Ende dieses Abschnitts geschafft haben. Ich weiß, dass es nicht einfach gewesen ist, weil Sie hier wieder viele Werkzeuge und Vorgehensweisen kennengelernt haben, die Ihnen bisher unbekannt waren.

Vielleicht können Sie die hier vorgestellten Lösungswege momentan nicht einsetzen. Konzentrieren Sie sich lieber zu Beginn auf die Werkzeuge von SharePoint, die Sie im Rahmen der Übungen aus den bisherigen Kapiteln kennengelernt haben und sicher schon fast im Schlaf beherrschen. Jeder fängt einmal klein an, aber vielleicht schlagen Sie später einmal in genau diesem schwierigen Kapitel des Buchs nach, wenn Sie ausreichend Erfahrungen mit SharePoint gesammelt haben und bereit für die weiteren Werkzeuge sind. Ich wünsche Ihnen eine aufregende Reise mit SharePoint und bin sicher genau wie Sie gespannt, wo diese Reise für Sie und Ihre Kollegen hinführt.

Im nächsten Kapitel wenden wir uns allgemeinen Themen zur Bereitstellung Ihres Unternehmensportals zu. Haben Sie also keine Angst, dass ich den Schwierigkeitsgrad dieses Kapitels beibehalte. Sie werden sich dort mit Themen wie beispielsweise der Suche, Navigation und Archivierung von Daten beschäftigen und zum Abschluss noch die Möglichkeiten zur Unterstützung von mobilen Geräten erforschen.

Kapitel 9
Wir sind ein Unternehmen!

Sie führen SharePoint in Ihrem Unternehmen ein. Wahrscheinlich geschieht das innerhalb einer Abteilung oder eines überschaubaren Anwenderkreises – und das ist auch gut so! Aber verlieren Sie dabei bitte nicht das große Ganze aus den Augen. Lassen Sie sich die Option offen, aus Ihrer verhältnismäßig kleinen Lösung ein Unternehmensportal mit allem Drum und Dran zu schaffen.

In diesem Abschnitt beziehen wir uns nicht mehr auf die Bedürfnisse einzelner Abteilungen, sondern blicken gemeinsam über den Tellerrand hinaus und entwickeln Ideen, wie Ihr Unternehmensportal aussehen kann. Wir haben bereits einige vorbereitende Maßnahmen in den jeweiligen Übungen getroffen, um mit ein paar Schritten eine erste Version Ihres Unternehmensportals zu erstellen. Wir werden dabei unternehmensweite Themen behandeln. Dazu gehören u. a. die Umsetzung Ihres Corporate Designs, die Möglichkeiten im Bereich der Mehrsprachigkeit und die Unterstützung mobiler Endgeräte.

Sie werden dabei eher die Sicht eines Websitesammlungsadministrators oder auch eines Farmadministrators als die eines Endanwenders einnehmen. Es ist natürlich nicht verkehrt, wenn Sie als Endanwender einen Einblick in die Möglichkeiten zur Gestaltung eines Unternehmensportals erhalten. Sie werden jedoch in diesem Abschnitt eher administrative Bereiche kennenlernen.

Folgende Werkzeuge und Tools werden Sie bei der Bereitstellung einer für diese Szenarien geeigneten SharePoint-Plattform näher kennenlernen:

Werkzeuge und Apps	Tools und Techniken
▸ Nutzung von Geoinformationen ▸ Basis- und Unternehmenssuchcenter ▸ Communityportal ▸ Datenarchiv und eDiscovery Center ▸ Veröffentlichungsportal ▸ Websitevariationen	▸ SharePoint Designer 2010 und 2013 ▸ SharePoint 2013-Verwaltungsshell ▸ Entwurfs-Manager für die Konfiguration von Gerätekanälen und Designs ▸ Ausschnitt-Galerie

Tabelle 9.1 Werkzeuge, Apps und Tools für die Bereitstellung eines Unternehmensportals

Für die Durchführung der Übungen sollten Sie genügend Zeit einplanen. Damit Sie aber wissen, was genau auf Sie zukommt und mit welchem zeitlichen Aufwand Sie rechnen können, erhalten Sie hier eine Darstellung der durchschnittlich benötigten Zeit für die einzelnen Übungen:

Übung	Veranschlagte Zeit
Von der Insellösung zum Unternehmensportal 1. Navigation unter Verwendung von Geoinformationen 2. Unternehmensweite Suche 3. Verwaltung von Communitys 4. Archivierung von Informationen 5. Berichte zur Nutzung und Beliebtheit von Websites 6. Möglichkeiten zum Aufbau eines Intranets	60 min
Erstellen einer Designvorlage für SharePoint 2013	30 min
Erstellen einer Designvorlage für SharePoint 2010	25 min
Gestaltungsvorlagen erstellen und anpassen	30 min
Mehrsprachigkeit im Portal	15 min
Arbeiten mit iPad, Surface und WindowsPhone	45 min

Tabelle 9.2 Vorgesehener Zeitrahmen für die Durchführung der Übungen

9.1 Von der Insellösung zum Unternehmensportal

In den bisherigen Übungen haben wir immer eine einzelne Abteilung oder Personengruppe des Unternehmens betrachtet. Jede der erstellten Lösungen stellt momentan eine Insellösung dar, sofern Sie nicht innerhalb der Übungen explizit eine Verknüpfung zu einer anderen Lösung hergestellt haben. Sie werden nun im weiteren Verlauf ein Unternehmensportal aufbauen, in dem die Anwender auf diese Lösungen zugreifen können.

Sie werden zunächst eine abteilungsübergreifende Navigation einrichten und sich anschließend mit den Themen der unternehmensweiten Suche und der Archivierung von Daten auseinandersetzen. Sie können außerdem über die Websiteverwendungsberichte und Beliebtheitstrends ermitteln, welche Inhalte beispielsweise besonders häufig genutzt werden und welche Websites nur selten oder gar nicht aufgerufen werden.

Zum Abschluss erhalten Sie einen Überblick über die weiteren Möglichkeiten, ein Intranet oder einen Internetauftritt zu realisieren. Dabei werden Sie noch ein paar

Beispiele für weitere zentrale Dienste und Anwendungsszenarien kennenlernen und können diese in Ihrem Unternehmensportal umsetzen.

Nicht alle Möglichkeiten stehen Ihnen beim Einsatz von SharePoint Foundation zur Verfügung. Ich mache Sie aber auf gewohnte Weise an den entsprechenden Stellen auf die Unterschiede aufmerksam.

9.1.1 Abteilungsübergreifende Navigation

Sie wissen bereits, wie Sie die Schnellstartleiste oder die Leiste für häufig verwendete Links bearbeiten, indem Sie den entsprechenden Menüpunkt unter den Websiteeinstellungen aufrufen. Sie können allerdings auch eine Liste unter den Websiteinhalten erstellen, die die Links zu den einzelnen Lösungen und somit zu den Abteilungen enthält.

Gehen Sie folgendermaßen vor, um eine abteilungsübergreifende Navigation einzurichten:

1. Rufen Sie in der Website der obersten Ebene Ihrer Websitesammlung die Websiteinhalte auf.
2. Wählen Sie den Menüpunkt APP HINZUFÜGEN aus, und klicken Sie anschließend auf die App HÖHERGESTUFTE LINKS.
3. Geben Sie den Namen »Dienste und Anwendungen« an, und betätigen Sie die Schaltfläche ERSTELLEN.
4. Bearbeiten Sie die Schnellstartleiste so, dass sowohl der Menüpunkt zu der neuen Liste als auch dessen Überschrift »Zuletzt verwendet« nicht mehr enthalten sind.
5. Rufen Sie die Liste über die Websiteinhalte auf, und erfassen Sie dort die Links zu den Websites, die Sie in den Übungen aus den vorigen Kapiteln erstellt haben.

Sie können mit einer Liste vom Typ »Höhergestufte Links« die Navigation zu den Websites ermöglichen, die über Ihr Unternehmensportal erreichbar sind. Achten Sie darauf, dass die Standardansicht dieser Liste die erfassten Links als Kacheln darstellt. Wenn Sie die Daten der Liste später bearbeiten möchten, müssen Sie erst über das Menüband LISTE die Ansicht wechseln. So können Sie beispielsweise für jede Kachel eine Grafik hinterlegen, wodurch die aufzurufende Lösung schnell erkannt werden kann.

Zusätzlich kann es Sinn machen, wenn Sie die Lösungen einem Kontakt bzw. einem bestimmten Standort zuordnen. So kann es bei verteilten Teams oder einem Unternehmen mit mehreren Standorten hilfreich sein, wenn man direkt erkennen kann, wo die Lösung betrieben wird oder wo der Ansprechpartner sitzt. In SharePoint 2013 können Sie Geoinformationen verwenden. Sie müssen dazu allerdings zunächst folgende Schritte durchführen bzw. Ihren Administrator hierum bitten:

1. Installieren Sie für Ihren SQL Server, der von SharePoint verwendet wird, ein zusätzliches Feature aus dem SQL Server Feature Pack. Es handelt sich dabei um das Feature **SQL Server System CLR Types** mit dem Dateinamen *SQLSysClrTypes.msi*.

   Sie können die Installationsdatei für den SQL Server 2012 unter *http://www.microsoft.com/en-us/download/details.aspx?id=29065* und für den SQL Server 2008 R2 unter *http://www.microsoft.com/en-us/download/details.aspx?id=26728* herunterladen. Führen Sie die heruntergeladene Setup-Datei auf Ihrem SQL Server aus, und folgen Sie den Anweisungen des Installationsassistenten.
2. Für die Kartendarstellung Ihrer Geoinformationen wird in SharePoint 2013 **Bing Maps** verwendet. Deshalb benötigen Sie einen *Bing Maps Key*. Unter *https://www.bingmapsportal.com* können Sie sich mit einer Windows Live ID registrieren und einen Key erstellen.
3. Rufen Sie nun auf dem Server, der SharePoint bereitstellt, die **SharePoint 2013-Verwaltungsshell** auf, und führen Sie den folgenden Befehl aus:

   ```
   Set-SPBingMapsKey -BingKey "Ihr Key"
   ```

   Denken Sie bitte daran, dass Sie den Platzhalter »`Ihr Key`« noch durch den im *Bing Maps Account Center* generierten Key ersetzen müssen.
4. Jetzt benötigen Sie nur noch eine Spalte, über die Sie die Koordinaten zu einem Ansprechpartner oder vielleicht auch einem Firmenstandort erfassen können. Sinnvoll wäre es natürlich, wenn es sich dabei um eine Websitespalte handeln würde. Dadurch könnten Sie die Spalte bei beliebig vielen Listen und Bibliotheken in Ihrer Websitesammlung verwenden.

   Über die Benutzeroberfläche haben Sie keine Möglichkeit, eine solche Spalte anzulegen, sondern müssen dafür als Administrator erneut die SharePoint 2013-Verwaltungsshell verwenden und das Power-Shell-Script aus Listing 9.1 ausführen.

```
$web = Get-SPWeb http://localhost/
$web.Fields.AddFieldAsXml("<Field Type='Geolocation'
  DisplayName='Location'/>")
```

Listing 9.1 Mit diesem Code fügen Sie eine neue Websitespalte zur Verwaltung von Geoinformationen zur Website der obersten Ebene einer ausgewählten Websitesammlung hinzu.

Dabei wählen Sie zunächst eine SharePoint-Website aus, indem Sie ihre Websiteadresse angeben. Wenn Sie aber die Website der obersten Ebene einer Websitesammlung angeben, steht die neue Websitespalte anschließend auch allen Unterwebsites der Websitesammlung zur Verfügung. Aus diesem Grund sollten Sie neue Websitespalten nach Möglichkeit immer auf der obersten Ebene erstellen – es sei denn, es handelt sich um eine speziell auf eine einzelne Website zugeschnittene Konfiguration, die nicht von anderen Websites verwendet werden soll oder verwendet werden kann.

Nachdem Sie die Adresse der Website angegeben haben, in der die neue Websitespalte zur Verwaltung von Geoinformationen angelegt werden soll, folgt im Listing der zweite Befehl, der eine Websitespalte (Field) vom Typ »Geolocation« anlegt und den Namen »Location« vorgibt.

Ändern Sie bitte nicht den Namen der Websitespalte, da er genau in dieser Schreibweise für die Kartendarstellung benötigt wird.

5. Nach der Erstellung der Websitespalte können Sie diese nun grundsätzlich zu jeder Liste und Bibliothek hinzufügen. Für unser Szenario rufen Sie die Liste »Dienste und Anwendungen« über die Websiteinhalte auf und wählen im Menüband LISTE den Menüpunkt LISTENEINSTELLUNGEN aus.
6. Klicken Sie in der Rubrik SPALTEN auf den Link AUS VORHANDENEN WEBSITESPALTEN HINZUFÜGEN, und suchen Sie nach der Spalte »Location«.
7. Wählen Sie die Spalte aus, und klicken Sie auf die Schaltfläche HINZUFÜGEN, um diese für die Liste auszuwählen.
8. Bestätigen Sie die Auswahl über die Schaltfläche OK, und rufen Sie nun die Liste in der Ansicht »Alle höher gestuften Links« auf.
9. Wählen Sie nun einen Eintrag nach dem anderen aus, indem Sie links neben seinen Titel klicken, sodass ein Haken neben ihm erscheint und die gesamte Zeile markiert wird. Wenn Sie einen Eintrag ausgewählt haben, können Sie im Menüband ELEMENTE den Menüpunkt ELEMENT BEARBEITEN aufrufen.
10. Als unterstes Feld finden Sie die hinzugefügte Spalte »Location«. Klicken Sie auf den Link SPEICHERORT ANGEBEN, um den in Abbildung 9.1 dargestellten Dialog aufzurufen. Dort geben Sie den Längen- und Breitengrad in der dargestellten Form an und erhalten nach Betätigen der Schaltfläche OK bereits eine Vorschau auf den angegebenen Standort.

Abbildung 9.1 Erfassen von Koordinaten zu einem Standort

Über den Link LÖSCHEN können Sie übrigens später die angegebenen Koordinaten auch jederzeit wieder entfernen. Sie müssen dazu nicht in den Dialog wechseln und dort manuell die Angaben für Längen- und Breitengrad entfernen.

Wie ermittle ich die Koordinaten eines beliebigen Standortes oder auch meine aktuelle Position?

Sie werden im Internet die verschiedensten Dienste zur Ermittlung des Längen- und Breitengrads einer beliebigen Adresse finden, die Sie angeben. Ich persönlich habe für diese Übung den Dienst von Google Maps verwendet, der Ihnen u. a. eine API anbietet, um auch auf Basis dieses Kartendienstes Lösungen zu erstellen.

Sie können neben der manuellen Angabe eines Standortes auch den Link EIGENEN SPEICHERORT VERWENDEN nutzen, den Sie in Abschnitt 9.4.5 noch näher kennenlernen werden. Sofern beispielsweise Ihr Smartphone eine Ortung erlaubt, kann direkt Ihr aktueller Standort ermittelt und dem geöffneten Listenelement zugewiesen werden. Besonders interessant wird diese Funktion bei der Verwaltung von Bildern bzw. Fotos. Wenn Sie über Ihr Smartphone Fotos aufgenommen haben und über direkten Zugriff auf eine SharePoint-Website verfügen, so können Sie diese Fotos direkt mit den richtigen Koordinaten versehen und Ihren Kollegen, Ihren Vorgesetzten oder vielleicht auch Ihren Kunden zur Verfügung stellen.

Sie können die Spalte »Location« in jeder beliebigen Ansicht der jeweiligen Liste hinzufügen. Wie Sie in Abbildung 9.2 erkennen können, wird statt der Anzeige der erfassten Koordinaten ein Symbol mit einer **Weltkugel** dargestellt. Sobald Sie mit der Maus über dieses Symbol gehen, erscheint außerdem der Hinweis »Klicken Sie, um eine Geolocation auf einer Karte anzuzeigen.«

Solange Sie für ein Element noch keine Koordinaten erfasst haben, wird kein Symbol angezeigt. Sie sollten allerdings bereits in den vorangegangenen Schritten die Koordinaten erfasst haben, um darzustellen, wo sich die Ansprechpartner der jeweiligen Lösung aufhalten. Klicken Sie daher auf eines der in der Liste dargestellten Symbole mit der Weltkugel, wodurch Sie wie in Abbildung 9.2 rechts neben dem Symbol eine Vorschau auf den Standort erhalten, der zu den Koordinaten gehört. Über den Link AUF BING KARTEN ANZEIGEN öffnen Sie einen neuen Tab in Ihrem Browser und erhalten eine größere Darstellung der Karte.

Nun wäre es aber hilfreich, wenn Sie die Standorte aller Einträge auf einer **Karte** sehen könnten. Dafür gibt es einen neuen Ansichtstyp, der Ihnen nur bei den Listen zur Verfügung steht, die die Spalte »Location« verwenden. Gehen Sie folgendermaßen vor, um die Ansicht einzurichten:

1. Rufen Sie die Liste »Dienste und Anwendungen« auf, und wählen Sie im Menüband LISTE den Menüpunkt ANSICHT ERSTELLEN aus.
2. Wählen Sie den Ansichtstyp KARTENANSICHT aus, und geben Sie den Namen »Standorte« an. Übernehmen Sie die übrigen Einstellungen.

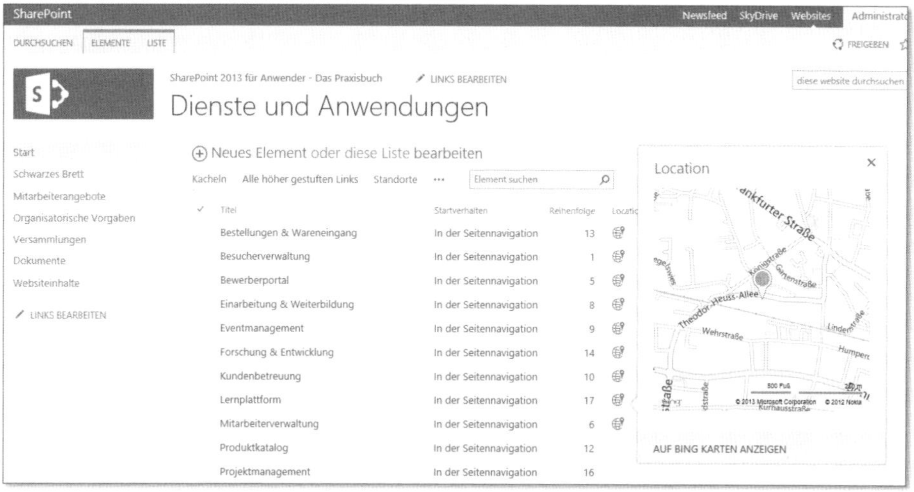

Abbildung 9.2 Erfasste Geoinformationen in einer beliebigen Liste

Sie erhalten somit eine Übersicht über die den jeweiligen Lösungen zugeordneten Standorte (siehe Abbildung 9.3). Dabei werden nur die Einträge berücksichtigt, die aufgrund der Filterkriterien angezeigt werden.

Der **Maßstab** des Kartenausschnitts, den Sie im rechten Bereich der Seite sehen, wird automatisch vom System so festgelegt, dass die Standorte aller Elemente dort dargestellt werden können. In unserem Beispiel haben wir nur Standorte innerhalb von Deutschland angegeben. Haben Sie stattdessen auch Koordinaten außerhalb von Deutschland angegeben, so wird ein entsprechend größeres Gebiet bzw. die gesamte Weltkarte dargestellt.

Vielleicht ist diese Funktion auch etwas für die **Darstellung Ihrer Unternehmensstandorte**. Wenn Sie zum Beispiel nicht nur in einem bestimmten Gebäude zu finden sind, sondern ein Firmengelände mit mehreren Gebäuden besitzen oder auch über verschiedene Niederlassungen verfügen, können Sie die Standorte auf diese Weise visualisieren und durch die Angabe einer Websiteadresse die Navigation auf die Website des jeweiligen Standortes ermöglichen.

Abbildung 9.3 Kartenansicht für eine Liste mit Geoinformationen

Und was mache ich jetzt mit der Liste »Dienste und Anwendungen«?

Die Liste ermöglicht Ihnen einen einfachen Zugriff auf die Lösungen, die Sie in den vorangegangenen Übungen erstellt haben. Sowohl über die Kartenansicht als auch über die standardmäßig verwendete Kachelansicht können Sie zu den einzelnen Lösungen navigieren. Entscheiden Sie, welche der beiden Ansichten in Ihrem Unternehmen sinnvoller verwendet werden kann, und fügen Sie den Link auf diese Ansicht in die Leiste für häufig verwendete Links ein.

Solange sich die Lösungen innerhalb einer gemeinsamen Websitesammlung befinden und die Unterwebsites die Leiste für häufig verwendete Links von der übergeordneten Website übernehmen, müssen Sie den Link nur einmal in der Website der obersten Ebene der Websitesammlung hinzufügen. Das können Sie zum einen aus einer beliebigen Seite heraus über den Link LINKS BEARBEITEN rechts neben dem letzten Menüpunkt dieser Navigationsleiste durchführen. Zum anderen können Sie die Änderungen auch über die Websiteeinstellungen vornehmen.

9.1.2 Unternehmensweite Suche

Wir haben uns bisher sehr viele Gedanken gemacht, wie Sie Informationen in SharePoint veröffentlichen und somit miteinander teilen können. Dabei stand die einfache Bedienung im Vordergrund. Ich möchte den Fokus jetzt auf die Auffindbarkeit dieser Informationen lenken. Sie wissen im Zweifelsfall nicht mehr genau, wo Sie eine bestimmte Information abgelegt haben bzw. wo jemand anderes ein Dokument gespeichert hat, möchten aber trotzdem auf diese Daten zugreifen können. Dabei kann die Suche von SharePoint helfen. Im oberen rechten Bereich einer jeden Websiteseite befindet sich ein Suchfeld. Geben Sie dort einen Suchbegriff ein (wie beispielsweise den Namen Ihres Benutzerkontos), und starten Sie die Suche entweder durch einen Klick auf das Lupensymbol oder durch Betätigen der Taste [↵].

Ohne weitere Konfiguration in Ihrer SharePoint-Farm sollten Sie wie in Abbildung 9.4 keine Suchergebnisse erhalten, sondern stattdessen die Meldung »Keine Ergebnisse für Ihre Suche hier«.

Das liegt daran, dass der Dienst für die **Durchforstung** der SharePoint-Inhalte noch nicht ausgeführt wurde und standardmäßig kein Zeitplan für eine regelmäßige Durchforstung eingerichtet wird. Jetzt fragen Sie sich vielleicht: »Was ist denn eine Durchforstung, und was hat sie mit meiner Suchanfrage zu tun? Können denn nicht einfach die passenden Inhalte angezeigt werden?«

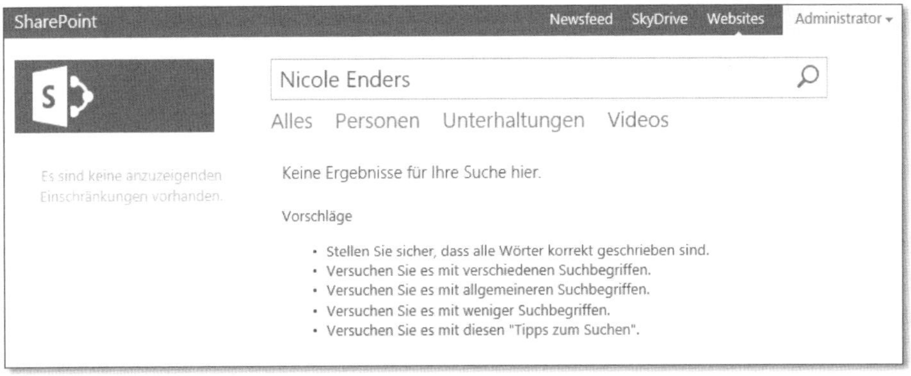

Abbildung 9.4 Die Suche liefert keine Ergebnisse – weder über das Suchfeld noch im Basis- und Unternehmenssuchcenter

Ich erkläre Ihnen hier einmal, wie die Suche in SharePoint grundsätzlich funktioniert. Der Administrator richtet über die Zentraladministration die sogenannte **Durchforstung** bzw. den **Crawler** ein. Dabei werden in regelmäßigen Zeitintervallen die Daten aus SharePoint (aber auch aus beliebigen weiteren **Datenquellen**, wie beispielsweise einem Fileshare) überprüft und anhand ihrer Metadaten und ihres Inhalts in einem **Index** verwaltet, der sukzessive aufgebaut und mit jeder Durchforstung erweitert wird. Der Index bestimmt, unter welchen Suchbegriffen Sie eine bestimmte Information finden können. Er orientiert sich außer an der Volltextsuche auch maßgeblich an den verwendeten Metadaten der jeweiligen Information.

Wenn Sie als Anwender nun über eine beliebige SharePoint-Website eine Suchanfrage starten, werden diejenigen Ergebnisse aus dem **Index** geladen, die zu Ihren

Suchkriterien passen. Es wird also in diesem Moment nicht in den SharePoint-Inhalten selbst gesucht. Das bedeutet, dass Sie **keine Echtzeitsuche** durchführen. Je nachdem, wie die Durchforstung bei Ihnen konfiguriert ist, kann es somit zum Beispiel eine Stunde oder auch einen Tag dauern, bis ein Dokument, das Sie neu eingestellt haben, in den Suchergebnissen aufgeführt wird.

Das ist ein wichtiger Punkt, der in der Praxis bei den Anwendern häufig zu Verwirrung führt. Sie sollten daher diese Information mit allen Anwendern teilen und den **Zeitplan für die Durchforstung** veröffentlichen. So kann sich jeder Anwender darauf einstellen, dass die Ergebnisse einer Suchanfrage eventuell nicht so aktuell sind, wie er es sich vielleicht wünscht.

Konfiguration der Durchforstung

Um die Durchforstung zu konfigurieren, rufen Sie (oder Ihr Farmadministrator) die Zentraladministration auf und führen die folgenden Schritte durch:

1. Rufen Sie den Menüpunkt ALLGEMEINE ANWENDUNGSEINSTELLUNGEN • SUCHVERWALTUNG DER FARM auf, und klicken Sie dort auf den Link SUCHDIENSTANWENDUNG.
2. Wählen Sie in der Schnellstartleiste den Menüpunkt INHALTSQUELLEN aus.
3. Sie finden dort die Inhaltsquelle »Lokale SharePoint-Websites«. Rufen Sie diese auf, um auf die Konfigurationsseite zu gelangen, von der Sie einen Ausschnitt in Abbildung 9.5 sehen.

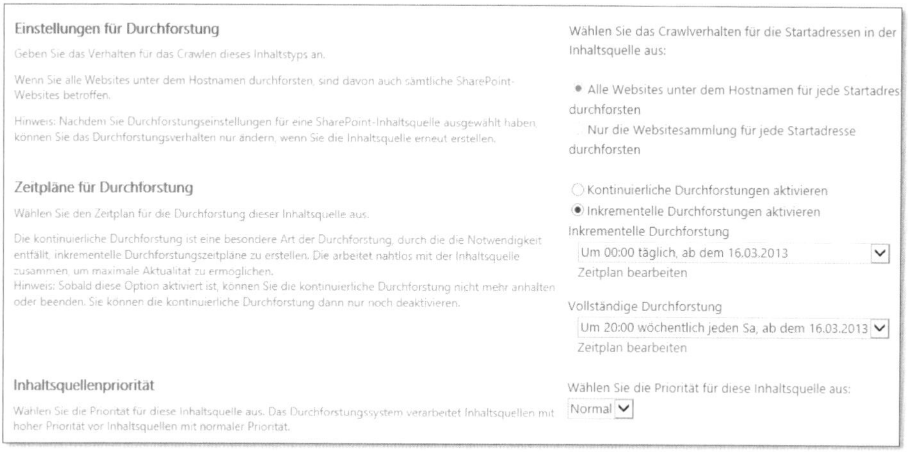

Abbildung 9.5 Zeitpläne für die Durchforstung der SharePoint-Inhalte konfigurieren

Im Bereich ZEITPLÄNE FÜR DURCHFORSTUNG können Sie einen Zeitplan für eine inkrementelle Durchforstung und einen Zeitplan für eine vollständige Durchforstung angeben. Während eine vollständige Durchforstung den Index komplett neu erstellt, berücksichtigt eine inkrementelle Durchforstung nur die Änderungen seit der letzten Durchforstung. Wenn Sie allerdings noch keine Durchforstung in Ihrer Farm durchgeführt haben, benötigen Sie eine vollständige Durchforstung, die – abhängig von der zu überprüfenden Datenmenge – einige Zeit in Anspruch nehmen kann. Eine inkrementelle Suche ist in der Regel wesentlich schneller abgeschlossen.

Die Konfiguration einer stündlichen inkrementellen Durchforstung und eine vollständige Durchforstung einmal in der Woche ist ein in der Praxis bewährtes Beispiel. Damit bauen Sie den Suchindex vollständig auf und stellen sicher, dass die Ergebnisse einer Suchanfrage maximal nur die Änderungen der letzten Stunde nicht berücksichtigen.

4. Wenn Sie die Konfiguration über die Schaltfläche OK abgeschlossen haben, befinden Sie sich wieder in der Übersicht der Inhaltsquellen. Klicken Sie dort auf den Link ALLE DURCHFORSTUNGEN STARTEN, um den Suchindex aufzubauen.
5. Sie können nun die Durchforstung überwachen (siehe Abbildung 9.6).

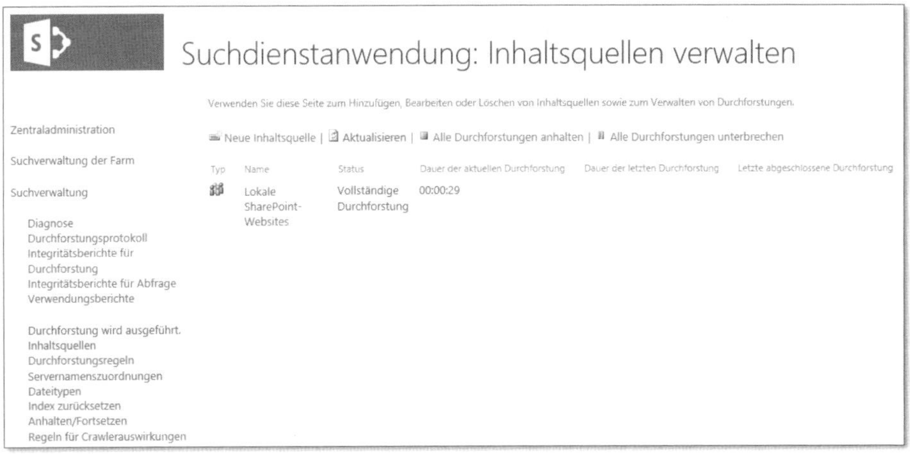

Abbildung 9.6 Durchforstung starten und überwachen

Sobald die Durchforstung abgeschlossen ist, können Sie zu Ihrer SharePoint-Website zurückkehren und erneut eine Suchanfrage starten. Jetzt erhalten Sie auch eine Ergebnisliste.

Das heißt: Wenn Sie das nächste Mal keine Suchergebnisse erhalten, aber aufgrund der Suchkriterien genau wissen, dass Sie Inhalte finden sollten, dann können Sie sich entweder an Ihren Administrator wenden und ihn nach der Durchforstung der SharePoint-Inhalte bzw. der Verfügbarkeit des Suchdienstes fragen oder selbst die Konfiguration überprüfen.

Möglichkeiten eines Basissuchcenters

Wenn Sie das Suchfeld oben rechts in einer beliebigen Websiteseite in SharePoint nutzen, wird für die Darstellung der Suchergebnisse die vordefinierte Seite *osssearchresults.aspx* aufgerufen. Führen Sie so eine Suchanfrage bitte einmal durch, und werfen Sie dann einen Blick auf die URL Ihrer Suchergebnisseite. Auf dieser Seite, die von allen Websites in Ihrer Farm gemeinsam genutzt wird, haben Sie allerdings keinerlei Anpassungsmöglichkeiten, wenn Ihnen beispielsweise die Darstellung der Suchergebnisse nicht gefällt.

SharePoint bietet Ihnen für solche Anforderungen zwei Websitevorlagen für die Suche an. Eine davon ist das **Basissuchcenter**. Sie legen es an, indem Sie in der Website der obersten Ebene Ihrer Websitesammlung eine neue Unterwebsite anlegen, die auf dieser Vorlage basiert und den Namen »Basissuche« erhält. Rufen Sie diese Website auf, und führen Sie eine Suche nach dem Begriff »SharePoint« aus. Sie sollten nun eine Darstellung wie in Abbildung 9.7 erhalten.

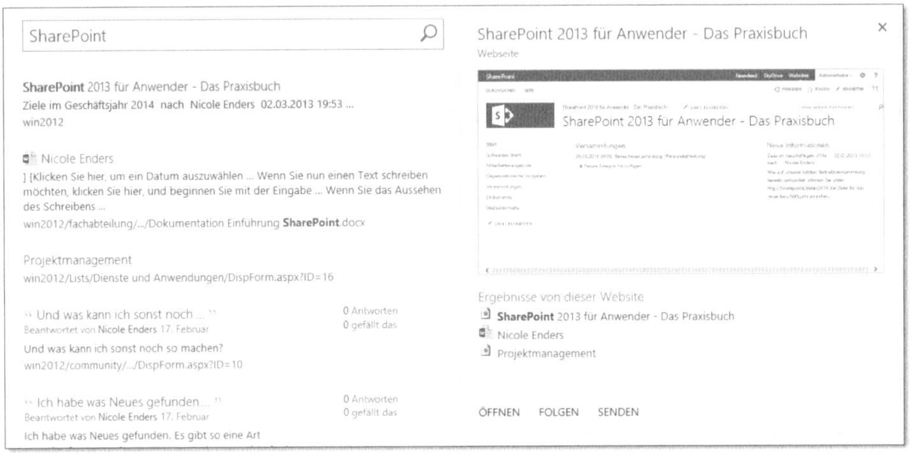

Abbildung 9.7 Suchergebnisse in einem Basissuchcenter mit Vorschau auf eine Website sowie mit der Anzeige von Suchergebnissen innerhalb der Website

Wenn Sie mit der Maus über ein Suchergebnis gehen, bei dem es sich um eine Website handelt, erhalten Sie in der Vorschau rechts eine Auflistung der Suchergebnisse, die innerhalb dieser Website zu dem Suchbegriff passen. Sie können die Inhalte aufrufen, ihnen folgen oder auch einen Link hierauf per E-Mail versenden.

Wenn es sich bei dem Suchergebnis um ein Dokument handelt, erhalten Sie (wie in Abbildung 9.8) in der Vorschau Informationen zu dem jeweiligen Dokument. So sehen Sie zum Beispiel den Autor, die letzte Änderung und die übrigen Bearbeiter des Dokuments. Außerdem können Sie hierüber das Dokument bzw. die Bibliothek aufrufen, in der sich das Dokument befindet, oder auch einen Link auf das Dokument versenden.

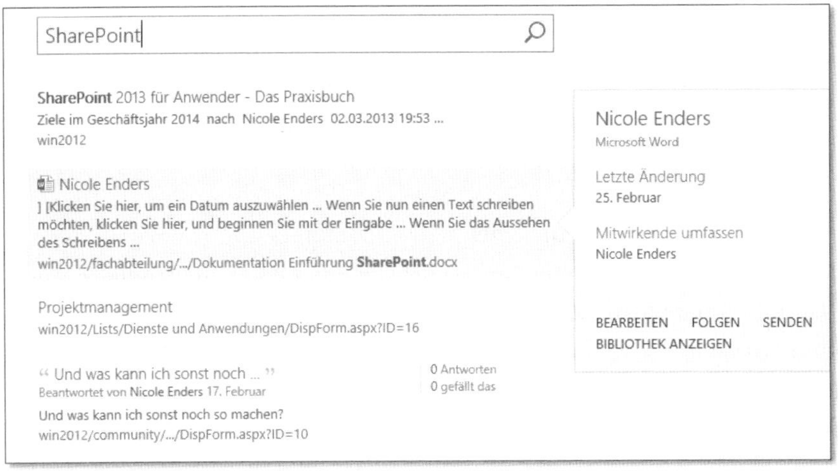

Abbildung 9.8 Suchergebnisse in einem Basissuchcenter mit Zugriff auf ein Dokument und seine Bibliothek

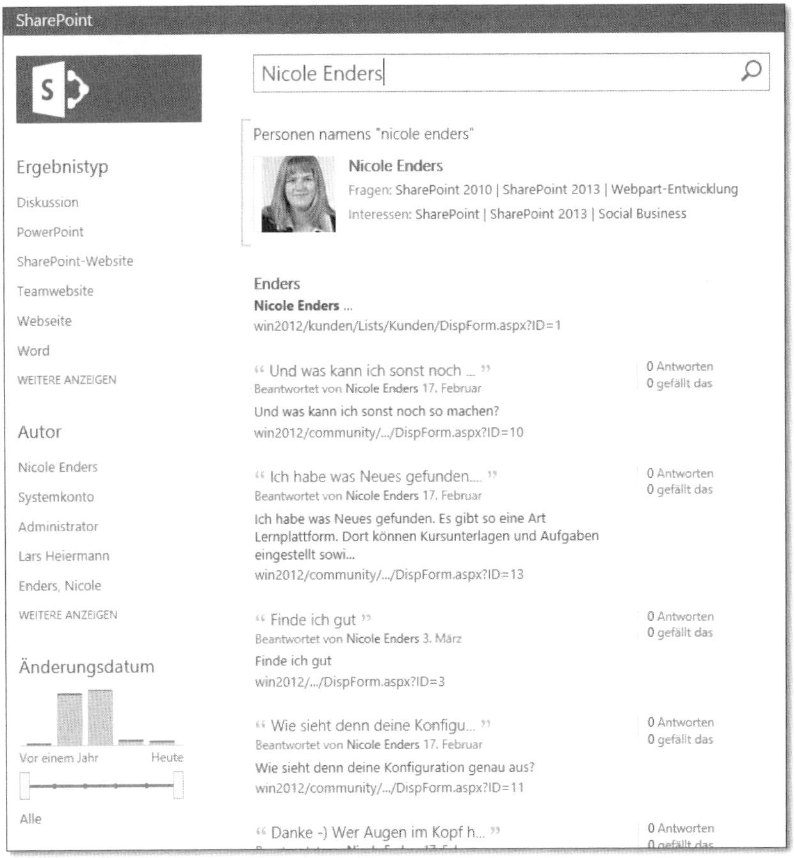

Abbildung 9.9 Suchergebnisse in einem Basissuchcenter bei der Suche nach einer Person

Wenn Sie nun in einem Basissuchcenter nach einer Person suchen, werden Sie die Inhalte finden, die diese Person in SharePoint bzw. in den durchforsteten Inhaltsquellen erstellt bzw. bearbeitet hat. Treffen Sie allerdings genau den Namen der Person, so wird diese wie in Abbildung 9.9 zuoberst bei den Suchergebnissen aufgeführt und mit ihrem Profilbild dargestellt.

Erweiterte Möglichkeiten eines Unternehmenssuchcenters

Eine zweite Websitevorlage, die Sie für die Suche in SharePoint verwenden können, ist das **Unternehmenssuchcenter**, das allerdings nur in der Enterprise Edition genutzt werden kann. Wie Sie in Abbildung 9.10 erkennen können, haben Sie hier die Möglichkeit, eine Filterung der Suchergebnisse nach Personen, Unterhaltungen und Videos vorzunehmen.

Abbildung 9.10 Suchergebnisse in einem Unternehmenssuchcenter mit einer Übersicht über alle Inhalte

Wichtig für Sie ist, dass hier die Funktionen des Basissuchcenters bereits viele Ihrer Anforderungen abdecken und der wesentliche Vorteil des Unternehmenssuchcenters die **Personensuche** darstellt. Wenn Sie beispielsweise einmal auf Personen filtern, indem Sie auf den Link PERSONEN klicken, erhalten Sie wie in Abbildung 9.11 eine Übersicht über alle Personen, die zu Ihrem Suchbegriff passen.

Es kann sich dabei, wie in diesem Beispiel, um den Namen einer Person handeln. Viel sinnvoller ist aber eine Suche nach einem bestimmten Begriff. So könnten Sie zum Beispiel nach Experten für eine bestimmte Anwendung wie SharePoint suchen. Sie werden die Anwender finden, die in ihrem Profil genau diesen Begriff als Fertigkeit angegeben haben.

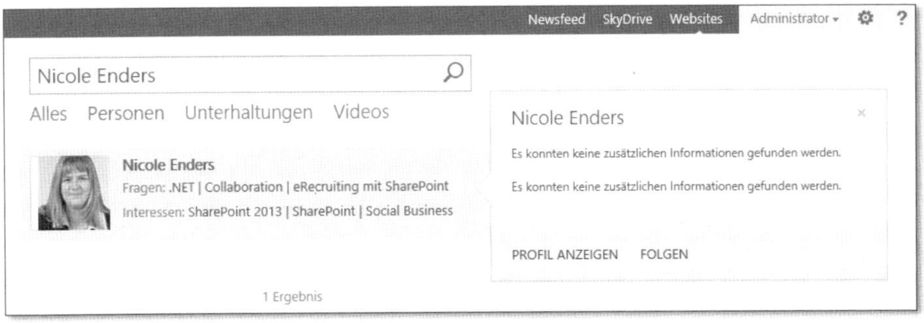

Abbildung 9.11 Suchergebnisse in einem Unternehmenssuchcenter bei einer Personensuche

Um die Ergebnismenge weiter einzugrenzen, können Sie im linken Bereich nach den Kriterien SCHLÜSSELWÖRTER und BÜROSTANDORT filtern. Wenn Sie verschiedene Niederlassungen haben und beispielsweise lieber nach einem Experten an Ihrem Standort suchen, können Sie mit einem Klick auf Ihren Standort die Filterung vornehmen. Die Schlüsselwörter entsprechen den Fertigkeiten der Personen, die in der Ergebnismenge aufgeführt sind. Sie können so neben dem Suchbegriff eine zusätzliche Filterung nach genau einer Fertigkeit vornehmen.

Filtermöglichkeiten der Suchergebnisse

Unabhängig davon, ob Sie ein Basis- oder Unternehmenssuchcenter oder die Standardsuche nutzen, können Sie die Ergebnisse Ihrer Suchanfrage auf Basis bestimmter Kriterien filtern, um schnell die gewünschten Informationen zu erhalten. Ihnen stehen folgende Filterkriterien zur Verfügung:

- **Ergebnistyp:** Sie können über den Ergebnistyp angeben, ob Sie zum Beispiel nach einem Word-Dokument, einer Webseite oder einem PDF-Dokument suchen.
- **Autor:** Wenn Sie wissen, wer die von Ihnen gesuchte Information erfasst bzw. veröffentlicht hat, können Sie die Suchergebnisse hierüber einschränken. Besonders wichtig ist dabei, dass bei Dokumenten diejenige Person als Autor zählt, die in den Microsoft Office-Produkten in den Dokumenteigenschaften unter DATEI • INFORMATIONEN angegeben wird. Es kann zu Verwirrung führen, wenn Sie dort als Autor Abkürzungen oder Personen angeben, die es in SharePoint nicht als Anwender gibt. In der Praxis passiert dies meistens, wenn alte Dokumente kopiert und von Ihnen angepasst werden, ohne die Dokumenteigenschaften zu aktualisieren.
- **Änderungsdatum:** Sie können auch den Zeitraum einschränken, der in den Suchergebnissen berücksichtigt werden soll. Standardmäßig werden Ihnen sämtliche

Ergebnisse und eine Darstellung in Form eines Säulendiagramms zur Verfügung gestellt, die Sie darüber informiert, wann in welchem Maß zu dem Suchbegriff passende Informationen eingestellt oder bearbeitet wurden.

In einem Basis- oder Unternehmenssuchcenter können Sie außerdem eine erweiterte Suche durchführen. Rufen Sie dazu unterhalb der aufgeführten Suchergebnisse den Menüpunkt ERWEITERTE SUCHE auf.

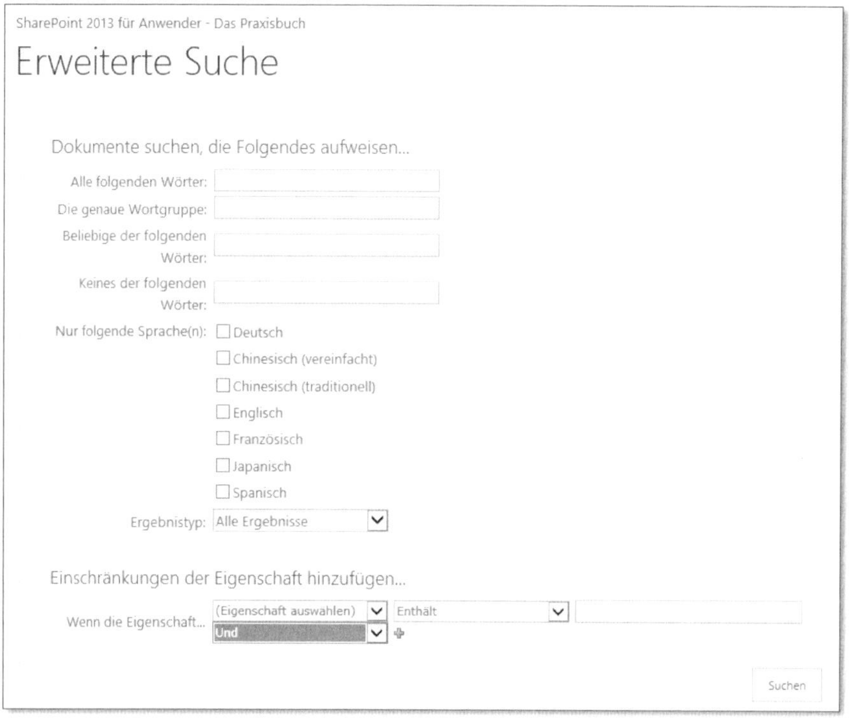

Abbildung 9.12 Nutzen Sie die »Erweiterte Suche«, um eine verfeinerte Suchanfrage zu erstellen.

Wie Sie in Abbildung 9.12 erkennen können, haben Sie über diese Funktion u. a. die Möglichkeit, Begriffe anzugeben, die nicht in einem Dokument existieren dürfen, damit das Dokument in den Suchergebnissen aufgeführt wird Weiterhin können Sie die gesuchte Sprache des Dokuments auswählen oder Einschränkungen auf Basis von Eigenschaften vornehmen. Zu diesen Eigenschaften können zum Beispiel der Autor bzw. letzte Editor, das Datum der letzten Änderung oder auch der Name oder die URL zählen. Damit lassen sich auch komplexe Suchanfragen erstellen bzw. ausführen.

Weitere Informationen zur Suche

Durch Spalten des Informationstyps »Verwaltete Metadaten« erhalten Sie einen erheblichen Vorteil bei der Suche. Wenn Sie beispielsweise in einer Liste nach bestimmten Informationen suchen und in dieser Liste Spalten existieren, die **verwaltete Metadaten** nutzen, so werden diese Spalten bei der Anzeige der Suchergebnisse im linken Bereich als Filter zur Verfügung gestellt. Wenn Sie bestimmte Anforderungen an die Filterung Ihrer Suchergebnisse haben, sollten Sie möglichst früh definieren, welche Filter Sie benötigen, und auf dieser Basis die Spalten und somit die Ausdrucksätze im Terminologiespeicher anlegen.

Ein weiterer wichtiger Punkt für die Auffindbarkeit von Informationen stellt die **Pflege des Titels eingestellter Dokumente** dar. Wenn Sie ein neues Dokument erstellen oder ein vorhandenes in SharePoint hochladen, sollten Sie prüfen, ob unter den Eigenschaften ein Titel angegeben wurde, der zu dem Inhalt des Dokuments passt. Dieser Titel wird bei der Anzeige der Suchergebnisse verwendet und ist für die Reihenfolge der Suchergebnisse relevant. Das bedeutet, dass ein Dokument, dessen Titel zu einem Suchbegriff passt, weiter oben in der Suchergebnismenge aufgeführt wird, als ein Dokument, dessen Dateiname zum Suchbegriff passt. Prinzipiell ist es so, dass der Dateiname von Dokumenten stark in den Hintergrund rückt. Neben einer Volltextsuche werden vor allem die Metadaten des Dokuments berücksichtigt.

Sie können sich auch **über die Ergebnisse zu einer Suchanfrage benachrichtigen lassen**. Interessieren Sie sich zum Beispiel für die Daten zum Thema »SharePoint«, so können Sie eine Suchanfrage hierzu starten und anschließend unterhalb der Auflistung der Suchergebnisse den Menüpunkt BENACHRICHTIGEN nutzen. Geben Sie an, für welche Änderungen Sie sich interessieren und ob Sie eine tägliche oder wöchentliche Zusammenfassung erhalten möchten. Gegebenenfalls muss der Farm-Administrator noch die Konfiguration für ausgehende E-Mails vornehmen und für die Suche eine Absender-E-Mail-Adresse angeben, damit die Funktion genutzt werden kann.

Wenn Sie eine **andere Anzeige der Suchergebnisse** wünschen oder auch über die Grenzen einer Websitesammlung hinaus nach Inhalten suchen möchten, müssen Sie sich für ein Basis- oder ein Unternehmenssuchcenter entscheiden. Dort können Sie mittels **XSLT** oder einer Anpassung der verwendeten **Suchwebparts** Änderungen vornehmen, indem Sie die Websiteseite *results.aspx* bearbeiten. Rufen Sie dazu über die Websiteaktionen (das Zahnradsymbol im oberen rechten Bereich der Seite) den Menüpunkt SEITE BEARBEITEN auf, und führen Sie die gewünschten Anpassungen durch.

Wenn Sie ein **zentrales Basis- oder Unternehmenssuchcenter** verwenden, müssen Sie sich Gedanken darüber machen, wie die Anwender dieses Suchcenter aufrufen sollen. Da Sie ein Suchcenter in einer ausgewählten Websitesammlung erstellen, ist die Navigation hierhin für Anwender aus anderen Websitesammlungen meistens recht umständlich. In der Praxis hat es sich bewährt, eine neue Websitesammlung auf Basis der Websitevorlage des Basis- bzw. Unternehmenssuchcenters zu erstellen und allen Anwendern des Unternehmens Zugriffsrechte zu erteilen. Dadurch müssen Sie in den bisher und zukünftig verwendeten Websitesammlungen keine Änderungen an den Berechtigungsstrukturen vornehmen.

Eine Frage bleibt noch: »Wie rufen die Anwender das Suchcenter auf?« Sie können den Anwendern natürlich mitteilen, dass es da ein Suchcenter gibt und unter welcher Websiteadresse es zu erreichen ist. Sie können auch in der Leiste für häufig verwendete Links einen neuen Menüpunkt »Suche« einrichten, der für den Zugriff auf das Suchcenter gedacht ist.

Die meisten Anwender werden aber weiterhin intuitiv das Suchfeld nutzen, das oben rechts in einer jeden Websiteseite zu sehen ist. Somit profitieren sie nicht von den verbesserten Funktionen des von Ihnen eingerichteten Suchcenters. Um die Anwender direkt auf Ihr Suchcenter weiterzuleiten, muss die Websiteadresse des Suchcenters über die Zentraladministration bei der Suchdienstanwendung hinterlegt werden. Sprechen Sie hierzu ggf. einen Farmadministrator an, oder rufen Sie die entsprechende Dienstanwendung auf und geben Sie dort die Websiteadresse für die Eigenschaft »URL für globales Suchcenter« an.

Wenn Sie weitere Informationen zur Konfiguration, Nutzung und Anpassung der Suche benötigen, werden Ihnen die folgenden Links weiterhelfen:

- *http://technet.microsoft.com/de-de/library/ee667266(v=office.15)*
- *http://technet.microsoft.com/de-de/library/ee792877(v=office.15)*

Denken Sie bitte daran, dass Ihr SharePoint-Portal und jede einzelne Website darin nur so gut sein kann wie die Unterstützung im Bereich der Suche. Wenn Sie oder die anderen Anwender veröffentlichte Informationen und Dokumente nur schwer oder gar nicht wiederfinden, werden Sie keine hohe Benutzerakzeptanz erreichen können.

9.1.3 Communities im Unternehmen

Sie haben bereits in den vorangegangenen Übungen (wie beispielsweise in Abschnitt 4.4.7) die Websitevorlage »Communitywebsite« kennengelernt, über die Sie die Möglichkeit haben, sich zu einem bestimmten Thema in einer Gruppe auszutauschen, Diskussionen zu führen oder auch Fragen zu stellen und zu beantworten.

Doch wie finden Sie heraus, welche Communities es in Ihrem Unternehmen gibt? Sie können über die Zentraladministration eine Websitesammlung erstellen (bzw. durch einen Farmadministrator erstellen lassen), die auf der Websitevorlage »Communityportal« basiert und auf die jeder Anwender der Unternehmens Zugriffsrechte erhalten sollte. In Abbildung 9.13 können Sie bereits die Funktionalität dieser Websitesammlung erkennen. Alle Communities des Unternehmens, auf die Sie aufgrund Ihrer Berechtigungen zugreifen dürfen, werden automatisch dort aufgeführt. Wenn Sie mit der Maus über den Namen einer Community gehen, erhalten Sie rechts in einem Detailfenster die Information, wie viele Mitglieder die Community hat, und können entweder die Communitywebsite aufrufen oder ihr folgen.

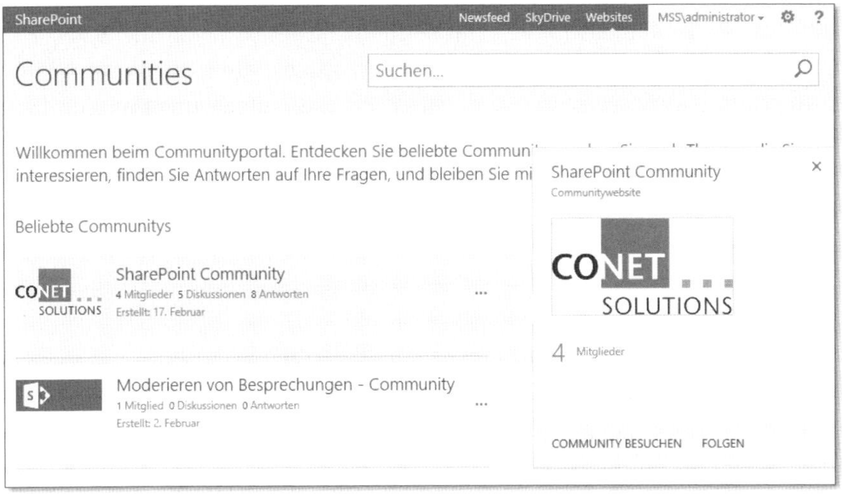

Abbildung 9.13 Suche nach Communities in Ihrem Unternehmen

Ein Tipp zur Nutzung und Einrichtung von Communities

Geben Sie den Anwendern so viele Freiheiten wie nur möglich, um Informationen untereinander auszutauschen. Das gilt vor allem für den Bereich der Communities. Standardmäßig müssen Sie mindestens Besitzer einer Website sein, um dort eine Unterwebsite für beispielsweise eine Community anzulegen. Da Sie je nach Anwendungsszenario auch recht komplexe Berechtigungsstrukturen einrichten werden, schlage ich Ihnen folgende Vorgehensweise für den Bereich der Communities vor:

- Erstellen Sie eine Websitesammlung »Communities« auf Basis der Websitevorlage »Teamwebsite«.
- Konfigurieren Sie eine individuelle Berechtigungsstufe, mit der ein Anwender zusätzlich zu seinen Rechten als Mitglied auch neue Websites erstellen darf.
- Weisen Sie diese Berechtigungsstufe einer SharePoint-Benutzergruppe zu, die sämtliche Personen des Unternehmens beinhaltet. Am einfachsten wird dies wahrscheinlich über die Verwendung einer Domänengruppe erfolgen können, weil in den meisten Unternehmen bereits eine solche Gruppe außerhalb von SharePoint verwendet wird.

Wenn Sie diese vorbereitenden Maßnahmen getroffen haben, können Sie den Anwendern auf der Website der obersten Ebene dieser Websitesammlung erklären, wie Sie sich die Verwendung der Website vorstellen und wie eine neue Community erstellt werden kann.

Das bedeutet, dass jeder Anwender zukünftig immer dann eine Community gründen kann, sobald er eine benötigt. Vorbei sind die Zeiten, in denen Sie warten mussten, bis ein Administrator endlich eine Website für Sie erstellt und Ihnen die benötigten Berechtigungen erteilt hat.

Natürlich müssen die Administratoren eine solche Websitesammlung überwachen, damit kein Wildwuchs entsteht. Hierfür sind die sogenannten Websiteverwendungsberichte interessant, die Sie in Abschnitt 9.1.5 näher kennenlernen werden. Es hat sich beispielsweise in der Praxis bewährt, eine Community zu archivieren oder auch zu löschen, die länger als drei oder vielleicht auch sechs Monate nicht mehr genutzt wurde.

9.1.4 Datenarchiv

Gerade dann, wenn Sie viele Informationen in Ihrem Unternehmensportal verwalten, werden Sie oder Ihr Administrator sich irgendwann auch mit der Thematik der Archivierung dieser Daten beschäftigen müssen. Wenn Sie bereits länger mit SharePoint arbeiten, wissen Sie sicher, dass es auch in den vorangegangenen Versionen von SharePoint in der Enterprise-Edition das sogenannte **Datenarchiv** gab.

Dabei handelt es sich um eine Websitevorlage, die sowohl bei der Erstellung einer Websitesammlung als auch für eine Unterwebsite verwendet werden kann. In Abbildung 9.14 sehen Sie die Homepage einer solchen Website. Über den Menüpunkt EINEN DATENSATZ ÜBERMITTELN können Sie eine beliebige Datei in das Archiv hochladen. Dadurch wird diese Datei in der Bibliothek »Abgabebibliothek« gespeichert.

Abbildung 9.14 Homepage eines Datenarchivs

Über Informationsverwaltungsrichtlinien, die Sie für diese Bibliothek konfigurieren, können Sie bestimmen, wo die Dateien jeweils endgültig abgelegt werden. Dies passiert auf Basis des Inhaltstyps, der zu der Datei gehört. Wenn Sie die Archivierung nutzen möchten, müssen Sie folgende Punkte berücksichtigen:

- In der Website, in der sich Ihr Dokument anfangs befindet, müssen Sie einen Inhaltstyp einrichten und diesen für Ihr Dokument verwenden. Standardmäßig wird allen Dateien in einer Dokumentbibliothek der Inhaltstyp »Dokument« zugewiesen.

  Wenn Sie nun aber unterschiedliche Speicherorte im Archiv für bestimmte Dokumente vorsehen möchten, benötigen Sie einen speziellen Inhaltstyp hierfür. Dieser kann als übergeordneten Inhaltstyp durchaus den Inhaltstyp »Dokument« verwenden.
- Sie können ein Dokument mithilfe einer SharePoint-Lösung, die Sie noch entwickeln müssen, automatisch auf Basis bestimmter Kriterien und zu einem ausgewählten Zeitpunkt in die Abgabebibliothek des Datenarchivs verschieben lassen.
- Wenn der Inhaltstyp auch in der Website des Datenarchivs eingerichtet ist, kann eine Informationsverwaltungsrichtlinie über die Bibliothekseinstellungen der Abgabebibliothek für genau diesen Inhaltstyp konfiguriert werden. Zuvor sollten Sie allerdings eine Dokumentbibliothek für die Dokumente dieses Inhaltstyps erstellt haben, damit Sie diese Bibliothek bei der Konfiguration der Richtlinie auswählen können.

Wenn Sie eine solche Konfiguration vorgenommen haben, werden die archivierten Dateien automatisch in die gewünschten Bibliotheken verschoben. Allerdings werden häufig weitergehende Anforderungen an eine Archivierungslösung gestellt, die mit der gezeigten Konfiguration nicht erfüllt werden können. Wenn Sie also ernsthaft über eine Archivierung der in SharePoint erfassten Daten nachdenken, sollten Sie sich über die auf dem Markt erhältlichen Lösungen informieren. Bei der Auswahl einer solchen Lösung sollten zusätzlich zu einer sicheren Verwaltung der dann unveränderlichen Daten auch eine einfache Bedienung und ein schneller Zugriff auf archivierte Informationen im Vordergrund stehen.

Aus meiner Sicht sind die Lösungen besonders interessant, die archivierte Inhalte zwar physikalisch aus der jeweiligen Liste oder Bibliothek entfernen und in das Archiv verschieben, sie aber weiterhin in der Liste bzw. Bibliothek darstellen. Das bedeutet für Sie, dass Sie ein archiviertes Dokument zwar weiterhin genau an der Stelle finden, an der Sie es bisher auch zur Bearbeitung aufgerufen haben, es jedoch nicht mehr verändern können. Versendete Links auf das Dokument funktionieren weiterhin, nur ist die Bearbeitung des Dokuments nicht mehr möglich, da es schließlich archiviert wurde.

Compliance-Archive in SharePoint 2013

Mit SharePoint 2013 wird eine neue Funktion eingeführt, die jedoch nur in Kombination mit Exchange Server 2013 funktioniert. Sie können eine Websitesammlung auf Basis der Vorlage »eDiscovery Center« erstellen, die zur Verwaltung von sogenannten eDiscovery-Fällen dient. Wenn Sie beispielsweise beweisen müssen, welchen Informationsstand Sie zu einem bestimmten Zeitpunkt in einem Kundenauftrag hatten, können Sie diese Funktion nutzen, indem Sie über einen eDiscovery-Fall die zu berücksichtigenden Datenquellen angeben und den Status »einfrieren«. Es kann weiterhin an den Dokumenten gearbeitet werden; der sogenannte Compliance Officer kann jedoch genau den jeweils geforderten Stand abrufen. Weitere Informationen finden Sie unter folgenden Websites:

- *http://technet.microsoft.com/de-de/library/fp161514.aspx*
- *http://technet.microsoft.com/de-de/library/fp161513(v=office.15)*
- *http://technet.microsoft.com/de-de/library/fp161516(v=office.15)*

9.1.5 Websiteverwendungsberichte und Beliebtheitstrends

Die Websiteverwendungs- bzw. Web Analytics-Berichte, die Ihnen vielleicht aus den vorangegangenen Versionen von SharePoint bekannt sind, werden in SharePoint 2013 nicht mehr angeboten. Es gibt nun eine neue Analysekomponente, die Teil des Suchdienstes ist und für die Ermittlung von Empfehlungen verwendet wird. Dabei werden die Benutzerdaten anonymisiert, wodurch keine Ermittlung der besonders aktiven Nutzer mehr möglich ist.

Das bedeutet aber auch bei einer Migration von SharePoint 2010 zu 2013, dass die Informationen aus den Websiteverwendungsberichten nach der Migration nicht mehr genutzt werden können. Das sollten Sie berücksichtigen, wenn Sie bereits SharePoint 2010 einsetzen. Auch die Anzahl der Zugriffe auf beispielsweise ein bestimmtes Dokument geht dabei verloren, was die Reihenfolge in der Anzeige der Suchergebnisse beeinflusst.

Sie können die sogenannten **Beliebtheitstrends** für eine beliebige Website oder eine ausgewählte Websiteseite oder ein Element bzw. Dokument aufrufen. Während Sie für Seiten, Elemente und Dokumente im Menüband in der Gruppe FREIGEBEN UND VERFOLGEN den Menüpunkt BELIEBTHEITSTRENDS finden, rufen Sie diesen Menüpunkt für eine Website unter den Websiteeinstellungen auf. Bei einer Website müssen Sie anschließend noch auf den Link VERWENDUNG klicken, damit sich entsprechend der Darstellung in Abbildung 9.15 eine Excel-Arbeitsmappe öffnet, die Ihnen auf den einzelnen Tag heruntergebrochen anzeigt, wie die Website oder das jeweils betrachtete Element bzw. Dokument genutzt wurde.

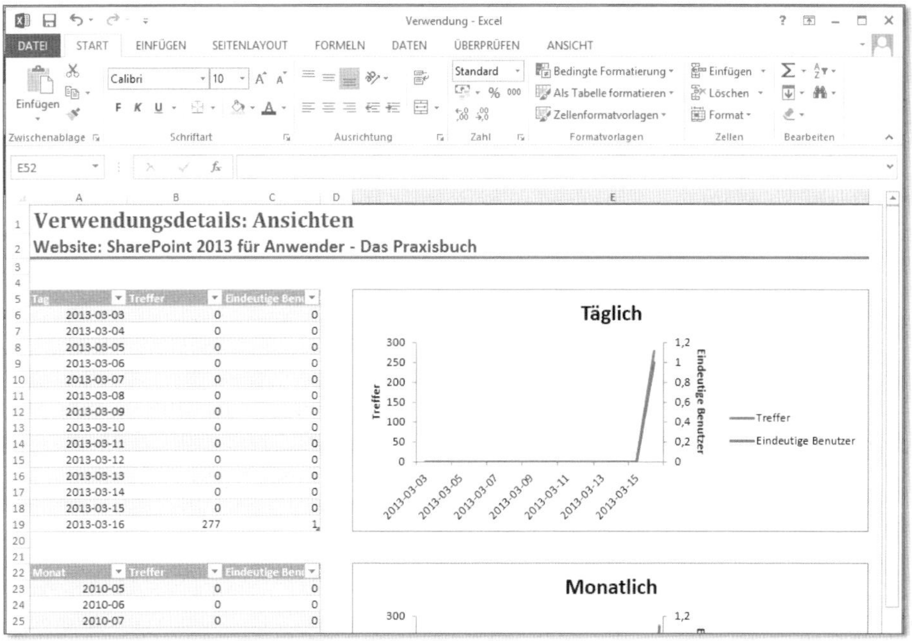

Abbildung 9.15 Beliebtheitstrends für eine Website

Zusätzlich zu diesen Informationen können Sie in der Enterprise-Edition auch die **Überwachungsprotokollberichte** nutzen, die Sie ebenfalls unter den Websiteeinstellungen finden. Wie Sie in Abbildung 9.16 erkennen können, erhalten Sie hierüber Informationen zu Aktionen (wie beispielsweise über die Löschung von Informationen, über strukturelle Änderungen, wie die Konfiguration von Listen, oder auch generell über die Bearbeitung von Elementen und Dokumenten).

Besonders wichtig ist der Menüpunkt BENUTZERDEFINIERTEN BERICHT AUSFÜHREN. Sofern Sie eine Enterprise-Edition haben, sollten Sie diesen Menüpunkt aufrufen und anschließend als Erstes einen Speicherort für den zu generierenden Bericht angeben. Sie können nun folgende Einstellungen für Ihren Bericht vornehmen:

- **Ort:** Wenn Sie nicht die gesamte Websitesammlung inklusive aller Unterwebsites auswerten möchten, sollten Sie die Option »Bericht beschränken auf« aktivieren und anschließend auf die Schaltfläche DURCHSUCHEN klicken. Wählen Sie dann die Website, Liste oder Bibliothek aus, die Sie in diesem Bericht betrachten möchten, und bestätigen Sie die Auswahl über die Schaltfläche OK.
- **Zeitraum:** Geben Sie ein Start- und ein Enddatum ein, wenn Sie nur einen bestimmten Zeitraum betrachten möchten. Vielleicht möchten Sie nur Ereignisse berücksichtigen, die sich in den letzten vier Wochen ereignet haben. Dann sollten Sie ein entsprechendes Startdatum angeben.

- **Benutzer:** Wenn Sie hier eine Person angeben, werden nur die Ereignisse ausgewertet, an denen diese Person beteiligt war. Möchten Sie beispielsweise wissen, welche Inhalte von einem Mitarbeiter gelöscht wurden, der das Unternehmen gerade verlassen hat, so können Sie ihn hier angeben und das entsprechende Ereignis auswählen.
- **Ereignisse:** Wählen Sie aus der Auflistung der auszuwertenden Ereignisse diejenigen aus, die Sie in diesem Bericht betrachten möchten. Wenn Sie sich nicht sicher sind, können Sie auch alle Optionen auswählen und anschließend im Bericht eine Filterung der Daten vornehmen.

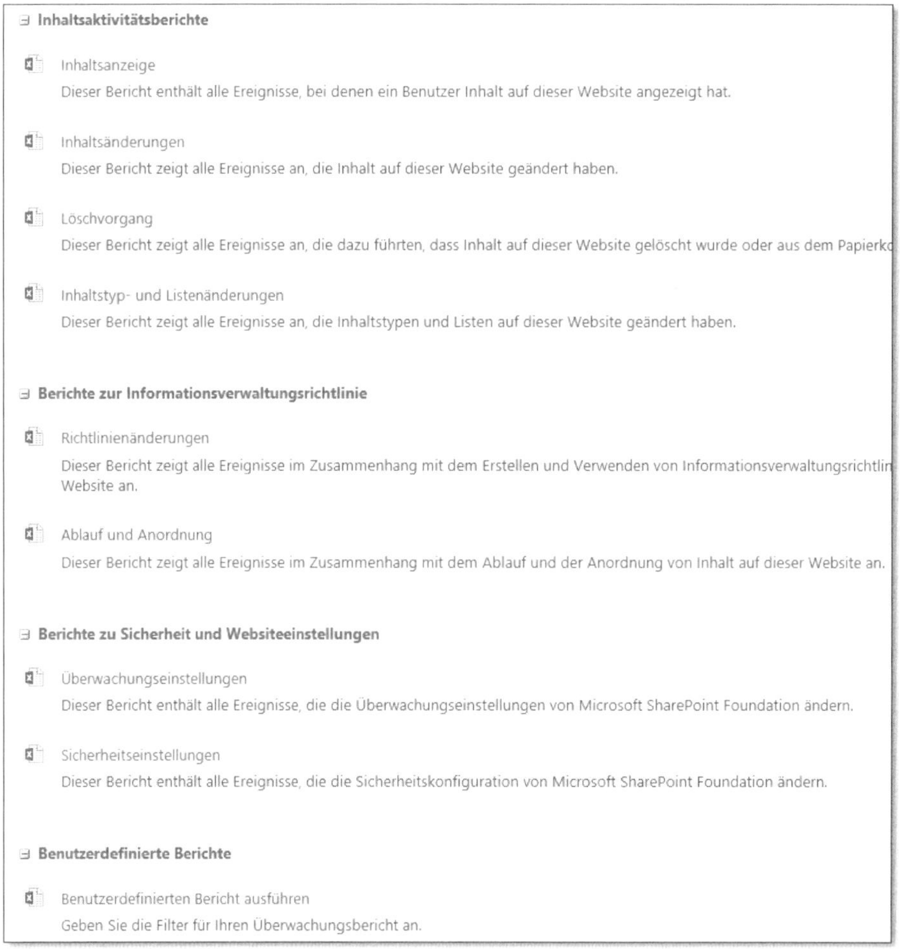

Abbildung 9.16 Überwachungsprotokollberichte zur Auswertung von Aktionen

Nachdem Sie die Angaben über die Schaltfläche OK bestätigt haben, wird der Bericht generiert und in dem angegebenen Speicherort abgelegt. Wenn Sie die Nachricht erhalten, dass der Vorgang erfolgreich abgeschlossen wurde, können Sie den Bericht direkt über den Link KLICKEN SIE HIER, UM DEN BERICHT ANZUZEIGEN aufrufen und mit den gewohnten Funktionalitäten von Excel weiterverarbeiten.

9.1.6 SharePoint Server-Veröffentlichungsinfrastruktur

Wir kommen nun zu einem Themenbereich, in dem wir uns mit dem Aufbau eines Intranets und den bisher im Buch noch nicht vorgestellten Möglichkeiten beschäftigen. Wenn Sie die Enterprise-Edition verwenden, können Sie für den Aufbau eines Unternehmensportals auch eine **Veröffentlichungswebsite** oder ein **Veröffentlichungsportal** nutzen. Während Sie eine Veröffentlichungswebsite innerhalb einer jeden Websitesammlung erstellen können, steht Ihnen die Vorlage des Portals nur für neue Websitesammlungen zur Verfügung.

Für die Websiteseiten, die innerhalb einer solchen Website erstellt werden, gestaltet sich das Menüband SEITE ein wenig anders als gewohnt (siehe Abbildung 9.17).

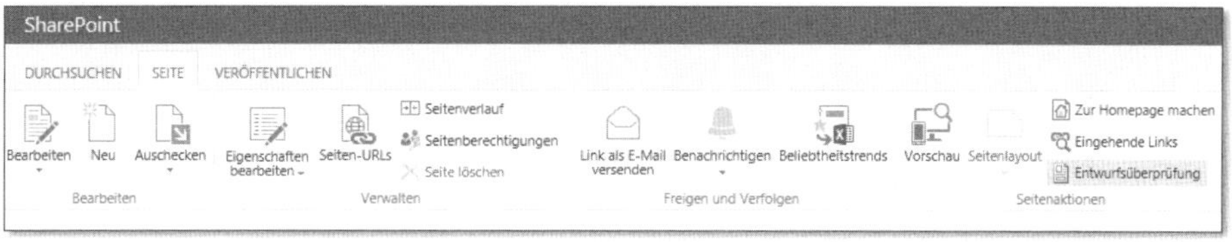

Abbildung 9.17 Menüband für Websiteseiten in einer Veröffentlichungswebsite

Sie können nämlich über den bisher unbekannten Menüpunkt VORSCHAU schon vor der Veröffentlichung der neuen Version einer Seite prüfen, wie diese für die Anwender aussehen wird. Außerdem können Sie über den Menüpunkt ENTWURFSÜBERPRÜFUNG sicherstellen, dass keine Elemente der Seite mehr im Entwurfsstatus sind.

Während eine neue Veröffentlichungswebsite eine leere Homepage aufweist, werden auf der Homepage eines neuen Veröffentlichungsportals (wie Sie in Abbildung 9.18 sehen) viele Hilfestellungen und Anregungen zur Einrichtung Ihres Portals zur Verfügung gestellt.

Es ist durchaus denkbar, dass Sie Ihren Webauftritt oder Ihr Intranet mithilfe dieser Veröffentlichungsinfrastruktur erstellen. Wie Sie der Abbildung entnehmen können, können Sie die Website mehrsprachig gestalten und das Design so anpassen, dass es Ihren Vorstellungen entspricht.

Mehr dazu erfahren Sie in Abschnitt 9.2, »SharePoint und Corporate Design – geht das?«, und Abschnitt 9.3, »Mehrsprachigkeit im Portal – Möglichkeiten und Hindernisse«.

Abbildung 9.18 Homepage eines neuen Veröffentlichungsportals

9.1.7 Weitere zentrale Dienste und Anwendungsszenarien

Sie haben bisher schon eine Menge an möglichen Anwendungsszenarien für SharePoint kennengelernt und Lösungen erstellt. Auch wenn wir nun langsam zum Ende dieses Buchs kommen, heißt das noch lange nicht, dass das alle Möglichkeiten waren. Ich hoffe, Sie haben bereits selbst einige Ideen für weitere Lösungen entwickelt. Ansonsten kommen hier noch ein paar Vorschläge. Wenn Sie sich unsicher sind, ob eine Ihrer Ideen mit SharePoint umgesetzt werden kann, melden Sie sich über meine Website unter *http://msdemopoint.conet.de/blog/nicole-enders* bei mir. Ich kann Ihnen dann zeitnah eine Rückmeldung geben, ob und wie eine solche Lösung aussehen kann.

Zentrales Telefonbuch

In vielen Unternehmen wird ein zentrales Telefonbuch verwaltet, das meist manuell gepflegt wird. In SharePoint kann jeder Anwender über sein Benutzerprofil seine Kontaktinformationen und dort seine Handynummer, Fax und Telefonnummer pflegen. Gegebenenfalls besteht auch die Möglichkeit, diese Informationen zentral über den Administrator Ihrer IT im Microsoft Active Directory zu pflegen. Sie könnten nun eine Erweiterung beauftragen, die die Daten der Benutzerprofile ausliest und Ihnen unter Angabe bestimmter Auswahlkriterien die passenden Anwender mit Ihren Kontaktinformationen auflistet.

Lagepläne für Gebäude, Drucker und Co.

Sie können mittels der Visio Services Gebäudepläne zur Anzeige von Druckern, Besprechungsräumen oder Lagerräumen erstellen. Über Erweiterungslösungen wäre es möglich, einen Drucker aufzurufen und die erforderlichen Treiber auf Ihrem Rechner zu installieren, damit Sie den entsprechenden Drucker zukünftig verwenden können.

Arbeitsbereich für den Betriebsrat

Wenn Sie in Ihrem Unternehmen einen Betriebsrat besitzen, können Sie diesen unterstützen, indem Sie ihm eine Website zur Verfügung stellen. In dieser Website können zum Beispiel Besprechungsnotizen, Protokolle und Aufgaben verwaltet werden. Achten Sie hier darauf, welches Berechtigungskonzept erforderlich ist, damit keine sensiblen Informationen in die Hände unbefugter Personen gelangen.

Speiseplan und Essensbestellungen

Haben Sie eine Kantine oder gehen die Mitarbeiter Ihres Unternehmens gemeinsam außerhalb des Firmengeländes zum Mittagessen? Vielleicht gibt es ja eine Art Speiseplan, der in Papierform verteilt bzw. genutzt wird. So etwas ließe sich über eine Websiteseite realisieren. Wenn Sie dazu noch die Versionierung nutzen, können Sie sogar schauen, was es vor ein paar Wochen zu essen gab. Für Essensbestellungen wäre ein InfoPath-Formular sinnvoll. Wenn Sie beispielsweise gemeinsam Pizza bestellen, könnten Sie im Formular die gängigen Sorten hinterlegen und die Angabe »Sonstiges« erlauben, falls jemand Sonderwünsche hat. Durch diese Vorgehensweise haben Sie früh genug die Bestellungen der Kollegen, um auf Basis dieser Informationen die Bestellung aufgeben zu können.

Firmensport

Falls Sie in Ihrem Unternehmen spezielle Sportangebote erhalten, um beispielsweise gemeinsam mit den Kollegen Fußball zu spielen, so können Sie zum Beispiel über Umfragen ermitteln, wer aus der Belegschaft teilnehmen möchte.

Es sind noch viele weitere Einsatzszenarien denkbar. Vielleicht haben Sie bereits einige Ideen, was Sie als Nächstes umsetzen können. Probieren Sie es am besten einfach aus, und fangen Sie ruhig klein an. Sie müssen nicht alles auf einmal angehen. Freuen Sie sich über erreichte Zwischenziele, und bauen Sie nach und nach Ihr Unternehmensportal weiter aus.

9.2 SharePoint und Corporate Design – geht das?

Bis zu diesem Zeitpunkt haben Sie SharePoint unverändert im Standarddesign genutzt. In der Praxis wird häufig der Wunsch geäußert, diese in Blautönen gehaltene Darstellung an das Corporate Design des Unternehmens anzupassen. Vielleicht geht es Ihnen genauso, und Sie suchen schon nach einer Möglichkeit, wie Sie das Aussehen verändern können. Dieser Abschnitt richtet sich vornehmlich an Anwender, die bereits Erfahrungen mit Webtechniken wie HTML, CSS, JavaScript und XML haben. Für Anwender ohne diese Kenntnisse ist es interessant, welche Möglichkeiten Sie grundsätzlich haben. Sie müssen in diesem Fall aber nicht die einzelnen Übungen dieses Abschnitts durchführen, sondern sollten sich lediglich von den vorgestellten Anpassungsoptionen inspirieren lassen.

Anhand eines einfachen Beispiels werden nun die möglichen Designanpassungen für die beiden **Benutzeroberflächenversionen** »SharePoint 2010« und »SharePoint 2013« erläutert und mithilfe einer Übung für die jeweilige Version vertieft. Ich weiß natürlich nicht, welche Vorgaben Ihr Corporate Design vorsieht. Allerdings wird häufig der Wunsch geäußert, dass beispielsweise die Schnellstartleiste und die verschiedenen Blöcke im oberen Bereich der Seite individuell gestaltet werden sollen.

9.2.1 Erstellen einer Designvorlage für SharePoint 2013

Es gibt eine Funktion für die Anpassung des Designs, die Sie entweder über das Menü WEBSITEAKTIONEN oder die WEBSITEEINSTELLUNGEN erreichen. Wählen Sie dort den Menüpunkt AUSSEHEN ÄNDERN aus, um eine Auswahl an möglichen Designs zu erhalten. Vielleicht finden Sie unter diesen Vorlagen bereits ein Design, das Ihrem Corporate Design sehr nahe kommt. Merken Sie sich dessen Namen am besten direkt, da Sie somit auf Basis dieser Vorlage Ihre eigene erstellen werden. Wenn Sie unter WEBSITEEINSTELLUNGEN den Menüpunkt DURCHKOMPONIERTE LOOKS auswählen, finden Sie die in Abbildung 9.19 dargestellten Designvorlagen in Form einer tabellarischen Auflistung wieder. Suchen Sie die Vorlage heraus, die Ihnen am besten gefällt, und speichern Sie die folgenden Eigenschaften beispielsweise über einen Texteditor zwischen:

- Gestaltungsvorlagen-URL
- Design-URL
- Schriftartenschema-URL

Öffnen Sie nun die Website der obersten Ebene der Websitesammlung im SharePoint Designer, in der sich die Website befindet, deren Aussehen Sie anpassen möchten. Wählen Sie in der Navigationsleiste das Websiteobjekt ALLE DATEIEN aus, und navigieren Sie zu _CATALOGS • THEME • 15. Dort finden Sie zwei verschiedene Arten von Dateien:

- ***.spfont:** Über diese XML-Dateien werden die Schriftarten für die unterschiedlichen SharePoint-Bereiche definiert.
- ***.spcolor:** Mit der Definition in diesen XML-Dateien werden die zu verwendenden Farben festgelegt.

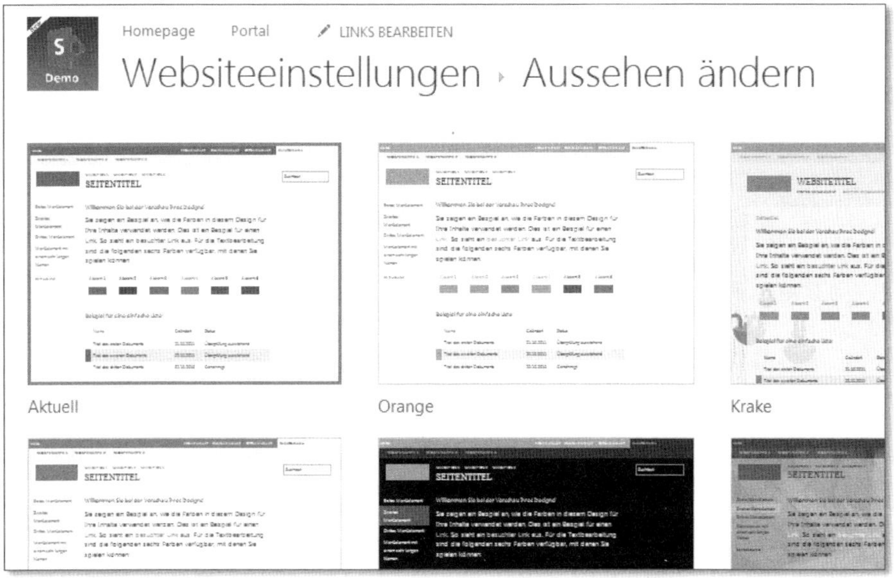

Abbildung 9.19 Vorlagen, um das Aussehen einer Website zu ändern

Wofür benötige ich eine spcolor-Datei?

Haben Sie beispielsweise den durchkomponierten Look »Grün« gewählt, so sollten Sie sich die Datei *Palette013.spcolor* näher anschauen. Klicken Sie auf den Link der Datei und anschließend in der Übersichtsseite auf den Link DATEI BEARBEITEN. Sie können nun entscheiden, mit welchem Programm Sie die Datei öffnen möchten. Wählen Sie zum Beispiel den in Windows integrierten Texteditor oder auch den SharePoint Designer aus.

Wie Sie in dem in Listing 9.2 dargestellten Ausschnitt aus der *.spcolor*-Datei erkennen können, erfolgt in SharePoint 2013 die Definition der farblichen Gestaltung der einzelnen Websiteelemente in Form einer XML-Struktur, wobei Sie die Farbwerte im Hexadezimalcode angeben.

```
<?xml version="1.0" encoding="utf-8"?>
<s:colorPalette isInverted="false"
  previewSlot1="BackgroundOverlay" previewSlot2="BodyText"
  previewSlot3="AccentText"
  xmlns:s="http://schemas.microsoft.com/sharepoint/">
    <s:color name="BodyText" value="444444" />
    <s:color name="SubtleBodyText" value="777777" />
    <s:color name="StrongBodyText" value="262626" />
    <s:color name="DisabledText" value="B1B1B1" />
    <s:color name="SiteTitle" value="262626" />
[...]
    <s:color name="TileText" value="FFFFFF" />
```

```
    <s:color name="TileBackgroundOverlay" value="99000000" />
    <s:color name="ContentAccent1" value="339933" />
    <s:color name="ContentAccent2" value="FF0097" />
    <s:color name="ContentAccent3" value="996600" />
    <s:color name="ContentAccent4" value="F09609" />
    <s:color name="ContentAccent5" value="A200FF" />
    <s:color name="ContentAccent6" value="00ABA9" />
</s:colorPalette>
```

Listing 9.2 Ausschnitt aus einer .spcolor-Datei für ein individuelles Design in SharePoint 2013

Das Attribut »name« wird intern von SharePoint zur eindeutigen Identifizierung bestimmter Websiteelemente verwendet. So können Sie zum Beispiel, indem Sie den Farbwert für das Websiteelement »SiteTitle« ändern, die Farbe bestimmen, in der der Titel Ihrer Website dargestellt werden soll.

Wofür benötige ich eine spfont-Datei?

Außer der farblichen Gestaltung sollen häufig auch die Schriftarten angepasst werden. Genau hierfür können Sie auf eine *.spfont*-Datei zurückgreifen und Ihre individuellen Anforderungen hinsichtlich der gewünschten Schriftarten umsetzen.

```
<?xml version="1.0" encoding="utf-8"?>
<s:fontScheme name="Bodoni" previewSlot1="title"
  previewSlot2="body"
  xmlns:s="http://schemas.microsoft.com/sharepoint/">
    <s:fontSlots>
        <s:fontSlot name="title">
[...]
            <s:cs typeface="Segoe UI Light" />
            <s:font script="Arab" typeface="Segoe UI Light" />
            <s:font script="Deva" typeface="Nirmala UI" />
            <s:font script="Grek" typeface="Segoe UI Light" />
[...]
        </s:fontSlot>
        <s:fontSlot name="navigation">[...]</s:fontSlot>
        <s:fontSlot name="small-heading">[...]</s:fontSlot>
        <s:fontSlot name="heading">[...]</s:fontSlot>
        <s:fontSlot name="large-heading">[...]</s:fontSlot>
        <s:fontSlot name="body">[...]</s:fontSlot>
        <s:fontSlot name="large-body">[...]</s:fontSlot>
    </s:fontSlots>
</s:fontScheme>
```

Listing 9.3 Ausschnitt aus einer .spfont-Datei für ein individuelles Design in SharePoint 2013

Listing 9.3 zeigt einen Ausschnitt der Datei *Fontscheme001.spfont*, dem Sie entnehmen können, dass sich grundsätzlich sieben verschiedene Bereiche konfigurieren lassen.

Sie könnten theoretisch für jeden Bereich eine andere Schriftart vorgeben. Achten Sie aber bitte darauf, dass trotz aller Kreativität ein für alle Anwender angenehmes Bild entsteht. Zu viele verschiedene Schriftarten können zu Verwirrung oder Unmut führen. Orientieren Sie sich bei der Auswahl der Schriftarten und -farben zum Beispiel an dem Corporate Design Ihres Unternehmens.

Wie fange ich mit meinem individuellen Design an?

Als Erstes erstellen Sie je eine eigene *.spcolor-* und *.spfont*-Datei, die die Basis Ihres individuellen Designs darstellen. Um die beiden Dateien möglichst einfach zu erstellen, gehen Sie folgendermaßen vor:

1. Öffnen Sie die Website im SharePoint Designer, falls Sie diese nicht mehr offen haben.
2. Wählen Sie in der Navigationsleiste das *Websiteobjekt* ALLE DATEIEN aus, und navigieren Sie zu _CATALOGS • THEME • 15.
3. Öffnen Sie die ausgewählte *.spcolor*-Datei (wie zum Beispiel *Palette013.spcolor*) im Editor, und speichern Sie diese direkt unter einem neuen Dateinamen lokal auf Ihrem PC. Achten Sie aber darauf, dass die Datei als *.spcolor*-Datei und nicht als *.txt*-Datei gespeichert wird.
4. Bearbeiten Sie nun die Farbwerte in der *.spcolor*-Datei, sodass sie Ihren Anforderungen bzw. Ihrem Corporate Design entsprechen. Beispiele für Anpassungen sind:

Websiteelement	Eigenschaften in der .spcolor-Datei
Hintergrundfarbe der oberen Menüleiste	»SuiteBarBackground« und »TopBarBackground«
Schriftfarbe für den Websitetitel	»SiteTitle«
Hintergrundfarbe der Schnellstartleiste	»Navigation«, »NavigationHover« und »NavigationHoverBackground«
Farbe der Schaltflächen	»ButtonText« und »ButtonBackground«
Schriftfarbe für Meldungen (wie zum Beispiel bei Erstellen einer neuen Website die Meldung »Ist in Arbeit ...«)	»AccentText

Tabelle 9.3 Beispiele für anzupassende Websiteelemente in der .spcolor-Datei

5. Öffnen Sie nun eine *.spfont*-Datei (wie zum Beispiel *fontscheme001.spfont*) im Editor, und speichern Sie diese direkt unter einem neuen Dateinamen lokal auf Ihrem PC. Achten Sie aber darauf, dass die Datei als *.spfont*-Datei und nicht als *.txt*-Datei gespeichert wird.
6. Sie können nun die vorgegebenen Schriftarten in sieben verschiedenen Bereichen ändern, indem Sie für das Attribut »typeface« des in Listing 9.3 hervorgehobenen Tags »s:cs« eine andere Schriftart angeben.
7. Wenn Sie beide Dateien fertiggestellt haben, speichern Sie diese erneut und kopieren sie per Drag & Drop in das im SharePoint Designer geöffnete Verzeichnis ALLE DATEIEN • _CATALOGS • THEME • 15.

Nun liegen die benötigten Definitionsdateien vor, um das individuelle Design zur Verfügung zu stellen.

Was muss ich tun, damit ich in der Website mein neues Design auswählen kann?

Hierzu erstellen Sie eine neue Vorlage, die in der Auswahl der möglichen Designs unter dem Menüpunkt AUSSEHEN ÄNDERN aufgeführt werden soll. Sie müssen folgendermaßen vorgehen:

1. Unter den Websiteeinstellungen in der Website der obersten Ebene in Ihrer Websitesammlung wählen Sie im Bereich WEB-DESIGNER-KATALOGE den Menüpunkt DURCHKOMPONIERTE LOOKS aus.

   Sie erhalten nun eine Auflistung aller zur Verfügung stehenden durchkomponierten Looks (siehe Abbildung 9.20). Nur die hier aufgeführten Designs können Sie für Websites in dieser Websitesammlung verwenden.

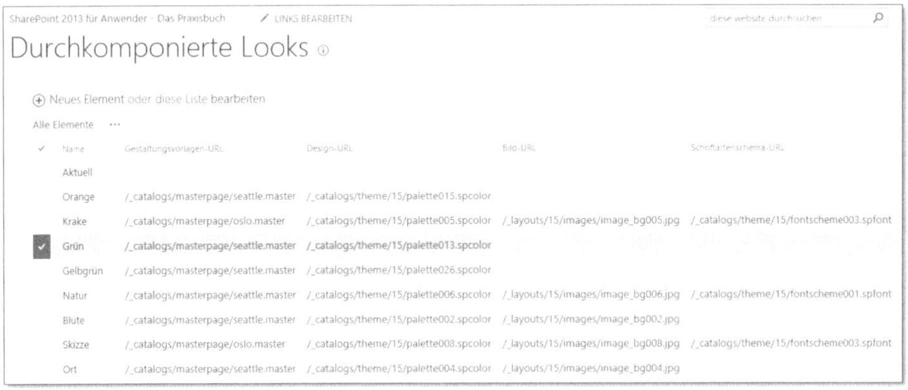

Abbildung 9.20 Auflistung der durchkomponierten Looks, die Ihnen zur Verfügung stehen

2. Klicken Sie nun auf den Menüpunkt NEUES ELEMENT, wodurch Sie auf die Erfassungsmaske für ein neues Design weitergeleitet werden (siehe Abbildung 9.21).

Abbildung 9.21 So richten Sie einen neuen durchkomponierten Look ein.

3. Geben Sie den Titel und Namen Ihres Designs an. Wenn Sie das Corporate Design Ihres Unternehmens umgesetzt haben, könnten Sie den Firmennamen als Titel wählen.
4. Als Gestaltungsvorlagen-URL sollten Sie die URL eines anderen durchkomponierten Looks übernehmen, wie zum Beispiel */_catalogs/masterpage/seattle.master*.
5. Die Design-URL stellt den Verweis zu Ihrer *.spcolor*-Datei dar. Der Pfad sollte folgendermaßen aussehen: */_catalogs/theme/15/*, worauf zusätzlich der Dateiname Ihrer *.spcolor*-Datei folgt.
6. Die Schriftartenschema-URL entspricht dem Pfad zu Ihrer *.spfont*-Datei. Wenn Sie keine eigene *.spfont*-Datei erstellt haben, weil eine bereits vorhandene Ihren Anforderungen entspricht, können Sie auch deren URL angeben. Der Pfad sollte ebenfalls mit */_catalogs/theme/15/* beginnen und als Suffix den Dateinamen der von Ihnen gewählten *.spfont*-Datei erhalten.
7. Speichern Sie nun Ihr neues Design ab, und wählen Sie unter den Websiteeinstellungen den Menüpunkt AUSSEHEN ÄNDERN aus.

Wofür kann ich eine Bild-URL angeben?

In der *.spcolor*-Datei geben Sie auch die Hintergrundfarbe für die Webseiten in Ihrer Website an. Wenn Sie bei der Definition Ihres durchkomponierten Looks nun eine Bild-URL angeben, können Sie das ausgewählte Bild als Hintergrund für die Webseiten wählen und die Hintergrundfarbe mit der in der *.spcolor*-Datei angegebenen Transparenz über das Bild legen. Dadurch lässt sich Ihr Unternehmensportal noch weiter individualisieren.

8. In der Auflistung finden Sie Ihren durchkomponierten Look und können mit einem Klick auf die Vorschau, die über dem Namen dargestellt wird, die Eigenschaften sowie eine vergrößerte Vorschau aufrufen.
9. Wählen Sie den Menüpunkt TESTEN aus, und klicken Sie anschließend auf den Menüpunkt JA, BEIBEHALTEN.

Ab jetzt wird Ihre Website für alle Benutzer in dem Design dargestellt, das Sie definiert haben.

Kann ich einen durchkomponierten Look bearbeiten?

Da Sie über die *.spcolor*-Datei die Möglichkeit haben, viele verschiedene Websiteelemente in unterschiedlichen Farben zu gestalten, werden Sie vermutlich nicht direkt beim ersten Versuch exakt das gewünschte Ergebnis erzielen.

Sie sollten in allen Websites, die das Design verwenden, das Sie überarbeiten möchten, ein anderes Design auswählen. Dann können Sie die *.spcolor*- und *.spfont*-Dateien bearbeiten oder auch ein anderes Hintergrundbild angeben. Nachdem Sie die Bearbeitung abgeschlossen und Ihre Änderungen gespeichert haben, können Sie in den betroffenen Websites wieder das richtige Design auswählen.

Wenn Sie die Zuweisung des Designs nicht vor Beginn der Bearbeitung entfernen, werden Sie die Änderungen nicht in der Website sehen können. Dies kann zu Verwirrung führen, weil es so scheint, als ob Ihre Änderungen keine Auswirkungen auf die beobachtete Website hätten.

9.2.2 Erstellen einer Designvorlage für SharePoint 2010

In den früheren Versionen war die Anpassung des Designs durchaus umständlicher. Ich möchte Ihnen hier die Möglichkeiten für Designanpassungen in SharePoint 2010 vorstellen, damit Sie ein Gefühl für die Veränderung bekommen. In SharePoint 2013 wird aus Gründen der Abwärtskompatibilität die Benutzeroberfläche von SharePoint 2010 unterstützt. Die Version der Benutzeroberfläche kann so, wie in Abschnitt 2.1.1 beschrieben, bei der Erstellung einer neuen Websitesammlung ausgewählt werden.

Beginnen wir mit einer Teamwebsite in SharePoint 2010, wie Sie sie in Abbildung 9.22 sehen. Ich weiß natürlich nicht, welche Vorgaben Ihr Corporate Design vorsieht. Allerdings wird häufig der Wunsch geäußert, dass beispielsweise die Schnellstartleiste und die verschiedenen Blöcke im oberen Bereich der Seite individuell gestaltet werden sollen.

Abbildung 9.22 Homepage einer Teamwebsite in SharePoint 2010

Der oberste Block, der im rechten Bereich Ihren Namen mit dem dazugehörenden Untermenü enthält und den Zugriff auf die verschiedenen Menübänder ermöglicht, wird zum Beispiel standardmäßig in einem sehr dunklen Farbton dargestellt. Vielleicht sehen Sie hierfür aber einen weißen Hintergrund vor und möchten dementsprechend Anpassungen an der farblichen Gestaltung der Website vornehmen. Doch was können Sie tatsächlich ändern?

Die Antwort hängt wieder einmal von der bei Ihnen eingesetzten Edition ab. Wenn Sie eine SharePoint Server-Edition einsetzen, können Sie zusätzlich zu der Auswahl einer bestehenden Designvorlage auch individuell für Ihre Website die Farbwerte anpassen. Doch gehen wir am besten Schritt für Schritt vor!

Wenn Sie das Design Ihrer Website anpassen möchten und die Homepage noch nicht so weit angepasst haben, dass rechts unterhalb des Bildes der Link DESIGN DER WEBSITE ANPASSEN entfernt wurde, können Sie diesen nutzen, um auf die Konfigurationsseite zu gelangen, die Sie in Abbildung 9.23 sehen.

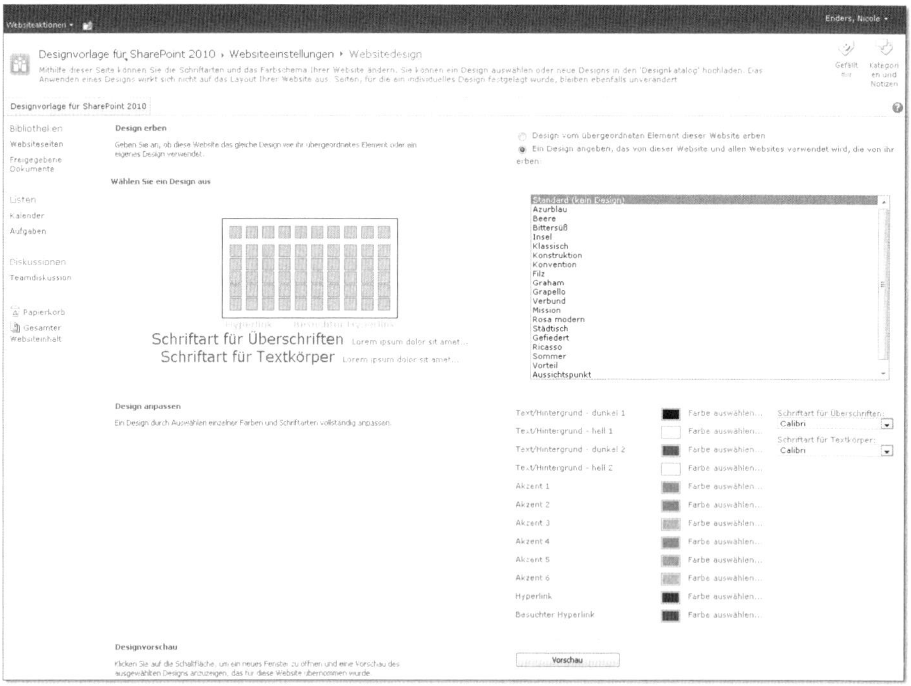

Abbildung 9.23 Das Design einer Website durch Auswahl einer Designvorlage konfigurieren

Alternativ können Sie auch die Websiteeinstellungen über das Menü WEBSITEAKTIONEN in der oberen linken Ecke der Seite aufrufen und dort den Menüpunkt WEBSITEDESIGN auswählen.

Welche Unterschiede bestehen zwischen einer SharePoint Foundation und den Server-Editionen?

Sehen Sie die Bereiche DESIGN ANPASSEN und DESIGNVORSCHAU in Abbildung 9.23? Genau diese Bereiche stehen Ihnen in einer SharePoint Foundation-Umgebung nicht zur Verfügung. Sie können lediglich eine Designvorlage auswählen und direkt auf Ihre Website anwenden. Eine Vorschau ist somit nicht möglich, was gerade bei produktiv genutzten Websites kritisch sein kann, wenn ein Design noch nicht finalisiert ist. Außerdem können Sie nicht eine Designvorlage auswählen und anhand dieser eine Website ein wenig anpassen. Sie müssten für so einen Fall immer eine komplett neue Designvorlage erstellen.

In Abbildung 9.23 konnten Sie allerdings im Bereich Design anpassen auch bereits sehen, welche Anpassungsmöglichkeiten Ihnen bei einer Designvorlage überhaupt angeboten werden:

- Text/Hintergrund – dunkel 1
- Text/Hintergrund – hell 1
- Text/Hintergrund – dunkel 2
- Text/Hintergrund – hell 2
- Hyperlink
- Besuchter Hyperlink
- Akzent 1
- Akzent 2
- Akzent 3
- Akzent 4
- Akzent 5
- Akzent 6

Außerdem können Sie die Schriftart für Überschriften und für Texte auswählen. Damit sind die Anpassungsmöglichkeiten allerdings bereits erschöpft. Sie sollten darauf achten, dass die angegebenen Farben sich nicht exakt so auf der Benutzeroberfläche wiederfinden, sondern mit einer von SharePoint gewählten Transparenz oder mit anderen Farben gemischt verwendet werden. Doch erstellen wir nun gemeinsam eine neue Designvorlage. Gehen Sie dazu folgendermaßen vor:

1. Rufen Sie in Ihrer Websitesammlung die Website der obersten Ebene auf, und navigieren Sie zu den Websiteeinstellungen.
2. Wählen Sie dort aus der Rubrik »Galerien« den Menüpunkt Designs aus.
3. Sie befinden sich nun im Designkatalog. Hier werden alle zur Verfügung stehenden Designvorlagen verwaltet. So finden Sie hier die Vorlagen, die Sie bereits als Design für Ihre Website auswählen konnten; und hier werden Sie auch Ihre Designvorlage hochladen. Doch laden Sie zunächst eine beliebige Designvorlage herunter, indem Sie auf den Link klicken, der sich hinter dem Namen der Designvorlage verbirgt.
4. Bei einer Nachfrage, ob Sie die Datei schreibgeschützt oder zur Bearbeitung öffnen möchten, wählen Sie die Option »Bearbeiten« aus und betätigen die Schaltfläche OK.
5. Die nächste Meldung, die Sie erhalten, gibt Ihnen Aufschluss darüber, in welchem Dateiformat Designvorlagen gespeichert werden. Es handelt sich dabei um **.thmx-Dateien**, wie sie auch von PowerPoint verarbeitet werden können. Aus diesem Grund können Sie jetzt die Option »Öffnen mit Microsoft PowerPoint« auswählen und die Auswahl über die Schaltfläche OK bestätigen.
6. Es öffnet sich eine leere PowerPoint-Präsentation. Wählen Sie dort das Menüband Entwurf und anschließend den Menüpunkt Farben • Neue Designfarben erstellen aus.
7. Daraufhin erscheint die Maske zur Konfiguration der Designfarben (siehe Abbildung 9.24). Kommen Ihnen diese Einstellungen nicht aus der Benutzeroberfläche in SharePoint bekannt vor? Sie finden auch hier zum Beispiel die sechs Akzentfarben wieder.

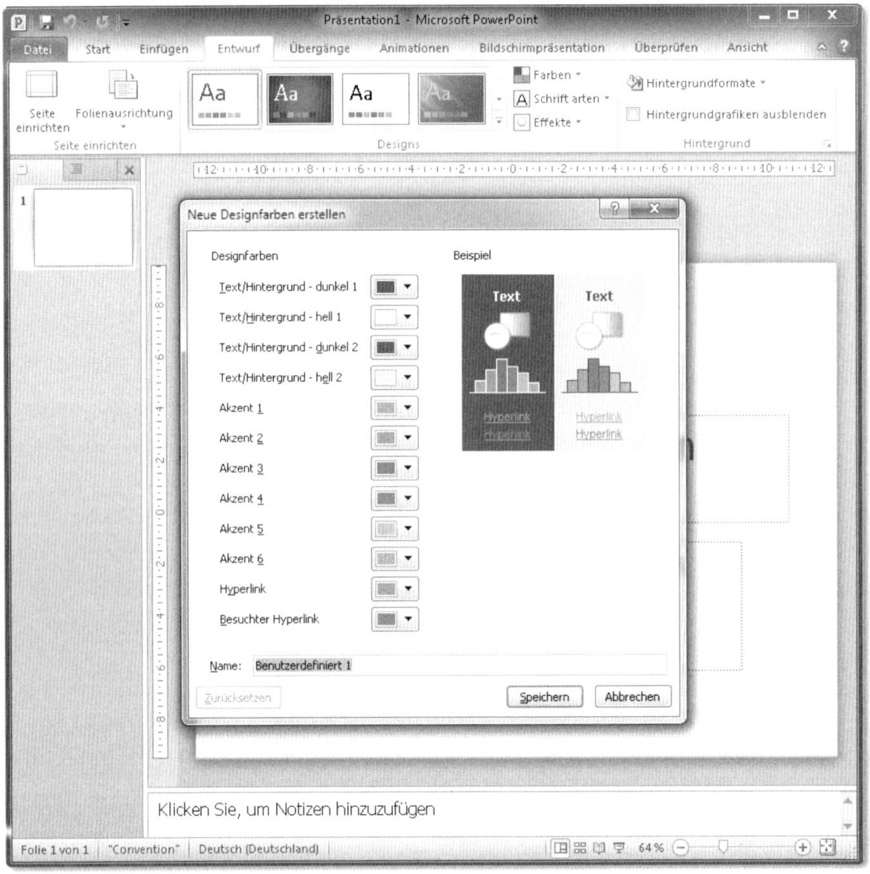

Abbildung 9.24 Designvorlage mit PowerPoint erstellen

8. Nehmen Sie die gewünschten Anpassungen vor, und schließen Sie die Konfiguration über die Schaltfläche SPEICHERN ab.
9. Jetzt können Sie die Datei über das Menüband DATEI und den Menüpunkt SPEICHERN UNTER auf Ihrem PC temporär speichern, wobei Sie darauf achten sollten, dass Sie den Dateityp »Office-Design (*.thmx)« auswählen.
10. Falls Sie die Seite nicht mehr geöffnet haben, sollten Sie in Ihrer Websitesammlung die Website der obersten Ebene aufrufen, zu den Websiteeinstellungen navigieren und dort aus der Rubrik »Galerien« den Menüpunkt DESIGNS auswählen.
11. Klicken Sie auf den Link NEUES ELEMENT HINZUFÜGEN, wählen Sie im daraufhin erscheinenden Dialog das neue Design aus, und klicken Sie auf die Schaltfläche OK.
12. Sie können jetzt noch den Namen der Designvorlage anpassen und eine Beschreibung angeben. Sobald Sie die Schaltfläche SPEICHERN betätigen, kann Ihre Designvorlage innerhalb der Websitesammlung sofort für jede beliebige Website verwendet werden.

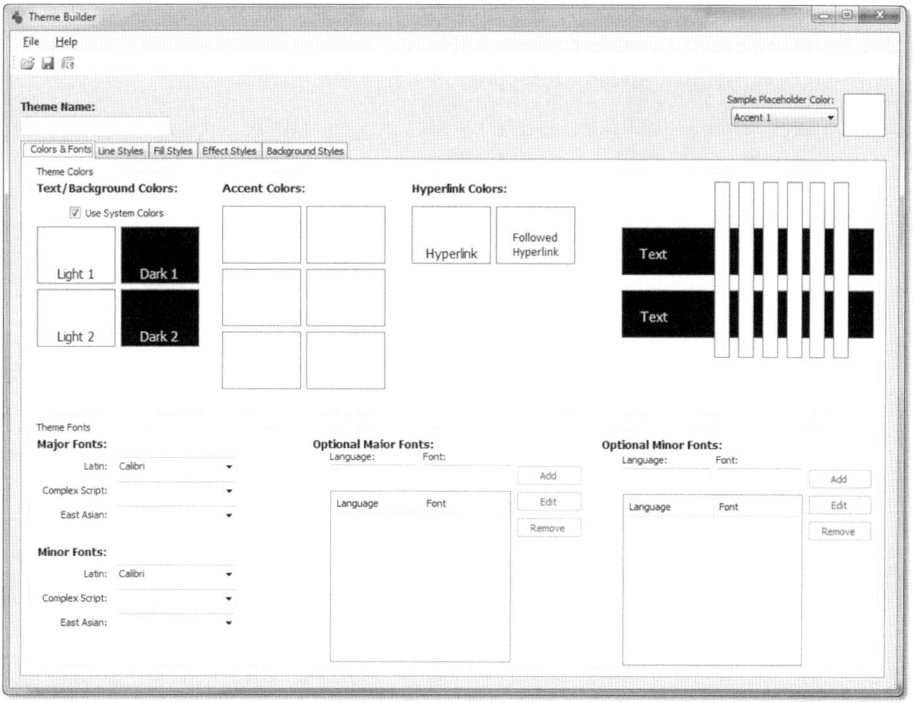

Abbildung 9.25 »Theme Builder« wurde temporär von Microsoft zur Erstellung individueller Designvorlagen angeboten.

Für eine begrenzte Zeit bot Microsoft ein spezielles Tool an, um individuelle Designvorlagen zu erstellen. Wie Sie in Abbildung 9.25 erkennen können, konnten Sie darüber neben den sechs Akzentfarben und den vier Hintergrundfarben auch viele weitere Anpassungen vornehmen. So gab es auch die verschiedensten Bereiche, in denen Sie individuelle Schriftarten festlegen konnten; und die weiteren Registerkarten, die Sie in der Abbildung sehen, zeigen Ihnen, welche Anpassungen möglich sind, wenn Sie nur das richtige Werkzeug hierfür haben.

Jede Designanpassung erfolgt aus technologischer Sicht über **CSS**, wird aber zum Beispiel im Fall der Designvorlagen mittels PowerPoint vor Ihnen versteckt. Wenn Sie jedoch spezielle Anforderungen hinsichtlich der farblichen Gestaltung Ihrer Website haben, werden Sie nicht umhinkommen, sich mit den CSS-Dateien von SharePoint auseinanderzusetzen. Gehen Sie dazu folgendermaßen vor:

1. Rufen Sie Ihre Website mit dem SharePoint Designer 2010 auf, und wählen Sie in der linken Navigationsleiste den Menüpunkt ALLE DATEIEN aus.
2. In der dortigen Auflistung der Dateien Ihrer Website sollten Sie einen Ordner *_themes* finden und öffnen. Falls Sie diesen Ordner sehen, sollten Sie prüfen, ob Sie lokaler Administrator auf dem Server sind, auf dem SharePoint installiert

wurde. Sollten Sie nicht als lokaler Administrator eingetragen sein, so dürfen Sie natürlich nicht auf die SharePoint-spezifischen Ordner zugreifen und können sich auch die CSS-Dateien nicht anschauen.

3. Im Ordner *_themes* befinden sich eine Menge CSS-Dateien. Die wichtigste allerdings stellt die Datei *COREv4.css* dar, da in ihr die elementaren Designvorgaben zu finden sind. Die weiteren CSS-Dateien lassen schon in etwa durch ihren Namen erkennen, für welche Komponenten spezielle Designvorgaben gelten.
4. Rufen Sie doch die *COREv4.css* auf, und suchen Sie dort nach den folgenden Einstellungen:

Anzupassende Komponente	CSS-Klasse

Oberster Balken, in dem der Name des aktuellen Benutzers dargestellt wird	`.ms-dlgTitle`
	`{`
	`background:url(bgximg-2389DF2F.png?ctag)`
	`repeat-x -0px -51px;`
	`background-color:#333333;`
	`height:32px;`
	`white-space:nowrap;`
	`cursor:default;`
	`overflow:hidden;`
	`}`

Bereich, in dem der Titel und das Logo der Website dargestellt werden	`.s4-title{`
	`padding:0px 0px 0px 10px;`
	`margin:0px;`
	`min-height:64px;`
	`background-color:#00344c;`
	`word-wrap:break-word;`
	`-ms-word-wrap:break-word;`
	`overflow-x:hidden;`
	`}`

Leiste für häufig verwendete Hyperlinks	`body #s4-topheader2{`
	`background:url(selbg-93F015D2.png?ctag) repeat-x left top;`
	`background-color:#dfdedc;`
	`vertical-align:middle;`
	`min-height:25px;`
	`border-top:1px solid #00929a;`
	`border-bottom:1px solid #b7b6b4;`
	`}`

Tabelle 9.4 CSS-Klassen für das Layout elementarer SharePoint-Komponenten in der Datei »COREv4.css«

Anzupassende Komponente	CSS-Klasse

Schnellstartleiste	`body #s4-leftpanel-content{`
	`padding:0px 0px 5px;`
	`background-color:#c8c8c8;`
	`border:1px solid #008991;`
	`border-top-width:0px;`
	`border-right-width:1px;`
	`border-bottom-width:1px;`
	`border-left-width:0px;`
	`}`

Tabelle 9.4 CSS-Klassen für das Layout elementarer SharePoint-Komponenten in der Datei »COREv4.css« (Forts.)

Sie haben zwar die Berechtigungen, direkt in dieser Datei die gewünschten Anpassungen vorzunehmen und beispielsweise andere Hintergrundfarben anzugeben. Allerdings empfehle ich Ihnen, für Ihre Website eine separate CSS-Datei zu erstellen. Fragen Sie einen SharePoint-Entwickler hiernach und nennen Sie ihm Ihre Vorgaben hinsichtlich der farblichen Gestaltung Ihrer Website. Er wird Ihnen auf Basis Ihrer Anforderungen eine optimale Lösung zur Verfügung stellen können.

9.2.3 Gestaltungsvorlagen in SharePoint 2013 anpassen

Zusätzlich zu den Designvorlagen, die für die Definition der zu verwendenden Farben und Schriftarten vorgesehen sind, können Sie die sogenannten **Gestaltungsvorlagen** verwenden. Mit einer Gestaltungsvorlage (engl. *Masterpage*) können Sie ein einheitliches Aussehen und Verhalten für Ihre Website festlegen. Sie können Elemente positionieren, die von allen Seiten verwendet werden müssen, und so zum Beispiel die Position der Schnellstartleiste individuell festlegen.

Wünschen Sie sich beispielsweise, dass die Navigation auf der rechten Seite anstatt links dargestellt wird, können Sie über eine Gestaltungsvorlage genau diese Anpassung vornehmen. Außerdem können Sie in Gestaltungsvorlagen individuelle Benutzersteuerelemente, Webserversteuerelemente und Webparts integrieren.

Beginnen wir aber erst einmal mit der Anpassung einer bestehenden Gestaltungsvorlage, bevor wir einen Schritt weitergehen und ich Ihnen zeige, wie Sie selbst eine komplett neue Vorlage erstellen können. Unser Beispiel sieht folgendermaßen aus:

- Innerhalb einer Website verwenden Sie eine App vom Typ »Höhergestufte Links«. Sie haben diese App auf einer Websiteseite als Webpart hinzugefügt.
- In der Liste haben Sie die Links zu den in diesem Buch erstellten Lösungen erfasst und jeweils mit einer entsprechenden Grafik versehen.

- Die Kacheln für die einzelnen Links werden nun in einer Zeile dargestellt, und Sie müssen innerhalb des Webparts nach rechts scrollen, um alle Kacheln aufzurufen.
- Da sehr viel Platz auf der Seite frei ist, wäre es sinnvoller, wenn die Kacheln in mehreren Zeilen à fünf Kacheln dargestellt würden. Nach einem Blick in die Webpart-Eigenschaften müssen Sie allerdings feststellen, dass Sie diese Konfiguration nicht so ohne Weiteres vornehmen können.

Sie können allerdings das gewünschte Aussehen herbeiführen, indem Sie gleich die JavaScript-Funktionalitäten aus Listing 9.4 in die Gestaltungsvorlage aufnehmen, die Sie in Ihrer Website verwenden. Gehen Sie dazu folgendermaßen vor:

1. Öffnen Sie Ihre Website im SharePoint Designer 2013, und wählen Sie in der linken Navigationsleiste den Menüpunkt GESTALTUNGSVORLAGEN aus.
2. Wählen Sie im Menüband den Menüpunkt LEERE GESTALTUNGSVORLAGE aus, und geben Sie den Dateinamen »portal.master« an.
3. Klicken Sie auf die neue Gestaltungsvorlage, und wählen Sie auf der nächsten Seite den Menüpunkt DATEI BEARBEITEN im Bereich ANPASSUNG aus.
4. Die Gestaltungsvorlage ist recht leer, wie Sie in Abbildung 9.26 sehen. Rufen Sie deshalb in einer zweiten Registerkarte erneut die Gestaltungsvorlagen und dort die Vorlage **seattle.master** auf, sodass Sie diese grundsätzlich bearbeiten könnten.

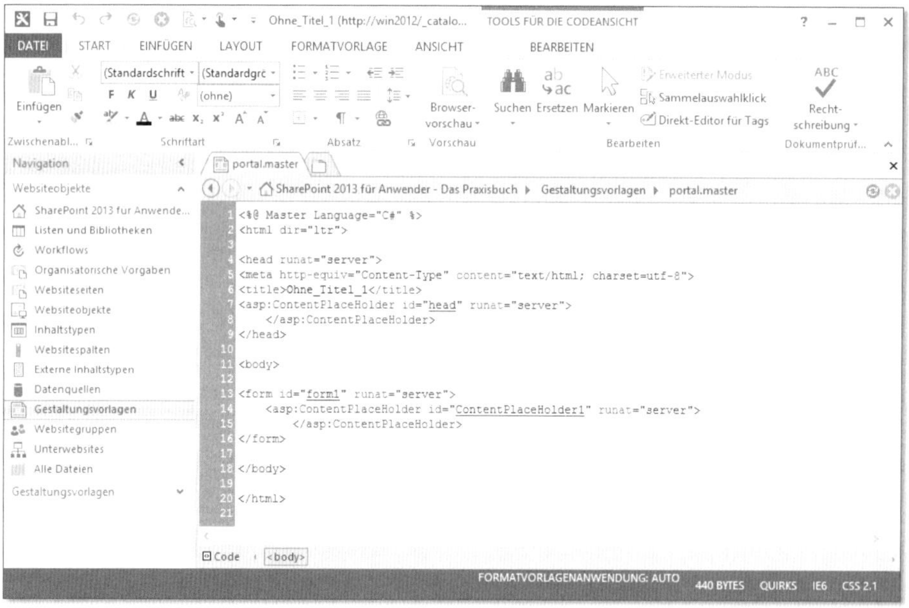

Abbildung 9.26 Die neue Gestaltungsvorlage »portal.master« ist erst einmal leer.

5. Markieren Sie nun den gesamten Inhalt der Gestaltungsvorlage *seattle.master*, und ersetzen Sie damit den Inhalt der Vorlage *portal.master*.
6. Laden Sie unter *http://jquery.com/download/* die aktuelle Version der **jQuery**-Bibliothek auf Ihren PC herunter. Es handelt sich dabei um ein JavaScript-Framework, das Ihnen helfen kann, Ihre SharePoint-Lösungen zu optimieren. Legen Sie die Datei in Ihrer SharePoint-Website zum Beispiel in der Bibliothek »Websiteobjekte« ab.
7. Fügen Sie nun unmittelbar über der Zeile »`</head>`« den Inhalt von Listing 9.4 ein. Achten Sie aber darauf, dass Sie in der ersten Zeile den Link auf die jQuery-Bibliothek anpassen müssen.
8. Speichern Sie die Änderungen an Ihrer Gestaltungsvorlage ab, indem Sie auf das Diskettensymbol oben links im SharePoint Designer klicken oder die Tastenkombination [STRG]+[S] drücken.
9. Jetzt müssen Sie noch dafür sorgen, dass die neue Gestaltungsvorlage auch von Ihrer Website verwendet wird. Rufen Sie dazu in der linken Navigationsleiste den Menüpunkt GESTALTUNGSVORLAGEN auf, wählen Sie die Gestaltungsvorlage *portal.master* aus, und klicken Sie im Menüband auf den Menüpunkt ALS STANDARD FESTLEGEN.

Wenn Sie jetzt Ihre Website und speziell die höhergestuften Links aufrufen, werden Ihnen immer fünf Kacheln in einer Zeile dargestellt. Sie können auch eine andere Zahl wählen und müssen dafür nur den Wert in Zeile 4 des Listings anpassen. Das war jetzt nur ein Beispiel (von vielen) dafür, was Sie in einer Gestaltungsvorlage unterbringen können. Sicher werden Sie mit der Zeit so die verschiedensten Funktionserweiterungen oder -anpassungen vornehmen.

```
<script src="/SiteAssets/jquery-1.8.2.min.js"></script>
<script type="text/JavaScript">
$(document).ready(function () {
  var numberOfLinksPerRow = 5;
  var pre = "<tr><td><div class='ms-promlink-body'" + "id='promlink_row_";
  var post = "'></div></td></tr>";
  var numberOfLinksInCurrentRow = numberOfLinksPerRow;
  var currentRow = 1

  // Die Anzahl der anzuzeigenden Kacheln ermitteln
  var numberOfPromotedLinks =
    $('.ms-promlink-body > .ms-tileview-tile-root').length;

  // Wenn es mehr Kacheln gibt, als in einer Zeile dargestellt werden sollen
  if (numberOfPromotedLinks > numberOfLinksPerRow) {
      $('.ms-promlink-root > .ms-promlink-header').empty();
```

```
    for (i = numberOfLinksPerRow + 1; i <= numberOfPromotedLinks; i++) {
  if (numberOfLinksInCurrentRow == numberOfLinksPerRow) {
    currentRow++;
     $('.ms-promlink-root > table > tbody:last')
      .append(pre + currentRow + post);
    numberOfLinksInCurrentRow = 0
  }
  $('.ms-promlink-body > .ms-tileview-tile-root:nth-child'
    + '(' + (numberOfLinksPerRow + 1) + ')')
    .appendTo($('#promlink_row_' + currentRow));
  numberOfLinksInCurrentRow++;
  }
 }
});
</script>
```

Listing 9.4 Spezielle Formatierung der höhergestuften Links mittels jQuery in einer Gestaltungsvorlage

Eine weitere sinnvolle Ergänzung in Ihrer Gestaltungsvorlage sehen Sie in Listing 9.5. Falls Sie bereits JavaScript-Erweiterungen in Ihrer Gestaltungsvorlage nutzen und dort auch die Funktion `$("document").ready` verwenden, können Sie die Zeilen 2 bis 19 dieses Listings einfach innerhalb der Funktion hinzufügen. Ansonsten können Sie das gesamte Listing übernehmen, wobei Sie zusätzlich noch die Zeilen 1 und 2 sowie die letzte Zeile aus Listing 9.4 benötigen.

```
$("document").ready(function() {
  var theTDs = document.getElementsByTagName("TD");
  var i=0;
  var TDContent = " ";
  while (i < theTDs.length)
  {
    try
    {
      TDContent = theTDs[i].innerText || theTDs[i].textContent;
      if ((TDContent.indexOf("<DIV") == 0)
        && (TDContent.indexOf("</DIV>") >= 0))
      {
        theTDs[i].innerHTML = TDContent;
      }
    }
    catch(err){}
```

```
    i=i+1;
  }
});
```

Listing 9.5 JavaScript-Anpassung zum Rendern von HTML innerhalb der Felder von Listenelementen

Doch wozu ist die Erweiterung gut? Sie können **berechnete Spalten** nutzen, um auf Basis der für ein Element erfassten Informationen HTML zu generieren. Dieses wird allerdings in den Ansichten der Liste nur als Text dargestellt. Sobald Sie die JavaScript-Erweiterung verwenden, wird das HTML der berechneten Spalte allerdings interpretiert, wodurch zum Beispiel der Status durch ein grafisches Symbol gekennzeichnet werden kann. Es wäre auch denkbar, dass Sie Links auf weiterführende Informationen oder zusätzliche Dokumente auf diese Weise bereitstellen. Sie werden sicher viele Anwendungsgebiete finden, um diese Erweiterung sinnvoll einzusetzen.

Sie müssen allerdings auch bedenken, dass mit einer solchen Funktion potenzielle Sicherheitslücken entstehen. Durch die Benutzereingaben, die bei der Berechnung dieser Felder verwendet werden, könnten beispielsweise Funktionen ausgeführt werden, die zur Spionage oder Datenmanipulation genutzt werden könnten. Prüfen Sie daher genau, wofür Sie diese Möglichkeit einsetzen und welche Benutzereingaben für die Berechnung verwendet werden.

9.2.4 Eine neue Gestaltungsvorlage erstellen

Sie haben aber auch mit SharePoint 2013 eine sehr einfache Möglichkeit, eigene Gestaltungsvorlagen auf Basis einer HTML-Seite zu erstellen. Gerade für unerfahrene Webdesigner ist das eine Möglichkeit, für SharePoint auf einfache Art und Weise ein Layout zu gestalten. Dabei wird die HTML-Seite von SharePoint automatisch in eine Gestaltungsvorlage konvertiert.

Um selbst eine Gestaltungsvorlage auf Basis einer HTML-Seite zu erstellen, können Sie folgendermaßen vorgehen:

1. Rufen Sie die Websiteeinstellungen Ihrer Website auf, und wählen Sie den Menüpunkt ENTWURFS-MANAGER in der Rubrik »Aussehen und Verhalten« aus, der nach Aktivierung des Features »SharePoint Server-Veröffentlichungsinfrastruktur« zur Verfügung steht.
2. Sie befinden sich nun in dem Assistenten zu Erstellung eines eigenen Websitedesigns (siehe Abbildung 9.27). Dort können Sie neben Gestaltungsvorlagen auch die Anzeigevorlagen und Seitenlayouts bearbeiten und so ein individuelles Designpaket erstellen.

So können Sie zum Beispiel in Schritt 2 entsprechend der Darstellung in Abbildung 9.28 die unterstützten Gerätekanäle angeben. Das ist vor allem im Hinblick auf eingesetzte mobile Endgeräte relevant. (Mehr Informationen zu mobilen Geräten finden Sie in Abschnitt 9.4.)

Abbildung 9.27 Entwurfs-Manager zur Erstellung von Designpaketen

Abbildung 9.28 Unterstützte Gerätekanäle angeben

3. In Schritt 3 können Sie entsprechend der Darstellung in Abbildung 9.29 Ihre Designdateien hochladen. Dabei handelt es sich um die HTML-Datei, die als Basis für die Gestaltungsvorlage dienen soll, und um die von dieser Datei verwendeten CSS- und JavaScript-Dateien.

   Auf dieser Seite wird Ihnen auch direkt der Link zur Verfügung gestellt, um die Dateien hochzuladen. Nach einem Klick auf diesen Link öffnet sich der Katalog für die Gestaltungsvorlagen in der Windows Explorer-Ansicht, sodass Sie einfach die wahrscheinlich bei Ihnen lokal vorliegenden Dateien dorthin kopieren können.

Abbildung 9.29 Designdateien hochladen (HTML, CSS, JavaScript)

4. Wenn Sie die Dateien (HTML, CSS, JavaScript) bereits hochgeladen haben, können Sie zu Schritt 4 wechseln und den Link KONVERTIEREN EINER HTML-DATEI IN EINE SHAREPOINT-GESTALTUNGSVORLAGE auswählen, den Sie in Abbildung 9.30 sehen.

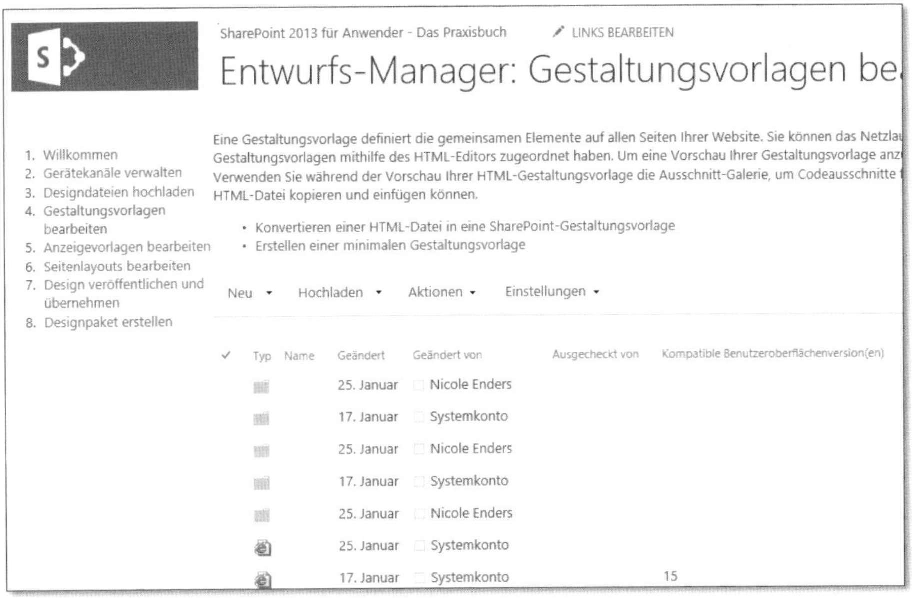

Abbildung 9.30 Konvertieren einer HTML-Datei in eine Gestaltungsvorlage

Und was mache ich, wenn ich keine HTML-Datei habe, auf deren Basis ich eine Gestaltungsvorlage erstellen kann?

In dem Fall können Sie den Link ERSTELLEN EINER MINIMALEN GESTALTUNGSVORLAGE nutzen oder wie in der Übung in Abschnitt 9.2.3 über den SharePoint Designer eine eigene Gestaltungsvorlage erstellen.

5. Es öffnet sich ein Dialog, in dem Sie die hochgeladene HTML-Datei finden sollten. Wählen Sie diese aus, und klicken Sie auf die Schaltfläche EINFÜGEN.
6. Die HTML-Datei wird nun in eine Gestaltungsvorlage konvertiert. Doch damit sind Sie noch nicht fertig, falls Sie die Gestaltungsvorlage nutzen möchten, um SharePoint-Inhalte darzustellen. In diesem Fall rufen Sie über die Websiteeinstellungen den Menüpunkt GESTALTUNGSVORLAGEN auf.
7. Am besten wechseln Sie über das Menüband BIBLIOTHEK auf die Ansicht »HTML-Designs und zugehörige Dateien«, um wie in Abbildung 9.31 schnell die neue Gestaltungsvorlage zu finden.

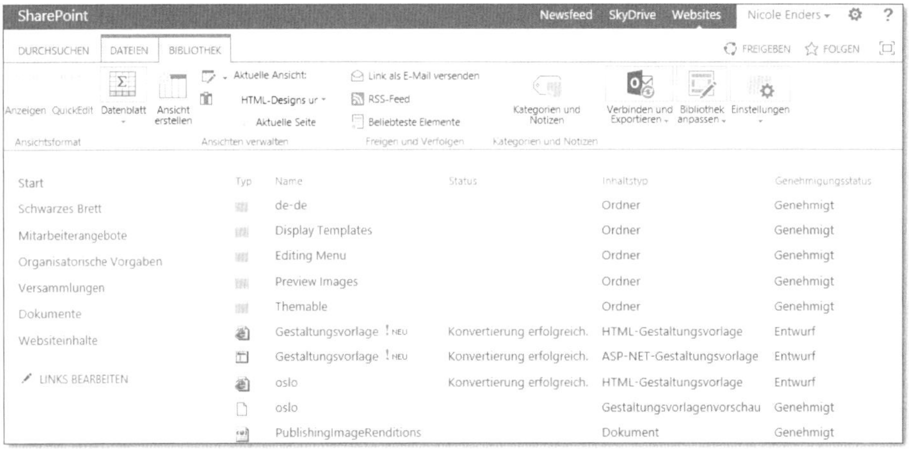

Abbildung 9.31 Aufruf der Ansicht »HTML-Designs und zugehörige Dateien« im Katalog der Gestaltungsvorlagen, um die Konvertierung zu prüfen und SharePoint-Komponenten zu integrieren

8. Wie Sie sehen, werden das Original (eine HTML-Gestaltungsvorlage) und eine generierte **ASP.NET-Gestaltungsvorlage** angeboten. Klicken Sie bei der ASP.NET-Gestaltungsvorlage auf den Link KONVERTIERUNG ERFOLGREICH, um auf eine Vorschau-Seite wie in Abbildung 9.32 zu gelangen.

   Die Vorschau-Seite aus Abbildung 9.32 bezieht sich auf eine ganz einfache HTML-Seite, die als Vorlage verwendet wurde. Sie besteht nur aus einer Tabelle mit drei Spalten, für die zur Verdeutlichung unterschiedliche Hintergrundfarben verwendet werden. Listing 9.6 zeigt Ihnen den Inhalt der verwendeten HTML-Datei.

   Es sind selbstverständlich wesentlich komplexere HTML-Seiten als Quelle denkbar, aber für einen ersten Versuch sollten Sie eine möglichst einfache Seite auswählen und sich erst danach an kompliziertere Dinge wagen.

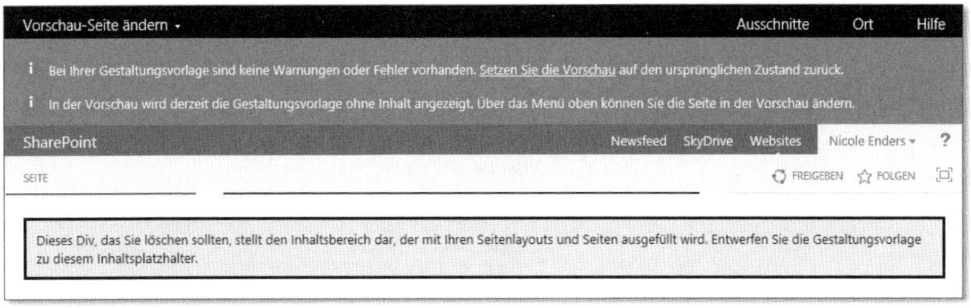

Abbildung 9.32 Vorschau-Seite der ASP.NET-Gestaltungsvorlage, die auf Basis der HTML-Seite generiert wurde

```
<html>
  <head>
    <title>Meine Website</title>
  </head>
  <body>
    <table width="100%">
      <tr>
        <td width="20%" style="background-color:red"></td>
        <td width="20px"></td>
        <td width="50%" style="background-color:blue"></td>
        <td width="20px"></td>
        <td width="25%" style="background-color:yellow"></td>
      </tr>
    </table>
  </body>
</html>
```

Listing 9.6 Beispiel für eine HTML-Seite, die als Basis für eine eigene Gestaltungsvorlage verwendet wird

9. Auf der Vorschau-Seite bekommen Sie ein Gefühl dafür, wie die Seiten Ihrer Website aussehen können, wenn Sie diese Gestaltungsvorlage verwenden. Wichtig ist dabei, dass Sie die obere Leiste mit den Menüpunkten NEWSFEED, SKYDRIVE und WEBSITES auf jeden Fall in die Gestaltungsvorlage aufnehmen.

   Um die weitere Konfiguration vorzunehmen, rufen Sie nun den Menüpunkt AUSSCHNITTE im oberen Bereich der Vorschau-Seite auf.

10. Daraufhin befinden Sie sich in einem Konfigurations-Assistenten. In Abbildung 9.33 werden die Konfigurationsmöglichkeiten für die obere Navigationsleiste dargestellt.

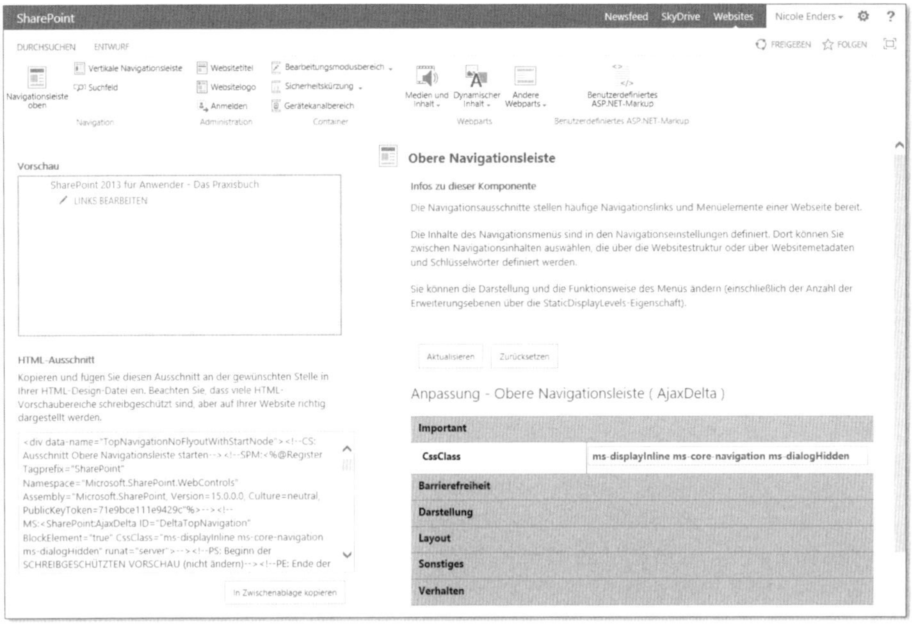

Abbildung 9.33 Konfiguration der oberen Navigationsleiste über die Ausschnitt-Galerie

Grundsätzlich gestaltet sich die Konfiguration so, dass Sie im rechten Bereich die gewünschten Einstellungen für die Navigation vornehmen und beispielsweise die Hintergrundfarbe oder sogar eine CSS-Klasse angeben können. Im Feld HTML-AUSSCHNITT wird Ihnen der zu Ihrer Konfiguration gehörende HMTL-Quellcode zur Verfügung gestellt. Im Feld darüber erhalten Sie eine Vorschau zu der jeweils konfigurierten Komponente.

11. Wenn Sie die Konfiguration für die obere Navigationsleiste abgeschlossen haben, klicken Sie auf die Schaltfläche IN ZWISCHENABLAGE KOPIEREN.
12. Öffnen Sie nun die konvertierte HTML-Gestaltungsvorlage aus dem Katalog der Gestaltungsvorlagen zur Bearbeitung, und fügen Sie den HTML-Quellcode für die Navigation an der gewünschten Stelle aus der Zwischenablage in die Vorlage ein.
13. Speichern Sie die Gestaltungsvorlage, und rufen Sie erneut die Vorschau-Seite auf. Die Navigationsleiste sollte jetzt genau dort erscheinen, wo Sie es sich gewünscht haben.
14. Zurück in der Ausschnitt-Galerie rufen Sie im Menüband den Menüpunkt VERTIKALE NAVIGATIONSLEISTE auf und nehmen somit die Konfiguration für die Schnellstartleiste vor. Fügen Sie den generierten HTML-Quellcode auf die nun bekannte Weise in die HTML-Gestaltungsvorlage ein.

15. Als Nächstes können Sie, wie Sie in Abbildung 9.34 sehen, das Layout des Suchfelds definieren. Am wichtigsten ist aber wahrscheinlich die Position des Suchfelds.

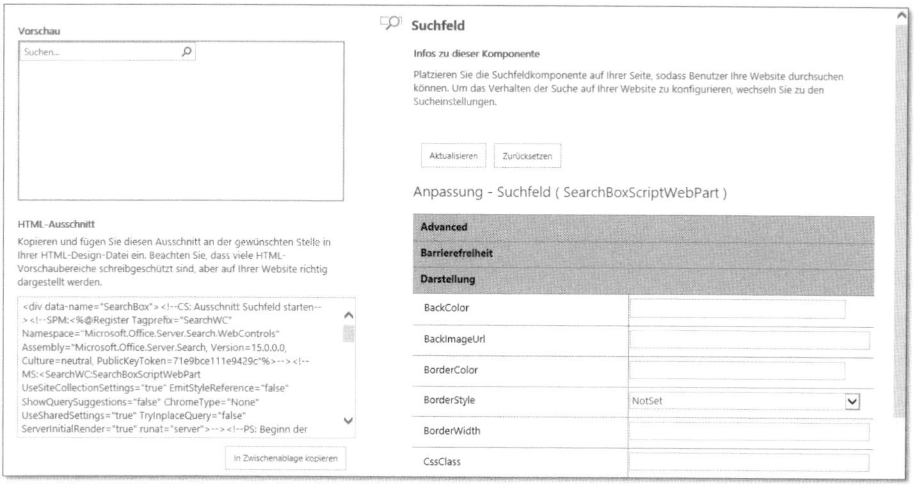

Abbildung 9.34 Konfiguration des Suchfelds über die Ausschnitt-Galerie

So können Sie beim Hinzufügen des HTML-Quellcodes in der Gestaltungsvorlage festlegen, wo das Suchfeld erscheinen soll. Statt der standardmäßig verwendeten Position im oberen rechten Bereich könnten Sie beispielsweise eine Funktionsleiste im unteren Bereich der Seite einrichten und das Suchfeld dort integrieren.

Achtung bei geforderter Barrierefreiheit!

Wenn Ihre Website barrierefrei sein soll, sollten Sie für die einzelnen Komponenten auf jeden Fall immer den Abschnitt Barrierefreiheit im rechten Konfigurationsbereich überprüfen und dort die entsprechenden Einstellungen vornehmen.

Sie können allerdings auch beliebige andere Komponenten über diesen Dialog konfigurieren. So ist es beispielsweise möglich, wie in Abbildung 9.35 ein Webpart zu konfigurieren und den generierten HTML-Code ebenfalls in die HTML-Gestaltungsvorlage an der gewünschten Position zu integrieren.

Wie Sie sehen, können Sie im Grunde genommen alle nur möglichen SharePoint-Komponenten konfigurieren und somit Ihre individuelle Gestaltungsvorlage erstellen. In Tabelle 9.6 werden die in der Ausschnitt-Galerie angebotenen Ausschnitte aufgelistet, die Sie konfigurieren können.

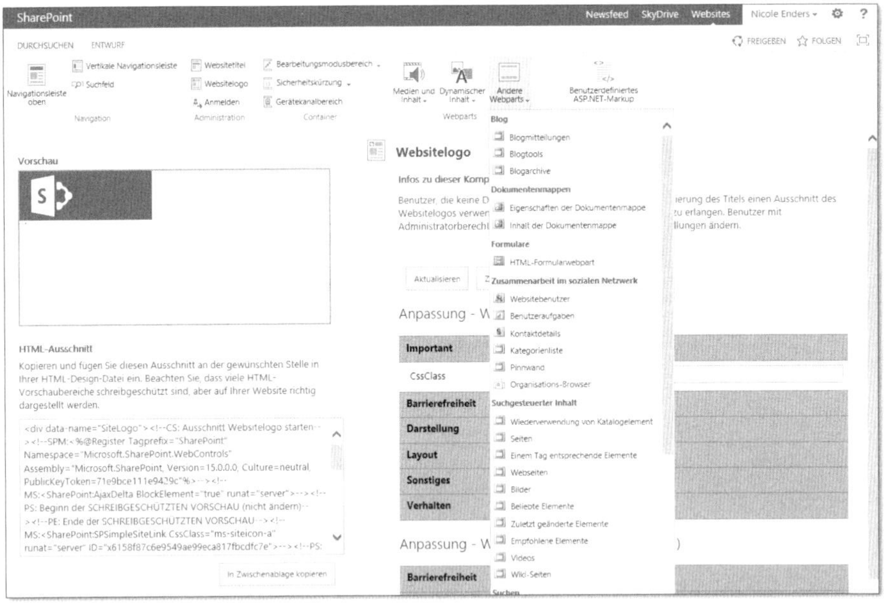

Abbildung 9.35 Konfiguration weiterer Komponenten, wie beispielsweise beliebiger Webparts, über die Ausschnitt-Galerie

Ausschnitt	Hinweis
Navigationsleiste oben	Hierbei handelt es sich um die Leiste für häufig verwendete Links. Interessant ist hier vor allem die Eigenschaft »StaticDisplayLevels«, die standardmäßig auf den Wert »2« festgelegt ist. Damit wird die Tiefe der möglichen Navigationshierarchie definiert.
Vertikale Navigationsleiste	Hier stellen Sie das Layout für die Schnellstartleiste ein.
Suchfeld	Das Eingabefeld, das für die Suchanfragen verwendet wird und die Suchergebnisseite von SharePoint aufruft, können Sie optisch anpassen.
Websitetitel	Wenn Sie besondere Anforderungen hinsichtlich der optischen Gestaltung des Titels der Website haben, so können Sie hierüber die nötigen Anpassungen vornehmen.
Websitelogo	Beim Websitelogo handelt es sich standardmäßig einfach nur um eine Grafik. Wenn Sie für diese allerdings besondere Formatierungen (wie beispielsweise einen Rahmen oder einen 3D-Effekt) wünschen, können Sie so diese Konfiguration vornehmen.

Tabelle 9.5 Konfigurationsmöglichkeiten in der Ausschnitt-Galerie

Ausschnitt	Hinweis
Anmelden	Diese Komponente stellt den Namen des aktuellen Benutzers auf der Seite dar und befindet sich normalerweise im oberen rechten Bereich der Webseite. Über dieses Menü können Sie beispielsweise Ihr Benutzerprofil oder Ihre persönliche Website aufrufen. Optisch werden dort eher selten Anpassungen vorgenommen. Allerdings kann es doch vorkommen, dass Sie die Position für das Menü ändern möchten.
Bearbeitungsmodusbereich	Hier stehen Ihnen zwei Optionen zur Verfügung: ▸ »Nur im Bearbeitungsmodus anzeigen« ▸ »Nur im normalen Modus anzeigen« Hierüber können Sie Inhalte auswählen, die nur sichtbar sind, wenn sich die jeweilige Seite zum Beispiel im Bearbeitungsmodus befindet und somit Bearbeitungshinweise für bestimmte Komponenten geben kann.
Sicherheitskürzung	Hier stehen Ihnen drei verschiedene Optionen zur Verfügung: ▸ »Für Autoren anzeigen« ▸ »Für authentifizierte Benutzer anzeigen« ▸ »Für Administratoren anzeigen« Über diese Optionen legen Sie fest, dass die Inhalte dieses Containers nur für Anwender mit bestimmten Berechtigungen dargestellt werden. Gerade bei Websites mit anonymem Zugriff kann die zweite Option interessant sein, um personalisierte Inhalte erst nach erfolgter Anmeldung anzuzeigen.
Gerätekanalbereich	Sie können für ausgewählte Geräte (wie beispielsweise ein iPhone) individuelle Inhaltsbereiche vorsehen.
Webparts	Sie können ein beliebiges Webpart auswählen und so konfigurieren, wie Sie dies auch in einer beliebigen Websiteseite tun würden.
Benutzerdefiniertes ASP.NET-Markup	Wenn Sie weitere ASP.NET-Elemente in Ihre Gestaltungsvorlage integrieren möchten, können Sie hierüber die Konfiguration vornehmen – allerdings ohne eine Vorschau-Funktion nutzen zu können.

Tabelle 9.5 Konfigurationsmöglichkeiten in der Ausschnitt-Galerie (Forts.)

Welche Vorteile habe ich durch die Ausschnitt-Galerie?

Die Ausschnitt-Galerie und die Möglichkeit, eine HTML-Seite als Basis für eine Gestaltungsvorlage zu verwenden, stellen eine enorme Verbesserung zu den vorangegangenen Versionen von SharePoint 2013 dar. Sie können schnell die Konfiguration einzelner Komponenten vornehmen und diese gezielt an der gewünschten Position hinzufügen.

Außerdem können Sie alle Komponenten ignorieren, die Sie nicht benötigen. Früher hätten Sie eine bestehende Gestaltungsvorlage kopiert und hätten die nicht benötigten Komponenten manuell entfernen müssen. Gerade wenn es schwierig ist, zu erkennen, was alles zu einer bestimmten Komponente gehört, kann diese Arbeit sehr mühselig sein.

Ich wünsche Ihnen viel Spaß bei der Konfiguration Ihrer eigenen Gestaltungsvorlagen auf Basis von HTML-Seiten, die vielleicht in bereits bei Ihnen genutzten Webanwendungen verwendet werden. Auch wenn Sie einen Entwickler mit dieser Arbeit beauftragen, ist die Verwendung der Struktur einer bereits im Unternehmen gewohnten Webanwendung eine gute Basis, um das Design für Ihr SharePoint-Unternehmensportal zu erstellen.

9.3 Mehrsprachigkeit im Portal – Möglichkeiten und Hindernisse

Nachdem wir uns mit den allgemeinen Funktionen und den Designanpassungen Ihres Unternehmensportals beschäftigt haben, sollten wir uns nun mit dem Thema Mehrsprachigkeit befassen. Bei Unternehmen, die im internationalen Umfeld tätig sind, tritt häufig die Frage auf, ob das Unternehmensportal auch in mehreren Sprachen bereitgestellt und genutzt werden kann. Dabei geht es meistens um die Unterstützung der Sprachen Deutsch und Englisch; des Öfteren sind aber auch weitere Sprachen (wie Chinesisch, Französisch oder Spanisch) gefordert. Sie werden in diesem recht kurzen Abschnitt einen Überblick über die zur Verfügung stehenden Funktionalitäten erhalten und können danach selbst entscheiden, inwiefern diese Funktionen bei Ihnen sinnvoll eingesetzt werden können.

Wie sieht eigentlich die tägliche Arbeit mit einem mehrsprachigen Unternehmensportal auf Basis von SharePoint aus? In SharePoint ist es seit der Version 2010 möglich, neben der primären Sprache, die durch die Installation der SharePoint-Farm gesetzt ist, weitere Sprachen über spezielle, von Microsoft zum Download angebotene **Sprachpakete** einmalig zu installieren und anschließend in der jeweiligen Website zu aktivieren. Dabei werden Standardübersetzungen aus der SharePoint-Umgebung je nach Sprachauswahl übernommen. Abhängig von den Browsereinstellungen erscheint die Website dann direkt in der von Ihnen bevorzugten Sprache.

Auch die Menüführung für die Webseiten- oder Webpart-Einstellungen wird entsprechend angepasst. Die Menüführung zu etwaigen Unterseiten kann durch Eingabe einer zentralen Übersetzung durchgängig angepasst werden. Es bleibt als Herausforderung die Anpassung der selbsterstellten Inhalte. Diese müssen mehrsprachig eingepflegt werden. Dabei sind folgende Varianten denkbar:

1. Pro Sprache wird unter Nutzung der Variationen-Funktionalität eine separate Website erstellt, in der Inhalte in der jeweiligen Sprache verwaltet werden. Die Struktur dieser Websites sollte identisch sein.
2. Die Inhalte werden in unterschiedlichen Sprachen innerhalb einer Website verwaltet. Eine Filterung nach der Sprache wird über eine zusätzliche Spalte »Sprache« in den jeweiligen Listen und Dokumentbibliotheken ermöglicht.

Bei der Verwaltung von mehrsprachigen Inhalten müssen Sie beachten, dass Redaktionsaufwand für die Übersetzung der Inhalte entsteht. Ich empfehle Ihnen, genau zu definieren, wie die Übersetzung der Inhalte erfolgen soll, die in einer primären Sprache erstellt wurden. Gerade in Portalen, die für die Unterstützung der Zusammenarbeit gedacht sind und daher sehr schnell zu neuen Inhalten kommen, kann es zu einem Problem werden, die Inhalte mehrsprachig vorzuhalten, falls Sie kein Personal haben, das ausschließlich für die Übersetzung der Inhalte zuständig ist.

Aus meiner Sicht sind mehrsprachige Portale eher für langfristig gültige Informationen realisierbar, wie zum Beispiel für die organisatorischen Vorgaben, die wir in Abschnitt 8.2.3 angesprochen haben.

9.3.1 Primäre Sprache für eine Website auswählen

Solange Sie keine zusätzlichen Sprachpakete in Ihrer SharePoint-Farm installiert haben, können Sie nur Websites in der Sprache erstellen, die Sie für die Installation von SharePoint gewählt haben. Sie haben allerdings die Möglichkeit, zu einem beliebigen Zeitpunkt die von Ihnen benötigten Sprachpakete über das Download Center von Microsoft herunterzuladen und auf dem Server zu installieren.

Für Office 365 können Sie sich diesen Schritt sparen, da Ihnen dort bereits automatisch die verschiedensten Sprachen angeboten werden.

Sobald Sie mindestens ein Sprachpaket installiert haben, steht Ihnen wie in Abbildung 9.36 bei der Erstellung einer neuen Website oder Websitesammlung oberhalb der Websitevorlagen eine Auswahlliste mit den möglichen Sprachen zur Verfügung.

Warum sehe ich manche Vorlagen nur nach Auswahl einer bestimmten Sprache?

Das ist ein sehr wichtiger Punkt! Eine Websitevorlage steht nur für eine bestimmte Sprache zur Verfügung. Das bedeutet, dass Sie eine Websitevorlage, die Sie in einer deutschen Umgebung erstellt haben, nicht so ohne Weiteres in einer englischen Umgebung nutzen können. Sie müssen entweder in der englischen Umgebung ein deutsches Sprachpaket installieren oder einen SharePoint-Entwickler bitten, die Vorlage so anzupassen, dass sie den englischen Sprachcode anstatt des deutschen verwendet.

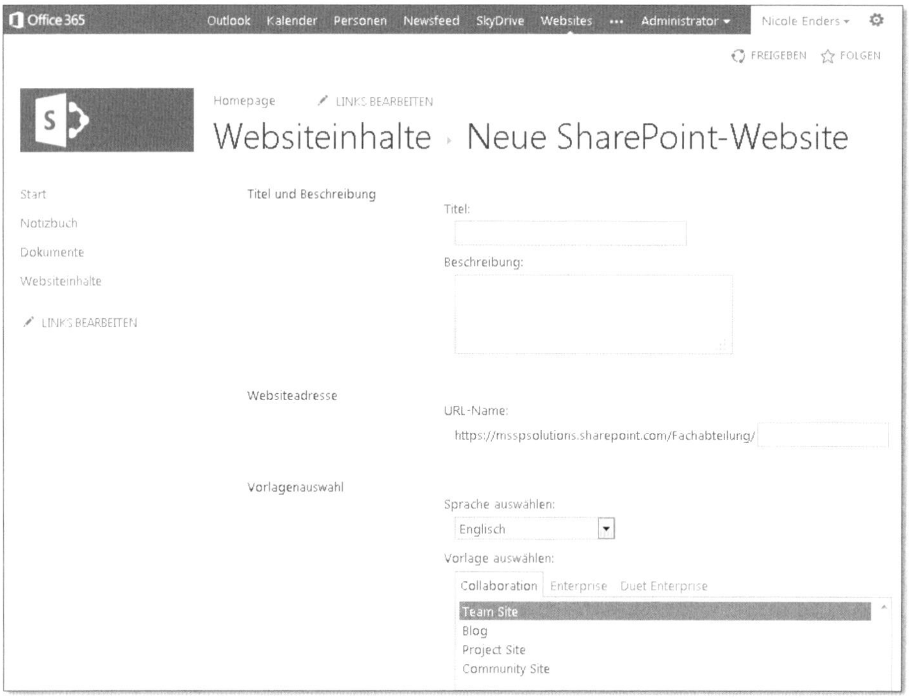

Abbildung 9.36 Auswahl der primären Sprache für eine neue Website

9.3.2 Weitere Sprachen für eine Website konfigurieren

Wenn Sie eine Website erstellt haben und Sie weitere Sprachen unterstützen möchten, können Sie dies über die Websiteeinstellungen tun. Rufen Sie dort den Menüpunkt SPRACHEINSTELLUNGEN unterhalb der Rubrik »Websiteverwaltung« auf. Sie befinden sich damit auf der Konfigurationsseite aus Abbildung 9.37.

Wie Sie erkennen können, haben Sie keinen Einfluss auf die primäre Websitesprache, können allerdings beliebig viele alternative Sprachen auswählen. Begrenzt wird diese Auswahl nur durch die installierten Sprachpakete Ihrer SharePoint-Farm.

Wenn Sie nun aber vielleicht mit SharePoint 2010 vertraut sind bzw. nach einer schnellen Möglichkeit suchen, zwischen den verschiedenen Sprachen der Website zu wechseln, muss ich Sie enttäuschen. Das Auswahlmenü Anzeigesprache auswählen aus SharePoint 2010 gibt es in Version 2013 nicht mehr. Sie können lediglich in Ihrem Profil (siehe Abschnitt 2.4) die von Ihnen gewünschte Reihenfolge der Sprachen festlegen, die für die Anzeige verwendet werden sollen.

Ein dynamischer Wechsel ist damit allerdings nicht möglich, weil Sie für alle Websites gemeinsam die gewünschten Sprachen und deren Reihenfolge angeben. Das erschwert den Redakteuren mehrsprachiger Websites die Arbeit.

Abbildung 9.37 Alternative Sprachen für eine Website festlegen

9.3.3 Nutzen von Variationen

Falls Sie *Office 365* oder eine *SharePoint Server Enterprise*-Edition einsetzen, können Sie eine Websitesammlung auf Basis der Websitevorlage »Veröffentlichungswebsite« erstellen.

Unter den Websiteeinstellungen finden Sie dann den Menüpunkt Variationsbezeichnungen, den Sie aufrufen, um anschließend den Menüpunkt Neue Bezeichnung auszuwählen. Sie befinden sich daraufhin auf der Konfigurationsseite aus Abbildung 9.38.

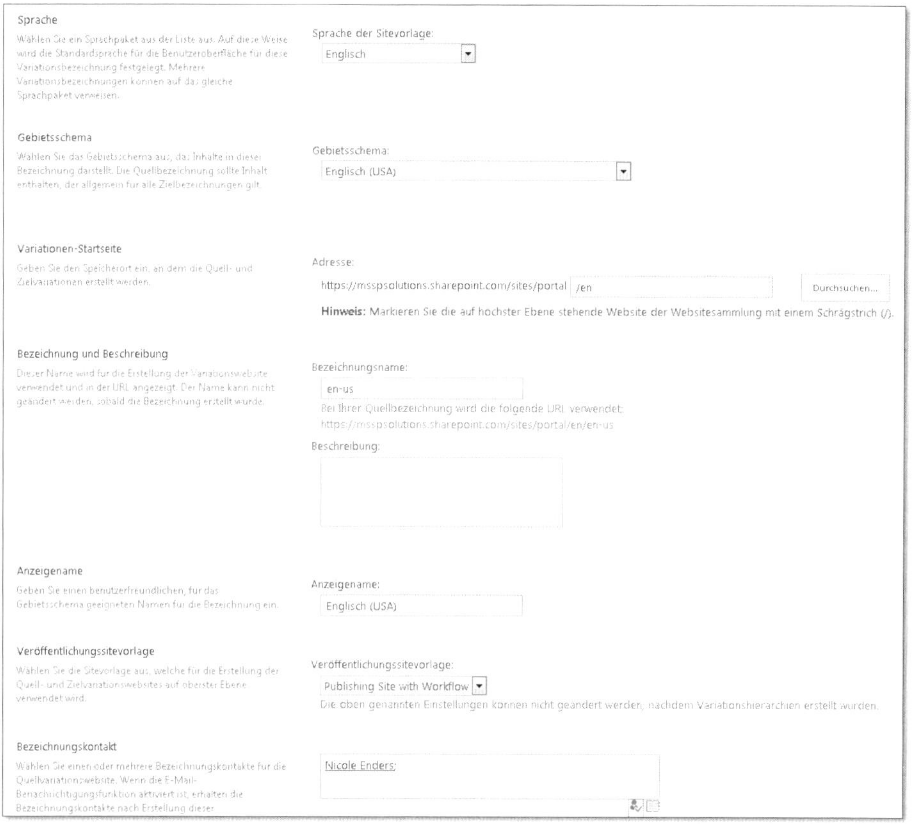

Abbildung 9.38 Konfiguration der ersten Variation eines mehrsprachigen Portals

Was kann ich denn tun, wenn ich die Funktionalität der Variationsbezeichnungen nicht nutzen kann?

In diesem Fall müssen Sie eine manuelle Lösung für Ihr mehrsprachiges Portal finden. Es gibt zum Beispiel eine Websitespalte »Sprache«, die Sie zu den Listen und Bibliotheken hinzufügen können, in denen Sie mehrsprachige Inhalte verwalten. Auf dieser Basis können Sie dann Filter bzw. Ansichten einrichten, die gezielt für eine bestimmte Sprache Informationen anbieten.

Wie genau Sie diese Lösung gestalten, hängt ganz von Ihnen ab. Sie können die vorgestellte Lösung auch nachbauen, indem Sie für jede Sprache eine separate Website erstellen und Workflows definieren, sodass eine neue Information in der Website der primären Sprache in die Websites der weiteren Sprachen kopiert wird und eine Aufgabe für den Redakteur der jeweiligen Website generiert wird, damit die kopierten Inhalte übersetzt werden.

Wählen Sie die Sprache und das Gebietsschema der primären Variation aus. Wenn das Portal hauptsächlich für deutschsprachige Anwender gedacht ist, sollten Sie dementsprechend »Deutsch« als Sprache der Sitevorlage und als Gebietsschema wählen. Als Adresse geben Sie den Wert »/« an, wodurch Sie die Website als Quelle für die Websites der anderen Sprachen angeben. Alle Seiten, die innerhalb dieser Website erstellt werden, werden somit automatisch in den Websites für die weiteren Sprachen erstellt, müssen allerdings ggf. manuell übersetzt werden.

Sobald Sie sich wieder in der Übersichtsseite der Variationsbezeichnungen befinden, rufen Sie erneut den Menüpunkt NEUE BEZEICHNUNG auf, um die weiteren Sprachen Ihres mehrsprachigen Portals zur Verfügung zu stellen. Wie Sie in Abbildung 9.39 erkennen können, hat sich die Eingabemaske für eine neue Variationsbezeichnung allerdings ein wenig geändert.

Im Bereich der Schnellstartleiste werden die einzelnen Konfigurationsschritte dargestellt, die zur Einrichtung einer zweiten Sprache in Ihrem Portal nötig sind. Außer der Sprache und des gewünschten Gebietsschemas müssen Sie auswählen, wie die Übersetzung der Inhalte erfolgen soll. So ist beispielsweise eine maschinelle Übersetzung möglich. Sie sollten allerdings prüfen, ob Sie nicht trotzdem eine manuelle Prüfung der übersetzten Inhalte vorsehen möchten, da automatisch übersetzte Inhalte nicht zwingend im Rahmen Ihres Kontextes korrekt übersetzt werden können.

Abbildung 9.39 Konfiguration weiterer Variationsbezeichnungen und der gewünschten Übersetzungsoptionen

Im nächsten Schritt, der in Abbildung 9.40 dargestellt wird, müssen Sie sich entscheiden, wie Sie mit Änderungen an Seiten in der Quellsprache umgehen: Soll eine Seite in einer der weiteren Sprachen manuell aktualisiert werden können, oder soll die Aktualisierung automatisch erfolgen?

Abbildung 9.40 Konfiguration des Zielbezeichnungsverhaltens einer Variation

Außerdem empfehle ich Ihnen, einen Kontakt für jede eingerichtete Variation anzulegen. Dabei sollte es sich um die Person handeln, die für die korrekte Übersetzung und somit für die Inhalte der jeweiligen Sprachversion verantwortlich ist und bei Fehlern in der Übersetzung kontaktiert werden kann.

Wenn Sie die Konfiguration der Variationsbezeichnung durchgeführt haben und sich in Schritt 5 befinden, erhalten Sie eine Zusammenfassung Ihrer Angaben und können diese überprüfen, bevor Sie die Variationsbezeichnung über die Schaltfläche FERTIG STELLEN speichern und die Erstellung einer Unterwebsite für diese Sprache in Auftrag geben. Abbildung 9.41 zeigt ein Beispiel für diese Zusammenfassung.

Wenn Sie unter den Websiteeinstellungen nun erneut den Menüpunkt VARIATIONSBEZEICHNUNGEN aufrufen, sollten Sie wie in Abbildung 9.42 eine Auflistung der unterstützten Sprachen finden, wobei genau eine Sprache im Feld »Ist Quelle« den Wert »Ja« vorweist.

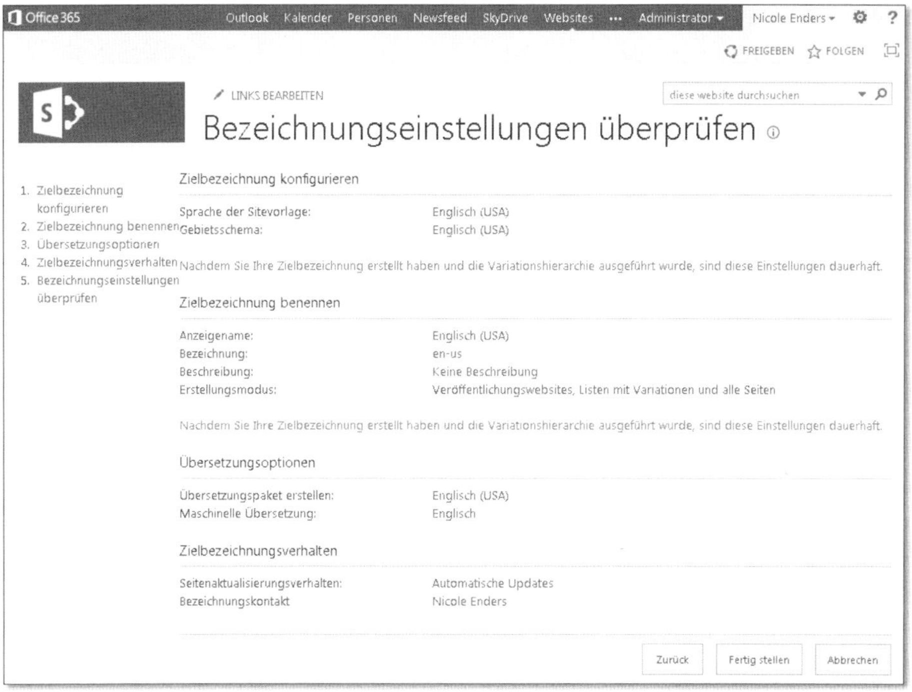

Abbildung 9.41 Überprüfen der Einstellungen für eine Variationsbezeichnung

Abbildung 9.42 Auflistung der eingerichteten Variationsbezeichnungen

Für das Erstellen der Unterwebsites der verschiedenen Sprachen ist ein Zeitgeberauftrag zuständig. Es kann ein wenig dauern, bis die Websites erstellt sind. Sobald die Websites zur Verfügung stehen, werden die Kontaktpersonen per E-Mail benachrichtigt, sodass sie die Funktionalitäten ausprobieren können.

Legen Sie dazu eine Seite in der primären Variationsbezeichnung an, und prüfen Sie danach, ob diese Seite auch in den Websites der weiteren Sprachen angelegt wurde und wie die Übersetzung erfolgt ist. So können Sie schnell ein Gefühl dafür entwickeln, ob diese Variante eine hilfreiche Lösung für Sie darstellt.

9.4 Arbeiten mit mobilen Geräten wie iPad, Surface und Windows Phone

Wir kommen nun zum letzten Abschnitt der Themen, die für Ihr Unternehmensportal relevant sein könnten. Die Unterstützung mobiler Geräte (wie zum Beispiel von iPads, einem Surface Tablet oder Windows Phone) ist bei vielen Webanwendungen eine grundlegende Anforderung, damit Sie auch von unterwegs auf die benötigten Informationen zugreifen und Aufgaben bearbeiten sowie Prozesse steuern und überwachen können.

9.4.1 Benutzeroberfläche für mobile Browser

Bisher war die mobile Ansicht für SharePoint-Websites in der Praxis nur bedingt einsetzbar. Meist wurde mit sehr viel Aufwand eine besondere Benutzeroberfläche geschaffen oder eine App für jedes zu unterstützende Gerät entwickelt. Mit SharePoint Server 2013 wird eine neue, sogenannte **moderne Ansicht** eingeführt. Je nach mobilem Browser haben Sie nun die folgenden Browseroptionen:

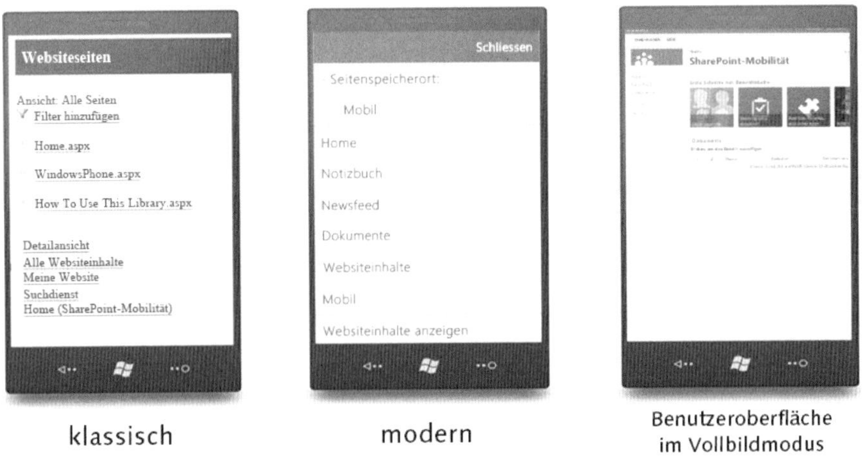

Abbildung 9.43 Klassische, moderne und Vollbildansicht einer Website in einem Browser auf einem Smartphone

- **Moderne Ansicht:** Diese Ansicht bietet Ihnen eine optimierte Browsererfahrung auf mobilen Geräten. Sie wird in HTML5 umgesetzt. Die Ansicht ist im *Mobile Internet Explorer* ab der Version 9.0, in *Windows Phone* ab 7.5, in *Safari* ab Version 4.0, in *iPhone iOS* 5.0 und im *Android-Browser* für Android ab der Version 4.0 verfügbar.
- **Klassische Ansicht:** Diese Ansicht wird in HTML oder in ähnlichen Markupsprachen (wie CHTML, WML etc.) gerendert und bietet Ihnen eine Abwärtskompatibilität für mobile Browser, für die die moderne Ansicht nicht zur Verfügung steht. Die

klassische Ansicht in SharePoint 2013 entspricht exakt der Oberfläche für mobile Browser in SharePoint Server 2010.

- **Vollbildansicht:** Es besteht auch die Möglichkeit, eine Vollbildansicht einer SharePoint-Website auf einem Smartphone-Gerät anzuzeigen. Diese entspricht exakt der Benutzeroberfläche, die Ihnen auch bei dem Aufruf über einen Desktop-PC zur Verfügung steht (siehe Abbildung 9.43).

Welche Browser werden auf mobilen Geräten unterstützt?

In Tabelle 9.7 können Sie sich schnell einen Überblick über die unterstützten Browser verschaffen. Sie sollten anhand der Anforderungen an Ihre SharePoint-Umgebung genau prüfen, welche Browser bzw. Geräte Sie unterstützen sollen. Solange es sich um eine innerhalb des Unternehmens eingesetzte Lösung handelt, können Sie die Auswahl der Geräte, die unterstützt werden sollen, wahrscheinlich einschränken. Handelt es sich dagegen um eine Internetlösung, so sollten Sie grundsätzlich jedes Gerät unterstützen. Es kann dabei zu Unterschieden bei der Darstellung kommen; die reine Funktionalität Ihrer Lösung sollte jedoch überall gewährleistet sein.

Betriebssystem des mobilen Geräts	Betriebssystem-version	Browser	Unterstützt
Windows Phone	ab Windows Phone 7.5	Internet Explorer Mobile	Smartphone
Windows	ab Windows 7	Internet Explorer	Tablet
iOS	ab Version 5.0	Safari	Smartphone und Tablet
Android	ab Version 4.0	Android Browser	Smartphone und Tablet

Tabelle 9.6 Unterstützung von mobilen Geräten in SharePoint 2013

Möglichkeiten der neuen »modernen Ansicht«

Wenn Sie die moderne Ansicht in einer SharePoint-Website über das Websitefeature »Ansicht für mobile Browser« aktiviert haben, stehen Ihnen die Funktionen zur Verfügung, die nachfolgend am Beispiel eines iPads vorgestellt werden.

Angepasste Seiten

Wenn Sie eine Website in der modernen Ansicht aufrufen, werden Ihnen nicht alle Inhalte der aktuellen Websiteseite dargestellt. Solange es sich um Textinhalte handelt, können diese korrekt angezeigt werden. Haben Sie jedoch Apps (wie beispielsweise ein Webpart) für eine beliebige Liste oder Bibliothek auf der Seite platziert, so erhalten Sie wie in Abbildung 9.44 die Meldung, dass es Apps gibt, die in der mobilen Ansicht nicht unterstützt werden.

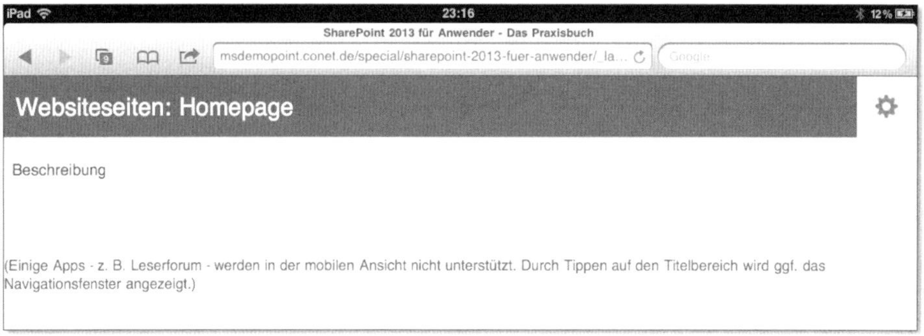

Abbildung 9.44 Mobile Ansicht einer Website nach Aktivierung des Websitefeatures »Ansicht für mobile Browser«

Menüschaltfläche

Die Menüschaltfläche befindet sich in der modernen Ansicht rechts neben dem Titelbereich. Sie hat die Form eines Zahnrades und stellt Ihnen die Befehle aus Abbildung 9.45 zur Verfügung:

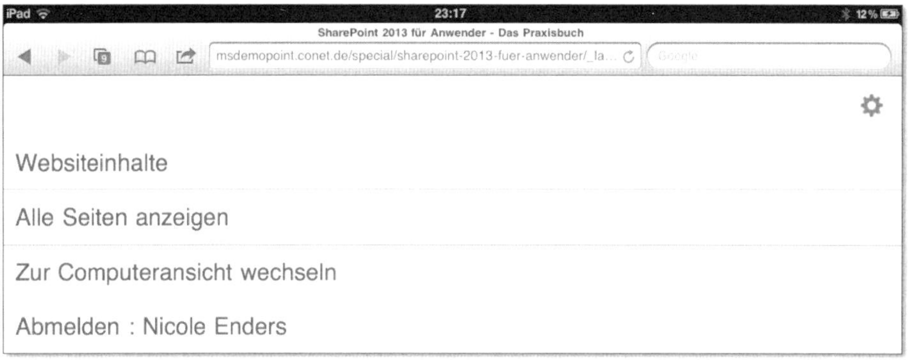

Abbildung 9.45 Menü der mobilen Ansicht in einer SharePoint-Website

- Über den Menüpunkt WEBSITEINHALTE können Sie sämtliche Inhalte der SharePoint-Website (einschließlich Listen und Bibliotheken) anzeigen und bearbeiten.
- Der Menüpunkt ALLE SEITEN ANZEIGEN verweist auf die Bibliothek, die für die Verwaltung der Websiteseiten verwendet wird. Sie können darüber auf alle Seiten innerhalb der Website zugreifen.
- Wenn Sie jedoch genau die Darstellung wünschen, die Sie auch bei der Verwendung eines Desktop-PCs nutzen, können Sie den Menüpunkt ZUR COMPUTERANSICHT WECHSELN auswählen. Damit wird eine Website beispielsweise so wie in Abbildung 9.46 dargestellt.

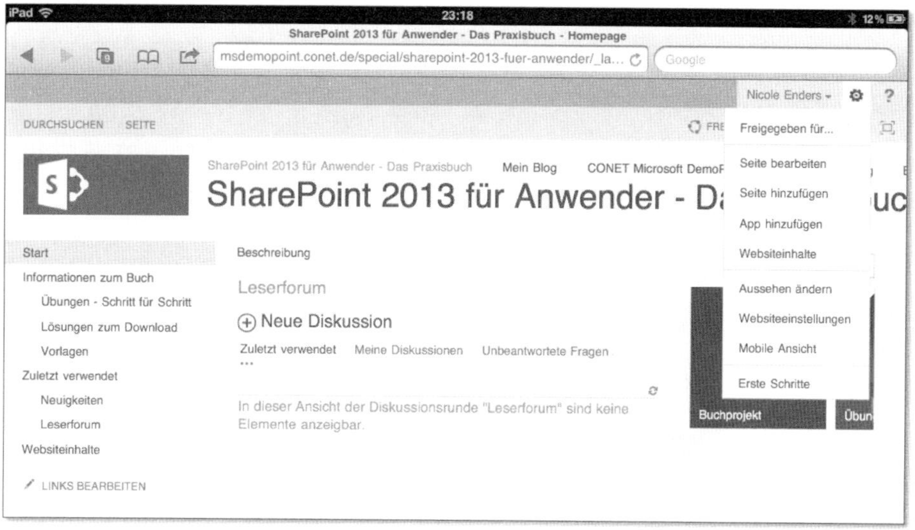

Abbildung 9.46 Computeransicht einer Website mit der Möglichkeit, über die Websiteaktionen zu der mobilen Ansicht zu wechseln

- Der Menüpunkt ABMELDEN ermöglicht Ihnen das Abmelden von SharePoint. Die in SharePoint gespeicherten Informationen stehen dem mobilen Gerät anschließend nicht mehr zur Verfügung.

Navigationsfenster

Vielleicht vermissen Sie die Navigation der Schnellstartleiste. Es wäre sinnvoll, wenn diese für den Aufruf der wichtigsten Informationen gestaltete Zugriffsleiste auch in einer mobilen Ansicht genutzt werden könnte. Die Möglichkeit besteht tatsächlich. Um auf die Navigation zuzugreifen, tippen Sie in der modernen Ansicht links neben den Titelbereich. Das Navigationsfenster aus Abbildung 9.47 bietet Ihnen ein einzelnes Menü SEITENSPEICHERORT mit *Breadcrumbs*, die Leiste der häufig verwendeten Links und die Schnellstartleiste aus der vollständigen Desktopansicht der Website. Zudem finden Sie zuunterst einen Link auf die Websiteinhalte.

Umleitung mobiler Browser

Um über die optimierte mobile Browserumgebung auf eine Website zuzugreifen, müssen Sie das neue Feature **Ansicht für mobile Browser** für die Website aktiviert haben. Wenn die Aktivierung erfolgt ist und ein mobiler Browser auf die Website zugreift, prüft diese Funktion, ob der mobile Browser HTML5 verarbeiten kann. Falls ja, wird die moderne Ansicht angezeigt. Falls nicht, wird die klassische Ansicht verwendet.

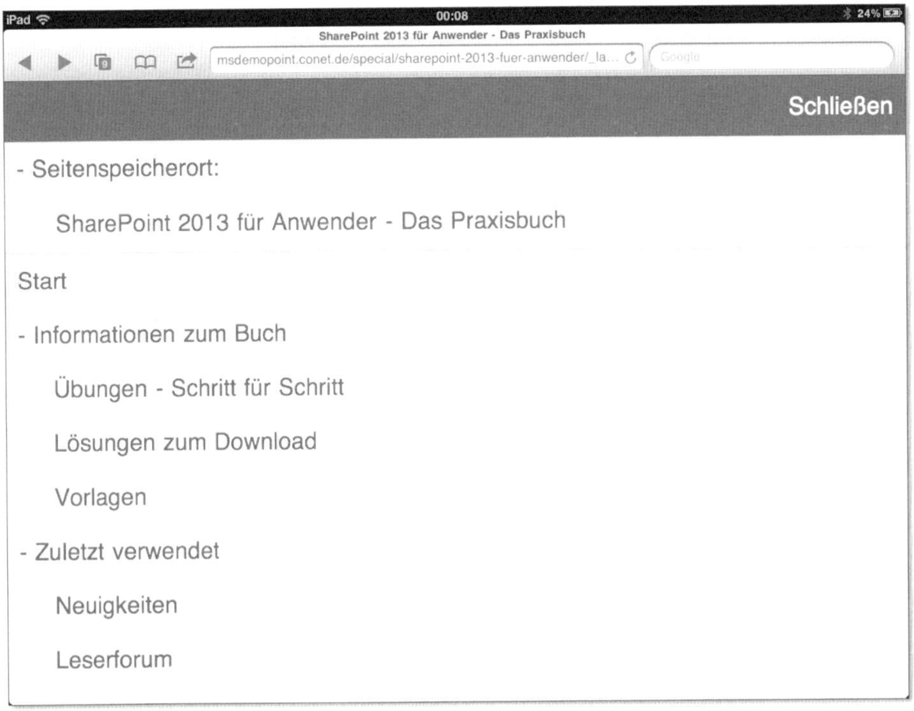

Abbildung 9.47 So können Sie das Navigationsfenster der mobilen Ansicht nutzen.

Die Funktion für die Umleitung mobiler Browser ist standardmäßig bei der Verwendung folgender Websitevorlagen aktiviert:

- Teamwebsite
- Leere Website
- Dokumentarbeitsbereich
- Dokumentcenter
- Projektwebsite

Bei Websites, die mit anderen Vorlagen erstellt wurden, müssen Sie das Websitefeature explizit aktivieren. Sie können die Funktion »Ansicht für mobile Browser« auf der Websiteebene aktivieren bzw. deaktivieren. Somit können Sie innerhalb einer Websitesammlung ausgewählte Websites für mobile Geräte einrichten, ohne dabei alle übrigen Websites ebenfalls für den mobilen Zugriff freizugeben.

9.4.2 Eine Website mit vielen Gesichtern

Eine mobile Ansicht ist eher als funktional zu bezeichnen. Sie können demnach entscheiden, ob Sie dieselbe Darstellung wie auf Ihrem Desktop-PC nutzen möchten (und in den Genuss des ansprechenden Layouts kommen) oder ob Sie eine für mobile Geräte gestaltete Benutzeroberfläche verwenden, die optisch verbessert werden kann.

Mit SharePoint 2013 sind allerdings auch die sogenannten *Gerätekanäle* eingeführt worden. Mithilfe der Gerätekanäle kann jedes mobile Endgerät oder ein mobiler Browser eine separate Gestaltungsvorlage nutzen. Die Zuordnung einer Gestaltungsvorlage erfolgt dabei über die in der Website hinterlegten Gerätekanäle und die sogenannte Benutzer-Agenten-Zeichenfolge (*User Agent String*).

Kann ich auch bei SharePoint Online aus dem Office 365-Paket die Funktion der Gerätekanäle nutzen?

Wenn Sie SharePoint bei sich im Unternehmen installiert haben, können Sie in einer Websitesammlung bis zu zehn Gerätekanäle einrichten, die in der Summe bis zu 150 Geräteregeln beinhalten.

Nutzen Sie stattdessen jedoch SharePoint Online aus dem Office 365-Angebot, so werden Ihnen genau zwei Gerätekanäle vorgegeben: Einer steht für die Desktopansicht zur Verfügung, die auch in der modernen Ansicht auf mobilen Geräten dargestellt werden kann. Der zweite Gerätekanal steht dann für die Nutzung der mobilen Endgeräte bereit.

Sie haben somit bei SharePoint Online zum Beispiel nicht die Möglichkeit, verschiedene Gestaltungsvorlagen für iPad, Android-Smartphone oder Surface zu erstellen.

Gerätekanäle verwalten

Wenn Sie nach der Aktivierung dieser Features die Websiteeinstellungen Ihrer Website aufrufen, können Sie den Menüpunkt GERÄTEKANÄLE auswählen. Dort können Sie die Gerätekanäle verwalten, die in Ihrer Website unterstützt werden sollen, und einen neuen Gerätekanal anlegen, indem Sie den Menüpunkt NEUES ELEMENT verwenden.

Entsprechend der Darstellung in Abbildung 9.48 geben Sie dort einen Namen und einen Alias für den Gerätekanal an. Achten Sie bei der Angabe des Alias auf eine kurze und eindeutige Bezeichnung, da Sie diese später noch verwenden werden. Besonders wichtig sind allerdings die **Einschlussregeln für Geräte**, über die Sie die Zuordnung zu den Endgeräten oder Browsern vornehmen.

Wenn Sie zum Beispiel die Website *http://www.useragentstring.com* oder alternativ die Website *http://www.whatsmyuseragent.com* aufrufen, erhalten Sie die Benutzer-Agenten-Zeichenfolge Ihres aktuellen Browsers bzw. des verwendeten Endgeräts.

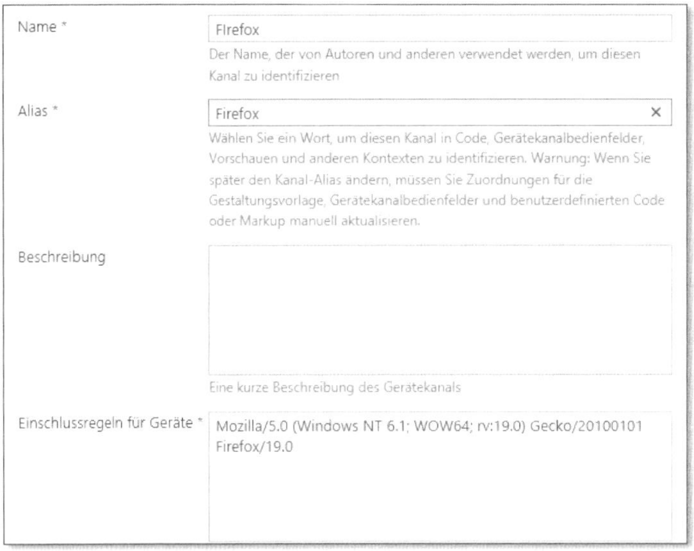

Abbildung 9.48 Anlegen eines neuen Gerätekanals für Ihr Unternehmensportal

Wenn Sie auch später die Rückmeldung erhalten, dass ein Anwender die von Ihnen vorgesehene mobile Variante der Website nicht aufrufen kann, können Sie ihn bitten, über diese Websiteadresse die korrekte Benutzer-Agenten-Zeichenfolge zu ermitteln und Ihnen diese zur Verfügung zu stellen, damit Sie sie für einen Ihrer Gerätekanäle hinterlegen können. Achten Sie dabei aber darauf, dass Ihr Gerätekanal erst dann berücksichtigt wird, wenn Sie den Haken bei der Eigenschaft »Aktiv« gesetzt haben. Ansonsten werden Sie keine Änderungen erkennen können.

Gestaltungsvorlagen zu einem Gerätekanal zuweisen

Wenn Sie die Gerätekanäle erfasst haben, können Sie unter den Websiteeinstellungen den Menüpunkt GESTALTUNGSVORLAGE aus der Rubrik AUSSEHEN UND VERHALTEN aufrufen. Sie befinden sich daraufhin auf der Konfigurationsseite aus Abbildung 9.49.

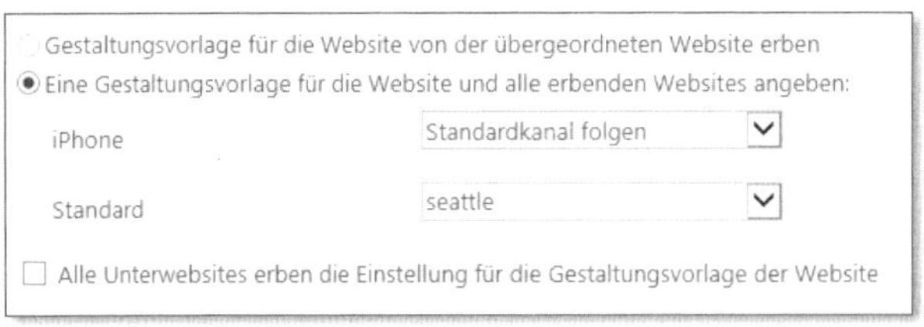

Abbildung 9.49 So ordnen Sie Gestaltungsvorlagen den in der Website unterstützten Gerätekanälen zu.

Dort können Sie für jeden Gerätekanal eine separate Gestaltungsvorlage aus dem Katalog der Gestaltungsvorlagen der Websitesammlung auswählen oder die Standardgestaltungsvorlage der Website übernehmen.

Wie kann ich ausprobieren, ob ich die richtige Gestaltungsvorlage für einen Gerätekanal ausgewählt habe?

Wenn Sie Ihre Website aufrufen, wird immer der Gerätekanal »Standard« verwendet, der für die Computeransicht steht. Möchten Sie testen, ob Ihre Website einen bestimmten Gerätekanal unterstützt, so benötigen Sie hierfür dessen Alias. Rufen Sie Ihre Website dann folgendermaßen auf: *http://<URL Ihrer Website>?DeviceChannel=<Alias>*

9

Gerätekanalbereiche innerhalb einer Gestaltungsvorlage nutzen

Es ist allerdings nicht immer sinnvoll, für jedes Endgerät eine separate Gestaltungsvorlage zu erstellen. Aus diesem Grund können Sie auch sogenannte *Gerätekanalbereiche* nutzen, um für bestimmte Geräte und Browser Bereiche auszublenden bzw. zusätzlich anzuzeigen. Am einfachsten geht dies über die **Ausschnitt-Galerie**, die Sie in Abbildung 9.50 sehen.

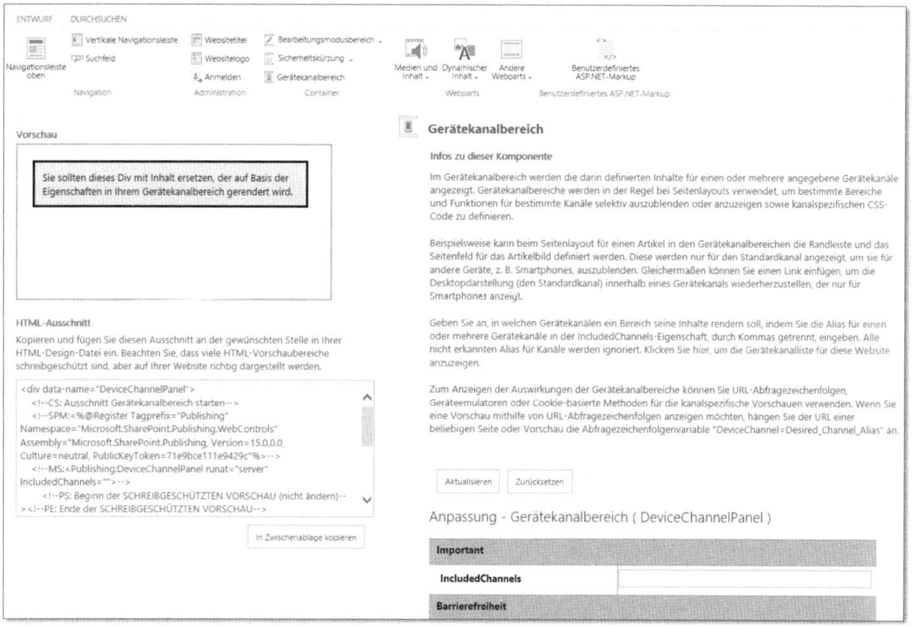

Abbildung 9.50 Konfiguration von Gerätekanalbereichen über die Ausschnitt-Galerie des Entwurfs-Managers (alternativ nutzen Sie den Design-Manager)

Gibt es Voraussetzungen für die Nutzung von Gerätekanälen?

Sie können die Funktion der unterschiedlichen Gestaltungsvorlagen oder spezielle Bereiche für mehrere zu unterstützende mobile Geräte nutzen, wenn Sie entweder ein Veröffentlichungsportal verwenden oder alternativ die folgenden Features für Ihre Website aktiviert haben:

- SharePoint Server-Veröffentlichungsinfrastruktur
- SharePoint Server-Veröffentlichung

Diese Features stehen Ihnen jedoch beim Einsatz von SharePoint Foundation nicht zur Verfügung. Das bedeutet, dass Sie für die Unterstützung von mobilen Geräten einen wesentlich höheren Aufwand bei der Realisierung Ihrer Anforderungen haben werden.

9.4.3 Abonnieren mobiler Benachrichtigungen

In den meisten Fällen werden Sie SharePoint in einem Intranet einsetzen. Dadurch können Sie nicht direkt auf die dort veröffentlichten Inhalte zugreifen (beispielsweise über Ihr Smartphone), wenn Sie sich auf einer Geschäftsreise befinden. Vielleicht sind Sie als Projektleiter tätig und möchten trotz Ihrer Abwesenheit durch eine Dienstreise über den aktuellen Projektstatus und die Bearbeitung der gerade anstehenden Aufgaben informiert bleiben.

Genau für solche Anforderungen können Sie die SMS-Benachrichtigungen abonnieren. Wenn Ihr Farm-Administrator die nötige Konfiguration vorgenommen hat, können Sie sich per SMS über Änderungen an SharePoint-Listen und -Elementen informieren lassen. So können Sie schnell auf diese Änderungen reagieren und auch remote Ihr Projekt steuern.

Durch diese Benachrichtigungsfunktion müssen Sie – selbst dann, wenn Sie die Möglichkeit haben, direkt auf SharePoint zuzugreifen – nicht mehr aktiv die entsprechenden Listen oder Elemente aufrufen, sondern erfahren zeitnah, dass es Neuigkeiten für Sie gibt.

Wenn Sie eine Anleitung zur Einrichtung eines mobilen Kontos benötigen, das für die Nutzung der SMS-Funktionalität erforderlich ist, schauen Sie sich die Website *http://technet.microsoft.com/de-de/library/ee428323* an. Dort erhalten Sie weitere Informationen.

9.4.4 Pushbenachrichtigungen nutzen

Sie können sich auch per Pushbenachrichtigung über neue oder geänderte Elemente in SharePoint informieren lassen. Im Gegensatz zu einer SMS wird bei dieser Variante die entsprechende Benachrichtigung an eine Anwendung bzw. App auf dem mobilen Gerät gesendet. So können Sie beispielsweise bei einem Windows Phone bereits an einem Symbol auf der Kachel einer eigenen App erkennen, dass durch eine Pushbenachrichtigung neue Informationen gesendet wurden.

Damit ein mobiles Gerät diese Art von Benachrichtigungen empfangen kann, müssen sich die entsprechenden Apps bei der SharePoint-Website registrieren. Nach der Registrierung kann ein Entwickler einen *Event Receiver* entwickeln, der mit dem Windows-Pushbenachrichtigungsdienst oder den Benachrichtigungsdiensten weiterer mobiler Geräteplattformen interagiert. Die Pushbenachrichtigungsregistrierungen befinden sich dann im Abonnementspeicher, der für den Versand der späteren Benachrichtigungen verwendet wird.

Wenn Sie diese Funktion nutzen, sollten Sie eine Einschränkung kennen. Sie können maximal 2000 Geräteregistrierungen für Pushbenachrichtigungen vornehmen. Sobald dieser Grenzwert erreicht ist, können keine weiteren Registrierungen mehr erfolgen. Das bedeutet, dass Sie dann zuerst eine Registrierung aus dem Abonnementspeicher löschen müssen, bevor die nächste Registrierung erfolgen kann. Achten Sie auf diesen Grenzwert, und überlegen Sie, wie viele Geräte in Ihrem Unternehmen eine solche Abonnementfunktion benötigen. Weitere Informationen hierzu finden Sie unter *http://technet.microsoft.com/de-de/library/jj219551*.

9.4.5 SharePoint weiß, wo ich gerade bin!

In Abschnitt 9.1.1 haben Sie bereits die neue Funktion zur Verwendung von Geoinformationen kennengelernt. Ein Kernbestandteil dieser Funktion ist der neue Feldtyp »Geolocation«, mit dem Sie den Längen- und Breitengrad zu beliebigen Inhalten (wie beispielsweise Fotos) pflegen können. Dabei erhalten Sie außerdem eine Kartendarstellung Ihrer manuell eingegebenen Geoinformationen über Bing Maps. Nun wird Ihnen aber auch bei der Erfassung der Geoinformationen für ein Listenelement oder Dokument der Menüpunkt EIGENEN SPEICHERORT VERWENDEN angeboten, wenn Sie die Koordinaten pflegen möchten. Hierüber wird Ihre aktuelle Position verwendet, sofern Ihr mobiles Gerät Ortungsinformationen zur Verfügung stellt.

Das neue Feld für Ortungsangaben können Sie zwar auf unterschiedlichste Weise verwenden, es wird wahrscheinlich aber für die Entwicklung von mobilen Anwendungen genutzt werden. Zukünftig können Sie auf diese Weise positionsbezogene Daten aufrufen oder selbst welche erfassen, während Sie außerhalb des Firmensitzes arbeiten.

9.4.6 Business Intelligence auf meinem iPad

Bisher war es immer ein großes Manko, dass gerade die vom Management benötigten Kennzahlen und Berichte auf einem mobilen Gerät (wie zum Beispiel einem iPad) nicht dargestellt werden konnten bzw. dass die Funktionalität so stark eingeschränkt war, dass ein praktischer Einsatz nicht denkbar war. Mit SharePoint 2013 haben Sie nun die Möglichkeit, zumindest bestimmte Inhalte Ihrer Dashboards über ein iPad oder in einem *iOS 5.0 Safari*-Browser aufzurufen. Zu diesen Inhalten gehören die folgenden Komponenten:

- PerformancePoint-Berichte
- Scorecards
- Excel Services-Berichte

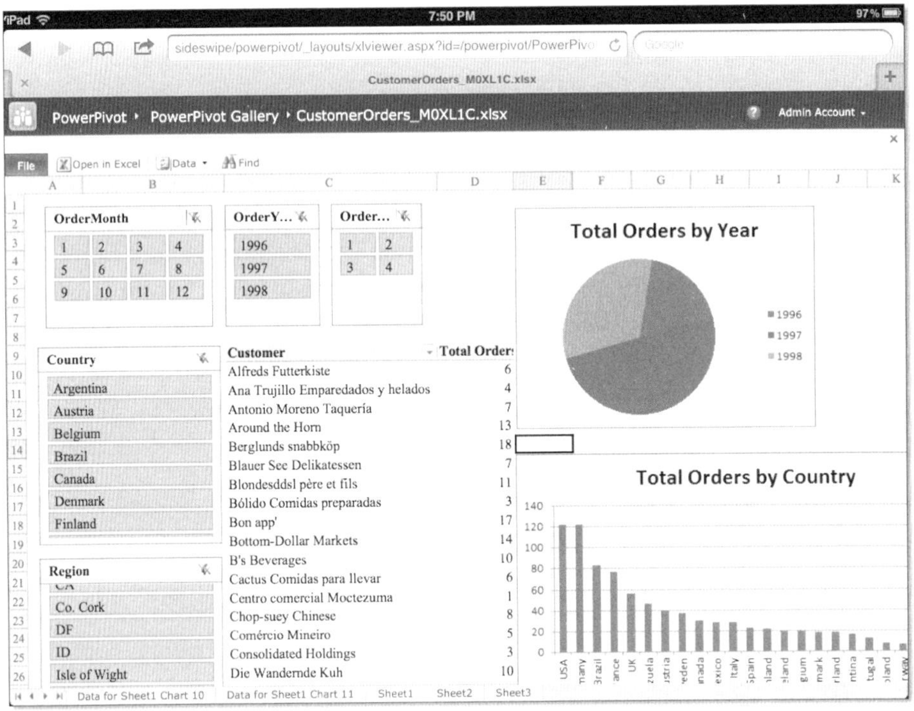

Abbildung 9.51 Sie können einige Business-Intelligence-Funktionen, wie beispielsweise die Excel Services, auf dem iPad nutzen.

In Abbildung 9.51 sehen Sie ein Beispiel, in dem die Excel Services verwendet werden. Das bedeutet, dass Sie Auswertungen in Excel vorbereiten können, die von den Entscheidern Ihres Unternehmens über deren iPad oder Surface aufgerufen und zur weiteren Bearbeitung genutzt werden können.

9.4.7 Arbeiten mit Office-Dokumenten

Die mit SharePoint 2010 eingeführten Office Web Apps, die bereits automatisch nach der Installation von SharePoint zur Verfügung standen, werden auch in SharePoint

2013 weiterhin unterstützt. Allerdings handelt es sich nun um ein separates Serverprodukt, das nicht mehr auf demselben Server wie SharePoint installiert wird. Solange Sie die Office Web Apps nicht explizit installieren, stehen Ihnen die Funktionen der Anzeige und eingeschränkten Bearbeitbarkeit von Office-Dokumenten nicht zur Verfügung.

Wenn Sie eine Dokumentbibliothek über ein mobiles Gerät aufrufen, können Sie zwar in der Auflistung der Dateien alle Dokumente sehen, jedoch nur Word-, Excel- und PowerPoint-Dateien über deren *Mobile Viewer* aufrufen. Bei allen anderen Dateitypen wird automatisch versucht, die Datei über die entsprechende Client-Anwendung (wie beispielsweise OneNote für Ihre Notizen) zu öffnen. Wird die erforderliche Anwendung nicht gefunden, erhalten Sie eine Fehlermeldung von Ihrem Browser.

In Abbildung 9.52 und Abbildung 9.53 sehen Sie ein Beispiel für die Anzeige eines Word- bzw. Excel-Dokuments. Sie können hierüber lediglich den Dokumentinhalt anzeigen lassen; eine Bearbeitung ist nicht möglich.

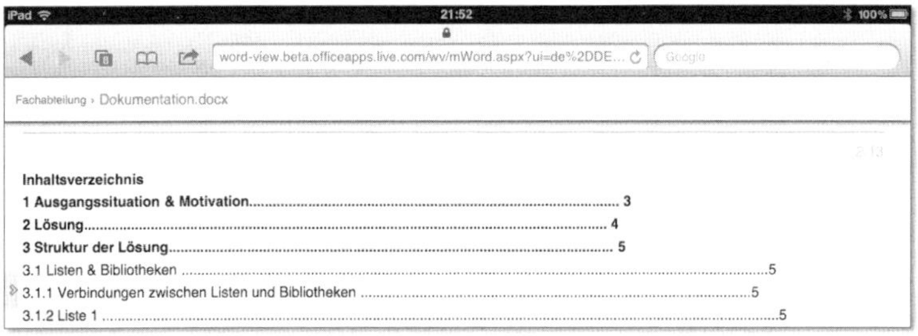

Abbildung 9.52 Der Word-»Mobile Viewer« dient nur zur Anzeige eines Word-Dokuments, beispielsweise über ein iPad.

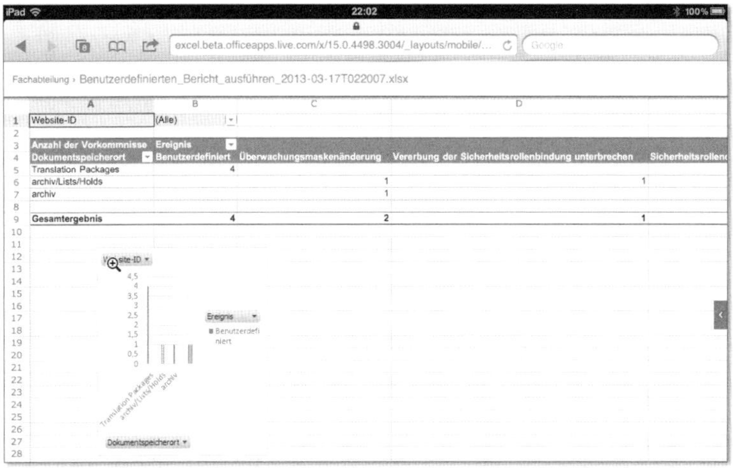

Abbildung 9.53 Der Excel-»Mobile Viewer« zur Anzeige einer Excel-Arbeitsmappe bietet die Möglichkeit, einzelne Bereiche wie beispielsweise ein Diagramm vergrößert anzuzeigen.

Rufen Sie stattdessen eine PowerPoint-Präsentation auf einem mobilen Gerät (wie zum Beispiel in Abbildung 9.54 über ein iPad) auf, so können Sie diese Funktion durchaus für eine Präsentation nutzen, indem Sie mit einer Wischbewegung nach links bzw. rechts von einer Folie zur nächsten wechseln. Dabei erhalten Sie im unteren rechten Bereich auch eine Information darüber, auf der wievielten Folie Sie sich gerade befinden und wie viele Folien die Präsentation insgesamt vorweist. Der Balken im oberen Bereich, der den Dateinamen und den Link auf die Website (Fachabteilung) beinhaltet, verschwindet übrigens automatisch spätestens nach dem ersten Folienwechsel.

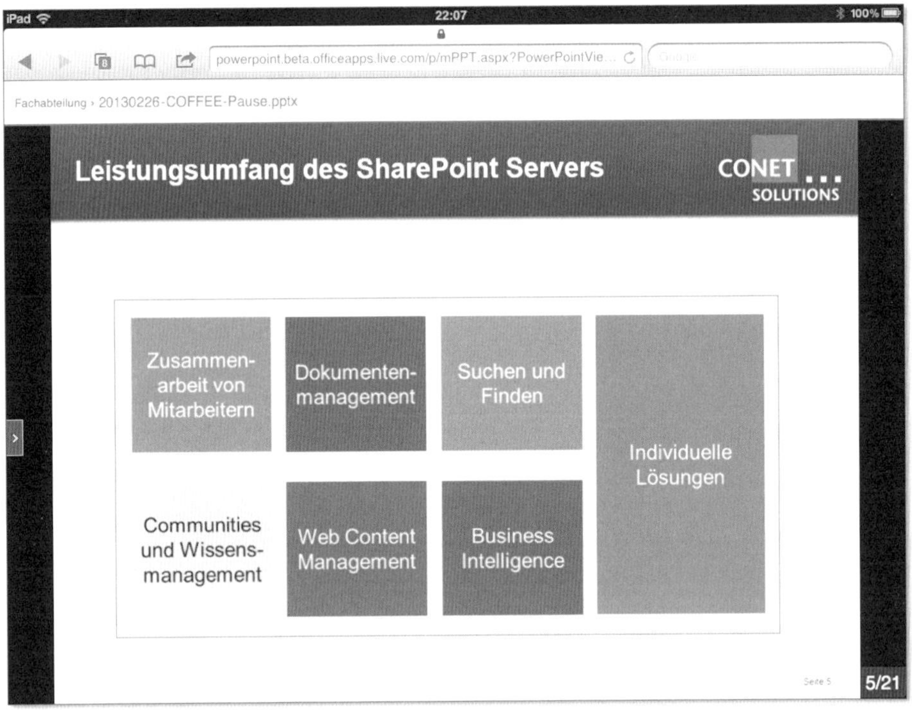

Abbildung 9.54 Mit dem PowerPoint-»Mobile Viewer« können Sie eine Präsentation halten, beispielsweise über ein iPad.

Wie Sie sehen, stehen Ihnen zur Unterstützung der bei Ihnen eingesetzten mobilen Geräte bereits direkt nach der Installation der entsprechenden Serverprodukte viele Möglichkeiten zur Verfügung. Sie müssen sich überlegen, welche dieser Funktionen Sie benötigen und sinnvoll einsetzen können. Vielleicht sind Ihre Anforderungen bereits über die neue mobile Ansicht erfüllt, oder Sie haben für einzelne SharePoint-Lösungen spezielle Anforderungen, für die für die entsprechenden Geräte jeweils Apps entwickelt werden müssen.

Verstehen Sie die hier vorgestellten Lösungsansätze für den Aufbau und die Nutzung Ihres Unternehmensportals als eine Art Ideensammlung und als Ratgeber für die

Erstellung Ihrer individuellen Lösungen, und haben Sie viel Spaß bei der Umsetzung Ihrer Visionen. Ich wünsche Ihnen, dass Sie Schritt für Schritt SharePoint in Ihrem Unternehmen einführen können und dabei Ihre Vision nicht aus den Augen verlieren. Nutzen Sie die Werkzeuge und Tools, die Sie auf den vergangenen mehr als 700 Seiten kennengelernt haben, um Ihre persönlichen Lösungen zu erstellen, die Ihnen den Arbeitsalltag erleichtern. Auf den folgenden Seiten möchte ich Ihnen noch ein paar Tipps und Tricks mit auf den Weg geben, wie Sie bei der Umsetzung Ihrer Ideen vorgehen können. Ich hoffe, dass sie Ihnen in der Praxis weiterhelfen und es Ihnen ermöglichen, schnell diejenigen Informationen nachzuschlagen, die für Sie im jeweiligen Moment wichtig sind.

TEIL III

Weiterführende Informationen

Kapitel 10

Hilfestellungen zur Umsetzung eigener Ideen

Wie finde ich Informationen schnell wieder, ohne die Übungen alle noch einmal durchzugehen? Sie sollen auch später dieses Buch effektiv nutzen können, wenn Sie bereits die für Sie interessanten Übungen bearbeitet haben. Hier finden Sie den richtigen Einstieg, um das Buch als Nachschlagewerk zu nutzen.

Anhand der vorangegangenen Übungen haben Sie ein Beispiel für ein Unternehmensportal aufgebaut. Vielleicht denken Sie sich, dass viele der erstellten Lösungen auch in Ihrem Unternehmen sinnvoll eingesetzt werden können. Vielleicht setzen Sie aber auch andere Systeme ein, die Sie nun in SharePoint integrieren möchten, oder Sie planen die Einführung von SharePoint und die Umsetzung Ihrer eigenen Ideen und Lösungen.

Als Erstes müssen Sie sich für eine Plattform entscheiden. Sie müssen anhand Ihrer Anforderungen und Voraussetzungen bestimmen, ob Sie SharePoint bei sich im Unternehmen betreiben, Office 365 abonnieren oder einen Hosting-Anbieter suchen. Um Ihnen dabei zu helfen, werden nachfolgend die in den verschiedenen Übungen aufgezeigten Einschränkungen der Versionen, Editionen und Hosting-Varianten kurz und knapp aufgeführt.

Außerdem stelle ich Ihnen eine Vorgehensweise vor, mit der Sie Ihre Lösungen von der ersten Idee bis hin zur Schulung der Anwender und produktiven Nutzung erfolgreich umsetzen können.

10.1 Die Grenzen der unterschiedlichen SharePoint-Plattformen

Wenn Sie entscheiden müssen, ob Sie die Infrastruktur selbst betreiben, eine SharePoint-Umgebung bei einem Hosting-Anbieter mieten oder das Angebot von Office 365 in Anspruch nehmen, kann eine Aufstellung der verschiedenen Einschränkungen hilfreich sein. An dieser Stelle werde ich keine Empfehlung für eine ausgewählte Plattform abgeben, sondern vielmehr die in der Praxis häufig erlebten Begrenzungen vorstellen. Sie werden dabei die Einschränkungen wiederfinden, die ich in den verschiedenen Übungen bereits angesprochen habe. Auf dieser Basis müssen Sie die für Sie bzw. Ihr Unternehmen geeignetste Variante auswählen – was sowohl das Hosting als auch die Edition betrifft.

10.1.1 Allgemeine Beschränkungen

SharePoint ist im Grunde nichts anderes als eine von Microsoft bereitgestellte Webanwendung. Mit ihr werden viele Funktionen angeboten, die in vielfältiger Weise konfiguriert und miteinander kombiniert werden können. Allerdings bringt das Produkt bzw. diese Anwendung auch Einschränkungen und Grenzen mit sich. Um beispielsweise die Datenmengen und die Art der Informationen innerhalb einer SharePoint-Umgebung in einem gewissen Rahmen zu halten und damit akzeptable Reaktionszeiten der einzelnen Website-Aufrufe gewährleisten zu können, empfehle ich die Nutzung folgender Konfigurationsmöglichkeiten in einer SharePoint-Farm.

Dateigrößenbeschränkung

SharePoint unterliegt einer Dateigrößenbeschränkung von standardmäßig 50 MB und kann auf maximal 2 GB pro Datei erweitert werden. Dateien, die noch größer sind, können nicht über den Upload-Dialog hochgeladen werden. Die Erweiterung auf bis zu 2 GB sollte ggf. erst bei Bedarf während des Betriebs der SharePoint-Umgebung erfolgen.

Erlaubte Dateitypen

Standardmäßig werden in SharePoint bestimmte Dateierweiterungen als sogenannte »gesperrte Dateitypen« definiert. Das bedeutet, dass Sie Dateien dieser Typen nicht in SharePoint speichern und hochladen können. Sie können die Konfiguration über die Zentraladministration unter SICHERHEIT • GESPERRTE DATEITYPEN DEFINIEREN vornehmen, um die folgende Liste der gesperrten Dateitypen anzupassen:

Dateierweiterung	Dateityp
ADE	Microsoft Access-Projekterweiterung
ADP	Microsoft Access-Projekt
APP	Anwendungsdatei
ASA	ASP-Deklarationsdatei

Tabelle 10.1 Gesperrte Dateitypen in SharePoint

Dateierweiterung	Dateityp
ASHX	ASP.NET-Webhandlerdatei. Webhandler sind Softwaremodule, die von ASP.NET empfangene Raw-HTTP-Anforderungen verarbeiten.
ASMX	Quelldatei für ASP.NET-Webdienste
ASP	Active Server Pages
BAS	Klassenmodul von Microsoft Visual Basic
BAT	Batchdatei
CDX	Verbundindex
CER	Zertifikatsdatei
CHM	Erstellte HTML-Hilfedatei
CLASS	Java-Klassendatei
CMD	Befehlsscript von Microsoft Windows NT
COM	Programm von Microsoft MS-DOS
CONFIG	Konfigurationsdatei
CPL	Systemsteuerungsoption
CRT	Sicherheitszertifikat
CSH	Scriptdatei
DLL	Dynamic Link Library von Windows
EXE	Programm
FXP	Erstelltes Microsoft Visual FoxPro-Programm
HLP	Hilfedatei
HTA	HTML-Programm
HTR	Scriptdatei
HTW	HTML-Dokument
IDA	Internetinformationsdienste-Datei
IDC	Internet Database Connector-Datei

Tabelle 10.1 Gesperrte Dateitypen in SharePoint (Forts.)

Dateierweiterung	Dateityp
IDQ	Internet Data Query-Datei
INS	INS (Internet Naming Service)
ISP	Internetkommunikationseinstellungen
ITS	Datei für Internet-Dokumentgruppe
JSE	Codierte JScript-Scriptdatei
KSH	Korn Shell-Scriptdatei
LNK	Verknüpfung
MAS	In Microsoft Access gespeicherte Prozedur
MDA	Add-In-Programm von Microsoft Access
MDB	Microsoft Access-Programm
MDE	Microsoft Access MDE-Datenbank
MDT	Microsoft Access-Datendatei
MDW	Microsoft Access-Arbeitsgruppe
MDZ	Microsoft Access-Assistent
MSC	Microsoft Common Console-Dokument
MSH[...]	Microsoft Agent-Scripthilfe
MSI	Microsoft Windows Installer-Paket
MSP	Datei für Windows Installer-Patchpaket
MST	Visual Test-Quelldateien
OPS	Microsoft Office-Profileinstellungsdatei
PCD	Photo-CD-Bild oder erstelltes Microsoft Visual Test-Script
PIF	Verknüpfung mit MS-DOS-Programm
PRF	Systemdatei
PRG	Programmquelldatei
PRINTER	Druckerdatei

Tabelle 10.1 Gesperrte Dateitypen in SharePoint (Forts.)

Dateierweiterung	Dateityp
PST	Persönliche Ordner-Datei von Microsoft Outlook
REG	Registrierungseinträge
REM	ACT!-Datenbank-Wartungsdatei
SCF	Befehlsdatei von Windows Explorer
SCR	Bildschirmschoner
SCT	Scriptdatei
SHB	Windows-Verknüpfung
SHS	Shell-Datenauszug
SHTM	HTML-Datei, die serverseitige Anweisungen enthält
SHTML	HTML-Datei, die serverseitige Anweisungen enthält
SOAP	Simple Object Access Protocol-Datei
STM	HTML-Datei, die serverseitige Anweisungen enthält
URL	Uniform Resource Locator (Internetverknüpfung)
VB	Microsoft Visual Basic Scripting Edition (Visual Basic Scripting Edition [VBScript])-Datei
VBE	Codierte VBScript-Scriptdatei
VBS	VBScript-Datei
WS	Windows-Scriptdatei
WSC	Windows-Scriptkomponente
WSF	Windows-Scriptdatei
WSH	Windows Script Host-Einstellungsdatei

Tabelle 10.1 Gesperrte Dateitypen in SharePoint (Forts.)

Konfiguration von Benutzerrechten

Bei der Vergabe von individuellen Berechtigungen für Listen oder einzelne Elemente sollten Sie beachten, dass dies zum einen die Performance der jeweiligen Website und Websitesammlung negativ beeinflussen kann. Zum anderen kann bei mehr als 1000 Elementen mit individuellen Rechten innerhalb einer Liste und mehr als 5000 Elementen mit individuellen Rechten innerhalb einer Website die Funktionalität der

Website beeinträchtigt werden. Daher sollten Sie die Vergabe von Berechtigungen nach Möglichkeit auf der Ebene der Website, Liste oder Bibliothek bzw. einem Ordner vornehmen.

Sonstige Einschränkungen

Es gibt weitere Einschränkungen für SharePoint, die zwingend beachtet werden müssen, damit Microsoft weiterhin den Support für die SharePoint-Umgebung leistet. Diese Informationen werden u. a. unter *http://technet.microsoft.com/en-us/library/cc262787.aspx* veröffentlicht. So werden beispielsweise folgende Einschränkungen definiert:

- In einer Websitesammlung sollen insgesamt nicht mehr als 100 GB an Daten verwaltet werden.
- In einer SharePoint-Liste oder Dokumentbibliothek sollen sich nicht mehr als 30.000.000 Elemente befinden.
- In einer Ansicht sollen nicht mehr als 20.000 Elemente angezeigt werden.
- Die maximale Anzahl an Unterwebsites liegt bei 2.000, ausgehend von einer beliebigen Website.
- Es sollen nicht mehr als 25 Web-Parts auf einer Seite positioniert werden.

10.1.2 Informationsverwaltungsrichtlinien

Diese Funktionalität steht nur für SharePoint Server 2013 zur Verfügung. In der Foundation-Edition können Sie diese Funktion leider nicht nutzen.

Mit einer Ablaufrichtlinie kann eine Aufbewahrungsdauer für Elemente festgelegt werden, die einer Informationsverwaltungsrichtlinie unterliegen. Diese Dauer kann auf unterschiedliche Weise eingestellt werden – entweder durch Hinzufügen eines Intervalls zum aktuellen Datum (um das Dokument zum Beispiel für die nächsten drei Monate aktiv zu halten) oder programmgesteuert (zum Beispiel als ein einzelner Schritt in einem Workflow). Außerdem kann angegeben werden, was passieren soll, wenn das Element abläuft.

Um eine zeitgesteuerte Löschung der entsprechenden Informationen einzurichten, muss als Aktion Endgültig löschen oder In den Papierkorb verschieben ausgewählt werden. Genauso ist es aber auch möglich, Dateien in das zentrale Datenarchiv der Farm zu verschieben.

Auf diese Art und Weise ist es möglich, veraltete Informationen aus den einzelnen SharePoint-Websites automatisiert nach einem bestimmten Zeitraum zu entfernen und somit die verwalteten Datenmengen zu reduzieren.

10.1.3 Workflows

Während bei der SharePoint Foundation-Edition nur der Workflow »3-Status« verwendet werden kann, bietet Ihnen eine Server-Edition verschiedene vordefinierte Standardworkflows an. Die im Alltag recht häufig verwendeten Workflows sind der Genehmigungs- und der Feedback-Workflow. Während bei einem Genehmigungsworkflow die in diesem Prozess ausgewählten Personen den zu prüfenden Inhalt genehmigen oder ablehnen müssen, werden bei einem Feedback-Workflow lediglich Kommentare der ausgewählten Personen eingefordert.

Ihnen stehen zwar je nach Edition unterschiedliche Workflows zur Verfügung. Allerdings hindert Sie auch bei einer SharePoint Foundation niemand daran, mittels des SharePoint Designers oder des Visual Studios einen individuellen Workflow zu erstellen. Die Standardworkflows lassen sich dabei auch als Basis verwenden, damit Sie die darin enthaltenen Funktionen nicht selbst nachstellen müssen.

Bei der Erstellung der Workflows macht es allerdings noch einen Unterschied, welche Edition Sie einsetzen, wenn Sie Eingabeformulare für die Erfassung von Daten durch die Anwender während des Prozesses erstellen möchten. In der Regel erfolgt dies durch InfoPath-Formulare, die jedoch in der SharePoint Foundation-Edition nicht genutzt werden können. Das bedeutet, dass Sie in diesem Fall für die Eingabe von erforderlichen Benutzerdaten klassische Webtechnologien nutzen müssen und dass ggf. ein erhöhter Aufwand für die Erstellung der Formulare entstehen kann.

10.1.4 Suchfunktionen

Während Sie bei den Editionen *SharePoint Foundation* und *Standard Server* nur das Suchfeld sowie ein Basissuchcenter nutzen können, steht Ihnen bei der Edition *SharePoint Server Enterprise* das Unternehmenssuchcenter zur Verfügung. Dieses bietet Ihnen zusätzlich zu den allgemeinen Funktionalitäten auch eine Personensuche, mit deren Hilfe Sie einfach die Experten in Ihrem Unternehmen finden können.

10.1.5 Soziale Netzwerke und »Meine Website«

Wenn Sie in Ihrem Unternehmensportal Blogs verwenden, müssen Sie darauf achten, dass in einem Blog nicht mehr als 5.000 Beiträge verwaltet werden können. Außerdem existiert eine Einschränkung für die Kommentare zu den Beiträgen. Dort liegt der Grenzwert bei 1.000 Kommentare pro Beitrag.

Die Funktionen, die Sie in Ihrem persönlichen Arbeitsbereich (Meine Website) kennengelernt haben, stehen Ihnen leider bei einer SharePoint Foundation nicht zur Verfügung. Das sollten Sie bei der Auswahl einer Edition berücksichtigen. Sämtliche Vorteile von *Meine Website* (wie der Newsfeed-Bereich, das Microblogging oder auch die aggregierte Ansicht über die Aufgaben, die Ihnen innerhalb der verschiedenen Aufgabenlisten in SharePoint zugewiesen wurden) können Sie dann nicht nutzen. Sie haben außerdem keine Möglichkeit, Dokumente zu verwalten, und müssen ggf. einen persönlichen Arbeitsbereich für jeden einzelnen Anwender manuell erstellen bzw. eine SharePoint-Erweiterung hierfür implementieren.

Der Bereich für den einfachen Informationsaustausch über einen Website-Newsfeed sowie die Funktionen im Bereich der Communities, die im Wesentlichen durch die beiden Websitevorlagen »Communitywebsite« und »Communityportal« zur Verfügung gestellt werden, können Sie nur dann nutzen, wenn Sie eine Server-Edition einsetzen. Sie sehen, dass also gerade im Bereich der sozialen Netzwerke die Verbesserungen, die Microsoft beim Wechsel von der Version 2010 hin zu 2013 vorgenommen hat, nur durch den Kauf von Standard- oder Enterprise-Lizenzen genutzt werden können.

10.1.6 Anpassungsmöglichkeiten

Solange Sie eine SharePoint-Umgebung in Ihrem Unternehmen einrichten, haben Sie grundsätzlich viele Möglichkeiten, Anpassungen vorzunehmen. Das Werkzeug SharePoint Designer, das Visual Studio oder auch die Microsoft Office-Produkte können von Ihnen meist problemlos eingesetzt werden. Gegebenenfalls sollten Sie darüber noch mit Ihrem Administrator sprechen, da er beispielsweise die Nutzung des SharePoint Designers unterbinden kann. Er kann auch verbieten, dass SharePoint-Lösungen auf dem Server selbst installiert werden, oder spezielle Anforderungen an die Implementierung einer solchen Lösung stellen. Diese Rahmenbedingungen sollten Sie in Erfahrung bringen, bevor Sie überhaupt ein Konzept für eine SharePoint-Lösung erstellen.

Wenn Sie eine Hosting-Variante (wie beispielsweise *SharePoint Online* aus dem Office 365-Angebot) oder einen externen Hosting-Anbieter wählen, sollten Sie vorab klären, ob Sie überhaupt Anpassungen vornehmen dürfen und welche Möglichkeiten grundsätzlich bestehen. So bieten manche Hosting-Anbieter Ihnen an, dass nach einem definierten Prozess auch selbst entwickelte Erweiterungen (wie beispielsweise spezielle Webparts) bereitgestellt werden können.

10.2 Eigene Ideen planen und umsetzen

Ich hoffe, Sie haben mithilfe der Übungen zu typischen Anforderungen von Unternehmen und den dazu passenden Lösungen viele Ideen bekommen, wie Sie SharePoint in Ihrem Unternehmen effektiv einsetzen können. Um Ihnen bei der Umsetzung Ihrer Ideen zu helfen, möchte ich Ihnen ein Standardvorgehen vorstellen, das sich in der Praxis auch unabhängig von SharePoint bewährt hat und grundsätzlich für Projekte geeignet ist. Es sind natürlich auch andere Vorgehensweisen (wie beispielsweise SCRUM) oder auch eine Kombination daraus denkbar.

Die Vorlagen, die zu den einzelnen nachfolgend vorgestellten Abschnitten gehören, stehen für Sie unter *http://msdemopoint.conet.de/blog/nicole-enders/sharepoint-2013-fuer-anwender* zum Download bereit.

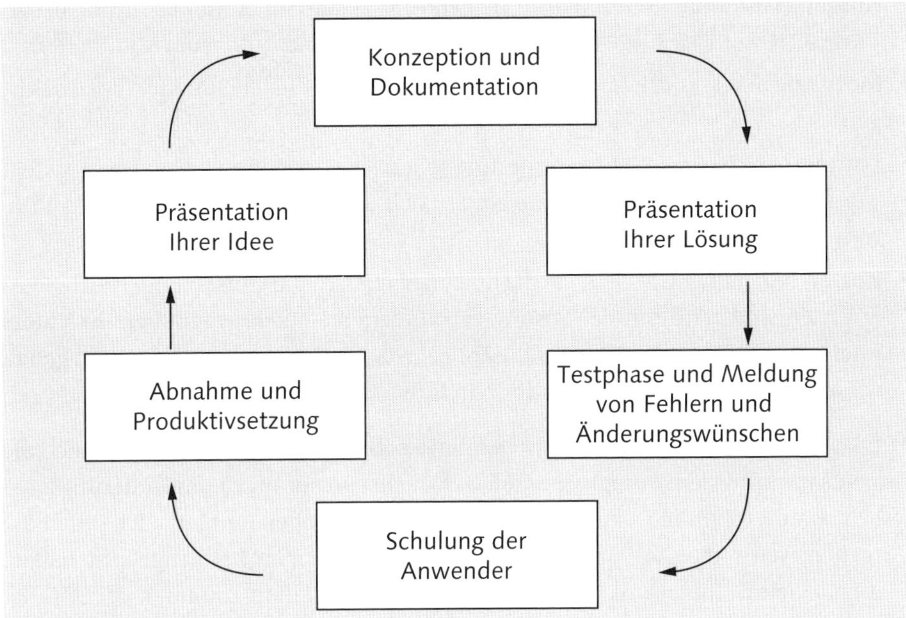

Abbildung 10.1 Die Umsetzung Ihrer Ideen ist ein ewiger Kreis voller Kreativität und voll von vielen effektiven Lösungen für Ihr Unternehmen.

10.2.1 Präsentation Ihrer Idee

Alles beginnt mit Ihrer Idee! Sie haben die Lösung für ein Problem gefunden oder haben eine Vorstellung davon, wie Sie Ihr Business verbessern und die Arbeitsabläufe von Ihnen und Ihren Mitarbeitern und Kollegen optimieren können. Doch eine Idee ist nur so gut wie ihre Präsentation, denn Sie müssen in der Regel Ihren Vorgesetzten oder den Einkauf davon überzeugen, dass für die Umsetzung dieser Idee Ressourcen und Budget benötigt wird.

Diese Phase stellt eine der wichtigsten Phasen innerhalb Ihres SharePoint-Projektes dar. Wenn Sie zu diesem Zeitpunkt nicht alle relevanten Stakeholder von Ihrer Idee überzeugen und für die zukünftige Lösung begeistern können, dann wird es schwer sein, das Projekt erfolgreich durchzuführen.

Suchen Sie nach einer Person, die Sie als Fürsprecher identifizieren können, und gehen Sie aktiv auf diese zu. Bereiten Sie dazu eine kurze Präsentation vor, die Ihnen bei der Vorstellung Ihrer Idee hilft. Sinnvoll sind dabei folgende Punkte, die sich in Ihren Folien wiederfinden sollten:

- **Thema:** Worum geht es ganz allgemein? Das kann beispielsweise der Vorgang der Dokumentenablage sein.
- **Ausgangssituation:** Wie arbeiten Sie heute? Was läuft gut, und was könnte besser umgesetzt werden? Wie ist das Feedback von den verschiedensten Mitarbeitern?
- **Motivation:** Was motiviert Sie, eine Änderung der aktuellen Situation vorzuschlagen?
- **Lösung:** Welche Lösung bzw. Änderung sehen Sie vor? Wie soll die Lösung erstellt werden? Welchen Zeitrahmen stellen Sie sich dafür vor, und wie soll die Einführung der Lösung erfolgen?
- **Kosten und Nutzen:** Stellen Sie die Kosten, die durch die Umsetzung Ihrer Idee zu erwarten sind, dem mit der Lösung verbundenen Nutzen gegenüber. Ihr Vorgesetzter bzw. die Person, die über die Freigabe des Budgets entscheidet, wird genau wissen wollen, ob sich die Investition in Ihre Lösung rentiert.

Auf Basis der (hoffentlich positiven) Ergebnisse dieses ersten Gesprächs können Sie gemeinsam mit Ihrem Fürsprecher die Gesprächspartner für die Anforderungsanalyse auswählen. Für die Dokumentation der Anforderungen empfehle ich Ihnen die Vorgehensweise, die Sie bereits im Rahmen der Übungen kennengelernt haben. Diese hat viele Gemeinsamkeiten mit den Anwendungsfalldiagrammen der *UML*, ist allerdings auf die wesentlichen Punkte reduziert.

10.2.2 Anforderungsanalyse

Für die Befragung der Anwender hinsichtlich ihrer Anforderungen an die Nutzung der SharePoint-Plattform, sollten Sie mindestens folgende Aspekte berücksichtigen:

- Welche durchschnittlichen, minimalen und maximalen Vorkenntnisse haben die Anwender in der Nutzung von SharePoint?
- Können Sie eine Schulung für alle Anwender gemeinsam durchführen, oder sollten Sie die Anwender besser entsprechend ihres jeweiligen Kenntnisstandes in verschiedene Gruppen aufteilen und diese gezielt schulen?
- Was stört den Anwender in seiner täglichen Arbeit besonders?
- Welche Wünsche hat der Anwender an eine zukünftige Arbeitsumgebung?
- Was ist für den Anwender besonders wichtig, und welche Anforderungen sind zwar wünschenswert, aber nicht elementar notwendig?

Vor der Anforderungsanalyse sollten Sie eine Art Fragebogen entwerfen, der Ihnen die Auswertung der Gespräche erleichtern wird. Auf Basis der somit erfassten Informationen können Sie genau bestimmen, welche Schritte bei der Einführung zu berücksichtigen sind und welche Anforderungen von den meisten Anwendern gemeinschaftlich gestellt werden und somit umgesetzt werden sollten. Ein solcher Fragebogen kann zum Beispiel folgendermaßen aussehen (wobei die kursiv geschriebenen Inhalte von Ihnen während bzw. vor dem Gespräch ersetzt werden sollten).

Bezeichnung der Lösung **(Fragebogen zur Anforderungsaufnahme)**		
		Gesprächspartner
Vorkenntnisse		
Haben Sie bereits mit SharePoint gearbeitet?	*Ja/Nein*	*Bemerkungen*
Welche Funktionen sind für Sie besonders wertvoll?	*Freitext*	*Bemerkungen*
Was gefällt Ihnen nicht so gut?	*Freitext*	*Bemerkungen*
Können Sie anderen Anwendern helfen?	*Ja/Nein*	*Bemerkungen*
Ist-Zustand		
Wie arbeiten Sie heute?	*Freitext*	*Bemerkungen*
Was könnte aus Ihrer Sicht verbessert werden?	*Freitext*	*Bemerkungen*
Wie kann ein System Sie dabei unterstützen?	*Freitext*	*Bemerkungen*
Anforderungen an eine neue Lösung		
Anforderung 1	*Freitext*	*Bemerkungen*
Anforderung 2	*Freitext*	*Bemerkungen*
Anforderung 3	*Freitext*	*Bemerkungen*
Anforderung n	*Freitext*	*Bemerkungen*
Prioritäten (Was sind Ihre drei wichtigsten Anforderungen?)		
Anforderung 1	*Bemerkungen*	
Anforderung 2	*Bemerkungen*	
Anforderung 3	*Bemerkungen*	

Tabelle 10.2 Fragebogen zur Unterstützung der Anforderungsanalyse

Bezeichnung der Lösung (Fragebogen zur Anforderungsaufnahme)		
Prioritäten (Auf welche Anforderungen könnten Sie am ehesten verzichten?)		
Anforderung 1	*Bemerkungen*	
Anforderung 2	*Bemerkungen*	
Anforderung 3	*Bemerkungen*	
Sonstiges		
Freitext		

Tabelle 10.2 Fragebogen zur Unterstützung der Anforderungsanalyse (Forts.)

10.2.3 Vorlage für die Konzeption und Dokumentation

Wenn Sie die Anforderungen an die Lösung im Detail erfasst haben, können Sie sich Gedanken über die mögliche Umsetzung machen. Im Rahmen der verschiedenen Übungen sollten Sie ein Gespür dafür gewonnen haben, mit welchen Werkzeugen bzw. Apps die jeweilige Anforderung realisiert werden könnte. Mithilfe dieses Wissens sollten Sie ein Konzept entwickeln, das die folgenden Punkte umfassen sollte:

- **Lösung:** Skizzieren Sie kurz die Lösung und die daran beteiligten Komponenten (wie zum Beispiel eine SharePoint-Website als zentrale Plattform und Outlook aufseiten der Anwender). Außerdem sollten Sie den Prozess darstellen, der mit Ihrer Lösung unterstützt wird.
- **Struktur:** Welche Listen, Bibliotheken oder weitere Apps sehen Sie vor? Wie sollen die jeweiligen Komponenten konfiguriert werden? Sie sollten angeben, welche zusätzlichen Felder Sie erstellen, welche Ansichten benötigt werden und welche Verbindungen zwischen den verschiedenen Komponenten (beispielsweise durch Nachschlagen-Spalten) bestehen sollen.
- **Features:** Welche Features benötigen Sie für die Websitesammlung und die jeweilige Website? Welche Aufgabe erfüllen die aktivierten Features im Rahmen Ihrer Lösung?
- **Präsentation der Inhalte:** Werden für die Darstellung der Inhalte weitere Ressourcen benötigt (wie beispielsweise JavaScript oder Grafiken)? Wo sollen diese hinter-

legt werden? Welche Webseiten sind von Ihrer Seite geplant, und welche Menüpunkte sehen Sie für die verschiedenen Navigationsleisten vor?

- **Berechtigungen:** Welche Berechtigungen werden benötigt? Stellen Sie die verschiedenen Benutzergruppen mit ihrer jeweiligen Berechtigung vor. Erläutern Sie auch die ggf. erforderliche Erstellung individueller Berechtigungsstufen oder eines separat zu entwickelnden Berechtigungsmodells.

Nach Abschluss dieses Konzepts sollten Sie eine genaue Aussage zu den Kosten treffen können, die durch die Umsetzung zu erwarten sind. Auf dieser Basis wird nach Freigabe des Budgets die Realisierungsphase starten können.

Sie sollten auf Basis Ihres erstellten Konzepts die Konfiguration Ihrer Lösung dokumentieren. Verwenden Sie dabei das Konzept als Vorlage, und fügen Sie die abweichenden Konfigurationen hinzu. Ich empfehle Ihnen, diese Änderungen mithilfe einer anderen Schriftart oder auf eine andere Weise kenntlich zu machen. So kann jeder direkt in einem einzigen Dokument die ursprüngliche Idee zur Umsetzung und die tatsächliche Realisierung einsehen.

10.2.4 Präsentation Ihrer Lösung

Sobald Sie Ihre Lösung implementiert haben und diese grundsätzlich zur Verfügung steht, sollten Sie eine Präsentation vorbereiten, mit der Sie die neue Anwendung vorstellen können. Sie sollten ausgehend von der ursprünglichen Idee die Vorteile der Lösung beschreiben sowie Informationen zum Projektverlauf vorstellen. Wählen Sie dabei den Teilnehmerkreis sorgfältig aus. Nach Möglichkeiten sollte neben dem Entscheider, der dieses Projekt genehmigt hat, auch eine Auswahl von zukünftigen Anwendern dabei sein. Am besten ist es, wenn von jeder Anwendergruppe zwei Vertreter anwesend sind, da diese sich bereits während des Termins über die Vor- und Nachteile austauschen oder auch Bedenken bzw. Anregungen äußern können. So bekommen Sie ein besseres Gefühl dafür, wie die Lösung angenommen wird.

Greifen Sie ruhig die Agenda der Präsentation Ihrer ursprünglichen Idee für die Präsentation der Lösung auf, und erweitern Sie diese um die Erkenntnisse, die Sie in der Zwischenzeit gewonnen haben. Die Agenda könnte demnach folgendermaßen aussehen:

- **Thema:** Worum geht es ganz allgemein? Das kann beispielsweise der Vorgang der Dokumentenablage sein.
- **Ausgangssituation:** Wie haben Sie bisher gearbeitet? Was läuft gut, und was könnte besser umgesetzt werden? Wie ist das Feedback von den verschiedensten Mitarbeitern? Hier können Sie je nach Teilnehmerkreis auch einmal in die Runde fragen, was die einzelnen Personen dazu denken.

- **Motivation:** Was hat Sie motiviert, eine Änderung der aktuellen Situation vorzuschlagen?
- **Lösung:** Welche Lösung bzw. Änderung sehen Sie vor? Wie wurde die Lösung erstellt? Welchen Zeitrahmen haben Sie sich dafür vorgestellt, und wie verlief das Projekt tatsächlich? Sind noch Änderungswünsche umsetzbar, bevor die Lösung bereitgestellt wird?
- **Einführung:** Wie soll die Einführung der Lösung erfolgen? Welches Schulungskonzept haben Sie sich dazu überlegt? Werden Sie die Schulungen durchführen, oder wird eine eLearning-Plattform verwendet? Wann wird die Lösung bereitgestellt?
- **Kosten und Nutzen:** Stellen Sie die durch die Umsetzung Ihrer Idee entstandenen Kosten den erwarteten Kosten und dem mit der Lösung verbundenen Nutzen gegenüber. Ihr Vorgesetzter bzw. die Person, die über die Freigabe des Budgets entschieden hat, wird genau wissen wollen, ob sich die Investition in Ihre Lösung rentiert hat.

Diese Präsentation gibt Ihnen bereits Aufschluss darüber, mit welchen Widerständen Sie bei der Einführung rechnen müssen. Wählen Sie daher für diesen Termin ruhig Personen aus, deren Meinung von den übrigen Mitarbeitern als besonders wichtig erachtet wird und die somit den Erfolg Ihrer Lösung entscheidend beeinflussen. Wenn Sie diese Personen von den Vorteilen Ihrer Lösung überzeugen können, sollten Sie bei den weiteren Anwendern keine überraschenden Schwierigkeiten mehr bekommen.

10.2.5 Testphase und Meldung von Fehlern und Änderungswünschen

Nach der ersten Vorstellung der Lösung sollten Sie mit einer Test- oder Pilotphase beginnen, an der mindestens die Teilnehmer der Präsentation teilnehmen. In diesem Zeitraum sollen Sie testen, ob die Lösung wie geplant eine Verbesserung der Arbeitssituation ermöglicht. Verwenden Sie dabei zum Beispiel das Ticketsystem, das wir in Abschnitt 3.4.3 im Rahmen einer Übung erstellt haben, um Feedback seitens der Anwender einzuholen. Grundsätzlich sollte jeder so viele Anmerkungen erfassen können, wie er möchte.

Zusätzlich sollten Sie allerdings auch Tests auf Basis der erfassten Anforderungen an die Lösung durchführen. Das kann und sollte durch eine neutrale Gruppe aus der Qualitätssicherung erfolgen. Bei diesen Personen sollte es sich nach Möglichkeit weder um die Entwickler der Lösung noch um spätere Anwender handeln. Dadurch ist gewährleistet, dass genau die schriftlich fixierten Anforderungen geprüft werden und sich der Tester nicht von seinen persönlichen Ansprüchen an die Lösung beeinflussen lässt.

Wenn Sie die beiden Testvarianten erfolgreich durchgeführt haben, die in der Praxis meist schon während des Projektverlaufs durchgeführt oder zumindest begonnen werden, steht der Einführung Ihrer Lösung grundsätzlich nichts mehr im Weg.

10.2.6 Schulung der verschiedenen Anwendergruppen

Sie sollten jedoch vor der produktiven Einführung überlegen, wie Sie die einzelnen Anwendergruppen schulen möchten. Dabei sollten Sie eine allgemeine Schulung vorsehen, damit alle Anwender den gesamten Prozess verstehen, der von der Lösung unterstützt wird. Zusätzlich sollte eine auf die jeweilige Anwendergruppe zugeschnittene Schulung erfolgen, in der diejenigen Funktionen detailliert vorgestellt werden, die für die Anwender jeweils relevant sind. In der Praxis werden die beiden Schulungen meistens miteinander kombiniert und in Form eines Schulungstermins angeboten.

Für die Art der Schulung haben Sie grundsätzlich folgende Möglichkeiten, die Sie abhängig von den zu schulenden Anwendern und deren Verfügbarkeit auswählen müssen:

- Präsenzschulungen für alle Anwender
- Präsenzschulungen für ausgewählte Personen einer jeden Anwendergruppe
- praktische Übungen mit Anleitungen und einer Schulungsumgebung
- Lernvideos und eine Online-Lernplattform

Sie sollten auf jeden Fall praktische Übungen vorsehen, damit die Anwender bei der ersten Nutzung der Lösung direkt auf Ihre Unterstützung bzw. die Hilfe des Schulungsleiters zurückgreifen können, wenn Probleme oder Fragen aufkommen. Lernvideos haben dann noch den Vorteil, dass neue Anwender einfach in die Bedienung der Anwendung eingewiesen werden können, ohne dass ggf. für diese Einzelperson eine Schulung durchgeführt werden muss. Bewährt hat sich außerdem die Präsenzschulung für ausgewählte Personen einer Anwendergruppe, da diese Personen anschließend als Ansprechpartner oder Experten für die übrigen Personen der Anwendergruppe gelten und Ihnen bei der Schulung der Mitarbeiter Arbeit abnehmen können. Damit können Sie sich auf die Personen konzentrieren, die besondere Unterstützung benötigen.

10.2.7 Abnahme und Produktivsetzung

Zum Abschluss kommt noch ein wichtiger Schritt, der allerdings bei einer guten Vorbereitung nicht mehr viel Arbeit Ihrerseits erfordert. Führen Sie eine offizielle Abnahme der Lösung durch, indem der Entscheider, der die Umsetzung Ihrer Lösung genehmigt hat, die Lösung prüft und ein Abnahmeprotokoll unterzeichnet. Sobald

Sie diese Unterschrift erhalten haben, ist Ihr Projekt erfolgreich abgeschlossen, und Sie können die Lösung produktiv nutzen.

Haben Sie diesen Punkt in Ihrem Projekt erreicht, so möchte ich Ihnen herzlich gratulieren. Das ist ein wichtiges Ereignis, das Sie gebührend würdigen sollten. In jedem Projekt steckt viel mehr Arbeit, als es sich die Anwender der fertigen Lösung überhaupt vorstellen können. Besonders schön ist daher, wenn ein Anwender später zu Ihnen kommt und Ihnen erzählt, wie schön er das von Ihnen erstellte Unternehmensportal findet oder wie sehr ihm die Lösung zur Verwaltung der Telefonnotizen im Arbeitsalltag hilft. Ich wünsche Ihnen viele solche Erlebnisse und freue mich darauf, von Ihnen zu hören. Berichten Sie mir doch unter *http://msdemopoint.conet.de/blog/nicole-enders/sharepoint-2013-fuer-anwender* von Ihren Erfahrungen.

Kapitel 11
Schnellzugriff auf die für mich relevanten Inhalte

Wie finde ich schnell die Informationen, die ich abhängig von meinem Kenntnisstand gerade benötige?

Je nachdem, wie Sie mit diesem Buch arbeiten, haben Sie entweder die Funktionen von SharePoint Schritt für Schritt durch die einzelnen Übungen kennen- und lieben gelernt oder sich Anregungen zur Umsetzung von Ideen geholt. Dieses Buch richtet sich an Anwender wie Sie! Sie werden mir aber sicherlich recht geben, dass Sie bei SharePoint nicht einfach nur ein Nutzer sind, der die vorhandenen Strukturen vorgesetzt bekommt und diese nutzen darf bzw. muss.

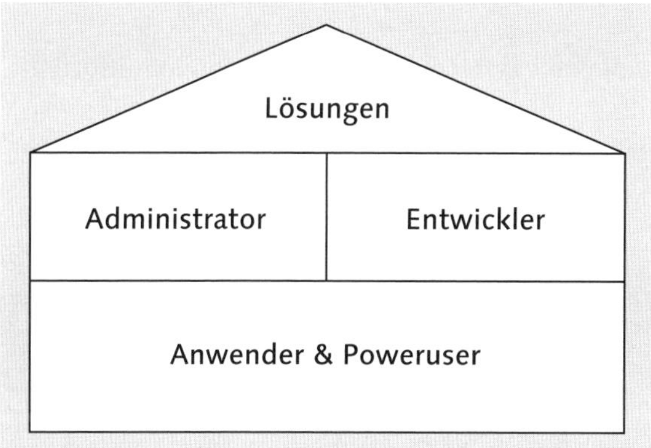

Abbildung 11.1 An der Lösungserstellung beteiligte Rollen in einem SharePoint-Projekt und Zielgruppen dieses Buchs

Sie sind gleichermaßen Administrator, Entwickler und »normaler« Anwender bzw. je nach Ihrem Wissen auch Poweruser. Vielleicht haben Sie für sich auch den Fokus auf eine der drei Rollen gelegt und schauen damit aus einer bestimmten Perspektive auf die Inhalte dieses Buches.

Um Sie bei der gezielten Suche nach Informationen und Hilfestellungen optimal zu unterstützen, erhalten Sie zusätzlich zu dem typischen Index dieses Buches einen auf die jeweilige Rolle zurechtgeschnittenen Schnellzugriff, wobei sich die komprimierten Informationen zum Teil überschneiden, weil ein Administrator auch

Anwenderwissen benötigt und ein guter Entwickler sowohl wissen muss, wie die Standardfunktionen angewendet werden können, als auch über ein grundlegendes Administrationswissen verfügen muss, um optimale Ergebnisse erzielen zu können.

11.1 Empfohlene Plattform für die Durchführung der Übungen

In Tabelle 11.2 finden Sie einen Überblick über die Übungen und die für die jeweilige Edition und Hosting-Variante zu berücksichtigenden Möglichkeiten sowie Einschränkungen in Form der Kategorisierung aus Tabelle 11.1:

Zeichen	Bedeutung
☑	Die Anforderungen können vollständig umgesetzt werden.
!	Die Anforderungen können mit Einschränkung oder durch manuelle Schritte umgesetzt werden.
☒	Es können nicht alle Anforderungen umgesetzt werden.

Tabelle 11.1 Legende

Achten Sie bitte innerhalb der jeweiligen Übung auf die entsprechenden Informationskästen, die Sie auf Besonderheiten hinweisen. Dort erkläre ich Ihnen, wie Sie mit manuellen Schritten oder einer alternativen Vorgehensweise trotz fehlender Systemunterstützung eine Lösung erstellen können.

Übung	Foundation	Standard	Enterprise	SharePoint Online
Anmeldung und Begrüßung von Besuchern	☑	☑	☑	☑
Zentrale Erfassung von Telefonnotizen	☑	☑	☑	☑
Zentrale Systemüberwachung und Ticketsystem	!	☑	☑	!
Erweiterung der Systemüberwachung	!	☑	☑	☑
Unterstützung des Personalauswahlprozesses	☑	☑	☑	☑

Tabelle 11.2 Empfohlene Plattform für die Durchführung der Übungen

Übung	Foundation	Standard	Enterprise	SharePoint Online
Mitarbeiterverwaltung	☑	☑	☑	!
Seminare planen, durchführen und Feedback einholen	☑	☑	☑	☑
Einarbeitung und Weiterbildung von Mitarbeitern	!	☑	☑	☑
Eine runde Sache für alle	!	!	☑	!
Eventmanagement	☑	☑	☑	☑
Kundenbetreuung	☑	☑	☑	☑
Unternehmensweites Vorlagenmanagement	!	☑	☑	☑
Erweiterung des Vorlagenmanagements	☑	☑	☑	☑
Pflege und Veröffentlichung des Produktkatalogs	!	!	☑	☑
Bestellungen und Wareneingang	☑	☑	☑	☑
Kopplung der Lösungen	!	!	☑	!
Forschung und Entwicklung	☑	☑	☑	☑
Ressourcenplanung	☑	☑	☑	☑
Projektmanagement	!	!	☑	☑
Weitere Möglichkeiten der Zusammenarbeit	!	!	!	☑
Bereitstellung allgemeiner Unternehmensinformationen	☑	☑	☑	☑
Umfragen und Feedback der Mitarbeiter	☑	☑	☑	☑
Zeiterfassung	☒	☒	!	☑

Tabelle 11.2 Empfohlene Plattform für die Durchführung der Übungen (Forts.)

Übung	Foundation	Standard	Enterprise	SharePoint Online
Prozessüberwachung und -optimierung	☒	☒	☑	!
Von der Insellösung zum Unternehmensportal	!	!	☑	☑
SharePoint und Corporate Design	☑	☑	☑	!
Mehrsprachigkeit im Portal	!	!	☑	!
Arbeiten mit mobilen Geräten	!	!	☑	!

Tabelle 11.2 Empfohlene Plattform für die Durchführung der Übungen (Forts.)

11.2 Schnellzugriff für Anwender

Das Inhaltsverzeichnis dieses Buchs konzentriert sich auf die einzelnen Übungen und die darüber zu erstellenden Lösungen. Wenn Sie jedoch nach bestimmten Informationen suchen, werden Sie wahrscheinlich auf den Index zurückgreifen müssen. Ich möchte Ihnen hier die wichtigsten Informationen für **Anwender** bereitstellen (Informationen für Administratoren finden Sie in Abschnitt 11.3.).

Stichwort	Zu finden in
Access Services	Abschnitt 1.6.5; Abschnitt 8.4
Ansichten erstellen	Abschnitt 2.1.3, Stichpunkt »Ansichten
Arbeiten mit Dokumentbibliotheken	Abschnitt 2.1.4, Stichpunkt »Dokumentbibliotheken«
▸ Inhaltstypen erstellen	Abschnitt 4.3.3, Stichpunkt »Erstellen eines Inhaltstyps«; Abschnitt 5.4.5; Abschnitt 5.4.6
▸ Windows Explorer-Ansicht	Abschnitt 5.3.5, Stichpunkt »E-Mail-Kommunikation mit dem Kunden dokumentieren«
Arbeiten mit Listen	Abschnitt 2.1.3; Abschnitt 8.2.4; Abschnitt 8.3.3
▸ Berechnete Spalten	Abschnitt 5.2.3, Hinweiskasten »Was hat es mit dem Informationstyp ›Berechnet‹ auf sich? ...«
▸ Metadaten	Abschnitt 4.5.2, Stichpunkt »Kategorien für einen Wiki-Artikel angeben«; Abschnitt 5.4.7

Tabelle 11.3 Schnellzugriff für Anwender

Stichwort	Zu finden in
Auswertungen mit Excel	Abschnitt 1.6.1, Stichpunkt »Auswertungen und Massenbearbeitung mit Excel«
▸ Beliebtheitstrends	Abschnitt 9.1.5
▸ Excel Services	Abschnitt 8.6
▸ Listendaten exportieren	Abschnitt 4.4.9; Abschnitt 8.3.4
Bearbeiten von Websiteseiten	Abschnitt 2.1.4, Stichpunkt »Wiki-Seitenbibliothek«
▸ Webpart auf einer Seite hinzufügen	Abschnitt 3.3.2, Kasten »Wichtiger Hinweis bei der Konfiguration von Webparts auf einer Websiteseite«; Abschnitt 8.2.6
▸ Webparts miteinander verknüpfen	Abschnitt 3.3.2
Benachrichtigungen	Abschnitt 2.1.3, Stichpunkt »Benachrichtigungen«
Berechtigungen konfigurieren	Abschnitt 2.6; Abschnitt 4.3.3, Stichpunkt »Umsetzung des Berechtigungskonzepts«
Besprechungsarbeitsbereiche	Abschnitt 3.2.5
Designanpassungen	Abschnitt 1.3.6; Abschnitt 9.2
Dokumentenmanagement	Abschnitt 1.3.1; Abschnitt 9.1.4
▸ Ersatz des Fileservers	Abschnitt 1.3.3
▸ Freigabeprozess	Abschnitt 5.4.4
▸ Parallele Bearbeitung von Dokumenten	Abschnitt 7.5.1
Editionsvergleich	Abschnitt 1.5.3
Entscheidung für ein Tool zur Erstellung von Lösungen	Abschnitt 1.6.7
Erstellen einer neuen Liste (App)	Abschnitt 3.2.3, Stichpunkt »Erstellen der benötigten Listen«
Erstellen einer Website	Abschnitt 2.1.2
Erstellen einer Websitesammlung	Abschnitt 2.1.1

Tabelle 11.3 Schnellzugriff für Anwender (Forts.)

Stichwort	Zu finden in
Externe Zusammenarbeit (Extranet)	Abschnitt 1.3.5
Folienbibliothek	Abschnitt 1.6.1, Stichpunkt »Unternehmenspräsentationen mit PowerPoint und der Folienbibliothek«; Abschnitt 5.4.8
InfoPath Designer	Abschnitt 1.6.2
▸ Formular erstellen	Abschnitt 4.4.8, Stichpunkt »Ein Bewertungsformular für Feedback erstellen«
▸ Formular veröffentlichen	Abschnitt 4.4.8, Stichpunkt »Veröffentlichen des Feedback-Formulars«
▸ Listenformulare anpassen	Abschnitt 6.4.3
Installation von SharePoint	Abschnitt 1.5.4
Navigation	
▸ Leiste für häufig verwendete Links	Abschnitt 2.2.2
▸ Schnellstart	Abschnitt 2.2.1
▸ Sichtbarkeit von Menüpunkten	Abschnitt 4.4.5, Stichpunkt »Sichtbarkeit der Menüpunkte konfigurieren«
▸ Strukturansicht	Abschnitt 2.2.3
Office 365 / SharePoint Online	Abschnitt 1.5.5
Offline-Funktion	Abschnitt 5.4.9
Project Server	Abschnitt 7.3.2; Abschnitt 7.4.9
Projektmanagement	Abschnitt 1.3.4
▸ Aufgaben in meiner Website	Abschnitt 7.4.8
▸ Projektliste	Abschnitt 7.4.3
▸ Projektwebsite	Abschnitt 7.4.4
QuickEdit-Funktion bei Listen	Abschnitt 2.1.3, Stichpunkt »QuickEdit«
SharePoint Designer	Abschnitt 1.6.3
▸ E-Mail versenden	Abschnitt 5.2.5

Tabelle 11.3 Schnellzugriff für Anwender (Forts.)

Stichwort	Zu finden in
▸ Externe Daten integrieren	Abschnitt 3.5
▸ Workflow erstellen	Abschnitt 3.2.4; Abschnitt 4.4.5, Stichpunkt »Genehmigungsworkflow erstellen«
Soziale Netzwerke und Communities	Abschnitt 1.3.9; Abschnitt 4.4.7; Abschnitt 7.2.2; Abschnitt 7.5.2; Abschnitt 8.3.5; Abschnitt 9.1.3
▸ Benutzerinformationen	Abschnitt 2.4.1; Abschnitt 2.4.4
▸ Lernplattform	Abschnitt 7.5.3
▸ Meine Website	Abschnitt 2.4.5
▸ Wiki	Abschnitt 4.5.2; Abschnitt 8.2.3
Suchen innerhalb von SharePoint	Abschnitt 1.3.2; Abschnitt 9.1.2
Unternehmensweite Auswertungen	Abschnitt 1.3.10; Abschnitt 8.5.5
Visio Services	Abschnitt 1.6.5; Abschnitt 8.5; Abschnitt 1.3.8
▸ Prozessdarstellung erstellen	Abschnitt 4.6.1
▸ Integration in eine Seite	Abschnitt 4.6.2
Visual Studio und NAPA	Abschnitt 1.6.6
Websiteeinstellungen	Abschnitt 2.3.2
Websitevorlagen erstellen und nutzen	Abschnitt 3.2.5, Stichpunkt »Gestaltung einer Websitevorlage für Besprechungsarbeitsbereiche«; Abschnitt 7.4.5
Websitesammlung vs. Website	Abschnitt 1.4.3
Workflows	Abschnitt 1.3.8

Tabelle 11.3 Schnellzugriff für Anwender (Forts.)

11.3 Schnellzugriff für Administratoren

Das Inhaltsverzeichnis dieses Buchs konzentriert sich auf die einzelnen Übungen und die darüber zu erstellenden Lösungen. Wenn Sie jedoch nach bestimmten Informationen suchen, werden Sie wahrscheinlich auf den Index zurückgreifen müssen. Ich möchte Ihnen hier die wichtigsten Informationen für **Administratoren** bereitstellen.

Außerdem finden Sie viele weitere Informationen und hilfreiches Trainingsmaterial hierzu bei Microsoft unter der Websiteadresse *http://technet.microsoft.com/de-de/sharepoint/fp123606.aspx*.

Stichwort	Zu finden in
Access Services	Abschnitt 8.4.3
Ansichten erstellen	Abschnitt 2.1.3, Stichpunkt »Ansichten«
Arbeiten mit Dokumentbibliotheken	Abschnitt 2.1.4, Stichpunkt »Dokumentbibliotheken«
▸ Inhaltstypen erstellen	Abschnitt 4.3.3, »Erstellen eines Inhaltstyps«; Abschnitt 5.4.5; Abschnitt 5.4.6
▸ Windows Explorer-Ansicht	Abschnitt 5.3.5, Stichpunkt »E-Mail-Kommunikation mit dem Kunden dokumentieren«
Arbeiten mit Listen	Abschnitt 2.1.3; Abschnitt 8.2.4; Abschnitt 8.2.5; Abschnitt 8.3.3
▸ Berechnete Spalten	Abschnitt 5.2.3, Hinweiskasten »Was hat es mit dem Informationstyp ›Berechnet‹ auf sich? ...«
▸ Metadaten	Abschnitt 4.5.2, Stichpunkt »Kategorien für einen Wiki-Artikel angeben«; Abschnitt 5.4.7
Auswertungen mit Excel	Abschnitt 1.6.1, Stichpunkt »Auswertungen und Massenbearbeitung mit Excel«
▸ Beliebtheitstrends	Abschnitt 9.1.5
▸ Listendaten exportieren	Abschnitt 4.4.9; Abschnitt 8.3.4
Bearbeiten von Websiteseiten	Abschnitt 2.1.4, Stichpunkt »Wiki-Seitenbibliothek«
▸ Webpart auf einer Seite hinzufügen	Abschnitt 3.3.2, Kasten »Wichtiger Hinweis bei der Konfiguration von Webparts auf einer Websiteseite«; Abschnitt 8.2.6
▸ Webparts miteinander verknüpfen	Abschnitt 3.3.2
Benachrichtigungen	Abschnitt 2.1.3, Stichpunkt »Benachrichtigungen«

Tabelle 11.4 Schnellzugriff für Administratoren

Stichwort	Zu finden in
Benutzeroberflächenversion einer neuen Websitesammlung	Abschnitt 2.1.1, Hinweiskasten » Was bedeutet die Benutzeroberflächenversion ...«
Berechtigungen konfigurieren	Abschnitt 2.6; Abschnitt 4.3.3, Stichpunkt »Umsetzung des Berechtigungskonzepts«
Editionsvergleich	Abschnitt 1.5.3
▸ SharePoint Foundation	Abschnitt 1.5.3, Stichpunkt »SharePoint Foundation«
▸ SharePoint Server Standard	Abschnitt 1.5.3, Stichpunkt »SharePoint Server Standard«
▸ SharePoint Server Enterprise	Abschnitt 1.5.3, Stichpunkt »SharePoint Server Enterprise«
Erstellen einer neuen Liste (App)	Abschnitt 3.2.3, Stichpunkt »Erstellen der benötigten Listen«
Erstellen einer Website	Abschnitt 2.1.2
Erstellen einer Websitesammlung	Abschnitt 2.1.1
Features	Abschnitt 2.5.3
Historie von SharePoint	Abschnitt 1.5.1
Informationsverwaltungsrichtlinien	Abschnitt 5.5.5
Inhalt und Struktur einer Website	Abschnitt 6.4.1
Installation von SharePoint	Abschnitt 1.5.4
Mehrsprachigkeit	Abschnitt 9.3
Mobile Geräte unterstützen	Abschnitt 9.5
Navigation	
▸ Leiste für häufig verwendete Links	Abschnitt 2.2.2
▸ Schnellstart	Abschnitt 2.2.1
▸ Sichtbarkeit von Menüpunkten	Abschnitt 4.4.5, Stichpunkt »Sichtbarkeit der Menüpunkte konfigurieren«
▸ Strukturansicht	Abschnitt 2.2.3

Tabelle 11.4 Schnellzugriff für Administratoren (Forts.)

Stichwort	Zu finden in
Office 365/SharePoint Online	Abschnitt 1.5.5
Offline-Funktion	Abschnitt 5.4.9
Plattformtypen für SharePoint-Workflows	Abschnitt 3.2.4, Hinweiskasten »Warum kann ich als Plattformtyp ...«
Power Shell	
▸ Feldtyp »Geolocation«	Abschnitt 9.1.1, Listing 9.1
▸ Installation einer SharePoint-Lösung	Abschnitt 4.2.4, Listing 4.1
▸ Installation der Funktion »Ausbildung«	Abschnitt 7.5.3
QuickEdit-Funktion bei Listen	Abschnitt 2.1.3, Stichpunkt »QuickEdit«
SharePoint Designer	Abschnitt 1.6.3
▸ E-Mail versenden	Abschnitt 5.2.5, Abbildung 5.9
▸ Externe Daten integrieren	Abschnitt 3.5
▸ Workflow erstellen	Abschnitt 3.2.4; Abschnitt 4.4.5, Stichpunkt »Genehmigungsworkflow erstellen«
SIP-Adresse	Abschnitt 2.4.1
Vorlagen	Abschnitt 2.5.2
Webparts	Abschnitt 2.5.4
Websiteeinstellungen	Abschnitt 2.3.2
Websitepostfächer	Abschnitt 7.4.4, Hinweiskasten »Wie kann ich hier die Kommunikation mit dem Kunden unterbringen?«
Websitevorlagen erstellen und nutzen	Abschnitt 3.2.5, Stichpunkt »Gestaltung einer Websitevorlage für Besprechungs-arbeitsbereiche«; Abschnitt 7.4.5
Websitesammlung vs. Website	Abschnitt 1.4.3
Zentraladministration	Abschnitt 1.5.4, Stichpunkt »Konfiguration und Erstellung der Zentraladministration«; Abschnitt 2.1.1

Tabelle 11.4 Schnellzugriff für Administratoren (Forts.)

Oftmals werden Sie als Administrator nach Features suchen müssen. Vielleicht hat ein Anwender eine Fehlermeldung erhalten, dass ein bestimmtes Feature nicht aktiviert oder installiert wurde. Durch die Installation von SharePoint werden viele Features bereits automatisch installiert und für die Verwendung aktiviert. Es gibt allerdings auch Features, die noch explizit aktiviert werden müssen und ggf. von der verwendeten Websitevorlage oder einem anderen Feature abhängen.

Grundsätzlich werden Features anhand ihres Scopes unterschieden. Ein Farmfeature wird beispielsweise über die Zentraladministration verwaltet und stellt eine Funktion für die gesamte Farm zur Verfügung, während ein Webanwendungsfeature sich nur in der Webanwendung auswirkt, in der es aktiviert wurde. Die Websitesammlungs- und Websitefeatures haben Sie im Rahmen der Übungen bereits kennengelernt. Sie wissen daher, dass sie Funktionen für eine ausgewählte Websitesammlung oder Website bereitstellen.

Allerdings kann es gerade bei der Verwendung von SharePoint-Lösungen, Features oder Website- bzw. Listenvorlagen zu Fehlermeldungen kommen, wenn eine Lösung beispielsweise auf Basis einer höheren Edition (wie SharePoint Server Enterprise) erstellt wurde und nun in einer SharePoint-Foundation-Umgebung bereitgestellt werden soll. Sie werden dann im Logfile von SharePoint im Pfad *C:\Program Files\Common Files\microsoft shared\Web Server Extensions\15\LOGS* mit der ID des fehlenden Features konfrontiert. Doch wie finden Sie heraus, um welches Feature es sich handelt? Wenn Sie die SharePoint 2013-Verwaltungsshell aufrufen und das PowerShell-Script aus Listing 11.1 ausführen, erhalten Sie eine CSV-Datei, die sämtliche Features Ihrer SharePoint-Farm auflistet.

```
Add-PSSnapin Microsoft.SharePoint.PowerShell -ErrorAction SilentlyContinue

$CultureInfo = [System.Globalization.CultureInfo]::CurrentCulture

Get-SPFeature `
    | sort -Property Scope `
    | select-object -property Id, SolutionId, Scope, Hidden, `
        @{Name="Name"; Expression = {$_.GetTitle($CultureInfo)}}, `
        @{Name="Description"; Expression
          = {$_.GetDescription($CultureInfo)}}, `
        @{Name="Folder"; Expression = {$_.DisplayName}}, `
        @{Name="Activation Dependencies"; Expression
          = { `[string]::Join(";", ($_.ActivationDependencies |
            ForEach-Object { `
              "$((Get-SPFeature $_.FeatureId).DisplayName)
               ($((Get-SPFeature $_.FeatureId).Id))"})))} `
    | Export-CSV Features.csv -NoTypeInformation
```

Listing 11.1 Power-Shell-Script zur Ermittlung der in einer SharePoint-Farm installierten Features

11.3.1 Websitefeatures

In Tabelle 11.5 finden Sie die IDs der Websitefeatures, die Sie bereits über die Benutzeroberfläche finden können:

ID	Name
d2b9ec23-526b-42c5-87b6-852bd83e0364	Access-App
d95c97f3-e528-4da2-ae9f-32b3535fbb59	Ansicht für mobile Browser
1fce0577-1f58-4fc2-a996-6c4bcf59eeed	Content Management Interoperability Services (CMIS) – Hersteller
d44a1358-e800-47e8-8180-adf2d0f77543	E-Mail-Integration mit der Inhaltsorganisation
4aec7207-0d02-4f4f-aa07-b370199cd0c7	Erste Schritte
5b10d113-2d0d-43bd-a2fd-f8bc879f5abd	Externe Systemereignisse
99fe402e-89a0-45aa-9163-85342e865dc8	Features von SharePoint Server-Standardwebsites
0806d127-06e6-447a-980e-2e90b03101b8	Features von Websites in SharePoint Server Enterprise
a7a2793e-67cd-4dc1-9fd0-43f61581207a	Folgeinhalt
3d8210e9-1e89-4f12-98ef-643995339ed4	Funktion »BICenter-Datenverbindungen«
961d6a9c-4388-4cf2-9733-38ee8c89afd4	Funktion der Communitywebsite
9c03e124-eef7-4dc6-b5eb-86ccd207cb87	Gruppenarbeitslisten
9e56487c-795a-4077-9425-54a1ecb84282	Halten und eDiscovery
00bfea71-d8fe-4fec-8dad-01c19a6e4053	Homepage der Wiki-Seite
7ad5272a-2694-4349-953e-ea5ef290e97c	Inhaltsorganisation
57311b7a-9afd-4ff0-866e-9393ad6647b1	Inhaltstyp für Workflowaufgabe
932f5bb1-e815-4c14-8917-c2bae32f70fe	Kurshostinhalt von »Meine Website«
a16e895c-e61a-11df-8f6e-103edfd72085	Kurswebtypen
7201d6a4-a5d3-49a1-8c19-19c4bac6e668	Metadatennavigation und Filtern
87294c72-f260-42f3-a41b-981a2ffce37a	Minimale Downloadstrategie

Tabelle 11.5 Websitefeatures mit Angabe ihrer ID

ID	Name
d250636f-0a26-4019-8425-a5232d592c01	Offlinesynchronisierung für externe Listen
0b07a7f4-8bb8-4ec0-a31b-115732b9584d	PerformancePoint Services-Websitefeatures
e2f2bb18-891d-4812-97df-c265afdba297	Projektfunktionen
94c94ca6-b32f-4da9-a9e3-1f3d343d7ecb	SharePoint Server-Veröffentlichung
48a243cb-7b16-4b5a-b1b5-07b809b43f47	Suchkonfigurationsdaten-Inhaltstypen
41dfb393-9eb6-4fe4-af77-28e4afce8cdc	Suchkonfigurationsdaten-Websitespalten
acb15743-f07b-4c83-8af3-ffcfdf354965	Suchkonfigurationslisten-Instanzfeature
e47705ec-268d-4c41-aa4e-0d8727985ebc	Suchkonfigurationsvorlagen-Feature
00bfea71-4ea5-48d4-a4ad-7ea5c011abe5	Teamzusammenarbeitslisten
9e56487c-795a-4077-9425-54a1ecb84282	Temporär sperren
15a572c6-e545-4d32-897a-bab6f5846e18	Websitefeed
f151bb39-7c3b-414f-bb36-6bf18872052f	Website-Notizbuch
502a2d54-6102-4757-aaa0-a90586106368	Websitepostfach
ec918931-c874-4033-bd09-4f36b2e31fef	Workflows dürfen App-Berechtigungen verwenden

Tabelle 11.5 Websitefeatures mit Angabe ihrer ID (Forts.)

11.3.2 Websitesammlungsfeatures

In Tabelle 11.6 finden Sie die IDs der Websitesammlungsfeatures, die Sie bereits über die Benutzeroberfläche finden können:

ID	Name
57ff23fc-ec05-4dd8-b7ed-d93faa7c795d	Benutzerdefinierte Hilfe zur Websitesammlung
7094bd89-2cfe-490a-8c7e-fbace37b4a34	Berichterstellung

Tabelle 11.6 Websitesammlungsfeatures mit Angabe ihrer ID

ID	Name
063c26fa-3ccc-4180-8a84-b6f98e991df3	Bibliotheks- und ordnerbasierte Aufbewahrung
da2e115b-07e4-49d9-bb2c-35e93bb9fca9	Direkte Datensatzverwaltung
8a4b8de2-6fd8-41e9-923c-c7c3c00f8295	Dokumente standardmäßig in Clientanwendungen öffnen
3bae86a2-776d-499d-9db8-fa4cdc7884f8	Dokumentenmappen
b50e3104-6812-424f-a011-cc90e6327318	Dokument-ID-Dienst
a5aedf1a-12e5-46b4-8348-544386d5312d	Farmübergreifende Websiteberechtigungen
cd1a49b0-c067-4fdd-adfe-69e6f5022c1a	Feature »Inhaltsbereitstellungsquelle«
a1cb5b7f-e5e9-421b-915f-bf519b0760ef	Features für die PerformancePoint-Services-Websitesammlung
b21b090c-c796-4b0f-ac0f-7ef1659c20ae	Features von SharePoint Server-Standardwebsite-Sammlungen
8581a8a7-cf16-4770-ac54-260265ddb0b2	Features von Websitesammlungen in SharePoint Server Enterprise
9a447926-5937-44cb-857a-d3829301c73b	Inhaltstyp-Veröffentlichungshub
eaf6a128-0482-4f71-9a2f-b1c650680e77	Search Server-Webparts
9c0834e1-ba47-4d49-812b-7d4fb6fea211	Search Server-Webparts und -Vorlagen
c845ed8d-9ce5-448c-bd3e-ea71350ce45b	SharePoint 2007-Workflows
f6924d36-2fa8-4f0b-b16d-06b7250180fa	SharePoint Server-Veröffentlichungsinfrastruktur
7c637b23-06c4-472d-9a9a-7c175762c5c4	Sperrmodus zur Benutzerberechtigung für beschränkten Zugriff
77fc9e13-e99a-4bd3-9438-a3f69670ed97	Suchmaschinen-Sitemap
b435069a-e096-46e0-ae30-899daca4b304	Unterstützung für Berichte und Datensuche
6e1e5426-2ebd-4871-8027-c5ca86371ead	Video und Rich-Media
151d22d9-95a8-4904-a0a3-22e4db85d1e0	Websiteübergreifende Veröffentlichung von Sammlungen

Tabelle 11.6 Websitesammlungsfeatures mit Angabe ihrer ID (Forts.)

ID	Name
2fcd5f8a-26b7-4a6a-9755-918566dba90a	Websiterichtlinie
c85e5759-f323-4efb-b548-443d2216efb5	Workflow für die Dispositionsgenehmigung
a44d2aa3-affc-4d58-8db4-f4a3af053188	Workflow für die Veröffentlichungsgenehmigung
fde5d850-671e-4143-950a-87b473922dc7	Workflow mit drei Status
0af5989a-3aea-4519-8ab0-85d91abe39ff	Workflows

Tabelle 11.6 Websitesammlungsfeatures mit Angabe ihrer ID (Forts.)

11.4 Schnellzugriff für Entwickler

Das Inhaltsverzeichnis dieses Buchs konzentriert sich auf die einzelnen Übungen und die darüber zu erstellenden Lösungen. Wenn Sie jedoch nach bestimmten Informationen suchen, werden Sie wahrscheinlich auf den Index zurückgreifen müssen. Ich möchte Ihnen hier die wichtigsten Informationen für **Entwickler** bereitstellen.

Außerdem finden Sie viele weitere Informationen und hilfreiches Trainingsmaterial für die Einarbeitung in das Thema bei Microsoft unter der Websiteadresse *http://msdn.microsoft.com/de-de/office/apps/fp123626.aspx*.

Stichwort	Zu finden in
Access Services	Abschnitt 1.6.5; Abschnitt 8.4
Ansichten erstellen	Abschnitt 2.1.3, Stichpunkt »Ansichten«
App-Details bei der Entwicklung berücksichtigen	Abschnitt 2.1.3, Hinweiskasten »App-Details«
Arbeiten mit Dokumentbibliotheken	Abschnitt 2.1.4
▸ Inhaltstypen erstellen	Abschnitt 4.3.3, »Erstellen eines Inhaltstyps«; Abschnitt 5.4.5; Abschnitt 5.4.6
▸ Windows Explorer-Ansicht	Abschnitt 5.3.5, Stichpunkt »E-Mail-Kommunikation mit dem Kunden dokumentieren«

Tabelle 11.7 Schnellzugriff für Entwickler

Stichwort	Zu finden in
Arbeiten mit Listen	Abschnitt 2.1.3; Abschnitt 8.2.4; Abschnitt 8.2.5; Abschnitt 8.3.3
▸ Berechnete Spalten	Abschnitt 5.2.3, Hinweiskasten »Was hat es mit dem Informationstyp ›Berechnet‹ auf sich? ...«
▸ Metadaten	Abschnitt 4.5.2, Stichpunkt »Kategorien für einen Wiki-Artikel angeben«; Abschnitt 5.4.7
Bearbeiten von Websiteseiten	Abschnitt 2.1.4, Stichpunkt »Wiki-Seitenbibliothek«
▸ Webpart auf einer Seite hinzufügen	Abschnitt 3.3.2, Kasten »Wichtiger Hinweis bei der Konfiguration von Webparts auf einer Websiteseite«; Abschnitt 8.2.6
▸ Webparts miteinander verknüpfen	Abschnitt 3.3.2
Benennung von Listen (Apps)	Abschnitt 2.1.3, Hinweiskasten »Sollte ich irgendetwas bei der Benennung von Listen beachten?«
Benutzeroberfläche gestalten	Abschnitt 1.3.6; Abschnitt 9.2
▸ Durchkomponierte Looks	Abschnitt 9.2.1
▸ Gestaltungsvorlagen	Abschnitt 9.2.3; Abschnitt 9.2.4
Berechtigungen konfigurieren	Abschnitt 2.6; Abschnitt 4.3.3, Stichpunkt »Umsetzung des Berechtigungskonzepts«
Brotkrümelnavigation	Abschnitt 2.2.4, Hinweiskasten »Wo ist denn die Brotkrümelnavigation?«
Business Intelligence Tools	Abschnitt 1.6.4
Editionsvergleich	Abschnitt 1.5.3
▸ SharePoint Foundation	Abschnitt 1.5.3, Stichpunkt »SharePoint Foundation«
▸ SharePoint Server Standard	Abschnitt 1.5.3
▸ SharePoint Server Enterprise	Abschnitt 1.5.3, Stichpunkt »SharePoint Server Enterprise«

Tabelle 11.7 Schnellzugriff für Entwickler (Forts.)

Stichwort	Zu finden in
Entscheidung für ein Tool zur Erstellung von Lösungen	Abschnitt 1.6.7
Erstellen einer neuen Liste (App)	Abschnitt 3.2.3, Stichpunkt »Erstellen der benötigten Listen«
Erstellen einer Website	Abschnitt 2.1.2
Erstellen einer Websitesammlung	Abschnitt 2.1.1
Event Receiver	Abschnitt 6.4.3, Listing 6.2
Excel (Services)	Abschnitt 1.6.1, Stichpunkt »Auswertungen und Massenbearbeitung mit Excel«; Abschnitt 8.6
Features	Abschnitt 2.5.3
Historie von SharePoint	Abschnitt 1.5.1
InfoPath Designer	Abschnitt 1.6.2
► Formular erstellen	Abschnitt 4.4.8, Stichpunkt »Ein Bewertungsformular für Feedback erstellen«
► Formular veröffentlichen	Abschnitt 4.4.8, Stichpunkt »Veröffentlichen des Feedback-Formulars«
► Listenformulare anpassen	Abschnitt 6.3.4
► SharePoint-Webservices	Abschnitt 6.3.4, Listing 6.1
Inhalts-App für Excel	Abschnitt 8.6.3
JavaScript und jQuery	Abschnitt 5.2.4, Listing 5.1; Abschnitt 9.2.3, Listing 9.4 und Listing 9.5
Mehrsprachigkeit	Abschnitt 9.3
Mobile Geräte unterstützen	Abschnitt 9.5
Office Add-ins	
► Arbeitsbereiche (Word)	Abschnitt 5.5.3, Listing 5.3
► Zugriff auf SharePoint-Daten	Abschnitt 5.5.3, Listing 5.6 und Listing 5.7
► Einfügen von Text in ein Word-Dokument	Abschnitt 5.5.3, Listing 5.8
► Zugriff auf Daten in Excel	Abschnitt 8.6.2, Listing 8.1

Tabelle 11.7 Schnellzugriff für Entwickler (Forts.)

Stichwort	Zu finden in
Office 365/SharePoint Online	Abschnitt 1.5.5
Project Server	Abschnitt 7.3.2; Abschnitt 7.4.9
SharePoint Designer	Abschnitt 1.6.3
▸ Datenansichten erstellen	Abschnitt 3.2.6, Stichpunkt »Erstellen einer Datenansicht«
▸ E-Mail versenden	Abschnitt 5.2.5, Abbildung 5.9
▸ Externe Daten integrieren	Abschnitt 3.5
▸ Workflow erstellen	Abschnitt 3.2.4; Abschnitt 4.4.5, Stichpunkt »Genehmigungsworkflow erstellen«
▸ Verknüpfte Datenquellen	Abschnitt 3.2.6, »Erstellen einer verknüpften Datenquelle«
▸ XPath zur Filterung von Daten	Abschnitt 3.2.6, Listing 3.1
▸ XSLT zur Anpassung von Eingabeformularen	Abschnitt 3.4.3, Listing 3.2
Suchen innerhalb von SharePoint	Abschnitt 1.3.2; Abschnitt 9.1.2
Visio (Services)	Abschnitt 1.3.8; Abschnitt 1.6.5, »Visio Services«; Abschnitt 8.5
▸ Modellieren eines Workflows	Abschnitt 8.5.6
▸ Prozessdarstellung erstellen	Abschnitt 4.6.1
▸ Integration in eine Seite	Abschnitt 4.6.2
Visual Studio und NAPA	Abschnitt 1.6.6
Vorlagen	Abschnitt 2.5.2
Webparts	Abschnitt 2.5.4
Websiteeinstellungen	Abschnitt 2.3.2
Websitevorlagen erstellen und nutzen	Abschnitt 3.2.5, Stichpunkt »Gestaltung einer Websitevorlage für Besprechungsarbeitsbereiche«; Abschnitt 7.4.5
Websitesammlung vs. Website	Abschnitt 1.4.3

Tabelle 11.7 Schnellzugriff für Entwickler (Forts.)

Wohin geht meine Reise?

»Eine Reise von tausend Meilen beginnt mit einem einzigen Schritt.«
Lao-tse (6. Jahrhundert v. Chr.)
Ein guter Reiseführer ist ein wichtiger Bestandteil einer Reise,
aber reisen müssen Sie schon selbst.

Sie haben auf unserer gemeinsamen Entdeckungsreise durch die große Welt von SharePoint Schritt für Schritt gelernt, wie Sie Ihren persönlichen Arbeitsplatz, einen bestimmten Prozess oder auch Ihr Unternehmensportal mithilfe von SharePoint realisieren können. Doch jeder Reiseführer kann Ihnen nur Tipps und eine grobe Richtung geben, wohin Sie überall gehen können. Genauso geht es mit diesem Buch! Ich hoffe, ich konnte Ihnen viele wertvolle Tipps und Ideen vermitteln, was Sie aus einer SharePoint-Plattform machen können. Welche Möglichkeiten haben Sie, und wo müssen Sie Grenzen beachten?

Ich bin mir allerdings auch ziemlich sicher, dass es sich bei dem vermittelten Wissen nur um die Spitze des Eisbergs handeln kann. Ein allumfassendes Werk zum Thema SharePoint würde viele Hunderte Seiten mehr umfassen müssen – und würde dann immer noch offene Fragen hinterlassen. Mir geht es bei diesem Buch darum, dass Sie zum einen ein sicheres Gefühl in der Bedienung der grundlegenden Funktionalitäten erhalten und zum anderen wissen, was sich aus einem solchen Produkt erstellen lässt und wie Sie bei der Umsetzung Ihrer eigenen Ideen vorgehen sollten.

Sie sollten jetzt außerdem in der Lage sein, sich mithilfe des richtigen Vokabulars gezielt mit Administratoren und Entwicklern auszutauschen, um von ihnen die gewünschten Ergebnisse zu erhalten. So können Sie einem Administrator beispielsweise genau sagen, dass der Suchdienst nicht richtig konfiguriert sein kann. Oder aber Sie geben einem Entwickler den Auftrag, eine neue Funktionalität in Form eines Word-Add-ins zu entwickeln. Das heißt, Sie können Ihre Anforderungen so ausdrücken, dass Ihre Gesprächspartner Sie besser verstehen und somit Ihre Wünsche eher umsetzen können.

Ich hoffe, dass Sie einen guten Überblick über das für Einsteiger recht schwierige Thema »SharePoint« erhalten haben, und lade Sie ein, meine Website zu besuchen und dort Ihre weiterführenden Fragen zu stellen, die in diesem Buch nicht beantwortet wurden:

http://msdemopoint.conet.de/blog/nicole-enders

Ich freue mich natürlich auch über Ihre E-Mails an:

sharepoint2013@conet.de

Index

F

G

H

I

N

O

P

Q

R

S

T

U

V

W

X

Z

- Konzepte und Lösungen für den Einsatz von Windows 8 in Unternehmen
- Automatisiertes Deployment des Betriebssystems
- Gruppenrichtlinien, Sicherheit, Mobilitäts-Features, Virtualisierung u.v.m.

Ulrich B. Boddenberg

Windows 8 für Administratoren

Das umfassende Handbuch

Mit diesem Buch haben Sie Windows 8 im Unternehmen voll im Griff! Ulrich B. Boddenberg liefert Ihnen die technischen Grundlagen und Informationen zu allen zentralen Themen wie Deployment, Sicherheit, Management mit Gruppenrichtlinien, Anbindung mobiler Clients oder den Umgang mit SCCM. Kurz: Das Lösungsbuch für Admins!

710 S., 2. Auflage 2013, 49,90 Euro
ISBN 978-3-8362-2012-5
www.galileocomputing.de/3261

Leseprobe im Web!